D0580115

HARRAP'S MINI

DICTIONNAIRE

Français-Espagnol/ Espagnol-Français

Dictionnaire français-espagnol
Diccionario francés-español

Pronunciación del francés

■ Consonantes finales

Las consonantes finales no se pronuncian (*chaud* [ʃo]), a excepción de *c*, *f*, *l*, *r*. Sin embargo, existen casos particulares como la *r* de la terminación *er* del infinitivo que no se pronuncia (*aimer* [eme]).

■ Acento tónico

El acento tónico recae siempre en la última sílaba (*ami*), o en la penúltima si la última acaba en *e* muda (*école*).

■ Enlace de las palabras

El enlace (*liaison*) consiste en la pronunciación de la consonante final de una palabra cuando la palabra siguiente empieza por vocal o *h* muda: *avant elle* [avɑ̃tɛl], *cent hommes* [sɑ̃tɔm]. Algunas consonantes finales cambian de pronunciación en el enlace: *d* toma el sonido *t* (*grand arbre* [grɑ̃tarʀbʀ]), *s* y *x* el sonido z: *des enfants* [dezɑ̃fɑ̃], *six heures* [sizœʀ]. No hay enlace entre la conjunción *et* y la palabra siguiente ni tampoco con una palabra que lleve *h* aspirada.

■ Elisión

Consiste en la sustitución por un apóstrofo de las vocales finales *a*, *e*, o *i* cuando la palabra que sigue empieza por vocal o *h* muda (*l'arbre*, *l'heure*, *j'arrive*, *tu l'entends*, *s'il pleut*, etc.).

Apuntes gramaticales

■ Plural (sustantivos y adjetivos)

En regla general, se forma el plural añadiendo una **s** al singular (*un livre*, *des livres*). Esta **s** es muda, excepto en el enlace.
Casos particulares: Los nombres y adjetivos terminados en s, x, z son invariables en plural: *le bras*, *les bras*, *un prix*, *des prix*. La mayoría de los que acaban en **au**, **eau**, **eu**, **œu** forman el plural tomando una **x**: *un bateau*, *des bateaux*, *un cheveu*, *des cheveux*. **Excepciones:** *landau*, *sarrau*, *bleu*, *pneu* toman una **s**.
Los que terminan en **al** cambian la terminación en **aux**: *un journal*, *des journaux*. Se exceptúan los sustantivos *bal*, *carnaval*, *cérémonial*, *chacal*, *festival*, *nopal*, *récital*, *régal*, etc., y los adjetivos *banal*, *bancal*, *final*, *glacial*, *natal*, *naval*, etc., que toman una **s**.
Los terminados en **ou** siguen la regla general tomando una **s** salvo *bijou*, *caillou*, *chou*, *genou*, *hibou*, *joujou*, *pou* que toman una **x**.
Bail, *corail*, *émail*, *soupirail*, *travail*, *vantail*, *vitrail* forman el plural en **aux**: *un vitrail*, *des vitraux*.

HARRAP'S MINI

DICTIONNAIRE

Français-Espagnol/ Espagnol-Français

par
Jean-Paul Vidal

© Larousse-Bordas, 1997
ISBN: 0 245 50369 2
Larousse-Bordas, Paris

Préface

Voici un petit dictionnaire, entièrement nouveau, du français et de l'espagnol d'aujourd'hui.

Son vocabulaire est avant tout pratique : il rassemble les mots et les expressions les plus employés dans la **langue courante actuelle** (écrite, parlée), ainsi que quelques américanismes usuels dans la partie espagnol-français.

Une des caractéristiques de cet ouvrage est sa richesse en **exemples**, exceptionnelle dans un dictionnaire de ce format réduit. Généralement choisis pour illustrer des irrégularités grammaticales ou des relations syntaxiques, ces exemples sont tous empruntés au langage quotidien : ils font ainsi vivre les mots en les replaçant dans un contexte naturel.

Précis, ce dictionnaire différencie clairement les sens lorsqu'un terme a plusieurs acceptions ; il indique les niveaux de langue, signale les verbes irréguliers et donne les principales formes verbales irrégulières à leur place alphabétique, avec un renvoi à l'infinitif du verbe.

Les mots sont présentés dans l'ordre alphabétique, mais on remarquera qu'ils sont souvent groupés, lorsqu'ils ont une parenté de forme et de sens. Ces regroupements n'ont toutefois rien de systématique et, par souci de clarté, nous les avons toujours voulus très courts.

Quant à la prononciation, elle n'est transcrite phonétiquement que lorsqu'elle peut présenter une difficulté, en l'occurrence dans la partie français-espagnol essentiellement, à l'intention des hispanophones.

L'auteur tient à exprimer ici sa vive gratitude à María de los Desamparados Brisa Ferrandiz, docteur ès lettres, et à Nora Haddad, professeur d'espagnol, qui ont relu et corrigé tout le manuscrit. Par avance, il remercie également ceux qui voudront bien lui faire part de leurs suggestions.

Jean-Paul Vidal

Prólogo

Les presentamos un pequeño diccionario, completamente nuevo, del francés y del español de hoy.

Su vocabulario es, ante todo, práctico: reúne las palabras y las expresiones más empleadas en la **lengua corriente actual** (escrita, hablada), así como algunos americanismos usuales en la parte español-francés.

Una de las características de esta obra es su riqueza en **ejemplos**, excepcional en un diccionario de formato reducido. Escogidos generalmente para ilustrar irregularidades gramaticales o relaciones sintácticas, estos ejemplos han sido tomados del lenguaje cotidiano: dan así vida a las palabras, situándolas en un contexto natural.

Este diccionario, cuando un término tiene varias acepciones, diferencia claramente los sentidos; indica los niveles de lengua, señala los verbos irregulares y da las principales formas verbales irregulares en su orden alfabético, remitiendo al infinitivo del verbo.

Si bien las palabras se presentan en orden alfabético, se notará que se han agrupado cuando tienen un parentesco de forma y de sentido. No obstante, dichos grupos no son nunca sistemáticos y, con vistas a la claridad, son siempre muy breves.

En cuanto a la transcripción fonética, no figura sino cuando la pronunciación ofrece una dificultad, o sea en la parte francés-español especialmente.

El autor da aquí sus más expresivas gracias a María de los Desamparados Brisa Ferrandiz, doctor en letras, y a Nora Haddad, profesora de español, que han leído y corregido todo el manuscrito. Mucho agradecerá a los que tengan a bien indicarle sus sugerencias.

Jean-Paul Vidal

Abréviations employées dans ce dictionnaire
Abreviaturas usadas en este diccionario

a	adjectif	adjetivo
a/f	adjectif et substantif féminin	adjetivo y sustantivo femenino
a/m	adjectif et substantif masculin	adjetivo y sustantivo masculino
a/s	adjectif et substantif	adjetivo y sustantivo
adv	adverbe	adverbio
AMER	américanisme	americanismo
art	article	artículo
auxil	auxiliaire	auxiliar
COM	commerce, finances	comercio, finanzas
conj	conjonction	conjunción
dém	démonstratif	demostrativo
ÉLECTR	électricité	electricidad
f	féminin	femenino
FAM	familier	familiar
FIG	figuré	figurado
i	intransitif	intransitivo
impers	impersonnel	impersonal
indéf	indéfini	indefinido
interj	interjection	interjección
interr	interrogatif	interrogativo
loc	locution	locución
m	masculin	masculino
MAR	marine	marina
MÉD	médecine	medicina
MIL	militaire	militar
MUS	musique	música
n p	nom propre	nombre propio
pers	personnel	personal
pl	pluriel	plural
POP	populaire	popular
pos	possessif	posesivo
p p	participe passé	participio pasado
pr	pronominal	pronominal
prép	préposition	preposición
pron	pronom	pronombre
rel	relatif	relativo
s	substantif	sustantivo
sing	singulier	singular
TAUROM	tauromachie	tauromaquia
TECHN	technique, technologie	
TÉCN		técnica
t	transitif	transitivo
VULG	vulgaire ou très familier	vulgar o muy familiar

Autres signes employés
Otros símbolos usados

–	Remplace le mot (au singulier) ou l'infinitif du verbe dans les exemples ou les locutions.	Sustituye a la palabra (en singular) o al infinitivo del verbo considerado en los ejemplos y locuciones.
□	Indique un changement de catégorie grammaticale à l'intérieur du mot considéré.	Indica que la palabra considerada cambia de categoría gramatical.
|	Précède les idiotismes ou les locutions.	Precede a los modismos o locuciones.
⇒	Signifie : voir.	Significa : ver.
°	Indique un verbe irrégulier.	Indica un verbo irregular.
	Le genre et le nombre des substantifs ne sont mentionnés dans la traduction que s'ils diffèrent d'une langue à l'autre.	El género y el número de los sustantivos se mencionan en la traducción sólo cuando difieren de una lengua a otra.

Présentation des articles
Presentación de los artículos

action... -naire
se lit actionnaire.

accélér/er... -ateur
se lit accélérateur.
-ation
se lit accélération.

arroz... -al
se lee arrozal.

acumul/ar... -ación
se lee acumulación.
-ador
se lee acumulador.

Signes phonétiques et transcription
Signos fonéticos y transcripción

Voyelles	signes	français	espagnol
Vocales	*signos*	*francés*	*castellano*
	[a]	lac	calle
	[ɑ]	âme	laurel
	[e]	dé, donner	cabeza, hablé
	[ə]	le, repas	
	[ɛ]	lait, peine, très, forêt	guerra
	[i]	vite, cygne	vida
	[ɔ]	robe, fort	roca
	[o]	dos, gauche, agneau	habló
	[u]	mou, où, goût	agudo
	[y]	lune, mûr	
	[ø]	peu, nœud, jeûne	
	[œ]	œuf, peur	
	[ɑ̃]	ancre, vent	
	[ɛ̃]	vin, examen, main	
	[ɔ̃]	mon, ombre	
	[œ̃]	un, parfum	

Semi-consonnes

Semiconsonantes	[j]	avion, yeux, billet	labio
	[w]	oui, toi	luego
	[ɥ]	huile, lui	

Consonnes

Consonantes	[b]	balle	banco, vela
	[d]	dire	dar
	[f]	fin, photo	fuego
	[g]	gare, guerre	gato
	[k]	café, queue, écho	copa
	[l]	lit, mollet	lista
	[m]	mur, femme	maleta
	[n]	navet, canne	noche
	[p]	père	padre
	[r]		arte
	[r̄]		radio, ahorro
	[ʀ]	rue, arrondi	
	[s]	soupe, cela, garçon, notion	silencio
	[ʃ]	chat, schéma	chico (sin t)
	[t]	tapis	tambor
	[v]	vie	
	[z]	zèle, prison	asno
	[ʒ]	jeune, gigot	beige
	[θ]		hacer
	[x]		ojo (la jota)
	[ʎ]		llave
	[ɲ]	agneau	año
	[ŋ]	camping	camping

■ Numerales cardinales

0	zéro	30	trente
1	un	40	quarante
2	deux	50	cinquante
3	trois	60	soixante
4	quatre	70	soixante-dix
5	cinq	71	soixante et onze
6	six	72	soixante-douze
7	sept	80	quatre-vingts
8	huit	81	quatre-vingt-un
9	neuf	82	quatre-vingt-deux
10	dix	90	quatre-vingt-dix
11	onze	91	quatre-vingt-onze
12	douze	100	cent
13	treize	101	cent un
14	quatorze	200	deux cents
15	quinze	300	trois cents
16	seize	1 000	mille
17	dix-sept	2 000	deux mille
18	dix-huit	1 000 000	un million
19	dix-neuf	1 000 000 000	un milliard
20	vingt		
21	vingt et un		
22	vingt-deux		

Entre decenas y unidades se coloca un guión siempre que no haya la conjunción *et*: así 32 se escribe *trente-deux*, 33 *trente-trois*, etc.

Vingt (20) y **cent** (100) toman la s del plural cuando van precedidos de un número que los multiplica (*quatre-vingts, deux cents*) pero permanecen invariables cuando están seguidos de otro numeral (*quatre-vingt-deux, deux cent huit*) o cuando se emplean como ordinales (*page deux cent*).

Mille (1 000) es invariable. En las fechas, se admite la forma mil: **en l'an mil quatre cent quatre-vingt-douze** en el año 1492; **l'an deux mille** el año 2000.

■ Numerales ordinales

Se forman añadiendo el sufijo **ième** a los cardinales correspondientes salvo *premier*: *deuxième, troisième, dix-septième, centième*, etc. *Deuxième* y *second* son sinónimos aunque *second* suele preferirse a *deuxième* cuando no se trata más que de dos personas o cosas.

Pronombres personales

El pronombre sujeto no debe omitirse nunca en francés: **je suis** (soy); *que dis-tu?* (¿qué dices?); **nous allions** (íbamos).

El verbo

■ Verbos auxiliares

infinitivo	avoir		être	
indicativo	j'	ai	je	suis
presente	tu	as	tu	es
	il, elle	a	il, elle	est
	nous	avons	nous	sommes
	vous	avez	vous	êtes
	ils, elles	ont	ils, elles	sont
imperfecto	j'	avais	j'	étais
	tu	avais	tu	étais
	il, elle	avait	il, elle	était
	nous	avions	nous	étions
	vous	aviez	vous	étiez
	ils, elles	avaient	ils, elles	étaient
pretérito	j'	eus	je	fus
indefinido	tu	eus	tu	fus
	il, elle	eut	il, elle	fut
	nous	eûmes	nous	fûmes
	vous	eûtes	vous	fûtes
	ils, elles	eurent	ils, elles	furent
futuro	j'	aurai	je	serai
	tu	auras	tu	seras
	il, elle	aura	il, elle	sera
	nous	aurons	nous	serons
	vous	aurez	vous	serez
	ils, elles	auront	ils, elles	seront
potencial	j'	aurais	je	serais
simple	tu	aurais	tu	serais
	il, elle	aurait	il, elle	serait
	nous	aurions	nous	serions
	vous	auriez	vous	seriez
	ils, elles	auraient	ils, elles	seraient
subjuntivo	que j'	aie	que je	sois
presente	que tu	aies	que tu	sois
	qu'il, elle	ait	qu'il, elle	soit
	que nous	ayons	que nous	soyons
	que vous	ayez	que vous	soyez
	qu'ils, elles	aient	qu'ils, elles	soient
subjuntivo	que j'	eusse	que je	fusse
imperfecto	que tu	eusses	que tu	fusses
	qu'il, elle	eût	qu'il, elle	fût
	que nous	eussions	que nous	fussions
	que vous	eussiez	que vous	fussiez
	qu'ils, elles	eussent	qu'ils, elles	fussent

imperativo	aie	sois
	ayons	soyons
	ayez	soyez
gerundio (participe présent)	ayant	étant
participio pasado	eu, eue	été

Tiempos compuestos: Se forman con **avoir** (verbos transitivos y la mayor parte de los intransitivos) o **être** (pronominales y algunos intransitivos) más el participio pasado. Conjugado con *être*, el participio pasado concuerda con el sujeto de la oración: **Carmen s'est levée** Carmen se ha levantado; **elle est arrivée** ha llegado.

■ Verbos regulares

infinitivo	chant/er *(cantar)*		fin/ir *(acabar)*		vend/re *(vender)*	
indicativo	je	chante	je	finis	je	vends
presente	tu	chantes	tu	finis	tu	vends
	il	chante	il	finit	il	vend
	nous	chantons	nous	finissons	nous	vendons
	vous	chantez	vous	finissez	vous	vendez
	ils	chantent	ils	finissent	ils	vendent
imperfecto	je	chantais	je	finissais	je	vendais
	tu	chantais	tu	finissais	tu	vendais
	il	chantait	il	finissait	il	vendait
	nous	chantions	nous	finissions	nous	vendions
	vous	chantiez	vous	finissiez	vous	vendiez
	ils	chantaient	ils	finissaient	ils	vendaient
pretérito	je	chantai	je	finis	je	vendis
indefinido	tu	chantas	tu	finis	tu	vendis
	il	chanta	il	finit	il	vendit
	nous	chantâmes	nous	finîmes	nous	vendîmes
	vous	chantâtes	vous	finîtes	vous	vendîtes
	ils	chantèrent	ils	finirent	ils	vendirent
futuro	je	chanterai	je	finirai	je	vendrai
	tu	chanteras	tu	finiras	tu	vendras
	il	chantera	il	finira	il	vendra
	nous	chanterons	nous	finirons	nous	vendrons
	vous	chanterez	vous	finirez	vous	vendrez
	ils	chanteront	ils	finiront	ils	vendront
condicional	je	chanterais	je	finirais	je	vendrais
(o potencial)	tu	chanterais	tu	finirais	tu	vendrais
	il	chanterait	il	finirait	il	vendrait
	nous	chanterions	nous	finirions	nous	vendrions
	vous	chanteriez	vous	finiriez	vous	vendriez
	ils	chanteraient	ils	finiraient	ils	vendraient

subjuntivo presente	q. je	chante	q. je	finisse	q. je	vende
	q. tu	chantes	q. tu	finisses	q. tu	vendes
	q. il	chante	q. il	finisse	q. il	vende
	q. n.	chantions	q. n.	finissions	q. n.	vendions
	q. v.	chantiez	q. v.	finissiez	q. v.	vendiez
	q. ils	chantent	q. ils	finissent	q. ils	vendent

imperfecto	q. je	chantasse	q. je	finisse	q. je	vendisse
	q. tu	chantasses	q. tu	finisses	q. tu	vendisses
	q. il	chantât	q. il	finît	q. il	vendît
	q. n.	chantassions	q. n.	finissions	q. n.	vendissions
	q. v.	chantassiez	q. v.	finissiez	q. v.	vendissiez
	q. ils	chantassent	q. ils	finissent	q. ils	vendissent

imperativo	chante	finis	vends
	chantons	finissons	vendons
	chantez	finissez	vendez

gerundio (participe présent)	chantant	finissant	vendant

participio pasado	chanté, e	fini, e	vendu, e

El cuadro anterior da la conjugación de los tiempos simples de los tres grupos de verbos franceses. El tercer grupo abarca, además de los verbos cuyo infinitivo termina en **-re**, verbos en **-ir** (que no forman el gerundio en *-issant* sino en *-ant*) y los verbos en **-oir** (como *recevoir*). Los verbos de este grupo, que son muy usuales, presentan muchas irregularidades. Entre los verbos con infinitivo terminado en **-er**, algunos sufren ciertas modificaciones ortográficas que señalamos a continuación:

1. Verbos en **-cer** (como *commencer, lacer…*). Cambian la c en ç delante de *a, o* (*je commençais, nous commençons, commençant*).

2. Verbos en **-ger** (como *manger, avantager…*). Añaden una e después de la g delante de *a, o* (*je mangeais, nous mangeons, mangeant*).

3. Verbos en **-eler, -eter.** Duplican la l o la t delante de una e muda (*appeler:* j'appelle, nous appelons; j'appellerai; jeter: je jette, nous jetons, je jetterai). Otros verbos no duplican la consonante sino que cambian la e muda en è abierta (*peler: je pèle, nous pelons; je pèlerai; acheter: j'achète, nous achetons;* j'achèterai). Pertenecen a esta categoría de verbos: *ciseler, congeler, déceler, dégeler, démanteler, écarteler, geler, marteler, modeler, peler, receler, acheter, fureter, haleter, racheter.*

4. Verbos con **e** muda en la penúltima sílaba del infinitivo (como *lever, mener, peser, semer, soulever*). Cambian esta e en è delante de sílaba muda (*je lève, nous levons, ils lèvent; je lèverai*).

5. Asimismo, los verbos con **é** cerrada en la penúltima sílaba del infinitivo (como *espérer, accélérer…*) cambian esta é en è cuando la sílaba siguiente es muda, salvo en futuro y condicional (*j'espère, nous espérons, ils espèrent; j'espérai*).

6. Verbos en **-yer** (como *employer, appuyer*) sustituyen la y en i delante de e muda (*j'emploie, nous employons, ils emploient; j'emploierai, nous emploierons*). Los verbos en **-ayer** pueden conservar la y (*je paye o je paie*).

■ Principales verbos irregulares

Los verbos irregulares están señalados en este diccionario con el signo °. A continuación, damos una lista de los verbos irregulares franceses más importantes mencionando solamente la conjugación de los tiempos simples.

Sólo se dan las formas irregulares y en el orden siguiente: *I. pr.* = indicativo presente; *Imperf.* = imperfecto; *Pret.* = pretérito; *Fut.* = futuro; *S. pr.* = subjuntivo presente; *Imperat.* = imperativo; *Ger.* = gerundio; *P. p.* = participio pasado. n. = nous; v. = vous; Q. = que; *verbos conjugados con être.

Absoudre *I. pr.* J'absous, n. absolvons. *Imperf.* J'absolvais. *S. pr.* Q. j'absolve. *Ger.* absolvant. *P. p.* absous, absoute.

acquérir *I. pr.* J'acquiers, n. acquérons. *Imperf.* J'acquérais. *Pret.* J'acquis. *Fut.* J'acquerrai. *S. pr.* Q. j'acquière. *Ger.* acquérant. *P. p.* acquis.

*aller *I. pr.* Je vais, tu vas, il va, n. allons, v. allez, ils vont. *Fut.* J'irai. *S. pr.* Q. j'aille, q. n. allions, qu'ils aillent.

apercevoir *Conj. c.* recevoir.

appartenir *Conj. c.* tenir.

asseoir *I. pr.* J'assieds, n. asseyons, ils asseyent. *Imperf.* J'asseyais. *Pret.* J'assis. *Fut.* J'assiérai. *S. pr.* Q. j'asseye. *Ger.* asseyant. *P. p.* assis.

astreindre *Conj. c.* atteindre.

atteindre *I. pr.* J'atteins, n. atteignons, ils atteignent. *Imperf.* J'atteignais. *Pret.* J'atteignis. *Fut.* J'atteindrai. *S. pr.* Q. j'atteigne. *Ger.* atteignant. *P. p.* atteint.

Battre *I. pr.* Je bats, n. battons. *S. pr.* Q. je batte.

boire *I. pr.* Je bois, n. buvons, ils boivent. *Imperf.* Je buvais. *Pret.* Je bus. *S. pr.* Q. je boive, q. n. buvions. *Ger.* buvant. *P. p.* bu.

bouillir *I. pr.* Je bous, n. bouillons. *Imperf.* Je bouillais. *Fut.* Je bouillirai. *S. pr.* Q. je bouille. *Ger.* bouillant.

Concevoir *Conj. c.* recevoir.

conclure *I. pr.* Je conclus, n. concluons.

conduire *I. pr.* Je conduis, n. conduisons. *Pret.* Je conduisis. *P. p.* conduit.

connaître *Conj. c.* paraître.

conquérir *Conj. c.* acquérir.

construire *Conj. c.* conduire.

contraindre *Conj. c.* atteindre.

contredire *Conj. c.* dire, salvo *I. pr.* v. contredisez.

coudre *I. pr.* Je couds, n. cousons. *Pret.* Je cousis. *S. pr.* Q. je couse. *Ger.* cousant. *P. p.* cousu.

courir *I. pr.* Je cours, n. courons. *Pret.* Je courus. *Fut.* Je courrai. *S. pr.* Q. je coure. *P. p.* couru.

couvrir *Conj. c.* ouvrir.

craindre *Conj. c.* atteindre.

croire *I. pr.* Je crois, n. croyons. *Imperf.* Je croyais. *Pret.* Je crus. *S. pr.* Q. je croie. *Ger.* croyant. *P. p.* cru.

croître *I. pr.* Je croîs, tu croîs, il croît, n. croissons, v. croissez, ils croissent. *Imperf.* Je croissais. *Pret.* Je crûs. *S. pr.* Q. je croisse. *Ger.* croissant. *P. p.* crû, crue.

cueillir *I. pr.* Je cueille, n. cueillons. *Imperf.* Je cueillais. *Fut.* Je cueillerai. *S. pr.* Q. je cueille. *Ger.* cueillant.

cuire *Conj. c.* conduire.

Décevoir *Conj. c.* recevoir.

détruire *Conj. c.* conduire.

*devenir *Conj. c.* tenir.

devoir *I. pr.* Je dois, n. devons. *Imperf.* Je devais. *Pret.* Je dus. *Fut.* Je devrai. *S. pr.* Q. je doive, q. n. devions. *Ger.* devant. *P. p.* dû, due.

dire *I. pr.* Je dis, n. disons, v. dites. *Imperf.* Je disais. *Pret.* Je dis. *S. pr.* Q. je dise. *Ger.* disant. *P. p.* dit.

dissoudre *Conj. c.* absoudre.

distraire *Conj. c.* traire.

dormir *I. pr.* Je dors, n. dormons.

Écrire *I. pr.* J'écris, n. écrivons. *Imperf.* J'écrivais. *Pret.* J'écrivis. *S. pr.* Q. j'écrive. *Ger.* écrivant. *P. p.* écrit.

émouvoir *I. pr.* J'émeus, n. émouvons, ils émeuvent. *Fut.* J'émouvrai. *S. pr.* Q. j'émeuve. *P. p.* ému.

enduire *Conj. c.* conduire.

envoyer *I. pr.* J'envoie. *Fut.* J'enverrai.

éteindre *Conj. c.* atteindre.

extraire *Conj. c.* traire.

Faillir *Pret.* Je faillis. *P. p.* failli.

faire *I. pr.* Je fais, n. faisons, v. faites, ils font. *Imperf.* Je faisais. *Pret.* Je fis. *Fut.* Je ferai. *S. pr.* Q. je fasse. *Ger.* faisant. *P. p.* fait.

falloir *I. pr.* Il faut. *Imperf.* Il fallait. *Pret.* Il fallut. *Fut.* Il faudra. *S. pr.* Qu'il faille. *P. p.* fallu.

feindre *Conj. c.* atteindre.

frire *I. pr.* Je fris, tu fris, il frit. *Fut.* Je frirai. *Imperat.* fris. *P. p.* frit.

fuir *I. pr.* Je fuis, n. fuyons, ils fuient. *Imperf.* Je fuyais. *Pret.* Je fuis. *Fut.* Je fuirai. *S. pr.* Q. je fuie, q. n. fuyions. *Ger.* fuyant.

Haïr *I. pr.* Je hais, il hait, n. haïssons.

Inscrire *Conj. c.* écrire.

instruire *Conj. c.* conduire.

interdire *Conj. c.* dire, salvo *I. pr. v.* interdisez.

introduire *Conj. c.* conduire.

Joindre *Conj. c.* atteindre.

Lire *I. pr.* Je lis, n. lisons. *Imperf.* Je lisais. *Pret.* Je lus. *S. pr.* Q. je lise. *Ger.* lisant. *P. p.* lu.

Maudire *I. pr.* Je maudis, n. maudissons. *Imperf.* Je maudissais. *Pret.* Je maudis. *Fut.* Je maudirai. *S. pr.* Q. je maudisse. *Ger.* maudissant. *P. p.* maudit.

médire *Conj. c.* dire, *excepto en la 2.ª pers. del pl. del I. pr.* vous médisez, y del imperat. médisez.

mentir *Conj. c.* sentir.

mettre *I. pr.* Je mets, n. mettons. *Imperf.* Je mettais. *S. pr.* Q. je mette. *Ger.* mettant. *P. p.* mis.

moudre *I. pr.* Je mouds, n. moulons. *Imperf.* Je moulais. *Pret.* Je moulus. *S. pr.* Q. je moule. *Ger.* moulant. *P. p.* moulu.

*mourir *I. pr.* Je meurs, n. mourons, ils meurent. *Imperf.* Je mourais. *Pret.* Je mourus. *Fut.* Je mourrai. *S. pr.* Q. je meure, q. n. mourions. *Ger.* mourant. *P. p.* mort.

Naître *Conj. c.* paraître, salvo *Pret.* Je naquis. *P. p.* né.

nuire *Conj. c.* conduire. *P. p.* nui.

Offrir *Conj. c.* ouvrir.

ouvrir *I. pr.* J'ouvre, n. ouvrons. *Imperf.* J'ouvrais. *Pret.* J'ouvris. *Fut.* J'ouvrirai. *S. pr.* Q. j'ouvre. *Ger.* ouvrant. *P. p.* ouvert.

Paraître *I. pr.* Je parais, il paraît, n. paraissons. *Imperf.* Je paraissais. *Pret.* Je parus. *Fut.* Je paraîtrai. *S. pr.* Q. je paraisse. *P. p.* paru.

*partir *Conj. c.* sentir.

*parvenir *Conj. c.* tenir.

peindre *Conj. c.* atteindre.

plaindre *Conj. c.* atteindre.

plaire *I. pr.* Je plais, n. plaisons. *Imperf.* Je plaisais. *Pret.* Je plus. *S. pr.* Q. je plaise. *Ger.* plaisant. *P. p.* plu.

pleuvoir *I. pr.* Il pleut. *Imperf.* Il pleuvait. *Pret.* Il plut. *Fut.* Il pleuvra. *S. pr.* Qu'il pleuve. *Ger.* pleuvant. *P. p.* plu.

pouvoir *I. pr.* Je peux, tu peux, il peut, n. pouvons, v. pouvez, ils peuvent. *Imperf.* Je pouvais. *Pret.* Je pus. *Fut.* Je pourrai. *S. pr.* Q. je puisse. *Ger.* pouvant. *P. p.* pu.

prédire *Conj. c.* dire, salvo *I. pr.* v. prédisez.

prendre *I. pr.* Je prends, n. prenons, ils prennent. *Imperf.* Je prenais. *Pret.* Je pris. *S. pr.* Q. je prenne. *Ger.* prenant. *P. p.* pris.

prévoir *Conj. c.* voir, *excepto el fut.* je prévoirai.

Recevoir *I. pr.* Je reçois, n. recevons, ils reçoivent. *Imperf.* Je recevais. *Pret.* Je reçus. *Fut.* Je recevrai. *S. pr.* Q. je reçoive, q. n. recevions, qu'ils reçoivent. *Ger.* recevant. *P. p.* reçu.

réduire *Conj. c.* conduire.

résoudre *Conj. c.* absoudre, salvo *P. p.* résolu.

rire *I. pr.* Je ris, n. rions. *Imperf.* Je riais. *Pret.* Je ris. *S. pr.* Q. je rie, q. n. riions . *Ger.* riant. *P. p.* ri.

rompre *I. pr.* Je romps, tu romps, il rompt.

Savoir *I. pr.* Je sais, n. savons. *Imperf.* Je savais. *Pret.* Je sus. *Fut.* Je saurai. *Imperat.* sache, sachons, sachez. *S. pr.* Q. je sache. *Ger.* sachant. *P. p.* su.

séduire *Conj. c.* conduire.

sentir *I. pr.* Je sens, n. sentons. *Imperf.* Je sentais. *Pret.* je sentis. *Fut.* Je sentirai. *S. pr.* Q. je sente. *Ger.* sentant. *P. p.* senti.

servir *Conj. c.* sentir; *I. pr.* Je sers, n. servons.

sortir *Conj. c.* sentir

souffrir *Conj. c.* couvrir.

soustraire *Conj. c.* traire.

suffire *I. pr.* Je suffis, n. suffisons. *Imperf.* Je suffisais. *Pret.* Je suffis. *S. pr.* Q. je suffise. *Ger.* suffisant. *P. p.* suffi.

suivre *I. pr.* Je suis, n. suivons. *Imperf.* Je suivais. *Pret.* Je suivis. *S. pr.* Q. je suive. *Ger.* suivant. *P. p.* suivi.

Taire *Conj. c.* plaire.

teindre *Conj. c.* atteindre.

tenir *I. pr.* Je tiens, n. tenons, ils tiennent. *Imperf.* Je tenais. *Pret.* Je, tu tins, il tint, n. tînmes, v. tîntes, ils tinrent. *Fut.* Je tiendrai. *S. pr.* Q. je tienne. *Ger.* tenant. *P. p.* tenu.

traire *I. pr.* Je trais, n. trayons. *Imperf.* Je trayais. *Fut.* Je trairai. *S. pr.* Q. je traie. *Ger.* trayant. *P. p.* trait.

Vaincre *I. pr.* Je vaincs, tu vaincs, il vainc, n. vainquons, v. vainquez, ils vainquent. *Imperf.* Je vainquais. *Pret.* Je vainquis. *S. pr.* Q. je vainque. *Ger.* vainquant. *P. p.* vaincu.

valoir *I. pr.* Je vaux, n. valons. *Imperf.* Je valais. *Pret.* Je valus. *Fut.* Je vaudrai. *S. pr.* Q. je vaille. *Ger.* valant. *P. p.* valu.

*venir *Conj. c.* tenir.

vêtir *I. pr.* Je vêts, n. vêtons. *Imperf.* Je vêtais. *S. pr.* Q. je vête. *Ger.* vêtant. *P. p.* vêtu.

vivre *I. pr.* Je vis, n. vivons. *Imperf.* Je vivais. *Pret.* Je vécus. *S. pr.* Q. je vive. *Ger.* vivant. *P. p.* vécu.

voir *I. pr.* Je vois, n. voyons. *Imperf.* Je voyais. *Pret.* Je vis. *Fut.* Je verrai. *S. pr.* Q. je voie, q. n. voyions. *Ger.* voyant. *P. p.* vu.

vouloir *I. pr.* Je veux, n. voulons, ils veulent. *Imperf.* Je voulais. *Pret.* Je voulus. *Fut.* Je voudrai. *Imperat.* veux, voulons, voulez (o veuille, veuillons, veuillez). *S. pr.* Q. je veuille. *Ger.* voulant. *P. p.* voulu.

Sigles français usuels et abréviations
Siglas y abreviaturas francesas más usuales

Afnor	Association française de normalisation.
bd	boulevard (bulevar).
C.A.P.	Certificat d'aptitude professionnelle.
C.C.P.	Compte courant postal.
Cedex	Courrier d'entreprise à distribution exceptionnelle.
C.H.U.	Centre hospitalo-universitaire.
Cie	Compagnie (Compañía).
C.N.R.S.	Centre national de la recherche scientifique (≃ CSIS).
C.R.S.	Compagnie républicaine de sécurité.
E.N.A.	École nationale d'administration.
E.V.	En ville (Ciudad).
H.L.M.	Habitation à loyer modéré.
I.F.O.P.	Institut français d'opinion publique.
I.N.S.E.E.	Institut national de la statistique et des études économiques.
J.O.	Journal officiel (≃ Boletín Oficial del Estado) ; Jeux olympiques.
M., MM.	Monsieur, messieurs (señor, señores).
Mme	Madame (señora).
Mlle	Mademoiselle (señorita).
N.-D.	Notre-Dame (Nuestra Señora).
P.C.	Poste de commandement.
P.-D.G.	Président-directeur général.
P.J.	Police judiciaire.
P.M.U.	Pari mutuel urbain.
P.-S.	Post-scriptum (Posdata).
P.T.T.	Postes et télécommunications (Correos y Comunicaciones).
P.V.	Procès verbal (≃ multa).
Q.G.	Quartier général.
R.S.V.P.	Répondez, s'il vous plaît (Esperamos su respuesta).
S.A.	Société anonyme (Sociedad anónima).
S.A.M.U.	Service d'aide médicale d'urgence.
S.A.R.L.	Société à responsabilité limitée (≃ SL, Sociedad limitada).
S.M.I.C.	Salaire minimum interprofessionnel de croissance.
S.N.C.F.	Société nationale des chemins de fer français.
S.O.F.R.E.S.	Société française d'enquêtes pour sondages d'opinion.
S.P.A.	Société protectrice des animaux.
S.V.P.	S'il vous plaît (Por favor).
T.G.V.	Train à grande vitesse (≃ AVE).
T.S.V.P.	Tournez s'il vous plaît (Véase al dorso).
T.V.A.	Taxe à la valeur ajoutée (≃ IVA).
Vve	Veuve (Viuda).

A

¹**a** *m a f* : *un* —, una a.

²**a** ⇒ **avoir.**

à *prép* (se contrae en **au** con *le*, en **aux** con *les*) 1 (mouvement vers) a : *aller* — *Rome*, ir a Roma. 2 (lieu sans mouvement) en : *être* — *Rome*, estar en Roma. 3 a : — *trois heures*, a las tres ; *donner un bonbon* — *un enfant*, dar un caramelo a un niño. 4 (moment imprécis) en : *au printemps*, en la primavera. 5 (appartenance, caractéristique, prix) de : — *qui est-ce ?*, ¿ de quién es ? ; *c'est* — *Jean*, es de Juan ; *bateau* — *voile*, barco de vela ; *machine* — *coudre*, máquina de coser ; *la fille aux yeux noirs*, la muchacha de los ojos negros ; *timbre* — *un franc*, sello de un franco. 6 con : *café au lait*, café con leche. 7 por : *une lettre* — *écrire*, una carta por escribir ; *maison* — *louer*, casa por alquilar ; *100 km* — *l'heure*, 100 km por hora. 8 hasta : — *demain*, hasta mañana. 9 *c'est* — *toi de jouer*, a ti te toca jugar.

abaiss/er *t* 1 bajar. 2 humillar. □ *s'* — *à demander pardon*, rebajarse a pedir perdón. **-ement** *m* baja *f*, descenso.

abandon *m* abandono. I *à l'* —, abandonado, a, descuidado, a.

abandonner *t* abandonar. □ *s'* — *au désespoir*, abandonarse a la desesperación.

abasourd/ir *t* 1 ensordecer. 2 FIG aturdir, asombrar. **-issant, e** *a* ensordecedor, a.

abat-jour *m* pantalla *f*.

abats *m pl* 1 (de volailles) menudos. 2 despojos.

abattage *m* 1 (arbres) corta *f*, tala *f*. 2 (animaux) matanza *f*. 3 FAM brío.

abattement *m* 1 abatimiento. 2

(sur une somme) deducción *f*.

abattis *m pl* menudillos.

abattoir *m* matadero.

abatt/re º *t* 1 derribar. 2 (fatiguer) debilitar. 3 (moralement) deprimir, desmoralizar. □ *s'* — *sur*, abatirse sobre. **-u, ue** *a* FIG abatido, a, deprimido, a.

abbaye |abei| *f* abadía.

abb/é *m* 1 abad. 2 padre, cura : *monsieur l'* —, padre. **-esse** *f* abadesa.

abcès |apsε| *m* abceso.

abdi/quer *t/i* abdicar. **-cation** *f* abdicación.

abdom/en |abdɔmεn| *m* abdomen. **-inal, e** *a* abdominal.

abeille *f* abeja.

aberr/ation *f* aberración. **-ant, e** *a* FIG absurdo, a.

abîme *m* abismo.

abîmer *t* deteriorar, estropear. □ *s'* —, estropearse, echarse a perder.

abject, e *a* abyecto, a.

abjurer *t* abjurar.

ablution *f* ablución.

abnégation *f* abnegación.

aboiement *m* ladrido.

abois (aux) |oʒabwa| *loc* acosado, a.

abol/ir *t* abolir. **-ition** *f* abolición.

abominable *a* abominable.

abondamment *adv* abundantemente.

abond/er *i* abundar. **-ance** *f* abundancia. **-ant, e** *a* abundante.

abonné, e *s* 1 abonado, a. 2 (à une publication) suscriptor, a.

abonn/er (s') *pr* 1 (spectacle, téléphone, chemin de fer, etc.) abonarse. 2 abonarse, suscribirse : *je me suis abonné à ce journal*, me he abonado a este periódico. **-ement** *m* 1 abono. 2 (à une publication) suscripción *f*.

abord *m* acceso. I *d'* —, *tout d'*—, primero ; *de prime* —, a primera vista. □ *pl* alrededores, inmediaciones *f*.

abord/er *i/t* abordar. **-able** *a* 1 abordable. 2 *prix* —, precio asequible. 3 (personne) afable. **-age** *m* abordaje.

about/ir *i* 1 — *à*, llevar a, acabar en. 2 (réussir) tener éxito, dar resultado : *les recherches ont abouti*, las investigaciones dieron resultado. **-issement** *m* resultado.

aboyer ° [abwaje] *i* ladrar.

abrasif, ive *a/m* abrasivo, a.

abrégé *m* compendio, epítome.

abréger ° *t* 1 abreviar. 2 (un texte) compendiar, resumir.

abreuv/er *t* abrevar. □ *s'* —, beber. **-oir** *m* abrevadero.

abréviation *f* (mot abrégé) abreviatura, abreviación.

abri *m* abrigo, refugio. I *à l'* —, al abrigo, a cubierto ; *à l'* — *de*, al amparo de.

abricot *m* albaricoque. **-ier** *m* albaricoquero.

abriter *t* abrigar.

abroger ° *t* abrogar.

abrupt, e *a* abrupto, a.

abrut/ir *t* 1 embrutecer, atontar. 2 — *de travail*, agobiar de trabajo. **-i, ie** *s* estúpido, a. **-issement** *m* embrutecimiento.

abs/ence *f* 1 ausencia : *en l'* — *de*, en ausencia de. 2 (manque) falta. **-ent, e** *a/s* ausente. **-enter (s')** *pr* ausentarse.

abside *f* ábside *m*.

absinthe *f* ajenjo *m*.

absolu, e *a* absoluto, a. **-ment** *adv* 1 absolutamente. 2 (à tout prix) a toda costa.

absolution *f* absolución.

absorb/er *t* absorber. **-ant, e** *a* absorbente.

abs/oudre ° *t* absolver. **-ous, oute** *a* absuelto, a.

absten/ir (s') ° *pr* abstenerse :

abstenez-vous de fumer, absténgase de fumar. **-tion** *f* abstención.

abstinence *f* abstinencia.

abstraction *f* abstracción. I *faire* — *de*, hacer caso omiso de ; — *faite de*, prescindiendo de.

abstr/aire ° *t* abstraer. **-ait, e** *a* abstracto, a.

absurd/e *a* absurdo, a. **-ité** *f* absurdo *m*.

abus *m* 1 abuso. 2 — *de confiance*, abuso de confianza. **-er** *t/i* abusar : — *de sa force*, abusar de su fuerza. □ *s'* —, equivocarse. **-if, ive** *a* abusivo, a.

acacia *m* acacia *f*.

académ/ie *f* academia. **-icien, enne** *s* académico, a. **-ique** *a* académico, a.

acajou *m* caoba *f*.

acariâtre *a* gruñón, ona.

accabl/er *t* abrumar, agobiar. **-ant, e** *a* abrumador, a, agobiante.

accalmie *f* 1 calma. 2 (repos) descanso *m*, tregua.

accaparer *t* acaparar.

accéder ° *i* 1 llegar a, tener acceso a. 2 — *à une prière*, acceder a una petición.

accélér/er ° *i/t* acelerar. **-ateur** *m* acelerador. **-ation** *f* aceleración.

accent *m* acento. **-uation** *f* acentuación. **-uer** *t* acentuar.

accept/er *t* aceptar. **-able** *a* aceptable.

acception *f* acepción.

accès *m* 1 acceso. 2 — *de fièvre*, acceso de fiebre ; — *de colère, de folie*, arrebato de cólera, de locura.

accessible *a* 1 accesible. 2 *prix* —, precio asequible, razonable.

accession *f* accesión.

accessoire *a/m* accesorio, a.

accident *m* accidente : — *de la route, du travail*, accidente de carretera, de trabajo. **-é, ée** *a* 1 (terrain) accidentado, a. 2 (véhicule) estropeado, a, averiado, a. □ s (personne) accidentado, a. **-el, elle** a accidental, casual.

acclam/er t aclamar. **-ation** f aclamación.

acclimat/er t aclimatar. **-ation** f aclimatación.

accolade f 1 abrazo m. 2 (|) llave.

accommodant, e a complaciente.

accommodement m arreglo, acuerdo.

accommoder t 1 acomodar. 2 (un mets) preparar, aderezar, condimentar. □ pr 1 s' − à, acomodarse a. 2 s' − de, contentarse con, conformarse con.

accompagn/er t acompañar. □ s'− au piano, acompañarse con el piano. **-ateur, trice** s 1 acompañante. 2 (guide) guía. **-ement** m acompañamiento.

accompli, e a consumado, a, acabado, a : un artiste −, un consumado artista.

accompl/ir t 1 realizar. 2 cumplir : − son devoir, cumplir (con) su deber. **-issement** m 1 realización f. 2 cumplimiento.

accord m 1 acuerdo : se mettre d'−, ponerse de acuerdo. I d'− !, ¡ de acuerdo !, ¡ vale ! 2 aprobación f. 3 (grammaire) concordancia f. 4 MUS acorde.

accordéon m acordeón.

accord/er t 1 (octroyer) conceder, otorgar : − une faveur, conceder un favor. 2 (mettre d'accord) poner de acuerdo. 3 MUS afinar. □ s'−, concordarse : le verbe s'accorde avec son sujet, el verbo concuerda con el sujeto. **-age** m MUS afinación f.

accoster t − quelqu'un, abordar a alguien. □ t/i MAR atracar.

accotement m arcén.

accouch/er t dar a luz, parir : − d'une fille, dar a luz a una niña. **-ement** m parto.

accouder (s') pr − au parapet, acodarse en el pretil.

accoupl/er t acoplar. **-ement** m acoplamiento.

accourir ° i acudir : elle est accourue, ha acudido.

accoutrement m atavío ridículo.

accoutumance f hábito m.

accoutumer (s') pr acostumbrarse.

accréditer t acreditar.

accroc [akro] m 1 desgarrón. 2 FIG dificultad f.

accroch/er t 1 enganchar. 2 (suspendre) − au portemanteau, colgar de la percha. 3 (heurter) chocar. □ s'− à une branche, agarrarse a una rama. **-age** m 1 enganche. 2 (de véhicules) choque. 3 FAM agarrada f, disputa f.

accr/oître ° t acrecentar, aumentar. **-oissement** m crecimiento.

accroupir (s') pr ponerse en cuclillas, agacharse.

accu m FAM acumulador, batería f : recharger les accus, cargar la batería.

accueil m acogida f. **-lant, e** a acogedor, a. **-lir** ° t acoger.

accumul/er t acumular. **-ateur** m acumulador. **-ation** f acumulación.

accus/er t 1 acusar. 2 (faire ressortir) hacer resaltar. **-ateur, trice** a/s acusador, a. **-ation** f acusación. **-é, ée** s acusado, a, reo, a. □ m − de réception, acuse de recibo.

acerbe a acerbo, a.

acéré, e a acerado, a.

acétone f acetona.

acétylène m acetileno.

acharné, e a encarnizado, a.

acharnement m encarnizamiento.

acharner (s') pr 1 − sur, cebarse en. 2 − à, empeñarse a.

achat m compra f. I faire l'− de, comprar.

acheminer (s') pr encaminarse.

achet/er ° *t* comprar. **-eur, euse** *s* comprador, a.

ach/ever ° *t* 1 acabar. 2 — *un blessé*, rematar a un herido. **-èvement** *m* acabamiento, término.

acid/e *a/m* ácido, a. **-ité** *f* acidez.

acier *m* acero.

acné *f* acné.

acompte |akɔ̃t] *m* anticipo.

Açores *n p f pl* Azores.

à-coup |aku] *m* sacudida *f*.

acoustique *a/f* acústico, a.

acquér/ir ° *t* adquirir. **-eur, euse** *s* adquiridor, a.

acquiescer [akjese] *i* — *à*, consentir en.

acquis, e *a* adquirido, a. □ *m* experiencia *f*.

acquisition *f* adquisición.

acquit *m* 1 recibo. | *pour —*, recibí. 2 *par — de conscience*, para mayor tranquilidad.

acquitt/er *t* 1 (une dette) pagar. 2 — *un accusé*, absolver a un reo. □ *s'— d'une dette, d'une mission*, pagar una deuda, cumplir una misión. **-ement** *m* 1 pago. 2 absolución *f*.

âcre *a* acre.

acrobat/e *s* acróbata. **-ie** |akʁɔbasi] *f* acrobacia.

acrylique *a/m* acrílico, a.

acte *m* 1 acto. 2 (notarié) acta *f*, escritura *f*. 3 — *de naissance, de décès*, partida *f* de nacimiento, de defunción. 4 (théâtre) acto.

acteur, trice *s* actor, triz.

actif, ive *a* activo, a. □ *m* activo.

action *f* 1 acción. 2 *société par actions*, sociedad por acciones. **-naire** *s* accionista. **-ner** *t* accionar, mover.

activ/er *t* activar. **-ité** *f* actividad.

actrice ⇒ **acteur**.

actu/el, elle *a* actual. **-alité** *f* actualidad. □ *pl* (film) *les actualités*, el noticiario *m sing*, el no-do *m sing*.

acuité *f* agudeza.

adapt/er *t* adaptar. **-ation** *f* adaptación.

addition *f* 1 adición, suma. 2 (au restaurant) cuenta. **-ner** *t* 1 adicionar. 2 (arithmétique) sumar.

adepte *s* adepto, a.

adhér/er ° *i* afiliarse : *j'adhère à ce club*, me he afiliado a este club. **-ent, e** *a/s* adherente.

adhésif, ive *a/m* adhesivo, a.

adhésion *f* adhesión.

adieu *m* adiós : *les adieux*, los adioses : *adieu !*, ¡adiós ! | *faire ses adieux à*, despedirse de.

adipeux, euse *a* adiposo, a.

adjacent, e *a* adyacente.

adjectif, ive *a/m* adjetivo, a.

adjoindre ° *t* agregar, añadir.

adjoint, e *a/s* 1 adjunto, a. 2 — *au maire*, teniente de alcalde.

adjudant *m* ayudante.

adjudication *f* adjudicación.

adjuger ° *t* adjudicar.

admettre ° *t* 1 admitir. 2 *il a été admis à l'hôpital*, fue ingresado en el hospital.

administr/er *t* administrar. **-ateur** *m* administrador. **-atif, ive** *a* administrativo, a. **-ation** *f* administración.

admir/er *t* admirar. **-able** *a* admirable. **-ateur, trice** *a/s* admirador, a. **-ation** *f* admiración.

admissible *a* admisible.

admission *f* admisión.

adolesc/ent, e *a/s* adolescente. **-ence** *f* adolescencia.

adonner (s') *pr* entregarse.

adopt/er *t* adoptar. **-if, ive** *a* adoptivo, a. **-ion** *f* adopción. | *patrie d'—*, patria adoptiva.

ador/er *t* 1 adorar. 2 *j'adore lire*, me encanta leer ; *j'adore les bandes dessinées*, me encantan los comics. **-able** *a* adorable, encantador. a. **-ation** *f* adoración.

adosser (s') *pr* – *au mur*, respaldarse contra, adosarse a la pared.

adouc/ir *t* suavizar. □ *s'–*, templarse : *le temps s'est adouci*, el tiempo se ha templado. **-issement** *m* 1 (temps) mejora *f*. 2 (douleur) alivio.

adresse *f* 1 destreza, habilidad. 2 dirección, señas *pl* : *écrire l'– sur l'enveloppe*, escribir la dirección, las señas en el sobre.

adresser *t* dirigir. □ *s'– à*, dirigirse a : *je m'adresse à vous*, me dirijo a usted.

Adriatique *n p f* Adriático *m*.

adroit, e *a* diestro, a.

aduler *t* adular.

adulte *a/s* adulto, a.

adultère *m* adulterio. □ *a* adúltero, a.

advenir ° *i* acaecer, advenir. I *advienne que pourra*, pase lo que pase.

adverbe *m* adverbio.

adversaire *s* adversario, a.

advers/e *a* adverso, a, contrario, a. **-ité** *f* adversidad.

aér/er ° *t* airear, ventilar. **-ation** *f* ventilación.

aérien, enne *a* aéreo, a.

aérodrome *m* aeródromo.

aérodynamique *a* aerodinámico, a.

aérogare *f* terminal.

aéroglisseur *m* hovercraft.

aéronaut/e *s* aeronauta. **-ique** *a/f* aeronáutico, a.

aérophagie *f* aerofagia.

aéroport *m* aeropuerto.

aéroporté, ée *a* aerotransportado, a.

aérosol *m* aerosol.

affable *a* afable.

affaibl/ir *t* debilitar. **-issement** *m* debilitación *f*.

affaire *f* 1 asunto *m* : *une – urgente*, un asunto urgente. I *la belle –!*, ¡vaya! ; *faire l'–*, conve-

nir. 2 cuestión : *c'est l'– d'une journée*, es cuestión de un día. 3 negocio *m* : *une mauvaise –*, un mal negocio. I *une bonne –*, un buen negocio, una ganga. 4 (procès) pleito *m*. 5 (scandale) affaire *m*. □ *pl* 1 asuntos *m* : *affaires étrangères*, asuntos exteriores. 2 negocios *m* : *homme d'affaires*, hombre de negocios. 3 cosas : *range tes affaires !*, ¡guarda tus cosas !

affair/er (s') *pr* afanarse. **-é, ée** *a* atareado, a.

affaiss/er (s') *pr* 1 (terrain) hundirse. 2 (personne) desplomarse. **-ement** *m* hundimiento.

affaler (s') *pr* desplomarse.

affamé, e *a* hambriento, a.

affectation *f* 1 (poste) destino *m*. 2 (manque de naturel) afectación.

affecter *t* 1 (simuler) fingir. 2 – *à un poste*, destinar, asignar a un cargo. 3 afectar, afligir : *affecté par la mort de ...*, afligido por la muerte de...

affect/ion *f* afecto *m*, cariño *m* : *il a de l'– pour elle*, le tiene cariño a ella. **-ueux, euse** *a* afectuoso, a, cariñoso, a.

affermir *t* afirmar, fortalecer.

affich/e *f* cartel *m*, anuncio *m* : *poser une –*, fijar un cartel. **-er** *t* fijar. I *défense d'–*, prohibido fijar carteles. **-age** *m* fijación *f* de carteles.

affilée (d') *adv* seguido, a : *six jours d'–*, seis días seguidos.

affiler *t* afilar.

affilier (s') *pr* – *à*, afiliarse a.

affinité *f* afinidad.

affirm/er *t* afirmar. **-atif, ive** *a* afirmativo, a. □ *t dans l'affirmative*, en caso afirmativo ; *répondre par l'affirmative*, contestar de modo afirmativo. **-ation** *f* afirmación.

affleurer *t* aflorar.

affliger ° *t* afligir.

affluence *f* afluencia : *métro aux*

heures d'—, metro en las horas de afluencia.

affluent *m* afluente.

affl/uer *i* afluir. **-ux** *m* afluencia *f*.

affol/er *t* enloquecer. **-ant, e** *a* enloquecedor, a. **-ement** *m* enloquecimiento.

affranch/ir *t* 1 (esclaves) manumitir. 2 — *une lettre*, franquear una carta. **-issement** *m* 1 manumición *f*, liberación *f*. 2 (lettre) franqueo.

affr/éter ° *t* fletar. **-ètement** *m* fletamiento.

affreux, euse *a* horroroso, a.

affront *m* afrenta *f*.

affronter *t* afrontar, arrostrar.

affût *m* 1 *être à l'—*, estar al acecho. 2 (de canon) cureña *f*.

affût/er *t* afilar. **-age** *m* afilado.

Afghanistan *n p m* Afganistán.

afin *loc* 1 — *de*, a fin de. 2 — *que*, a fin de que.

africain, e *a/s* africano, a.

Afrique *n p f* África : *l'— du Nord*, África del Norte.

afro-asiatique *a* afro-asiático, a.

agaçant, e *a* molesto, a, irritante.

agac/er ° *t* molestar, irritar. **-ement** *m* irritación *f*.

agate *f* ágata.

âge *m* edad *f*: *enfant d'— scolaire*, niño en edad escolar ; *en bas —*, de poca edad ; *le troisième —*, la tercera edad ; *Le Moyen —*, la Edad Media. I *prendre de l'—*, envejecer.

âgé, e *a* 1 *un homme —*, un hombre de edad ; *— de 70 ans*, de 70 años de edad ; *il est très —*, es muy mayor. 2 *les personnes âgées*, los ancianos.

agence *f* agencia.

agencer *t* arreglar, disponer.

agenda [aʒɛ̃da] *m* agenda *f*.

agenouiller (s') *pr* arrodillarse.

agent *m* 1 agente. I — *de change*, agente de Bolsa. 2 (de police) policía, guardia.

agglomération *f* 1 aglomeración. 2 (ville) población, pueblo *m*.

aggloméré *m* aglomerado.

agglutiner *t* aglutinar.

aggrav/er *t* agravar. **-ation** *f* agravación.

agil/e *a* ágil. **-ité** *f* agilidad.

ag/ir *i* obrar, actuar : *tu as bien agi*, obraste bien. □ *pr* 1 tratarse : *de quoi s'agit-il ?*, ¿ de qué se trata ? 2 *il s'agit maintenant de se dépêcher*, ahora hay que darse prisa. **-issements** *m pl* maniobras *f*.

agit/er *t* 1 agitar. 2 (une question) remover. **-ateur, trice** *s* agitador, a. **-ation** *f* agitación.

agneau *m* cordero.

Agnès [aɲɛs] *n p f* Inés.

agon/ie *f* agonía. I *être à l'—*, agonizar. **-isant, e** *a/s* agonizante. **-iser** *i* agonizar.

agraf/e *f* 1 (de vêtements) corchete *m*. 2 (pour papiers, fermer une plaie) grapa. **-er** *t* 1 (vêtements) abrochar. 2 unir con grapas. **-euse** *f* grapadora, engrapadora.

agrand/ir *t* 1 ampliar. 2 (élargir) ensanchar. **-issement** *m* ampliación *f* : *— photographique*, ampliación fotográfica.

agréable *a* agradable.

agréer *t* *veuillez — mes salutations empressées*, reciba mis atentos saludos.

agrégé, e *s* catedrático, a, de instituto.

agrément *m* 1 (charme) encanto, atractivo. 2 *d'—*, de recreo. **-er** *t* adornar.

agrès *m pl* 1 MAR aparejos. 2 aparatos de gimnasia.

agress/ion *f* agresión. **-eur** *m* agresor. **-if, ive** *a* agresivo, a.

agricole *a* agrícola.

agricult/ure *f* agricultura. **-eur** *m* agricultor.

agripper *t* agarrar. □ *s'— à*, agarrarse a.

agronom/ie f agronomía. **-e** m agrónomo.

agrumes m pl agrios.

aguerri, e a avezado, a.

aguets (aux) |ɔzagɛ| loc al acecho.

aguicher t provocar.

ahur/ir t atontar. **-i, ie** a/s alelado, a : *d'un air* —, con aire alelado. **-issement** m estupefacción f.

ai ⇒ **avoir.**

aid/e f ayuda : *à l'*— *de*, con ayuda de. **I** *à l'*—*!,* ¡socorro!; *venir en* — *à*, ayudar a. □ s ayudante. **-er** t ayudar. □ *s'*— *de*, valerse de : *il s'aide d'une canne pour marcher*, se vale de un bastón para andar.

aïe ! |aj| $interj$ ¡ay !

aïeul, e |ajœl| s abuelo, a. □ pl **I** aïeuls, abuelos. 2 aïeux, antepasados.

aigle m águila f.

aiglefin m bacalao.

aigr/e a agrio, a. **I** *aigre-doux*, agridulce. **-elet, ette** a agrete. **-eur** f agrura, acritud. □ pl aigreurs *d'estomac*, acedia *sing.* **-ir** t agriar.

aigu, uë |egy| a agudo, a.

aiguillage |egɥijaʒ| m cambio de agujas.

aiguille |egɥij| f aguja : — *à tricoter*, aguja de hacer punto. **I** *grande* —, minutero m; *petite* —, horario m.

aiguilleur |egɥijœR| m guardagujas.

aiguillon |egɥijɔ̃| m aguijón. **-ner** t aguijonear.

aiguiser |eg(ɥ)iʒe| t (couteau) afilar, amolar.

ail |aj| m ajo.

ail/e f **I** ala. 2 (d'un moulin) aspa. 3 (d'une voiture) aleta. **-é, ée** a alado, a. **-eron** m **I** alón. 2 (d'un avion) alerón. **-ier** m (sport) extremo.

aille ⇒ **aller.**

ailleurs |ajœR| adv **I** en otra parte. 2 *d'*—, por otra parte.

aimable a amable.

aimant m imán.

aimer t **I** (amour, affection) querer : *elle aime son mari*, quiere a su marido ; (style soutenu) amar : — *son prochain*, amar al prójimo ; *aimez-vous les uns les autres*, amaos los unos a los otros. 2 (plaisir) gustar : *j'aime le football*, me gusta el fútbol ; *j'aime les bonbons*, me gustan los caramelos ; *ma mère aime coudre*, a mi madre le gusta coser ; *je n'ai pas aimé le film*, no me gustó la película. **I** — *mieux*, preferir. □ *pr ils s'aiment beaucoup*, se quieren mucho.

aine f ingle.

aîn/é, e s primogénito, a. □ a mayor : *sœur aînée*, hermana mayor. **-esse** f primogenitura.

ainsi $adv/conj$ así : *c'est* — *que j'agirais*, así es como actuaría yo ; — *que*, así como ; *et* — *de suite*, y así sucesivamente ; *pour* — *dire*, por decirlo así.

air m **I** aire : *au grand* —, *en plein* —, al aire libre ; *changer d'*—, mudar de aires. **I** *regarder en l'*—, mirar hacia arriba. 2 aire : *d'un* — *décidé*, con aire decidido ; *il a l'*— *d'un Anglais*, tiene aire de inglés. 3 aspecto : *un drôle d'*—, un aspecto extraño. **I** *il a l'*— *de s'ennuyer*, parece que se aburre. 4 (visage) cara f, pinta f. **I** *prendre un* — *affolé, dégoûté*, poner cara de susto, o de asco. 5 (d'une chanson) aire.

airain m bronce.

aire f área.

aisance f **I** (facilité) soltura. 2 holgura, desahogo m : *vivre dans l'*—, vivir con holgura.

aise f être à son —, estar a gusto ; *mettez-vous à l'*—, póngase cómodo, a ; *mal à l'*—, incómodo, a.

aisé, e a **I** fácil. 2 (fortuné)

acomodado, a.

aisselle f sobaco m, axila.

ajonc m aulaga f.

ait ⇒ **avoir.**

ajourn/er t aplazar. **-ement** m aplazamiento.

ajouter t añadir.

ajust/er t **1** ajustar. **2** (viser) apuntar. □ s'—, ajustarse. l *robe ajustée*, vestido ceñido, ajustado. **-age** m ajuste. **-eur** m ajustador.

alambic |alàbik| m alambique.

alarm/e f alarma. **-ant, e** a alarmante. **-er** t alarmar.

Albanie n p f Albania.

albatros m albatros.

albâtre m alabastro.

album |albɔm| m álbum.

albumine f albúmina.

alcal/i m álcali. **-in, e** a alcalino, a.

alcool |alkɔl| m alcohol : *– à 90 degrés*, alcohol de 90 grados. **-ique** a/s alcohólico, a. **-isme** m alcoholismo.

alcôve f alcoba.

aléa m azar, suerte f. **-toire** a aleatorio, a.

alène f lezna.

alentour adv alrededor. □ pl *les alentours de la ville*, los alrededores de la ciudad.

alert/e a (vif) vivo, a, despierto, a. □ f alarma, alerta : *donner l'—*, dar la alarma. **-er** t alertar.

aléser ° t escariar.

Alexandre n p m Alejandro.

alfa m esparto.

algèbre f álgebra.

Alger n p Argel.

Algérie n p f Argelia.

algérien, enne a/s argelino, a.

algue f alga.

alién/er ° t alienar. **-é, ée** a/s alienado, a. **-ation** f alienación.

align/er t alinear. **-ement** m alineación f.

aliment m alimento. **-aire** a alimenticio, a. **-ation** f alimentación. **-er** t alimentar.

aliter (s') pr meterse en cama.

allait/er t amamantar, criar. **-ement** m amamantamiento, lactancia f.

allant m empuje, brío.

alléch/er ° t atraer, seducir. **-ant, e** a apetitoso, a. **2** FIG atractivo, a.

allée f **1** (d'arbres) alameda. **2** (dans un jardin) calle. **3** *allées et venues*, trámites m.

all/éger ° t aliviar, aligerar. **-ègement** m alivio.

allégor/ie f alegoría. **-ique** a alegórico, a.

all/ègre a alegre, ágil. **-égrement** adv animosamente. **-égresse** f alegría, júbilo m.

alléguer ° t alegar.

Allemagne n p f Alemania.

allemand, e a/s alemán, ana.

¹**aller** ° i **1** ir : *je vais à la gare*, voy a la estación ; *nous irons en Suisse en voiture*, iremos a Suiza en coche ; *j'y suis allé à pied*, fui allí andando : *j'y vais !*, ¡voy! ; *allons-y !*, ¡vamos! **2** (+ infinitif) ir a : *je vais sortir*, voy a salir ; *tu vas voir*, vas a ver. **3** estar : *comment allez-vous ?*, *comment ça va ?*, ¿cómo está usted ? ; *ça va mieux*, estoy mejor. **4** sentar : *ce chemisier te va bien*, esta blusa te sienta bien. **5** convenir : *ça me va*, me conviene. l *ça va !*, ¡de acuerdo !, ¡vale ! **6** *allons donc !*, ¡vaya ! □ *s'en —*, irse, marcharse : *je m'en vais*, me voy ; *va-t'en !*, ¡vete !

²**aller** m ida f : *– et retour*, ida y vuelta ; *un billet —*, *un —*, un billete de ida.

allerg/ie f alergia. **-ique** a alérgico, a.

alliage m aleación f.

alli/er t unir. □ s'—, aliarse. **-ance** f **1** alianza. **2** *cousin par —*, primo político. **3** (anneau)

anillo *m* de boda, alianza. **-é, ée**
s aliado, a.

alligator *m* aligator.

allô ! *interj* (appel) ¡oiga!;
(réponse) ¡diga!

allocation *f* subsidio *m* :
allocations familiales, subsidios
familiares.

allocution *f* alocución.

allonger ° *t* alargar. □ *i*
alargarse : *les jours allongent*, los
días se alargan. □ *s'—*, echarse : *il
s'allongea sur le lit*, se echó en la
cama ; *allonge-toi*, échate.

allouer *t* conceder, asignar.

allum/er *t* encender : *allume
l'électricité !*, ¡enciende la luz!
-age *m* encendido. **-ette** *f*
fósforo *m*, cerilla.

allure *f* **1** velocidad, marcha. I *à
toute —*, a toda mecha. **2** paso *m*.
3 garbo *m*, facha, porte *m* : *une —
majestueuse*, un porte majestuoso ;
elle a de l'— !, ¡tiene garbo!, ¡tiene
buena facha! **4** aspecto *m*.

allusion *f* alusión/*Faire — à*,
aludir a .

alluvion *f* aluvión *m*.

almanach [almana] *m* almanaque.

aloès [alɔɛs] *m* áloe.

alors *adv* **1** entonces. **2** —, *on fume
en cachette ?*, conque, ¿fumando a
escondidas ? **3** *et* — ?, ¿y qué ? **4** —
que, mientras que.

alouette *f* alondra.

alourdir *t* hacer más pesado, a,
cargar.

aloyau [alwajo] *m* lomo de vaca,
solomillo.

alpaga *m* alpaca *f*.

Alpes *n p f les —*, los Alpes *m*.

alphab/et *m* alfabeto. **-étique** *a*
alfabético, a : *par ordre —*, por
orden alfabético.

alpin/isme *m* alpinismo, monta-
ñismo. **-iste** *s* alpinista.

altération *f* alteración.

altercation *f* altercado *m*.

altérer ° *t* **1** alterar. **2** dar sed :

cette course m'a altéré, esta carrera me ha dado sed.

altern/er *i* alternar. **-ance** *f*
alternación, alternancia. **-atif, ive**
a/*f* alternativo, a.

altesse *f* alteza.

altier, ère *a* altanero, a.

altitude *f* altitud.

altru/isme *m* altruismo. **-iste** *a*/*s*
altruista.

aluminium [alyminjɔm] *m*
aluminio.

alunir *i* alunizar.

alvéole *m* alvéolo.

amabilité *f* amabilidad.

amadou *m* yesca *f*. **-er** *t*
engatusar.

amaigr/i, e *a* adelgazado, a,
enflaquecido, a. **-issant, e** *a
régime —*, régimen adelgazante.

amalgame *m* amalgama *f*.

amand/e *f* almendra. **-ier** *m*
almendro.

amant *m* amante, querido.

amarr/er *t* amarrar. **-age** *m*
amarradura *f*. **-e** *f* amarra.

amas *m* montón. **-ser** *t* **1**
amontonar. **2** (argent) atesorar.

amateur *m* aficionado, a : — *de
musique pop*, aficionado a la música pop ; *photographe —*, foto-
grafo aficionado.

Amazone *n p m* Amazonas.

amazone *f* amazona.

ambages *f pl sans —*, sin
ambages.

ambassad/e *f* embajada. **-eur,
drice** *s* embajador, a.

ambiance *f* ambiente *m*.

ambigu, uë *a* ambiguo, a.

ambiti/eux, euse [ãbisjø, øз] *a*/*s*
ambicioso, a. **-on** *f* ambición.

ambre *m* ámbar.

ambulance *f* ambulancia.

ambulant, e *a* ambulante :
marchand —, vendedor ambulante.

âme *f* alma : *rendre l'—*, entregar el
alma.

amélior/er *t* mejorar. **-ation** *f* 1 mejora, mejoramiento *m*. 2 (santé) mejoría.

amen |amɛn| *adv* amén.

aménag/er ° *t* 1 arreglar, disponer. 2 instalar. **-ement** *m* 1 arreglo, disposición *f*. 2 instalación *f*.

amende *f* 1 multa. 2 *faire — honorable*, excusarse.

amend/er *t* 1 enmendar. 2 (un terrain) abonar. **-ement** *m* 1 enmienda *f*. 2 abono.

amener ° *t* 1 traer : *amenez votre frère*, traiga a su hermano. 2 inducir : *ils l'ont amené à changer d'avis*, le indujeron a cambiar de parecer. 3 ocasionar.

amenuiser (s') *pr* disminuir.

amer, ère |amɛr| *a* amargo, a.

améric/ain, e *a/s* americano, a. **-anisme** *m* americanismo.

Amérique *n p f* América : *l'— du Nord, du Sud*, América del Norte, del Sur.

amerr/ir *i* amarar. **-issage** *m* amaraje.

amertume *f* amargura.

améthyste *f* amatista.

ameublement *m* moblaje, mobiliario. | *rayon d'—*, sección *f* de muebles ; *tissu d'—*, tapicería *f*.

ami, e *a/s* 1 amigo, a : *— d'enfance*, amigo de la infancia. 2 *bonne, petite amie*, amiga, querida.

amiable *a arrangement à l'—*, arreglo amistoso.

amiante *m* amianto.

amibe *f* ameba.

amical, e *a* amistoso, a.

amicale *f* sociedad, asociación, peña.

amidon *m* almidón. **-ner** *t* almidonar.

amincir *t* adelgazar.

amir/al *m* almirante. **-auté** *f* almirantazgo *m*.

amitié *f* amistad. □ pl *mes amitiés à...*, recuerdos *m* a...

ammoniaque *f* amoniaco *m*.

amnésie *f* amnesia.

amnistie *f* amnistía.

amoindrir *t* aminorar.

amollir *t* ablandar.

amoncel/er ° *t* amontonar. **-lement** *m* amontonamiento.

amont *m en —*, río arriba.

amorc/er *t* 1 (hameçon, pompe) cebar. 2 (commencer) iniciar. **-e** *f* 1 cebo *m*. 2 (début) principio *m*.

amorphe *a* amorfo, a.

amort/ir *t* 1 amortiguar. 2 (dette, dépense) amortizar. **-issement** *m* amortización *f*. **-isseur** *m* amortiguador.

amour *m* amor : *l'— du prochain, de la musique*, el amor al prójimo, a la música. **-eux, euse** *a/s* enamorado, a.

amour-propre *m* amor propio.

amovible *a* amovible.

ampère *m* amperio.

amphibie *a* anfibio, a.

amphithéâtre *m* 1 anfiteatro. 2 (université) aula *f*.

amphore *f* ánfora.

ampl/e *a* amplio, a. **-eur** *f* 1 amplitud. 2 (d'un vêtement) vuelo *m*.

amplifi/er *t* amplificar. **-cateur** *m* amplificador.

ampoule *f* 1 (électrique) bombilla. 2 (pour médicament, sous la peau) ampolla.

amputer *t* amputar.

amusant, e *a* divertido, a.

amuse-gueule |amyʒgœl| *m* tapa *f*.

amus/er *t* divertir. □ *pr* 1 *nous nous sommes bien amusés*, nos hemos divertido mucho ; *amusez-vous bien!*, ¡que se divierta! 2 entretenerse : *elle s'amuse à sauter*, se entretiene saltando. **-ement** *m* diversión *f*, entretenimiento.

amygdale *f* amígdala.

an *m* año : *il y a six ans*, hace seis años ; *nouvel —*, año nuevo ; *le* *jour de l'—*, el dia de Año Nuevo.

anachronisme |anakʀɔnism| *m* anacronismo.

anagramme *f* anagrama *m*.

analo/gie *f* analogia. **-gique** *a* analógico, a. **-gue** *a* análogo, a.

analpha/bète *a/s* analfabeto, a. **-bétisme** *m* analfabetismo.

analy/se *f* análisis. **-ser** *t* analizar. **-tique** *a* analítico, a.

ananas |anana| *m* piña *f*.

anarch/ie *f* anarquía. **-iste** *a/s* anarquista.

anathème *m* anatema.

anatom/ie *f* anatomia. **-ique** *a* anatómico, a.

ancestral, e *a* ancestral.

ancêtres *m pl* antepasados.

anchois *m* anchoa *f*.

ancien, enne *a* 1 antiguo, a. 2 — *président*, ex presidente. □ *s* antiguo, a. **-neté** *f* antigüedad.

ancr/e *f* ancla. **-er** *t* 1 anclar. 2 FIG arraigar.

andalou, se *a/s* andaluz, a.

Andalousie *n p f* Andalucía.

Andes *n p f pl les —*, los Andes *m*.

andin, e *a* andino, a.

Andorre *n p f* Andorra.

andouille *f* 1 embutido *m*. 2 FAM bobo *m*.

André *n p m* Andrés.

âne *m* 1 burro, asno. 2 *en dos d'—*, formando lomo. 3 FAM burro.

anéant/ir *t* 1 aniquilar. 2 FIG anonadar. **-issement** *m* aniquilación *f*, anonadamiento.

anecdote *f* anécdota.

aném/ie *f* anemia. **-ique** *a* anémico, a.

anémone *f* anémona.

ânerie *f* burrada, estupidez.

ânesse *f* burra.

anesthés/ie *f* anestesia. **-ier** *t* anestesiar. **-ique** *a/m* anestésico, a. **-iste** *s* anestesista.

anfractuosité *f* anfractuosidad.

ang/e *m* ángel. I *être aux anges*, estar en la gloria. **-élique** *a* angélico, a. I *sourire —*, sonrisa angelical **-élus** |ãʒelys| *m* angelus.

angine *f* angina.

anglais, e *a/s* inglés, esa. I *filer à l'anglaise*, despedirse a la francesa.

angle *m* 1 ángulo. 2 (*d'une rue*) esquina *f* : *à l'— de la rue Bonaparte*, esquina a Bonaparte ; *juste à l'—*, en la misma esquina ; *faire l'—*, hacer esquina.

Angleterre *n p f* Inglaterra.

anglo-saxon, onne *a/s* anglosajón, ona.

angoiss/e *f* angustia, congoja. **-ant, e** *a* angustioso, a. **-er** *t* angustiar.

anguille *f* anguila.

anguleux, euse *a* anguloso, a.

anicroche *f* dificultad.

aniline *f* anilina.

animal, e *a/s* animal : *animaux sauvages*, animales salvajes.

anim/er *t* animar. **-ateur, trice** *s* animador, a. **-ation** *f* animación.

animosité *f* animosidad.

anis |ani(s)| *m* anís. **-ette** *f* anís *m*, anisete *m*.

ankyloser (s') *pr* anquilosarse.

annales *f pl* anales *m*.

Anne *n p f* Ana.

anneau *m* 1 anillo. 2 (*de rideaux*) anilla *f*.

année *f* año *m* : *bonne —!*, ¡feliz Año Nuevo! I *l'— scolaire*, el curso, el año escolar.

annex/e |aneks| *f* anexo *m* : *coucher à l'— de l'hôtel*, dormir en el anexo del hotel. **-er** *t* anexar. **-ion** *f* anexión.

annihiler *t* aniquilar.

anniversaire *m* 1 cumpleaños : *c'est aujourd'hui mon —*, hoy es mi cumpleaños. 2 (*d'un événement*) aniversario.

annonc/er ° *t* anunciar. **-e** *f*

anuncio m : *petites annonces*, anuncios por palabras. **-eur** m anunciante. **-iation** f anunciación.

annot/er t anotar. **-ation** f anotación.

annuaire m **1** anuario. **2** – *des téléphones*, guía f telefónica.

annuel, le a anual.

annulaire m anular.

annul/er t anular, cancelar. **-ation** f anulación.

anoblir t ennoblecer.

anodin, e a anodino, a.

anomalie f anomalía.

ânonner i leer, hablar con torpeza.

anonyme a/s anónimo, a.

anorak m anorak.

anormal, e a/s anormal.

anse f **1** asa : *l'– d'un panier*, el asa de una cesta. **2** (baie) ensenada.

antagon/isme m antagonismo. **-iste** a/s antagonista.

antarctique a antártico, a.

antécédent m antecedente.

antenne f antena.

antérieur, e a anterior.

anthologie f antología.

anthracite m antracita f.

anthrax m ántrax.

anthropologie f antropología.

anthropophage a/s antropófago, a.

antibiotique a/m antibiótico, a.

antibrouillard a antiniebla.

antichambre f antesala, antecámara.

anticip/er t anticipar. **-ation** f anticipación. I *roman d'–*, novela de ciencia ficción.

anticonceptionnel, elle a anticonceptivo, a.

antidater t antedatar.

antidérapant, e a/m antideslizante.

antidote m antídoto.

antigel m anticongelante.

Antilles n p f pl Antillas.

antilope f antílope m.

antiparasite a/m antiparásito, a.

antipath/ie f antipatía. **-ique** a antipático, a.

antipode m antípoda.

antiqu/e a antiguo, a. **-aire** s anticuario. **-ité** f antigüedad : *magasin d'antiquités*, tienda de antigüedades.

antiseptique a/m antiséptico, a.

antithèse f antítesis.

antituberculeux, euse a antituberculoso, a.

antivol m antirrobo.

Antoine n p m Antonio.

antre m antro.

anus [anys] m ano.

Anvers [āvεr] n p Amberes.

anxi/eux, euse a ansioso, a. **-été** f ansiedad.

aorte f aorta.

août [u] m agosto : *le 15 –*, el 15 de agosto.

apais/er t apaciguar, sosegar. **-ement** m sosiego.

aparté m aparte.

apath/ie f apatía. **-ique** a apático, a.

Apennins n p m pl Apeninos.

apercevoir ° t percibir, distinguir. □ *s'–*, darse cuenta : *il s'est aperçu qu'il n'avait pas sa clef*, se dió cuenta de que no tenía la llave ; *je ne m'en suis pas aperçu*, no me di cuenta de ello.

aperçu m idea f.

apéritif m aperitivo.

à-peu-près m aproximación f.

aphone a afónico, a.

aphte [aft] m afta f.

apicult/ure f apicultura. **-eur** m apicultor.

apitoyer (s') ° [apitwaje] pr – sur, apiadarse de.

aplanir t allanar.

aplatir t aplastar, achatar. □ *s'–*, (s'humilier) rebajarse.

aplomb |aplɔ̃| *m* **1** verticalidad *f*, aplomo. l *d'–*, a plomo, de pie; FIG *se sentir d'–*, encontrarse bien. **2** (assurance) aplomo. **3** (audace) descaro.

apocalypse *f* apocalipsis *m*.

apogée *m* apogeo.

apolitique *a* apolítico, a.

Apollon *n p m* Apolo.

apologie *f* apología.

apople/xie *f* apoplejía. **-ctique** *a/s* apopléctico, a.

apostol/at *m* apostolado. **-ique** *a* apostólico, a.

apostrophe *f* **1** (interpellation) apóstrofe *m*. **2** (orthographe) apóstrofo *m*.

apothéose *f* apoteosis.

apôtre *m* apóstol.

apparaître ° *i* **1** aparecer. **2** *il apparaît que...*, resulta que...

apparat *m* aparato.

appareil |apaʀɛj| *m* **1** aparato. **2** *– photographique*, cámara *f* fotográfica. **3** *qui est à l'–?*, ¿quién está al aparato?, ¿con quién hablo?

appareill/age *m* **1** MAR salida *f*. **2** (ensemble d'appareils) equipo. **-er** *i* MAR hacerse a la mar, zarpar.

appar/ent, e *a* aparente. **-emment** |apaʀamɑ̃| *adv* aparentemente. **-ence** *f* apariencia: *sauver les apparences*, guardar las apariencias; *se fier aux apparences*, fiarse de las apariencias.

apparenté, e *a* emparentado, a.

appariteur *m* bedel.

apparition *f* aparición.

appartement *m* piso, apartamento: *– de cinq pièces*, piso de cinco habitaciones.

apparten/ir ° *i* pertenecer: *ce disque m'appartient*, este disco me pertenece. □ *impers* incumbir: *il vous appartient de prendre cette décision*, le incumbe tomar esta decisión. **-ance** *f* pertenencia.

appât *m* **1** cebo. **2** FIG incentivo. **-er** *t* cebar. **2** FIG atraer.

appauvr/ir *t* empobrecer. **-issement** *m* empobrecimiento.

appeau *m* reclamo.

appel *m* **1** (téléphonique, etc.) llamada *f*. **2** llamamiento: *lancer un – au public*, dirigir un llamamiento al público. **3** *faire l'–*, pasar lista. **4** *faire – à*, recurrir a, acudir a, apelar a: *je fais – à votre bon sens*, recurro a su buen juicio.

appelé *m* MIL recluta.

appeler ° *t* **1** llamar. **2** *– le médecin*, avisar al médico. **3** *– au secours*, pedir socorro. **4** *– quelqu'un en justice*, citar a alguien. □ pr *comment t'appelles-tu?*, ¿cómo te llamas?; *je m'appelle Vincent*, me llamo Vicente.

appellation *f* denominación: *– contrôlée*, denominación de origen.

appendic/e |apɛ̃dis| *m* apéndice. **-ite** *f* apendicitis.

appentis *m* cobertizo.

appesantir (s') *pr* **1** hacerse más pesado, a. **2** *– sur*, insistir en.

appét/it *m* apetito. l *bon –!*, ¡que aproveche! **-issant, e** *a* apetitoso, a.

applaud/ir *i/t* aplaudir. **-issement** *m* aplauso.

application *f* aplicación.

applique *f* aplique *m*.

appliquer *t* aplicar. □ *s'–*, aplicarse.

appoint *m* **1** complemento. **2** *faire l'–*, dar el importe exacto.

appointements *m pl* sueldo *sing*.

apporter *t* **1** traer: *apportez-moi mon petit déjeuner*, tráigame mi desayuno. **2** (capitaux, preuves) aportar.

apposer *t* **1** (affiche) fijar. **2** (signature) poner.

apposition *f* (grammaire) aposición.

appréci/er *t* apreciar. **-able** *a* apreciable. **-ation** *f* apreciación.

appréhen/der *t* **1** (arrêter) aprehender, prender. **2** (craindre) temer. **-sion** f aprensión, temor m.

apprendre ° t 1 aprender : il apprend le russe, está aprendiendo el ruso. 2 enseñar : il m'a appris à nager, él me enseñó a nadar. 3 enterarse de : j'ai appris qu'elle était malade, me he enterado de que estaba enferma.

apprenti/i, e s aprendiz, a. **-ssage** m aprendizaje.

apprêté, e a afectado, a.

apprêter t preparar. □ s'-, disponerse : nous nous apprêtons à partir, nos disponemos para salir.

apprivoiser t domesticar, amansar.

approbat/ion f aprobación. **-eur, trice** a aprobador, a.

approchant, e a semejante.

approche f 1 proximidad. | aux approches de l'hiver, al aproximarse el invierno. 2 acceso m.

approcher t acercar, aproximar. □ s'approchons de Bordeaux, nos acercamos a Burdeos. □ s'- de, acercarse a : il s'approcha de moi, se acercó a mí.

approfondir t ahondar, profundizar : - un sujet, ahondar en un tema.

approprié, e a apropiado, a.

approprier (s') pr apropiarse.

approuver t aprobar : j'approuve ton idée, apruebo tu idea. | lu et approuvé, conforme.

approvisionn/er t abastecer, proveer. **-ement** m - en pétrole, abastecimiento, aprovisionamiento, suministro de petróleo.

approximat/if, ive a aproximativo, a. **-ivement** adv aproximadamente.

appui m apoyo.

appuyer ° |apyije| t 1 apoyar. 2 - sur un bouton, oprimir, pulsar un botón. 3 - sur l'accélérateur, pisar el accelerador. □ i appuyez à droite, cíñase a la derecha. □ s'- sur une canne, apoyarse en un

bastón.

âpre a 1 áspero, a. 2 - au gain, ávido, a de ganancias.

après |apRε| prép 1 después de : il est parti - moi, marchó después de mí ; - dîner, después de cenar. 2 tras : courir - quelqu'un, correr tras alguien ; - une hésitation, tras una vacilación. 3 - que, después que, luego que. 4 d'-, según : d'- moi, toi, según yo, tú. □ adv después : peu de temps -, poco tiempo después.

après-demain |apRεdmẽ| adv pasado mañana.

après-guerre m postguerra f.

après-midi m/f tarde f: dans l'-, por la tarde.

après-ski m pl descansos.

après-vente f service -, servicio post-venta.

âpreté f aspereza.

à-propos m ocurrencia f.

apt/e a apto, a : - à, apto para. **-itude** f aptitud.

aquarelle |akwaRεl| f acuarela.

aquarium |akwaRjɔm| m acuario.

aquatique |akwatik| a acuático, a.

aqueduc |akdyk| m acueducto.

aquilin a nez -, nariz aguileña.

arab/e a/m árabe. □ a chiffres arabes, cifras arábigas. **-esque** f arabesco m.

Arabie n p f Arabia.

arable a arable.

arachide f cacahuete m.

aragonais, e a/s aragonés, esa.

araignée f araña.

arbalète f ballesta.

arbitr/e m árbitro. | libre -, libre albedrío. **-age** m arbitraje. **-aire** a arbitrario, a. **-er** t arbitrar.

arborer t ostentar, lucir.

arbousier m madroño.

arbre m árbol. **-risseau** m arbolillo, arbolito. **-uste** m arbusto.

arc |aRk| m arco : - de triomphe, arco de triunfo ; tirer à l'-, tirar con arco.

arcade _f_ **1** soportal _m_. **2** — _sourcillière_, ceja.

arc-boutant [aʀkbutɑ̃] _m_ arbotante.

arc-bouter (s') [aʀkbute] _pr_ apoyarse.

arceau _m_ arco pequeño.

arc-en-ciel [aʀkɑ̃sjɛl] _m_ arco iris.

archaïque [aʀkaik] _a_ arcaico, a.

archange [aʀkɑ̃ʒ] _m_ arcángel.

arche _f_ **1** (de pont) arco _m_. **2** arca.

archéolo/gie [aʀkeɔlɔʒi] _f_ arqueología. **-gue** _s_ arqueólogo, a.

archer _m_ arquero.

archet _m_ arco.

archevêque _m_ arzobispo.

archi _préfixe_ archi, muy.

archiduc _m_ archiduque.

archipel _m_ archipiélago.

architect/e _s_ arquitecto, a. **-ure** _f_ arquitectura.

archiv/es _f pl_ archivo _m sing._ **-iste** _s_ archivero, a.

arctique _a_ ártico, a.

ard/ent, e _a_ ardiente. **-emment** [aʀdamɑ̃] _adv_ ardientemente. **-eur** _f_ ardor _m_.

ardoise _f_ pizarra.

ardu, e _a_ arduo, a.

are _m_ área _f_.

arène _f_ **1** arena. **2** TAUROM arena, ruedo _m_ : _le taureau rentre dans l'–_, el toro sale al ruedo. □ _pl_ TAUROM plaza _sing_ de toros.

arête _f_ **1** (de poisson) espina, raspa. **2** (d'un cube) arista.

argent _m_ **1** plata _f_ : _médaille en –_, medalla de plata. **2** dinero : _il gagne beaucoup d'–_, gana mucho dinero. **-erie** _f_ vajilla, cubiertos _m pl_ de plata.

argentin, e _a/s_ argentino, a.

Argentine _n p f_ Argentina.

argile _f_ arcilla.

argot [aʀgo] _m_ argot, jerga _f_.

argument _m_ argumento. **-er** _i_ argumentar.

arid/e _a_ árido, a. **-ité** _f_ aridez.

aristocrat/ie [aʀistɔkʀasi] _f_ aristocracia. **-e** _a/s_ aristócrata. **-ique** _a_ aristocrático, a.

arithmétique _f_ aritmética.

arlequin _m_ arlequín.

armateur _m_ armador.

armature _f_ armazón.

arme _f_ arma : _– à feu_, arma de fuego. □ _pl prendre les armes_, tomar las armas ; _déposer les armes_, rendirse.

armée _f_ ejército _m_ : _l'– de l'air_, el ejército del aire.

arm/er _t_ armar. **-ement** _m_ armamento.

armistice _m_ armisticio.

armoire _f_ armario _m_ : _– à glace_, armario de luna.

armoiries _f pl_ armas.

armur/e _f_ armadura. **-ier** _m_ armero.

arnica _f_ árnica.

aromat/e _m_ aroma. **-ique** _a_ aromático, a. **-iser** _t_ aromatizar.

arôme _m_ aroma.

arpège _m_ arpegio.

arpent/er _t_ (parcourir) recorrer a trancos. **-eur** _m_ agrimensor.

arqué, e _a_ arqueado, a.

arrache-pied (d') _loc adv_ denodadamente.

arracher _t_ **1** (arbre, etc.) arrancar. **2** (dent) sacar. I _se faire – une dent_, sacarse una muela. □ _s'– les cheveux_, mesarse los cabellos.

arrangeant, e _a_ acomodaticio, a.

arrang/er ° _t_ **1** arreglar. **2** _cela m'arrange_, esto me viene bien. □ _pr_ **1** arreglarse. **2** _arrange-toi pour être à l'heure_, arréglatelas para estar a hora. **-ement** _m_ arreglo.

arrérages _m pl_ atrasos.

arrestation _f_ detención.

arrêt [aʀɛ] _m_ **1** parada _f_ : _l'– de l'autobus_, la parada del autobús. I _sans –_, sin cesar. **2** — _de travail_, baja _f_ : _donner un – de travail de 48 heures_, dar de baja por 48 horas. 3 (d'un tribunal) fallo. □ pl MIL arresto sing.

arrêté m decreto, decisión f.

arrêter t 1 detener, parar. 2 (faire prisonnier) detener : *le voleur a été arrêté*, el ladrón ha sido detenido. □ pr 1 detenerse, pararse, parar : *je me suis arrêté au café*, me detuve en el café ; *la pendule s'est arrêtée*, el reloj se ha parado ; *le train s'arrête à toutes les gares*, el tren para en todas las estaciones. 2 *arrête-toi de crier !*, ¡deja de gritar ! 3 *s'arrêter à des détails*, parar mientes en detalles.

arrhes |aR| f pl señal sing : *laisser des —* dejar una señal.

arrière adv *en —*, atrás ; *rester en —*, quedarse atrás ; *faire un pas en —*, dar un paso atrás ; *mouvement en —*, movimiento hacia atrás. I *en — de*, detrás de. □ m 1 *l'— de la voiture*, la parte de atrás del coche. 2 (sport) *les arrières*, la defensa. □ a trasero, a : *roues arrières*, ruedas traseras.

arriéré, e a atrasado, a. □ s retrasado, a mental. □ m (dette) atrasos pl.

arrière-boutique f trastienda.

arrière-garde f retaguardia.

arrière-goût m resabio, gustillo.

arrière-grand-mère f bisabuela.

arrière-grand-père m bisabuelo.

arrière-grands-parents m pl bisabuelos.

arrière-pensée f segunda intención.

arrière-petite-fille f biznieta.

arrière-petit-fils m biznieto.

arrière-petits-enfants m pl biznietos.

arrière-plan m segundo término.

arrière-saison f fin m del otoño.

arrimer t amarrar.

arrivage m llegada f.

arriv/er i 1 llegar : *elle est arrivée hier*, ha llegado ayer. 2 conseguir : *je n'arrive pas à fermer la porte*, no consigo cerrar la puerta. 3 suceder,

pasar, ocurrir : *cela ne m'est jamais arrivé*, esto no me ha ocurrido nunca ; *quoi qu'il arrive*, pase lo que pase. **-ée** f llegada. I *ligne d'—*, meta.

arrog/ant, e a arrogante. **-ance** f arrogancia.

arrondir t redondear.

arrondissement m distrito municipal.

arros/er t regar. **-age** m riego. **-oir** m regadera f.

arsenal m arsenal.

arsenic m arsénico.

art |aR| m arte : *œuvre d'—*, obra de arte. □ pl artes f : *arts décoratifs*, artes decorativas.

art/ère f arteria. **-ériel, elle** a arterial.

arthrite f artritis.

artichaut m alcachofa f.

article m artículo.

articul/er t articular. **-ation** f articulación.

artific/e m 1 artificio. 2 *feu d'—*, fuegos pl artificiales. **-iel, elle** a artificial.

artill/erie f artillería. **-eur** m artillero.

artisan, e s artesano, a.

artist/e s artista. **-ique** a artístico, a.

¹**as** |ɑs| m 1 as. 2 FAM *un — du volant*, un as del volante.

²**as** |a| ⇒ avoir.

ascend/ant m ascendiente. **-ance** f ascendencia.

ascenseur m ascensor.

ascension f ascensión.

asc/ète s asceta. **-étique** a ascético, a. **-étisme** m ascetismo.

aseptique a aséptico, a.

asiatique a/s asiático, a.

Asie n p f Asia.

asile m 1 asilo. 2 *— d'aliénés*, manicomio.

aspect |aspɛ| m aspecto.

asperge f espárrago m.

asperger ° *t* rociar, asperjar.

aspérité *f* aspereza.

asphalte *m* asfalto.

asphyx/ie *f* asfixia. **-ier** *t* asfixiar.

aspir/er *t/i* aspirar. **-ation** *f* aspiración. **-ateur** *m* aspirador.

aspirine *f* aspirina.

assagir (s') *pr* formalizarse.

assaill/ir ° *t* asaltar, acometer. **-ant, e** *s* asaltante, agresor, a.

assain/ir *t* sanear. **-issement** *m* saneamiento.

assaisonn/er *t* condimentar, sazonar. **-ement** *m* condimento.

assassin *m* asesino. **-at** *m* asesinato. **-er** *t* asesinar.

assaut *m* asalto : *prendre d'—*, tomar por asalto.

ass/écher ° *t* desecar. **-èchement** *m* desecación *f*.

assemblage *m* 1 reunión *f*. 2 TECHN ensambladura *f*.

assemblée *f* asamblea.

assembler *t* 1 reunir. 2 TECHN ensamblar. □ *s'—*, juntarse, reunirse : *la foule s'assemble*, la muchedumbre se junta.

assentiment *m* asentimiento, asenso.

asseoir ° |aswar| *t* sentar. □ *s'—* *sur*, sentarse en ; *asseyez-vous*, siéntese.

assermenté, e *a* juramentado, a.

asservir *t* sojuzgar, avasallar, esclavizar.

assez |ase| *adv* 1 bastante : *il fait — froid*, hace bastante frío. 2 *— de*, bastante, suficiente : *— de choses*, bastantes cosas ; *as-tu — d'argent ?*, ¿ tienes bastante dinero ? 1 *j'en ai — de toujours répéter la même chose*, estoy harto de repetir siempre lo mismo ; *j'en ai — !*, ¡ ya estoy harto !

assid/u, ue *a* asiduo, a. **-uité** *f* asiduidad. **-ûment** *adv* con asiduidad.

assiéger ° *t* sitiar, asediar.

assiette *f* 1 plato *m* : *— plate, à*

soupe, creuse, plato llano, sopero, hondo. 2 *— anglaise*, plato de fiambres. 3 *ne pas être dans son —*, no sentirse bien.

assign/er *t* 1 asignar. 2 (en justice) citar. **-ation** *f* citación.

assimiler *t* asimilar.

assis ⇒ **asseoir.**

assises *f pl* audiencia *sing* de lo criminal.

assistance *f* 1 asistencia. 2 *— publique*, beneficencia.

assistant, e *s* 1 (auditeur) asistente. 2 (aide) ayudante, auxiliar. 3 *assistante sociale*, asistenta social.

assister i *— à*, asistir a, presenciar. □ *t* asistir.

associ/er *t* asociar. □ *pr les deux architectes se sont associés*, los dos arquitectos se han asociado. **-é, ée** *s* socio, a, asociado, a.

assoiffé, e *a* sediento, a.

assombrir *t* 1 oscurecer. 2 FIG ensombrecer.

assomm/er *t* 1 matar. 2 FAM (ennuyer) fastidiar. **-ant, e** *a* FAM fastidioso, a, pesado, a.

assomption *f* asunción.

assort/ir *t* combinar. **-i, ie** *a* 1 *chemisier — à la jupe*, blusa haciendo juego con la falda. 2 *gâteaux secs assortis*, galletas surtidas. **-iment** *m* 1 combinación *f*, juego. 2 surtido : *un — de gâteaux*, un surtido de pasteles.

assoup/ir (s') *pr* adormecerse. **-issement** *m* modorra *f*, sopor.

assoupl/ir *t* dar flexibilidad a. **-issement** *m* flexibilidad *f* : *exercices d'—*, ejercicios de flexibilidad.

assourd/ir *t* 1 ensordecer. 2 (rendre moins sonore) amortiguar. **-issant, e** *a* ensordecedor, a.

assouvir *t* *— la faim*, saciar el hambre.

assujettir *t* sujetar.

assumer *t* asumir.

assurance *f* 1 (certitude)

seguridad. I *recevez l'— de mes sentiments distingués*, queda de usted seguro servidor. 2 firmeza, aplomo *m*, convicción : *répondre avec —*, contestar con convicción. 3 seguro *m* : *— contre les accidents*, seguro contra accidentes ; *assurance-vie*, seguro de vida.

assuré, e *a* 1 (sûr) seguro, a. 2 *d'un pas —*, con paso firme. □ s *l'—*, el asegurado. **-ment** *adv* ciertamente.

assur/er *t* asegurar. □ *s'— contre le vol*, asegurarse contra robo. **-eur** *m* asegurador.

astérisque *m* asterisco.

asthm/e |asm| *m* asma *f*. **-atique** *a/s* asmático, a.

asticot *m* gusano, larva *f*.

astiquer *t* dar brillo a.

astrakan *m* astracán.

astre *m* astro.

astreindre ° *t* obligar.

astrolo/gie *f* astrología. **-gue** *s* astrólogo.

astronaut/e *s* astronauta. **-ique** *f* astronáutica.

astronom/ie *f* astronomía. **-e** *m* astrónomo. **-ique** *a* astronómico, a.

astuc/e *f* 1 (ruse) astucia. 2 chiste *m* : *faire des astuces*, contar chistes. **-ieux, euse** *a* astuto, a.

atelier *m* 1 taller. 2 (d'artiste) estudio.

atermoyer ° |atɛrmwaje| *i* andar con dilaciones, aplazar.

athé/e *a/s* ateo, a. **-isme** *m* ateísmo.

Athènes |atɛn| *n p* Atenas.

athl/ète *s* atleta. **-étique** *a* atlético, a. **-étisme** *m* atletismo.

atlantique *a* atlántico, a.

atlas |atlas| *m* atlas.

atmosph/ère *f* atmósfera. **-érique** *a* atmosférico, a.

atoll |atɔl| *m* atolón.

atom/e *m* átomo. **-ique** *a*

atómico, a. **-iseur** *m* spray, atomizador.

atout *m* triunfo.

âtre *m* hogar.

atroc/e *a* atroz. **-ité** *f* atrocidad.

attabler (s') *pr* sentarse a la mesa.

attachant, e *a* cautivador, a.

attache *f* 1 atadura, ligadura. 2 (pour papiers) grapa, clip *m*.

attaché *m* ∾ *d'ambassade, culturel*, agregado diplomático, cultural.

attachement *m* afecto, cariño.

attacher *t* 1 atar, sujetar. 2 *attachez vos ceintures !*, ¡abróchense los cinturones! 3 (liens affectifs) ligar, vincular. 4 *— de l'importance, de la valeur à*, dar importancia, valor a. □ *pr le chien s'attache à son maître*, el perro toma afecto a su amo ; *je me suis attaché à ce village*, me he encariñado con este pueblo.

attaqu/er *t* atacar. □ *s'— à*, atacar. **-e** *f* ataque *m*. I *avoir une —*, tener un ataque de apoplejía.

attard/er (s') *pr* retrasarse, rezagarse : *elle s'est attardée en route*, se ha retrasado en el camino. **-é, ée** *a/s* retrasado, a.

attein/dre ° *t* 1 alcanzar. 2 *il est atteint d'une paralysie complète*, está afectado por una parálisis total. **-te** *f hors d'—*, fuera de alcance ; *porter — à*, atentar a.

attel/er ° *t* 1 enganchar. 2 (bœufs) uncir. **-age** *m* 1 enganche. 2 (chevaux) tiro ; (bœufs) yunta *f*.

attenant, e *a* contiguo, a.

attendre *t* 1 esperar, aguardar : *nous attendons le médecin*, estamos esperando al médico ; *nous attendons qu'il arrive*, estamos esperando que llegue. 2 *en attendant*, entretanto ; *en attendant que*, hasta que. □ *s'—*, esperarse, contar con : *je m'y attendais*, me lo esperaba ; *il faut s'— à tout*, puede uno esperárselo todo.

attendr/ir *t* **1** ablandar. **2** FIG enternecer. **-issant, e** *a* enternecedor, a.

attendu, e *a* esperado, a. □ *conj* **–** **que**, visto que.

attentat *m* atentado.

attente *f* espera : *salle d'–*, sala de espera ; *dans l'– de*, en espera de.

attenter *i* **–** *à*, atentar contra.

attent/ion *f* **1** atención. **2** *faire –* *à*, tener cuidado de ; *attention !*, ¡cuidado!, ¡ojo! ; **–** *à l'auto !*, ¡cuidado con el coche ! **3** *il ne fait pas – à ce que je lui dis*, no hace caso de lo que le digo ; *ne fais pas –*, no hagas caso. **-if, ive** *a* atento, a. **-ivement** *adv* atentamente.

atténuer *t* atenuar.

atterrer *t* aterrar, abatir.

atterr/ir *i* aterrizar. **-issage** *m* aterrizaje.

attest/er *t* atestiguar, atestar. **-ation** *f* certificado *m*, atestado *m*.

attiédir *t* entibiar.

attirail *m* pertrechos *pl*, avíos *pl*.

attir/er *t* **1** atraer. **2** *– l'attention*, llamar la atención. □ *s'– la sympathie*, granjearse la simpatía ; *s'– des ennuis*, ganarse disgustos. **-ance** *f* atracción.

attiser *t* (le feu) atizar.

attitré, e *a* habitual.

attitude *f* actitud.

attraction *f* atracción. □ *pl* atracciones.

attrait *m* atractivo.

attrape *f* broma.

attraper *t* **1** (prendre) coger. **2** *– un rhume*, pillar un resfriado. **3** (tromper) engañar. I *j'ai été bien attrapé*, me quedé chasqueado. **4** (réprimander) regañar, reñir.

attrayant, e |atʀɛjɑ̃, ɑ̃t| *a* atractivo, a.

attribuer *t* atribuir : *on attribue ce tableau à Rubens*, se atribuye este

cuadro a Rubens.

attribut *m* atributo.

attribution *f* atribución.

attrister *t* entristecer.

attroupement *m* aglomeración *f* de gente, grupo.

au *prép* al : *aller – cinéma*, ir al cine. ⇒ **à**.

aubaine *f* ganga. I *quelle – !*, ¡qué suerte !

aube *f* **1** alba : *à l'–*, al rayar el alba. **2** (de roue hydraulique) álabe *m*, paleta.

aubépine *f* espino *m* albar.

auberg/e *f* posada, mesón *m*. **-iste** *s* posadero, a, mesonero, a.

aubergine *f* berenjena.

aucun, e *a/pron indéf* ninguno, a (ningún devant un substantif masculin) : *– homme*, ningún hombre ; *aucune femme*, ninguna mujer. I *d'aucuns*, algunos. **-ement** *adv* de ningún modo.

audac/e *f* audacia. **-ieux, euse** *a* audaz.

au-dehors, au-delà, etc. ⇒ **dehors, delà,** etc.

audible *a* audible.

audience *f* audiencia.

audio-visuel, elle *a* audiovisual.

auditeur, trice *s* **1** oyente. **2** (à la radio) radioyente, radioescucha.

audit/ion *f* audición. **-if, ive** *a* auditivo, a. **-oire** *m* auditorio.

auge *f* pila, bebedero *m*.

augment/er *t/i* **1** aumentar. **2** (prix) subir, aumentar : *l'essence a augmenté*, ha subido la gasolina. **-ation** *f* **1** aumento *m*. **2** (des prix) subida, aumento *m*. **3** *demander une –*, pedir un aumento (de sueldo).

augur/e *m* agüero. **-er** *t* augurar.

auguste *a* augusto, a.

aujourd'hui *adv* **1** hoy. **2** (à l'époque actuelle) hoy día.

aumôn/e *f* limosna : *demander l'–*, pedir limosna. **-ier** *m* capellán.

auparavant *adv* antes.

auprès de *loc prép* cerca de.

auquel *pron rel* (choses) *le livre — je fais allusion,* el libro al cual, al que aludo ; (personnes) *l'homme — je parle,* el hombre a quien hablo ; *les personnes auxquelles je parle,* las personas a quienes hablo. I *— cas,* en cuyo caso.

aura, aurai ⇒ **avoir.**

auréole *f* 1 aureola. 2 (trace sur un tissu) cerco *m*.

auriculaire *a/m* auricular.

aurore *f* aurora.

auscult/er *t* auscultar. **-ation** *f* auscultación.

auspices *m pl* auspicios.

aussi *adv* 1 también : *toi —,* tú también. 2 tan : *il est — grand que moi,* es tan alto como yo ; *je ne le croyais pas — jeune,* no lo creía tan joven. □ *conj* 1 (pour cette raison) por eso. 2 *— bien que,* tanto como.

aussitôt *adv* 1 en seguida. I *— après,* inmediatamente después. 2 *— que,* tan pronto como.

aust/ère *a* austero, a. **-érité** *f* austeridad.

austral, e *a* austral.

Australie *n p f* Australia.

australien, enne *a/s* australiano, a.

autant *adv* 1 otro tanto, lo mismo : *je suis capable d'en faire —,* soy capaz de hacer otro tanto. 2 tanto, a : *il y a — de chaises que d'invités,* hay tantas sillas como invitados. 3 *— que,* tanto como. I *— que je sache,* que yo sepa. 4 *d'— plus que,* más aún.

autel *m* altar : *maître-autel,* altar mayor.

auteur *m* autor, a.

authenti/que *a* auténtico, a. **-cité** *f* autenticidad.

auto *f* coche *m*, auto *m*.

autobiograph/ie *f* autobiografía. **-ique** *a* autobiográfico, a.

autobus [otobys] *m* autobús.

autocar [otokaʀ] *m* autocar.

autochtone [otɔktɔn] *a/s* autóctono, a.

autocollant *m* pegatina *f*.

autocrate *m* autócrata.

autocuiseur *m* olla *f* a presión.

autodidacte *a/s* autodidacto, a.

autodrome *m* autódromo.

auto-école *f* autoescuela.

autographe *a/m* autógrafo, a.

automat/e *m* autómata. **-ion** *f* automación. **-ique** *a* automático, a. **-isation** *f* automatización. **-iser** *t* automatizar. **-isme** *m* automatismo.

automne [otɔn] *m* otoño.

automobil/e *a* automóvil. I *industrie —,* industria del automóvil ; *course —,* carrera automovilística. □ *une —,* un automóvil *m*. **-iste** *s* automovilista.

automotrice *f* automotor *m*, autovía *m*.

autonom/e *a* autónomo, a. **-ie** *f* autonomía. **-iste** *a/s* autonomista.

autopsie *f* autopsia.

autorail [otoʀaj] *m* autovía.

autoris/er *t* autorizar. **-ation** *f* autorización.

autorit/é *f* autoridad. **-aire** *a* autoritario, a.

autoroute *f* autopista.

auto-stop *m* autostop : *faire de l'—,* hacer autostop. **-peur, euse** *s* persona que hace autostop.

autour *adv* 1 alrededor. I *tout —,* por todos lados. 2 *— de lui,* alrededor de él, alrededor suyo.

autre *a/pron* otro, a : *un — jour,* otro día ; *il a une — sœur,* tiene otra hermana ; *deux autres sœurs,* otras dos hermanas ; *donne-m'en un —,* dame otro ; *l'— jour,* el otro día ; *— chose,* otra cosa ; *l'un... l'—,* uno... el otro ; *les uns... les autres,* unos... otros ; *aimez-vous les uns les autres,* amaos los unos a los otros. I *les autres,* los demás ; *personne d'—,* nadie más ; *rien d'—,* nada más.

autrefois *adv* en otro tiempo.

autrement *adv* **1** de otro modo : — *dit*, dicho de otro modo. **2** si no, o : *tiens-toi, — tu vas tomber*, agárrate o vas a caer.

Autriche *n p f* Austria.

autrichien, enne *a/s* austriaco, a.

autruche *f* avestruz *m*.

autrui *pron* **1** el prójimo. **2** *d'—*, ajeno, a.

auvent *m* colgadizo, tejadillo.

aux ⇒ **à**.

auxiliaire *a/s* auxiliar.

auxquels ⇒ **auquel**.

avachi, e *a* deformado, a.

aval *m* en —, río abajo.

avalanche *f* alud *m*, avalancha.

avaler *t* tragar, tragarse.

avance *f* adelanto *m*. **1** *arriver en —*, llegar con adelanto ; *je suis en — d'une heure*, llevo una hora de adelanto ; *être en — sur, prendre de l' — sur*, adelantarse a ; *je vous remercie d'—, par —*, le agradezco de antemano ; *prévenir à l'—*, avisar con antelación. **2** (acompte) anticipo *m*. I *payer d'—*, pagar por anticipado. □ pl *faire des avances*, dar los primeros pasos.

avancé, e *a* **1** *il est très — pour son âge*, está muy adelantado para su edad. **2** *à une heure avancée de la nuit*, muy entrada la noche. **3** *idées avancées*, ideas avanzadas.

avanc/er *t* **1** adelantar : *j'ai avancé mon bras, mon départ*, he adelantado mi brazo, mi salida. **2** *— de l'argent*, anticipar dinero. □ *i* **1** adelantar, avanzar : *— d'un mètre*, adelantar un metro. **2** *ma montre avance de cinq minutes*, mi reloj adelanta cinco minutos. □ *pr je me suis avancé*, me he adelantado. **-ement** *m* ascenso : *demander de l'—*, pedir ascenso.

avanie *f* afrenta.

avant *prép* **1** antes de : *— lundi*, antes del lunes. I *— tout*, antes de nada. **2** antes que : *bien — lui*, mucho antes que él. I *— qu'il n'arrive*, antes (de) que llegue. □ *adv* **1** antes : *un mois —*, un mes antes. I *le jour d'—*, la víspera. **2** *en — de*, delante de. **3** *en — !*, ¡adelante ! □ *a* delantero, a : *roues —*, ruedas delanteras. □ *m* **1** parte *f* delantera, delantera *f*. **2** (sport) delantero : *avant-centre*, delantero centro.

avantag/e *m* ventaja *f*. **-er °** *t* **1** aventajar. **2** favorecer : *cette coiffure t'avantage*, te favorece este peinado. **-eux, euse** *a* ventajoso, a, favorable.

avant-bras *m* antebrazo.

avant-coureur *a* precursor, a.

avant-dernier, ère *a/s* penúltimo, a.

avant-garde *f* vanguardia.

avant-hier |avɑ̃tjɛʀ| *adv* anteayer.

avant-première *f* ensayo *m* general.

avant-propos *m* prefacio.

avant-scène *f* **1** proscenio *m*. **2** (loge) palco *m* de proscenio.

avant-veille *f* antevíspera.

avar/e *a/s* avaro, a. **-ice** *f* avaricia.

avari/e *f* avería. **-é, ée** *a* averiado, a.

avec *prép* **1** con. **2** *— moi, toi, soi*, conmigo, contigo, consigo.

avenant, e *a* **1** agradable, afable. **2** *à l'—*, en proporción. □ *m* **1** acta *f* adicional. **2** (assurances) póliza *f* adicional.

avènement *m* advenimiento.

avenir *m* porvenir, futuro. I *à l'—*, en el porvenir, en lo sucesivo.

aventur/e *f* **1** aventura. **2** *à l'—*, a la ventura, al azar. **-er (s')** *pr* aventurarse. **-eux, euse** *a* **1** (hardi) atrevido, a. **2** (risqué) aventurado, a, arriesgado, a. **-ier, ère** *s* aventurero, a.

avenue |avny| *f* avenida.

avérer (s') ° *pr* revelarse.

averse *f* aguacero *m*, chaparrón *m*.

aversion *f* aversión : *avoir en* –, tener aversión a.

avert/ir *t* advertir, avisar : *je t'avertis que...*, te advierto que... **-i, ie** *a* avisado, a. **-issement** *m* aviso, advertencia *f*. **-isseur** *m* 1 (d'automobile) bocina *f*. 2 – *d'incendie*, sirena *f*.

aveu *m* 1 confesión *f*. 2 *de l'*– *de*, según testimonio de.

aveugl/e *a/s* ciego, a. **-ement** *m* ceguedad *f*, ceguera *f*. **-ément** *adv* ciegamente. **-er** *t* cegar.

aveuglette (à l') *loc adv* a ciegas.

aviat/eur, trice *s* aviador, a. **-ion** *f* aviación.

aviculture *f* avicultura.

avid/e *a* ávido, a. **-ité** *f* avidez.

avil/ir *t* envilecer, degradar. **-issant, e** *a* envilecedor, a. **-issement** *m* envilecimiento.

avion *m* avión.

aviron *m* remo.

avis |avi| *m* 1 parecer, opinión *f* : *à mon* –, a mi parecer, en mi opinión ; *j'ai changé d'*–, he cambiado de opinión ; *je suis d'*– *de partir*, mi parecer es que debemos marcharnos. 2 – *au public*, aviso al público.

avisé, e *a* avisado, a.

aviser *t* avisar. □ *pr* atreverse : *ne t'avise pas de...*, no te atrevas a...

¹**avocat, e** *s* abogado, a.

²**avocat** *m* (fruit) aguacate.

avoine *f* avena.

¹**avoir** ° *t* 1 (posséder, éprouver)

tener : *j'ai beaucoup d'amis*, tengo muchos amigos ; *il a huit ans*, tiene ocho años ; *as-tu soif ?*, ¿tienes sed ? I – *à*, tener que : *je n'ai rien à faire*, no tengo nada que hacer. 2 pasar : *qu'avez-vous ?*, ¿qué le pasa ? □ *auxil* haber : *j'ai lu et il a écrit*, he leído y él ha escrito. □ *impers* 1 *il y a*, hay : *y a-t-il ici un interprète ?*, ¿hay aquí un intérprete ? ; *il n'y a pas de quoi*, no hay de qué. 2 (temps) hacer : *il y a cinq ans*, hace cinco años.

²**avoir** *m* haber : *doit et* –, debe y haber.

avoisin/er *t* lindar con. **-ant, e** *a* vecino, a.

avort/er *i* abortar. **-ement** *m* aborto. **-on** *m* aborto.

avouable *a* confesable.

avoué *m* procurador judicial.

avouer *t* confesar : *j'avoue que je me suis trompé*, confieso que me he equivocado. □ *s'* – *coupable*, declararse culpable.

avril *m* abril : *le premier* –, el primero de abril. I *poisson d'*–, inocentada *f* del primero de abril.

axe *m* eje.

axiome *m* axioma.

ayant, ayez, ayons ⇒ **avoir.**

azalée *f* azalea.

azimut |azimyt| *m* 1 acimut. 2 FAM *dans tous les azimuts*, en todas las direcciones.

azot/e *m* nitrógeno, ázoe. **-é, ée** *a* nitrogenado, a.

aztèque *a/s* azteca.

azur *m* azul.

azyme *a pain* –, pan ácimo.

B

b *m* b *f* : *un* –, una b.

¹**baba** *m* – *au rhum*, bizcocho borracho.

²**baba** *a* FAM *en rester* –, quedarse bizco.

babill/er *i* charlar, parlotear. **-age** *m* cháchara *f*.

babines *f pl* belfos *m*.

babiole *f* baratija.

bâbord *m* babor.

babouche *f* babucha.

babouin *m* babuino.

¹**bac** *m* 1 (bateau) barca *f*. 2 cubeta *f*, recipiente.

²**bac** *m* FAM bachillerato.

baccalauréat *m* bachillerato.

bâche *f* toldo *m*.

bachelier, ère *s* bachiller.

bachot *m* FAM bachillerato.

bacille *m* bacilo.

bâcler *t* chapucear, frangollar.

bactérie *f* bacteria.

badaud, e *s* mirón, ona, papanatas.

badigeon |badiʒɔ̃| *m* enlucido. **-ner** *t* enlucir.

badiner *i* bromear.

bafouer *t* ridiculizar.

bafouill/er *i* farfullar. **-age** *m* farfulla *f*.

bagage *m* 1 equipaje (toujours au singulier) : *je n'ai pas de bagages*, no llevo equipaje ; *mes bagages sont à la consigne*, mi equipaje está en la consigna. 2 – *intellectuel*, bagaje intelectual.

bagarr/e *f* riña, pelea. **-er (se)** *pr* pelearse.

bagatelle *f* bagatela, friolera.

bagn/e *m* presidio. **-ard** *m* presidiario.

bagnole *f* FAM coche *m*.

bagou(t) *m* labia *f*, facundia *f*.

bague *f* sortija, anillo *m*.

baguette *f* 1 varilla. 2 (de chef d'orchestre) batuta. 3 (de pain) barra. 4 (électrique) cajetín *m*. □ *pl* (de tambour, pour le riz) palillos *m*.

bah ! *interj* ¡ bah !

bahut *m* armario rústico bajo.

baie *f* 1 (golfe) bahía. 2 (fenêtre) abertura. 3 (fruit) baya.

baign/er *t* bañar. I *baigné de sueur* bañado en sudor. □ *se* –, bañarse. **-ade** *f* baño *m*. **-eur, euse** *s* bañista. **-oire** *f* 1 bañera. 2 (théâtre) palco *m* de platea.

bail |baj| *m* arrendamiento.

bâill/er *i* bostezar. **-ement** *m* bostezo.

bâillon *m* mordaza *f*. **-ner** *t* amordazar.

bain *m* baño.

bain-marie *m* baño maría.

baïonnette *f* bayoneta.

baiser *t* besar : – *la main*, besar la mano. □ *m* beso.

baisse *f* 1 (prix) baja. 2 (température) descenso *m*.

baisser *t/i* – *les yeux, la voix*, bajar los ojos, la voz ; *le sucre va* –, el azúcar va a bajar. □ *se* –, bajarse, agacharse. □ *m* – *du rideau*, bajada *f* del telón.

bal *m* baile.

balad/e *f* FAM paseo *m*, garbeo *m* : *faire une* –, darse un garbeo. **-er (se)** *pr* FAM pasearse, darse un garbeo. **-euse** *f* lámpara eléctrica móvil.

balafre *f* chirlo *m*.

balai *m* escoba *f*.

balanc/e *f* balanza. **-ement** *m* balanceo. **-er** *t* 1 mecer. 2 FAM (jeter) echar. □ *se* –, balancearse, columpiarse. I FAM *je m'en* *balance,* me importa un bledo. **-ier** *m* péndulo.

balançoire *f* columpio *m.*

balay/er ° [baleje] *t* barrer. **-age** *m* barrido. **-ette** *f* escobilla. **-eur** *m* barrendero. **-ures** *f pl* barreduras.

balbuti/er [balbysje] *i* balbucear. □ *t* mascullar. **-ement** *m* balbuceo.

balcon *m* 1 balcón. 2 (théâtre) anfiteatro.

Bâle *n p* Basilea.

Baléares *n p f pl* Baleares.

baleine *f* 1 ballena. 2 (de parapluie) varilla.

balis/e *f* baliza. **-age** *m* abalizamiento. **-er** *t* abalizar.

baliveau *m* resalvo.

baliverne *f* pamplina, sandez.

balkanique *a* balcánico, a.

ballade *f* balada.

ballast *m* balasto.

balle *f* 1 (jeu) pelota. 2 (projectile) bala. 3 (paquet) bala.

ballerine [balʀin] *f* bailarina.

ballet [balɛ] *m* ballet.

ballon *m* 1 balón, pelota *f.* 2 (en baudruche, aérostat) globo. **-né, ée** *a* hinchado, a.

ballot *m* 1 fardo, bulto. 2 FAM (sot) bobo.

ballottage *m* empate. I *scrutin de —,* votación *f* de desempate, segunda vuelta.

ballotter *i* bambolearse, zangolotearse.

balluchon *m* hatillo, hato.

balnéaire *a* balneario, a.

balourdise *f* 1 tosquedad. 2 (parole ou action) patochada.

balsa *m* balsa *f.*

Baltique *n p f* Báltico *m.*

balustrade *f* barandilla, balaustrada.

bambin *m* niñito.

bambou *m* bambú.

banal, e *a* banal, común. **-ité** *f* banalidad.

banan/e *f* plátano *m.* **-ier** *m* (arbre) plátano.

banc [bɑ̃] *m* 1 banco. 2 *— de poissons, de sable,* banco de peces, de arena.

bancaire *a* bancario, a.

bancal, e *a* 1 (personne) patituerto, a. 2 (meuble) cojo, a.

bandage *m* venda *f,* vendaje.

bande *f* 1 (pansement) venda. 2 (de terrain, pour entourer un journal) faja. 3 (de papier, tissu) tira. 4 *— magnétique,* cinta magnetofónica. 5 *— dessinée,* comic *m.* 6 (de personnes) grupo *m,* pandilla, banda : *une — de voleurs,* una pandilla de ladrones.

bandeau *m* 1 (pour ceindre la tête) cinta *f.* 2 (pour les yeux) venda *f.*

bandelette *f* venda.

bander *t* 1 vendar. 2 (tendre) poner tirante. 3 *— un arc,* armar un arco.

banderille *f* banderilla.

banderole *f* banderola.

bandit *m* bandido.

bandoulière (en) *loc adv* en bandolera.

banlieu/e *f* afueras *pl,* cercanías *pl,* alrededores *m pl : nous habitons en —,* vivimos en las afueras; *train de —,* tren de cercanías. I *la grande —,* el extrarradio. **-sard, e** *s* habitante de las afueras.

bannière *f* pendón *m.*

bann/ir *t* desterrar. **-issement** *m* destierro.

banque *f* 1 banco *m : déposer de l'argent à la —,* depositar dinero en el banco; *— du sang,* banco de sangre. 2 (commerce de l'argent, jeu) banca.

banqueroute *f* bancarrota, quiebra. I *faire —,* quebrar.

banquet *m* banquete.

banquette *f* asiento *m.*

banquier *m* banquero.

banquise f banco m de hielo.

bapt/ême [batem] m bautismo. | *nom de* —, nombre de pila. **-iser** t bautizar. **-ismal, e** a bautismal. **-istère** m baptisterio.

baquet m tina f, cubeta f.

¹bar m 1 (établissement) bar. 2 (comptoir) barra f : *prendre un vermouth au* —, tomar un vermut en la barra.

²bar m (poisson) róbalo.

baragouin m jerga f, guirigay. **-er** t chapurrear.

baraque f 1 (de forains) barraca, caseta. 2 (maison) casucha. **-ment** m conjunto de barracas.

baratin m FAM palique, camelo. **-er** t camelar.

baratte f mantequera.

barbant, e a FAM latoso, a, pesado, a.

barbar/e a/s bárbaro, a. **-ie** f barbarie, crueldad. **-isme** m barbarismo.

barbe f 1 barba. | *à la — de quelqu'un*, en las barbas de alguien; *se faire la* —, afeitarse; *rire dans sa* —, reír para sus adentros. 2 — *à papa*, algodón m. 3 FAM *la* —!, ¡ya basta!; *quelle* —!, ¡qué engorro!, ¡qué lata!

barbecue [barbəky] m barbacoa f.

barbelé a/m *fil de fer* —, espino artificial.

barber t FAM fastidiar, dar la lata : *tu me barbes*, me fastidias. □ *se* —, aburrirse.

barbiche f perilla.

barboter i chapotear. □ t FAM (voler) afanar.

barbouill/er t 1 (salir) embadurnar. 2 (peindre) pintarrajear. 3 (écrire) emborronar. **-age** m 1 embadurnamiento. 2 (peinture) pintarrajo, mamarracho. 3 (écriture) garabatos pl.

barbu, e a barbudo, a.

Barcelone n p Barcelona.

barème m baremo.

baril m barril.

bariol/er t abigarrar. **-age** m abigarramiento.

baromètre m barómetro.

baron, onne s barón, onesa.

baroque a/m barroco, a.

barque f barca.

barrage m 1 (sur un cours d'eau) presa f. 2 (retenue d'eau) embalse. 3 — *de police*, cordón de policía.

barre f 1 barra. 2 (du gouvernail) caña. | *être à la* —, llevar el timón.

barreau m 1 barrote. 2 (profession d'avocat) abogacía f.

barrer t 1 — *le passage*, cerrar el paso. 2 — *une porte*, atrancar una puerta. 3 — *un mot*, tachar una palabra. 4 — *un chèque*, cruzar un cheque ; *chèque barré*, cheque cruzado. □ FAM *se* —, largarse.

barrette f (pour les cheveux) pasador m.

barricad/e f barricada. **-er (se)** pr atrincherarse.

barrière f barrera.

barrique f barrica.

Barthélemy n p m Bartolomé.

baryton m barítono.

bas, basse a 1 bajo, a. | *à voix basse*, en voz baja. 2 *ciel* —, cielo nublado. □ *adv* 1 bajo. | *en* —, abajo; *plus* —, más abajo; *parler tout* —, hablar en voz baja. 2 *mettre* —, parir. 3 *à* — *le tyran!*, ¡abajo el tirano! □ m 1 *le* — *du visage*, la parte baja de la cara. 2 media f : *une paire de* —, un par de medias.

basalte m basalto.

basané, e a curtido, a, atezado, a.

bas-côté [bakote] m 1 (d'une église) nave f lateral. 2 (d'une route) arcén.

bascul/e f báscula. **-er** i (culbuter) voltear.

bas/e f 1 base. 2 *à* — *de*, a base de. **-er** t basar.

bas-fond m 1 hondonada f. 2 (mer) bajo. □ pl FIG bajos fondos.

basilique f basílica.

basket (-ball) [basket (bol)] *m* baloncesto. | *chaussures de –*, zapatillas de baloncesto.

basque *a/s* vasco, a, vascongado, a. □ *m* (langue) vascuense.

bas-relief [baʀəljɛf] *m* bajorrelieve.

basse *f* MUS bajo *m*.

basse-cour *f* corral *m*.

bassesse *f* bajeza, vileza.

basset *m* perro pachón.

bassin *m* 1 (dans un jardin) alberca *f*. 2 (port) dársena *f*. 3 *le – de l'Èbre*, la cuenca del Ebro; *– houiller*, cuenca hullera. 4 (anatomie) pelvis *f*.

bassine *f* lebrillo *m*.

basson *m* 1 bajón, fagot. 2 (musicien) bajonista.

bastingage *m* empalletado.

bât *m* albarda *f*.

bataill/e *f* batalla. **-eur, euse** *a/s* batallador, a. **-on** *m* batallón.

bâtard, e *a/s* bastardo, a.

bateau *m* barco *m* : *– à voile*, barco de vela. | *bateau-citerne*, buque cisterna.

bâti *m* armazón *f*.

bâtiment *m* 1 construcción *f* : *les ouvriers du –*, los obreros de la construcción. 2 edificio : *un – moderne*, un edificio moderno. 3 (navire) buque.

bâtir *t* 1 edificar, construir. | *terrain à –*, solar. 2 (couture) hilvanar, montar.

bâtisse *f* edificio *m*.

batiste *f* batista.

bâton *m* 1 palo. | *donner des coups de –*, dar palos; *à bâtons rompus*, sin orden ; *mettre des bâtons dans les roues*, poner estorbos. 2 (de ski) bastón. 3 *– de commandement*, bastón de mando. 4 *– de rouge à lèvres*, barra *f* de labios, lápiz de labios. **-ner** *t* apalear.

battage *m* 1 (du grain) trilla *f*. 2 publicidad *f* a bombos y platillos.

battant, e *a sous une pluie battante*, bajo una lluvia diluviana. □ *m* 1 hoja *f* : *porte à deux battants*, puerta de dos hojas. 2 (de cloche) badajo.

battement *m* 1 (du cœur) latido. | *avoir des battements de cœur*, tener palpitaciones. 2 *– de paupières*, parpadeo. 3 *10 minutes de –*, 10 minutos de intervalo.

batterie *f* batería.

batteur *m* 1 (musicien) batería. 2 (appareil ménager) batidora *f*.

batteuse *f* trilladora.

batt/re ° *t* 1 pegar, golpear. 2 (les œufs) batir. 3 *– les cartes*, barajar los naipes. 4 *– le tambour*, tocar el tambor. 5 derrotar, vencer, batir : *notre équipe a battu l'équipe adverse*, nuestro equipo ha derrotado al equipo contrario. 6 *– la mesure*, llevar el compás. □ *i 1 – des mains*, palmotear, aplaudir. 2 (cœur) latir. □ *pr* 1 pelearse : *ils se sont battus à coups de poing*, se han peleado a puñetazos. 2 *se – en duel*, batirse en duelo. **-u, ue** *a 1 terre battue*, tierra batida. 2 *yeux battus*, ojos cansados.

baudet *m* borrico.

baume *m* bálsamo.

baux *pl de* **bail**.

bauxite *f* bauxita.

bavard, e *a/s* charlatán, ana, parlanchín, ina. **-age** *m* charla *f*. **-er** *i* charlar, parlotear.

bav/e *f* baba. **-er** *i* babear. **-ette** *f*, **-oir** *m* babero *m*.

Bavière *n p f* Baviera.

bavure *f* (erreur) desacierto *m*.

bazar *m* bazar. | FAM *quel – !*, ¡qué desorden !, ¡qué leonera ! **-der** *t* FAM vender.

béant, e *a* abierto, a.

béat, e *a* plácido, a. **-itude** *f* beatitud.

Béatrice *n p f* Beatriz.

beau, bel, belle [bo, bɛl] *a 1* hermoso, a : *un – paysage*, un hermoso paisaje ; *un bel arbre*, un hermoso árbol. 2 (une personne) hermoso, a, guapo, a : *une belle femme*, una mujer guapa. **3** bello, a : *la vie est belle*, la vida es bella ; *le — sexe*, el bello sexo. **4** bueno, buen, a : *un — menteur*, un buen embustero; *quel — temps!*, ¡qué tiempo más bueno! ; *un — jour*, un buen día. **5** *il a — faire, dire*, por más que haga, diga. □ adv *bel et bien*, completamente; *de plus belle*, a más y mejor. □ m *le temps est au —*, el fait —, hace buen tiempo; *c'est du — !*, ¡qué vergüenza! □ f **1** *jouer la belle*, jugar un partido de desempate. **2** *en faire de belles*, hacer tonterías.

beaucoup [boku] adv **1** mucho : *il a — travaillé*, ha trabajado mucho; *de —*, con mucho. **2** *— de*, mucho, a os, as : *— de bruit, d'eau, d'enfants*, mucho ruido, mucha agua, muchos niños.

beau-fils [bofis] *m* **1** yerno, hijo político. **2** (fils de l'autre conjoint) hijastro.

beau-frère *m* cuñado.

beau-père *m* **1** suegro, padre político. **2** (second mari de la mère) padrastro.

beauté *f* belleza : *produits de —*, productos de belleza. l *de toute —*, hermosísimo, a.

beaux-arts [bozar] *m pl* bellas artes *f*.

beaux-parents [boparã] *m pl* suegros.

bébé *m* nene, a, bebé.

bec *m* **1** pico. l *coup de —*, picotazo. **2** *— de gaz*, farola *f*. **3** *— Bunsen*, mechero Bunsen.

bécane *f* FAM bici.

bécasse *f* chocha, becada.

bêche *f* laya.

bêcheur, euse *a* FAM fantasmón, ona.

becqueter ° [bɛkte] *t* picotear.

bedaine *f* FAM panza.

bedeau *m* pertiguero.

bédouin, e *a/s* beduino, a.

bée *a* *rester bouche —*, quedar

boquiabierto, a.

beffroi *m* atalaya *f*.

bég/ayer ° [begeje] *i* tartamudear. □ *t* *— une excuse*, balbucir una excusa. **-aiement** *m* tartamudeo.

bégonia *m* begonia *f*.

bègue *a/s* tartamudo, a.

beige *a* beige.

beignet *m* buñuelo.

bel ⇒ **beau.**

bêl/er *i* balar. **-ement** *m* balido.

belette *f* comadreja.

belge *a/s* belga.

Belgique *n p f* Bélgica.

bélier *m* **1** morueco. **2** (machine) ariete.

belladone *f* belladona.

belle ⇒ **beau.**

belle-fille [bɛlfij] *f* **1** nuera, hija política. **2** (fille de l'autre conjoint) hijastra.

belle-mère [bɛlmɛʀ] *f* **1** suegra, madre política. **2** (seconde femme du père) madrastra.

belle-sœur [bɛlsœʀ] *f* cuñada, hermana política.

belligérant, e *a/s* beligerante.

belliqueux, euse *a* belicoso, a.

belvédère *m* mirador.

bémol *m* bemol.

bénédictin, e *a/s* benedictino, a. □ *f* (liqueur) benedictino *m*.

bénédiction *f* bendición.

bénéfic/e *m* beneficio. **-iaire** *a/s* beneficiario, a. **-ier** *i* *— d'une ristourne*, beneficiar de un descuento.

bénévole *a* benévolo, a, voluntario, a.

bénin, igne *a* benigno, a.

bén/ir *t* bendecir : *le pape a béni les fidèles*, el papa bendijo a los fieles ; *Dieu soit béni!*, ¡bendito sea Dios! **-it, e** *a pain —*, pan bendito; *eau bénite*, agua bendita. **-itier** *m* pila *f*.

benjamin, e *s* el, la más joven, el

benjamin.

benne f 1 vagoneta. 2 – *basculante*, volquete m.

Benoît n p m Benito.

benzine f bencina.

béquille f 1 muleta. 2 (de moto) soporte m.

berbère a/s bereber.

berc/er ° t mecer : – *un enfant*, mecer a un niño. **-eau** m cuna f. **-euse** f canción de cuna.

béret m boina f.

berge f ribera.

berg/er, ère s pastor, a. □ f (fauteuil) poltrona. **-erie** f redil m, aprisco m.

bergeronnette f aguzanieves.

Berlin n p Berlín.

berline f berlina.

berlingot m caramelo.

berlinois, e a/s berlinés, esa.

Bernard n p m Bernardo.

berne (en) loc a media asta.

berner t poner en ridículo a.

besace f alforjas pl.

besogne f trabajo m, tarea.

besoin m necesidad f. 1 au –, en caso de necesidad; *avoir – de*, necesitar : *j'ai – de votre aide*, necesito su ayuda; *j'ai – de toi*, necesito de ti.

bestial, e a bestial.

bestiaux m pl ganado sing, reses f.

bestiole f bicho m, bichito m.

bétail |betaj| m ganado : *gros, menu –*, ganado mayor, menor.

bêt/e f 1 animal m, bestia : – *de trait*, animal de tiro; – *de somme*, bestia de carga. I – *féroce*, fiera, animal feroz. 2 (petite) bicho m. 3 *faire la –*, hacer el tonto. □ a 1 tonto, a : *que tu es –!*, ¡qué tonto eres! 2 *que c'est –!*, ¡qué lástima ! **-ise** f tontería, necedad.

béton m hormigón : – *armé*, hormigón armado. **-neuse** f hormigonera.

betterave |bɛtrav| f remolacha.

beugl/er i 1 mugir. 2 FAM berrear. **-ement** m mugido.

beurr/e m mantequilla f. **-er** t untar con mantequilla. **-ier** m mantequera f.

bévue f error m, desacierto m.

biais |bjɛ| m *de –, en –*, oblicuamente, de bies.

bibelot |biblo| m bibelot.

biberon |bibʀɔ̃| m biberón.

Bible f Biblia.

biblio/graphie f bibliografía. **-phile** s bibliófilo, a. **-thécaire** s bibliotecario, a. **-thèque** f biblioteca.

bicarbonate m bicarbonato.

biche f cierva.

bicoque f FAM casita, casucha.

bicyclette f bicicleta : *à –, en bicicleta*.

bidet m bidet, bidé.

bidon m 1 bidón : – *d'essence*, bidón de gasolina. 2 (de soldat) cantimplora f.

bidonville m barrio de chabolas.

bielle f biela.

bien adv 1 bien : *tu as – fait de t'en aller*, hiciste bien marchándote ; *est-ce que vous vous portez – ?*, ¿ está usted bien de salud ?; *très –!*, ¡muy bien! ; *tu aurais – pu me prévenir*, bien podías haberme avisado. I *nous voilà –!*, ¡ estamos apañados ! 2 (très) muy : – *content*, muy contento. 3 (beaucoup) mucho : – *mieux*, mucho mejor. 4 ya : *nous verrons –*, ya veremos. 5 – *que*, aunque. 6 *eh –!*, ¡bueno! ; *eh –, peut-être*, pues, quizá. □ m 1 bien : *biens meubles et immeubles*, bienes muebles e inmuebles. 2 *dire du – de*, hablar bien de.

bien-être |bjɛ̃nɛtʀ| m bienestar.

bienfais/ant, e |bjɛ̃fəzɑ̃, ɑ̃t| a benéfico, a. **-ance** f beneficencia.

bienfait m beneficio, favor. **-eur, trice** s bienhechor, a.

bienheureux, euse a/s

bienaventurado, a, beato, a.

biennal, e a/f bienal.

bienséance f decoro m, urbanidad.

bientôt adv pronto, dentro de poco : je reviendrai –, volveré dentro de poco ; à – !, ¡hasta pronto !.

bienveill/ant, e a benévolo, a. **-ance** f benevolencia.

bienvenu, e a/s bienvenido, a : soyez le –, sea usted bienvenido. □ f souhaiter la bienvenue, dar la bienvenida.

¹**bière** f cerveza : – brune, cerveza negra ; – à la pression, cerveza de barril.

²**bière** f (cercueil) ataúd m.

biffer t borrar, tachar.

bifteck m bistec.

bifur/quer i bifurcarse : la route bifurque, la carretera se bifurca. **-cation** f bifurcación.

bigamie f bigamia.

bigarré, e a abigarrado, a.

bigot, e a/s santurrón, ona.

bigoudi m bigudí, rulo, torcido.

bijou m joya f, alhaja f. **-terie** f joyería. **-tier, ière** s joyero, a.

bikini m bikini.

bilan m balance. I déposer son –, declararse en quiebra ; – de santé, chequeo.

bilatéral, e a bilateral.

bile f bilis. I FAM se faire de la –, apurarse, inquietarse.

bilingue a bilingüe.

billard m billar.

bille f 1 (jeu d'enfants) canica. 2 (de billard) bola. 3 roulement à billes, rodamiento de bolas.

billet m 1 billete : – de banque, d'avion, billete de banco, de avión. 2 – doux, cartita f de amor. 3 – à ordre, pagaré.

billion m billón.

billot m tajo.

bimbeloterie f comercio m de baratijas.

bimensuel, elle a bimensual.

bimoteur a/m bimotor.

bin/er t binar. **-ette** f 1 azadilla. 2 FAM (visage) cara.

biograph/ie f biografía. **-ique** a biográfico, a.

biolog/ie f biología. **-ique** a biológico, a. **-iste** s biólogo, a.

bipède a/s bípedo, a.

biplace a de dos plazas.

bique f cabra.

biréacteur a/m birreactor.

¹**bis, e** |bi, biz| a bazo, a. I pain –, pan moreno.

²**bis** |bis| adv bis : 8 –, rue..., 8 bis, calle... □ interj ¡otra!, ¡otra!

bisaïeul, e |bizajœl| s bisabuelo, a.

bisannuel, elle a bienal, bisanual.

biscaïen, enne |biskajɛ̃, ɛn| a/s vizcaíno, a.

biscornu, e a 1 irregular. 2 (idée) extravagante, estrambótico, a.

biscotte f tostada.

biscuit m 1 galleta f. 2 – de Savoie, bizcocho. 3 (porcelaine) bizcocho, biscuit.

bise f 1 (vent) cierzo m. 2 FAM (baiser) besito m.

bismuth |bismyt| m bismuto.

bison m bisonte.

bissextile a année –, año bisiesto.

bistouri m bisturí.

bistre a bistre.

bistro(t) m FAM tasca f, taberna f.

bitume m asfalto.

bivouac m vivaque.

bizarre a raro, a, extraño, a. **-rie** f rareza, singularidad.

blackbouler t derrotar.

blafard, e a descolorido, a, pálido, a.

blague f 1 – à tabac, petaca. 2 (mensonge) bola, mentira : raconter des blagues, meter bolas. I sans – !, ¡en serio! 3 (plaisanterie) broma, chanza : faire une – à quelqu'un, gastar una broma a alguien.

blagu/er *i* bromear. **-eur, euse** *a/s* bromista.

blaireau *m* 1 tejón. 2 (pour la barbe) brocha *f* de afeitar.

blâm/er *t* reprobar, censurar. **-e** *m* reprobación *f*, censura *f*.

blanc, blanche |blã, ã∫| *a/s* blanco, a. □ *m* 1 blanco. 2 *saigner à* –, desangrar. 3 – *de poulet*, pechuga *f*. 4 – *d'œuf*, clara *f* de huevo. 5 (linge) lencería *f* : *exposition de* –, exposición de lencería. □ *f* MUS blanca.

blanchâtre *a* blanquecino, a.

blancheur *f* blancura.

blanch/ir *t* 1 blanquear. 2 – *le linge*, lavar la ropa. □ *i* encanecer : *ses cheveux blanchissent*, sus cabellos encanecen. **-issage** *m* lavado de ropa. **-isserie** *f* lavadero *m* de ropa. **-isseur, euse** *s* lavandero, a.

blanquette *f* – *de veau*, estofado *m* de ternera con salsa de yema.

blasé, e *a* hastiado, a de todo, de vuelta de todo.

blason *m* blasón.

blasph/ème *m* blasfemia *f*. **-émer** ° *i* blasfemar.

blatte *f* cucaracha, blata.

blé *m* trigo.

blêm/e *a* muy pálido, a. **-ir** *i* palidecer.

blessant, e *a* ofensivo, a, mortificante.

bless/er *t* herir : *la pierre l'a blessé au front*, la piedra le hirió en la frente ; – *l'amour-propre*, herir el amor propio. □ *pr* herirse, lesionarse : *il s'est blessé en tombant*, se hirió al caerse. **-é, ée** *a/s* herido, a : *mortellement* –, herido de muerte. **-ure** *f* herida.

blet, ette *a* pasado, a.

bleu, e *a* azul : *yeux bleus*, ojos azules. □ *m* 1 azul. 2 (ecchymose) moradura *f*, cardenal. 3 mono : – *de mécanicien*, mono de mecánico. **-âtre** *a* azulado, a. **-et** *m* aciano. **-ir** *t* azular. □ *i* volverse azul.

blind/er *t* blindar. **-age** *m* blindaje.

bloc *m* 1 bloque. 2 (de papiers) taco, bloc. 3 coalición *f*. 1 *faire* –, formar un conjunto ; *en* –, en conjunto, en bloque. 4 *à* –, a fondo.

blocage *m* bloqueo.

blockhaus |blɔkos| *m* blocao.

bloc-notes *m* bloc.

blocus |blɔkys| *m* bloqueo.

blond, e *a/s* rubio, a.

bloquer *t* bloquear. □ *se* –, agarrotarse.

blottir (se) *pr* acurrucarse, agazaparse.

blouse *f* 1 (d'infirmière, etc.) bata. 2 (de travail) guardapolvo *m*. 3 (chemisier) blusa.

blouson *m* cazadora *f*.

blue-jean |bludʒin| *m* pantalón vaquero, tejano : *des blue-jeans*, pantalones vaqueros, tejanos.

bluet *m* aciano.

bluff |blœf| *m* bluff, infundio.

boa *m* boa *f*.

bobard *m* FAM bulo.

bobine *f* 1 carrete *m* : *une* – *de fil, de film*, un carrete de hilo, de película. 2 (électrique) bobina.

bobo *m* FAM pupa *f*.

bocal *m* tarro.

bock *m* caña *f* pequeña.

bœuf |bœf, *pl* bø| *m* 1 buey. 2 (viande) vaca *f*.

boh/ème *a/s* bohemio, a. 1 *vie de* –, vida bohemia. **-émien, enne** *a/s* bohemio, a, gitano, a.

boire ° *t/i* 1 beber : *il ne boit que de l'eau*, sólo bebe agua ; *j'ai trop bu*, he bebido demasiado. 1 – *un coup*, echar un trago. 2 brindar : *buvons au succès de...*, brindemos por el éxito de... □ *m* le – *et le manger*, el beber y el comer.

bois *m* 1 (forêt) bosque. 2 madera *f* : *une table en* – *blanc*, una mesa de madera blanca. 3 (de chauffage) leña *f* : *feu de* –, fuego de leña. 4 – *de lit*, armazón *f* de cama. □ *pl*

MUS *les* –, los instrumentos de viento. **-é, ée** *a* poblado, a de árboles. **-erie** *f* revestimiento *m* de madera.

boisson *f* bebida.

boîte *f* 1 caja : *– à outils*, caja de herramientas. 2 – *en fer-blanc*, lata ; *conserves en –*, conservas en lata. 3 (généralement cylindrique) bote *m*. 4 – *aux lettres*, buzón *m*. 5 – *de vitesse*, caja de cambios. 6 – *de nuit*, sala de baile, boite.

boit/er *i* cojear. **-eux, euse** *a/s* cojo, a.

boîtier *m* caja *f*.

bol *m* tazón. I FAM *en avoir ras le –*, estar hasta la coronilla.

boléro *m* bolero.

bolide *m* bólido.

Bolivie *n p f* Bolivia.

bolivien, enne *a/s* boliviano, a.

bombard/er *t* bombardear. **-ement** *m* bombardeo. **-ier** *m* bombardero.

bombe *f* 1 bomba. 2 FAM *faire la –*, ir de juerga. 3 (atomiseur) spray *m*.

bombé, e *a* abombado, a.

bomber *t* – *la poitrine*, sacar el pecho.

¹bon, bonne *a* 1 bueno (buen devant un masculin), buena (buen *– à manger*, bueno de comer ; *– voyage!*, ¡buen viaje! ; *c'est – à savoir*, bueno es saberlo. 2 – *pour le service*, apto para el servicio.

²bon *adv* 1 *sentir –*, oler bien ; *il fait – ici*, se está bien aquí. 2 *tenir –*, aguantar, resistir. 3 *à quoi – ?*, ¿para qué ? ; *pour de –*, de veras. □ *interj* ¡bueno!, ¡bien!

³bon *m* 1 vale, bono. I *– du Trésor*, bono del Tesoro ; *– pour cent francs*, vale por cien francos. 2 *un – à rien*, un inepto.

bonbon *m* caramelo.

bonbonne *f* bombona.

bonbonnière *f* bombonera.

bond *m* salto, brinco : *faire un –*, pegar un salto.

bondé, e *a* abarrotado, a, atestado, a : *un train –*, un tren atestado de gente.

bond/ir *i* 1 saltar, brincar. 2 – *sur*, arrojarse sobre. 3 FIG *faire –*, indignar. **-issant, e** *a* brincador, a.

bonheur *m* 1 felicidad *f*, dicha *f*. 2 (chance) suerte : *cela porte –*, eso trae suerte. I *par –*, por suerte ; *au petit –*, a lo que salga.

bonhomie *f* bondad.

bonhomme *m* 1 hombre, tío. I *monigote*, muñeco : *dessiner des bonshommes*, dibujar monigotes. 3 – *de neige*, muñeco de nieve.

boniment *m* soflama *f*, perorata *f*.

bonjour *m* 1 (le matin) buenos dias. 2 (l'après-midi) buenas tardes. I *dire –*, saludar. □ *interj* FAM ¡hola!

bonne *a* ⇒ **bon**. □ *f* criada : *– à tout faire*, criada para todo. I *– d'enfants*, niñera.

bonnet *m* 1 gorro : *– de bain*, gorro de baño. 2 – *de police*, gorra *f* de cuartel. 3 FAM *gros –*, pez gordo.

bonnet/erie [bɔnɛtri] *f* géneros *m pl* de punto. **-ier** *m* fabricante, vendedor de géneros de punto.

bonsoir *m* 1 buenas noches *f pl*. 2 (avant la nuit) buenas tardes *f pl*.

bonté *f* bondad.

bord *m* 1 borde : *plein jusqu'au –*, lleno hasta el borde. 2 orilla *f* : *au – de la mer*, a orillas del mar. 3 (de chapeau) ala *f*. 4 bordo : *monter à – d'un voilier*, subir a bordo de un velero. I *jeter par-dessus –*, echar por la borda ; FIG *être du même –*, tener la misma opinión.

Bordeaux [bɔrdo] *n p* Burdeos.

bord/eaux *m* vino de Burdeos **-elais, e** *a/s* bordelés, esa.

border *t* 1 bordear : *route bordée d'arbres*, carretera bordeada de árboles. 2 (un vêtement) ribetear. 3 – *le lit*, remeter la ropa de cama.

bordereau *m* borderó, nota *f*.

bordure f 1 borde m : en — de la route, en el borde de la carretera. 2 (d'un trottoir) bordillo m.

boréal, e a boreal.

borgne a 1 tuerto, a. 2 hôtel —, hotel de mala fama.

borne f 1 mojón m. 2 — kilométrique, poste m cuenta kilómetros. 3 dépasser des bornes, pasarse de la raya. 4 ÉLECTR borne m.

borné, e a esprit —, espíritu corto, de pocos alcances.

borner t limitar. □ se — à, limitarse a.

bosquet m bosquecillo.

bosse f 1 giba, joroba. 2 chichón m : je me suis fait une — au front, me he hecho un chichón en la frente. 3 (saillie) abolladura.

bossel/er ° t abollar. **-ure** f abolladura.

bossu, e a/s jorobado, a.

bot a pied —, pie zopo.

botan/ique a/f botánico, a. **-iste** s botánico, a.

¹**botte** f 1 (de paille) haz m, gavilla. 2 manojo m : une — d'asperges, un manojo de espárragos.

²**bott/e** f bota. **-illon** m botín. **-ine** f botina.

bouc m 1 macho cabrío. 2 — émissaire, chivo emisario, víctima f. 3 (barbe) perilla f.

boucan m FAM jaleo.

bouch/e f 1 boca. l faire la fine —, hacer remilgos ; une fine —, un gastrónomo. 2 — d'eau, boca de riego. **-ée** f bocado m.

¹**boucher** t 1 tapar. 2 (engorger) atascar. □ se — le nez, les oreilles, taparse la nariz, los oídos.

²**bouch/er, ère** s carnicero, a. **-erie** f carnicería.

bouche-trou m tapagujeros, suplente.

bouchon m 1 tapón m. 2 — de liège, corcho. 3 (sur la route) embotellamiento, atasco.

boucle f 1 hebilla. 2 — d'oreille, pendiente m, zarcillo m. 3 (cheveux) rizo m, bucle. 4 (courbe) curva.

boucl/er t 1 — une ceinture, abrochar un cinturón. 2 — les valises, cerrar las maletas. 3 FAM boucle-la!, ¡cállate! □ i ses cheveux bouclent, se le riza el pelo.

bouclier m escudo.

bouddh/isme m budismo. **-iste** a/s budista.

boud/er i estar enfurruñado, a. □ t le voisin nous boude, el vecino nos pone mala cara. **-eur, euse** a/s mohíno, a.

boudin m 1 morcilla f. 2 ressort à —, muelle en espiral.

boue f barro m, lodo m.

bouée f 1 boya. 2 — de sauvetage, salvavidas m.

boueux, euse a fangoso, a. □ m (éboueur) basurero.

bouffant, e a pantalon —, pantalón bombacho.

bouffée f 1 bocanada. 2 — de chaleur, bochorno m.

bouffer i ahuecarse. □ i/t FAM (manger) jalar.

bouffi, e a hinchado, a.

bouffon, onne a/m bufón, ona.

bougeoir [buʒwaʀ] m palmatoria f.

bouger ° i moverse : ne bougez pas!, ¡no se mueva!

bougie f bujía.

bougon, onne a/s gruñón, ona. **-ner** i refunfuñar.

bouillabaisse f sopa de pescado.

bouill/ir ° i hervir : l'eau bout, el agua hierve. **-ant, e** a 1 eau bouillante, agua hirviendo. 2 FIG ardiente. **-ie** f papilla. l réduire en —, hacer puré. **-oire** f hervidor m.

bouill/on m 1 caldo. 2 à gros bouillons, a borbotones. **-onnement** m borboteo. **-onner** i borbotear. **-ote** f calentador m.

boulang/er, ère s panadero, a. **-erie** f panadería.

boule f 1 bola. 2 *jouer aux boules*, jugar a las bochas.

bouleau m abedul.

bouledogue m buldog.

boulet m — *de canon*, bala f.

boulette f 1 bolita. 2 (cuisine) albóndiga. 3 FAM *faire une* —, meter la pata.

boulevard [bulvaʀ] m bulevar.

boulevers/er t trastornar. **-ement** m trastorno.

boulon m perno.

boulot m FAM trabajo. | *au* —!, ¡a trabajar!

bouquet m 1 ramillete, ramo : — *de fleurs*, ramo de flores. 2 — *d'arbres*, bosquecillo. 3 (vin) aroma, buqué.

bouquin m FAM libro. **-er** i leer.

bourb/e f cieno m. **-eux, euse** a cenagoso, a. **-ier** m cenagal.

bourde f FAM trola, bola.

bourdon m (insecte) abejorro. **-ner** i zumbar : *mes oreilles bourdonnent*, me zumban los oídos. **-nement** m zumbido.

bourg [buʀ] m población f. **-ade** f aldea.

bourgeois, e [buʀʒwa, waz] a/s burgués, esa. **-ement** adv de manera burguesa. **-ie** f burguesía.

bourgeon [buʀʒɔ̃] m yema f, botón. **-ner** i brotar.

Bourgogne n p f Borgoña.

bour/gogne m vino de Borgoña. **-guignon, onne** a/s borgoñón, ona.

bourrade f golpe m, empujón m.

bourrasque f borrasca.

bourreau m verdugo.

bourré, e a *être* — *de*, estar repleto, a de, atiborrado, a de.

bourrelet m 1 burlete. 2 (de graisse) michelín, rosco.

bourrelier m guarnicionero.

bourrer t 1 atestar, atiborrar. 2 (de nourriture) atracar, atiborrar.

bourri/que f borrica. **-cot** m borriquito.

bourru, e a brusco, a.

¹bourse f 1 (sac) bolsa. 2 (d'études) beca.

²Bourse f Bolsa.

boursier, ère s (étudiant) becario, a. □ a (de la Bourse) bursátil.

boursoufler t hinchar.

bouscul/er t atropellar, empujar. □ *se* —, atropellarse. **-ade** f empujón m, atropello m.

bouse f boñiga.

bousiller t FAM echar a perder, estropear.

boussole f brújula.

¹bout m 1 cabo, punta f, extremo : *au* — *de la table*, en el extremo de la mesa ; *au* — *d'un an*, al cabo de un año ; *d'un* — *à l'autre*, de cabo a rabo ; *du* — *des doigts*, con la punta de los dedos. | *à* — *portant*, a quemarropa ; *au* — *du compte*, después de todo ; *être à* —, estar rendido, a ; *venir à* — *de*, llevar a cabo. 2 fin, final : *jusqu'au* —, hasta el fin. 3 pedacito, trozo : *un* — *de pain*, un pedacito de pan. 4 FAM *mettre les bouts*, largarse.

²bout ⇒ **bouillir.**

boutade f ocurrencia, ex abrupto m.

bouteille f botella.

boutique f tienda.

bouton m 1 botón : *il manque un* — *à ma veste*, falta un botón a mi americana ; *appuyer sur le* —, pulsar el botón. | *boutons de manchette*, gemelos ; *bouton-pression*, automático. 2 (de porte) pomo. 3 (sur la peau) grano. 4 (bourgeon) botón, yema f. 5 *bouton-d'or*, botón de oro.

boutonn/er t abotonar, abrochar. **-ière** f ojal m.

bouture f esqueje m.

bouvreuil m pardillo.

bovin, e a/m bovino, a.

box m compartimiento.

BOX 44

box/e *f* boxeo *m*. **-eur** *m* boxeador.

boyau |bwajo| *m* 1 tripa *f*. 2 (pneu) tubular.

boy/cotter |bɔjkɔte| *t* boicotear. **-cott, -cottage** *m* boicoteo.

bracelet *m* pulsera *f*. I **bracelet-montre**, reloj de pulsera.

braconnier *m* cazador furtivo.

braguette *f* bragueta.

braill/er *i* gritar, chillar. **-ard, e** *a/s* chillón, ona.

brai/re *i* rebuznar. **-ment** *m* rebuzno.

braise *f* brasa.

brancard *m* camilla *f*. **-ier** *m* camillero.

branchage *m* ramaje.

branche *f* 1 rama. 2 (de lunette) varilla. 3 FIG (de l'industrie) ramo *m*.

branch/er *t* conectar, empalmar : *— un appareil électrique*, conectar un aparato eléctrico. **-ement** *m* empalme, conexión *f*.

branchies *f pl* branquias.

brandir *t* blandir.

branl/er *t* menear. □ *i* tambalearse. **-ant, e** *a* tambaleante. **-e** *m mettre en —*, poner en movimiento.

braquer *t* 1 (arme) apuntar. 2 *— les yeux sur*, fijar la mirada en. □ *i voiture qui braque bien*, coche que gira bien.

bras *m* 1 brazo : *elle entra au — de son mari*, entró del brazo de su marido ; *ils allaient — dessus, — dessous*, iban cogidos del brazo ; *à — ouverts*, con los brazos abiertos. I *à — raccourcis*, con violencia ; *en — de chemise*, en mangas de camisa. 2 (d'un fauteuil) brazo.

brasier *m* hoguera *f*.

brassard *m* brazal.

brasse *f* braza.

brassée *f* brazada.

brasser *t* 1 (la pâte) amasar. 2 (des affaires) manejar.

brasserie *f* cervecería.

brassière *f* camisita de bebé.

bravade *f* bravata.

brave *a* 1 (courageux) valiente. 2 bueno, a : *un — garçon*, un buen chico ; *de braves gens*, buena gente.

braver *t* 1 *— l'ennemi*, desafiar al enemigo. 2 *— un danger*, arrostrar un peligro.

bravo ! *interj* ¡bravo ! □ *m* aclamación *f*.

bravoure *f* valentía.

brebis *f* oveja.

brèche *f* brecha.

bredouille *a rentrer —*, volver con las manos vacías.

bredouiller *i* farfullar, balbucir.

bref, brève *a* breve. □ *adv* en una palabra.

breloque *f* dije *m*.

Brésil *n p m* Brasil.

brésilien, enne, *a/s* brasileño, a.

Bretagne *n p f* Bretaña.

bretelle *f* 1 correa. 2 (d'autoroute) carretera de enlace. □ *pl* (de pantalon, etc.) tirantes *m* : *les bretelles d'un soutien-gorge*, los tirantes de un sostén.

breton, onne *a/s* bretón, ona.

breuvage *m* brebaje.

brève ⇒ **bref**.

brevet *m* 1 *— d'invention*, patente *f* de invención. 2 diploma. 3 (professionnel) título. **-er °** *t* patentar.

bréviaire *m* breviario.

bribes *f pl* 1 migajas. 2 restos *m*.

bric-à-brac *m* baratillo.

bricolage *m* 1 bricolage. 2 (réparation) remiendo.

bricol/e *f* chapuza, chapuz *m*. **-er** *i* hacer chapuzas. **-eur** *a* mañoso.

bride *f* brida. I *à — abattue*, a rienda suelta.

bridé *a yeux bridés*, ojos oblicuos.

bridge *m* 1 *jouer au —*, jugar al bridge. 2 (dent) puente.

briève/té *f* brevedad, concisión.

-ment *adv* brevemente.

brigad/e *f* brigada. **-ier** *m* cabo.

brigand *m* bandido. **-age** *m* bandidaje.

Brigitte *n p f* Brigida.

brill/er *i* brillar. **-ant, e** *a* brillante. □ *m* 1 (éclat) brillo. 2 (diamant) brillante.

brimer *t* molestar, humillar.

brin *m* 1 — *d'herbe*, tallito de hierba. 2 — *de paille*, brizna *f* de paja. 3 (de corde) hebra *f*. 4 (petit peu) *un* — *de*, un poquito de.

brindille *f* ramita.

brioche *f* bollo *m*.

brique *f* ladrillo *m*.

briquet *m* encendedor, mechero.

brise *f* brisa, airecillo *m*.

brise-lames *m* rompeolas.

briser *t* 1 romper : — *un verre*, romper un vaso. 2 quebrar : *ligne brisée*, línea quebrada. 3 — *la résistance*, quebrantar la resistencia. 4 (fatiguer) moler, rendir : *brisé de fatigue*, molido. □ *pr sa voix se brise*, se le quiebra la voz.

bristol *m* cartulina *f*.

britannique *a/s* británico, a.

broc |bʀo| *m* jarro grande.

brocanteur *m* chamarilero.

broche *f* 1 asador *m*. I *poulet à la* —, pollo asado. 2 (bijou) broche *m*, alfiler *m*.

broché, e *a livre* —, libro en rústica.

brochet *m* lucio.

brochette *f* broqueta.

brochure *f* (petit livre) folleto *m*.

brodequin *m* borceguí.

brod/er *t* bordar. **-erie** *f* bordado *m*.

bronche *f* bronquio *m*.

broncher *i* 1 tropezar. 2 *sans* —, sin chistar.

bronchite *f* bronquitis.

bronz/e *m* bronce. **-age** *m* bronceado. **-er** *t* broncear. □ *i/pr être bronzé*, estar moreno ; *elle a*

bronzé cet été, se ha puesto morena este verano ; *se* — *au soleil*, broncearse al sol.

bross/e *f* 1 cepillo *m* : — *à dents*, cepillo de dientes ; — *à habits*, cepillo para la ropa. 2 (pinceau) brocha. **-er** *t* cepillar. □ *se* — *les dents*, limpiarse los dientes.

brouette *f* carretilla.

brouhaha |bʀuaa| *m* batahola *f*, ruido.

brouillard *m* niebla *f*.

brouiller *t* 1 (mêler) revolver, mezclar. I *œufs brouillés*, huevos revueltos. 2 (émission de radio) perturbar. 3 — *les idées*, confundir las ideas. □ *pr* 1 *le ciel se brouille*, el cielo se está nublando. 2 *ils se sont brouillés*, han reñido ; *il s'est brouillé avec sa famille*, se ha enemistado con su familia.

brouillon *m* borrador. I *au* —, en sucio.

broussaille *f* maleza, broza. I *cheveux en* —, pelo enmarañado.

brousse *f* sabana arbolada.

brouter *t* ramonear, pacer. □ *i* (un mécanisme) vibrar.

broyer ° |bʀwaje| *t* 1 moler, triturar. 2 FIG — *du noir*, tener ideas negras.

bru *f* nuera.

bruin/e *f* llovizna, cernidillo *m*. **-er** *i* lloviznar.

bruissement *m* susurro.

bruit *m* 1 ruido. 2 *le* — *court que...*, corre el rumor de que...

brûlant, e *a* muy caliente, ardiente, abrasador, a.

brûlé *m sentir le* —, oler a quemado.

brûle-pourpoint (à) *loc adv* a quema ropa.

brûl/er *t* 1 quemar. 2 (café) tostar. 3 — *un feu rouge*, saltarse un semáforo en rojo. □ *i* 1 arder : *le bois brûle*, la leña arde. 2 quemarse : *le rôti brûle!*, ¡el asado se quema! ; *peau brûlée par le soleil*, piel quemada del sol. 3 — *d'envie*, arder en deseos. □ pr *je me suis brûlé la langue*, me he quemado la lengua. **-ure** *f* quemadura.

brum/e *f* bruma. **-eux, euse** *a* brumoso, a.

brun, e *a* pardo, a : *ours —*, oso pardo. □ *a/s* moreno, a : *il a les cheveux bruns*, tiene el pelo moreno ; *c'est un —*, es un moreno.

brunir *t* tostar. □ *i* ponerse moreno, a, broncearse : *il a bruni pendant les vacances*, se ha puesto moreno durante las vacaciones.

brusqu/e *a* brusco, a. **-er** *t* 1 tratar con dureza. 2 — *son départ*, apresurar la salida. **-erie** *f* brusquedad.

brut, e |bryt| *a poids —*, peso bruto ; *diamant —*, diamante en bruto. I *pétrole —*, petróleo crudo ; *champagne —*, champán seco.

brutal, e *a* brutal. **-ement** *adv* brutalmente. **-iser** *t* maltratar. **-ité** *f* brutalidad.

brute *f une —*, un bruto.

Bruxelles |brysɛl| *n p* Bruselas.

bruy/ant, e |brɥijɑ̃, ɑ̃t| *a* ruidoso, a. **-amment** *adv* ruidosamente.

bruyère |brɥijɛr| *f* brezo *m*.

buanderie *f* lavadero *m*.

bu ⇒ **boire**.

bûche *f* 1 leño *m*. 2 FAM *ramasser une —*, coger una liebre.

¹bûcher *m* 1 leñera *f*. 2 *mourir sur le —*, morir en la hoguera.

²bûch/er *t/i* FAM empollar, trabajar afanosamente. **-eur, euse** *a/s* empollón, ona.

bûcheron *m* leñador.

bucolique *a/f* bucólico, a.

budg/et *m* presupuesto. **-étaire** *a* presupuestario, a.

buée *f* vaho *m*. I *couvert de —*, empañado.

buffet |byfɛ| *m* 1 (meuble) aparador. 2 (table garnie de mets) buffet. 3 *le — de la gare*, la fonda de la estación.

buffle *m* búfalo.

buis |bɥi| *m* boj.

buisson *m* matorral, zarzal. **-nier, ère** *a faire l'école buissonnière*, hacer novillos.

bulb/e *m* bulbo. **-eux, euse** *a* bulboso, a.

bulgare *a/s* búlgaro, a.

Bulgarie *n p f* Bulgaria.

bulldozer |byldozœr| *m* excavadora *f*, bulldozer.

bulle *f* 1 (d'air) burbuja. 2 — *de savon*, pompa de jabón.

bulletin |byltɛ̃| *m* 1 boletín. 2 — *météorologique*, *de santé*, parte meteorológico, facultativo. 3 — *de bagages*, talón de equipaje. 4 — *de vote*, papeleta *f* de voto. 5 — *de paie*, hoja *f* de paga.

bureau *m* 1 (table) escritorio, mesa *f* de despacho. 2 (pièce) despacho. 3 oficina *f* : *les bureaux d'une agence*, las oficinas de una agencia ; — *de poste*, oficina de correos. 4 (spectacles) — *de location*, contaduría *f*. 5 — *de tabac*, estanco. 6 (d'une assemblée) mesa *f*.

bureaucrat/e *m* burócrata. **-ie** |byrokrasi| *f* burocracia. **-ique** *a* burocrático, a.

burette *f* 1 alcuza. 2 (d'église) vinajera.

burin *m* buril.

burlesque *a* burlesco, a.

burnous |byrnu(s)| *m* albornoz.

buse *f* (oiseau) cernícalo *m*.

busqué, e *a nez —*, nariz corva.

buste *m* busto.

but |by, byt| *m* 1 blanco ; *atteindre le —*, dar en el blanco. 2 objeto, fin : *dans le — de...*, con el fin de... I *aller droit au —*, ir al grano. 3 (sports) meta *f*, portería *f* : *les buts*, la portería ; (point) tanto : *deux buts à zéro*, dos a cero ; *marquer un —*, meter un gol. 4 *de — en blanc*, de golpe y porrazo.

butane *m* butano.

buté, e *a* terco, a.

buter *i* — *contre*, tropezar con. □

se —, obstinarse, emperrarse.

butin *m* botín.

butiner *i/t* libar.

butoir *m* tope.

butte *f* **1** loma, cerro *m*. **2** être en — *à*, estar expuesto, a a.

buvable *a* bebible.

buvard *a/m papier* —, papel secante.

buvette *f* cantina, aguaducho *m*.

buveur, euse *a/s* bebedor, a.

byzantin, e *a/s* bizantino, a.

C

c *m* c *f*: *un* –, una c.

c' ⇒ ce.

¹ça ⇒ cela.

²çà *adv* – *et là*, aquí y allá.

cabane *f* choza, cabaña. I – *à lapins*, conejar *m*.

cabaret *m* sala *f* de fiestas.

cabas *m* capacho.

cabestan *m* cabrestante.

cabillaud *m* bacalao fresco.

cabine *f* 1(d'un bateau) camarote *m*. 2 (avion, ascenseur) cabina. I – *téléphonique*, cabina telefónica, locutorio *m*. 3 – *de bain*, caseta de baño.

cabinet *m* 1 – *de toilette*, cuarto de aseo. 2 *les cabinets*, el retrete. 3 – *de travail*, despacho. 4 (d'un médecin) consultorio. 5 (ministres) gabinete.

câbl/e *m* cable. **-er** *t* cablegrafiar.

cabochard, e *a* FAM cabezón, ona.

cabosser *t* abollar.

cabotage *m* cabotaje.

cabrer (se) *pr* 1 encabritarse. 2 (une personne) irritarse, rebelarse.

cabri *m* cabrito.

cabriole *f* voltereta, cabriola.

caca *m* FAM caca *f*.

cacahouète [kakawɛt] *f* cacahuete *m*.

cacao *m* cacao.

cacatoès [kakatɔɛs] *m* cacatúa *f*.

cachalot *m* cachalote.

cache-cache *m* escondite.

cache-col *m* bufanda *f*.

Cachemire *n p m* Cachemira *f*.

cachemire *m* casimir.

cache-nez [kɑ∫ne] *m* bufanda *f*.

cacher *t* esconder, ocultar. □ *se* –, esconderse, ocultarse : *le soleil s'est caché*, el sol se ha ocultado.

cachet *m* 1 (marque) matasellos. 2 (médicament) sello.

cacheter ° *t* – *une lettre*, cerrar una carta.

cachette *f* escondrijo *m*, escondite *m*. I *en* –, a escondidas.

cachot *m* calabozo.

cachotterie *f* tapujo *m*.

cactus [kaktys] *m* cacto.

cadastre *m* catastro.

cadavre *m* cadáver.

cadeau *m* regalo. I *faire* – *de*, regalar.

cadenas [kadnɑ] *m* candado.

cadence *f* cadencia, compás *m* : *en* –, a compás.

cadet, ette *a* menor : *ma sœur cadette*, mi hermana menor. □ *s* 1 hijo, hija menor. 2 *il est mon* – *d'un an*, es un año menor que yo.

Cadix *n p* Cádiz.

cadran *m* 1 esfera *f*. 2 – *solaire*, reloj de sol.

cadre *m* 1 (d'un tableau) marco. 2 (d'une bicyclette) cuadro. 3 FIG *dans le* – *de*, en el marco de. 4 *les cadres d'une entreprise*, los dirigentes de una empresa ; – *supérieur*, ejecutivo.

cadrer *i* cuadrar.

caduc, uque [kadyk] *a* caduco, a.

cafard *m* 1 (insecte) cucaracha *f*. 2 *avoir le* –, tener morriña. 3 FAM (dénonciateur) chivato.

caf/é *m* café : – *noir*, café solo ; – *crème*, café con leche ; *la terrasse d'un* –, la terraza de un café. **-etière** *f* cafetera. **-éine** *f* cafeína. **-étéria** *f* cafetería.

cage *f* 1 jaula. 2 (d'escalier, d'ascenseur) caja.

cageot [kaʒo] *m* cajón.

cagneux, euse *a* patizambo, a.

cagnotte _f_ banca, hucha.

cagoule _f_ 1 cogulla. 2 (d'enfant) verdugo _m_.

cahier [kaje] _m_ cuaderno.

cahot |kao| _m_ tumbo, traqueteo. **-er** _i_ traquetear.

cahute _f_ chabola.

caille _f_ codorniz.

caill/er _t_ cuajar: _lait caillé_, leche cuajada. **-ot** _m_ coágulo, cuajarón.

caillou _m_ guijarro, china _f_. **-teux, euse** _a_ pedregoso, a. **-tis** _m_ grava _f_.

caïman _m_ caimán.

Caire (Le) _n p m_ El Cairo.

caiss/e _f_ 1 caja: — _enregistreuse_, caja registradora; — _d'épargne_, caja de Ahorros. | _passer à la —_, ir a cobrar. 2 _grosse —_, bombo _m_. **-ier, ère** _s_ cajero, a.

caisson _m_ 1 (de plongeur) campana _f_ de buzo. 2 (plafond) artesón.

cajol/er _t_ mimar. **-erie** _f_ mimo _m_, zalamería. **-eur, euse** _a/s_ zalamero, a.

cake |kɛk| _m_ cake.

calamité _f_ calamidad.

calandre _f_ (d'automobile) rejilla del radiador.

calcaire _a_ calcáreo, a. □ _m_ caliza _f_.

calciner _t_ calcinar.

calcium [kalsjɔm] _m_ calcio.

calcul [kalkyl] _m_ cálculo.

calcul/er _t_ calcular. | _machine à —_, calculadora. **-ateur, trice** _a/s_ calculador, a.

cale _f_ 1 (d'un navire) bodega. | — _sèche_, dique _m_ seco. 2 (pour caler) calce _m_, cuña.

calebasse _f_ calabaza.

caleçon _m_ calzoncillos _pl_.

calendrier _m_ calendario.

calepin _m_ carnet, agenda.

caler _t_ (mettre une cale) calzar. □ _i_ calarse: _le moteur a calé_, el motor se ha calado.

calfater _t_ calafatear.

calfeutrer _t_ tapar las rendijas de.

calibr/e _m_ 1 calibre. 2 (instrument) calibrador. **-er** _t_ calibrar.

calice _m_ cáliz.

calicot _m_ calicó.

calife _m_ califa.

califourchon (à) _loc adv_ a horcajadas.

câlin, e _a/s_ mimoso, a. **-er** _t_ mimar. **-erie** _f_ mimo _m_.

calligraphie _f_ caligrafía.

calmant, e _a/m_ calmante, sedante.

calmar _m_ calamar.

calm/e _a_ tranquilo, a. | _la mer est —_, el mar está en calma. □ _m_ calma _f_ : _perdre son —_, perder la calma. **-er** _t_ calmar. □ _se —_, calmarse.

calomni/e _f_ calumnia. **-er** _t_ calumniar. **-eux, euse** _a_ calumnioso, a.

calor/ie _f_ caloría. **-ifique** _a_ calorífico, a.

calotte _f_ 1 (d'ecclésiastique) solideo _m_. 2 FAM (gifle) bofetada, torta.

calqu/er _t_ calcar. **-e** _m_ calco.

calvaire _m_ calvario.

calvin/isme _m_ calvinismo. **-iste** _s_ calvinista.

calvitie [kalvisi] _f_ calvicie.

camarad/e _s_ camarada, compañero, a. **-erie** _f_ camaradería.

Cambodge _n p m_ Camboya _f_.

cambouis |kɑ̃bwi| _m_ grasa _f_ sucia.

cambriol/er _t_ robar, desvalijar. **-age** _m_ robo. **-eur, euse** _s_ ladrón, ona.

came _f_ (mécanique) leva.

camée _m_ camafeo.

caméléon _m_ camaleón.

camélia _m_ camelia _f_.

camelot |kamlo| _m_ vendedor callejero.

camelote _f_ 1 baratijas _f pl_. | _ce_

briquet, c'est de la —, este encendedor es una baratija. 2 (ouvrage mal
fait) chapucería.

caméra *f* tomavistas *m.*

camion *m* camión. **-nette** *f*
camioneta. **-neur** *m* camionero.

camisole *f — de force,* camisa de
fuerza.

camomille *f* manzanilla.

camoufl/er *t* 1 disfrazar, disimular. 2 MIL camuflar. **-age** *m* MIL
camuflaje.

camp [kã] *m* campo. I FAM *ficher
le —,* largarse.

campagnard, e *a/s* campesino, a.

campagne *f* 1 campo *m : il vit à
la —,* vive en el campo. 2 (militaire,
électorale) campaña.

campanile *m* campanil.

camp/er *i* acampar, hacer camping. **-ement** *m* campamento. **-eur, euse** *s* campista.

camphre [kãfʀ] *m* alcanfor.

camping *m* camping.

campus [kãpys] *m* campus.

camus *a nez —,* nariz chata.

Canada *n p m* Canadá.

canadien, enne *a/s* canadiense.
□ *f* (veste) chaqueta forrada de
piel.

canaill/e *f* canalla *m.* **-erie** *f*
canallada.

canal *m* canal: *des canaux,*
canales.

canalis/er *t* canalizar. **-ation** *f*
canalización.

canapé *m* canapé, sofá.

canard *m* pato.

canari *m* canario.

canarien, enne *a/s* canario, a.

Canaries *n p f pl* Canarias.

cancan *m* chisme. **-er** *i* chismear.

canc/er [kãsɛʀ] *m* cáncer.
-éreux, euse *a* canceroso, a.
-érigène *a* cancerígeno, a.

candélabre *m* candelabro.

candeur *f* candor *m.*

candidat, e *s* candidato, a. **-ure**

f candidatura.

candide *a* cándido, a.

cane *f* pata. **-ton** *m* anadón.

canevas [kanva] *m* cañamazo.

caniche *m* perro de aguas,
caniche.

canicul/e *f* canícula. **-aire** *a*
canicular.

canif *m* navaja *f*, cortaplumas.

canine *f* colmillo *m*, canino *m.*

caniveau *m* arroyo.

canne *f* 1 bastón *m.* 2 *— à sucre,*
caña de azúcar. 3 *— à pêche,* caña
de pescar.

canné, ée *a chaise cannée,* silla de
rejilla.

cannelle *f* canela.

cannelure *f* acanaladura.

cannibal/e *a/s* caníbal. **-isme** *m*
canibalismo.

canoë [kanɔe] *m* canoa *f.*

¹canon *m* cañón. I *coup de —,*
cañonazo.

²canon *m* (règles, en musique)
canon.

canoniser *t* canonizar.

canonnade *f* cañoneo *m.*

canot *m* bote, lancha *f : — de
sauvetage,* bote salvavidas; *—
automobile,* lancha motora. **-age**
m remo. **-er** *i* pasearse en bote.

canotier *m* (chapeau) canotié.

cantate *f* cantata.

cantatrice *f* cantatriz.

cantine *f* 1 cantina, refectorio *m.*
2 (malle) cantina.

cantique *m* cántico.

canton *m* cantón.

cantonade *f parler à la —,* hablar
al paño.

canton/er *i* acantonarse. □ *se —,*
limitarse. **-ement** *m* acantona-
miento.

cantonnier *m* peón caminero.

caoutch/ouc [kautʃu] *m* 1
caucho. 2 goma *f* : *bottes,
semelles en —,* botas, suelas de
goma; *— mousse,* goma espuma.

-outer *t* encaucher.

cap |kap| *m* **1** (de terre) cabo. **2** (direction) rumbo : *mettre le – sur,* hacer rumbo a.

capable *a* capaz : *capables de...,* capaces de...

capacité *f* capacidad.

cape *f* capa. | *rire sous –,* reír para sus adentros.

capitaine *m* capitán.

capital, e *a* capital. □ *m* capital : *il a investi tout son – dans cette entreprise,* ha invertido todo su capital en esta empresa. □ *f* **1** capital : *Madrid est la – de l'Espagne,* Madrid es la capital de España. **2** (lettre) mayúscula, versal.

capital/isme *m* capitalismo. **-iste** *s* capitalista.

capitonner *t* acolchar.

capitul/er *i* capitular. **-ation** *f* capitulación.

caporal *m* cabo.

capot |kapo| *m* capó, morro.

capote *f* **1** (manteau) capote *m.* **2** (voiture) capota.

capoter *i* volcar.

câpre *f* alcaparra.

capric/e *m* capricho. **-ieux, euse** *a* caprichoso, a.

capsule *f* **1** cápsula. **2** (d'une bouteille) chapa.

capt/er *t* captar. **-age** *m* captación *f.*

capti/f, ive *a/s* cautivo, a. **-vant, e** *a* cautivador, a. **-ver** *t* cautivar. **-vité** *f* cautividad, cautiverio *m.*

captur/e *f* captura. **-er** *t* capturar.

capuch/e *f* capucha. **-on** *m* **1** capucha *f.* **2** (d'un stylo) capuchón.

capucine *f* capuchina.

caqueter *i* **1** (poule) cacarear. **2** FIG charlar.

¹car *conj* porque, pues : *je prends mon parapluie – il pleut,* tomo mi paraguas porque está lloviendo.

²car *m* autocar.

carabine *f* carabina.

caractère *m* **1** carácter, letra *f* : *caractères typographiques,* caracteres tipográficos ; *en gros caractères,* en letras de molde. **2** carácter, genio, índole *f* : *il a bon, mauvais –,* tiene buen, mal genio. **3** FIG originalidad *f,* carácter.

caractéris/er *t* caracterizar. **-tique** *a/f* característico, a.

carafe *f* garrafa.

caraïbe *a/s* caribe.

carambol/er *t* chocar. □ *se –,* chocar : *plusieurs voitures se sont carambolées,* han chocado varios coches. **-age** *m* (de véhicules) serie *f* de colisiones.

caramel *m* **1** caramelo. **2** (bonbon) pastilla *f* de café, de chocolate con leche.

carapace *f* caparazón *m,* carapacho *m.*

carat *m* quilate.

caravan/e *f* caravana. **-ing** *m* caravaning.

caravelle *f* carabela.

carbon/e *m* **1** carbono. **2** *papier –,* papel carbón. **-ique** *a* carbónico, a. **-iser** *t* carbonizar.

carbur/e *m* carburo. **-ant** *m* carburante. **-ateur** *m* carburador. **-er** *i* carburar.

carcasse *f* **1** osamenta, esqueleto *m.* **2** (d'une volaille) caparazón *m.* **3** (armature) armazón *f.*

cardiaque *a/s* cardíaco, a.

cardigan *m* cardigan.

cardinal, e *a* cardinal : *points cardinaux,* puntos cardinales. □ *m* (prélat) cardenal.

cardio/logie *f* cardiología. **-logue** *s* cardiólogo, a.

carême *m* cuaresma *f.*

carence *f* MÉD carencia.

carène *f* obra viva.

caréner ° *t* carenar.

caress/er *t* acariciar. **-ant, e** *a* acariciador, a. **-e** *f* caricia.

cargaison *f* cargamento *m*.

cargo *m* buque de carga.

caricatur/e *f* caricatura. **-er** *t* caricaturizar. **-iste** *m* caricaturista.

cari/e *f* caries. **-er** *t* cariar : *dent cariée*, diente cariado.

carillon *m* 1 carillón. 2 (sonnerie) campanilleo. **-ner** *i* (cloches) repicar. 2 (à la porte) campanillear. **-neur** *m* campanero.

carlingue *f* (d'avion) carlinga.

carmélite *f* carmelita.

carmin *m* carmín.

carnassier, ère *a/m* carnicero, a.

carnaval *m* carnaval.

carnet |kaʀnɛ| *m* carnet. l — *de chèques*, talonario de cheques ; — *de commandes*, cartera *f* de pedidos.

carnivore *a/m* carnívoro, a.

carotte *f* zanahoria.

caroubier *m* algarrobo.

carpe *f* carpa.

carpette *f* alfombrilla.

carre *f* (ski) canto *m*.

carré, e *a/m* cuadrado, a.

carreau *m* 1 (sol) baldosa *f*. l — *de faïence*, azulejo. 2 (vitre) cristal : *les carreaux d'une fenêtre*, los cristales de una ventana. 3 *chemise à carreaux*, camisa de cuadros. 4 (cartes) diamante.

carrefour |kaʀfuʀ| *m* encrucijada *f*.

carrel/age |kaʀlaʒ| *m* embaldosado. **-eur** *m* solador.

carrelet |kaʀlɛ| *m* platija *f*.

carrément *adv* rotundamente, francamente.

carrière *f* 1 (de pierres) cantera. 2 (profession) carrera.

carriole *f* carricoche *m*.

carrosserie *f* carrocería.

carrure *f* anchura de espaldas.

cartable *m* cartapacio.

carte *f* 1 tarjeta. l — *postale*, postal, tarjeta de visita. l — *postale*, postal, tarjeta postal. 2 — *d'identité*, carnet *m* de identidad ; — *grise*, documentación de un automóvil. 3 (dans un restaurant) minuta, lista. 4 (géographique) mapa *m* : *une — routière*, un mapa de carreteras. 5 (à jouer) naipe *m*, carta. l *un jeu de cartes*, una baraja ; *donner — blanche à*, dar carta blanca a.

carter |kaʀtɛʀ| *m* 1 (auto) cárter. 2 (bicyclette) cubrecadena.

carton *m* 1 cartón : *boîte en —*, caja de cartón. 2 — *à dessin*, cartapacio (de dibujo). **-ner** *t* encartonar.

cartouch/e *f* 1 cartucho *m*. 2 (stylo, briquet) recambio *m*, carga. **-ière** *f* 1 cartuchera. 2 (chasse) canana.

cas |ka| *m* 1 caso : *en — de besoin*, en caso de necesidad ; *faire — de*, hacer caso de. l *au — où tu ne pourrais pas venir*, (en) caso de que no puedas venir ; *en ce —*, en ese caso ; *en tout —*, en todo caso ; *le — échéant*, llegado el caso. 2 — *de conscience*, cargo de conciencia.

casanier, ère *a/s* casero, a.

casaque *f* casaca.

cascade *f* cascada.

cascadeur, euse *s* 1 acróbata. 2 (cinéma) doble.

case *f* 1 (cabane) choza. 2 (d'un damier, papier quadrillé, etc.) casilla.

caser *t* colocar.

caserne *f* cuartel *m*.

casier *m* 1 casillero. l — *à bouteilles*, botellero. 2 — *judiciaire*, registro de antecedentes penales.

casino *m* casino.

casque *m* casco.

casquette *f* gorra.

cassant, e *a* 1 quebradizo, a. 2 FIG *ton —*, tono tajante.

cassation *f* casación. l *Cour de —*, Tribunal *m* Supremo.

casse *f* 1 rotura. l *payer la —*, pagar lo roto. 2 (de voitures) desguace *m*.

casse-cou *m* atolondrado, temerario.

casse-croûte *m* refrigerio, tentempié, bocadillo.

casse-noisettes *m* cascanueces.

casse-pieds *a/m* FAM pesado, a, pelmazo, a.

casser *t* 1 romper: *il a cassé un carreau*, ha roto un cristal. 2 (en fendant) cascar, quebrantar. l *voix cassée*, voz cascada. 3 FIG – *la tête*, cansar, fastidiar. □ *se* –, romperse: *il s'est cassé un bras*, se ha roto un brazo.

casserole *f* cazo *m*, cacerola.

casse-tête *m* rompecabezas.

cassette *f* 1 cofrecito *m*, arqueta. 2 (de magnétophone) cassette.

cassis [kasis] *m* 1 casis *f*. 2 licor de casis 3 (de route) baden.

cassure *f* 1 rotura. 2 fractura.

castagnettes *f pl* castañuelas.

caste *f* casta.

castillan, e *a/s* castellano, a.

Castille *n p f* Castilla.

castor *m* castor.

casuist/e *s* casuista. **-ique** *f* casuística.

cataclysme *m* cataclismo.

catacombes *f pl* catacumbas.

catafalque *m* catafalco.

catalan, e *a/s* catalán, ana.

Catalogne *n p f* Cataluña.

catalogu/e *m* catálogo. **-er** *t* catalogar.

catalyse *f* catálisis.

cataplasme *m* cataplasma *f*.

catapulte *f* catapulta.

cataracte *f* catarata.

catastroph/e *f* catástrofe. l *en* –, a la desesperada. **-ique** *a* catastrófico, a.

catch *m* catch. **-eur** *m* pugilista.

catéch/isme *m* catecismo. **-iser** *t* catequizar.

catégorie *f* categoría.

catégorique *a* categórico, a.

-ment *adv* categóricamente, rotundamente.

cathédrale *f* catedral.

Catherine *n p f* Catalina.

catholi/que *a/s* católico, a. **-cisme** *m* catolicismo.

cauchemar *m* pesadilla *f*.

cause *f* 1 causa, motivo *m*. l *à* – *de*, a causa de; *pour* – *de*, por causa de; *et pour* –, y con razón. 2 *mettre en* –, acusar.

¹**causer** *t* causar.

²**caus/er** *i* hablar, conversar. **-erie** *f* charla. **-ette** *f* charla. l *faire la* –, estar de palique. **-eur, euse** *a/s* conversador, a.

caustique *a* cáustico, a.

cautériser *t* cauterizar.

caution *f* 1 fianza, caución: *liberté sous* –, libertad bajo fianza. 2 garantía, aval *m*. 3 *sujet à* –, sospechoso. 4 *se porter* –, salir fiador. **-nement** *m* fianza *f*. **-ner** *t* abonar, garantizar.

cavalcade *f* cabalgata.

cavalerie *f* caballería.

¹**cavalier** *m* 1 jinete. 2 (danse) pareja *f*. 3 (échecs) caballo.

²**caval/ier, ère** *a* desenvuelto, a, impertinente, libre. □ *f* 1 amazona. 2 (danse) pareja. **-ièrement** *adv* con desenfado.

cav/e *f* 1 (à vin) bodega. 2 (soussol) cueva, sótano *m*. **-eau** *m* (sépulture) panteón, tumba *f*.

cavern/e *f* caverna. **-eux, euse** *a* cavernoso, a.

caviar *m* caviar.

cavité *f* cavidad.

¹**ce, c'** *pron dém* 1 lo : – *que je dis*, lo que digo; – *qui est certain*, lo que es cierto. 2 (+ être, ne se traduit souvent pas) *c'est vrai*, es verdad; *c'est moi*, soy yo; *c'est toi*, eres tú; *c'est là qu'il s'est marié*, allí se casó; *c'est* – *qui va t'arriver*, eso te va a pasar a ti. 3 – *disant*, diciendo esto; *sur* –, en esto.

²ce, cet, cette, *pl* **ces** |sə, sɛt, se| *a dém* (ce qui est ici) este, esta, estos, estas; (ce qui est là) ese, esa, esos, esas; (ce qui est très éloigné, dans l'espace ou dans le temps) aquel, aquella, aquellos, aquellas: *– livre-ci*, este libro; *cet arbre-là*, ese, aquel árbol; *en – temps-là*, en aquel tiempo; *cette nuit-là*, aquella noche.

ceci *pron dém* esto: *– et cela*, esto y aquello.

Cécile *n p f* Cecilia.

cécité *f* ceguera, ceguedad.

céder ° *t* ceder. 2 (un commerce, etc.) traspasar. □ *i* ceder: *la corde a cédé*, ha cedido la cuerda.

cédille *f* cedilla.

cèdre *m* cedro.

ceindre ° *t* ceñir.

ceintur/e *f* 1 cinturón *m*: *– de sauvetage*, cinturón salvavidas; *– de sécurité*, cinturón de seguridad; *– noire*, cinturón negro (judo). 2 (en tissu, orthopédique) faja. 3 (partie du corps) cintura. **-on** *m* cinturón.

cela (FAM *–* **ça**) *pron dém* eso, ẻsto, aquello: *qu'est-ce que c'est que – ?*, ¿ qué es esto ?; *prends –*, toma eso; *c'est –*, eso es. I *– ne fait rien*, no importa; *ça y est*, ya está; *ça va ?*, ¿ cómo estás ?, ¿ cómo está usted ?, ¿ qué tal ?

célèbre *a* cẻlebre.

célébr/er ° *t* celebrar. **-ation** *f* celebración. **-ité** *f* celebridad.

céleri *m* apio.

céleste *a* 1 celeste. 2 (en religion) celestial.

célibat *m* celibato. **-aire** *s* soltero, a.

celle ⇒ **celui**.

cellier *m* bodega *f*.

cellophane *f* celofán *m*.

cellul/e *f* 1 (de couvent, prison) celda. 2 (biologie) célula. 3 (ruche) celdilla. 4 *– photo-électrique*, célula fotoeléctrica. **-aire** *a* celular.

celluloïd |selylɔid| *m* celuloide.

cellulose *f* celulosa.

celui, celle, *pl* **ceux, celles** *pron dém* (+ de, que, qui) el, la, los, las: *– de mon oncle*, el de mi tío. 2 (+ dont, avec, pour, etc.) aquel, aquella, aquellos, aquellas: *celle dont je parle*, aquella de quien hablo. 3 *celui-ci, celle-ci, ceux-ci, celles-ci*, éste, ésta, éstos, éstas. 4 *celui-là, celle-là, ceux-là, celles-là*, aquél, aquélla, aquéllos, aquéllas (l'accent écrit les distingue des adjectifs).

cendr/e *f* ceniza. I *mercredi des cendres*, miércoles de ceniza. **-ier** *m* cenicero.

cène *f* cena.

cénotaphe *m* cenotafio.

censé, e *a il est – être dans son bureau*, se supone que está en su despacho; *je ne suis pas – le savoir*, no tengo por qué saberlo.

censeur *m* 1 censor. 2 (lycée) subdirector.

censur/e *f* censura. **-er** *t* censurar.

cent *a* 1 ciento: *– deux*, ciento dos; *deux cents*, doscientos, as. 2 (devant un nom ou devant mille, million) cien: *– pages*, cien páginas. I *– pour –*, cien por cien. □ *m* ciento. I *dix pour –*, diez por ciento.

centaine *f* centenar *m*, centena: *par centaines*, a centenares. I *une – de francs*, unos cien francos.

centenaire *a/s* centenario, a.

centième *a/s* centésimo, a.

centi/grade *a/m* centígrado. **-gramme** *m* centigramo. **-litre** *m* centilitro.

centime *m* céntimo.

centimètre *m* centímetro.

central, e *a* 1 central. 2 céntrico, a: *quartiers centraux*, barrios céntricos. □ *m* *– téléphonique*, central *f* telefónica. □ *f* *centrale électrique, nucléaire*, central eléctrica, nuclear.

centralis/er *t* centralizar. **-ation** *f* centralización.

centr/e *m* centro : *au —*, en el centro. **-er** *t* centrar.

centrifuge *a* centrífugo, a.

centuple *a/m* céntuplo, a.

cep [sɛp] *m* cepa *f*.

cèpe *m* seta *f* comestible.

cependant *conj* (toutefois) sin embargo. □ *adv* entretanto, mientras tanto.

céramique *f* cerámica.

cerceau *m* aro.

cercle *m* círculo.

cercueil [sɛʀkœj] *m* ataúd, féretro.

céréale *f* cereal *m*.

cérébral, e *a* cerebral.

cérémon/ie *f* ceremonia, acto *m*. □ *pl* cumplidos *m* : *faire des cérémonies*, hacer cumplidos. **-ial** *m* ceremonial. **-ieux, euse** *a* ceremonioso, a.

cerf [sɛʀ] *m* ciervo.

cerfeuil *m* perifollo.

cerf-volant [sɛʀvɔlɑ̃] *m* (jouet) cometa *f*.

ceris/e *f* cereza. **-ier** *m* cerezo.

cern/e *m* 1 (d'une tache) cerco. 2 (des yeux) ojera *f*. **-er** *t* 1 cercar. 2 *avoir les yeux cernés*, tener ojeras, estar ojeroso, a.

certain, e *a* 1 cierto, a, seguro, a : *c'est —*, es cierto ; *je suis — de ce que je dis*, estoy seguro de lo que digo, 2 (avant le nom, pas d'article en espagnol) *d'un — âge*, de cierta edad ; *jusqu'à un —point*, hasta cierto punto. □ *pron certains disent*, algunos dicen.

certes [sɛʀt] *adv* desde luego, por cierto.

certificat *m* certificado.

certifier *t* asegurar, garantizar.

certitude *f* certeza, certidumbre.

cerv/eau *m* cerebro. **-elle** *f* 1 sesos *m* pl. I *se brûler la —*, levantarse la tapa de los sesos ; *se creuser la —*, devanarse los sesos,

calentarse la cabeza, 2 *— de mouton*, sesos de cordero.

ces ⇒ **ce.**

césarienne *f* MÉD cesárea.

cessation *f* cesación, suspensión.

cesse *f* tregua. I *sans —*, sin cesar, sin tregua.

cesser *i* 1 cesar. 2 *il ne cesse pas de se plaindre*, no deja de quejarse. □ *t* interrumpir, suspender : *— le travail*, interrumpir el trabajo.

cessez-le-feu *m* alto el fuego.

cession *f* cesión.

c'est-à-dire [sɛtadiʀ] *loc conj* es decir.

cet, cette ⇒ **celui.**

ceux ⇒ **celui.**

chacun, e *pron indéf* 1 cada uno, cada una : *— de vous*, cada uno de vosotros ; *10 francs —*, 10 francos cada uno. 2 todos, cada cual : *— le pense*, todos lo piensan.

chagrin *m* pena *f*, pesar. **-er** *t* afligir, apenar.

chahut [ʃay] *m* 1 jaleo, follón, alboroto : *faire du —*, armar jaleo. **-er** *i* armar follón. □ *t* — *un professeur*, abuchear a un profesor.

chai *m* bodega *f*.

chaîn/e *f* 1 cadena. I *travail à la —*, trabajo en cadena. 2 *— de montagnes*, cordillera. **-ette** *f* cadenilla.

chair *f* carne. I *en — et en os*, en carne y hueso ; *être bien en —*, estar metido, a en carnes ; *avoir la — de poule*, tener carne de gallina.

chaire *f* 1 (d'église) púlpito *m*. 2 (d'un professeur) cátedra.

chaise *f* silla. I *— longue*, meridiana, tumbona.

chaland *m* chalana *f*.

châle *m* mantón, chal *m*.

chalet [ʃalɛ] *m* chalet.

chaleur *f* calor *m* : *une — accablante*, un calor agobiante.

chaleureux, euse *t* caluroso, a, efusivo, a.

chaloupe *f* chalupa, lancha.

chalumeau *m* (pour souder) soplete.

chalutier *m* bou.

chamailler (se) *pr* reñir, disputar.

chambarder *t* FAM alborotar, trastornar.

chambranle *m* jambaje.

chambr/e *f* 1 cuarto *m*, habitación. I — à coucher, dormitorio *m*. 2 cámara: — de commerce, des députés, cámara de comercio, de diputados. 3 — à air, cámara de aire; — froide, cámara frigorífica; — noire, cámara oscura. **-ée** *f* dormitorio *m* de tropas. **-er** *t* (vin) poner a la temperatura ambiente.

chameau *m* camello.

chamois *m* gamuza *f*.

champ |ʃã| *m* 1 campo: à travers champs, a campo traviesa. I — de course, hipódromo; — de foire, real de la feria. 2 — magnétique, visuel, campo magnético, visual. 3 à tout bout de —, a cada instante; sur-le-champ, en el acto.

champagne *m* champaña, champán. □ *f* fine —, coñac *m*.

champêtre *a* campestre, campesino, a. I garde —, guardia rural.

champignon *m* 1 hongo, seta *f*. 2 (en cuisine) champiñón. 3 FAM appuyer sur le —, pisar el acelerador.

champion, onne *s* campeón, ona. **-nat** *m* campeonato.

chance *f* 1 suerte: avoir de la —, tener suerte; bonne — !, ¡ suerte ! 2 (probabilité) posibilidad.

chancel/er ° *i* vacilar. **-ant, e** *a* vacilante.

chancel/ier *m* canciller. **-lerie** *f* cancillería.

chanceux, euse *a* afortunado, a.

chandail |ʃãdaj| *m* jersey.

chandel/le *f* vela, candela. I voir trente-six chandelles, ver las estrellas. **-ier** *m* candelero.

change *m* 1 cambio: bureau de —, oficina de cambio. 2 FIG donner le

—, engañar.

changeant, e |ʃãʒã, ãt| *a* (personne) tornadizo, a, mudable.

chang/er ° *t* 1 cambiar: — des francs contre des pesetas, cambiar francos en pesetas. 2 — en, convertir en. □ *i* il a beaucoup changé, ha cambiado mucho. 2 (de train) — à Limoges, hacer trasbordo en Limoges. □ se —, cambiarse. **-ement** *m* 1 cambio. 2 (de train) trasbordo.

chanoine *m* canónigo.

chanson *f* canción. **-nier** *m* cupletista.

chant *m* canto.

chantage *m* chantaje.

chant/er *i/t* cantar. **-eur, euse** *s* cantante.

chantier *m* 1 (de construction) obra *f*. 2 depósito. 3 — naval, astillero.

chantonner *i/t* canturrear.

chantre *m* 1 chantre. 2 FIG cantor.

chanvre *m* cáñamo.

chao/s [kao] *m* caos. **-tique** *a* caótico, a.

chapeau *m* sombrero.

chapelet |ʃaplɛ| *m* 1 rosario: dire son —, rezar el rosario. 2 (d'oignons, etc.) ristra *f*.

chapelier *m* sombrerero.

chapelle *f* capilla.

chapelure |ʃaplyʀ| *f* pan *m* rallado.

chapiteau *m* 1 (de colonne) capitel. 2 (de cirque) toldo.

chapitre *m* capítulo.

chapon *m* capón.

chaque *a indéf* cada.

char *m* 1 carro. 2 (de carnaval) carroza *f*.

charabia *m* algarabía *f*.

charade *f* charada.

charbon *m* carbón: — de bois, carbón vegetal. I être sur des charbons ardents, estar en ascuas. **-nier, ère** *a/m* carbonero, a.

charcut/erie *f* 1 (boutique)

salchicheria. 2 (produits) embutidos *m* *pl.* **-ier, ère** *s* salchichero, a.

chardon *m* cardo.

chardonneret *m* jilguero.

charge *f* 1 (poids, impôt) carga: *charges sociales*, cargas sociales. 2 (emploi, responsabilité) cargo *m.* | *être à la — de*, estar a cargo de. 3 MIL carga. | *revenir à la —*, volver a la carga. 4 *témoin à —*, testigo de cargo. 5 caricatura.

chargé, e *a* cargado, a. □ *m — d'affaires*, encargado de negocios ; *— de cours*, profesor adjunto.

charg/er ° *t* 1 cargar. 2 encargar: *il m'a chargé de te remercier*, me ha encargado que te dé las gracias. □ *se —*, encargarse : *je m'en charge*, me encargo de ello. **-ement** *m* 1 cargamento. 2 (d'une arme) carga *f.*

chariot *m* 1 carro. 2 (petit) carrito.

charit/é *f* caridad. **-able** *a* caritativo, a.

charlatan *m* charlatán. **-isme** *m* charlatanismo.

Charles *n p m* Carlos.

charmant, e *a* encantador, a.

¹**charme** *m* (arbre) carpe.

²**charm/e** *m* encanto. **-er** *t* encantar. **-eur, euse** *a/s* encantador, a.

charnel, elle *a* carnal.

charnière *f* bisagra.

charnu, e *a* carnoso, a.

charpent/e *f* armazón. **-ier** *m* carpintero.

charret/te *f* carreta. **-ier** *m* carretero.

charrier *t* acarrear. □ *i* FAM *tu charries!*, ¡ desvarías !

charrue *f* arado *m.*

charte *f* carta.

chartr/euse *f* 1 cartuja. 2 (liqueur) chartreuse. **-eux** *m* cartujo.

chasse *f* 1 caza : *aller à la —*, ir de caza ; *la — au tigre*, la caza del

tigre. 2. *— d'eau*, depósito *m* del retrete.

châsse *f* relicario *m.*

chasse-neige *m* barrenieves.

chass/er *t* 1 cazar. 2 echar, expulsar. 3 FIG (une idée) ahuyentar.□ *i* cazar. **-eur** *m* 1 cazador. 2 (groom) botones. 3 (avion) caza.

châssis |ʃɑsi| *m* 1 bastidor. 2 (auto, photo) chasis.

chaste *a* casto, a. **-té** *f* castidad.

chasuble *f* casulla.

chat, chatte *s* gato, a. | *il n'y a pas un —*, no hay un alma.

châtaign/e *f* castaña. **-ier** *m* castaño.

châtain *a/m* castaño, a.

château *m* 1 (fortifié) castillo. | *— fort*, castillo ; FIG *châteaux en Espagne*, castillos en el aire. 2 palacio : *le — de Versailles*, el palacio de Versalles. 3 *— d'eau*, depósito.

châti/er *t* castigar. **-ment** *m* castigo.

chatoiement |ʃatwamã| *m* viso, cambiante, tornasol.

chaton *m* gatito.

chatouill/er *t* hacer cosquillas. **-ement** *m* cosquillas *f pl*, cosquilleo. **-eux, euse** *a* cosquilloso, a.

chatoy/er ° |ʃatwaje| *i* hacer visos. **-ant, e** *a* tornasolado, a, cambiante.

châtrer *t* castrar.

chatte ⇒ **chat**.

chaud, e *a* 1 caliente : *eau chaude*, agua caliente. 2 *climat —*, clima cálido. □ *m* 1 calor. | *il fait —*, *très —*, hace calor, mucho calor ; *j'ai —*, tengo calor. 2 *un — et froid*, un enfriamiento. **-ement** *adv* 1 *s'habiller —*, abrigarse. 2 FIG calurosamente.

chaudière *f* caldera.

chaudron *m* caldero. **-nier** *m* calderero.

chauffage *m* calefacción *f* : *le —*

central, la calefacción central.

chauffard *m* FAM mal chófer.

chauffe-bain *m* calentador.

chauffe-eau *m* calentador.

chauffer *t* calentar. □ *i* calentarse: *la soupe chauffe*, se calienta la sopa. | *faire* – *de l'eau*, calentar agua. □ *se* –, calentarse.

chauffeur *m* 1 fogonero. 2 (d'auto) chófer. | – *de taxi*, taxista.

chauler *t* encalar.

chaum/e *m* 1 (paille) bálago. 2 (champ) rastrojo. **-ière** *f* choza.

chaussée *f* 1 calzada. 2 – *glissante*, firme *m* deslizante.

chausse-pied *m* calzador.

chauss/er *t* calzar: *je chausse du 40*, calzo el 40; *chaussé d'espa-drilles*, calzado con alpargatas. **-ette** *f* calcetín *m*: *une paire de chaussettes*, un par de calcetines.

chausson *m* 1 zapatilla *f*. 2 (pâtisserie) empanadilla *f*.

chaussure *f* 1 zapato *m*: *une paire de chaussures*, un par de zapatos. 2 (montante, de ski) bota. 3 *l'industrie de la* –, la industria del calzado.

chauve *a/s* calvo, a.

chauve-souris *f* murciélago *m*.

chauvin, e *a/s* patriotero, a. **-isme** *m* patriotería *f*.

chaux |ʃo| *f* cal. | *blanchir à la* –, encalar.

chavirer *i* 1 (bateau) zozobrar. 2 (véhicule) volcar.

chef *m* 1 jefe: – *d'État*, jefe de Estado; – *de gare*, jefe de esta-ción. | – *d'orchestre*, director de orquesta. 2 *de son propre* –, de por si.

chef-d'œuvre |ʃedœvʀ| *m* obra *f* maestra.

chef-lieu |ʃefljø| *m* 1 (de département, province) capital *f*. 2 – *de canton*, cabeza *f* de partido.

chemin *m* 1 camino. | – *faisant*, de paso. 2 – *de fer*, ferrocarril. 3 – *de croix*, via crucis.

chemineau *m* vagabundo.

cheminée *f* chimenea.

cheminot *m* ferroviario.

chemis/e *f* 1 camisa. | – *de nuit*, camisón *m*. 2 (pour documents) carpeta. **-ette** *f* camiseta. **-ier** *m* 1 (marchand) camisero. 2 (corsage) blusa *f*: *un* – *en soie*, una blusa de seda.

chenal *m* canal.

chêne *m* 1 (rouvre) roble. 2 – *vert*, encina *f*. 3 *chêne-liège*, alcornoque.

chenet *m* morillo.

chenil |ʃəni| *m* perrera *f*.

chenille *f* oruga.

cheptel *m* (bétail) ganado, cabaña *f*.

ch/èque *m* cheque: *faire un* –, extender un cheque; – *barré*, cheque cruzado. **-équier** *m* talonario de cheques.

cher, ère *a* 1 (prix, affection) caro, a. 2 (affection) querido, a: – *ami*, querido amigo. □ adv *coûter* –, costar caro.

cherch/er *t* 1 buscar. 2 *aller* –, ir (a) por: *va* – *le pain!*, ¡ve a por pan!; *va* – *le médecin*, ve a buscar al médico. 3 – *à*, tratar de. **-eur, euse** *s* 1 – *d'or*, buscador de oro. 2 (scientifique) investigador, a.

chère *f* comida. | *il aime la bonne* –, le gusta comer bien.

chér/ir *t* amar. **-i, ie** *a* querido, a.

cherté *f* carestía.

chérubin *m* querubín.

chétif, ive *a* enclenque, débil.

cheval *m* 1 caballo: *monter à* –, montar a caballo. | *une deux chevaux*, un dos caballos; FIG *être à* – *sur*, ser inflexible respecto a. 2 *chevaux de bois*, tiovivo *sing*.

chevaler/ie *f* caballería. **-esque** *a* caballeresco, a.

chevalet *m* 1 caballete. 2 (de violon) puente.

chevalier *m* 1 caballero. 2 – *d'industrie*, estafador.

chevalin, e *a* **1** caballar. **2** (tête, caballuno, a.

cheval-vapeur *m* caballo de vapor.

chevauchée *f* **1** (promenade) paseo *m* a caballo. **2** cabalgada.

chevaucher *i* cabalgar. □ *se* —, superponerse.

chevelu, e *a* cabelludo, a.

chevelure *f* cabellera.

chevet *m* **1** cabecera *f* : *au* — *du lit*, a la cabecera de la cama. **2** (d'église) ábside.

cheveu *m* **1** cabello. **2** *les cheveux*, el pelo: *il a les cheveux noirs*, tiene el pelo negro. **I** *ce film m'a fait dresser les cheveux sur la tête*, esta pelicula me ha puesto los pelos de punta ; *couper les cheveux en quatre*, sutilizar.

cheville *f* **1** (articulation du pied) tobillo *m*. **2** (en bois, plastique) taco *m*.

chèvre *f* cabra.

chevreau *m* **1** cabrito. **2** (peau) cabritilla *f*.

chèvrefeuille *m* madreselva *f*.

chevreuil *m* corzo.

chevron *m* **1** (de toit) cabrio. **2** *tissu à chevrons*, tejido de espiga.

chevrot/er *i* hablar con voz trémula. **-ant, e** *a* *voix chevrotante*, voz trémula.

chevrotine *f* posta.

chewing-gum *m* chicle.

chez |ʃe| *prép* **1** (sans mouvement) — *mon oncle*, en casa de mi tío ; — *moi*, en mi casa. **2** (avec mouvement) *je vais* — *mon oncle*, — *toi*, voy a casa de mi tío, a tu casa. **3** (parmi) entre : — *les Grecs*, entre los griegos. **4** en : *c'est* — *lui une habitude*, es una costumbre en él.

chic *m* **1** elegancia *f*, buen gusto. **2** habilidad *f*. □ *a* **1** elegante, chic : *une robe* —, un vestido elegante. **2** *un* — *type*, un tío simpático. □ *interj* — *alors!*, ¡estupendo!, ¡qué bien !

chicane *f* **1** pleitos *m pl*. **I**

chercher —, buscar líos. **2** *paso m* en zigzag.

chican/er *i* tergiversar. **-eur, euse** *a/s* lioso, a, pleitista.

chiche *a* mezquino, a. **-ment** *adv* mezquinamente.

chichi *m* FAM *faire des chichis*, hacer melindres.

chicorée *f* achicoria.

chien, enne *s* perro, a. **I** *entre* — *et loup*, al anochecer ; *un temps de* —, un tiempo de perros. □ *m* **1** (d'une arme à feu) gatillo. **2** FAM *avoir du* —, tener gancho.

chiendent *m* grama *f*.

chien-loup *m* perro lobo.

chiffon *m* trapo. **-ner** *t* **1** arrugar, ajar. **2** FIG contrariar. **-nier, ère** *s* trapero, a.

chiffr/e *m* **1** cifra *f*. **2** (montant) suma *f*, importe total. **3** — *d'affaires*, volumen de negocios. **-er** *t* **1** numerar. **2** cifrar. **I** *message chiffré*, mensaje en cifra, cifrado.

chignon *m* moño.

Chili *n p m* Chile.

chilien, enne *a/s* chileno, a.

chim/ère *f* quimera. **-érique** *a* quimérico, a.

chim/ie *f* química. **-ique** *a* químico, a. **-iste** *s* químico, a.

chimpanzé *m* chimpancé.

Chine *n p f* China.

chinois, e *a/s* chino, a. **-erie** *f* sutileza, complicación.

chiot |ʃjo| *m* cachorro.

chiper *t* FAM birlar, hurtar.

chips |ʃips| *m pl* papas *f*.

chiquenaude *f* capirotazo *m*.

chiromancie [kiʀɔmɑ̃si] *f* quiromancia.

chirurg/ie *f* cirugía. **-ical, e** *a* quirúrgico, a. **-ien** *m* cirujano. **I** — *dentiste*, dentista, odontólogo.

chiure *f* cagada.

chlor/e |klɔʀ| *m* cloro. **-hydrique** *a* clorhídrico, a. **I** *acide* —, salfumán.

chloroform/e |klɔrɔfɔrm| *m* cloroformo. **-er** *t* cloroformizar.

chlorophylle |klɔrɔfil| *f* clorofila.

chlorure |klɔryr| *m* cloruro.

choc *m* choque.

chocolat *m* chocolate: - *au lait*, chocolate con leche.

chœur |kœr| *m* coro. I *en* -, en coro; *enfant de* -, monaguillo.

choir ° *i* caer.

choisir *t* 1 escoger, elegir. 2 - *de*, optar por.

choix |ʃwa| *m* 1 elección *f*. I *au* -, a elegir. 2 opción *f* : *il n'y a pas le* -, no hay opción. 3 selección *f*.

cholera |kɔlera| *m* cólera.

cholestérol |kɔlesterɔl| *m* colesterol.

chôm/er *i* 1 (un chômeur) estar en paro (forzoso). 2 (ne pas travailler) descansar, holgar. 3 *jour chômé*, día inhábil. **-age** *m* paro, desempleo : *être en* -, estar en paro; *réduire au* -, dejar en paro. **-eur, euse** *s* parado, a.

chop/e *f* jarra. **-ine** *f* cuartillo *m*.

choqu/er *t* 1 - *les verres*, brindar. 2 (déplaire) chocar, sorprender. **-ant, e** *a* chocante.

choral, e |kɔral| *a/m* coral. □ *f* coral.

chorégraphie |kɔregrafi| *f* coreografía.

choriste |kɔrist| *s* corista.

chose *f* 1 cosa. I *bien des choses à...*, recuerdos a...; *de deux choses l'une*, una de dos; *quelque* -, algo. 2 *monsieur* -, el señor fulano.

chou *m* 1 col *f* : *choux de Bruxelles*, coles de Bruselas. I FAM *mon petit* -, queridito mío. 2 - *à la crème*, lionesa *f*.

choucroute *f* chucrut.

chouette *f* lechuza. □ *interj* FAM ¡estupendo!

chou-fleur *m* coliflor *f*.

choyer ° |ʃwaje| *t* mimar.

chrétien, enne |kretjɛ̃, ɛ̃n| *a/s* cristiano, a. **-té** *f* cristiandad.

Christ |krist| *m* Cristo.

christianisme |kristjanism| *m* cristianismo.

Christine |kristin| *n p f* Cristina.

Christophe |kristɔf| *n p m* Cristóbal.

chrom/e |krom| *m* cromo. **-er** *t* cromar.

chromo |krɔmo| *m* cromo.

chroniqu/e |krɔnik| *a* crónico, a. □ *f* crónica. **-eur** *m* cronista.

chronolog/ie |krɔnɔlɔzi| *f* cronología. **-ique** *a* cronológico, a.

chrono/mètre |krɔnɔmɛtr| *m* cronómetro. **-métrer** *t* cronometrar. **-métreur** *m* cronometrador.

chrysanthème |krizãtɛm| *m* crisantemo.

chuchot/er *i* cuchichear. **-ement** *m* cuchicheo, murmullo.

chut ! |ʃyt| *interj* ¡chis!, ¡chitón!

chute *f* 1 caída. I *faire une* -, caerse. 2 - *d'eau*, salto *m* de agua. I *les chutes du Niagara*, las cataratas del Niágara.

ci *adv* 1 *ci-gît*, aquí yace. I *ci-après*, a continuación; *ci-contre*, al lado, en la página de enfrente; *ci-dessous*, más abajo; *ci-dessus*, más arriba; *ci-joint*, adjunto, a; *de-ci, de-là*, por-là, por-là, aquí y allí. 2 *ci-inclus* ⇒ **inclus**. 3 *celui-ci* ⇒ **celui**.

cible *f* blanco *m*.

ciboire *m* copón.

ciboulette *f* cebolleta.

cicatri/ce *f* cicatriz : *des cicatrices*, cicatrices. **-ser** *t* cicatrizar. □ *pr la plaie s'est cicatrisée*, la llaga se ha cicatrizado.

cidre *m* sidra *f*.

ciel *m* cielo : *le royaume des cieux*, el reino de los cielos; *à* - *ouvert*, a cielo abierto.

cierge *m* cirio.

cieux ⇒ **ciel**.

cigale *f* cigarra.

cigar/e *m* puro. **-ette** *f* cigarrillo

m.

cigogne *f* cigüeña.

ciguë |sigy| *f* cicuta.

ci-joint ⇒ **ci.**

cil *m* pestaña *f.*

cime *f* cima, cumbre.

ciment *m* cemento: – *armé,* cemento armado. **-er** *t* unir con cemento.

cimetière *m* cementerio.

cinéaste *s* cineasta.

cinéma *m* cine: – *parlant,* cine sonoro. **-thèque** *f* cinemateca.

cinglant, e *a* (blessant) hiriente, mordaz.

cinglé, e *a/s* FAM chiflado, a.

cingler *t* (frapper) azotar.

cinq |sɛ̃k| *a/m* cinco. I – *cents,* quinientos, as.

cinquantaine *f* cincuentena.

cinquant/e *a/m* cincuenta: – *deux,* cincuenta y dos. **-ième** *a/s* quincuagésimo, a.

cinquième *a/s* quinto, a: *au – étage,* en el quinto piso. **-ment** *adv* en quinto lugar.

cintr/e *m* 1 (architecture) cimbra *f.* 2 (pour vêtements) percha *f.* **-er** *t* (un vêtement) ajustar, entallar.

cirage *m* betún.

circoncision *f* circuncisión.

circonférence *f* circunferencia.

circonflexe *a accent –,* acento circunflejo.

circonlocution *f* circunloquio *m.*

circonscri/re ° *t* circunscribir. **-ption** *f* circunscripción.

circonspect, e |sirkɔ̃spɛ (kt), ɛkt| *a* circunspecto, a.

circonstance *f* circunstancia.

circuit *m* circuito.

circulaire *a* circular. □ *f* carta circular.

circul/er *i* circular: *circulez!,* ¡circulen! **-ation** *f* 1 circulación. 2 (des véhicules) tráfico *m,* circulación.

cir/e *f* cera. **-er** *t* 1 encerar. 2 –

ses *chaussures,* sacar brillo a los zapatos. 3 *toile cirée,* hule *m.* **-eur** *m* (de chaussures) limpiabotas. **-euse** *f* (machine) enceradora.

cirque *m* circo.

cisaille *f* cizalla.

ciseau *m* (outil) cincel. □ *pl des ciseaux, une paire de ciseaux,* tijeras *f,* unas tijeras.

cisel/er ° *t* cincelar. **-eur** *m* cincelador. **-ure** *f* cinceladura.

citadelle *f* ciudadela.

citadin, e *s* ciudadano, a.

citation *f* (d'un auteur) cita.

cité *f* ciudad.

citer *t* citar.

citerne *f* cisterna.

citoyen, enne |sitwajɛ̃, jɛn| *s* ciudadano, a.

citron *m* limón. **-nade** *f* limonada. **-nier** *m* limonero.

citrouille *f* calabaza.

civet *m – de lièvre,* guisado de liebre.

civière *f* camilla, parihuelas *pl: transporter sur une –,* transportar en camilla.

civil, e *a* civil. □ *m* paisano: *s'habiller en –,* vestirse de paisano. **-ement** *adv se marier –,* casarse por lo civil.

civilis/er *t* civilizar. **-ateur, trice** *a/s* civilizador, a. **-ation** *f* civilización.

civ/ique *a* cívico, a. **-isme** *m* civismo.

claie *f* zarco *m.*

clair, e *a* claro, a. □ *m – de lune,* claro de luna. I *tirer au –,* sacar en claro. □ *adv voir –,* ver claro.

Claire *n p f* Clara.

claire-voie *f* enrejado *m,* rejilla.

clairière *f* claro *m.*

clair-obscur *m* claroscuro.

clairon *m* 1 clarín. 2 (militaire) corneta *f.*

clairsemé, e *a* ralo, a.

clairvoy/ant, e |klɛrvwajɑ̃, ɑ̃t| *a*

clarividente. **-ance** f clarividencia.

claméur f clamor m.

clan m clan.

clandestin, e a clandestino, a.

clapet m válvula f.

clapier m conejar, jaula f para conejos.

clapot/er i chapotear. **-ement, -is** m chapoteo.

claque f (gifle) torta.

claqu/er i 1 (fouet, langue) chascar, chasquear : il fit — sa langue, chascó la lengua. 2 il claque des dents, le castañetean los dientes. 3 (volet, porte) golpear. □ t 1 (gifler) abofetear. 2 — la porte, dar un portazo. □ pr 1 se — un muscle, distenderse un músculo. 2 FAM reventarse : je suis claqué, estoy reventado. **-ement** m 1 chasquido. 2 (dents) castañeteo. 3 (porte) portazo.

clarifier t clarificar, purificar.

clarinette f clarinete m.

clarté f claridad.

classe f 1 clase : wagon de première —, vagón de primera clase. 2 (cours, salle de classe) clase. I aller en —, ir a la escuela. 3 (soldats) quinta.

class/er t clasificar. **-ement** m clasificación f. **-eur** m 1 (chemise) carpeta f. 2 (meuble) papelera f.

classifi/er t clasificar. **-cation** f clasificación.

classique a/m clásico, a.

Claude n p Claudio, a.

clause f cláusula.

claustrophobie f claustrofobia.

clavecin m clavicordio.

clavicule f clavícula.

clavier m teclado.

clef, clé |kle| f 1 llave : fermer à —, cerrar con llave. 2 MUS clave.

clématite f clemátide.

clém/ence f clemencia. **-ent, e** a clemente.

cleptomane a/s cleptómano, a.

clerc |klɛʀ| m 1 clérigo. 2 (de notaire) pasante.

clergé m clero.

clérical, e a clerical. **-isme** m clericalismo.

cliché m 1 clisé, cliché. 2 (lieu commun) tópico, clisé.

client, e s cliente. **-èle** f clientela.

clign/er t — les yeux, pestañear. □ i — de l'œil, guiñar el ojo. **-ement** m 1 — d'yeux, pestañeo. 2 (volontaire) guiño.

clignotant m intermitente.

clignot/er i 1 pestañear, parpadear. 2 (lumière) vacilar. **-ement** m parpadeo.

climat m clima. **-ique** a climático, a.

climatis/er t climatizar. **-ation** f climatización. **-eur** m acondicionador de aire.

clin d'œil |klɛ̃dœj| m guiño, pestañeo. I en un —, en un abrir y cerrar de ojos.

clinique a clínico, a. □ f clínica.

clinquant, e a brillante. □ m oropel.

clique f 1 pandilla. 2 (fanfare) banda.

cliquet/er ° i sonar entrechocándose. **-is** m tintineo.

clochard m vagabundo.

cloche f 1 campana. 2 FAM panoli.

cloche-pied (à) loc adv a la pata coja.

¹**clocher** m campanario.

²**clocher** i 1 cojear. 2 il y a quelque chose qui cloche, hay algo que no funciona.

clochette f campanilla.

cloison f tabique m.

cloître m claustro.

clopin-clopant loc adv cojeando, renqueando.

clopiner i cojear, renquear.

cloporte m cochinilla f.

cloque f ampolla, vejiga.

clore ° *t* cerrar.

clos, e *a* cerrado, a. I *à la nuit close*, entrada la noche. □ *m* cercado, finca *f*.

clôtur/e *f* cercado *m*, cerca. 2 (d'une séance) clausura, cierre *m*. **-er** *t* cercar. I – *une séance*, clausurar una sesión.

clou *m* 1 clavo. 2 – *de girofle*, clavo. 3 (furoncle) divieso. 4 *le – du spectacle*, lo más sobresaliente del espectáculo. 5 FAM *un vieux –*, un cacharro. **-er** *t* clavar. I FIG – *sur place*, apabullar. **-ter** *t* clavetear. I *passage clouté*, paso de peatones.

clown |klun| *m* payaso.

club |klœb| *m* club.

coagul/er *t* coagular. **-ation** *f* coagulación.

coali/ser (se) *pr* coligarse. **-tion** *f* coalición.

coass/er *i* croar. **-ement** *m* canto de la rana.

cobalt *m* cobalto.

cobaye |kɔbaj| *m* cobayo, conejillo de Indias.

cobra *m* cobra *f*.

coca *f* coca. **-ïne** *f* cocaína.

cocarde *f* escarapela.

cocasse *a* chusco, a.

coccinelle |kɔksinɛl| *f* mariquita.

coche *m* diligencia *f*.

cochenille *f* cochinilla.

¹**cocher** *m* cochero.

²**cocher** *t* marcar (con una muesca).

cochère *a porte –*, puerta cochera.

cochon *m* 1 cerdo, cochino, puerco. I – *de lait*, lechoncillo. 2 – *d'Inde*, conejillo de Indias. **-nerie** *f* FAM porquería.

cocktail |kɔktɛl| *m* cóctel.

coco *m* 1 *noix de –*, coco. 2 (boisson) agua *f* de regaliz. 3 FAM individuo.

cocon *m* capullo.

cocorico *m* quiquiriquí.

cocotier *m* cocotero.

cocotte *f* 1 (marmite) olla, cazuela. I – *minute* (marque déposée), olla a presión. 2 – *en papier*, pajarita.

cod/e *m* 1 código: – *de la route*, código de la circulación. 2 *phares –*, luces *f* de cruce. **-ifier** *t* codificar.

coefficient *m* coeficiente.

coéquipier, ère *s* compañero, a de equipo.

cœur *m* 1 corazón. I *avoir mal au –*, marearse; *cela soulève le –*, esto da náuseas; *presser quelqu'un contre son –*, estrechar a alguien contra el pecho. 2 FIG *parler à – ouvert*, hablar francamente; *de bon –*, de buena gana; *aimer de tout son –*, querer de todo corazón; *s'en donner à – joie*, disfrutar de lo lindo; *si le – vous en dit*, si le apetece; *en avoir le – net*, saber a qué atenerse; *apprendre par –*, aprender de memoria. 3 *au – de l'hiver*, en pleno invierno. 4 (d'une salade, etc.) cogollo.

coexistence *f* coexistencia.

coffre *m* 1 cofre, arca *f*. 2 (d'une voiture) maletero, portaequipajes.

coffre-fort *m* caja *f* de caudales.

coffret *m* cofrecillo, arqueta *f*, estuche.

cognac *m* coñac.

cognassier *m* membrillo.

cognée *f* hacha.

cogner *t* 1 golpear. 2 FAM (battre) pegar. □ *i* 1 – *à la porte*, llamar a la puerta. 2 (moteur) picar. □ *pr je me suis cogné à la table*, me he dado un golpe con la mesa.

cohé/rent, e *a* coherente. **-sion** *f* cohesión.

cohue |kɔy| *f* muchedumbre, gentío *m*.

coiffe *f* cofia, toca.

coiffer *t* 1 peinar. 2 *il coiffa son béret*, se puso la boina. □ *pr* 1 *elle se coiffe seule*, se peina sola. 2 *se – d'une casquette*, ponerse una gorra. I *coiffée d'une mantille*, tocada con mantilla.

coiffeur, euse s peluquero, a. □ f (meuble) tocador m.

coiffure m 1 sombrero m. 2 (arrangement des cheveux) peinado m, tocado m. l salon de –, peluquería f.

coin m 1 (saillant) esquina f : le café du –, el café de la esquina. 2 (rentrant) rincón. l au – du feu, al amor de la lumbre. 3 (endroit) lugar, rincón : un – tranquille, un lugar tranquilo. 4 FAM le petit –, el retrete. 5 (à fendre le bois) cuña f.

coincer ° t 1 (un mécanisme) sujetar. 2 – un doigt, pillar un dedo. 2 FAM – un voleur, coger, pillar a un ladrón. □ pr le mécanisme s'est coincé, el mecanismo se ha agarrotado.

coïncid/er |kɔ̃eside| i coincidir. **-ence** f coincidencia.

coing |kwɛ̃| m membrillo.

coke m coque.

col m 1 cuello : – roulé, cuello cisne ; faux –, cuello postizo. 2 (en montagne) puerto, paso.

coléoptère m coleóptero.

col/ère f cólera, ira. l être en –, estar furioso, a ; se mettre en –, ponerse furioso, a. **-éreux, euse** a colérico, a, iracundo, a.

colibacillose f colibacilosis.

colibri m colibrí.

colifichet m perifollo.

colimaçon m caracol : escalier en –, escalera de caracol.

colin m merluza f.

colique f cólico m.

colis |kɔli| m paquete, bulto : – postal, paquete postal.

collabor/er i colaborar. **-ateur, trice** s colaborador, a. **-ation** f colaboración.

collant, e a 1 pegajoso, a. l papier –, papel engomado. 2 (ajusté) ceñido, a. 3 FAM (ennuyeux) pesado, a. □ m 1 (bas) panty. 2 (de danse) leotardos pl.

collation f colación.

colle f 1 cola, pegamento m. 2 FAM poser une –, poner una pega.

collecte f colecta.

collect/if, ive a colectivo, a. **-ivité** f colectividad.

collection f colección. **-ner** t coleccionar. **-neur, euse** s coleccionista.

coll/ège m colegio. **-égien, enne** s colegial.

collègue s colega m.

coller t 1 pegar. 2 FAM – un candidat à l'examen, suspender a un candidato en el examen ; je me suis fait –, me han dado un cate. □ i 1 pegarse, adherirse. 2 (vêtement) ceñirse. 3 FAM ça colle ?, ¿ vale ?

collet m (nœud coulant) lazo. □ a – monté, estirado, a, tieso, a.

collier m collar.

colline f colina.

collision f colisión, choque m. l entrer en –, chocar.

colloque m coloquio.

Colomb n p m Colón.

colombe f paloma.

Colombie n p f Colombia.

colombien, enne a/s colombiano, a.

colombier m palomar.

colon m colono.

colonel m coronel.

colonial, e a colonial. **-isme** m colonialismo. **-iste** a/s colonialista.

colonie f colonia.

colonis/er t colonizar. **-ation** f colonización.

colonn/e f columna. **-ade** f columnata.

color/er t colorear. **-ant, e** a/m colorante. **-ation** f coloración.

colori/er t iluminar. **-age** m iluminación f.

coloris |kɔlɔri| m colorido.

coloss/e m coloso. **-al, e** a colosal.

colport/er *t* (des nouvelles) propagar. **-eur** *m* buhonero.

colza *m* colza *f.*

coma *m* coma: *dans le —,* en coma.

combat *m* **1** combate. **2** *— de coqs,* riña *f* de gallos. **-if, ive** *a* combativo, a, luchador, a.

combatt/re ° *t/i* combatir. **-ant, e** *m* combatiente.

combien *adv* **1** cuánto: *— vous dois-je ?,* ¿ cuánto le debo ?; *c'est —?,* ¿ cuánto es ?; *c'est — le kilo ?,* ¿ a cuánto es el kilo ? **2** *— de,* cuánto, a, os, as : *— de frères as-tu ?,* ¿ cuántos hermanos tienes ?; *— de fois ?,* ¿ cuántas veces ? **3** (+ adjectif) *— il est timide,* cuán tímido es, lo tímido que es. □ *m le — sommes-nous ?,* ¿ a cuántos estamos ?

combinaison *f* **1** combinación. **2** (de mécanicien) mono *m.*

combine *f* FAM combina.

combiner *t* combinar.

comble *m* **1** colmo : *pour — de malheur,* para colmo de desgracias ; *c'est un —!,* ¡ es el colmo ! **2** desván : *loger sous les combles,* vivir en el desván. I *de fond en —,* de arriba abajo, enteramente. □ *a salle —,* sala abarrotada, repleta de gente.

combler *t* colmar. I *je suis comblé,* estoy la mar de contento, estoy en la gloria.

combust/ion *f* combustión. **-ible** *a/m* combustible.

coméd/ie *f* comedia. **-ien, enne** *s* cómico, a, comediante.

comestible *a/m* comestible.

comète *f* cometa *m.*

comique *a* cómico, a. □ *m* actor cómico.

comité *m* comité : *— d'entreprise,* comité de empresa.

commandant *m* comandante.

commande *f* **1** pedido *m,* encargo *m* : *passer une —,* hacer un pedido ; *sur —,* de encargo. **2**

mando *m,* órgano *m* de transmisión : *— à distance,* mando a distancia.

commandement *m* **1** mando. **2** (de Dieu, de l'Église) mandamiento.

commander *t* **1** mandar : *je te commande de sortir,* te mando que salgas. **2** encargar, pedir : *j'ai commandé un costume,* he encargado un traje ; *j'ai commandé un dessert,* he pedido un postre. **3** accionar, hacer funcionar. **4** *— à ses passions,* dominar sus pasiones. □ *i ici, c'est moi qui commande,* aquí mando yo. □ *se —,* dominarse.

commandeur *m* comendador.

commandit/er *t* comanditar. **-aire** *m* comanditario.

commando *m* comando.

comme *adv/conj* **1** como : *blanc — neige,* blanco como la nieve. I *— ci, — ça,* así, así ; *jolie — ça,* muy guapa ; *c'est tout —,* es lo mismo ; *— si,* como si (+ subjonctif) : *— s'il était...,* como si fuera... **2** (exclamatif) qué, cuán : *— tu es pâle !,* ¡ qué pálido estás ! **3** (au moment où) cuando : *je m'en allais — il arriva,* me marchaba cuando llegó.

commémor/er *t* conmemorar. **-ation** *f* conmemoración.

commenc/er ° *t/i* empezar, comenzar : *le match commence à 4 heures,* el partido empieza a las 4. **-ement** *m* comienzo, principio.

comment *adv* cómo : *— allez-vous ?,* ¿ cómo está usted ? ; *grand — ?,* ¿ cómo de grande ? I *et — !,* ¡ ya lo creo ! ; *mais — donc !,* ¡ claro !

comment/er *t* comentar. **-aire** *m* comentario. **-ateur, trice** *s* comentarista.

commérage *m* chisme.

commer/ce *m* comercio. I *faire du —,* comerciar. **-çant, e** *a/s* comerciante. **-cial, e** *a* comercial.

commère *f* comadre.

commettre° *t* cometer.

commis *m* 1 dependiente. 2 — *voyageur*, viajante.

commisération *f* conmiseración.

commiss/aire *m* comisario : *— de police*, comisario de policía. **-ariat** *m* comisaria *f*.

commission *f* 1 encargo *m*, recado *m* : *voudriez-vous faire une — à votre père?*, ¿ quiere usted darle un recado a su padre? 2 *faire les commissions*, ir de compras. 3 (prime, réunion de personnes) comisión. **-naire** *m* 1 (coursier) recadero. 2 COM comisionista.

commod/e *a* cómodo, a. □ *f* cómoda. **-ément** *adv* cómodamente. **-ité** *f* comodidad.

commotion *f* conmoción.

commun, e *a* común : *lieux communs*, lugares comunes.

communauté *f* comunidad.

commune *f* municipio *m*, ayuntamiento *m*.

communément *adv* comúnmente.

communiant, e *s* comulgante.

communicat/ion *f* comunicación. **-if, ive** *a* comunicativo, a.

communi/er *i* comulgar. **-on** *f* comunión.

communiqué *m* parte oficial, comunicado.

communiquer *t/i* comunicar.

commun/isme *m* comunismo. **-iste** *a/s* comunista.

commutateur *m* conmutador.

compact, e |kõpakt| *a* compacto, a.

compagne *f* compañera.

compagnie *f* 1 compañía. l *fausser — à*, dejar plantado a ; *tenir — à*, hacer compañía a. 2 (d'oiseaux) bandada.

compagnon *m* compañero.

comparable *a* comparable.

comparaison *f* comparación : *en — de*, en comparación con.

comparaître° *i* comparecer.

compar/er *t* comparar. **-atif, ive** *a/m* comparativo, a.

compartiment *m* compartimiento, departamento.

comparution *f* comparecencia.

compas |kõpa| *m* 1 compás. 2 (boussole) brújula *f*.

compassion *f* compasión.

compatible *a* compatible.

compat/ir *i — à*, compadecerse de. **-issant, e** *a* compasivo, a.

compatriote *s* compatriota.

compens/er *t* compensar. **-ation** *f* compensación.

compère *m* compadre, compinche.

compét/ent, e *a* competente. **-ence** *f* competencia.

compétit/ion *f* competición. **-if, ive** *a* competitivo, a.

compil/er *t* compilar. **-ation** *f* compilación.

complainte *f* endecha.

complais/ance *f* amabilidad : *auriez-vous la — de...*, tendría usted la amabilidad de... **-ant, e** *a* complaciente.

complément *m* complemento. **-aire** *a* complementario, a.

compl/et, ète *a* completo, a. l *au (grand) —*, sin que falte nadie. □ *m* (costume) traje, terno. **-ètement** *adv* completamente.

compléter° *t* completar.

complex/e *a* complejo, a. □ *m* complejo. **-é, ée** *a* acomplejado, a. **-ité** *f* complejidad.

complication *f* complicación.

complic/e *a/s* cómplice. **-ité** *f* complicidad.

compliment *m* enhorabuena *f*, cumplidos *pl*, parabién : *faire des compliments à quelqu'un*, hacer cumplidos a alguien. □ *pl* (politesse) saludos. l *vous présenterez mes compliments à...*, salude de mi parte a..., saludos a... **-er** *t* felicitar, cumplimentar.

compliqu/er *t* complicar. **-é, ée**

a complicado, a.

complot |kɔ̃plo| *m* complot. **-er** *t* tramar, maquinar. □ *i* conspirar.

componction *f* gravedad.

comportement *m* comportamiento.

comporter *t* incluir, comportar. □ *pr* comportarse, portarse: *il s'est bien comporté avec moi*, se ha portado bien conmigo.

compos/er *t* 1 componer. 2 — *un numéro de téléphone*, marcar un número de teléfono. □ *se* — *de*, componerse de. **-ant, e** *a/m/f* componente. **-é, ée** *a/m* compuesto, a. **-iteur, trice** *s* compositor, a. **-ition** *f* composición.

composter *t* marcar, picar.

compot/e *f* compota. **-ier** *m* compotera *f*.

compréhens/ion *f* comprensión. **-ible** *a* comprensible. **-if, ive** *a* comprensivo, a.

comprendre ° *t* 1 comprender, incluir: *service compris*, servicio incluido. I *y compris*, incluso, inclusive. 2 comprender, entender: *je ne comprends pas ce que tu dis*, no entiendo lo que dices. I *je comprends !*, ¡ya caigo !, ¡ya entiendo !; *ça se comprend*, es comprensible.

compresse *f* compresa.

compression *f* compresión.

comprim/er *t* comprimir. **-é, ée** *a* comprimido, a. □ *m* (médicament) comprimido.

compris ⇒ **comprendre**.

compromett/re ° *t* comprometer. **-ant, e** *a* comprometedor, a.

compromis *m* convenio, avenencia *f*.

compta/bilité |kɔ̃tabilite| *f* contabilidad. **-ble** *m* contable, tenedor de libros. I *expert-comptable*, perito mercantil.

comptant |kɔ̃tɑ̃| *a argent* —, dinero contante. □ *adv payer* —, pagar al contado.

compte |kɔ̃t| *m* cuenta *f* : — *en banque, courant*, cuenta bancaria, corriente. I *en fin de* —, en resumidas cuentas; *tout* — *fait*, bien mirado todo. 2 *se rendre* —, darse cuenta; *tenir* — *de*, tener en cuenta; — *tenu de...*, teniendo en cuenta... 3 — *rendu*, (d'une séance) acta *f* ; (d'une œuvre) reseña *f*.

compte-gouttes |kɔ̃tgut| *m* cuentagotas.

compter |kɔ̃te| *t/i* 1 contar : — *sur ses doigts*, contar con los dedos. I *à* — *de*, a partir de; *ça ne compte pas !*, ¡no vale ! 2 pensar : *je compte partir demain*, pienso marcharme mañana. 3 — *sur*, contar con : *je compte sur toi*, cuento contigo.

compte-tours |kɔ̃ttuʀ| *m* cuentarrevoluciones.

compteur |kɔ̃tœʀ| *m* 1 contador. 2 (kilométrique) cuentakilómetros.

comptoir |kɔ̃twaʀ| *m* 1 (d'un magasin) mostrador. 2 (d'un café) barra *f* : *prendre une bière au* —, tomar una cerveza en la barra. 3 — *d'escompte*, banco de descuento.

compulser *t* compulsar.

comt/e *m* conde. **-é** *m* condado. **-esse** *f* condesa.

concasser *t* triturar, quebrantar.

concave *a* cóncavo, a.

concéder ° *t* conceder.

concentr/er *t* concentrar. **-ation** *f* concentración. **-ique** *a* concéntrico, a.

conception *f* concepción.

concerner *t* concernir : *ça ne me concerne pas*, esto no me concierne. I *en ce qui concerne...*, en lo que concierne a..., en lo que se refiere a...

concert *m* concierto.

concerter (se) *pr* concertarse.

concerto *m* concierto.

concession *f* concesión. **-naire** *a/s* concesionario, a.

concev/oir ° *t* concebir. **-able** *a* concebible.

concierge s 1 portero, a. 2 (d'un édifice public) conserje.

concile m concilio.

conciliabule m conciliábulo.

concili/er t conciliar. **-ant, e** a conciliador, a. **-ation** f conciliación.

concis, e a conciso, a. **-ion** f concisión.

concitoyen, enne s conciudadano, a.

conclu/re ° t 1 concluir, terminar. 2 – *un marché*, cerrar un trato. 3 *j'en conclus...*, de lo que deduzco... **-ant, e** a concluyente. **-sion** f conclusión : *en* –, en conclusión.

concombre m pepino.

concord/ance f concordancia. **-ant, e** a concordante.

concordat m concordato.

concorde f concordia.

concorder i concordar.

concourir ° i 1 (pour un prix) competir. 2 – *au succès*, concurrir al éxito.

concours m 1 concurso. 2 – *de circonstances*, concurso de circunstancias.

concr/et, ète a concreto, a. **-ètement** adv concretamente. **-étiser** t hacer concreto, a.

conçu ⇒ **concevoir**.

concurrenc/e f competencia : *se faire* –, hacerse la competencia. **-er** t hacer la competencia a.

concurrent, e a/s competidor, a. **-iel, elle** a competitivo, a.

condamn/er |kɔ̃dane| t 1 – *un coupable, une porte*, condenar a un reo, una puerta. 2 – *un malade*, deshauciar a un enfermo. **-ation** f condena. **-é, ée** s condenado, a.

condens/er t condensar : *lait condensé*, leche condensada. **-ateur** m condensador. **-ation** f condensación.

condescend/re i condescender. **-ance** f condescendencia. **-ant, e** a condescendiente.

condiment m condimento.

condisciple m condiscípulo.

condition f condición : *conditions de paiement*, condiciones de pago. l *à* – *de*, con la condición de ; *à* – *que*, con tal que, siempre que.

conditionnel, elle a condicional. □ m (mode) potencial, condicional.

conditionn/er t acondicionar : *air conditionné*, aire acondicionado. **-ement** m acondicionamiento.

condoléances f pl pésame m sing : *présenter ses* –, dar el pésame.

condor m cóndor.

conducteur, trice a/s conductor, a.

conduire ° t/i conducir : *ce chauffeur de taxi conduit bien*, este taxista conduce bien. □ t (mener) conducir, llevar : *conduisez-moi à la gare*, lléveme a la estación. □ *se* –, portarse : *il s'est bien conduit avec elle*, se ha portado bien con ella.

conduit m conducto.

conduite f 1 (d'un véhicule) conducción. 2 (d'une affaire) dirección. 3 (canalisation) conducción, cañería, conducto m. 4 (comportement) conducta : *bonne* –, buena conducta.

cône m cono.

confection f 1 confección. 2 *costume de* –, traje de confección ; *s'habiller en* –, vestirse con ropa de confección. **-ner** t confeccionar.

confédération f confederación.

conférenc/e f 1 conferencia. 2 – *de presse*, rueda de prensa. **-ier, ère** s conferenciante.

conférer ° t/i conferir. □ i conversar.

confess/er t confesar. □ *se* –, confesarse. **-eur** m confesor. **-ion** f confesión. **-ionnal** m confesionario.

confettis m pl confeti.

confi/ance *f* confianza. I *j'ai — en lui,* tengo confianza en él, confío en él. **-ant, e** *a* confiado, a.

confidence *f* confidencia.

confident, e *s* confidente. **-iel, elle** *a* confidencial. **-iellement** *adv* confidencialmente.

confier *t* confiar. □ *se —,* confiarse.

configuration *f* configuración.

confiner *i — à,* confinar con. □ *tr* confinar, recluir.

confins m pl *aux — de,* en los confines de.

confirm/er *t* confirmar. **-ation** *f* confirmación.

confiscation *f* confiscación.

confis/erie *f* 1 confitería. 2 (friandise) dulce *m*. **-eur, euse** *s* confitero, a.

confisquer *t* confiscar.

confit, e *a fruits confits,* frutas confitadas. □ *m* carne *f* cocida y conservada en su propia grasa.

confiture *f* confitura, mermelada.

conflit *m* conflicto.

confluent *m* confluencia *f*.

confondre *t* confundir. □ *pr* 1 confundirse. 2 *se — en excuses,* deshacerse en excusas.

conform/e *a* conforme. **-ément** *adv — à,* conforme a, con arreglo a.

conform/er *t* conformar, adaptar. □ *se — à,* conformarse a, con. **-ité** *f* conformidad.

confort *m* confort, comodidad *f*. **-able** *a* confortable.

confr/ère *m* 1 (d'une confrérie) cofrade. 2 (collègue) colega. **-érie** *f* cofradía.

confront/er *t* confrontar. **-ation** *f* confrontación.

confus, e *a* confuso, a. **-ément** *adv* confusamente.

confusion *f* confusión.

congé *m* 1 *demander un — d'une semaine,* pedir permiso para ausentarse una semana; *on lui a donné un — de 48 heures,* le han dado de baja por 48 horas; *être en — de maladie,* estar de baja por enfermedad. 2 vacaciones *f pl: être en —,* estar de vacaciones; *congés payés,* vacaciones pagadas. 3 *un jour, une semaine de —,* un día, una semana de asueto. 4 (renvoi) despido. I *donner — à,* despedir a; *prendre — de,* despedirse de.

congédier *t* despedir.

cong/eler ° *t* congelar: *viande congelée,* carne congelada. **-élateur** *m* congelador. **-élation** *f* congelación.

congestion *f* congestión. **-ner** *t* congestionar.

congre *m* congrio.

congrégation *f* congregación.

congr/ès [kɔ̃grɛ] *m* congreso. **-essiste** *s* congresista.

conifère *m* conífera *f*.

conique *a* cónico, a.

conjecture *f* conjetura.

conjoint, e *a* unido, a. □ *s* cónyuge, consorte. **-ement** *adv* conjuntamente.

conjonction *f* conjunción.

conjoncture *f* coyuntura.

conjugaison *f* conjugación.

conjugal, e *a* conyugal.

conjuguer *t* conjugar.

conjur/ation *f* conjuración, conjura. **-é, ée** *s* conjurado, a. **-er** *t* conjurar.

connaiss/ance *f* 1 conocimiento *m*: *en — de cause,* con conocimiento de causa. I *à ma —,* que yo sepa; *faire —,* conocer: *nous avons fait —,* nos hemos conocido; *elle a perdu —,* ha perdido el conocimiento. 2 conocido *m*: *de vieilles connaissances,* viejos conocidos. I *une personne de —,* un conocido mío. **-eur, euse** *a/s* conocedor, a, entendido, a.

connaître ° *t* conocer: *je ne connais pas l'allemand, cette personne,* no conozco el alemán, a esta persona; *un artiste très connu,* un artista muy conocido; *se faire* —, darse a conocer. □ *pr* 1 conocerse: *nous nous sommes connus en Angleterre,* nos conocimos en Inglaterra. 2 *s'y* — *en peinture,* entender de pintura.

connexion *f* conexión.

connivence *f* convivencia.

connu ⇒ **connaître.**

conquér/ir ° *t* conquistar. **-ant, e** *a/s* conquistador, a.

conquête *f* conquista.

consacrer *t* consagrar.

consanguin, e *a* consanguíneo, a.

consciemment |kɔ̃sjamɑ̃| *adv* conscientemente.

consci/ence *f* 1 conciencia: — *professionnelle,* conciencia profesional. 2 *perdre* —, perder el conocimiento. **-encieux, euse** *a* concienzudo, a. **-ent, e** *a* consciente.

conscri/t *m* quinto, recluta. **-ption** *f* reclutamiento *m.*

consécration *f* consagración.

consécutif, ive *a* consecutivo, a.

conseil |kɔ̃sɛj| *m* consejo. **-ler** *t* aconsejar. **-ler, ère** *s* consejero, a. | — *municipal,* concejal.

consent/ir ° *i* — *à,* consentir en. **-ement** *m* consentimiento.

conséquence *f* consecuencia. | *tirer à* —, tener importancia.

conséquent, e *a* 1 consecuente. 2 *par* —, por consiguiente.

conservateur, trice *a/s* conservador, a.

conservation *f* conservación.

conservatoire *m* conservatorio.

conserv/er *t* conservar. **-e** *f* conserva. **-erie** *f* conservería.

considérable *a* considerable.

considér/er ° *t* considerar. **-ation** *f* consideración.

consigne *f* 1 (ordre) consigna. 2 *laisser une valise à la* —, dejar una maleta en la consigna.

consigner *t* 1 (par écrit) consignar. 2 (un emballage) factu-

rar. | *emballage non consigné,* envase sin vuelta.

consist/er *i* — *à, en, dans,* consistir en. **-ance** *f* consistencia. **-ant, -e** *a* consistente.

consistoire *m* consistorio.

consol/er *t* consolar: *cela me console,* esto me consuela. **-ant, e** *a* consolador, a. **-ateur, trice** *a/s* consolador, a. **-ation** *f* consuelo *m.*

consolid/er *t* consolidar. **-ation** *f* consolidación.

consomm/er *t* consumir. **-ateur, trice** *s* consumidor, a. **-ation** *f* 1 consumo *m* : *l'— d'essence d'une voiture,* el consumo de gasolina de un coche; *société de* —, sociedad de consumo. 2 (dans un café) consumición: *payer les consommations,* pagar las consumiciones. 3 *la* — *des siècles,* la consumación de los siglos; **-é, ée** *a* (accompli) consumado, a. □ *m* (bouillon) consomé.

consonance *f* consonancia.

consonne *f* consonante.

consort *a* *prince* —, príncipe consorte.

consortium |kɔ̃sɔRsjɔm| *m* consorcio.

conspir/er *i* conspirar. **-ateur, trice** *s* conspirador, a. **-ation** *f* conspiración.

conspuer *t* abuchear.

const/ant, e *a* constante. **-amment** *adv* constantemente. **-ance** *f* constancia.

constat *m* atestado, acta *f.*

constat/er *t* 1 observar, advertir, notar. 2 (vérifier) comprobar. **-ation** *f* comprobación.

constellation *f* constelación.

constern/er *t* consternar. **-ation** *f* consternación.

constip/er *t* estreñir. **-ation** *f* estreñimiento *m.*

constitu/er *t* constituir: *les joueurs qui constituent l'équipe,* los jugadores que constituyen el equipo. **-ant, e** _a_ constituyente.

constitution _f_ constitución. **-nel, elle** _a_ constitucional.

construc/tion _f_ construcción. **-teur, trice** _a/s_ constructor, a. **-tif, ive** _a_ constructivo, a.

construire ° _t_ construir.

consul _m_ cónsul. **-aire** _a_ consular. **-at** _m_ consulado.

consult/er _t_ consultar. **-atif, ive** _a_ consultivo, a. **-ation** _f_ consulta.

consumer _t_ consumir.

contact |kɔ̃takt| _m_ contacto: _mettre en_ —, poner en contacto. **-er** _t_ FAM — _quelqu'un_, ponerse en contacto con alguien.

contagi/on _f_ contagio _m_. **-eux, euse** _a_ contagioso, a.

contamin/er _t_ contaminar. **-ation** _f_ contaminación.

conte _m_ cuento.

contempl/er _t_ contemplar. **-atif, ive** _a/s_ contemplativo, a. **-ation** _f_ contemplación.

contemporain, e _a/s_ contemporáneo, a.

contenance _f_ 1 cabida, capacidad. 2 (attitude) continente _m_, actitud. I _perdre_ —, turbarse.

contenir ° _t_ contener : _ce réservoir contient cent litres_, este depósito contiene cien litros ; — _sa colère_, contener la ira. □ _se_ —, contenerse.

content, e _a_ contento, a : — _de_, contento con. **-er** _t_ contentar. □ _se_ — _de_, contentarse, conformarse con. **-ement** _m_ contento.

contentieux, euse _a/m_ contencioso, a.

contenu _m_ contenido.

conter _t_ contar.

contest/ation _f_ polémica, controversia. **-able** _a_ contestable, dudoso, a. **-ataire** _a/s_ contestatario, a.

conteste (sans) _loc adv_ sin duda alguna.

contester _t_ negar, discutir. □ _i_ disputar.

conteur, euse _s_ 1 contador, a. 2 (auteur) cuentista.

contexte _m_ contexto.

contigu, uë |kɔ̃tigy| _a_ contiguo, a.

contin/ence _f_ continencia. **-ent, e** _a_ continente.

continent _m_ continente. **-al, e** _a_ continental.

contingence _f_ contingencia.

contingent _m_ contingente. **-er** _t_ limitar, racionar. **-ement** _m_ limitación _f_.

continu, e _a_ continuo, a.

continuation _f_ continuación.

continuel, elle _a_ continuo, a. **-lement** _adv_ continuamente.

continu/er _t/i_ continuar, seguir : _la crise continue_, continúa la crisis ; _il continua à, de marcher_, siguió andando ; _continuez !_, ¡siga! **-ité** _f_ continuidad.

contorsion _f_ contorsión.

contour _m_ contorno. **-ner** _t_ 1 — _un lac_, dar la vuelta a un lago. 2 — _une difficulté_, eludir, evitar una dificultad.

contraceptif, ive _a/m_ contraceptivo, a.

contracter _t_ — _un muscle, une habitude, une dette_, contraer un músculo, una costumbre, una deuda. I _il est très contracté_, está muy nervioso.

contraction _f_ contracción.

contradict/ion _f_ contradicción. **-oire** _a_ contradictorio, a.

contrain/dre ° _t_ forzar. **-te** _f_ 1 coacción, violencia, fuerza. 2 (gêne) embarazo _m_, molestia.

contraire _a_ contrario, a. □ _m le_ —, lo contrario. I _au_ —, al contrario ; _bien, tout au_ —, todo lo contrario. **-ment** _adv_ — _à ce que je pensais_, contrariamente a lo que pensaba.

contrari/er _t_ contrariar. **-ant, e** _a_ (ennuyeux) enojoso, a. **-été** _f_ contrariedad.

contrast/e _m_ contraste. **-er** _i_ contrastar.

contrat *m* contrato.

contravention *f* 1 (amende) multa. 2 contravención.

contre *prép* 1 contra: *lutter — quelqu'un*, luchar contra alguien; *serrer — sa poitrine*, estrechar contra su pecho. 2 (près de) junto a. I *tout —*, muy cerca. 3 por: *échanger —*, cambiar por. □ *adv* en contra: *voter —*, votar en contra. I *par —*, en cambio. □ *m le pour et le —*, el pro y el contra.

contre-amiral *m* contraalmirante.

contre-attaqu/e *f* contraataque *m*. **-er** *t* contraatacar.

contreband/e *f* contrabando *m*. **-ier** *m* contrabandista.

contrebas (en) *loc adv* más abajo.

contrebasse *f* contrabajo *m*.

contrecarrer *t* contrarrestar.

contrecœur (à) *loc adv* de mala gana.

contrecoup *m* FIG repercusión *f*. I *par —*, de rechazo.

contredire ° *t* contradecir: *il se contredit toujours*, se contradice siempre.

contredit (sans) *loc adv* sin disputa.

contrée *f* comarca.

contre-espionnage *m* contraespionaje.

contrefaçon *f* falsificación, imitación.

contre/faire ° *t* 1 (imiter) remedar. 2 (frauduleusement) falsificar. 3 (déguiser) disfrazar. **-fait, e** *a* contrahecho, a.

contrefort *m* contrafuerte.

contre-indiqué, e *a* contraindicado, a.

contre-jour *m* contraluz.

contremaître *m* capataz.

contremarque *f* contraseña.

contrepartie *f* 1 contrapartida. I *en —*, como contrapartida. 2 opinión contraria.

contrepied *m le —*, lo contrario.

contre-plaqué *m* contrachapado.

contrepoids [kɔ̃trəpwa] *m* contrapeso. I *faire —*, compensar.

contrepoison *m* contraveneno, antídoto.

contresens [kɔ̃trəsɑ̃s] *m* contrasentido. I *à —*, en sentido contrario.

contresigner *t* refrendar.

contretemps [kɔ̃trətɑ̃] *m* contratiempo. I *à —*, a destiempo.

contre-torpilleur *m* cazatorpedero.

contreven/ir ° *i* contravenir. **-ant, e** *s* contraventor, a.

contrevent *m* postigo.

contribuable *s* contribuyente.

contribu/er *i* contribuir: *mesure qui contribue à...*, medida que contribuye a... **-tion** *f* contribución.

contrit, e *a* contrito.

contrôl/e *m* 1 control. 2 *le — de soi-même*, el dominio de sí mismo. 3 *— des naissances*, regulación *f* de nacimientos. **-er** *t* 1 controlar. 2 (billets) revisar. **-eur, euse** *s* 1 inspector, a. 2 (train, autobus) revisor, a.

contrordre *m* contraorden *f*.

controverse *f* controversia.

contusion *f* contusión.

convainc/re ° *t* convencer. **-ant, e** *a* convincente. **-u, e** *a* convencido, a.

convalesc/ent, e *a/s* convaleciente. **-ence** *f* convalecencia.

convenable *a* 1 conveniente. 2 correcto, a, decente.

convenance *f* conveniencia.

convenir ° *i* 1 convenir. I *il convient de...*, conviene... 2 acordar: *ils ont convenu de rester*, han acordado quedarse; *comme convenu*, según lo acordado. 3 *— de ses torts*, reconocer sus errores.

convention *f* convenio *m*, convención. **-nel, elle** *a* convencional.

convenu, e a convenido, a.

converg/er ° i converger, convergir. **-ent, e** a convergente.

convers/er i conversar. **-ation** f conversación.

conversion f conversión.

convert/ir t convertir. **-isseur** m convertidor.

convexe a convexo, a.

conviction f convicción.

convi/er t convidar. **-ve** s convidado, a.

convocation f convocatoria.

convoi m 1 MIL, MAR convoy. 2 (train) tren. 3 (enterrement) entierro.

convoit/er t codiciar. **-ise** f codicia.

convoquer t convocar.

convuls/er t convulsionar.I *visage convulsé*, rostro convulso. **-if, ive** a convulsivo, a. **-ion** f convulsión.

coopér/er ° i cooperar. **-atif, ive** a/f cooperativo, a. **-ation** f cooperación.

coord/onner t coordinar. **-ination** f coordinación.

copain m FAM camarada, compañero, amigote.

copeau m viruta f.

copie f 1 copia. 2 (d'écolier) cuartilla.

copier t copiar.

copieux, euse a copioso, a.

copilote m copiloto.

copine f FAM camarada, compañera.

copiste s copista.

copra(h) m copra f.

copropriétaire s copropietario, a.

copulation f cópula.

coq m 1 gallo. 2 *passer du – à l'âne*, pasar de un tema a otro.

coq-à-l'âne m despropósito.

coque f 1 *œuf à la –*, huevo pasado por agua. 2 (de noix) cáscara. 3 (d'un navire) casco m.

coquelicot |kɔkliko| m amapola f.

coqueluche f tos ferina.

coquet, ette a 1 coquetón, ona. 2 (femme) coqueta. **-tement** adv con coquetería. **-terie** f coquetería.

coquetier m huevera f.

coquillage m 1 marisco. 2 (coquille) concha f.

coquille f 1 (de mollusque) concha. I – *Saint-Jacques*, venera. 2 (d'œuf, de noix) cáscara. 3 (imprimerie) errata.

coquin, e s pillo, a.

cor m 1 – *de chasse*, trompa f de caza ; – *anglais*, cuerno inglés. 2 (au pied) callo.

corail |kɔraj| m coral : *des coraux*, corales.

Coran n p m Alcorán.

corbeau m cuervo.

corbeille f canasta, canastilla. I – *à papier*, cesto m de los papeles.

corbillard m coche fúnebre.

cord/e f 1 cuerda : – *raide*, cuerda floja ; *cordes vocales*, cuerdas vocales. 2 – *à sauter*, comba ; *sauter à la –*, saltar a la comba. 3 (d'un tissu) trama. I *usé jusqu'à la –*, raído. □ pl MAR jarcias f. **-age** m cabo. □ pl MAR jarcias f. **-eau** m cordel. **-ée** f cordada. **-elette** f cuerdecita. **-elière** f cordón m.

cordial, e a/m cordial. **-ement** adv cordialmente. **-ité** f cordialidad.

cordillère f cordillera.

cordon m 1 cordón. 2 – *de police*, cordón de policía.

cordonnerie f zapatería.

cordonnet m cordoncillo.

cordonnier, ère s zapatero, a.

coriace a coriáceo, a.

corne f 1 cuerno m. I *coup de corne*, cornada f. 2 – *d'abondance*, cornucopia. 3 – à *chaussures*, calzador m. 4 (coin) cuerno m, pico m.

cornée f córnea.

corneille f corneja.

cornemuse f gaita, cornamusa.

corner i (auto) tocar la bocina.

cornet m 1 MUS corneta f. I − à pistons, cornetín. 2 (de papier, de glace) cucurucho. 2 − à dés, cubilete.

corniche f cornisa.

cornichon m pepinillo.

cornu, e a cornudo, a.

cornue f retorta.

corollaire m corolario.

corolle f corola.

corporat/ion f corporación. **-if, ive** a corporativo, a.

corporel, elle a corporal, corpóreo, a.

corps [kɔʀ] m cuerpo. I − à −, cuerpo a cuerpo; − et âme, en cuerpo y alma; à − perdu, a cuerpo descubierto; à son − défendant, a pesar suyo.

corpul/ent, e a corpulento, a. **-ence** f corpulencia.

corpuscule m corpúsculo.

correct, e [kɔʀɛkt] a correcto, a. **-ement** adv correctamente. **-eur, trice** a/s corrector, a. **-ion** f corrección. **-ionnel, elle** a correccional.

corrélation f correlación.

correspondance f 1 correspondencia 2 (trains) empalme m, enlace m. 3 (courrier) correo m : par −, por correo.

correspondant, e a correspondiente. □ s 1 (par lettres) comunicante. 2 (d'un journal) corresponsal. 3 (d'une académie) correspondiente.

correspondre i 1 corresponder. 2 (des locaux) corresponderse, comunicarse : chambres qui correspondent, habitaciones que se comunican. 3 (par lettres) cartearse. 4 train qui correspond avec un autre, tren que empalma, enlaza con otro.

corridor m corredor, pasillo.

corriger ° t corregir.

corroborer t corroborar.

corroder t corroer.

corrompre t corromper : homme corrompu, hombre corrompido.

corros/ion f corrosión. **-if, ive** a corrosivo, a.

corrup/tion f corrupción. **-teur, trice** a/s corruptor, a.

corsage m blusa f.

corsaire m corsario.

Corse n p m Córcega.

corse a/s corso, a.

corsé, e a 1 fuerte. 2 FIG verde, escabroso, a.

corset m corsé.

cortège m cortejo, séquito, comitiva f.

cortisone f cortisona.

corvée f 1 MIL faena. 2 lata, incordio m : quelle − !, ¡qué lata!

coryza m coriza f.

cosmétique a/m cosmético, a.

cosmique a cósmico, a.

cosmonaute s cosmonauta.

cosmopolite a cosmopolita.

cosmos [kɔsmɔs] m cosmos.

cossard, e a/s POP gandul.

cosse f vaina.

cossu, e a rico, a.

costaud, e a robusto, a. □ m fortachón.

costum/e m traje. **-er** t disfrazar. I bal costumé, baile de disfraces.

cote f 1 (en Bourse) cotización. I FIG avoir la −, estar cotizado, a. 2 (topographie) cota.

côte f 1 (os) costilla. I − à −, uno al lado del otro. 2 (en boucherie) chuleta. 3 (pente) cuesta. 4 (rivage) costa : − d'Azur, Costa Azul.

côté m 1 lado. I à − de, al lado de; de tous côtés, por todas partes; d'un autre −, por otro lado; laisser de −, dejar aparte. 2 (flanc) costado.

coteau m loma f, otero.

côtelette |kotlɛt| f chuleta.

coter t 1 cotizar. l *être bien coté*, estar apreciado, a. 2 (topographie) acotar.

coterie f corrillo m, camarilla.

côtier, ière a costero, a.

cotis/er i pagar su cuota, cotizar. **-ation** f cuota, escote m.

coton m algodón. **-nade** f cotonada. **-nier** m algodonero.

côtoyer ° |kotwaje| t bordear.

cou m cuello.

couchage m lecho, cama f. l *sac de —*, saco de dormir.

couchant a *soleil —*, sol poniente. □ m poniente.

couche f 1 (lit) lecho m. 2 (de peinture, atmosphérique, etc.) capa. 2 *les couches d'un bébé*, los pañales de un bebé. □ pl (enfantement) parto m sing. l *fausse-couche*, aborto m.

¹coucher t 1 (dans un lit) acostar. 2 (sur le sol) tender. □ i dormir: *nous avons couché dans une pension*, dormimos en una pensión. □ pr 1 acostarse, echarse: *je me couche tôt*, me acuesto temprano; *le malade s'est couché*, el enfermo se ha acostado. 2 *le soleil se couche*, el sol se pone.

²coucher m 1 *l'heure du —*, la hora de acostarse. 2 *le — du soleil*, la puesta del sol.

couchette f litera.

coucou m 1 cuclillo. 2 (pendule) reloj de cucú. 3 (plante) narciso silvestre.

coude m 1 codo. l *coup de —*, codazo. 2 (d'un chemin) recodo.

cou-de-pied |kudpje| m garganta f del pie.

couder t acodar.

coudoyer ° |kudwaje| t codearse con.

coudre ° t coser. l *machine à —*, máquina de coser.

couenne |kwan| f corteza de tocino.

couiner i gritar.

coulant a *nœud —*, nudo corredizo.

coulée f *— de lave*, corriente de lava.

couler i 1 (liquides) correr: *l'eau coule*, el agua corre. 2 hundirse: *le navire a coulé*, el barco se ha hundido; *— à pic*, irse a pique. □ t 1 (mouler) vaciar. 2 (un bateau) hundir. l FAM *se la — douce*, darse la gran vida.

couleur f color m : *photo en couleurs*, foto en color; *les couleurs nationales*, los colores nacionales. l *changer de —*, demudarse.

couleuvre f culebra.

couliss/e f 1 corredera, ranura. 2 *les coulisses*, los bastidores ; *dans les coulisses*, entre bastidores. **-ant, e** a *porte coulissante*, puerta de corredera.

couloir m pasillo, corredor.

coup |ku| m 1 golpe. l *— de poing*, puñetazo ; *— de pied*, patada f ; *— de fouet, de marteau*, cuchillada f, latigazo, martillazo ; *— de tête*, capricho, acción f irreflexiva ; *sur le — de six heures*, a las seis ; *tenir le —*, aguantar. 2 *— de feu*, disparo, tiro. 3 *boire un —*, echar un trago. 4 (fois) vez f. l *— sur —*, sin interrupción ; *à — sûr*, sobre seguro ; *sur le —*, en el acto ; *tout à —*, de repente.

coupable a/s culpable.

coupage m mezcla f de vinos.

coupant, e a 1 cortante. 2 FIG tajante.

coupe f 1 (récipient, trophée) copa. 2 (de cheveux, vêtements, etc.) corte m. 3 (dessin en coupe) sección.

coupe-circuit m cortacircuitos.

coupe-file m pase.

coupe-gorge m ladronera f.

coupe-papier m plegadera f.

couper t/i 1 cortar. 2 (au téléphone) cortar : *ne coupez pas !*, ¡no corte ! ; *on nous a coupés*, se ha cortado la línea. 3 (une boisson) aguar. □ pr 1 *je me suis coupé au doigt*, me he cortado en el dedo. 2 (se contredire) contradecirse.

couperet *m* cuchilla *f.*

couperose, e *a* barroso, a.

coupl/e *m* 1 pareja *f.* 2 (mécanique) par. **-er** *t* 1 acoplar. 2 ÉLECTR conectar.

couplet *m* estrofa *f.*

coupole *f* cúpula *f.*

coupon *m* 1 (d'étoffe) retal. 2 (banque) cupón.

coupure *f* 1 corte *m.* 2 billete *m* de banco. 3 *— de presse*, recorte *m* de prensa.

cour *f* 1 (d'une maison) patio *m.* 2 (d'une ferme) corral *m.* 3 (d'un souverain) corte. 4 tribunal *m*, audiencia : *— de cassation*, tribunal de casación. 5 *faire la —*, hacer la corte, cortejar.

courag/e *m* valor, ánimo : *courage!*, ¡ ánimo ! **-eux, euse** *a* valiente, animoso, a.

couramment *adv* corrientemente.

courant, e *a* corriente. l *le 16 —*, el 16 del corriente. □ *m* (d'air, électrique, etc.) corriente *f.* l *dans le — de l'année*, en el transcurso del año ; *être au —*, estar al corriente.

courbatur/e *f* agujetas *pl.* **-é, -ée** *a* molido, a, dolorido, a.

courb/e *a* curvo, a. □ *f* curva. **-er** *t* doblar, encorvar. □ *se —*, encorvarse. **-ure** *f* curvatura.

coureur, euse *a/s* corredor, a.

courg/e *f* calabaza. **-ette** *f* calabacín *m.*

courir ° *i* correr : *j'y cours*, voy corriendo ; *le bruit court*, corre el rumor. l *par le temps qui court*, actualmente. □ *t* — *un risque*, correr un riesgo.

couronn/e *f* corona. **-ement** *m* 1 (sacre) coronación *f.* 2 (partie supérieure) coronamiento. **-er** *t* 1 coronar. 2 (un ouvrage) premiar.

courre *f chasse à —*, caza de montería.

courrier *m* correo.

courroie *f* correa.

cours |kur| *m* 1 curso. l *— d'eau*, río. 2 *au — de l'hiver*, en el transcurso del invierno ; *l'année en —*, el año en curso. 3 (en Bourse) cotización *f.* l *avoir —*, tener curso. 4 (du change) cambio. 5 (prix) precio. 6 clase *f* : *cours particuliers*, clases particulares. 7 curso : *faire un — de physique*, dar un curso de física. 8 (établissement) academia *f* : *— de comptabilité*, academia de contabilidad.

course *f* 1 carrera. l *— de taureaux*, corrida. 2 (commission) encargo *m*, compra : *faire ses courses*, ir de compras.

¹**court, e** *a* 1 corto, a. 2 *être à — de*, estar falto de. □ *adv* corto. l *tout —*, a secas.

²**court** *m* pista *f* de tenis.

courtage *m* corretaje.

court-circuit *m* corto circuito.

courtier *m* corredor.

courtis/an *m* cortesano. **-er** *t* cortejar.

courtois, e *a* cortés. **-ie** *f* cortesía.

couru, e ⇒ **courir.** □ *a* (recherché) en boga, concurrido, a.

couscous |kuskus| *m* alcuzcuz.

¹**cousin, e** *s* primo, a : *— germain*, primo hermano.

²**cousin** *m* mosquito.

coussin *m* cojín. **-et** *m* 1 cojinillo. 2 TECHN cojinete.

cousu, e *a* cosido, a.

coût |ku| *m* coste, costo.

cout/eau *m* 1 cuchillo. 2 *— de poche*, navaja *f.* 3 (mollusque) navaja *f.* **-elas** *m* cuchilla *f.* **-ellerie** *f* cuchillería.

coût/er *i* costar : *combien coûte cette robe?*, ¿ cuánto cuesta este vestido ? l *coûte que coûte*, cueste lo que cueste. **-eux, euse** *a* costoso, a.

coutil |kuti| *m* cotí, dril.

coutume *f* costumbre.

coutur/e f costura. **-ier** m modista. **-ière** f modista.

couvée f pollada, nidada.

couvent m convento.

couver t 1 (œufs) empollar. 2 — une maladie, incubar una enfermedad. □ i estar latente.

couvercle m tapa f.

couvert, e a cubierto, a. □ m cubierto. | mettre le —, poner la mesa.

couverture f 1 (de lit) manta. | — de voyage, manta de viaje. 2 (livre, toit) cubierta. 3 (de magazine) portada.

couvre-feu m queda f.

couvre-lit m cubrecama, cubre.

couvre-pieds m cubrepiés.

couvrir ° t 1 cubrir. 2 (une casserole, etc.) tapar. □ pr 1 abrigarse, taparse: couvre-toi bien, abrígate bien. 2 se — de gloire, cubrirse de gloria. 3 le temps se couvre, se nubla el cielo.

crabe m cangrejo de mar.

crach/er i/t escupir. | c'est son père tout craché, es clavado a su padre. **-at** m escupitajo, esputo.

crachin m llovizna f.

craie f 1 (minéral) creta. 2 (pour écrire) tiza.

craindre ° t 1 temer: il est à —, es de temer; je crains qu'il ne soit malade, me temo que esté enfermo. 2 craint l'humidité, se altera con la humedad.

craint/e f temor m. | de — de, por miedo a. **-if, ive** a temeroso, a.

cramoisi, e a carmesí.

crampe f calambre m.

crampon m 1 grapa f. 2 (pour chaussures) taco. 3 FAM latoso. **-ner (se)** pr agarrarse.

cran m 1 muesca f. | — d'arrêt, muelle. 2 (d'une ceinture) punto. 3 avoir du —, tener arrojo, agallas.

crân/e m cráneo. □ a arrogante. **-er** i fanfarronear. **-eur, euse** s fanfarrón, ona, chulo, a.

crapaud m sapo.

crapul/e f granuja, pillo m. **-eux, euse** a crapuloso, a.

craquelure f resquebrajadura.

craqu/er i | chasquear, crujir. | plein à —, lleno hasta los topes. 2 (échouer) venirse abajo.| ses nerfs ont craqué, le fallaron los nervios. **-ement** m crujido, chasquido.

crass/e f mugre. **-eux, euse** a mugriento, a.

cratère m cráter.

cravache f fusta.

cravate f corbata.

crayeux, euse |krɛjø, øz| a yesoso, a.

crayon |krɛjɔ̃| m lápiz: des crayons, lápices. | — à bille, bolígrafo.

créanc/e f 1 crédito m. 2 lettres de —, credenciales. **-ier, ère** s acreedor, a.

créat/eur, trice a/s creador, a. **-ion** f creación. **-ure** f criatura.

crécelle f carraca.

crèche f 1 (mangeoire) pesebre m. 2 (de Noël) nacimiento m, belén m. 3 (pour enfants) casa cuna.

crédibilité f credibilidad.

crédit m crédito. | acheter à —, comprar a plazos. **-eur, trice** a/s acreedor, a.

credo m credo.

crédul/e a crédulo, a. **-ité** f credulidad.

créer t crear.

crémaillère f 1 llares pl. | pendre la —, estrenar la casa. 2 chemin de fer à —, ferrocarril de cremallera.

crématoire a/m crematorio.

crème f 1 (du lait) nata: — fraîche, nata fresca. 2 (entremets) crema, natillas pl. | — renversée, flan m. 3 — à raser, crema de afeitar. □ a couleur —, color crema.

crém/erie f lechería, mantequería. **-eux, euse** a cremoso, a. **-ier, ère** s lechero, a.

crén/eau m almena f. **-elé, e** a

almenado, a, dentado, a.

créole a/s criollo, a.

crêp/e f (galette) hojuela. □ m 1 (tissu) crespón. 2 (de deuil) gasa f. 3 semelles de –, suelas de crepé, de crep. **-er** t – les cheveux, cardar el pelo.

crép/i m enlucido. **-ir** t enlucir.

crépit/er i crepitar. **-ement** m chisporroteo, crepitación f.

crépon m crespón.

crépu, e a crespo, a.

crépuscul/e m crepúsculo. **-aire** a crepuscular.

cresson |kresɔ̃| m berro.

crête f cresta.

crétin, e a/s cretino, a.

cretonne f cretona.

creuser t 1 cavar. 2 – l'estomac, dar apetito. 3 – une question, profundizar, ahondar una cuestión. □ se – la cervelle, devanarse los sesos.

creuset m crisol.

creux, creuse |krø, øz| a 1 hueco, a : arbre –, árbol hueco ; voix creuse, voz hueca. 2 des yeux –, ojos hundidos. □ m sonner le –, sonar a hueco.

crevaison f pinchazo m.

crevass/e f grieta. **-er** t agrietar.

crever ° i 1 reventar. 2 – de faim, de rire, morirse de hambre, de risa. 3 (pneu) pincharse. □ t reventar. I cela crève les yeux, esto salta a la vista. □ FAM se – à la tâche, matarse trabajando.

crevette f camarón m, quisquilla.

cri m 1 grito : pousser des cris, dar gritos ; à grands cris, a gritos ; jeter les hauts cris, poner el grito en el cielo. 2 – perçant, chillido.

criailler i chillar.

criard, e a 1 chillón, ona. 2 couleurs criardes, colores chillones.

cribl/e m criba f. **-er** t cribar. 2 – de balles, acribillar a balazos ; criblé de dettes, cubierto de deudas.

cric |krik| m cric, gato.

criée f almoneda.

crier i 1 gritar. I – au secours, pedir socorro. 2 – contre, après quelqu'un, reñir a alguien. □ t 1 gritar. 2 (une marchandise) pregonar. 3 – vengeance, clamar venganza.

crim/e m crimen. **-inel, elle** a/s criminal.

crin m crin f. **-ière** f 1 (du cheval) crines pl. 2 (du lion) melena.

crique f cala.

criquet m langosta f.

crise f 1 crisis. 2 – cardiaque, ataque m al corazón ; – de nerfs, ataque de nervios.

crisp/er t 1 crispar. 2 FAM irritar, sulfurar. **-ant, e** a irritante. **-ation** f crispadura.

criss/er i 1 (dents) rechinar. 2 (gravier, etc.) crujir. **-ement** m rechinamiento, crujido.

cristal m 1 – de roche, cristal de roca. 2 (verre) cristal fino. **-lin, e** a/m cristalino, a. **-liser** t/i cristalizar.

critère m criterio.

critiqu/e a/m crítico, a. □ f crítica. **-er** t criticar. **-eur, euse** s criticón, ona.

croasser i graznar.

croc |kro| m 1 garfio. 2 (d'un carnivore) colmillo.

croc-en-jambe |krɔkãʒãb| m faire un –, poner una zancadilla.

croche f MUS corchea.

croche-pied ⇒ **croc-en-jambe.**

crochet m 1 (pour suspendre, coup de poing) gancho. 2 (pour serrures) ganzúa f. 3 (aiguille) ganchillo. I bonnet au –, gorro de ganchillo, de croché. 4 FIG vivre aux crochets de, vivir a costas de. 5 (typographie) corchete. 6 (détour) rodeo.

crochu, e a ganchudo, a.

crocodile m cocodrilo.

croire ° *t/i* **1** – *en Dieu, à la magie,* creer en Dios, en la magia; *je crois bien!,* ¡ ya lo creo!; *vous ne croyez pas ?,* ¿ no cree usted ? **2** *on croirait qu'il dort,* parece que está durmiendo. □ pr *il se croit supérieur,* se cree superior.

croisade *f* cruzada.

croisée *f* **1** – *des chemins,* encrucijada. **2** (fenêtre) ventana.

crois/er *t* **1** cruzar. **2** cruzarse: *je l'ai croisé dans l'escalier,* me crucé con él en la escalera. □ *i* (navire) cruzar. □ *se – les bras,* cruzarse de brazos. **-ement** *m* **1** cruce. **2** (de races) cruzamiento.

croiseur *m* crucero.

croisière *f* crucero *m.*

croissance *f* **1** crecimiento *m.* **2** (développement) desarrollo *m.*

croissant, e *a* creciente. □ *m* **1** media luna *f.* **2** (pâtisserie) croissant.

croître ° *i* crecer: *les jours croissent,* los días van creciendo.

croix |krwa| *f* cruz: *des –,* cruces.

croquant, e *a* crujiente. □ *m* FAM (paysan) paleto, cateto.

croque-mitaine |krɔkmiten| *m* coco.

croque-monsieur |krɔkməsjø| *m* bocadillo caliente de jamón y queso.

croque-mort |krɔkmɔr| *m* FAM empleado de funeraria.

croquer *i* crujir. □ *t* **1** ronzar, cascar. **2** (dessiner) bosquejar.

croquette *f* croqueta.

croquis |krɔki| *m* croquis.

crosse *f* **1** (d'évêque) báculo *m* pastoral, cayado *m.* **2** (de fusil) culata. **3** (de hockey) palo *m.*

crott/e *f* **1** cagarruta. **2** (boue) barro *m.* **3** bombón *m* de chocolate. **-in** *m* estiércol de caballo.

croul/er *i* hundirse, desplomarse. **-ant, e** *a* ruinoso, a.

croupe *f* grupa. | *en –,* a ancas.

croupier *m* croupier.

croupir *i* **1** estancarse: *eau croupie,* agua estancada. **2** FIG estar sumido, a.

croustill/er *i* crujir, cuscurrear. **-ant, e** *a* **1** crujiente, **2** FIG libre, picante.

croût/e *f* **1** corteza. | FAM *casser la –,* tomar un bocado. **2** (d'une plaie) costra, postilla. **3** FAM (tableau) churro *m,* mamarracho *m.* **-on** *m* cuscurro.

croyable |krwajabl| *a* creíble.

croy/ance |krwajãs| *f* creencia. **-ant, e** *a/s* creyente.

¹**cru** ⇒ **croire.**

²**cru** *m* **1** viñedo. | *vin du –,* vino del país. **2** *de son –,* de su cosecha.

³**cru, e** *a* crudo, a.

cruauté *f* crueldad.

cruch/e *f* **1** cántaro *m.* **2** (à bec) botijo *m.* **-on** *m* cantarillo.

cruci/fier *t* crucificar. **-fix** |krysifi| *m* crucifijo. **-fixion** *f* crucifixión.

crudité *f* crudeza. □ *pl* verduras frescas variadas.

crue *f* crecida.

cruel, elle *a* cruel.

crûment *adv* crudamente.

crustacé *m* crustáceo.

crypte *f* cripta.

cubain, e *a/s* cubano, a.

cub/e *m* cubo. □ *a* cúbico, a. **-ique** *a* cúbico, a. **-isme** *m* cubismo. **-iste** *a/s* cubista.

cueill/ir ° *t* coger. **-ette** *f* recolección, cosecha.

cuill/er, ère |kɥijɛr| *f* cuchara. | *– à café, petite –,* cucharilla. **-erée** *f* cucharada.

cuir *m* **1** cuero. **2** piel *f* : *valise en –,* maleta de piel.

cuirass/e *f* coraza. **-é, ée** *a/m* acorazado, a.

cui/re ° *t* **1** cocer: *faire – à la vapeur,* cocer al vapor. **2** (au four) asar. **3** (frire) freír. □ *i* **1** cocer, cocerse: *ces lentilles cuisent mal,* estas lentejas no se cuecen. **2**

(douleur) escocer. **l** *il t'en cuira*, te arrepentirás de esto. **-sant, e** *a* agudo, a.

cuisin/e *f* cocina. **l** *faire la —*, guisar, cocinar. **-ier, ère** *s* cocinero, a. □ *f* cocina : *cuisinière électrique*, cocina eléctrica.

cuisse *f* **1** muslo *m*. **2** *cuisses de grenouille*, ancas de rana.

cuisson *f* cocción.

cuit, e *a* cocido, a. □ *f* FAM (ivresse) curda.

cuivr/e *m* cobre : *en —*, de cobre. **-é, ée** *a* cobrizo, a.

cul |ky| *m* culo.

culasse *f* culata.

culbut/er *i* caer, rodar por el suelo. □ *t* derribar. **-e** *f* **1** (cabriole) voltereta. **2** (chute) caída. **l** *faire une —*, caer, rodar por el suelo. **-eur** *m* TECHN balancín.

cul-de-sac |kydsak| *m* callejón sin salida.

culinaire *a* culinario, a.

culminant, e *a* culminante.

culot |kylo| *m* FAM *avoir du —*, tener cara, caradura ; *quel —!*, ¡ qué cara más dura !, ¡ qué rostro !

culott/e *f* **1** calzón *m*, pantalón *m* : *culottes courtes*, pantalones cortos. **2** (de femme) bragas *pl*. **-er** *t* **1** (pipe) curar. **2** FAM *être culotté*, ser un fresco.

culpabilité *f* culpabilidad.

culte *m* culto.

cultiv/er *t* cultivar. **-ateur, trice** *s* labrador, a.

cultur/e *f* **1** cultivo *m*. **2** (instruction) cultura. **l** *— physique*, cultura física. **-el, elle** *a* cultural.

cumin *m* comino.

cumuler *t* acumular.

cupid/e *a* codicioso, a, ávido, a. **-ité** *f* codicia, avidez.

¹cure *f* cura : *— de repos*, cura de reposo.

²cure *f* **1** (fonction de curé) curato *m*. **2** (presbytère) casa del cura.

curé *m* cura párroco.

cure-dent *m* mondadientes.

curer *t* limpiar, mondar.

curi/eux, euse *a/s* curioso, a : *— de savoir*, curioso por saber. **-osité** *f* curiosidad.

cutané, e *a* cutáneo, a.

cuv/e *f* cuba. **-ette** *f* **1** jofaina, palangana. **2** (des cabinets) taza. **3** (creux de terrain) hondonada.

cyanure *m* cianuro.

cybernétique *f* cibernética.

cyclable *a* *piste —*, arcén *m* para ciclistas.

cycl/e *m* ciclo. **-isme** *m* ciclismo. **-iste** *s* ciclista. **-omoteur** *m* ciclomotor.

cyclone *m* ciclón.

cyclope *m* cíclope.

cygne *m* cisne.

cylindr/e *m* cilindro. **-ée** *f* cilindrada. **-ique** *a* cilíndrico, a.

cymbales *f pl* platillos *m*.

cyn/ique *a/s* cínico, a. **-isme** *m* cinismo.

cyprès |siprɛ| *m* ciprés.

cytise *m* citiso.

D

d *m* d *f: un* −, una d.

d' ⇒ **de.**

dactylo *f* mecanógrafa. **-graphier** *t* mecanografiar.

dada *m* (marotte) tema.

dadais *m* bobo.

dague *f* daga.

dahlia *m* dalia *f.*

daigner *t* dignarse : *il a enfin daigné m'écouter,* se dignó por fin a escucharme.

daim [dɛ̃] *m* **1** gamo. **2** *chaussures de* −, zapatos de ante.

dall/e *f* losa. **-age** *m* enlosado.

Damas [dama] *n p* Damasco.

dame *f* **1** señora. **2** *jeu de dames,* juego de damas. **3** − *oui!,* ¡ claro que si !

damier *m* tablero.

damn/er [dane] *t* condenar : *un damné,* un condenado. **-ation** *f* condenación.

dancing *m* sala *f* de baile, dancing.

dandin/er (se) *pr* contonearse. **-ement** *m* contoneo.

Danemark *n p m* Dinamarca *f.*

danger *m* peligro : *en* − *de mort,* en peligro de muerte; *pas de* − *qu'il vienne me voir!,* ¡ no hay peligro de que venga a verme ! I *sa vie est en* −, su vida peligra. **-eux, euse** *a* peligroso, a.

danois, e *a/s* danés, esa.

dans [dã] *prép* **1** (sans mouvement) en : *il est* − *sa chambre,* está en su habitación; *il vit* − *l'oisiveté,* vive en el ocio. **2** (avec mouvement) por : *se promener* − *la campagne,* pasearse por el campo. **3** (vers) a : *elle monta* − *sa chambre,* subió a su habitación. **4** (délai) dentro de : − *un mois,* dentro de un mes. **5** (époque) en : − *le temps,* en otros tiempos. **6** *ça coûte* − *les mille francs,* esto cuesta alrededor de mil francos.

dans/e *f* baile *m.* **-er** *i/t* bailar. **-eur, euse** *s* **1** bailarín, ina. **2** − *de corde,* volatinero.

Danube *n p m* Danubio.

dard *m* aguijón. **-er** *t* arrojar.

dare-dare [daʀdaʀ] *loc adv* FAM a escape, a toda mecha.

dat/e *f* fecha : *à quelle* − ?, ¿ en qué fecha ? I *de longue* −, de muy antiguo; *faire* −, hacer época. **-er** *t* fechar. □ *i* **1** − *du Moyen Âge,* datar de la Edad Media. I *à* − *de,* a partir de. **2** (être démodé) estar pasado, a de moda.

datt/e *f* dátil *m.* **-ier** *m* datilera *f.*

dauphin *m* delfín.

daurade *f* dorada.

davantage *adv* **1** más : *bien* −, mucho más. **2** (plus longtemps) más tiempo. **3** − *de,* más.

de *prép* (delante de vocal o *h* muda, se elide en **d'**) **1** de : *en sortant* − *l'église,* al salir de la iglesia; *la voiture* − *Paul,* el coche de Pablo; *voyager* − *nuit,* viajar de noche. **2** (manière, moyen) con : *parler d'une voix forte,* hablar con voz fuerte; *saluer* − *la main,* saludar con la mano. **3** por : *aimé* − *tous,* querido por todos; *40 francs* − *l'heure,* 40 francos por hora. **4** en : *augmenter* − *10 %,* aumentar en un 10 %. **5** (partitif) *quelque chose* − *bon,* algo bueno. **6** (explétif) *un moment* − *libre,* un momento libre; *six hommes* − *blessés,* seis hombres heridos. **7** (+ infinitif) *dites-lui* − *venir,* dígale que venga. □ *art partitif* (ne se traduit pas) *manger* − *la viande,* comer carne. □ *art indéf* (= des) unos, as : − *beaux meubles,* unos hermosos muebles.

dé m 1 dado. 2 – *à coudre*, dedal.

débâcle f (déroute) derrota, desastre m.

déball/er t desembalar, desempacar. **-age** m desembalaje.

débandade f desbandada.

débarbouiller (se) pr lavarse la cara.

débarcadère m desembarcadero.

débardeur m descargador.

débarqu/er t/i desembarcar. **-ment** m desembarco.

débarras m 1 (pièce) trastera f. 2 alivio. | *bon –!*, ¡ muy buenas! **-ser** t 1 vaciar. 2 – *la table*, quitar la mesa. 3 – *quelqu'un de son manteau*, coger el abrigo a alguien. 4 FAM – *le plancher*, largarse. □ *se – de son manteau*, quitarse el abrigo; *se – de quelque chose*, deshacerse de algo; *se – de quelqu'un*, quitarse a alguien de encima.

débat m debate.

débattre ° t debatir, discutir. | *salaire à –*, sueldo a convenir. □ *se –*, forcejear, bregar.

débauch/e f 1 libertinaje m, relajamiento m. 2 *une – d'énergie*, un derroche de energía. **-é, ée** a/s libertino, a.

débaucher t (renvoyer) despedir.

débile a débil. □ m – *mental*, atrasado mental.

débit m 1 (vente) despacho. | – *de boisson*, establecimiento de bebidas; – *de tabac*, estanco. 2 elocución f. 3 (d'une rivière) caudal. 4 COM (d'un compte) debe.

débitant, e s vendedor, a.

débit/er t 1 despachar, vender. 2 – *des mensonges*, soltar mentiras. 3 (du bois) cortar en trozos. 4 (un fluide) suministrar. 5 – *un compte d'une somme*, cargar una cantidad en una cuenta. **-eur, trice** a/s deudor, a.

débl/ayer ° |debleje| t despejar, descombrar. **-ais** m pl

escombros.

déblo/quer t desbloquear. **-cage** m desbloqueo.

déboire m desengaño, sinsabor.

débois/er t desmontar. **-ement** m desmonte.

déboîter t dislocar. □ pr *il s'est déboîté l'épaule*, se ha dislocado el hombro. □ i (voiture) salirse de la fila.

débonnaire a bonachón, ona.

débord/er i 1 (rivière) desbordarse. 2 (récipient) rebosar. *3 – de joie*, rebosar de alegría. 4 *débordé de travail*, agobiado de trabajo. **-ant, e** a – *d'enthousiasme*, desbordante de entusiasmo.

débouché m salida f.

débouch/er t 1 – *une bouteille*, destapar una botella. 2 – *un lavabo*, desatascar un lavabo. □ i – *sur*, desembocar en.

débourser t desembolsar.

debout adv 1 de pie, en pie : *mettre –*, poner de pie; *rester –*, mantenerse de pie; FIG *ça ne tient pas –*, eso no tiene sentido. 2 *ce matin, Jean était – à 6 heures*, esta mañana, Juan estaba levantado a las 6. | *debout!*, ¡ arriba! 3 *vent –*, viento contrario.

déboutonner t desabrochar.

débraillé, e a desaliñado, a, descuidado, a. □ m desaliño.

débrancher t desenchufar, desconectar.

débray/er ° |debreje| t (mécanique) desembragar. □ i FAM (arrêter de travailler) suspender el trabajo. **-age** m 1 desembrague. 2 (grève) paro.

débris m pl pedazos, restos.

débrouillard, e a/s listo, a, despabilado, a. **-ise** f maña, astucia.

débrouiller t desenredar, desembrollar. □ FAM *se – seul*, arreglárselas solo; *débrouille-toi!*, ¡ arréglatelas !

débroussailler *t* desbrozar.

début [deby] *m* principio : *au* —, al principio. □ *pl* (d'un artiste) debut *sing* : *ses débuts comme acteur*, su debut como actor. **-ant, e** *a/s* 1 principiante. 2 (artiste) debutante. **-er** *i* 1 principiar, comenzar. 2 (un artiste) debutar.

décacheter ° *t* abrir, desellar.

décade *f* década.

décad/ent, e *a* decadente. **-ence** *f* decadencia.

décaféiné a *café* —, café descafeinado.

décal/er *t* 1 (avancer) adelantar. 2 (retarder) retrasar. **-age** *m* 1 — *horaire*, diferencia *f* horaria. 2 FIG desfase.

décalquer *t* calcar.

décamètre *m* decámetro.

décamper *i* largarse.

décant/er *t* 1 decantar. 2 FIG aclarar. **-ation** *f* decantación.

décaper *t* 1 desoxidar. 2 limpiar.

décapiter *t* decapitar.

décapotable *a* descapotable. □ *f* descapotable *m*.

décapsuler *t* abrir, destapar.

décatir (se) *pr* ajarse.

décéder ° *i* fallecer : *il est décédé hier*, ha fallecido ayer.

déceler ° *t* descubrir, revelar.

décembre *m* diciembre : *le 2* —, el 2 de diciembre.

décence *f* decencia.

décennie *f* decenio *m*.

décent, e *a* decente.

décentralis/er *t* descentralizar. **-ation** *f* descentralización.

déception *f* decepción, desengaño *m*.

décerner *t* otorgar.

décès [desɛ] *m* 1 fallecimiento. 2 (terme administratif) defunción *f* : *acte de* —, partida de defunción.

décevoir ° *t* decepcionar, desilusionar : *le film m'a déçu*, la película me ha decepcionado.

déchaîn/er *t* desencadenar. □

se —, desencadenarse. I *cet enfant est déchaîné*, este niño está muy excitado, está imposible. **-ement** *m* desencadenamiento.

décharge *f* 1 descarga. 2 — *publique*, vertedero *m*. 3 *témoin à* —, testigo de descargo.

décharg/er *t* descargar. □ *se* — *d'une responsabilité sur quelqu'un*, descargarse de una responsabilidad en alguien. **-ement** *m* descarga *f*.

décharné, e *a* demacrado, a.

déchausser (se) *pr* 1 descalzarse. 2 (dent) descarnarse.

déchéance *f* 1 decadencia. 2 (d'un souverain) deposición *f*.

déchet *m* desperdicio. □ *pl* restos, sobras *f*.

déchiffrer *t* 1 descifrar. 2 MUS repentizar.

déchiqueter ° *t* 1 despedazar, hacer trizas. 2 (déchirer) desgarrar. I *littoral déchiqueté*, litoral muy recortado.

déchir/er *t* 1 romper, desgarrar : — *une lettre*, romper una carta ; *elle a déchiré sa robe*, se ha roto el vestido. 2 — *le cœur*, desgarrar el corazón. **-ant, e** *a* desgarrador, a. **-ement** *m* 1 desgarramiento. 2 FIG aflicción *f*. **-ure** *f* 1 desgarrón *m*, rasgón *m*. 2 (d'un muscle) desgarro *m*.

décibel *m* decibelio, decibel.

déch/oir ° *i* decaer. **-u, ue** *a* 1 decaído, a. 2 *ange* —, ángel caído.

décid/er *t* decidir : *il a décidé de partir*, ha decidido marchare. □ *se* —, decidirse. **-é, ée** *a* decidido, a. I *d'un pas* —, con paso firme. **-ément** *adv* decididamente.

décigramme *m* decigramo.

décimal, e *a* decimal.

décimer *t* diezmar.

décimètre *m* decímetro.

décision *f* decisión.

décisif, ive *a* decisivo, a.

déclam/er *t/i* declamar. **-ation** *f* declamación.

déclar/er *t* declarar. □ pr *un incendie s'est déclaré*, se ha declarado un incendio. **-ation** *f* declaración.

déclench/er *t* 1 soltar, disparar : *– un ressort*, soltar un muelle. 2 *– une sonnerie*, poner en marcha un timbre. 3 FIG *– une crise*, desencadenar una crisis. **-ement** *m* 1 disparo. 2 FIG desencadenamiento. **-eur** *m* disparador.

déclic *m* 1 disparador. 2 (bruit) crujido, ruido seco.

déclin *m* 1 *le – du jour*, el ocaso, la caída de la tarde. 2 *le – de la vie*, el ocaso de la vida. l *civilisation sur son –*, civilización en decadencia.

déclin/er *i* declinar. □ *t* 1 *– une invitation*, rehusar una invitación. 2 (grammaire) declinar. **-aison** *f* declinación.

déclivité *f* declive *m*, pendiente.

déclouer *t* desclavar.

décocher *t* soltar, lanzar.

décoiffer *t* despeinar. □ *se –*, descubrirse.

décoll/er *t/i* despegar. □ *se –*, despegarse. **-age** *m – d'un avion*, despegue de un avión. **-ement** *m* 1 despegadura *f*. 2 *– de la rétine*, desprendimiento de la retina.

décolleté, e |dekolte| *a* robe *décolletée*, vestido escotado. □ *m* escote.

décolor/er *t* descolorir. 1 (cheveux) decolorar. **-ation** *f* 1 descoloramiento *m*. 2 (cheveux) decoloración.

décombres *m pl* 1 escombros. 2 ruinas *f*.

décommander *t* cancelar, anular. □ *se –*, excusarse.

décompos/er *t* descomponer. □ *se –*, descomponerse : *son visage se décomposa*, se le descompuso la cara. **-ition** *f* descomposición.

décompte |dekõt| *m* detalle (de una cuenta).

déconcert/er *t* desconcertar. **-ant, e** *a* desconcertante.

déconfit, e *a* confuso, a, desconcertado, a. **-ure** *f* derrota.

déconseiller *t* desaconsejar : *je vous déconseille d'acheter ce magnétophone*, le desaconsejo que compre ese magnetófono.

décontenancer *t* turbar.

décontracter *t* relajar. l *il est très décontracté*, está muy tranquilo ; *il arriva très décontracté*, llegó tan campante. □ *se –*, relajarse.

déconvenue *f* chasco *m*, desengaño *m*.

décor *m* 1 (ornementation) decoración *f*. 2 (cadre) marco. 3 (théâtre) decorado. 4 FAM *entrer dans les décors*, patinar.

décor/er *t* 1 decorar, adornar. 2 *– d'une médaille*, condecorar con una medalla. **-ateur, trice** *s* decorador, a. **-atif, ive** *a* decorativo, a. **-ation** *f* 1 decoración. 2 (insigne) condecoración.

décortiquer *t* pelar.

décorum |dekorɔm| *m* decoro.

découcher *i* dormir fuera de casa.

découdre ° *t* descoser.

découler *i – de*, resultar de, desprenderse de.

découp/er *t* 1 recortar. 2 *– un poulet*, trinchar un pollo. □ *se –*, recortarse. **-age** *m* 1 recorte. 2 (viande) trinchado. 3 (image à découper) recortable. **-ure** *f* recorte *m*.

décourag/er ° *t* desalentar, desanimar. □ *se –*, desanimarse. **-eant, e** *a* desalentador, a. **-ement** *m* desaliento, desánimo.

décousu, e *a* 1 descosido, a. 2 *propos décousus*, palabras deshilvanadas.

découvert, e *a* descubierto, a. □ *m* (banque) descubierto : *être à –*, estar en descubierto.

découverte *f* descubrimiento *m*.

découvrir ° *t* descubrir : *il a*

découvert un trésor, le secret, ha descubierto un tesoro, el secreto. □ *se* —, descubrirse.

décrépit, e *a* decrépito, a. **-ude** *f* decrepitud.

décret *m* decreto.

décréter ° *t* decretar.

décrire ° *t* describir.

décrocher *t* 1 descolgar : *décrochez le récepteur*, descuelgue el auricular. 2 (wagon) desenganchar. 3 FAM (obtenir) lograr, pescar.

dé/croître ° *i* 1 decrecer, menguar : *les jours décroissent*, los dias menguan. 2 (lune) menguar. **-croissance** *f* disminución.

décrotter *t* limpiar de barro.

déçu, e *a* 1 decepcionado, a. 2 frustrado, a, fallido, a : *espoir* —, esperanza fallida.

dédaign/er *t* desdeñar, despreciar. **-eux, euse** *a* desdeñoso, a.

dédain *m* desdén, desprecio.

dedans |dədã| *adv* dentro. I *en* —, dentro; *là-dedans*, ahi dentro. □ *m* interior. I *au-dedans*, dentro, en el interior.

dédicac/e *f* dedicatoria. **-er** *t* dedicar.

dédier *t* dedicar.

dédire (se) ° *pr – d'une promesse*, no cumplir una promesa.

dédommag/er ° *t* resarcir, indemnizar. **-ement** *m* 1 resarcimiento, indemnización *f*. 2 compensación *f*, desagravio.

dédouaner *t* pagar los derechos de aduana por.

dédu/ire ° *t* deducir : *j'en déduis...*, de lo cual deduzco... **-ction** *f* deducción.

déesse *f* diosa.

défaill/ir ° *i* 1 desfallecer, desmayarse. 2 (forces, mémoire) fallar. **-ance** *f* 1 desfallecimiento *m*, desmayo *m*. I *tomber en* — desmayarse. 2 (de mémoire, d'un mécanisme) fallo *m*.

dé/faire ° *t* 1 deshacer. □ — *un*

paquet, un nœud, desatar un paquete, aflojar un nudo; *il défit sa cravate*, se aflojó la corbata. □ *se* — *de*, deshacerse de. **-fait, e** *a* 1 deshecho, a. 2 (nœud) desatado, a. 3 *visage* —, cara descompuesta.

défaite *f* derrota.

défaut *m* 1 defecto. 2 (manque) falta *f*. I *à* — *de*, a falta de ; *faire* —, faltar ; *prendre en* —, coger en falta.

défaveur *f* descrédito *m*.

défavorable *a* desfavorable.

défavoriser *t* perjudicar, desfavorecer.

défection *f* defección.

défectu/eux, euse *a* defectuoso, a. **-osité** *f* imperfección.

défendable *a* defendible.

défendre *t* 1 defender. 2 prohibir : *il est défendu de fumer*, se prohibe fumar. 3 – *du froid*, proteger del frio. □ *pr* 1 defenderse. 2 FAM *il se défend bien pour son âge*, con la edad que tiene, se defiende bien.

défens/e *f* 1 defensa. I *sans* —, indefenso, a. 2 – *d'entrer*, se prohibe la entrada ; – *d'afficher*, prohibido fijar carteles. 3 (d'éléphant) comillo *m*. **-eur** *m* defensor. **-if, ive** *a* defensivo, a. □ f *se tenir sur la défensive*, estar a la defensiva.

défér/ent, e *a* deferente. **-ence** *f* deferencia.

déferler *i* 1 *les vagues déferlent*, rompen las olas. 2 (la foule) afluir.

défi *m* desafio, reto. I *mettre au* —, desafiar.

défi/ance *f* desconfianza, recelo *m*. **-ant, e** *a* desconfiado, a, receloso, a.

défici/ent, e *a* deficiente. **-ence** *f* deficiencia.

déficit |defisit| *m* déficit. **-aire** *a* deficitario, a.

défier *t* 1 desafiar, retar. 2 *je vous défie de le faire*, apuesto a que usted no lo hace. □ *se* —, desconfiar.

défigurer t desfigurar.

défilé m 1 (entre deux montagnes) desfiladero. 2 (cortège) desfile.

défiler t desfilar.

défin/ir t definir, -i, ie a definido, a.

définit/if, ive a definitivo, a. l *en définitive*, en definitiva, finalmente. **-ivement** adv definitivamente.

définition f definición.

déflagration f deflagración.

déflation f deflación.

défonc/er ° t 1 – *une porte*, derribar una puerta. 2 (briser) romper. 3 (enfoncer) hundir. 4 *route défoncée*, carretera llena de baches.

défouler (se) pr FAM desahogarse.

défraîchi, e a ajado, a, deslucido, a.

défrich/er t roturar. **-age, -ement** m roturación f, desmonte.

défroqu/e f pingajos pl. **-er (se)** pr colgar los hábitos.

défunt, e a/s difunto, a.

dégagé, e a despejado, a.

dégag/er ° t 1 – *un blessé des décombres*, sacar a un herido de los escombros. 2 – *sa parole*, retirar su palabra. 3 (voie publique) despejar : *dégagez, s'il vous plaît!*, ¡despejen, por favor! 4 (odeur) despedir. 5 (faire ressortir) poner de manifiesto. □ pr 1 librarse. 2 (odeur) desprenderse. 3 *le ciel se dégage*, el cielo se está despejando. **-ement** m 1 despejo. 2 (odeur) desprendimiento. 3 (passage) pasadizo. 4 (football) saque.

dégainer t desenvainar.

dégarnir t desguarnecer. □ pr 1 *son crâne se dégarnit*, su cráneo se despuebla. 2 *la salle se dégarnit*, la sala va vaciándose.

dégât |dega| m daño, estrago : *dégâts matériels*, daños materiales ; *faire des dégâts*, causar daños.

dégel m deshielo.

dégeler ° t 1 deshelar. 2 (des crédits) descongelar. 3 FIG animar. □ i deshelarse.

dégénér/er ° i degenerar. **-é, ée** a/s degenerado, a. **-escence** f degeneración.

dégingandé, e |deʒẽgɑ̃de| a desgalichado, a, desgarbado, a.

dégivr/er t descongelar. **-eur** m descongelador.

déglinguer t FAM desvencijar.

déglut/ir t/i deglutir. **-ition** f deglución.

dégonfler t deshinchar, desinflar. □ pr 1 *pneu qui se dégonfle*, neumático que se desinfla. 2 FAM rajarse. l *un dégonflé*, un rajado.

dégorger ° t (déboucher) desatascar.

dégouliner i chorrear.

dégourd/ir t FIG despabilar. □ pr 1 *se – les jambes*, desentumecerse las piernas. 2 FIG despabilarse. l *il n'est pas très dégourdi*, no es muy espabilado.

dégoût |degu| m asco. **-er** t dar asco, asquear : *la viande me dégoûte*, la carne me da asco ; *sa lâcheté me dégoûte*, su cobardía me asquea. □ *se* –, hastiarse. **-é, ée** a 1 – *de tout*, hastiado de todo. l delicado, a. l *prendre un air –*, poner cara de asco ; *faire le –*, hacerse el delicado. **-ant, e** a asqueroso, a, repelente. l *c'est –!*, ¡da asco!

dégradant, e a degradante.

dégrad/er t 1 (quelqu'un) degradar. 2 deteriorar. □ *se* –, deteriorarse. **-ation** f 1 degradación. 2 (détérioration) deterioro m.

dégrafer t desabrochar.

degré m 1 grado : *un – au-dessous de zéro*, un grado bajo cero ;

parents au premier —, parientes en primer grado. I *par degrés*, gradualmente. 2 (marche) peldaño.

dégressif, ive *a* decreciente.

dégringol/er *i* caer. □ *t* — *l'escalier*, rodar por las escaleras. **-ade** *f* caída.

dégrossir *t* afinar, desbastar.

déguenillé, e [degnije] *a* andrajoso, a, harapiento, a.

déguerpir *i* largarse, huir, salir pitando.

déguis/er *t* disfrazar. □ *se — en fée*, disfrazarse de hada. **-ement** *m* disfraz.

dégust/er *t* 1 (goûter) catar, probar. 2 (savourer) saborear. **-ation** *f* degustación.

déhancher (se) *pr* contonearse.

dehors [dəɔʀ] *adv* fuera, afuera. I *en — de*, fuera de. □ *m* exterior : *se pencher au* —, asomarse al exterior. I *au-dehors*, fuera. □ *pl* apariencias *f* : *sous des — agréables*, bajo apariencias agradables.

déjà *adv* ya : *j'ai — fini*, ya he terminado ; — *six heures!*, ¡ya son las seis!, ¡las seis ya!

¹**déjeuner** *i* 1 (matin) desayunar. 2 (midi) almorzar, comer.

²**déjeuner** *m* 1 *petit* —, desayuno. 2 (midi) almuerzo, comida *f*.

delà *prép/adv par-delà les mers*, allende los mares ; *au-delà*, más allá, allende ; *au-delà du pont*, más allá del puente. □ *m l'au-delà*, el más allá.

délabr/er *t* arruinar, deteriorar. □ *se* —, arruinarse. I *vieille maison délabrée*, vieja casa desvencijada. **-ement** *m* ruina *f*.

délacer *t* — *ses chaussures*, desatarse los zapatos.

délai *m* 1 plazo : *dans un* — *d'un mois*, en el plazo de un mes ; *à bref* —, a breve plazo. 2 demora *f*, dilación *f* : *sans* —, sin demora.

délaisser *t* abandonar.

délass/er *t* descansar. □ *se* —, descansar. **-ement** *m* descanso,

recreo.

délaver *t* deslavar.

délay/er ° [deleje] *t* 1 desleír, diluir. 2 (discours, pensée) diluir. **-age** *m* 1 desleimiento. 2 FIG (remplissage) ripio.

délect/er (se) *pr* deleitarse. **-able** *a* deleitoso, a.

délég/uer *t* delegar. **-ation** *f* delegación. **-ué, ée** *a/s* delegado, a. I — *syndical*, enlace sindical.

délétère *a* deletéreo, a.

délibération *f* deliberación.

délibér/é, e *a* deliberado, a. I *de propos* —, deliberadamente. **-ément** *adv* deliberadamente.

délibérer ° *i* deliberar.

délicat, e *a* delicado, a. **-ement** *adv* delicadamente. **-esse** *f* delicadeza.

délic/e *m* delicia *f* : *ce gâteau est un* —, este pastel es una delicia. **-ieux, euse** *a* 1 delicioso, a. 2 (un mets) delicioso, a, rico, a.

délier *t* 1 desatar. 2 FIG *avoir la langue bien déliée*, no tener pelillos en la lengua.

délimiter *t* delimitar.

délinqu/ant, e *a/s* delincuente. **-ance** *f* delincuencia.

délir/e *m* delirio. **-ant, e** *a* 1 delirante. 2 *joie délirante*, alegría desbordante. **-er** *i* delirar, desvariar.

délit *m* delito.

délivr/er *t* 1 liberar, libertar. 2 (d'une crainte, d'un mal) librar. 3 — *un certificat, un passeport*, expedir un certificado, un pasaporte. **-ance** *f* 1 liberación. 2 (soulagement) alivio *m*. 3 (remise) entrega.

déloger ° *t* desalojar, expulsar.

déloy/al, e [delwajal] *a* desleal. **-auté** *f* deslealtad.

delta *m* delta.

déluge *m* diluvio. I *cela remonte au déluge*, esto es de tiempos de Maricastaña.

déluré, e *a* vivo, a.

démago/gie *f* demagogia. **-gique** *a* demagógico, a. **-gue** *m* demagogo.

demain *adv/m* mañana : — *matin,* mañana por la mañana ; — *en huit,* de mañana en ocho días ; *à —,* hasta mañana ; *après-demain,* pasado mañana.

demande *f* **1** petición : *à la — générale,* a petición general ; — *en mariage,* petición de mano. l — *d'emploi,* solicitud de empleo. **2** *l'offre et la —,* la oferta y la demanda. **3** (question) pregunta.

demander *t* **1** pedir : — *la permission,* pedir permiso ; *je vous demande de vous taire,* le pido que se calle. **2** (questionner) preguntar. **3** requerir : *cela demande du temps,* eso requiere tiempo. **4** *on vous demande au téléphone,* le llaman al teléfono. □ *se —,* preguntarse.

démang/er ° *i* picar, dar picor. **-eaison** |demãʒɛzõ| *f* comezón, picazón.

démanteler *t* (un *gang*) desarticular.

démantibuler *t* FAM romper, descomponer, descuajaringar.

démaquillant *m* desmaquillador.

démarcation *f* demarcación.

démarch/e *f* **1** paso *m,* andares *pl* : *une — légère,* unos andares ligeros. **2** diligencia, gestión, trámite *m* : *faire des —,* hacer diligencias, gestiones. **-eur** *m* corredor.

démarr/er *i* **1** arrancar : *l'auto démarre,* el coche arranca. **2** (une *affaire*) ponerse en marcha. **-age** *m* arranque. **-eur** *m* motor de arranque.

démasquer *t* desenmascarar.

démêlé *m* **1** (dispute) altercado. **2** (ennui) lío.

démêler *t* **1** (cheveux, fils) desenmarañar. **2** FIG desembrollar, desenredar.

démembr/er *t* desmembrar. **-ement** *m* desmembración *f.*

déménag/er ° *t* trasladar. □ *i* **1** mudarse : *nous déménageons ce mois-ci,* nos mudamos de casa este mes. **2** FAM *tu déménages!,* ¡disparatas! **-ement** *m* mudanza *f.* **-eur** *m* mozo de mudanzas.

démence *f* demencia, locura.

démener (se) ° *pr* agitarse, ajetrearse.

dément, e *a/s* demente.

dément/ir ° *t* desmentir, contradecir. □ *se —,* desdecirse. **-i** *m* mentís.

démesuré, e *a* desmedido, a, desmesurado, a. **-ment** *adv* desmesuradamente.

démettre (se) ° *pr* **1** *se — la cheville,* dislocarse el tobillo. **2** *se — de ses fonctions,* dimitir de su cargo.

demeurant (au) *loc adv* en fin de cuentas.

demeure *f* **1** morada. **2** (logement) vivienda. **3** *à —,* para siempre.

demeurer *i* **1** residir, vivir. **2** (rester) quedar.

demi, e *a* medio, a : *il est deux heures et demie,* son las dos y media ; *à — mort,* medio muerto. l *faire les choses à —,* hacer las cosas a medias. □ *m* **1** medio. **2** (de bière) caña *f.* □ *f il est la demie,* es la media.

demi-cercle *m* semicírculo.

demi-douzaine *f* media docena.

demi-finale *f* semifinal.

demi-frère *m* hermanastro.

demi-heure *f* media hora : *dans une —,* dentro de media hora.

démilitariser *t* desmilitarizar.

demi-mesure *f* FIG término *m* medio.

demi-mot (à) *loc adv* a medias palabras.

demi-pension *f* media pensión. **-naire** *s* medio pensionista.

demi-place f medio billete m.

démis, e ⇒ **démettre.**

demi-saison f entretiempo m.

demi-sœur f hermanastra.

démission f dimisión. **-ner** i dimitir.

demi-tarif m media tarifa f.

demi-tour m media vuelta f : faire −, dar media vuelta.

démobilis/er t desmovilizar. **-ation** f desmovilización.

démocrat/ie [demɔkʀasi] f democracia. **-e** a/s demócrata. **-ique** a democrático, a.

démodé, e a pasado, a de moda, anticuado, a.

démographie f demografía.

demoiselle [dəmwazɛl] f 1 señorita. 2 − d'honneur, dama de honor.

démol/ir t 1 derribar. 2 (mettre en pièces) destrozar. 3 (projets) echar por tierra. **-ition** f derribo m. I chantier de −, derribo. □ pl derribos m.

démon m demonio.

démonstrateur, trice s demostrador, a.

démonstratif, ive, a 1 (en grammaire) demostrativo, a. 2 expresivo, a.

démonstration f demostración.

démont/er t 1 desmontar, desarmar. 2 mer démontée, mar enfurecido. 3 (troubler) desconcertar, turbar. □ se −, inmutarse, alterarse, turbarse : il ne se démonte pas pour si peu, no se inmuta por tan poca cosa. **-able** a desmontable. **-age** m desmontaje.

démontrer t demostrar.

démoralis/er t desmoralizar. **-ant, e** a desmoralizador, a. **-ation** f desmoralización.

démunir (se) pr desprenderse. I démuni de, desprovisto de.

dénaturer t desnaturalizar. I fils dénaturé, hijo desnaturalizado.

dénégation f denegación.

dénicher s 1 sacar del nido. 2 (trouver) hallar.

dénier t denegar.

dénigr/er t denigrar, desprestigiar. **-ement** m desprestigio.

Denis, e n p Dionisio, a.

dénivellation f desnivel m.

dénombr/er t 1 enumerar. 2 hacer el censo de. **-ement** m 1 enumeración f. 2 (recensement) censo, empadronamiento.

dénominateur m denominador.

dénomination f denominación.

dénommer t 1 denominar. 2 le dénommé Marc, el llamado Marcos.

dénonc/er ° t denunciar. **-iateur, trice** a/s denunciador, a. **-iation** f denunciación.

dénoter t denotar.

dénou/er t 1 desanudar, desatar. 2 FIG resolver. **-ement** m desenlace.

denrée f producto m, género m. I denrées alimentaires, comestibles m, productos alimenticios.

dens/e a denso, a. **-ité** f densidad.

dent f 1 diente m : − de lait, diente de leche. I coup de −, dentellada f. 2 muela : − de sagesse, muela del juicio ; mal aux dents, dolor de muelas. I FIG être sur les dents, ir de cabeza ; avoir la −, tener carpanta. 3 (d'une scie, roue) diente m. **-aire** a dental. **-é, ée** a roue dentée, rueda dentada. **-elé, e** a dentado, a.

dentell/e f encaje m. **-ière** f encajera.

dentelure f borde m dentado.

dentier m dentadura f postiza.

dentifrice a/m dentífrico, a.

dentiste s dentista.

dentition f dentición.

denture f dentadura.

dénud/er t 1 desnudar. 2 crâne, terrain dénudé, cabeza pelada, terreno pelado.

dénu/é, e *a* **1** — *de ressources*, falto de recursos. **2** — *de raison*, privado de razón. **-ement** *m* miseria *f*, indigencia *f*.

déodorant *m* desodorante.

dépann/er *t* **1** reparar, arreglar. **2** FAM sacar de apuros, aviar. **-age** *m* reparación *f*. **-eur** *m* reparador, mecánico. **-euse** *f* grúa remolque.

départ *m* **1** salida *f* : *le* — *du train*, la salida del tren. **l** *être sur le* —, estar a punto de partir. **2** comienzo *m*. **l** *point de* —, punto de partida.

département *m* departamento.

dépasser *t* **1** — *une voiture*, adelantar un coche. **l** *une limite*, rebasar un límite. **l** *il me dépasse de trois centimètres*, me lleva tres centímetros; *le trajet ne dépasse pas une heure*, el trayecto no dura más de una hora. **3** — *en intelligence*, superar en inteligencia. **4** *cela me dépasse*, eso me puede. □ *i* sobresalir.

dépaysé, e |depeize| *a* desorientado, a, despistado, a.

dépecer ° *t* despedazar.

dépêche *f* **1** despacho *m*. **2** telegrama *m*.

dépêcher (se) *pr* apresurarse, darse prisa : *dépêche-toi!*, ¡date prisa!

dépeigner *t* despeinar.

dépeindre ° *t* describir.

dépendance *f* dependencia.

dépend/re *i* — *de*, depender de. **-ant, e** *a* dependiente.

dépens |depã| *m pl aux* — *de*, a expensas de; *à ses* —, a costa suya.

dépense *f* gasto *m*.

dépens/er *t* gastar. □ *pr cet enfant a besoin de se* —, este niño necesita ejercicio. **-ier, ère** *a/s* gastador, a, derrochador, a.

dépérir *i* desmedrar, debilitarse.

dépeupl/er *t* despoblar. **-ement** *m* despoblación *f*.

dépist/er *t* descubrir. **-age** *m*

MÉD chequeo.

dépit |depi| *m* despecho. **l** *en* — *de*, pese a, a pesar de, a despecho de; *en* — *du bon sens*, atropelladamente.

déplac/er *t* **1** desplazar, trasladar. **2** (*une question*) desviar. □ *se* —, desplazarse, trasladarse. **-é, ée** *a* **1** *personnes déplacées*, personas desplazadas. **2** *propos déplacés*, palabras fuera de lugar. **-ement** *m* desplazamiento.

déplai/re ° *t* disgustar, desagradar. □ *pr il se déplaît ici*, no está a gusto aquí. **-sant, e** *a* desagradable.

dépli/er *t* desplegar, desdoblar. **-ant** *m* prospecto.

déplor/er *t* deplorar, lamentar. **-able** *a* deplorable, lamentable.

déployer ° |deplwaje| *t* **1** desplegar. **2** (*montrer*) hacer alarde de.

dépoli, e *a* *verre* —, vidrio esmerilado.

déport/er *t* **1** deportar. **2** (*véhicule*) desviar. **-ation** *f* deportación.

dépos/er *t* **1** depositar. **2** *déposez-moi ici*, déjeme aquí. **3** — *une plainte*, presentar una denuncia. **4** — *les armes*, deponer las armas. □ *se* —, depositarse. **-itaire** *s* depositario, a. **-ition** *f* deposición.

dépôt |depo| *m* depósito.

dépouille *f* — *mortelle*, despojos *m pl*, restos *m pl* mortales.

dépouill/er *t* **1** despojar. **2** (*animaux*) desollar. **3** examinar. **4** (*un livre*) vaciar. **5** — *le scrutin*, hacer el escrutinio. **6** *style dépouillé*, estilo escueto. □ *se* —, despojarse. **-ement** *m* (*élections*) escrutinio, recuento de votos.

dépourvu, e *a* **1** desprovisto, a, carente. **2** *prendre au* —, coger desprevenido.

dépravé, e *a/s* depravado, a.

dépréci/er *t* despreciar, desvalorizar. **-ation** *f* depreciación.

dépression *f* depresión.

déprim/er *t* deprimir. **-ant, e** *a* deprimente.

depuis |dǝpɥi| *prép* **1** (temps, lieu) desde : *– quand ?*, ¿ desde cuando ? **2** (temps) desde hace : *– une heure*, desde hace una hora ; *– peu*, desde hace poco. I *– que*, desde que. ☐ *adv on ne l'a pas vu –*, no se le ha visto después.

député *m* diputado.

déraciner *t* **1** desarraigar. **2** FIG *un déraciné*, un desarraigado.

déraill/er *i* **1** descarrilar. **2** FAM *il déraille !*, ¡ desvaría ! **-ement** *m* descarrilamiento.

déraisonn/er *i* desatinar. **-able** *a* poco razonable.

dérang/er *t* **1** desarreglar, desordenar. **2** (gêner) molestar, estorbar : *excusez-moi de vous –*, siento molestarle. I *ça ne me dérange pas*, no es ninguna molestia. ☐ *se –*, molestarse : *ne vous dérangez pas*, no se moleste usted. **-ement** *m* **1** desarreglo. I *ligne téléphonique en –*, línea telefónica averiada. **2** (gêne) molestia *f*. **3** *– intestinal*, descomposición *f* de vientre.

dérap/er *i* patinar, derrapar. **-age** *m* patinazo.

dérégl/er ° *t* **1** desarreglar. **2** (mécanisme) desajustar. **3** desordenar : *vie déréglée*, vida desordenada. **-ement** *m* desarreglo, desorden.

dérider *t* alegrar.

déris/ion *f* irrisión. I *tourner en –*, hacer burla de. **-oire** *a* irrisorio, a.

dérivatif *m* derivativo.

dérivation *f* derivación.

dérive *f* **1** *aller à la –*, ir a la deriva. **2** (d'un avion) timón *m* de dirección.

dériver *i* **1** derivar. **2** *– de*, derivarse de. ☐ *t* derivar.

dermatologue *s* dermatólogo, a.

derni/er, ère *a* **1** último, a : *la dernière fois*, la última vez. **2** pasado, a : *le mois –*, el mes pasado. **3** *de la dernière importance*, de la mayor importancia. ☐ *s* **1** *le – à partir*, el último en marcharse. **2** *le dernier-né*, el hijo último. **-èrement** *adv* últimamente.

dérob/er *t* hurtar, robar. ☐ *se – à*, sustraerse a, esquivar. **-ade** *f* escapatoria. **-é, ée** *a* **1** *porte dérobée*, puerta falsa. **2** *à la dérobée*, a escondidas.

déroul/er *t* desarrollar. ☐ *se –*, celebrarse, efectuarse, tener lugar : *la cérémonie s'est déroulée sans incident*, la ceremonia se celebró sin incidente. **-ement** *m* desarrollo.

déroute *f* derrota.

dérouter *t* **1** desviar. **2** FIG desconcertar.

derrick *m* derrick.

derrière *prép* detrás de, tras : *– la porte*, detrás de la puerta. ☐ *adv* detrás, atrás : *aller –*, ir detrás ; *reste –*, quédate atrás. ☐ *m* **1** parte *f* posterior. I *pattes de –*, patas traseras. **2** (d'une personne) trasero.

des |de| *art déf* (= de les) de los, de las : *le prix – oranges*, el precio de las naranjas. ☐ *art partitif* (ne se traduit pas) *manger – fraises*, comer fresas. ☐ *art indéf* unos, as : *vous êtes – menteurs*, sois unos mentirosos.

dès |dɛ| *prép* **1** desde : *– le début*, desde el comienzo. I *– à présent*, desde ahora ; *– lors*, desde entonces. **2** *– que*, tan pronto como.

désabuser *t* desengañar.

désaccord |dezakɔR| *m* desacuerdo, disconformidad *f*. I *être en – avec*, estar en desacuerdo con.

désagréable *a* desagradable.

désagrég/er ° *t* disgregar. **-ation** *f* disgregación.

désagrément *m* disgusto, sinsabor.

désaltér/er ° *t* apagar la sed. □ *se —*, beber. **-ant, e** *a* refrescante.

désappoint/er *t* decepcionar, contrariar. **-ement** *m* decepción *f*.

désapprobat/eur, trice *a* desaprobador, a. **-ion** *f* desaprobación.

désapprouver *t* desaprobar.

désarm/er *t* desarmar. **-ement** *m* desarme.

désarroi *m* confusión *f*.

désastr/e *m* desastre. **-eux, euse** *a* desastroso, a.

désavantag/e *m* desventaja *f*. **-er** ° *t* perjudicar, desfavorecer. **-eux, euse** *a* desventajoso, a.

dés/avouer *t* 1 (nier) negar. 2 desaprobar, desautorizar. □ *se —*, desdecirse, retractarse. **-aveu** *m* desaprobación *f*.

descend/ance *f* descendencia. **-ant, e** *s* descendiente.

descendre *i* 1 bajar : *elle est descendue dans la rue*, ha bajado a la calle ; *tout le monde descend !*, ¡ bajen todos! 2 *— à l'hôtel*, parar en el hotel. 3 descender : *il descend d'une famille noble*, desciende de una familia noble. □ *t* 1 — *l'escalier*, bajar la escalera. 2 — *la rivière*, ir río abajo. 3 — *un avion*, derribar un avión. 4 FAM (tuer) cargarse.

descente *f* 1 bajada. 2 (à ski) descenso *m*. 3 — *dangereuse*, pendiente peligrosa. 4 — *de police*, redada policíaca. 5 — *de croix*, desprendimiento *m*. 6 — *de lit*, alfombrilla.

descript/if, ive, *a* descriptivo, a. **-ion** *f* descripción.

désenfler *i* deshincharse.

déséquilibr/e *m* desequilibrio. **-er** *t* desequilibrar. **-é, ée** *a/s* desequilibrado, a.

désert, e *a/m* desierto, a.

désert/er *t* abandonar. □ *i*

desertar. **-eur** *m* desertor. **-ion** *f* deserción.

désespér/er *t/i* desesperar. □ *se —*, desesperarse. **-ant, e** *a* desesperante. **-é, ée** *a/s* desesperado.

désespoir *m* desesperación *f*. | *être au —*, estar desconsolado, a ; *en — de cause*, en último recurso.

déshabill/er *t* desnudar. □ *se —*, desnudarse. **-é** *m* deshabillé.

désherber *t* desherbar.

déshériter *t* desheredar.

déshonneur *m* deshonra *f*.

déshonor/er *t* deshonrar. **-ant, e** *a* deshonroso, a.

désign/er *t* designar. **-ation** *f* designación.

désillusion *f* desilusión.

désinfect/er *t* desinfectar. **-ant, e** *a/m* desinfectante. **-ion** *f* desinfección.

désintégr/er ° *t* desintegrar. **-ation** *f* desintegración.

désintéress/er **(se)** *pr* desinteresarse. **-ement** *m* desinterés, desprendimiento.

désinvolt/e *a* desenvuelto, a. **-ure** *f* desenvoltura.

désir *m* deseo. **-able** *a* deseable. **-er** *t* desear. | *laisser à —*, dejar bastante que desear. **-eux, euse** *a* deseoso, a.

désister **(se)** *pr* desistir, renunciar.

désobé/ir *i* — *à un ordre*, desobedecer una orden. **-issance** *f* desobediencia. **-issant, e** *a* desobediente.

désoblig/er ° *t* disgustar. **-eant, e** *a* desatento, a.

désodorisant, e *a/m* desodorante.

désœuvr/é, e *a/s* desocupado, a. **-ement** *m* ociosidad *f*, ocio.

désol/er *t* afligir, desconsolar. | *je suis désolé, mais...*, lo siento mucho, pero... ; *je suis désolé de ne pas pouvoir...*, siento mucho no poder... □ *se —*, afligirse. **-ant, e**

a triste. **-ation** *f* desolación. **-é, ée** *a* (endroit) desolado, a.

désopilant, e *a* jocoso, a, desopilante.

désordonné, e *a* desordenado, a.

désordre *m* desorden.

désorganiser *t* desorganizar.

désorienter *t* desorientar.

désormais [dezɔRME] *adv* en adelante.

désosser *t* deshuesar.

despot/e *m* déspota. **-ique** *a* despótico, a. **-isme** *m* despotismo.

desquels, desquelles ⇒ **duquel.**

dess/écher ° *t* desecar, secar. **-èchement** *m* desecación *f.*

dessein *m* propósito, designio, intención *f* : *dans le — de*, con el propósito de. l *à —,* adrede, aposta.

desserrer *t* aflojar. l *ne pas — les dents,* no despegar los labios.

dessert *m* postre : *comme —,* de postre ; *au —,* a los postres.

desservir ° *t* 1 *— la table,* quitar la mesa. 2 *un autocar dessert ce village,* un autocar lleva a este pueblo. 3 *— une paroisse,* servir una parroquia. 4 (nuire) perjudicar.

dessin *m* 1 dibujo : *dessins animés,* dibujos animados. 2 contorno. **-er** *t* dibujar. □ *se —* destacarse, perfilarse. **-ateur, trice** *s* dibujante. l *— industriel,* delineante.

dessous [dəsu] *adv* debajo. l *en —,* debajo ; *par-dessous,* por debajo ; *au-dessous de,* debajo de ; *au-dessous de zéro,* bajo cero. □ *m* 1 *le —,* la parte inferior. l *avoir le —,* hallarse en desventaja. 2 *les — de la politique,* los arcanos de la política. □ *pl des — en nylon,* ropa *f sing* interior de nylon.

dessous-de-plat [dəsudpla] *m* salvamanteles.

dessus [dəsy] *adv* encima. l *en —,* encima ; *au-dessus de,* encima de ; *par-dessus tout,* por encima de

todo. □ *m* 1 *le —,* la parte de arriba. l *avoir le —,* llevar la ventaja ; *reprendre le —,* rehacerse. 2 *dessus-de-lit,* colcha *f.*

destin *m* destino, hado.

destinat/ion *f* destino *m* : *à — de,* con destino a ; *arriver à —,* llegar a su destino. **-aire** *s* destinatario, a.

destinée *f* destino *m,* hado *m.*

destiner *t* destinar.

destituer *t* destituir.

destruc/tion *f* destrucción. **-teur, trice** *a/s* destructor, a.

désu/et, ète [desчe, ɛt] *a* anticuado, a. **-étude** *f tomber en —,* caer en desuso.

désunir *t* desunir.

détach/age *m* limpiado. **-ant** *m* quitamanchas.

détaché, e *a* 1 *pièces détachées,* piezas de recambio. 2 *ton —,* tono indiferente.

détachement *m* 1 desapego. 2 MIL destacamento.

¹**détacher** *t* 1 soltar, desatar : *— un chien,* soltar un perro. 2 (décoller) despegar. 3 FIG apartar, separar. □ *se —,* destacarse : *couleur qui se détache sur le fond blanc,* color que se destaca sobre el fondo blanco.

²**détacher** *t* (nettoyer) limpiar.

détail [detaj] *m* 1 detalle, pormenor. l *en —,* detalladamente. 2 COM venta *f* al por menor, menudeo. l *au —,* al por menor, al detalle. **-lant, e** *s* detallista. **-ler** *t* 1 (vendre) vender al por menor, detallar. 2 (raconter) detallar, pormenorizar.

détaler *i* FAM tomar el portante, huir.

détective *m* detective.

déteindre ° *i* desteñirse.

détendre *t* 1 aflojar. 2 FIG calmar. □ *pr* 1 *le ressort s'est détendu,* el muelle se ha aflojado. 2 (se reposer) descansar. l *visage détendu,* cara descansada.

détenir ° *t* 1 guardar, tener. 2 (en

captivité) mantener preso, a.

détente f 1 distensión. 2 (sports) resorte m. 3 (repos) descanso m. 4 (d'une arme à feu) disparador m.

détention f detención, prisión.

détenu, e s detenido, a, preso, a.

détergent, e a/m detergente.

détérior/er t deteriorar. **-ation** f deterioro m.

détermin/er t determinar. **-ation** f determinación.

déterrer t desenterrar.

détersif, ive a/m detersivo, a.

détest/er t aborrecer, detestar. **-able** a detestable.

déton/er i detonar. **-ant, e** a detonante. **-ateur** m detonador. **-ation** f detonación, estampido m.

détonner i desentonar.

détour m rodeo : faire un −, dar un rodeo ; parler sans −, hablar sin rodeos.

détourn/er t 1 desviar. 2 (des fonds) desfalcar. 3 (un avion) secuestrar. **-ement** m 1 desvío. 2 (de fonds) desfalco. 3 − d'avion, secuestro aéreo.

détraqu/er t descomponer, estropear. □ se − l'estomac, descomponerse el estómago. **-é, ée** a descompuesto, a. □ a/s (fou) desequilibrado, a, chiflado, a.

détremper t empapar, remojar.

détresse f 1 desamparo m. 2 (danger) peligro m.

détriment m au − de, en detrimento de.

détritus [detritys] m detritus, desperdicios pl.

détroit m estrecho.

détromper t desengañar. □ pr détrompez-vous, desengáñese usted.

détruire ° t destruir.

dette f deuda : faire des dettes, contraer deudas.

deuil [dœj] m 1 duelo. 2 (vêtements) luto : être en −, ir de luto.

deux [dø] a/m 1 dos : − fois, dos veces ; à −, entre dos. I tous −, ambos, los dos ; des − sexes, de ambos sexos ; − par −, por parejas. 2 Philippe −, Felipe segundo. **-ième** a/s segundo, a : au − étage, en el segundo piso. **-ièmement** adv en segundo lugar.

deux-pièces m (vêtement) dos piezas.

dévaler i/t bajar rápidamente.

dévaliser t desvalijar.

dévalu/er t devaluar. **-ation** f devaluación.

devanc/er ° t 1 − son siècle, adelantarse a su siglo. 2 (surpasser) aventajar. **-ier, ère** s antecesor, a.

devant prép 1 delante de, ante : − la porte, delante de la puerta. 2 (en présence de) ante : − Dieu, ante Dios. □ adv delante. □ m 1 delantera f. I pattes de −, patas delanteras ; prendre les devants, tomar la delantera. 2 au-devant de, al encuentro de.

devanture f escaparate m.

dévast/er t devastar. **-ation** f devastación.

déveine f FAM mala pata.

développ/er t 1 desarrollar. 2 (photo) revelar. **-ement** m 1 desarrollo. 2 (photo) revelado.

devenir ° i 1 − fou, volverse loco ; − riche, hacerse rico. 2 − président, llegar a ser presidente. 3 (passagèrement) ponerse : elle est devenue rouge, se puso colorada. 3 ser de : qu'allons-nous − ?, ¿ qué va a ser de nosotros ? ; que devenez-vous ?, ¿ qué es de usted ?

déverser t derramar, verter.

déviation f desviación, desvío m.

dévider t devanar.

dévier t desviar. □ i desviarse.

devin m adivino.

devin/er t adivinar. **-ette** f adivinanza.

devis |dəvi| _m_ presupuesto.

dévisager ° _t_ mirar de hito en hito.

devise _f_ 1 divisa, lema, 2 (monnaie) divisa.

dévisser _t_ destornillar.

dévoiler _t_ descubrir.

¹**devoir** ° _t_ 1 deber : _il me doit mille francs_, me debe mil francos. 2 (obligation) tener que, deber : _je dois m'en aller, vous faire un aveu_, me tengo que marchar, tengo que hacerle una confesión; _vous devriez lire ce roman_, debería usted leer esta novela ; _tu aurais dû le dire avant_, deberías haberlo dicho antes. 3 (supposition) deber de, haber de : _il doit être tard_, debe de, ha de ser tarde; (le futur peut exprimer l'hypothèse) _vous devez avoir faim_, tendrá usted hambre. 4 _dussé-je_, aunque debiera.

²**devoir** _m_ 1 deber : _faire son —_, cumplir con su deber. 2 (scolaire) deber : _faire ses devoirs_, hacer los deberes.

dévorer _t_ devorar.

dévot, e _a/s_ devoto, a. **-ion** _f_ devoción.

dévou/er (se) _pr_ dedicarse, consagrarse. **-é, ée** _a_ adicto, a, fiel : _un serviteur —_, un servidor fiel. **-ement** _m_ 1 sacrificio. 2 abnegación _f_. 3 consagración _f_.

dextérité _f_ destreza.

diab/ète _m_ diabetes _f_. **-étique** _a/s_ diabético, a.

¹**diabl/e** _m_ diablo. I _que — !_, ¡qué demonios !, ¡qué diablos ! ; _habiter au —_, vivir en los quintos infiernos. **-otin** _m_ diablillo.

²**diable** _m_ (chariot) carretilla _f_.

diabolique _a_ diabólico, a.

diacre _m_ diácono.

diadème _m_ diadema _f_.

diagnosti/c |djagnɔstik| _m_ diagnóstico. **-quer** _t_ diagnosticar.

diagonale _f_ diagonal.

diagramme _m_ diagrama.

dialect/e _m_ dialecto. **-al, e** _a_ dialectal.

dialectique _a/f_ dialéctico, a.

dialogu/e _m_ diálogo. **-er** _i_ dialogar.

diamant _m_ diamante.

diamètre _m_ diámetro.

diane _f_ MIL diana.

diapason _m_ 1 diapasón. 2 FIG _au — de_, a tono con.

diaphragme _m_ diafragma.

diapositive _f_ diapositiva.

diarrhée _f_ diarrea.

dictat/eur _m_ dictador. **-orial, e** _a_ dictatorial. **-ure** _f_ dictadura.

dict/er _t_ dictar. **-ée** _f_ dictado _m_.

diction _f_ dicción.

dictionnaire _m_ diccionario.

dicton _m_ dicho, refrán.

didactique _a_ didáctico, a.

dièse _a/m_ sostenido.

diète _f_ dieta : _être à la —_, estar a dieta.

diétét/ique _a/f_ dietético, a. **-icien, enne** _s_ bromatólogo, a.

Dieu _n p m_ Dios. I _— merci !_, ¡a Dios gracias ! ; _le bon —_, Dios ; _mon — !_, ¡Dios mío ! □ _m les dieux_, los dioses.

diffam/er _t_ difamar. **-ation** _f_ difamación. **-atoire** _a_ difamatorio, a.

différemment [diferamɑ̃] _adv_ diferentemente.

différenc/e _f_ diferencia : _à la — de_, a diferencia de. **-ier** _t_ diferenciar.

différend _m_ desavenencia _f_.

différent, e _a_ diferente.

différer ° _i/t_ diferir. I _émission en différé_, retransmisión en diferido.

diffic/ile _a_ 1 difícil. 2 exigente : _faire le —_, ser exigente. **-ulté** _f_ dificultad. I _faire des difficultés_, poner dificultades.

difform/e _a_ deforme. **-ité** _f_ deformidad.

diffus/er _t_ 1 difundir. 2 (par radio)

radiar. **-ion** f difusión.

digérer ° t digerir.

digest/ible a digerible. **-if, ive** a digestivo, a. □ m licor digestivo. **-ion** f digestión.

digital, e a *empreintes digitales,* huellas dactilares. □ f (plante) digital, dedalera.

dign/e a digno, a. **-itaire** m dignatario. **-ité** f dignidad.

digression f digresión.

digue f dique m.

dilapider t dilapidar.

dilat/er t dilatar. **-ation** f dilatación.

dilemme m dilema.

dilettante s diletante.

dilig/ent, e a diligente. **-ence** f diligencia.

diluer t diluir.

dimanche m domingo : – *dernier,* el domingo pasado.

dimension f dimensión.

diminu/er t/i 1 disminuir 2 (prix) bajar : *le café a diminué,* el café ha bajado. **-é, ée** a 1 *tricot –,* jersey menguado. 2 (physiquement) disminuido, a, desmejorado, a. **-tif, ive** a/m diminutivo, a. **-tion** f 1 disminución. 2 (d'un prix) rebaja.

dind/e f pava. **-on** m pavo. **-onneau** m pavipollo.

¹**dîner** i cenar.

²**dîn/er** m cena f : *le –,* la cena. **-ette** f comidita.

din/guer i FAM *envoyer –,* mandar al cuerno. **-go, -gue** a/s FAM chiflado, a.

diocèse m diócesis f.

diphtérie |difteʁi| f difteria.

diphtongue |diftɔ̃g| f diptongo m.

diplomat/e a/m diplomático, a. **-ie** |diplomasi| f diplomacia. **-ique** a diplomático, a.

diplôm/e m diploma. **-é, ée** a/s diplomado, a, titulado, a.

dire ° t 1 decir : *dites-lui de se taire,* dígale que se calle ; *je vous*

l'avais bien dit !, ¡ya se lo había dicho ! | *à vrai –,* a decir verdad ; *cela va sans –,* ni que decir tiene ; *c'est tout –,* con lo dicho basta ; *il n'y a pas à –,* digan lo que digan ; *inutile de – que...,* ni que decir tiene que... ; *à qui le dites-vous,* dígamelo usted a mi ; *comme qui dirait,* como quien dice ; *dites donc,* oiga. 2 sonar : *ce nom me dit quelque chose,* me suena ese apellido. 3 *on dirait que...,* parece que... 4 *aller au cinéma, ça ne me dit rien,* ir al cine, no me apetece. □ m opinión f. I *au – de,* al decir de.

direct, e |diʁɛkt| a/m directo, a. I *retransmission en –,* retransmisión en directo. **-ement** adv directamente.

directeur, trice s director, a. □ a 1 *ligne directrice,* línea directriz. 2 *comité –,* directiva f, junta directiva.

direction f 1 dirección. 2 (orientation) dirección, rumbo m : *en – de,* en dirección a.

directives f pl directrices.

dirigeable |diʁiʒabl| m dirigible.

dirigeant, e |diʁiʒɑ̃, ɑ̃t| a/s dirigente.

dirig/er ° t dirigir. □ *se –,* dirigirse. **-isme** m dirigismo.

discern/er t discernir. **-ement** m discernimiento.

disciple m discípulo.

disciplin/e f disciplina. **-er** t disciplinar.

discontinuer i *sans –,* sin cesar.

discordant, e a discordante.

discorde f discordia.

discothèque f discoteca.

discours m discurso.

discrédit m descrédito. **-er** t desacreditar.

discr/et, ète a discreto, a. **-étion** f discreción.

discriminat/ion f discriminación **-oire** a discriminatorio, a.

discussion f discusión.

discut/er t/i discutir. **-able** a discutible.

disette f (famine) hambre.

disgrâc/e f desgracia. **-ié, e** a caído, a en desgracia.

disgracieux, euse a sin gracia.

dislo/quer t dislocar. **-cation** f dislocación.

disparaître ° i desaparecer.

disparate a heterogéneo, a, dispar, inconexo, a.

disparition f desaparición.

disparu, e a desaparecido, a. □ s difunto, a. l *soldat porté —*, soldado dado de baja.

dispensaire m dispensario, consultorio.

dispense f dispensa.

dispenser t 1 dispensar : *cet élève est dispensé de gymnastique*, este alumno está dispensado de hacer gimnasia. 2 (accorder) conceder. □ *se — de*, abstenerse de.

dispers/er t dispersar. **-ion** f dispersión.

disponib/le a disponible. **-ilité** f disponibilidad. l *en —*, disponible. □ *pl* disponibilidades.

dispos, e a en forma, dispuesto, a.

disposer t/i disponer : *les moyens dont je dispose*, los recursos de que dispongo. l *être bien, mal disposé*, estar bien, mal dispuesto. □ *se — à partir*, disponerse a marchar.

dispositif m dispositivo.

disposition f disposición. □ *pl prendre ses dispositions*, tomar sus disposiciones.

disproportion f desproporción. **-né, e** a desproporcionado, a.

dispute f disputa.

disputer t disputar. □ *pr* reñir : *il s'est disputé avec sa sœur*, ha reñido con su hermana.

disqualifier t descalificar.

disque m disco.

dissection f disección.

dissemblable a desemejante, diferente, dispar.

dissémin/er t diseminar. **-ation** f diseminación.

dissension f disensión.

dissentiment m disentimiento.

disséquer ° t disecar.

dissert/er i disertar. **-ation** f disertación.

dissid/ent, e a disidente. **-ence** f disidencia.

dissimul/er t disimular. □ *se —*, disimularse. **-ation** f disimulación.

dissip/er t 1 (brouillard, soupçons, etc.) disipar. 2 (un élève) distraer. □ *pr* 1 disiparse. 2 (un élève) distraerse : *élève dissipé*, alumno distraído. **-ation** f 1 disipación. 2 (d'un élève) falta de atención, indisciplina.

dissocier t disociar.

dissolu, e a disoluto, a.

dissolution f disolución.

dissolvant, e a/m disolvente. l m (pour les ongles) quitaesmalte.

disson/ance f disonancia. **-ant, e** a disonante.

dissoudre ° t disolver. □ *pr le sucre se dissout dans l'eau*, el azúcar se disuelve en el agua ; *assemblée dissoute*, asamblea disuelta.

dissua/der t disuadir. **-sion** f disuasión.

distanc/e f distancia. **-er** ° t adelantar, dejar atrás.

distant, e a 1 distante. 2 FIG reservado, a.

disten/dre t distender. □ *se —*, distenderse. **-sion** f distensión.

distill/er t/i destilar. **-ation** f destilación. **-erie** f destilería.

distinct, e a [distĕ, ĕkt] a distinto, a. **-ement** adv distintamente. **-if, ive** a distintivo, a.

distinction f distinción.

distingué, e a distinguido, a. l *recevez l'assurance de mes sentiments distingués*, queda de usted seguro servidor.

distinguer *t* distinguir. □ *se* −, distinguirse.

distraction *f* distracción.

distr/aire ° *t* distraer. □ *se* −, distraerse, entretenerse. **-ait, e** a/s distraído, a. **-ayant, e** |distʀɛjã, ãt| a entretenido, a.

distribu/er *t* distribuir. **-teur** *m* distribuidor. **-tion** *f* 1 distribución, reparto *m* : *la* − *du courrier*, el reparto del correo. 2 (d'une pièce de théâtre, d'un film) reparto *m*. 3 (agencement d'un logement) distribución.

district |distʀik(t)| *m* distrito.

dit, e a 1 dicho, a. I *aussitôt* −, *aussitôt fait*, dicho y hecho ; *autrement* −, dicho de otro modo ; *ce qui est* − *est* −, lo dicho, dicho. 2 *Alphonse, − le Sage*, Alfonso, llamado el Sabio. 3 *à l'heure dite*, a la hora fijada.

diurne a diurno, a.

divag/uer *i* (déraisonner) desatinar, delirar. **-ation** *f* divagación.

divan *m* diván, sofá.

diverg/er ° *i* divergir. **-ence** *f* 1 divergencia. 2 (d'opinions) discrepancia. **-ent, e** a 1 divergente. 2 *opinions divergentes*, opiniones discrepantes.

divers, e a diverso, a. **-ifier** *t* diversificar. **-ion** *f* diversión. **-ité** *f* diversidad.

divert/ir *t* divertir, distraer. □ *se* −, divertirse, distraerse. **-is-sant, e** a divertido, a, distraído, a. **-issement** *m* diversión *f*, recreo.

dividende *m* dividendo.

divin, e a divino, a. **-ité** *f* divinidad.

divis/er *t* dividir. **-eur** *m* divisor. **-ion** *f* división.

divorc/e *m* divorcio. **-er** ° *i* divorciarse : *ils ont divorcé*, se han divorciado.

divulguer *t* divulgar.

dix |dis, di| a/m 1 diez : *le* − *mars*,

el diez de marzo. 2 *Charles* −, Carlos décimo.

dix-huit |dizɥit| a/m dieciocho. **-ième** a/s decimoctavo, a. I − *siècle*, siglo dieciocho.

dixième |dizjɛm| a/m décimo, a.

dix-neuf/ |diznœf| a/m diecinueve. **-vième** a/s decimonono, a. I − *siècle*, siglo diecinueve.

dix-sept |disset| a/m diecisiete. **-ième** a/s decimoséptimo, a. I − *siècle*, siglo diecisiete.

dizaine *f* 1 decena. 2 *une* − *de*, unos, unas diez : *une* − *de jours*, unos diez días.

docil/e a dócil. **-ité** *f* docilidad.

dock *m* dock. **-er** |dɔkɛʀ| *m* descargador de muelle, obrero portuario.

doct/eur *m* doctor. **-orat** *m* doctorado. **-oresse** *f* doctora.

doctrine *f* doctrina.

document *m* documento. **-aire** a/m documental. **-ation** *f* documentación. **-er** *t* documentar.

dodeliner *i* − *de la tête*, cabecear.

dodo *m* FAM *faire* −, dormir ; *aller au* −, irse a la cama.

dodu, e a rollizo, a, regordete, a.

dogm/e *m* dogma. **-atique** a dogmático, a.

dogue *m* dogo.

doigt |dwa| *m* dedo. I − *de pied*, dedo del pie ; *petit* −, meñique ; *montrer du* −, señalar con el dedo ; FIG *être à deux doigts de* −, estar à dos dedos de ; *se mettre le* − *dans l'œil*, equivocarse ; *savoir sur le bout du* −, saber al dedillo.

dois, doit, doivent ⇒ **devoir.**

dollar *m* dólar.

domaine *m* 1 (agricole) finca *f*, hacienda *f*. 2 (d'une science, etc.) dominio. 3 *public*, dominio público. 3 *cela n'est pas de mon* −, esto no es de mi competencia.

dôme *m* cúpula *f*.

domestique a doméstico, a. □ *s* criado, a.

domicil/e m domicilio. **-ié, e** a residente, domiciliado, a.

domin/er t/i dominar. **-ant, e** a/f dominante. **-ateur, trice** a/s dominador, a. **-ation** f dominio m.

dominicain, e a/s 1 (religieux) dominico, a. 2 (de la République Dominicaine) dominicano, a.

dominical, e a dominical.

Dominique n p Domingo, a.

domino m dominó.

dommage m 1 daño, perjuicio. I *dommages et intérêts,* daños y perjuicios. 2 *c'est* —, es una lástima; *quel* —!, ¡qué lástima!

dompt/er |dõte| t domar. **-eur, euse** s domador, a.

don m 1 donativo. I *faire* — *de,* hacer donación de. 2 don : — *pour les langues,* don para las lenguas.

donation f donación.

donc |dõk| conj luego, pues : *je pense* — *je suis,* pienso luego existo. □ adv —, *vous partez?,* así pues, ¿se marcha usted?; *mais tais-toi* —!, pero, ¡cállate!; *asseyez-vous* —!, pero, ¡siéntese usted!

donjon m torre f del homenaje.

données f pl 1 (d'un problème) datos m. 2 bases.

donner t 1 dar : *je te le donne,* te lo doy. I — *à boire,* dar de beber; — *à penser,* dar que pensar; — *de la tête contre,* dar de cabeza contra; — *dans le piège,* caer en la trampa; — *sur,* dar a : *fenêtre qui donne sur la mer,* ventana que da al mar; *10 francs, c'est donné!,* 10 francos, ¡está tirado! 2 echar : *quel âge lui donnez-vous?,* ¿qué edad le echa usted? 3 *étant donné un carré...,* dado un cuadrado...; *étant donné que,* dado que. □ pr 1 se — *à,* darse a. 2 *s'en* —, pasarlo en grande.

donneur m — *de sang,* donante de sangre.

Don Quichotte n p m Don

Quijote. □ *un* —, un quijote.

dont pron rel 1 (personnes) de quien, de quienes : *la femme* — *je parle,* la mujer de quien hablo. 2 (choses) del cual, de la cual, de las cuales, del que, etc. : *la ville* — *je parle,* la ciudad de la que hablo. I *ce* —, de lo que. 3 (avec idée de possession) cuyo, a, os, as : *mon voisin,* — *le fils est médecin,* mi vecino, cuyo hijo es médico. 4 (d'où) de donde.

dorénavant adv en adelante.

dorer t dorar.

dorloter t mimar.

dorm/ir ° i dormir : *l'enfant dort,* el niño duerme. I — *debout,* caerse de sueño; — *sur ses deux oreilles,* dormir en paz. **-ant, e** a *eaux dormantes,* aguas estancadas. **-eur, euse** s dormilón, ona.

dorsal, e a dorsal.

dortoir m dormitorio.

dorure f dorado m.

dos |do| m 1 (de l'homme) espalda f, espaldas f pl : *le* — *au feu,* de espaldas al fuego. I *porter sur le* —, llevar a cuestas; *de* —, por detrás; *il est toujours sur mon* —, está siempre encima de mí; *en avoir plein le* —, estar hasta la coronilla; *se mettre quelqu'un à* —, enemistarse con alguien. 2 (d'un animal, livre) lomo. I *à* — *de mulet,* montado en un mulo. 3 (de la main, d'une page) dorso. 4 (d'une chaise) respaldo.

dos/e f dosis. **-er** t dosificar.

dossard m dorsal.

dossier m 1 (d'un siège) respaldo. 2 (documents) expediente, dossier.

dot |dɔt| f dote m/f.

doter t dotar.

douan/e f aduana. **-ier, ère** a aduanero, a, arancelario, a : *barrière douanière,* barrera arancelaria. □ m aduanero.

doublage m (d'un film) doblaje.

double a/m doble. □ m (duplicata) duplicado : *en* —, por duplicado. □ adv voir −, ver doble.

doubler t 1 duplicar. 2 − une voiture, adelantar un coche ; défense de −, prohibido adelantar. 3 (un vêtement) forrar. 3 (un acteur) sustituir. 4 (un film) doblar.

doublure f 1 forro m. 2 (acteur) suplente m, doble f.

douce ⇒ **doux**.

douceâtre |dusɑtʀ| a dulzón, ona.

doucement adv 1 suavemente. 2 lentamente. 3 parlez −, hable bajito.

douceur f 1 dulzura, dulzor m. 2 (au toucher, du climat) suavidad. 3 en −, despacio. □ pl (friandises) golosinas.

douch/e f ducha. **-er** t duchar. □ se −, ducharse, tomar una ducha.

dou/er t dotar. **-é, ée** a dotado, a.

douille f casquillo m.

douillet, te a 1 blando, a. 2 (personne) delicado, a.

doul/eur f dolor m. **-oureux, euse** a doloroso, a.

doute m duda f : il n'y a pas de −, no cabe duda ; sans −, sin duda ; sans aucun −, sin duda alguna.

douter i dudar : j'en doute, lo dudo ; je n'en doute pas, no dudo de ello. □ se −, sospechar : je m'en doutais, lo sospechaba.

douteux, euse a dudoso, a.

doux, douce |du, dus| a 1 (au goût) dulce. 2 (au toucher) suave. 3 (calme) manso, a. 4 pente douce, cuesta suave. 5 feu −, fuego lento. 6 en douce, a la chita callando.

douz/e a/m doce. **-aine** f 1 docena. 1 à la −, por docenas. 2 une − de, unos, unas doce : − de jours, unos doce días. **-ième** a/s duodécimo, a. 1 − siècle, siglo XII.

doyen, enne |dwajɛ̃, ɛn| s decano, a.

dragée f 1 (bonbon) peladilla. 2 (médicament) gragea.

dragu/e f draga. **-er** t dragar.

dram/e m drama. **-atique** a dramático, a. **-atiser** t dramatizar. **-aturge** m dramaturgo.

drap |dʀa| m 1 (tissu) paño. 2 (de lit) sábana f. 1 FAM être dans de beaux draps, estar aviado, a.

drapeau m bandera f. 1 appeler sous les drapeaux, llamar a filas.

drap/er t revestir. □ se −, envolverse. **-eries** f pl colgaduras. **-ier, ère** s pañero, a.

dressage m doma f.

dresser t 1 poner derecho, a. 2 levantar. 3 (une tente) armar. 4 (un plan) trazar. 5 (animaux) amaestrar, adiestrar, domar : − des fauves, domar fieras. □ se −, levantarse.

dresseur m domador.

drogu/e f droga. **-er (se)** pr drogarse. I un drogué, un drogadicto. **-erie** f droguería. **-iste** s droguista.

¹**droit, e** a 1 derecho, a, recto, a : main droite, mano derecha ; ligne droite, línea recta. 2 esprit −, espíritu recto. □ adv recto : continuez tout −, siga todo recto. □ f tournez à droite, tuerza a la derecha ; appuyez sur la droite, cíñase a la derecha.

²**droit** m derecho : être dans son −, estar en su derecho ; tu n'as pas le − de te plaindre, no tienes derecho a quejarte. I à bon −, con razón ; de plein −, con pleno derecho.

droiture f rectitud.

drôle a 1 gracioso, a. I ce n'est pas −, no tiene gracia. 2 (bizarre) raro, a, extraño, a : un − de type, un tío raro ; quelle − d'idée!, ¡qué idea más rara! I c'est un − de flemmard!, ¡menudo gandul es! ; − d'histoire!, ¡menudo lío! **-ment** adv 1 extrañamente. 2 FAM − sympathique, muy simpático, la mar de simpático ; on s'est − ennuyé, nos aburrimos de lo lindo. **-rie** f gracia.

dromadaire m dromedario.

dru, e *a* tupido, a, espeso, a. □ *adv* abundantemente.

du *art* (= de le) del : *revenir — lycée,* volver del colegio. □ *art partitif* (ne se traduit pas) *boire — vin,* beber vino. ⇒ **de.**

dû, e *a* debido, a. □ *m voici votre —,* aquí está lo que se le debe a usted.

du/c *m* duque. **-ché** *m* ducado. **-chesse** *f* duquesa.

duel *m* duelo, desafío.

dûment *adv* debidamente.

dune *f* duna.

dup/e *a* engañado, a. I *je ne suis pas —,* no caigo en el señuelo. **-er** *t* engañar. **-erie** *f* engaño *m.*

duplicat/a *m* duplicado. **-eur** *m* multicopista.

duplicité *f* doblez.

duquel *pron rel* del cual, del que. I *desquels,* de los que.

dur, e *a* 1 duro, a. I *être — d'oreille,* ser duro de oído. 2 *— à avaler,* difícil de tragar. □ *adv travailler —,* trabajar firme. □ *f coucher sur la dure,* dormir en el suelo. □ *m* FAM *un —,* un matón.

durable *a* duradero, a.

durant *prép* durante.

durc/ir *t* endurecer. □ *i le ciment durcit en séchant,* el cemento se endurece al secarse. **-issement** *m* endurecimiento.

durée *f* duración.

durer *i* durar.

dureté *f* dureza.

durillon *m* callo.

duvet *m* 1 (des oiseaux) plumón. 2 (poils) bozo. 3 (sac de couchage) saco de dormir. **-é, ée, -eux, euse** *a* velloso, a.

dynamique *a* dinámico, a.

dynamite *f* dinamita.

dynamo *f* dínamo.

dynastie *f* dinastía.

dysenterie *f* disentería.

E

e *m e f* : *un* –, una e.

eau |o| *f* **1** agua : – *douce*, agua dulce ; – *chaude*, agua caliente. | *cours d'eau*, río ; FIG *projet qui tombe à l'* –, proyecto que fracasa. **2** – *de Cologne*, agua de Colonia. **3** *ville d'eaux*, balneario *m*.

eau-de-vie |odvi| *f* aguardiente *m*.

eau-forte *f* aguafuerte.

ébah/ir *t* pasmar, asombrar. **-issement** *m* asombro.

ébattre (s') ° *pr* retozar.

ébauch/e *f* esbozo *m*, boceto *m*. **-er** *t* esbozar, bosquejar.

éb/ène *f* ébano *m*. **-éniste** *m* ebanista.

éblou/ir *t* deslumbrar. **-issant, e** *a* deslumbrador, a. **-issement** *m* deslumbramiento.

éboueur *m* basurero.

ébouillanter *t* escaldar.

éboul/er (s') *pr* derrumbarse, desprenderse. **-ement** *m* desprendimiento. **-is** *m* escombros *pl*.

ébourriffer *t* desgreñar.

ébranl/er *t* **1** estremecer, sacudir. **2** (santé, moral) quebrantar. □ *pr le train s'ébranle*, el tren se pone en movimiento. **-ement** *m* sacudida *f*, estremecimiento.

Ébre *n p m* Ebro.

ébrécher ° *t* mellar, desportillar : *couteau ébréché*, navaja mellada ; *assiette ébréchée*, plato desportillado.

ébriété *f* embriaguez.

ébullition *f* ebullición.

écaill/e *f* **1** (de poisson) escama. **2** concha, carey *m* : *peigne en* –, peine de concha. **-er** *t* (un poisson) escamar. □ *pr la peinture s'écaille*, la pintura se descasca-

rilla, se desconcha.

écarlate *a/f* escarlata. □ *a deve-nir* –, ruborizarse.

écarquiller *t* – *les yeux*, abrir desmesuradamente los ojos.

écart *m* **1** distancia *f*. **2** intervalo. **3** diferencia *f*. **4** (du corps) esguince. | *le cycliste fit un* –, el ciclista se echó a un lado. **5** *se tenir à l'* –, mantenerse apartado, a.

écart/er *t* **1** – *les jambes*, abrir las piernas. **2** (éloigner) apartar. □ *s'* – *du sujet*, apartarse del tema. | *un endroit écarté*, un lugar apartado. **-ement** *m* distancia *f*.

ecchymose |ekimoz| *f* equimosis.

ecclésiastique *a/m* eclesiástico, a.

écervelé, e *a* atolondrado, a, ligero, a de cascos.

échafaud *m* cadalso, patíbulo.

échafaud/er *t* FIG combinar, echar las bases de. **-age** *m* **1** andamio. **2** (amas) pila *f*, montón.

échalote *f* chalote *m*.

échancr/er *t* escotar. **-ure** *f* escote *m*, escotadura.

échang/e *m* **1** cambio : *en* –, a cambio ; *en* – *de*, a cambio de. **2** intercambio : *échanges commer-ciaux, de politesses*, intercambios comerciales, de cumplidos. **-er** ° *t* **1** – *des timbres, des impressions*, cambiar sellos, impresiones. **2** (prisonniers, notes diplomatiques, bons) – *contre*, canjear por. **-eur** *m* cruce a distinto nivel.

échantillon *m* muestra *f*.

échappatoire *f* escapatoria, efugio *m*.

échappée *f* **1** (de coureurs) escapada. **2** vista.

échappement *m* escape.

échapper *i* escapar, escaparse :

– *à un danger*, escapar de un peligro; *laisser – un soupir*, dejar escapar un suspiro; *rien ne lui échappe*, no se le escapa nada. **2** – *des mains*, irse de las manos. **3** *votre nom m'échappe*, no recuerdo su apellido. □ t *l' – belle*, librarse de una buena. □ pr *le prisonnier s'est échappé*, el prisionero se ha escapado.

écharpe *f* **1** faja. **2** *le bras en –*, el brazo en cabestrillo. **3** *(foulard)* echarpe *m*, chal *m*. **4** *(cache-col)* bufanda.

échasse *f* zanco *m*.

échauder *t* escaldar.

échauff/er *t* calentar. □ s' –, calentarse.   **-ement** *m* calentamiento.

échéance *f* **1** vencimiento *m*, término *m*. **2** *à brève, longue –*, a corto, largo plazo.

échéant a *le cas –*, si llega el caso.

échec *m* **1** *(insuccès)* fracaso. **2** *tenir en –*, tener en jaque. □ *pl* *(jeu)* ajedrez *sing : jouer aux échecs*, jugar al ajedrez.

échelle *f* **1** escalera : *– double*, escalera de tijera. **2** escala : *sur une grande –*, en gran escala; *à l' –*, a escala.

échelon *m* escalón. **-ner** *t* escalonar.

échevelé, e *a* desgreñado, a.

échine *f* espinazo *m*.

échiquier *m* tablero.

écho |eko| *m* eco. **1** *se faire l' – de*, hacerse eco de.

échoir *i* **1** tocar : *le gros lot m'est échu*, me ha tocado el gordo. **2** *(un délai)* vencer.

échouer *i* **1** *(un navire)* encallar. **2** fracasar, salir mal : *projet qui échoue*, proyecto que fracasa. **1** *il a échoué à l'examen*, le suspendieron en el examen. **3** *nous avons échoué dans un self-service*, hemos ido a parar a un autoservicio.

éclabouss/er *t* salpicar. **-ure** *f*
salpicadura.

éclair *m* **1** relámpago. **2** *(de génie)* chispa *f*. **3** *(gâteau)* pastelillo de crema.

éclairage *m* alumbrado, iluminación *f* : *– électrique*, alumbrado eléctrico; *– insuffisant*, iluminación insuficiente.

éclaircie *f* escampada, claro *m*.

éclairc/ir *t* aclarar. □ pr *le temps s'est éclairci*, se ha aclarado el tiempo; *s' – la voix*, aclararse la voz. **-issement** *m* aclaración *f*.

éclairer *t* **1** alumbrar, iluminar : *– au néon*, alumbrar con neón. **2** *(expliquer)* aclarar. □ i *cette lampe éclaire mal*, esta lámpara alumbra mal. □ s' –, alumbrarse.

éclaireur, euse *s* explorador, a.

éclat *m* **1** *– d'obus*, casco de obús. **1** *voler en éclats*, estallar. **2** *– de rire*, carcajada *f*; *rire aux éclats*, reir a carcajadas. **3** *(lumière)* brillo. **4** esplendor, magnificencia *f*. **5** *faire un –*, armar un escándalo.

éclatant, e *a* **1** *(son)* estrepitoso, a. **2** *(lumière)* brillante. **3** *succès –*, éxito clamoroso.

éclat/er *i* **1** estallar, reventar. **2** – *de rire, en sanglots*, prorrumpir en carcajadas, en sollozos. **3** *(incendie, guerre, etc.)* estallar. **-ement** *m* estallido.

éclips/e *f* eclipse *m*. **-er** *t* eclipsar. □ s' –, eclipsarse, escabullirse.

éclopé, e *a/s* cojo, a.

éclo/re *i* abrirse. **-sion** *f* nacimiento *m*.

écluse *f* esclusa.

écœur/er *t* asquear, repugnar, dar asco. **-ant, e** *a* repugnante, asqueroso, a. **-ement** *m* asco, repugnancia *f*.

écol/e *f* escuela : *– maternelle*, escuela de párvulos. **1** *faire –*, formar escuela. **-ier, ère** *s* escolar, alumno, a.

écolog/ie *f* ecología. **-ique** *a*

ecológico, a. **-iste** a/s ecologista.

économe a económico, a. □ s (intendant) ecónomo.

économ/ie f economía. l *faire des économies*, ahorrar. **-ique** a económico, a. **-iser** t economizar, ahorrar. l — *son temps*, ahorrar tiempo. **-iste** m economista.

écorce f corteza.

écorch/er t desollar. l — *les oreilles*, lastimar los oídos. **-ure** f desolladura.

écossais, e a/s escocés, esa.

Écosse n p f Escocia.

écosser t pelar, desgranar.

écoul/er t despachar, vender. □ pr 1 (liquides) correr, fluir, derramarse. 2 (temps) transcurrir. **-ement** m 1 (des liquides) derrame, salida f. 2 (d'une foule) circulación f. 3 (des marchandises) salida f, despacho, venta f.

écourter t acortar.

écoute f 1 à l' —, a la escucha. 2 *aux écoutes*, al acecho.

écout/er t escuchar. l *n' — que d'une oreille*, prestar poca atención; *écoutez!*, ¡oiga! **-eur** m (téléphone) auricular.

écrabouiller t FAM aplastar.

écran m pantalla f.

écras/er t 1 aplastar. 2 atropellar, arrollar : *il s'est fait — par une voiture*, ha sido atropellado por un coche. 3 *écrasé de travail*, agobiado de trabajo. □ pr 1 estrellarse : *l'avion s'est écrasé*, el avión se ha estrellado. 2 (s'entasser) estrujarse. **-ant, e** a aplastante. **-ement** m aplastamiento.

écrémer ° t desnatar : *lait écrémé*, leche desnatada.

écrevisse f cangrejo m de río.

écrier (s') pr exclamar.

écrin m 1 joyero. 2 (pour l'argenterie) estuche.

écrire ° i escribir : *j'ai écrit une lettre à mon oncle*, he escrito una

carta a mi tío ; — *à la machine*, escribir a máquina.

écrit m 1 escrito : *par —*, por escrito. 2 examen escrito. **-eau** m letrero. **-ure** f 1 escritura. 2 letra : *avoir une belle —*, tener buena letra. 3 *l'Écriture sainte*, la Sagrada Escritura.

écrivain m escritor, a.

écrou m 1 tuerca f. 2 *levée d' —*, puesta en libertad. **-er** t encarcelar.

écroul/er (s') pr hundirse, derrumbarse. **-ement** m hundimiento, derrumbamiento.

écu m escudo.

écueil |ekœj| m escollo.

écuelle f escudilla.

écum/e f 1 (mousse) espuma. 2 (bave) espumarajo m. **-er** t espumar. □ i espumear. l — *de rage*, estar uno que bufa. **-eux, euse** a espumoso, a. **-oire** f espumadera.

écureuil |ekyʀœj| m ardilla f.

écurie f 1 (local) cuadra. 2 (de chevaux, voitures de course) caballeriza.

écusson m emblema.

écuy/er |ekɥije| m 1 (cavalier) jinete. 2 (de cirque) caballista. **-ère** f amazona.

eczéma |ɛgzema| m eccema.

édenté, e a desdentado, a.

édifi/er t edificar. **-cation** f edificación. **-ce** m edificio.

Édimbourg |edɛbuʀ| n p Edimburgo.

édit m edicto.

édi/ter t editar. **-teur, trice** s editor, a. **-tion** f edición. l *maison d' —*, editorial.

éditorial m editorial. **-iste** s editorialista.

Édouard n p m Eduardo.

édredon m edredón.

édu/quer t educar. **-cateur, trice** s educador, a. **-catif, ive** a educativo, a. **-cation** f educación.

effac/er ° *t* borrar. □ **pr 1**
borrarse. 2 (pour laisser passer)
echarse a un lado. **-é, ée** *a* 1
borrado, a. 2 FIG modesto, a,
retraído, a. **-ement** *m* 1
borradura *f*. 2 FIG reserva *f*.

effar/er *t* azorar, asustar. **-ement**
m azoramiento, susto.

effarouch/er *t* 1 espantar. 2 (faire
peur) asustar. **-ement** *m* alarma
f, miedo.

effectif, ive *a* efectivo, a. □ *m pl*
efectivos.

effectuer *t* efectuar.

efféminé, e *a* afeminado, a.

effervesc/ent, e *a* efervescente.
-ence *f* efervescencia.

effet |efɛ| *m* 1 efecto. l *à cet* —, a
tal efecto ; *en* —, en efecto ; *faire de
l'* —, causar efecto ; *prendre* —, surtir efecto. 2 — *de commerce*, efecto
de comercio. □ *pl* (vêtements)
vestidos.

effeuiller *t* deshojar.

efficac/e *a* eficaz. **-ité** *f* eficacia.

effigie *f* efigie.

effilé, e *a* afilado, a, fino, a.

effilocher *t* deshilachar. □ *s'* —,
desflecarse.

efflanqué, e *a* flaco, a, enjuto, a.

effleurer *t* rozar.

effondr/er (s') ° *pr* hundirse,
derrumbarse.   **-ement**   *m*
hundimiento.

efforcer (s') ° *pr* esforzarse : *il
s'efforce de mieux travailler*, se
esfuerza en trabajar más.

effort *m* esfuerzo.

effraction *f* fractura.

effranger *t* desflecar.

effray/er ° |efrɛje| *t* espantar,
asustar. **-ant, e** *a* espantoso, a.

effréné, e *a* desenfrenado, a.

effriter (s') *pr* desmenuzarse,
pulverizarse.

effroi *m* terror, espanto.

effront/é, e *a* descarado, a,
desvergonzado, a. **-ément** *adv*

descaradamente. **-erie** *f* descaro
m.

effroyable |efʀwajabl| *a*
espantoso, a.

effusion *f* efusión.

égal, e *a/s* 1 igual : *deux nombres
égaux*, dos números iguales. 2 *ça
m'est (bien)* —, me da igual, me es
lo   mismo.   **-ement**   *adv*
igualmente. **-er** *t* igualar. l 2 *et* 2
égalent 4, 2 y 2 son 4.

égaliser *t* igualar. □ *i* empatar.

égalit/é *f* 1 igualdad. 2 *les deux
équipes sont à* —, los dos equipos
están   empatados.   **-aire**   *a*
igualitario, a.

égard *m* consideración *f*. l *à l'* —
de, con respecto a ; *à cet* —, a este
respecto ; *eu* — *à*, teniendo en
cuenta. □ *pl avoir des égards pour*,
tener   miramientos,   atenciones
para.

égar/er *t* extraviar. □ *nous nous
sommes égarés*, nos hemos extraviado. **-ement** *m* perturbación *f*,
ofuscación *f*.

égayer ° |egeje| *t* alegrar.

églant/ier   *m*   agavanzo,
escaramujo. **-ine** *f* gavanza.

église *f* iglesia.

égoïs/te *a/s* egoísta. **-me** *m*
egoísmo.

égorger ° *t* degollar.

égosiller (s') *pr* desgañitarse.

égout *m* alcantarilla *f*. **-ier** *m*
alcantarillero.

égoutt/er *t* escurrir. □ *s'* —,
escurrirse. **-oir** *m* escurreplatos.

égratign/er *t* arañar, rasguñar.
-ure *f* arañazo *m*.

Égypte *n p f* Egipto *m*.

égyptien, enne *a/s* egipcio, a.

eh ! *interj* eh ! l — *bien !*, ¡ bueno ! ;
— *bien, peut-être*, pués, quizá.

eject/er *t* expulsar. **-able** *a*
eyectable.

élabor/er *t* elaborar. **-ation** *f*
elaboración.

élaguer *t* podar, escamondar.

¹élan m 1 impulso : *prendre son —*, tomar impulso. 2 FIG impulso, arrebato : *— de générosité*, impulso de generosidad.

²élan m (cerf) alce, anta f.

élancé, e a esbelto, a.

élancement m punzada f.

élancer i dar punzadas. □ pr 1 lanzarse, arrojarse, abalanzarse : *il s'élança vers la sortie*, se abalanzó hacia la salida. 2 (s'élever) levantarse.

élarg/ir t 1 ensanchar. 2 FIG ampliar. 3 (un prisonnier) poner en libertad. □ s' —, ensancharse. **-issement** m 1 ensanchamiento. 2 ampliación f.

élasti/que a/m elástico, a. □ m (ruban) goma f. **-cité** f elasticidad.

élect/eur, trice s elector, a. **-ion** f elección. **-oral, e** a electoral.

électr/icité f electricidad. **-icien** m electricista. **-ification** f electrificación. **-ifier** t electrificar. **-ique** a eléctrico, a. **-iser** t electrizar.

électro-aimant m electroimán.

électrocardiogramme m electrocardiograma.

électrochoc m electrochoque.

électrocut/er t electrocutar. **-ion** f electrocución.

électrode f electrodo m.

électroménager a/m *appareil —*, aparato electrodoméstico ; *l' —*, los electrodomésticos.

électron m electrón. **-ique** a/f electrónico, a.

électrophone m electrófono.

élég/ant, e a a/s elegante. **-amment** adv elegantemente. **-ance** f elegancia.

élégie f elegía.

élément m elemento. **-aire** a elemental.

éléphant m elefante.

élevage m 1 cría f : *l' — du bétail*, la cría del ganado. 2 *un — de tau-*

reaux, una ganadería (de toros).

élévateur, trice a elevador, a.

élévation f 1 elevación. 2 (de l'hostie) elevación, alzar m.

élève s alumno, a, discípulo.

élevé, e a 1 elevado, a. 2 *bien, mal —*, bien, mal educado.

élev/er ° [elve] t 1 elevar, levantar. 2 *— la voix, le ton*, alzar la voz, el tono. 3 (un enfant, un animal) criar : *— au biberon*, criar con biberón. 4 educar. □ pr 1 elevarse. 2 (la température) subir. 3 ascender : *les dégâts s'élèvent à un million*, los daños ascienden a un millón. **-eur, euse** s ganadero, a.

éligible a elegible.

élimin/er t eliminar. **-ation** f eliminación. **-atoire** a/f eliminatorio, a.

élire ° t elegir : *il a été élu*, ha sido elegido.

Élisabeth |elizabɛt| n p f Isabel.

élite f élite, lo escogido.

elle, elles pron pers f ella, ellas (généralement omis, servent à insister : *— est jolie*, es bonita. I *elle-même*, ella misma.

ellipse f 1 (courbe) elipse. 2 (grammaire) elipsis.

élocution f elocución.

élog/e m elogio. **-ieux, euse** a elogioso, a.

éloign/er t alejar, apartar. □ s' —, alejarse, apartarse. **-é, ée** a lejano, a, remoto, a : *époque éloignée*, época remota. **-ement** m alejamiento.

éloqu/ent, e a elocuente. **-ence** f elocuencia.

élu, e a/s elegido, a.

élucider t elucidar.

éluder t eludir.

Élysée n p m Eliseo. I *Champs Élysées*, Campos Elíseos.

émacié, e a demacrado, a, emaciado, a.

émail |emaj| m esmalte. **-ler** t esmaltar. **-leur, euse** s esmaltador, a.

émancip/er *t* emancipar. **-ation** *f* emancipación.

émaner *i* emanar.

émaux *pl* de **émail.**

emball/er *t* 1 embalar, empacar. 2 — *un moteur,* embalar un motor. 3 FAM encantar, entusiasmar. □ *pr* 1 (cheval) desbocarse. 2 (moteur) embalarse. 3 FAM entusiasmarse. **-age** *m* 1 embalaje. 2 (pour liquides) envase. **-ement** *m* FAM arrebato, entusiasmo.

embarcadère *m* embarcadero.

embarcation *f* embarcación.

embardée *f* bandazo *m* : *faire une* —, dar un bandazo.

embargo *m* embargo.

embarqu/er *t* embarcar. □ *i/pr* embarcarse. **-ement** *m* 1 (personnes) embarco. 2 (marchandises) embarque.

embarras *m* 1 apuro : *être dans l'* —, estar en un apuro ; *tirer d'* —, sacar de apuro. 2 confusión *f.* 3 — *gastrique,* desarreglo gástrico.

embarrass/er *t* 1 estorbar : *cette valise m'embarrasse,* esta maleta me estorba. 2 (troubler) confundir, turbar. I *un air embarrassé,* un aire confuso. **-ant, e** *a* embarazoso, a.

embauch/er *t* contratar, ajustar. **-e, -age** *m* contratación *f.*

embaumer *t* embalsamar. □ *i* oler muy bien : *ces roses embaument,* estas rosas huelen muy bien.

embell/ir *t* embellecer. □ *i elle embellit de jour en jour,* cada día está más guapa. **-issement** *m* embellecimiento.

emblème *m* emblema.

emboîter *t* 1 encajar, ajustar. 2 — *le pas à quelqu'un,* seguir los pasos

a alguien.

embolie *f* embolia.

embonpoint *m* gordura *f.* I *prendre de l'* —, engordar.

embouchure *f* 1 (d'un fleuve) desembocadura. 2 (d'un instrument de musique) boquilla.

embouteill/er *t* embotellar. **-age** *m* (d'une rue) embotellamiento, atasco.

emboutir *t* embutir. 2 *le camion a embouti la voiture,* el camión ha chocado contra el coche.

embranchement *m* 1 ramificación *f.* 2 (bifurcation) cruce, encrucijada *f,* empalme.

embras/er *t* abrasar, inflamar. **-ement** *m* 1 incendio. 2 iluminación *f.*

embrass/er *t* 1 besar : — *sur la bouche,* besar en la boca. 2 (serrer dans ses bras) abrazar. 3 abarcar : *qui trop embrasse, mal étreint,* quien mucho abarca, poco aprieta. □ *pr ils s'embrassèrent tendrement,* se besaron con ternura. **-ade** *f* abrazo *m,* beso *m.*

embrasure *f* hueco *m,* alféizar *m.*

embray/er ° [ãbʀeje] *t/i* embragar. **-age** *m* embrague.

embrocher *t* espetar, ensartar.

embrouiller *t* embrollar, enmarañar. □ *s'* — *dans ses explications,* embrollarse con sus propias explicaciones, liarse.

embruns *m pl* roción *sing* de las olas.

embryon *m* embrión.

embûches *f pl* dificultades, obstáculos *m.*

embuer *t* empañar.

embuscade *f* emboscada.

émeraude *f* esmeralda.

émerger ° *i* emerger.

émeri *m* esmeril.

émerveill/er *t* maravillar. **-ement** *m* admiración *f.*

émetteur, trice *a* emisor, a :

poste —, estación emisora. □ *m* emisora *f*.

émettre ° *t* emitir.

émeut/e *f* revuelta, motín *m*. **-ier, ère** *s* amotinador, a, amotinado, a.

émietter *t* desmigajar, migar.

émigr/er *i* emigrar. **-ant, e** *s* emigrante. **-ation** *f* emigración. **-é, ée** *s* emigrado, a.

Émile *n p m* Emilio.

émin/ent, e *f* eminente. **-ement** *adv* eminentemente. **-ence** *f* eminencia.

émir *m* emir.

émissaire *m* emisario.

émission *f* emisión.

emmagasiner |âmagazine| *t* almacenar.

emmancher |âmᾱʃe| *t* poner un mango a.

Emmanuel, le *n p* Manuel, Manuela.

emmêler |âmele| *t* enmarañar.

emménager ° |âmenaʒe| *i* instalarse.

emmener ° |âmne| *t* llevar, conducir : *il a emmené sa fille au cirque*, ha llevado a su hija al circo.

emmitoufler |âmitufle| *t* abrigar, arropar. □ *s'* —, abrigarse.

émoi *m* emoción *f*.

émonder *t* podar, escamondar.

émot/ion *f* emoción. **-if, ive** *a/s* emotivo, a.

émousser *t* embotar.

émoustiller *t* alegrar.

émouv/oir ° *t* emocionar, conmover. **-ant, e** *a* emocionante, conmovedor, a.

empailler *t* disecar.

empaqueter ° *t* empaquetar.

emparer (s') pr *s'* — *de*, apoderarse de, adueñarse de.

empêch/er *t* impedir : *il m'empêche de parler*, me impide hablar. □ pr *je n'ai pas pu m'* — *de rire*, no pude remediar el echarme

a reir. **-ement** *m* impedimento.

empereur *m* emperador.

empes/er ° *t* almidonar. **-age** *m* almidonado.

empester *t/i* apestar.

empêtrer *t* 1 trabar. 2 FIG enredar.

empha/se *f* énfasis *m*. **-tique** *a* enfático, a.

empierrer *t* empedrar.

empiét/er ° *i* 1 — *sur*, desbordar en. 2 — *sur un droit*, usurpar un derecho. **-ement** *m* usurpación *f*.

empiffrer (s') pr FAM atracarse.

empiler *t* 1 apilar. 2 FAM (duper) estafar. □ *s'* —, amontonarse.

empire *m* imperio.

empirer *i* empeorar.

empirique *a* empírico, a.

emplacement *m* sitio.

emplâtre *m* emplasto.

emplette *f* compra : *faire ses emplettes*, ir de compras.

emploi *m* 1 empleo : — *du temps*, empleo del tiempo. 2 (situation) empleo, destino, plaza *f*. 3 (rôle) papel.

employ/er ° *t* emplear. **-é, ée** *s* empleado, a. **l** — *de bureau*, oficinista. **-eur, euse** *s* patrono, a, empresario, a.

empocher *t* embolsarse.

empoigner *t* agarrar.

empoisonn/er *t* 1 envenenar. 2 (odeur) apestar. 3 FAM (ennuyer) fastidiar, chinchar. □ *s'* —, envenenarse. **-ant, e** *a* FAM pesadísimo, a. **-ement** *m* 1 envenenamiento. 2 FAM fastidio. **-eur, euse** *s* 1 envenenador, a. 2 FAM tostón, ona.

emport/é, e *a* violento, a, colérico, a. **-ement** *m* arrebato.

emporter *t* 1 llevarse. 2 (avec violence) llevar, arrancar. 3 *l'* — *sur quelqu'un*, superar a alguien. □ *s'* —, arrebatarse, encolerizarse.

empreinte *f* 1 huella : *empreintes digitales*, huellas dactilares. 2 FIG impronta.

empress/er (s') *pr* 1 s' – *de*, apresurarse de. 2 s' – *auprès de*, desvivirse por. **-é, ée** *a* 1 afanoso, a. 2 (dévoué) solícito, a, atento, a. **-ement** *m* diligencia *f*.

emprisonn/er *t* encarcelar, aprisionar. **-ement** *m* encarcelamiento.

emprunt |ɑ̃prœ̃| *m* 1 (privé) préstamo. 2 (public) empréstito. 3 *nom d' –*, nombre falso. **-er** *t* 1 – *de l'argent*, pedir dinero prestado. 2 (prendre) tomar. **-eur, euse** *s* gorrón, ona.

ému, e *a* emocionado, a, conmovido, a.

émulation *f* emulación.

¹en *prép* 1 (lieu, état) en : *être* – *Belgique*, estar en Bélgica. 2 (avec déplacement) a : *aller* – *Amérique*, ir a América ; *conduire* – *prison*, llevar a la cárcel. 3 (temps) en : *né* – *1980*, nacido en 1980 ; – *été*, en verano. 4 (matière, couleur) de : *sac* – *plastique*, bolsa de plástico ; – *jaune*, de amarillo. 5 *agir* – *soldat*, actuar como soldado. 6 devant un gérondif, ne se traduit pas : – *lisant*, leyendo, ou se traduit par al + infinitif : – *arrivant*, al llegar.

²en *adv* de allí, de ahí : *j' – viens*, de allí vengo. □ *pron* 1 (= de cela), de él, de ella, de ello : *qu' – pensez-vous ?*, ¿ qué piensa usted de ello ? 2 (partitif, ne se traduit généralement pas) *combien – voulez-vous ?*, ¿ cuántos quiere usted ? ; *j' – veux deux*, quiero dos ; *je n' – peux plus*, no puedo más. 3 *il y – a*, los hay, las hay.

encadr/er *t* encuadrar. **-ement** *m* 1 (cadre) marco. 2 (des troupes, du personnel) encuadramiento.

encaissé, e *a* (rivière) encajonado, a.

encaiss/er *t* 1 cobrar. 2 FAM – *un coup*, encajar un golpe ; *je ne peux pas l' –*, no le puedo tragar. **-ement** *m* cobranza *f*, cobro.

-eur *m* cobrador.

en-cas |ɑ̃ka| *m* tentempié, piscolabis.

encastrer *t* empotrar.

encaustique *f* encáustico *m*.

¹enceinte *f* 1 cerco *m*, recinto *m*. 2 – *acoustique*, pantalla acústica.

²enceinte a *femme –*, mujer embarazada.

encens |ɑ̃sɑ̃| *m* incienso. **-er** *t* incensar. **-oir** *m* incensario.

encéphale *m* encéfalo.

encercler *t* cercar, circundar.

enchaîn/er *t* encadenar. **-ement** *m* encadenamiento.

enchanté, e *a* encantado, a.

enchant/er *t* encantar. **-ement** *m* encanto. **-eur, eresse** *a/s* encantador, a.

enchère *f* puja. I *vente aux enchères*, subasta ; *vendre aux enchères*, subastar, vender en pública subasta.

enchevêtr/er *t* enredar. **-ement** *m* confusión *f*.

enclave *f* enclave *m*.

enclin, e *a* inclinado, a, propenso, a.

enclos *m* cercado.

enclume *f* yunque *m*.

encoche *f* muesca.

encoignure |ɑ̃kɔɲyʀ| *f* rincón *m*.

encolure *f* 1 cuello *m*. 2 (mesure) medida del cuello.

encombr/er *t* estorbar, embarazar. **-ant, e** *a* embarazoso, a. **-ement** *m* 1 estorbo. 2 acumulación *f*. 3 (de voitures) atasco.

encontre (à l') *loc* – *de*, en contra de.

encore *adv* 1 aún, todavía : *il n'est pas – arrivé*, no ha llegado todavía. 2 más : – *un peu de café ?*, ¿ un poco más de café ? ; *une fois*, una vez más ; *mais – ?*, ¿ y qué más ? 3 *si –*, si al menos. 4 – *que*, aunque.

encourag/er ° *t* 1 alentar,

animar. **2** — à, incitar a. **3** (favoriser) fomentar, estimular. **-eant, e** a alentador, a. **-ement** m **1** estímulo. **2** fomento.

encourir ° t incurrir en.

encrasser (s') pr ensuciarse.

encr/e f tinta : — de Chine, tinta china. **-ier** m tintero.

encyclopéd/ie f enciclopedia. **-ique** a enciclopédico, a.

endetter (s') pr contraer deudas. | être endetté, estar lleno de deudas, estar endeudado.

endiablé, e a endiablado, a.

endiguer t encauzar.

endimanché, e a endomingado, a.

endive f endibia.

endolori, e a dolorido, a.

endommager ° t estropear, deteriorar.

endorm/ir ° t **1** — un enfant, dormir a un niño. **2** (anesthésier) anestesiar. **3** FIG (douleur) adormecer. **4** (ennuyer) aburrir. □ pr je me suis endormi, me he dormido. **-ant, e** a soporífero, a. **-i, ie** a dormido, a.

endosser t (vêtement) ponerse. **2** (chèque) endosar.

endroit m **1** lugar, sitio : un — tranquille, un lugar tranquilo. **2** (partie) parte f. | par endroits, acá y allá. **3** (d'un tissu) derecho : remettre à l'— , poner del derecho. **4** à l'— de, para con.

endu/ire ° t untar. **-it** m enlucido.

endur/ant a resistente. **-ance** f resistencia.

endurc/ir t endurecer. **-issement** m endurecimiento.

endurer t soportar, aguantar.

énerg/ie f energía. **-ique** a enérgico, a.

énerv/er t poner nervioso, a, irritar. □ pr ne t'énerve pas !, ¡no te pongas nervioso, a! **-ant, e** a irritante. **-ement** m nerviosidad f.

enfance f infancia : ami d' —,

amigo de la infancia. | retomber en — , chochear.

enfant s **1** niño, a : livres pour enfants, libros para niños. **2** hijo, a : il a trois enfants, tiene tres hijos ; ménage sans enfants, matrimonio sin hijos. **3** — de chœur, monaguillo.

enfant/er t dar a luz. **-ement** m alumbramiento, parto.

enfantillage m niñería f.

enfantin, e a infantil.

enfer |ɑ̃fɛr| m infierno.

enfermer t encerrar.

enfilade f fila.

enfiler t **1** — une aiguille, enhebrar una aguja ; — des perles, ensartar perlas. **2** — son pantalon, ponerse el pantalón. **3** (une rue) tomar.

enfin adv **1** por fin, al fin : — seuls !, ¡al fin solos! **2** (bref) en fin.

enflammer t inflamar. □ s' — , inflamarse.

enfl/er t **1** hinchar, inflar : joue enflée, mejilla hinchada. **2** — la voix, ahuecar la voz. □ — t hincharse : ma cheville a enflé, se me ha hinchado el tobillo. **-ure** f hinchazón.

enfonc/er ° t **1** hundir. **2** (clou) clavar. **3** (chapeau) encasquetar. **4** (porte) derribar. □ i/pr hundirse. □ pr s' — dans un bois, internarse en un bosque. **-ement** m **1** hundimiento. **2** (renfoncement) hueco.

enfouir t enterrar.

enfourcher t — sa bicyclette, montar en su bicicleta.

enfourner t meter en el horno.

enfreindre ° t infringir.

enfuir (s') ° pr huir.

enfumer t ahumar.

engag/er ° t **1** (un objet, sa parole) empeñar. **2** (domestique, artiste) contratar. **3** (introduire) meter. **4** (discussion, négociations) entablar. □ pr **1** comprometerse : il s'est engagé à m'aider, se ha comprometido a ayudarme ;

écrivain engagé, escritor comprometido. 2 *s' – dans*, meterse en. 3 MIL alistarse. **-eant, e** *a* atractivo, a, prometedor, a. **-ement** *m* 1 compromiso: *sans aucun – de votre part*, sin compromiso alguno por su parte. 2 (d'un acteur) contrata *f*. 3 (combat) combate, encuentro.

engelure *f* sabañón *m*.

engendrer *t* engendrar.

engin *m* máquina *f*, artefacto. □ *pl* 1 (de pêche) artes *f*. 2 *engins blindés*, vehículos blindados.

engloutir *t* 1 (avaler) engullir. 2 tragar, tragarse.

engorg/er ° *t* atascar. **-ement** *m* atasco.

engouement |ãgumã| *m* apasionamiento.

engouffrer (s') *pr* precipitarse.

engourd/ir (s') *pr* 1 entumecerse: *doigts engourdis*, dedos entumecidos. 2 FIG entorpecerse. **-issement** *m* 1 entumecimiento. 2 FIG entorpecimiento.

engrais *m* abono.

engraisser *i/t* engordar.

engrenage *m* engranaje.

engueul/er *t* POP echar una bronca. **-ade** *f* bronca.

enhardir (s') *pr* atreverse.

énigm/e *f* enigma *m*. **-atique** *a* enigmático, a.

enivr/er |ãnivRe| *t* embriagar. **-ant, e** *a* embriagador, a. **-ement** *m* embriaguez *f*.

enjambée *t* tranco *m*, zancada.

enjamber *t* saltar, atravesar.

enjeu *m* puesta *f*.

enjôl/er *t* engatusar. **-eur, euse** *a/s* engatusador, a, zalamero, a.

enjoliv/er *t* adornar, embellecer. **-ure** *f* adorno *m*. **-eur** *m* (de roue) tapacubos.

enjou/é, e *a* alegre, jovial. **-ement** *m* jovialidad *f*, buen humor.

enlacer ° *t* abrazar.

enlaid/ir *t* afear, hacer feo, a. □ *i* afearse, volverse feo, a. **-issement** *m* afeamiento.

en/lever ° *t* 1 (ôter) quitar. 2 (vêtement) quitarse: *enlève ton manteau*, quítate el abrigo. 3 (kidnapper) secuestrar, raptar. 4 (soulever) levantar. **-lèvement** *m* 1 (ramassage) recogida *f*. 2 (kidnappage) secuestro, rapto.

enlis/er (s') *pr* atascarse. **-ement** *m* hundimiento.

enluminure *f* 1 (art) iluminación. 2 miniatura.

enneig/é, e *a* nevado, a. **-ement** *m* estado de la nieve. I *bulletin d' –*, parte de nieve.

ennemi, e |enmi| *a/s* enemigo, a.

ennoblir |ãnɔbliʀ| *t* ennoblecer.

ennui |ãnɥi| *m* 1 aburrimiento, fastidio. 2 (tracas) disgusto. 3 *ennuis d'argent*, apuros de dinero.

ennuy/er |ãnɥije| *t* 1 fastidiar. 2 contrariar. □ *s' –*, aburrirse. **-eux, euse** *a* 1 (contrariant) fastidioso, a, molesto, a. 2 aburrido, a, pesado, a: *discours –*, discurso pesado.

énonc/er ° *t* enunciar. **-é** *m* enunciado. **-iation** *f* enunciación.

enorgueillir (s') |ãnɔʀgœjir| *pr* engreírse, enorgullecerse.

énorm/e *a* enorme. **-ément** *adv* enormemente. **-ité** *f* enormidad.

enquérir (s') ° *pr – de*, informarse sobre, preguntar por.

enquêt/e *f* 1 (sondage) encuesta. 2 (de police) investigación, pesquisa. **-er** *i* investigar el caso, conducir una investigación, pesquisar.

enquiquiner *t* FAM chinchar, incordiar.

enracin/er *t* arraigar. □ *s' –*, arraigarse.

enrag/é, e *a* rabioso, a. □ *a/s* fanático, a, entusiasta.

enrager ° *i* rabiar.

enray/er ° |ãʀeje| *t* (stopper) detener. □ *s' –*, encasquillarse.

enregistr/er *t* 1 registrar. 2 *faire*

— ses bagages, facturar su equipaje. **3** (sur disque, etc.) grabar. **-ement** *m* **1** *— des bagages,* facturación *f* del equipaje. **2** (du son) registro, grabación *f.* **-eur, euse** *a/m* registrador, a.

enrhumer (s') *pr* resfriarse, constiparse. *l être enrhumé,* estar resfriado.

enrich/ir *t* enriquecer. □ *s' —,* enriquecerse. **-issant, e** *a* instructivo, a.

enrober *t* bañar.

enrôl/er *t* alistar. **-ement** *m* alistamiento.

enrou/é, e *a* ronco, a. **-ement** [ārumā] *m* ronquera *f.* **-er (s')** *pr* enronquecerse.

enroul/er *t* enrollar. **-ement** *m* enroscadura *f.*

ensanglanter *t* ensangrentar.

enseignant, e a *corps —,* personal docente. □ *pl* profesores.

enseigne *f* letrero *m,* rótulo *m : une — au néon,* un letrero de neón.

enseign/er *t/i* enseñar. **-ement** *m* enseñanza *f : — secondaire,* enseñanza media.

ensemble *adv* **1** juntos, as : *vivre —,* vivir juntos. **2** (simultanément) a un tiempo. □ *m* **1** conjunto. *l dans l' —,* en líneas generales. **2** *grand —,* urbanización *f.*

ensemencer ° *t* sembrar.

ensevelir *t* **1** amortajar. **2** (enfouir) sepultar.

ensoleillé, e *a* soleado, a.

ensorceler *t* hechizar.

ensuite *adv* después, luego, a continuación.

ensuivre (s') ° *pr* resultar.

entaill/e *f* corte *m.* **-er** *t* cortar.

entamer *t* **1** (commencer) empezar. **2** atacar. **3** *— une conversation,* entablar una conversación.

entasser *t* amontonar. □ *s' —,* amontonarse, apiñarse.

entendement *m* entendimiento.

entendre *t* **1** oír : *j'entends des pas,* oigo pasos ; *j'ai entendu dire que...,* he oído decir que... **2** comprender, entender. *l bien entendu!,* ¡por supuesto! □ *i* oír : *il entend mal,* oye mal. □ *pr* **1** *elle ne s'entend pas avec sa bru,* no se entiende con su nuera. **2** *s'y — en,* entender de.

entente *f* **1** armonía. **2** acuerdo *m,* alianza. **3** *mot à double —,* palabra de doble sentido.

entérite *f* enteritis.

enterr/er *t* enterrar. **-ement** *m* entierro.

en-tête *m* **1** *papier à —,* papel con membrete. **2** encabezamiento.

entêt/er (s') *pr — à,* obstinarse, empeñarse en. **-é, ée** *a* testarudo, a, terco, a. **-ement** *m* testarudez *f,* terquedad *f.*

enthousias/me *m* entusiasmo. **-mer** *t* entusiasmar. **-te** *a/s* entusiasta.

enticher (s') *pr — de,* apasionarse por.

enti/er, ère *a/m* entero, a. *l en —,* por entero, completamente ; *l'assemblée tout entière,* toda la asamblea. **-èrement** *adv* enteramente.

entonner *t* entonar.

entonnoir *m* embudo.

entorse *f* **1** esguince *m.* **2** FIG infracción.

entortiller *t* **1** envolver. **2** (tromper) embaucar.

entourage *m* **1** cerco. **2** (d'une personne) allegados *pl,* familiares *pl.*

entourloupette *f* FAM jugarreta.

entourer *t* rodear. □ *s' — de,* rodearse de.

entracte *m* intermedio, entreacto.

entraid/e *f* ayuda mutua. **-er (s')** *pr* ayudarse mutuamente.

entrailles *f pl* entrañas.

entrain *m* **1** brío, viveza *f : être plein d' —,* tener muchos bríos. **2** animación *f.*

entraîn/er *t* 1 arrastrar, llevar. 2 (des conséquences) acarrear. 3 (transmettre un mouvement) poner en movimiento. 4 (sport) entrenar. **-ant, e** *a* musique entraînante, música alegre. **-ement** *m* (sport) entrenamiento. **-eur** *m* entrenador.

entrav/e *f* traba. **-er** *t* 1 trabar. 2 FIG dificultar.

entre *prép* entre. I l'un d' — eux, uno de ellos; — nous soit dit, dicho sea entre nosotros.

entrebâiller *t* entornar, entreabrir.

entrechoquer (s') *pr* chocar entre sí.

entrecôte *f* entrecot *m*, solomillo *m*.

entrecouper *t* entrecortar.

entrecrois/er *t* entrecruzar. **-ement** *m* entrecruzamiento.

entrée *f* 1 entrada : — interdite, prohibida la entrada. 2 (vestibule) recibidor *m*, vestíbulo *m*. 3 examen d' —, examen de ingreso. 4 (plat) primer plato *m*.

entrefaites (sur ces) *loc adv* en esto.

entrefilet *m* recuadro.

entrelacer ° *t* entrelazar.

entremets *m* postre de cocina.

entre/mettre (s') ° *pr* mediar, intervenir. **-mise** *f* mediación.

entreposer *t* almacenar.

entrepôt *m* almacén, depósito.

entreprenant, e *a* 1 emprendedor, a. 2 (hardi) atrevido, a.

entreprendre ° *t* emprender.

entrepreneur *m* 1 empresario. 2 (travaux publics) contratista.

entreprise *f* empresa. I chef d' —, empresario.

entrer *i* 1 entrar. I défense d' —, se prohíbe la entrada; entrez !, ¡adelante ! 2 — en scène, salir a escena.

entresol *m* entresuelo.

entre-temps *adv* entre tanto, mientras tanto.

entretenir ° *i* 1 mantener. 2 (en bon état) cuidar. □ s' —, conversar : nous nous sommes entretenus de..., hemos conversado sobre...

entretien *m* 1 mantenimiento, conservación *f* : frais d' —, gastos de mantenimiento; l' — d'une route, la conservación de una carretera. I produits d' —, artículos de limpieza. 2 (d'une famille) sustento, manutención *f*. 3 conversación *f*, entrevista *f* : avoir un — avec, tener una conversación con.

entrevoir ° *t* vislumbrar, entrever.

entrevue *f* entrevista.

entrouvrir ° *t* entreabrir, entornar : porte entrouverte, puerta entreabierta.

énumér/er ° *t* enumerar. **-ation** *f* enumeración.

envah/ir *t* invadir. **-issement** *m* invasión *f*. **-isseur** *m* invasor.

enveloppe [ɑ̃vlɔp] *f* 1 (d'une lettre) sobre *m* : une — et un timbre, un sobre y un sello. 2 cubierta.

envelopper *t* envolver : enveloppé dans un papier, envuelto en un papel. □ s' —, envolverse.

envenimer *t* enconar.

envergure *f* envergadura.

envers *m* reverso, revés. I à l' —, al revés. □ *prép* para con, con : devoirs — son prochain, deberes para con el prójimo. I — et contre tous, a despecho de todos.

envi/e *f* 1 envidia : faire —, dar envidia. 2 avoir — de danser, tener ganas de bailar; j'ai — d'une glace, me apetece un helado ; il meurt d' — d'avoir une moto, se muere por una moto. **-er** *t* envidiar. **-eux, euse** *a/s* envidioso, a.

environ *adv* aproximadamente, alrededor de, unos, unas : 60 kilos —, unos 60 kilos. □ m pl les environs, los alrededores. I aux environs de Noël, por Navidad.

environn/er *t* circundar, rodear.

-**ant, e** *a* circundante. -**ement** *m* medio ambiente.

envisager ° *t* 1 considerar, enfocar. 2 proyectar : *il envisage d'apprendre le russe*, proyecta aprender el ruso.

envoi *m* envío.

envol *m* 1 (d'un oiseau) vuelo. 2 (d'un avion) despegue.

envoler (s') *pr* 1 echarse a volar, alzar el vuelo. 2 despegar : *l'avion s'est envolé*, el avión ha despegado. 3 (emporté par le vent) volar, volarse : *les copies qui étaient sur la table se sont envolées*, se volaron las cuartillas que estaban en la mesa. 4 FAM desaparecer.

envoût/er *t* hechizar. -**ement** *m* hechizo.

envoy/er ° |āvwaje| *t* 1 enviar, mandar : *je vous enverrai une carte postale*, le enviaré un postal. l – *chercher*, mandar por ; FAM l – *promener*, mandar a paseo. l – *lancer, tirar*. -**é, ée** *s* enviado, a. -**eur** *m* remitente.

épagneul, e *s* podenco, a.

épais, se *a* espeso, a.

épaiss/eur *f* 1 espesor *m*, grosor *m* : *l' – d'un mur*, el espesor de un muro. 2 (du feuillage, etc.) espesura. -**ir** *t* espesar. □ *i* 1 espesarse. 2 (grossir) engordar.

épanch/er *t* – *son cœur*, desahogar su corazón. □ *s' –*, desahogarse. -**ement** *m* 1 (écoulement) derrame. 2 FIG efusión *f*.

épandre *t* esparcir, derramar.

épanou/ir *t* 1 (fleur) abrir. 2 alegrar. l *visage épanoui*, cara alegre. □ *pr* 1 (fleur) abrirse. 2 (personne) despabilarse. -**issement** *m* 1 (d'une fleur) abertura *f*. 2 FIG plenitud *f*.

épargnant, e *a/s* ahorrador, a.

épargn/e *f* ahorro *m*. l *caisse d' –*, caja de ahorros. -**er** *t* 1 ahorrar. 2 *la grippe l'a épargné*, la gripe no le ha atacado.

éparpill/er *t* esparcir, dispersar. -**ement** *m* esparcimiento.

épars, e |epar, ARS| *a* disperso, a. l *cheveux –*, cabellos sueltos.

épatant, e *a* FAM estupendo, a.

épaté, e *a nez –*, nariz aplastada.

épater *t* FAM dejar pasmado, a, dejar asombrado, a.

épaul/e *f* 1 hombro *m* : *le fusil sur l' –*, con la escopeta al hombro. 2 – *de mouton*, paletilla de cordero. -**er** *t* 1 – *un fusil*, echarse el fusil al hombro. 2 (aider quelqu'un) apoyar, ayudar. -**ette** *f* 1 (lingerie) tirante *m*. 2 MIL charretera.

épave *f* restos *m pl*.

épée *f* espada.

épeler ° *t* deletrear.

éperdu, e *a* loco, a.

éperon *m* 1 espuela *f*. 2 (du coq, d'un navire, rocher) espolón. -**ner** *t* espolear.

épervier *m* gavilán.

éphémère *a* efímero, a.

épi *m* 1 espiga *f*. 2 (du maïs) mazorca *f*. 3 (de cheveux) remolino.

épic/e *f* especia. -**er** ° *t* sazonar. -**é, ée** *a* picante. -**erie** *f* tienda de ultramarinos, tienda de comestibles. -**ier, ère** *s* tendero, a.

épidém/ie *f* epidemia. -**ique** *a* epidémico, a.

épiderme *m* epidermis *f*.

épier *t* espiar, acechar.

épilep/sie *f* epilepsia. -**tique** *a/s* epiléptico, a.

épiler *t* depilar.

épilogue *m* epílogo.

épinard *m* espinaca *f*.

épin/e *f* 1 espina. 2 – *dorsale*, espina dorsal. -**eux, euse** *a* espinoso, a.

épingl/e *f* 1 alfiler *m*. 2 – *de nourrice, de sûreté*, imperdible *m*. 3 – *à cheveux*, horquilla. -**er** *t* 1 prender con alfileres. 2 FAM (arrêter) prender.

Épiphanie (l') *n p f* el dia de Reyes.

épique *a* épico, a.

épisod/e *m* episodio. **-ique** *a* episódico, a.

épistolaire *a* epistolar.

épitaphe *f* epitafio *m*.

épithète *f* epiteto *m*.

épître *f* epistola.

épluch/er *t* 1 mondar. 2 FIG expulgar. **-age** *m* monda *f*. **-ure** *f* mondadura, peladura.

épong/e *f* esponja. I *tissu-éponge*, tela de rizo. **-er** ° *t* 1 secar con una esponja. 2 — *son front, s' — le front*, enjugarse la frente.

épopée *f* epopeya.

époque *f* época : *à l' — de*, en la época de.

épouse ⇒ **époux**.

épouser *t* 1 casarse con. 2 (une idée) abrazar.

épousseter ° *t* limpiar el polvo de.

époustoufl/er *t* FAM pasmar. **-ant, e** *a* asombroso, a.

épouvantable *a* espantoso, a.

épouvantail |epuvătaj| *m* espantajo.

épouvant/e *f* espanto *m*. I *film d' —*, pelicula de miedo. **-er** *t* espantar.

époux, se |epu, uz| *s* esposo, a.

éprendre (s') ° *pr* enamorarse.

épreuve *f* 1 prueba. I *à l' —*, a prueba. 2 (malheur) desgracia. 3 examen *m*.

épris, e *a* enamorado, a.

éprouv/er *t* 1 (essayer) probar, ensayar. 2 — *une déception*, sufrir, llevarse un desengaño. 3 — *une sensation*, experimentar una sensación. 4 (frapper) castigar. **-ant, e** *a* duro, a. **-ette** *f* probeta.

épuis/er *t* agotar. **-ant, e** *a* agotador, a. **-ement** *m* agotamiento.

épur/er *t* depurar, purificar.

-ation *f* depuración.

équat/eur |ekwatœʀ| *m* ecuador. **-orial, e** *a* ecuatorial. **-orien, enne** *a/s* ecuatoriano, a.

équation |ekwasjɔ̃| *f* ecuación.

équerre *f* escuadra.

équestre *a* ecuestre.

équilibr/e *m* equilibrio. **-er** *t* equilibrar.

équinoxe *m* equinoccio.

équipage *m* tripulación *f*.

équipe *f* 1 (de sauveteurs, de football) equipo *m*. 2 (d'ouvriers) cuadrilla.

équip/er *t* equipar. **-ement** *m* equipo.

équipier, ère *s* (sport) jugador, a.

équitable *a* equitativo, a.

équitation *f* equitación.

équité *f* equidad.

équival/oir ° *i* — *à*, equivaler a. **-ent, e** *a/m* equivalente.

équivoque *a* equivoco, a. □ *f* equivoco *m*.

érable *m* arce.

érafl/er *t* rasguñar. **-ure** *f* rasguño *m*.

ère *f* era.

érection *f* erección.

éreint/er *t* 1 (fatiguer) reventar de cansancio, descuajaringar. 2 (critiquer) despellejar. □ *s' —*, derrengarse. **-ant, e** *a* extenuante.

ergot *m* espolón.

ériger ° *t* erigir.

ermit/e *m* ermitaño. **-age** *m* ermita *f*.

Ernest *n p m* Ernesto.

érosion *f* erosión.

érot/ique *a* erótico, a. **-isme** *m* erotismo.

err/er *i* andar errante, vagabundear. **-ant, e** *a* errante.

erreur *f* error *m* : *faire une —*, cometer un error ; *être dans l' —*, estar en un error. I *faire —*, equivocarse.

erroné, e *a* erróneo, a.

érudit, e *a/s* erudito, a. **-ion** *f* erudición.

éruption *f* erupción.

es ⇒ **être**.

ès |ɛs| *prép* en : *docteur – lettres*, doctor en letras.

esbroufe *f* FAM faroleo m. l *faire de l' –*, farolear, darse postín.

escabeau *m* escabel.

escadr/e *f* escuadra. **-ille** *f* escuadrilla. **-on** *m* escuadrón.

escalad/e *f* escalada. **-er** *t* escalar.

escalator *m* escalera *f* mecánica.

escale *f* escala : *faire – à*, hacer escala en.

escalier *m* escalera *f*.

escalope *f* lonja, escalope *m*.

escamoter *t* escamotear.

escapade *f* calaverada.

escargot *m* caracol.

escarmouche *f* escaramuza.

escarp/é, e *a* escarpado, a. **-ement** *m* escarpadura *f*, declive.

Escaut *n p m* Escalda.

escient (à bon) *loc adv* a sabiendas.

esclaffer (s') *pr* soltar la carcajada.

esclav/e *a/s* esclavo, a. **-age** *m* esclavitud *f*.

escompt/e |ɛskɔ̃t| *m* COM descuento.

escompter |ɛskɔ̃te| *t* 1 COM descontar. 2 (espérer) contar con.

escort/e *f* escolta. **-er** *t* escoltar.

escouade *f* cuadrilla.

escrim/e *f* esgrima. **-eur** *m* esgrimidor.

escro/c |ɛskro| *m* estafador, timador. **-quer** *t* estafar, timar. **-querie** *f* estafa, timo *m*.

espac/e *m* espacio. l *en l' – d'une heure*, por espacio de una hora ; *espaces verts*, zonas *f* verdes. **-er** *t* espaciar.

espadrille *f* alpargata.

Espagne *n p f* España.

espagnol, e *a/s* español, a : *les Espagnols*, los españoles.

espèce *f* 1 especie. 2 FAM *– d'idiot !*, ¡ so idiota ! □ pl *en espèces*, en metálico.

espér/er ° *t* esperar. **-ance** *f* esperanza.

espiègl/e *a/s* travieso, a. **-erie** *f* travesura.

espion, ne *s* espía. **-nage** *m* espionaje. **-ner** *t* espiar.

esplanade *f* esplanada.

espoir *m* esperanza *f* : *j'ai peu d' – d'être reçu à l'examen*, tengo pocas esperanzas de que me aprueben el examen.

esprit *m* 1 espíritu. l *le Saint-Esprit*, el Espíritu Santo. 2 mente *f*, pensamiento : *venir à l' –*, venir al pensamiento. 3 (finesse) ingenio, agudeza *f* : *avoir beaucoup d' –*, tener mucho ingenio. 4 *état d' –*, estado de ánimo. 5 *reprendre ses esprits*, recobrar los sentidos, volver en sí.

esquif *m* esquife.

esquimau, aude *a/s* esquimal. □ *m* (glace) polo.

esquinter *t* FAM 1 (abimer) estropear. 2 (fatiguer) derrengar. 3 (critiquer) echar por tierra.

esquiss/e *f* esbozo *m*, bosquejo *m*. **-er** *t* esbozar.

esquiver *t* esquivar. □ *s' –*, escabullirse.

essai *m* 1 ensayo, prueba *f*. l *mettre à l' –*, poner a prueba ; *un coup d'–*, un primer intento, una tentativa. 2 (au rugby) ensayo. 3 (ouvrage littéraire) ensayo.

essaim |esɛ̃| *m* enjambre. **-er** |eseme| *t* enjambrar.

essay/er ° |eseje| *t* 1 probar, ensayar : *– une robe*, probarse un vestido. 2 *– de*, intentar, tratar de : *j'essaie de le convaincre*, trato de convencerle. **-age** *m* prueba *f*. l *salon d' –*, probador.

essayiste |esejist| *m* ensayista.

essence *f* 1 (carburant) gasolina. 2 (parfum, en philosophie) esencia. 3 (d'arbre) especie.

essentiel, elle *a* esencial.

essieu *m* eje.

essor *m* 1 vuelo. 2 (développement) desarrollo. I *en plein* —, en auge.

essor/er *t* escurrir. **-age** *m* secado. **-euse** *f* secadora.

essouffl/er *t* ahogar. **-ement** *m* ahogo.

essuie-glace |esɥiglas] *m* limpiaparabrisas.

essuie-mains [esɥimɛ̃] *m* toalla *f*.

essuy/er ° |esɥije] *t* 1 — *la vaisselle*, secar los platos. 2 (la sueur) enjugar. 3 (la poussière) limpiar. 4 (un reproche) aguantar, sufrir. **-age** *m* secado.

¹est |ɛst] *m* este.

²est |ɛ] ⇒ **être.**

estafilade *f* chirlo *m*.

estamp/e *f* estampa. **-er** *t* 1 estampar. 2 FAM (voler) estafar. **-ille** *f* sello *m*, estampilla.

est-ce que |ɛskə] *adv* (ne se traduit pas) *est-ce qu'il est arrivé?*, ¿ha llegado?

esth/étique *a/f* estético, a. **-ète** *s* esteta. **-éticienne** *f* estheticienne.

estim/er *t* estimar. **-able** *a* estimable. **-ation** *f* estimación. **-e** *f* estima.

estival, e *a* veraniego, a, estival.

estivant, e *s* veraneante.

estoma/c |ɛstɔma] *m* estómago. **-quer** *t* FAM dejar estupefacto, a.

estomper *t* esfuminar.

estrade *f* tarima.

estragon *m* estragón.

estropi/er ° *t* lisiar. I *un estropié*, un lisiado.

estuaire *m* estuario.

esturgeon |ɛstyRʒɔ̃] *m* esturión.

et |e] *conj* 1 y. 2 (devant un mot commençant par *i* ou *hi*) e : *père* — *fils*, padre e hijo.

étable *f* establo *m*.

établi *m* banco.

établ/ir *t* establecer. **-issement** *m* establecimiento.

étage *m* 1 piso : *immeuble de six étages*, casa de seis pisos. 2 *gens de bas* —, gente de baja estofa. 3 (d'une fusée) cuerpo.

étagère *f* estante *m*.

étain *m* estaño.

étalag/e *m* 1 (vitrine) escaparate. 2 exposición *f*. 3 FIG alarde. **-iste** *s* escaparatista.

étaler *t* 1 (pour montrer) exponer. 2 (étendre) extender. I — *du beurre sur du pain*, untar el pan con mantequilla. 3 (échelonner) escalonar. 4 FIG (luxe, etc.) ostentar. □ FAM *s'* —, caerse.

étalon *m* 1 patrón : — *or*, patrón oro, 2 (cheval) semental.

étanch/e *a* estanco, a. **-éité** *f* hermeticidad.

étancher *t* 1 (le sang) restañar. 2 — *la soif*, apagar la sed.

étang |etɑ̃] *m* 1 estanque. 2 laguna *f*.

étant ⇒ **être.**

étape *f* etapa.

état *m* 1 estado : *en bon, mauvais* —, en buen, mal estado. I — *d'esprit*, estado de ánimo ; *être en* — *de*, estar en condiciones de. 2 Estado : *chef d'État*, jefe de Estado.

état-major *m* estado mayor.

États-Unis |etazyni] *n m pl* Estados Unidos.

étau *m* tornillo de banco.

étayer ° |eteje] *t* 1 apuntalar. 2 FIG apoyar.

¹été *m* verano. I *résidence d'* —, residencia veraniega.

²été *p p* de **être.**

éteindre ° *t* apagar. □ *pr* 1 *le feu s'est éteint*, el fuego se ha apagado. 2 (mourir) apagarse.

étendard *m* estandarte.

étend/re t 1 extender. 2 — du linge, tender ropa. 3 (coucher) tender, acostar. 4 FAM (examen) je me suis fait —, me han dado un cate. □ pr 1 la plaine s'étend jusqu'à l'horizon, la llanura se extiende hasta el horizonte. 2 s' — sur l'herbe, tenderse, tumbarse en la hierba. **-u, ue** a (vaste) extenso, a. **-ue** f extensión.

étern/el, elle a 1 eterno, a. 2 neiges éternelles, nieves perpetuas. **-iser** t eternizar. **-ité** f eternidad.

éternu/er i estornudar. **-ement** m estornudo.

éther m éter.

Éthiopie n p f Etiopía.

éthiopien, enne a/s etíope.

éthique a/f ético, a.

ethn/ique a étnico, a. **-ologie** f etnología. **-ologue** s etnólogo, a.

Étienne n p m Esteban.

étincel/er ° i centellear. **-ant, e** a 1 centelleante, relumbrante. 2 FIG brillante.

étincelle f chispa.

étioler t (affaiblir) debilitar.

étiquet/te f etiqueta. **-er** ° t etiquetar, rotular.

étirer t estirar. □ s' —, estirarse, desperezarse.

étoffe f 1 tela. 2 il a l' — d'un chef, tiene madera de jefe.

étoil/e f 1 estrella. 2 — filante, estrella fugaz. I coucher à la belle —, dormir al raso. 2 — de mer, estrellamar. **-é, ée** a estrellado, a.

étole f estola.

étonn/er t asombrar, extrañar. □ ne s' — de rien, no asombrarse por nada. **-ant, e** a asombroso, a. **-ement** m asombro, extrañeza f.

étouff/er t 1 ahogar. 2 (un son) amortiguar. □ i ahogarse : on étouffe ici, aquí se ahoga uno. **-ant, e** a sofocante. **-ement** m ahogo, sofocación f.

étourd/erie f 1 atolondramiento m. 2 (action) descuido m. **-i, ie** a/s atolondrado, a.

étourd/ir t aturdir. **-issant, e** a 1 aturdidor, a. 2 FIG extraordinario, a. **-issement** m mareo, vértigo.

étourneau m estornino.

étrange a extraño, a, raro, a.

étranger, ère a/s 1 extranjero, a. 2 (d'une autre ville) forastero, a. 3 (d'un autre groupe familial, social) extraño, a. I corps —, cuerpo extraño. □ a — à, ajeno, a. □ m voyager à l' —, viajar al extranjero.

étrangeté f extrañeza, rareza.

étrangl/er t estrangular. □ pr 1 (de colère) ahogarse. 2 (en avalant) atragantarse. **-ement** m 1 estrangulación f. 2 (rétrécissement) estrechamiento.

étrave f roda.

¹être ° i ser/estar. 1 (pour définir, exprimer une qualité essentielle du sujet, avec un possessif, un numéral) ser : je suis comme je suis, soy como soy ; il est architecte, es arquitecto ; cette chemise est en coton, esta camisa es de algodón ; Sophie est française, elle est très belle, Sofía es francesa, es muy guapa ; ce disque est à moi, à mon frère, este disco es mío, de mi hermano ; nous sommes cinq, somos cinco. 2 (exprime le lieu, le temps, un état, une situation momentanée) estar : je suis dans le salon, estoy en el salón ; nous sommes en été, le 10 août, estamos en verano, a 10 de agosto ; cette chemise est sale, esta camisa está sucia ; aujourd'hui, Sophie est ravissante avec sa nouvelle robe, hoy, Sofía está preciosa con su traje nuevo ; elle est très contente de son achat, está muy contenta con su compra ; taxi !, vous êtes libre ?, ¡ taxi !, ¿ está libre ? 3 c'est, es ; c'est vrai, es verdad ; c'est aujourd'hui lundi, hoy es lunes ; qui est-ce ?, ¿ quién es ? ; c'est moi, soy yo ; ce sont mes cousins, son mis primos. 4 y est !, ¡ ya está ! ; j'y suis !, ¡ ya caigo ! ; tout est à refaire, todo está por rehacer. □ impers ser : il est trois heures, son las tres ; il est *tard,* es tarde. □ *auxil* **1** (temps composés) haber : *il est arrivé,* ha llegado ; *nous sommes allés,* hemos ido (ou le prétérit, fuimos). **2** (voix passive) indiquant l'action, ser : *son discours a été très applaudi,* su discurso fue muy aplaudido ; indiquant l'état résultant, estar : *la voiture est réparée,* el coche está arreglado. On peut aussi traduire *être* par resultar ou quedar pour exprimer une conséquence (*il a été élu,* resultó elegido ; *l'assemblée est dissoute,* queda disuelta la asamblea), par ir ou andar pour indiquer un certain mouvement (*l'autobus était bondé,* el autobús iba abarrotado ; *il est très affairé,* anda muy atareado), par seguir pour exprimer une durée (*il est toujours à l'hôpital,* sigue en el hospital).

²**être** *m* ser : *les êtres vivants,* los seres vivos.

étrein/dre ° *t* **1** (dans ses bras) abrazar. **2** apretar. **-te** *f* abrazo *m*.

étrenn/es *f pl* aguinaldo *m sing.* **-er** *t* estrenar.

étrier *m* estribo.

étriqué, e *a* **1** estrecho, a. **2** mezquino, a.

étroit, e *a* estrecho, a. I *à l' —,* con estrechez. **-esse** *f* estrechez.

étude *f* **1** estudio *m.* **2** (de notaire) bufete *m.* □ *pl* carrera *sing* : *j'ai terminé mes études,* he terminado la carrera. I *faire ses études d'ingénieur,* estudiar para ingeniero.

étudi/er *t* estudiar. **-ant, e** *s* estudiante. □ *a* estudiantil.

étui *m* funda *f,* estuche *f.*

étuve *f* estufa.

étymologie *f* etimología.

eu |y| ⇒ **avoir.**

eucalyptus |økaliptys| *m* eucalipto.

eucharist/ie |økaristi| *f* eucaristía. **-ique** *a* eucarístico, a.

Eu/gène, génie *n p* Eugenio, a.

euh ! |ø| *interj* ¡ pues !

euphémisme *m* eufemismo.

euphorie |øfɔʀi| *f* euforia.

Europe *n p f* Europa.

européen, enne *a/s* europeo, a.

eux |ø| *pron pers* ellos.

évacu/er *t* evacuar. **-ation** *f* evacuación.

évader (s') *pr* evadirse.

évalu/er *t – à,* evaluar, valuar, valorar en. **-ation** *f* evaluación.

évangél/ique *a* evangélico, a. **-iser** *t* evangelizar. **-iste** *m* evangelista.

Évangile *n p m* Evangelio.

évanou/ir (s') *pr* **1** (une personne) desmayarse. **2** (chose) desvanecerse. **-issement** *m* desmayo.

évapor/er (s') *pr* evaporarse. **-ation** *f* evaporación.

évasé, e *a* abocinado, a.

évasif, e *a* evasivo, a.

évasion *f* evasión.

Ève *n p f* Eva.

évêché *m* obispado.

éveil |evɛj| *m* **1** despertar. **2** *donner l' —,* dar el alerta ; *être en —,* estar alerta.

éveill/er *t* despertar. **-é, ée** *a* despierto, a.

événement *m* acontecimiento, suceso.

éventail |evãtaj| *m* abanico.

éventer (s') *pr* **1** abanicarse. **2** (un vin) echarse a perder.

éventrer *t* destripar.

éventu/el, elle *a* eventual. **-alité** *f* eventualidad.

évêque *m* obispo.

évertuer (s') *pr – à,* esforzarse en.

éviction *f* evicción.

évidemment |evidamã| *adv* desde luego, evidentemente.

évid/ence *f* evidencia. I *de toute —,* a todas luces ; *mettre en —,* poner de manifiesto. **-ent, e** *a* evidente.

évider *t* vaciar.

évier *m* fregadero, pila *f*.

évincer *t* desposeer.

éviter *t* evitar.

évoca/tion *f* evocación. **-teur, trice** *a* evocador, a.

évolu/er *i* evolucionar. I *pays évolué*, país desarrollado, adelantado. **-tion** *f* evolución.

évoquer *t* evocar.

exact, e |ɛgza(kt)| *a* exacto, a. **-itude** *f* exactitud.

exagér/er ° |ɛgzaʒeʀe| *t/i* exagerar. **-ation** *f* exageración.

exalt/er |ɛgzalte| *t* exaltar. **-ation** *f* exaltación.

exam/en |ɛgzamɛ̃| *m* **1** examen. **2** — *médical*, reconocimiento médico. **-inateur, trice** *a/s* examinador, a. **-iner** *t* **1** examinar. **2** (un médecin) reconocer.

exaspér/er ° |ɛgzaspeʀe| *t* exasperar. **-ation** *f* exasperación.

exaucer |ɛgzose| *t* atender.

excavation *f* excavación.

excédent *m* **1** excedente. **2** — *de bagage*, exceso de equipaje.

excéder ° *t* **1** exceder. **2** (irriter) exasperar, crispar.

excell/er *i* sobresalir. **-ence** *f* excelencia. I *par* —, por excelencia. **-ent, e** *a* excelente.

excentri/que *a* excéntrico, a. **-cité** *f* excentricidad.

excepté *prép* excepto.

except/er *t* exceptuar. **-ion** *f* excepción : *à l'* — *de*, con excepción de. **-ionnel, elle** *a* excepcional.

exc/ès |ɛksɛ| *m* exceso. **-essif, ive** *a* excesivo, a.

excit/er *t* excitar. **-able** *a* excitable. **-ant, e** *a/m* excitante. **-ation** *f* excitación.

exclam/er (s') *pr* exclamar. **-ation** *f* exclamación. I *point d'* —, signo de admiración.

exclu/re ° *t* excluir. **-sif, ive** *a/f* exclusivo, a. **-sivement** *adv*

exclusivamente. **-sivité** *f* exclusividad. **-sion** *f* exclusión.

excommuni/er *t* excomulgar. **-cation** *f* excomunión.

excrément *m* excremento.

excroissance *f* excrecencia.

excursion *f* excursión. **-niste** *s* excursionista.

excusable *a* excusable, disculpable.

excus/e *f* excusa, disculpa. I *je vous fais mes excuses*, le ruego me disculpe. **-er** *t* disculpar, excusar, dispensar, perdonar : *excusez-moi*, dispénseme, perdóneme usted. □ *s'* — *auprès de quelqu'un*, disculparse con alguien : *je m'excuse*, perdone.

exécr/er ° |ɛgzekʀe| *t* execrar. **-able** *a* execrable.

exécut/er |ɛgzekyte| *t* ejecutar. □ *s'* —, decidirse. **-ant, e** *s* ejecutante. **-if** *a/m* ejecutivo. **-ion** *f* ejecución. I *mettre à* —, poner en ejecución.

exemplaire |ɛgzɑ̃plɛʀ| *a/m* ejemplar.

exemple |ɛgzɑ̃pl| *m* ejemplo : *par* —, por ejemplo. I *par* —!, ¡ vaya !, ¡ anda !

exempt, e |ɛgzɑ̃, ɑ̃t| *a* exento, a. **-er** *t* eximir.

exerc/er |ɛgzɛʀse| *t* ejercer. □ *s'* — *à*, ejercitarse en. **-ice** *m* ejercicio. I *en* —, en activo.

exhaler |ɛgzale| *t* exhalar.

exhiber |ɛgzibe| *t* exhibir.

exhorter |ɛgzɔʀte| *t* exhortar.

exhumer |ɛgzyme| *t* exhumar.

exig/er ° |ɛgziʒe| *t* exigir. **-eant, e** *a* exigente. **-ence** *f* exigencia.

exigu, ë |ɛgzigy| *a* exiguo, a. **-ité** *f* exigüidad.

exil |ɛgzil| *m* exilio, destierro. **-é, ée** *s* desterrado, a, exiliado, a. **-er** *t* desterrar. □ *s'* —, expatriarse.

exist/er |ɛgziste| *i* existir. **-ant, e** *a* existente. **-ence** *f* existencia.

exode |ɛgzɔd| *m* éxodo.

exonérer |ɛgzoneʀe| *t* exonerar.

exorbitant, e [ɛgzɔrbitã, ãt] a exorbitante.

exorcis/er [ɛgzɔrsize] t exorcizar. **-me** m exorcismo.

exotique [ɛgzɔtik] a exótico, a.

expans/ion f expansión. **-if, ive** a expansivo, a.

expatri/er (s') pr expatriarse. **-ation** f expatriación.

expédients m pl vivre d' —, ir tirando.

expéd/ier t 1 enviar, remitir. 2 (faire rapidement) despachar. **-iteur, trice** s remitente. **-ition** f expedición.

expér/ience f 1 experiencia. 2 (de chimie) experimento m. **-imenter** t experimentar.

expert, e a experto, a. □ m perito. **-ise** f peritación.

expi/er t expiar. **-ation** f expiación.

expirer t (l'air) espirar. □ i 1 (mourir) expirar. 2 (délai) vencer.

expli/quer t explicar. **-cable** a explicable. **-cation** f explicación. **-cite** a explícito, a.

exploit m hazaña f.

exploit/er t explotar. **-ation** f explotación.

explor/er t explorar. **-ateur, trice** s explorador, a. **-ation** f exploración.

explos/er i estallar. **-if, ive** a/m explosivo, a. **-ion** f explosión.

export/er t exportar. **-ateur, trice** a/s exportador, a. **-ation** f exportación.

exposant, e s (exposition, foire) expositor, a. □ m (matemáticas) exponente.

exposé m exposición f.

expos/er t exponer : exposé au soleil, expuesto al sol. □ s' — à, exponerse a. **-ition** f exposición.

¹exprès, esse [ɛksprɛs] a 1 expreso, a. 2 lettre —, carta urgente.

²exprès [ɛksprɛ] adv adrede,

aposta. I on dirait un fait —, parece que sea adrede.

express [ɛksprɛs] a train —, tren expreso. □ m (train, café) exprés.

expressif, ive a expresivo, a.

expression f expresión.

exprimer t 1 (sa pensée) expresar. 2 (un liquide) exprimir. □ s' —, expresarse.

expropr/ier t expropiar. **-iation** f expropiación.

expuls/er t expulsar. **-ion** f expulsión.

exquis, e [ɛkski, iz] a exquisito, a.

extas/e f éxtasis m. **-ier (s')** pr extasiarse.

extens/ion f extensión. I par —, por extensión. **-ible** a extensible.

exténu/er t extenuar. **-ant, e** a extenuante.

extérieur, e a/m exterior. I à l' —, fuera.

extermin/er t exterminar. **-ation** f exterminación.

extern/e a/s externo, a. **-at** m externado.

extincteur m extintor.

extinction f 1 extinción. 2 — de voix, afonía.

extirper t extirpar.

extor/quer t arrancar, sonsacar. **-sion** f extorsión.

extra a extra. □ m faire un —, hacer un extra.

extraction f extracción.

extradition f extradición.

extra-fin, e a superfino, a.

extraire ° t extraer.

extrait m 1 extracto. 2 — de naissance, partida f de nacimiento.

extraordinaire a extraordinario, a.

extravag/ant, e a extravagante. **-ance** f extravagancia.

extrême a 1 extremo, a. 2 sumo, a: avec une prudence —, con suma prudencia. □ m extremo. **-ment** adv extremadamente, sumamente.

extrême-onction *f* extre-
maunción.

Extrême-Orient *n p m* Extremo
Oriente.

extrémiste *a/s* extremista.

extrémité *f* extremidad, extremo
m : à l'— de l'aile, en el extremo

del ala. | être à la dernière —, estar
en las últimas. ▢ *pl* (pieds, mains)
extremidades.

exubér/ant, e |egzybeʀã, ãt| *a*
exuberante. **-ance** *f* exuberancia.

exulter |egzylte| *i* exultar.

ex-voto *m* exvoto.

F

f |ɛf| m f f : *un* —, una f.

fa m fa.

fable f fábula.

fabricant, e s fabricante.

fabrication f fabricación.

fabrique f fábrica.

fabriquer t 1 fabricar. 2 FAM *qu'est-ce que tu fabriques ?*, ¿qué es lo que haces?

fabuleux, euse a fabuloso, a.

façade f fachada.

face f 1 cara, faz : *os de la* —, huesos de la cara. I *perdre la* —, quedar mal, salir malparado, a. 2 (côté) cara : *la* — *cachée de la lune*, la cara oculta de la luna. I — *à* —, cara a cara ; *de* —, de frente ; *en* —, enfrente ; *en* — *de*, frente a, enfrente de ; *faire* — *à un adversaire*, hacer frente a un adversario.

facét/ie |fasesi| f chanza. **-ieux, euse** a bromista.

facette f faceta.

fâcher t disgustar, enfadar. □ *pr* 1 enfadarse. 2 *ils se sont fâchés*, han reñido ; *nous sommes fâchés*, estamos reñidos. **-ie** f disgusto m.

fâcheux, euse a enojoso, a.

facil/e a fácil : — *à nettoyer*, fácil de limpiar. **-ement** adv fácilmente. **-ité** f facilidad. **-iter** t facilitar.

façon f 1 manera, modo m, forma. I *de toute* —, de todos modos, de todas formas ; *de* — *à*, de tal modo que ; *en aucune* —, de ningún modo. 2 (confection) hechura. 3 *bureau* — *acajou*, escritorio imitación caoba. 4 *faire des façons*, hacer cumplidos ; *sans* —, sin cumplidos.

faconde f facundia.

façonner t 1 dar forma a. 2 fabricar.

fac-similé m facsímil.

facteur m 1 (des postes) cartero. 2 (mathématiques) factor.

factice a facticio, a.

faction f 1 facción. 2 MIL guardia.

factur/e f factura. **-er** t facturar.

facultatif, ive a facultativo, a.

faculté f facultad.

fad/e a soso, a. **-eur** f sosería.

fagot m haz de leña.

faibl/e a 1 débil. 2 flojo, a : *vent* —, viento flojo ; — *en calcul*, flojo en cálculo.□ m 1 (personne) débil. 2 (point faible, penchant) flaco. **-esse** f 1 debilidad. 2 (évanouissement) desmayo m. **-ir** i decaer, flaquear.

faïence |fajãs| f loza. I *carreau de* —, azulejo.

faille f falla.

failli, e a/s quebrado, a.

faillir ° i *j'ai failli manquer le train*, he estado a punto de perder el tren ; *il a failli se noyer*, casi se ha ahogado, por poco se ahoga, faltó poco para que se ahogara.

faillite f quiebra.

faim f hambre : *la* —, el hambre ; *j'ai très* —, tengo mucha hambre. I *manger à sa* —, comer hasta saciarse.

fainéant, e a/s gandul, holgazán, ana. **-ise** f holgazanería.

faire ° t 1 hacer : *je ferai ça demain*, haré esto mañana. I *3 et 3 font 6*, 3 y 3 son 6 ; — *de la bronchite*, tener bronquitis. 2 — *sa chambre*, arreglar su cuarto ; — *du piano*, tocar el piano ; — *du tennis*, jugar al tenis ; — *sa médecine*, estudiar para médico ; *rien à* — *!*, ¡ni hablar ! 3 — *une promenade*, dar un paseo ; — *peur, pitié*, dar miedo, lástima. 4 *il ne fait pas 60* *ans*, no aparenta 60 años. **5** *combien ça fait ?*, ¿ cuánto es ? □ *i* **1** hacer : *tu as bien fait de...*, has hecho bien en... ; *il ne faisait que crier*, no hacía más que gritar. | *je ne fais que d'arriver*, acabo de llegar. **2** decir : *c'est vrai, fit-il*, es verdad, dijo él. **3** *qu'y — ?*, ¿ qué le vamos a hacer ? **4** (+ infinitif) *il nous a fait rire*, nos hizo reir ; *j'ai fait réparer mon réveil*, mandé arreglar mi despertador ; *faites-le entrer*, dígale que entre. □ impers *il fait froid*, hace frío ; *demain il fera beau*, mañana hará buen tiempo ; *il fait nuit*, es de noche. □ pr **1** *se — soldat*, hacerse soldado. | *comment se fait-il que...?*, ¿ cómo es que...? ; *il se fait tard*, se hace tarde. **2** *elle s'est fait — une robe*, se ha encargado un vestido. **3** *se — à*, acostumbrarse a. **4** FAM *s'en —*, preocuparse ; *ne vous en faites pas*, no se preocupe.

faire-part *m* — *de mariage*, participación *f* de boda ; — *de décès*, esquela *f* de defunción.

faisable [fəzabl] *a* hacedero, a, factible.

faisan [fəzã] *m* faisán.

faisceau *m* haz : *des faisceaux lumineux*, haces luminosos.

fait, e *p p* de **faire** : hecho, a. | *vêtements tout faits*, ropa hecha, de confección ; *c'est bien — pour toi*, te está bien empleado, aún te pasa poco. □ *m* **1** hecho. | *un — divers*, un caso ; *faits divers*, sucesos ; *être au — de*, estar al corriente de. **2** *de ce —*, por esto ; *en —*, de hecho.

faite *m* **1** (d'un toit) remate. **2** (montagne, arbre) cima *f*.

faitout *m* cacerola *f*.

fakir *m* faquir.

falaise *f* acantilado *m*.

falloir ° impers **1** (besoin) necesitar, hacer falta : *il me faut deux secrétaires*, necesito, me hacen falta dos secretarias. **2** haber que, ser necesario : *il faut changer*

la roue, hay que cambiar la rueda ; *il le faut*, es necesario. **3** (+ subjonctif) tener que, ser preciso : *il faut que je m'en aille, que j'aille chez le coiffeur*, me tengo que marchar, tengo que ir a la peluquería ; *il faut que nous nous voyions*, es preciso que nos veamos. | *comme il faut*, como Dios manda. **4** *il s'en est fallu de peu qu'il ne tombe*, poco le faltó para caer. | *tant s'en faut*, ni mucho menos.

falsifi/er *t* falsificar. **-cation** *f* falsificación.

fameux, euse *a* famoso, a.

familial, e *a* familiar.

familiariser (se) *pr* familiarizarse.

famili/er, ère *a/m* familiar. **-arité** *f* familiaridad.

famille *f* familia.

famine *f* hambre.

fan [fan] *s* FAM fan, admirador, a.

fanat/ique *a/s* fanático, a. **-isme** *m* fanatismo.

faner (se) *pr* marchitarse.

fanfare *f* **1** (air) marcha militar. **2** (orchestre) charanga, banda.

fanfaron, onne *a/s* fanfarrón, ona.

fange *f* fango *m*.

fanion *m* banderín.

fantais/ie *f* **1** fantasía. **2** (caprice) capricho *m*. **-iste** *a* caprichoso, a.

fantasme *m* fantasma.

fantasque *a* antojadizo, a.

fantassin *m* soldado de infantería, infante.

fantastique *a* fantástico, a.

fantoche *m* fantoche, títere.

fantôme *m* fantasma.

faon [fã] *m* cervato.

farce *f* **1** (hachis) relleno *m*. **2** (plaisanterie) broma : *faire une —*, gastar una broma.

farceur, euse *a/s* bromista.

farcir *t* rellenar. | *tomates farcies*, tomates rellenos.

fard [faʀ] *m* cosmético, maquillaje.
fardeau *m* carga *f*, peso.
farder (se) *pr* maquillarse.
farfelu, e *a* FAM extravagante.
farine *f* harina.
farouche *a* arisco, a, huraño, a.
fascicule *m* fascículo.
fascin/er *t* fascinar. **-ant, e** *a* fascinante. **-ation** *f* fascinación.
fasc/isme [faʃism] *m* fascismo. **-iste** *a/s* fascista.
faste *m* fausto. □ *a jour* —, día fasto.
fastidieux, euse *a* fastidioso, a.
fastueux, euse *a* fastuoso, a.
fat, e [fa(t)] *a* fatuo, a.
fatal, e *a* fatal. **-isme** *m* fatalismo. **-iste** *a/s* fatalista. **-ité** *f* fatalidad.
fatigant, e *a* 1 cansado, a. 2 (ennuyeux) pesado, a.
fatigue *f* cansancio *m*.
fatigu/er *t* cansar, fatigar : *je suis fatigué*, estoy cansado. □ *se* —, cansarse. **-é, ée** *a* FIG *vêtements fatigués*, ropa usada.
fatras *m* fárrago.
fatuité *f* fatuidad.
faubourg [fobuʀ] *m* arrabal, suburbio.
fauch/er *t* 1 segar. 2 FAM (voler) birlar. I *être fauché*, estar pelado. **-eur, euse** *s* segador, a.
faucille *f* hoz.
faucon *m* halcón.
faufiler (se) *pr* colarse, deslizarse.
faune *f* fauna.
fauss/er *t* 1 (rendre faux) falsear. 2 (tordre) torcer. **-aire** *s* falsario, a.
fausseté *f* falsedad.
faut ⇒ **falloir**.
faute *f* 1 falta : — *d'orthographe*, falta de ortografía. I — *de mieux*, a falta de otra cosa ; *sans* —, sin falta. 2 culpa : *c'est (de) ma* —, es culpa mía.
fauteuil [fotœj] *m* 1 sillón. I —

roulant, silla *f* de inválido. 2 — *d'orchestre*, butaca *f* de patio.
fautif, ive *a* 1 culpable. 2 erróneo, a.
fauve *a* (couleur) leonado, a. □ *m* fiera *f*.
fauvette *f* curruca.
¹faux [fo] *f* guadaña.
²faux, fausse [fo, fos] *a* 1 falso, a : *une fausse nouvelle*, una noticia falsa ; *fausse clef*, llave falsa ; *fausse note*, nota falsa. 2 postizo, a : — *col*, cuello postizo ; *un — nez*, una nariz postiza. □ *adv chanter*, *jouer* —, desafinar. □ *m ce Goya est un* —, este cuadro de Goya es falso.
faux-filet [fofilɛ] *m* solomillo.
faux-monnayeur [fomɔnɛjœʀ] *m* falsificador, expendedor de moneda falsa.
faveur *f* favor *m* : *à la — de*, a favor de ; *en — de*, en favor de.
favorable *a* favorable.
favori, ite *a/s* favorito, a. □ *pl* patillas *f*.
favoriser *t* favorecer.
fécond, e *a* fecundo, a. **-ation** *f* fecundación. **-er** *t* fecundar. **-ité** *f* fecundidad.
fécule *f* fécula.
fédéral, e *a* federal. **-isme** *m* federalismo.
fédération *f* federación.
fée *f* hada. **-rique** *a* maravilloso, a.
fein/dre *t* 1 fingir : *douleur feinte*, dolor fingido. 2 *il feint de ne pas comprendre*, hace como que no entiende. **-te** *f* (sports) finta.
fêler *t* rajar, cascar.
félicitations *f pl* felicitaciones.
félicité *f* felicidad.
féliciter *t* felicitar.
félin, e *a/s* felino, a.
fêlure *f* raja, cascadura.
femelle *a/f* hembra.
féminin, e *a/m* femenino, a.
femme [fam] *f* 1 mujer : *les*

femmes, las mujeres. I *professeur —*, profesora. 2 *— de chambre*, doncella ; *— de ménage*, asistenta. 3 FAM *une bonne —*, una tía.

fémur *m* fémur.

fendiller (se) *pr* resquebrajarse.

fendre *t* 1 hender, rajar. 2 (le cœur) partir. 3 *— la foule*, abrirse paso en la muchedumbre.

fenêtre *f* ventana.

fenouil [fənuj] *m* hinojo.

fente *f* 1 hendidura, raja. 2 (téléphone public, machine à sous) ranura. 3 (de jupe) abertura.

féodal, e *a* feudal. **-isme** *m* feudalismo.

fer [fɛR] *m* 1 hierro : *— forgé*, hierro forjado. 2 *— à repasser*, plancha *f*. 3 *— à cheval*, herradura *f*.

fera, ferai ⇒ **faire**.

fer-blanc [fɛRblɑ̃] *m* hojalata *f*.

Ferdinand *n p m* Fernando.

férié, e *a jour —*, día feriado.

¹**ferme** *a* firme. I *de pied —*, a pie firme. □ *adv travailler —*, trabajar firme.

²**ferme** *f* granja, alquería.

ferment/er *i* fermentar. **-ation** *f* fermentación.

fermer *t* cerrar : *ferme la porte !*, ¡cierra la puerta ! I POP *ferme-la !*, ¡cierra la boca!, ¡cállate! □ *i* cerrar : *cette fenêtre ferme mal*, esta ventana cierra mal ; *magasin qui ferme le lundi*, almacén que cierra los lunes.

fermeté *f* firmeza.

fermeture *f* 1 cierre *m*. I *— Éclair*, cremallera. 2 (chasse, pêche) veda.

fermier, ère *s* granjero, a.

fermoir *m* 1 cierre. 2 (d'un sac à main) boquilla *f*.

féroc/e *a* feroz : *bêtes féroces*, animales feroces. **-ité** *f* ferocidad.

ferraill/e *f* chatarra. **-eur** *m* chatarrero.

ferré, e *a voie ferrée*, vía férrea.

ferrer *t* (cheval) herrar.

ferroviaire *a* ferroviario, a.

fertil/e *a* fértil. **-iser** *t* fertilizar. **-ité** *f* fertilidad.

ferv/eur *f* fervor *m*. **-ent, e** *a* ferviente.

fess/e *f* nalga. **-ée** *f* azotaina.

festin *m* festín.

festival *m* festival.

feston *m* festón.

fêt/e *f* 1 fiesta. I *faire — à*, festejar a. 2 (de quelqu'un) santo *m* : *c'est aujourd'hui ma —*, hoy es mi santo. 3 *la — des mères*, el día de la madre ; *la Fête-Dieu*, el día del Corpus. 4 *— foraine*, feria. **-er** *t* 1 (quelque chose) celebrar. 2 (quelqu'un) festejar.

fétiche *m* fetiche.

fétide *a* fétido, a.

¹**feu** *m* 1 fuego. I *— d'artifice*, fuegos artificiales ; *— de joie*, hoguera *f* ; *— de Bengale*, luz *f* de Bengala ; *au — !*, ¡fuego! ; *à petit —*, a fuego lento ; *joues en —*, mejillas encendidas. 2 lumbre *f* : *au coin du —*, al amor de la lumbre. 3 *armes à —*, armas de fuego ; *faire —*, disparar, hacer fuego. 4 (auto) luz *f* : *feux de position*, luces de situación ; *— arrière*, luz trasera, piloto. 5 *— rouge*, semáforo : *brûler un — rouge*, saltarse un semáforo en rojo. I FIG *— vert*, luz verde, visto bueno.

²**feu, e** *a* difunto, a : *— mon père*, mi difunto padre.

feuill/e *f* hoja : *— morte, de papier*, hoja seca, de papel. **-age** *m* follaje. **-et** *m* (page) hoja *f*. **-eté, e** *a pâte feuilletée*, hojaldre *m*. **-eter** *t* hojear. **-eton** *m* folletín.

feutre *m* 1 fieltro. 2 *crayon —*, rotulador.

fève *f* haba.

février *m* febrero : *le 5 —*, el 5 de febrero.

fi *loc faire — de*, no hacer caso de.

fiacre *m* simón.

fianc/er (se) *pr* prometerse. **-ailles** *f pl* esponsales, noviazgo *m sing.* **-é, ée** *s* novio, a : *les fiancés,* los novios.

fiasco *m* fiasco. I *faire* —, fracasar.

fibre *f* fibra.

ficel/le *f* bramante *m,* cuerda fina. **-er** *t* atar.

fiche *f* ficha.

ficher *t* 1 (planter) hincar. 2 POP (= foutre) *il ne fiche rien,* no hace nada ; *je l'ai fichu à la porte,* le eché a la calle ; *fichez-moi la paix !,* ¡ déjeme en paz ! □ *se — de,* burlarse de ; *je m'en fiche,* me da igual.

fichier *m* fichero.

¹**fichu, e** *p p de* **ficher.** □ *a* FAM 1 maldito, a. 2 (perdu) perdido, a. 3 *mal* —, (souffrant) malucho, a : *je suis mal* —, estoy malucho. 4 — *de,* capaz de.

²**fichu** *m* (écharpe) pañoleta *f.*

fictif, ive *a* ficticio, a.

fiction *f* ficción.

fid/èle *a/s* fiel : *les fidèles,* los fieles. **-élité** *f* fidelidad.

fiel *m* hiel *f.*

¹**fier (se)** *pr* fiarse : *tu peux te — à moi,* puedes fiarte de mí.

²**fier, ère** [fjɛr] *a* 1 arrogante. 2 *être — de,* estar orgulloso de. **-té** *f* orgullo *m,* arrogancia.

fièvre *f* fiebre : *j'ai de la* —, tengo fiebre.

fiévreux, euse *a* febril, calenturiento, a.

figer *t* coagular, cuajar. □ *pr* 1 coagularse. 2 *figé sur place,* petrificado. 3 *sourire figé,* sonrisa estereotipada.

fignoler *t* perfilar.

figu/e *f* higo *m :* — *de Barbarie,* higo chumbo. **-ier** *m* higuera *f.*

figurant, e *s* 1 comparsa. 2 (cinéma) extra.

figuratif, ive *a* figurativo, a.

figure *f* 1 figura. 2 (visage) cara, rostro *m.* 3 *il fait — de...,* pasa por...

figurer *t* figurar. I *au sens figuré,* en

sentido figurado. □ *se* —, figurarse.

fil *m* 1 hilo. I — *à plomb,* plomada *f.* 2 — *de fer,* alambre. 3 FAM *donner un coup de* —, llamar por teléfono, telefonear. 4 (tranchant) filo. 5 *au* — *de l'eau,* río abajo.

filament *m* filamento.

filature *f* fábrica de hilados.

file *f* fila : *à la* —, en fila.

filer *t* 1 (la laine) hilar. 2 (suivre) seguir la pista de. □ *i* 1 correr, ir de prisa. 2 FAM *file !,* ¡ lárgate !

¹**filet** *m* 1 (à mailles) red *f.* I — *à provisions,* red *f.* 2 (à bagages) rejilla *f.*

²**filet** *m* 1 (d'un liquide) hilo. 2 (de poisson, de bœuf) filete. 3 — *de voix,* hilillo de voz.

filial, e *a/f* filial.

filigrane *m* filigrana *f.*

fill/e *f* 1 hija : *ma — aînée,* mi hija mayor. 2 muchacha, chica : *une jolie* —, una chica bonita ; *les filles et les garçons,* las chicas y los chicos. I *petite* —, niña ; *jeune* —, joven ; *vieille* —, solterona. **-ette** *f* niña, chiquilla.

filleul, e *s* ahijado, a.

film *m* película *f,* filme. **-er** *t* filmar.

filon *m* filón.

filou *m* ratero.

filtr/e *m* filtro. **-er** *t* filtrar. □ *i* filtrarse.

¹**fin** *f* fin *m,* final *m :* la — *du monde,* el fin del mundo. I *à la* — *du mois,* a fines del mes ; — *juin,* a fines de junio ; *en* — *de compte,* al fin y al cabo ; *prendre* —, finalizar ; *tirer à sa* —, estar acabándose.

²**fin, e** *a* 1 fino, a : *sable* —, arena fina. 2 *avoir l'oreille fine,* tener el oído fino.

final, e *a* final. □ *f* (sports) final. **-iste** *a/s* finalista.

financ/e *f* mundo *m* financiero. □ *pl* hacienda *sing :* *ministère des Finances,* ministerio de Hacienda.

-er *t* financiar. **-ier, ère** *a* financiero, a. □ *m* financiero, hacendista.

fine *f* aguardiente *m* de calidad.

finesse *f* 1 finura. 2 delicadeza.

fini, e *a* acabado, a. □ *m* perfección *f*.

fin/ir *t* acabar, terminar. □ *i* acabar : *j'ai fini par accepter*, acabé aceptando ; *en* – *avec*, acabar con. **-ition** *f* acabado *m*.

finlandais, e *a/s* finlandés, esa.

Finlande *n p f* Finlandia.

fiole *f* frasquito *m*.

firmament *m* firmamento.

firme *f* firma.

fisc *m* fisco. **-al, e** *a* fiscal.

fission *f* fisión.

fissur/e *f* fisura. **-er** *t* hender.

fit ⇒ **faire**.

fixation *f* (skis) fijación.

fixe *a* fijo, a. □ *interj* MIL ¡firmes !

fixer *t* 1 fijar. 2 – *quelqu'un*, mirar fijamente a alguien. 3 *je ne suis pas encore fixé*, no me he decidido todavía. □ *se* –, establecerse : *il s'est fixé à Lima*, se estableció en Lima.

fjord |fjɔʀ(d)| *m* fiordo.

flacon *m* frasco.

flageoler |flaʒɔle| *i* temblar, vacilar.

flageolet |flaʒɔlɛ| *m* (haricot) frijol.

flagrant, e *a* flagrante. I *en* – *délit*, in fraganti.

flair *m* olfato. **-er** *t* olfatear, husmear.

flamand, e *a/s* flamenco, a.

flamant *m* flamenco.

flambant, e *a* – *neuf*, flamante.

flambeau *m* 1 antorcha *f*. 2 candelero.

flambée *f* 1 fogata. 2 – *de terrorisme*, ola de terrorismo.

flamber *t* (pour stériliser) flamear. □ *i* arder.

flamboy/er ° |flɑ̃bwaje| *i* llamear.

-ant, e *a* 1 resplandeciente. 2 *gothique* –, gótico flamígero.

flamm/e *f* llama. **-èche** *f* pavesa.

flan *m* flan.

flanc |flɑ̃| *m* 1 costado. 2 *à* – *de coteau*, en la falda del cerro. 3 (d'une armée) flanco. I *prêter le* –, dar pie.

flancher *i* FAM flaquear, fallar.

Flandre *n p f* Flandes *m pl*.

flanelle *f* franela.

flân/er *i* callejear. **-erie** *f* callejeo *m*. **-eur, euse** *s* callejero, a.

flanquer *t* FAM – *un coup de poing*, asestar un puñetazo ; – *à la porte*, echar a la calle.

flaque *f* charco *m*.

flasque *a* fofo, a.

flash |flaʃ| *m* flash.

flatt/er *t* 1 halagar, lisonjear. 2 (caresser) acariciar. □ *se* – *de*, preciarse de. **-erie** *f* adulación, lisonja. **-eur, euse** *a* halagüeño, a, lisonjero, a. □ *s* adulador, a.

fléau *m* 1 mayal. 2 FIG azote, calamidad *f*.

flèch/e *f* 1 flecha. I *monter en* –, subir rápidamente. 2 (d'un clocher) aguja. **-ette** *f* dardo *m*.

fléch/ir *t* (plier) doblar. □ *i* 1 doblarse. 2 FIG ceder. **-issement** *m* 1 flexión *f*, doblegamiento. 2 (des cours en Bourse) baja *f*.

flegm/e *m* flema *f*, calma *f*. **-atique** *a* flemático, a.

flemm/e *f* FAM galbana. **-ard, e** *a/s* gandul.

flétrir *t* 1 (fleur) marchitar. 2 (la réputation) mancillar.

fleur *f* 1 flor : *un bouquet de fleurs*, un ramo de flores. 2 *à* – *d'eau*, a flor de agua ; *yeux à* – *de tête*, ojos saltones. **-i, ie** *a* florido, a. **-ir** *i* florecer. □ *t* adornar con flores. **-iste** *s* florista.

fleuve *m* río.

flexib/le *a* flexible. **-ilité** *f* flexibilidad.

flexion *f* flexión.

flic *m* POP policia. I *les flics*, la poli.

flirt |flœrt| *m* flirteo, flirt, plan. **-er** *i* coquetear, flirtear.

flocon *m* copo.

floraison *f* floración.

floral, e *a* floral.

flore *f* flora.

Florence *n p f* Florencia.

florissant, e *a* floreciente.

flot *m* 1 *les flots*, las olas. 2 *remettre à —*, sacar a flote.

flotte *f* 1 flota. 2 (de guerre) flota, armada. 3 FAM (eau) agua ; (pluie) lluvia.

flott/er *i* flotar. **-ement** *m* flotación *f*. **-eur** *m* flotador. **-ille** *f* flotilla.

flou, e *a* 1 borroso, a. 2 (photo) movido, a. 3 vaporoso, a. 4 confuso, a.

fluctuation *f* fluctuación.

fluet, ette *a* delgado, a.

fluide *a/m* fluido, a.

fluor *m* flúor. **-escent, e** *a* fluorescente.

flût/e *f* 1 flauta. 2 (verre à pied) copa. **-iste** *s* flautista.

flux |fly| *m* flujo.

fluxion *f* fluxión.

foc *m* foque.

fœtus |fetys| *m* feto.

foi *f* fe. I *— de*, a fe de ; *ma —*, a fe mía ; *digne de —*, fidedigno, a.

foie *m* hígado.

foin *m* heno.

foire *f* 1 feria. 2 FAM *faire la —*, ir de juerga.

fois |fwa| *f* vez : *une — par an*, una vez al año ; *plusieurs —*, varias veces. I *à la —*, a la vez, al mismo tiempo ; *une — pour toutes*, de una vez para siempre ; *il était une —*, érase una vez.

foisonner *i* abundar.

folie *f* locura. I *à la —*, con locura.

folklor/e *m* folklore. **-ique** *a* folklórico, a.

folle ⇒ **fou.**

follement *adv* locamente.

fomenter *t* fomentar.

foncé, e *a* oscuro, a.

foncer ° *i* 1 *— sur*, arremeter contra, abalanzarse sobre. 2 (aller très vite) correr.

fonci/er, ère *a* *propriété foncière*, hacienda ; *crédit —*, crédito hipotecario. **-èrement** *adv* profundamente.

fonction *f* función. I *faire — de*, hacer las veces de ; *en — de*, con arreglo a.

fonctionnaire *s* funcionario, a.

fonctionn/er *i* funcionar. **-ement** *m* funcionamiento.

fond |fɔ̃| *m* 1 fondo. I *au —, dans le —*, en el fondo. 2 (d'un pantalon) fondillos *pl*. 3 *— de teint*, maquillaje.

fondamental, e *a* fundamental.

fond/er *t* fundar. □ *se — sur*, fundarse en. **-ateur, trice** *s* fundador, a. **-ation** *f* fundación. □ *pl* (d'une maison) cimientos *m*. **-é de pouvoir** *m* apoderado. **-ement** *m* fundamento.

fonderie *f* fundición.

fondre *t* 1 (un métal) fundir. 2 *faire — du beurre*, derretir mantequilla. □ *i* 1 derretirse : *la neige fond au soleil*, la nieve se derrite con el sol. 2 *— en larmes*, prorrumpir en lágrimas.

fondrière *f* bache *m*, hoyo *m*.

fonds |fɔ̃| *m* 1 *— de commerce*, comercio, negocio. 2 (d'érudition) fondo. □ *pl* fondos : *— publics*, fondos públicos.

font ⇒ **faire.**

fontaine *f* fuente.

fonte *f* 1 (des neiges) fusión. 2 (alliage) fundición, hierro *m* colado.

fonts |fɔ̃| *m pl — baptismaux*, pila *f sing* bautismal.

football |futbol| *m* fútbol. **-eur** *m* futbolista.

for *m dans mon — intérieur*, en mi fuero interno.

forage m perforación f.

forain, e a marchand —, feriante ; fête foraine, feria. □ m feriante.

forban m pirata.

forçat m forzado, presidiario.

force f 1 fuerza. I être à bout de forces, estar agotado, a ; à — de, a fuerza de ; de —, a la fuerza ; de toutes ses forces, con todas sus fuerzas. 2 — de frappe, poder m disuasivo.

forcé, e a (inévitable) forzoso, a. **-ment** adv forzosamente.

forcené, e a/s loco, a.

forcer t forzar.

forer t horadar, taladrar.

forestier, ère a forestal.

forêt f 1 bosque m. 2 selva : — vierge, selva virgen.

forfait m 1 à —, a destajo, a tanto alzado ; travail à —, trabajo a destajo. 2 (prix) precio fijo. 3 déclarer —, retirarse. **-aire** a prix —, precio fijo todo incluido.

forg/e f 1 fragua, forja. 2 (atelier) herrería. **-er** t forjar. **-eron** m herrero.

formaliser (se) pr ofenderse.

formalité f trámite m, formalidad : c'est une simple —, es un simple trámite.

format m formato.

formation f formación.

forme f forma : en — de, en forma de. I pour la —, por fórmula ; être en pleine —, estar en plena forma.

formel, elle a formal.

former t formar.

formidable a formidable.

formulaire m formulario.

formul/e f fórmula. **-er** t formular.

fort, e a 1 fuerte. I c'est plus — que moi, eso me puede, no lo puedo remediar ; c'est un peu — !, ¡es un poco fuerte ! 2 (corpulent) grueso, a. □ adv 1 parler —, hablar fuerte. 2 (beaucoup) mucho ; (très) muy. 3 tu y vas —, exageras. □ m fuerte.

-eresse f fortaleza.

fortifi/er t fortificar, fortalecer. I ville fortifiée, ciudad fortificada. **-ant, e** a/m fortificante. **-cation** f fortificación.

fortin m fortín.

fortuit, e a fortuito, a.

fortun/e f fortuna. I de —, improvisado, a. **-é, ée** a rico, a.

forum |fɔʀɔm| m foro.

foss/e f fosa, hoya : — commune, fosa común. **-é** m 1 zanja f. 2 (au bord de la route) cuneta f. 3 (fortification) foso.

fossette f hoyuelo m.

fossile a/m fósil.

fossoyeur |foswajœʀ| m sepulturero.

fou, folle a/s loco, a. I être — de joie, estar loco de alegría ; un travail —, un trabajo monumental ; une vitesse folle, una velocidad tremenda ; une envie folle, unas ganas locas. □ m (échecs) alfil.

foudr/e f 1 rayo m. 2 (amour) coup de —, flechazo. **-oyer** ° |fudʀwaje| t fulminar. I — du regard, fulminar con la mirada. **-oyant, e** a fulminante.

fouet |fwɛ| m 1 látigo. I coup de —, latigazo. 2 (de cuisine) batidor. **-ter** t 1 azotar. 2 (cuisine) batir.

fougère f helecho m.

fougu/e f fogosidad, ardor m. **-eux, euse** a fogoso, a.

fouill/e f 1 (archéologique) excavación. 2 (à la douane) registro m. 3 (d'un suspect) cacheo m. **-er** t 1 excavar. 2 (bagages, quelqu'un) cachear. □ i — dans ses poches, registrarse los bolsillos. □ pr FAM tu peux te — !, ¡espérate sentado !

fouillis |fuji| m revoltijo.

fouin/e f garduña. **-er** t FAM fisgonear.

foulard |fulaʀ| m fular, pañuelo.

foule f muchedumbre, multitud. I en —, en masa ; une — de, una infinidad de, la mar de.

foulée *f* tranco *m*.

foul/er *t* pisar. □ *se — la cheville*, torcerse el tobillo. **-ure** *f* esguince *m*.

four *m* 1 horno. 2 *petits fours*, pastas *f*. 3 (échec) fracaso, fiasco.

fourbe *a* taimado, a.

fourche *f* 1 horca. 2 (de bicyclette) horquilla.

fourchette *f* tenedor *m*.

fourchu, e *a* bifurcado, a, hendido, a.

fourgon *m* furgón. **-nette** *f* furgoneta.

fourmi *f* 1 hormiga. 2 *avoir des fourmis*, tener hormigueo. **-lière** *f* hormiguero *m*. **-llement** *m* hormigueo. **-ller** *i* 1 hormiguear. 2 *— de*, abundar en.

fournaise *f* horno *m*.

fourneau *m* 1 horno : *haut —*, alto horno. 2 (de cuisine) hornillo : *— à gaz*, hornillo de gas.

fourn/ir *t* 1 suministrar, proveer. l *magasin bien fourni*, almacén bien surtido, bien abastecido. 2 *— des renseignements*, facilitar datos. 3 *— un effort*, hacer un esfuerzo. **-isseur** *m* proveedor, suministrador, abastecedor. **-iture** *f* suministro *m*. l *fournitures scolaires*, material *m* sing escolar.

fourrage *m* forraje.

fourré *m* espesura *f*, maleza *f*.

fourreau *m* 1 vaina *f*, funda *f*. 2 (robe) vestido tubo.

fourr/er *t* 1 (de fourrure) forrar. 2 (pâtisserie) rellenar : *bonbons fourrés*, caramelos rellenos. 3 meter. l *— son nez partout*, meterse en todo. □ *se —*, meterse : *fourre-toi ça dans la tête*, métetelo en la cabeza. **-eur** *m* peletero *f*.

fourrure *f* 1 piel : *manteau de —*, abrigo de pieles. 2 pelaje *m*.

fourvoyer (se) ° [furvwaje] *pr* extraviarse.

foutre ⇒ **ficher**.

foyer [fwaje] *m* 1 (âtre, maison) hogar. 2 (théâtre) sala *f* de

descanso. 3 foco : *— lumineux, d'infection*, foco luminoso, de infección.

fracas *m* estrépito, fragor. **-ser** *t* romper. □ *se —*, estrellarse.

fraction *f* fracción.

fractur/e *f* fractura. **-er** *t* fracturar.

fragil/e *a* frágil. **-ité** *f* fragilidad.

fragment *m* fragmento.

¹**fr/ais, fraîche** *a* fresco, a. □ *m prendre le —*, tomar el fresco. □ *adv il fait —*, hace fresco. **-aîchement** *adv* 1 *fleur — coupée*, flor recién cortada. 2 *recevoir —*, recibir friamente. **-aîcheur** *f* frescura.

²**frais** *m pl* gastos. l *aux — de*, a expensas de ; *faux —*, gastos imprevistos.

frais/e *f* fresa. **-ier** *m* fresa *f*.

frambois/e *f* frambuesa. **-ier** *m* frambueso.

¹**franc** [frã] *m* franco.

²**franc, franche** *a* franco, a.

français, e *a/s* francés, esa : *les Français*, los franceses.

France *n p f* Francia.

franchement *adv* francamente.

franchir *t* 1 (un obstacle) salvar. 2 atravesar. 3 *— le mur du son*, pasar la barrera del sonido.

franchise *f* 1 franqueza : *en toute —*, con toda franqueza. 2 *— postale*, franquicia postal.

franciscain, e *a/s* franciscano, a.

franciser *t* afrancesar.

franc-maçon, onne [frãmasɔ̃, ɔn] *a/s* francmasón, ona, masón, ona. **-nerie** *f* francmasonería, masonería.

franco *adv* — *de port*, franco de porte.

François, e *n p* Francisco, a.

franc-tireur [frãtirœr] *m* guerrillero.

frange *f* 1 franja. 2 (de cheveux) flequillo *m*.

frappant, e *a* sorprendente.

frappe f *faute de —*, error m de máquina.

frapper t 1 golpear. 2 *— à la porte*, llamar a la puerta ; *entrez sans —*, entrar sin llamar. 3 *la balle alla — contre le mur*, la pelota fue a dar contra la pared. 4 (la monnaie) acuñar. 5 *champagne frappé*, champán helado. 6 FIG impresionar, sorprender. □ FAM *se —*, impresionarse.

fraternel, elle a fraternal, fraterno, a.

fraterni/ser t fraternizar. **-té** f fraternidad.

fraud/e f fraude m. **-er** t defraudar. **-eur, euse** s defraudador, a. **-uleux, euse** a fraudulento, a.

frayer ° |fʀeje| t abrir. □ *se — un chemin*, abrirse paso.

frayeur |fʀejœʀ| f pavor m, espanto m.

Frédéric n p m Federico.

fredonner t tararear, canturrear.

frégate f fragata.

frein m freno : *— à main*, freno de mano. I *coup de —*, frenazo. **-er** i/t frenar.

frêle a endeble.

frelon m avispón.

frém/ir i estremecerse. **-issement** m estremecimiento.

frêne m fresno.

fréné/sie f frenesí m. **-tique** a frenético, a.

fréqu/ent a frecuente. **-emment** adv frecuentemente. **-ence** f frecuencia.

fréquent/er t 1 (un endroit) frecuentar. 2 *— quelqu'un*, tratar con, alternar con alguien. □ *se —*, tratarse. **-ation** f frecuentación. □ pl relaciones.

frère m hermano.

fresque f fresco m.

fret |fʀɛ| m flete m.

frétiller i bullir.

friable a friable, deleznable.

friand, e a *— de*, aficionado, a a. □ m (pâté) empanada f. **-ise** f golosina.

fric m POP parné, pasta f.

friche f erial m. I *en —*, sin cultivo, yermo, a.

fricoter t FAM tramar.

friction f fricción. **-ner** t friccionar.

frigidité f frigidez.

frigo m FAM (réfrigérateur) nevera f.

frigorifi/er t 1 congelar. 2 FAM *être frigorifié*, estar helado. **-que** a/m frigorífico, a.

frileux, euse a friolero, a.

frime f FAM camelo m.

fringale f FAM carpanta.

fringant, e a vivaracho, a.

friper t arrugar, ajar.

frip/erie f 1 (boutique) prendería. 2 trapos m pl viejos. **-ier, ère** s prendero, a, ropavejero, a.

fripon, onne a/s bribón, ona.

frire ° t freir. I *faire — du poisson*, freir pescado. □ i freirse.

frise f friso m.

friser t 1 rizar : *cheveux frisés*, pelo rizado. 2 *il frise la cinquantaine*, raya en los cincuenta años. □ i rizarse.

frisson m escalofrío. **-nement** m estremecimiento, temblor. **-ner** i estremecerse, temblar.

frit, e a frito, a. □ f *des frites*, patatas fritas. **-ure** f fritura.

frivol/e a frívolo, a. **-ité** f frivolidad.

froid, e a/m frío, a : *eau froide*, agua fría ; *il fait très —*, hace mucho frío ; *j'ai —*, tengo frío. I *à —*, en frío ; *prendre —*, coger frío, enfriarse ; *être en —*, estar reñido, a. **-eur** f frialdad.

froisser t 1 arrugar. 2 (moralement) herir, ofender. □ *se —*, ofenderse.

frôl/er t rozar ligeramente. **-ement** m roce.

fromag/e *m* queso. **I** – *blanc*, requesón. **-er, ère** *a/s* quesero, a.

froment *m* trigo candeal.

fronc/er ° *t* fruncir. **I** – *les sourcils*, fruncir el entrecejo, arrugar el ceño. **-e** *f* frunce *m*.

frond/e *f* honda. **-er** *t* criticar, censurar.

front *m* **1** (partie de la face) frente *f*. **I** *faire* –, hacer frente. **2** (ligne de bataille, groupe politique) frente. **3** *de* –, de frente, al mismo tiempo.

frontière *f* frontera. **I** *ville* –, ciudad fronteriza.

frontispice *m* frontispicio.

fronton *m* frontón.

frott/er *t* frotar, restregar. □ *i* rozar. □ *se* – *les yeux*, restregarse los ojos. **-ement** *m* **1** frotamiento, frote. **2** FIG roce. **3** (en mécanique) rozamiento.

frouss/e *f* FAM mieditis. **-ard, e** *a/s* miedoso, a.

fruct/ifier *i* fructificar. **-ueux, euse** *a* fructuoso, a.

frugal, e *a* frugal. **-ité** *f* frugalidad.

fruit *m* **1** fruto : *le* – *défendu*, el fruto prohibido. **2** (comestible) fruta *f* : *avez-vous des fruits ?*, ¿tiene fruta? ; *fruits de saison*, fruta del tiempo. **I** *fruits de mer*, mariscos. **-ier, ère** *a* *arbres fruitiers*, árboles frutales. □ *s* (marchand) frutero, a.

frustration *f* frustración.

frustre *a* zafio, a, torpe.

frustrer *t* frustrar.

fuel *m* fuel oil.

fugitif, ive *a/s* fugitivo, a.

fugue *f* fuga

fu/ir ° *i* **1** huir. **2** salirse : *ce tonneau fuit*, este tonel se sale. □ *t* **1** – *le danger*, huir del peligro. **2** rehuir : *il fuit ma compagnie*, rehúye mi compañía. **-ite** *f* **1** huida. **I** *prendre la* –, darse a la fuga. **2** (d'eau, de gaz) escape *m*, fuga.

fulgurant, e *a* fulgurante.

fumant, e *a* humeante.

fumée *f* humo *m*.

fum/er *i* **1** echar humo, humear. **2** *défense de* –, prohibido fumar. □ *t* **1** – *une cigarette*, fumar un cigarrillo. **2** (les aliments) ahumar : *saumon fumé*, salmón ahumado. **-eur, euse** *s* fumador, a.

fumier *m* estiércol.

fumiste *s* FAM cuentista, camelista.

funèbre *a* fúnebre.

funérailles *f pl* funerales *m*.

funéraire *a* funerario, a.

funeste *a* funesto, a.

funiculaire *m* funicular.

fur *m* *au* – *et à mesure*, poco a poco ; *au* – *et à mesure que*, conforme.

furent ⇒ **être**.

furet *m* hurón. **-er** ° *i* huronear.

fureur *f* furor *m*. **I** *faire* –, estar muy de moda.

furibond, e *a* furibundo, a.

fur/ie *f* furia. **-ieux, euse** *a* furioso, a.

furoncle *m* forúnculo.

furtif, ive *a* furtivo, a.

fus ⇒ **être**.

fusain *m* **1** (arbrisseau) bonetero **2** (pour dessiner) carboncillo.

fuseau *m* **1** huso. **2** *pantalon* –, pantalón tubo.

fusée *f* cohete *m*.

fuselage *m* fuselaje.

fuselé, e *a* ahusado, a.

fuser *i* brotar.

fusible *a/m* fusible.

fusil |fyzi| *m* **1** (de guerre) fusil. **2** (de chasse) escopeta *f*. **I** *coup de* –, disparo, escopetazo. **-lade** *f* tiroteo *m*. **-ler** *t* fusilar. **I** – *du regard*, fulminar con la mirada.

fusion *f* fusión. **-ner** *i* fusionarse.

fut ⇒ **être**.

fût *m* **1** (tonneau) tonel. **2** (de colonne) fuste. **3** (d'arbre) tronco.

fûtaie *f* monte *m* alto.

futé, e *a* listo, a.
futil/e *a* fútil. **-ité** *f* futilidad.
futur, e *a/m* futuro, a.
fuyant, e |fɥijɑ̃, ɑ̃t| *a* **1** *regard* –, mirada huidiza. **2** *front* –, frente deprimida.

fuyard, e |fɥijaʀ, aʀd| *s* fugitivo, a.

G

g |ʒe| *m* g *f* : *un* —, una g.
gabardine *f* gabardina.
Gabriel, elle *n p* Gabriel, a.
gâcher *t* malgastar, desperdiciar.
gâchette *f* gatillo *m*.
gâchis |gaʃi| *m* **1** despilfarro. **2** (situation confuse) lío.
gaff/e *f* **1** (perche) bichero *m*. **2** FAM coladura, plancha. | *faire une* —, meter la pata ; *quelle* — !, ¡qué plancha! **3** POP *faire* —, tener cuidado. **-er** *i* FAM meter la pata.
gag *m* gag.
gage *m* prenda *f*. | *mettre en* —, empeñar. □ *pl* sueldo *sing*.
gagnant, e *a/s* **1** ganador, a. **2** (à la loterie) premiado, a.
gagne-pain *m* sustento, medio de subsistencia.
gagner *t* **1** ganar. | — *sa vie, son pain,* ganarse la vida, el pan. **2** (atteindre) alcanzar. **3** dirigirse. □ *i* extenderse.
gai, e *a* alegre. **-ement** *adv* alegremente. **-eté** *f* alegría.
gaillard |gajaʀ| *m* **1** *un grand* —, un buen mozo. **2** MAR castillo.
gain *m* **1** ganancia *f*. **2** — *de temps,* economía *f* de tiempo.
gaine *f* **1** funda. **2** (sous-vêtement) faja.
gala *m* gala *f*.
galant, e *a* galante. □ *m* galán. **-erie** *f* **1** galantería. **2** (propos galant) requiebro *m*.
galantine *f* galantina.
galaxie *f* galaxia.
galbe *m* contorno.
gale *f* sarna.
galère *f* galera.
galerie *f* **1** galería. **2** (porte-bagages) baca.
galérien *m* galeote.
galet |galɛ| *m* canto rodado.

galette *f* **1** torta. | — *des Rois,* roscón *m* de Reyes. **2** FAM (argent) guita.
galeux, euse *a* sarnoso, a. | *la brebis galeuse,* el garbanzo negro.
Galice *n p f* Galicia.
galicien, enne *a/s* gallego.
Galilée *n p m* Galilea.
galimatias |galimatja| *m* galimatías.
Galles |gal| *n p m Pays de* —, País de Gales.
gallicisme *m* galicismo.
gallois, e *a/s* galés, esa.
galoche *f* galocha, zueco *m*.
galon *m* galón.
galop |galo| *m* galope : *au* —, a galope. **-ade** *f* galopada. **-er** *i* **1** galopar. **2** correr.
galopin *m* pilluelo.
galvaniser *t* galvanizar.
galvauder *t* mancillar, prostituir.
gambad/e *f* brinco *m*. **-er** *i* brincar.
gamelle *f* fiambrera.
gamin, e *s* chiquillo, a. **-erie** *f* niñada.
gamme *f* gama, escala.
Gand |gã| *n p* Gante.
gang |gãg| *m* pandilla *f*, gang.
Gange *n p m* Ganges.
gangrène *f* gangrena.
gangster *m* gángster.
gant *m* guante. | — *de toilette,* manopla *f* ; *aller comme un* —, venir como anillo al dedo. **-é, ée** *a* enguantado, a.
garag/e *m* **1** garaje. **2** *voie de* —, apartadero *m*. **-iste** *s* garajista.
garant, e *a/s* fiador, a : *se porter* —, salir fiador.
garantie *f* garantía.
garantir *t* **1** garantizar. **2**

(protéger) preservar, resguardar.

garçon m 1 muchacho, chico : *les garçons et les filles*, los chicos y las chicas. I *petit —*, niño ; *beau —*, buen mozo. 2 (célibataire) soltero. I *vieux —*, solterón. 3 (employé) mozo. I *— de café*, camarero, mozo. **-net** m niño. **-nière** f piso m de soltero.

garde f 1 guardia, custodia. I *être de —*, estar de guardia ; *être sur ses gardes*, estar sobre aviso ; *prendre — de*, tener cuidado con ; *prenez — !*, ¡cuidado ! 2 MIL guardia. I *garde-à-vous !*, ¡firmes ! ; *se mettre, rester au garde-à-vous*, cuadrarse, estar cuadrado. □ m guarda : *— champêtre*, guarda rural. I *— forestier*, guardabosque. I *— forestier*, guardabosque.

garde-barrière s guardabarrera.

garde-boue m guardabarros.

garde-chasse m guarda de caza.

garde-côte a/m guardacostas.

garde-fou m antepecho, pretil.

garde-malade s enfermero, a.

garde-manger m fresquera f.

garde-meuble m guardamuebles.

gardénia m gardenia f.

garder t 1 guardar : *— le silence*, guardar silencio. 2 quedarse con : *gardez la monnaie*, quédese con la vuelta. □ pr 1 conservarse. 2 *je me garderai bien de lui répondre*, me guardaré de contestarle. **-ie** f guardería.

garde-robe f 1 (armoire) guardarropa m. 2 (vêtements) vestuario m.

gardien, enne s 1 (jardin, musée) guardia. 2 (concierge) guardián, portero, a. 3 *— de but*, guardameta, portero. 4 *— de la paix*, policía.

¹**gare** f estación.

²**gare !** interj ¡atención !, ¡cuidado !

garenne f *lapin de —*, conejo de campo.

garer t *— une voiture*, aparcar un coche. □ *se —*, aparcar : *je me suis*

garé devant l'hôtel, he aparcado delante del hotel.

gargariser (se) pr hacer gárgaras.

gargote f bodegón m, taberna.

gargouille f gárgola.

garnement m pillo.

garni m habitación f amueblada.

garnir t 1 guarnecer. I *plat de viande garni*, plato de carne con guarnición. 2 (remplir) llenar. 3 (orner) adornar.

garnison f guarnición.

garniture f 1 guarnición. 2 (voiture) tapicería.

Garonne n p f Garona m.

garrot m torniquete, garrote.

gars |ga| m mozo.

Gascogne f Gascuña.

gascon, onne a/s gascón, ona.

gaspill/er t despilfarrar, desperdiciar. **-age** m despilfarro, desperdicio.

gastrique a gástrico, a.

gastronom/e s gastrónomo, a. **-ie** f gastronomía. **-ique** a gastronómico, a.

gâteau m pastel. I *— sec*, galleta f.

gâter t 1 echar a perder, dañar, estropear. 2 *dent gâtée*, diente picado. 3 (un enfant) mimar, consentir. **-ie** f mimo m.

gâteux, euse a/s chocho, a.

gauch/e a 1 izquierdo, a. 2 (maladroit) torpe. □ f izquierda : *à —*, a la izquierda. **-ement** adv torpemente. **-er, ère** a/s zurdo, a. **-erie** f torpeza.

gaufr/e f barquillo m. **-ette** f barquillo m.

gaul/e f 1 (perche) vara. 2 (de pêcheur) caña de pescar. **-er** t varear.

Gaule n p f Galia.

gaulois, e a/s galo, a.

gaver t cebar. □ *se —*, atiborrarse.

gaz m gas.

gaze f gasa.

gazelle f gacela.

gazeux, euse a gaseoso, a. | *eau gazeuse, non gazeuse*, agua con gas, sin gas.

gazomètre m gasómetro.

gazon m césped.

gazouill/er i 1 (oiseau) gorjear. 2 murmullar, susurrar. **-ement** m 1 gorjeo. 2 murmullo, susurro.

geai |ʒɛ| m arrendajo.

géant, e a/m gigante. □ f giganta.

geindre ° i quejarse, gimotear.

gel m helada f.

gélatin/e f gelatina. **-eux, euse** a gelatinoso, a.

gelée f 1 helada. I — *blanche*, escarcha. 2 (de fruits) jalea. 3 (de viande) gelatina.

geler ° t/impers helar. □ i helarse : *on gèle ici !*, ¡aquí se hiela uno ! □ se —, helarse.

gém/ir i gemir : *il gémissait*, estaba gimiendo. **-issement** m gemido.

gemme f gema. I *sel* —, sal gema.

gênant, e a molesto, a.

gencive f encía.

gendarme m 1 gendarme. 2 (en Espagne) guardia civil. **-rie** f gendarmería, guardia civil.

gendre m yerno.

gên/e f 1 molestia. 2 apuro m : *être dans la* —, estar en un apuro de dinero. **-é, ée** a 1 molesto, a. violento, a. 2 (sans argent) apurado, a.

généalog/ie f genealogía. **-ique** a genealógico, a.

gêner t 1 molestar. I *si ça ne vous gêne pas*, si no le es molestia. 2 (embarrasser) estorbar, dificultar. □ pr *ne vous gênez pas pour moi*, no se moleste por mí.

général, e a/m general. I *en* —, en general. □ f 1 (répétition) ensayo m general. 2 (femme) generala.

générali/ser t generalizar. **-sa-tion** f generalización. **-té** f generalidad.

générateur, trice a/m generador, a.

génération f generación.

généreux, euse a generoso, a.

générique m (cinéma) ficha f técnica.

générosité f generosidad.

Gênes |ʒɛn| n p f Génova.

genèse f génesis.

genêt m retama f.

génétique f genética.

Genève n p Ginebra.

Geneviève n p f Genoveva.

genevois, e a/s ginebrino, a.

genévrier m enebro.

génial, e a genial.

génie m 1 genio. I — *militaire*, cuerpo de ingenieros militares ; — *civil*, ingeniería f. 2 carácter.

genièvre m (alcool) ginebra f.

génisse f becerra, ternera.

génois, e a/s genovés, esa.

genou m rodilla f : *à genoux*, de rodillas. I *se mettre à genoux*, arrodillarse.

genre m 1 género. 2 clase f : *en tous genres*, de toda clase. 3 *avoir mauvais* —, tener mala pinta.

gens |ʒɑ̃| s pl gente f : *les* — *se bousculent*, la gente se atropella ; *beaucoup de* —, mucha gente ; *de braves* —, buena gente. I *les jeunes* —, los jóvenes.

gentil, ille |ʒɑ̃ti, ij| a 1 amable, bueno, a : *vous êtes trop* —, usted es muy amable. 2 (mignon) mono, a.

gentilhomme |ʒɑ̃tijɔm| m hidalgo, gentilhombre.

genti/llesse f amabilidad : *ayez la* — *de...*, tenga la amabilidad de... **-ment** adv 1 amablemente. 2 lindamente.

génuflexion f genuflexión.

géograph/e s geógrafo, a. **-ie** f geografía. **-ique** a geográfico, a.

geôl/e |ʒol| f cárcel, prisión f. **-ier** m carcelero.

géolog/ie f geología. **-ique** a geológico, a. **-ue** m geólogo.

géom/ètre s (arpenteur) agrimensor. **-étrie** f geometría. **-étrique** a geométrico, a.

Georges |ʒɔRʒ| n p m Jorge.

géranium |ʒeRanjɔm| m geranio.

gérant, e s gerente.

Gérard n p m Gerardo.

gerbe f 1 gavilla, haz. 2 (de fleurs) ramo m.

ger/cer ° t agrietar. **-çure** f grieta.

gérer ° t administrar.

germ/ain, e a/s germano, a. □ a cousins germains, primos hermanos. **-anique** a germánico, a.

germ/e m germen. **-er** i germinar.

gérondif m gerundio.

gésier m molleja f.

gésir ° i yacer : ci-gît, aquí yace.

gestation f gestación.

geste m 1 ademán : d'un – rapide, con ademán rápido. 2 acción f. □ f gesta.

gesticul/er i gesticular, hacer ademanes. **-ations** f pl ademanes m.

gestion f gestión.

ghetto |gɛto| m gueto.

gibecière f cartapacio m.

gibet m horca f.

gibier m caza f : gros, menu –, caza mayor, menor.

giboulée f aguacero m, chaparrón m.

gicl/er i brotar, surtir. **-eur** m surtidor, pulverizador.

gifl/e f bofetada. **-er** t abofetear.

gigantesque a gigantesco, a.

gigot m pierna f de cordero.

gigoter i patalear, menearse.

gilet m 1 chaleco. | – de sauvetage, chaleco salvavidas. 2 – de corps, camiseta f.

Gilles |ʒil| n p m Gil.

gin |dʒin| m ginebra f.

girafe f jirafa.

giratoire a giratorio, a.

girofle m clou de –, clavo de olor.

giroflée f alhelí m.

giron m regazo.

girouette f veleta.

gisement m yacimiento.

gît ⇒ **gésir**.

gitan, e a/s gitano, a.

gîte m 1 albergue. 2 (du gibier) madriguera f. □ MAR escora.

givre m escarcha f.

glace f 1 hielo m. 2 helado m : une – à la vanille, un helado de vainilla. 3 (miroir) espejo m. | armoire à –, armario de luna. 4 (d'une voiture) ventanilla.

glac/er ° t 1 helar. 2 – d'horreur, petrificar. 3 (papier, étoffe) glasear. **-ial, e** a glacial. **-ier** m ventisquero. **-ière** f nevera.

glaçon m 1 témpano, carámbano. 2 (petit cube) cubito de hielo.

glaïeul |glajœl| m gladiolo.

glaise f arcilla, greda.

gland |glɑ̃| m 1 (de chêne) bellota f. 2 (pompon) borla f.

glande f glándula.

glaner t 1 espigar. 2 FIG rebuscar.

glapir i (une personne) chillar.

glas |glɑ| m toque de ánimas. | sonner le –, tocar a muerto, doblar.

glissade f resbalón m.

glissant, e a resbaladizo, a.

gliss/er i 1 resbalar, resbalarse : j'ai glissé sur une peau de banane, me resbalé con una piel de plátano. 2 (volontairement) deslizar. 3 – des mains, escurrirse de entre las manos. □ t introducir. | se –, colarse. **-ement** m 1 deslizamiento. 2 (de terrain) corrimiento. **-ière** f corredera : porte à –, puerta de corredera. | fermeture à –, cremallera.

global, e a global.

globe m globo.

globul/e m glóbulo. **-aire** a

globular.

gloire f gloria.

glorieux, euse a glorioso, a.

glorifier t glorificar. □ se — de, gloriarse de.

glossaire m glosario.

glouss/er i cloquear. **-ement** m cloqueo.

glouton, onne a/s glotón, ona. **-nement** adv con glotonería. **-nerie** f glotonería.

glu f liga. **-ant, e** a viscoso, a, pegajoso, a.

glucose m glucosa f.

glycérine f glicerina.

glycine f glicina.

gnome |gnom| m gnomo.

go (tout de) loc adv de sopetón.

goal |gol| m portero.

gobelet |gɔblɛ| m cubilete.

gober t sorber, tragar.

godasse f FAM zapato m.

godet m 1 (de peintre) salserilla f. 2 (de drague) cangilón.

godille f espadilla.

goéland m gaviota f.

goélette f goleta.

goémon m fuco.

gogo (à) loc adv FAM a pedir de boca.

goinfre a/m glotón.

goitre m bocio, papera f.

golf m golf.

golfe m golfo.

gomm/e f 1 goma. 2 (pour effacer) goma de borrar. **-er** t (effacer) borrar.

gond |gɔ̃| m gozne. I sortir de ses gonds, salirse de sus casillas.

gondole f góndola.

gondoler i alabearse, abarquillarse.

gonfl/er t — un pneu, inflar un neumático. □ i 1 hincharse : mon genou a gonflé, se me ha hinchado la rodilla. 2 FAM il est gonflé !, ¡tiene cara ! **-age** m inflado. **-ement** m hinchazón f. **-eur** m

inflador.

gong |gɔ̃g| m batintín, gong.

goret m gorrino.

gorge f 1 garganta. I rire à — déployée, reír a carcajadas. 2 (de femme) pecho m.

gorgée f trago m, sorbo m.

gorger ° t hartar.

gorille m 1 gorila. 2 FAM guardaespaldas.

gosier m gaznate.

gosse s FAM chaval, a, chiquillo, a.

gothique a/m gótico, a.

gouache f aguada.

gouaille f guasa.

goudron m alquitrán. **-ner** s alquitranar. I route goudronnée, carretera asfaltada.

gouffre m abismo, sima f.

goujon m gobio.

goulot m gollete, cuello : boire au —, beber a gollete.

goul/u, e a tragón, ona. **-ûment** adv con glotonería.

goupille f chaveta.

goupillon m hisopo.

gourde f cantimplora. □ a/f FAM bobo, a.

gourdin m garrote.

gourmand, e a/s goloso, a. **-ise** f 1 (défaut) gula. 2 (friandise) golosina.

gourmet |gurmɛ| m gastrónomo.

gourmette f pulsera.

gousse f 1 vaina. 2 — d'ail, diente m de ajo.

gousset m bolsillo.

goût |gu| m 1 gusto : mauvais —, mal gusto. 2 sabor : un — de citron, un sabor a limón. 3 afición f : elle a du — pour la musique, tiene afición a la música.

¹**goûter** t probar : goûtez cette liqueur, pruebe este licor. □ i merendar : les enfants goûtent à 4 heures, los chicos meriendan a las 4.

²**goûter** m merienda f.

goutt/e f gota. 3 FAM *boire la* —, tomar una copita. 3 *je n'y vois* —, no veo ni jota. **-elette** f gotita. **-er** i gotear. **-ière** f canalón m.

gouvernail |guvɛrnaj| m timón.

gouvernante f 1 (d'un enfant) aya. 2 (d'un homme seul) ama de llaves.

gouvernants m pl gobernantes.

gouvernement m gobierno. **-al, e** a gubernamental.

gouverner t gobernar.

gouverneur m gobernador.

goyave f guayaba.

grabat m camastro.

grabuge m FAM gresca f.

grâc/e f 1 gracia. | *de bonne* —, de buena gana. 2 (faveur) favor m. | *de* — !, ¡ por favor ! ; *demander* —, pedir piedad ; *rendre* — *à*, darle gracias a. 3 — *à*, gracias a. 4 (d'un condamné) indulto m, gracia. **-ier** t indultar.

gracieux, euse a 1 gracioso, a. 2 gratuito, a.

grade m grado.

gradé m suboficial.

gradin m grada f. □ pl graderías f.

graduation f graduación.

graduel, elle a gradual.

graduer t graduar.

graffiti m pl pintadas f.

grain m 1 grano. 2 (d'un chapelet) cuenta f. 3 — *de beauté*, lunar. 4 (giboulée) turbión, aguacero.

graine f semilla. | *monter en* —, espigarse. **-terie** f comercio m de granos.

graiss/e f grasa. **-age** m engrase. **-er** t engrasar. **-eux, euse** a grasiento, a.

gramm/aire f gramática. **-airien, enne** s gramático, a. **-atical, e** a gramatical.

gramme m gramo.

grand, e a 1 grande (gran devant un substantif sing.) : *une grande*

salle, una sala grande ; *un peintre*, un gran pintor ; *en grande partie*, en gran parte ; *ce costume est trop* — *pour moi*, este traje me está grande. 2 (taille) alto, a : *un homme* —, un hombre alto. 3 mayor : *les grandes personnes*, las personas mayores. 4 *pas grand-chose*, poca cosa. □ adv *voir* —, ver en grande ; *en* —, a lo grande.

Grande-Bretagne n p f Gran Bretaña.

grandeur f 1 tamaño m : — *nature*, tamaño natural. 2 (morale) grandeza.

grandiose a grandioso, a.

grand/ir i crecer : *il a beaucoup grandi*, ha crecido mucho. □ t 1 aumentar. 2 FIG engrandecer. **-issant, e** a creciente.

grand-mère f abuela.

grand-messe f misa mayor.

grand-oncle m tío abuelo.

grand-père m abuelo.

grand-rue f calle mayor.

grands-parents m pl abuelos.

grand-tante f tía abuela.

grange f granero m, troje m.

granit |granit| m granito.

granul/é m gránulo. **-eux, euse** a granujoso, a.

graphique a gráfico, a. □ m gráfico, gráfica f.

graphite m grafito.

graphologie f grafología.

grappe f racimo m : *une* — *de raisin*, un racimo de uvas.

gras, grasse a 1 graso, a : *corps, fromage* —, cuerpo, queso graso. | *faire* —, comer carne. 2 gordo, a : *son chat est trop* —, su gato está demasiado gordo. 3 grasiento, a, pringoso, 'a : *cheveux* —, pelo grasiento ; *papiers* —, papeles pringosos. 4 *plante grasse*, planta carnosa, crasa. 5 *caractères* —, negritas f. □ m *le* —, la grasa. **-souillet, ette** a regordete.

gratification f gratificación, plus m.

gratin *m* 1 *au* −, al gratén. 2 FAM *le* −, la flor y nata.

gratis |gratis| *adv* gratis, de balde.

gratitude *f* gratitud.

gratte-ciel *m* rascacielos.

gratte-papier *m* chupatintas.

gratt/er *t* 1 raspar. 2 (avec l'ongle) rascar. 3 FAM *ce col me gratte*, este cuello me pica, me da picor. □ *se* −, rascarse. **-oir** *m* raspador.

gratuit, e *a* gratuito, a. **-ement** *adv* gratuitamente. **-é** *f* gratuidad.

gravats *m pl* cascotes.

grave *a* grave.

grav/er *t* grabar : − *sur cuivre*, grabar en cobre. **-eur** *m* grabador.

grav/ier *m* grava *f*. **-illon** *m* gravilla *f*.

gravir *t* subir.

gravité *f* gravedad.

graviter *i* gravitar.

gravure *f* grabado *m* : − *sur bois*, grabado en madera.

gré *m à mon* −, a mi gusto ; *bon* − *mal* −, de buen o mal grado ; *contre mon* −, mal de mi grado ; *de* − *ou de force*, por las buenas o por las malas ; *de mon plein* −, por mi propia voluntad ; *savoir* − *de*, agradecer.

grec, grecque *a/s* griego, a.

Grèce *n p f* Grecia.

greff/e *f* injerto *m*. **-er** *t* injertar.

greffier *m* escribano.

Grégoire *n p m* Gregorio.

¹grêle *a* 1 delgado, a. 2 *voix* −, voz ahilada, tenue.

²grêl/e *f* 1 granizo *m*. 2 (de coups) granizada. **-er** *impers* granizar. **-on** *m* granizo.

grelot *m* cascabel.

grelotter *i* tiritar.

Grenade *n p* Granada.

grenad/e *f* granada. **-ier** *m* MIL granadero. **-ine** *f* granadina.

grenat *m* granate.

grenier *m* 1 (à grains) granero. 2

(sous les combles) desván.

grenouille *f* rana.

grenu, e *a* granoso, a.

grès |grɛ| *m* 1 asperón, arenisca *f*. 2 (céramique) gres.

grésil |grezi(l)| *m* granizo menudo.

grésill/er *i* chisporrotear. **-ement** *m* chisporroteo.

grève *f* 1 huelga : *se mettre en* −, declararse en huelga ; *être en* −, *faire* −, estar en huelga ; − *de la faim*, huelga de hambre ; − *du zèle*, huelga de celo. 2 (plage) playa.

grever *t* gravar.

gréviste *s* huelguista.

gribouill/er *t/i* garabatear. **-age** *m* garabato.

grief |grijɛf| *m* queja *f*.

grièvement *adv* gravemente.

griff/e *f* 1 uña, garra, zarpa. | *coup de* −, zarpazo ; *tomber sous la* − *de*, caer en las garras de. 2 (signature) firma. 3 (marque) marca. **-er** *t* arañar.

griffonner *t* garrapatear, borronear.

grignoter *t* roer.

gril |gri(l)| *m* parrilla *f* : *bifteck sur le* −, bistec a la parrilla. **-lade** *f* parrillada de carne.

grillage *m* alambrera *f*, reja *f*.

grille *f* 1 (clôture) verja. 2 (fenêtre) reja. 3 (fourneau) rejilla. 4 (mots croisés) cuadrícula.

grille-pain *m* tostador (de pan).

griller *t* 1 (viande, poisson) asar ; (pain, café) tostar. 2 *l'ampoule est grillée*, se ha fundido la bombilla. 3 FAM − *un feu rouge*, saltarse un semáforo en rojo.

grillon *m* grillo.

grimac/e *f* mueca, gesto *m* : *faire une* −, torcer el gesto ; *faire des grimaces*, hacer muecas. | *faire la* −, poner mala cara. **-er** *i* − *de douleur*, torcer el gesto de dolor.

grimer (se) *pr* maquillarse.

grimp/er *i* 1 − *aux arbres*, trepar a los árboles. 2 − *sur une chaise*, subirse a una silla. 3 *la route grimpe dur*, la carretera está muy empinada. □ *t* subir. **-ette** *f* repecho *m*.

grinc/er ° *i* rechinar, chirriar. l *il grince des dents*, le rechinan los dientes. **-ement** *m* rechinamiento, chirrido.

grincheux, euse *a/s* gruñón, ona.

gringalet *m* alfeñique.

gripp/e *f* 1 gripe. 2 *prendre en —*, tomar tirria a. **-é, ée** *a elle est grippée*, está con gripe.

gripper (se) *pr* agarrotarse.

gris, e [gri, iz] *a* 1 gris: *des tons —*, tonos grises. 2 (ivre) achispado, a. □ *m peindre en —*, pintar de gris. **-âtre** *a* grisáceo, a.

gris/er *t* 1 achispar. 2 FIG embriagar. □ *se —*, embriagarse. **-erie** *f* embriaguez.

grisonner *i* encanecer.

grisou *m* grisú.

grive *f* tordo *m*.

grivois, e *a* licencioso, a, verde.

Groenland [grɔɛn(lãd)] *n p m* Groenlandia *f*.

grog *m* grog.

grogn/er *i* gruñir. **-ement** *m* gruñido. **-on, onne** *a/s* gruñón, ona.

groin *m* hocico, jeta *f*.

grommeler ° *i* refunfuñar, rezongar. □ *t* mascullar.

grond/er *i* 1 (canon, tonnerre) retumbar. 2 (animal) gruñir. □ *t — un enfant*, reñir, regañar a un niño. **-ement** *m* 1 retumbo, fragor. 2 gruñido.

groom [grum] *m* botones *m*.

gros, grosse *a* 1 grueso, a : *un — arbre*, un árbol grueso. 2 gordo, a : *un — chat*, un gato gordo ; *une grosse femme*, una mujer gorda. l *avoir le cœur —*, tener el corazón encogido. 3 *un — bébé*, un bebé rollizo. 4 grande : *une grosse voiture*, un coche grande ; *de — efforts*, grandes esfuerzos. 5

fuerte : *— rhume*, catarro fuerte. 6 *grosse dépense*, gasto importante. 7 *grosse faute*, falta grave. 6 *— mot*, palabrota *f*. □ *adv* 1 *écrire —*, escribir grueso. 2 *gagner —*, ganar mucho. 3 *en —*, en líneas generales. □ *m prix de —*, precio al por mayor. l *négociant en —*, mayorista. □ *f* (douze douzaine) gruesa, doce docenas.

groseill/e *f* grosella. **-ier** *m* grosellero.

grossesse *f* embarazo *m*.

grosseur *f* 1 grueso *m*, grosor. 2 (enflure) bulto *m*.

grossi/er, ère *a* 1 grosero, a. l *erreur grossière*, error de bulto. 2 (rudimentaire) tosco, a. **-èreté** *f* 1 grosería. 2 tosquedad.

gross/ir *i/t* engordar : *il a beaucoup grossi*, ha engordado mucho. l *faire —*, engordar. 2 aumentar. □ *t* exagerar. **-issant, e** *a* 1 creciente. 2 *verres grossissants*, lentes de aumento. **-issement** *m* aumento.

grossiste *m* mayorista.

grotesque *a* grotesco, a.

grotte *f* gruta, cueva.

grouill/er *i* hormiguear, bullir. □ POP *se —*, aligerar, arrear : *grouille-toi !*, ¡aligera! **-ement** *m* hormigueo.

group/e *m* grupo. **-ement** *m* agrupación *f*. **-er** *t* agrupar.

grue *f* 1 (oiseau) grulla. l *faire le pied de —*, estar de plantón. 2 (machine) grúa.

grumeau *m* grumo.

Guadeloupe *n p f* Guadalupe.

gué *m* vado. l *passer à —*, vadear.

guenille *f* harapo *m*, andrajo *m*, guiñapo *m*. l *en guenilles*, harapiento, a.

guenon *f* mona.

guépard *m* onza *f*.

guêp/e *f* avispa. **-ier** *m* avispero. l *tomber dans un —*, meterse en un lío.

guère *adv tu n'es — aimable*, eres

poco amable ; *je n'ai — faim*, no tengo mucho hambre.

guéridon *m* velador.

guérilla |gerija| *f* guerrilla.

guér/ir *t* curar. □ *i* curar, curarse, sanar : *j'espère qu'il guérira bientôt*, espero que curará pronto ; *je suis guérie*, me he curado. **-ison** *f* curación. **-isseur, euse** *s* curandero, a.

guérite *f* garita.

guerr/e *f* guerra. I *de guerre lasse*, cansado, a de luchar ; *de bonne —*, en buena lid. **-ier, ère** *a/s* guerrero, a. **-oyer °** *i* guerrear.

guet *m* acecho : *faire le —*, estar al acecho.

guet-apens |gɛtapã| *m* emboscada *f*.

guêtre *f* polaina.

guett/er *t* 1 acechar. 2 (attendre) aguardar. **-eur** *m* vigía.

gueul/e *f* 1 boca. 2 POP *ta -!*, ¡cállate! ; *avoir la — de bois*, tener resaca ; *une fine —*, un gastrónomo. 3 POP (visage) cara, jeta : *se casser la —*, romperse la cara ; *faire la —*, estar de jeta. **-er** *i* FAM gritar, vociferar. **-eton** *m* comilona *f*.

gueux, euse *s* pordiosero, a.

gui *m* muérdago.

guichet *m* taquilla *f*, ventanilla *f*. **-ier, ère** *s* taquillero, a.

guide *m* 1 (personne) guía. 2 (livre) guía *f* : *un — touristique*, una guía turística. □ *f pl* riendas.

guid/er *t* guiar, dirigir. **-on** *m* (bicyclette, moto) manillar.

guigne *f* FAM mala suerte.

guignol *m* guiñol.

Guillaume *n p m* Guillermo.

guillemet |gijmɛ| *m* comilla *f*.

guillotine *f* guillotina.

guilleret, ette |gijrɛ, ɛt| *a* alegre.

guimauve *f* (pâte) melcocha.

guimbarde *f* carricoche *m*.

guindé, e *a* afectado, a, estirado, a.

Guinée *n p f* Guinea.

guinguette *f* merendero *m*.

guirlande *f* guirnalda.

guise *f à sa —*, a su antojo ; *en — de*, a guisa de.

guitar/e *f* guitarra. **-iste** *s* guitarrista.

guttural, e *a* gutural.

Guy |gi| *n p m* Guido.

Guyane |gɥijan| *n p f* Guayana, Guyana.

gymnas/e *m* gimnasio. **-te** *s* gimnasta. **-tique** *f* gimnasia.

gynécolo/gie *f* ginecología. **-gue** *s* ginecólogo, a.

gypse |ʒips| *m* yeso.

gyroscope *m* giroscopio.

H

el signo ' indica que la h es aspirada.

h |aʃ| *m/f* **h** *f* : *un* —, una h.

' ha ! *interj* ah ! ! *ha, ha !*, ¡ ja, ja !

habil/e *a* hábil. **-eté** *f* habilidad.

habill/er *t/i* vestir. I *habillé en clown*, vestido de payaso. □ *s'—*, vestirse : *elle s'habille élégamment*, se viste con elegancia. **-ement** *m* vestido, indumentaria *f*.

habit |abi| *m* **1** traje, vestido. I — *de gala*, traje de ceremonia. **2** frac. **3** *prendre l'* —, tomar el hábito. □ *pl* ropa *f sing* : *ôter ses habits*, quitarse la ropa.

habitable *a* habitable.

habitant, e *s* habitante.

habit/er *i/t* vivir, habitar : *il habite (à) la campagne*, vive en el campo. **-ation** *f* vivienda. I — *à loyer modéré* (H.L.M.), vivienda de renta limitada.

habitude *f* costumbre. I *d'* —, de ordinario, generalmente.

habitué, e *s* asiduo, a, cliente.

habitu/er *t* habituar. □ *s'* — *à*, acostumbrarse, habituarse a. **-el, elle** *a* habitual.

' hâbleur, euse *a/s* fanfarrón, ona.

' hach/e *f* hacha. I *coup de* —, hachazo. **-ette** *f* hacha pequeña.

' hach/er *t* **1** picar : *viande hachée*, carne picada. **2** *style haché*, estilo cortado. **-is** *m* picadillo. **-oir** *m* tajadera *f*.

' hachur/e *f* plumeado *m*. **-er** *t* plumear.

' hagard, e *a* azorado, a. I *yeux hagards*, ojos extraviados.

' haie *f* **1** seto *m*. **2** (de personnes) fila, cordón *m*. I *faire la* —, alinearse.

' haillon *m* harapo, andrajo.

' hain/e *f* odio *m* : *prendre en* —, tomar odio a. **-eux, euse** *a*

rencoroso, a.

' ha/ir ° |air| *t* odiar, aborrecer. **-ïssable** *a* odioso, a.

Haïti |aiti| *n p f* Haiti.

' halage *m* sirga *f*.

' hâl/e *m* bronceado. **-é, ée** *a* bronceado, a, tostado, a.

haleine *f* aliento *m*. I *hors d'* —, jadeando ; *reprendre* —, tomar aliento ; *travail de longue* —, trabajo de larga duración.

' haler *t* **1** halar. **2** (une péniche) sirgar.

' hâler *t* (la peau) broncear, curtir.

' hal/eter ° *i* jadear. **-etant, e** *a* jadeante. **-ètement** *m* jadeo.

' hall |ol| *m* hall, vestíbulo.

' halle *f* mercado *m*.

hallucination *f* alucinación.

' halo *m* halo.

' halte *f* **1** parada. I *faire* —, pararse. **2** (chemin de fer) apeadero *m*. □ *interj* ¡ alto ! ; *halte-là !*, ¡ alto ahí !

haltère *m* pesa *f* de gimnasia.

' hamac |amak| *m* hamaca *f*.

' Hambourg *n p* Hamburgo.

' hameau *m* caserío, aldea *f*.

hameçon |amsɔ̃| *m* anzuelo.

' hampe *f* (de drapeau) asta.

' hanche *f* cadera.

' hand-ball |ɑ̃dbal| *m* balonmano.

' handicap *m* **1** (sports) handicap. **2** desventaja *f*. **-é, ée** *s* minusválido, a. **-er** *t* desfavorecer.

' hangar *m* **1** cobertizo. **2** (avions) hangar.

' hanneton *m* abejorro.

' hant/er *t* **1** obsesionar. **2** *maison hantée*, casa encantada. **-ise** *f* obsesión.

' happer *t* atrapar.

' **harangu/e** *f* arenga. **-er** *t* arenger.

' **haras** |aʀɑ| *m* acaballadero.

' **harasser** *t* agobiar, agotar, cansar.

' **harceler** ° *t* hostigar, acosar.

' **hardi, e** *a* atrevido, a. **-esse** *f* atrevimiento *m*, osadia.

' **harem** |aʀɛm| *m* harén.

' **hareng** |aʀɑ̃| *m* arenque. I *serrés comme des harengs*, como en lata de sardinas.

' **hargneux, euse** *a* huraño, a, arisco, a.

' **haricot** *m* judia *f*, alubia *f* : *haricots verts, blancs*, judias verdes, blancas.

harmonica *m* armónica *f*.

harmon/ie *f* armonia. **-ieux, euse** *a* armonioso, a.

harmoniser *t* armonizar. □ *s'* —, armonizar, entonar, combinar : *couleurs qui s'harmonisent*, colores que armonizan.

harmonium |aʀmɔnjɔm| *m* armonio.

' **harnach/er** *t* enjaezar. **-ement** *m* 1 enjaezamiento. 2 (harnais) arreos *pl*. 3 (accoutrement) atavio ridiculo.

' **harnais** *m* arreos *pl*, arneses.

' **harp/e** *f* arpa. **-iste** *s* arpista.

' **harpon** *m* arpón. **-ner** *t* arponear.

' **hasard** |azaʀ| *m* 1 casualidad *f*, azar : *c'est un heureux* —, es una feliz casualidad. I *au* —, al azar ; *à tout* —, por si acaso ; *par* —, por casualidad ; *jeu de* —, juego de azar. 2 *un coup du* —, un lance de fortuna.

' **hasard/er** *t* arriesgar. □ *se* —, arriesgarse. **-eux, euse** *a* arriesgado, a, aventurado, a.

' **hât/e** *f* prisa : *j'ai* — *de partir*, tengo prisa por marcharme. I *en* —, de prisa. **-er** *t* apresurar. I — *le pas*, aligerar el paso. □ *se* — *de*, apresurarse a. I *hâtez-vous*, dése prisa. **-if, ive** *a* 1 (légumes)

temprano, a. 2 apresurado, a.

' **hausse** *f* alza, subida : *en* —, en alza.

' **hauss/er** *t* alzar, levantar. I — *les épaules*, encogerse de hombros. □ *se* — *sur la pointe des pieds*, empinarse. **-ement** *m* — *d'épaules*, encogimiento de hombros.

' **haut, e** |o, ot| *a* alto, a. I *à haute voix*, en voz alta ; — *en couleurs*, subido de color. □ *adv* 1 *voler* —, volar alto. I — *les mains !*, ¡ manos arriba ! 2 *parler* —, hablar fuerte. □ *m* 1 alto : *six mètres de* —, seis metros de alto. I *de* — *en bas*, de arriba abajo ; *du* — *de*, desde lo alto de ; *en* —, arriba. 2 *le Très-Haut*, el Altísimo.

' **hautain, e** *a* altivo, a.

' **hautbois** |obwa| *m* oboe.

' **haut-de-forme** |odfɔʀm| *m* sombrero de copa, chistera *f*.

' **hauteur** *f* 1 altura : *saut en* —, salto de altura ; *prendre de la* —, tomar altura. 2 (arrogance) altaneria, altivez.

' **haut-fond** *m* bajo.

' **haut-le-cœur** |olkœʀ| *m* náusea *f*.

' **haut-le-corps** |olkɔʀ| *m* sobresalto.

' **haut-parleur** *m* altavoz : *des haut-parleurs*, altavoces.

' **havane** *a/m* habano, a.

' **Havane (la)** *n p f* La Habana.

' **hâve** *a* pálido, a.

' **havre** *m* FIG refugio.

' **havresac** *m* mochila *f*.

' **Haye (La)** |la ɛ| *n p f* La Haya.

' **he** *interj* ¡ eh !

hebdomadaire *a* semanal. □ *m* (publication) semanario.

' **héberger** ° *t* albergar.

' **hébéter** ° *t* atontar.

hébraïque |ebʀaik| *a* hebraico, a.

hébreu *a/m* hebreo, a.

hécatombe *f* hecatombe.

hectare *m* hectárea *f*.

hectomètre *m* hectómetro.

Hector n p m Héctor.
' **hein !** interj ¡eh!
' **hélas !** |elas| interj ¡ay!
Hélène n p f Elena.
' **héler** ° t llamar.
hélice |elis| f hélice.
héli/coptère m helicóptero. **-port** m helipuerto.
hellénique a helénico, a.
helvétique a helvético, a.
' **hem !** |ɛm| interj ¡ejem, ejem!
hématome m hematoma.
hémicycle m hemiciclo.
hémiplégie f hemiplejia.
hémisph/ère m hemisferio. **-érique** a hemisférico, a.
hémorragie f hemorragia.
hémorroïdes |emɔrɔid| f pl hemorroides, almorranas.
' **henn/ir** i relinchar. **-issement** m relincho.
Henri n p m Enrique.
' **hep !** |ɛp| interj ¡he!
hépati/que a hepático, a. **-te** f hepatitis.
héraldique a/f heráldico, a.
' **héraut** m heraldo.
herbage m pasto, herbazal.
herb/e f 1 hierba : fines herbes, hierbas finas; mauvaise –, mala hierba. 2 (gazon) césped m. 3 en –, en cierne. **-ier** m herbario. **-ivore** a/m herbívoro, a. **-oriste** s herborista.
Hercule n p m Hércules.
herculéen, enne a hercúleo, a.
hérédit/é f herencia. **-aire** a hereditario, a.
héré/sie f herejía. **-tique** a herético, a. □ s hereje.
' **hérisser** t erizar. □ pr 1 erizarse. 2 (se fâcher) enfadarse.
' **hérisson** m erizo.
' **hérit/er** t/i – d'une maison, heredar una casa ; – de son oncle, heredar de su tío. **-age** m herencia f. **-ier, ère** s heredero, a.

hermétique a hermético, a.
hermine f armiño m.
' **hernie** f hernia.
héroïne |erɔin| f heroína.
héro/ïque a heroico, a. **-isme** m heroísmo.
' **héron** m garza f.
' **héros** |erо| m héroe.
' **herse** f grada.
hésit/er i vacilar, dudar : – à, vacilar en, dudar en; n'hésitez pas à nous consulter, no duden en consultarnos. **-ant, e** a indeciso, a. **-ation** f vacilación.
hétéroclite a heteróclito, a.
hétérogène a heterogéneo, a.
' **hêtre** m haya f.
heure f 1 hora : cent kilomètres à l' –, cien kilómetros por hora ; heures supplémentaires, horas extraordinarias ; 30 francs de l' –, a 30 francos la hora ; quelle – est-il ?, ¿qué hora es ? l il est une –, es la una ; il est six heures, huit heures dix, son las seis, las ocho y diez ; à neuf heures juste, a las nueve en punto ; être à l' –, ser puntual ; mettre sa montre à l' –, poner el reloj en hora. 2 à la bonne –!, ¡muy bien!; à tout à l' –, hasta luego ; de bonne –, temprano ; tout à l' – (bientôt) pronto ; (il n'y a pas longtemps) hace poco.
heureu/x, euse a 1 feliz : être –, ser feliz ; rendre les autres –, hacer felices a los demás. l c'est –!, ¡menos mal! 2 – ceux qui..., dichosos los que... 3 (idée, phrase) feliz, acertado, a. **-sement** adv afortunadamente.
heurt m choque. **-er** t/i tropezar con, chocar contra : – un piéton, tropezar con un transeúnte. □ se – à un poteau, chocar contra un poste ; se – à une difficulté, tropezar con una dificultad. **-oir** m aldaba f.
hexagone m hexágono.
' **hiatus** |jatys| m hiato.
hiberner i hibernar.

' **hibou** *m* buho.

' **hideux, euse** *a* horroroso, a, horrible.

hier |iɛʀ| *adv* ayer : — *matin*, ayer por la mañana. l — *soir*, anoche.

' **hiérarch/ie** *f* jerarquia. **-ique** *a* jerárquico, a.

hiéroglyphe *m* jeroglifico.

hilarité *f* hilaridad.

hindou *a/s* hindú.

hippique *a* hípico, a.

hippodrome *m* hipódromo.

hippopotame *m* hipopótamo.

hirondelle *f* golondrina.

hirsute *a* hirsuto, a.

hispan/ique *a* hispánico, a. **-isant, e** *s* hispanista. **-isme** *m* hispanismo.

hispano-américain, e *a/s* hispanoamericano, a.

' **hisser** *t* izar. l *Se* —, subirse.

histoire *f* **1** historia : — *sainte*, historia sagrada. **2** cuento *m* : *tu nous racontes des histoires*, nos vienes con cuentos. **3** lio *m*, cuestión : *je ne veux pas d'histoires*, no quiero lios ; *faire des histoires*, armar lios.

historien, enne *s* historiador, a.

historique *a* histórico, a. □ *m* historial.

historiette *f* historieta.

hiver |ivɛʀ| *m* invierno. **-nal, e** *a* invernal. **-ner** *i* invernar.

' **H.L.M.** ⇒ **habitation.**

' **hoch/er** *t* — *la tête*, menear la cabeza. **-ement** *m* cabeceo.

' **hochet** *m* sonajero.

' **hockey** |ɔkɛ| *m* hockey.

' **holà** *interj* ¡ hola !, ¡ eh !

' **hold-up** |ɔldœp| *m* atraco.

' **hollandais, e** *a/s* holandés, esa.

' **Hollande** *n p f* Holanda.

' **homard** |ɔmaʀ| *m* bogavante.

homélie *f* homilia.

homéopath/ie *f* homeopatía. **-ique** *a* homeopático, a.

Homère *n p m* Homero.

homicide *m* (crime) homicidio. □ *s* (personne) homicida.

hommage *m* homenaje. □ *pl* respetos.

homme *m* **1** hombre : *un brave* —, un buen hombre. l — *de lettres*, literato ; *les grands hommes*, los hombres célebres. **2** *un jeune* —, un joven. **3** *homme-grenouille*, hombre rana.

homogène *a* homogéneo, a.

homologu/e *a* homólogo, a. □ *m* colega. **-er** *t* homologar.

homonyme *a/m* homónimo, a.

homosexuel, elle *a/s* homosexual.

Honduras *n p m* Honduras *f*.

Hongrie *n p f* Hungría.

hongrois, e *a/s* húngaro, a.

honnête *a* **1** honrado, a. **2** (vertueux) honesto, a. **3** razonable. **-té** *f* (probité) honradez.

honneur *m* **1** honor : *homme, parole d'* —, hombre, palabra de honor. l *point d'* —, pundonor ; *en l'* — *de*, en honor de ; *faire* — *à*, hacer honor a ; *j'ai l'* — *de vous informer*, tengo el honor de comunicarle. **2** (réputation) honra *f*. □ *pl* **1** *rendre les honneurs*, rendir los honores. **2** *honneurs funèbres*, honras *f* fúnebres.

honorab/le *a* honorable. **-ilité** *f* honorabilidad.

honoraire *a* honorario, a. □ *pl* honorarios.

honor/er *t* **1** honrar : — *de sa présence*, honrar con su presencia. l *en réponse à votre honorée du...*, en repuesta a su atenta del... **2** (payer) pagar. □ *s'* — *de*, honrarse con. **-ifique** *a* honorífico, a.

' **hont/e** *f* vergüenza : *avoir* —, tener vergüenza ; *tu me fais* —, me das vergüenza. **-eux, euse** *a* **1** vergonzoso, a. l *c'est* — *!*, ¡ es una vergüenza ! **2** (confus) avergonzado, a.

hop ! |ɔp| *interj* ¡ hala !, ¡ upa !

hôpital *m* hospital.

' hoquet m hipo : *avoir le —,* tener hipo.

horaire a/m horario, a.

' horde f horda.

horizon m horizonte. **-tal, e** a horizontal.

horlog/e f reloj m. **-er, ère** a/s relojero, a. **-erie** f relojería.

' hormis |ɔʀmi| *prép* excepto.

hormone f hormona.

horoscope m horóscopo.

horr/eur f horror m : *faire —,* dar horror; *j'ai — des hypocrites, j'ai les hypocrites en —,* tengo horror a los hipócritas. **-ible** a horrible, horroroso, a. **-ifier** t horrorizar.

horripil/er t exasperar. **-ant, e** a exasperante.

' hors |ɔʀ| *prép* **1** fuera de : *— série,* fuera de serie. **2** *— de danger,* fuera de peligro; *être — de soi,* estar fuera de sí; *— d'ici !,* ¡fuera de aquí ! **I** *— de prix,* carísimo, a.

' hors-bord |ɔʀbɔʀ| m fuera borda.

hors-concours |ɔʀkɔ̃kuʀ| a/m fuera de concurso.

' hors-d'œuvre |ɔʀdœvʀ| m entremeses pl.

' hors-jeu |ɔʀ ʒø| m fuera de juego.

' hors-la-loi |ɔʀlalwa| m fuera de la ley.

hortensia m hortensia f.

horticult/ure f horticultura. **-eur** m horticultor.

hospice m hospicio.

hospitalier, ère a hospitalario, a.

hospitaliser t hospitalizar.

hospitalité f hospitalidad.

hostellerie f hostal m.

hostie f hostia.

hostil/e a hostil. **-ité** f hostilidad. □ pl (guerre) hostilidades.

hot dog m hot dog, perrito caliente.

hôte, esse s huésped, a. □ f señorita encargada, azafata. **I** *hôtesse de l'air,* azafata.

hôtel m **1** hotel : *passer une nuit à l' —,* pasar una noche en el hotel. **2** *— particulier,* palacete. **3** *— de ville,* ayuntamiento.

hôtel/ier, ère a/s hotelero, a. **-lerie** f hostelería.

hôtesse ⇒ **hôte**.

' hotte f **1** (panier) cuévano m. **2** (de cheminée) campana.

houblon m lúpulo.

houe f azada.

' houill/e f hulla. **I** *— blanche,* hulla blanca. **-er, ère** a *bassin —,* cuenca hullera. □ f hullera.

' houl/e f marejada. **-eux, euse** a agitado, a.

' houpp/e f **1** borla. **2** (cheveux) copete m. **-ette** f borla.

' hourra ! *interj* ¡hurra !

houspiller t reprender, reñir.

' housse f funda.

' houx |u| m acebo.

' hublot m **1** MAR portilla f. **2** (d'avion) ventanilla f.

huche f arcón m.

hu/er t *— un orateur,* abuchear a un orador. **-ée** f abucheo m.

' Hugues |yg| n p m Hugo.

huil/e f **1** aceite m : *— d'olive,* aceite de oliva; *vérifier le niveau d' —,* comprobar el nivel de aceite. **2** óleo m : *peinture à l' —,* pintura al óleo. **-er** t aceitar. **-eux, euse** a aceitoso, a. **-ier** m vinagreras f pl.

huis |ɥi| m *à — clos,* a puerta cerrada. **-sier** m ujier, ordenanza.

' huit |ɥi(t)| a/s ocho. **I** *— cents,* ochocientos, as; *d'aujourd'hui en —,* dentro de una semana; *mardi en —,* el martes de la semana próxima. **-aine** f **1** unos ocho, unas ocho. **2** *dans une —,* dentro de una semana. **-ième** a/s octavo, a.

huître f ostra.

hum/ain, e a humano, a. **-anisme** m humanismo. **-aniste** s humanista. **-anitaire** a humanitario, a. **-anité** f humanidad.

humble |œbl| *a/s* humilde.

humecter *t* humedecer.

' **humer** *t* **1** aspirar. **2** (sentir) oler.

humérus |ymeRys| *m* húmero.

humeur *f* humor *m* : *être de bonne, de mauvaise —,* estar de buen, de mal humor. I *je ne suis pas d' — à plaisanter,* no estoy para bromas.

humid/e *a* húmedo, a. **-ité** *f* humedad.

humili/er *t* humillar. **-ant, e** *a* humillante. **-ation** *f* humillación.

humilité *f* humildad.

humorist/e *a/s* humorista. **-ique** *a* humorístico, a.

humour *m* humor : *avoir de l' —,* tener humor.

humus |ymys| *m* humus.

' **hune** *f* cofa.

' **huppé, e** *a* FAM encopetado, a.

' **hurl/er** *i* **1** (animaux) aullar. **2** (vent) rugir. □ *i/t* (personnes) gritar. **-ement** *m* **1** aullido. **2** (personnes) alarido.

hurluberlu *m* atolondrado.

' **hutte** *f* choza.

hybride *a/m* híbrido, a.

hydrate *m* hidrato.

hydraulique *a/f* hidráulico, a.

hydravion *m* hidroavión.

hydre *f* hidra.

hydro-électrique *a* hidroeléctrico, a.

hydrogène *m* hidrógeno.

hydrophile *a* hidrófilo, a.

hyène *f* hiena.

hygi/ène *f* higiene. **-énique** *a* higiénico, a.

hymne *m/f* himno *m*.

hypertension *f* hipertensión.

hypertrophie *f* hipertrofia.

hypno/se *f* hipnosis. **-tiser** *t* hipnotizar. **-tisme** *m* hipnotismo.

hypocri/sie *f* hipocresía. **-te** *a/s* hipócrita.

hypoth/èque *f* hipoteca. **-équer** ° *t* hipotecar.

hypoth/èse *f* hipótesis. **-étique** *a* hipotético, a.

hystér/ie *f* histeria. **-ique** *a/s* histérico, a.

I

i *m* i *f* : *un* –, una i.

ibère *a/s* ibero, a.

ibérique *a* ibérico, a.

ibis *m* ibis *f*.

iceberg |isbɛʀɡ| *m* iceberg.

ici *adv* aquí. I *ici-bas*, en este bajo mundo; *d'* – *demain*, de aquí a mañana; *d'* – *là*, de aquí allá; *d'* – *peu*, dentro de poco.

icône *f* icono *m*.

idéal, e *a/m* ideal. **-isme** *m* idealismo. **-iste** *s* idealista.

idée *f* idea. I *quelle drôle d'* –!, ¡qué ocurrencia!; *j'ai* – *que*, me parece que; *il m'est venu à l'* – *de...*, se me ha ocurrido...; *faire à son* –, obrar a su antojo.

identifi/er *t* identificar. **-cation** *f* identificación.

identique *a* idéntico, a.

identité *f* identidad.

idéologie *f* ideología.

idiome *m* idioma.

idiot, e *a/s* idiota. I *faire l'* –, hacer el tonto. **-ie** |idjosi| *f* idiotez.

idiotisme *m* idiotismo.

idol/e *f* ídolo *m*. **-âtre** *a/s* idólatra. **-âtrie** *f* idolatría.

idyll/e *f* idilio *m*. **-ique** *a* idílico, a.

if *m* tejo.

igloo |iglu| *m* iglú.

ignare *a/s* ignorante, ignaro, a.

ignifuge |ignifyʒ| *a* ignífugo, a.

ignoble *a* innoble.

ignominie *f* ignominia.

ignor/er *t* ignorar, desconocer : *on ignore les causes de l'incendie*, se desconocen las causas del incendio. **-ance** *f* ignorancia. **-ant, e** *a/s* ignorante.

il, ils *pron pers* él, ellos (généralement omis, servent à insister : – *est maçon*, es albañil; *ils sont jeunes*, son jóvenes). □ *pron impers* (ne se traduit pas) – *pleut*, llueve; – *paraît que*, parece que.

île *f* isla.

illégal, e *a* ilegal. **-ité** *f* ilegalidad.

illégitime *a* ilegítimo, a.

illettré, e *a/s* iletrado, a, analfabeto, a.

illicite *a* ilícito, a.

illimité, e *a* ilimitado, a.

illisible *a* ilegible.

illogique *a* ilógico, a.

illumin/er *t* iluminar. **-ation** *f* iluminación.

illus/ion *f* ilusión : *se faire des illusions*, forjarse ilusiones. **-ionner (s')** *pr* ilusionarse. **-ionniste** *s* ilusionista. **-oire** *a* ilusorio, a.

illustrateur *m* ilustrador.

illustration *f* ilustración.

illustre *a* ilustre.

illustré *m* tebeo.

illustrer *t* ilustrar. □ *s'* –, ilustrarse.

îlot *m* **1** islote. **2** (de maisons) manzana *f*.

imag/e *f* **1** imagen. **2** (illustration) estampa, estampita : – *pieuse*, estampa religiosa. I – *d'Épinal*, aleluya. **-é, ée** *a* rico, a en imágenes, gráfico, a.

imagin/er *t* imaginar. □ *s'* –, imaginarse, figurarse. **-aire** *a* imaginario, a. **-atif, ive** *a* imaginativo, a. **-ation** *f* imaginación.

imbattable *a* invencible.

imbécil/e *a/s* imbécil. **-lité** *f* imbecilidad.

imberbe *a* imberbe.

imbiber *t* empapar, embeber : — *d'eau*, empapar en agua.

imbroglio |ɛ̃bʀɔljo| *m* embrollo, lío.

imbu, e *a — de*, imbuido, a de. I — *de soi-même*, pagado de sí mismo.

imbuvable *a* no potable.

imit/er *t* imitar. **-ateur, trice** *s* imitador, a. **-ation** *f* imitación.

immaculé, e *a* inmaculado, a.

immangeable |ɛ̃mãʒabl| *a* incomible.

immanquable |ɛ̃mãkabl| *a* infalible.

immatricul/er *t* matricular. **-ation** *f* matrícula. I *plaque d' —*, matrícula.

immédiat *a* inmediato, a. **-ement** *adv* inmediatamente.

immens/e *a* inmenso, a. **-ité** *f* inmensidad.

immer/ger ° *t* sumergir. **-sion** *f* inmersión.

immeuble *a* inmueble. □ *m un — de six étages*, una casa de seis pisos.

immigr/er *i* inmigrar. **-ant, e** *a/s* inmigrante. **-ation** *f* inmigración.

immin/ent, e *a* inminente. **-ence** *f* inminencia.

immiscer (s') ° *pr* inmiscuirse.

immobile *a* inmóvil.

immobilier, ère *a* inmobiliario, a. I *société immobilière*, inmobiliaria.

immobil/iser *t* inmovilizar. **-isation** *f* inmovilización. **-ité** *f* inmobilidad.

immodéré, e *a* inmoderado, a.

immoler *t* inmolar.

immond/e *a* inmundo, a. **-ices** *f pl* inmundicias.

immoral, e *a* inmoral.

immort/aliser *t* inmortalizar. **-alité** *f* inmortalidad. **-el, elle** *a* inmortal. □ *f* (plante) siempreviva.

immuable *a* inmutable.

immun/iser *t* inmunizar. **-ité** *f* inmunidad.

impact |ɛ̃pakt| *m* impacto.

impair, e *a* impar : *nombres impairs*, números impares. □ *m* desacierto.

impalpable *a* impalpable.

impardonnable *a* imperdonable.

imparfait, e *a* imperfecto, a. □ *m* (temps) pretérito imperfecto.

impartial, e |ɛ̃paʀsjal| *a* imparcial. **-ité** *f* imparcialidad.

impasse *f* callejón *m* sin salida.

impassib/le *a* impasible. **-ilité** *f* impasibilidad.

impati/ence |ɛ̃pasjãs| *f* impaciencia. **-ent, e** *a/s* impaciente. **-enter** *t* impacientar. □ *s' —*, impacientarse.

impayab/le |ɛ̃pejabl| *a* FAM graciosísimo, a, la monda.

impeccable *a* impecable.

impénétrable *a* impenetrable.

impénitent, e *a* impenitente.

impensable *a* increíble.

impératif, ive *a/m* imperativo, a.

impératrice *f* emperatriz.

imperceptible *a* imperceptible.

imperfection *f* imperfección.

impérial, e *a/f* imperial. **-isme** *m* imperialismo. **-iste** *a/s* imperialista.

impérieux, euse *a* imperioso, a.

impérissable *a* imperecedero, a.

imperméab/le *a/m* impermeable. **-iliser** *t* impermeabilizar.

impersonnel, elle *a* impersonal.

impertin/ent, e *a/s* impertinente. **-ence** *f* impertinencia.

imperturbable *a* imperturbable.

impétu/eux, euse *a* impetuoso, a. **-osité** *f* impetuosidad.

impi/e *a/s* impío, a. **-été** *f* impiedad.

impitoyable |ɛ̃pitwajabl| *a* despiadado, a.

implacable *a* implacable.

implanter *t* implantar.

implicite *a* implícito, a.

impliquer *t* implicar.

implorer *t* implorar.

impoli, e *a* descortés, mal educado, a. **-ment** *adv* descortésmente. **-tesse** *f* descortesía, falta de educación.

impondérable *a/m* imponderable.

impopul/aire *a* impopular. **-arité** *f* impopularidad.

import/ance *f* importancia : *attacher de l' – à*, dar importancia a ; *ça n'a aucune –*, no tiene ninguna importancia. I *d' –*, importante. **-ant, e** *a* importante. I *faire l' –*, darse tono.

¹**import/er** *t* importar. **-ateur, trice** *a/s* importador, a. **-ation** *f* importación.

²**importer** *i* importar : *il importe que...*, importa que... ; *peu importe*, no importa. I *n'importe qui*, cualquiera ; *n'importe quoi*, cualquier cosa ; *n'importe comment*, de cualquier modo ; *n'importe où*, en cualquier lugar ; *n'importe quand*, en cualquier momento.

importun, e *a/s* importuno, a. **-er** *t* importunar.

imposant, e *a* impotente.

impos/er *t* **1** imponer : *il nous a imposé ses conditions*, nos impuso sus condiciones ; *– le respect, le silence, les mains*, imponer respeto, silencio, las manos. **2** (taxer) gravar con un impuesto. **3** *en –*, imponer, impresionar. □ *pr* **1** *imposerse.* **2** *cette visite ne s'impose pas*, esta visita no es indispensable. **-ition** *f* imposición.

impossib/le *a* imposible. □ *m faire l' –*, hacer lo imposible. **-ilité** *f* imposibilidad.

impost/eur *m* impostor, a. **-ure** *f* impostura.

impôt |ɛ̃po| *m* impuesto.

impotent, e *a* baldado, a, tullido, a.

impracticable *a* **1** impracticable. **2** (chemin) intransitable.

imprécation *f* imprecación.

imprécis, e *a* impreciso, a. **-ion** *f* imprecisión.

imprégner ° *t* impregnar.

imprenable *a* inexpugnable.

imprésario *m* empresario, apoderado.

impression *f* **1** impresión : *il m'a fait bonne –*, me ha causado buena impresión ; *quelles sont vos impressions ?*, ¿cuáles son sus impresiones ? ; *j'ai l' – que...*, tengo la impresión de que... **2** *fautes d' –*, errores de imprenta.

impressionn/er *t* impresionar. **-able** *a* impresionable. **-ant, e** *a* impresionante. **-isme** *m* impresionismo.

imprévisible *a* imprevisible.

imprévoy/ant, e |ɛ̃prevwajɑ̃, ɑ̃t| *a/s* imprevisor, a. **-ance** *f* imprevisión.

imprévu, e *a/m* imprevisto, a.

imprimé *m* **1** (publication) impreso. **2** (tissu) estampado.

imprim/er *t* **1** imprimir. **2** (tissu) estampar. **-erie** *f* imprenta. **-eur** *m* impresor.

improbab/le *a* improbable. **-ilité** *f* improbabilidad.

improductif, ive *a* improductivo, a.

impromptu, e |ɛ̃prɔ̃pty| *a* improvisado, a. □ *adv* improvisadamente. □ *m* improvisación *f.*

impropr/e *a* impropio, a. **-iété** *f* impropiedad.

improvis/er *t* improvisar. **-ation** *f* improvisación.

improviste (à l') *loc adv* de improviso.

imprud/ent, e *a* imprudente. **-emment** *adv* imprudentemente. **-ence** *f* imprudencia.

impudence *f* impudencia.

impudique *a* impúdico, a.

impuiss/ant, e *a* impotente. **-ance** *f* impotencia.

impuls/ion *f* impulso *m.* I *sous l'*

— *de la colère*, impulsado por la ira. **-if, ive** *a/s* impulsivo, a.

impun/i, e *a* impune. **-ément** *adv* impunemente.

impur, e *a* impuro, a. **-eté** *f* impureza.

imput/er *t* imputar. **-able** *a* imputable.

imputrescible *a* imputrescible.

inabordable *a* inabordable.

inacceptable *a* inaceptable.

inaccessible *a* inaccesible, inasequible.

inaccoutumé, e *a* desacostumbrado, a, insólito, a.

inachevé, e *a* sin acabar, incompleto, a.

inact/if, ive *a* inactivo, a. **-ion** *f* inacción. **-ivité** *f* inactividad.

inadapté, e *a/s* inadaptado, a.

inadmissible *a* inadmisible.

inadvertance (par) *loc adv* por inadvertencia.

inaliénable *a* inalienable.

inaltérable *a* inalterable.

inamovible *a* inamovible.

inanimé, e *a* inanimado, a.

inanition *f* inanición.

inaperçu, e *a* *passer* —, pasar inadvertido, a.

inapplicable *a* inaplicable.

inappréciable *a* inapreciable.

inapt/e *a* — *à*, no apto, a, incapaz, inútil para. **-itude** *f* incapacidad.

inarticulé, e *a* inarticulado, a.

inattaquable *a* inatacable.

inattendu, e *a* inesperado, a.

inattent/ion *f* descuido *m*, distracción. I *faute d'* —, descuido *m*. **-if, ive** *a* distraído, a.

inaudible *a* inaudible.

inaugur/er *t* inaugurar. **-al, e** *a* inaugural. **-ation** *f* inauguración.

inavouable *a* inconfesable, vergonzoso, a.

inca *a* incaico, a. □ *s* Inca.

incalculable *a* incalculable.

incandescent, e *a* incandescente.

incantation *f* hechizo *m*.

incapa/ble *a/s* incapaz : *des dirigeants incapables*, unos dirigentes incapaces. **-cité** *f* incapacidad.

incarcér/er º *t* encarcelar. **-ation** *f* encarcelamiento *m*.

incarn/er *t* encarnar. **-ation** *f* encarnación.

incartade *f* extravagancia, locura.

incassable *a* irrompible.

incendi/e *m* incendio. **-aire** *a/s* incendiario, a. **-er** *t* incendiar.

incert/ain, e *a* incierto, a, dudoso, a. **-itude** *f* incertidumbre.

incessamment *adv* muy pronto.

incessant, e *a* incesante.

inceste *m* incesto.

incidemment [ɛ̃sidamɑ̃] *adv* incidentalmente.

incident *m* incidente.

incinér/er º *t* incinerar. **-ation** *f* incineración.

inciser *t* hacer una incisión en.

incisif, ive *a* incisivo, a. □ *f* (dent) incisivo *m*.

incision *f* incisión.

incit/er *t* incitar. **-ation** *f* incitación.

inclin/er *t* inclinar. □ *s'* —, inclinarse. **-aison** *f* inclinación. **-ation** *f* inclinación.

incl/ure º *t* incluir. **-us, e** *a* incluso, a. I *jusqu'à jeudi* —, hasta el jueves inclusive; *la note ci-incluse*, la nota adjunta; *ci-inclus notre facture*, adjunta nuestra factura. **-usion** *f* inclusión. **-usivement** *adv* inclusive.

incognito [ɛ̃kɔɲito] *m* incógnito. I *voyager* —, viajar de incógnito.

incohér/ent, e *a* incoherente. **-ence** *f* incoherencia.

incolore *a* incoloro, a.

incomber *i/impers* incumbir : *il incombe au notaire de...*, incumbe al notario...

incombustible *a* incombustible.

incommensurable *a* inconmensurable.

incommode *a* incómodo, a.

incommoder *t* incomodar, molestar. | *être incommodé*, estar indispuesto.

incomparable *a* incomparable.

incompatib/le *a* incompatible. **-ilité** *f* incompatibilidad.

incompét/ent, e *a* incompetente. **-ence** *f* incompetencia.

incomplet, ète *a* incompleto, a.

incompréhensible *a* incomprensible.

incompréhens/ion *f* incomprensión. **-if, ive** *a* incomprensivo, a.

incompris, e *a/s* incomprendido, a.

inconcevable *a* inconcebible.

inconciliable *a* inconciliable.

inconditionnel, elle *a/s* incondicional.

inconduite *f* mala conducta.

inconfort *m* incomodidad *f*. **-able** *a* inconfortable.

incongru, e *a* incongruente. **-ité** *f* incongruencia.

inconnu, e *a/s* desconocido, a.

inconsci/ent *a* inconsciente. **-emment** [ɛ̃kɔ̃sjamɑ̃] *adv* inconscientemente. **-ence** *f* inconsciencia.

inconsistant, e *a* inconsistente.

inconsolable *a* inconsolable.

inconst/ant e *a* inconstante. **-ance** *f* inconstancia.

incontestable *a* incontestable.

incontesté, e *a* indiscutido, a.

incontinence *f* incontinencia.

inconvenant, e *a* inconveniente.

inconvénient *m* inconveniente. | *les inconvénients du métier*, los gajes del oficio.

incorpor/er *t* incorporar. **-ation** *f* incorporación.

incorrect, e *a* incorrecto, a. **-ion** *f* incorrección.

incorrigible *a* incorregible.

incorruptible *a* incorruptible.

incrédul/e *a/s* incrédulo, a. **-ité** *f* incredulidad.

increvable *a* 1 *un pneu —*, un neumático que no se pincha. 2 FAM incansable, infatigable.

incriminer *t* incriminar.

incroyable [ɛ̃kRwajabl] *a* increíble.

incroyant, e [ɛ̃kRwajɑ̃, ɑ̃t] *a/s* incrédulo, a.

incrust/er *t* incrustar. □ *s'—*, incrustarse. **-ation** *f* incrustación.

incubat/ion *f* incubación. **-eur** *m* incubadora *f*.

inculp/er *t* inculpar. **-ation** *f* inculpación. **-é, ée** *s* procesado, a, reo, a.

inculquer *t* inculcar.

inculte *a* inculto, a.

incurable *a/s* incurable.

incurie *f* incuria.

incursion *f* incursión.

Inde *n p f* India.

indéc/ent, e *a* indecente. **-ence** *f* indecencia.

indéchiffrable *a* indescifrable.

indécis, e *a/s* indeciso, a.

indéfendable *f* indefendible.

indéfini, e *a* indefinido, a. **-ssable** *f* indefinible.

indéfrisable *f* permanente.

indélébile *a* indeleble.

indélicat, e *a* indelicado, a. **-esse** *f* falta de delicadeza.

indémaillable *a* indesmallable.

indemne [ɛ̃dɛmn] *a* indemne.

indemnis/er *t* indemnizar. **-ation** *f* indemnización.

indemnité *f* 1 indemnización. 2 (de déplacement, parlementaire) dietas *pl*.

indéniable *a* innegable.

indépend/ant, e *a* independiente. **-amment** *adv* independientemente. **-ance** *f* independencia.

indescriptible *a* indescriptible.

indésirable *a/s* indeseable.

indestructible *a* indestructible.

indéterminé, e *a* indeterminado, a.

index |ĕdɛks| *m* índice.

indicateur, trice *a/m* indicador, a : *poteau* −, poste indicador. □ *m* **1** (des chemins de fer) guía *f*. **2** (de police) confidente, soplón.

indicatif, ive *a/m* indicativo, a. □ *m* (radio) sintonía *f*.

indication *f* indicación.

indice *m* **1** (signe) indicio. **2** (nombre) índice : − *d'octane*, índice de octano.

indicible *a* indecible.

indien, enne *a/s* indio, a. □ *f* (toile) indiana.

indiffér/ent, e *a* indiferente. **-ence** *f* indiferencia.

indigence *f* indigencia.

indigène *a/s* indígena.

indigent, e *a/s* indigente.

indigest/e *a* indigesto, a. **-ion** *f* indigestión.

indignation *f* indignación.

indigne *a* indigno, a.

indign/er *t* indignar. □ *s'* −, indignarse. **-ité** *f* indignidad.

indigo *m* indigo, añil.

indiquer *t* indicar : *je lui ai indiqué un hôtel tranquille*, le indiqué un hotel tranquilo. I *ce traitement est tout indiqué*, este tratamiento conviene perfectamente.

indirect, e *a* indirecto, a.

indiscipliné, e *a* indisciplinado, a.

indiscr/et, ète *a/s* indiscreto, a. **-étion** *f* indiscreción.

indiscutable *a* indiscutible. **-ment** *adv* indiscutiblemente.

indispensable *a* indispensable.

indispos/er *t* indisponer : *la chaleur m'a indisposé*, el calor me ha indispuesto ; *je suis indisposé*, estoy indispuesto. **-ition** *f* indisposición.

indissoluble *a* indisoluble.

indistinct, e |ĕdistĕ(kt), ĕkt| *a* indistinto, a.

individu *m* individuo. **-alité** *f* individualidad. **-el, elle** *a* individual.

indivisible *a* indivisible.

Indochine *n p f* Indochina.

indol/ent, e *a* indolente. **-ence** *f* indolencia.

indomptable |ĕdɔtabl| *a* indomable.

Indonésie *n p f* Indonesia.

indu, e *a* indebido, a. I *à une heure indue*, a deshora.

indubitable *a* indubitable.

induction *f* inducción.

induire ° *t* inducir : *il nous a induit en erreur*, nos indujo en error.

indulg/ent, e *a* indulgente. **-ence** *f* indulgencia.

industrialis/er *t* industrializar. **-ation** *f* industrialización.

industri/e *f* industria. **-el, elle** *a/m* industrial.

industrieux, euse *a* industrioso, a.

inébranlable *a* **1** (personne) inconmovible. **2** (croyance) inquebrantable.

inédit, e *a* inédito, a.

ineffable *a* inefable.

inefficac/e *a* ineficaz. **-ité** *f* ineficacia.

inégal, e *a* desigual : *combats inégaux*, combates desiguales. **-able** *a* inigualable. **-ité** *f* desigualdad.

inélégant, e *a* inelegante.

inéluctable *a* ineluctable.

inept/e *a* inepto, a. **-ie** |inɛpsi| *f* necedad, inepcia.

inépuisable *a* inagotable.

inert/e *a* inerte. **-ie** |inɛrsi| *f* inercia.

inespéré, e *a* inesperado, a.

inestimable *a* inestimable.

inévitable *a* inevitable.

inexact, e |inɛgza(kt)| *a* inexacto, a. **-itude** *f* inexactitud.

inexcusable *a* inexcusable.

inexistant, e *a* inexistente.

inexorable *a* inexorable.

inexpér/ience *f* inexperiencia. **-imenté, e** *a* (personne) inexperto, a.

inexplicable *a* inexplicable.

inexploré, e *a* inexplorado, a.

inexpressif, ive *a* inexpresivo, a.

inexprimable *a* indecible.

inextricable *a* inextricable.

infaillib/le *a* infalible. **-ilité** *f* infalibilidad.

inf/âme *a* infame. **-amie** *f* infamia.

infanterie *f* infantería.

infantil/e *a* infantil. **-isme** *m* infantilismo.

infarctus |ɛ̃farktys| *m* infarto.

infatigable *a* infatigable.

infatué, e *a* – de soi-même, engreído de sí mismo.

infect, e |ɛ̃fɛkt| *a* infecto, a.

infect/er *t* infectar, inficionar. □ pr la plaie s'est infectée, la llaga se ha infectado. **-ieux, euse** *a* infeccioso, a. **-ion** *f* 1 infección. 2 (puanteur) hedor *m*.

inféri/eur, e *a/s* inferior. **-orité** *f* inferioridad.

infernal, e *a* infernal.

infester *t* infestar.

infid/èle *a* infiel. □ pl les infidèles, los infieles. **-élité** *f* infidelidad.

infiltr/er (s') *pr* infiltrarse. **-ation** *f* infiltración.

infime *a* ínfimo, a.

infini, e *a/m* infinito, a. l à l' –, hasta lo infinito ; (indéfiniment) indefinidamente. **-ment** *adv* infinitamente. **-té** *f* infinidad.

infinitésimal, e *a* infinitesimal.

infinitif, ive *a/m* infinitivo.

infirm/e *a/s* impedido, a. **-erie** *f* enfermería. **-ier, ère** *s* enfermero,

a. **-ité** *f* invalidez, achaque *m*.

inflamm/able *a* inflamable. **-ation** *f* inflamación. **-atoire** *a* inflamatorio, a.

inflation *f* inflación. **-niste** *a* inflacionista.

inflexible *a* inflexible.

infliger ° *t* infligir.

influ/ence *f* influencia : il a eu beaucoup d' – sur son fils, ha tenido mucha influencia sobre su hijo. **-encer** ° *t* influir sobre. I se laisser –, dejarse influenciar. **-ent, e** *a* influyente.

influer *i* – sur, influir en : le climat influe sur la végétation, el clima influye en la vegetación.

informat/ion *f* información : informations sportives, informaciones deportivas. I bulletin d' –, parte informativo. □ pl écouter les informations à la radio, escuchar las informaciones en la radio. **-ique** *f* informática.

informe *a* informe.

informer *t* informar. □ s' –, informarse.

infortun/e *f* infortunio *m*. **-é, ée** *a* infortunado, a.

infraction *f* infracción.

infranchissable *a* infranqueable.

infrarouge *a/m* infrarrojo, a.

infrastructure *f* infraestructura.

infroissable *a* inarrugable.

infructueux, euse *a* infructuoso, a.

infusion *f* infusión.

ingénier (s') *pr* – à, ingeniárselas para.

ingénieur *m* ingeniero.

ingéni/eux, euse *a* ingenioso, a. **-osité** *f* ingeniosidad.

ingénu, e *a/s* ingenuo, a. **-ité** *f* ingenuidad.

ingérence *f* injerencia.

ingrat, e *a/s* ingrato, a. l l'âge –, la edad del pavo. **-itude** *f* ingratitud.

ingrédient *m* ingrediente.

inguérissable *a* incurable.

ingurgiter *t* engullir.

inhabit/able *a* inhabitable. **-é, ée** *a* deshabitado, a, inhabitado, a.

inhaler *t* inhalar. **-ation** *f* inhalación.

inhérent, e *a* inherente.

inhospitalier, ère *a* inhospitalario, a.

inhumain, e *a* inhumano, a.

inhum/er *t* inhumar. **-ation** *f* inhumación.

inimaginable *a* inimaginable.

inimitable *a* inimitable.

inimitié *f* enemistad.

ininflammable *a* ininflamable.

inintelligible *a* ininteligible.

ininterrompu, e *a* ininterrumpido, a.

iniquité *f* iniquidad.

initial, e [inisjal] *a/f* inicial.

initiation [inisjasjɔ̃] *f* iniciación.

initiative [inisjativ] *f* iniciativa.

initi/er [inisje] *t — à*, iniciar en. □ *s' — à*, iniciarse en. **-é, ée** *s* iniciado, a.

inject/er *t* inyectar. **-ion** *f* inyección.

injur/e *f* injuria. **-ier** *t* injuriar. **-ieux, euse** *a* injurioso, a.

injust/e *a* injusto, a. **-ice** *f* injusticia.

injustifi/able *a* injustificable. **-é, ée** *a* injustificado, a.

inlassable *a* incansable.

inné, e *a* innato, a.

innoc/ent, e *a/s* inocente. **-ence** *f* inocencia.

innombrable *a* inumerable.

innovation *f* inovación.

inoccupé, e *a* desocupado, a.

inoculer *t* inocular.

inodore *a* inodoro, a.

inoffensif, ive *a* inofensivo, a.

inond/er *t* inundar. **-ation** *f* inundación.

inopiné, e *a* inopinado, a.

inopportun, e *a* inoportuno, a.

inoubliable *a* inolvidable.

inouï, e [inwi] *a* inaudito, a.

inoxydable *a* inoxidable.

inqui/et, ète *a* inquieto, a. **-éter** *t* preocupar, inquietar. □ *s' —*, preocuparse : *ne vous inquiétez pas*, no se preocupe. **-étant, e** *a* inquietante. **-étude** *f* inquietud.

inquisit/ion *f* inquisición. **-eur, trice** *a/m* inquisidor, a.

insaisissable *a* **1** que no se puede coger. **2** FIG imperceptible.

insalubre *a* insalubre.

insatiable [ĕsasjabl] *a* insaciable.

inscription *f* **1** inscripción. **2** matrícula : *l' — d'un élève dans une faculté*, la matrícula de un alumno en una facultad; *— maritime*, matrícula de buques.

inscrire ° *t* **1** inscribir : *inscrivez votre nom*, inscriba su apellido. **2** (un élève) matricular. □ *s' —*, matricularse : *elle s'est inscrite à la faculté de droit*, se ha matriculado en la facultad de derecho.

insect/e *m* insecto. **-icide** *m* insecticida.

insensé, e *a/s* insensato, a.

insensibilis/er *t* insensibilizar. **-ation** *f* insensibilización.

insensib/le *a* insensible. **-ilité** *f* insensibilidad.

inséparable *a* inseparable.

ins/érer ° *t* insertar. **-ertion** *f* inserción.

insidieux, euse *a* insidioso, a.

insigne *a* insigne. □ *m* insignia *f* : *un — honorifique*, una insignia honorífica.

insignifiant, e *a* insignificante.

insinu/er *t* insinuar. □ *s' —*, insinuarse. **-ation** *f* insinuación.

insipide *a* insípido, a.

insist/er *i — sur*, insistir en; *n'insistez pas*, no insista; *— auprès de quelqu'un*, insistir a alguien. **-ance** *f* insistencia. I *avec —*, insistentemente, con insistencia.

insociable *a* insociable.

insolation *f* insolación.

insol/ent, e *a* insolente. **-ence** *f* insolencia.

insolite *a* insólito, a.

insoluble *a* insoluble.

insolvable *a* insolvente.

insomnie *f* insomnio *m*.

insondable *a* insondable.)

insonoris/er *t* insonorizar. **-ation** *f* insonorización.

insouci/ant, e *a* despreocupado, a. **-ance** *f* despreocupación.

insoupçonné, e *a* insospechado, a.

inspect/er *t* inspeccionar. **-eur, trice** *s* inspector, a. **-ion** *f* inspección.

inspir/er *t* inspirar. □ *s' — de*, inspirarse en. **-ation** *f* inspiración.

instab/le *a* inestable. **-ilité** *f* inestabilidad.

install/er *t* instalar. □ pr *il s'est installé chez moi*, se ha instalado en mi casa. **-ation** *f* instalación.

instamment *adv* encarecidamente.

instance *f* instancia. I *en —*, pendiente.

instant *m* instante : *à chaque —*, a cada instante ; *à l' —*, al instante. I *dans un —*, dentro de un momento ; *pour l'instant*, por el momento, de momento.

instantané, e *a* instantáneo, a. □ *m* (photo) instantánea *f*.

instaurer *t* instaurar.

instiga/tion *f* instigación. **-teur, trice** *s* instigador, a.

instinct [ɛ̃stɛ̃] *m* instinto. I *d' —*, instintivamente. **-if, ive** *a* instintivo, a.

instituer *t* instituir.

institut *m* instituto.

instituteur, trice *s* maestro, a.

institution *f* institución.

instruct/ion *f* instrucción. □ pl instrucciones. **-eur** *m* instructor.

-if, ive *a* instructivo, a.

instru/ire ° *t* instruir. □ *s' —*, instruirse, aprender. **-it, e** *a* instruido, a.

instrument *m* instrumento : *— à cordes, à vent*, instrumento de cuerda, de viento.

insu de (à l') loc prép *à l' — de ses parents*, sin que lo sepan sus padres ; *à mon —*, sin saberlo yo.

insubordination *f* insubordinación.

insuccès [ɛ̃syksɛ] *m* fracaso.

insuffis/ant, e *a* insuficiente. **-ance** *f* insuficiencia.

insulaire *a/s* insular.

insult/e *f* insulto *m*. **-er** *t* insultar.

insupportable *a* insoportable.

insurgé, e *a/s* insurrecto, a.

insurger (s') ° *pr* sublevarse.

insurmontable *a* insuperable.

insurrection *f* insurrección.

intact, e [ɛ̃takt] *a* intacto, a.

intarissable *a* inagotable.

intégral, e *a* integral.

int/ègre *a* íntegro, a. **-égrer** *t* integrar. **-égrité** *f* integridad.

intellectuel, elle *a/s* intelectual.

intellig/ent, e *a* inteligente. **-ence** *f* inteligencia. **-ible** *a* inteligible.

intempéries *f pl* intemperie *sing* : *exposé aux —*, expuesto a la intemperie.

intenable *a* insoportable.

intend/ance *f* intendencia. **-ant, e** *s* intendente, intendenta.

intens/e *a* intenso, a. **-if, ive** *a* intensivo, a. **-ifier** *t* intensificar. **-ité** *f* intensidad.

intention *f* **1** intención : *mauvaise —*, mala intención. **2** *quelles sont vos intentions ?*, ¿cuáles son sus propósitos ? ; *j'ai l' — de partir*, tengo la intención, el propósito de marcharme. I *à l' — de*, para ; *à ton —*, por ti ; *dans l' — de*, con intención de.

intentionné, e *a bien, mal* —, bien, mal intencionado, a.

intentionnel, elle *a* intencional.

intercaler *t* intercalar.

intercéder ° *i* interceder.

intercept/er *t* interceptar. **-ion** *f* interceptación.

intercession *f* intercesión.

interchangeable |ɛ̃tɛrʃãȝabl| *a* intercambiable.

interdiction *f* interdicción. I — *de stationner*, prohibido aparcar.

inter/dire ° *t* prohibir : *je vous interdis d'entrer*, le prohibo entrar ; *il est interdit de fumer*, se prohibe fumar. **-dit, e** *a* 1 prohibido, a : *entrée interdite*, prohibida la entrada. 2 (ébahi) desconcertado, a.

intéress/er *t* interesar. □ *s'* — *à*, interesarse por : *il ne s'intéresse à rien*, no se interesa por nada. **-ant, e** *a* interesante. **-é, ée** *a/s* interesado, a.

intérêt *m* interés : *dans l'* — *de*, en interés de ; *dans ton* —, en interés tuyo ; *avoir* — *à*, tener interés en ; *intérêts composés*, intereses compuestos. I *porter de l'* — *à*, interesarse por.

interférence *f* interferencia.

intérieur, e *a* interior. □ *m* 1 interior. I *à l'* —, dentro. 2 (maison) casa *f*. 3 *ministère de l'* —, ministerio de la Gobernación.

interjection *f* interjección.

interlocuteur, trice *s* interlocutor, a.

interloquer *t* desconcertar.

intermède *m* 1 intermedio. 2 (théâtre) entremés.

intermédiaire *a/s* intermediario, a. I *par l'* — *de*, por medio de, a través de.

interminable *a* interminable.

intermitt/ent, e *a* intermitente. **-ence** *f* intermitencia.

internat *m* internado.

international, e *a/s* internacional : *organismes internationaux*, organismos internacionales.

interne *a/s* interno, a.

intern/er *t* internar. **-ement** *m* reclusión *f*.

interpeller |ɛ̃tɛrpele| *t* interpelar.

interphone *m* intercomunicador.

interplanétaire *a* interplanetario, a.

interposer *t* interponer. □ *pr il s'interposa entre eux*, se interpuso entre ellos.

interprète *s* intérprete.

interprét/er ° *t* interpretar. **-ation** *f* interpretación.

interroga/tion *f* interrogación. I *point d'* —, signo de interrogación. **-teur, trice** *a* interrogante. □ *s* examinador, a. **-tif, ive** *a* interrogativo, a. **-toire** *m* interrogatorio.

interroger *t* interrogar.

interrompre *t* interrumpir. □ *s'* —, interrumpirse.

interrupt/ion *f* interrupción. **-eur** *m* interruptor.

intersection *f* intersección.

interstice *m* intersticio.

interurbain *m* teléfono interurbano.

intervalle *m* intervalo : *dans l'* —, en el intervalo. I *par intervalles*, de vez en cuando.

interven/ir ° *i* intervenir : *la police est intervenue rapidement*, la policía intervino rápidamente. **-tion** *f* intervención.

intervertir *t* invertir.

interview |ɛ̃tɛrvju| *f* interviú *m*, entrevista. **-er** *t* — *un ministre*, interviuvar a, entrevistarse con un ministro.

intestin *m* intestino : — *grêle*, intestino delgado ; *gros* —, intestino grueso. **-al, e** *a* intestinal.

intime a/s intimo, a.

intimider t intimidar.

intimidité f intimidad : *dans l' —*, en la intimidad.

intituler t titular. □ s' —, titularse.

intolérable a intolerable.

intolér/ant, e a intolerante. **-ance** f intolerancia.

intonation f entonación.

intoxi/quer t intoxicar. **-cation** f intoxicación.

intraitable a intratable, intransigente.

intransig/eant, e a intransigente. **-eance** f intransigencia.

intransitif, ive a/m intransitivo, a.

intrépide a/s intrépido, a.

intrigant, e a/s intrigante.

intrigu/e f 1 intriga. 2 aventura galante. **-er** i/t intrigar.

introduction f introducción.

introduire ° t introducir : *introduisez le jeton dans la fente*, introduzca la ficha en la ranura. □ *pr il s'est introduit dans le salon*, se introdujo en el salón.

introuvable a imposible de encontrar.

intrus, use [ɛ̃try, yz] s intruso, a. **-ion** f intrusión.

intuit/ion f intuición. **-if, ive** a/s intuitivo, a.

inusable a inusable.

inutil/e a/s inútil. **-isable** a inservible. **-ité** f inutilidad.

invalide a/s inválido, a.

invariable a invariable.

invasion f invasión.

invective f invectiva.

invendable a invendible.

inventaire m inventario.

invent/er t inventar. **-eur, trice** s inventor, a. **-ion** f 1 invención. 2 (chose inventée) invento m, invención : *c'est une — à moi*, es un invento mío.

inverse a inverso, a. □ m l' —, lo contrario.

invers/er t invertir. **-ion** f inversión.

invest/ir t (des capitaux) invertir. **-issement** m inversión f.

invétéré, e a inveterado, a.

invincible a invencible.

inviolable a inviolable.

invisible a invisible.

invit/er t invitar. | *les invités*, los invitados. **-ation** f invitación.

invocation f invocación.

involontaire a involuntario, a.

invoquer t invocar.

invraisembl/able a inverosimil **-ance** f inverosimilitud.

invulnérable a invulnerable.

iode m yodo.

ionique a jónico, a.

Iran n p m Irán.

iranien, enne a/s iraní.

irascible a irascible.

iris [iris] m 1 (de l'œil) iris. 2 (plante) lirio.

irlandais, e a/s irlandés, esa.

Irlande n p f Irlanda.

iron/ie f ironía. **-ique** a irónico, a.

irradier i/t irradiar.

irrationnel, elle a irracional.

irréalisable a irrealizable.

irréconciliable a irreconciliable.

irréel, elle a irreal.

irréfléchi, e a irreflexivo, a.

irréfutable a irrefutable.

irrégul/arité f irregularidad. **-ier, ère** a irregular.

irrémédiable a irremediable.

irremplaçable a insustituible.

irréparable a irreparable.

irréprochable a irreprochable.

irrésistible a irresistible.

irrespectueux, euse a irrespetuoso, a.

irrespirable a irrespirable.

irresponsable a irresponsable.

irrévocable a irrevocable.

irrig/uer t irrigar, regar. **-ation** f

irrigación, riego *m*. I *canal d'—*, acequia *f*.

irrit/er *t* irritar. **-able** *a* irritable. **-ant, e** *a* irritante. **-ation** *f* irritación.

irruption *f* irrupción. I *faire — dans*, irrumpir en.

Isabelle *n p f* Isabel.

islamisme *m* islamismo.

Islande *n p f* Islandia.

isolant, e *a/m* aislante.

isolateur *m* aislador.

isolation *f* aislamiento *m*.

isol/er *t* aislar : *village, cas isolé*, pueblo, caso aislado. **-ement** *m* aislamiento. **-oir** *m* cabina *f*.

Israël *n p m* Israel.

israél/ien, enne *a/s* israelí. **-ite** *a/s* israelita.

issu, e *a* descendiente, nacido, a.

issue *f* **1** salida : *— de secours*, salida de emergencia. **2** fin *m*. I *à l' — de*, al final de.

isthme |ism| *m* istmo.

Italie *n p f* Italia.

italien, enne *a/s* italiano, a.

italique *f* (imprimerie) cursiva.

itinéraire *m* itinerario.

itinérant, e *a* ambulante.

ivoire *m* marfil.

ivraie *f* cizaña.

ivr/e *a* ebrio, a, borracho, a. **-esse** *f* embriaguez. **-ogne** *m* borracho, borrachín.

J

j |ʒi| m j f : *un j,* una j.

j' ⇒ **je.**

jabot m 1 (des oiseaux) buche. 2 (de chemise) chorrera f.

jacasser i (parler) cotorrear.

jachère f barbecho m.

jacinthe |ʒasɛ̃t| f jacinto m.

Jacques |ʒak| n p m Jaime, Santiago, Diego.

jade m jade.

jadis |ʒadis| adv antiguamente. I *au temps —,* en tiempos lejanos.

jaguar |ʒagwar| m jaguar.

jaill/ir i 1 brotar : *l'eau jaillissait,* el agua brotaba. 2 surgir. **-issement** m chorro.

jais |ʒɛ| m azabache.

jalon m jalón. **-ner** t jalonar.

jalouser t envidiar.

jalousie f 1 envidia. 2 (en amour) celos m pl. 3 (persienne) celosía.

jaloux, ouse a/s 1 (envieux) envidioso, a. 2 (en amour) celoso, a : *il est — de sa petite sœur,* está celoso de su hermanita. I *rendre —,* dar celos.

Jamaïque |ʒamaik| n p f Jamaica.

jamais |ʒamɛ| adv nunca : *je n'ai — vu de corrida,* nunca he visto una corrida. I *—, au grand —,* nunca jamás ; *à —,* para siempre ; *si —,* si por casualidad ; *— de la vie!,* ¡ni hablar !

jambe f pierna. I *à toutes jambes,* a todo correr ; *prendre ses jambes à son cou,* echar a correr ; FAM *tenir la — à quelqu'un,* dar la lata a alguien.

jambon m jamón : *— cru, de pays,* jamón serrano. **-neau** m brazuelo de cerdo.

jante f llanta.

janvier m enero : *le 1er —,* el (día) primero de enero.

Japon n p m Japón.

japonais, e a/s japonés, esa.

japp/er i ladrar. **-ement** m ladrido.

jaquette f 1 (d'homme) chaqué f. 2 (de femme) chaqueta. 3 (de livre) sobrecubierta.

jardin m 1 (d'agrément) jardín. I *— des plantes,* jardín botánico ; *— public, parque.* 2 — *potager,* huerto. 3 — *d'enfants,* jardín de infancia, guardería f infantil. **-age** m 1 jardinería f. 2 horticultura f. **-er** i cultivar el jardín. **-ier, ère** s 1 jardinero, a. 2 hortelano, a.

jardinière f — *de légumes,* menestra.

jargon m jerga f, jerigonza f.

jarre f tinaja.

jarret m 1 (de l'homme) corva f. 2 (de l'animal) corvejón.

jarretelle f liga.

jarretière f liga.

jaser i 1 parlotear, charlar. 2 (médire) cotillear.

jasmin m jazmín.

jaspe m jaspe.

jatte f cuenco m.

jaug/e f 1 (d'un navire) arqueo m. 2 varilla graduada. 3 indicador m de nivel. **-er** t 1 medir la capacidad de. 2 MAR arquear. 3 FIG juzgar.

jaun/e a amarillo, a. □ m 1 amarillo. 2 — *d'œuf,* yema f de huevo. 3 (ouvrier) esquirol. 4 *rire —,* reír de dientes para afuera. **-âtre** a amarillento, a. **-ir** t poner amarillo, a. □ i ponerse amarillo, a, amarillear.

jaunisse f ictericia.

javanais, e a/s javanés, esa.

Javel (eau de) f lejía.

javelliser t esterilizar con lejía.

javelot |ʒavlo| m 1 (arme) venablo. 2 (sport) jabalina f.

jazz |dʒaz| m jazz.

je, j' pron pers yo (souvent omis, sert à insister : – suis français, (yo) soy francés ; j'ai soif, tengo sed).

jean |dʒin| m 1 (tissu) tejano. 2 pantalón vaquero : des jeans, pantalones vaqueros, tejanos.

Jean, Jeanne |ʒɑ̃, ʒan| n p Juan, Juana.

jeep |(d)ʒip| f jeep m.

Jéhovah n p m Jehová.

jerrycan |(d)ʒerikan| m bidón de alrededor de 20 litros.

Jérusalem n p Jerusalén.

jésuite a/m jesuita.

Jésus |ʒesy| n p m Jesús ; Jésus-Christ, Jesucristo.

¹jet |ʒɛ| m 1 tiro. 2 (d'un liquide, de vapeur) chorro. I – d'eau, surtidor ; du premier –, a la primera.

²jet |dʒɛt| m reactor, avión a reacción.

jetée f escollera.

jeter ⁰ t 1 tirar : – une pierre, par terre, tirar una piedra, al suelo ; ces vieux journaux sont bons à –, estos viejos periódicos están para tirarlos. 2 echar : – l'ancre, les bras autour du cou, un regard, echar el ancla, los brazos al cuello, una mirada. □ pr 1 arrojarse, tirarse, lanzarse : le chien s'est jeté sur lui, el perro se arrojó sobre él ; se – par la fenêtre, tirarse por la ventana. 2 le fleuve se jette dans la mer, el río desemboca en el mar.

jeton m ficha f.

jeu m 1 juego : jeux de hasard, juegos de azar. I un – de carte, una baraja, un juego de naipes ; – de mots, juego de palabras ; faites vos jeux, hagan sus apuestas. 2 (d'un acteur) actuación f. 3 (d'un mécanisme) juego, holgura f.

jeudi m jueves.

jeun (à) loc adv en ayunas.

jeune a 1 joven : un – professeur, un profesor joven. I un – homme, un joven ; une – fille, una joven ; jeunes gens, jóvenes. 2 pequeño, a : mon – frère, mi hermano pequeño. □ s joven : les jeunes, los jóvenes.

jeûn/er m ayuno. **-er** i ayunar.

jeunesse f juventud.

joaill/erie |ʒɔajʀi| f joyería. **-ier, ère** s joyero, a.

joie f alegría. I je me fais une – de..., me alegro... □ pl les joies de la vie, los placeres de la vida.

joindre ⁰ t 1 juntar : elle joignit les mains, juntó las manos. 2 (quelqu'un) dar con, entrar en contacto con. 3 – un chèque à une lettre, acompañar la carta con un cheque. □ se – à, unirse con.

joint, e a junto, a. I ci-joint, adjunto, a. □ m junta f. **-ure** f 1 (des os) coyuntura. 2 junta.

joli, e a bonito, a, lindo, a : une jolie fille, una chica bonita.

jonc |ʒɔ̃| m junco.

joncher t sembrar, cubrir.

jonction f unión, reunión.

jongl/er i hacer juegos malabares. **-erie** f juegos m pl malabares. **-eur, euse** s malabarista.

Joseph |ʒozɛf| n p m José.

joue f mejilla, carrillo m. I mettre en –, apuntar ; en –!, ¡apunten!, ¡armas!

jouer i 1 jugar : – au tennis, jugar al tenis ; à moi de –, ahora juego yo. 2 – du piano, du violon, tocar el piano, el violín. 3 (un acteur) actuar. 4 funcionar. 5 – sur les mots, andar con equívocos. □ t 1 jugar. 2 MUS tocar. 3 (un acteur) representar, interpretar. I – un rôle, desempeñar un papel. I se – de, burlarse de.

jouet m juguete.

joueur, euse s 1 jugador, a. 2 (musique) tocador, a. □ a juguetón, ona.

joufflu, e *a* mofletudo, a.

joug |ʒu| *m* yugo.

jou/ir *i* **1** gozar : *il jouit d'une bonne santé*, goza de buena salud. **2** disfrutar : *— du paysage*, disfrutar del paisaje. **-issance** *f* goce *m*, disfrute *m*.

jour *m* **1** día : *il fait —*, es de día. l *le — se lève*, sale el sol ; *au petit —*, al amanecer ; *donner le — à une fille*, dar a luz una niña. **2** día : *quel — sommes-nous ?*, ¿qué día es hoy ? l *un beau —*, un buen día ; *de nos jours*, en nuestros días ; *vieux jours*, vejez *f sing.* **3** aspecto.

journal *m* **1** periódico. l *— parlé*, diario hablado ; *— télévisé*, telediario. **2** *— intime*, diario íntimo.

journalier, ère *a* diario, a. □ *un —*, un jornalero.

journal/isme *m* periodismo. **-iste** *s* periodista.

journée *f* **1** día *m* : *toute la —*, todo el día. **2** *— de travail*, jornada.

journellement *adv* diariamente, a diario.

jovial, e *a* jovial. **-ité** *f* jovialidad.

joyau |ʒwajo| *m* joya *f*.

joyeux, euse |ʒwajø, øz| *a* **1** alegre. **3** feliz : *— Noël !*, ¡ felices Pascuas !

jubilé *m* jubileo.

jubiler *i* regocijarse.

jucher *t* encaramar.

judaïsme *m* judaísmo.

judas |ʒyda| *f* (de porte) mirilla *f*.

judiciaire *a* judicial.

judicieux, euse *a* juicioso, a.

judo *m* judo.

juge *m* juez : *— de paix*, juez municipal ; *les juges*, los jueces.

jugé (au) *loc adv* a bulto.

jugement *m* **1** juicio. l *— dernier*, juicio final. **2** (sentence) fallo.

jugeote |ʒyʒɔt| *f* FAM juicio *m*, caletre *m*.

juger ° *t* **1** juzgar. l *à en — par*, a

juzgar por. **2** *jugez de ma surprise*, imagínese mi sorpresa.

jugulaire *a* *veine —*, vena yugular. □ *f* carrillera.

juguler *a* yugular.

juif, ive *a/s* judío, a.

juillet *m* julio : *le 14 —*, el 14 de julio.

juin *m* junio : *le 24 —*, el 24 de junio.

Jules |ʒyl| *n p m* Julio.

jumeau, elle *a/s* gemelo, a, mellizo, a : *frères jumeaux*, hermanos gemelos.

jumeler ° *t* **1** acoplar. **2** (villes) hermanar.

jumelles *f pl* gemelos *m*.

jument *f* yegua.

jup/e *f* falda : *— droite, plissée*, falda recta, plisada. **-on** *m* enaguas *f pl.*

juré *a/m* jurado.

jurer *t/i* jurar : *je vous le jure !*, ¡ se lo juro !

juridiction *f* jurisdicción.

juridique *a* jurídico, a.

jurisprudence *f* jurisprudencia.

juron *m* juramento, taco.

jury *m* **1** (justice) jurado. **2** (examen) tribunal.

jus |ʒy| *m* **1** zumo : *— d'orange, de tomate*, zumo de naranja, de tomate. **2** (de viande) jugo. **3** POP café. **4** POP corriente *f* eléctrica.

jusque *prép* hasta : *jusqu'à la frontière*, hasta la frontera ; *jusqu'à présent*, hasta ahora ; *jusqu'à ce que tu reviennes*, hasta que vuelvas.

just/e *a* justo, a. □ *adv* justo. l *chanter —*, cantar entonado ; *tomber —*, dar en el clavo ; *dix heures —*, las diez en punto ; *au —*, exactamente ; *comme de —*, como es natural. **-ement** *adv* justamente. **-esse** *f* exactitud. l *de —*, por los pelos.

justice *f* justicia : *rendre la —*, administrar justicia ; *rendre — à*,

hacer justicia a.
justifi/er t justificar. **-cation** f justificación.
jute m yute.

juteux, euse a jugoso, a.
juvénile a juvenil.
juxtapos/er t yuxtaponer. **-ition** f yuxtaposición.

K

k m k f : *un —*, una k.
kaki a/m caqui.
kangourou m canguro.
kaolin m caolin.
karaté m karate.
képi m quepis.
kermesse f kermese.
kérosène m queroseno.
kidnapper t secuestrar.
kilo(gramme) m kilo(gramo).
kilo/mètre m kilómetro. **-métrique** a kilométrico, a.

kilowatt |kilɔwat| m kilovatio.
kinésithérapeute s kinesi-terapeuta.
kiosque m quiosco, kiosco : *— à journaux*, quiosco de periódicos.
klaxon |klaksɔn| m claxon, bocina f. l *coup de —*, claxonazo. **-ner** i tocar el claxon.
kleptomane a/s cleptómano, a.
knock-out |nɔkawt|, **K.-O.** |kao| m knock-out.
krach |kRak|. m crac, quiebra f.
kyste m quiste.

L

l [ɛl] *m* l *f* : *un l*, una l.

¹la *art/pron pers* la. ⇒ **le.**

²la *m* (note) la.

là *adv* **1** (près) ahí, (loin) allí : *c'est — ,* ahí está ; *c'est là qu'il s'est marié,* allí se casó ; *de — ,* de ahí ; *par — ,* por ahí. I *là-bas,* allá ; *là-haut,* allá arriba. **2** *restons-en — !,* quedemos en esto. □ *interj oh — !,* ¡ oh !, ¡ anda !, ¡ ay !

label *m* etiqueta *f.*

labeur *m* trabajo.

laboratin, e *a* auxiliar de laboratorio.

laboratoire *m* laboratorio.

laborieux, euse *a* laborioso, a.

labour, labourage *m* labranza *f.*

labour/er *t* arar. **-eur** *m* labrador.

labyrinthe *m* laberinto.

lac *m* lago.

lacer ° *t — ses chaussures,* atarse los zapatos.

lacérer ° *t* desgarrar.

lacet *m* **1** cordón. **2** *route en lacets,* carretera en zigzag.

lâche *a* (non serré) flojo, a. □ *a/s* (poltron) cobarde.

lâcher *t* **1** soltar : *— un ballon,* soltar un globo ; *lâchez-moi !,* ¡ suélteme ! ; *— une bêtise,* soltar una tontería. **2** FAM (abandonner) plantar. □ *i la poutre a lâché,* se soltó, se rompió la viga ; *ses nerfs ont lâché,* le fallaron los nervios. □ *m un — de pigeons,* una suelta de palomas.

lâcheté *f* cobardía.

laconique *a* lacónico, a.

lacrymogène *a gaz — ,* gas lacrimógeno.

lacté, e *a* **1** lácteo, a. I *Voie lactée,* Vía láctea. **2** *farine lactée,* harina lacteada.

lacune *f* laguna.

ladre *a* roñoso, a.

lagune *f* laguna.

laïc, laïque [laik] *a/m* laico, a. **-iser** *t* laicizar. **-ité** *f* laicismo *m.*

laid, e *a* feo, a. **-eur** *f* fealdad.

lain/e *f* lana. **-age** *m* **1** tejido de lana. **2** (vêtement) prenda *f* de lana. **-eux, euse** *a* lanoso, a.

laïque ⇒ **laïc.**

laisse *f* correa, trailla. I *chien en — ,* perro atado.

laisser *t* dejar : *laisse-moi tranquille,* déjame en paz ; *laissez-le sortir,* déjele que salga. I *— à penser,* dar que pensar. □ *se — aller,* dejarse, abandonarse ; *se — faire,* dejarse llevar.

laisser-aller *m* abandono, descuido.

laissez-passer *m* pase, permiso de circulación.

lait *m* **1** leche *f :* *— écrémé, condensé,* leche desnatada, condensada. **2** *— de chaux,* lechada *f* de cal. **-age** *m* producto lácteo, leche *f.* **-erie** *f* lechería. **-eux, euse** *a* lechoso, a. **-ier, ère** *a/s* lechero, a : *vache laitière,* vaca lechera.

laiton *m* latón.

laitue *f* lechuga.

laïus [lajys] *m* FAM discurso.

lama *m* (animal) llama *f.*

lambeau *m* jirón : *chemise en lambeaux,* camisa hecha jirones.

lambris *m* revestimiento decorativo.

lam/e *f* **1** (d'instrument coupant) hoja : *— de rasoir,* hoja de afeitar. **2** *— de parquet,* tabla. **3** (vague) ola. **-elle** *f* laminilla.

lamentable *a* lamentable.

lament/er (se) *pr* lamentarse. **-ation** *f* lamentación, lamento *m*.

lamin/er *t* laminar. **-age** *m* laminado. **-oir** *m* laminador.

lampadaire *m* 1 (de rue) farola *f*. 2 (d'intérieur) lámpara *f* de pie.

lampe *f* 1 lámpara : *— à pétrole,* lámpara de petróleo. I *— de poche,* linterna de bolsillo. 2 (ampoule) bombilla. 3 (de radio) válvula.

lampion *m* farolillo veneciano.

lamproie *f* lamprea.

lance *f* lanza. I *coup de —,* lanzada *f*; *— d'incendie,* lanza.

lancement *m* 1 lanzamiento. 2 (d'un navire) botadura *f*.

lancer ° *t* 1 lanzar, arrojar : *— le disque, une fusée dans l'espace,* lanzar el disco, un cohete al espacio. 2 *— un regard,* lanzar, echar una mirada. 3 *— un produit nouveau, une mode,* lanzar un producto nuevo, una moda. 4 (un navire) botar. □ *se —,* lanzarse. □ *m* 1 *pêche au —,* pesca al lanzado. 2 (du disque, du javelot, etc.) lanzamiento.

lancinant, e *a* lancinante.

landau *m* 1 (d'enfant) cochecito de niño. 2 landó.

lande *f* landa, páramo *m*.

langage *m* lenguaje.

lange *m* pañal, mantilla *f*.

langoureux, euse *a* lánguido, a.

langoust/e *f* langosta. **-ine** *f* cigala.

langue *f* 1 lengua : *tirer la —,* sacar la lengua. I *avoir la — bien pendue,* hablar por los codos ; *je donne ma — au chat,* me rindo. 2 lengua, idioma *m* : *il parle trois langues,* habla tres idiomas ; *— vivante,* lengua viva. I *— verte,* germanía.

languette *f* lengüeta.

langu/ir *i* 1 languidecer, consumirse. 2 (conversation) alargarse. **-eur** *f* languidez. **-issant, e** *a* lánguido, a, mustio, a.

lanière *f* tira.

lanterne *f* 1 linterna. I *— vénitienne,* farolillo *m* veneciano. 2 (d'automobile) luz de población.

lapider *t* lapidar, apedrear.

lapin, e *s* 1 conejo, a : *— de garenne,* conejo de monte. 2 *poser un —,* dar un plantón.

lapon, e *a/s* lapón, ona.

laps [laps] *m — de temps,* lapso de tiempo.

lapsus [lapsys] *m* lapsus, lapso.

laquais *m* lacayo.

laqu/e *f* laca. **-er** *t* barnizar con laca.

larbin *m* FAM criado.

larcin *m* hurto.

lard [laR] *m* tocino. **-on** *m* pedacito de tocino, torrezno.

larg/e *a* 1 ancho, a : *— trottoir,* acera ancha. 2 (vêtement) holgado, a. 3 (ample) amplio, a, extenso, a. 4 (esprit) amplio, a. 5 generoso, a. □ *m* 1 *six mètres de —,* seis metros de ancho. 2 MAR *gagner le —,* hacerse a la mar ; *au —,* en alta mar ; *au — de Brest,* a la altura de Brest. **-ement** *adv* 1 ampliamente. 2 generosamente. 3 *j'ai — le temps,* tengo tiempo de sobras. **-esse** *f* liberalidad. **-eur** *f* 1 anchura. 2 (d'esprit) amplitud.

larguer *t* 1 MAR largar. 2 (d'un avion) lanzar.

larme *f* 1 lágrima. I *pleurer à chaudes larmes,* llorar a lágrima viva ; *rire aux larmes,* llorar de risa. 2 FAM gota.

larm/oyer ° [laRmwaje] *i* lagrimear. **-oiement** *m* lagrimeo.

larve *f* larva.

laryngite [laRɛ̃ʒit] *f* laringitis.

las, lasse [la, las] *a* cansado, a.

lascif, ive *a* lascivo, a.

laser [lazER] *m* láser.

lass/er *t* cansar. **-ant, e** *a* cansado, a. **-itude** *f* cansancio *m*.

lasso *m* lazo.

latent, e *a* latente.

latéral, e *a* lateral.

latin, e *a/s* latino, a. □ *m* (langue) latin. l – *de cuisine*, latín macarrónico ; *j'y perds mon* –, no veo nada claro en esto.

latitude *f* latitud.

latrines *f pl* letrina *sing*.

latte *f* tabla.

lauréat, e *a/s* laureado, a.

Laurent *n p m* Lorenzo.

laurier *m* 1 laurel. 2 *laurier-rose*, adelfa *f*.

Lausanne *n p* Lausana.

lavabo *m* lavabo.

lavage *m* lavado.

lavande *f* espliego *m*.

lave *f* lava.

lave-glace *m* lavaparabrisas.

lavement *m* lavativa *f*.

lav/er *t* 1 lavar. 2 – *la vaisselle*, fregar los platos. □ *se* –, lavarse. **-erie** *f* lavandería. **-ette** *f* estropajo *m*. **-eur, euse** *s* lavador, a. **-is** *m* aguada *f*. **-oir** *m* lavadero.

lave-vaisselle *m* lavavajillas.

laxatif, ive *a/m* laxante.

layette |lɛjɛt| *f* canastilla de recién nacido.

Lazare *n p m* Lázaro.

lazzi |la(d)ʒi| *m* burla *f*.

le, la, les, l' *art* el, la, los, las : – *père, la mère et l'enfant*, el padre, la madre y el niño ; *les garçons et les filles*, los chicos y las chicas. □ *pron pers* lo, le, la, les, las, los : *je le sais*, ya lo sé ; *dis-le moi*, dímelo ; *je le connais*, le conozco ; *je l'ai vue*, la he visto ; *en la voyant*, viéndola ; *il les montra du doigt*, los señaló con el dedo.

leader |lidœr| *m* líder.

lécher ° *t* lamer. l FIG – *les bottes à, de quelqu'un*, hacer la pelotilla a alguien ; – *les vitrines*, mirar los escaparates. □ *se* –, lamerse. l *s'en* – *les doigts, les babines*, relamerse

de gusto.

leçon *f* lección : *les leçons*, las lecciones.

lecteur, trice *s* lector, a.

lecture *f* lectura.

légal, e *a* legal. **-ement** *adv* legalmente. **-iser** *t* legalizar. **-ité** *f* legalidad.

légat *m* legado.

légataire *s* legatario, a.

légation *f* legación.

légend/e *f* 1 leyenda. 2 (d'une image, photo) pie *m*. **-aire** *a* legendario, a.

lég/er, ère *a* 1 ligero, a. 2 (peu grave) leve. 3 *à la légère*, a la ligera. **-èrement** *adv* ligeramente. **-èreté** *f* ligereza.

légion *f* legión. **-naire** *m* legionario.

législa/teur, trice *a/s* legislador, a. **-tif, ive** *a* legislativo, a. **-tion** *f* legislación. **-ture** *f* legislatura.

légiste *m* legista. l *médecin* –, médico forense.

légitim/e *a* legítimo, a : *en état de* – *défense*, en legítima defensa. **-ité** *f* legitimidad.

legs |lɛg| *m* legado.

léguer ° *t* legar.

légume *m* verdura *f* : *manger des légumes*, comer verdura ; *légumes verts*, verduras. l *légumes secs*, legumbres *f*. □ *f* FAM *une grosse* –, un pez gordo.

lendemain *m* día siguiente : *le* – *matin*, el día siguiente por la mañana.

lent, e *a* lento, a. **-eur** *f* lentitud.

lentille *f* 1 lenteja. 2 (en optique) lente.

Léon *n p m* León.

léopard *m* leopardo.

lèpre *f* lepra.

lépreux, euse *a/s* leproso, a.

lequel, laquelle, lesquels, lesquelles *pron rel* el cual, la cual, los cuales, las cuales. □ *pron interr* cuál, cuáles : – *préfères-tu?*, ¿ cuál te gusta más ?

les ⇒ **le.**

léser ° *t* perjudicar.

lésiner *i* escatimar, cicatear.

lésion *f* lesión.

lesquels ⇒ **lequel.**

lessiv/e *f* **1** (poudre) detergente *m.* **2** *faire la* —, hacer la colada. **3** (linge) ropa. **-er** *t* lavar.

lest |lɛst| *m* lastre.

leste *a* **1** ligero, a, ágil. **2** (osé) atrevido, a, libre.

létharg/ie *f* letargo *m.* **-ique** *a* letárgico, a.

lettre *f* **1** letra : *écrire en toutes lettres,* escribir con todas las letras ; *au pied de la* —, al pie de la letra. **2** carta : *répondre à une* —, contestar una carta ; — *recommandée,* carta certificada. **3** — *de change,* letra de cambio ; — *de crédit,* carta de crédito. □ *pl* letras.

lettré, e *a/s* erudito, a.

leucémie *f* leucemia.

¹**leur** *a poss* su : *leurs cousins, sus primos.* I *le* —, *la* —, *les leurs,* el suyo, la suya, los suyos.

²**leur** *pron pers* **1** les : *je – demandai,* les pregunté. **2** (+ autre pronom de la 3e personne) se : *je le – dirai,* se lo diré.

leurr/e *m* señuelo. **-er** *t* embaucar. □ *se* —, hacerse ilusiones.

levain *m* levadura *f.*

levant *a soleil* —, sol naciente. □ *m* levante.

levé, e *a* **1** *vote à main levée,* votación a mano alzada. **2** *au pied* —, sin preparación.

levée *f* **1** levantamiento *m.* **2** (du courrier) recogida. **3** (aux cartes) baza. **4** — *de boucliers,* protesta general.

¹**lever** ° *t* **1** levantar. **2** (le courrier) recoger. **3** (les impôts) percibir. □ *i* (la pâte) fermentar. □ *pr* **1** levantarse : *je me suis levé à six heures,* me he levantado a las seis. **2** salir : *le soleil se lève,* sale el sol.

²**lever** *m* **1** *à son* —, al levantarse de la cama. **2** *le* — *du soleil,* la salida del sol. **3** *le* — *du rideau,* la subida del telón.

levier *m* palanca *f.*

lèvre *f* labio *m.* I *du bout des lèvres,* con desgana.

lévrier *m* galgo.

levure *f* levadura.

lexique *m* léxico.

lézard *m* lagarto. **-e** *f* grieta. **-er** *t* (crevasser) agrietar. □ *i* FAM tomar el sol.

liaison *f* **1** enlace *m,* conexión. **2** (entre personnes) relación. **3** (aérienne, etc.) conexión.

liane *f* bejuco *m,* liana.

liant, e *a* sociable.

liasse *f* **1** (de billets) fajo *m.* **2** (de papiers) legajo *m.*

Liban *n p m* Líbano.

libell/er *t* redactar. **-é** *m* redacción *f.*

libellule *f* libélula.

libér/al, e *a* liberal. **-isme** *m* liberalismo. **-ité** *f* liberalidad.

libér/er ° *t* **1** libertar. **2** (d'une obligation) librar. **3** — *de l'énergie,* liberar energía. **-ateur, trice** *a/s* libertador, a. **-ation** *f* liberación.

liberté *f* **1** libertad : *en toute* —, con toda libertad ; *je prends la – de...,* me tomo la libertad de... **2** *prendre des libertés,* tomarse libertades.

libertin, e *a/s* libertino, a.

librair/e *s* librero, a. **-ie** *f* librería.

libre *a* libre : *taxi !, vous êtes* — *?,* ¡ taxi !, ¿ está libre ?

libre-échange *m* libre cambio.

libre-service *m* autoservicio.

Libye *n p f* Libia.

licenc/e *f* **1** licencia. **2** (universitaire) licenciatura. **-ié, e** *s* licenciado, a.

licenci/er *t* licenciar, despedir. **-ement** *m* **1** (renvoi) despido. **2** (de soldats) licenciamiento.

licencieux, euse *a* licencioso, a.

lichen |liken| *m* liquen.

licite *a* lícito, a.

licou *m* cabestro.

lie |li| *f* hez, heces *pl*.

liège *m* corcho.

Liège *n p* Lieja.

lien *m* **1** ligadura *f*, atadura *f*. **2** FIG lazo, vínculo : — *de parenté*, vínculo de parentesco.

lier *t* **1** atar, ligar. **2** — *une sauce*, espesar, ligar una salsa. **3** — *amitié, conversation*, trabar amistad, conversación. □ *se* — *avec quelqu'un*, ligarse con alguien. I *ils sont très liés*, están muy unidos.

lierre *m* hiedra *f*.

lieu *m* **1** lugar. I *au* — *de*, en lugar de ; *en dernier* —, por último ; *avoir* —, tener lugar, celebrarse, verificarse ; *donner* — *à*, dar motivos para ; *tenir* — *de*, servir de. **2** *commun*, lugar común, tópico. □ pl *les Lieux Saints*, los Santos Lugares.

lieue *f* legua.

lieutenant *m* teniente.

lièvre *m* liebre *f*.

liftier *m* ascensorista.

ligament *m* ligamento.

ligature *f* ligadura.

lignage *m* linaje.

ligne *f* **1** línea : — *droite, téléphonique*, línea recta, telefónica ; *garder la* —, guardar la línea. **2** (de la main) raya. **3** (pour la pêche) sedal *m*. I *pêcher à la* —, pescar con caña. **4** fila : *en* — *pour le départ!*, ¡en fila para la salida ! **5** *hors* —, fuera de serie ; *entrer en* — *de compte*, entrar en cuenta.

lignée *f* descendencia.

lignite *m* lignito.

ligoter *t* atar de pies y manos.

ligue *f* liga.

lilas *m* lila *f*. □ *a* (couleur) lila.

lilliputien, enne *a/s* liliputiense.

lima/ce *f* babosa. **-çon** *m* caracol.

limaille *f* limaduras *pl*.

limande *f* platija.

lim/e *f* lima : — *à ongles*, lima de uñas. **-er** *t* limar.

limier *m* sabueso.

limitation *f* limitación.

limit/e *f* límite *m* : — *d'âge*, límite de edad ; *dépasser les limites*, rebasar los límites. □ *a date, prix* —, fecha, precio tope ; *cas* —, caso extremo. **-er** *t* limitar. **-rophe** *a* limítrofe.

limoger ° *t* FAM destituir.

limon *m* limo, légamo.

limonade *f* gaseosa.

limpid/e *a* límpido, a. **-ité** *f* limpidez.

lin *m* lino. I *huile de* —, aceite de linaza.

linceul *m* sudario.

linge *m* **1** ropa *f* : *laver le* —, lavar la ropa. I — *de corps*, ropa interior ; — *de maison*, ropa de casa ; — *de table*, mantelería *f*. **2** *essuyer avec un* — *doux*, secar con un trapo suave. **-rie** *f* lencería.

lingot *m* lingote.

linguist/e *s* lingüista. **-ique** *a/f* lingüístico, a.

linoléum |linɔleɔm| *m* linóleo.

linotte *f* pardillo *m*. I *tête de* —, cabeza de chorlito.

linotypiste *m* linotipista.

linteau *m* dintel.

lion, onne *s* león, ona. **-ceau** *m* leoncillo.

lippe *f* bezo *m*.

liquéfi/er *t* licuar. **-able** *a* licuable.

liqueur *f* licor *m*.

liquidation *f* liquidación.

liquide *a* **1** líquido, a. **2** *argent* —, dinero en efectivo. □ *m* líquido.

liquider *t* liquidar.

liquoreux, euse *a* licoroso, a.

¹lire ° *t* leer : *en lisant mon journal*, leyendo el periódico.

²lire *f* (monnaie) lira.

lis, lys |lis| *m* azucena *f*. I *fleur*

de −, flor de lis.
Lisbonne *n p* Lisboa.
liseron *m* enredadera *f*.
lisible *a* legible.
lisière *f* **1** (d'un bois) linde *m*, lindero *m*. **2** (d'une étoffe) orilla.
lisse *a* liso, a.
lisser *t* **1** alisar. **2** lustrar.
liste *f* lista.
lit [li] *m* **1** cama *f* : − *à deux places*, cama de matrimonio ; − *pliant*, cama plegable ; *se mettre au* −, meterse en la cama ; *garder le* −, guardar cama. **2** (d'une rivière) madre *f*, lecho. **3** (couche) lecho.
litanie *f* letanía.
literie *f* ropa de cama.
lithographie *f* litografía.
litière *f* (dans une étable) cama de paja.
litig/e *m* litigio. **-ieux, euse** *a* litigioso, a.
litre *m* litro.
littéraire *a* literario, a.
littéral, e *a* literal.
littérature *f* literatura.
littoral, e *a/m* litoral.
liturg/ie *f* liturgia. **-ique** *a* litúrgico, a.
livide *a* lívido, a.
livraison *f* **1** entrega : *payable à la* −, pagadero a la entrega. **2** − *à domicile*, reparto *m* a domicilio. | *prendre* − *de*, recoger.
¹livre *m* libro : − *de poche*, libro de bolsillo.
²livre *f* (monnaie) libra.
livrée *f* librea.
livrer *t* **1** entregar. **2** − *le vin à domicile*, repartir el vino a domicilio. **3** (un secret) revelar. **4** − *bataille*, batallar. □ *se* − *à*, entregarse a.
livret *m* **1** − *de caisse d'épargne*, *scolaire*, cartilla *f* de caja de ahorros, de escolaridad. **2** − *de famille*, libro de familia. **3** (opéra) libreto.

livreur *m* repartidor.
lobe *m* lóbulo.
local, e *a/m* local. **-iser** *t* localizar. **-ité** *f* localidad.
locat/ion *f* **1** alquiler *m* : *voiture en* −, coche de alquiler. **2** − *d'une place*, reserva de una localidad. | *bureau de* −, contaduría. **-aire** *s* inquilino, a.
lock-out [lɔkawt] *m* cierre patronal.
locomotive *f* locomotora.
locution *f* locución.
loge *f* **1** (de concierge) portería. **2** (théâtre) palco *m*. | *être aux premières loges*, estar en primera fila. **3** (d'acteur) camarín *m*. **4** (maçonnique) logia.
logement *m* **1** alojamiento. **2** vivienda *f* : *la crise du* −, la crisis de la vivienda ; − *spacieux*, vivienda espaciosa.
loger ° *i* vivir : *il loge chez son frère*, vive en casa de su hermano. □ *t* **1** alojar, albergar. **2** (mettre) alojar, meter.
loggia [lɔdʒja] *f* mirador *m*.
logique *a/f* lógico, a.
logis *m* vivienda *f*, casa *f*.
loi *f* ley : *les lois*, las leyes. | *faire la* −, mandar.
loin *adv* lejos : *au* −, a lo lejos ; *de* −, desde lejos. | *de* − *en* −, de cuando en cuando ; − *de là*, al contrario ; *il ira* −, llegará lejos.
lointain, e *a* lejano, a. □ *m dans le* −, en la lontananza.
loir *m* lirón.
Loire *n p f* Loira *m*.
loisir *m* tiempo libre. | *avoir des loisirs*, tener ratos de ocio ; *à* −, sin prisas.
londonien, enne *a/s* londinense.
Londres [lɔ̃dʀ] *n p* Londres.
long, longue *a* largo, a. | *à la longue*, a la larga. □ *m* largo : *dix mètres de* −, diez metros de largo. | *de* − *en large*, de un lado a otro ; *le* − *de*, a lo largo de ; *il est tombé de*

tout son −, se ha caído cuan largo era.

long-courrier *a avion* −, avión de larga distancia.

longer ° *t* 1 costear. 2 bordear.

longitude *f* longitud.

longtemps |lɔ̃tɑ̃| *adv* mucho tiempo : *depuis* −, desde hace mucho tiempo.

longue ⇒ **long.**

longueur *f* 1 longitud. 2 (durée) duración. I *à* − *de journée*, todo el santo día.

longue-vue *f* anteojo *m* de larga vista, catalejo *m*.

lopin *m* parcela *f*.

loquace |lɔkas| *a* locuaz.

loque *f* 1 andrajo *m*. 2 (personne) guiñapo *m*.

loquet *m* picaporte *m*.

loqueteux, euse *a* harapiento, a.

lorgnon *m* lentes *pl*.

lors |lɔR| *adv* − *de*, cuando; *depuis* −, desde entonces.

lorsque *conj* cuando.

losange *m* rombo.

lot |lo| *m* 1 lote. 2 *le gros* −, el premio gordo.

loterie *f* lotería.

lotion *f* loción.

lot/ir *t* dividir en lotes. I *bien loti*, favorecido por la suerte. **-issement** *m* 1 parcela *f*. 2 urbanización *f*.

lotte *f* rape *m*.

lotus |lɔtys| *m* loto.

louable *a* loable.

louage *m* alquiler.

louange *f* alabanza.

¹**louche** *a* 1 bizco, a. 2 (suspect) turbio, a, sospechoso, a.

²**louche** *f* cucharón *m*.

loucher *i* bizcar.

¹**louer** *t* 1 alquilar : *appartement à* −, piso por alquilar; *à* −, se alquila. 2 (une place) reservar.

²**louer** *t* alabar : *Dieu soit loué!*, ¡alabado sea Dios!, □ *se* − *de*,

felicitarse de.

Louis, e *n p* Luis, Luisa.

loufoque *a* FAM chiflado, a.

loup |lu| *m* 1 lobo. I *faim de* −, hambre canina; *froid de* −, frío que pela. 2 (masque) antifaz.

loupe *f* 1 lupa : *regarder à la* −, mirar con la lupa. 2 (tumeur) lobanillo *m*.

louper *t* FAM 1 (rater) fallar. 2 (le train) perder.

lourd, e *a* pesado, a. □ *adv cette valise pèse* −, esta maleta pesa mucho. **-aud, e** *a/s* torpe. **-eur** *f* pesadez.

loutre *f* nutria.

louve *f* loba. **-teau** *m* lobezno, lobato.

louvoyer ° *i* 1 barloventear. 2 FIG andar con rodeos.

loy/al, e |lwajal| *a* leal. **-alisme** *m* fidelidad *f*. **-auté** *f* lealtad.

loyer |lwaje| *m* alquiler.

lu ⇒ **lire.**

lubie *f* capricho *m*.

lubrifi/er *t* lubrificar. **-ant** *m* lubricante.

Luc *n p m* Lucas.

lucarne *f* buhardilla.

lucid/e *a* lúcido, a. **-ité** *f* lucidez.

Lucien, enne *n p* Luciano, a.

lucratif, ive *a* lucrativo, a.

lueur *f* 1 luz. 2 (d'un éclair) fulgor *m*. 3 (d'espoir) vislumbre *f*.

luge *f* pequeño trineo *m*.

lugubre *a* lúgubre.

lui *pron pers* 1 él : − *et sa femme*, él y su mujer; *c'est* − *qui...*, es él quien...; *je pense à* −, pienso en él; *lui-même*, él mismo. 2 (réfléchi) si : *il ne pense qu'à* −, sólo piensa en sí. 3 *le* : *je* − *demandai*, le pregunté; *dis-lui de venir*, dile que venga. 4 (+ autre pronom de la 3ᵉ personne) *se* : *je le* − *dirai*, yo se lo diré.

lui/re ° *i* lucir, brillar. **-sant, e** *a* 1 brillante. 2 *ver* −, luciérnaga *f*.

lumière *f* luz. I *mettre en* −, poner

de relieve; *le siècle des lumières*, el
siglo de las luces.

lumineux, euse *a* luminoso, a.

lunaire *a* lunar.

lunch |lœ̃ʃ| *m* lunch.

lundi *m* lunes : — *prochain*, el
lunes que viene.

lune *f* luna : *pleine* —, luna llena;
nouvelle —, luna nueva. I — *de
miel*, luna de miel.

luné, e *a bien, mal* —, de buena, de
mala luna.

lunette *f* **1** — *d'approche*, anteojo
m de larga vista. **2** abertura. □ *pl*
gafas : *porter des lunettes*, llevar
gafas; *lunettes de soleil*, gafas de
sol.

lustre *m* **1** (éclat) lustre. **2**
(appareil d'éclairage) araña *f*.

lustrer *t* lustrar.

luth |lyt| *m* laúd.

luthérien, enne *a/s* luterano, a.

lutin *m* duendecillo.

lutrin *m* fascistol.

lutt/e *f* lucha. **-er** *i* luchar. **-eur,
euse** *s* luchador, a.

luxe *m* lujo.

Luxembourg |lyksãbuʀ| *n p m*
Luxemburgo.

luxueux, euse *a* lujoso, a.

luxure *f* lujuria.

luxuriant, e *a* exuberante,
lujuriante.

luzerne *f* alfalfa.

lyc/ée *m* instituto de enseñanza
media. **-éen, enne** *s* alumno, a
de un instituto.

lymphatique *a* linfático, a.

lyncher *t* linchar.

lynx |lɛ̃ks| *m* lince.

lyre *f* lira.

lyrique *a/f* lírico, a.

lys ⇒ **lis.**

M

m |εm| *m* 1 m *f* : *un* —, una m. 2 *M. Dumont*, Sr. Dumont ; *MM.*, Señores.

m' ⇒ **me.**

ma *a* mi. ⇒ **mon.**

maboul, e *a* FAM chiflado, a.

macabre *a* macabro, a.

macadam *m* macadam.

macaron *m* mostachón.

macaroni *m* macarrones *pl.*

macédoine *f* macedonia.

macérer ° *t* macerar.

mâcher *t* 1 masticar. 2 *ne pas — ses mots*, no tener pelos en la lengua.

machette *f* machete *m.*

machiavélisme |makjavelism| *m* maquiavelismo.

machin *m* FAM 1 (personne) fulano. 2 (chose) chisme.

machinal, e *a* maquinal.

machine *f* máquina : — *à vapeur*, máquina de vapor ; — *à coudre, à écrire*, máquina de coser, de escribir. I — *à laver*, lavadora.

machine-outil |maʃinuti| *f* máquina herramienta.

machiniste *m* 1 maquinista. 2 (théâtre) tramoyista.

mâchoire *f* mandíbula.

mâchonner *t* mascullar, mascujar.

maçon *m* albañil. **-nerie** *f* albañilería.

maculer *t* macular.

madame *f* señora : *merci*, —, gracias, señora ; — *Dupuis*, la señora Dupuis, — *la directrice*, la señora directora ; — *n'est pas là*, la señora no está, □ *pl mesdames, messieurs*, señoras y señores.

madeleine *f* magdalena.

mademoiselle |madmwazεl| *f*

señorita : — *Anne*, la señorita Ana.

madère *m* vino de Madera.

madone *f* madona.

madrier *m* madero.

madrilène *a/s* madrileño, a.

magasin *m* almacén : *les grands magasins*, los grandes almacenes.

magazine *m* revista *f* ilustrada.

mage *m* mago.

Magellan *n p m* Magallanes.

magicien, enne *s* mago, a.

mag/ie *f* magia. **-ique** *a* mágico, a.

magistral, e *a* magistral.

magistrat *m* magistrado. **-ure** *f* magistratura.

magnanime *a* magnánimo, a.

magnés/ie *f* magnesia. **-ium** *m* magnesio.

magnét/iser *t* magnetizar. **-ique** *a* magnético, a. **-isme** *m* magnetismo.

magnéto *f* magneto.

magnétophone *m* magnetófono.

magnif/ique *a* magnífico, a. **-icence** *f* magnificencia.

magnolia *m* magnolia *f.*

Mahomet *n p m* Mahoma.

mai *m* mayo : *le 2* —, el 2 de mayo.

maigr/e *a* 1 delgado, a, flaco, a. 2 (viande) magro, a : *lard* —, tocino magro. 3 *jour* —, día de abstinencia. I *faire* —, comer de vigilia. 4 FIG escaso, a, pobre : — *salaire*, escaso sueldo. □ *m* lo magro, carne *f* magra : *j'aime le magra*, flacura. **-elet, ette, -ichon, onne** *a* delgaducho, a. **-ir** *i* adelgazar : *il a beaucoup maigri*, ha adelgazado mucho. I *faire* —, adelgazar.

mail |maj| *m* paseo público.

maille f malla.

maillet m mazo.

maillon m eslabón.

maillot |majo| m 1 (de cycliste) camiseta f, maillot. 2 – de bain, bañador, traje de baño. 3 – de corps, camiseta f.

main f 1 mano : la – dans la –, cogidos de la mano ; à pleines mains, a manos llenas ; fait à la –, hecho a mano ; avoir sous la –, tener a mano ; donner un coup de – à, echar una mano a ; en venir aux mains, venir a las manos ; haut les mains !, ¡manos arriba ! I ne pas y aller de – morte, no andarse con chiquitas. 2 homme de –, pistolero. 3 – courante, pasamano m.

main-d'œuvre f mano de obra.

main-forte f ayuda.

maintenant adv ahora.

maintenir ° t mantener : je maintiens mon point de vue, mantengo mi punto de vista. □ se – en équilibre, mantenerse en equilibrio.

maintien m 1 mantenimiento. 2 (attitude) porte.

mair/e m alcalde. **-ie** f ayuntamiento m, alcaldía.

mais |me| conj 1 pero : l'hôtel est vieux – confortable, el hotel es viejo pero confortable. 2 (après négation) sino : pas celui-ci – l'autre, no éste sino el otro. 3 – oui, claro que sí ; ah –!, ¡por Dios !

maïs |mais| m maíz.

maison f 1 casa : à la –, en casa. I – de retraite, asilo m de ancianos ; – de santé, clínica. 2 gâteau –, pastel casero. **-née** f familia. **-nette** f casita.

maître, esse s 1 amo, a. 2 (propriétaire) dueño, a. I se rendre – de, adueñarse de. 3 (instituteur) maestro, a. 4 – d'hôtel, maître, jefe de comedor. □ a maître-autel, altar mayor ; maîtresse-poutre, viga maestra □ f (amante) querida.

maîtris/e f 1 dominio m : – de soi, dominio de sí mismo. 2 (habileté) maestría. **-er** t dominar.

majest/é f majestad. **-ueux, euse** a majestuoso, a.

majeur, e a 1 mayor : la majeure partie, la mayor parte. 2 Sophie est majeure, Sofía es mayor de edad □ m dedo medio.

major m mayor.

major/er t recargar, aumentar. **-ation** f recargo m.

majorit/é f 1 mayoría. 2 (âge) mayoría de edad. **-aire** a mayoritario, a.

Majorque n p f Mallorca.

majuscule a/f mayúsculo, a.

mal m 1 daño : je me suis fait –, me he hecho daño. 2 dolor : maux d'estomac, dolores de estómago. I j'ai – à la tête, aux dents, me duele la cabeza, me duelen las muelas ; – de mer, mareo ; avoir – au cœur, estar mareado. 3 dire du – de, hablar mal de. 4 se donner du –, tomarse trabajo ; j'ai eu du – à faire cela, me ha costado trabajo hacer esto. □ adv 1 mal : – élevé, mal educado. 2 se trouver –, desmayarse. 3 pas –, bastante bien ; pas – de choses, bastante cosas, un rato de cosas ; pas – de monde, un montón de gente.

malad/e a/s enfermo, a : tomber –, ponerse enfermo, a. **-ie** f enfermedad. **-if, ive** a enfermizo, a.

maladresse f torpeza.

maladroit, e a/s torpe.

malais, e a/s malayo, a.

malaise m 1 malestar. 2 indisposición f.

malaisé, e a dificultoso, a.

Malaisie n p f Malasia.

malaxer t malaxar.

malchanc/e f mala suerte. **-eux, euse** a desgraciado, a.

mâle m macho. **-i** a viril.

malédiction f maldición.

malencontreux, euse a desgraciado, a.

malentendu *m* malentendido, equívoco.

malfaisant, e |malfəzɑ̃, ɑ̃t| *a* dañino, a, maléfico, a.

malfaiteur *m* malhechor.

malfamé, e *a* de mala fama.

malgré *prép* a pesar de. I – *moi, lui*, a pesar mío, suyo; – *tout*, a pesar de todo.

malhabile *a* torpe.

malheur *m* desgracia *f*, desdicha *f*. I *par* –, por desgracia. **-eux, euse** *a/s* desgraciado, a, infeliz. □ *a pour un* – *centime*, por un miserable céntimo. **-eusement** *adv* desgraciadamente.

malhonnête *a* poco honrado, a. **-té** *f* improbidad.

malic/e *f* malicia, picardía. **-ieux, euse** *a* malicioso, a.

malin, igne *a* 1 (rusé) listo, a. I *faire le* –, dárselas de listo; *c'est* –!, ¡qué astuto!, ¡vaya una broma! 2 (mauvais) maligno, a: *tumeur maligne*, tumor maligno.

malingre *a* enclenque.

mall/e *f* baúl *m*. **-ette** *f* maletín *m*.

malléable *a* maleable.

malmener °*t* maltratar.

malodorant, e *a* maloliente.

malpropre *a* sucio, a, desaseado, a. **-té** *f* suciedad, desaseo *m*.

malsain, e *a* malsano, a.

malséant, e *a* indecoroso, a.

malsonnant *a* malsonante.

malt *m* malta *f*.

Malte *n p* Malta.

maltraiter *t* maltratar.

malveill/ant, e *a* malevolente. **-ance** *f* malevolencia.

maman *f* mamá.

mam/elle *f* mama, teta. **-elon** *m* 1 pezón. 2 (colline) colina *f*, cerro. **-mifère** *a* mamífero.

manche *f* 1 manga : *corsage sans manche*, blusa sin mangas. 2 – *à air*, manga de aire. 3 (au jeu) par-

tida. □ *m* 1 mango. 2 – *à balai*, palo de escoba.

Manche (la) *n p f* la Mancha.

manchette *f* 1 (d'une chemise) puño *m*. 2 (d'un journal) titular *m*.

manchon *m* manguito.

manchot, e *a/s* manco, a. □ *m* pájaro bobo.

mandarine *f* mandarina.

mandat *m* 1 mandato. 2 (postal) giro : *toucher un* –, cobrar un giro ; – *télégraphique*, giro telegráfico. 3 – *d'arrêt*, orden *f* de detención. **-aire** *m* mandatario.

mandibule *f* mandíbula.

mandoline *f* mandolina.

manège *m* 1 picadero. 2 (de chevaux de bois) tiovivo. 3 (intrigue) manejo.

manette *f* manecilla.

mang/er °*t* comer. **-eable** *a* comible. **-eaille** *f* FAM manduca. **-eoire** *f* pesebre *m*. **-eur, euse** *s* comedor, a. I *gros* –, tragón, comilón.

mangue *f* mango *m*.

maniable *a* manejable.

mani/e |mani| *f* manía. **-aque** *a/s* maniático, a.

mani/er *t* manejar. **-ement** *m* manejo.

manière *f* manera, modo *m*. I *en aucune* –, de ningún modo ; *de toute* –, de todos modos ; *de* – *à*, a fin de ; *de* – *à ce que*, de manera que. □ *pl* 1 *bonnes manières*, buenos modales. 2 *faire des manières*, hacer melindres.

maniéré, e *a* amanerado, a.

manifest/ation *f* manifestación. **-ant, e** *a/s* manifestante.

manifeste *a* evidente. □ *m* manifiesto.

manifester *t* manifestar. □ *i plus de mille personnes ont manifesté*, más de mil personas se han manifestado. □ *se* –, manifestarse.

Manille *n p* Manila.

manioc *m* mandioca *f*.

manipul/er *t* manipular. **-ation** *f* manipulación.

manivelle *f* manivela, manubrio *m*.

mannequin *m* 1 maniquí: *des mannequins*, maniquíes. 2 (femme) modelo, maniquí.

manœuvr/e *f* maniobra. □ *m* (ouvrier) peón, bracero. **-er** *i* maniobrar. □ *t* manejar.

manoir *m* casa *f* solariega.

manomètre *m* manómetro.

manque *m* falta *f*, carencia *f*.

manquer *impers* faltar: *il manque deux verres sur la table*, faltan dos vasos en la mesa; *il ne manquait plus que cela!*, ¡no faltaba más! □ *i* 1 faltar: – *à sa parole*, faltar a su palabra. 2 (échouer) fallar, fracasar. I *coup manqué*, golpe fallido. 3 – *de patience*, carecer de paciencia. 4 *il a manqué (de) se noyer*, estuvo a punto de ahogarse, a poco más se ahoga. 5 *vous me manquez beaucoup*, le echo mucho de menos. □ *t* 1 – *la cible*, errar el blanco. 2 – *l'occasion, le train*, perder la ocasión, el tren.

mansarde *f* buhardilla.

mansuétude *f* mansedumbre.

manteau *m* abrigo: – *de fourrure*, abrigo de pieles.

mantille *f* mantilla.

manucure *s* manicuro, a.

manuel *a/m* manual.

manufactur/e *f* manufactura. **-er** *t* manufacturar.

manuscrit, e *a/m* manuscrito, a.

manutention *f* manipulación. **-naire** *m* almacenista.

mappemonde *f* mapamundi *m*.

maquereau |makro| *m* caballa *f*.

maquette *f* maqueta.

maquill/er *t* maquillar. □ *se* –, maquillarse. **-age** *m* maquillaje.

maquis |maki| *m* monte. I *prendre le* –, irse al monte.

maraîcher, ère *s* hortelano, a. □

a *culture maraîchère*, cultivo de hortalizas.

marais *m* 1 pantano. 2 (en bordure de mer) marisma *f*. I – *salant*, salina *f*.

marasme *m* marasmo.

marathon *m* maratón.

maraud/er *i* merodear. **-eur, euse** *s* merodeador, a.

marbre *m* mármol.

marbré, e *a* jaspeado, a.

Marc |mark| *n p m* Marcos.

marc |mar| *m* 1 (de raisin) orujo. 2 (eau-de-vie) aguardiente.

marcassin *m* jabato.

Marcel, elle *n p* Marcelo, a.

marchand, e *s* vendedor, a, comerciante : – *de journaux*, vendedor de periódicos. I – *de couleurs*, droguero. I – *de chaussures*, zapatería *f*. □ *a* marine marchande, marina mercante.

marchand/er *t* regatear. **-age** *m* regateo.

marchandise *f* mercancía.

marche *f* 1 (d'escalier) peldaño *m*, escalón *m*. 2 (action de marcher) marcha. I *j'aime la* –, me gusta andar; *à une heure de* –, a una hora andando; *ralentir la* –, aflojar el paso; *faire* – *arrière*, dar marcha atrás. 3 funcionamiento *m*, marcha. I *mettre en* –, poner en marcha. 4 MUS marcha.

marché *m* mercado. I *bon* –, barato, a; *à bon* –, barato; *par-dessus le* –, además, por añadidura; *Marché commun*, Mercado Común.

marchepied |marʃəpje| *m* estribo.

march/er *i* 1 andar: – *d'un bon pas*, andar a buen paso. 2 – *sur les pieds*, pisar los pies. 3 marchar, andar, funcionar: *ma radio ne marche pas*, mi radio no funciona. 4 *les affaires marchent bien*, los negocios marchan bien. I *ça marche?*, ¿todo va bien? 5 FAM aceptar, conformarse. I *il nous fait*

–, nos la pega. **-eur, euse** *a/s* andarín, ina.

mardi *m* martes : – **gras**, martes de Carnaval.

mare *f* **1** charca. **2** (de sang) charco *m*.

marécag/e *m* ciénaga *f*. **-eux, euse** *a* pantanoso, a.

maréchal *m* mariscal. | – **des logis**, sargento de caballería ; *maréchal-ferrant*, herrador.

marée *f* **1** marea. | à – **haute, basse**, en pleamar, bajamar ; – **montante**, flujo *m*. **2** (poisson) pescado *m* fresco.

marelle *f* rayuela.

margarine *f* margarina.

marge *f* margen *m* : **en** –, al margen.

marguerite *f* margarita.

mari *m* marido ;

mariage *m* **1** (sacrement) matrimonio. **2** (noce) boda *f*, casamiento, enlace matrimonial.

Marie *n p f* María.

marié, e *s* **1** *nouveaux mariés*, recién casados. **2** le –, el novio ; *la mariée*, la novia.

marier *t* casar. □ **se** –, casarse : *il s'est marié avec sa voisine*, se casó con su vecina.

marin, e *a* marino, a. □ *m* marinero. □ *f* marina.

marin/er *t* escabechar, adobar. | *sardines marinées*, sardinas en escabeche. **-ade** *f* escabeche *m*.

marinière *f* marinera.

marionnette *f* marioneta.

maritime *a* marítimo, a.

mark *m* marco.

marmelade *f* mermelada.

marmite *f* olla, marmita.

marmiton *m* pinche.

marmonner *i* refunfuñar. □ *t* mascullar.

marmot [marmo] *m* FAM chaval.

marmotte *f* marmota.

marmotter *t* mascullar.

marne *f* marga.

Maroc *n p m* Marruecos.

marocain, e *a/s* marroquí.

maroquin *m* tafilete. **-erie** *f* marroquinería.

marotte *f* manía.

marquant, e *a* notable.

marque *f* **1** marca : – **de fabrique**, marca de fábrica. **2** (trace) señal, huella. **3** (score) tanteo *m*.

marquer *t* **1** marcar. **2** señalar : *la pendule marque midi*, el reloj señala las doce. **3** anotar. **4** indicar. **5** *traits marqués*, rasgos acentuados.

marqueterie *f* marquetería, taracea.

marquis, e *s* marqués, esa. □ *f* (auvent) marquesina.

marraine *f* madrina.

marrant, e *a* POP chusco, a.

marre *adv* POP *j'en ai* –, estoy hasta la coronilla.

marrer (se) *pr* POP troncharse de risa, cachondearse, pasarlo en grande.

marron *m* castaña *f* : – **glacé**, castaña confitada. □ *a/m* (couleur) marrón. **-nier** *m* castaño.

Mars [mars] *n p m* Marte.

mars [mars] *m* marzo : *le 6* –, el 6 de marzo.

marseillais, e *a/s* marsellés, esa.

Marseille *n p* Marsella.

marsouin *m* marsopa *f*.

marteau *m* martillo. | *coup de* –, martillazo.

mart/eler ° *t* martillar. **-èlement** *m* martilleo.

martial [marsjal] *a* marcial.

martien, enne [marsjɛ̃, jɛn] *a/s* marciano, a.

martingale *f* martingala.

martre *f* marta.

martyr, e *s* mártir. **-e** *m* martirio. **-iser** *t* martirizar.

marx/isme *m* marxismo. **-iste** *a/s* marxista.

mascarade f mascarada.

mascotte f mascota.

masculin, e a/m masculino, a.

masochiste a/s masoquista.

masqu/e m máscara f. **-er** t 1 enmascarar. I *bal masqué,* baile de máscaras. 2 (cacher) ocultar.

massacrante a *être d'une humeur* —, estar de un humor de perros, de mala leche.

massacr/e m 1 matanza f, degollina f. 2 *jeu de* —, pim pam pum. **-er** t 1 exterminar, matar. 2 (égorger) degollar. 3 FAM (abîmer) destrozar.

massage m masaje.

masse f 1 masa: *en* —, en masa. 2 (tas) montón.

massepain m mazapán.

¹**masser** t agrupar. □ *se* —, congregarse, amontonarse.

²**masser** t dar masaje a. I *se faire* —, hacerse dar un masaje. **-eur, euse** s masajista.

massif, ive a 1 macizo, a: *or* —, oro macizo. 2 masivo, a: *dose* —, dosis masiva. □ m macizo.

massue f cachiporra, maza. I *coup de* —, cachiporrazo.

mastic m masilla f.

¹**masti/quer** t masticar. **-cation** f masticación.

²**mastiquer** t (avec du mastic) enmasillar.

masure f casucha.

mat, e |mat| a mate.

mât |ma| m palo.

match m 1 partido, match. I — *nul,* empate. 2 (de boxe) combate.

matelas |matla| m colchón. I — *pneumatique,* colchón hinchable, colchoneta f. **-ser** t acolchar.

matelot |matlo| m marinero.

mater t domar.

matérial/iser t materializar. **-isme** m materialismo. **-iste** s materialista.

matériau m material. □ *pl* materiales.

matériel, elle a/m material. I — *de camping,* material para el camping.

maternel, elle a materno, a: *langue maternelle,* lengua materna. □ f escuela de párvulos.

maternité f maternidad.

mathémat/ique a matemático, a. □ *pl* matemáticas. **-icien, enne** s matemático, a.

Mathieu n p m Mateo.

matière f 1 materia: — *première,* materia prima; — *grasse,* materia grasa; — *plastique,* materia plástica. 2 — *d'enseignement,* asignatura. 3 (sujet) tema m.

matin m 1 mañana f. I *de bon* —, de madrugada; *du* — *au soir,* todo el día. 2 *lundi* —, lunes por la mañana; *demain* —, mañana por la mañana. **-al, e** a 1 matutino, a. 2 (qui se lève tôt) madrugador, a.

matinée f 1 mañana: *dans la* —, por la mañana. I *faire la grasse* —, levantarse tarde. 2 (spectacle) función de tarde.

matois, e a taimado, a.

matou m gato.

matraqu/e f porra. I *coup de* —, porrazo. **-er** t aporrear.

matrice f matriz.

matricule f matrícula. □ m número de registro.

matrimonial, e a matrimonial.

mâture f arboladura.

maturité f madurez.

maud/ire ° t maldecir. **-it, e** a/s maldito, a.

maugréer i refunfuñar.

maure a/s moro, a.

mauresque a/s morisco, a, moruno, a.

Maurice n p m Mauricio.

mausolée m mausoleo.

maussade a 1 huraño, a, hosco, a. 2 (temps) desapacible.

mauvais, e a 1 malo, a (mal devant un masculin): *ce vin est* —, este vino es malo; — *moment,* mal rato.

□ *adv* mal : *ça sent* —, huele mal ; *il fait* —, hace mal tiempo.

mauve *f/a* malva.

maux ⇒ **mal**.

maxillaire *a/m* maxilar.

maximum |maksimɔm] *m* máximo : *au* —, como máximo. □ *a* máximo, a.

Mayence *n p* Maguncia.

mayonnaise *f* mayonesa.

mazout |mazut] *m* fuel oil.

me *pron pers* me : *je* — *lève*, me levanto ; *il m'ennuie*, me aburre. I — *voici*, aquí estoy yo.

méandre *m* meandro.

mec *m* POP tío, gachó.

mécanicien, enne *s* mecánico, a. □ *m* (de locomotive) maquinista.

mécanique *a/f* mecánico, a.

mécanisme *m* mecanismo.

mécanographie *f* mecanografía.

mécène *m* mecenas.

méchamment *adv* malvadamente.

méchanceté *f* maldad.

méchant, e *a* malo, a : *il est* —, es malo. I *attention, de* —, cuidado con el perro ; *de méchante humeur*, de mal humor.

mèche *f* 1 mecha. I *éventer la* —, descubrir el pastel. 2 (de bougie) pabilo *m*. 3 (de cheveux) mechón *m*. 4 (d'une perceuse) broca.

mécompte |mekɔ̃t] *m* desengaño.

mécon/naître ° *t* desconocer. **-naissable** *a* desconocido, a. **-nu, e** *a* ignorado, a.

mécontent, e *a/s* descontento, a. **-ement** *m* descontento. **-er** *t* descontentar.

Mecque (La) |mɛk] *n p f* La Meca.

mécréant, e *a/s* descreído, a.

médaill/e *f* medalla. **-on** *m* medallón.

médecin *m* médico : — *de famille, traitant*, médico de cabecera. I *femme* —, médica.

médecine *f* medicina.

média/tion *f* mediación. **-teur, trice** *a/s* mediador, a.

médical, e *a* médico, a.

médicament *m* medicamento.

médicinal, e *a* medicinal.

médiéval, e *a* medieval.

médiocr/e *a* mediocre. **-ité** *f* mediocridad.

méd/ire ° *t* murmurar : *il médit de tout le monde*, murmura de todos. **-isance** *f* maledicencia, murmuración. **-isant, e** *a/s* maldiciente, murmurador, a.

médit/er *i/t* meditar. **-atif, ive** *a* meditabundo, a. **-ation** *f* meditación.

méditerran/ée *a* la mer *Méditerranée*, el mar Mediterráneo ; *la Méditerranée*, el Mediterráneo. **-éen, enne** *a* mediterráneo, a.

médium |medjɔm] *m* médium.

medius |medjys] *m* dedo medio.

méduse *f* medusa.

méduser *t* dejar estupefacto, a.

meeting |mitiŋ] *m* mitin : *des meetings*, mítines.

méfait *m* fechoría *f*.

méfi/er (se) *pr* desconfiar. I *méfiez-vous*, cuidado. **-ance** *f* desconfianza. **-ant, e** *a* desconfiado, a.

mégarde (par) *loc adv* por descuido.

mégère *f* arpía, furia.

mégot *m* colilla *f*.

meilleur, e *a/m* mejor : *bien* —, mucho mejor ; *les meilleures chansons*, las mejores canciones. □ *adv il fait* —, hace mejor tiempo.

mélancol/ie *f* melancolía. **-ique** *a* melancólico, a.

mélang/e *m* mezcla *f*. **-er** ° *t* mezclar.

mélasse *f* melaza.

mélée *f* 1 refriega, pelea. 2 (rugby) mêlée.

mêler *t* mezclar. □ *se* — *à la foule*, mezclarse en la muchedumbre ; *se* — *de*, meterse en : *de quoi te mêles-*

tu ?, ¿ por qué te metes ?

mélèze *m* alerce.

méli-mélo *m* FAM baturrillo.

mélod/ie *f* melodía. **-ieux, euse**
a melodioso, a. **-ique** *a*
melódico, a.

mélodrame *m* melodrama.

mélomane *a/s* melómano, a.

melon *m* 1 melón. I — *d'eau*,
sandía *f*. 2 *chapeau —*, sombrero
hongo.

membrane *f* membrana.

membre *m* miembro.

même *a* mismo, a : *en — temps*, al
mismo tiempo. I *c'est cela —*, eso
es ; *eux-mêmes*, ellos mismos ; *Jean
lui-même*, el mismo Juan, el propio
Juan. □ *pron indéf* mismo : *cela
revient au —*, es lo mismo. □ *adv* 1
aún, hasta, incluso : *tous*, — *le
directeur*, todos, hasta el director. I
pas —, — pas, ni siquiera ; *je ne
veux — pas y penser*, no quiero ni
pensarlo. 2 *ici —*, aquí mismo ;
aujourd'hui —, hoy mismo. 3 *de —*,
del mismo modo, asimismo ; *de —
que*, así como ; *être à — de*, estar en
condiciones de ; *quand —, tout de
—*, sin embargo.

mémoire *f* memoria. I *à la — de*,
en memoria de ; *si j'ai bonne —*, si
mal no recuerdo. □ *m* memoria *f*.

mémorable *a* memorable.

mémorandum *m* memorándum.

mena/ce *f* amenaza. **-çant, e** *a*
amenazador, a. **-cer** *t* amenazar.

ménage *m* 1 *faire le —*, limpiar,
hacer la limpieza ; *femme de —*,
asistenta. 2 (couple) matrimonio :
jeune —, matrimonio joven. I *faire
bon — avec*, llevarse bien con. 3
familia *f*.

¹**ménag/er** ° *t* 1 — *une surprise à*,
preparar una sorpresa a ; — *une
entrevue*, arreglar una entrevista. 2
— *sa santé*, cuidar de su salud ; —
ses forces, no abusar de sus fuerzas. 3 — *quelqu'un*, tratar con consideración a alguien. □ *se —*, cuidarse. **-ement** *m* miramiento.

²**ménager, ère** *a* casero, a,
doméstico, a : *travaux ménagers*,
faenas domésticas. I *appareils
ménagers*, electrodomésticos ; *arts
ménagers*, artes del hogar. □ *f*
(femme) ama de casa.

ménagerie *f* casa de fieras.

mendi/er *t* mendigar. **-ant, e** *a/s*
mendigo, a. **-cité** *f* mendicidad.

menées *f pl* intrigas.

men/er *t* 1 llevar, conducir : — *son
fils à l'école*, llevar a su hijo a la
escuela. 2 — *une vie tranquille*, llevar una vida tranquila. 3 dirigir : —
à bien, llevar a cabo. 4 *l'équipe
mène par 3 à 2*, el equipo gana por
3 a 2. **-eur, euse** *s* cabecilla,
jefe.

méningite *f* meningitis.

menottes *f pl* esposas.

mensong/e *m* mentira *f*. **-er,
ère** *a* mentiroso, a.

mensualité *f* mensualidad.

mensuel, elle *a* mensual.

mental, e *a* mental. **-ité** *f*
mentalidad.

menteur, euse *a/s* mentiroso, a,
embustero, a.

menthe [mãt] *f* menta.

mention *f* mención. **-ner** *t*
mencionar.

mentir ° *i* mentir : *il ment comme
il respire*, miente más que habla.

menton *m* barbilla *f*.

¹**menu, e** *a* menudo, a. I *menue
monnaie*, calderilla ; *menues
dépenses*, gastos menores. □ *adv*
par le —, detalladamente. I *hacher —*,
picar.

²**menu** *m* 1 menú, minuta *f*. 2 (à
prix fixe) cubierto : — *touristique*,
cubierto turístico.

menuis/erie *f* carpintería. **-ier** *m*
carpintero.

méprendre (se) ° *pr* equivocarse.

mépris [mepri] *m* desprecio.
-able *a* despreciable. **-ant, e** *a*
despreciativo, a.

méprise *f* error *m*, confusión.

mépriser t despreciar.

mer |mɛʀ| f mar (m et f, mais le plus souvent m): la – Noire, el mar Negro. I pleine –, pleamar ; prendre la –, hacerse a la mar ; un homme à la –!, ¡hombre al agua !

mercantile a mercantil.

mercenaire a/m mercenario, a.

mercerie f mercería.

merci m gracias: – beaucoup, muchas gracias ; – de votre accueil, gracias por su acogida ; dire –, dar las gracias. □ f à la – de, a la merced de.

mercier, ère s mercero, a.

mercredi m miércoles.

mercure m mercurio.

merde f VULG mierda.

mère f 1 madre. I maison –, casa madre. 2 FAM la – Jeanne, la tía Juana.

méridien m meridiano.

méridional, e a meridional.

meringue f merengue m.

mérinos |meʀinos| m merino.

mérit/e m mérito. **-er** t merecer. **-oire** a meritorio, a.

merlan m pescadilla f.

merle m mirlo.

merou m mero.

merveill/e f maravilla. I à –, de maravilla. **-eux, euse** a maravilloso, a.

mes a poss 1 mis: – cousins, mis primos. 2 mío, a: un de – cousins, un primo mío. ⇒ **mon**.

mésalliance f casamiento m desigual.

mésange f paro m.

mésaventure f contratiempo m.

mesdames, mesdemoiselles pl de **madame, mademoiselle.**

mesquin, e a mezquino, a. **-erie** f mezquindad.

messag/e m mensaje. **-er, ère** s mensajero, a. **-erie** f mensajería.

messe f misa: aller à la –, ir a misa ; – de minuit, misa del gallo.

Messie m Mesías.

messieurs pl de **monsieur.**

mesure f 1 medida. I sur –, a la medida ; à – que, a medida que ; dépasser la –, pasarse de la raya. 2 moderación, mesura. 3 MUS compás m : battre la –, llevar el compás ; en –, a compás. 4 être en – de, estar en condiciones de.

mesuré, e a mesurado, a.

mesurer t 1 medir : Antoine mesure 1 mètre 80, Antonio mide 1 metro 80. □ se – avec quelqu'un, medirse con alguien.

métal m metal : métaux précieux, metales preciosos. **-lique** a metálico, a. **-lurgie** f metalurgia. **-lurgique** a metalúrgico, a. **-lurgiste** a/m metalúrgico.

métamorphos/e f metamorfosis. **-er** t metamorfosear.

métaphore f metáfora.

métaphysique a/f metafísico, a.

météore m meteoro.

météorolog/ie f meteorología. **-ique** a meteorológico, a : bulletin –, parte meteorológico. **-iste** s meteorólogo, a.

méthod/e f método m. **-ique** a metódico, a.

méticuleux, euse a meticuloso, a.

métier m 1 oficio : être du –, ser del oficio. 2 – à tisser, telar.

métis, isse |metis| a/s mestizo, a.

métrage m 1 medición f. 2 (film) court, long –, corto, largo metraje.

mètre m metro : – carré, cube, metro cuadrado, cúbico.

métrique a métrico, a.

métro m metro.

métropole f metrópoli.

mets |mɛ| m plato, manjar.

mettable a cette robe n'est plus –, este vestido ya no se puede llevar.

metteur m 1 – en scène, (théâtre) escenógrafo ; (cinéma) realizador. 2 – en ondes, director de emisión. 3 – en pages, compaginador.

mettre ° *t* **1** poner: *— la table*, poner la mesa; *il a mis son fils en apprentissage*, ha puesto a su hijo de aprendiz. **2** (introduire) meter. **3** echar: *— une lettre à la poste*, echar una carta al correo. **4** ponerse: *il mit sa gabardine*, se puso la gabardina. **5** *— une heure à*, tardar una hora en; *combien de temps mettrez-vous à...?*, ¿cuánto tiempo tardará en...? **6** *mettons que je n'ai rien dit*, pongamos por caso que no he dicho nada. □ *pr* **1** *se — au travail*, ponerse a trabajar. **2** *se — au lit*, meterse en la cama. **3** *se — à la fenêtre*, asomarse a la ventana. **4** *se — à*, echarse a, romper a: *se — à courir*, echarse a correr; *il s'est mis à pleuvoir*, rompió a llover.

meubl/e *m* mueble. **-er** *t* amueblar. I *un meublé*, un piso amueblado.

meugl/er *i* mugir. **-ement** *m* mugido.

meule *f* **1** muela. **2** (de foin, paille) almiar *m*.

meun/ier, ère *s* molinero, a. **-erie** *f* molinería.

meurtr/e *m* asesinato, homicidio. **-ier, ère** *s* asesino, a. □ *a* mortífero, a.

meurtrière *f* (fente) tronera.

meurtr/ir *t* magullar. **-issure** *f* **1** magulladura. **2** (des fruits) maca.

meute *f* jauría.

mévente *f* mala venta.

mexicain, e *a/s* mexicano, a, mejicano, a.

Mexique *n p m* México, Méjico.

¹mi *m* MUS mi.

²mi *adv* **1** *à la mi-octobre*, a mediados de octubre. **2** *à mi-hauteur*, a media altura; *à mi-voix*, a media voz.

miaou *m* miau.

miaul/er *i* maullar. **-ement** *m* maullido.

mica *m* mica *f*.

mi-carême *f* jueves *m* de la

tercera semana de cuaresma.

miche *f* pan *m* redondo, hogaza.

Michel *n p m* Miguel.

micheline *f* autovía *m*.

mi-chemin (à) *loc adv* a mitad de camino.

mi-corps (à) *loc adv* hasta medio cuerpo.

micro *m* micro.

microbe *m* microbio.

microfilm *m* microfilm.

microphone *m* micrófono.

microscop/e *m* microscopio. **-ique** *a* microscópico, a.

microsillon *m* microsurco.

midi *m* **1** mediodía. **2** *il est —, son las doce; — et demi*, las doce y media. I *chercher — à quatorze heures*, buscar tres pies al gato. **3** Sur: *chambre exposée au —*, habitación que da al Sur. I *le — de la France*, el Mediodía de Francia.

mie *f* miga.

miel *m* miel *f*. **-leux, euse** *a* meloso, a.

mien, enne *a/pron poss* mío, a. □ *pl les miens*, los míos.

miette *f* migaja. I *réduire en miettes*, hacer añicos.

mieux |mjø| *adv* mejor. **1** *à qui —, —*, a cual mejor; *j'aime —*, me gusta más, prefiero; *le malade va —*, el enfermo está mejorado; *il vaut — que tu t'en ailles*, es mejor que te marches; *— vaut ne pas insister*, más vale no insistir. □ *à je me sens —*, me encuentro mejor. □ *m le —*, lo mejor. I *j'ai fait de mon —*, hice todo lo que pude.

mièvre *a* almibarado, a, remilgado, a, ñoño, a. **-rie** *f* ñoñería.

mignon, onne *a* **1** (joli) mono, a, bonito, a: *un — petit chat*, un gatito muy mono. **2** (gentil) bueno, a. □ *s mon —*, *ma mignonne*, rico, rica.

migraine *f* jaqueca, dolor *m* de cabeza.

migrat/ion *f* migración. **-eur** *a*
oiseau —, ave de paso. **-oire** *a*
migratorio, a.

mijoter *t/i* cocer a fuego lento. □ *t*
FIG tramar, maquinar.

mil *a* mil.

Milan *n p* Milán.

milic/e *f* milicia. **-ien, enne** *s*
miliciano, a.

milieu *m* 1 medio : au — de, en
medio de; au beau — de, justo en
medio de; le juste —, el justo
medio. 2 (moitié) mitad *f.* 3 vers le
— du mois, a mediados del mes. 4
medio, círculo : dans les milieux
autorisés, en los medios autorizados.

militaire *a/m* militar.

militant, e *a/s* militante.

militariser *t* militarizar.

militer *i* militar.

mille [mil] *a* mil : deux —, dos mil.
□ *m* 1 millar, mil. I mettre dans le
—, dar en el blanco. 2 (mesure)
milla *f.*

millénaire [mil(l)enɛʀ] *a/m*
milenario, a.

millésime [mil(l)ezim] *m* fecha *f.*

millet [mijɛ] *m* mijo.

milliard [miliaʀ] *m* mil millones.
-aire *a/s* multimillonario, a.

millième [miljɛm] *a/s* milésimo, a.

millier [milje] *m* millar.

millimètre [mil(l)imɛtʀ] *m* milímetro.

million [miljɔ̃] *m* millón. **-ième**
a/s millonésimo, a. **-naire** *a/s*
millonario, a.

mim/e *m* mimo. **-er** *t* 1
representar en pantomina, mimar.
2 imitar, remedar. **-ique** *f*
mímica.

mimosa *m* mimosa *f.*

minable *a* lamentable.

minaret *m* alminar.

minaud/er *i* hacer melindres.
-erie *f* melindre *m.*

minc/e *a* delgado, a. **-eur** *f*
delgadez.

¹mine *f* (de crayon, gisement,
engin explosif) mina.

²mine *f* 1 cara, aspecto *m* : avoir
bonne, mauvaise —, tener buena,
mala cara; — renfrognée, cara de
pocos amigos. 2 faire — de, hacer
como si.

miner *t* minar.

minerai *m* mineral.

minéral, e *a/m* mineral : les
minéraux, los minerales.

minéralogique *a* mineralógico,
a. 2 numéro —, matrícula *f.*

minet, ette *s* gatito, a.

¹mineur *m* minero.

²mineur, e *a* menor. □ *a/s* menor
de edad.

miniatur/e *f* miniatura. **-iser** *t*
miniaturizar.

minier, ère *a* minero, a.

minime *a* mínimo, a.

minimum [minimɔm] *a/m*
mínimo, minimum. I au —, como
mínimo.

minist/ère *m* ministerio. **-ériel,
elle** *a* ministerial.

ministre *m* ministro.

minorit/é *f* 1 minoría. 2 (âge)
minoría de edad. **-aire** *a*
minoritario, a.

Minorque *n p f* Menorca.

minotier *m* harinero.

minuit *m* medianoche *f.* 2 il est
—, son las doce de la noche ; — et
demi, las doce y media de la
noche.

minuscule *a/f* minúsculo, a.

minute *f* 1 minuto *m* : dans une —,
dentro de un minuto. I d'une — à
l'autre, de un momento a otro. 2
FAM minute !, ¡espere ! 3 (de
notaire) minuta.

minuterie *f* minutero *m.*

minut/ie [minysi] *f* minuciosidad.
-ieux, euse *a* minucioso, a.

mioche *s* POP chaval, a.

mira/cle *m* milagro. **-culeux,
euse** *a* milagroso, a.

mirage *m* espejismo.

miroir *m* espejo.

miroit/er *i* espejear, brillar. **-ement** *m* reflejo, brillo.

mis, e *p p* de **mettre**.

misanthrope *a/s* misántropo.

mise *f* **1** puesta : – *en marche, à jour*, puesta en marcha, al día. I – *en bouteilles*, embotellado *m*, envasado *m* ; – *en état*, arreglo *m* ; – *en place*, colocación. **2** – *en scène*, escenificación. **3** – *de fonds*, inversión de fondos. **4** (au jeu) puesta. **5** (habillement) arreglo *m* personal.

miser *t* apostar.

misérable *a/s* miserable.

misère *f* miseria.

miséricord/e *f* misericordia. **-ieux, euse** *a* misericordioso, a.

missel *m* misal.

missile *m* misil.

mission *f* misión. **-naire** *a/m* misionero, a.

missive *f* misiva.

mit/e *f* polilla. **-é, ée** *a* apolillado, a.

mi-temps *f* **1** *la première, la deuxième* –, el primer, el segundo tiempo. **2** (pause) descanso *m*. **3** *travailler à* –, trabajar a media jornada.

mitiger ° *t* mitigar.

mitonner *t/i* cocer a fuego lento.

mitraill/er *t* ametrallar. **-ette** *f* metralleta. **-euse** *f* ametralladora.

mitre *f* mitra.

mixer |miksœr| *m* batidora *f*.

mixte *a* mixto, a.

mobile *a/m* móvil.

mobilier, ère *a* mobiliario, a. □ *m* mobiliario, muebles *pl*.

mobilis/er *t* movilizar. **-ation** *f* movilización.

mobilité *f* movilidad.

mocassin *m* mocasín.

moche *a* FAM (laid) feúcho.

¹mode *f* moda : *une plage à la* –, una playa de moda ; *cette couleur est très à la* –, este color está muy de moda.

²mode *m* **1** modo : – *de vie*, modo de vida. **2** – *d'emploi*, instrucciones *f pl* para el uso.

modelage *m* modelado.

modèle *a/m* modelo.

model/er ° *t* modelar. **-é** *m* modelado.

modér/er ° *t* moderar. □ *se* –, moderarse. **-ation** *f* moderación.

modern/e *a* moderno, a. **-iser** *t* modernizar. **-isation** *f* modernización. **-isme** *m* modernismo.

modest/e *a* modesto, a. **-ie** *f* modestia.

modifi/er *t* modificar. **-cation** *f* modificación.

modique *a* módico, a.

modiste *f* sombrerera.

modul/er *t* modular. **-ation** *f* modulación. I – *de fréquence*, frecuencia modulada.

moelle |mwal| *f* **1** médula : – *épinière*, médula espinal. **2** tuétano *m* : *os à* –, hueso de tuétano. **3** FIG meollo *m*.

moelleux, euse |mwalø, øz| *a* **1** (siège, lit) mullido, a. **2** (tissu, vin) suave.

mœurs |mœr| *f pl* costumbres, hábitos *m*.

moi *pron pers* **1** yo : *c'est* – *qui...*, soy yo quien... **2** (complément) mi : *pour* –, para mí. I *à* – !, ¡a mí! ; *avec* –, conmigo ; *ce livre est à* –, este libro es mío. **3** (avec impératif) me : *laisse-moi tranquille*, déjame en paz ; *donne-le-moi*, dámelo. □ *m le* –, el yo.

moignon *m* muñón.

moindre *a* menor. I *le* – *effort*, el mínimo esfuerzo.

moine *m* monje, fraile.

moineau *m* gorrión.

moins |mwẽ| *adv* menos : *5 ans de* –, 5 años menos ; – *de vent*, menos viento ; *l'hôtel le* – *cher*, el hotel menos caro. I *à* – *que*, a menos que, a no ser que ; *au* –, *du*

−, por lo menos ; *de − en −*, cada vez menos ; *en − de rien*, en un santiamén ; *le − du monde*, de ningún modo, en absoluto, lo más mínimo. □ *prép* menos : *trois heures − dix*, las tres menos diez.

moiré, e *a* tornasolado, a.

mois *m* mes : *douze −*, doce meses.

Moïse |mɔiz| *n p m* Moisés.

moisi, e *a* enmohecido, a. □ m *sentir le −*, oler a moho.

mois/ir *i/t* enmohecer. **-issure** *f* moho *m*.

moisson *f* siega, cosecha. **-ner** *t* (faucher) segar ; (récolter) cosechar. **-neur, euse** *s* segador, a. □ *f moissonneuse-batteuse*, segadora trilladora.

moite *a* húmedo, a.

moitié *f* mitad : *réduire de −*, reducir a la mitad. I *à − pleine*, medio llena ; *à − cuit*, a medio cocer ; *à − prix*, a mitad de precio ; *moitié-moitié*, a medias.

mol ⇒ **mou.**

molaire *f* molar *m*, muela.

môle *m* malecón.

molécul/e *f* molécula. **-aire** *a* molecular.

molester *t* atropellar.

mollasse *a* blandengue.

molle ⇒ **mou.**

mollesse *f* **1** blandura. **2** flojera, apatía.

mollet *m* pantorrilla *f*.

molleton |mɔltɔ̃| *m* muletón.

mollusque *m* molusco.

môme *s* POP cheval, a.

moment *m* momento, rato. I *au bon −*, en el momento oportuno ; *au − de*, en el momento de ; *d'un − à l'autre*, de un momento a otro ; *du − que*, puesto que ; *en ce −*, ahora ; *par moments*, a veces. **-ané, e** *a* momentáneo, a.

momie *f* momia.

mon, ma, mes *a poss* mi, mis : *− passeport*, mi pasaporte. I *− Dieu !*, ¡ Dios mío !

Monaco *n p* Mónaco.

monarch/ie *f* monarquía. **-ique** *a* monárquico, a. **-iste** *a/s* monárquico.

monarque *m* monarca.

monast/ère *m* monasterio. **-ique** *a* monástico, a.

monceau *m* montón.

mondain, e *a/s* mundano, a.

monde *m* **1** mundo. I *mettre au −*, dar a luz. **2** *le beau −*, la buena sociedad. **3** gente *f* : *que de −!*, ¡ cuánta gente ! I *tout le −*, todo el mundo, todos.

mondial, e *a* mundial.

monégasque *a/s* monegasco, a.

monétaire *a* monetario, a.

mongol, e *a/s* mongol.

Monique *n p f* Mónica.

moniteur, trice *s* monitor, a.

monnaie *f* **1** moneda. **2** suelto *m* : *avez-vous de la −?* ¿ tiene usted suelto ? I *petite −*, calderilla. **3** cambio *m* : *la − de dix francs*, el cambio de diez francos. I *rendre la −*, dar la vuelta.

monocle *m* monóculo.

monogramme *m* monograma.

monolithe *m* monolito.

monologu/e *m* monólogo. **-er** *i* monologar.

monopol/e *m* monopolio. **-iser** *t* monopolizar.

monosyllabe *m* monosílabo.

monoton/e *a* monótono, a. **-ie** *f* monotonía.

monseigneur *m* monseñor.

monsieur |məsjø| *m* **1** señor : *merci, −*, gracias, señor ; *− Laporte*, el señor Laporte ; *− le directeur, le curé*, el señor director, el señor cura ; *− n'est pas là*, el señor no está. **2** (en tête d'une lettre) *cher −*, muy señor mío. □ *pl messieurs*, señores, caballeros.

monstr/e *m* monstruo. **-ueux, euse** *a* monstruoso, a. **-uosité** *f* monstruosidad.

mont *m* monte.

montage *m* montaje.

montagn/e *f* montaña. **-ard, e** *a/s* montañés, esa. **-eux, euse** *a* montañoso, a.

montant, e *a* ascendente. □ *m* 1 (d'une fenêtre, etc.) larguero, montante. 2 importe : *le — des frais*, el importe de los gastos.

mont-de-piété *m* monte de piedad.

monte-charge *m* montacargas.

montée *f* subida.

monter *i* 1 subir : *— au grenier, dans le train, en voiture*, subir al desván, al tren, al coche ; *la rivière a monté*, ha subido el río. 2 *— à cheval, à bicyclette*, montar a caballo, en bicicleta. 3 *— en grade*, ascender. □ *t* 1 subir. 2 (une machine, etc.) montar, armar : *une tente*, armar una tienda de campaña. 3 (un spectacle, une affaire) montar. □ *pr* 1 *se — en*, proveerse de. 2 *être monté contre quelqu'un*, estar irritado contra alguien.

monticule *m* montículo.

montre *f* reloj *m* : *montre-bracelet*, reloj de pulsera.

montrer *t* 1 mostrar, enseñar : *montrez-moi votre photo*, enséñeme su foto ; *il montre sa surprise*, muestra su sorpresa. 2 *— du doigt*, señalar con el dedo. □ *se —*, mostrarse.

monture *f* 1 montura. 2 (cheval) cabalgadura.

monument *m* monumento : *— aux morts*, monumento a los caídos. **-al, e** *a* monumental.

moqu/er (se) *pr* 1 burlarse, reírse. 2 *je me moque pas mal de tes conseils*, me importan un pepino tus consejos ; *je m'en moque*, me da igual. **-erie** *f* burla. **-eur, euse** *a/s* burlón, ona.

¹moral, e *a* moral. □ *m* ánimo, moral *f* : *remonter le —*, levantar el ánimo, la moral.

²moral/e *f* 1 moral. 2 (d'une fable) moraleja. **-iste** *s* moralista. **-ité**

f 1 moralidad. 2 (d'une fable) moraleja.

morbide *a* mórbido, a.

morceau *m* 1 pedazo, trozo. 2 *— de sucre*, terrón de azúcar. 3 *morceaux choisis*, trozos escogidos. 4 (de musique) fragmento.

morc/eler ° *t* dividir. **-ellement** *m* división *f*, partición *f*.

mordant, e *a* mordaz.

mor/dre *t/i* 1 morder : *un chien m'a mordu*, me ha mordido un perro ; *la lime mord le métal*, la lima muerde el metal. 2 (poisson) picar : *ça mord ?*, ¿ pican ? **-du, e** *s* (fanatique) hincha.

morfondre (se) *pr* aburrirse.

morgue *f* 1 (arrogance) altanería. 2 depósito *m* de cadáveres.

moribond, e *a/s* moribundo, a.

morne *a* 1 sombrío, a. 2 triste.

morose *a* sombrío, a.

morphine *f* morfina.

mors |mɔʀ| *m* bocado.

morsure *f* mordedura.

¹mort *f* muerte. I *à —!*, ¡ muera !; *mettre à —*, matar.

²mort, e *p p* de **mourir**. □ *a* 1 muerto, a : *point —*, punto muerto. 2 *feuille morte*, hoja seca. □ *s* muerto, a. I *jour des Morts*, día de Difuntos.

mortalité *f* mortalidad.

mortel, elle *a/s* mortal.

mortier *m* mortero.

mortifier *t* mortificar.

mortuaire *a* mortuorio, a.

morue *f* bacalao *m*.

mosaïque |mɔzaik| *f* mosaico *m*.

Moscou *n p* Moscú.

moscovite *a/s* moscovita.

mosquée *f* mezquita.

mot |mo| *m* 1 palabra *f*. I *bon —*, chiste ; *gros —*, palabrota *f* ; *— à —*, literalmente. 2 *mots croisés*, crucigrama *sing*. 3 *écrire un —*, escribir unas líneas.

motard *m* motociclista.

moteur, trice a motor, triz. □ m motor : – à explosion, motor de explosión.

motif m motivo.

motion f moción.

motiver t motivar.

moto f moto.

motoculteur m motocultor.

motocycl/ette f motocicleta. **-iste** s motociclista.

motoriser t motorizar.

motrice f locomotora.

motte f 1 (de terre) terrón m. 2 (de beurre) pella.

¹**mou, mol, molle** a 1 blando, a. 2 (sans énergie) flojo, a. 3 (temps) húmedo, a.

²**mou** m (abats) bofes pl.

mouchard, e s soplón, ona, chivato, a.

mouche f 1 mosca. | prendre la –, amoscarse. 2 fine –, persona astuta. 3 poids –, peso mosca. 4 faire –, dar en el blanco.

moucher (se) pr sonarse, limpiarse las narices.

moucheron m mosquita f.

moucheter ° t motear.

mouchoir m pañuelo.

moudre ° t moler.

moue f mohin m. | faire la –, poner hocico.

mouette f gaviota.

moufle f manopla.

mouill/er t 1 mojar. 2 (le lait, le vin) aguar. 3 – l'ancre, echar el ancla. □ i MAR fondear. □ se –, mojarse. **-age** m (abri) fondeadero, ancladero.

¹**moule** f mejillón m : moules marinières, mejillones a la marinera.

²**moul/e** m molde. **-age** m vaciado. **-er** t 1 vaciar, moldear. 2 ceñir : robe qui moule, vestido que ciñe.

moulin m 1 molino : – à vent, molino de viento. 2 – à café, molinillo de café. **-et** m 1 (de pêche)

carrete. 2 (mouvement) molinete.

moulu, e a molido, a.

moulure f moldura.

mour/ir ° i morir, morirse : il est mort, ha muerto ; je meurs de faim, de soif, me muero de hambre, de sed ; – de rire, morirse de risa. **-ant, e** a/s moribundo, a.

¹**mousse** f 1 (plante) musgo m. 2 (écume) espuma. | – à raser, espuma de afeitar. 3 – au chocolat, crema de chocolate.

²**mousse** m grumete.

mousseline f muselina.

mouss/er i espumar. **-eux, euse** a espumoso, a.

moustach/e f bigote m. **-u, ue** a bigotudo, a.

moustiqu/e m mosquito. **-aire** f mosquitero m.

moutard m POP chaval.

moutard/e f mostaza. **-ier** m mostacera f.

mouton m 1 carnero, borrego. 2 (viande) cordero. □ pl 1 (vagues) cabrillas f. 2 (poussière) pelusa f sing.

moutonn/er i 1 (mer) cabrillear. 2 ciel moutonné, cielo aborregado. **-ement** m cabrilleo.

mouvant, e a movedizo, a.

mouvement m 1 movimiento. 2 (d'une horloge) mecanismo.

mouvementé, e a 1 animado, a, movido, a : séance mouvementée, sesión movida. 2 (terrain) accidentado, a.

mouvoir ° t mover. | mû par l'envie, movido por la envidia. □ se –, moverse.

¹**moyen, enne** [mwajɛ̃, ɛn] a 1 medio, a : le – Age, la Edad Media ; classes moyennes, clases medias ; le Français –, el francés medio. 2 (ni bon ni mauvais) mediano, a, regular : élève –, alumno regular. □ m medio : il n'y a pas de –..., no hay medio de... | au – de, por medio de. □ m pl 1 (capacités) aptitudes f. 2

(pécuniaires) medios, recursos. **-nant** *prép* mediante. l – *quoi*, gracias a lo cual.

²**moyenne** *f* promedio *m*, media : *du 80 de –*, una media de 80 km/h. l *en –*, por termino medio.

moyeu |mwajø| *m* cubo.

mû, mue ⇒ **mouvoir**.

mu/e *f* muda. **-er** *i* mudar.

muet, ette *a/s* mudo, a.

mufle *m* 1 morro, hocico. 2 FAM (personne) patán. **-rie** *f* groseria.

mug/ir *i* mugir. **-issement** *m* mugido.

muguet *m* muguete.

mulâtre, esse *a/s* mulato, a.

¹**mule** *f* mula.

²**mule** *f* (pantoufle) chinela.

¹**mulet** *m* mulo. **-ier** *m* arriero, mulero.

²**mulet** *m* (poisson) mújol.

multicolore *a* multicolor.

multiple *a* múltiple. ☐ *a/m* (mathématiques) múltiplo, a.

multipli/er *t* multiplicar. ☐ *se –*, multiplicarse. **-cation** *f* multiplicación. **-cité** *f* multiplicidad.

multitude *f* multitud.

municipal, e *a* municipal. l *conseil –*, concejo. **-ité** *f* municipalidad.

munir *t* proveer, dotar : *appareil de photo muni d'un téléobjectif*, máquina fotográfica provista de un teleobjetivo. ☐ *se –*, proveerse.

munitions *f pl* municiones.

mur *m* 1 (d'une maison) pared *f*. 2 (d'une ville) muro. 3 (clôture) tapia *f*. 4 *le – du son*, la barrera del sonido. **-aille** *f* muralla.

mûr, e *a* maduro, a.

mûre *f* 1 mora. 2 (fruit de la ronce) zarzamora.

murer *t* tapiar. ☐ *se –*, aislarse.

mûrier *m* morera *f*.

mûrir *t/i* madurar.

murmur/e *m* murmullo. **-er** *i/t* murmurar.

muscade *a* moscada.

muscat *a/m* moscatel.

mus/cle *m* músculo. **-clé, e** *a* musculoso, a. **-culaire** *a* muscular. **-culature** *f* musculatura.

muse *f* musa.

museau *m* hocico.

musée *m* museo.

muselière *f* bozal *m*.

musette *f* morral *m*.

muséum |myzeɔm| *m* museo.

musical, e *a* musical.

music-hall |myzikol| *m* music hall.

musicien, enne *a/s* músico, a.

musique *f* 1 música. 2 (fanfare) banda.

musulman, e *a/s* musulmán, ana.

mut/er *t* trasladar.**-ation** *f* 1 (d'un fonctionnaire) traslado *m*, cambio *m*. 2 (biologie) mutación.

mutil/er *t* mutilar. l *un mutilé*, un mutilado. **-ation** *f* mutilación.

mutiner (se) *pr* amotinarse.

mutisme *m* mutismo.

mutualité *f* mutualidad.

mutuel, elle *a* mutuo, a. ☐ *f* mutualidad. **-lement** *adv* mutuamente.

myop/e *a/s* miope. **-ie** *f* miopía.

myosotis |mjozɔtis| *m* miosota *f*.

myriade *f* miríada.

myrtille *f* arándano *m*.

myst/ère *m* misterio. **-érieux, euse** *a* misterioso, a.

mystifi/er *t* engañar. **-cateur, trice** *s* embaucador; *a*. **-cation** *f* engaño *m*.

mystique *a/s* místico, a.

mythe *m* mito.

mytholog/ie *f* mitología. **-ique** *a* mitológico, a.

N

n |ɛn| *m* **n** *f: un —*, una n.

n' ⇒ **ne.**

nacelle *f* barquilla.

nacr/e *f* nácar *m.* **-é, ée** *a* nacarado, a.

nage *f* 1 natación. 2 *être en —*, estar bañado, a en sudor.

nageoire |naʒwaʀ| *f* aleta.

nag/er ° *i/t* nadar. **-eur, euse** *a/s* nadador, a.

naguère *adv* hace poco.

naïf, ive |naif, iv| *a/s* ingenuo, a.

nain, e *a/s* enano, a.

naissance *f* 1 nacimiento *m.* I *donner — à une fille*, dar a luz a una niña. 2 origen *m.* I *donner à*, originar.

naître ° *i* nacer : *il est né à Paris en 1967*, nació en París en 1967. I *faire —*, originar, provocar.

naïveté |naivte| *f* ingenuidad.

napht/e |naft| *m* nafta *f.* **-aline** *f* naftalina.

Naples |napl| *n p* Nápoles.

Napoléon *n p m* Napoleón.

napolitain, e *a/s* napolitano, a.

nappe *f* 1 mantel *m.* 2 *— d'eau*, capa de agua. **-ron** *m* mantelito.

narcisse *m* narciso.

narcotique *a/m* narcótico, a.

narine *f* ventana de la nariz.

narquois, e *a* socarrón, ona, burlón, ona.

narra/tion *f* narración. **-teur, trice** *s* narrador, a.

nasal, e *a/f* nasal.

naseau *m* ollar.

nasill/er *i* ganguear. **-ard, e** *a* gangoso, a.

natal, e *a* natal. **-ité** *f* natalidad.

natation *f* natación.

nation *f* nación : *Nations Unies*, Naciones Unidas.

national, e *a* nacional. **-iser** *t* nacionalizar. **-isme** *m* nacionalismo. **-iste** *a/s* nacionalista. **-ité** *f* nacionalidad.

nativité *f* natividad.

natte *f* 1 (de cheveux) trenza. 2 (tapis) estera.

naturalis/er *t* naturalizar. I *se faire —*, naturalizarse. **-ation** *f* naturalización.

naturaliste *s* naturalista.

nature *f* 1 naturaleza. 2 carácter *m*, índole, natural *m : timide de —*, de índole tímida. 3 *d'après —*, del natural ; *payer en —*, pagar en especie. 4 *— morte*, bodegón *m.* □ *a* 1 natural : *grandeur —*, tamaño natural. 2 *café —*, café solo.

naturel, elle *a* natural. □ *m* 1 natural, carácter. 2 (simplicité) naturalidad *f.* 3 *au —*, al natural.

naufrag/e *m* naufragio. I *faire —*, naufragar. **-é, ée** *s* náufrago, a.

nausé/e *f* náusea. **-abond, e** *a* nauseabundo, a.

nautique *a* náutico.

naval, e *a* naval.

Navarre *n p f* Navarra.

navet *m* 1 nabo. 2 FAM churro.

navette *f* 1 *faire la —*, ir y venir ; *un car fait la — entre...*, un autocar asegura la comunicación entre...

navigable *a* navegable.

navigant, e *a personnel —*, personal de vuelo.

navig/uer *i* navegar. **-ateur** *m* navegante. **-ation** *f* navegación.

navire *m* buque.

navr/er *t* afligir. I *je suis navré de...*, siento en el alma... **-ant, e** *a* lamentable.

nazi *a/s* nazi.

ne, n' *adv* no : *je — l'ai pas vu*, no lo he visto ; *il n'a qu'un enfant*, no tiene más que un hijo, sólo tiene un hijo.

né, née ⇒ **naître.**

néanmoins |neãmwẽ| *adv* sin embargo, no obstante.

néant *m* nada *f.*

nébuleux, euse *a/f* nebuloso, a.

nécess/aire *a* necesario, a. □ *m* 1 *faire le –,* hacer lo necesario. 2 *– de toilette,* neceser (de tocador). **-ité** *f* necesidad. **-iteux, euse** *a/s* necesitado, a.

nectar *m* néctar.

néerlandais, e *a/s* neerlandés, esa.

nef *f* nave.

néfaste *a* nefasto, a.

nèfle *f* níspero *m.*

négatif, ive *a* negativo, a. □ *m* (photo) negativo.

négation *f* negación.

négligé *m* 1 descuido. 2 (tenue légère) deshabillé.

néglig/er ° *t* 1 descuidar. 2 – *un conseil,* no hacer caso de, desdeñar un consejo. **-eable** *a* despreciable. **-ence** *f* negligencia, descuido *m.* **-ent, e** *a* negligente, descuidado, a. **-emment** *adv* descuidadamente.

négoc/e *m* negocio. **-iant, e** *s* negociante.

négoci/er *i/t* negociar. **-ateur, trice** *s* negociador, a. **-ation** *f* negociación.

nègre, négresse *a/s* negro, a.

neig/e *f* nieve. I – *fondue,* aguanieve ; *chute de –,* nevada. **-er** ° *impers* nevar. **-eux, euse** *a* nevado, a.

nénuphar *m* nenúfar.

néologisme *m* neologismo.

néon *m* neón : *tube au –,* tubo de neón.

néophyte *s* neófito, a.

néphrite *f* nefritis.

nerf |nɛʀ| *m* nervio : *une crise de nerfs,* un ataque de nervios ; *porter sur les nerfs,* poner los nervios de punta.

nerv/eux, euse *a/s* nervioso, a. **-osité** *f* nerviosismo *m,* nerviosidad.

n'est-ce pas ? *adv* ¿ verdad ?

net, nette |nɛt| *a* 1 (propre) limpio, a. I *mettre au –,* poner en limpio. 2 (image, photo) nítido, a. 3 claro, a. 4 (poids, bénéfice, prix) neto, a. □ *adv s'arrêter –,* pararse en seco ; *refuser –,* negarse rotundamente. **-tement** *adv* claramente. I – *mieux,* mucho mejor. **-teté** *f* limpieza, nitidez, claridad.

nett/oyer ° |nɛtwaje| *t* limpiar. **-oiement** *m* limpieza *f.* **-oyage** *m* limpieza *f* : – *à sec,* limpieza en seco.

¹neuf *a/m* 1 nueve. I *il est – heures,* son las nueve. 2 *Charles IX,* Carlos noveno.

²neuf, neuve *a* nuevo, a. I *quoi de – ?,* ¿ qué hay de nuevo ? ; *remettre à –,* poner como nuevo.

neurasthén/ie *f* neurastenia. **-ique** *a/s* neurasténico, a.

neurologue *m* neurólogo.

neutralis/er *t* neutralizar. **-ation** *f* neutralización.

neutralité *f* neutralidad.

neutre *a* 1 neutro, a. 2 (pays) neutral.

neutron *m* neutrón.

neuvième *a/s* noveno, a.

neveu *m* sobrino.

névralgie *f* neuralgia.

névros/e *f* neurosis. **-é, ée** *a/s* neurótico, a.

New York *n p* Nueva York.

nez |ne| *m* 1 nariz *f.* I – *à –,* cara a cara ; *parler du –,* hablar de nariz ; *rire au – de,* reirse en las narices de. 2 *avoir le –, fin,* tener olfato. 3 (d'un avion) morro.

ni *conj* ni : – *l'un – l'autre,* ni uno ni otro.

niais, e *a/s* necio, a, bobo, a. **-erie** *f* bobería.

nicaraguayen, enne *a/s* nicaraguense.

Nice *n p* Niza.

niche *f* **1** nicho *m*. **2** (à chien) casilla. **3** (farce) broma.

nicher *i* **1** anidar. **2** FAM vivir. □ *pr* (se cacher) meterse.

nickel *m* niquel. **-er** ° *t* niquelar.

niçois, e *a/s* nizardo, a.

Nicolas *n p m* Nicolás.

nicotine *f* nicotina.

nid |ni| *m* **1** nido. **2** nid-de-poule, bache.•

nièce *f* sobrina.

nier *t* negar : *il nie les faits*, niega los hechos.

nigaud, e *a/s* bobo, a.

nipp/es *f pl* FAM pingos *m*. **-er** *t* ataviar.

nippon, e *a/s* nipón, ona.

nitrate *m* nitrato.

niveau *m* nivel.

nivel/er ° *t* nivelar. **-lement** *m* nivelación *f*.

nobl/e *a/s* noble. **-esse** *f* nobleza.

noc/e *f* **1** boda : *noces d'or*, bodas de oro. **2** FAM *faire la —*, ir de juerga. **-eur, euse** *a/s* juerguista.

nocif, ive *a* nocivo, a.

noctambule *a/s* noctámbulo, a.

nocturne *a/m* nocturno, a. □ *f* (match) partido *m* nocturno.

Noël |nɔɛl| *m* **1** Navidad *f*. I *nuit de —*, nochebuena ; *joyeux — !*, ¡felices Pascuas ! **2** (chant) villancico. **3** *carte de —*, crismas *m*.

nœud |nø| *m* nudo.

noir, e *a* **1** negro, a. **2** oscuro, a : *nuit noire*, noche oscura ; *il fait —*, está oscuro. □ *m* **1** negro. **2** oscuridad *f*. □ *s* negro, a : *les Noirs d'Afrique*, los negros de África. **-âtre** *a* negruzco, a. **-aud, e** *a/s* moreno, a.

noirc/ir *t* ennegrecer. □ *i* ennegrecerse. **-eur** *f* **1** negrura. **2** (méchanceté) maldad.

noire *f* MUS negra.

noiset/te *f* avellana. **-ier** *m* avellano.

noix |nwa| *f* nuez : *des —*, nueces.

nom *m* **1** (de famille) apellido. **2** nombre : *— de baptême, petit —*, nombre de pila ; *— propre*, nombre propio ; *au — de*, en nombre de. **3** FAM *— d'un chien !*, ¡caracoles !

nomade *a/s* nómada.

nombr/e *m* número. I *le plus grand —*, la mayoría, los mayor parte. **-eux, euse** *a* numeroso, a.

nombril |nɔbʀi| *m* ombligo.

nomenclature *f* nomenclatura.

nominal, e *a* nominal.

nomination *f* nombramiento *m*.

nommer *t* **1** llamar, poner de nombre : *ses parents l'ont nommée Anne*, sus padres le pusieron de nombre Ana. **2** nombrar : *on l'a nommé directeur*, le nombraron director. □ *se —*, llamarse.

non *adv* **1** *oui ou — ?*, ¿sí o no ? ; *répondre —*, contestar que no. **2** *moi — plus*, yo tampoco. □ *m* no : *un — catégorique*, un no rotundo.

nonagénaire *a/s* nonagenario, a.

non-agression *f* no agresión.

nonce *m* nuncio.

nonchal/ant, e *a* indolente. **-ance** *f* indolencia, flojedad.

non-conformisme *m* no conformismo.

non-sens |nɔsãs| *m* absurdo, disparate.

nord |nɔʀ| *a/m* norte : *pôle —*, polo norte. I FAM *perdre le —*, perder la chaveta.

nord-africain, e *a/s* norteafricano, a.

nord-américain, e *a/s* norteamericano, a.

nord-est |nɔʀɛst| *m* nordeste.

nordique *a* nórdico, a.

nord-ouest |nɔʀwɛst| *m* noroeste.

normal, e *a* normal. I *redevenir —*, volver a la normalidad. □ *f* la

normale, la normalidad, lo normal.
-ement *adv* normalmente.
normand, e *a/s* normando, a.
Normandie *n p f* Normandía.
norme *f* norma, pauta.
Norvège *n p f* Noruega.
norvégien, enne *a/s* noruego, a.
nos [no] *a poss* nuestros, as.
nostalg/ie *f* nostalgia. **-ique** *a*
nostálgico, a.
nota/bilité *f* notabilidad. **-ble**
a/m notable.
notaire *m* notario.
notamment *adv* especialmente,
en particular.
note *f* 1 nota : *fausse —,* nota
falsa ; *prendre — de,* tomar nota
de. 2 apunte *m* : *prendre des notes,*
tomar apuntes. 3 (facture) cuenta,
factura.
noter *t* 1 (inscrire) anotar, apuntar.
2 (remarquer) notar.
notice *f* folleto *m*, reseña, nota : *—
explicative,* folleto explicativo.
notifier *t* notificar.
notion *f* noción.
notoire *a* notorio, a.
notoriété *f* notoriedad.
notre *a poss* nuestro, a.
Notre-Dame *n p f* Nuestra
Señora.
nôtre *pron poss* nuestro, a. □ *m
les nôtres,* los nuestros.
nou/er *t* 1 atar, anudar. I *— sa
cravate,* anudarse la corbata. 2
(une amitié, etc.) trabar. **-eux,
euse** *a* nudoso, a.
nougat *m* turrón.
nouille *f* 1 *des nouilles,* tallarines
m. 2 FAM *quelle — !,* ¡qué bobo !
nourrice *f* nodriza.
nourr/ir *t* 1 alimentar, mantener. 2
(allaiter) criar. 3 (des préjugés)
nutrir. 4 (un espoir) abrigar. □ *se
—,* alimentarse. **-issant, e**
nutritivo, a. **-isson** *m* niño de
pecho. **-iture** *f* comida.
nous *pron pers* 1 (sujet) nosotros
(souvent omis, sert à insister) : *—*

voulons, queremos ; *— autres,
Français,* nosotros franceses ;
nous-mêmes, nosotros mismos. 2
(complément) nos : *il — appelle,* él
nos llama. 3 *à —,* nuestro, a.
nouveau, nouvel, nouvelle *a* 1
nuevo, a : *le nouvel an,* el día de
Año Nuevo. 2 recién : *nouveaux
mariés,* recién casados. □ *m*
nuevo : *du —,* algo nuevo ; *rien de
—,* nada nuevo. I *à —, de —,* de
nuevo, otra vez.
nouveau-né, née *a/s* recién
nacido, a.
nouveauté *f* 1 novedad. 2
magasin de nouveautés, tienda de
novedades.
nouvelle *f* 1 noticia : *je suis sans
nouvelles de lui,* estoy sin noticias
suyas. I *demander des nouvelles
de,* preguntar por. 2 novela corta :
romans et nouvelles, novelas y
novelas cortas.
nouvellement [nuvɛlmɑ̃] *adv*
recientemente.
novembre *m* noviembre : *le 2 —,*
el 2 de noviembre.
novice *a/s* novicio, a.
noyade [nwajad] *f* ahogamiento
m.
noyau [nwajo] *m* 1 (d'un fruit)
hueso. 2 (biologie, physique, petit
groupe) núcleo.
¹noyer ° [nwaje] *t* 1 ahogar. 2
yeux noyés de larmes, ojos
bañados de lágrimas. □ *se —,* ahogarse. **-é, ée** *a/s* ahogado, a.
²noyer *m* (arbre) nogal.
nu, e *a* 1 desnudo, a. I *nu-pieds,
pieds nus,* descalzo, a ; *nu-tête,* con
la cabeza descubierta ; *à l'œil —,* a
simple vista ; *tout —,* en cueros. 2
mettre à —, poner al descubierto.
nuag/e *m* nube *f*. I *gros —,*
nubarrón. **-eux, euse** *a* nuboso,
a.
nuanc/e *f* matiz *m* : *toutes les
nuances,* todos los matices. **-er** ° *t*
matizar.
nucléaire *a* nuclear.

nudisme *m* desnudismo, nudismo.
nudité *f* desnudez.
nu/es |ny| *f pl* nubes : *porter aux —*, poner por las nubes ; *tomber des —*, caerse de las nubes. **-ée** *f* nube.
nui/re ° *i* perjudicar, dañar : *le tabac nuit à la santé*, el tabaco perjudica (a) la salud. **-sible** *a* dañino, a.
nuit *f* noche : *il fait —*, es de noche ; *bonne — !*, ¡buenas noches ! ; *— noire*, noche cerrada. I *à la — tombante*, al anochecer.
nul, nulle *a* **1** nulo, a. I *match —*, empate. **2** ningún, una : *nulle part*,

en ninguna parte. □ *pron* nadie : *— ne le sait*, nadie lo sabe. **-lement** *adv* de ningún modo. **-lité** *f* nulidad.
numéral, e *a/m* numeral.
numération *f* numeración.
numérique *a* numérico, a.
numéro *m* número. I *— d'immatriculation*, matrícula *f*. **-ter** *t* numerar.
nuptial, e |nypsjal| *a* nupcial.
nuque *f* nuca.
nutrit/ion *f* nutrición. **-if, ive** *a* nutritivo, a.
nylon *m* nylon, nilón.
nymphe *f* ninfa.

O

o *m* o *f* : *un* −, una o.

ð ! *interj* ¡oh !

oasis |ɔazis| *f* oasis *m*.

obé/ir *i* obedecer. **-issance** *f* obediencia. **-issant, e** *a* obediente.

obélisque *m* obelisco.

ob/èse *a* obeso, a. **-ésité** *f* obesidad.

objecter *t* objetar.

objectif, ive *a* objetivo, a. □ *m* objetivo.

objection *f* objeción.

objet *m* **1** objeto. I *faire l'− de*, ser objeto de. **2** *complément d'−*, complemento.

obligation *f* obligación.

obligatoire *a* obligatorio, a.

oblig/eance |ɔbliʒɑ̃s| *f* complacencia, cortesía. I *auriez-vous l'− de... ?*, ¿ tendría usted la amabilidad de... ? **-eant, e** *a* complaciente, servicial.

obliger ° *t* **1** obligar. **2** *vous m'obligeriez beaucoup si...*, me estaría muy agradecido si...

obliqu/e *a* oblicuo, a. I *en −*, diagonalmente. **-er** *i* torcer.

oblitér/er ° *t* **1** obliterar. **2** (un timbre) matar. **-ation** *f* (marque) matasellos *m*.

oblong, gue *a* oblongo, a.

obole *f* óbolo *m*.

obsc/ène *a* obsceno, a. **-énité** *f* obscenidad.

obscur, e *a* oscuro, a, obscuro, a. **-cir** *t* oscurecer. **-cissement** *m* oscurecimiento. **-ité** *f* oscuridad.

obséd/er ° *t* obsesionar. **-ant, e** *a* obsesivo, a. **-é, ée** *a/s* obseso, a.

obsèques *f pl* exequias, funerales *m*.

obséquieux, euse *a* obsequioso,

a.

observ/er *t* observar. **-ance** *f* observancia. **-ateur, trice** *a/s* observador, a. **-ation** *f* observación. I *malade en −*, enfermo en observación. **-atoire** *m* observatorio.

obsession *f* obsesión.

obstacle *m* obstáculo. I *faire − à*, poner obstáculos a.

obstin/er (s') *pr − à*, obstinarse en. **-ation** *f* obstinación. **-é, ée** *a/s* obstinado, a.

obstru/er *t* obstruir. **-ction** *f* obstrucción.

obtenir ° *t* obtener, conseguir : *comment as-tu obtenu ce résultat ?*, ¿ cómo obtuviste este resultado ?

obtur/er *t* obturar. **-ateur** *m* obturador. **-ation** *f* obturación.

obtus, e |ɔpty, yz| *a* obtuso, a.

obus |ɔby| *m* obús.

occasion *f* **1** ocasión : *d'−*, ocasión. **2** motivo *m* : *à l'− de*, con motivo de. **-nel, elle** *a* ocasional. **-ner** *t* ocasionar.

occident *m* occidente. **-al, e** *a* occidental.

occulte *a* oculto, a.

occup/er *t* **1** ocupar. **2** (téléphone) *c'est occupé*, está comunicando. □ *pr* ocuparse. **2** *on s'occupe de vous ?*, ¿ le atienden ? **-ant, e** *a/s* ocupante. **-ation** *f* ocupación.

occurrence *f en l'−*, en este caso.

océan *m* océano.

Océanie *n p f* Oceanía.

ocre *f* ocre *m*.

octave *f* octava.

octobre *m* octubre : *le 5 −*, el 5 de octubre.

octogénaire *a/s* octogenario, a.

octogon/e *m* octógono. **-al, e** *a*

octogonal.

octroyer ° |ɔktRwaje| t otorgar, conceder.

oculiste s oculista.

ode f oda.

odeur f olor m : *une – d'essence, de brûlé,* un olor a gasolina, a quemado ; *bonne, mauvaise* –, buen, mal olor.

odieux, euse a odioso, a.

odorant, e a oloroso, a.

odorat m olfato.

odyssée f odisea.

œcuménique |ekymenik| a ecuménico, a.

œdème |edɛm| m edema.

Œdipe |edip| n p m Edipo.

œil |œj| (pl **yeux** |jø|) m 1 ojo : *elle a les yeux bleus,* tiene los ojos azules. I à l' – *nu,* a simple vista : *à vue d'* –, a ojos vistas ; *avoir l'* –, andarse con ojo ; *ça saute aux yeux,* eso salta a la vista ; *coûter les yeux de la tête,* costar un ojo de la cara ; *jeter un coup d'* –, echar una mirada, un vistazo. 2 FAM *à l'* –, de balde, gratis ; *mon* – !, ¡ni hablar ! **-lade** f guiño m.

œillet |œjɛ| m 1 (fleur) clavel. 2 (trou) ojete.

œsophage |ezɔfaʒ| m esófago.

œuf |œf| (pl **œufs** |ø|) m huevo : *– à la coque,* mollet, huevo pasado por agua ; *– dur,* huevo duro ; *– sur le plat,* huevo frito, huevo al plato ; *œufs brouillés,* huevos revueltos.

œuvre f obra. I *se mettre à l'* –, ponerse manos a la obra ; *mettre en* –, poner en acción.

offensant, e a ofensivo, a.

offens/e f 1 ofensa. 2 *pardonnenous nos offenses,* perdónanos nuestras deudas. **-er** t ofender. □ *s'* –, ofenderse. **-eur** m ofensor.

offensif, ive a/f ofensivo, a.

offertoire m ofertorio.

office m 1 oficio. I *faire* – *de,* hacer de. 2 agencia f. □ f/m antecocina f.

officiel, elle a oficial. □ m *les officiels,* las autoridades.

¹officier m oficial.

²officier ° i celebrar.

officieux, euse a oficioso, a.

offrande f ofrenda.

offre f oferta.

offrir ° i 1 ofrecer. 2 regalar : *– un collier,* regalar un collar. I – *un cadeau,* obsequiar con, ofrecer un regalo. 3 proponer : *je lui ai offert de l'aider,* le he propuesto ayudarle. 4 – *l'occasion,* dar la oportunidad ; – *des avantages,* presentar ventajas. □ pr 1 ofrecerse. 2 *s'* – à, ofrecerse, brindarse a : *il s'est offert à m'accompagner,* se brindó a acompañarme.

offusquer t chocar. □ *s'* –, ofenderse.

ogiv/e f ojiva. **-al, e** a ojival.

ogre, esse s ogro, ogresa.

oh ! interj ¡oh !

ohé ! interj ¡eh!, ¡hola !

oie f ganso m. I *jeu de l'* –, juego de la oca.

oignon |ɔɲɔ̃| m 1 cebolla f. 2 (de tulipe) bulbo.

oiseau m 1 (grand) ave f ; (petit) pájaro. 2 FIG *un drôle d'* –, un pajarraco, un bicho raro. 3 *oiseaumouche,* pájaro mosca.

oiseux, euse a vano, a, ocioso, a.

ois/if, ive a ocioso, a. **-iveté** f ociosidad.

oléagineux, euse a oleaginoso, a.

olfactif, ive a olfativo, a.

oliv/e f aceituna. I *huile d'* –, aceite de oliva. **-âtre** a aceitunado, a. **-eraie** f olivar m. **-ier** m olivo.

Olivier n p m Oliverio.

Olympe n p m Olimpo.

olympique a olímpico, a.

ombrag/e m umbría f. **-er** ° t dar sombra. I *lieu ombragé,* lugar sombreado.

ombrageux, euse *a* 1 desconfiado, a. 2 (cheval) espantadizo, a.

ombre *f* 1 sombra : *faire de l'–*, hacer sombra. 2 *il n'y a pas l'– d'un doute*, no hay ni sombra de duda.

ombrelle *f* sombrilla.

omelette |ɔmlɛt| *f* tortilla : – *au jambon, nature*, tortilla de jamón, a la francesa.

om/ettre ° *t* omitir : *j'ai omis d'écrire la date*, omití escribir la fecha. **-ission** *f* omisión.

omnibus |ɔmnibys| *m* ómnibus.

omnipotent, e *a* omnipotente.

omoplate *f* omóplato *m*.

on *pron indéf* 1 se : – *entendait des cris*, se oían gritos ; *quand – est jeune*, cuando se es joven. 2 3e personne du pl : – *dit*, dicen ; – *frappe*, llaman a la puerta. 3 uno, a : – *s'ennuie ici*, se aburre uno aquí ; – *ne peut pas se fier à lui*, no se puede uno fiar de él. 4 (= nous) 1re personne du pl : – *est allé au cinéma*, hemos ido al cine.

once *f* onza.

oncle *m* tío.

onction *f* unción.

onctueux, euse *a* untuoso, a.

onde *f* onda : *longueur d'–*, longitud de onda ; *grandes ondes*, onda larga. I *les ondes*, la radio.

ondée *f* aguacero *m*.

on-dit *m* rumor, habilla *f* : *les –*, los rumores, las habillas.

ondoy/er ° |ɔ̃dwaje| *i* ondear, ondular. **-ant, e** *a* 1 ondulante. 2 FIG variable.

ondul/er *i/t* ondular. **-ation** *f* ondulación. **-eux, euse** *a* ondulante.

onéreux, euse *a* oneroso, a.

ongle *m* uña *f*.

onguent |ɔ̃gã| *m* ungüento.

ont ⇒ **avoir.**

onz/e |ɔ̃z| *a/m* once. **-ième** *a* undécimo, a.

opal/e *f* ópalo *m*. **-in, e** *a/f* opalino, a.

opaque *a* opaco, a.

opéra *m* ópera *f*.

opérateur, trice *s* operador, a.

opération *f* 1 operación. 2 *salle d'–*, quirófano *m*.

opér/er ° *t* operar : – *un malade de l'appendicite*, operar a un enfermo de apendicitis ; *se faire –*, operarse. □ *s'–*, operarse, producirse.

opérette *f* opereta.

ophtalmolog/ie *f* oftalmología. **-iste** *s* oftalmólogo, a.

opiner *i* opinar.

opiniâtre *a* terco, a, porfiado, a. **-té** *f* terquedad.

opinion *f* opinión.

opium |ɔpjɔm| *m* opio.

opportun, e *a* oportuno, a. **-ité** *f* oportunidad.

opposé, e *a* opuesto, a. □ *m* lo contrario. I *à l'–*, en el lado opuesto.

oppos/er *t* oponer. □ *s'–*, oponerse : *il s'est opposé à mon projet*, se opuso a mi proyecto. **-ition** *f* oposición.

oppress/er *t* oprimir, ahogar. **-ant, e** *a* oprimente. **-eur** *m* opresor. **-if, ive** *a* opresivo, a. **-ion** *f* opresión.

opprimer *t* oprimir.

opter *i* – *pour*, optar por.

opticien *m* óptico.

optim/isme *m* optimismo. **-iste** *a/s* optimista.

option *f* opción. I *matière à –*, asignatura optativa.

optique *a/f* óptico, a.

opul/ent, e *a* opulente. **-ence** *f* opulencia.

opuscule *m* opúsculo.

¹or *m* oro : *bijoux en –*, joyas de oro. I *une affaire en –*, un negocio magnífico ; *rouler sur l'–*, apalear oro.

²or *conj* ahora bien, pues.

oracle *m* oráculo.

orag/e _m_ tormenta _f_, tempestad _f_.
-eux, euse _a_ tempestuoso, a, borrascoso, a.

oraison _f_ oración.

oral, e _a_ oral : _examens oraux_, exámenes orales. □ _m_ examen oral.

orang/e _f_ naranja. □ _m_ color naranja. **-é, ée** _a_ anaranjado, a. **-eade** _f_ naranjada. **-er** _m_ naranjo. I _fleur d'—_, azahar _m_. **-eraie** _f_ naranjal _m_.

orat/eur _m_ orador, a. **-oire** _a_ oratorio, a. I _art —_, oratoria _f_. □ _m_ oratorio. **-orien** _m_ oratoriano. **-orio** _m_ oratorio.

orbite _f_ 1 órbita : _mise sur —_, puesta en órbita. 2 (de l'œil) órbita, cuenca.

orchestr/e |ɔrkɛstr| _m_ 1 orquesta _f_. 2 (dans une salle de spectacle) patio de butacas. **-ation** _f_ orquestación.

orchidée |ɔrkide| _f_ orquídea.

ordinaire _a_ 1 corriente, ordinario, a : _vin —_, vino corriente. 2 (médiocre) ordinario, a. 3 _pas —_, sorprendente, increíble. □ _m_ lo corriente, lo común. I _à l'—_, _d'—_, habitualmente, comúnmente.

ordinal, e _a_ ordinal.

ordinateur _m_ ordenador.

ordonnance _f_ 1 disposición. 2 MED receta, prescripción : _médicament délivré sur —_, medicamento vendido con receta médica. 3 (règlement) ordenanza. 4 (d'un officier) ordenanza _m_.

ordonné, e _a_ ordenado, a.

ordonner _t_ 1 mandar : _je vous ordonne de vous lever_, le mando que se levante. 2 _— un médicament_, recetar un medicamento. 3 _— prêtre_, ordenar de sacerdote.

ordre _m_ 1 orden : _— alphabétique_, orden alfabético ; _mettre en —_, poner en orden ; _rappeler à l'—_, llamar al orden. 2 (commandement) orden _f_ : _à vos ordres !_, ¡a la orden ! I _sous les ordres de_, bajo el mando de. 3 _à l'— du jour_, a la

orden del dia. 4 (religieux) orden _f_. I _entrer dans les ordres_, ordenarse. 5 COM _payer à l'— de_, páguese a la orden de ; _billet à —_, pagaré.

ordur/e _f_ 1 basura. I _ordures ménagères_, basura _sing_ ; _boite aux ordures_, cubo _m_ de la basura. 2 FIG porquería. **-ier, ère** _a_ obsceno, a.

oreill/e _f_ 1 (pavillon) oreja ; (organe, ouïe) oido _m_. I _faire la sourde —_, hacerse el sordo ; _tendre l'—_, aguzar el oido. 2 (de fauteuil) orejera. 3 (anse) oreja. **-er** _m_ almohada _f_. **-ons** _m pl_ paperas.

Orénoque _n p m_ Orinoco.

orfèvre _m_ orfebre, platero. **-rie** _f_ orfebrería.

organe _m_ órgano.

organique _a_ orgánico, a.

organis/er _t_ organizar. □ _s'—_, organizarse. **-ateur, trice** _a/s_ organizador, a. **-ation** _f_ organización.

organisme _m_ organismo.

organiste _s_ organista.

orge _f_ cebada. □ _m_ _— perlé_, cebada perlada.

orgeat |ɔrʒa| _m_ horchata _f_.

orgie _f_ orgia.

orgue _m_ (_f_ en _pl_) 1 órgano. I _les grandes orgues_, los órganos. 2 _— de barbarie_, organillo.

orgueil |ɔrgœj| _m_ orgullo. **-leux, euse** _a/s_ orgulloso, a.

orient _m_ oriente. I _Extrême-Orient_, Extremo Oriente ; _Moyen-Orient_, Oriente Medio ; _Proche-Orient_, Cercano Oriente. **-al, e** _a_ oriental.

orient/er _t_ orientar. □ _s'—_, orientarse. **-ation** _f_ orientación.

orifice _m_ orificio.

originaire _a_ oriundo, a, originario, a.

original, e _a/s_ original. **-ité** _f_ originalidad.

origin/e _f_ origen _m_ : _les origines du christianisme_, los orígenes del cristianismo. I _à l'origine_, al principio.

-el, elle *a* original.

orme *m* olmo.

ornement *m* ornamento, adorno. **-al, e** *a* ornamental. **-ation** *f* ornamentación. **-er** *t* ornar, adornar.

orner *t* ornar, adornar.

ornière *f* carril *m*, rodada.

ornithologie *f* ornitología.

orphelin, ine *a/s* huérfano, a. **-at** *m* orfanato.

orteil |ɔrtɛj| *m* dedo del pie.

orthodox/e *a/s* ortodoxo, a. **-ie** *f* ortodoxia.

orthographe *f* ortografía.

orthopéd/ie *f* ortopedia. **-ique** *a* ortopédico, a. **-iste** *s* ortopédico, a.

ortie *f* ortiga.

orvet *m* lución.

os |ɔs ; *pl* o| *m* hueso : *trempé jusqu'aux —,* calado hasta los huesos.

oscill/er |ɔsile| *i* oscilar. **-ation** *f* oscilación. **-atoire** *a* oscilatorio, a.

osé, e *a* atrevido, a.

oseille *f* acedera.

oser *t/i* atreverse : *je n'ose pas,* no me atrevo. I *si j'ose dire,* si se me permite la expresión.

osier *m* mimbre.

ossature *f* **1** osamenta, esqueleto *m*. **2** (charpente) armazón.

osselet |ɔslɛ| *m* (jeu) taba *f*.

ossements |ɔsmɑ̃| *m pl* osamenta *f sing.*

osseux, euse *a* **1** (tissu, cellule) óseo, a. **2** (aux os saillants) huesudo, a.

ossuaire *m* osario.

ostensible *a* ostensible.

ostensoir *m* custodia *f*.

ostentation *f* ostentación.

ostréiculture *f* ostricultura.

otage *f* rehén.

otarie *f* otaria.

ôter *t* **1** quitar. **2** (vêtement) quitarse : *il ôta sa casquette,* se quitó la gorra. **3** restar : *2 ôté de 5 égale 3,* 2 restado de 5 quedan 3.

otite *f* otitis.

¹ou *conj* o (u devant un mot commençant par *o* ou *ho : argent — or,* plata u oro).

²où *adv interr* **1** dónde : *— habitez-vous ?,* ¿ dónde vive usted ? **2** (avec mouvement) adónde : *— vas-tu ?,* ¿ adónde vas ? ; *je ne sais pas — aller,* no sé adónde ir. □ *adv rel* **1** donde : *la maison — j'habite,* la casa donde vivo ; *c'est là — nous habitons,* allí es donde vivimos. I *n'importe —,* donde sea. **2** adonde : *la ville — je vais,* la ciudad adonde voy. **3** (temps) en que : *le jour — je me marierai,* el día en que yo me case. **4** *— que vous soyez,* dondequiera que esté ; *— que tu ailles,* por donde vayas.

ouais |wɛ| *interj* FAM sí.

ouat/e *f* guata. **-er** *t* enguatar.

oubli *m* olvido : *tomber dans l'—,* caer en el olvido. **-er** *t* olvidar, olvidarse : *j'ai oublié son adresse,* se me ha olvidado su dirección ; *il a oublié de me prévenir,* se ha olvidado de avisarme.

oubliette *f* mazmorra.

ouest |wɛst| *m* oeste.

ouf ! *interj* ¡ al fin!

oui *adv* sí : *— ou non ?,* ¿ sí o no ? ; *mais —,* claro que sí. □ *m* sí. I *pour un — pour un non,* para un quítame allá esas pajas.

ouï-dire |widiR| *m par —,* de oídas.

ouïe |wi| *f* oído *m* : *avoir l'— fine,* tener el oído fino ; *être tout —,* ser todo oídos. □ *pl* (de poisson) agallas.

ouragan *m* huracán.

Oural *n p m* Ural.

ourl/er *t* dobladillar, repulgar. **-et** *m* dobladillo.

ours |urs| *m* oso.

ourse *f* **1** osa. **2** *la Grande, Petite Ourse,* la Osa Mayor, Menor.

oursin *m* erizo de mar.

ourson *m* osezno.

out/il |util| *m* herramienta *f*. **-iller** *t* proveer de herramientas, de máquinas. **-illage** *m* 1 herramienta *f*. 2 maquinaria *f*.

outrag/e *m* ultraje, injuria *f*. **-er** ° *t* ultrajar, injuriar.

outrance *f* exageración, exceso *m*. 1 à —, a ultranza.

¹**outre** *f* odre *m*, pellejo *m*.

²**outre** *prép* 1 además de. 1 — *mesure*, excesivamente ; — *que*, además de que ; *en* —, además. 2 *passer* —, ir más allá ; *passer* — *à*, no hacer caso de. 3 *outre-Rhin*, allende el Rin ; *outre-Atlantique*, al otro lado del Atlántico.

outré, e *a* 1 exagerado, a. 2 indignado, a.

outrecuidance *f* presunción.

outremer *m* (bleu) azul de ultramar.

outre-mer *loc adv* ultramar.

outrepasser *t* exceder.

outrer *t* 1 exagerar. 2 indignar.

outre-tombe *loc adv* ultratumba.

ouvert, e *a* abierto, a : *fenêtre grande ouverte*, ventana abierta de par en par.

ouverture *f* 1 apertura : *heures d'*—, horas de apertura ; — *des*

hostilités, apertura de las hostilidades. 1 — *de la chasse*, *pêche*, levantamiento *m* de la veda. 2 (d'un parachute) apertura. 3 — *d'esprit*, anchura de miras. 4 MUS obertura.

ouvrable *a jour* —, día laborable.

ouvrage *m* 1 trabajo, labor *f*. 2 (livre) obra *f*. 3 — *d'art*, obra *f* de fábrica.

ouvre-boîtes *m* abrelatas.

ouvre-bouteilles *m* abridor.

ouvreuse *f* acomodadora.

ouvrier, ère *a/s* obrero, a.

ouvrir ° *t/i* 1 abrir : *ouvre-moi la porte*, ábreme la puerta. 2 — *le feu*, romper el fuego. □ *pr* 1 *le parachute s'est ouvert*, el paracaídas se ha abierto ; *s'*— *à un ami*, abrirse con un amigo. 2 *s'*— *sur*, dar a : *la porte s'ouvre sur la rue*, la puerta da a la calle.

ovaire *m* ovario.

ovale *a* ovalado, a, oval. □ *m* óvalo.

ovation *f* ovación.

oxyd/e *m* óxido. **-er** *t* oxidar. □ *s'*—, oxidarse.

oxyg/ène *m* oxígeno. **-éner** ° *t* oxigenar. 1 *eau oxygénée*, agua oxigenada.

ozone *m* ozono.

P

p *m* p *f* : *un* —, una p.

pacifi/er *t* pacificar. **-cateur, trice** *a/s* pacificador, a. **-cation** *f* pacificación.

pacifique *a* pacífico, a.

Pacifique *a Océan* —, Océano Pacífico.

pacotille *f* pacotilla.

pacte *m* pacto.

pagaie *f* canalete *m*.

pagaïe, pagaille [pagaj] *f* 1 desorden *m*. I *quelle* —!, ¡qué jaleo! I *en* —, en abundancia.

paganisme *m* paganismo.

pagayer ° [pageje] *i* remar con un canalete.

¹page *f* página. I *être à la* —, estar al día.

²page *m* paje, doncel.

pagne *m* taparrabo.

pagode *f* pagoda.

paie ⇒ **paye**.

paiement [pɛmã] *m* pago.

païen, enne [pajɛ̃, jɛn] *a/s* pagano, a.

paillasse *f* jergón *m*.

paillasson *m* esterilla *f*, felpudo.

paille *f* paja. I FIG *être sur la* —, estar en la miseria; *tirer à la courte* —, echar pajas.

paillette *f* 1 lentejuela. 2 (d'or) pepita. 3 (savon) escama.

pain *m* 1 pan : — *frais, grillé*, pan tierno, tostado; — *complet*, pan integral; — *de mie*, pan de molde. 2 *petit* —, bollo.

pair, e *a* par : *jours pairs*, días pares. □ *m* igual. I *aller de* —, correr parejas; *au* —, con la retribución de comida y alojamiento; *hors* —, sin par.

paire *f* 1 par *m* : *une* — *de gants*, un par de guantes. I *une* — *de ciseaux, de lunettes*, unas tijeras,

unas gafas. 2 (de bœufs) yunta.

paisible *a* 1 apacible. 2 tranquilo, a.

paître ° *i* 1 pastar. 2 FAM *envoyer* —, mandar a hacer gárgaras.

paix [pɛ] *f* paz : *faire la* —, hacer las paces. I FAM *fichez-moi la* — ! ¡déje en paz !

Pakistan *n p m* Paquistán, Pakistán.

pakistanais, e *a/s* paquistaní.

palace *m* hotel de lujo.

¹palais *m* 1 palacio. 2 — *de Justice*, palacio de Justicia, audiencia *f*.

²palais *m* paladar : *avoir le* — *fin*, tener paladar.

pale *f* paleta.

pâle *a* pálido, a.

Palestine *n p f* Palestina.

palet *m* tejo.

paletot [palto] *m* paletó.

palette *f* paleta.

pâleur *f* palidez.

palier *m* 1 (d'escalier) rellano, descansillo. 2 *par paliers*, progresivamente.

pâlir *i* palidecer.

palissade *f* empalizada, valla.

palli/er *t* paliar. **-atif** *m* paliativo.

palmarès [palmarɛs] *m* lista *f* de premiados.

palm/e *f* 1 palma. 2 (de nageur) aleta. **-é, ée** *a* palmeado, a. **-eraie** *f* palmar *m*. **-ier** *m* palmera *f*.

palombe *f* paloma torcaz.

palot, otte *a* paliducho, a.

palourde *f* almeja.

palp/er *t* palpar. **-able** *a* palpable.

palpit/er *i* palpitar. **-ant, e** *a* palpitante. **-ation** *f* palpitación.

paludisme *m* paludismo.

pamphlet |pãflɛ| *m* libelo.

pamplemousse *m* pomelo.

pan *m* 1 (d'un vêtement) faldón. 2 — *de mur*, lienzo de pared. 3 — *coupé*, chaflán.

panacée *f* panacea.

panache *m* penacho.

panacher *t* entremezclar. I *un demi panaché*, una cerveza con gaseosa.

Panama *n p* Panamá.

panama *m* jipijapa, panamá.

panaris |panari| *m* panadizo.

pancarte *f* cartelón *m*, pancarta.

pancréas |pãkreas| *m* páncreas.

paner *t* empanar, rebozar : *escalope panée*, filete empanado.

panier *m* 1 cesta *f*, cesto : — *à provisions*, cesta de la compra. I FIG — *percé*, manirroto ; *mettre au* —, echar al cesto de los papeles. 2 (basket-ball) cesto. 3 FAM — *à salade*, coche celular.

panique *f* pánico *m*. □ *a peur* —, miedo cerval. **-er** *t* FAM asustar.

panne *f* avería. I *ma voiture est en* —, mi coche está averiado ; *le téléviseur est tombé en* —, se ha averiado el televisor ; — *sèche*, falta de gasolina ; *rester en* —, quedarse parado, a.

panneau *m* 1 tablero. 2 — *de signalisation*, señal de tráfico. 3 FIG *tomber dans le* —, caer en la trampa.

panoplie *f* panoplia.

panoram/a *m* panorama. **-ique** *a* panorámico, a.

panse *f* panza.

pans/er *t* 1 (un blessé) curar. 2 (un cheval) almohazar. **-ement** *m* vendaje : *faire un* —, poner un vendaje.

pantalon *m* pantalón : *des pantalons*, pantalones.

panthéon *m* panteón.

panthère *f* pantera.

pantin *m* títere.

pantomime *f* pantomima.

pantoufl/e *f* zapatilla. **-ard, e** *a/s* FAM casero, a.

paon |pã| *m* pavo real.

papa *m* papá. I *bon* —, abuelito.

pap/e *m* papa. **-auté** *f* papado *m*.

paperass/e |papras| *f* papelotes *m pl*. **-erie** *f* papelorio *m*.

papet/erie |papetri| *f* papelería. **-ier, ère** *s* papelero, a.

papier *m* papel : — *à lettres*, papel de cartas ; — *à cigarettes*, papel de fumar ; — *collant*, papel engomado. □ *pl* papeles, documentación *f* : *vos papiers!*, ¡la documentación !

papille *f* papila.

papillon *m* mariposa *f*. **-ner** *i* mariposear.

papilloter *i* pestañear.

papoter *i* FAM charlar, parlotear.

paquebot |pakbo| *m* paquebote, buque.

pâquerette *f* margarita silvestre.

Pâques |pak| *n p f pl* Pascua. I *dimanche de* —, domingo de Resurrección ; *vacances de* —, vacaciones de Semana Santa.

paquet *m* 1 paquete. 2 — *de mer*, ola *f* grande.

par *prép* 1 por : *regarder — la fenêtre*, mirar por la ventana ; — *avion*, por avión ; — *écrit*, por escrito. 2 — *une triste matinée d'hiver*, en una mañana triste de invierno. 3 — *le froid qu'il fait*, con el frío que hace. 4 (distributif) *trois fois — an*, — *mois*, — *jour*, tres veces al año, al mes, al día. 5 — *trop*, demasiado.

parabole *f* parábola.

parachever *t* rematar, concluir.

parachut/e *m* paracaídas. **-er** *t* lanzar en paracaídas. **-iste** *s* paracaidista.

parad/e *f* 1 alarde *m* : *faire — de*, hacer alarde de. 2 (défilé) parada. 3 (à un coup) quite *m*. **-er** *i* pavonearse.

paradis |paʀadi| *m* paraíso.

paradox/e *m* paradoja *f.* **-al, e** *a* paradójico, a.

paraffine *f* parafina.

paragraphe *m* párrafo.

paraguayen, enne *a/s* paraguayo, a.

paraître ° *i* **1** aparecer. **2** (publication) *faire* —, publicar; *vient de* —, acaba de publicarse; *cette revue paraît le lundi,* esta revista sale el lunes; *article paru dans un journal,* artículo aparecido en un periódico. **3** (briller) lucir. **4** parecer : *il paraît fâché,* parece enfadado. **5** aparentar : *il paraît 60 ans,* aparenta unos 60 años. □ impers *il paraît que tu vas déménager,* parece que vas a mudarte de casa ; *à ce qu'il paraît,* a lo que parece.

parallèle *a/s* paralelo, a.

paraly/ser *t* paralizar. **-sie** *f* parálisis. **-tique** *a/s* paralítico, a.

parapet *m* parapeto.

paraphrase *f* paráfrasis.

parapluie *m* paraguas.

parasite *a/m* parásito, a.

parasol *m* parasol, quitasol.

paratonnerre *m* pararrayos.

paravent *m* biombo.

parc *m* **1** parque. **2** — *de stationnement,* aparcamiento. **3** — *à huîtres,* vivero de ostras.

parcelle *f* parcela.

parce que *loc conj* porque.

parchemin *m* pergamino.

parcimon/ie *f* parsimonia. **-ieux, euse** *a* parsimonioso, a.

parcmètre *m* parquímetro.

parcourir ° *t* **1** recorrer. **2** (un journal, une lettre) hojear.

parcours *m* recorrido.

par-dessus ⇒ **dessus.**

pardessus *m* abrigo, gabán.

pardi ! *interj* ¡ pues claro !

pardon *m* perdón. I *je vous demande* —, dispense usted, disculpe.

pardonn/er *t/i* perdonar. I *pardonnez-moi,* dispénseme. **-able** *a* perdonable.

pare-boue |paʀbu| *m* guardabarros.

pare-brise |paʀbʀiz| *m* parabrisas.

pare-chocs |paʀʃɔk| *m* parachoques.

pareil, elle |paʀɛj| *a* semejante, igual : *deux robes pareilles,* dos vestidos iguales. I *c'est toujours* —, siempre es lo mismo ; *en* — *cas,* en semejante caso ; *je n'ai jamais vu un* — *désordre,* nunca he visto semejante desorden. □ **s 1** *il n'a pas son* —, no hay quien le iguale. **2** *sans* —, sin par. **3** *rendre la pareille,* pagar con la misma moneda. **-lement** *adv* igualmente, asimismo.

parent, e *s* pariente, a. □ *pl* (le père et la mère) padres. **-é** *f* parentesco *m.*

parenthèse *f* paréntesis *m* : *entre parenthèses,* entre paréntesis.

¹**parer** *t* adornar. □ *se* —, engalanarse, ataviarse.

²**parer** *t* **1** (un coup) esquivar. **2** — *à,* prevenirse contra.

pare-soleil |paʀsɔlɛj| *m* parasol.

paress/e *f* pereza. **-er** *i* holgazanear. **-eux, euse** *a/s* perezoso, a.

parfait, e *a/m* perfecto, a. I *un* — *imbécile,* un imbécil rematado.

parfois *adv* a veces.

parfum |paʀfœ̃| *m* **1** perfume. **2** *glace* — *fraise,* helado con aroma de fresa.

parfum/er *t* perfumar. **-erie** *f* perfumería.

pari *m* apuesta *f.*

parier *t* apostar : *je parie que tu ne me rattrapes pas,* apuesto a que no me alcanzas.

Paris |paʀi| *n p* París.

parisien, enne *a/s* parisino, a, parisiense.

parjure *m* perjurio. □ *a/s*

(personne) perjuro, a.

parking *m* aparcamiento.

parlant, e *a* 1 *cinéma* —, cine sonoro. 2 expresivo, a.

parlement *m* parlamento. **-aire** *a/s* parlamentario, a.

parlementer *i* parlamentar.

parler *i/t* hablar. I FAM *tu parles!*, ¡qué va! □ *m* 1 habla *f.* 2 dialecto.

parmi *prép* entre.

parodi/e *f* parodia. **-er** *t* parodiar.

paroi *f* 1 pared. 2 (cloison) tabique *m.*

paroiss/e *f* parroquia. **-ial, e** *a* parroquial. **-ien, enne** *s* feligrés, esa. □ *m* (livre) devocionario.

parole *f* palabra : *croire sur* —, creer bajo palabra ; *prendre la* —, tomar la palabra ; *tenir* —, cumplir su palabra. □ pl *les paroles d'une chanson*, la letra de una canción.

paroxysme *m* paroxismo.

parpaing |parpɛ̃| *m* 1 entarimado, parqué. 2 (magistrats) ministerio fiscal.

parrain *m* padrino. **-er** *t* apadrinar.

parsemer ° *t* sembrar, esparcir.

part *f* 1 parte : *prendre* — *à*, tomar parte en ; *il m'a fait* — *de son mariage*, me ha dado parte de su boda ; *c'est de la* — *de qui?*, ¿de parte de quién? I *pour ma* —, en cuanto a mí. 2 *autre* —, en otra parte ; *nulle* —, en ninguna parte ; *de* — *et d'autre*, de una y otra parte ; *de* — *en* —, de parte en parte ; *quelque* —, en algún sitio ; *d'une* —*... d'autre* —, por una parte... por otra parte. 3 *à* —, aparte ; *à* — *cela*, eso aparte.

partage *m* reparto, partición *f.*

partager ° *t* 1 partir : — *une propriété*, partir una finca. 2 compartir : — *le repas, l'opinion de*

quelqu'un, compartir la comida, la opinión de alguien ; *je partage votre joie*, comparto su alegría. I *les avis sont partagés*, las opiniones están divididas. □ *se* —, repartirse.

partance *f en* —, a punto de partir.

partant *m* (dans une course) participante.

partenaire *s* pareja.

parterre *m* 1 cuadro, arriate. 2 (théâtre) patio de butacas, platea *f.*

parti *m* 1 partido. I *prendre son* — *de*, resignarse a ; *tirer* — *de*, sacar partido de. 2 — *pris*, prejuicio.

partial, e |parsjal| *a* parcial. **-ité** *f* parcialidad.

participant, e *a/s* participante.

participation *f* participación.

participe *m* participio.

participer *i* — *à*, participar en.

particularité *f* particularidad.

particule *f* partícula.

particulier, ère *a* particular. □ *m* particular. I *en* —, en particular, particularmente.

partie *f* 1 parte : *en grande* —, en gran parte ; *faire* — *de*, formar parte de. 2 (jeux) partida : *une* — *d'échecs*, una partida de ajedrez. I — *de campagne*, excursión.

partiel, elle |parsjɛl| *a* parcial.

partir ° *i* 1 marcharse, irse : *il est parti pour le Canada*, se ha marchado al Canadá. 2 salir : *le train part dans cinq minutes*, el tren sale dentro de cinco minutos. 3 desaparecer : *la tache est partie*, la mancha ha desaparecido. 4 — *d'une hypothèse*, partir de una hipótesis ; *à* — *de*, a partir de.

partisan *a/s* partidario, a. □ *m* guerrillero.

partition *f* MUS partitura.

partout *adv* en todas partes, por todas partes : *il me suit* —, me va siguiendo por todas partes. I — *où*, dondequiera.

parure *f* 1 (bijoux) aderezo *m.* 2 (lingerie) juego *m* de ropa interior femenina.

parven/ir ° *i* **1** llegar : *nous sommes parvenus au pied de la montagne*, hemos llegado al pie del monte. **2** conseguir : *je ne parviens pas à ouvrir cette porte*, no consigo abrir esta puerta. **-u, ue** *s* advenedizo, a.

parvis |parvi| *m* plaza *f* delante de una iglesia.

¹**pas** |pɑ| *m* **1** paso : *faire un — en arrière*, dar un paso atrás ; *faire un faux —*, dar un paso en falso ; *d'un bon —*, a buen paso. l *à grands —*, a zancadas ; *à — de loup*, sigilosamente ; *je n'aime — beaucoup ça*, no me gusta mucho esto). l — *du tout*, en absoluto ; — *un*, — *une*, ni uno, ni una.

²**pas** *adv* no (ne se traduit généralement pas : *je ne sais —*, no sé ; *je n'aime — beaucoup ça*, no me gusta mucho esto). l — *du tout*, en absoluto ; — *un*, — *une*, ni uno, ni una.

pas-de-porte *m* traspaso.

pascal, e *a* pascual.

passable *a* **1** pasable, mediano, a, regular, pasadero, a. **2** (note) aprobado, a. **-ment** *adv* **1** medianamente. **2** (assez) bastante.

passage *m* **1** paso : *se frayer un —*, abrirse paso ; — *à niveau*, paso a nivel ; — *clouté*, paso de peatones ; — *interdit*, prohibido el paso. **2** (d'un état à l'autre) tránsito. **3** (prix d'une traversée, chemin, dans un livre) pasaje.

passager, ère *a/s* pasajero, a.

passant, e *a rue passante*, calle concurrida. □ *s* transeúnte.

passe *f* **1** pase *m*. **2** *mot de —*, contraseña *f*. **3** *être dans une mauvaise —*, tener mala racha.

passé, e *a* pasado, a. l **60 ans passés**, 60 años cumplidos. □ *m* **1** pasado. **2** pretérito : *verbe au —*, verbo en el pretérito ; — *simple, composé*, pretérito indefinido, compuesto. □ *prép — 6 heures*, después de las 6.

passe-partout *m* llave *f* maestra.

passe-passe *m tour de —*, juego de manos, pasapasa.

passeport |paspɔr| *m* pasaporte.

passer *i* **1** pasar : *le facteur est passé chez moi*, el cartero ha pasado por mi casa ; *comme le temps passe!*, ¡cómo pasa el tiempo! l *en passant*, de paso. **2** pasarse : *ma migraine a passé*, se me ha pasado la jaqueca. **3** ascender a : *il est passé colonel*, ha ascendido a coronel. **4** (couleur) marchitarse. **5** — *pour riche*, pasar por rico. □ *t* **1** — *la frontière*, pasar la frontera. **2** alcanzar, dar : *passe-moi le sel*, alcánzame la sal. **3** (téléphone) *passez-moi le directeur*, dígale al director que se ponga al aparato. **4** pasarse : *j'ai passé la journée à écrire*, me pasé el día escribiendo. **4** (film) poner, dar. **5** — *le café*, pasar, filtrar el café. **6** *j'ai passé une ligne*, me he saltado una línea. **7** — *un examen*, examinarse. □ *pr* **1** pasar, ocurrir : *que se passe-t-il ?*, ¿qué pasa ? ; *que s'est-il passé ?*, ¿qué ha pasado ? **2** *se —*, prescindir, pasarse sin : *je me passe bien de voiture*, prescindo de coche.

passereau |pasro| *m* pájaro.

passerelle |pasrɛl| *f* pasarela.

passe-temps |pɑstɑ̃| *m* pasatiempo.

passible *a — de*, merecedor, a de.

passif, ive *a/m* pasivo, a.

passion *f* pasión. **-nant, e** *a* apasionante. **-né, e** *a/s* apasionado, a. **-nel, elle** *a* pasional. **-ner** *t* apasionar. □ *se — pour*, apasionarse por.

passivité *f* pasividad.

passoire *f* colador *m*.

pastel *m* pastel.

pastèque *f* sandía.

pasteur *m* pastor.

pasteuriser *t* pasteurizar.

pastille *f* pastilla.

pastis |pastis| *m* licor anisado.

pastoral, e a/f pastoral.

patagon, e a/s patagón, ona.

patate f 1 – douce, batata. 2 FAM (pomme de terre) patata. 3 FAM (personne) pasmado m, cernícalo m.

patatras ! |patatʀa| interj ¡cataplum !

patauger ° i chapotear.

pâte f 1 masa. I – à pain, masa. 2 pasta : – à tartes, pasta para tartas ; pâtes alimentaires, pastas alimenticias ; – dentifrice, pasta dentífrica. I – de coings, carne de membrillo ; – de fruits, dulce m de frutas.

pâté m 1 (charcuterie) foie gras. I – en croûte, empanada f. 2 – de maisons, manzana f. 3 (d'encre) borrón. 4 (de sable) flan.

pâtée f comida.

patente f patente.

patelin |patlɛ̃| m FAM pueblecito.

patère f percha.

paternel, elle a paternal, paterno, a : amour –, amor paternal.

paternité f paternidad.

pâteux, euse a pastoso, a.

pathétique a patético, a.

patholog/ie f patología. **-ique** a patológico, a.

pati/ence |pasjãs| f paciencia. **-ent, e** a/s paciente. **-emment** adv pacientemente. **-enter** i esperar con paciencia.

patin m – à glace, à roulettes, patín de cuchilla, de ruedas. **-age** m patinaje.

patine f pátina.

patin/er i patinar. **-eur, euse** s patinador, a. **-oire** f pista para patinar.

pâtiss/erie f 1 pastelería. 2 (gâteau) pastel m. **-ier, ère** s pastelero, a.

patois m habla f regional.

patraque a FAM pachucho, a.

patriar/che m patriarca. **-cal, e** a patriarcal.

patrie f patria.

patrimoine m patrimonio.

patriot/e a/s patriota. **-ique** a patriótico, a. **-isme** m patriotismo.

patron, onne s 1 (saint) patrono, a. 2 (employeur) patrono, a. 3 (d'un café, etc.) dueño, a. □ m (modèle) patrón.

patronage m 1 (protection) patrocinio : sous le – de, con el patrocinio de. 2 círculo recreativo para jóvenes.

patronner t patrocinar.

patrouill/e f patrulla. **-er** i patrullar.

patte f pata. I marcher à quatre pattes, andar a gatas ; FIG graisser la –, untar la mano.

pâturage m pasto.

Paul n p m Pablo.

paume f (de la main) palma.

paum/er t POP perder, extraviar. **-é, ée** s POP perdido, a, despistado, a.

paupière f párpado m.

pause f pausa.

pauvre a/s pobre. **-té** f pobreza.

pavage m adoquinado.

pavaner (se) pr pavonearse.

pav/é m 1 (pierre) adoquín. 2 (sol pavé) pavimento, adoquinado. 3 (rue) calle f. **-er** t pavimentar con adoquines, adoquinar : rue pavée, calle adoquinada.

pavillon m 1 pabellón. 2 (maison de banlieue) chalet.

pavoiser t adornar con banderas.

pavot m adormidera f.

payable |pejabl| a pagadero, a.

payant, e |pejã, ãt| a pagando.

paye |pɛ| f paga.

pay/er ° |peje| t 1 pagar : qui paie ?, ¿quién paga ? I tu me le paieras !, ¡me las pagarás ! 2 ofrecer. □ pr 1 payez-vous, cóbrese. 2 se – un bon repas, ofrecerse una comilona. 3 FAM se – la tête de quelqu'un, tomar el pelo a alguien. **-eur, euse** s pagador, a.

pays |pei| m 1 país : *les — chauds,* los países cálidos. I *avoir le mal du —,* tener nostalgia, morriña. 2 región f, comarca f.

paysag/e |peizaʒ| m paisaje. **-iste** a/m paisajista.

paysan, anne |peizã, an| a/s campesino, a.

Pays-Bas |peiba| n p m pl Países Bajos.

péage m peaje : *à —,* de peaje.

peau f 1 piel. 2 (du visage) cutis m. 3 FAM *risquer sa —,* jugarse el pellejo. 4 (du lait) nata.

¹**pêche** f (fruit) melocotón m.

²**pêche** f pesca : *— à la ligne,* pesca con caña.

péch/é m pecado. **-er** ⁰ i pecar.

¹**pêcher** m melocotonero.

²**pêcher** i pescar : *— à la ligne,* pescar con caña.

pécheur, eresse s pecador, a.

pêcheur, euse s pescador, a.

pécuniaire a pecuniario, a.

pédagog/ie f pedagogía. **-ique** a pedagógico, a.

pédal/e f pedal m. **-er** i pedalear. **-ier** m plato. **-o** m patín.

pédant, e a/s pedante. **-isme** m pedantería f.

pédiatr/e s pediatra. **-ie** f pediatría.

pédicure s pedicuro, a.

pègre f hampa.

peign/e m peine. I *coup de —,* retoque. **-er** t peinar. □ *se —,* peinarse.

peignoir m 1 (de bain) albornoz f. 2 (de femme) peinador.

peinard, e a/s POP tranquilote.

peindre ⁰ t pintar : *— en vert,* pintar de verde ; *papier peint,* papel pintado.

peine f 1 pena. I *faire de la —,* dar pena, apenar. 2 *à grand-peine,* a duras penas ; *se donner de la —,* trabajar mucho ; *ça ne vaut pas la*

—, no vale la pena ; *j'ai — à le croire,* me cuesta trabajo creerlo. 3 *sous — de,* so pena de. 4 *à —,* apenas. I *à — arrivé,* nada más llegar.

peiner t afligir, apenar. □ i sufrir.

peint/re m 1 pintor. I *une femme —,* una pintora. 2 *— en bâtiment,* pintor de brocha gorda. **-ure** f pintura.

péjoratif, ive a despectivo, a.

Pékin n p m Pequín.

péquinois, e a/s pequinés, esa.

pelage m pelaje.

pêle-mêle |pɛlmɛl| adv en desorden.

peler ⁰ t pelar. □ i *son nez pèle,* se le está pelando la nariz.

pèlerin, e |pɛlrɛ̃, in| s peregrino, a. **-age** m peregrinación f. **-e** f (vêtement) esclavina.

pélican m pelícano.

pelisse f pelliza.

pelle f pala. I FAM *à la —,* a patadas. **-tée** f palada.

pelleterie |pɛltri| f peletería.

pellicule f película. □ pl (du cuir chevelu) caspa sing.

pelote f 1 (de laine) madeja. I *avoir les nerfs en —,* tener los nervios de punta. 2 *— basque,* pelota vasca.

peloton m pelotón.

pelotonner (se) pr acurrucarse.

pelouse f césped m.

peluche f felpa.

pelure f 1 mondadura. 2 *— d'oignon,* tela de cebolla.

pénal, e a penal.

pénalisation f castigo m.

penaud, e a avergonzado, a.

penchant m inclinación f, propensión f.

pencher t inclinar. □ i inclinarse. □ pr 1 inclinarse. 2 *se — au-dehors,* asomarse. 3 *se — sur,* examinar.

¹**pendant** prép 1 durante : *— l'été,* durante el verano. I *— ce temps,* mientras tanto. 2 *— que,* mientras : *— qu'il dort,* mientras

durmiendo.

²**pendant, e** *a* colgante. □ *m* 1 – d'oreille, pendiente. 2 se faire –, ser simétricos, as, hacer juego.

pendentif *m* (bijou) colgante.

penderie |pɑ̃dʀi| *f* guardarropa.

pend/re *i* colgar : *une lampe pend au plafond,* una lámpara cuelga del techo. □ *t* 1 colgar, suspender. 2 (un condamné) ahorcar. **-u, ue** *s* ahorcado, a.

pendule *f* reloj *m*. □ *m* péndulo.

pénétr/er ° *i/t* penetrar. □ *t* – les intentions de, calarle las intenciones a. **-ant, e** *a* penetrante. **-ation** *f* penetración.

pénible *a* penoso, a.

péniche *f* chalana.

pénicilline *f* penicilina.

péninsul/e *f* península. **-aire** *a* peninsular.

pénis |penis| *m* pene.

pénit/ence *f* penitencia. **-encier, ère** *a* penitenciario, a. □ *m* penal. **-ent, e** *a/s* penitente.

pénombre *f* penumbra.

pensée *f* pensamiento *m*.

pens/er *i/t* pensar : – à, pensar en ; *je pense rester ici un mois,* pienso quedarme aquí un mes ; *pensez-y,* piénselo. I *penses-tu!,* ¡qué va! ; *qu'en penses-tu?,* ¿qué te parece?, ¿qué opinas? **-eur, euse** *s* pensador, a. **-if, ive** *a* pensativo, a.

pension *f* 1 pensión. 2 – de famille, casa de huéspedes ; *prendre en* –, hospedar ; *prendre* –, hospedarse. 3 (pensionnat) pensionado *m*, internado *m*. **-naire** *s* 1 huésped. a. 2 (interne) pensionista. **-nat** *m* pensionado. **-ner** *t* pensionar.

pentagone *m* pentágono.

pente *f* pendiente, cuesta.

Pentecôte *f* Pentecostés *m*.

pénurie *f* penuria, escasez.

pépier *i* piar.

pépin *m* 1 pepita *f*, pipa *f*. 2 FAM

(parapluie) paraguas. 3 FAM (ennui) problema, engorro.

pépini/ère *f* vivero *m*, semillero *m*. **-ériste** *m* arbolista.

pépite *f* pepita.

percale *f* percal *m*.

perçant, e *a* agudo, a.

percement *m* abertura *f*.

perce-neige *m* narciso de las nieves.

percepteur *m* recaudador de contribuciones.

perceptible *a* perceptible.

perception *f* percepción.

perc/er ° *t* 1 perforar, horadar. 2 (avec une perceuse) taladrar. 3 – un mur, un abcès, abrir un muro, un absceso. 4 atravesar. 5 – un secret, penetrar un secreto. **-euse** *f* taladro *m*.

percevoir ° *t* 1 percibir. 2 (de l'argent) percibir, cobrar.

¹**perche** *f* 1 pértiga : *saut à la* –, salto de pértiga. 2 (pour gauler) vara.

²**perche** *f* (poisson) perca.

perch/er *i* posarse. **-oir** *f* percha *f*.

percolateur *m* cafetera *f*.

percussion *f* percusión : *instruments à* –, instrumentos de percusión.

percuter *t/i* – un arbre, contre un arbre, chocar contra un árbol.

perdant, e *a/s* perdedor, a.

perdre *t* perder : *tu perds ton temps,* pierdes el tiempo. □ se –, perderse : *nous nous sommes perdus,* nos hemos perdido.

perdr/ix |pɛʀdʀi| *f* perdiz. **-eau** *m* perdigón.

perdu, e *a* perdido, a. I *à corps* –, impetuosamente ; *à temps* –, à ses moments perdus, a ratos perdidos.

père *m* 1 padre : *de* – *en fils,* de padre a hijos. I *Notre Père...,* Padre Nuestro... 2 *le Saint-Père,* el Padre Santo. 3 FAM *le* – *François,* el tío Paco.

péremptoire *a* perentorio, a.

perfection *f* perfección. **-ner** *t* perfeccionar. **-nement** *m* perfeccionamiento.

perfide *a* pérfido, a.

perfor/er *t* perforar. **-atrice** *f* perforadora. **-ation** *f* perforación.

performance *f* marca.

péricliter *i* periclitar.

péril |peril| *m* peligro, riesgo. | *au péril de sa vie*, con riesgo de su vida. **-leux, euse** *a* peligroso, a.

périmé, e *a* caducado, a.

périod/e *f* período *m*. **-ique** *a* periódico, a. □ *m* publicación *f* periódica.

péripétie |peripesi| *f* peripecia.

périphér/ie *f* periferia. **-ique** *a* periférico, a.

périphrase *f* perifrasis.

périr *i* perecer.

périscope *m* periscopio.

périssable *a* perecedero, a : *denrée —*, producto perecedero.

péritonite *f* peritonitis.

perle *f* 1 perla. 2 (erreur) gazapo *m*.

permanence *f* 1 permanencia. | *en —*, sin interrupción. 2 (dans un collège) estudio *m*.

permanent, e *a* 1 permanente. 2 (spectacle) continuo, a : *— à partir de 10 h.*, continua desde las 10. □ *f* (coiffure) permanente.

perméable *a* permeable.

permettre ° *t* permitir : *vous permettez ?*, ¿ me permite ? □ *se —*, permitirse : *je me suis permis*, me he permitido.

permis, e |permi, iz| *a* permitido, a. □ *m* 1 permiso : *— de conduire*, permiso de conducir. 2 (de chasse, pêche) licencia *f*.

permission *f* permiso *m* : *demander, donner la — de*, pedir, dar permiso para ; *soldat en —*, soldado de permiso.

permuter *t* permutar.

pernicieux, euse *a* pernicioso, a.

perorer *i* perorar.

Pérou *n p m* Perú.

perpendiculaire *a/f* perpendicular.

perpétrer ° *t* perpetrar.

perpétu/er *t* perpetuar. **-el, elle** *a* perpetuo, a. **-ité** *f* perpetuidad. | *à —*, para siempre.

perplex/e *a* perplejo, a. **-ité** *f* perplejidad.

perquisition *f* registro *m* policiaco. **-ner** *t* registrar.

perron *m* escalinata *f*.

perroquet *m* loro, papagayo.

perruche *f* cotorra.

perruque *f* peluca.

persan, e *a/s* persa.

Perse *n p f* Persia.

persécut/er *t* perseguir. **-eur, trice** *a/s* perseguidor, a. **-ion** *f* persecución.

persévér/er ° *i* perseverar. **-ance** *f* perseverancia. **-ant, e** *a* perseverante.

persienne *f* persiana.

persil |persi| *m* perejil.

persist/er *i* persistir. **-ance** *f* persistencia. **-ant, e** *a* persistente.

personnage *m* personaje.

personnalité *f* personalidad.

personne *f* persona : *en —*, en persona ; *les grandes personnes*, las personas mayores. □ *pron indéf* nadie : *je n'ai vu —*, no he visto a nadie ; *— n'est venu*, nadie ha venido.

personnel, elle *a/m* personal.

personnifi/er *t* personificar. **-cation** *f* personificación.

perspective *f* perspectiva.

perspicac/e *a* perspicaz. **-ité** *f* perspicacia.

persua/der *t* persuadir. **-sif, ive** *a* persuasivo, a. **-sion** *f* persuasión.

perte *f* pérdida. | *vendre à —*, vender con pérdidas ; *à — de vue*, hasta perderse de vista; *en pure —,* inútilmente, en balde.

pertinent, e *a* pertinente.

perturb/er *t* perturbar. **-ation** *f* perturbación.

péruvien, enne *a/s* peruano, a.

pervenche *f* vincapervinca.

pervers, e *a/s* perverso, a. **-ion** *f* perversión. **-ité** *f* perversidad.

pervertir *t* pervertir.

pesage *m* peso, pesaje.

pes/ant, e *a* pesado, a. **-amment** *adv* pesadamente.

pesanteur *f* 1 (en physique) gravedad. 2 pesadez. 3 (d'esprit) torpeza.

pèse-bébé *m* pesabebés.

pèse-lettre *m* pesacartas.

peser ° *t/i* pesar: *— lourd,* pesar mucho. I *— ses mots,* medir sus palabras.

pessim/isme *m* pesimismo. **-iste** *a/s* pesimista.

pest/e *f* peste. **-ilentiel, elle** *a* pestilente.

pétale *m* pétalo.

pétarader *i* zumbar.

pétard |petar| *m* petardo.

péter ° *i* FAM (exploser) estallar.

pétill/er *i* 1 (feu) chisporrotear. 2 (eau gazeuse, vin) burbujear. **-ant, e** *a* *1 eau pétillante,* agua burbujeante. 2 *— d'esprit,* chispeante de ingenio. **-ement** *m* 1 crepitación *f.* 2 burbujeo.

petit, e *a* 1 pequeño, a (se traduit souvent par un diminutif) : *une petite maison,* una casa pequeña, una casita; *— frère,* hermanito; *tout —,* muy pequeño. 2 (de taille) bajo, a : *il n'est ni grand ni —,* no es alto ni bajo. 3 *— à —,* poco a poco. □ *s* pequeño, a. □ *m* (d'animal) cría *f.*

petit-beurre *m* galleta *f.*

petite-fille *f* nieta.

petitesse *f* pequeñez.

petit-fils |pətifis| *m* nieto.

pétition *f* petición.

petit-lait *m* suero.

petits-enfants |pətizãfã| *m pl* nietos.

pétrifier *t* petrificar.

pétrin *m* 1 artesa *f.* 2 FAM *être dans le —,* estar en un apuro.

pétr/ir *t* 1 amasar. 2 *pétri d'orgueil,* lleno de orgullo. **-issage** *m* amasamiento.

pétrol/e *m* petróleo. **-ier, ère** *a/m* petrolero, a. **-ifère** *a* petrolífero, a.

pétulant, e *a* impetuoso, a.

pétunia *m* petunia *f.*

peu *adv* 1 poco : *— à —,* poco a poco ; *à — près,* poco más o menos. 2 *— de,* poco, a, os, as : *— de temps,* poco tiempo; *— de monde,* poca gente ; *— de clients,* pocos clientes. 3 *un — de,* un poco de ; *un petit —,* un poquito ; *quelque —,* algo. 4 *depuis —,* desde hace poco ; *sous —,* dentro de poco. 5 *pour un — il se noyait,* por poco se ahoga ; *pour — que,* a poco que.

peuplade *f* pueblo *m,* tribu.

peupl/e *m* pueblo. **-ement** *m* población *f.* **-er** *t* poblar.

peuplier *m* álamo.

peur *f* miedo *m* : *— bleue,* miedo cerval ; *de — que,* por miedo de que. I *avoir — de,* tener miedo a, temer ; *je n'ai pas — de toi,* no te tengo miedo ; *n'aie pas —,* no temas ; *j'ai — que,* (me) temo que ; *faire —,* dar miedo, asustar. **-eux, euse** *a/s* miedoso, a.

peut ⇒ **pouvoir.**

peut-être *adv* quizás, acaso, tal vez, quizá, puede ser : *—viendra-t-il,* acaso venga, puede ser que venga ; *— bien,* quizá ; *—pas,* tal vez no.

phalange *f* falange.

phare *m* faro.

pharmac/ie *f* 1 farmacia. 2 *— portative, armoire à —,* botiquín *m.* **-eutique** *a* farmacéutico, a. **-ien, enne** *s* farmacéutico, a.

pharyngite *f* faringitis.

phase f fase.

phénom/ène m fenómeno. **-énal, e** a fenomenal.

philanthrop/e s filántropo, a. **-ie** f filantropía. **-ique** a filantrópico, a.

philatél/ie f filatelia. **-iste** s filatelista.

Philippe n p m Felipe.

Philippines n p f pl Filipinas.

philologie f filología.

philosoph/e a/s filósofo, a. **-ie** f filosofía. **-ique** a filosófico, a.

phobie f fobia.

phonétique a/f fonético, a.

phonographe m gramola f, fonógrafo.

phoque m foca f.

phosphate m fosfato.

phosphor/e m fósforo. **-escent, e** a fosforescente.

photo f foto : *prendre une —*, sacar, tomar una foto; *prendre quelqu'un en —*, hacer una foto a alguien.

photocop/ie f fotocopia. **-ier** t fotocopiar.

photograph/e s fotógrafo, a. **-ie** f fotografía. **-ier** t fotografiar. **-ique** a fotográfico, a.

phrase f frase.

physicien, enne s físico, a.

physiolog/ie f fisiología. **-ique** a fisiológico, a.

physionomie f fisonomía.

physique a físico, a : *éducation —*, educación física. □ f física : *un — agréable*, un físico agradable.

piailler t FAM chillar.

pian/o m piano : *— à queue*, piano de cola. **-iste** s pianista.

pic m 1 pico. 2 á —, vertical; FIG *tomber à —*, venir de perlas.

picaresque a picaresco, a.

pichet m jarrito.

pickpocket |pikpokɛt| m ratero.

picorer t picar.

picot/er t 1 picar. 2 (démanger) escocer. **-ement** f picazón f, picor.

Pie |pi| n p m Pío.

pie |pi| f (oiseau) urraca.

pièce f 1 pieza : *pièces détachées*, piezas de recambio. I *mettre en pièces*, destrozar ; *— d'eau* estanque m. 2 pieza, habitación : *appartement de cinq pièces*, piso de cinco habitaciones. 3 *— de théâtre*, obra de teatro. 4 (monnaie) pieza, moneda.

pied |pje| m 1 pie. I *coup de —*, patada f; *aller à —*, ir andando; *être pieds nus*, ir descalzo, a ; *à pieds joints*, a pie juntillas; *à — sec*, a pie enjuto; *avoir —*, hacer pie ; *lâcher —*, cejar ; *il n'a jamais mis les pieds à l'église*, nunca pisó la iglesia ; FAM *casser les pieds*, fastidiar. 2 (d'un meuble) pata f. 3 *— de porc*, mano m de cerdo.

pied-à-terre |pjetatɛʀ| m apartamento, piso pequeño.

piédestal m pedestal.

pied-noir s francés, francesa de Argelia.

piège m trampa f : *tendre un —*, poner una trampa.

Pierre n p m Pedro.

pierr/e f piedra. I *— à aiguiser*, piedra de amolar ; *— de taille*, sillar m ; *— tombale*, lápida sepulcral. **-aille** f cascajo m. **-eries** f pl piedras preciosas. **-eux, euse** a pedregoso, a.

piété f piedad.

piétin/er i 1 (de colère) patalear. 2 FIG no adelantar. □ t pisotear. **-ement** m 1 pisoteo. 2 FIG estancamiento.

piéton m peatón, transeúnte : *passage pour piétons*, paso de peatones.

piètre a pobre, ruin.

pieu m estaca f.

pieuvre f pulpo m.

pieux, euse a piadoso, a.

pigeon |piʒõ| m paloma f : *— *

voyageur, paloma mensajera. **-nier** *m* palomar.

pigment *m* pigmento.

pignon *m* 1 (en architecture) aguilón. 2 (roue, graine) piñón.

¹pile *f* 1 (d'un pont, tas) pila. 2 (électrique, atomique) pila.

²pile *f* − *ou face*, cara o cruz. □ adv *s'arrêter* −, pararse en seco ; *ça tombe* −, viene de perlas ; *six heures* −, las seis en punto.

piler *t* machacar, moler.

pilier *m* pilar.

pill/er *t* saquear, pillar. **-age** *m* saqueo, pillaje. **-ard, e** *s* saqueador, a, ladrón, ona.

pilon *m* mano *f* de almirez.

pilori *m* picota *f*.

pilot/e *m* piloto : − *d'essai*, piloto de pruebas. **-age** *m* pilotaje. **-er** *t* 1 pilotar. 2 − *quelqu'un dans Paris*, guiar a alguien en París.

pilotis |piloti| *m* pilote : *sur* −, sobre pilotes.

pilule *f* píldora.

piment *m* pimiento.

pimpant, e *a* pimpante.

pin *m* pino.

pince *f* 1 pinzas *pl* : − *à épiler*, pinzas de depilar. | − *à linge*, pinza (de tender la ropa). 2 (outil) alicates *m pl*. | *pince-monseigneur*, palanqueta. 3 (de crustacé) pinza.

pincé, e *a* afectado, a, tieso, a : *air* −, aire afectado.

pinceau *m* pincel. | *coup de* −, pincelada *f*.

pincée *f* pellizco *m*.

pinc/er *t* 1 pellizcar. 2 (les lèvres) apretar. 3 FAM (un voleur) pillar. 4 *le froid pince*, pica el frío. □ *se* − *les doigts*, cogerse los dedos. **-ement** *m* pellizco.

pincettes *f pl* tenazas.

pinède *f* pinar *m*.

pingouin *m* pingüino.

ping-pong *m* ping-pong.

pingre *a/s* agarrado, a. **-rie** *f* tacañería.

pinson *m* pinzón.

pintade *f* pintada.

pioch/e *f* pico *m*. **-er** *t* 1 cavar. 2 FAM empollar : *il pioche son anglais*, está empollando inglés.

piolet *m* bastón de alpinista.

pion *m* 1 peón. 2 FAM (surveillant) vigilante.

pionnier *m* 1 colonizador. 2 (précurseur) pionero.

pipe *f* 1 pipa. 2 FAM *casser sa* −, hincar el pico.

pipe-line |piplin| *m* oleoducto.

pipi *m* pipí : *faire* −, hacer pis, hacer pipí.

piquant, e *a* 1 que pincha : *sa barbe est piquante*, su barba pincha. 2 *sauce piquante*, salsa picante. 3 (drôle) picante. □ *m* púa *f*.

pique *f* pica.

piqué, e *a* 1 picado, a. 2 (un peu fou) chiflado, a. □ *m* 1 (tissu) piqué. 2 (avion) picado.

pique-nique |piknik| *m* comida *f* campestre, picnic.

piquer *t* 1 pinchar, picar. 2 − *à la machine*, coser a máquina. 3 − *une tête*, echarse de cabeza. 4 POP (voler) afanar. □ *pr* 1 *attention de ne pas te* −, cuidado con pincharte. 2 *se* − *de*, jactarse de.

piquet *m* 1 piquete, estaca *f*. 2 − *de grève*, piquete de huelga.

piqûre *f* 1 (d'insecte) picadura. 2 (d'épingle, etc.) pinchazo *m*. 3 inyección : *faire une* − *à un malade*, poner una inyección a un enfermo.

pirate *m* pirata. | − *de l'air*, secuestrador aéreo.

pire *a* 1 peor : *les pires ennuis*, los peores disgustos. 2 *le* −, lo peor ; *c'est la* − *des choses*, es lo peor de todo.

pirogue *f* piragua.

pirouette *f* pirueta.

¹pis |pi| *m* ubre *f*, teta *f*.

²pis *adv/a* 1 peor. | *de mal en* −, de mal en peor ; *tant* −, tanto peor ;

tant — pour toi, peor para ti ; *au-aller*, en el peor de los casos. **2** *le* —, lo peor.

pis-aller |pizale| *m* mal menor.

piscine *f* piscina.

pissenlit *m* diente de león.

pistache *f* pistacho *m*.

piste *f* pista.

pistolet *m* pistola *f*.

piston *m* **1** (de moteur) émbolo, pistón, **2** MUS pistón. **3** FAM *avoir du* —, tener enchufe. **-ner** *t* enchufar.

piteux, euse *a* lamentable.

pitié *f* lástima, piedad : *faire* —, dar lástima ; *par* —, por piedad.

piton *m* armella *f*.

pitoyable |pitwajabl| *a* lastimoso, a, lamentable.

pitre *m* payaso.

pittoresque *m* pintoresco, a.

pivert *m* pico verde.

pivoine *f* peonia.

pivot *m* pivote, eje. **-ant, e** *a* giratorio, a. **-er** *i* girar sobre su eje.

placard |plakar| *m* **1** armario empotrado. **2** (affiche) cartel. **-er** *t* fijar.

place *f* **1** (lieu public) plaza. **2** sitio *m*, lugar *m* : *chaque chose à sa* —, cada cosa en su lugar ; *il y a de la* —, hay sitio ; *prendre beaucoup de* —, ocupar mucho sitio ; *il faudra remettre les outils en* —, habrá que guardar las herramientas en su sitio. | *à la* — *de*, en lugar de ; *à ta* —, yo que tú ; *rester sur* —, quedarse en el mismo lugar. **2** (dans un véhicule) plaza, asiento *m*. **3** (dans une salle de spectacle) localidad. **4** (emploi) empleo *m*, plaza, colocación.

placement *m* **1** colocación *f* : *bureau de* —, agencia de colocaciones. **2** (investissement) inversión *f*.

¹placer ° *t* **1** colocar. **2** (un spectateur) acomodar.

²placer |plaser| *m* (d'or) placer.

placid/e *a* plácido, a. **-ité** *f* placidez.

plaf/ond *m* **1** techo. **2** (avion) altura *f* máxima. **3** tope, límite : *prix* —, precio tope. **-onner** *i* **1** volar a la altura máxima. **2** llegar al límite.

plage *f* playa.

plagi/aire *s* plagiario, a. **-at** *m* plagio. **-er** *t* plagiar.

plaid/er *i* — *pour*, abogar por. □ *t* defender. **-eur, euse** *s* litigante.

plaidoyer |pledwaje| *m* alegato.

plaie *f* **1** llaga, herida. **2** (fléau) plaga.

plaignant, e *s* demandante.

plaindre ° *t* — *quelqu'un*, compadecerse de alguien ; *je vous plains*, le compadezco. □ *se* —, quejarse.

plaine *f* llanura.

plaint/e *f* **1** queja. **2** *porter* —, presentar una denuncia. **-if, ive** *a* lastimero, a.

plaire ° *i* — *à*, gustar a ; *cela m'a beaucoup plu*, esto me ha gustado mucho. □ impers *s'il vous* (te) *plaît*, por favor ; *plaît-il ?*, ¿ cómo ? □ *se* —, estar a gusto.

plaisance (de) *loc adj* de recreo.

plaisant, e *a* **1** agradable. **2** (drôle) divertido, a.

plaisant/er *i* bromear, chancearse. **-erie** *f* broma, chanza. | *mauvaise* —, broma pesada. **-in** *m* bromista.

plaisir *m* **1** placer : *les plaisirs de la vie*, los placeres de la vida. **2** gusto, agrado : *j'ai le* — *de vous informer*, tengo el gusto de informarle. | *avec* —, con gusto ; *faire* — *à quelqu'un*, agradar a alguien ; *ta réussite m'a fait* —, tu éxito me ha dado mucho gusto ; *faites-moi le* — *de...*, hágame el favor de...

plan, e *a* plano, a. □ *m* **1** plano, término : *au premier* —, en el primer plano. **2** plano : *le* — *de la ville*, el plano de la ciudad. **3**

(projet) plan. I FAM *en* —, en suspenso.

planche *f* 1 tabla. I — *à dessin*, tablero *m* de dibujo. 2 (gravure) lámina. □ pl *monter sur les planches*, pisar las tablas.

plancher *m* piso, suelo.

planer *i* 1 (oiseaux, une menace) cernerse. 2 (avion) planear.

planète *f* planeta.

planeur *m* planeador.

planifi/er *t* planificar. **-cation** *f* planificación.

planisphère *m* planisferio.

plantation *f* plantación.

plante *f* planta.

planter *t* 1 plantar. 2 — *un clou, un pieu*, clavar un clavo, hincar una estaca. □ *se* —, plantarse.

planton *m* ordenanza.

plantureux, euse *a* copioso, a.

plaque *f* 1 placa, chapa : — *d'immatriculation*, placa de matrícula. 2 (chocolat) tableta.

plaquer *t* 1 chapar : *plaqué or*, chapado de oro. 2 (aplatir) pegar. 3 POP (abandonner) plantar.

plaquette *f* librito *m*, folleto *m*.

plastic *m* plástico.

plastique *a* plástico, a. □ *m* plástico : *sac en* —, bolsa de plástico.

plat, e *a* 1 llano, a. 2 *à* —, horizontalmente ; *pneu à* —, neumático desinflado ; FAM *être à* —, estar hecho polvo. 3 (fade) insulso, a, soso, a. 4 *eau plate*, agua sin gas. □ *m* 1 (vaisselle) fuente *f*. I *mettre les pieds dans le* —, meter la pata. 2 (mets) plato : — *garni*, plato con guarnición.

platane *m* plátano.

plateau *m* 1 bandeja *f*. 2 (d'une balance) platillo. 3 (en géographie) meseta *f*. 4 (de cinéma) plató.

plate-bande *f* arriate *m*.

plate-forme *f* plataforma.

platine *m* platino. □ *f* (de tourne-disque) plato *m*.

platitude *f* 1 banalidad, trivialidad. 2 bajeza.

platonique *a* platónico, a.

plâtras |platʀa| *m* cascote.

plâtr/e *m* yeso. I *jambe dans le* —, pierna enyesada. **-er** *t* enyesar. **-ier** *m* yesero.

plausible *a* plausible.

plébiscite *m* plebiscito.

plein, e *a* 1 lleno, a : *le verre est* —, el vaso está lleno ; *robe pleine de taches*, vestido lleno de manchas. 2 pleno, a : *en* — *été*, en pleno verano. I *en pleine mer*, en alta mar. □ *m* 1 *faire le* —, llenar totalmente el depósito. 2 *battre son* —, estar en pleno apogeo ; *en* — *sur*, justo en. 3 — *de monde*, mucha gente ; — *de choses*, un rato de cosas. **-ement** *adv* plenamente.

plein-emploi |plɛnɑ̃plwa| *m* pleno empleo.

plénipotentiaire *a/m* plenipotenciario, a.

plénitude *f* plenitud.

pléonasme *m* pleonasmo.

pleur/er *i/t* llorar. **-eur, euse** *a/s* llorón, ona.

pleurnich/er *i* FAM lloriquear. **-eur, euse** *a/s* llorica.

pleutre *a* cobarde.

pleuvoir ° *impers* llover : *il pleut à verse, à torrents*, llueve a cántaros ; *il a plu*, ha llovido.

pliable *a* plegable.

pliant, e *a* plegable. □ *m* (siège) silla *f* de tijera.

pli *m* 1 pliegue. 2 *jupe à plis*, falda de tablas. 3 (du pantalon) raya *f*. 4 (faux pli, ride) arruga *f*. 5 *mise en plis*, marcado *m*. 6 (lettre) pliego. **-er** *t* doblar. I — *bagages*, liar el petate. □ *i* 1 doblarse. 2 ceder, doblegarse. I FIG *se* —, someterse.

plinthe *f* rodapié *m*, zócalo *m*.

pliss/er *t* 1 plegar. I *jupe plissée*, falda tableada. 2 fruncir. **-ement** *m* 1 (du sol) pliegue. 2 fruncimiento.

plomb |plɔ̃| *m* 1 plomo. 2 (de

chasse) perdigón. **3** *fil à —*, plomada *f; à —*, a plomo. **4** *faire sauter les plombs*, fundir los plomos; *les plombs ont sauté*, se fundieron los plomos.

plomb/age *m* (dent) empaste. **-er** *t* empastar.

plomb/erie *f* fontanería. **-ier** *f* fontanero.

plongée *f* inmersión. I — *sous-marine*, natación submarina.

plong/er ° *i* **1** zambullirse. **2** (vue) dominar. □ *t* hundir. □ *se — dans*, hundirse, sumirse en. **-eoir** *m* trampolín. **-eon** *m* zambullida *f*. **-eur, euse** *s* nadador, a.

ployer ° |plwaje| *t* doblar. □ *i* doblarse, encorvarse.

plu ⇒ **plaire, pleuvoir.**

pluie *f* lluvia.

plum/e *f* pluma. I *dessin à la —*, dibujo a pluma. **-age** *m* plumaje. **-eau** *m* plumero. **-er** *t* desplumar.

plupart (la) *f* la mayor parte, la mayoría. I *la — du temps*, casi siempre.

pluriel *m* plural.

plus |ply, plys| *adv* **1** más : *deux fois —*, dos veces más ; *deux ans de —*, dos años más ; *une fois de —*, una vez más ; *prenez — de potage*, tome más sopa ; *— ou moins*, más o menos. I *de — en —*, cada vez más ; *en —*, además; *non —*, tampoco ; *tout au —*, a lo más. **2** *ne... —*, ya no, no... más : *je n'ai — faim*, ya no tengo hambre. □ *m* más.

plusieurs *a/pron* varios, as.

plus-value |plyvaly| *f* plusvalía.

plutôt *adv* **1** más bien : *— grand*, más bien alto. **2** *— que de te plaindre*, antes que quejarte. **3** (pour être plus précis) mejor dicho. **4** (très) muy.

pluvieux, euse *a* lluvioso, a.

pneu *m* neumático.

pneumatique *a/m* neumático, a.

pneumonie *f* neumonía, pulmonía.

poche *f* **1** (d'un vêtement) bolsillo *m*. **2** (petit sac, faux pli, sous les yeux, de gaz naturel) bolsa.

pocher *t* **1** (œuf) escalfar. **2** *œil poché*, ojo a la funerala.

pochette *f* **1** (enveloppe) sobre *m*. **2** (mouchoir) pañuelo *m*. **3** (en cuir) bolso *m*.

¹**poêle** |pwal| *m* estufa *f*.

²**poêl/e** *f* (à frire) sartén. **-on** *m* cazo.

poème *m* poema.

poésie *f* poesía.

poète *a/m* poeta.

poétesse *f* poetisa.

poétique *a* poético, a.

poids |pwa| *m* **1** peso : *vendre au —*, vender a peso. **2** (pour peser, d'une horloge) pesa *f*. **3** *— lourd*, camión.

poignant, e *a* punzante, desgarrador, a.

poignard *m* puñal. I *coup de —*, puñalada *f*. **-er** *t* apuñalar.

poignée *f* **1** puñado *m*. **2** *— de main*, apretón *m* de mano. **3** (de porte) picaporte *m*. **4** (de valise) asa.

poignet *m* **1** muñeca *f*. **2** (d'une chemise) puño.

poil *m* **1** pelo. I FAM *à —*, en cueros, en pelotas ; *se mettre à —*, ponerse en cueros. **2** FAM *au —!*, ¡muy bien!; ¡macanudo!; *de mauvais —*, de mal humor. **-u, ue** *a* velludo, a.

poinçon *m* punzón. **-ner** *t* (un billet) picar.

poindre ° *i* apuntar, rayar.

poing |pwɛ̃| *m* puño. I *coup de —*, puñetazo ; *dormir à poings fermés*, dormir a pierna suelta.

¹**point** |pwɛ̃| *m* **1** punto : *— à la ligne*, punto y aparte ; *point-virgule*, punto y coma ; *au — mort*, en punto muerto ; *cuit à —*, cocido en su punto ; *à tel — que*, hasta tal punto que. I *au plus haut —*, en sumo grado ; *sur le — de*, a punto de, próximo a. **2** *— de côté*, dolor

de costado. **3** — *de vue*, punto de vista; (lieu) mirador. **4** *mise au* —, puntualización; (photo) enfoque *m*.

²**point** *adv* no. I — *du tout*, en absoluto.

pointe *f* **1** punta. I *sur la* — *des pieds*, de puntillas. **2** *heures de* —, horas punta; *vitesse de* —, velocidad máxima.

pointer *t* **1** (sur une liste) apuntar. **2** dirigir. **3** — *son fusil sur*, apuntar con la escopeta. □ *i* (dans une usine) fichar.

pointillé *m* **1** punteado. **2** (ligne) línea *f* de puntos.

pointilleux, euse *a* quisquilloso, a, puntilloso, a.

pointu, e *a* puntiagudo, a.

pointure *f* número *m*.

poire *f* **1** pera. **2** FAM primo *m* : *quelle* —!, ¡vaya primo!

poireau *m* puerro.

poirier *m* peral.

pois |pwa| *m* **1** *petits* —, guisantes ; — *de senteur*, guisante de olor. I — *mange-tout*, tirabeque ; — *chiche*, garbanzo. **2** *cravate à* —, corbata de lunares.

poison *m* veneno, ponzoña *f*.

poisse *f* FAM mala pata. I *avoir la* —, tener la negra.

poisseux, euse *a* pegajoso, a.

poisson *m* **1** (vivant) pez : *poissons rouges*, peces de colores. **2** (pêché et comestible) pescado : — *frit*, pescado frito. **3** — *d'avril*, inocentada *f*. **-nerie** *f* pescadería. **-nier, ère** *s* pescadero, a.

poitrine *f* pecho *m*.

poivr/e *m* pimienta *f*. **-er** *t* sazonar con pimienta. **-on** *m* pimiento.

polaire *a* polar.

polariser *t* polarizar.

pôle *m* polo.

polémique *a/f* polémico, a.

poli, e *a* **1** (lisse) pulido, a, liso, a. **2** (courtois) cortés, bien educado, a.

¹**police** *f* policía : — *de la route*,

policía de tráfico.

²**police** *f* (d'assurance) póliza.

policier, ère *a* policíaco, a : *roman* —, novela policíaca. □ *m* policía.

poliment *adv* cortésmente.

poliomyélite *f* poliomielitis.

polir *t* pulir.

polisson, onne *s* bribonzuelo, a. □ *a* licencioso, a, verde.

politesse *f* cortesía.

politi/que *a/m* político, a. I *un homme* —, un político. □ *f* política. **-cien, enne** *s* político, a.

pollu/er *t* contaminar : *air pollué*, aire contaminado. **-tion** *f* contaminación.

polo *m* polo.

Pologne *n p f* Polonia.

polonais, e *a/s* polaco, a. □ *f* (danse) polonesa.

poltron, onne *a/s* cobarde.

polycopier *t* multicopiar.

polyglotte *a/s* poligloto, a.

polygone *m* polígono.

Polynésie *n p f* Polinesia.

polytechnique *a* politécnico, a.

pommade *f* pomada.

pomme *f* **1** manzana. **2** — *de terre*, patata. I *pommes frites*, patatas fritas. **3** — *de pin*, piña. **4** — *d'Adam*, nuez.

pommelé, e *a* (ciel) aborregado, a.

pommette *f* pómulo *m*.

pommier *m* manzano.

¹**pompe** *f* **1** bomba : — *à incendie*, bomba de incendios. **2** — *à essence*, surtidor *m* de gasolina. **3** FAM *à toute* —, a toda mecha.

²**pompe** *f* pompa : *en grande* —, con gran pompa; *pompes funèbres*, pompas fúnebres.

pomper *t* **1** aspirar mediante una bomba. **2** FAM *être pompé*, estar reventado.

pompeux, euse *a* pomposo, a.

pompier _m_ bombero.

pompiste _m_ encargado de una gasolinera.

pompon _m_ borla _f._

ponce _a pierre —,_ piedra pómez.

ponctualité _f_ puntualidad.

ponctuation _f_ puntuación.

ponctuel, elle _a_ puntual.

pondéré, e _a_ ponderado, a.

pondre _t_ poner.

pont _m_ **1** puente : — _suspendu, aérien,_ puente colgante, aéreo. **2** _faire le —,_ hacer puente. **3** MAR cubierta _f._

pontif/e _m souverain —,_ sumo pontífice. **-ical, e** _a_ pontifical.

pont-levis |pɔlvi| _m_ puente levadizo.

popeline |pɔplin| _f_ popelín _m._

populace _f_ populacho _m._

popul/aire _a_ popular. **-arité** _f_ popularidad. **-ariser** _t_ popularizar.

popul/ation _f_ población. **-eux, euse** _a_ populoso, a.

porc |pɔʀ| _m_ **1** puerco, cerdo. **2** (viande) cerdo.

porcelaine _f_ porcelana.

porc-épic |pɔʀkepik| _m_ puerco espín.

porche _m_ porche, portal.

porcherie _f_ pocilga.

por/e _m_ poro. **-eux, euse** _a_ poroso, a.

pornograph/ie _f_ pornografía. **-ique** _a_ pornográfico, a.

¹**port** _m_ puerto : _arriver à bon —,_ llegar a buen puerto.

²**port** _m_ **1** porte : — _dû, payé,_ porte debido, pagado. **2** (allure) porte, aire.

portail |pɔʀtaj| _m_ pórtico.

portant, e _a être bien —,_ estar bien de salud.

portatif, ive _a_ portátil.

porte _f_ puerta. I _mettre à la —,_ poner de patitas en la calle.

porte-avions _m_ portaaviones.

porte-bagages _m_ portaequipajes.

porte-bonheur _m_ amuleto.

porte-cartes _m_ tarjetero.

porte-clefs |pɔʀtəkle| _m_ llavero.

porte-documents _m_ portafolios.

porte-drapeau _m_ abanderado.

portée _f_ **1** (d'animaux) camada. **2** alcance _m_ : _à — de la main,_ al alcance de la mano; _hors de —,_ fuera de alcance. **3** MUS pentagrama _m._

porte-fenêtre _f_ puerta vidriera.

portefeuille _m_ cartera _f._

portemanteau _m_ percha _f._

porte-mine _m_ lapicero.

porte-monnaie _m_ monedero, portamonedas.

porte-parapluie _m_ paragüero.

porte-parole _m_ portavoz.

porte-plume _m_ portaplumas.

porter _t_ **1** llevar : — _une valise, un chandail,_ llevar una maleta, un jersey. **2** poner : — _un nom sur une liste,_ poner un nombre en una lista. **3** dar : — _bonheur,_ dar suerte. □ i **1** (arme) alcanzar. I _voix qui porte,_ voz potente. **2** _sa remarque a porté,_ su observación ha surtido efecto. **3** _discours qui porte sur la situation économique,_ discurso que trata de la situación económica. □ _pr_ **1** (vêtement) llevarse. **2** encontrarse, estar : _comment vous portez-vous ?,_ ¿ cómo se encuentra usted ?

porte-serviettes _m_ toallero.

porteur, euse _s_ portador, a : _payable au —,_ pagadero al portador. □ _m_ (dans une gare) mozo de equipajes.

porte-voix _m_ megáfono.

¹**portier, ère** _s_ portero, a.

²**portière** _f_ (de voiture) portezuela, puerta.

portillon _m_ portillo.

portion _f_ **1** porción. **2** ración.

portique _m_ pórtico.

porto _m_ vino de Oporto.

Porto-Rico _n p m_ Puerto Rico.

portrait _m_ retrato. **-iste** _s_

retratista.

portugais, e a/s portugués, esa.

Portugal n p m Portugal.

pose f 1 colocación : *la — d'une moquette*, la colocación de una moqueta. 2 (attitude) postura. 3 afectación. 4 (photo) exposición.

posé, e a comedido, a, ponderado, a. **-ment** adv pausadamente.

poser t 1 poner, colocar : *elle posa son sac sur le lit*, puso el bolso en la cama. 2 (installer) instalar, poner. 3 — *une question*, hacer una pregunta. 4 — *un problème*, plantear un problema. □ i (un modèle) posar. □ pr 1 *l'avion vient de se —*, el avión acaba de posarse. 2 *son regard se posa sur lui*, su mirada se fijó en él.

poseur, euse a/s presumido, a.

positif, ive a positivo, a. □ m (photo) positiva f.

position f posición.

posséder ° t poseer. □ se —, dominarse.

possess/ion f posesión. **-eur** m poseedor. **-if, ive** a/m posesivo, a.

possib/le a posible : *autant que —*, dentro de lo posible, a ser posible ; *pas —!*, ¡no es posible! □ m *dans la mesure du —*, en la medida de lo posible ; *faire tout son —*, hacer todo lo posible. **-ilité** f posibilidad.

¹post/e f correos m pl : *un bureau de —*, una oficina de correos ; *aller à la —*, ir a correos. I *mettre une lettre à la —*, echar una carta al correo ; — *restante*, lista de correos. **-al, e** a postal.

²poste m 1 puesto : *être à son —*, estar en su puesto. I — *de police*, prevención f, puesto de policía. 2 — *d'essence*, gasolinera f. 3 (de radio, télévision) aparato.

¹poster t (une lettre) echar al correo.

²poster (se) pr apostarse.

³poster |pɔstɛʀ| m (affiche) poster.

postérieur, e a posterior, a. □ m FAM trasero.

postérité f posteridad.

posthume a póstumo, a.

postiche a/m postizo, a.

postier, ère s empleado, a de correos.

postillon m 1 postillón. 2 (salive) cura.

post-scriptum |pɔstskʀiptɔm| m posdata f.

postul/er t solicitar. **-ant, e** s postulante.

posture f postura.

pot |po| m 1 (à eau) jarro. 2 (de confiture, yaourt, etc.) tarro. 3 (de pharmacie, etc.) bote. 4 (à fleurs) maceta f, tiesto : *un — de géraniums*, un tiesto de geranios. 5 — *de chambre*, orinal. 6 — *d'échappement*, silenciador. 7 FAM *prendre un —*, tomar una copa. 8 FAM *avoir du —*, tener suerte, tener potra.

potable a potable.

potage m sopa f.

potager, ère a 1 *plante potagère*, hortaliza. 2 *jardin —*, huerto. □ m huerto, huerta f.

potasse f potasa.

pot-au-feu |potofø| m cocido, puchero.

pot-de-vin |podvɛ̃| m soborno.

poteau m 1 poste. I *au —!*, ¡al paredón!

potelé, e a rollizo, a.

potence f 1 pescante m. 2 (gibet) horca.

potentiel, elle a potencial.

poterie f 1 (fabrication) alfarería. 2 (objet) vasija de barro.

potiche f jarrón m (de porcelana).

potier m alfarero.

potin m FAM jaleo, barullo. □ pl (commérages) chismes.

potion f poción.

potiron m calabaza f.

pou m piojo.

pouah ! interj ¡puf !

poubelle f cubo m de la basura.

pouce m 1 pulgar. | *manger sur le* —, comer en un periquete. 2 (du pied) dedo gordo. 3 (mesure) pulgada f.

poudr/e f 1 polvo m : *lait en* —, leche en polvo. 2 (fard) polvos m pl. 3 (explosif) pólvora. **-er** t empolvar. **-erie** f fábrica de pólvora. **-eux, euse** a polvoriento, a. | *neige poudreuse*, nieve en polvo. **-ier** m polvera f. **-ière** f polvorín m.

pouf m puf.

pouffer i reventar de risa.

pouilleux, euse a/s piojoso, a.

poulailler m gallinero.

poulain m potro.

poul/e f 1 gallina. | *une — mouillée*, un, una gallina ; *avoir la chair de* —, tener la carne de gallina. 2 — *d'eau*, polla de agua. **-arde** f gallina cebada. **-et** m pollo : — *rôti*, pollo asado. **-ette** f pollita, polla.

pouliche f potra, potranca.

poulie f polea.

poulpe m pulpo.

pouls |pu| m pulso : *prendre le* —, tomar el pulso.

poumon m pulmón.

poupe f popa : *avoir le vent en* —, ir viento en popa.

poupée f muñeca.

poupon m niño. **-nière** f guardería infantil.

pour *prép* 1 (but, destination, rapport) para : *travailler — vivre*, trabajar para vivir ; *tu es tout — moi*, tú eres todo para mí ; *grand — son âge*, alto para su edad. 2 (en faveur de) por : *fais-le — moi*, hazlo por mí ; *lutter — un idéal*, luchar por un ideal. 3 (équivalence) por : *dix — cent*, diez por ciento ; *œil — œil*, ojo por ojo ; *parler — parler*, hablar por hablar. 4 (durée) por : — *le moment*, por ahora. 5 (cause) por : *estimé — son sérieux*, estimado por su seriedad ;

c'est — ça que je suis venu, por eso (es por lo que) he venido. 6 — *peu que*, por poco que. □ m *le — et le contre*, el pro y el contra.

pourboire m propina f : — *compris*, propina incluida.

pourcentage m porcentaje.

pourchasser t perseguir.

pourparlers m pl negociaciones f.

pourpr/e f/m púrpura f. **-é, ée** a purpúreo, a.

pourquoi *adv/conj* 1 por qué : — *pas ?*, ¿por qué no ? | *c'est* —, por eso. 2 — *faire ?*, ¿para qué ? □ m porqué.

pourr/ir t podrir. □ i podrirse. **-i, ie** a podrido, a. **-iture** f podredumbre.

poursuite f 1 persecución. 2 (judiciaire) demanda. 3 (continuation) prosecución.

poursuivre ° t 1 perseguir : *le chien poursuit le voleur*, el perro persigue al ladrón. 2 (en justice) demandar. 3 (continuer) proseguir. | *poursuivez !*, ¡siga !

pourtant *adv* sin embargo, no obstante.

pourtour m contorno.

pourvoir ° i — *à*, subvenir a. □ t 1 proveer, dotar. 2 *siège à* —, escaño a cubrir. □ *se — de*, proveerse de ; *pourvu de*, provisto de.

pourvu que *loc conj* 1 con tal que, siempre que. 2 (souhait) — *que j'arrive à temps !*, ¡ojalá llegue a tiempo !

pousse f 1 crecimiento m. 2 (bourgeon) retoño m, brote m.

poussée f 1 (d'une voûte, d'un fluide) empuje m. 2 — *de fièvre*, acceso m de fiebre. 3 (grand mouvement) ola.

pousser t 1 empujar. 2 FIG *ils le poussent à accepter*, le empujan a que acepte. 3 — *un cri, un soupir*, dar un grito, un suspiro. □ i (plante, dent, enfant) crecer. □ *pr* 1 empujarse. 2 correrse, apartarse

pousse-toi un peu, córrete un poco.
poussette f 1 cochecito m de niño. 2 (de marché) carrito m.
poussi/ère f polvo m. **-éreux, euse** a polvoriento, a.
poussif, ive a asmático, a.
poussin m polluelo.
poussoir m pulsador, botón.
poutr/e f viga. **-elle** f vigueta.
¹**pouvoir** ° t poder : *je ne peux pas fermer ma valise,* no puedo cerrar la maleta ; *je n'ai pas pu venir,* no pude venir ; *pourriez-vous me dire...?,* ¿ puede decirme...? ; *puis-je entrer?,* ¿ puedo pasar? ; *je ne peux plus,* ya no puedo más. I *je n'en peux rien,* no lo puedo remediar ; *on n'y peut rien,* ¿ qué le vamos a hacer ? □ *impers il peut se faire que...,* puede ser que... □ *pr il se pourrait qu'il pleuve,* puede ser que llueva ; *ça se pourrait bien,* puede, podría ser.
²**pouvoir** m poder : *tomber au — de,* caer bajo el poder de ; *pleins pouvoirs,* plenos poderes.
prairie f pradera, prado m.
praline f almendra garrapiñada.
praticable a 1 (chemin) transitable. 2 (réalisable) practicable.
praticien m facultativo.
pratiquant, a a/s practicante.
pratique a práctico, a. □ f 1 práctica : *mettre en —,* poner en práctica. 2 (usage) costumbre. f
pratiquer t practicar.
pré m prado.
préalable a previo, a. I *au —,* previamente.
préambule m preámbulo.
préavis |preavi| m preaviso.
précaire a precario, a.
précaution f precaución.
précéd/ent a/m precedente. **-emment** adv anteriormente.
précéder ° t preceder.
précepte m precepto.
précepteur, trice s preceptor, a.
prêcher t/i predicar.

précieux, euse a 1 precioso, a. 2 FIG amanerado, a, afectado, a.
précipice m precipicio.
précipit/er t precipitar. □ *se —,* precipitarse. **-amment** adv precipitadamente. **-ation** f precipitación. **-é, ée** a/m precipitado, a.
précis, e a 1 preciso, a. 2 *à onze heures précises,* a las once en punto. □ m compendio. **-ément** adv precisamente.
précis/er t precisar. **-ion** f precisión. □ *pl* detalles m : *demander des précisions sur...,* pedir detalles sobre...
précoce a 1 precoz. I *fruits précoces,* frutos precoces, tempranos.
précolombien, enne a precolombiano, a.
préconçu, e a preconcebido, a.
préconiser t preconizar.
précurseur a/m precursor.
prédécesseur m predecesor.
prédicat/eur m predicador. **-ion** f predicación.
prédiction f predicción.
prédilection f predilección.
prédire ° t predecir.
prédispos/er t predisponer. I *prédisposé à...,* predispuesto a... **-ition** f predisposición.
prédomin/er i predominar. **-ance** f predominio m. **-ant, e** a predominante.
prééminence f preeminencia.
préfabriqué, e a prefabricado, a.
préface f prefacio m.
préfecture f prefectura.
préfér/er ° t preferir : *je préfère ça,* prefiero esto. **-able** a preferible. **-é, ée** a/s preferido, a. **-ence** f preferencia. I *de —,* preferentemente.
préfet m prefecto, gobernador civil.
préfixe m prefijo.
préhist/oire f prehistoria.

-orique *a* prehistórico, a.

préjudice/e *m* perjuicio. I *porter — à quelqu'un*, perjudicar a alguien. **-iable** *a* perjudicial.

préjugé *m* prejuicio.

prélat *m* prelado.

prélever ° *t* **1** sacar, tomar : *— un échantillon*, tomar una muestra. **2** deducir.

préliminaire *a/m* preliminar.

prélude *m* preludio.

prématuré, e *a/s* prematuro, a.

prémédit/er *t* premeditar. **-ation** *f* premeditación.

prem/ier, ère *a* primero, a (primer devant un substantif masculin : *le — homme*, el primer hombre ; *il habite au — étage*, vive en el primer piso). I *du — coup*, a la primera ; *le — venu*, uno cualquiera. □ *m* primero. □ *f* **1** (classe, vitesse) primera. **2** (théâtre) estreno *m*. **-ièrement** *adv* en primer lugar.

premier-né, première-née *s* primogénito, a.

prémunir (se) *pr* prevenirse.

prendre ° *t* **1** (saisir) tomar, coger. **2** *— l'avion, un médicament*, tomar el avión, un medicamento ; *— au sérieux, au tragique*, tomar en serio, por lo trágico. **3** quitar : *on lui a pris son vélo*, le han quitado la bici. **4** recoger : *je passerai vous —*, pasaré a recogerle. **5** (un billet, une photo) sacar. **6** (un poisson) pescar. **7** tomarse : *j'ai pris mes vacances en juin*, me tomé las vacaciones en junio. **8** cobrar : *combien t'a-t-il pris ?*, ¿cuánto te ha cobrado ? ; *il prend très cher*, cobra muy caro. **9** *— une personne pour une autre*, tomar a una persona por otra ; *pour qui me prends-tu ?*, ¿por quién me tomas ? **10** *qu'est-ce qui lui prend ?*, ¿ qué le pasa ? □ *i* **1** (feu) prender. **2** (plante, vaccin) coger. **3** (mode) cuajar. **4** coger : *prenez à droite*, coja a la derecha. □ *pr* **1** *se — pour*, tomarse por. **2** *se — d'amitié*

pour, tomar cariño a. **3** *s'en — à quelqu'un*, echar la culpa a alguien. **4** *il ne sait pas comment s'y —*, no sabe como arreglárselas.

prénom *m* nombre (de pila).

préoccup/er *t* preocupar. **-ation** *f* preocupación.

préparateur, trice *s* **1** (laboratoire) auxiliar. **2** (pharmacie) practicante.

prépar/er *t* preparar. □ *se —*, prepararse. **-atifs** *m pl* preparativos. **-ation** *f* preparación. **-atoire** *a* preparatorio, a.

prépondér/ant, e *a* preponderante. I *—ance* *f* preponderancia.

préposé, e *s* **1** encargado, a. **2** (facteur) cartero.

préposition *f* preposición.

prérogative *f* prerrogativa.

près |prε| *adv* **1** cerca. I *tout —*, muy cerca, cerquita ; *à cela —*, fuera de esto ; *à peu —*, casi. **2** *— de*, cerca de.

présage *m* presagio.

presbyte *a/s* présbita.

presbytère *m* casa *f* del párroco.

prescr/ire ° *t* prescribir. **-iption** *f* prescripción.

présence *f* presencia. I *— d'esprit*, presencia de ánimo, de espíritu.

présent, e *a* presente. □ *m* presente. I *à —*, ahora.

présent/er *t* **1** presentar. **2** (montrer) exhibir. □ *se —*, presentarse. **-able** *a* presentable. **-ateur, trice** *s* (radio, télévision) presentador, a. **-ation** *f* **1** presentación. **2** (de modèles) exhibición.

préserv/er *t* preservar. **-atif** *a/m* preservativo. **-ation** *f* preservación.

présid/er *t* presidir. **-ence** *f* presidencia. **-ent, e** *s* presidente, a. **-entiel, elle** *a* presidencial.

présomp/tion *f* presunción. **-tif, ive** *a* presunto, a. **-tueux, euse** *a* presuntuoso, a.

presque *adv* casi : *j'ai — fini*, casi

he terminado. I — *pas*, apenas ; *je ne l'ai — pas vu*, apenas le he visto, casi no le he visto.

presqu'île *f* península.

pressant, e *a* urgente.

presse *f* prensa. I *mettre sous* —, poner en prensa; *avoir bonne* —, tener buen cartel.

pressé, e *a* 1 presuroso, a. I *je suis très* —, tengo mucha prisa. 2 urgente.

presse-citron *m* exprimidor.

pressent/ir ° *t* presentir. **-iment** *m* presentimiento.

presse-papiers *m* pisapapeles.

presse-purée *m* pasapuré.

presser *t* 1 — *un citron*, exprimir, estrujar un limón. 2 — *contre sa poitrine*, apretar contra su pecho ; — *dans ses bras*, estrechar entre sus brazos. 3 — *un bouton*, pulsar un botón. 4 — *quelqu'un de faire quelque chose*, apremiar a alguien para hacer algo. 5 — *le pas*, apretar el paso. □ *i* 1 *l'affaire presse*, el asunto urge. 2 *le temps presse*, el tiempo apremia. □ *pr* 1 (se serrer) apretujarse. 2 darse prisa : *pressez-vous!*, ¡daos prisa!

pressing |prɛsiŋ| *m* tintorería *f*.

pression *f* presión.

pressoir *m* 1 prensa *f*. 2 lagar.

pressurer *t* 1 prensar. 2 FIG estrujar.

pressuriser *t* presurizar.

prestation *f* prestación.

preste *a* pronto, a, ágil.

prestidigitat/eur *m* prestidigitador. **-ion** *f* prestidigitación.

prestig/e *m* prestigio. **-ieux, euse** *a* prestigioso, a.

présum/er *t* presumir. **-é, ée** *a* presunto, a.

¹**prêt, e** *a* listo, a, dispuesto, a : *tout est* —, todo está listo ; — *à partir*, dispuesto para salir ; *mes bagages sont prêts*, tengo el equipaje dispuesto.

²**prêt** *m* préstamo.

prétendant, e *s* pretendiente.

prétend/re *t* pretender. **-u, ue** *a* supuesto, a.

prétent/ieux, euse *a/s* presuntuoso, a. **-ion** *f* pretensión.

prêt/er *t* prestar. I — *attention, l'oreille*, prestar atención, oídos. **-eur, euse** *s*. prestamista.

prétexte *m* pretexto : *sous — que*, con el pretexto de que ; *sous aucun* —, bajo ningún pretexto.

prêtre *m* sacerdote.

preuve *f* prueba : *faire — de*, dar pruebas de.

prévaloir ° *i* prevalecer.

préven/ant, e *a* atento, a, solícito, a. **-ance** *f* atención.

prévenir ° *t* 1 avisar, advertir : *préviens-moi*, avísame ; — *le médecin*, avisar al médico ; *je t'avais prévenu!*, ¡ya te lo había advertido!, ¡ya te había avisado! 2 prevenir : *mieux vaut — que guérir*, más vale prevenir que curar.

préventif, ive *a* preventivo, a.

prévention *f* prevención.

prévenu, e *s* (inculpé) acusado, a.

prévis/ion *f* previsión. **-ible** *a* previsible.

prév/oir ° *t* prever : *tout est prévu*, todo está previsto. **-oyance** *f* previsión. **-oyant, e** *a* previsor, a.

prie-Dieu *m* reclinatorio.

prier *i/t* orar, rezar : — *pour les défunts*, orar por los difuntos ; — *Dieu*, orar a Dios. □ *t* rogar : *nous vous prions de bien vouloir...*, le rogamos tenga la amabilidad de... ; *je vous prie de vous taire*, le ruego que se calle ; *se faire* —, hacerse rogar. I *je vous en prie*, se lo ruego ; (bien sûr) claro ; *je vous prie*, por favor.

prière *f* 1 oración : *dire ses prières*, rezar sus oraciones. 2 — *de frapper*, se ruega llamen a la puerta.

prieur, e *s* prior, a. **-é** *m* priorato.

primaire *a* primario, a.

prime *f* prima.

primer *i* dominar, sobresalir. □ *t* (récompenser) premiar.

primesautier, ère *a* espontáneo, a.

primeurs *f pl* frutas, hortalizas tempranas.

primevère *f* primavera.

primitif, ive *a/s* primitivo, a.

primordial, e *a* primordial.

princ/e *m* príncipe. **-esse** *f* princesa. I FAM *aux frais de la —*, de gorra.

principal, e *a* principal : *les principaux pays*, los principales países. □ *m le — est de gagner*, lo principal es ganar.

principauté *f* principado *m*.

principe *m* principio.

prin/temps |prɛ̃tɑ̃| *m* primavera *f*. **-tanier, ère** *a* primaveral.

priorit/é *f* **1** prioridad. **2** (sur route) preferencia de paso : *avoir la —*, tener preferencia. **-aire** *a* prioritario, a.

pris, e *p p* de prendre. □ *a* **1** *je suis — ce soir*, no estoy libre esta noche. **2** — *de boisson*, ebrio.

prise *f* **1** presa. I — *de judo*, llave de judo ; *être aux prises avec*, estar en lucha con ; *lâcher —*, ceder. **2** toma : *la — de la Bastille*, la toma de la Bastilla ; — *de position*, toma de posición ; — *de sang*, toma de sangre. I — *de son*, registro *m* de sonido ; — *de vues*, rodaje *m*. **3** — *de courant*, enchufe *m*.

priser *t* apreciar.

prisme *m* prisma.

prison *f* cárcel. **-nier, ère** *a/s* **1** preso, a. **2** (de guerre) prisionero, a.

privation *f* privación.

privé, e *a* privado, a.

priver *t* privar. □ *se —*, privarse.

privil/ège *m* privilegio. **-égié, e** *a* privilegiado, a. **-égier** *t* privilegiar.

prix |pri| *m* **1** precio : *quel est le — de...?*, ¿cuál es el precio de...? ; —

de revient, precio de coste. I *hors de —*, carísimo, a ; *à aucun —*, de ningún modo ; *à tout —*, cueste lo que cueste ; *au — de*, a costa de. **2·** premio : — *Nobel*, premio Nóbel.

probabilité *f* probabilidad.

probable *a* probable. **-ment** *adv* probablemente.

probité *f* probidad.

probl/ème *m* problema. **-ématique** *a* problemático, a.

procédé *m* procedimiento.

procéd/er ° *i/t* proceder. **-ure** *f* procedimiento *m*.

procès |prɔsɛ| *m* proceso, pleito.

procession *f* procesión.

processus |prɔsesys| *m* proceso.

procès-verbal *m* **1** atestado. **2** (d'une séance) acta *f*. **3** (amende) multa *f*.

prochain, e *a* **1** próximo, a. **2** (date) *le mois —*, el mes próximo, que viene. □ *m* prójimo. **-ement** *adv* próximamente.

proche *a* próximo, a, cercano, a : *hôtel — de la gare*, hotel próximo a la estación. □ *m pl* parientes.

proclam/er *t* proclamar. **-ation** *f* proclamación.

procréer *t* procrear.

procuration *f* poder *m*.

procurer *t* proporcionar, procurar, facilitar.

procureur *m* procurador.

prodigalité *f* prodigalidad.

prodig/e *m* prodigio. **-ieux, euse** *a* prodigioso, a.

prodigue *a/s* pródigo, a.

prodiguer *t* prodigar.

producteur, trice *a/s* productor, a.

product/if, ive *a* productivo, a. **-ivité** *f* productividad.

production ° *f* producción.

produire ° *t* producir. □ *se —*, producirse : *un incendie s'est produit à bord*, un incendio se produjo a bordo.

produit *m* producto.

proémin/ent, e a prominente.
-ence f prominencia.

profanation f profanación.

profane a/s profano, a.

profaner t profanar.

proférer ° t proferir.

professer t profesar. □ i ser
profesor, a.

professeur m profesor, a : *elle est
— d'espagnol*, es profesora de
español.

profession f profesión. **-nel, elle**
a/s profesional.

professorat m profesorado.

profil m perfil. **-er (se)** pr
perfilarse.

profit m 1 provecho : *tirer — de,*
sacar provecho de. I *au — de,* en
beneficio de. 2 *profits et pertes,*
pérdidas y ganancias.

profit/er i 1 — de, aprovechar : —
de l'occasion, aprovechar la ocasión ; *il a profité de ce que son père
était absent,* aprovechó que su
padre estaba ausente. 2 — *à quelqu'un,* ser provechoso a alguien.
-able a provechoso, a. **-eur,
euse** s aprovechado, a.

profond, e a profundo, a.
-ément adv profundamente.
-eur f profundidad.

profusion f profusión.

progéniture f progenie, prole.

programm/e m programa.
-ation f programación. **-eur,
euse** s programador, a.

progrès |prɔgrɛ| m progreso.

progress/er i progresar. **-if, ive**
a progresivo, a. **-ion** f progresión.
-ivement adv progresivamente.

prohib/er t prohibir. **-ition** f
prohibición. **-itif, ive** a
prohibitivo, a.

proie f presa. I *être en — à,* ser
presa de ; *oiseau de —,* ave de
rapiña.

projecteur m 1 foco. 2 (de
cinéma) proyector.

projectile m proyectil.

projection f proyección.

projet m proyecto.

projeter ° t proyectar.

prolét/aire a/s proletario, a.
-ariat m proletariado.

proliférer ° i proliferar.

prolifique a prolífico, a.

prolixe a prolijo, a.

prologue m prólogo.

prolong/er ° t prolongar. **-ation**
f 1 prolongación. 2 (match) prórroga. **-ement** m prolonga-
miento.

promenade f paseo m : *faire une
—,* dar un paseo.

promen/er ° t pasear. I FAM
envoyer —, mandar a paseo. □ se
—, pasearse : *je vais me —,* voy a
pasearme. **-eur, euse** s paseante.

promesse f promesa : *il a tenu sa
—,* ha cumplido su promesa.

promett/re ° t/i prometer : *il m'a
promis de m'aider,* me ha prometido ayudarme ; *ce garçon promet,*
este chico promete. I FAM *ça promet !,* ¡vaya una perspectiva ! □ se
—, prometerse. **-eur, euse** a
prometedor, a.

promis, e a/s prometido, a.

promiscuité f promiscuidad.

promontoire m promontorio.

promoteur m promotor.

promotion f promoción.

promouvoir ° t promover.

prompt, e |prɔ̃, prɔ̃t| a pronto, a.
-itude f prontitud.

prône m homilía f.

pronom m pronombre. **-inal, e** a
pronominal.

prononc/er ° t pronunciar. □ se
—, pronunciarse. **-é, ée** a
marcado, a, pronunciado, a.
-iation f pronunciación.

pronost/ic m pronóstico. **-iquer**
t pronosticar.

propagande f propaganda.

propag/er ° t propagar. □ se —,
propagarse. **-ation** f propagación.

propane m propano.

propension f propensión.

proph/ète m profeta. **-étie** |pʀɔfesi| f profecía. **-étique** a profético, a. **-étiser** t profetizar.

prophy/laxie f profilaxis. **-lactique** a profiláctico, a.

propice a propicio, a.

proportion f proporción. □ pl statue aux proportions gigantesques, estatua de proporciones gigantescas. **-nel, elle** a proporcional. **-ner** t proporcionar : bien proportionné, bien proporcionado.

propos |pʀɔpo| m propósito. I à —, a propósito ; à ce —, a este respecto ; à tout —, a cada momento. □ pl (paroles) palabras f.

propos/er t proponer. □ pr 1 se — de, proponerse. 2 (s'offrir) ofrecerse, brindarse. **-ition** f 1 proposición, propuesta. 2 (grammaire) oración.

propr/e a 1 propio, a : nom —, nombre propio ; de mes propres yeux, con mis propios ojos ; par ses propres moyens, con sus propios medios ; en mains propres, en sus propias manos. 2 (pas sale) limpio, a : une serviette —, una toalla limpia. I mettre au —, poner en limpio. □ m un — à rien, un cero. **-ement** adv 1 — dit, propiamente dicho. 2 limpiamente. **-eté** f limpieza.

propriét/é f 1 propiedad. 2 (maison et terres) finca, propiedad. **-aire** s propietario, a.

propuls/er t propulsar. **-eur** m propulsor. **-ion** f propulsión.

proroger ° t prorrogan

prosaïque |pʀɔzaik| a prosaico, a.

prosateur m prosista.

pros/crire ° t proscribir. **-crit, e** s proscrito, a.

prose f prosa.

prospect/er t 1 prospectar. 2 COM buscar clientes en. **-ion** f

prospección.

prospectus |pʀɔspektys| m prospecto.

prosp/ère a próspero, a. **-érer** ° i prosperar. **-érité** f prosperidad.

prosterner (se) pr prosternarse : se — devant l'autel, prosternarse ante el altar.

prostitu/ée f prostituta. **-tion** f prostitución.

prostration f prostración.

protagoniste m protagonista.

protect/eur, trice a/s protector, a. **-ion** f protección. **-orat** m protectorado.

protég/er ° t proteger. **-é, ée** s protegido, a.

protéine f proteína.

protestant, e a/s protestante. **-isme** m protestantismo.

protest/er i protestar. **-ation** f protesta.

prothèse f prótesis.

protocol/e m protocolo. **-aire** a protocolar.

prototype m prototipo.

protubér/ant a protuberante. **-ance** f protuberancia.

proue f proa.

prouesse f proeza.

prouver t probar, demostrar : ça prouve que..., eso prueba que...

provenance f procedencia. I train en — de Bordeaux, tren procedente de Burdeos.

provençal, e a/s provenzal.

Provence n p f Provenza.

provenir ° i provenir, proceder : d'où provient cette méprise ?, ¿de dónde proviene esta confusión ?

proverb/e m proverbio, refrán. **-ial, e** a proverbial.

providen/ce f providencia. **-tiel, elle** a providencial.

provinc/e f provincia : en —, en la provincia. **-ial, e** a provincial. □ s provinciano, a.

proviseur m director de un instituto de enseñanza media.

provision *f* provisión. I *chèque sans* —, cheque sin fondos. □ *pl* compra *sing* : *aller faire ses provisions*, ir a la compra ; *panier à provisions*, cesta de la compra.

provisoire *a* provisional.

provo/quer *t* provocar. **-cant, e** *a* provocativo, a. **-cation** *f* provocación.

proximité *f* proximidad. I *à* — *de*, cerca de.

prude *a/f* gazmoño, a, mojigato, a. **-rie** *f* mojigatería.

prud/ent, e *a* prudente. **-emment** |pʀydamã] *adv* prudentemente. **-ence** *f* prudencia.

prun/e *f* ciruela. I FAM *pour des prunes*, en balde. **-eau** *m* ciruela *f* pasa.

prunelle *f* 1 endrina. 2 (de l'œil) niña.

prunier *m* ciruelo.

Prusse *n p f* Prusia.

psalmodier *t/i* salmodiar.

psaume *m* salmo.

pseudonyme *m* seudónimo.

psychana/lyse |psikanaliz] *f* psicoanálisis *m*. **-lyser** *t* psicoanalizar. **-lyste** *s* psicoanalista.

psychiatr/e |psikjatʀ] *s* psiquiatra. **-ie** *f* psiquiatría. **-ique** *a* psiquiátrico, a.

psychique *a* psíquico, a.

psycholo/gie |psikɔlɔʒi] *f* psicología. **-gique** *a* psicológico, a. **-gue** *s* psicólogo, a.

psycho/se |psikoz] *f* psicosis. **-thérapie** *f* psicoterapia.

pu ⇒ **pouvoir**.

puant, e *a* hediondo, a. **-eur** *f* hediondez, hedor *m*.

puberté *f* pubertad.

public, ique *a* público, a : *rendre* —, hacer público. □ *m* público : *le grand* —, el público en general ; *en* —, en público.

publication *f* publicación.

publicit/é *f* publicidad. **-aire** *a* publicitario, a.

publier *t* publicar.

puce *f* pulga. I *avoir la* — *à l'oreille*, tener la mosca detrás de la oreja. **-ron** *m* pulgón.

pud/eur *f* pudor *m*. **-ibond, e** *a* pudibundo, a. **-ique** *a* púdico, a.

puer *i/t* heder, apestar : — *l'essence*, apestar a gasolina.

puéricul/ture *f* puericultura. **-trice** *f* puericultora.

puéril, e *a* pueril. **-ité** *f* puerilidad.

puis |pɥi] *adv* después, luego. I *et* — (en outre) y además ; *et* — *après ?*, ¿ y qué ?

puiser *t* sacar.

puisque *conj* puesto que, ya que.

puiss/ance *f* 1 potencia : *la* — *d'un moteur*, la potencia de un motor ; *les grandes puissances*, las grandes potencias. I *en* —, en potencia. 2 (pouvoir) poder *m*. **-ant, e** *a* potente. □ *a/s* (qui a du pouvoir) poderoso, a.

puits |pɥi] *m* pozo.

pull-over |pulɔvœʀ], **pull** |pul] *m* jersey.

pulluler *i* pulular.

pulmonaire *a* pulmonar.

pulpe *f* pulpa.

pulsation *f* pulsación.

pulvéris/er *t* pulverizar. **-ateur** *m* pulverizador. **-ation** *f* pulverización.

punaise *f* 1 chinche *m*. 2 (petit clou) chincheta.

punch |pɔ̃ʃ] *m* ponche.

pun/ir *t* castigar. **-ition** *f* castigo *m*.

¹pupille |pypil] *s* pupilo, a.

²pupille *f* (de l'œil) pupila.

pupitre *m* 1 pupitre. 2 MUS atril.

pur, e *a* puro, a : *eau pure*, agua pura ; *et simple*, puro y simple ; *un* — *hasard*, una pura casualidad.

purée *f* puré *m*. I FAM *être dans la* —, no tener dónde caerse muerto.

purement *adv* puramente. l — *et simplement*, pura y simplemente.

pureté *f* pureza.

purgatif, ive *a/m* purgante.

purgatoire *m* purgatorio.

purge *f* purga.

purger ° *t* purgar.

purifi/er *t* purificar. **-cation** *f* purificación.

purin *m* estiércol líquido.

puriste *a/s* purista.

puritain, e *a/s* puritano, a.

pur-sang |pyʀsã| *m* caballo de pura sangre.

purulent, e *a* purulento, a.

pus |py| *m* pus.

pusillanime |pyzi(l)lanim| *a* pusilánime.

pustule *f* pústula.

putois *m* turón.

putréf/ier (se) *pr* pudrirse. **-action** *f* putrefacción.

puzzle |pœzl| *m* rompecabezas.

pygmée *m* pigmeo.

pyjama *m* pijama.

pylône *m* poste.

pyramide *f* pirámide.

Pyrénées *n p f pl* Pirineos *m*.

pyrite *f* pirita.

python *m* pitón.

Q

q *m* q *f* : *un* —, una q.

qu' ⇒ **que.**

quadragénaire |kwadRaʒenɛR|
a/s cuadragenario, a, cuarentón, ona.

quadrilatère |k(w)adRilatɛR| *m*
cuadrilátero.

quadrill/er *t* cuadricular : *papier quadrillé*, papel cuadriculado.
-age *m* cuadrícula *f*.

quadrupède |k(w)adRyped| *a/m*
cuadrúpedo, a.

quadrupl/e |k(w)adRypl| *a/m*
cuádruplo, a. **-er** *t* cuadruplicar.

quai *m* 1 (port) muelle. 2 (gare)
andén.

qualifi/er *t* calificar. **-catif, ive**
a/m calificativo, a. **-cation** *f*
calificación.

qualité *f* 1 calidad : *tissu de bonne* —, tejido de buena calidad. 2 cualidad : *Jean a beaucoup de qualités*, Juan tiene muchas cualidades.

quand |kɑ̃| *conj* cuando : *nous partirons* — *la voiture sera réparée*, nos iremos cuando el coche esté arreglado. | — *bien même*, aun cuando. □ *adv* cuándo : — *partez-vous ?*, ¿ cuándo se marcha usted ?

quant à |kɑ̃ta| *loc prép* en cuanto a.

quantité *f* cantidad.

quarantaine *f* 1 *une* — *de manifestants*, unos cuarenta manifestantes, una cuarentena de manifestantes ; *il frise la* —, raya en los cuarenta años. 2 *mettre en* —, poner en cuarentena.

quarant/e *a/m* cuarenta. **-ième**
a/s cuadragésimo, a.

quart *m* cuarto : *une heure et* —, la una y cuarto. 2 *4 est le* — *de 16*, 4 es la cuarta parte de 16. | *les trois quarts du temps*, la mayor parte del tiempo. 3 MAR *être de* —, estar de guardia.

quartier *m* 1 (d'une ville) barrio :
les bas quartiers, los barrios bajos ;
les vieux quartiers, los barrios antiguos. 2 (d'orange) gajo. 3 — *général*, cuartel general. 4 (de lune)
cuarto.

quartz |kwaRts| *m* cuarzo.

quasi |kazi| *adv* casi.

Quasimodo *f* domingo *m* de
Cuasimodo.

quatorz/e *a/m* catorce. **-ième**
a/s decimocuarto, a. | *le* — *siècle*,
el siglo catorce.

quatre *a/m* cuatro.

quatre-ving/t(s) *a/m* ochenta.
-tième *a/s* octogésimo, a.

quatre-vingt-dix *a/m* noventa.
-ième *a/s* nonagésimo, a.

quatrième *a/s* cuarto, a : *au* —
étage, en el cuarto piso.

quatuor |kwatyɔR| *m* cuarteto.

¹que *conj* 1 que : *je veux* — *tu viennes*, quiero que vengas ; *plus grand* — *lui*, más alto que él. 2 *aussi, autant...*—, tan, tanto... como. 3 *de que* : *je suis content* — *tu sois venu*, me alegro de que hayas venido.

²que *pron rel* que : *la fleur* — *je préfère*, la flor que prefiero. □ *pron interr* qué : — *voulez-vous ?*, ¿ qué quiere usted ? ; — *se passe-t-il ?*, ¿ qué pasa ? ; *qu'est-ce que tu dis ?*, ¿ qué dices ? ; *qu'est-ce que c'est que ça ?*, ¿ qué es esto ? ; *qu'est-ce qui est arrivé ?*, ¿ qué ha ocurrido ?

³que *adv* 1 — *c'est joli !*, ¡ qué bonito ! 2 *cuánto, a* : — *de monde !*, ¡ cuánta gente !

quel, quelle *a* 1 (devant un nom)
qué : *quelle heure est-il ?*, ¿ qué hora es ? ; *quelle joie !*, ¡ qué alegría ! 2 (devant un verbe) cuál : — *est votre nom ?*, ¿ cuál es su ape-

llido? **3** — *que, quelle que,* cualquiera : *quels que soient les résultats,* cualesquiera que sean los resultados.

quelconque *a* **1** cualquiera : *dis-moi une lettre* —, dime una letra cualquiera. **2** mediocre, corriente.

quelque *a* alguno, a (algún *devant un substantif masculin sing.*) *depuis* — *temps,* desde algún tiempo; *quelques jours après,* algunos días después. I — *chose,* algo; *et quelques,* y pico. □ *adv* **1** (environ) unos, as : — *mille francs,* unos mil francos. **2** — *courageux qu'il soit,* por valiente que sea.

quelquefois *adv* a veces, algunas veces.

quelqu'un, une *pron indéf* **1** alguien : — *a appelé,* alguien ha llamado. **2** alguno, a : *quelques-uns applaudirent,* algunos aplaudieron.

querell/e *f* disputa. **-er (se)** *pr* reñir.

qu'est-ce que, qui ⇒ ²**que.**

question *f* **1** pregunta : *poser une* —, hacer una pregunta. **2** cuestión : *résoudre diverses questions,* resolver diversas cuestiones. I *il est* — *de,* se trata de. **-naire** *m* cuestionario. **-ner** *t* interrogar.

quêt/e *f* **1** (dans la rue) cuestación. **2** (à l'église) colecta. **3** *en* — *de,* en busca de. **-er** *i* hacer la colecta.

queue [kø] *f* **1** cola. **2** (d'un fruit) rabo *m*. **3** (d'un casserole) mango *m*. **4** *faire la* —, hacer cola. I *à la* — *leu leu,* en fila. **5** *n'avoir ni* — *ni tête,* no tener pies ni cabeza.

qui *pron rel* **1** que : *celle* — *vient,* la que viene. **2** (avec préposition) quien : *celui à* — *j'écris,* aquel a quien escribo. I — *que ce soit,* quienquiera que sea. □ *pron interr* quién : — *sait ?,* ¿ quién sabe ? I — *est-ce ?,* ¿ quién es ? ; — *est-ce qui a gagné ?,* ¿ quién ganó ? ; — *sont ces jeunes filles ?,* ¿ quiénes son esas muchachas ?

quiconque *pron indéf* quienquiera que.

quignon *m* mendrugo.

Quichotte ⇒ **Don Quichotte.**

¹**quille** *f* (jeu) bolo *m*.

²**quille** *f* MAR quilla.

quincaill/erie [kɛ̃kajʀi] *f* ferretería. **-ier, ère** *s* ferretero, a.

quinconce m *en* — *al,* al tresbolillo.

quinine *f* quinina.

quinquagénaire *a/s* quincuagenario, a, cincuentón, ona.

quintal *m* quintal.

quinte *f* — *de toux,* acceso *m* de tos.

quintuple *a/m* quíntuplo, a.

quinzaine *f* quincena. I *dans une* —, dentro de unos quince días.

quinz/e *a/m* quince. **-ième** *a/m* decimoquinto, a. I *le* — *siècle,* el siglo quince.

quiproquo [kipʀoko] *m* quid pro quo.

quittance *f* recibo *m*.

quitte *a* **1** *nous sommes quittes,* estamos en paz. **2** — *à,* a riesgo de.

quitter *t* **1** dejar : — *ses parents,* dejar a sus padres. I (téléphone) *ne quittez pas !,* ¡ no se retire ! **2** (ôter) quitarse : *il ne quitte jamais son béret,* no se quita nunca la boina. **3** *accident : l'auto a quitté la route,* accidente : el coche se salió de la calzada. □ *se* —, separarse : *ils se sont quittés,* se han separado.

qui-vive ? *interj* ¿ quién vive ? I *être sur le* —, estar alerta.

quoi *pron rel/interr* **1** qué : *il a de* — *vivre,* tiene con qué vivir ; *à* — *penses-tu ?,* ¿ en qué piensas ? I *à* — *bon ?,* ¿ para qué ? ; *sans* — sin lo cual. **2** — *qu'il arrive,* pase lo pase ; — *qu'il en soit,* sea como sea.

quoique *conj* aunque.

quolibet *m* cuchufleta *f*.

quote-part *f* cuota.

quotidien, enne *m* diario, a. □ *m* diario, periódico.

quotient [kɔsjɑ̃] *m* cociente.

R

r |ɛʀ| m r f : un —, una r.
rabâcher i repetirse. □ t repetir.
rabais |Rabɛ| m rebaja f : vendre au —, vender con rebaja.
rabaisser t rebajar.
rabattre t 1 bajar. 2 (une somme) rebajar. 3 (le gibier) ojear. 4 en —, ceder. □ se — sur, conformarse con.
rabbin m rabino.
rabot m cepillo. **-er** t cepillar.
raboteux, euse a desigual.
rabougri, e a esmirriado, a.
rabrouer t regañar.
racaille f chusma.
raccommod/er t 1 componer. 2 (rapiécer) remendar. 3 FIG reconciliar. **-age** m compostura f.
raccompagner t acompañar.
raccord m 1 empalme. 2 (de peinture) retoque. **-er** t 1 empalmar. 2 (électricité) conectar.
raccourci m (chemin) atajo.
raccourcir t 1 acortar. □ i 1 (rétrécir) encoger. 2 les jours raccourcissent en automne, los días se acortan en otoño.
raccrocher t 1 volver a colgar. 2 — le récepteur, colgar el auricular.
race f raza.
rachat m rescate.
racheter ° t 1 volver a comprar. 2 FIG rescatar.
rachitique a raquítico, a.
racial, e a racial.
racine f raíz : des racines, raíces.
rac/isme m racismo. **-iste** a/s racista.
racler t rascar. □ se — la gorge, carraspear.
racont/er t contar. **-ar** m chisme.
racornir t endurecer.
radar m radar.

rade f rada.
radeau m balsa f.
radiateur m radiador.
radiation f radiación.
radical, e a/m radical.
radier t borrar.
radieux, euse a radiante.
radin, e a FAM agarrado, a.
radio f radio.
radioact/if, ive, a radiactivo, a. **-ivité** f radiactividad.
radiodiffus/er t radiar. **-ion** f radiodifusión.
radiographi/e f radiografía. **-er** t radiografiar.
radiolo/gie f radiología. **-gue** s radiólogo, a.
radiophonique a radiofónico, a.
radioscopie f radioscopia.
radis |Radi| m rábano.
radium |Radjɔm| m radium.
radot/er i chochear. **-age** m chochez f. **-eur, euse** s chocho, a.
radouc/ir t templar, suavizar. □ pr 1 le temps s'est radouci, el tiempo se ha templado. 2 (personne) templarse, calmarse. **-issement** m mejoría f.
rafale f ráfaga.
raffermir t fortalecer.
raffin/er t refinar. **-age** m refinación f. **-ement** m refinamiento. **-erie** f refinería.
raffoler i — de, estar loco, a por.
raffut m FAM barullo.
rafistoler t FAM componer.
rafle f redada.
rafraîch/ir t refrescar. □ pr 1 refrescarse. 2 (boire) tomar un refresco. **-issant, e** a refrescante. **-issement** m 1 enfriamiento. 2 (boisson) refresco.

ragaillardir *t* reanimar, vigorizar.

rag/e *f* 1 rabia. 2 *— de dents*, dolor *m* de muelas. **-er** ° *i* FAM rabiar. | *c'est rageant*, es para volverse rabioso. **-eur, euse** *a* rabioso, a.

ragoût *m* guisado.

raid *m* raid.

raid/e *a* 1 tieso, a. 2 (une pente) empinado, a. 3 FAM *c'est un peu —!*, ¡eso pasa de castaño oscuro! □ *adv tomber — mort*, caer muerto en el acto. **-eur** *f* rigidez, tiesura. **-illon** *m* repecho. **-ir** *t* poner rigido, a. □ *se —*, ponerse tieso, a.

raie *f* (ligne, poisson) raya.

rail |Raj| *m* riel : *les rails*, los rieles.

raill/er *t* burlarse de. **-erie** *f* burla. **-eur, euse** *a/s* burlón. ona.

rainure *f* ranura.

raisin *m* uva *f*. | *raisins secs*, pasas *f*.

raison *f* 1 razón : *— d'être*, razón de ser ; *tu as —*, tienes razón ; *vous avez eu — de...*, ha tenido usted razón en... ; *donner — à*, dar la razón a. | *à — de*, a razón de ; *à plus forte —*, con mayor motivo ; *en — de*, a causa de. 2 *— sociale*, razón social. **-nable** *a* razonable.

raisonn/er *i* razonar. **-ement** *m* razonamiento.

rajeun/ir *t/i* rejuvenecer. **-issement** *m* rejuvenecimiento.

rajouter *t* añadir de nuevo.

rajuster *t* 1 reajustar. 2 (arranger) arreglar.

râle *m* estertor.

ralenti *m* marcha *f* lenta, ralentí : *au —*, en marcha lenta.

ralent/ir *t — la marche*, aminorar la marcha. □ *i* ir más despacio : *ralentissez!*, ¡vaya más despacio! **-issement** *m* 1 disminución *f* de la velocidad. 2 disminución *f*.

râl/er *i* 1 tener estertor. 2 FAM quejarse, piarlas ; *cesse de —*, no las pies más. **-eur, euse** *s* gruñón, ona, piante.

ralli/er *t* 1 reunir. 2 (rejoindre)

volver a. □ *se — à un parti*, adherirse a un partido. **-ement** *m* 1 reunión *f*. 2 adhesión *f*.

rallonge *f* 1 (de table) larguero *m*. 2 FAM suplemento *m*.

rallonger ° *t* alargar.

rallumer *t* 1 encender de nuevo. 2 FIG reanimar.

rallye |Rali| *m* rally.

ramage *m* à ramages, rameado, a.

ramass/er *t* recoger : *— une balle, des champignons*, recoger una pelota, setas. □ *se —*, acurrucarse. **-age** *m* recogida *f*.

¹rame *f* (aviron) remo *m*.

²rame *f* 1 (de papier) resma. 2 (de métro) tren *m*.

rameau *m* ramo. □ *pl les Rameaux*, el domingo de Ramos.

ramener ° *t* 1 hacer volver. 2 (reconduire) acompañar. 3 (rapporter) traer. 4 *— la paix*, restablecer la paz ; *— à la vie*, reanimar. □ *se — à*, reducirse a.

ram/er *i* remar. **-eur, euse** *s* remero, a.

ramier *m* paloma *f* torcaz.

ramifi/er (se) *pr* ramificarse. **-cation** *f* ramificación.

ramoll/ir *t* reblandecer, ablandar. **-issement** *m* reblandecimiento.

ramon/er *t* deshollinar. **-age** *m* deshollinamiento. **-eur** *m* deshollinador.

rampant, e *a* rastrero, a.

rampe *f* 1 (d'escalier) barandilla. 2 (plan incliné) rampa. 3 (théâtre) candilejas *pl*.

ramper *i* arrastrarse, reptar.

rancart *m* FAM *mettre au —*, arrumbar.

ranc/e *a* rancio, a. **-ir** *i* enranciarse.

rancœur *f* rencor *m*.

rançon *f* rescate *m*. **-ner** *t* exigir rescate por.

rancun/e *f* rencor *m*. **-ier, ère** *a/s* rencoroso, a.

randonnée *f* caminata.

rang |rɑ̃| m 1 fila f : en —, en fila; au premier —, en primera fila. 2 (social) categoria f, clase f.

rangé, e a ordenado, a.

rangée f fila.

ranger ° t 1 ordenar. 2 (mettre en place) guardar : — ses vêtements, guardar los vestidos. 3 (mettre) colocar. 4 (une voiture) aparcar. □ pr 1 se — contre le trottoir, aparcar junto a la acera. 2 se — à l'avis de, adoptar la opinón a.

ranimer t reanimar.

rapac/e a rapaz. □ m rapaz f : rapaces nocturnes, rapaces nocturnas. -**ité** f rapacidad.

rapatrier t repatriar.

râp/e f 1 (cuisine) rallador m. 2 escofina, lima. -**er** t 1 rallar : fromage râpé, queso rallado. 2 raspar.

rapetisser t achicar. □ i achicarse.

Raphaël |Rafaɛl| n p m Rafael.

rapid/e a m rápido, a. -**ité** f rapidez.

rapiécer ° t remendar.

rappel m 1 llamada f. 2 vaccination de —, revacuna.

rappeler ° t 1 llamar de nuevo. 2 — à l'ordre, llamar al orden. 3 recordar : ce village me rappelle mon enfance, este pueblo me recuerda mi niñez. □ se —, acordarse de, recordar : je me rappelle fort bien notre première rencontre, recuerdo muy bien nuestro primer encuentro; rappelle-toi, acuérdate.

rapport m 1 (revenu) renta f, rendimiento. 2 (compte rendu) informe. 3 relación f : par — à, con relación a ; entretenir de bons rapports, mantener buenas relaciones.

rapporter t 1 (rendre) devolver. 2 traer : j'ai rapporté un poncho du Pérou, he traido un poncho del Perú. 3 producir, rendir. 4 (raconter) relatar. □ se — à, corresponder a, referirse a. | s'en —

à, remitirse a.

rapporteur, euse a/s (mouchard) soplón, ona, acusón, ona. □ m (devant une assemblée) ponente.

rapproch/er t acercar : il rapprocha sa chaise du lit, acercó su silla a la cama; autoroute qui rapproche Paris de Dijon, autopista que acerca París a Dijon. □ se —, acercarse : rapprochez-vous du feu, acérquese al fuego. -**ement** m 1 acercamiento. 2 comparación f.

rapt m rapto, secuestro.

raquette f raqueta.

rar/e a 1 raro, a. 2 (cheveux) ralo, a. -**ement** adv raramente. -**eté** f rareza. -**éfier** t enrarecer, rarificar.

ras, e |Ra, Raz| a 1 corto, a : à poil —, de pelo corto. 2 en rase campagne, en campo raso ; à — bord, colmado, a ; au — de, a ras de. 3 FAM en avoir — le bol, estar hasta la coronilla.

rase-mottes (en) loc adv a ras de tierra.

ras/er t 1 afeitar. 2 (démolir) arrasar. 3 (frôler) pasar rasando, pasar rozando. 4 FAM (ennuyer) dar la lata. □ pr 1 afeitarse. 2 FAM aburrirse. -**ant, e** a FAM latoso, a. -**eur** m FAM pelmazo. -**oir** m (mécanique, électrique) maquinilla f de afeitar. □ a FAM un type —, un tio pelmazo; un film —, un rollo de pelicula.

rassasier t saciar, hartar.

rassembl/er t reunir, juntar. -**ement** m 1 reunión f. 2 (groupe) grupo. 3 MIL rassemblement!, ¡a formar!

rasseoir (se) ° |RaswaR| pr sentarse de nuevo.

rasséréner ° t serenar.

rassis, e a pain —, pan duro.

rassur/er t tranquilizar. -**ant, e** a tranquilizador, a.

rat m 1 rata f. 2 petit —, joven

bailarina f.

ratage m fracaso.

ratatiner (se) pr arrugarse.

rate f (glande) bazo m.

raté, e s fracasado, a. □ m (de moteur) fallo. I *avoir des ratés,* ratear.

râteau m rastrillo.

râtelier m **1** pesebre. **2** FAM dentadura f postiza.

rater i fracasar, fallar. □ t **1** – *la cible,* errar el blanco. **2** – *son train,* perder el tren. **3** – *sa vie,* fracasar uno en su vida.

ratifi/er t ratificar. **-cation** f ratificación.

ration f ración.

rationnel, elle a racional.

rationn/er t racionar. **-ement** m racionamiento.

ratisser t **1** rastrillar. **2** (armée, police) registrar, rastrear.

rattach/er t **1** (attacher) atar. **2** (un territoire) incorporar. **3** (relier) relacionar. **4** unir. **-ement** m incorporación f.

rattrap/er t **1** coger. **2** alcanzar : *j'ai couru pour le –,* corrí para alcanzarle. **3** – *un retard,* recuperar un retraso. □ pr **1** *se – à une branche,* agarrarse a una rama. **2** FIG desquitarse. **-age** m *cours de –,* clase de recuperación.

ratur/e f tachadura. **-er** t tachar.

rauque a ronco, a.

ravag/e m estrago. **-er** ° a asolar.

ravalement m revoque.

ravauder t zurcir.

ravi, e a encantado, a.

ravin m barranco.

ravir t encantar. I *à –,* maravillosamente.

raviser (se) pr cambiar de parecer.

ravissant, e a encantador, a.

ravisseur, euse s raptor, a.

ravitaill/er t abastecer. **-ement** m abastecimiento.

raviver t avivar.

rayer ° |Reje| t **1** rayar : *chemise rayée,* camisa rayada. **2** (raturer) tachar.

Raymond n p m Ramón.

¹**rayon** |Rejɔ̃| m **1** (lumière, soleil) rayo : *rayons x,* rayos equis. **2** (géométrie, roue) radio. I – *d'action,* radio de acción.

²**rayon** m **1** (de miel) panal. **2** (étagère) estante, anaquel. **3** (dans un magasin) sección f : *le – de parfumerie,* la sección de perfumería. **-nage** m estantería f.

rayonnant, e |Rejɔnɑ̃, ɑ̃t| a radiante.

rayonne |Rejɔn| f rayón m.

rayonn/er |Rejɔne| i **1** radiar. **2** *son visage rayonne,* le resplandece la cara de felicidad. **-ement** m **1** irradiación f. **2** FIG ascendiente, influencia f.

rayure |RejyR| f raya. I *cravate à rayures,* corbata rayada, a rayas.

raz de marée |RɑdmaRe| m maremoto.

ré m re.

réacteur m reactor.

réaction f reacción. **-naire** a/s reaccionario, a.

réadaptation f readaptación.

réagir i reaccionar.

réalis/er t realizar. **-ateur, trice** s realizador, a. **-ation** f realización.

réalis/me m realismo. **-te** a/s realista.

réalité f realidad : *en –,* en realidad.

réanim/er t reanimar. **-ation** f reanimación.

réapparaître ° i reaparecer.

réarmement m rearme.

rébarbatif, ive a ingrato, a. I *mine rébarbative,* cara de pocos amigos.

rebâtir t reedificar.

rebell/e a/s rebelde. **-er (se)** pr rebelarse.

rébellion f rebelión.

rebois/er t repoblar con árboles.

-ement *m* repoblación *f* forestal.

rebondi, e *a* rollizo, a.

rebond/ir *i* 1 rebotar. 2 (une affaire) volver a cobrar actualidad. **-issement** *m* FIG vuelta *f* a la actualidad.

rebord *m* reborde.

rebours m *à* —, al revés; *compte à* —, cuenta atrás.

rebrousser *t* 1 — *chemin*, volver sobre sus pasos. 2 *à rebrousse-poil*, a contrapelo.

rébus |Rebys| *m* jeroglífico.

rebut *m* desecho. | *mettre au* —, arrinconar.

rebut/er *t* 1 (décourager) desanimar. 2 repugnar. **-ant, e** *a* ingrato, a.

récalcitrant, e *a* recalcitrante.

recaler *t* suspender.

récapitul/er *t* recapitular. **-ation** *f* recapitulación.

recel/er ° *t* 1 encerrar, contener. 2 (objets volés) encubrir. **-eur, euse** *s* encubridor, a.

récemment |Resamã| *adv* recientemente.

recens/er *t* 1 empadronar. 2 recontar. **-ement** *m* 1 (de la population) empadronamiento. 2 (inventaire) recuento.

récent, e *a* reciente.

récépissé *m* recibo, resguardo.

récepteur, trice *a/m* receptor, a. □ *m* (de téléphone) auricular.

réception *f* 1 recepción. 2 *accuser* — *de*, acusar recibo de.

recette *f* 1 (argent reçu) recaudación, ingresos *m pl.* 2 (de cuisine) receta.

receveur, euse *s* 1 (des contributions) recaudador, a. 2 (d'autobus) cobrador, a.

recevoir ° *t* 1 recibir : *j'ai reçu ta lettre*, recibí tu carta. 2 *il a été reçu à l'examen*, ha aprobado el examen.

rechange *m* recambio : *pièces de* —, piezas de recambio. | *du linge de* —, una muda.

recharge *f* carga.

recharger ° *t* 1 volver a cargar. 2 (appareil photo, stylo) cargar.

réchaud *m* 1 (à alcool) infiernillo. 2 (à gaz, électrique) hornillo.

réchauffer *t* 1 (chauffer de nouveau) recalentar. 2 calentar. □ *se* —, calentarse.

rêche *a* áspero, a.

recherche *f* 1 busca : *à la* — *de*, en busca de. 2 (scientifique, etc.) investigación : *des recherches*, investigaciones. | *la police continue ses recherches*, la policía sigue investigando. 3 (raffinement) refinamiento *m*.

recherché, e *a* 1 refinado, a, rebuscado, a.

rechercher *t* buscar.

rechute *f* recaída.

récidiv/e *f* reincidencia. **-er** *i* reincidir. **-iste** *s* reincidente.

récif *m* arrecife.

récipient *m* recipiente.

récipro/que *a/f* recíproco, a. **-cité** *f* reciprocidad.

récit *m* relato.

récital *m* 1 recital.

récit/er *t* recitar. **-ation** *f* recitación.

réclamation *f* reclamación.

réclame *f* propaganda : *faire de la* — *pour*, hacer propaganda de. | *articles en* —, oportunidades *f*.

réclamer *t/i* reclamar.

reclus, e *a/s* recluso, a.

réclusion *f* reclusión.

recoin *m* rincón.

récolt/e *f* cosecha. **-er** *t* cosechar.

recommandable *a* recomendable.

recommand/er *t* 1 recomendar : *je te recommande d'être prudent*, te recomiendo que seas prudente. 2 (lettre) certificar : *lettre recommandée*, carta certificada. **-ation**

f recomendación.

recommencer ° *t* 1 recomenzar. 2 — à, volver a : *il recommence à gémir*, vuelve a gemir. □ *i* empezar de nuevo, otra vez, volver a empezar : *recommencez!*, ¡a empezar otra vez! *I la pluie recommence*, vuelve a llover; *ne recommence pas!*, ¡no lo vuelvas a hacer!

récompens/e *f* recompensa. **-er** *t* recompensar.

réconcili/er *t* reconciliar. □ *se —*, reconciliarse. **-ation** *f* reconciliación.

reconduire ° *t* acompañar.

réconfort *m* consuelo.

réconfort/er *t* reconfortar. **-ant, e** *a* reconfortante.

reconnaissable *a* reconocible.

reconnaiss/ance *f* 1 reconocimiento *m*. 2 (gratitude) agradecimiento *m*. **-ant, e** *a* agradecido, a.

reconnaître ° *t* reconocer : *je reconnais sa voix*, reconozco su voz.

reconquête *f* reconquista.

reconstitu/er *t* reconstituir. **-ant** *m* reconstituyente. **-tion** *f* reconstitución.

reconstru/ire ° *t* reconstruir. **-ction** *f* reconstrucción.

record |Rəkɔr| *m/a* récord, marca *f* : *battre un —*, batir un récord ; *chiffre —*, cifra récord.

recoudre ° *t* recoser.

recourber *t* doblar.

recourir *i* à —, recurrir a.

recours *m* recurso. I *avoir — à*, recurrir a.

recouvrir ° *t* cubrir : *sol recouvert d'une moquette*, suelo cubierto con una moqueta.

récréation *f* recreo *m*.

récrimin/er *i* recriminar. **-ation** *f* recriminación.

recroqueviller (se) |Rəkrɔkvije| *pr* acurrucarse.

recrudescence *f* recrudescencia.

recru/e *f* recluta *m*. **-tement** *m* reclutamiento. **-ter** *t* reclutar.

rectan/gle *a/m* rectángulo. **-gulaire** *a* rectangular.

recteur *m* rector.

rectifi/er *t* rectificar. **-cation** *f* rectificación.

rectiligne *a* rectilíneo, a.

rectitude *f* rectitud.

recto *m* anverso.

reçu, e *pp* de **recevoir**. □ *m* recibo.

recueil |Rəkœj| *m* colección *f*.

recueill/ir ° *t* recoger. □ *se —*, recogerse. **-ement** *m* recogimiento.

recul *m* 1 retroceso. 2 FIG alejamiento, perspectiva *f*. 3 espacio.

recul/er *i* retroceder, recular. 2 *il ne recule devant rien*, no retrocede ante nada. □ *t* 1 apartar hacia atrás. 2 (ajourner) aplazar. □ *se —*, echarse atrás. **-é, ée** *a* 1 (isolé) apartado, a. 2 (temps) remoto, a.

reculons (à) *loc adv* andando hacia atrás.

récupér/er ° *t* recuperar. **-ation** *f* recuperación.

récurer *t* fregar. I *tampon à —*, estropajo.

rédac/tion *f* redacción. **-teur, trice** *s* redactor, a.

rédemption *f* redención.

redescendre *i*/*t* volver a bajar.

rédiger *t* redactar.

redire ° *t* 1 repetir : *redis-moi ton nom*, repíteme tu apellido. 2 *trouver à —*, criticar.

redonner *t* 1 dar de nuevo. 2 (rendre) devolver.

redoubler *t* 1 redoblar. 2 — *une classe*, repetir curso; *cet élève redouble*, este alumno repite. □ *i* arreciar : *la tempête redouble*, arrecia el temporal.

redress/er *t* enderezar. □ *se —*, ponerse derecho, a : *redresse-toi!*.

¡ponte derecho! **-ement** m FIG restablecimiento, recuperación f.

réduction f 1 reducción. 2 (rabais) descuento m.

réduire ° t reducir. I — en cendres, reducir a cenizas.

réduit, e a reducido, a. □ m (local exigu) cuartucho.

rééducation f rehabilitación.

réel, elle a real.

réélire ° t reelegir.

réellement |reelmã| adv realmente.

refaire ° t rehacer.

réfectoire m refectorio.

référence f referencia.

référendum |Referɛ̃dɔm| m referéndum.

référer (se) ° pr — à, referirse a.

refermer t cerrar.

réfléchi, e a 1 (verbe, pronom) reflexivo, a. 2 (personne) reflexivo, a.

réfléchir t reflejar. □ i reflexionar, pensar : réfléchissez à cela, piénselo ; donner à —, dar que pensar.

réflecteur m reflector.

reflet m reflejo.

refléter ° t reflejar.

réflexe a/m reflejo, a.

réflexion f reflexión. I — faite, pensándolo bien.

refluer i refluir.

reflux |Rǝfly| m reflujo.

refon/dre t refundir. **-te** f refundición.

réformateur, trice a/s reformador, a.

réforme f reforma.

réform/er t 1 reformar. 2 MIL dar de baja por inútil. **-é, ée** a protestante. □ m MIL militar licenciado por inútil.

refoul/er t 1 rechazar. 2 (passion, instincts) reprimir. **-ement** m represión f.

réfractaire a refractario, a.

refrain m estribillo.

refréner ° t refrenar.

réfrigérateur m refrigerador, nevera f.

refroid/ir t enfriar.· □ i/pr enfriarse. **-issement** m enfriamiento.

refuge m 1 refugio. 2 (au milieu de la chaussée) isleta f.

réfugi/er (se) pr refugiarse. **-é, ée** a/s refugiado, a.

refus m negativa f.

refuser t 1 rehusar, negar. I — une invitation, no aceptar una invitación. 2 negarse : il refuse d'obéir, se niega a obedecer. 3 — un candidat, suspender a un candidato ; il a été refusé, ha sido suspendido. □ se — à, negarse a, resistirse a : je me refuse à le croire, me resisto a creerlo.

réfuter t refutar.

regagner t 1 recuperar. 2 — son domicile, volver a su domicilio.

régal m ce gâteau est un —, este pastel es delicioso. **-er (se)** pr disfrutar.

regard m mirada f : suivre du —, seguir con la mirada.

regarder t 1 mirar. 2 cela ne vous regarde pas, esto no es asunto suyo ; ça te regarde, allá tú. □ se — dans la glace, mirarse en el espejo.

régate f regata.

régence f regencia.

régénérer ° t regenerar.

régent, e s regente.

régie f administración.

regimber i respingar.

régime m 1 régimen : régimes politiques, regímenes políticos ; je suis au —, estoy a régimen. 2 (de bananes) racimo.

régiment m regimiento.

région f región. **-al, e** a regional.

régir t regir.

régisseur m 1 administrador. 2 (théâtre) traspunte.

registre m registro.

réglage *m* reglaje.

règle *f* regla. l *en – générale*, por regla general.

règlement *m* **1** reglamento. **2** (d'une affaire) solución *f*. **3** (paiement) pago. **4** – *de comptes*, ajuste de cuentas.

réglementaire *a* reglamentario, a.

réglement/er *t* reglamentar. **-ation** *f* reglamentación.

régler ° *t* **1** (un mécanisme) ajustar. **2** (une question, une affaire) solucionar. **3** (payer) pagar.

réglisse *f/m* regaliz *m*.

règne *m* **1** reinado. **2** (végétal, animal) reino.

régner ° *i* reinar.

regorger ° *i* rebosar.

regret *m* pesar. l *à –*, de mala gana ; *j'ai le – de vous dire*, siento mucho decirle ; *nous sommes au – de...*, lamentamos... **-table** *a* lamentable. **-ter** *t* **1** sentir, lamentar : *je regrette d'avoir dit cela, que tu t'en ailles*, siento haber dicho esto, que te vayas. **2** – *sa jeunesse*, echar de menos su juventud ; *je regrette mon ancien appartement*, añoro mi antiguo piso.

regrouper *t* reagrupar.

régulariser *t* regularizar.

régularité *f* regularidad.

régulateur *m* regulador.

régulier, ère *a* regular.

réhabiliter *t* rehabilitar.

rehausser *t* realzar.

réimpression *f* reimpresión.

rein *m* riñón : *avoir mal aux reins*, tener dolor de riñones.

reine *f* reina.

reine-claude *f* ciruela claudia.

réintégrer ° *t* **1** (un fonctionnaire) rehabilitar. **2** – *son domicile*, volver a su domicilio.

réitérer ° *t* reiterar.

rejaillir *i* – *sur*, recaer sobre.

rejet *m* rechazo.

rejeter ° *t* **1** (expulser) arrojar. **2** (repousser) rechazar.

rejeton *m* retoño.

rejoindre ° *t* **1** reunirse con : *je vous rejoindrai à l'hôtel*, me reuniré con ustedes en el hotel. **2** (rattraper) alcanzar. **3** llegar a : *nous avons rejoint l'autoroute*, hemos llegado a la autopista. **4** desembocar en : *ce sentier rejoint la route* : este sendero desemboca en la carretera. **5** – *son poste*, reintegrarse a su destino.

réjou/ir *t* alegrar, regocijar ; □ *se –*, alegrarse. **-issances** *f pl* festejos *m*, fiestas.

relâche *f jour de –*, día de descanso ; *le théâtre fait –*, no hay función.

relâch/er *t* **1** aflojar, relajar. **2** (discipline) relajar. **3** (libérer) liberar, soltar. **-ement** *m* relajamiento.

relais *m* **1** *course de –*, carrera de relevos. **2** (radio, télévision) relé, repetidor.

relancer ° *t* **1** volver a lanzar. **2** (l'économie, etc.) reactivar, dar nuevo impulso a. **3** (quelqu'un) acosar.

relater *t* relatar.

relatif, ive *a* relativo, a.

relation *f* relación. □ *pl* relaciones.

relayer ° |rəleje| *t* relevar. □ *se –*, turnarse.

reléguer ° *t* relegar.

relent *m* mal olor.

relève *f* relevo *m*.

relevé *m* extracto.

relèvement *m* **1** restablecimiento. **2** aumento.

relever ° *t* **1** levantar. l – *ses manches*, remangarse. **2** reedificar. **3** (les salaires) subir. **4** (un pays, l'économie) sacar a flote. **5** (noter) apuntar. **6** – *une sauce*, sazonar una salsa. **7** (une sentinelle) relevar. □ *i* **1** – *de maladie*, salir de una enfermedad. **2** – *de*, depender de. □ *pr* **1** levantarse. **2** FIG recuperarse, restablecerse.

relief *m* relieve. | *mettre en* —, poner de relieve.

reli/er *t* 1 enlazar, unir : *route qui relie une ville à une autre*, carretera que enlaza una ciudad con otra. 2 (un livre) encuadernar. **-eur, euse** *s* encuadernador, a.

religi/on *f* religión. **-eux, euse** *a/s* religioso, a.

reliquaire *m* relicario.

reliquat [Rɔlika] *m* resto.

relique *f* reliquia.

relire ° *t* releer.

reliure *f* encuadernación.

relui/re ° *i* relucir. **-sant, e** *a* reluciente.

remani/er *t* modificar, cambiar. **-ement** *m* cambio.

remarier (se) *pr* volver a casarse.

remarquable *a* notable.

remarque *f* nota, observación.

remarquer *t* notar, advertir, observar. | *je vous fais* — *que...*, le hago notar que... ; *se faire* —, llamar la atención.

rembarquer *t* reembarcar.

remblai *m* terraplén.

rembourrer *t* rellenar.

rembours/er *t* reembolsar. **-ement** *m* reembolso.

remède *m* remedio.

remédier *i* — *à*, remediar.

remembrement *m* concentración *f* parcelaria.

remémorer (se) *pr* acordarse de.

remerci/er *t* 1 agradecer, dar las gracias : *je vous remercie de, pour votre aimable lettre*, le agradezco su amable carta. 2 (renvoyer) despedir. **-ement** *m* agradecimiento. □ pl *adresser des remerciements*, dar las gracias.

remettre ° *t* 1 volver a poner : *remettre votre manteau*, vuelva a ponerse el abrigo. 2 — *une lettre à quelqu'un*, entregar una carta a alguien. 3 (ajourner) aplazar. 1 — *au lendemain*, dejar para mañana.

4 (reconnaître) reconocer. 5 (les péchés) remitir. □ *pr* 1 *se* — *au travail*, volver al trabajo ; *il s'est remis à fumer*, fuma de nuevo. 2 (aller mieux) restablecerse, recuperarse. 3 *s'en* — *à*, remitirse a.

reminiscence *f* reminiscencia.

remise *f* 1 entrega : — *de la coupe au vainqueur*, entrega de la copa al vencedor. 2 (rabais) descuento *m*, rebaja. 3 (garage) cochera.

rémission *f* remisión.

remonte-pentes *m* telesquí.

remonter *t* 1 (côte, etc.) volver a subir. 2 (relever) levantar. 3 — *une pendule*, dar cuerda a un reloj. 4 FIG estimular. 1 — *le moral*, levantar el ánimo. □ *i* — *au douzième siècle*, remontarse al siglo doce.

remontrance *f* amonestación.

remords [RɔmɔR] *m* remordimiento.

remorque *f* remolque *m*.

remorqu/er *t* remolcar. **-eur** *m* remolcador.

remous *m* remolino.

rempart *m* muralla *f*.

remplaçant, e *s* sustituto, a, reemplazante.

remplac/er ° *t* reemplazar, sustituir : *il remplace l'arbitre*, sustituye al árbitro. **-ement** *m* reemplazo.

rempl/ir *t* 1 llenar. 2 — *un questionnaire*, rellenar un cuestionario. 3 (une fonction) ejercer. **-issage** *m* 1 relleno. 2 (dans un écrit) paja *f*.

remporter *t* llevarse : — *un vif succès, un prix*, llevarse un gran éxito, un premio.

remuant, e *a* bullicioso, a.

remue-ménage *m* barullo.

remuer *t* 1 mover. 2 remover : *remuez votre café!*, ¡remueva el café! 1 *se* — *pr* moverse, menearse. 1 *remue-toi!*, ¡menéate!

rémunér/er ° *t* remunerar. **-ation** *f* remuneración.

renaissance *f* renacimiento *m*.

renaître ° *i* renacer.

renard, e *s* zorro, a.

renchérir ° *i* encarecerse.

rencontre *f* 1 encuentro *m* : *j'irai à votre* —, iré a su encuentro. 2 (entrevue) entrevista.

rencontrer *t* encontrar. □ *se* —, encontrarse.

rendement *m* rendimiento.

rendez-vous |Rɑ̃devu| *m* cita *f* : *j'ai* — *à 7 heures*, tengo cita a las 7. I *se donner* —, citarse ; *demander un* —, pedir hora ; *fixer un* —, dar hora ; *prendre* —, reservar hora ; *sur* —, previa petición de hora.

rendormir (se) ° *pr* dormirse de nuevo.

rend/re *t* 1 devolver : *rends-moi mon stylo*, devuélveme mi pluma. 2 vomitar : *il a rendu son déjeuner*, ha vomitado el almuerzo. 3 — *un son*, emitir un sonido. 4 traducir. 5 (exprimer) expresar. 6 — *fou* volver loco ; — *malade*, poner enfermo ; — *heureux*, hacer feliz. □ *i* rendir : *terre qui rend peu*, tierra que rinde poco. □ *pr* 1 (capituler) rendirse. 2 (aller) ir : *se — à Lyon*, ir a Lyon. 3 *se — utile, ridicule*, hacerse útil, ridículo. 4 *se — malade*, enfermar. **-u, ue** *a* (fatigué) rendido, a, molido, a.

René, e *n p* Renato, a.

rêne *f* rienda.

rénégat, e *a/s* renegado, a.

renferm/er *t* encerrar. **-é, ée** *a* retraído, a. □ *m* sentir *le* —, oler a cerrado.

renflement *m* abultamiento.

renflouer *t* sacar a flote.

renfoncement *m* hueco.

renforcer ° *t* reforzar.

renfort *m* refuerzo.

renfrogner (se) *pr* ponerse ceñudo, a.

rengaine *f* estribillo *m*.

renier *t* 1 negar. 2 — *sa foi*, renegar de su fe.

renifler *i* aspirar por la nariz. □ *t* husmear, olfatear.

renne *m* reno.

renom *m* renombre, reputación *f*. **-mé, é** *a* célebre, famoso, a. **-mée** *f* fama.

renonc/er ° *i* renunciar. **-ement** *m* renunciamiento. **-iation** *f* renuncia.

renouer *t* 1 volver a atar. 2 FIG reanudar.

renouvel/er ° *t* renovar. □ *pr* 1 renovarse. 2 repetirse, volver a producirse. **-lement** *m* renovación *f*.

rénover *t* renovar.

renseign/er *t* informar. □ *se* —, informarse. **-ement** *m* 1 información *f* : *bureau des renseignements*, oficina de información ; *à titre de* —, a título de información. 2 informe : *donner un* —, dar un informe ; *prendre des renseignements*, tomar informes.

rent/e, e *f* renta. **-ier, ère** *s* rentista.

rentrée *f* 1 (retour) vuelta. 3 (des tribunaux, etc.) reapertura. I — *des classes*, vuelta al colegio, principio *m* de curso. 2 (d'argent) ingreso *m*.

rentrer *i* 1 volver, regresar : *il n'est pas encore rentré de vacances*, no ha vuelto de vacaciones todavía. 2 (élèves) reanudar las clases. 3 (s'emboîter) encajar, entrar. □ *t* — *sa voiture au garage*, meter el coche en el garaje.

renversant, e *a* asombroso, a.

renverse (à la) *loc adv* de espaldas.

renvers/er *t* 1 derribar, tumbar. 2 (un récipient) volcar. 3 atropellar, arrollar : *la voiture a renversé un piéton*, el coche ha atropellado a un peatón. 4 (un liquide) derramar. 5 (gouvernement) derribar. 6 — *les rôles*, invertir los papeles.

renvoi *m* 1 (d'une marchandise, etc.) devolución *f*. 2 (licenciement) despido. 3 (dans un écrit) llamada *f*. 4 (éructation) eructo.

renvoyer ° |Rɑ̃vwaje| *t* 1 devolver. 2 — *un employé*, despedir a un empleado. **3** (à un chapitre, etc.) remitir.

réorganis/er *t* reorganizar. **-ation** *f* reorganización.

réouverture *f* reapertura.

repaire *m* guarida *f*.

répandre *t* **1** derramar. **2** (odeur) despedir. **3** (une nouvelle) difundir. □ *pr* **1** (un liquide) derramarse. **2** (odeur, nouvelle, etc.) difundirse, propagarse. | *une croyance très répandue,* una creencia muy extendida.

réparable *a* reparable.

reparaître ° *i* reaparecer.

répar/er *t* reparar. **-ateur, trice** *s* reparador, a. **-ation** *f* reparación.

reparler *i* volver a hablar.

repartie *f* réplica.

repartir ° *i* marcharse de nuevo, volverse a marchar.

répart/ir *t* repartir. **-ition** *f* reparto *m*.

repas *m* comida *f*.

repass/er *i/t* volver a pasar. □ *t* **1** (le linge) planchar. | *fer à —,* plancha *f*. **2** (un couteau) afilar. **3** (une leçon, un rôle) repasar. **-age** *m* (du linge) planchado.

repêcher *t* **1** sacar del agua. **2** (naufragé) rescatar.

repeindre ° *t* repintar.

¹repentir (se) ° *pr* arrepentirse : *je m'en repens,* me arrepiento.

²repentir *m* arrepentimiento.

répercu/ter *t* repercutir. **-ssion** *f* repercusión.

repère *m* señal. | *point de —,* punto de referencia, hito.

repérer ° *t* localizar. □ *se —,* orientarse.

répertoire *m* **1** repertorio. **2** agenda *f*.

répéter ° *t* **1** repetir : *répète la phrase,* repite la frase. **2** (théâtre) ensayar. □ *se —,* repetirse.

répétiteur, trice *s* profesor, a particular.

répétition *f* **1** repetición. **2** (théâtre) ensayo *m*.

repeupler *t* repoblar.

repiquer *t* trasplantar.

répit *m* tregua *f*. | *instant de —,* momento de respiro.

replacer ° *t* colocar de nuevo.

repli *m* **1** pliegue. **2** MIL repliegue.

replier *t* doblar. □ *se —,* replegarse.

réplique *f* réplica.

répliquer *t/i* replicar.

répondre *i/t* **1** contestar : *— à une question, à une lettre,* contestar (a) una pregunta, (a) una carta ; *personne n'a répondu,* no contestó nadie. **2** responder : *je réponds de lui,* respondo de él. **3** *— à un besoin,* satisfacer una necesidad.

réponse *f* respuesta, contestación.

report/age *m* reportaje. **-er** |**ʀɔpɔʀtɛʀ**| *m* reportero.

reporter *t* **1** volver a llevar. **2** (renvoyer à plus tard) aplazar. □ *se — à,* remitirse a.

repos *m* **1** descanso. **2** tranquilidad *f*, sosiego.

reposant, e *a* descansado, a.

reposer *t* descansar. □ *i* **1** descansar : *qu'il repose en paix,* que en paz descanse. **2** *— sur,* fundarse en. □ *se —,* descansar : *vous êtes-vous bien reposé ?,* ¿ ha descansado usted bien ? ; *je me repose sur vous,* descanso en usted.

repoussant, e *a* repelente.

repousser *t* rechazar. □ *i* (pousser de nouveau) volver a crecer.

répréhensible *a* reprensible.

reprendre ° *t* **1** volver a tomar. **2** recoger : *reprenez votre ticket,* recoja su tiquet. **3** *— le travail,* reemprender el trabajo. **4** reanudar, proseguir : *reprenons notre conversation,* reanudemos la conversación. **5** *— courage, des forces,* recobrar ánimo, las fuerzas. **6** (blâmer) censurar. □ *i* **1** reanudarse : *les cours ont repris,* se han reanudado las clases. 2 (se affaires) volver a marchar. □ *pr* **1** serenarse. **2** corregirse.

représailles *f pl* represalias.

représentant *m* representante.

représent/er *t/i* representar. **-atif, ive** *a* representativo, a. **-ation** *f* representación.

répression *f* represión.

réprimand/e *f* reprimenda. **-er** *t* reprender.

réprimer *t* reprimir.

repris, e *p p* de **reprendre**. □ *m* — *de justice*, criminal reincidente.

reprise *f* **1** reanudación. I *à plusieurs reprises*, en varias ocasiones. **2** (économique) recuperación. **3** (dans un tissu) zurcido *m*. **4** (d'un moteur) reprise *m*. **5** (d'une pièce de théâtre) reposición. **6** (d'un appartement) traspaso *m*.

repriser *t* zurcir.

réprobation *f* reprobación.

reproch/e *m* reproche. **-er** *t* reprochar.

reproducteur, trice *a/m* reproductor, a.

reproduction *f* reproducción.

reproduire ° *t* reproducir. □ *se* —, reproducirse.

réprouver *t* reprobar.

reptile *m* reptil.

repu, e *a* harto, a.

républi/que *f* república. **-cain, e** *a/s* republicano, a.

répudier *t* repudiar.

répugn/er *i* repugnar. **-ance** *f* repugnancia. **-ant, e** *a* repugnante.

répulsion *f* repulsión.

réputation *f* reputación.

réputé, e *a* reputado, a.

requête *f* demanda.

requiem |Rekyijɛm| *m* réquiem.

requin *m* tiburón.

réquisition *f* requisición. **-ner** *t* requisar.

rescapé, e *s* superviviente.

réseau *m* red *f* : — *ferroviaire*, red

ferroviaria.

réservation *f* reserva.

réserve *f* **1** reserva : *mettre en* —, poner de reserva. I *sous toute* —, sin garantía. **2** (de chasse) coto *m*, vedado *m*.

réserv/er *t* reservar. □ *se* —, reservarse. **-iste** *m* reservista.

réservoir *m* depósito.

résid/er *i* residir. **-ent, e** *a/s* residente. **-ence** *f* residencia. I — *secondaire*, chalet *m*, residencia veraniega. **-entiel, elle** *a* residencial.

résidu *m* residuo.

résign/er (se) *pr* resignarse. **-ation** *f* resignación.

résilier *t* anular.

résin/e *f* resina. **-eux, euse** *a* resinoso, a.

résist/er *i* resistir. **-ance** *f* resistencia. **-ant, e** *a* resistente.

résolu, e *a* resuelto, a.

résolution *f* resolución.

réson/ner *i* resonar. **-ance** *f* resonancia.

résoudre ° *t* resolver. □ *pr* resolver, decidir : *je me suis résolu à le faire*, resolví hacerlo.

respect |Rɛspɛ| *m* respeto. **-able** *a* respetable. **-er** *t* respetar.

respectif *a* respectivo, a.

respectueux, euse *a* respetuoso, a.

respir/er *i/t* respirar. **-ation** *f* respiración. **-atoire** *a* respiratorio, a.

resplend/ir *i* resplandecer. **-issant, e** *a* resplandeciente.

responsab/le *a* responsable. **-ilité** *f* responsabilidad.

resquilleur, euse *s* colón, ona.

ressac |Rəsak| *m* resaca *f*.

ressaisir (se) *pr* serenarse.

ressembl/er *i* — *à*, parecerse a : *il ressemble à son père*, se parece a su padre. □ *se* —, parecerse. **-ance** *f* parecido *m*. **-ant, e** *a* parecido, a.

ressemeler ° *t* echar medias

suelas a.

ressentiment m resentimiento.

ressentir ° t sentir.

resserrer t 1 apretar. 2 (lien d'amitié) estrechar.

ressort m 1 muelle. 2 FIG avoir du —, tener aguante. 3 en dernier —, en última instancia. 4 ce n'est pas de mon —, no es de mi incumbencia.

ressortir ° i 1 salir de nuevo. 2 resaltar, destacarse: couleur qui ressort bien, color que resalta. 1 faire —, destacar. 3 resultar.

ressortissant, e s súbdito, a.

ressource f recurso m. □ pl recursos m.

ressusciter t/i resucitar.

restant, e a poste restante, lista de correos. □ m resto.

restaurant m restaurante.

restaur/er t restaurar. **-ation** f restauración.

reste m resto. I de —, de sobra ; du —, por lo demás. □ pl (d'un repas) sobras f.

rester i quedarse : je suis resté chez moi, au lit, me he quedado en casa, en la cama ; reste ici!, ¡quédate aquí! □ impers il me reste dix francs, me quedan diez francos ; il reste beaucoup à faire, queda mucho por hacer.

restitu/er t restituir. **-tion** f restitución.

restr/eindre ° t restringir. □ se —, limitarse. **-ictif, ive** a restrictivo, a. **-iction** f restricción.

résult/at m resultado. **-er** t resultar.

résum/er t resumir. **-é** m resumen : en —, en resumen.

résurrection f resurrección.

retable m retablo.

rétabl/ir t restablecer. □ se —, restablecerse. **-issement** m restablecimiento.

retard m retraso : arriver en —, llegar con retraso. I être en —, estar retrasado, a ; excusez-moi, je suis

en —, disculpe, me he retrasado ; se mettre en —, retrasarse. **-ataire** a/s retrasado, a.

retarder t retrasar. □ i atrasar : ma montre retarde d'une minute, mi reloj atrasa un minuto.

retenir ° t 1 (garder) retener. 2 — une date, recordar una fecha. 3 — une chambre, une table, reservar una habitación, una mesa. 4 (attacher, pour empêcher de tomber, etc.) sujetar. 5 — sa respiration, contener la respiración. □ pr 1 (s'accrocher) agarrarse. 2 contenerse : je me suis retenu pour ne pas crier, me contuve para no gritar.

retent/ir i resonar. **-issant, e** a 1 estrepitoso, a. 2 succès —, éxito clamoroso. **-issement** m resonancia f.

retenue f 1 moderación. 2 — d'eau, embalse m.

rétic/ence f reticencia, reparo m. **-ent, e** a reacio, a, remiso, a.

rétif, ive a indócil, reacio, a.

rétine f retina.

retiré, e a retirado, a.

retirer t 1 (sortir) sacar. 2 — son manteau, quitarse el abrigo. 3 retirar : — sa candidature, retirar su candidatura ; je retire ce que j'ai dit, retiro lo dicho. □ se —, retirarse.

retombées f pl FIG consecuencias.

retomber i 1 volver a caer. 2 (pendre) caer. 3 FIG — sur, recaer sobre.

retouch/e f retoque m. **-er** t retocar.

retour m 1 vuelta f : je serai de — à huit heures, estaré de vuelta a las ocho ; par — du courrier, a vuelta de correo. 2 regreso : à votre —, a su regreso.

retourner t 1 volver. 2 (lettre, paquet) reexpedir. □ i volver : je retourne chez le dentiste demain, vuelvo al dentista mañana. □ pr 1 volver. 2 s'en —, regresar.

rétracter *t* retraer. □ FIG *se* —, retractarse.

retrait *m* **1** retirada *f*. **2** *en* —, no alineado, a ; FIG retirado, a.

retrait/e *f* **1** MIL retirada. **2** (d'un fonctionnaire) jubilación ; (d'un militaire) retiro *m*. | *prendre sa* —, jubilarse, retirarse ; *en* —, jubilado, retirado. **-é, ée** *a/s* jubilado, a, retirado, a.

retranch/er *t* **1** suprimir. **2** (déduire) restar. □ *se* — *derrière*, parapetarse tras. **-ement** *m* atrincheramiento.

retransmettre ° *t* retransmitir.

rétréc/ir *t* estrechar. □ *i* encogerse : *ce tissu a rétréci*, este tejido se ha encogido. **-issement** *m* estrechamiento.

rétribu/er *t* retribuir. **-tion** *f* retribución.

rétroactif, ive *a* retroactivo, a.

rétrograd/e *a* retrógrado, a. **-er** *i* retroceder.

rétrospectif, ive *a/f* retrospectivo, a.

retrousser *t* — *ses jupes*, arremangarse las faldas. | *nez retroussé*, nariz respingona.

retrouver *t* **1** encontrar. **2** reunirse : *je vous retrouverai à la sortie*, me reuniré con vosotros a la salida. **3** (santé, parole, etc.) recobrar. □ *pr* **1** encontrarse. **2** *nous nous sommes retrouvés près du guichet*, nos hemos reunido cerca de la taquilla.

rétroviseur *m* retrovisor.

réunion *f* reunión.

réunir *t* reunir. □ *se* —, reunirse.

réuss/ir *i* **1** salir bien : *mon projet a réussi*, mi proyecto me ha salido bien. **2** — *dans la vie*, tener éxito en la vida. **3** lograr, conseguir : *j'ai réussi à le consoler*, logré consolarle. **4** probar : *le climat ne me réussit pas*, el clima no me prueba. □ *t* **1** *j'ai réussi mon gâteau*, me ha salido bien el pastel. **2** (examen) aprobar. **-ite** *f* éxito *m*.

revanche *f* desquite *m*. | *en* —, en cambio.

rêvasser *i* soñar despierto.

rêve *m* sueño.

revêche *a* arisco, a.

réveil |Revεj| *m* **1** despertar. **2** (pendule) despertador.

réveille-matin *m* despertador.

réveiller *t* despertar. □ *se* —, despertarse : *je me suis réveillé tôt*, me he despertado temprano.

réveillon *m* (Noël) cena *f* de Nochebuena ; (Saint-Sylvestre) cena *f* de Nochevieja.

révél/er ° *t* revelar. **-ateur, trice** *a/m* revelador, a. **-ation** *f* revelación.

revenant *m* aparecido.

revendi/quer *t* reivindicar. **-cation** *f* reivindicación.

revendre *t* revender.

revenir ° *i* **1** volver : *je reviendrai demain*, volveré mañana ; *je reviens tout de suite*, vuelvo en seguida ; *revenons à notre sujet*, volvamos a nuestro asunto ; — *à soi*, volver en sí. **2** acordarse : *son nom me revient à présent*, ahora me acuerdo de su nombre. **3** gustar : *sa mine ne me revient pas*, no me gusta su facha. **4** *je n'en reviens pas!*, ¡aún no me lo creo! **5** salir : *le dîner m'est revenu à 50 francs*, la cena me ha salido 50 francos. **6** *cela revient au même*, lo mismo.

revenu *m* renta *f*. □ *pl* ingresos.

rêver *i/t* soñar : *il rêve d'une moto*, sueña con una moto.

réverbération *f* reverberación.

réverbère *m* (des rues) farola *f*.

reverdir *i* reverdecer.

révér/er ° *t* reverenciar. **-ence** *f* reverencia. **-end, e** *a/s* reverendo, a.

rêverie *f* ensueño *m*.

revers *m* **1** revés. **2** (d'une médaille) reverso. **3** (d'une veste) solapa *f*. **4** FIG *des* — *de fortune*, reveses de fortuna.

reversible a reversible.

revêt/ir ° t **1** – *de l'importance*, revestir importancia. **2** (*vêtement*) ponerse. **-ement** m revestimiento.

rêveur, euse a/s soñador, a.

revient m *prix de* –, precio de coste.

revirement m cambio.

révis/er t revisar. **-ion** f revisión.

revivre ° i revivir.

revocation f revocación.

revoir ° t **1** volver a ver: *je ne l'ai jamais revu*, nunca le volví a ver. **2** revisar. □ m *un au revoir*, un adiós. I *au revoir!*, ¡adiós!, ¡hasta la vista!

révoltant, e a indignante.

révolte f rebelión.

révolter (se) pr sublevarse.

révolution f revolución. **-naire** a/s revolucionario, a. **-ner** t revolucionar.

revolver |RevɔlvεR| m revólver.

revoquer t revocar.

revue f **1** revista. **2** *passer en* –, pasar revista a.

rez-de-chaussée |Redʃose| m planta f baja: *au* –, en la planta baja.

rhabiller (se) pr vestirse de nuevo.

rhéostat m reóstato.

rhétorique f retórica.

Rhin |Rɛ̃| n p m Rin.

rhinocéros |RinɔsεRɔs| m rinoceronte.

rhododendron m rododendro.

Rhône n p m Ródano.

rhubarbe f ruibarbo m.

rhum |Rɔm| m ron.

rhumatisme m reumatismo.

rhume m resfriado, catarro.

riant, e a risueño, a.

rican/er i reír burlonamente. **-ement** m risita f burlona.

Richard n p m Ricardo.

rich/e a rico, a. **-esse** f riqueza.

ricin m *huile de* –, aceite de ricino.

ricoch/er i rebotar. **-et** m **1** rebote: *par* –, de rebote: **2** (*jeu*) *faire des ricochets*, jugar al juego de las cabrillas.

ride f arruga.

rideau m **1** cortina f. **2** (*transparent*) visillo. **3** (*théâtre*) telón. **4** *le* – *de fer*, el telón de acero.

rider t arrugar.

ridicul/e a/m ridículo, a. **-iser** t ridiculizar.

rien pron indéf nada: – *du tout*, absolutamente nada; – *de semblable*, nada semejante. I – *que d'y penser*, sólo con pensarlo; *ça ne fait* –, no importa; *en moins de* –, en un – *de temps*, en un santiamén; *il n'y a rien de tel*, no hay como esto. □ m pequeño: f. I *il pleure pour un* –, llora por menos de nada.

rieur, euse a reidor, a.

rigid/e a rígido, a. **-ité** f rigidez.

rigole f **1** reguera. **2** (*filet d'eau*) arroyuelo m.

rigol/er i FAM (*rire*) reírse; (*plaisanter*) bromear; (*s'amuser*) pasarlo en grande. **-o, ote** a chusco, a.

rigoureux, euse a riguroso, a.

rigueur f rigor m. I *à la* –, en todo caso, si acaso.

rim/e f rima. **-er** i rimar. I FIG *cela ne rime à rien*, eso no viene a cuento.

rin/cer t enjuagar, aclarar. **-çage** m enjuague, aclarado.

ripost/e f réplica. **-er** i replicar.

¹**rire** ° i reír, reírse: – *à gorge déployée*, reírse a mandíbula batiente; *de quoi ris-tu?*, ¿de qué te estás riendo? **2** *vous voulez* – *?*, ¿está usted de broma?; *pour* –, de broma. **3** – *de*, burlarse de.

²**rire** m risa f. I *le fou* – *m'a pris*, me dió la risa.

risée f burla. I *être la* – *de*, ser el hazmerreír de.

risible a risible.

risqu/e _m_ riesgo. I _à ses risques et périls_, por su cuenta y riesgo; _au — de_, con riesgo de. **-er** _t_ arriesgar. I _— de_, correr el riesgo de.

ristourne _f_ descuento _m_.

rit/e _m_ rito. **-uel, elle** _a/m_ ritual.

rivage _m_ orilla _f_, ribera _f_.

rival, e _a/s_ rival. **-iser** _i_ rivalizar: _— de_, rivalizar en. **-ité** _f_ rivalidad.

rive _f_ orilla.

river _t_ remachar.

riverain, e _a/s_ ribereño, a.

rivet _m_ roblón. **-er** _t_ roblonar.

rivière _f_ río _m_.

rixe _f_ riña.

riz |Ri| _m_ arroz. **-ière** _f_ arrozal _m_.

robe _f_ **1** vestido _m_. I _— du soir_, traje de noche ; _— de chambre_, bata. **2** (de magistrat) toga.

Robert _n p m_ Roberto.

robinet _m_ grifo.

robot |Rɔbo| _m_ robot. I _portrait —_, retrato robot.

robust/e _a_ robusto, a. **-esse** _f_ robustez.

roc _m_ roca _f_, peña _f_. **-ailleux, euse** _a_ pedregoso, a.

roch/e _f_ roca. **-er** _m_ peñasco, peña _f_. **-eux, euse** _a_ rocoso, a.

rod/er _t_ rodar. **-age** _m_ rodaje : _en —_, en rodaje.

rôd/er _i_ vagabundear, merodear. **-eur, euse** _s_ vagabundo, a.

rogne _f_ FAM rabieta. I _dès qu'on la contrarie, il se met en —_, en cuanto se le lleva la contraria, se pone hecho una furia.

rognon _m_ riñón : _des rognons de porc_, riñones de cerdo.

roi _m_ rey : _jour des Rois_, día de Reyes.

roitelet _m_ reyezuelo.

rôle _m_ **1** papel : _jouer un —_, desempeñar un papel. **2** (liste) lista _f_. I _à tour de —_, por turno.

romain, e _a/s_ romano, a. □ _m_ letra _f_ redonda.

¹roman _m_ novela _f_ : _— policier_, novela policíaca.

²roman, e _a_ (art) románico, a.

romancier, ère _s_ novelista.

romanesque _a_ novelesco, a.

romant/ique _a_ romántico, a. **-isme** _m_ romanticismo.

romarin _m_ romero.

Rome _n p f_ Roma.

romp/re _t_ romper. □ _i_ **1** romperse. **2** romper : _ces fiancés ont rompu_, estos novios han roto. **3** MIL _rompez !_, ¡rompan filas ! **-u, ue** _a_ (fatigué) molido, a.

ronce _f_ zarza.

ronchonner _i_ FAM refunfuñar.

rond, e _a_ **1** redondo, a. **2** FAM (ivre) borracho, a. □ _m_ **1** círculo. I _en —_, en círculo. **2** (rondelle) rodaja _f_. **3** FAM (sou) perra _f_. □ _adv tourner —_, marchar bien. □ _f_ **1** (de police, danse) ronda. **2** _à la ronde_, a la redonda. **3** (lettre, note) redonda. **-elle** _f_ rodaja : _coupé en rondelles_, cortado en rodajas.

rondement _adv_ **1** rápidamente. **2** (franchement) sin rodeos.

rondeur _f_ **1** redondez. **2** FAM (du corps) curva.

rond-point |Rɔ̃pwɛ̃| _m_ glorieta _f_.

ronfl/er _i_ **1** roncar. **2** (moteur) zumbar. **-ement** _m_ **1** ronquido. **2** zumbido.

rong/er ° _t_ roer. **2** (le bois) carcomer. **-eur, euse** _a/m_ roedor, a.

ronronn/er _i_ ronronear. **-ement** _m_ ronroneo.

rosace _f_ rosetón _m_.

rosâtre _a_ rosáceo, a.

rosbif _m_ rosbif.

rose _f_ rosa. I _— trémière_, malvarrosa. □ _a/m_ color (de) rosa : _un — pâle_, un color rosa pálido ; _voir tout en —_, verlo todo color de rosa.

roseau _m_ caña _f_.

rosé, e _a_ rosado, a. I _vin —_, vino rosado, clarete.

rosée _f_ rocío _m_.

rosette _f_ botón _m_ de

condecoración.

rosier _m_ rosal.

rosse _f_ mala persona.

rosser _t_ zurrar, apalear.

rossignol _m_ 1 ruiseñor. 2 (clef) ganzúa _f_.

rot |RO| _m_ POP eructo, regüeldo.

rotat/ion _f_ rotación. **-if, ive** _a/f_ rotativo, a.

roter _i_ POP regoldar.

rôti _m_ asado.

rôt/ir _t_ asar. □ _i_ asarse. **-isserie** _f_ grill-room _m_, parrilla. **-issoire** _f_ asador _m_.

rotonde _f_ rotonda.

rotondité _f_ redondez.

rotule _f_ rótula.

rouage _m_ rueda _f_.

roublard, e _a/s_ FAM astuto, a. **-ise** _f_ astucia, picardía.

roucoul/er _i_ arrullar. **-ement** _m_ arrullo.

roue _f_ rueda : — _de secours_, rueda de repuesto.

Rouen _n p_ Ruán.

rouer _t_ — _quelqu'un de coups_, apalear a alguien.

roug/e _a_ rojo, a, encarnado, a, colorado, a. | _vin_ —, vino tinto. □ _m_ 1 rojo. 2 — _à lèvres_, carmín de labios, rouge. □ _adv se fâcher tout_ —, sulfurarse. **-eâtre** _a_ rojizo, a.

rouge-gorge _m_ petirrojo.

rougeole |Ruʒɔl| _f_ sarampión _m_.

rouget _m_ salmonete.

rougeur _f_ rubor _m_. □ _pl_ manchas _f_ rojas.

rougir _t_ enrojecer. □ _i_ 1 enrojecer. 2 — _de honte_, ruborizarse de vergüenza. | _faire_ —, ruborizar.

rouill/e _f_ orín _m_, herrumbre. **-er** _t_ oxidar. □ _i_ oxidarse.

roulant, e _a_ 1 _escalier_ —, escalera mecánica. 2 FAM (drôle) mondante.

rouleau _m_ 1 (de papier) rollo. 2 (à pâtisserie) rodillo. 3 (cheveux) rulo.

roulement _m_ 1 circulación _f_, paso. 2 (de tambour) redoble. 3 —

de tonnerre, trueno. 4 — _à billes_, rodamiento de bolas. 5 _par_ —, por turno.

rouler _t_ 1 hacer rodar. 2 (mettre en rouleau) enrollar. 3 FAM (tromper) timar. □ _i_ 1 rodar. 2 ir : _voiture qui roule à 100 à l'heure_, coche que va a 100 kilómetros por hora. 3 _la conversation roule sur la pollution_, la conversación trata de, gira en torno de la contaminación. □ _se_ —, revolcarse.

roulette _f_ 1 ruedecilla. | _aller comme sur des roulettes_, ir sobre ruedas. 2 (de dentiste) torno _m_. 3 (jeu) ruleta.

roulis |Ruli| _m_ balanceo.

roulotte _f_ roulotte.

roumain, e _a/s_ rumano, a.

Roumanie _n p f_ Rumania.

roupiller _i_ FAM dormir, hacer seda.

rousse ⇒ **roux.**

rousseur _f tache de_ —, peca.

roussir _t_ chamuscar. | _sentir le roussi_, oler a chamusquina.

route _f_ 1 carretera : — _nationale, départementale_, carretera nacional, comarcal. 2 camino _m_. | _faire fausse_ —, equivocarse. 3 _se mettre en_ —, ponerse en marcha.

routier, ère _a_ de carreteras : _réseau_ —, red de carreteras. □ _m_ camionero.

routin/e _f_ rutina. **-ier, ère** _a_ rutinario, a.

rouvrir ° _t_ reabrir. □ _i_ abrir.

roux, rousse |Ru, Rus| _a_ rojizo, a. □ _a/s_ (cheveux) pelirrojo, a.

royal, e |Rwajal| _a_ real. **-iste** _a/s_ monárquico, a, realista.

royau/me |Rwajom| _m_ reino. **-té** _f_ realeza.

ruade _f_ coz : _lancer des ruades_, tirar coces.

ruban _m_ cinta _f_.

rubéole _f_ rubéola.

rubis |Rybi| _m_ rubí.

rubrique _f_ rúbrica.

ruche _f_ colmena.

rud/e *a* 1 rudo, a. 2 (au toucher) áspero, a. 3 riguroso, a, duro, a. **-ement** *adv* 1 duramente. 2 FAM (très) muy. **-esse** *f* dureza, aspereza.

rudiment *m* rudimento. **-aire** *a* rudimentario, a.

rudoyer ° |Rydwaje| *t* maltratar.

rue *f* calle : *grand-rue*, calle mayor.

ruée *f* avalancha.

ruelle *f* callejuela.

ruer *i* cocear. □ *se* — *vers*, *sur*, abalanzarse hacia.

rugby *m* rugby.

rug/ir *i* rugir. **-issement** *m* rugido.

rug/ueux, euse *a* rugoso, a. **-osité** *f* rugosidad.

ruine *f* ruina. l *en* —, ruinoso, a.

ruin/er *t* arruinar. □ *se* —, arruinarse. **-eux, euse** *a* ruinoso, a.

ruisseau *m* arroyo.

ruisseler ° *i* chorrear. l *ruisselant de sueur*, chorreando sudor.

rumeur *f* rumor *m*.

rumin/er *t/i* rumiar. **-ant** *m* rumiante.

rupestre *a* rupestre.

rupture *f* 1 rotura. 2 — *de contrat*, ruptura de contrato.

rural, e *a* rural. □ m pl *les ruraux*, los campesinos.

rus/e *f* 1 ardid *m*, artimaña. 2 astucia. **-é, ée** *a* astuto, a.

russe *a/s* ruso, a.

Russie *n p f* Rusia.

rustique *a* rústico, a.

rustre *a* rústico, a. □ *m* patán.

rutilant, e *a* rutilante.

rythm/e |Ritm| *m* ritmo. **-ique** *a* ritmico, a.

S

s |εs| m s f : un s, una s.

s' ⇒ **se, si.**

sa a poss su ⇒ **son**

sabbat |saba| m 1 sábado. 2 (des sorcières) aquelarre.

sabl/e m arena f. **-er** t enarenar. **-ier** m reloj de arena. **-ière** f arenal m. **-onneux, euse** a arenoso, a.

sabord m porta f. **-er** t dar barreno a.

sabot m 1 zueco. 2 (d'un cheval) casco.

sabot/er t 1 (bâcler) frangollar. 2 (détériorer volontairement) sabotear. **-age** m sabotaje.

sabre m sable. I coup de —, sablazo.

¹sac m 1 saco. I — de couchage, saco de dormir. 2 (à grains) costal. 3 — à main, bolso. 4 — à dos, mochila f ; — de voyage, bolsa f de viaje. 5 (en papier, plastique) bolsa f.

²sac m mettre à —, saquear.

saccad/e f sacudida. **-é, ée** a cortado, a, brusco, a.

saccager ° t 1 saquear. 2 (détériorer) destrozar.

saccharine |sakaʀin| f sacarina.

sacerdo/ce m sacerdocio. **-tal, e** a sacerdotal.

sache ⇒ **savoir.**

sachet m bolsita f, saquito.

sacoche f cartera.

sacre m consagración f.

sacré, e a 1 sagrado, a. 2 FAM maldito, a.

Sacré-Cœur m Sagrado Corazón.

sacrement m sacramento.

sacrer t consagrar, coronar.

sacrifice m sacrificio.

sacrifier t sacrificar.

sacrilège a sacrílego, a. □ m sacrilegio.

sacrist/ie f sacristía. **-ain** m sacristán.

sad/isme m sadismo. **-ique** a/s sádico, a.

safran m azafrán.

sagac/e a sagaz. **-ité** f sagacidad.

sage a 1 prudente. 2 (enfant) tranquilo, a, bueno, a. □ m sabio.

sage-femme |saʒfam| f comadrona.

sagesse f 1 prudencia. 2 (bon sens) cordura. 3 (d'un enfant) buena conducta. 4 (connaissance) sabiduría.

saharienne f sahariana.

saign/er t/i sangrar : il saigne du nez, le sangra la nariz. **-ant, e** a 1 sangriento, a. 2 viande saignante, carne poco hecha.

saillant, e a saliente.

saillie f 1 saliente m, saledizo m. 2 (trait d'esprit) agudeza.

sain, e a sano, a. I — et sauf, sano y salvo, ileso.

saindoux |sɛ̃du| m manteca f de cerdo.

saint, e a/s santo, a : la semaine sainte, la semana santa. □ a 1 (devant un nom de saint, sauf Domingo, Tomás, Tomé, Toribio où l'on emploie santo) san : — Pierre, san Pedro. I la Saint-Jean, el día de San Juan ; la Saint-Sylvestre, el día de Nochevieja. 2 sagrado, a : la sainte Famille, la Sagrada Familia.

Saint-Esprit m Espíritu Santo.

sainteté f santidad.

Saint-Siège m Santa Sede f.

sais ⇒ **savoir.**

saisie f 1 embargo m. 2 (d'un

journal) secuestro *m*.

sais/ir *t* **1** agarrar, coger. I — *l'occasion*, aprovechar la ocasión. **2** comprender, entender ; *je n'ai pas saisi votre explication*, no he entendido su explicación. **3** (journal, livre) secuestrar. **4** sorprender. □ *se* — *de*, hacerse dueño de. **-issant, e** *a* sorprendente. **-issement** *m* sobrecogimiento, pasmo.

saison *f* **1** estación : *les quatre saisons*, las cuatro estaciones. **2** (théâtrale, touristique, thermale) temporada.

sait ⇒ **savoir.**

salad/e *f* ensalada. I — *russe*, ensaladilla rusa. **-ier** *m* ensaladera *f*.

sal/aire *m* salario, sueldo. **-arié, e** *a/s* asalariado, a.

salaison *f* salazón.

sale *a* **1** sucio, a. **2** *une* — *affaire*, un asunto feo ; *un* — *type*, una mala persona.

salé m *petit* —, tocino salado.

saler *t* salar.

saleté *f* **1** suciedad. **2** FAM porquería.

salière *f* salero *m*.

sal/ir *t* ensuciar. **-issant, e** *a* sucio, a.

saliv/e *f* saliva. **-er** *i* salivar.

salle *f* sala. I — *à manger*, comedor *m* ; — *de bains*, cuarto *m* de baño ; — *de séjour*, cuarto *m* de estar.

salon *m* **1** salón. **2** — *de coiffure*, peluquería *f*.

salopette *f* **1** (de travail) mono *m*. **2** pantalón con peto.

salpêtre *m* salitre.

salubr/e *a* salubre. **-ité** *f* salubridad.

saluer *t* saludar.

salut *m* **1** (fait d'être sauvé) salvación *f*. **2** saludo : — *militaire*, saludo militar. □ *interj* FAM ¡ hola !

salutaire *a* saludable.

salutation *f* salutación. □ pl *sincères salutations*, saludos *m* cordiales.

salve *f* salva.

samedi *m* sábado : — *prochain*, el sábado próximo.

sanatorium |sanatɔrjɔm| *m* sanatorio.

sanctifier *t* santificar.

sanction *f* sanción. **-ner** *t* sancionar.

sanctuaire *m* santuario.

sandale *f* sandalia.

sandwich |sɑ̃dwitʃ| *m* bocadillo.

sang |sɑ̃| *m* sangre *f*. I *coup de* —, hemorragia *f* cerebral ; *se faire du mauvais* —, preocuparse, estar inquieto, a.

sang-froid |sɑ̃frwa| *m* sangre *f* fría : *de* —, a sangre fría.

sanglant, e *a* sangriento, a.

sangle *f* cincha. I *lit de* —, catre.

sanglier *m* jabalí.

sanglot *m* sollozo. **-er** *i* sollozar.

sangsue |sɑ̃sy| *f* sanguijuela.

sanguin, e *a* sanguíneo, a : *groupe* —, grupo sanguíneo.

sanguinaire *a* sanguinario, a.

sanitaire *a* sanitario, a.

sans |sɑ̃| *prép* sing. I — *quoi*, si no.

sans-cœur *a/s* desalmado, a.

sans-gêne *a* descarado, a. □ *m* desparpajo, frescura *f*.

santé *f* salud : *à votre* —!, ¡a su salud ! I *boire à la* — *de quelqu'un*, brindar por alguien.

saoul ⇒ **soûl.**

sap/er *t* socavar. **-eur** *m* zapador. I *sapeur-pompier*, bombero.

saphir *m* zafiro.

sapin *m* abeto.

Saragosse *n p* Zaragoza.

sarbacane *f* cerbatana.

sarcas/me *m* sarcasmo. **-tique** *a* sarcástico, a.

sarcler *t* escardar.

sarcophage *m* sarcófago.

Sardaigne n p f Cerdeña.

sardine f sardina : *sardines à l'huile*, sardinas en aceite.

sarment m sarmiento.

sarrasin m (plante) alforfón.

Satan n p m Satanás.

satanique a satánico, a.

satellite a/m satélite.

satiété |sasjete| f saciedad : *à —*, hasta la saciedad.

satin m satén, raso.

satir/e f sátira. **-ique** a satírico, a.

satisfaction f satisfacción.

satis/faire ° t 1 satisfacer. 2 *– à*, cumplir con. **-faisant, e** a satisfactorio, a. **-fait, e** a satisfecho, a.

satur/er t saturar. **-ation** f saturación.

satyre m sátiro.

sauc/e f salsa : *– tomate*, salsa de tomate. **-ière** f salsera.

sauciss/e f salchicha. **-on** m salchichón.

¹**sauf, sauve** a salvo, a.

²**sauf** prép salvo, menos, excepto : *tous – lui*, todos salvo él.

sauge f salvia.

saugrenu, e a absurdo, a.

saule m sauce : *– pleureur*, sauce llorón.

saumâtre m salobre.

saumon m salmón.

saumure f salmuera.

sauna m sauna f.

saupoudrer t espolvorear.

saurai, sauras ⇒ **savoir**.

saut m 1 salto : *– en hauteur, en longueur, périlleux*, salto de altura, de longitud, mortal. 2 *je fais un – jusqu'à la banque*, voy en un santiamén al banco.

saute-mouton m saltacabrillas, pídola f : *jouer à —*, jugar al saltacabrillas.

sauté, e a/m salteado, a : *pommes de terre sautées*, patatas salteadas.

sauter i 1 saltar. I *– au cou de quelqu'un*, echarse en brazos de alguien. 2 (exploser) estallar. 3 *les plombs ont sauté*, se fundieron los plomos. 4 (cuisine) *faire —*, saltear. □ t 1 saltar, salvar. 2 *tu as sauté une page*, te saltaste una página.

sauterelle |sotʀɛl| f saltamontes m.

sautill/er i andar a saltitos. **-ement** m saltito.

sauvag/e a/s salvaje. **-erie** f 1 salvajismo m. 2 crueldad.

sauvegard/e f salvaguardia. **-er** t salvaguardar.

sauve-qui-peut ! interj ¡sálvese quien pueda ! □ m desbandada f.

sauver t salvar. □ pr 1 escaparse. 2 (s'en aller) irse.

sauvet/age m rescate, salvamento. I *canot de —*, bote salvavidas ; *gilet de —*, chaleco salvavidas. **-eur** m salvador.

sauveur m salvador. I *le Sauveur*, el Salvador.

savane f sabana.

savant, e a sabio, a, docto, a. □ s sabio, a.

savate f chancleta.

saveur f sabor m.

Savoie n p f Saboya.

¹**savoir** ° t saber : *je ne sais pas*, no sé ; *qui sait ?*, ¿ quién sabe ? ; *il ne l'a jamais su*, nunca lo supo ; *si j'avais su !*, ¡ haberlo sabido ! ; *que je sache*, que yo sepa. I *à —*, a saber ; *faire —*, comunicar.

²**savoir** m saber.

savoir-faire m tacto.

savoir-vivre m mundología f.

savon m 1 jabón. 2 FAM *passer un – à quelqu'un*, echar una bronca a alguien. **-ner** t enjabonar, jabonar. **-nette** f pastilla de jabón. **-neux, euse** a jabonoso, a.

savour/er t saborear. **-eux, euse** a sabroso, a.

Saxe n p f Sajonia.

saxon, e *a/s* sajón, ona.

saxophone *m* saxofón, saxófono.

scabreux, euse *a* escabroso, a.

scalpel *m* escalpelo.

scandal/e *m* escándalo : *faire* —, causar escándalo. **-eux, euse** *a* escandaloso, a. **-iser** *t* escandalizar.

scandinave *a/s* escandinavo, a.

Scandinavie *n p f* Escandinavia.

scaphandr/e *m* escafandra *f.* **-ier** *m* buzo.

scarabée *m* escarabajo.

scarlatine *f* escarlatina.

sceau |so| *m* sello.

scélérat, e |selera, at| *a/s* desalmado, a.

scellé |sele| *m* sello.

sceller |sele| *t* 1 sellar. 2 (fixer) empotrar.

scénar/io |senarjo| *m* 1 argumento. 2 (cinéma) guión. **-iste** *m* guionista.

sc/ène |sɛn| *f* 1 escena : *entrer en* —, salir a escena ; *mettre en* —, poner en escena ; *sur* —, en escena. 2 (dispute) altercado *m.* **-énique** *a* escénico, a.

scepti/que |septik| *a/s* escéptico, a. **-cisme** *m* escepticismo.

sceptre |septr| *m* cetro.

schéma |ʃema| *m* esquema. **-tique** *a* esquemático, a.

schisme |ʃism| *m* cisma.

schiste |ʃist| *m* esquisto.

sciatique |sjatik| *a/s* ciático, a.

scie |si| *f* sierra.

scien/ce |sjɑ̃s| *f* ciencia. | *science-fiction*, ciencia ficción. **-tifique** *a/s* científico, a.

scier |sie| *t* aserrar. **-ie** |siRi| *f* aserradero *m.*

scinder (se) |sɛ̃de| *pr* dividirse.

scintiller |sɛ̃tije| *i* centellear, destellar.

scission |sisjɔ̃| *f* escisión.

sciure |sjyr| *f* aserrín *m.*

sclérose *f* esclerosis.

scol/aire *f* escolar. **-arité** *f* escolaridad.

score *m* tanteo.

scorpion *m* escorpión.

scotch *m* 1 whisky escocés. 2 (ruban adhésif. Nom déposé) celo.

scrupul/e *m* escrúpulo. **-eux, euse** *a* escrupuloso, a.

scruter *t* escrutar.

scrutin *m* *dépouiller le* —, efectuar el escrutinio.

sculpt/er |skylte| *t* esculpir. **-eur** *m* escultor. **-ure** *f* escultura.

se, s' *pron pers* se : *il* — *lève,* se levanta ; — *lever,* levantarse ; *s'asseoir,* sentarse.

séance *f* sesión.

séant *m* *se dresser sur son* —, incorporarse.

seau *m* cubo.

sec, sèche *a* 1 seco, a. 2 *la mare est à* —, la charca está seca ; FAM *je suis à* —, estoy pelado.

sécateur *m* podadera *f.*

sécession *f* secesión.

sèche ⇒ **sec. -ment** *adv* secamente.

sèche-cheveux *m* secador.

sécher °̇ *t* 1 secar. 2 FAM — *un cours,* pelarse una clase. □ *i* 1 secarse. 2 FAM (un candidat) estar pez.

sécheresse *f* 1 sequedad. 2 (du temps) sequía.

séchoir *m* (appareil) secador.

second, e |sagɔ̃, ɔ̃d| *a* segundo, a. □ *m* 1 segundo. 2 *habiter au* —, vivir en el segundo piso. □ *f* 1 (vitesse, classe) segunda. 2 (temps) segundo *m : je reviens dans une seconde,* vuelvo en un segundo. **-aire** *a* secundario, a. | *enseignement* —, segunda enseñanza. **-er** *t* secundar.

secouer *t* 1 sacudir. 2 (ébranler) trastornar. □ FAM *se* —, despabilarse.

secour/ir °̇ *t* socorrer. **-iste** *s* socorrista.

secours *m* socorro. I *au — !,*
¡socorro!

secousse *f* sacudida.

secret, ète *a/m* secreto, a. I *en —,*
en secreto.

secrét/aire *s* secretario, a. □ *m*
(meuble) escritorio, secreter.
-ariat *m* 1 secretaría *f.* 2 (métier)
secretariado.

sécrét/er ° *t* segregar. **-ion** *f*
secreción.

secte *f* secta.

secteur *m* 1 sector. 2 ÉLECTR red *f.*

section *f* sección.

séculaire *a* secular.

séculier, ère *a* secular, seglar.

sécurité *f* seguridad.

sédatif *m* sedante.

sédentaire *a/s* sedentario, a.

sédiment *m* sedimento. **-aire** *a*
sedimentario, a.

sédit/ion *f* sedición. **-ieux, euse**
a sedicioso, a.

séducteur, trice *a/m* seductor, a.

séduction *f* seducción.

sédu/ire ° *t* seducir. **-isant, e** *a*
seductor, a. atractivo, a.

segment *m* segmento.

ségrégation *f* segregación.

seiche *f* sepia, jibia.

seigneur *m* 1 señor. 2 *Notre-
Seigneur,* Nuestro Señor.

sein *m* 1 pecho, seno : *donner le —,*
dar el pecho. 2 *au — de,* en el seno
de, dentro de.

Seine *n p f* Sena *m.*

séisme *m* seísmo.

seiz/e *a/m* dieciséis. **-ième** *a/s*
décimosexto, a. I *— siècle,* siglo
dieciséis.

séjour *m* 1 estancia *f.* 2
temporada *f* : *faire un long — à la
campagne,* pasar una larga temporada en el campo. 3 *salle de —,*
cuarto *m* de estar. **-ner** *i* vivir,
permanecer.

sel *m* sal *f.*

sélection *f* selección. **-ner** *t*
seleccionar.

sell/e *f* 1 silla de montar. 2 (de
bicyclette, moto) sillín *m.* 3 *aller à
la —,* hacer de vientre ; *les selles,*
las heces. **-er** *t* ensillar. **-ier** *m*
guarnicionero.

selon *prép* 1 según. 2 *— moi,* a mi
modo de ver. 3 *c'est —,* depende,
según.

semaine *f* semana : *en —,* durante
la semana.

sémantique *a/s* semántico, a.

sémaphore *m* semáforo.

semblable *a/s* semejante.

semblant *m* apariencia *f.* I *il fait
— de ne pas entendre,* hace como
que no oye.

sembler *i* parecer. □ *impers il
semble que...,* parece que... I *ce me
semble,* a mi parecer.

semelle *f* suela.

semence *f* simiente.

semer ° *t* sembrar.

semestr/e *m* semestre. **-iel, elle**
a semestral.

semeur, euse *s* sembrador, a.

sémin/aire *m* seminario. **-ariste**
m seminarista.

semi-remorque *f* semirremolque
m.

semis *m* 1 siembra *f.* 2 (terrain)
sembrado.

sémite *a/s* semita.

semonce *f* reprensión.

semoule *f* sémola.

sénat *m* senado. **-eur** *m* senador.

sénil/e *a* senil. **-ité** *f* senilidad.

sens |sâs| *m* 1 sentido : *les cinq —,*
los cinco sentidos. I *bon —,* buen
sentido, sensatez *f.* 2 dirección *f* :
— unique, interdit, dirección única,
prohibida ; *à double —,* de doble
dirección. I *— dessus, dessous,* en
desorden.

sensation *f* sensación : *faire —,*
causar sensación. **-nel, elle** *a*
sensacional.

sensé, e *a* sensato, a.

sensib/le *a* sensible. **-ilité** *f*

sensibilidad.

sensu/el, elle a sensual. **-alité** f sensualidad.

sentence f sentencia.

sentencieux, euse a sentencioso, a.

senteur f olor m.

sentier m sendero, senda f.

sentiment m 1 sentimiento. 2 (opinion) parecer. **-al, e** a sentimental.

sentinelle f centinela m.

sentir ° t 1 sentir. 2 (par l'odorat) oler. 3 oler a : ça sent l'essence, le brûlé, huele a gasolina, a quemado. 4 (au goût) saber a. □ i oler : ça sent bon, mauvais, esto huele bien, mal. □ se —, encontrarse, sentirse : je me sens fatigué, me encuentro cansado ; il se sent malheureux, se siente desgraciado.

sépar/er t separar. □ se —, separarse. **-ation** f separación. **-ément** adv separadamente.

sépia f sepia.

sept |sɛt| a/s siete.

septembre m septiembre : 4 —, 4 de septiembre.

septentrional, e a septentrional.

septième |sɛtjɛm| a/s séptimo, a : au — étage, en el séptimo piso. □ m séptima f parte.

septique a séptico, a.

septuagénaire a/s septuagenario, a, setentón, ona.

sépulcr/e m sepulcro. **-al, e** a sepulcral.

sépulture f sepultura.

séquence f secuencia.

séquestr/er t secuestrar. **-ation** f secuestro m.

sera, etc. ⇒ **être**.

séraphin m serafín.

Serbie n p f Servia.

serein, e a/m sereno, a.

sérénade f serenata.

sérénité f serenidad.

serf m siervo.

serge f sarga.

sergent m sargento. I — de ville, guardia urbano.

série f serie : en —, en serie.

sérieu/x, euse a 1 serio, a. 2 grave. □ m seriedad f. I prendre au —, tomar en serio. **-sement** adv en serio.

serin m canario.

seringue f jeringa.

serment m juramento. I prêter —, prestar juramento, jurar.

sermon m sermón. **-ner** t sermonear.

serpent m serpiente f : — à sonnettes, serpiente de cascabel. **-er** i serpentear. **-in** m (de papier) serpentina f.

serpillière f bayeta.

serre f (pour plantes) invernáculo m, estufa. □ pl (d'oiseau) garras.

serr/er t 1 apretar, estrechar : — un écrou, apretar una tuerca ; — un enfant contre sa poitrine, apretar a un niño contra su pecho ; — la main, estrechar la mano. 2 apretar, oprimir : ces chaussures neuves me serrent, estos zapatos nuevos me aprietan. □ i ceñirse : serrez à droite, cíñase a la derecha. □ pr (les uns contre les autres) estrecharse. **-ement** m apretón. I — de cœur, congoja f.

serrur/e f cerradura. **-ier** m cerrajero.

sérum |seʀɔm| m suero.

servante f sirvienta.

serveur, euse s camarero, a.

serviable a servicial.

service m 1 servicio : — compris, servicio incluido ; rendre — à quelqu'un, prestar servicio a alguien ; en —, de servicio ; hors — , fuera de uso. 2 — à café, juego de café.

serviette f 1 (de table) servilleta. I rond de —, servilletero. 2 (de toilette) toalla. 3 — hygiénique, compresa. 4 (pour documents) cartera.

servil/e a servil. **-ité** f servilismo m.

servir ° *t* **1** servir. **2** — *un client,* atender a un cliente. **3** — *la messe,* ayudar a misa. **4** — *à,* servir para : *à quoi ça sert ?,* ¿ para que sirve esto ? □ *pr* **1** servirse : *servez-vous,* sírvase usted. **2** *se — de,* servirse de, usar.

serviteur *m* servidor.

servitude *f* servidumbre.

ses *a poss* sus. ⇒ **son.**

session *f* **1** sesión. **2** exámenes *pl.*

seuil |sœj| *m* umbral.

seul, e *a* **1** solo, a : *je l'ai fait tout —,* lo hice yo solo. **2** sólo : — *un homme peut le faire,* sólo un hombre puede hacerlo. □ *s le —, la seule,* el único, la única ; *pas un —,* ni uno. **-ement** *adv* solamente. I *non — ... mais,* no solo... sino.

sève *f* savia.

sév/ère *a* severo, a. **-érité** *f* severidad.

sévir *i* **1** (punir) castigar. **2** reinar.

sexagénaire *a/s* sexagenario, a, sesentón, ona.

sex/e *m* sexo. **-ualité** *f* sexualidad. **-uel, elle** *a* sexual.

shampooing |ʃɑ̃pwɛ̃| *m* champú.

short |ʃɔrt| *m* pantalón corto.

si, s' *conj* si : — *tu veux,* si quieres ; — *j'étais riche,* si yo fuera rico ; *comme s'il ne le savait pas,* como si no lo supiera. □ *adv* **1** (affirmation) sí. **2** (= tellement) tan : *il est si poli !,* ¡ es tan cortés ! **3** — *bien que,* así que.

siamois, e *a/s* siamés, esa : *frères —,* hermanos siameses.

Sibérie *n p f* Siberia.

sibérien, enne *a/s* siberiano, a.

Sicile *n p f* Sicilia.

sicilien, enne *a/s* siciliano, a.

sidéral, e *a* sideral.

sidér/er ° *t* FAM dejar apabullado, a. **-ant, e** *a* FAM apabullante.

sidérurg/ie *f* siderurgia. **-ique** *a* siderúrgico, a.

siècle *m* siglo.

siège *m* **1** asiento : *prenez un —,* tome asiento. **2** (d'un organisme) sede *f.* I *le Saint-Siège,* la Santa Sede ; — *social,* domicilio social. **3** (de député) escaño. **4** MIL sitio : *état de —,* estado de sitio.

siéger ° *i* residir.

sien, sienne *a/pron poss* suyo, a. □ *pl les siens,* los suyos.

sieste *f* siesta : *faire la —,* dormir la siesta.

siffl/er *i* **1** silbar. **2** (avec un sifflet) pitar. □ *t* — *un acteur,* abuchear a un actor. **-ement** *m* silbido. **-et** *m* pito. I *coup de —,* pito. **-oter** *i* silbar despacio.

sigle *m* sigla *f.*

signal *m* señal *f* : *signaux acoustiques,* señales acústicas. **-ement** *m* filiación *f,* señas *f pl.* **-er** *t* señalar. I *rien à —,* sin novedad. **-isation** *f* señalización. I *panneaux de —,* señales de tráfico.

signat/ure *f* firma. **-aire** *s* firmante.

signe *m* **1** signo. **2** (geste) seña *f,* señal : *il lui fait — de venir,* le hace señas de que venga. I — *de croix,* señal de la cruz ; *faire un — de croix,* santiguarse. **3** *signes de fatigue,* muestras *f* de cansancio.

signer *t* firmar. □ *se —,* santiguarse.

signifi/er *t* significar. **-catif, ive** *a* significativo, a. **-cation** *f* significación.

silenc/e *m* silencio. I *garder le —,* guardar silencio ; *passer sous —,* pasar por alto, silenciar. **-ieux, euse** *a* silencioso, a. □ *m* (pot d'échappement) silenciador.

silex |silɛks| *m* sílex.

silhouette *f* silueta *f.*

sillage *m* estela *f.*

sillon *m* surco. **-ner** *t* surcar.

silo *m* silo.

simagrées *f pl* remilgos *m.*

similaire *a* similar.

similitude *f* similitud.

simpl/e *a* **1** simple. I — *soldat,* soldado raso. **2** (pas compliqué) sencillo, a. **-icité** f sencillez. **-ifier** t simplificar.

simulacre m simulacro.

simul/er t simular. **-ation** f simulación.

simultané, e a simultáneo, a. **-ment** adv simultáneamente.

sinc/ère a sincero, a. **-érité** f sinceridad.

sinécure f sinecura.

sing/e m mono. **-er** ° t remedar, imitar.

singulariser (se) pr singularizarse.

singularité f singularidad.

singulier, ère a singular. □ m au —, en singular.

sinistre a/m siniestro, a.

sinistré, e a/s siniestrado, a, damnificado, a.

sinon conj 1 (ou alors) si no. 2 (excepté) sino.

sinu/eux, euse a sinuoso, a. **-osité** f sinuosidad.

siphon m sifón.

sirène f sirena.

sirop |siRo| m 1 (médicament) jarabe. 2 pêches au —, melocotones en almíbar.

site m sitio, paisaje.

sitôt adv — arrivé, il déjeuna, almorzó nada más llegar, tan pronto como llegó, almorzó.

situation f situación.

situer t situar.

six |si, sis, siz| a seis. I — cents, seiscientos, as. **-ième** |sizjɛm| a/s sexto, a : au — étage, en el sexto piso.

ski m esquí : une paire de skis, un par de esquís ; — nautique, esquí acuático. I faire du —, esquiar. **-er** i esquiar. **-eur, euse** s esquiador, a.

slave a/s eslavo, a.

slip m 1 (d'homme) slip, calzoncillos pl. 2 (de femme) bragas f pl. 3 — de bain, bañador.

slogan m slogan, eslogan.

smoking m smoking.

snob a/s esnob, cursi. **-isme** m esnobismo.

sobr/e a sobrio, a. **-iété** f sobriedad.

sobriquet m apodo.

soc m reja f.

sociable a sociable.

social, e a social : conflits sociaux, conflictos sociales.

social/isme m socialismo. **-iste** a/s socialista.

sociét/é f sociedad. **-aire** s socio, a.

sociolo/gie f sociología. **-gue** s sociólogo, a.

socle m zócalo.

socquette f calcetín m corto.

soda m soda f.

sœur f hermana.

soi pron pers si. I avec —, consigo ; on est bien chez —, se está bien en casa ; sur —, encima ; soi-même, si mismo.

soi-disant a supuesto, a. □ adv aparentemente.

soie f seda. I papier de —, papel de seda. **-rie** f sedería.

soif f sed : j'ai très —, tengo mucha sed.

soigner t 1 cuidar. 2 — un malade, curar, asistir a un enfermo ; il faut — votre grippe, tiene que curarse la gripe. □ se —, cuidarse.

soigneux, euse a 1 cuidadoso, a. 2 (fait avec soin) esmerado, a.

soin m cuidado. I prendre — de ses affaires, cuidar de sus cosas. □ pl (médicaux) asistencia sing. I premiers soins, primeros auxilios.

soir m 1 tarde f. 2 (après le coucher du soleil) noche f : onze heures du —, las once de la noche ; à ce —, hasta la noche.

soirée f 1 noche. 2 (réunion) velada. 3 — dansante, baile m de noche ; spectacle en —, función de noche.

soit |swa| ⇒ **être.** □ conj o sea. I

– l'un, – l'autre, ya uno, ya otro.
□ adv |swat| sea, bueno.

soixant/e |swasɑ̃t| a/s sesenta.
-aine f unos sesenta. I il approche de la –, raya en los sesenta.
-ième a/s sexagésimo, a.

soja m soja f.

¹sol m suelo.

²sol m MUS sol.

solaire a solar.

soldat m soldado.

¹solde f sueldo m.

²sold/e m saldo. □ pl rebajas f : soldes d'hiver, rebajas de invierno.
I en –, rebajado, a. **-er** t saldar, rebajar.

sole f lenguado m.

soleil |sɔlɛj| m sol. I coup de –, insolación f.

solenn/el, elle |sɔlanɛl| a solemne. **-ité** f solemnidad.

solfège m solfeo.

solidari/té f solidaridad. **-ser (se)** pr solidarizarse.

solid/e a/m sólido, a. **-ifier** t solidificar. **-ité** f solidez.

soliste s solista.

solitaire a/s solitario, a.

solitude f soledad.

solive f viga.

sollicit/er t solicitar. **-ude** f solicitud.

solo m solo.

solstice m solsticio.

soluble a soluble.

solution f solución.

solvable a solvente.

sombre a **1** sombrío, a, oscuro, a. **2** FIG melancólico, a.

sombrer i irse a pique, hundirse.

sommaire a/m sumario, a.

¹somme f **1** suma. **2** une – d'argent, una cantidad de dinero. **3** en –, – toute, en resumen.

²somme f bête de –, bestia de carga.

³somme m sueño. I faire un petit –, echar una cabezada.

sommeil |sɔmɛj| m sueño. **-ler** i dormitar.

sommelier m bodeguero.

sommer t intimar.

sommet m cumbre f, cima f. I conférence au –, conferencia en la cumbre.

sommier m somier.

somnambule s sonámbulo, a.

somnifère m somnífero.

somnol/er i dormitar. **-ence** f somnolencia. **-ent, e** a soñoliento, a.

somptueux, euse a suntuoso, a.

¹son sa, ses a poss su, sus : – frère, su hermano ; sa sœur, su hermana.

²son m sonido : mur du –, barrera del sonido. I au – de, al son de.

³son m (des céréales) salvado.

sonate f sonata.

sond/e f sonda. **-age** m sondeo. **-er** t **1** sondar. **2** FIG sondear.

songe m sueño.

song/er ° i **1** soñar. **2** – à, pensar en. **-eur, euse** a pensativo, a, caviloso, a.

sonnant, e a à midi –, a las doce en punto.

sonner i **1** sonar : le téléphone sonne, suena el teléfono. **2** (cloche) tañer. **3** dar : deux heures sonnent, dan las dos. **4** (à la porte) llamar.
□ t **1** tocar : – le glas, tocar a difunto. **2** la pendule a sonné midi, el reloj ha dado las doce. **3** (appeler) llamar.

sonnerie f **1** timbre m. **2** (de clairon) toque m.

sonnet m soneto.

sonnette f **1** campanilla. **2** timbre m : appuyer sur la –, pulsar el timbre. I coup de –, timbrazo.

sonor/e a sonoro, a. **-iser** t sonorizar. **-ité** f sonoridad.

Sophie n p f Sofía.

sophistiqué, e a sofisticado, a.

soporifique a/m soporífero, a.

soprano s soprano.

sorbet m sorbete.

sorc/ier, ère s brujo, a. **-ellerie** f brujería, hechicería.

sordide a sórdido, a.

sort |sɔʀ| m **1** suerte f. l *tirer au —*, sortear. **2** destino. **3** *jeter un — sur*, hechizar a.

sorte f **1** clase, especie : *une — de*, una especie de. **2** modo m, manera : *de — que*, de modo que. l *de la —*, de este modo ; *en quelque —*, en cierto modo. **3** *faire en — que*, procurar que.

sortie f salida : *— de secours*, salida de emergencia.

sortilège m sortilegio.

¹sortir ° i **1** salir : *il est sorti*, ha salido ; *je sortirai ce soir*, saldré esta noche. **2** salirse : *rivière qui sort de son lit*, río que se sale de su cauce ; *du sujet*, salirse del tema. l *— de table*, acabar de comer. □ t **1** *— l'auto du garage*, sacar el coche del garaje. l *sortez-le !*, ¡fuera ! l *s'en —*, salir del apuro, arreglárselas.

²sortir m *au — de*, al salir de.

sosie m sosia.

sot, sotte a/s tonto, a. **-tise** f tontería, necedad.

sou m perra f chica. l *être sans le —*, no tener ni blanca ; *il est près de ses sous*, es un roñoso ; *machine à sous*, máquina tragaperras.

soubresaut m sobresalto.

souche f **1** (d'un arbre) tocón m. **2** origen m. **3** talón m. l *carnet à —*, talonario.

¹souci m preocupación f, cuidado. l *se faire du —*, preocuparse.

²souci m (plante) maravilla f.

soucier (se) pr *— de*, preocuparse por.

soucieux, euse a **1** preocupado, a, inquieto, a. **2** *— de*, preocupado por.

soucoupe f platillo m. l *— volante*, platillo volante.

soudain, e a súbito, a. □ adv de repente.

soude f sosa.

soud/er t soldar. **-ure** f soldadura.

souffle m **1** soplo. **2** (respiration) aliento.

souffler i soplar. □ t **1** soplar. **2** (par une explosion) volar.

soufflet m **1** fuelle. **2** (gifle) bofetada f.

souffleur m (théâtre) apuntador.

souffrance f **1** sufrimiento m, padecimiento m. **2** *en —*, en suspenso.

souffrant, e a indispuesto, a.

souffrir ° i sufrir, padecer : *il a beaucoup souffert*, ha sufrido mucho ; *il souffre de névralgies*, padece neuralgias. □ t **1** tolerar, sufrir. **2** admitir.

soufre m azufre.

souhait m **1** deseo. **2** felicitación f : *souhaits de bonne année*, felicitaciones de Año Nuevo. **-able** a deseable. **-er 1** desear : *je vous souhaite bonne route*, le deseo buen viaje. **2** *— la bonne année*, felicitar el día de Año Nuevo.

souill/er t **1** manchar. **2** FIG mancillar. **-ure** f mancha.

soûl, e |su, sul| a FAM borracho, a.

soulag/er ° t aliviar. **-ement** m alivio.

soûler (se) pr emborracharse.

soul/ever ° t **1** levantar. l *— le cœur*, revolver el estómago. **2** (une question) plantear. □ pr **1** levantarse. **2** (se révolter) sublevarse. **-èvement** m (révolte) levantamiento, sublevación f.

soulier m zapato.

souligner t subrayar.

sou/mettre ° t someter. **-mis, e** a sumiso, a. **-mission** f sumisión.

soupape f válvula : *— de sûreté*, válvula de seguridad.

soupçon m sospecha f. **-ner** t sospechar. **-neux, euse** a suspicaz.

soupe f sopa : — à l'oignon, sopa de cebolla.

soupente f camaranchón m.

¹souper i 1 cenar. 2 FAM j'en ai soupé, estoy hasta la coronilla.

²souper m cena f.

soupeser ° t sopesar.

soupière f sopera.

soupir m suspiro : pousser un —, dar un suspiro.

soupirail |supiraj| m respiradero, tragaluz.

soupirer i suspirar.

soupl/e a flexible. **-esse** f 1 flexibilidad. 2 agilidad.

source f 1 fuente, manantial m. 2 FIG fuente. I savoir de bonne —, saber de buena tinta.

sourcil |sursi| m ceja f.

sourd, e a/s sordo, a. I sourd-muet, sourde-muette, sordomudo, a. **-ine** f en —, con sordina.

souriant, e a risueño, a.

souricière f ratonera.

¹sourire ° i sonreír, sonreírse.

²sourire m sonrisa f.

souris |suri| f ratón m.

sournois, e a/s disimulado, a, taimado, a.

sous |su| prép 1 debajo de, bajo : — l'armoire, debajo del armario. 2 bajo : — sa responsabilité, bajo su responsabilidad. 3 — les yeux de, en presencia de. 4 — peu, dentro de poco. 5 — peine de, so pena de.

sous-bois m bosque, soto.

sous-chef m subjefe.

souscr/ire ° t 1 suscribir. 2 — à une revue, suscribirse a una revista. **-iption** f suscripción.

sous-développé, e a subdesarrollado, a.

sous-directeur m subdirector.

sous-entend/re t sobreentender. **-u, ue** a sobreentendido, a. □ m supuesto.

sous-estimer t tener en menos.

sous-locataire s subarrendatario, a.

sous-louer t subarrendar.

sous-main m carpeta f.

sous-marin, e a/m submarino, a.

sous-officier m suboficial.

soussigné, e a/s infrascrito, a. I je —, el abajo firmante.

sous-sol m 1 subsuelo. 2 (d'un édifice) sótano : au —, en el sótano.

sous-titre m subtítulo.

soustraction f sustracción.

soustraire ° t 1 sustraer. 2 (mathématiques) restar.

sous-vêtement m prenda f interior.

soutane f sotana.

soute f 1 MAR pañol m. 2 (avion) depósito m de equipajes, portaequipajes m.

soutenir ° t 1 sostener : des poutres soutiennent le plafond, vigas sostienen el techo. 2 FIG sostener, mantener.

souterrain, e a/m subterráneo, a.

soutien m sostén, apoyo.

soutien-gorge m sostén, sujetador.

soutirer t FIG sonsacar.

¹souvenir m recuerdo.

²souvenir (se) ° pr acordarse, recordar : je ne me souviens pas de votre nom, no me acuerdo de, no recuerdo su apellido.

souvent adv a menudo.

souverain, e a/s soberano, a. **-eté** f soberanía.

sovi/et |sɔvjɛt| m soviet. **-étique** a/s soviético, a.

soyeux, euse |swajø, øz| a sedoso, a.

spacieux, euse a espacioso, a.

sparadrap m esparadrapo.

spasme m espasmo.

spatial, e |spasjal| a espacial.

spatule f espátula.

speaker |spikœr| m locutor.

spécial, e a especial. **-iser (se)** pr especializarse. **-iste** s especialista. **-ité** f especialidad.

spécif/ier *t* especificar. **-ique** *a/m* específico, a.

spécimen |spesimɛn| *m* espécimen.

specta/cle *m* espectáculo. **-culaire** *a* espectacular. **-teur, trice** *s* espectador, a.

spectre *m* espectro.

spécul/er *i* especular. **-ateur, trice** *s* especulador, a. **-ation** *f* especulación.

spéléologie *f* espeleología.

sperme *m* esperma *f*.

sph/ère *f* esfera. **-érique** *a* esférico, a.

sphinx |sfɛ̃ks| *m* esfinge *f*.

spirale *f* espiral.

spiritisme *m* espiritismo.

spirituel, elle *a* 1 espiritual. 2 (drôle) ingenioso, a.

spiritueux *m* licor espirituoso.

splend/eur *f* esplendor *m*. **-ide** *a* espléndido, a.

spongieux, euse *a* esponjoso, a.

spontané, e *a* espontáneo, a. **-ité** *f* espontaneidad.

sporadique *a* esporádico, a.

sport |spɔʀ| *m* 1 deporte : *faire du* —, practicar los deportes. 2 *voiture de* —, coche deportivo ; *veste* —, chaqueta de sport. **-if, ive** *a* deportivo, a. □ *s* deportista.

square *m* jardincillo público.

squelett/e *m* esqueleto. **-ique** *a* esquelético, a.

stabilis/er *t* estabilizar. **-ateur** *m* estabilizador. **-ation** *f* estabilización.

stab/le *a* estable. **-ilité** *f* estabilidad.

stade *m* estadio.

stag/e *m* período de pruebas, de prácticas. **-iaire** *s* 1 cursillista. 2 (avocat) pasante.

stagn/ant, e *a* estancado, a). **-ation** *f* estancamiento *m*. **-er** *i* estancarse.

stalactite *f* estalactita.

stalagmite *f* estalagmita.

stalle *f* silla de coro.

stance *f* estancia.

stand |stɑ̃d| *m* 1 (de tir) barraca *f* de tiro al blanco. 2 (dans une exposition) stand.

standard *a/m* estándar. I — *de vie,* estándar de vida. □ *m* (téléphonique) centralita *f*. **-iser** *t* estandarizar. **-iste** *s* telefonista.

star *f* estrella de cine, star.

station *f* 1 estación. 2 (d'autobus, taxis) parada. 3 — *de sports d'hiver,* estación de esquí ; — *thermale,* balneario *m*. 4 *station-service,* estación de servicio, gasolinera.

stationnaire *a* estacionario, a.

stationn/er *i* 1 (une personne) estacionarse. 2 (une voiture) aparcar : *défense de* —, prohibido aparcar. **-ement** *m* estacionamiento.

station-service ⇒ **station.**

statique *a* estático, a.

statistique *a/f* estadístico, a.

statu/e *f* estatua. **-ette** *f* estatuilla.

stature *f* estatura.

statut *m* estatuto.

sténodactylo *f* taquimecanógrafa.

sténographie *f* taquigrafía, estenografía.

steppe *f* estepa.

stéréophonie *f* estereofonía.

stéréotypé, e *a* estereotipado, a.

stéril/e *a* estéril. **-iser** *t* esterilizar. **-ité** *f* esterilidad.

sterling |stɛʀliŋ| *a* *livre* —, libra esterlina.

stigmate *m* estigma.

stimul/er *t* estimular. **-ant, e** *a/m* estimulante.

stipuler *t* estipular.

stock *m* existencias *f* pl, stock. **-er** *t* almacenar.

stoï/que *a/s* estoico, a. **-cisme** *m* estoicismo.

stop ! *interj* ¡ alto ! □ *m* 1 (signal routier) stop. 2 (feu arrière) luz *f* de freno. 3 FAM autostop : *faire du*

—, hacer autostop.

stopper *t* (un vêtement) zurcir. □
i (s'arrêter) pararse, detenerse.

store *m* 1 persiana *f*. 2 (de
magasin) toldo.

strapontin *m* traspuntín.

Strasbourg *n p* Estrasburgo.

stratagème *m* estratagema.

stratég/ie *f* estrategia. **-ique** *a*
estratégico, a.

strict, e *a* estricto, a.

strident, e *a* estridente.

stri/e *f* estría. **-er** *t* estriar.

strophe *f* estrofa.

structure *f* estructura.

stuc *m* estuco.

studieux, euse *a* estudioso, a.

studio *m* estudio.

stupé/faction *f* estupefacción.
-fait, e *a* estupefacto, a. **-fiant,
e** *a* estupefaciente. **-fier** *t*
pasmar.

stupeur *f* estupor *m*.

stupid/e *a* estúpido, a. **-ité** *f*
estupidez.

style *m* estilo.

stylo *m* estilográfica *f*. I – *à bille*,
bolígrafo.

su ⇒ **savoir**.

suaire *m* sudario.

suave *a* suave.

subalterne *a/s* subalterno, a.

subconscient *m* subconciente.

subdiviser *t* subdividir.

subir *t* sufrir, experimentar.

subit, e *a* súbito, a, repentino, a.

subjectif, ive *a* subjetivo, a.

subjonctif *m* subjuntivo.

subjuguer *t* subyugar.

sublime *a* sublime.

submer/ger ° *t* sumergir. **-sible**
a/m sumergible.

subordonn/er *t* subordinar. **-é,
ée** *a/s* subordinado, a.

subreptice *a* subrepticio, a.

subsidiaire *a* subsidiario, a.

subsist/er *i* subsistir. **-ance** *f*
subsistencia.

substan/ce *f* substancia, sustancia. **-tiel, elle** *a* substancial.

substantif *m* substantivo.

substituer *t* sustituir.

subtil, e *a* sutil. **-ité** *f* sutileza.

subvenir ° *i* – *à*, subvenir a.

subvention *f* subvención. **-ner** *t*
subvencionar.

subversif, ive *a* subversivo, a.

suc *m* jugo.

succédané *m* sucedáneo.

succéder ° *i* – *à*, suceder a.

succès |syksɛ| *m* éxito.

successeur *m* sucesor.

success/if, ive *a* sucesivo, a.
-ivement *adv* sucesivamente.

succession *f* sucesión.

succinct, e |syksɛ̃, ɛ̃t| *a* sucinto, a.

succomber *i* sucumbir.

succulent, e *a* suculento, a.

succursale *f* sucursal.

sucer ° *t* chupar.

sucette *f* piruli *m*.

sucr/e *m* azúcar : *morceau de –*,
terrón de azúcar. **-é, ée** *a*
azucarado, a. **-er** *t* echar azúcar
en. **-eries** *f pl* (friandises) dulces
m. **-ier** *m* azucarero.

sud *m* sur.

sud-américain, **e** *a/s*
sudamericano, a.

sud-est |sydɛst| *m* sudeste.

sud-ouest |sydwɛst| *m* sudoeste.

Suède *n p f* Suecia.

suédois, e *a/s* sueco, a.

su/er *i* 1 sudar. 2 FAM *faire –*,
fastidiar ; *se faire –*, aburrirse.
-eur *f* sudor *m*.

suffire ° *i* bastar : *il suffit de...*,
basta con... ; *il suffit que tu me préviennes la veille*, basta con que me
avises la vispera ; *ça suffit !*,
¡basta !

suffisamment *adv* sufi-
cientemente.

suffis/ant, e *a* 1 suficiente. 2
(vaniteux) engreido, a, suficiente.

-ance *f* presunción, suficiencia.
suffixe *m* sufijo.
suffo/quer *t* sufocar. □ *i* ahogarse. **-cant, e** *a* sofocante.
suffrage *m* sufragio.
sugg/érer ° *t* sugerir. **-estif, ive** *a* sugestivo, a. **-estion** *f* sugestión.
suicid/e *m* suicidio. **-er (se)** *pr* suicidarse.
suie *f* hollín *m*.
suif *m* cebo.
suinter *i* rezumar : *l'eau suinte le long des murs*, el agua rezuma por las paredes.
suis ⇒ **être, suivre.**
Suisse *n p f* Suiza.
suisse *a/s* suizo, a.
suite *f* **1** continuación. | *donner — à*, dar curso a ; *huit jours de —*, ocho días seguidos ; *et ainsi de —*, y asi sucesivamente ; *par la —*, más tarde ; *tout de —*, enseguida. **2** consecuencia : *par — de, à la — de*, como consecuencia de. **3** serie, sucesión. **4** (escorte) séquito, comitiva *f*.
suivant, e *a* siguiente. □ *prép* según : *— vos instructions*, según sus instrucciones.
suivre ° *t* seguir : *suivez-moi*, sígame. | *prière de faire —*, remítase a las nuevas señas ; *à — se* continuará.
¹sujet *m* **1** tema : *— de conversation*, tema de conversación. | *au — de*, a propósito de. **2** motivo. **3** (en grammaire) sujeto. **4** *un mauvais —*, una mala persona.
²sujet, ette *a — à*, propenso, a a. □ *s* (d'un souverain) súbdito, a.
sulfur/e *m* sulfuro. **-ique** *a* sulfúrico, a.
sultan *m* sultán.
super *m* (essence) súper *f*.
superbe *a* soberbio, a.
supercarburant *m* supercarburante.
supercherie *f* superchería.

superfici/e *f* superficie. **-el, elle** *a* superficial.
superflu, e *a* superfluo, a.
supér/ieur, e *a* superior : *qualité supérieure*, calidad superior. □ *s* superior, a. **-iorité** *f* superioridad.
superlatif, ive *a/m* superlativo, a.
supermarché *m* supermercado.
superposer *t* superponer : *étagères superposées*, estantes superpuestos.
supersonique *a* supersónico, a.
superstit/ion *f* superstición. **-ieux, euse** *a* supersticioso, a.
supplanter *t* suplantar.
suppléant, e *a/s* suplente, substituto, a.
suppléer *t/i — au manque de...*, suplir la falta de...
supplément *m* suplemento. **-aire** *a* suplementario. | *heures supplémentaires*, horas extraordinarias.
suppliant, e *a* suplicante.
supplication *f* suplicación.
supplice *m* suplicio.
supplier *t* suplicar : *je t'en supplie*, te lo suplico.
support *m* soporte.
¹support/er *t* soportar. **-able** *a* soportable.
²supporter [sypɔRtɛR] *m* partidario, hincha.
suppos/er *t* suponer : *supposons que...*, supongamos que... **-é, ée** *a* supuesto, a. **-ition** *f* suposición.
suppositoire *m* supositorio.
suppr/imer *t* suprimir. **-ession** *f* supresión.
suppurer *i* supurar.
suprématie *f* supremacía.
suprême *a* supremo, a.
¹sur *prép* **1** sobre : *flotter — l'eau*, flotar sobre el agua ; *conférence — Goya*, conferencia sobre Goya. **2** en : *— le littoral*, en el litoral ; *assis — un banc*, sentado en un banco ; *un baiser — le front*, un beso en la frente. **3** (mouvement vers) a, al : *sortir — le balcon*, salir al balcón.

4 *por* : *se répandre – le sol*, derramarse por el suelo ; *des larmes coulaient – ses joues*, lágrimas corrían por sus mejillas. 5 *un jour – deux*, un día de cada dos ; *une personne – trois*, una de cada tres personas ; *neuf mètres – six*, nueve metros por seis. 6 – *ce*, en esto ; *être – le départ*, estar para salir. 7 *avoir de l'argent – soi*, llevar dinero encima.

²**sur, e** *a* ácido, a.

sûr, e *a* seguro, a : *es-tu – qu'il viendra ?*, ¿estás seguro de que vendrá ? I *à coup –*, con toda seguridad ; *bien –* !, ¡claro !, ¡desde luego !

surabondance *f* sobreabundancia.

suralimenter *t* sobrealimentar.

suranné, e *a* anticuado, a.

surcharge *f* sobrecarga.

surcharger ° *t* 1 sobrecargar. 2 *surchargé de travail*, agobiado de trabajo.

surchauffer *t* calentar demasiado.

surdité *f* sordera.

sureau *m* saúco.

surélever ° *t* levantar.

sûrement *adv* seguramente.

surenchère *f* sobrepuja.

sûreté *f* seguridad. I *en –*, a salvo.

surexciter *t* sobreexcitar.

surface *f* 1 superficie. 2 *grandes surfaces*, grandes almacenes *m*.

surgelé, e *a* congelado, a.

surgir *i* surgir.

surhumain, e *a* sobrehumano, a.

sur-le-champ ⇒ **champ.**

surlendemain *m le –*, dos días después.

surmen/er ° *t* agotar de fatiga. **-age** *m* surmenaje.

surmonter *t* 1 coronar. 2 (*une difficulté*) superar.

surnager ° *i* flotar.

surnaturel, elle *a* sobrenatural.

surnom *m* apodo. **-mer** *t* apodar.

surpasser *t* superar.

surpeuplé, e *a* superpoblado, a.

surplis |syrpli| *m* sobrepelliz *f*.

surplomber *t* dominar.

surplus |syrply| *m* exceso, excedente.

surpr/endre ° *t* sorprender. **-enant, e** *a* sorprendente.

surprise *f* 1 sorpresa. 2 *surprise-partie*, guateque *m*.

surréalisme *m* surrealismo.

sursaut *m* sobresalto. I *se réveiller en –*, despertar sobresaltado. **-er** *i* sobresaltarse.

sursis |syrsi| *m* 1 plazo. 2 MIL prórroga *f*.

surtout *adv* sobre todo.

surveill/er *t* vigilar. **-ance** *f* vigilancia. **-ant, e** *s* vigilante.

survenir ° *i* sobrevenir, ocurrir.

survêtement *m* chandal.

survie *f* supervivencia.

survivant, e *s* superviviente.

survivre ° *i* sobrevivir.

survol *m* vuelo por encima. **-er** *t* sobrevolar.

suscept/ible *a* susceptible. **-ilité** *f* susceptibilidad.

susciter *t* suscitar.

suspect, e |syspε(kt), εkt| *a/s* sospechoso, a. **-er** *t* sospechar de.

suspend/re *t* 1 – *à un clou*, colgar de un clavo. 2 (interrompre) suspender. **-u, ue** *a* suspendido, a. I *pont –*, puente colgante.

suspens (en) |āsyspā| *loc adv* en suspenso.

suspension *f* 1 suspensión. 2 (lustre) lámpara. 3 *points de –*, puntos suspensivos.

suspicion *f* desconfianza.

susurrer *i* susurrar.

suture *f* sutura.

Suzanne *n p f* Susana.

svelte *a* esbelto, a.

sycomore *m* sicómoro.

syllabe *f* sílaba.

sylvestre *a* silvestre.

symbol/e *m* símbolo. **-ique** *a*

simbólico, a. **-iser** t simbolizar.

symétr/ie f simetría. **-ique** a simétrico, a.

sympath/ie f simpatía. **-ique** a simpático, a. **-iser** i simpatizar, congeniar.

symphonie f sinfonía.

symptôme m síntoma.

synagogue f sinagoga.

synchroniser t sincronizar.

syncope f 1 síncope m : *avoir une* —, padecer un síncope. 2 MUS síncopa.

syndical, e a sindical : *délégués syndicaux*, enlaces sindicales.

-isme m sindicalismo. **-iste** s sindicalista.

syndicat m 1 sindicato. 2 — *d'initiative*, oficina f de turismo.

syndiquer (se) pr sindicarse.

synonyme a/m sinónimo, a.

syntaxe f sintaxis.

synth/èse f síntesis. **-étique** a sintético, a.

Syrie n p f Siria.

syrien, enne a/s sirio, a.

systématique a sistemático, a.

système m 1 sistema. 2 FAM *taper sur le* —, incordiar.

T

t *m* t *f* : *un t*, una t.

t' ⇒ **te.**

ta *a poss* tu. ⇒ **ton.**

tabac |taba| *m* tabaco. I *bureau de* —, estanco.

tabernacle *m* tabernáculo.

table *f* **1** mesa : *se mettre à* —, sentarse a la mesa. I — *de nuit*, mesita de noche ; — *roulante*, carrito *m* ; — *ronde*, mesa redonda ; *faire* — *rase*, hacer tabla rasa. **2** — *des matières*, indice *m*. **3** — *de multiplication*, tabla de multiplicar.

tableau *m* **1** cuadro. **2** — *noir*, pizarra *f*. **3** — *d'affichage*, tablón de anuncios. **4** — *de bord*, tablero de mandos ; (d'une voiture) salpicadero.

tablette *f* **1** (rayon) repisa. **2** (de chocolat) tableta.

tablier *m* delantal.

tabou *m* tabú.

tabouret *m* taburete.

tache *f* **1** mancha. **2** — *de rousseur*, peca.

tâche *f* tarea, labor.

tacher *t* manchar.

tâcher *i* procurar, tratar de : *tâche d'arriver à l'heure*, procura llegar a hora.

tacheté, e *a* moteado, a.

tacite *a* tácito, a.

taciturne *a* taciturno, a.

tacot *m* FAM cacharro, coche viejo.

tact |takt| *m* tacto.

tactique *a/f* táctico, a.

taffetas |tafta| *m* tafetán.

Tage *n p m* Tajo.

taie *f* — *d'oreiller*, funda de almohada.

taille *f* **1** estatura : *par rang de* —, por orden de estatura. **2** talle *m* :

— *fine*, talle esbelto. I *tour de* —, medida *f* de la cintura. **3** (des pierres) tallado *m*. I *pierre de* —, sillar *m*. **4** (des arbres) poda, tala.

taille-crayon |tajkrɛjɔ̃| *m* sacapuntas.

tailler *t* **1** cortar. **2** (pierre) tallar. **3** (arbre) podar, talar : — *un rosier*, podar un rosal. **4** (crayons) sacar punta a. □ FAM *se* —, largarse.

tailleur *m* **1** sastre. **2** (costume de femme) traje sastre, traje de chaqueta.

taillis |taji| *m* monte bajo.

taire ° *t* callar. □ *se* —, callarse : *tais-toi !*, ¡cállate ! ; *taisez-vous !*, ¡cállese ! ; ¡cállense !

talc |talk| *m* talco.

talent *m* talento.

taloche *f* FAM torta, pescozón *m*.

talon *m* **1** (du pied) talón. **2** (d'une chaussure) tacón. **3** (d'un carnet) matriz *f*.

talonner *t* acosar.

talus |taly| *m* talud.

tambour *m* **1** tambor : *jouer du* —, tocar el tambor. I — *de basque*, pandereta *f*. **2** TECHN tambor. **-in** *m* tamboril.

tamis |tami| *m* tamiz.

Tamise *n p f* Támesis *m*.

tamiser *t* tamizar, cerner.

tampon *m* **1** (bouchon) tapón. **2** (pour encrer) tampón. **3** (cachet) sello. **4** (oblitération) matasellos. **5** (de wagon) tope.

tamponn/er (se) *pr* chocar. **-ement** *m* choque.

tanche *f* tenca.

tandis que |tɑ̃dikə| *loc conj* mientras que.

tangage *m* cabeceo.

tangente *a/f* tangente.

tangible _a_ tangible.

tango _m_ tango.

tanguer _i_ cabecear.

tanière _f_ guarida.

tanin _m_ tanino.

tank [tãk] _m_ tanque.

tann/er _t_ 1 curtir. 2 FAM (agacer) fastidiar. **-erie** _f_ curtiduría. **-eur** _m_ curtidor.

tant _adv_ 1 tanto. | — _bien que mal_, mal que bien; — _qu'à faire_, puesto que no hay otro remedio; — _s'en faut_, ni mucho menos; — _mieux!_, ¡mejor que mejor!; ¡ — _pis!_, ¡ tanto peor!; — _pis pour toi_, peor para ti; _en — que_, en calidad de. 2 — _de_, tanto, a, os, as: — _de fleurs_, tantas flores. 3 — _que_, mientras: — _que je vivrai_, mientras viva. □ _m_ — _pour cent_, tanto por ciento; _un — soit peu_, un poquito.

tante _f_ tía.

tantôt _adv_ 1 (cet après-midi) esta tarde. 2 — _triste_, — _gai_, ya triste, ya alegre.

taon [tã] _m_ tábano.

tapag/e _m_ alboroto. | _faire du —_, alborotar. **-eur, euse** _a_ alborotador, a.

tape _f_ palmada.

tape-à-l'œil [tapalœj] _a_ llamativo, a.

tap/er _t_ 1 pegar, golpear. 2 — _à la machine_, escribir a máquina. 3 FAM — _un ami de cent francs_, dar un sablazo a un amigo pidiéndole cien francos. □ _i_ 1 _le soleil tape dur_, el sol pega, aprieta de firme. 2 — _dans l'œil_, caer en gracia. 3 — _sur les nerfs_, crispar los nervios. □ POP _se — un travail ennuyeux_, cargarse con un trabajo molesto. **-eur, euse** _s_ FAM sablista _m_.

tapioca _m_ tapioca _f_.

tapir (se) _pr_ agazaparse.

tapis [tapi] _m_ 1 alfombra _f_. | _tapis-brosse_, felpudo. 2 (de table) tapete. 3 — _roulant_, transportador de cinta.

tapiss/er _t_ 1 (avec du papier) empapelar. 2 cubrir. **-erie** _f_ 1 (étoffe) tapiz _m_. 2 (art) tapicería. **-ier, ère** _s_ tapicero, a.

tapoter _t_ dar golpecitos en.

taquin, e _a_ travieso, a. **-er** _t_ hacer rabiar. **-erie** _f_ provocación, broma fastidiosa.

tard [tar] _adv_ tarde. | _au plus —_, a más tardar. **-er** _i_ tardar. □ _impers_ _il me tarde de..._, estoy impaciente por... **-if, ive** _a_ tardío, a.

tare _f_ 1 defecto _m_. 2 (poids) tara.

targette _f_ pestillo _m_.

tarif _m_ tarifa _f_.

tarir _t_ secar. □ _i_ secarse, agotarse.

tarte _f_ tarta. **-lette** _f_ tartita.

tartine _f_ — _de confiture, de beurre_, rebanada de pan con mermelada, con mantequilla.

tartre _m_ sarro.

tas [ta] _m_ montón.

tasse _f_ taza.

tasser _t_ comprimir. □ _pr_ 1 (s'affaisser) hundirse. 2 (se serrer) apretujarse. 3 (se recroqueviller) achapararse. 4 FAM (s'arranger) arreglarse.

tâter _t_ 1 palpar, tentar. | — _le pouls_, tomar el pulso. 2 sondear. | — _le terrain_, tantear el terreno. □ FIG _se —_, reflexionar, preguntarse.

tâtonn/er _i_ 1 ir a tientas. 2 FIG titubear. **-ement** _m_ ensayo.

tâtons (à) _loc adv_ a tientas.

tatou/er _t_ tatuar. **-age** _m_ tatuaje.

taudis [todi] _m_ tugurio.

taup/e _f_ topo _m_. **-inière** _f_ topera.

taur/eau _m_ toro: — _de combat_, toro de lidia. **-omachie** _f_ tauromaquia.

taux [to] _m_ 1 _placer de l'argent au — de 7 %_, colocar dinero con interés del 7 %. | — _de change_, cambio. 2 porcentaje. 3 índice, tasa _f_: — _de mortalité_, tasa de mortalidad.

taverne _f_ taberna.

tax/e _f_ 1 tasa. 2 impuesto _m_. **-ation** _f_ tasación. **-er** _t_ 1 (les prix) tasar. **2** poner un impuesto a, gravar.

taxi *m* taxi. l *chauffeur de* —, taxista.

taxiphone *m* teléfono público.

Tchécoslovaquie *n p f* Checoslovaquia.

tchèque *a/s* checo, a.

te, t' *pron pers* te.

technicien, enne |tɛknisjɛ̃, jɛn| *s* técnico m, especialista.

technique |tɛknik| *a/f* técnico, a.

technocrate |tɛtnɔkʀat| *m* tecnócrata.

technologie |tɛknɔlɔʒi| *f* tecnología.

tee-shirt |tiʃœʀt| *m* camiseta *f*.

teindre ° *t* teñir : *teint en bleu*, teñido de azul. □ *pr elle se teint les cheveux en noir*, se tiñe el pelo de negro.

teint *m* **1** (du visage) tez *f* : *un* — *hâlé*, una tez tostada. **2** tinte. l *tissu bon* —, tejido de color sólido.

teint/e *f* tinte, color *m*. **-er** *t* teñir.

teintur/e *f* tintura. **-erie** *f* tintorería. **-ier, ère** *s* tintorero, a.

tel, telle *a* **1** tal : *un* — *homme*, tal hombre ; *de telles dépenses*, tales gastos ; — *jour, à telle heure*, tal día, a tal hora. **2** — *que*, tal como. **3** — *quel*, tal cual. □ *pron* **1** *monsieur un* —, *madame une telle*, el señor fulano, la señora fulana. **2** *rien de* — *que...*, nada como... ; *il n'y a rien de* — , no hay como esto.

télé *f* FAM tele.

télécommander *t* teledirigir.

télécommunication *f* telecomunicación.

téléférique *m* teleférico.

télégramme *m* telegrama.

télégraph/e *m* telégrafo. **-ier** *t* telegrafiar. **-ique** *a* telegráfico, a. **-iste** *m* repartidor de telégrafos.

téléguid/er *t* teledirigir. **-age** *m* dirección *f* a distancia.

télémètre *m* telémetro.

téléobjectif *m* teleobjetivo.

télépathie *f* telepatía.

téléphérique *m* teleférico.

téléphon/e *m* teléfono : *appeler au* —, llamar por teléfono. l *coup de* —, llamada *f* telefónica, telefonazo. **-er** *t/i* telefonear. **-ique** *f* telefónico, a. **-iste** *s* telefonista.

télescope *m* telescopio.

télescoper *t* chocar. □ *pr les deux trains se sont télescopés*, los dos trenes han chocado.

télescopique *a* telescópico, a.

télésiège *m* telesilla *f*.

téléski *m* telesquí.

téléspectateur, trice *s* televidente.

télévis/ion *f* televisión **-er** *t* televisar. **-eur** *m* televisor.

tellement |tɛlmã| *adv* **1** (= si) tan. **2** (= tant) tanto, a : *il a* — *souffert!*, ¡ has sufrido tanto !

témér/aire *a* temerario, a. **-ité** *f* temeridad.

témoign/er *t* **1** atestiguar, testimoniar. l — *de*, dar pruebas de. **2** (un sentiment) manifestar, mostrar. **-age** *m* **1** testimonio. **2** muestra *f*, prueba *f* : *un* — *d'affection*, una muestra de cariño.

témoin *m* **1** testigo : *prendre à* —, tomar como testigo. **2** (dans un mariage) padrino, madrina *f*. **3** (preuve) prueba *f*. **4** *appartement* —, piso piloto.

tempe *f* sien : *les tempes*, las sienes.

tempérament *m* **1** temperamento. **2** *vente à* —, venta a plazos.

tempér/ant, e *a* temperante. **-ance** *f* templanza.

température *f* temperatura.

tempér/er ° *t* templar. **-é, ée** *a* templado, a.

tempête *f* **1** tempestad. **2** (sur terre) tormenta : — *de neige*, tormenta de nieve.

temple *m* templo.

temporaire *a* temporal.

temporel, elle *a* temporal.

temporiser *i* diferir.

temps |tâ| *m* 1 tiempo : *je n'ai pas le – de m'amuser,* no tengo tiempo para divertirme ; *perdre son –,* perder el tiempo ; *passer le –,* hacer tiempo. I *à plein –,* con plena dedicación ; *de – en –,* de cuando en cuando ; *de mon –,* en mis tiempos ; *en même –,* al mismo tiempo ; *il est – de...,* ya es hora de... 2 tiempo : *quel – fait-il ?,* ¿ qué tiempo hace ? ; *mauvais –,* mal tiempo. I *gros –,* temporal.

tenac/e *a* tenaz. **-ité** *f* tenacidad.

tenailles *f pl* tenazas.

tendanc/e *f* tendencia. **-ieux, euse** *a* tendencioso, a.

tendon *m* tendón.

¹**tendre** *a* 1 tierno, a. I *– enfance,* tierna edad. 2 (couleur) suave.

²**tendre** *t* 1 (une corde, etc.) tender. 2 (arc, piège) armar. 3 *– le bras,* alargar el brazo. 4 (donner) dar, alcanzar : *il tendit son billet au contrôleur,* dió, alcanzó el billete al revisor. □ *i – à,* tender a : *la situation tend à s'améliorer,* la situación tiende a mejorarse.

tendresse *f* ternura.

tendu, e *a* tenso, a.

ten/èbres *f pl* tinieblas. **-ébreux, euse** *a* tenebroso, a.

teneur *f* contenido *m*.

tenir ° *t* 1 *– son enfant par la main,* llevar al niño de la mano. 2 (en serrant) sujetar : *tiens-moi la porte,* sujétame la puerta. 3 (contenir) contener. 4 (un espace) ocupar. 5 *– sa droite,* ir por la derecha. 6 (une réunion) celebrar. 7 (un commerce) llevar. 8 *– sa parole,* cumplir su palabra. 9 *– pour certain,* tener por cierto. □ *i* 1 estar sujeto. a. 2 *le malade ne tient pas sur ses jambes,* el enfermo no se aguanta de pie. 3 *– bon,* resistir, 4 caber : *ça ne tient pas*

dans la valise, esto no cabe en la maleta ; *nous tiendrons bien à six dans la voiture,* cabremos los seis en el coche. 5 (durer) durar. 6 *je tiens à cet objet,* tengo apego a este objeto ; *je tiens à y aller,* tengo empeño en ir allí ; *je n'y tiens pas,* no me apetece. 7 *son échec tient à deux raisons,* su fracaso se debe a dos razones. 8 *il ne tient qu'à vous,* sólo depende de usted. 9 *tiens !,* (surprise) ¡ hombre ! □ *pr* 1 *se – à la rampe,* agarrarse a la barandilla ; *se – par la main,* ir cogidos de la mano. I *tiens-toi droit !,* ¡ ponte derecho ! 3 *se – tranquille,* estarse tranquilo ; *se – mal,* portarse mal. 4 *savoir à quoi s'en –,* saber a qué atenerse.

tennis *m* tenis. I *chaussures de –,* zapatillas de tenis.

ténor *m* tenor.

tension *f* tensión.

tentacule *m* tentáculo.

tentant, e *a* tentador, a.

tentateur, trice *a/s* tentador, a.

tentation *f* tentación.

tentative *f* tentativa.

tente *f* tienda de campaña.

tenter *t* 1 (séduire) tentar : *se laisser –,* dejarse tentar. I *ça ne me tente pas,* no me apetece. 2 (essayer) intentar. I *– de,* tratar de, intentar. 3 *– sa chance,* probar fortuna ; *tentez votre chance !,* ¡ pruebe su suerte !

tenture *f* colgadura.

tenu, e *a* 1 *être – à,* estar obligado a. 2 *bien –,* bien cuidado.

ténu, e *a* tenue.

tenue *f* 1 (maintien) modales *m pl.* 2 traje *m,* uniforme *m* : *– de soirée,* traje de etiqueta ; *en –,* de uniforme.

térébenthine *f* trementina.

tergiverser *i* andar con rodeos.

¹**terme** *m* 1 (délai) término, plazo : *à court –,* a corto plazo. 2 (loyer) alquiler.

²**terme** *m* (mot) término. I *en d'autres termes*, dicho de otro modo.

termin/er *t* terminar, acabar. **-aison** *f* terminación. **-al, e** *a* terminal. □ *m* (aérogare) terminal *f*.

terminus |tɛʀminys| *m* término.

termite *m* comején, termes.

tern/e *a* apagado, a. **-ir** *t* empañar.

terrain *m* **1** terreno. I – *vague*, descampado, solar. **2** (de sports, d'aviation) campo.

terrasse *f* **1** terraza. **2** (toiture plate) azotea.

terrass/er *t* **1** (renverser) tirar al suelo. **2** abatir. **-ement** *m* desmonte, nivelación *f*. **-ier** *m* peón zapador.

terr/e *f* **1** tierra. **2** suelo *m* : *jeter par* –, tirar al suelo ; *assis par* –, sentado en el suelo. **3** – *glaise*, barro *m*, greda. I – *cuite*, barro cocido ; *une* – *cuite*, una terracota. **-eau** *m* mantillo.

terre-plein *m* terraplén.

terrestre *a* terrestre.

terreur *f* terror *m*.

terreux, euse *a* terroso, a.

terrible *a* terrible.

terrier *m* madriguera *f*.

terrifi/er *t* aterrar. **-ant, e** *a* terrorífico, a.

terrine *f* cazuela de barro.

territ/oire *m* territorio. **-orial, e** *a* territorial.

terroir *m* terruño.

terror/iser *t* aterrorizar. **-isme** *m* terrorismo. **-iste** *s* terrorista.

tertiaire |tɛʀsjɛʀ| *a* terciario, a.

tertre *m* montículo.

tes *a poss* tus. ⇒ **ton.**

test *m* test, prueba *f*.

testament *m* testamento.

têtard |tɛtaʀ| *m* renacuajo.

tête *f* **1** cabeza. I – *nue*, con la cabeza descubierta ; *la* – *la première*, de cabeza ; *mal de* –,

dolor de cabeza ; *j'en ai par-dessus la* –, estoy hasta la coronilla ; *il n'en fait qu'à sa* –, sólo hace lo que le da la gana ; *tenir* – *à*, resistir a. **2** – *de mort*, calavera. **3** (visage) cara. I *faire la* –, poner mala cara ; *tu en fais une* –!, ¡la cara que pones!; *faire la* – *à quelqu'un*, estar de morros con alguien. **4** *la* – *du lit*, la cabecera de la cama;

tête-à-queue *m* vuelta completa.

tête-à-tête *m* entrevista *f* entre dos personas, tête-à-tête. I *en* –, mano a mano.

tét/er ° *t* mamar. **-ine** *f* **1** teta. **2** (d'un biberon) tetina.

têtu, e *a* testarudo, a, terco, a.

Texas |tɛksas| *n p m* Tejas.

texte *m* texto.

textile *a/m* textil.

thé *m* té.

théâtr/e *m* teatro : *pièce de* –, obra de teatro. I *coup de* –, suceso imprevisto. **-al, e** *a* teatral.

théière *f* tetera.

thème *m* **1** tema. **2** traducción *f*.

théolog/ie *f* teología. **-ien** *m* teólogo.

théorème *m* teorema.

théor/ie *f* teoría. **-icien, enne** *s* teórico, a.

thérapeutique *a/f* terapéutico, a.

Thérèse *n p f* Teresa.

thermal, e *a* termal. I *station thermale*, balneario *m*.

thermomètre *m* termómetro.

thermos |tɛʀmos| *f* termo *m*.

thermostat *m* termostato.

thèse *f* tesis.

Thomas *n p m* Tomás.

thon *m* atún.

thor/ax *m* tórax. **-acique** *a* torácico, a.

thym |tɛ̃| *m* tomillo.

tibia *m* tibia *f*.

tic *m* tic.

ticket |tikɛ| *m* billete, tiquet.

tiède *a* tibio, a, templado, a.

tiédeur *f* tibieza.

tiédir *t* templar. □ *i* entibiarse.

tien, tienne *a/pr poss* tuyo, a. □ pl *les tiens*, los tuyos.

tiens ⇒ **tenir**.

tiers, tierce |tjɛʀ, tjɛʀs| *a* tercer, a. I *une tierce personne*, una tercera persona. □ *m* tercera parte *f* : *les deux* —, las dos terceras partes.

tige *f* 1 (de plante) tallo *m*. 2 (barre) varilla, barra.

tigr/e, esse *s* tigre. **-é, ée** *a* atigrado, a.

tilleul *m* 1 (arbre) tilo. 2 (infusion) tila *f*.

timbale *f* 1 MUS timbal *m*. 2 (gobelet) cubilete *m*.

timbre *m* 1 (sonnerie, son) timbre. 2 (postal, cachet) sello : *un — à un franc*, un sello de un franco. I *timbre-poste*, sello. 3 (fiscal) timbre.

timbr/er *t* 1 (une lettre) franquear. 2 (un document) timbrar. **-é, ée** *a* 1 *enveloppe timbrée*, sobre sellado. 2 FAM (fou) chiflado, a.

timid/e *a* timido, a. **-ité** *f* timidez.

timonier *m* timonel.

timoré, e *a* timorato, a.

tintamarre *m* estruendo.

tint/er *i* 1 tocar, tañer. 2 (oreilles) zumbar. **-ement** *m* 1 tañido, tintineo. 2 zumbido.

tir *m* 1 tiro : — *au pistolet*, tiro con pistola. 2 — *forain*, tiro al blanco.

tirade *f* 1 (au théâtre) parlamento *m*. 2 FIG parrafada.

tirage *m* 1 (d'une cheminée) tiro. 2 (impression) tirada *f*. 3 (photo) prueba *f*. 4 — *au sort*, sorteo.

tiraill/er *t* dar tirones. **-ement** *m* FIG desacuerdo.

tirant d'eau *m* MAR calado.

tiré, e *a traits tirés*, facciones cansadas.

tire-bouchon *m* sacacorchos.

tirelire *f* hucha.

tirer *t* 1 tirar de : — *une remorque*, tirar de un remolque. 2 — *les rideaux*, correr las cortinas. 3 — *un coup de fusil*, disparar la escopeta. 4 (un trait) trazar. 5 (extraire) sacar : — *la langue, une conclusion*, sacar la lengua, una conclusión. 6 (imprimer) tirar. 7 (photo) — *une épreuve*, sacar una copia. 8 — *un chèque*, extender un cheque. □ *i* (cheminée) tirar. 2 — *sur une corde*, tirar de una cuerda. 3 — *sur le vert*, tirar a verde. 4 (arme à feu) — *sur quelqu'un*, disparar a alguien. 5 — *à l'arc*, tirar con arco. □ *pr* 1 POP (s'en aller) largarse. 2 *s'en* —, salir bien.

tiret *m* 1 raya *f*. 2 (trait d'union) guión.

tireur, euse *s* tirador, a.

tiroir *m* cajón.

tisane *f* tisana.

tison *m* tizón. **-nier** *m* hurgón.

tiss/er *t* tejer. **-age** *m* tejido. **-erand, e** *s* tejedor, a.

tissu *m* tejido. I *tissu-éponge*, tela *f* de rizo.

titre *m* 1 titulo. 2 *à juste* —, con toda la razón ; *à* — *de*, en concepto de. 2 *les gros titres*, los grandes titulares. 3 — *de transport*, billete.

tituber *i* titubear.

titulaire *a/s* titular.

toast |tost| *m* 1 brindis. I *porter un* —, brindar. 2 (pain grillé) tostada *f*.

toboggan *m* tobogán.

toc *m bijou en* —, joya de bisutería.

tocsin *m* toque a rebato.

toi *pron pers* (sujet) tú, (complément) te, ti : —, *tais-toi!*, ¡tú, cállate! ; *un autre que* —, otro que tú ; *c'est* — *qui commences*, empiezas tú ; *à* — *de jouer*, a ti te toca jugar. I *avec* —, contigo.

toile *f* 1 tela. I — *cirée*, hule *m* ; — *d'araignée*, telaraña. 2 (forte pour bâches, tentes, etc.) lona. 3 (peinture) lienzo *m*.

toilette *f* 1 aseo *m* : *cabinet de* —,

cuarto de aseo. | *faire sa —*, lavarse. 2 (vêtement) traje *m*. □ *pl les toilettes*, el aseo, el lavabo.

toison *f* vellón *m*.

toit *m* 1 tejado. 2 (d'une voiture) — *ouvrant*, techo corredizo. 3 FIG techo. **-ure** *f* techumbre.

tôle *f* chapa.

tolér/er ° *t* tolerar. **-able** *a* tolerable. **-ance** *f* tolerancia. **-ant, e** *a* tolerante.

tomate *f* tomate *m*.

tomb/e *f* tumba, sepultura. **-eau** *m* sepulcro.

tombée *f à la — de la nuit*, al anochecer.

tomber *i* 1 caer, caerse: *il est tombé*, (se) ha caído; *il est tombé à la renverse*, se cayó de espaldas; *— de sommeil*, caerse de sueño. 2 — *malade*, caer enfermo. 3 *ça tombe mal*, esto viene mal; *vous tombez bien*, llega usted en buena coyuntura. 4 FAM *laisse —*, déjalo, no hagas caso.

tombereau *m* volquete.

tombola *f* tómbola.

tome *m* tomo.

¹**ton, ta, tes** *a poss* tu, tus: — *oncle et ta tante*, tu tío y tu tía.

²**ton** *m* tono. **-alité** *f* 1 tonalidad. 2 (téléphone) señal.

tond/re *t* 1 (animaux) esquilar. 2 (cheveux) cortar, rapar. 3 (gazon) cortar. **-euse** *f* 1 maquinilla de cortar el pelo. 2 — *à gazon*, corta-césped *m*.

tonifier *t* tonificar.

tonique *a/m* tónico, a.

tonnage *m* MAR arqueo.

tonne *f* (poids) tonelada.

tonn/eau *m* 1 tonel, cuba *f*. 2 *faire un —*, dar una vuelta de campana. **-elier** *m* tonelero.

tonnelle *f* cenador *m*.

tonner *i* tronar: *il tonne*, truena.

tonnerre *m* 1 trueno. | *coup de —*, trueno. 2 FAM *du —*, bárbaro, a, macanudo, a.

topaze *f* topacio *m*.

topographie *f* topografía.

toquade *f* FAM chifladura.

toque *f* gorro *m*.

toqu/é, e *a* FAM chiflado, a. **-er (se)** *pr se — de*, chiflarse por.

torche *f* antorcha, tea.

torchon *m* paño (de cocina), trapo.

tordant, e *a* FAM mondante.

tordre *t* torcer. □ *pr* 1 *je me suis tordu la cheville*, me torcí el tobillo. 2 *se — de rire*, desternillarse de risa.

tornade *f* tornado *m*.

torpeur *f* entorpecimiento *m*.

torpill/e *f* torpedo *m*. **-er** *t* torpedear. **-eur** *m* torpedero.

torréfier *t* tostar. | *café torréfié*, café torrefacto.

torrent *m* torrente. | *il pleut à torrents*, llueve a cántaros. **-iel, elle** *a* torrencial.

torride *a* tórrido, a.

torse *m* torso. | — *nu*, desnudo de la cintura para arriba.

torsion *f* torsión.

tort |tɔR| *m* 1 (faute) culpa *f*. | *avoir —*, estar equivocado, a; *avoir — de*, hacer mal en; *à —*, injustamente; *à — et à travers*, a tontas y a locas. 2 *faire du — à*, perjudicar a.

torticolis |tɔRtikɔli| *m* torticolis.

tortiller *t* retorcer. □ *se —*, retorcerse.

tortue *f* tortuga.

tortueux, euse *a* tortuoso, a.

tortur/e *f* tortura. **-er** *t* torturar.

tôt |to| *adv* 1 pronto: *le plus — possible*, lo más pronto posible. | *au plus —*, cuanto antes. 2 temprano: *se lever —*, levantarse temprano. | — *ou tard*, tarde o temprano.

total, e *a/m* total. **-iser** *t* totalizar. **-itaire** *a* totalitario, a. **-ité** *f* totalidad.

toubib *m* FAM médico.

touchant, e a conmovedor, a.

touche f 1 (de peinture) pincelada. 2 (d'un piano, d'une machine à écrire) tecla. 3 *ligne de —*, línea de banda.

¹toucher t 1 tocar. 2 *où peut-on vous — ?*, ¿dónde se le puede localizar ? 3 *— de l'argent, un chèque*, cobrar dinero, un cheque. 4 (émouvoir) conmover. 5 (concerner)·concernir, afectar a. 6 *— à*, tocar: *ne touche pas à ce vase*, no toques este jarrón. 7 *— à sa fin*, tocar a su fin. □ *se —*, tocarse.

²toucher m tacto.

touff/e f 1 (d'herbe) mata. 2 (de cheveux) mechón m. **-u, ue** a 1 espeso, a. 2 frondoso, a.

toujours adv 1 siempre: *pour —*, para siempre. 2 (encore) todavía: *il n'est — pas là*, todavía no ha llegado. I *— est-il que...*, lo cierto es que...

toupet m FAM cara f : *avoir du —*, tener cara, tener la cara dura.

toupie f trompo m.

¹tour f torre.

²tour m 1 vuelta f : *faire le — du monde*, dar la vuelta al mundo; *faire un —*, dar una vuelta. 2 circunferencia f. I *— de hanches*, medida f de las caderas. 3 turno, vez f : *c'est mon —*, es mi turno; *à — de rôle*, por turno; *chacun son —*, cada uno a su vez. 4 *mauvais —*, mala pasada; *jouer un sale —*, gastar una mala faena. 5 (machine) torno.

tourbe f turba.

tourbillon m torbellino. **-ner** i arremolinarse.

tourelle f 1 torrecilla. 2 (char d'assaut, etc.) torreta.

tour/isme m turismo. I *une voiture de —*, un turismo. **-iste** s turista. **-istique** a turístico, a.

tourment m tormento. **-er** t atormentar. □ *se —*, inquietarse.

tournage m (d'un film) rodaje.

tournant, e a giratorio, a. □ m curva f, vuelta f.

tourne-disque m tocadiscos.

tournedos [turnədo] m filete.

tournée f 1 (d'inspection, théâtrale) gira. 2 *la — du facteur*, la ronda del cartero. 3 FAM *payer une —*, pagar la ronda.

tourner t 1 (une manivelle, etc.) girar. 2 *le dos, les yeux vers*, volver la espalda, los ojos hacia. 3 *— un film*, rodar una película. 4 *— en ridicule*, ridiculizar a. □ i 1 girar. 2 *— autour de*, dar vueltas alrededor de. 3 *tourner à droite*, tuerza a la derecha. 4 *le vent a tourné*, el viento ha cambiado. 5 (le lait) cortarse. 6 *ce garçon a mal tourné*, este muchacho se ha descarriado, se ha echado a perder; *ça a mal tourné*, ha salido mal. 7 *la tête me tourne*, me mareo. □ *se — vers*, volverse hacia.

tournesol m girasol.

tournevis [turnəvis] m destornillador.

tourniquet m torniquete.

tournoi m torneo.

tour/noyer ° [turnwaje] i 1 remolinar. 2 revolotear. **-noiement** m remolino.

tournure f 1 giro m. 2 *— d'esprit*, manera de ver las cosas.

tourterelle f tórtola.

Toussaint f fiesta de todos los santos.

tousser i toser.

tout, toute, tous, toutes a/pron todo, a, os, as: *toute la France*, toda Francia; *tous les jours*, todos los días. I *tous les huit jours*, cada ocho días; *tous les deux*, ambos; *toutes les deux*, ambas. □ adv 1 *— blanc*, todo blanco; *— pourri*, completamente podrido. 2 *— triste*, muy triste; *— près*, muy cerca; *toute petite*, pequeñita, muy pequeña; *— seul*, solo. I *— à coup*, de repente; *— à fait*, completamente; *— en total*; *c'est —*, eso es todo. 3 *il lit — en mangeant*, lee mientras come. □ *m* **1** todo. **2** *le — est de...*, lo importante es... **3** *pas du —*, de ningún modo ; *pas mal du —*, nada mal ; *rien du —*, en absoluto.

toutefois |tutwfa| *adv* sin embargo, no obstante.

toutou *m* FAM perrito.

tout-puissant, toute-puissante *a/m* todopoderoso, a.

toux |tu| *f* tos.

toxique *a/m* tóxico, a.

trac *m* FAM *avoir le —*, tener un canguelo, tener miedítis.

tracas *m* preocupación *f*. **-ser** *t* inquietar, preocupar. □ *se —*, inquietarse. **-serie** *f* complicación.

trace *f* huella.

trac/er *t* trazar. **-é** *m* trazado.

trachée *f* tráquea.

tract *m* octavilla *f*.

tracteur *m* tractor.

traction *f* tracción.

tradition *f* tradición. **-nel, elle** *a* tradicional.

tradu/ire ° *t* traducir : *— en anglais*, traducir al inglés. **-cteur, trice** *s* traductor, ora. **-ction** *f* traducción.

trafic *m* tráfico.

trafiqu/er *i* traficar. □ *t* (frelater) adulterar. **-ant, e** *s* traficante.

tragéd/ie *f* tragedia. **-ien, enne** *s* actor trágico, actriz trágica.

tragique *a* trágico, a. l *prendre au —*, tomar por lo trágico.

trah/ir *t* **1** traicionar. **2** (un secret) descubrir, revelar. □ *se —*, descubrirse. **-ison** *f* traición.

train *m* **1** tren : *voyager par le —*, viajar por tren. l *aller à fond de —*, ir a toda mecha. **2** *être en —*, estar en forma ; *mettre un travail en —*, empezar un trabajo. **3** *être en —*, estar + gerundio : *il est en - - de dormir*, está durmiendo.

traînard, e *s* rezagado, a.

traînasser *i* barzonear.

traîneau *m* trineo.

traînée *f* reguero *m*.

traîn/er *t* **1** arrastrar. □ *i* **1** (pendre à terre) arrastrar, colgar. **2** andar rodando : *ses vêtements traînent partout*, sus vestidos andan rodando por todas partes. **3** *— dans les rues*, vagar por las calles. **4** *cette affaire traîne (en longueur)*, este asunto no acaba nunca. **5** (un malade) ir tirando. □ *se —*, arrastrarse.

train-train *m* rutina *f*.

traire ° *t* ordeñar.

trait *m* **1** (ligne) raya *f*. l *— d'union*, guión. **2** rasgo, característica *f*. l *— d'esprit*, agudeza *f* ; *avoir — à*, referirse a. **3** *partir comme un —*, salir disparado ; *boire d'un —*, beber de un trago. **4** *animal de —*, animal de tiro. □ *pl* (du visage) rasgos, facciones *f*. l *à grands traits*, a grandes rasgos.

traite *f* **1** COM letra de cambio. **2** *d'une seule —*, *tout d'une —*, de un tirón. **3** (du lait) ordeño *m*.

traité *m* tratado.

traitement *m* **1** tratamiento. **2** (salaire) sueldo.

traiter *t* **1** tratar. **2** (un malade) asistir. □ *i* *livre qui traite de...*, libro que trata de...

traîtr/e, esse *a/s* traidor, a. l *en —*, traidoramente. **-eusement** *adv* traidoramente. **-ise** *f* traición.

trajectoire *f* trayectoria.

trajet *f* trayecto.

trame *f* trama.

tramway |tramwɛ| *m* tranvía.

tranchant, e *a* cortante. □ *m* filo, corte.

tranche *f* **1** (de pain) rebanada ; (de jambon, etc.) lonja, tajada ; (de saucisson, etc.) rodaja. **2** (d'un livre) canto *m*.

tranchée *f* **1** zanja. **2** MIL trinchera.

trancher *t* **1** cortar. **2** (une difficulté) zanjar. □ *i* **1** decidir. **2**

(couleurs) resaltar.

tranquill/e |tʀɑ̃kil| a tranquilo, a. **-isant** m tranquilizante. **-iser** t tranquilizar. **-ité** f tranquilidad.

transaction f transacción.

transat |tʀɑ̃zat| m tumbona f.

transatlantique a/m transatlántico, a.

transbord/er t transbordar. **-ement** m transbordo. **-eur** m transbordador.

transcendant, e a trascendente.

transcr/ire ° t transcribir. **-iption** f transcripción.

transept |tʀɑ̃sɛpt| m crucero.

transférer ° t trasladar, transferir.

transfert m 1 traslado. 2 (de fonds, en psychologie) transferencia f.

transfigurer t transfigurar.

transform/er t transformar. **-ateur** m transformador. **-ation** f transformación.

transfusion f transfusión.

transgresser t transgredir.

transi, e a transido, a.

transiger ° i transigir.

transistor m transistor.

transit |tʀɑ̃zit| m tránsito. **-er** i pasar de tránsito.

transitif, ive a transitivo, a.

transit/ion f transición. **-oire** a transitorio, a.

translucide a translúcido, a.

trans/mettre ° t transmitir. **-metteur** m transmisor. **-mission** f transmisión.

transpar/aître ° i transparentarse. **-ence** f transparencia. **-ent, e** a transparente.

transpercer ° t atravesar.

transpir/er i transpirar. **-ation** f transpiración.

transplanter t trasplantar.

transport m transporte. | *transports en commun*, transportes colectivos.

transport/er t 1 transportar. 2 FIG arrebatar, entusiasmar. **-eur** m transportista.

transpos/er t transponer. **-ition** f transposición.

transvaser t trasegar.

transversal, e a transversal.

trap/èze m trapecio. **-éziste** s trapecista.

trapp/e f trampa. **-eur** m trampero.

trappiste m trapense.

trapu, e a rechoncho, a.

traquenard |tʀaknaʀ| m trampa f.

traquer t acosar.

traumatisme m traumatismo.

travail |tʀavaj| m trabajo : *— manuel*, trabajo manual. l *— à la chaine*, producción f en cadena. □ pl 1 *les travaux des champs*, las faenas del campo. 2 obras f : *ministère des travaux publics*, ministerio de obras públicas ; *attention, travaux!*, ¡ cuidado, obras !

travaill/er t trabajar, labrar. □ i 1 trabajar. 2 (se gondoler) alabearse. **-eur, euse** a/s trabajador, a.

travers m 1 *en —*, de través. 2 *à — la vitre*, a través de los cristales ; *au — de*, a través de. l *à — champs*, a campo traviesa. 3 *de —*, de través. l *la bouche de —*, la boca torcida ; *regarder de —*, mirar con mala cara. 4 (défaut) defecto.

traverse f (voie ferrée) traviesa.

traversée f travesía.

traverser t atravesar.

traversin m almohada f.

travest/ir t disfrazar. l *bal travesti*, baile de disfraces. **-issement** m disfraz.

trébucher i tropezar.

trèfle m trébol.

treillage m enrejado m.

treille f parra.

treillis |tʀeji| m 1 (métallique) enrejado. 2 (tenue militaire) traje de maniobra.

treiz/e *a/m* trece. **-ième** *a/s* decimotercio, a. I *le — siècle*, el siglo trece.

tréma *m* diéresis *f.*

tremblant, e *a* tembloroso, a.

tremble *m* álamo temblón.

trembl/er *i* temblar: *il tremble de froid*, tiembla de frío; *sa voix tremble*, le tiembla la voz. **-ement** *m* 1 temblor. 2 *— de terre*, terremoto. **-oter** *i* temblequear.

trémousser (se) *pr* agitarse.

trempe *f* (d'un métal, caractère) temple *m.*

tremper *t* 1 (mouiller) calar. I *je suis trempé*, estoy hecho una sopa. 2 (du pain) remojar. 3 (métaux) templar. □ *i* estar en remojo. □ *se —*, remojarse.

tremplin *m* trampolín.

trent/e *a/m* treinta. **-aine** *f* treintena. **-ième** *a/s* trigésimo, a.

trépaner *t* trepanar.

trépid/er *i* trepidar. **-ation** *f* trepidación.

trépied [trepje] *m* trípode *f.*

trépigner *i* patalear.

très [trɛ] *adv* 1 muy: *— joli*, muy bonito. 2 *il fait — froid*, hace mucho frío.

trésor *m* tesoro. **-erie** *f* tesorería. **-ier, ère** *s* tesorero, a.

tressaill/ir ° *i* estremecerse. **-ement** *m* estremecimiento.

tressauter *i* sobresaltarse.

tress/e *f* trenza. **-er** *t* trenzar.

tréteau *m* caballete. □ *pl* tablas *f*, tablado *sing.*

treuil [trœj] *m* torno de mano.

trève *f* tregua.

tri *m* selección *f.* **-age** *m* selección *f.*

triang/le *m* triángulo. **-ulaire** *a* triangular.

tribord *m* estribor.

tribu *f* tribu.

tribulation *f* tribulación.

tribunal *m* tribunal : *devant les tribunaux*, ante los tribunales.

tribune *f* tribuna.

tribut *m* tributo. **-aire** *a* tributario, a.

trich/er *i* hacer trampas. **-erie** *f* trampa. **-eur, euse** *s* tramposo, a.

tricolore *a* tricolor.

tricorne *m* tricornio.

tricot [triko] *m* 1 tejido de punto. 2 (chandail) jersey. I *— de corps*, camiseta *f.* **-er** *t/i* hacer punto, hacer media: *elle tricote un cache-nez*, hace una bufanda de punto.

trier *t* escoger.

trigonométrie *f* trigonometría.

trimbaler *t* FAM llevar a rastras.

trimestr/e *m* trimestre. **-iel, elle** *a* trimestral.

tringle *f* varilla.

trinité *f* trinidad.

trinquer *i* 1 brindar. 2 FAM (subir un préjudice) pagar el pato.

trio *m* trío.

triomph/e [trijɔ̃f] *m* triunfo. **-al, e** *a* triunfal. **-ateur, trice** *s* triunfador, a. **-er** *i* triunfar. I *— d'une difficulté*, vencer una dificultad, triunfar sobre una dificultad.

trip/es *f* 1 (plat) callos *m.* 2 POP (de l'homme) tripas. **-erie** *f* tripería.

tripl/e *a/m* triple. **-er** *t* triplicar.

tripot/er *t* manosear. **-age** *m* chanchullo.

triptyque *m* tríptico.

trique *f* garrote *m.*

trist/e *a* triste. **-esse** *f* tristeza.

triturer *t* triturar.

trivial, e *a* grosero, a. **-ité** *f* grosería.

troc *m* trueque.

troène *m* alheña *f.*

trognon *m* troncho.

trois [trwa] *a/m* tres. I *— cents*, trescientos, as. **-ième** *a/s* tercero, a: *au — étage*, en el tercer piso.

trolleybus |tʀɔlɛbys| *m* trolebús.

trombe *f* tromba.

trombone *m* **1** trombón. **2** (agrafe) clip.

trompe *f* trompa.

tromper *t* engañar. □ *se* —, equivocarse : *je me suis trompé de route*, me equivoqué de carretera. **-ie** *f* engaño *m*.

trompette *f* **1** trompeta. **2** *nez en* —, nariz respingona. □ *m* trompeta.

trompeur, euse *a* engañoso, a.

tronc |tʀɔ̃| *m* **1** tronco. **2** (dans une église) cepo.

tronçon *m* **1** trozo. **2** (de route) tramo.

tronçonn/er *t* cortar en trozos. **-euse** *f* tronzadora.

trône *m* trono.

tronquer *t* truncar.

trop |tʀo| *adv* **1** demasiado : *c'est cher*, es demasiado caro. I *de* —, *en* —, de más : *vingt grammes de* —, veinte gramos de más. **2** — *de*, demasiado, a, os, as : — *de choses*, demasiadas cosas.

trophée *m* trofeo.

tropi/que *m* trópico. **-cal, e** *a* tropical.

trop-plein *m* **1** desaguadero. **2** exceso.

troquer *t* trocar, cambiar.

trot |tʀo| *m* trote.

trotte *f* FAM tirada, tirón *m* : *d'ici chez toi, ça fait une* —, hay una tirada de aquí a tu casa.

trott/er *i* **1** trotar. **2** corretear. **-iner** *i* andar a pasos cortos.

trottoir *m* acera *f*.

trou *m* **1** agujero. **2** (dans la terre) hoyo. **2** — *d'air*, bache. **4** (de la serrure) ojo. **5** FAM (village) poblacho.

trouble *a* **1** turbio, a. **2** confuso, a. □ *m* (émotion) turbación *f*. □ *pl* **1** (émeute) disturbios. **2** (de la santé, du comportement) trastornos.

trouble-fête *m* aguafiestas.

troubler *t* **1** (liquider) enturbiar. **2**

(l'ordre, l'esprit) turbar. □ *se* —, turbarse.

trouée *f* **1** abertura. **2** brecha.

trouer *t* agujerear.

trouill/e *f* POP canguelo *m* : *avoir la* —, tener canguelo. **-ard, e** *s* cagueta.

troupe *f* **1** tropa. **2** (de comédiens) compañía.

troupeau *m* rebaño.

trousse *f* estuche *m* : — *de toilette*, estuche de aseo. □ *pl la police est à ses trousses*, la policía le va al alcance.

trousseau *m* **1** — *de clefs*, manojo de llaves. **2** (linge) ajuar, equipo.

trouvaille *f* hallazgo *m*.

trouver *t* **1** encontrar, hallar : *je ne trouve pas mon porte-monnaie*, no encuentro mi monedero. **2** (croire) *vous trouvez ?*, ¿ usted cree ? □ *pr* **1** (dans un endroit) encontrarse. **2** sentirse, encontrarse : *je me trouve bien ici*, me siento a gusto aquí. I *se* — *mal*, desmayarse. □ *impers il se trouve que...*, ocurre que..., da la casualidad que...

truc *m* **1** (procédé) truco. **2** FAM (chose) chisme.

trucage ⇒ **truquage.**

truculent, e *a* truculento, a.

truelle *f* llana.

truff/e *f* trufa. **-er** *t* trufar.

truie *f* cerda.

truite *f* trucha.

truqu/er *t* falsificar. **-age** *m* truco cinematográfico, trucaje.

tsar *m* zar.

¹tu *pron pers* tú (souvent omis, sert à renforcer) : — *es*, eres.

²tu ⇒ **taire.**

tuant, e *a* (fatigant) agobiante.

tube *m* **1** tubo. **2** FAM canción *f* de éxito.

tubercule *m* tubérculo.

tubercul/ose *f* tuberculosis. **-eux, euse** *a/s* tuberculoso, a.

tubulaire *a* tubular.

tu/er *t* matar. □ *se* — *au travail*,

matarse trabajando. **-erie** *f* matanza.

tue-tête (à) |atytɛt| *loc adv* a grito pelado.

tueur, euse *s* asesino, a, pistolero, a.

tuile *f* **1** teja. **2** FAM *quelle — !*, ¡qué chasco!

tulipe *f* tulipán *m*.

tuméfié, e *a* hinchado, a, tumefacto, a.

tumeur *f* tumor *m*.

tumult/e *m* tumulto. **-ueux, euse** *a* tumultuoso, a.

tunique *f* túnica.

Tunis |tynis| *n p* Túnez.

Tunisie *n p f* Túnez *m*.

tunisien, enne *a/s* tunecino, a.

tunnel *m* túnel.

turban *m* turbante.

turbine *f* turbina.

turbiner *i* POP trajinar.

turboréacteur *m* turborreactor.

turbot *m* rodaballo.

turbul/ent, e *a* turbulento, a. **-ence** *f* turbulencia.

turc, turque *a/s* turco, a.

turf *m* deporte hípico.

turlupiner *t* FAM poner negro, a, inquietar.

Turquie *n p f* Turquia.

turquoise *f* turquesa. ☐ *a* color turquesa.

tutelle *f* tutela.

tuteur, trice *s* tutor, a.

tut/oyer ° |tytwaje| *t* tutear, tratar de tú. **-oiement** *m* tuteo.

tuyau |tɥijo| *m* **1** tubo: — *d'échappement*, tubo de escape. | — *d'arrosage*, manga *f* de riego. **2** FAM (renseignement) informe confidencial. **-terie** *f* tubería.

tuyère |tɥ(ɥi)jɛʀ| *f* tobera.

tympan *m* tímpano.

type *m* **1** tipo. **2** FAM tipo, tío: *un chic —*, un tío estupendo; *pauvre —*, pobre tipo, desgraciado.

typhoïde |tifɔid| *a/f* tifoidea.

typhon |tifɔ̃| *m* tifón.

typhus |tifys| *m* tifus.

typique *a* típico, a.

typograph/e *s* tipógrafo, a. **-ie** *f* tipografía.

tyran *m* tirano. **-nie** *f* tiranía. **-nique** *a* tiránico, a. **-niser** *t* tiranizar.

tyrolien, enne *a/s* tirolés, esa.

U

u *m* u *f* : *un* –, una u.

ulc/ère *m* úlcera *f* : – *à l'estomac*, úlcera de estómago. **-érer** ° *t* FIG herir, ofender.

ultérieur, e *a* ulterior.

ultimatum [yltimatɔm] *m* ultimátum.

ultime *a* último, a.

ultra-violet, ette *a* ultravioleta.

un, une *a* uno, a (un devant un substantif masculin) : – *mètre*, un metro ; *il est une heure*, es la una. l – *à* –, de uno en uno, uno por uno ; *pas* –, ninguno, ni uno ; *pas – seul survivant*, ningún superviviente. □ *art indéf* uno, a : – *bruit*, un ruido. □ *pron* uno, a : *l'– d'eux*, uno de ellos ; *l'– et l'autre*, uno y otro ; *l'une après l'autre*, una tras otra ; *aimez-vous les uns les autres*, amaos los unos a los otros ; *les uns disent*, unos dicen. □ *f* (d'un journal) *à la une*, en primera plana.

unanim/e *a* unánime. **-ité** *f* unanimidad : *à l'–*, por unanimidad.

uni, e *a* **1** unido, a. **2** (surface, couleur) liso, a : *étoffe unie*, tela lisa.

unifier *t* unificar.

uniform/e *a/m* uniforme. **-iser** *t* uniformar. **-ité** *f* uniformidad.

unilatéral, e *a* unilateral.

union *f* unión.

unique *a* único, a. **-ment** *adv* unicamente.

unir *t* unir.

unisson *m à l'–*, al unísono.

unité *f* unidad.

univers *m* universo. **-el, elle** *a* universal.

universit/é *f* universidad. **-aire** *a* universitario, a. □ *s* profesor, a de la Universidad.

uranium [yʀanjɔm] *m* uranio.

urb/ain, e *a* urbano, a. **-anisme** *m* urbanismo.

urée *f* urea.

urg/ent, e *a* urgente. **-ence** *f* urgencia. l *d'–*, urgentemente.

urin/e *f* orina. **-aire** *a* urinario, a. **-er** *i* orinar. **-oir** *m* urinario.

urne *f* urna.

urticaire *f* urticaria.

uruguayen, enne *a/s* uruguayo, a.

usag/e *m* **1** uso : *à l'– de*, para uso de ; *faire – de*, hacer uso de. l *hors d'–*, inutilizable. **2** (coutume) costumbre *f*. **-é, ée** *a* usado, a.

usager, ère *s* usuario, a.

us/er *i* – *de*, hacer uso de. □ *t* gastar. □ *s'–*, gastarse. **-é, ée** *a* **1** usado, a, gastado a, desgastado, a : *pull – aux coudes*, jersey gastado en los codos. **2** *un homme –*, un hombre gastado.

usine *f* fábrica.

usité, e *a* usado, a.

ustensile *m* utensilio.

usuel, elle *a* usual.

¹usure *f* (détérioration) desgaste *m*.

²usur/e *f* usura. **-ier** *m* usurero.

usurp/er *t* usurpar. **-ateur, trice** *s* usurpador, a.

utérus [yterys] *m* útero.

util/e *a* útil. **-iser** *t* utilizar. **-itaire** *a* utilitario, a. **-ité** *f* utilidad.

utop/ie *f* utopía. **-ique** *a* utópico, a.

V

v |ve| *m* v *f* : *un* —, una v.

va ⇒ **aller.**

vacances *f pl* vacaciones : *partir en* —, marcharse de vacaciones ; *les grandes* —, las vacaciones de verano.

vacant, e *a* 1 (sans titulaire) vacante, desierto, a. 2 libre.

vacarme *m* alboroto.

vaccin |vaksɛ̃| *m* vacuna *f*. **-ation** *f* vacunación. **-er** *t* vacunar.

vache *f* 1 vaca. 2 FAM *une vieille* —, un hueso.

vachement *adv* FAM — *gentil*, la mar de amable.

vacher, ère *s* vaquero, a.

vachette *f* vaqueta.

vacill/er *i* vacilar. **-ant, e** *a* vacilante. **-ation** *f* vacilación.

vadrouille *f* FAM garbeo *m*. | *en* —, de paseo.

va-et-vient |vaevjɛ̃| *m* vaivén.

vagabond, e *a/s* vagabundo, a. **-age** *m* vagabundeo. **-er** *i* vagabundear, vagar.

¹vague *f* ola. | — *de chaleur*, ola de calor.

²vague *a* 1 vago, a. 2 *terrain* —, descampado, solar.

vaill/ant, e *a* valiente. **-ance** *f* valentía.

vain, e *a* vano, a. | *en* —, en vano.

vain/cre ° *t* vencer. **-cu, ue** *a/s* vencido, a. **-queur** *a/m* vencedor, a.

vais ⇒ **aller.**

vaisseau *m* 1 (bateau) buque, navío. | — *spatial*, nave *f* espacial. 2 vaso : — *sanguin*, vaso sanguíneo.

vaisselle *f* vajilla. | *faire la* —, lavar los platos.

val *m* valle.

valable *a* válido, a.

Valence *n p* (en Espagne) Valencia.

valet *m* 1 criado, mozo. 2 (cartes) sota *f*.

valeur *f* 1 valor *m*. | *mettre en* —, (une terre) beneficiar ; (mettre en évidence) destacar. 2 *homme de grande* —, hombre de gran valía. ☐ *pl* COM valores.

valide *a* válido, a.

validité *f* validez.

valise *f* 1 maleta. 2 — *diplomatique*, valija diplomática.

vallée *f* valle *m*.

vallon *m* vallecito, cañada *f*. **-né, e** *a* ondulado, a.

valoir ° *i/t* valer : *combien vaut ce livre ?*, ¿ cuánto vale este libro ? ; *il vaudrait mieux partir*, más valdría marcharse. 1 *il vaut mieux qu'il ne le sache pas*, mejor que no se entere ; *ça vaut mieux !*, ¡ es preferible ! ; *cela ne me dit rien qui vaille*, eso me da mala espina. ☐ *se* —, ser equivalentes.

vals/e *f* vals *m*. **-er** *i* bailar un vals.

valve *f* válvula.

vampire *m* vampiro.

vandal/e *s* vándalo, a. **-isme** *m* vandalismo.

vanille *f* vainilla.

vanit/é *f* vanidad. **-eux, euse** *a* vanidoso, a.

vanne *f* compuerta.

vanner *t* ahechar. 1 FAM *je suis vanné*, estoy molido.

vannerie *f* cestería.

vant/er *t* alabar. ☐ *se* —, jactarse. **-ard, e** *a/s* jactancioso, a. **-ardise** *f* jactancia.

vapeur *f* vapor *m* : *machine à* —, máquina de vapor. ☐ *m* vapor.

vaporis/er *t* vaporizar. **-ateur** *m*

vaporizador.

varech |varɛk| m fuco.

vareuse f 1 marinera. 2 guerrera, chaquetón m.

variable a variable.

variante f variante.

variation f variación.

varices f pl varices.

varicelle f varicela.

varier t/i variar.

variété f variedad. □ pl variedades.

variole f viruela.

Varsovie n p Varsovia.

¹**vase** m 1 vaso, vasija f. 2 (à fleurs) jarrón, florero.

²**vase** f cieno m.

vaseline f vaselina.

vaseux, euse a 1 cenagoso, a. 2 FAM (fatigué) pachucho, a.

vasistas |vazistas| m tragaluz.

vasque f pilón m.

vaste a vasto, a, amplio, a.

Vatican n p m Vaticano.

vaurien, enne s granuja, golfo, a.

vaut ⇒ **valoir**.

vautour m buitre.

vautrer (se) pr revolcarse.

veau m 1 ternero. 2 (viande) ternera f. 3 (cuir) becerro.

vécu ⇒ **vivre**.

vedette f 1 (bateau) lancha motora. 2 (artiste) estrella, vedette. 3 mettre en —, destacar.

végétal, e a vegetal. □ m les végétaux, los vegetales.

végétarien, enne a/s vegetariano, a.

végétation f vegetación. □ pl MED vegetaciones.

végéter ° i vegetar.

véhém/ent, e a vehemente. **-ence** f vehemencia.

véhicule m vehículo.

veille f 1 vigilia. 2 víspera : la — de Noël, la víspera de Navidad. I à la — de..., en vísperas de...

veillée f velada.

veill/er i 1 velar. 2 — sur quelqu'un, cuidar de alguien. 3 — à ce que..., procurar que... □ t — un malade, velar a un enfermo. **-eur** m — de nuit, vigilante nocturno. **-euse** f 1 lamparilla. I (d'un chauffe-eau) llama piloto.

veinard, e a/s FAM afortunado, a.

veine f 1 vena. 2 (filon) veta. 3 FAM (chance) suerte.

vélin m vitela f.

velléité f veleidad.

vélo m FAM bici f.

vélodrome m velódromo.

vélomoteur m velomotor.

velours m 1 (uni) terciopelo. 2 — côtelé, pana f.

velouté, e a aterciopelado, a.

velu, e a velludo, a.

vénal, e a venal.

vendable a vendible.

vendang/e f vendimia. **-er** ° t/i vendimiar. **-eur, euse** s vendimiador, a.

vendeur, euse s 1 vendedor, a. 2 (dans un magasin) dependiente, a.

vendre t vender : à —, se vende ; vendu, vendido.

vendredi m viernes.

vénéneux, euse a venenoso, a.

vénér/er ° t venerar. **-able** a venerable. **-ation** f veneración.

vénérien, enne a venéreo, a.

vénézuélien, enne a/s venezolano, a.

vengeance |vãʒãs| f venganza.

veng/er ° t vengar. □ se —, vengarse. **-eur, eresse** a/s vengador, a.

véniel, elle a venial.

ven/in m veneno. **-imeux, euse** a venenoso, a.

venir ° i 1 venir : il est venu hier, vino ayer. I faire — le médecin, llamar al médico. 2 llegar : le moment est venu de..., ha llegado el momento de... 3 — de, acabar de : il vient de sortir, acaba de salir.

Venise n p Venecia.

vénitien, enne a/s veneciano, a.

vent m viento. I *coup de* —, ráfaga f de viento, ventolera f; FAM *être dans le* —, estar al día.

vente f venta. I *service après* —, servicio post-venta.

venteux, euse a ventoso, a.

ventilateur m ventilador.

ventouse f ventosa.

ventr/e m vientre. I *à plat* —, de bruces, boca abajo ; *prendre du* —, echar tripa. **-iloque** s ventrílocuo, a. **-u, ue** a ventrudo, a, panzudo, a.

venu, e a/s *nouveau* —, recién llegado.

venue f llegada.

Vénus [venys] n p f Venus.

vêpres [vεpR] f pl vísperas.

ver m gusano : — *à soie*, gusano de seda. I — *luisant*, luciérnaga f.

véracité f veracidad.

véranda f veranda, mirador m.

verbal, e a verbal.

verb/e m verbo. **-eux, euse** a verboso, a. **-iage** m verborrea f. **-osité** f verbosidad.

verdâtre a verdoso, a.

verdict [vεRdik(t)] m veredicto.

verd/ir i verdear. **-oyant, e** a verdeante.

verdure f 1 verde m. 2 vegetación.

véreux, euse a 1 agusanado, a. 2 FIG sospechoso, a.

verge f 1 vara. 2 (anatomie) pene m.

verger m vergel.

verglas m hielo, suelo helado.

vergue f verga.

véridique a verídico, a.

vérifi/er t verificar, comprobar. **-cation** f verificación.

véritable a verdadero, a.

vérité f verdad : *en* —, en verdad.

vermeil, eille [vεRmεj] a bermejo, a. □ m plata f sobredorada.

vermicelle m fideo.

vermifuge m vermífugo.

vermillon m bermellón.

vermine f miseria.

vermoulu, e a carcomido, a.

vermouth [vεRmut] m vermut.

vern/is m barniz. I — *à ongles*, esmalte para uñas. **-ir** t 1 barnizar. 2 (le cuir) charolar. I *souliers vernis*, zapatos de charol. 3 FAM *être verni*, tener suerte. **-issage** m 1 barnizado. 2 (d'une exposition) inauguración f.

vérole f *petite* —, viruelas pl.

Véronique n p f Verónica.

verr/e m 1 vidrio. I *papier de* —, papel de lija. 2 (de lunettes, montre, etc.) cristal. 3 (à boire) vaso : *un* — *de vin*, un vaso de vino. I — *à pied*, copa f ; *prendre un* —, tomar una copa. □ pl (lunettes) gafas f. **-erie** f cristalería. **-ière** f (d'une cathédrale) vidriera.

verrou m cerrojo. **-iller** t cerrar.

verrue f verruga.

¹vers [vεR] m (poésie) verso.

²vers prép 1 hacia : — *le nord*, hacia el norte. 2 — *cinq heures*, a eso de las cinco, sobre las cinco.

Versailles [vεRsaj] n p Versalles.

versant m vertiente f.

versatile a versátil.

verse (à) loc adv *il pleut à* —, llueve a cántaros.

versement m pago.

verser t 1 — *du vin dans un verre*, echar vino en un vaso. 2 — *du sang, des larmes*, derramar sangre, lágrimas. 3 — *au compte de...*, ingresar en cuenta de... □ i 1 (culbuter) volcar. 2 — *dans*, caer en.

versification f versificación.

version f 1 versión. 2 traducción directa.

verso m vuelta f, dorso, verso : *lire la suite au* —, leer la continuación al dorso.

vert, e a verde. □ m verde : *le feu est au —*, el semáforo está en verde.

vert-de-gris |vɛRdəgRi| m cardenillo.

vert/èbre f vértebra. **-ébral, e** a vertebral.

vertical, e a vertical.

vertig/e m vértigo : *avoir le —*, tener vértigo. **-ineux, euse** a vertiginoso, a.

vertu f virtud. I *en — de*, en virtud de. **-eux, euse** a virtuoso, a.

verve f inspiración, calor m.

verveine f verbena.

vésicule f vesícula.

vessie f vejiga.

veste f chaqueta.

vestiaire m guardarropa, vestuario.

vestibule m vestíbulo.

vestige m vestigio.

veston m chaqueta f, americana f.

vêtement m vestido. □ pl ropa f sing : *vêtements usagés*, ropa usada. I *armoire à vêtements*, armario ropero. **2** prendas f : *vêtements de sports*, prendas de sport.

vétéran m veterano.

vétérinaire a/s veterinario, a.

vétille f fruslería.

vêtir ° t vestir.

veto |veto| m veto.

vétuste a vetusto, a.

veuf, veuve a/s viudo, a.

veuille, veut, etc. ⇒ **vouloir.**

vex/er t vejar. □ *se —*, picarse. **-ant, e** a molesto, a. **-ation** f vejación. **-atoire** a vejatorio, a.

viable a viable.

viaduc m viaducto.

viager, ère a *rente viagère*, renta vitalicia. □ m renta f vitalicia.

viande f carne.

vibr/er i vibrar. **-ant, e** a vibrante. **-ation** f vibración. **-atoire** a vibratorio, a.

vicaire m vicario.

vice m **1** vicio. **2** *— de forme*, defecto de forma.

vice-amiral m vicealmirante.

vice-roi m virrey.

vicier t viciar.

vicieux, euse a vicioso, a.

vicinal, e a vecinal.

vicissitude f vicisitud.

vicomt/e m vizconde. **-esse** f vizcondesa.

victime f víctima.

victoire f victoria.

victorieux, euse a victorioso, a.

victuailles f pl vituallas.

vidang/e f **1** (auto) *faire la —*, cambiar el aceite del motor. **2** (d'une fosse) limpieza f. **-er** t **1** cambiar el aceite. **2** limpiar.

vide a/m vacío, a.

vide-ordure m colector de basuras.

vide-poches m guantera f.

vider t **1** vaciar. **2** (un poisson, une volaille) limpiar. **3** *— les lieux*, irse. **4** FAM (épuiser) agotar. **5** FAM (expulser) echar.

vie f vida. I *être en —*, estar vivo, a ; *avoir la — dure*, tener siete vidas como los gatos ; *de ma —*, en mi vida ; *jamais de la —*, nunca jamás ; *pour la —*, para siempre, de por vida ; *président à —*, presidente vitalicio.

vieil, vieille ⇒ **vieux.**

vieillard |vjɛjaʀ| m viejo.

vieillesse f vejez.

vieill/ir i/t envejecer. **-issement** m envejecimiento. **-ot, e** a anticuado, a.

viendrai, viens, etc. ⇒ **venir.**

Vienne n p Viena.

viennois, e a/s vienés, esa.

vierge a/f virgen. I *la Sainte Vierge*, la Virgen Santísima.

vietnamien, enne a/s vietnamita.

vieux, vieil, vieille |vjø, vjɛj| a

viejo, a : *un vieil homme*, un hombre viejo ; *une vieille maison*, una casa vieja ; *un vieil ami*, un viejo amigo. I — *garçon, vieille fille*, solterón, ona ; — *jeu*, anticuado, a. □ s viejo, a. I *un petit —*, un viejecito ; *mon — !*, ¡hombre!

vigie *f* vigía *m*.

vigil/ant, e *a* vigilante. **-ance** *f* vigilancia.

vigne *f* 1 (plante) vid. I *pied de —*, cepa *f*. 2 (plantation de vignes) viña. 3 — *vierge*, cepa virgen. **-ron, onne** *s* viñador, a.

vignette *f* viñeta *f*.

vignoble *m* viñedo.

vigogne *f* vicuña.

vigoureux, euse *a* vigoroso, a.

vigueur *f* vigor *m*. I *en —*, vigente ; *la loi en —*, la ley vigente, que rige.

vil, e *a* vil.

vilain, e *a* 1 (laid) feo, a : *quel — temps !*, ¡qué tiempo más feo! 2 malo, a, desagradable : *un — tour*, una mala pasada.

vilebrequin *m* 1 berbiquí. 2 (de moteur) cigüeñal.

villa |vila| *f* chalet *m*.

villag/e |vilaʒ| *m* pueblo. I *petit —*, pueblecito. **-eois, e** *a/s* aldeano, a.

ville |vil| *f* ciudad : *habiter la —*, vivir en una ciudad. I — *d'eau*, balneario *m* ; *costume de —*, traje de calle ; *dîner en —*, comer fuera de casa.

villégiature |vileʒjatyʀ| *f* 1 veraneo *m* : *aller en —*, ir de veraneo. 2 lugar *m* para pasar las vacaciones.

vin *m* vino : — *rouge*, vino tinto ; — *de table*, vino de mesa.

vinaigr/e *m* vinagre. **-ette** *f* vinagreta. **-ier** *m* vinagrera *f*.

Vincent *n p m* Vicente.

vindicatif, ive *a* vengativo, a, vindicativo, a.

vingt |vɛ̃| *a/m* veinte. I *vingt-quatre heures*, veinticuatro horas. **-aine** *f* veintena. **-ième** *a* vigésimo, a. I *le — siècle*, el siglo veinte.

vinicole *a* vinícola.

vinylique *a* vinílico, a.

viol *m* violación *f*.

violacé, e *a* violáceo, a.

violation *f* violación.

viol/ent, e *a* violento, a. **-emment** *adv* violentamente. **-ence** *f* violencia.

violer *t* violar.

violet, ette *a/m* violado, a, morado, a.

violette *f* violeta.

violon *m* violín. I — *d'Ingres*, pasatiempo favorito, hobby. **-iste** *s* violinista.

violoncell/e *m* violoncelo. **-iste** *s* violoncelista.

violoniste *s* violinista.

vipère *f* víbora.

virage *m* 1 curva *f* : — *dangereux*, curva peligrosa. 2 (photo) viraje.

virement *m* — *bancaire*, transferencia *f* bancaria ; — *postal*, giro postal.

virer *i* virar. □ *t* 1 — *une somme au compte de*, transferir, girar una cantidad a la cuenta de. 2 FAM (renvoyer) poner de patitas en la calle.

Virginie *n p f* Virginia.

virgule *f* coma.

viril, e *a* viril, varonil. **-ité** *f* virilidad.

virtuel, elle *a* virtual.

virtuos/e *a* virtuoso, a. **-ité** *f* virtuosismo *m*.

virul/ent, e *a* virulento, a. **-ence** *f* virulencia.

virus |viʀys| *m* virus.

vis |vis| *f* 1 tornillo *m*. 2 *serrer la — à quelqu'un*, meter en cintura a alguien.

visa *m* visado.

visage *m* rostro, cara *f*.

vis-à-vis [vizavi] *adv* uno frente a otro. □ *loc prép – de*, (en face de) enfrente de ; (à l'égard de) respecto a.

viscère *m* viscera *f*.

viser *i* 1 apuntar. 2 *– à*, tender a. □ *t* 1 *– la cible*, apuntar al blanco. 2 ambicionar. 3 (un document) visar.

viseur *m* visor.

visib/le *a* visible. **-ilité** *f* visibilidad. I *atterrissage sans –*, aterrizaje a ciegas.

visière *f* visera.

vision *f* visión. **-naire** *a/s* visionario, a.

visit/e *f* 1 visita : *être en –*, estar de visita ; *la – du château*, la visita al castillo. I *rendre – à quelqu'un*, visitar a alguien. 2 *– médicale*, revisión médica. **-er** *t* visitar. **-eur, euse** *s* visitante.

vison *m* visón.

visqueux, euse *a* viscoso, a.

visser *t* atornillar.

visuel, elle *a* visual.

vis, vit ⇒ **vivre, voir.**

vital, e *a* vital. **-ité** *f* vitalidad.

vitamine *f* vitamina.

vite *adv* de prisa, aprisa : *vous parlez trop –*, usted habla demasiado aprisa. I *au plus –*, lo más pronto posible ; *vite!*, ¡deprisa!, ¡rápido!

vitesse *f* velocidad : *à toute –*, a toda velocidad. I *changement de vitesses*, cambio de marchas ; *en –*, muy de prisa.

viti/cole *a* vitícola. **-culteur** *m* viticultor. **-culture** *f* viticultura.

vitrail [vitraj] *m* vidriera : *les vitraux de la cathédrale*, las vidrieras de la catedral.

vitr/e *f* 1 cristal *m*. 2 (d'un train, d'une voiture) ventanilla. **-é, ée** *a* *porte vitrée*, puerta vidriera. **-ier** *m* vidriero.

vitrifier *t* vitrificar.

vitrine *f* 1 (d'un magasin) escaparate *m*. 2 (armoire) vitrina.

vitriol *m* vitriolo.

vivac/e *a* vivaz : *plantes vivaces*, plantas vivaces. **-ité** *f* vivacidad.

vivant, e *a* vivo, a : *langue vivante*, lengua viva ; *être –*, estar vivo. □ *m les vivants*, los vivos. I *de son –*, cuando vivía ; *du – de*, en vida de.

vivier *m* vivero.

vivifier *t* vivificar.

¹**vivre** ° *i* vivir : *il a longtemps vécu en Australie*, ha vivido mucho tiempo en Australia. I *qui vive ?*, ¿quién vive? ; *vive le roi!*, ¡viva el rey!

²**vivres** *m pl* víveres.

vocabulaire *m* vocabulario.

vocal, e *a* vocal.

vocation *f* vocación.

vociférer ° *i/t* vociferar.

vœu *m* 1 (promesse des religieux, souhait) voto : *faire des vœux pour*, hacer votos por. 2 felicitación *f* : *vœux de nouvel an*, felicitaciones de Año Nuevo. I *meilleurs vœux*, muchas felicidades.

vogue *f* boga : *être en –*, estar en boga.

voici, voilà *prép* 1 *– une photo*, he aquí una foto ; *– mon cousin*, éste es mi primo ; *– mes enfants*, éstos son mis hijos ; *– ma maison et voilà la sienne*, ésta es mi casa y aquélla la suya, aquí está mi casa y ahí está la suya ; *l'homme que –*, este hombre ; *le –*, hele aquí. 2 (en donnant) *– mon passeport*, aquí tiene mi pasaporte. 3 *ya : – le train qui arrive*, ya llega el tren ; *nous – arrivés*, ya hemos llegado ; *voilà, j'arrive!*, ¡ya voy! 4 hace : *– un an qu'il est parti*, hace un año que se marchó. 5 *en voilà assez!*, ¡basta!, ¡se acabó! ; *en voilà une idée!*, ¡vaya ocurrencia! ; *voilà tout*, eso es todo, nada más.

voie *f* 1 vía : *– ferrée*, vía férrea ; *– de garage*, vía muerta. I *mettre* *sur la* —, encaminar ; *être en bonne* —, estar en buen camino. 2 (d'une route) carril *m*. 3 *Voie lactée*, Vía láctea.

voilà ⇒ **voici**.

¹**voile** *m* velo.

²**voile** *f* 1 vela : *bateau à voiles*, barco de vela. I *faire de la* —, practicar la vela. 2 *vol à* —, vuelo sin motor.

voiler *t* 1 velar, cubrir con un velo. 2 (cacher) ocultar. 3 *photo voilée*, foto velada. 4 — *une roue*, torcer una rueda. □ *se* —, velarse.

voilier *m* velero.

voilure *f* velamen *m*.

voir ° *t/i* 1 ver : *je n'avais pas vu l'agent*, no había visto al guardia ; *fais* —!, *voyons!*, ¡a ver !; — *page 40*, véase página 40 ; *on verra bien*, ya veremos. 2 (réprobation) *voyons!*, ¡vamos !

voirie *f* 1 vialidad. 2 servicios *m pl* de limpieza. 3 (dépotoir) vertedero *m*.

voisin, e *a/s* vecino, a. **-age** *m* 1 (proximité) vecindad *f*, cercanía *f*. 2 (les voisins) vecindario.

voiture *f* 1 coche *m* : — *de sport, de course*, coche deportivo, de carreras. 2 (de train) coche *m*. I *en* —!, ¡al tren ! 3 — *à bras*, carrito de mano ; — *d'enfant*, cochecito de niño.

voix |vwa| *f* 1 voz : *des* — *rauques*, voces roncas ; *parler d'une* — *aiguë*, hablar con voz aguda. I *à* — *haute, basse*, en voz alta, baja ; *à mi-voix*, a media voz. 2 (suffrage) voto *m*. I *mettre aux* —, poner a votación.

¹**vol** *m* vuelo : *prendre son* —, alzar el vuelo ; — *à voile*, vuelo sin motor. I *à* — *d'oiseau*, en línea recta.

²**vol** *m* robo. I — *à main armée*, atraco.

volaille *f* 1 aves *pl* de corral. 2 *une* —, un ave.

volant, e *a* volante. I *feuille* *volante*, hoja suelta. □ *m* volante.

volatil, e *a* volátil. **-iser** *t* volatilizar.

vol-au-vent |vɔlɔvã| *m* vol-au-vent.

volcan *m* volcán. **-ique** *a* volcánico, a.

volée *f* 1 (d'oiseaux) bandada. 2 (de coups) paliza. 3 *les cloches sonnent à toute* —, repican las campanas. 4 (tennis) volea.

¹**voler** *i* volar : *l'avion vole*, el avión vuela.

²**voler** *t* robar, hurtar.

volet *m* postigo.

voleter ° *i* revolotear.

voleur, euse *a/s* ladrón, ona. I *au* —!, ¡ladrones !

volière *f* pajarera.

volley-ball |vɔlebol| *m* balonvolea.

volontaire *a/s* 1 voluntario, a. 2 (obstiné) voluntarioso, a.

volonté *f* voluntad : *mettre de la mauvaise* — *à...*, poner mala voluntad en... I *vin à* —, vino a discreción, a voluntad.

volontiers |vɔlɔ̃tje| *adv* de buena gana. I *très* —, con mucho gusto.

volt *m* voltio. **-age** *m* voltaje.

volte-face *f* 1 *faire* —, dar media vuelta. 2 FIG cambio *m* de opinión.

voltiger ° *i* revolotear.

volubile *a* 1 (plante) voluble. 2 (bavard) locuaz.

volum/e *m* 1 volumen. 2 *dictionnaire en cinq volumes*, diccionario en cinco volúmenes. **-ineux, euse** *a* voluminoso, a.

volupt/é *f* voluptuosidad. **-ueux, euse** *a* voluptuoso, a.

volute *f* voluta.

vom/ir *t/i* vomitar. **-issement** *m* vómito.

vont ⇒ **aller**.

vorac/e *a* voraz. **-ité** *f* voracidad.

vos |vo| (pluriel de votre) *a* 1 vuestros, as. 2 (avec vouvoiement) sus.

vot/e *m* **1** voto : *droit de —,* derecho de voto ; *— par correspondance,* voto por correo. **2** votación *f*. **-ant, e** *s* votante. **-er** *i* votar : *— en blanc,* votar en blanco.

votre *a* vuestro, a. **2** (avec vouvoiement) su : *— majesté,* su majestad.

vôtre *pron poss* **1** (avec tutoiement) *le —,* el vuestro ; *la —,* la vuestra. **2** (avec vouvoiement) *le —,* el suyo ; *la —,* la suya.

vouer *t* consagrar.

vouloir ° *t* **1** querer : *veux-tu un bonbon ?,* ¿quieres un caramelo ? ; *je ne veux pas,* no quiero ; *je voudrais savoir,* quisiera saber ; *comme vous voudrez,* como quiera. **I** *que voulez-vous que j'y fasse ?,* ¿qué le vamos a hacer ? ; *— du bien à quelqu'un,* desearle bien a alguien ; *en — à quelqu'un,* guardar rencor a alguien ; *s'en — de,* reprocharse a si mismo. **2** *veux-tu te taire!,* ¡haz el favor de callarte! ; *veuillez vous asseoir,* siéntese, por favor. **3** *en temps voulu,* en el momento oportuno.

vous *pron pers* **1** (sujet avec tutoiement) vosotros, as. **2** (sujet singulier avec vouvoiement) usted : *— êtes jeune,* usted es joven. **3** (sujet pluriel avec vouvoiement) ustedes : *— êtes jeunes,* ustedes son jóvenes. **4** (complément avec tutoiement) os. **5** (complément singulier avec vouvoiement) le, la : *monsieur, je — écoute,* señor, le escucho ; *j'ai tardé à — répondre,* tardé en contestarle. **6** (complément pluriel avec vouvoiement) les, las. **7** (avec un autre complément) se : *je — le jure,* se lo juro (a usted). [usted, ustedes s'écrivent en abrégé : Ud., Uds.].

voût/e *f* bóveda. **-er (se)** *pr* encorvarse. **I** *un vieillard voûté,* un anciano encorvado.

vou/voyer |vuvwaje| *t* tratar de usted. **-oiement** *m* tratamiento de usted.

voyag/e |vwajaʒ| *m* viaje : *partir en —,* ir de viaje ; *être en —,* estar de viaje ; *— d'agrément, de noces,* viaje de recreo, de bodas. **-er** *i* viajar. **-eur, euse** *s* viajero, a. **I** *— de commerce,* viajante de comercio.

voyant, e |vwajã, ãt| *a* (qui attire l'œil) llamativo, a. □ *s* (devin) vidente. □ *m* — *lumineux,* piloto.

voyelle |vwajɛl| *f* vocal.

voyou |vwaju| *m* golfo, granuja.

vrac (en) *loc adv* sin embalar.

vrai, e *a* verdadero, a. **I** *à — dire,* a decir verdad ; *c'est —,* es verdad ; *pas — ?,* ¿verdad ? □ *m être dans le —,* estar en lo cierto. **-ment** *adv* verdaderamente, de veras. **I** *vraiment ?,* ¿de verdad ?

vraisembl/able *a* verosimil. **-ance** *f* verosimilitud.

vrille *f* **1** (de plante) zarcillo *m*. **2** (outil) barrena.

vromb/ir *i* zumbar. **-issement** *m* zumbido.

vu, e *p* *p* de **voir**. □ *a* **1** *ni — ni connu,* ni visto ni oido. **2** *être mal —,* estar mal visto. □ *prép — les circonstances,* en vista de las circunstancias.

vue *f* **1** vista. **I** *à — d'œil,* a ojos vista ; *bien en —,* bien a la vista ; *payable à —,* pagadero a la vista ; *point de —,* punto de vista. **2** *en — de,* con miras a.

vulg/aire *a* vulgar. **-ariser** *t* vulgarizar. **-arité** *f* vulgaridad.

vulnérable *a* vulnerable.

W

w |dublǝvǝ| *m* w *f* : *un* —, una w.

wagon |vagɔ̃| *m* vagón, coche : *wagon-citerne*, vagón cisterna ; *wagon-lit*, coche cama ; *wagon-restaurant*, vagón restaurante. **-net** *m* vagoneta *f*.

wallon, onne |walɔ̃, ɔn| *a/s* valón, ona.

waters |watɛʀ| *m* pl *les* —, el lavabo, el aseo, el water.

watt |wat| *m* vatio.

W.-C. |dublǝvese| *m* pl *les* —, el lavabo, los waters, los w.c.

week-end |wikɛnd| *m* fin de semana.

western |wɛstɛʀn| *m* película *f* del oeste.

whisky |wiski| *m* whisky.

X

x |iks| *m* x *f* : *un* —, una x. l *rayons x*, rayos equis.

Xavier |gsavje| *n p m* Javier.

xénophob/e |ksenɔfɔb| *a/s* xenófobo, a. **-ie** *f* xenofobia.

xérès |gzeʀɛs| *m* jerez.

xylophone |ksilɔfɔn| *m* xilófono.

Y

y |igʀɛk| *m* y *f* : *un* —, una y.

y |i| *adv* allí, ahí : *allez-y à pied*, vaya usted allí andando ; *j'— vais !*, ¡ voy !, ¡ allá voy ! l *allons-y !*, ¡ vamos ! ; *ah !*, *j'— suis*, ¡ ah !, ya caigo. □ *pron* **1** a él, en él, etc. : *la conférence commence à six heures, j'essaierai d'— assister*, la conferencia empieza a las seis, trataré de asistir a ella ; *j'— pense*, pienso en ello. l *pensez-y*, piénselo. **2** (expletif) *il — a*, hay ; *ça — est !*, ¡ ya está !

yacht |jɔt| *m* yate.

yaourt |jauʀt| *m* yogur.

yeux ⇒ **œil.**

yoghourt |jɔguʀ(t)| *m* yogur.

yougoslave *a/s* yugoslavo, a.

Yougoslavie *n p f* Yugoslavia.

Z

z |ʒɛd| *m* z *f* : *un —*, una z.

zèbr/e *m* cebra *f*. **-er** *t* rayar. **-ure** *f* raya.

zèle *m* celo : *grève du —*, huelga de celo ; *faire du —*, obrar con excesivo celo.

zélé, e *a* celoso, a, afanoso, a.

zénith *m* cenit.

zéro *m* cero.

zeste *m* cáscara *f*.

zézayer ° |zezeje| *i* cecear.

zibeline *f* marta cebelina.

zig/zag *m* zigzag. **-zaguer** *i* zigzaguear.

zinc |zɛ̃g| *m* 1 cinc. 2 FAM *sur le —*, en el mostrador, en la barra.

zodiaque *m* zodiaco.

zone *f* zona.

zoo *m* zoo.

zoolog/ie *f* zoología. **-ique** *a* zoológico, a.

zouave *m* zuavo. I FAM *faire le —*, hacer el bobo.

zut ! |zyt| *interj* FAM ¡ cáscaras !

Dictionnaire espagnol-français
Diccionario español-francés

Prononciation de l'espagnol

Toutes les lettres d'un mot espagnol se prononcent.

■ Voyelles

a, i, o se prononcent comme en français; **e** se prononce toujours é (comme dans *été*); **u** se prononce toujours *ou* (comme dans *fou*).
Les voyelles n'ont jamais le son nasal. Devant **m** ou **n**, elles gardent leur prononciation : **an** se prononce comme en français dans *Anne*, **en** comme en français dans *abdomen*, **in** comme en français dans *mine*, **on** comme en français dans *bonne*, **un** comme en français dans *toundra*. Lorsqu'elles sont placées l'une à côté de l'autre, elles gardent également leur prononciation : **ai** comme en français dans *maïs*, **au** comme en français dans *aoûtat*, **eu** comme en français dans *Séoul*, etc.

■ Consonnes

b et **v** se prononcent sensiblement de la même façon.
c devant *a, o, u* se prononce comme en français. Devant *e* et *i*, il se prononce approximativement comme le *th* anglais de *thing*.
d en position finale ou dans la terminaison *ado* est presque muet.
g devant *a, o, u* se prononce comme en français; devant *e* et *i*, il se prononce comme le *j* espagnol *(jota)*. Le *u* de *gue, gui* est muet. Mais dans les groupes *gua, guo, güe, güi* il se prononce : *goua, gouo*, etc. ; *gn* se prononce g-n comme dans *stagner.*
h n'est jamais aspiré.
que, qui se prononcent *ké, ki.*
r est toujours roulé ; plus fortement en position initiale, après *l, n, s* et quand il est double.
s a toujours le son du *s* double français dans *laisse* (jamais *z*).
t a toujours le son *t.*
x se prononce toujours *cs* (jamais *gz*).
z a la même prononciation que le *c* devant *e* et *i* (comme le *th* anglais).

■ Lettres propres à l'espagnol

ch a le son *tch* comme *tchèque.*
j [x] (appelé *jota*) a un son guttural analogue au *ch* dur allemand.
ll [ ] se prononce comme le groupe *lli* dans *million*. En Argentine, se prononce à peu près comme un *j* français.
ñ se prononce comme *gn* dans *agneau.*

■ Accent tonique

Un mot espagnol comporte toujours une syllabe qui est prononcée avec plus d'intensité.
1. les mots terminés par une *voyelle*, un *s* ou un *n* sont accentués sur l'avant-dernière syllabe (*ventana, acabas, dicen*).

2. les mots terminés par une *consonne* autre que *s* ou *n* sont accentués sur la dernière syllabe (co*lor*, espa*ñol*, re*loj*).

3. les mots qui font exception aux règles précédentes portent l'accent écrit sur la syllabe tonique (*fácil*, ac*ción*, ca*fé*).

L'accent écrit permet également de distinguer les mots d'orthographe identique mais de fonction grammaticale distincte, par exemple *el* article (le) de *él* pronom (lui), *mas* conjonction (mais) de *más* adverbe (plus), *solo* adjectif (seul) de *sólo* adverbe (seulement), *te* pronom (te) de *té* nom (thé), *llamo*, j'appelle de *llamó*, il appela, etc.

Voir le tableau de transcription phonétique en tête du dictionnaire.

Notes de grammaire

■ Construction

L'ordre des mots dans la phrase espagnole est à peu près le même qu'en français. Toutefois, la construction espagnole est plus libre et les inversions sont fréquentes: **suena el teléfono** le téléphone sonne; **se acercan los exámenes** les examens approchent. Souvent, seule l'intonation indique s'il s'agit d'une interrogation ou d'une exclamation. C'est pourquoi dans la langue écrite, on fait précéder les phrases interrogatives ou exclamatives d'un signe ¿ ou ¡ (**¿llueve mucho en Santander?** est-ce qu'il pleut, pleut-il beaucoup à Santander?).

■ Le pluriel (noms et adjectifs)

Les mots terminés par une voyelle atone prennent un *s*: (*libro, libros*).

Les mots terminés par une consonne, un *y* ou un *í* prennent *es*: *el hotel, los hoteles; el rey, los reyes*. **Attention**: les mots terminés par **z** changent ce *z* en *c* devant *es*: *el juez, los jueces*.

■ Les suffixes

Les suffixes **diminutifs** sont d'un emploi très fréquent en espagnol. Leur fonction est d'exprimer la petitesse et surtout de nuancer les mots auxquels ils se lient en leur conférant une nuance affective: tendresse, amour, pitié, etc.

La terminaison **ito, a** est la plus usuelle (*pájaro > pajarito*, petit oiseau; *casa > casita*, petite maison, maisonnette; *solo > solito*, tout seul).

Cette terminaison devient **cito, a** pour les mots terminés par *e, n, r* (*pobre > pobrecito*) et **ecito, a** pour les monosyllabes (*flor > florecita*) ou les mots à diphtongue (*rueda > ruedecita*). Autres suffixes diminutifs: **illo, uelo**. Les suffixes **azo, ote, ucho** impliquent souvent une nuance péjorative.

■ Superlatif

Le superlatif absolu se forme avec **muy** + adjectif ou avec le suffixe **-ísimo, a**: *alto > muy alto, altísimo*, très haut.

Les nombres

■ **Nombres cardinaux**

0	cero	30	treinta
1	uno, una	31	treinta y uno
2	dos	32	treinta y dos
3	tres	40	cuarenta
4	cuatro	50	cincuenta
5	cinco	60	sesenta
6	seis	70	setenta
7	siete	80	ochenta
8	ocho	90	noventa
9	nueve	100	ciento, cien
10	diez	101	ciento uno
11	once	200	doscientos, -as
12	doce	300	trescientos, -as
13	trece	400	cuatrocientos, -as
14	catorce	500	quinientos, -as
15	quince	600	seiscientos, -as
16	dieciséis	700	setecientos, -as
17	diecisiete	800	ochocientos, -as
18	dieciocho	900	novecientos, -as
19	diecinueve	1.000	mil
20	veinte	1.000.000	un millón
21	veintiuno	1.000.000.000	mil millones
22	veintidós		

Attention : *un millar* un millier ; *mil millones* un milliard.

La conjonction *y* est toujours intercalée entre les dizaines et les unités : *treinta y tres* 33 ; *cuarenta y cuatro* 44.
Les centaines s'accordent : **trescientas páginas** trois cents pages.

■ **Nombres ordinaux**

Dans le langage courant, on n'emploie guère que les dix ou douze premiers (*primero, segundo, tercero, cuarto, quinto, sexto, séptimo, octavo, noveno, décimo, undécimo, duodécimo*), placés après le nom quand il s'agit de souverains, papes, siècles, chapitres : **Felipe Segundo** Philippe II ; **capítulo décimo** chapitre dix. On remplace les autres par le nombre cardinal correspondant.

Pronoms personnels compléments

Ils se placent:
1. avant le verbe, comme en français, à l'indicatif et au subjonctif (**te avisaré** je te préviendrai; **nos llaman** on nous appelle).
2. après le verbe et soudé à lui à l'infinitif, à l'impératif et au gérondif (**lavarse** se laver; **créame** croyez-moi; **acercaos** approchez-vous; **diciéndole** en lui disant). Dans le cas où deux pronoms compléments se suivent, le complément indirect se place toujours le premier (**te lo daré** je te le donnerai; **démelo** donnez-le moi). Quand les deux pronoms sont de la 3ᵉ personne (le lui, la leur, vous le, etc.) le complément indirect (lui, leur, vous) se rend par **se** (**se lo diré** je le lui dirai, je le leur dirai, je vous le dirai: **dáselos** donne-les-lui, donne-les-leur).

L'adverbe

Les adverbes de manière se forment en soudant la terminaison -**mente** à la forme féminine (s'il y en a une) de l'adjectif: *lento, a > lentamente,* lentement; *cortés > cortésmente,* poliment.
Si deux ou plusieurs adverbes se suivent, seul le dernier prend la terminaison -*mente,* le ou les adverbes précédents se présentent au féminin: **rápida y bruscamente** rapidement et brusquement.

Les verbes

■ Verbes auxiliaires

infinitif	haber *(avoir)*		ser *(être)*	
indicatif	he		soy	
présent	has		eres	
	ha		es	
	hemos		somos	
	habéis		sois	
	han		son	
imparfait	había		era	
	habías		eras	
	había		era	
	habíamos		éramos	
	habíais		erais	
	habían		eran	
passé simple	hube		fui	
	hubiste		fuiste	
	hubo		fue	
	hubimos		fuimos	
	hubisteis		fuisteis	
	hubieron		fueron	
futur	habré		seré	
	habrás		serás	
	habrá		será	
	habremos		seremos	
	habréis		seréis	
	habrán		serán	
conditionnel	habría		sería	
	habrías		serías	
	habría		sería	
	habríamos		seríamos	
	habríais		seríais	
	habrían		serían	
subjonctif	haya		sea	
présent	hayas		seas	
	haya		sea	
	hayamos		seamos	
	hayáis		seáis	
	hayan		sean	
imparfait	hubiera	hubiese	fuera	fuese
	hubieras	hubieses	fueras	fueses
	hubiera	hubiese	fuera	fuese
	hubiéramos	hubiésemos	fuéramos	fuésemos
	hubierais	hubieseis	fuerais	fueseis
	hubieran	hubiesen	fueran	fuesen

futur	hubiere	fuere
	hubieres	fueres
	hubiere	fuere
	hubiéremos	fuéremos
	hubiereis	fuereis
	hubieren	fueren
impératif	inusité	sé
		sea
		seamos
		sed
		sean
gérondif	habiendo	siendo
part. pass.	habido	sido

■ Verbes réguliers

Il existe 3 conjugaisons caractérisées par la terminaison de l'infinitif, en **ar, er, ir**.

infinitif	am/ar *(aimer)*	beb/er *(boire)*	viv/ir *(vivre)*
indicatif	amo	bebo	vivo
présent	amas	bebes	vives
	ama	bebe	vive
	amamos	bebemos	vivimos
	amáis	bebéis	vivís
	aman	beben	viven
imparfait	amaba	bebía	vivía
	amabas	bebías	vivías
	amaba	bebía	vivía
	amábamos	bebíamos	vivíamos
	amabais	bebíais	vivíais
	amaban	bebían	vivían
passé simple	amé	bebí	viví
	amaste	bebiste	viviste
	amó	bebió	vivió
	amamos	bebimos	vivimos
	amasteis	bebisteis	vivisteis
	amaron	bebieron	vivieron
futur	amaré	beberé	viviré
	amarás	beberás	vivirás
	amará	beberá	vivirá
	amaremos	beberemos	viviremos
	amaréis	beberéis	viviréis
	amarán	beberán	vivirán

conditionnel	amaría	bebería	viviría
	amarías	beberías	vivirías
	amaría	bebería	viviría
	amaríamos	beberíamos	viviríamos
	amaríais	beberíais	viviríais
	amarían	beberían	vivirían
subjonctif *présent*	ame	beba	viva
	ames	bebas	vivas
	ame	beba	viva
	amemos	bebamos	vivamos
	améis	bebáis	viváis
	amen	beban	vivan
imparfait	amara	bebiera	viviera
	amaras	bebieras	vivieras
	amara	bebiera	viviera
	amáramos	bebiéramos	viviéramos
	amarais	bebierais	vivierais
	amaran	bebieran	vivieran
	amase	bebiese	viviese
	amases	bebieses	vivieses
	amase	bebiese	viviese
	amásemos	bebiésemos	viviésemos
	amaseis	bebieseis	vivieseis
	amasen	bebiesen	viviesen
subjonctif *futur*	amare	bebiere	viviere
	amares	bebieres	vivieres
	amare	bebiere	viviere
	amáremos	bebiéremos	viviéremos
	amareis	bebiereis	viviereis
	amaren	bebieren	vivieren
impératif	ama	bebe	vive
	ame	beba	viva
	amemos	bebamos	vivamos
	amad	bebed	vivid
	amen	beban	vivan
gérondif	amando	bebiendo	viviendo
part. pass.	amado	bebido	vivido

Temps composés : Tous les temps composés se forment avec l'auxiliaire **haber** et le participe passé : **he venido** je suis venu ; **ha salido** il est sorti. Ce dernier est invariable **(la postal que te he enviado** la carte postale que je t'ai envoyée) et ne doit jamais être séparé de l'auxiliaire : **he comido muy bien** j'ai très bien mangé.

Le passif : Se forme avec **ser** et le participe passé qui s'accorde avec le sujet (**fue mordida por un perro** elle a été mordue par un chien).

Modifications orthographiques des verbes :

1. verbes en car, gar, guar, zar : devant un *e*, le *c > qu* ; le *g > gu* ; le *gu > gü* ; le *z > c*. Ex. : *secar > seque, seques…, sequé.*

2. verbes en cer, cir, ger, gir, guir, quir : devant *o* et *a*, le *c > z* ; le *g > j* ; le *gu > g* ; le *qu > c*. Ex. : *vencer > venzo, venzas…*

3. verbes en eir, chir, llir, ñer, ñir : le *i* atone disparaît après *i, ll, ñ, ch*. Ex. : *reír > riendo, rió, rieron* ; *bullir > bullendo, bulló, bulleron.*

4. verbes en aer, eer, oer, oir, uir : le *i* atone entre deux voyelles devient *y*. Ex. : *caer > cayendo, cayó, cayeron.*

■ Verbes irréguliers

Ils sont indiqués dans ce dictionnaire par le signe° placé après l'entrée et souvent un ou plusieurs exemples illustrent leur irrégularité.

Dans la liste suivante figurent les verbes irréguliers les plus usuels. Pour les composés, se reporter au verbe simple : *anteponer*, par exemple, à *poner, atraer*, à *traer*, etc.

La plupart présentent des irrégularités semblables : soit altération de la dernière voyelle du radical sous l'influence de l'accent tonique (**e** devient **ie**, ex. : *cerrar*, cierro, cierras, cierra, cerramos, cerráis, cierran ; **o** devient **ue**, ex. : *contar*, cuento, cuentas, cuenta, contamos, contáis, cuentan ; **e** devient **i**, ex. : *pedir*, pido, pides, pide, pedimos, pedis, piden), soit, dans le cas des verbes en *acer, ecer, ocer, ucir*, transformation du *c* en *zc* devant *o* ou *a* (+, pour les verbes en *ducir*, passé simple en *duje*, etc), soit, pour les verbes en *uir*, insertion d'un *y* devant *o, a, e*. D'autres verbes présentent des irrégularités particulières. Nous donnons, ci-après, les irrégularités des plus usités dans l'ordre suivant : *I. pr.* = indicatif présent ; *Imparf.* = imparfait ; *P. s.* = passé simple ; *Fut.* = futur ; *Cond.* = conditionnel ; *S. pr.* = subjonctif présent ; *S. imparf.* = subjonctif imparfait ; *Impér.* = impératif ; *P. pr.* = participe présent ; *P. p.* = participe passé. Les composés ne figurent pas dans cette liste.

Andar *P. s.* anduve, anduviste. *S. imparf.* anduviera ou anduviese.

asir *I. pr.* asgo, ases. *S. pr.* asga.

Caber *I. pr.* quepo, cabes. *P. s.* cupe, cupiste. *Fut.* cabré. *Cond.* cabría. *S. pr.* quepa. *S. imparf.* cupiera ou cupiese.

caer *I. pr.* caigo, caes. *P. s.* caí, caíste, cayó, caímos, caísteis, cayeron. *S. pr.* caiga. *S. imparf.* cayera ou cayese. *P. pr.* cayendo.

Dar *I. pr.* doy, das. *P. s.* di, diste, dio. *S. imparf.* diera ou diese.

decir *I. pr.* digo, dices, dice, decimos, decís, dicen. *P. s.* dije, dijiste. *Fut.* diré. *Cond.* diría. *Impér.* di. *S. pr.* diga. *S. imparf.* dijera ou dijese. *P. pr.* diciendo. *P. p.* dicho.

Erguir *I. pr.* irgo ou yergo, irgues ou yergues. *P. s.* erguí, erguiste, irguió. *S. pr.* irga ou yerga. *P. pr.* irguiendo.

estar *I. pr.* estoy, estás, está, estamos, estáis, están. *P. s.* estuve, estuviste, estuvo, estuvimos, estuvisteis, estuvieron. *S. pr.* esté. *S. imparf.* estuviera *ou* estuviese.

Hacer *I. pr.* hago, haces, hace. *P. s.* hice, hiciste, hizo, hicimos, hicisteis, hicieron. *Fut.* haré. *Cond.* haría. *Impér.* haz. *S. pr.* haga. *S. imparf.* hiciera *ou* hiciese. *P. p.* hecho.

Ir *I. pr.* voy, vas, va, vamos, vais, van. *Imparf.* iba. *P. s.* fui, fuiste, fue, fuimos, fuisteis, fueron. *S. pr.* vaya. *S. imparf.* fuera *ou* fuese. *P. pr.* yendo. *P. p.* ido.

Oír *I. pr.* oigo, oyes, oye, oímos, oís, oyen. *P. s.* oí, oíste, oyó, oímos, oísteis, oyeron. *S. pr.* oiga. *S. imparf.* oyera *ou* oyese. *P. pr.* oyendo.

Poder *I. pr.* puedo, puedes, puede, podemos, podéis, pueden. *P. s.* pude, pudiste. *Fut.* podré. *Cond.* podria. *S. pr.* pueda. *S. imparf.* pudiera *ou* pudiese. *P. pr.* pudiendo.

poner *I. pr.* pongo, pones. *P. s.* puse, pusiste. *Fut.* pondré. *Cond.* pondría. *Impér.* pon. *S. pr.* ponga. *S. imparf.* pusiera *ou* pusiese. *P. p.* puesto.

Querer *I. pr.* quiero, quieres, quiere, queremos, queréis, quieren. *P. s.*

quise, quisiste. *Fut.* querré. *Cond.* querría. *S. pr.* quiera. *S. imparf.* quisiera *ou* quisiese.

Saber *I. pr.* sé, sabes. *P. s.* supe, supiste. *Fut.* sabré. *Cond.* sabría. *S. pr.* sepa. *S. imparf.* supiera *ou* supiese.

salir *I. pr.* salgo, sales. *Fut.* saldré. *Cond.* saldría. *Impér.* sal. *S. pr.* salga.

Tener *I. pr.* tengo, tienes, tiene, tenemos, tenéis, tienen. *P. s.* tuve, tuviste. *Fut.* tendré. *Cond.* tendría. *Impér.* ten. *S. pr.* tenga. *S. imparf.* tuviera *ou* tuviese.

traer *I. pr.* traigo, traes, trae. *P. s.* traje, trajiste. *S. pr.* traiga. *S. imparf.* trajera *ou* trajese. *P. pr.* trayendo.

Valer *I. pr.* valgo, vales. *Fut.* valdré. *Cond.* valdría. *Impér.* val *ou* vale. *S. pr.* valga.

venir *I. pr.* vengo, vienes, viene, venimos, venís, vienen. *P. s.* vine, viniste. *Fut.* vendré. *Cond.* vendría. *Impér.* ven. *S. pr.* venga. *S. imparf.* viniera *ou* viniese. *P. pr.* viniendo.

ver *I. pr.* veo, ves. *P. s.* vi, viste. *S. pr.* vea, veas. *P. pr.* viendo. *P. p.* visto.

volver *I. pr.* vuelvo. *S. pr.* vuelva. *P. p.* vuelto.

Sigles espagnols usuels et abréviations
Siglas y abreviaturas españolas más usuales

Admón.	Administración.
afmo.	afectísimo.
atto.	atento.
AVE	Alta Velocidad Española ($\simeq$ T.G.V.).
BOE	Boletín Oficial del Estado ($\simeq$ Journal officiel).
BUP	Bachillerato unificado polivalente.
CAMPSA	Compañía Arrendataria del Monopolio de Petróleos, Sociedad Anónima.
Cía.	Compañía (Compagnie).
CSIC	Consejo Superior de Investigaciones Científicas ($\simeq$ C.N.R.S.).
D., D.ª	Don, doña (Monsieur, madame).
DF	Distrito federal.
DNI	Documento Nacional de Identidad.
EE UU	Estados Unidos (U.S.A., États-Unis).
EGB	Educación General Básica.
Excmo.	Excelentísimo.
Hnos.	Hermanos (Frères).
Ilmo.	Ilustrísimo.
INI	Instituto Nacional de Industria.
IVA	Impuesto sobre el valor añadido (T.V.A.).
N.ªS.ª	Nuestra Señora (Notre-Dame).
PD	Posdata (Post-scriptum).
pral.	principal.
pta.	peseta.
q.b.s.m.	que besa su mano.
q.e.p.d.	que en paz descanse.
q.e.s.m.	que estrecha su mano.
RENFE	Red Nacional de los Ferrocarriles Españoles ($\simeq$ S.N.C.F.).
RNE	Radio Nacional de España.
SA	Sociedad anónima (Société anonyme).
Sr., Sres.	Señor, señores (Monsieur, messieurs).
Sra.	Señora (Madame).
Srta.	Señorita (Mademoiselle).
SSAA	Sus altezas.
s.s.s.	su seguro servidor (votre tout dévoué).
TVE	Televisión Española.
Ud., Vd.	Usted (Vous).
Uds., Vds.	Ustedes (Vous).
UVI	Unidad de Vigilancia Intensiva.
Vda.	Viuda (Veuve).
Vg., V.gr.	Verbigracia (par exemple).
V°B.°	Visto bueno (lu et approuvé).

A

a *f* a *m* : *una*, – un a.

a *prep* (se contracte en **al** avec *el*) **1** (direction) à, au, en, dans : *ir – Londres, – Chile, – América*, aller à Londres, au Chili, en Amérique ; *subió – su cuarto*, il monta dans sa chambre. **2** à : *escribir – un amigo*, écrire à un ami ; *– las tres*, à trois heures. **3** pour : *le llamó – almorzar*, elle l'appela pour déjeuner. **4** ne se traduit pas devant un complément d'objet direct désignant un être animé (*adora – sus hijos*, elle adore ses enfants ; *¿ sabes – quien he visto ayer ? – Pedro*, sais-tu qui j'ai vu hier ? Pierre), ni devant un infinitif complément d'un verbe de mouvement : *regresó – cenar*, il rentra dîner. **5** (+ infinitif = parfois un impératif) : *trabajar !*, au travail ! **6** *– que no lo sabes*, je parie que tu ne le sais pas.

abad *m* abbé. **-esa** *f* abbesse. **-ía** *f* abbaye.

abajo *adv* **1** en bas. I *más –*, plus bas. **2** *¡ – el dictador !*, à bas le dictateur !

abalanzarse *pr* s'élancer, se ruer.

abalizar *t* baliser.

abanderado *m* porte-drapeau.

abandon/ar *t* abandonner. □ *pr* s'abandonner. **-o** *m* abandon.

abanic/arse *pr* s'éventer. **-o** *m* éventail.

abarat/ar *t* baisser le prix de. **-amiento** *m* baisse *f*.

abarcar *t* **1** embrasser. **2** comprendre.

abarquillarse *pr* (se) gondoler.

abarrot/ar *t* **1** remplir. **2** *sala abarrotada*, salle bondée, archicomble.

abarrotes *m pl* AMER *tienda de –*, épicerie.

abastec/er ° *t* approvisionner, ravitailler : *– de carbón*, approvisionner en charbon. **-edor** *m* fournisseur. **-imiento** *m* approvisionnement, ravitaillement.

abasto *m dar – a*, suffire à ; *no dar –*, ne pas y suffire, être débordé, e.

abat/ir *t* abattre. □ *pr* FIG perdre courage. **-imiento** *m* abattement

abdic/ar *t/i* abdiquer. **-ación** *f* abdication.

abdom/en *m* abdomen. **-inal** *a* abdominal, e.

abedul *m* bouleau.

abeja *f* abeille.

abertura *f* **1** ouverture. **2** (en una falda, etc.) fente.

abeto *m* sapin.

abierto, a *a* ouvert, e : *ventana abierta de par en par*, fenêtre grande ouverte.

abigarrado, a *a* bigarré, e, bariolé, e.

abismo *m* abîme.

abjurar *t/i – (de) su religión*, abjurer sa religion.

ablandar *t* **1** ramollir. **2** (a alguien) attendrir.

ablución *f* ablution.

abnegación *f* abnégation, dévouement *m*.

abocar *i – en*, déboucher sur, aboutir à.

abocinado, a *a* évasé, e.

abochorn/ar *t* suffoquer. **-ado, a** *a* FIG honteux, euse.

abofetear *t* gifler.

abog/ado *m* avocat. **-acía** *f* profession d'avocat, barreau *m*. **-ar** *i* plaider.

abolengo *m* ascendance *f*.

abol/ir ° *t* abolir. **-ición** *f*

abolition.

abollar t cabosser, bosseler.

abombado, a a bombé, e.

abomin/ar t avoir en abomination. **-able** a abominable. **-ación** f abomination.

abon/ar t 1 payer : — al contado, en metálico, payer comptant, en espèces. | — en cuenta de..., porter au crédit du compte de... 2 cautionner. 3 — un rumor, accréditer un bruit. 4 (fertilizar) amender, fumer. □ pr s'abonner. **-ado, a** s abonné, e. **-o** m 1 (pago) paiement. 2 abonnement : sacar un —, prendre un abonnement. 3 (fertilizante) engrais.

abord/ar t/i aborder. **-able** a abordable. **-aje** m abordage.

aborrec/er ° t détester, haïr. **-ible** a haïssable. **-imiento** m haine f, aversion f.

aborregado a cielo —, ciel moutonné, pommelé.

abort/ar i 1 avorter. 2 (involuntariamente) faire une fausse couche. **-o** m 1 avortement. 2 (involuntario) fausse couche f. 3 FIG avorton, monstre.

abotagarse pr s'enfler, bouffir.

abotonar t boutonner.

abovedar t voûter.

abras/ar t brûler. **-ador, a** a brûlant, e.

abrasivo, a a/m abrasif, ive.

abraz/ar t 1 serrer (dans ses bras), étreindre, enlacer : abrazó a su pareja, il enlaça sa cavalière. 2 (abarcar, adherirse) embrasser. **-o** m 1 embrassade f, accolade f. 2 (muy cariñoso) étreinte f. 3 (en cartas) un fuerte —, bien amicalement, affectueusement.

abrelatas m ouvre-boîtes.

abrev/ar t abreuver. **-adero** m abreuvoir.

abrevi/ar t abréger. **-atura** f abréviation.

abridor m décapsuleur, ouvre-

bouteilles.

abrig/ar t 1 abriter. 2 (tapar) couvrir. 3 tenir chaud, protéger du froid. 4 (afectos, ideas) nourrir. □ pr 1 s'abriter. 2 se couvrir, s'habiller chaudement : abrígate bien, couvre-toi bien. **-o** m 1 abri. 2 (prendra de vestir para ambos sexos) manteau : — de pieles, manteau de fourrure. 3 (de hombre) pardessus.

abril m avril : el primero de —, le premier avril.

abrir t 1 ouvrir : ábreme la puerta, ouvre-moi la porte ; — el apetito, ouvrir l'appétit. 2 — un libro, couper les pages d'un livre. □ pr 1 el paracaídas se ha abierto, le parachute s'est ouvert. 2 abrirse con un amigo, s'ouvrir à un ami.

abrochar t 1 boutonner. 2 (con broche) agrafer. □ pr abróchense los cinturones, attachez vos ceintures.

abrogar t abroger.

abrum/ar t accabler, écraser. **-ador, a** a accablant, e, écrasant, e.

abrupto, a a abrupt, e.

absceso m abcès.

ábside m abside f.

absolución f absolution.

absolut/o, a a absolu, e. | en —, (de ninguna manera) absolument pas, pas du tout. **-amente** adv absolument.

absolver ° t 1 (a un penitente) absoudre. 2 (a un reo) acquitter.

absor/ber t absorber. **-bente** a absorbant, e. **-to, a** a 1 estar — en el juego, être absorbé par le jeu. 2 stupéfait, e.

abstención f abstention.

abstenerse ° pr s'abstenir : se abstuvo de votar, il s'est abstenu de voter.

abstinencia f abstinence.

abstracción f abstraction.

abstra/er ° t abstraire. **-cto, a** a abstrait, e. **-ido, a** a 1 estar — en *sus lecturas*, être absorbé par ses lectures. 2 distrait, e.

absurdo, a *a* absurde. □ *m* absurdité *f*.

abuche/ar *t* — *a un orador*, siffler, huer, conspuer un orateur. **-o** *m* huées *f pl*.

abuelo, a *s* grand-père, grand-mère. □ *m pl* 1 grands-parents. 2 (antepasados) ancêtres, aïeux.

abult/ar *t* grossir. □ *i* prendre de la place, faire du volume. **-ado, a** *a* 1 gros, grosse. 2 (hinchado) gonflé, e, enflé, e. **-amiento** *m* protubérance *f*, renflement.

abund/ar *i* abonder. **-amiento** *m* — *a mayor* —, en outre, en plus. **-ancia** *f* abondance. **-ante** *a* abondant, e. **-antemente** *adv* abondamment.

aburr/ir *t* ennuyer. □ *pr* s'ennuyer : *me aburro*, je m'ennuie. **-ido, a** *a* 1 *estar* —, s'ennuyer. 2 (que aburre) ennuyeux, euse. 3 las, lasse : *un aire* —, un air las. **-imiento** *m* ennui.

abus/ar *i* abuser : — *de su fuerza*, abuser de sa force. **-ivo, a** *a* abusif, ive. **-o** *m* 1 abus. 2 — *de confianza*, abus de confiance.

abyecto, a *a* abject, e.

acá *adv* 1 ici : *¡ ven* —!, viens ici! | *más* —, plus près; — *y allá*, çà et là. 2 depuis : — *de ayer* —, depuis hier.

acab/ar *t* finir, achever. □ *i* 1 finir : *acabé aceptando*, j'ai fini par accepter; *hemos acabado de cenar muy tarde*, nous avons fini de dîner très tard. 2 — *con*, en finir avec, venir à bout de. 3 — *de*, venir de : *acaba de salir el sol*, le soleil vient de se lever. □ *pr* prendre fin. | *¡ se acabó !*, un point c'est tout ! **-ado** *m* finition *m*. **-óse** *m es el* —, c'est le comble, le bouquet.

acacia *f* acacia *m*.

aca/demia *f* 1 académie. 2 (establecimiento privado) école, cours *m*. **-démico, a** *a* académique.

acaecer ° *i* arriver.

acalor/ar *t* échauffer. □ *pr* 1 s'échauffer. 2 (irritarse) s'emporter. **-ado, a** *a* vif, vive, violent, e.

acallar *t* faire taire.

acampanado, a *a* très évasé, e, en forme de cloche.

acampar *i*/*t* camper.

acanaladura *f* cannelure.

acantilado *m* falaise *f*.

acanton/ar *t* cantonner. **-amiento** *m* cantonnement.

acaparar *t* accaparer.

acariciar *t* caresser.

acarre/ar *t* 1 transporter. 2 amener, occasionner, entraîner : *esta imprudencia nos podría* — *muchos disgustos*, cette imprudence pourrait nous amener bien des ennuis. **-o** *m* transport.

acaso *m* hasard. □ *adv* 1 peut-être : — *llegue esta tarde*, peut-être arrivera-t-il cet après-midi. 2 *¿* — *me equivoco ?*, est-ce que je me trompe ? | *por si* —, à tout hasard, au cas où.

acat/ar *t* 1 respecter. 2 se soumettre à, obéir à. **-amiento** *m* 1 respect. 2 soumission *f*.

acatarrarse *pr* s'enrhumer.

acaudalado, a *a* riche.

acaudillar *t* commander, être à la tête de.

acceder *i* 1 accepter : *accedió a acompañarnos*, il accepta de nous accompagner. 2 — *a una petición*, accéder à une prière.

accesible *a* accessible.

accesión *a* accession.

acceso *m* 1 accès. 2 — *de celos*, crise *f* de jalousie; — *de fiebre*, poussée *f* de fièvre; — *de tos*, quinte *f* de toux.

accesorio, a *a*/*m* accessoire.

accidentado, a *a*/*s* accidenté, e.

accidental *a* 1 accidentel, elle. 2 intérimaire, par intérim.

accidente *m* accident : — *de carretera, aéreo*, accident de la route, d'avion.

acción f 1 action. 2 *sociedad por acciones*, société par actions.

accionar i gesticuler, faire des gestes. □ t actionner.

accionista s actionnaire.

acebo m houx.

acech/ar t guetter. **-o** m guet. I *al, en* —, à l'affût, aux aguets.

acedera f oseille.

acedía f 1 aigreur. 2 aigreurs pl d'estomac.

aceit/e m huile f : — *de oliva*, huile d'olive. **-ar** t huiler. **-oso, a** a huileux, euse.

aceitun/a f olive : — *rellena*, olive farcie. **-ado, a** a olivâtre. **-o** m olivier.

aceler/ar i/t accélérer. **-ación** f accélération. **-ador** m accélérateur.

acémila f bête de somme.

acento m accent.

acentu/ar t accentuer. **-ación** f accentuation.

acepción f acception.

acepillar t (la madera) raboter.

acept/ar t accepter. **-able** a acceptable. **-ación** f 1 acceptation. 2 (éxito) succès m : *tener general* —, avoir un succès considérable.

acequia f canal m d'irrigation.

acera f trottoir m : *en la* —, sur le trottoir.

acerado, a a acéré, e.

acerbo, a a 1 âcre. 2 cruel, elle.

acerca de loc prep au sujet de, sur.

acerc/ar t rapprocher. □ pr 1 s'approcher : *me acerqué a él*, je m'approchai de lui. 2 approcher : *nos acercamos a Cádiz*, nous approchons de Cadix ; *se acercan las fiestas*, les fêtes approchent. 3 se rapprocher : *esto se acerca a mi punto de vista*, cela se rapproche de mon point de vue. **-amiento** m rapprochement.

acero m acier.

acérrimo, a a acharné, e, ardent, e.

acert/ar ° t/i 1 trouver. 2 (hacer con acierto) réussir. □ i 1 (atinar) voir juste, avoir raison : *con esta lluvia, acerté quedándome en casa*, avec cette pluie, j'ai eu raison de rester chez moi. 2 arriver : *no acierto a consolarla*, je n'arrive pas à la consoler. 3 — *con*, trouver. **-ado, a** a 1 pertinent, e, judicieux, euse. 2 adroit, e, habile.

acertijo m devinette f.

acervo m — *cultural*, patrimoine culturel.

acetileno m acétylène.

acetona f acétone.

aciago, a a funeste.

aciano m bleuet.

acicalarse pr se pomponner, se bichonner.

acicate m FIG stimulant.

acidez f acidité.

ácido, a a/m acide.

acierto m 1 succès, réussite f. 2 (destreza) habileté f, talent. 3 riche idée f.

ácimo a *pan* —, pain azyme.

acimut m azimut.

aclam/ar t acclamer. **-ación** f acclamation.

aclar/ar t 1 éclaircir. 2 — *la ropa*, rincer le linge. 3 expliquer. □ i/pr s'éclaircir : *se aclara el tiempo*, le temps s'éclaircit. **-ación** f éclaircissement m, explication.

aclimat/ar t acclimater. **-ación** f acclimatation.

acné f acné.

acobardar t faire peur. □ pr avoir peur.

acodarse pr — *en el pretil*, s'accouder au parapet.

acog/er t accueillir. **-edor, a** a accueillant, e. **-ida** f accueil m.

acogotar t assommer.

acolchar t 1 (muebles) capitonner. 2 matelasser.

acomet/er t 1 assaillir, attaquer.

2 (emprender) entreprendre. 3 prendre : *me acometió un sueño irresistible*, j'ai été pris d'un sommeil irrésistible. **-ida** *f* 1 attaque. 2 (en un conducto) branchement *m*. **-ividad** *f* combativité.

acomodado, a *a* (rico) fortuné, e, aisé, e.

acomodador, a *s* placeur, ouvreuse *f*.

acomod/ar *t* 1 ajuster. 2 (poner en sitio conveniente) placer, installer. 3 (venir bien) arranger. □ *pr* 1 s'installer. 2 se placer : *se acomodó de criada con un médico*, elle s'est placée comme bonne chez un médecin. 3 s'accommoder : *me acomodo a todo*, je m'accommode à tout. **-aticio, a** *a* accommodant, e. **-o** *m* place *f*.

acompañ/ar *t* 1 accompagner. 2 (adjuntar) joindre. □ *acompañarse con el piano*, s'accompagner au piano. **-amiento** *m* 1 accompagnement. 2 (séquito) suite *f*, cortège. **-ante** *a/s* accompagnateur, trice.

acompasado, a *a* cadencé, e, régulier, ère.

acomplejado, a *a* complexé, e.

acondicion/ar *t* 1 (un local) aménager. 2 (mercancías, el aire) conditionner. I *aire acondicionado*, air conditionné. **-ador** *m* – *de aire*, climatiseur. **-amiento** *m* 1 aménagement. 2 conditionnement. 3 climatisation *f*.

acongojar *t* angoisser.

aconsejar *t* conseiller.

acontec/er ° *i* arriver. **-imiento** *m* événement.

acopiar *t* amasser.

acopl/ar *t* accoupler. **-amiento** *m* accouplement.

acoquinar *t* faire peur, terroriser.

acorazado, a *a/m* cuirassé, e.

acordar ° *t* 1 se mettre d'accord pour. 2 décider de : *el presidente ha acordado aplazar la reunión*, le président a décidé de remettre la réunion ; *según lo acordado*,

d'après ce qui a été décidé. □ *acordarse de una cosa*, se rappeler une chose, se souvenir d'une chose ; *no me acuerdo de él*, je ne me souviens pas de lui ; *acuérdese, souvenez-vous ; acordarse de que*, se souvenir que. I *si mal no me acuerdo*, si j'ai bonne mémoire.

acorde *a* 1 *quedar acordes*, tomber d'accord. 2 – *con*, en accord, en harmonie avec. □ *m* MÚS accord.

acordeón *m* accordéon.

acordonar *t* – *un barrio de policías*, entourer un quartier d'un cordon d'agents de police.

acorralar *t* 1 (el ganado) parquer. 2 (en una cacería) traquer. 3 (arrinconar) acculer.

acortar *t/i* raccourcir. □ *pr los días se acortan en otoño*, les jours raccourcissent en automne.

acosar *t* 1 poursuivre, harceler, traquer. 2 FIG – *a preguntas*, harceler de questions.

acostar ° *t* coucher. □ *pr* se coucher : *me acosté muy tarde*, je me suis couché très tard.

acostumbr/ar *t* habituer. □ *i* avoir l'habitude, coutume de : *acostumbra (a) conducir muy de prisa*, il a l'habitude de conduire très vite. □ *pr* 1 prendre l'habitude de. 2 s'habituer, se faire, s'accoutumer : *me voy acostumbrando poco a poco al clima*, je m'habitue peu à peu au climat. **-ado, a** *a* 1 habitué, e. 2 habituel, elle.

acotación *f* note, annotation.

¹**acotar** *t* borner, délimiter.

²**acotar** *t* 1 annoter. 2 (un plano) coter.

acre *a* 1 âcre. 2 FIG acerbe, aigre. 3 (desabrido) revêche.

acrecentar ° *t* accroître.

acredit/ar *t* 1 accréditer. 2 (atestiguar) prouver. 3 COM créditer. □ *pr* acquérir à réputation. I *este restaurante no se ha acreditado todavía*, ce restaurant n'est pas encore connu. **-ado, a** *a* réputé, e : *un cirujano muy –*, un chirurgien très réputé.

acreedor, a a/s créancier, ère. □ a — a, digne de.

acribillar t 1 — a balazos, cribler de balles. 2 — a preguntas, harceler de questions.

acrílico, a a/m acrylique.

acriollarse pr AMER prendre les habitudes du pays.

acrisolar t affiner, purifier.

acritud f 1 âcreté. 2 FIG aigreur.

acrobacia f acrobatie.

acróbata s acrobate.

acta f 1 (de una sesión) compte rendu m, procès-verbal m. 2 — notarial, acte m notarié.

actitud f attitude.

activ/ar t activer. **-idad** f activité.

activo, a a actif, ive. l en —, en activité. □ m COM actif.

acto m 1 acte. 2 cérémonie f, séance f : el — de inauguración, la cérémonie d'inauguration ; el — del sepelio, la cérémonie funèbre. 3 (teatro) acte. 4 — seguido, continuo, tout de suite après ; en el —, aussitôt, sur-le-champ.

actor, triz s acteur, trice.

actuación f 1 conduite. 2 (papel) rôle m. 3 intervention : la rápida — de los socorristas, la rapide intervention des secouristes. 4 (de un actor, de un deportista) jeu m. l por orden de —, par ordre d'entrée en scène. 5 interprétation. □ pl pièces d'un procès.

actual a actuel, elle. **-idad** f actualité. l en la —, à l'heure actuelle. **-izar** t mettre à jour, actualiser. **-mente** adv actuellement.

actuar i 1 agir. 2 remplir une fonction. 3 (un actor) jouer. l actor de cine que actúa también en televisión, acteur de cinéma qui passe aussi à la télévision.

acuarela f aquarelle.

acuario m aquarium.

acuartelar t caserner, consigner.

acuático, a a aquatique.

acuchillar t 1 poignarder. 2 (la madera) raboter, poncer.

acudir i 1 aller, se rendre : acudió al aeropuerto a recibirme, il s'est rendu à l'aéroport pour me recevoir ; acude a la ventana, il va vers la fenêtre. 2 arriver : un guardia acude en seguida, un agent arrive aussitôt. 3 — a la mente, venir à l'esprit. 4 (con prisa) accourir. 5 — al teléfono, répondre au téléphone. 6 (auxiliar) venir en aide à. 7 recourir, avoir recours, faire appel à.

acueducto m aqueduc.

acuerdo m 1 accord : ponerse de —, se mettre d'accord ; ¡ de — !, d'accord ! l de — con, conformément à. 2 décision f : volver de su —, revenir sur sa décision.

acumul/ar t 1 accumuler. 2 (cargos, empleos) cumuler. **-ación** f 1 accumulation. 2 (de empleos) cumul m. **-ador** m accumulateur.

acunar t bercer.

acuñ/ar t (monedas) frapper. **-ación** f frappe.

acuoso, a a aqueux, euse.

acurrucarse pr se pelotonner, se blottir.

acus/ar t accuser. **-ación** f accusation. **-ado, a** a/s accusé, e. **-ador, a** a/s accusateur, trice. **-e** m — de recibo, accusé de réception.

acusica s FAM mouchard, e.

acústico, a a/f acoustique.

achacar t attribuer.

achacoso, a a maladif, ive.

achantar t FAM faire peur. □ pr FAM (rajarse) se dégonfler.

achaque m 1 infirmité f. 2 (malestar) indisposition f.

achatar t aplatir.

achicar t 1 diminuer. 2 FIG intimider.

achicoria f chicorée.

achicharrar t brûler, griller.

achispado, a *a* éméché, e.

achuch/ar *t* 1 écraser. 2 (empujar) bousculer. **-ón** *m* coup.

achulado, a *a* un peu vulgaire.

adalid *m* 1 chef. 2 champion.

Adán *n p m* Adam.

adapt/ar *t* adapter. **-ación** *f* adaptation.

adecu/ar *t* adapter. **-ado, a** *a* approprié, e, adapté, e. l – *para niños*, qui convient aux enfants.

adefesio *m* (persona) épouvantail, horreur *f*.

adelantado, a *a* 1 avancé, e : *llevo bastante – mi trabajo*, mon travail est assez avancé. 2 *niño muy – para su edad*, enfant très en avance pour son âge. 3 *pago –*, paiement anticipé. □ *m* gouverneur.

adelant/ar *t/i* avancer : *mi reloj adelanta cinco minutos*, ma montre avance de cinq minutes. □ *t – un coche*, dépasser, doubler une voiture ; *prohibido –*, défense de doubler. □ *pr* 1 s'avancer, avancer : *adelantarse un paso*, avancer d'un pas. 2 *adelantarse a su época*, devancer son temps, être en avance sur son temps. **-amiento** *m* (de un coche) dépassement.

adelante *adv* 1 (más allá) plus loin. l *más –*, plus loin, plus tard. 2 en avant : *dar un paso –*, faire un pas en avant. l *¡ adelante !*, entrez ! ; (hablando) continuez ! ; *en –*, *de hoy en –*, désormais, dorénavant.

adelanto *m* 1 avance *f* : *llegar con –*, arriver en avance ; *llevo una hora de –*, je suis en avance d'une heure. 2 (de dinero) avance *f*. 3 progrès.

adelfa *f* laurier-rose *m*.

adelgaz/ar *i* maigrir : *ha adelgazado mucho*, il a beaucoup maigri. □ *t* 1 faire maigrir. 2 amincir : *su vestido la adelgaza*, sa robe l'amincit. **-amiento** *m* amaigrissement. **-ante** *a* amaigrissant, e.

ademán *m* geste, attitude *f* l *hacer – de*, faire mine de. □ *pl* manières *f*, façons *f*.

además *adv* en outre, en plus, par surcroît. l *– de poseer un coche, tiene una moto*, non seulement il possède une voiture, mais il a aussi une moto.

adentrarse *pr* pénétrer.

adepto, a *a/s* adepte.

aderez/ar *t* 1 parer, orner. 2 (cocina) assaisonner, accommoder : *– con aceite y vinagre*, assaisonner avec de l'huile et du vinaigre. □ *m* 1 (joyas) parure *f*. 2 (condimento) assaisonnement.

adeudar *t* 1 (dinero) devoir. 2 *– en una cuenta...*, débiter un compte de...

adhe/rir ° *i* adhérer. □ *pr* adhérer. **-rente** *s* adhérent, e. **-sión** *f* adhésion.

adhesivo, a *a/m* adhésif, ive.

adi/ción *f* addition. **-cionar** *t* additionner.

adicto, a *a* dévoué, e. □ *m* partisan, adepte.

adiestr/ar *t* 1 dresser. 2 *– en*, exercer, entraîner à. **-amiento** *m* entraînement, instruction *f*.

adinerado, a *a* riche.

adiós *interj* 1 adieu. 2 (hasta luego) au revoir. □ *m los adioses*, les adieux.

adiposo, a *a* adipeux, euse.

adivin/ar *t* deviner. **-anza** *f* (acertijo) devinette. **-o** *m* devin.

adjetivo, a *a/m* adjectif, ive.

adjudic/ar *t* adjuger. **-ación** *f* adjudication.

adjuntar *t* joindre, inclure.

adjunto, a *a* ci-joint, e, ci-inclus, e : *la factura adjunta*, la facture ci-jointe ; *– le remito un folleto*, je vous envoie ci-joint une brochure. □ *a/s* adjoint, e.

administr/ar *t* administrer. **-ación** *f* administration. **-ador** *m* administrateur. **-ativo, a** *a* administratif, ive. □ *m* employé de bureau.

admir/ar *t* 1 admirer. 2 (asombrar) émerveiller. 3 (sorprender) étonner. □ *pr me admiro de que...*, je m'étonne que... **-able** *a* admirable. **-ación** *f* 1 admiration. 2 *signo de —*, point d'exclamation. **-ador, a** *a/s* admirateur, trice.

admisible *a* admissible.

admisión *f* admission.

admitir *t* admettre : *no admite que le critiquen*, il n'admet pas qu'on le critique ; *no se admiten propinas*, les pourboires ne sont pas admis.

adobar *t* 1 apprêter. 2 mettre à mariner : *carne adobada*, viande marinée.

adobe *m* brique *f* crue.

adobo *m* 1 apprêt. 2 (salsa) marinade *f*, saumure *f*.

adolecer *° i — de*, souffrir de.

adolescen/te *a* adolescent, e. **-cia** *f* adolescence.

adonde *adv* où. I *¿ adónde vas ?*, où vas-tu ?

adondequiera *adv* n'importe où.

adopción *f* adoption.

adopt/ar *t* adopter. **-ivo, a** *a* adoptif, ive. I *patria adoptiva*, patrie d'adoption.

adoqu/ín *m* pavé. **-inado** *m* pavage. **-inar** *t* paver.

ador/ar *t* adorer. **-able** *a* adorable. **-ación** *f* adoration.

adormec/er *° t* 1 endormir, assoupir. 2 endormir, apaiser. □ *pr* (un miembro) s'engourdir. **-imiento** *m* assoupissement.

adormidera *f* pavot *m*.

adormilado, a *a* endormi, e, somnolent, e.

adorn/ar *t* 1 orner, agrémenter. 2 FIG parer. **-o** *m* ornement.

adquir/ir *° t* 1 acquérir. **-ido, a** *a* acquis, e. **-idor, a** *s* acquéreur, euse.

adquisi/ción *f* acquisition. **-tivo, a** *a poder —*, pouvoir d'achat.

adrede *adv* exprès, à dessein.

Adriático *n p m* Adriatique *f*.

aduan/a *f* douane. **-ero, a** *a/m* douanier, ère.

aducir *° t* alléguer.

adueñarse *pr — de*, s'emparer de, s'approprier.

adul/ar *t* aduler, flatter. **-ador, a** *a/s* flatteur, euse..

adulter/ar *t* frelater, falsifier. **-ación** *f* falsification.

adulterio *m* adultère.

adúltero, a *a* adultère.

adulto, a *a/s* adulte.

adusto, a *a* sévère, austère.

advenedizo, a *a/s* parvenu, e.

advenimiento *m* avènement.

adverbio *m* adverbe.

adversario, a *s* adversaire.

adversidad *f* adversité.

adverso, a *a* adverse.

advert/ir *° t* 1 (avisar) avertir, prévenir : *te advierto que si no obedeces tendrás que vértelas conmigo*, je t'avertis que si tu n'obéis pas tu auras affaire à moi. 2 (indicar) signaler, faire remarquer. 3 (notar) remarquer : *nadie parecía — su presencia*, personne ne semblait remarquer sa présence. **-encia** *f* avertissement *m*. I *servir de —*, servir de leçon.

adviento *m* avent.

adyacente *a* adjacent, e.

aéreo, a *a* aérien, enne.

aeroclub *m* aéro-club.

aerodinámico, a *a* aérodynamique.

aeródromo *m* aérodrome.

aerofagia *f* aérophagie.

aero/nauta *s* aéronaute. **-náutico, a** *a/f* aéronautique.

aeronave *f* aéronef *m*.

aeropuerto *m* aéroport.

aerosol *m* aérosol.

aerotransportado, a *a* aéroporté, e.

afable *a* affable.

afán *m* 1 ardeur *f*, empressement. 2 désir, soif *f* : – *de independencia*, désir d'indépendance. 3 souci. □ *pl* efforts.

afanar *t* POP piquer, barboter. □ *pr* s'affairer, se donner du mal.

afanoso, a *a* 1 actif, ive. 2 pénible.

afear *t* enlaidir.

afectación *f* affectation.

afect/ar *t* 1 affecter. 2 toucher, frapper : *este impuesto afecta a todos los contribuyentes*, cet impôt touche tous les contribuables. **-ado, a** *a* 1 affecté, e. 2 atteint, e.

afect/o, a *a* attaché, e. □ *m* affection *f*, attachement : *me ha tomado –*, il m'a pris en affection. **-uoso, a** *a* affectueux, euse.

afeit/ar *t* raser. l *maquinilla de –*, rasoir *m*. □ *pr* se raser. **-adora** *f* rasoir *m* électrique.

afeminado, a *a/s* efféminé, e.

aferrar *t* saisir, accrocher. □ *pr* s'accrocher.

affaire *m* affaire *f*.

Afganistán *n p m* Afghanistan.

afianzar *t* 1 consolider, affermir : – *una alianza*, consolider une alliance. 2 appuyer.

afición *f* 1 goût *m* : *la – a los viajes*, le goût des voyages. l *tiene – al tenis*, il aime le tennis, il s'intéresse au tennis. 2 *fotógrafo de –*, photographe amateur ; *por –*, en amateur. l *la –*, les amateurs. 3 affection.

aficionado, a *a/s* amateur, passionné, e : – *a*, amateur de ; *teatro de aficionados*, théâtre d'amateurs. □ *m* TAUROM aficionado.

aficionarse *pr* 1 (a alguien) s'attacher. 2 (a una cosa) prendre goût.

afil/ar *t* aiguiser, affûter, repasser. □ *pr* s'allonger. **-ado, a** *a* (dedo) effilé, e. □ *m* affûtage.

afiliarse *pr –* *a*, s'affilier à.

afín *a* 1 contigu, uë. 2 semblable, analogue. l *ideas afines*, analogies.

afin/ar *t* 1 (educar) affiner. 2 MÚS accorder. **-ación** *f* accordage *m*.

afinidad *f* affinité.

afirm/ar *t* 1 affirmer, assurer. 2 (poner firme) consolider, affermir. **-ación** *f* affirmation. **-ativo, a** *a* affirmatif, ive. l *en caso –*, dans l'affirmative.

afligir *t* affliger.

afloj/ar *t* 1 (un tornillo, cinturón) desserrer. 2 (un nudo) desserrer, défaire. 3 (un muelle) détendre. 3 (soltar) lâcher. □ *i* 1 diminuer. 2 – *en el estudio*, se relâcher dans son travail. □ *pr* se desserrer, se détendre : *el muelle se ha aflojado*, le ressort s'est détendu.

aflorar *i* affleurer.

aflu/ir *°* *i* 1 affluer. 2 se jeter : *río que afluye a*, rivière qui se jette dans. **-encia** *f* 1 affluence : *horas de –*, heures d'affluence. 2 afflux *m* : – *de turistas en la frontera*, afflux de touristes à la frontière. **-ente** *m* affluent.

afónico, a *a* aphone.

aforo *m* 1 jaugeage. 2 nombre de places.

afortunado, a *a* heureux, euse.

afrancesar *t* franciser.

afrecho *m* son.

afrent/a *f* affront *m*, outrage *m*. **-ar** *t* déshonorer.

África *n p f* Afrique.

africano, a *a/s* africain, a.

afrontar *t* affronter.

afta *f* aphte *m*.

afuera *adv* dehors : *no tan –*, pas si loin dehors. l *¡afuera!*, dehors!, hors d'ici! □ *f pl las afueras*, les alentours *m*, les environs *m*.

agachar *t –* *la cabeza*, baisser la tête. □ *pr* se baisser, s'accroupir.

agalla *f* (en los peces) ouïe. □ *pl tener agallas*, avoir du cran, ne pas avoir froid aux yeux.

agarrada *f* empoignade.

agarradero *m* poignée *f*. □ *pl* FAM (amparo) piston *sing*.

agarrado, a *a* pingre, radin, e.

agarrar *t* 1 saisir, empoigner : — *del brazo*, saisir par le bras. 2 — *a un ladrón*, attraper un voleur. □ *pr* 1 s'agripper, se cramponner. 2 se tenir : *¡ agárrate al pasamanos !*, tiens-toi bien à la rampe ! 3 FAM (reñir) s'empoigner, se colleter.

agarrotar *t* serrer : *la garganta agarrotada*, la gorge serrée, nouée. □ *pr* (un moteur) gripper, se gripper.

agasajar *t* accueillir chaleureusement, fêter.

ágata *f* agate.

agavanzo *m* églantier.

agazaparse *pr* se blottir, se tapir.

agencia *f* agence.

agenciar *t* procurer. □ *pr* 1 se procurer. 2 *agenciárselas*, se débrouiller.

agenda *f* agenda *m*.

agente *m* agent.

agigantado, a *a* a paso —, à pas de géant.

ágil *a* 1 agile. 2 alerte.

agilidad *f* 1 agilité. 2 souplesse.

agilizar *t* rendre plus souple, plus facile.

agit/ar *t* agiter. **-ador, a** *s* agitateur, trice. **-ación** *f* agitation.

aglomer/arse *pr* s'agglutiner. **-ación** *f* 1 agglomération. 2 (de personas) attroupement *m*. 3 (de vehículos) encombrement *m*, embouteillage *m*. **-ado** *m* aggloméré.

aglutinar *t* agglutiner.

agobi/ar *t* accabler, écraser : *agobiado de trabajo*, accablé de travail. **-ante** *a* accablant, e, écrasant, e : *calor* —, chaleur accablante. **-o** *m* 1 accablement. 2 FIG angoisse *f*.

agolparse *pr* se presser, s'entasser.

agon/ía *f* agonie. **-izante** *a/s* agonisant, e. **-izar** *i* agoniser, être à l'agonie.

agostar *t* dessécher.

agosto *m* 1 août : *el 15 de* —, le 15 août. 2 *hacer su* —, faire son beurre.

agot/ar *t* épuiser. **-ador, a** *a* épuisant, e. **-amiento** *m* épuisement.

agraci/ar *t* 1 avantager. 2 — *con una merced*, accorder une faveur. **-ado, a** *a* 1 (lindo) joli, e, avenant, e. 2 *billete* —, billet gagnant. □ *m* heureux gagnant.

agrad/ar *i* plaire. **-able** *a* agréable.

agradec/er ° *t* 1 remercier : *le agradezco su carta, que haya venido*, je vous remercie de votre lettre, d'être venu. 2 être reconnaissant, e : *le agradecería me facilite su dirección*, je vous serais reconnaissant de me donner votre adresse. **-ido, a** *a* reconnaissant, e. I *muy* —, avec mes remerciements. **-imiento** *m* reconnaissance *f*.

agrado *m* plaisir : *tengo el — de informar a usted que...*, j'ai le plaisir de vous informer que... I *haga usted lo que sea de su* —, faites à votre gré, ce qui vous fera plaisir ; *con* —, volontiers.

agrandar *t* 1 agrandir. 2 amplifier.

agrario, a *a* agraire.

agrav/ar *t* aggraver. **-ación** *f* aggravation.

agravi/ar *t* 1 offenser. 2 (perjudicar) léser. **-o** *m* offense *f*, insulte *f*.

agraz *m* en —, en herbe.

agredir ° *t* attaquer.

agreg/ar *t* 1 incorporer. 2 (un barrio a otro) rattacher. 3 affecter. **-ación** *f* rattachement *m*, incorporation. **-ado, a** *a* adjoint, e. □ *m* attaché : — *cultural*, attaché culturel.

agre/sión *f* agression. **-sivo, a** *a* agressif, ive. **-sor, a** *s* agresseur *m*.

agriar *t* aigrir. □ *pr* s'aigrir : *se le agrió el carácter*, son caractère s'est aigri.

agrícola *a* agricole.

agricult/ura *f* agriculture. **-or, a** *s* agriculteur, trice.

agridulce *a* aigre-doux, aigre-douce.

agrietar *t* 1 crevasser, fendiller. 2 lézarder : *pared agrietada*, mur lézardé.

agrimensor *m* arpenteur.

agrio, a *a* 1 aigre. 2 (carácter) revêche, acariâtre. □ *pl* (frutas) agrumes.

agr/onomía *f* agronomie. **-ónomo** *m* agronome.

agropecuario, a *a* agricole.

agrup/ar *t* grouper. **-ación** *f* groupement *m*.

agua *f* eau. I – *de Colonia*, eau de Cologne ; – *arriba*, en remontant le courant ; – *abajo*, dans le sens du courant. □ *pl* eaux.

aguacate *m* 1 (árbol) avocatier *f* 2 (fruto) avocat.

aguacero *m* averse *f*, ondée *f*.

aguada *f* (pintura) gouache.

aguaducho *m* buvette *f*.

aguafiestas *s* trouble-fête.

aguafuerte *f/m* eau-forte *f*.

aguaitar *t* AMER épier.

aguamanil *m* toilette *f*, fontaine *f*.

aguamiel *f* hydromel *m*.

aguanieve *f* neige fondue.

aguant/ar *t* (sufrir) supporter, endurer. □ *i* tenir bon. I *ya no puedo – más*, je n'en peux plus. □ *pr* 1 se contenir, se retenir. 2 (resignarse) en prendre son parti. I *¡ te aguantas!*, tant pis pour toi ! **-e** *m* 1 patience *f*. 2 endurance *f*.

aguapié *m* piquette *f*.

aguar *t* 1 couper, mouiller. 2 gâcher, troubler : – *la fiesta*, troubler la fête.

aguardar *t* attendre : *aguardo a que llegue*, j'attends qu'il arrive.

aguardiente *m* eau-de-vie *f*.

aguarrás *m* essence *f* de térébenthine.

agudeza *f* 1 acuité. 2 finesse. 3 (del ingenio) vivacité d'esprit. 4 (dicho) trait *m* d'esprit, saillie.

agudiz/ar *t* accentuer, aggraver. **-ación** *f* aggravation.

agudo, a *a* 1 aigu, ë : *grito –*, cri aigu ; *dolor –,* douleur aiguë. 2 (voz, vista) perçant, e. 3 (ingenio) subtil, e. 4 (gracioso) spirituel, elle, fin, e. I *dicho –*, mot d'esprit.

agüero *m* augure.

aguerrido, a *a* aguerri, e.

aguij/ón *m* aiguillon. **-onear** *t* aiguillonner.

águila *f* aigle *m*.

aguileño, a *a* nariz aguileña, nez aquilin.

aguilucho *m* aiglon.

aguinaldo *m* étrennes *f pl*

aguja *f* aiguille : *– de hacer media*, aiguille à tricoter. I *– de marear*, compas *m*, boussole. □ *pl* (ferrocarril) aiguillage *m sing*.

agujero *m* trou.

agujetas *f pl* courbatures.

agusanado, a *a* véreux, euse.

aguzanieves *f* bergeronnette.

aguzar *t* 1 aiguiser. 2 – *el oído*, tendre l'oreille.

ahechar *t* vanner, cribler.

ahí *adv* 1 là. I – *está, he –*, voilà ; – *van algunas cifras*, voilà quelques chiffres. 2 – *es nada*, ce n'est pas rien ; – *me las den todas*, je m'en fiche.

ahijado, a *s* filleul, e.

ahínco *m* 1 acharnement, ardeur *f*. 2 insistance *f*.

ah/itarse *pr* se gaver, se bourrer. **-ito, a** *a* rassasié, e, repu, e.

ahog/ar *t* 1 (en agua) noyer. 2 étouffer. 3 étrangler. 4 FIG – *un suspiro*, étouffer un soupir. □ *pr* 1 se noyer. 2 s'étouffer. 3 s'étrangler. 4 (de calor) étouffer : *aquí se ahoga uno*, on étouffe ici. **-ado, a** *a/s* (en un río, en el mar) noyé, e. □ *a con la voz ahogada*, d'une voix étranglée ; *verse –*, être pris à la gorge. **-o** *m* étouffement.

ahondar *t* approfondir. □ *i — en un tema*, approfondir un sujet.

ahora *adv* 1 maintenant, à présent. | *de — en adelante*, désormais; *hasta —*, jusqu'à présent; *por —*, pour l'instant; *— si que me voy*, cette fois, je m'en vais. 2 *(después)* dans un instant. 3 *(en seguida)* tout de suite. | *¡ — mismo voy !*, j'arrive tout de suite ! ; *¡ hasta — !*, à tout de suite ! □ *conj — bien*, or.

ahorcar *t* pendre. **-ado, a** *s* pendu, e.

ahorrar *t* épargner, économiser. □ *i* faire des économies. □ *pr así me ahorro cien pesetas*, j'économise ainsi cent pesetas. **-ador, a** *a* économe. □ *s* épargnant, e. **-o** *m* 1 épargne *f* : *caja de ahorros*, caisse d'épargne. 2 *(lo que se ahorra)* économie *f*.

ahuecar *t* 1 *(vaciar)* évider. 2 faire gonfler. 3 *— la voz*, enfler la voix. 4 FAM *— el ala*, se tailler, se tirer.

ahumar *t* 1 fumer. 2 *(llenar de humo)* enfumer. **-ado, a** *a jamón, cristal —*, jambon, verre fumé.

ahusado, a *a* fuselé, e.

ahuyentar *t* chasser.

aindiado, a *a* d'Indien, enne.

airado, a *a* furieux, euse, irrité, e.

aire *m* 1 air. | *al —*, en l'air ; *al — libre*, au grand air, en plein air ; *mudar de aires*, changer d'air. 2 air : *con — decidido*, d'un air décidé. | *tiene un — a mi tío*, il ressemble un peu à mon oncle. 3 *(aspecto, garbo)* allure *f*. 4 *(de una canción)* air. 5 rythme.

airear *t* 1 aérer. 2 FIG faire connaître. □ *pr* 1 prendre l'air. 2 *(resfriarse)* prendre froid.

airoso/o, a *a* 1 gracieux, euse, élégant, e. 2 *salir — de*, se tirer brillamment de. **-amente** *adv* 1 élégamment. 2 avec succès.

aislar *t* isoler. **-ado, a** *a* isolé, e. **-ador, a** *a/m* isolant, e. □ *m (de porcelana, etc.)* isolateur. **-amiento** *m* isolement.

ajar *t* 1 flétrir. 2 *(arrugar)* friper, froisser, chiffonner.

ajedrez *m* échecs *pl* : *jugar al —*, jouer aux échecs.

ajenjo *m* absinthe *f*.

ajeno, a *a* 1 d'autrui : *la opinión ajena*, l'opinion d'autrui. 2 *— a*, étranger, ère à. 3 *— de*, libre de.

ajetre/arse *pr* se démener. **-o** *m* 1 agitation *f*. 2 affairement.

ají *m* piment rouge.

ajo *m* 1 ail. 2 FAM *andar metido en el —*, être dans le coup. 3 FAM *soltar ajos*, lâcher des jurons, jurer.

ajuar *m* 1 mobilier. 2 *(de novia)* trousseau.

ajustar *t* 1 ajuster. 2 régler. 3 *(contratar)* engager. □ *pr* 1 s'ajuster. 2 s'adapter. 3 se conformer. **-ador** *m (obrero)* ajusteur. **-e** *m* 1 ajustement. 2 réglage. 3 *— de cuentas*, règlement de comptes. 4 *(contrata)* engagement.

al *prep* (contraction de *a* et *el*) 1 au, à la : *ir — cine*, aller au cinéma ; *— fin*, à la fin. | *salir — balcón*, sortir sur le balcon ; *ir — médico*, aller chez le médecin. 2 *(+ infinitivo) — llegar*, en arrivant ; *— dar las 6*, comme 6 heures sonnaient ; *— abrirse la puerta, creí que eras tú*, lorsque la porte s'ouvrit, j'ai cru que c'était toi. ⇒ **a.**

ala *f* 1 aile. 2 *(de sombrero)* bord *m*. □ *pl* FIG audace *sing*.

alabar *t* vanter, louer. | *alabado sea Dios*, Dieu soit loué. **-anza** *f* louange, éloge *m*.

alabastro *m* albâtre.

álabe *m* aube *f*.

alabe/arse *pr* gauchir, se gondoler. **-o** *m* gauchissement.

alacena *f* placard *m*.

alambique *m* alambic.

alambr/ada *f* barbelés *m pl*. **-ado** *m* clôture *f* en fil de fer. **-e** *m* fil de fer : *— de púas, espinoso*, fil de fer barbelé. **-era** *f* (red) grillage *m*.

álamo *m* peuplier.

alameda f **1** allée de peuplier. **2** (paseo) promenade.

alarde m **1** étalage, déploiement. | *hacer – de*, faire étalage de, faire montre de. **2** démonstration f, manifestation f. **-ar** i se vanter.

alarg/ar t **1** allonger. **2** (dar) tendre, passer : *me alargó su tarjeta*, il me tendit sa carte. **3** prolonger : *– su estancia*, prolonger son séjour. **-amiento** m allongement.

alarido m cri.

alarm/a f **1** alarme. **2** alerte : *estado de –*, état d'alerte ; *falsa –*, fausse alerte. **-ar** t alarmer.

alba f aube.

Albania n p f Albanie.

albañal m égout.

albañil m maçon. **-ería** f maçonnerie.

albarda f bât m.

albaricoque m abricot. **-ro** m abricotier.

albatros m albatros.

albedrío m **1** *libre –*, libre arbitre. **2** fantaisie f.

alberca f réservoir m.

alberg/ar t héberger, loger. **-ue** m **1** abri. **2** logis. **3** *– de juventud*, auberge f de jeunesse.

albóndiga f boulette f.

albor m aube f : *en los albores de*, à l'aube de. **-ada** f aube.

albornoz m **1** burnous. **2** (de baño) peignoir.

alborot/ar t **1** jeter le trouble, agiter. **2** mettre en désordre. □ i faire du tapage. □ pr **1** se troubler, s'affoler. **2** (encolerizarse) s'emporter. **-ador, a** a turbulent, e. □ s agitateur, trice. **-o** m **1** tapage. **2** (motín) émeute f.

alborozo m joie f débordante.

albufera f lagune, étang m d'eau salée.

álbum m album.

albúmina f albumine f.

alcachofa f artichaut m.

alcahuete, a s entremetteur, euse.

alcald/e m maire. **-ada** f abus m de pouvoir, acte m arbitraire. **-esa** f femme du maire. **-ía** f mairie.

álcali m alcali.

alcalino, a a alcalin, e.

alcance m **1** portée f : *al – de la mano*, à portée de la main ; *decisión de mucho –*, décision d'une grande portée. | *fuera de –*, hors d'atteinte. **2** *irle al – de alguien*, poursuivre quelqu'un ; *dar – a alguien*, rattraper quelqu'un. **3** *ser de pocos alcances*, être borné, e.

alcancía f tirelire.

alcanfor m camphre.

alcantarill/a f égout m. **-ado** m réseau d'égouts. **-ero** m égoutier.

alcanz/ar t **1** atteindre, toucher : *– el blanco*, atteindre le but ; *el avión fue alcanzado por un cohete*, l'avion a été touché par une fusée. **2** rattraper : *corrí para alcanzarle*, j'ai couru pour le rattraper. **3** passer : *alcánzame la sal*, passe-moi le sel. **4** *– una victoria*, remporter une victoire. **5** comprendre, saisir : *no alcanzo dónde quieres llegar*, ne comprends pas où tu veux en venir. □ i **1** (un arma, un sonido) porter. **2** arriver : *no alcanzo a ver...*, je n'arrive pas à voir... **3** suffire, être suffisant, e : *provisiones que alcanzan para todos*, des provisions qui suffisent pour tout le monde. **-ado, a** a **1** (con deudas) endetté, e. **2** *ir – de dinero*, être à court d'argent, gêné.

alcaparra f câpre.

alcázar m forteresse f, alcazar.

alce m (animal) élan.

alcoba f chambre à coucher.

alcoh/ol m alcool : *– de 90 grados*, alcool à 90 degrés. **-ólico, a** a/s alcoolique. **-olismo** m alcoolisme.

alcor m coteau.

Alcorán n p m Coran.

alcornoque *m* **1** chêne-liège. **2** FIG abruti.

alcurnia *f* lignage *m*. I *de* —, de vieille souche.

aldaba *f* heurtoir *m*, marteau *m* de porte.

alde/a *f* village *m*. **-ano, a** *a/s* villageois, e.

aleación *f* alliage *m*.

aleatorio, a *a* aléatoire.

aleccionar *t* **1** former, instruire. **2** (reprender) faire la leçon.

aleg/ar *t* alléguer, invoquer, faire valoir. **-ato** *m* plaidoyer.

ale/goría *f* allégorie. **-górico, a** *a* allégorique.

alegrar *t* **1** réjouir : — *el corazón*, réjouir le cœur. **2** (hermosear) égayer. □ *pr* **1** *alegrarse de, con, por,* se réjouir de. **2** être heureux, euse, ravi, e : *me alegro de verle*, je suis heureux de vous voir. I *me alegro,* j'en suis ravi, tant mieux.

alegr/e *a* **1** joyeux, euse, gai, e. **2** heureux, euse : — *de salir contigo,* heureux de sortir avec toi. **3** (color) gai, e. **4** (achispado) gai, e. **-ía** *f* **1** joie *f* : *loco de* —, fou de joie. **2** gaieté : *se le ha acabado la* —, il a perdu sa gaieté. **-ón** *m* grande joie *f*. I *dar un* —, faire un plaisir immense.

alejamiento *m* éloignement.

Alejandro *n p m* Alexandre.

alejar *t* éloigner. □ *pr* s'éloigner, s'écarter.

alelado, a *a* hébété, e ahuri, e : *con aire* —, d'un air ahuri.

alelí *m* giroflée *f*.

aleluya *m/f* alléluia *m*. □ *f* (estampita) image de piété, sorte d'image d'Épinal.

alemán, ana *a/s* allemand, e.

alentada f *de una* —, tout d'une traite.

alent/ar ° *i* respirer. □ *t* **1** encourager. **2** animer. **-ador, a** *a* encourageant, e.

alerce *m* mélèze.

al/ergia *f* allergie. **-érgico, a** *a* allergique.

alero *m* avant-toit.

alerón *m* aileron.

alert/a *adv estar* —, être sur le qui-vive, en éveil, sur ses gardes. □ *f* alerte. **-ar** *t* alerter.

aleta *f* **1** (de pez) nageoire. **2** (para nadar) palme. **3** (de un coche) aile.

aletear *i* (aves) battre des ailes.

alevosía *f* traîtrise.

alfa/beto *m* alphabet. **-bético, a** *a* alphabétique.

alfalfa *f* luzerne.

alfar/ería *f* poterie. **-ero** *m* potier.

alféizar *m* rebord.

alférez *m* sous-lieutenant.

alfil *m* fou.

alfiler *m* épingle *f*. I *ir de veinticinco alfileres,* être tiré, e à quatre épingles ; *en esta sala no cabe un* —, cette salle est pleine à craquer.

alfombr/a *f* tapis *m*. **-ar** *t* recouvrir d'un tapis. **-illa** *f* **1** carpette. **2** (de cama) descente de lit.

alforjas *f pl* besace *sing*.

alga *f* algue.

algarabía *f* **1** charabia *m*. **2** (ruido) brouhaha *m*.

algarrobo *m* caroubier.

algazara *f* brouhaha *m*.

álgebra *f* algèbre.

algo *pron indef* quelque chose : *tengo* — *que decirte,* j'ai quelque chose à te dire. I — *así como,* quelque chose comme ; — *es* —, c'est toujours ça. □ *adv* un peu : *es* — *caprichosa,* elle est un peu capricieuse. □ *m un* — *de,* un petit quelque chose de.

algod/ón *m* **1** coton. **2** (golosina) barbe *f* à papa. **-onero, a** *a/m* cotonnier, ère.

alguien *pron indef* quelqu'un.

alg/ún *a* (apocope de *alguno*) un : — *día,* un jour. I — *tanto,* un peu.

-uno, a *a* 1 (plural) quelque : *algunos años después*, quelques années plus tard. 2 un, une : *alguna vez*, une fois. 3 (negativo) aucun, e : *sin garantía alguna*, sans aucune garantie. □ *pron* 1 (alguien) quelqu'un. 2 (en plural) quelques-uns, quelques-unes, certains, es.

alhaja *f* bijou *m*.

alhelí *m* giroflée *f*.

alheña *f* troène *m*.

ali/ar *t* allier. **-ado, a** *a/s* allié, e. **-anza** *f* alliance.

alias *adv* dit, alias.

alicaído, a *a* FIG abattu, e.

alicates *m pl* pince *f* sing.

aliciente *m* 1 attrait. 2 agrément. 3 stimulant.

alien/ar *t* aliéner. **-ación** *f* aliénation. **-ado, a** *a/s* aliéné, e.

aliento *m* 1 haleine *f* : *mal –*, mauvaise haleine. | *llegó sin –*, il arriva hors d'haleine, à bout de souffle. 2 FIG courage, énergie *f*, vigueur *f*.

aligator *m* alligator.

aligerar *t* 1 alléger. 2 – *el paso*, presser le pas. □ *i* FAM se grouiller : *¡ aligera !*, grouille-toi !

alijo *m* contrebande *f*.

alimaña *f* animal *m* nuisible.

aliment/o *m* aliment, nourriture *f*. **-ación** *f* alimentation, nourriture. **-ar** *t* 1 nourrir. 2 (una chaudière, le feu, etc.) alimenter. □ *pr* se nourrir. **-icio, a** *a* alimentaire.

alimón (al) *loc adv* à deux.

aline/ar *t* aligner. **-ación** *f* 1 alignement *m*. 2 (deportes) formation.

aliñ/ar *t* 1 (condimentar) assaisonner. 2 arranger. **-o** *m* 1 assaisonnement. 2 parure *f*.

alisar *t* lisser.

alist/ar *t* enrôler, recruter. □ *pr* 1 s'enrôler. 2 MIL s'engager, s'enrôler. **-amiento** *m* 1 enrôlement. recrutement. 2 (quinta) contingent.

alivi/ar *t* 1 (una carga) alléger. 2 FIG soulager. □ *pr* (un enfermo) aller mieux. **-o** *m* soulagement.

aljibe *m* citerne *f*.

aljofaina *f* cuvette.

alma *f* âme. | *– viviente*, âme qui vive ; *estar con el –*, en un hilo, être mort, e de peur ; *llegar al –*, aller droit au cœur ; *con toda el –*, de tout cœur ; *en el –*, sincèrement, profondément ; *lo siento en el –*, j'en suis navré.

almac/én *m* magasin. **-enaje** *m* stockage. **-enamiento** *m* 1 stockage, emmagasinage. 2 (existencias) stocks *pl*. **-enar** *t* emmagasiner.

almadraba *f* pêche au thon.

almadreña *f* sabot *m*.

almanaque *m* almanach.

almeja *f* clovisse, palourde.

almena *f* créneau *m*.

almendr/a *f* amande. | *– garapiñada*, praline. **-o** *m* amandier.

almiar *m* meule *f*.

almíbar *m* sirop : *melocotones en –*, pêches au sirop.

almid/ón *m* amidon. **-onar** *t* amidonner, empeser.

alminar *m* minaret.

almirant/e *m* amiral. **-azgo** *m* amirauté *f*.

almirez *m* mortier.

almohad/a *f* 1 oreiller *m*. 2 (alargada) traversin *m*. 3 (funda) taie d'oreiller. **-illa** *f* 1 petit coussin *m*. 2 tampon *m* encreur.

almohazar *t* étriller, panser.

almorzar ° *i* déjeuner. □ *t* déjeuner de.

almuerzo *m* déjeuner.

alocado, a *a* 1 un peu fou, folle. 2 irréfléchi, e.

alocución *f* allocution.

áloe *m* aloès.

aloj/ar *t* loger. □ *pr* loger. **-amiento** *m* logement.

alón *m* aile *f*.

alondra _f_ alouette.

Alonso _n p m_ Alphonse.

alpaca _f_ 1 alpaga _m._ 2 (metal) maillechort _m._

alpargata _f_ espadrille.

Alpes _n p m los_ –, les Alpes _f._

alpin/ismo _m_ alpinisme. **-ista** _s_ alpiniste.

alquería _f_ ferme.

alquil/ar _t_ louer : _piso por_ –, appartement à louer ; _se alquila_, à louer. **-er** _m_ 1 location _f_ : _coche de_ –, voiture en location. I _casa de_ –, maison de rapport. 2 (precio) loyer.

alquitr/án _m_ goudron. **-anar** _t_ goudronner.

alrededor _adv_ 1 autour : _miró – de él_, – _suyo_, il regarda autour de lui. 2 alentour : _miró_ –, il regarda alentour. 3 – _de_, environ, à peu près, autour de : – _de mil pesetas_, environ mille pesetas. □ _m pl los alrededores de Bilbao_, les environs de Bilbao.

alta _f_ 1 inscription. I _darse de_ – _en un club_, s'inscrire dans un club. 2 _dar de_ – _a un enfermo_, donner bon bulletin de sortie, l'autorisation de sortir à un malade. 3 MIL _ser_ –, entrer dans un corps, reprendre du service.

altaner/ia _f_ hauteur, arrogance. **-o, a** _a_ hautain, e, altier, ère.

altar _m_ autel : – _mayor_, maître-autel.

altavoz _m_ haut-parleur : _altavoces_, des haut-parleurs.

alter/ar _t_ 1 altérer. 2 (perturbar, turbar) troubler. 3 mettre en colère. □ _pr_ 1 se troubler. 2 se mettre en colère, se fâcher. **-ación** _f_ 1 altération. 2 trouble _m._

altercado _m_ altercation _f._

altern/ar _t_ faire alterner. □ _i_ 1 alterner. 2 – _con sus vecinos_, fréquenter ses voisins. 3 _su hija empezó a_ – _a los quince años_, sa fille a commencé à sortir à quinze ans. □ _pr_ se relayer. **-ancia**

_f_

alternance. **-ativa** _f_ alternative. **-ativo, a** _a_ alternatif, ive. **-o, a** _a_ 1 alterne. 2 _corriente alterna_, courant alternatif.

alteza _f_ altesse.

altibajos _m pl_ FIG hauts et les bas.

altillo _m_ 1 coteau. 2 (piso intermedio) soupente _f._ 3 (desván) grenier.

altiplanicie _f_ haut plateau _m._

altiplano _m_ AMER haut plateau.

altísimo, a _a_ très haut, haute.

altitud _f_ altitude.

altiv/o, a _a_ hautain, e. **-ez** _f_ hauteur.

¹alto, a _a_ 1 (cosas) haut, e, élevé, e. 2 (personas) grand, e : _un hombre_ –, un homme grand. 3 haut, e : _alta costura_, haute couture. 4 _a altas horas de la noche_, à une heure avancée de la nuit. □ _m_ 1 haut, hauteur _f_ : _diez metros de_ –, dix mètres de haut ; _desde lo_ – _de_, du haut de. 2 (cerro) hauteur _f._ 3 (piso) étage élevé. 4 _por lo_ –, largement : _calculando por lo_ –, en calculant largement. □ _adv_ haut : _volar_ –, voler haut. I _los brazos en_ –, les bras en l'air ; _hablar_ –, parler tout haut.

²alto _m_ halte _f_ : _hacer_ –, faire halte. □ _interj_ halte ! ; _¡ – ahí !_, halte-là !

altoparlante _m_ AMER haut-parleur.

altozano _m_ coteau, mamelon.

altru/ismo _m_ altruisme. **-ista** _s_ altruiste.

altura _f_ hauteur. □ _pl_ cieux _m._ I _a estas alturas_, maintenant, à présent.

alubia _f_ haricot _m._

alucinación _f_ hallucination.

alud _m_ avalanche _f._

alud/ir _i_ faire allusion. **-ido, a** _a_ dont il est question, visé, e. I _darse por_ –, se sentir visé.

alumbr/ar _t/i_ éclairer. □ _i_ (dar a luz) accoucher. □ _pr_ s'éclairer. **-ado** _m_ éclairage : – _de neón_, éclairage au néon. **-amiento** _m_ (parto) accouchement.

aluminio *m* aluminium.

alumno, a *s* élève.

alunizar *i* alunir.

alusión *f* allusion.

aluvión *m* 1 crue *f.* 2 alluvion. *f.*

alvéolo *m* alvéole.

alza *f* hausse.

alzado, a *a* (precio) forfaitaire. I *a tanto* –, à forfait.

alzamiento *m* 1 soulèvement. 2 COM banqueroute *f* frauduleuse.

alzar *t* 1 lever : *alcé los ojos,* je levai les yeux. 2 (algo caído) relever. 3 (a poca altura) soulever : *alzó el visillo,* elle souleva le rideau. 4 – *la voz,* hausser la voix. □ *i* (liturgia) *al* –, à l'élévation. □ *pr* 1 se lever : *el telón se alza,* le rideau se lève. 2 s'élever, se dresser. 3 (amotinarse) se soulever.

allá *adv* 1 là-bas : – *muy lejos,* là-bas très loin. 2 loin : *muy* –, très loin. I *más* – *de,* au-delà de. 3 autrefois : –, *a principios del siglo XVIII,* autrefois, au début du XVIIIe siècle.

allanar *t* 1 aplanir. 2 (un domicilio) violer. □ *pr* se soumettre, se plier.

alleg/ar *t* rassembler, réunir. **-ado, a** *s* 1 proche. 2 partisan.

allende *adv* au-delà : – *los mares,* au-delà des mers.

allí *adv* 1 là : – *se casó,* c'est là qu'il s'est marié. I – *está, he* –, voilà. 2 y : *vete* –, vas-y.

ama *f* 1 – *de casa,* maîtresse de maison. 2 (de un soltero) gouvernante. 3 – *de cría,* nourrice.

amab/le *a* aimable. **-ilidad** *f* amabilité.

amaestrar *t* dresser. I *perro amaestrado,* chien savant.

amag/ar *t* 1 menacer. 2 – *un saludo,* esquisser un salut. □ *i* 1 être imminent, ne pas éclater : *está amagando lluvia,* la pluie menace. **-o** *m* 1 menace *f.* 2 signe, indice, marque *f.* 3 *un* – *de tristeza,* une

pointe de tristesse.

amainar *t* FIG se calmer.

amalgama *f* amalgame *m.*

amamantar *t* allaiter.

¹**amanecer** ° *impers* commencer à faire jour. □ *i* 1 être au lever du jour : *el cielo amaneció nublado,* le ciel était nuageux au lever du jour. I *amanecimos en Toledo,* nous sommes arrivés à Tolède au lever du jour. 2 (despertar) se réveiller.

²**amanecer** *m* point du jour, aube *f* : *al* –, à l'aube.

amanerado, a *a* maniéré, e.

amaneramiento *m* affectation *f.*

amansar *t* 1 apprivoiser. 2 dompter.

amante *a/s* amoureux, euse. □ *m* amant.

amañarse *pr* se débrouiller, s'arranger.

amapola *f* coquelicot *m.*

amar *t* aimer : – *a Dios,* aimer Dieu ; *amaos los unos a los otros,* aimez-vous les uns les autres.

amar/ar *i* amerrir. **-aje** *m* amerrissage.

amarg/o, a *a* amer, ère. **-ado, a** *a* aigri, e. **-ar** *t* 1 rendre amer, ère. 2 FIG aigrir. 3 – *la existencia,* empoisonner, gâcher l'existence. **-or** *m* amertume *f.* **-ura** *f* amertume.

amarill/o, a *a/m* jaune. **-ear** *i* jaunir. **-ento, a** *a* jaunâtre.

amarr/a *f* amarre. □ *pl* FAM piston *m sing.* **-adura** *f* amarrage *m.* **-ar** *t* 1 MAR amarrer. 2 (atar) attacher.

amartelarse *pr* – *con,* tomber amoureux, euse de.

amas/ar *t* 1 pétrir. 2 (mortero) gâcher. 3 (dinero) amasser. **-adera** *f* pétrin *m.* **-amiento** *m* pétrissage. **-ijo** *m* FIG mélange.

amatista *f* améthyste.

amazacotado, a *a* 1 compact, e. 2 lourd, e, surchargé, e.

Amazonas *n p m* Amazone.

amazona f amazone.

ambages m pl sin —, sans ambages.

ámbar m ambre.

Amberes n p Anvers.

ambi/ción f ambition. **-cioso, a** a/s ambitieux, euse.

ambiente a ambiant, e. □ m 1 ambiance f, atmosphère f, climat : un — hostil, une ambiance hostile. 2 milieu : en los ambientes intelectuales, dans les milieux intellectuels ; — atmosférico, milieu atmosphérique.

ambigú m buffet.

ambiguo, a a ambigu, uë.

ambito m 1 étendue f. 2 cadre, limites f pl.

ambos, as a pl les deux : — sexos, les deux sexes. l a — lados, des deux côtés. □ pron pl tous (les) deux, toutes (les) deux.

ambulan/cia f 1 ambulance. 2 — de correos, bureau m ambulant. **-te** a ambulant, e.

ameba f amibe.

amedrentar t faire peur.

amén m/adv 1 amen. l en un decir —, en un clin d'œil. 2 — de, en plus de, outre.

amenaz/ar t/i menacer : le ha amenazado con matarle, il l'a menacé de le tuer ; está amenazando (con) llover, il menace de pleuvoir. **-a** f menace. **-ador, a** a menaçant, e.

amenguar t diminuer.

amen/o, a a agréable. **-izar** t 1 égayer. 2 (un baile, espectáculo) animer.

América n p f Amérique : — del Norte, del Sur, l'Amérique du Nord, du Sud.

american/o, a a/s américain, e. □ f (chaqueta) veste. **-ismo** m américanisme.

ametralladora f mitrailleuse.

amianto m amiante.

amiba f amibe.

amiga f amie.

amígdala f amygdale.

amig/o, a a 1 ami, e : — de la infancia, ami d'enfance. l ser — de, aimer. **-ote** m FAM copain.

amilanar t faire peur, effrayer.

aminorar t (la marcha) ralentir.

amist/ad f amitié. □ pl amis m. **-oso, a** a 1 amical, e. 2 arreglo —, arrangement à l'amiable.

amnesia f amnésie.

amnistía f amnistie.

amo m 1 maître : el — de la casa, le maître de maison. 2 propriétaire. 3 (dueño) patron.

amodorrado, a a somnolent, e.

amolar ° t aiguiser.

amoldar t ajuster.

amoniaco m ammoniaque f.

amontonar t entasser. □ pr s'entasser.

amor m amour : el — al prójimo, l'amour du prochain. l — propio, amour-propre; al — de la lumbre, au coin du feu.

amoratado, a a violacé, e.

amordazar t bâillonner.

amorfo, a a amorphe.

amorío m amourette f.

amoroso, a a affectueux, euse, tendre.

amortajar t ensevelir.

amortigu/ar t amortir. **-ador** m amortisseur.

amortiz/ar t amortir. **-ación** f amortissement m.

amostazarse pr prendre la mouche, se monter.

amotin/arse pr se soulever. **-ado, a** a/s insurgé, e. **-amiento** m émeute f.

amovible a amovible.

ampar/ar t protéger. □ ampararse en una ley, s'abriter sous une loi. **-o** m 1 protection f : al — de, sous la protection de. 2 refuge. 3 soutien.

amperio m ampère.

ampli/ar *t* **1** (un local, una foto) agrandir. **2** (ensanchar) élargir. **3** prolonger. **4** (un número) augmenter : *— los créditos,* augmenter les crédits. **5** (un negocio, una explicación) développer. **-ación** *f* **1** agrandissement *m* : *una — fotográfica,* un agrandissement photographique. **2** élargissement *m*. **3** augmentation.

amplific/ar *t* amplifier. **-ador** *m* amplificateur.

ampli/o, a *a* **1** (prenda de vestir) ample. **2** (extenso) vaste, étendu, e. **3** large : *amplias repercusiones,* de larges répercussions ; *espíritu —,* esprit large. **-tud** *f* **1** ampleur. **2** *— de ideas,* largeur d'esprit.

ampolla *f* ampoule.

ampuloso, a *a* ampoulé, e.

amputar *t* amputer.

amueblar *t* meubler.

amuleto *m* amulette *f*.

Ana *n p f* Anne.

anacronismo *m* anachronisme.

ánade *m* canard.

anales *m pl* annales *f*.

analfabet/o *a/s* analphabète. **-ismo** *m* analphabétisme.

análisis *m* analyse *f*.

analizar *t* analyser.

anal/ogía *f* analogie. **-ógico, a** *a* analogique.

análogo, a *a* analogue.

ananás *m* ananas.

anaquel *m* étagère *f*, rayon. **-ería** *f* rayonnage *m*.

anaranjado, a *a/m* orangé, e, orange.

anarqu/ía *f* anarchie. **-ista** *a/s* anarchiste.

anatema *m* anathème.

anat/omía *f* anatomie. **-ómico, a** *a* anatomique.

ancas *f pl* croupe *sing* : *a —,* en croupe.

ancestral *a* ancestral, e.

anciano, a *a* âgé, e. □ *s* vieillard *m* : *asilo de ancianos,* asile de

vieillards.

ancl/a *f* ancre. **-adero** *m* mouillage. **-ar** *i* mouiller.

áncora *f* ancre.

anch/o, a *a* **1** large. **2** (demasiado) trop grand, e : *este abrigo me viene —,* ce manteau est trop grand pour moi. **3** *a mis, tus, sus anchas,* à mon, ton, son, leur aise. □ *m* **1** largeur *f*. **2** *tres metros de —,* trois mètres de large. **-ura** *f* largeur.

andadas *f pl* *volver a las —,* retourner à ses erreurs.

andador, a *a/s* bon marcheur, bonne marcheuse.

Andalucía *n p f* Andalousie.

andaluz, a *a/s* andalou, se.

andamio *m* échafaudage.

andanza *f* aventure.

¹andar ° *i* **1** (moverse, funcionar) marcher : *— despacio,* marcher lentement. I *ir andando,* aller à pied ; *¡ andando!,* en avant ! **2** (estar) être : *anda siempre bien vestida,* elle est toujours bien habillée ; *— muy atareado,* être très affairé. **3** aller, se porter : *¿ qué tal anda el enfermo ?,* comment se porte le malade ? ; *cada día anda peor,* il va de plus en plus mal. **4** (+ gerundio) être en train de : *anda siempre cantando,* elle est toujours en train de chanter ; (souvent ne se traduit pas : *— buscando,* chercher). **5** *¡ anda!,* allons ! ; (asombro) ça alors ! □ *t* parcourir. □ *pr* **1** parcourir : *me anduve todo el barrio sin encontrar la casa,* j'ai parcouru tout le quartier sans trouver la maison. **2** *andarse con cuidado, ceremonias,* faire attention, des cérémonies.

²andar *m* démarche *f*. □ *pl* démarche *f sing,* allure *f sing* : *unos andares muy rápidos,* une démarche très rapide. **-iego, a** *s* bon marcheur, bonne marcheuse.

andas *f pl* brancard *m sing*.

andén *m* **1** quai : *en el — de la estación,* sur le quai de la gare. **2** (acera) trottoir.

Andes n p m pl *los* –, les Andes f.

Andorra n p f Andorre.

andraj/o m guenille f, loque f. **-oso**, **a** a déguenillé, e, loqueteux, euse.

Andrés n p m André.

anécdota f anecdote.

anegar t noyer. | *ojos anegados en lágrimas*, yeux noyés de larmes.

anejo, **a** a annexe. □ m annexe f.

an/emia f anémie. **-émico**, **a** a anémique.

anémona f anémone.

anes/tesia f anesthésie. **-tesiar** t anesthésier. **-tésico**, **a** a/m anesthésique. **-tesista** s anesthésiste.

anex/ar t annexer. **-ión** f annexion. **-ionar** t annexer.

anexo m annexe f : *dormir en el – del hotel*, coucher à l'annexe de l'hôtel.

anfiteatro m amphithéâtre.

ánfora f amphore.

anfractuosidad f anfractuosité.

angarillas f pl brancard m sing.

ángel m 1 ange. 2 *tener* –, avoir du charme.

angelical, **angélico**, **a** a angélique.

angelus m angélus.

angina f angine.

anglosajón, **ona** a/s anglo-saxon, onne.

angosto, **a** a étroit, e.

anguila f anguille.

ángulo m angle.

anguloso, **a** a anguleux, euse.

angusti/a f angoisse. **-ar** t angoisser. **-oso**, **a** a 1 angoissant, e. 2 angoissé, e : *mirada angustiada*, regard angoissé.

anhel/ar t désirer vivement, aspirer à. **-o** m désir ardent.

anidar i nicher.

anilla f anneau m.

anillo m anneau. | – *de boda*,

---

alliance f ; *esto viene como – al dedo*, cela convient à merveille, ça tombe à pic.

ánima f âme (du Purgatoire).

animación f 1 animation. 2 (en una persona) entrain m, allant m.

animado, **a** a 1 animé, e. 2 plein, e d'entrain, en forme.

animador, **a** s animateur, trice.

animal a animal, e. □ m animal, bête f : *animales domésticos*, animaux domestiques. **-ada** f (tontería) ânerie.

animar t 1 animer. 2 (alentar) encourager, stimuler. 3 mettre de l'animation dans. □ pr 1 s'animer. 2 se décider : *animarse a hablar*, se décider à parler. | *¡ anímate !*, allons !

ánimo m 1 esprit. 2 (valor) courage : *¡ ánimo !*, courage ! ; *recobrar* –, reprendre courage. 3 intention f.

aniñado, **a** a enfantin, e.

aniquilar t anéantir.

anís m 1 anis. 2 (licor) anisette f.

anisado m anisette f.

aniversario m anniversaire.

ano m anus.

anoche adv hier soir.

¹anochecer ° impers commencer à faire nuit. □ i arriver, se trouver à la tombée de la nuit.

²anochecer m crépuscule, tombée f de la nuit : *al* –, à la tombée de la nuit.

anodino, **a** a anodin, e.

anomalía f anomalie.

anonadar t anéantir.

anónimo, **a** a/s anonyme. □ m anonymat.

anorak m anorak.

anormal a/s anormal : *niños anormales*, enfants anormaux.

anotar t 1 annoter. 2 (apuntar) noter, prendre note de. 3 inscrire.

anquilosarse pr s'ankyloser.

ánsar m oie f.

ansi/a f 1 (angustia) angoisse,

anxiété. **2** désir *m*, soif : — *de independencia*, soif d'indépendance. | *espera con — las vacaciones*, il attend les vacances avec impatience. **3** *comer con —*, manger avec avidité. **-ar** *t* désirer ardemment. **-edad** *f* anxiété. **-oso**, **a** *a* **1** anxieux, euse. **2** — *de*, *por*, impatient, e de : — *de llegar*, impatient d'arriver.

anta *f* élan *m*.

antagon/ismo *m* antagonisme. **-ista** *a/s* antagoniste.

antaño *adv* autrefois, jadis.

antártico, **a** *a* antarctique.

¹**ante** *prep* devant. | — *todo*, avant tout.

²**ante** *m* (ciervo) élan.

anteayer *adv* avant-hier.

antebrazo *m* avant-bras.

antecámara *f* antichambre.

antecedente *a/m* antécédent, e.

antecesor, **a** *s* prédécesseur.

antecocina *f* office.

antedatar *t* antidater.

antelación *f* avance : *con —*, à l'avance ; *con dos semanas de —*, deux semaines à l'avance.

antemano (de) *loc adv* d'avance.

antena *f* antenne.

anteojo *m* lunette *f*. | — *de larga vista*, longue-vue *f*. □ *pl* (prismáticos) jumelles *f*.

antepasados *m pl* ancêtres.

antepecho *m* **1** parapet, garde-fou. **2** appui.

anterior *a* **1** antérieur, e. **2** précédent, e.

antes *adv* **1** avant, auparavant : *un mes —*, un mois avant. **2** — *de*, avant : — *del sábado*, avant samedi. **3** — *que*, avant : *mucho — que él*, bien avant lui ; — *que nada*, avant tout. **4** (más bien) plutôt : — *que quejarte*, plutôt que de te plaindre. □ *conj* mais plutôt. | — *bien*, bien au contraire. □ *a* d'avant, précédent, e : *el día —*, le jour d'avant.

antesala *f* antichambre.

antibiótico, **a** *a/m* antibiotique.

anticipación *f* anticipation. | *con —*, en avance.

anticip/ar *t* **1** avancer la date de, le moment de : — *su regreso*, avancer la date de son retour. **2** (dinero) avancer. **3** (predecir) assurer d'avance, prédire. □ *pr* **1** devancer. **2** être en avance : *el verano se ha anticipado este año*, l'été est en avance cette année. **-o** *m* avance *f*.

anticongelante *m* antigel.

anticuado, **a** *a* **1** vieilli, e, désuet, ette. **2** (pasado de moda) démodé, e.

anticuario *m* antiquaire.

antideslizante *a/m* antidérapant, e.

antídoto *m* antidote.

antifaz *m* **1** masque. **2** (sólo para los ojos) loup.

antiguamente *adv* autrefois.

antigüedad *f* **1** antiquité. **2** (en un empleo) ancienneté. □ *pl tienda de antigüedades*, magasin d'antiquités.

antiguo, **a** *a* **1** ancien, enne. | *de —*, depuis longtemps. **2** (de la Antigüedad) antique. □ *m* ancien.

antílope *m* antilope *f*.

Antillas *n p f pl* Antilles.

antip/atía *f* antipathie. **-ático**, **a** *a* antipathique.

antípoda *m* antipode.

antiquísimo, **a** *a* très ancien, enne.

antirrobo *m* antivol.

antiséptico, **a** *a/m* antiseptique.

antítesis *f* antithèse.

antoj/arse *pr* **1** avoir envie de. **2** avoir dans l'idée, sembler : *se me antoja que no vendrá*, j'ai dans l'idée qu'il ne viendra pas. **3** paraître, sembler : *el porvenir se me antoja sombrío*, l'avenir me paraît sombre. **-adizo**, **a** *a* capricieux, euse. **-o** *m* caprice. |

su —, à sa guise.

antología f anthologie.

Antonio n p m Antoine.

antorcha f torche, flambeau m.

antracita f anthracite m.

ántrax m anthrax m.

antropófago, a a/s anthropophage.

antropología f anthropologie.

anual a annuel, elle.

anuario m annuaire.

anudar t 1 nouer. 2 (una cosa interrumpida) renouer.

¹**anular** m annulaire.

²**anul/ar** t annuler. **-ación** f annulation.

anunci/ar t 1 annoncer. 2 faire de la publicité pour. **-ación** f annonciation. **-ante** m annonceur. **-o** m 1 annonce f. | *anuncios por palabras*, petites annonces. 2 (cartel) affiche f.

anuo, a a annuel, elle.

anverso m 1 face f. 2 (de página) recto.

anzuelo m hameçon m.

añad/ir t ajouter. **-ido** m ajout. **-idura** f por —, en outre.

añejo, a a vieux, vieille.

añicos m pl *hacer* —, réduire en morceaux, en miettes.

añil a/m indigo.

año m 1 an : *tiene aöce años*, il a douze ans ; *dentro de dos años*, dans deux ans. 2 année f : — *escolar*, année scolaire ; *en el transcurso del* —, dans le courant de l'année. | — *nuevo*, nouvel an ; *¡feliz* — *nuevo!*, bonne année ! 2 pl 1 années f. 2 âge *sing* : *a mis años*, à mon âge ; *¿cuántos años tienes?*, quel âge as-tu ?

añor/ar t regretter. **-anza** f nostalgie, regret m.

aorta f aorte.

apabullar t 1 accabler. 2 (asombrar) sidérer.

apacible a paisible, calme.

apaciguar t apaiser.

apadrinar t 1 servir de parrain, de témoin. 2 (proteger) parrainer.

apag/ar t 1 éteindre : *¡apaga la luz!*, éteins la lumière ! 2 (un sonido, una rebelión) étouffer. 3 (la sed) étancher. **-ado, a** a 1 persona, color) éteint, e. 2 (sonido) étouffé, e. **-ón** m panne f de courant.

apalabrar t 1 régler verbalement 2 engager.

apalear t 1 (golpear) battre. 2 — *oro*, rouler sur l'or.

apañ/ar t arranger. □ FAM *apañárselas*, se débrouiller. **-ado, a** a FAM 1 habile. 2 pratique. 3 *¡ estamos apañados!*, nous voilà frais !

aparador m (mueble) buffet.

aparato m appareil.

aparatoso, a a 1 impressionnant, e. 2 spectaculaire.

aparc/ar t garer. □ i se garer : *he aparcado delante del hotel*, je me suis garé devant l'hôtel. | *prohibido* —, défense de stationner. **-amiento** m 1 (acción) stationnement. 2 parking : — *subterráneo*, parking souterrain.

aparear t accoupler.

aparec/er °i 1 apparaître. 2 paraître : *artículo aparecido en un periódico*, article paru dans un journal. **-ido** m revenant.

aparentar t 1 feindre. 2 (+ infinitivo) faire semblant de. 3 faire : *no aparenta 60 años*, il ne fait pas 60 ans.

aparente a apparent, e.

aparición f apparition.

apariencia f apparence.

apartadero m 1 voie f de garage. 2 refuge.

apartado, a a à l'écart. □ 1 paragraphe, alinéa. 2 — *de correos*, boîte f postale.

apartamento m appartement.

apartar t 1 écarter. 2 — *los ojos*, détacher les yeux. □ *pr* 1 s'écarter, s'éloigner. 2 se retirer. 3 *¡ apártate de en medio!*, ôte-toi de là !

aparte *adv* de côté, à part. I – *de
eso, eso* –, cela mis à part, à part
cela. □ *m* 1. aparté. 2 *punto y* –,
point à la ligne.

apasion/ar *t* passionner. □
apasionarse por, se passionner
pour. **-ante** *a* passionnant, e.

ap/atía *f* apathie. **-ático, a** *a*
apathique.

ape/arse *pr* descendre. **-adero**
m (para viajeros) halte *f*.

apedrear *t* lancer des pierres sur.

apeg/arse *pr* s'attacher. **-o** *m*
attachement.

apel/ar *t* faire appel. **-ación** *f*
appel *m*.

apelmazar *t* comprimer, tasser,
presser.

apellido *m* nom (de famille).

apenar *t* peiner.

apenas *adv* à peine. I – *si*, c'est à
peine si ; – *había acabado
cuando...*, à peine avait-il fini que...

apéndice *m* appendice.

apendicitis *f* appendicite.

apercibir *t* 1 préparer. 2 avertir.

aperitivo *m* apéritif.

aperos *m pl* instruments, outils.

apertura *f* ouverture.

apestar *i* empester, puer : – *a
gasolina*, puer l'essence.

apetec/er ° *i* faire envie, avoir
envie : *no me apetece salir hoy*, je
n'ai pas envie de sortir aujour-
d'hui. I *si le apetece*, si ça vous fait
envie, vous dit. **-ido, a** *a* désiré,
e, souhaité, e.

apetit/o *m* appétit. **-oso, a** *m*
appétissant, e.

apiadarse *pr* I – *de*, s'apitoyer
sur. 2 *apiádate de nosotros*, aie
pitié de nous.

apicult/ura *f* apiculture. **-or** *m*
apiculteur.

apilar *t* empiler.

apiñarse *pr* s'entasser.

apio *m* céleri.

apisonar *t* tasser.

aplacar *t* apaiser.

aplast/ar *t* 1 aplatir. 2 (fruta, pie,
etc.) écraser. 3 (a un adversario)
écraser. **-ante** *a* écrasant, e.

aplau/dir *i* applaudir. **-so** *m*
applaudissement.

aplaz/ar *t* ajourner, remettre,
différer. **-amiento** *m*
ajournement.

aplic/ar *t* appliquer. □ *pr*
s'appliquer. **-ación** *f* application.

aplique *m* applique *f*.

aplomo *m* 1 sérieux, pondération
f. 2 (verticalidad) aplomb.

apocado, a *a* timide.

apocalipsis *m* apocalypse *f*.

apodar *t* surnommer.

apoder/arse *pr* s'emparer. **-ado**
m 1 fondé de pouvoir. 2 (de un
artista) impresario.

apodo *m* surnom.

apogeo *m* apogée.

apolillado, a *a* mité, e.

Apolo *n p m* Apollon.

apología *f* apologie.

apopl/ejía *f* apoplexie. **-éctico,
a** *a/s* apoplectique.

aporrear *t* cogner sur.

aport/ar *t* apporter. **-ación** *f*
apport *m*.

aposentar *t* loger. **-o** *m*
chambre *f*.

aposición *f* apposition.

apósito *m* pansement.

aposta *adv* à dessein, exprès.

apostar ° *t* parier : *apuesto a
que...*, je parie que... □ *pr ¿ qué te
apuestas a que...?*, qu'est-ce que tu
paries que...?

apóstata *m* apostat.

apóstol *m* apôtre.

apostólico, a *a* apostolique.

apóstrofe *m* apostrophe *f*.

apóstrofo *m* apostrophe *f*.

apoteosis *f* apothéose.

apoy/ar *t* appuyer. □ *apoyarse en
un bastón*, s'appuyer sur une
canne. **-o** *m* appui.

apreci/ar *t* 1 apprécier. 2 distinguer, percevoir. **-able** *a* appréciable. **-ación** *f* appréciation. **-o** *m* estime *f*.

aprehen/der *t* 1 appréhender, arrêter. 2 (contrabando) saisir. **-sión** *f* capture, saisie.

apremi/ar *t/i* presser. **-ante** *a* pressant, e. **-o** *m* contrainte *f*.

aprend/er *t* apprendre : *aprendió el italiano en Roma*, il a appris l'italien à Rome. **-iz, za** *s* apprenti, e. **-izaje** *m* apprentissage.

aprens/ión *f* appréhension, peur. **-ivo, a** *a/s* craintif, ive.

apresar *t* capturer.

apresur/ar *t* hâter. □ *apresurarse a*, se hâter, s'empresser de. **-adamente** *adv* à la hâte. **-amiento** *m* hâte *f*, empressement.

apret/ar ° *t* 1 serrer. 2 — *el paso*, presser le pas. **-ón** *m* — *de manos*, poignée *f* de main. **-ujar** *f* FAM serrer, écraser. **-uras** *f pl* bousculades.

aprieto *m* embarras, gêne *f*.

aprisa *adv* vite.

aprisionar *t* emprisonner.

aprob/ar ° *t* 1 approuver : *apruebo tu idea*, j'approuve ton idée. 2 (un examen) réussir. 3 (a un candidato) recevoir : *salir aprobado*, être reçu. **-ación** *f* approbation. **-ador, a** *a* approbateur, trice.

apropiarse *pr* — *de*, s'approprier.

aprovech/ar *t* — *la ocasión*, profiter de l'occasion ; *aprovechó que su padre estaba ausente*, il a profité de ce que son père était absent. □ *i* 1 *¡ que aproveche!*, bon appétit ! 2 faire des progrès. □ *i/pr* en profiter. □ *pr* profiter. **-ado, a** *a* (alumno) appliqué, e. □ *s* profiteur, euse. **-amiento** *m* profit.

aproxim/arse *pr* 1 — *a*, s'approcher de. 2 (fecha) approcher. **-ación** *f* 1 approximation. 2

(acercamiento) rapprochement *m*. **-ativo, a** *a* approximatif, ive.

apt/o, a *a* — *para*, apte à. I — *para el servicio militar*, bon pour le service. **-itud** *f* aptitude.

apuesta *f* pari *m*.

apuntación *f* note.

apuntador *m* (teatro) souffleur.

apuntalar *t* étayer.

apunt/ar *t* 1 (un arma) pointer, braquer. 2 (el blanco) viser. 3 montrer. 4 (anotar) noter, prendre note de. 5 signaler, indiquer, faire remarquer.□ *i* 1 (el día) poindre. 2 commencer à pousser, à se manifester. 3 (arma) mettre en joue. 1 *¡ apunten!, ¡ armas!*, en joue, feu ! □ *pr* (en una lista) s'inscrire. **-e** *m* note *f* : *tomar apuntes*, prendre des notes.

apur/ar *t* 1 (agotar) épuiser. 2 finir. 3 (apremiar) pousser. □ *pr* 1 s'inquiéter, s'en faire : *no se apura por nada*, il ne s'en fait pas du tout. 2 AMER se dépêcher. **-ado, a** *a* 1 dans l'embarras. 2 (de dinero) gêné, e. **-o** *m* 1 embarras, gêne *f* : *estar en un —*, être dans l'embarras. 2 (prisa) hâte *f*.

aquej/ar *t* affliger.

¹aquel, lla, llos, llas *a dem* ce, cet, cette, ces (-là) : *aquella montaña*, cette montagne ; *en — tiempo*, en ce temps-là. □ *m un —*, un petit quelque chose.

²aquél, lla, llos, llas *pron dem* celui-là, celle-là, ceux-là, celles-là.

aquello *pron dem* cela, ça.

aquí *adv* ici. I *he —, — está*, voici ; *— estoy*, me voici ; *de — a poco*, d'ici peu ; *de — en adelante*, désormais.

árabe *a/s* arabe.

arabesco *m* arabesque *f*.

Arabia *n p f* Arabie.

arábigo, a *a/m* arabe : *cifras arábigas*, chiffres arabes.

arado *m* charrue *f*.

aragonés, esa *a/s* aragonais, e.

arancel *m* tarif douanier. **-ario,**

a *a* douanier, ère.

arándano *m* myrtille *f*.

araña *f* 1 araignée. 2 (lámpara) lustre *m*.

arañ/ar *t* 1 (con las uñas) griffer. 2 (raspar) égratigner, érafler. **-azo** *m* 1 coup de griffe. 2 égratignure *f*.

arar *t* labourer.

arbitr/ar *t* arbitrer. **-aje** *m* arbitrage. **-ario, a** *a* arbitraire. **-io** *m* 1 volonté *f*. 2 (capricho) bon vouloir.

árbitro *m* arbitre.

árbol *m* 1 arbre. 2 (en un barco) mât.

arbol/ado *m* bois. **-eda** *f* bois *m*. **-illo** *m* arbrisseau.

arbotante *m* arc-boutant.

arbusto *m* arbuste.

arca *f* 1 coffre *m*. 2 – *de Noé*, arche de Noé.

arcaico, a *a* archaïque.

arce *m* érable.

arcén *m* accotement, bas-côté.

arcilla *f* argile.

arco *m* 1 arc : – *de triunfo*, arc de triomphe ; *tirar con* –, tirer à l'arc. 2 (de violín) archet. 3 – *iris*, arc-en-ciel.

archiduque *m* archiduc.

archipiélago *m* archipel.

archiv/o *m* archives *f* pl. **-ar** *t* 1 classer. 2 (arrumbar) mettre au rancart. **-ero, a** *s* archiviste.

arder *i* brûler. I – *en deseos*, brûler d'envie.

ardid *m* ruse *f*.

ardiente *a* ardent, e.

ardilla *f* écureuil *m*.

ardor *m* ardeur *f*.

arduo, a *a* ardu, e.

área *f* aire.

arena *f* 1 sable *m*. 2 (redondel) arène.

areng/a *f* harangue. **-ar** *t* haranguer.

arenisca *f* grès *m*.

arenoso, a *a* sablonneux, euse.

arenque *m* hareng.

argamasa *f* mortier *m*.

Argel *n p* Alger. **-ia** *n p f* Algérie.

argelino, a *a/s* algérien, enne.

Argentina *n p f* Argentine.

argentino, a *a/s* argentin, e.

argolla *f* anneau *m*.

argot |argot| *m* argot.

argumento *m* 1 argument. 2 (de película) scénario.

aridez *f* aridité.

árido, a *a* aride. □ *m pl* grains.

arisco, a *a* farouche, sauvage.

arista *f* arête.

arist/ocracia *f* aristocratie. **-ócrata** *s* aristocrate. **-ocrático, a** *a* aristocratique.

Aristóteles *n p m* Aristote.

aritmética *f* arithmétique.

arlequín *m* arlequin.

arma *f* arme : – *de fuego*, arme à feu.

armada *f* flotte.

armadía *f* train *m* de bois.

armadillo *m* tatou.

armador *m* armateur.

armadura *f* 1 armure. 2 (armazón) armature. 3 (de un tejado) charpente.

armar *t* 1 armer. 2 (máquina, mueble, tienda de campaña) monter. 3 fomenter. 4 – *jaleo, un escándalo*, faire du tapage, un scandale. I *armarla*, faire un éclat.

armario *m* armoire *f* : – *de luna*, armoire à glace. I – *empotrado*, placard.

armazón *f/m* armature *f*, charpente *f*, carcasse *f*.

armero *m* armurier.

armilla *f* piton *m*.

armonía *f* harmonie.

armónica *f* harmonica *m*.

armonio *m* harmonium.

armonioso, a *a* harmonieux, euse.

armonizar *i* harmoniser. □ *i* s'harmoniser, être en harmonie : *colores que armonizan*, couleurs qui s'harmonisent.

arneses *m pl* harnais.

árnica *f* arnica.

aro *m* cerceau.

arom/a *m* arôme. **-ático, a** *a* aromatique. **-atizar** *t* aromatiser.

arpa *f* harpe.

arpegio *m* arpège.

arpista *s* harpiste.

arpón *m* harpon.

arque/ar *t* 1 arquer, courber. 2 MAR jauger. **-o** *m* 1 courbure *f*. 2 MAR jauge *f*.

arque/ología *f* archéologie. **-ólogo, a** *s* archéologue.

arquero *m* archer.

arquitect/o, a *s* architecte. **-ura** *f* architecture.

arrabal *m* faubourg.

arraigar *i* s'enraciner, prendre racine. □ *pr* se fixer.

arramblar *t* FAM — *con todo*, tout rafler.

arran/car *t* arracher. □ *i* 1 (vehiculo) démarrer : *el coche arranca*, l'auto démarre. 2 (proceder) provenir. **-cada** *f* démarrage *m* brusque. **-que** *m* 1 démarrage. I *motor de arranque*, démarreur. 2 (impulso) élan. 3 (comienzo) début. I *punto de —*, point de départ. 4 base *f*.

arrasar *t* (destruir) raser, dévaster. □ *i* (el cielo) s'éclaircir.

arrastr/ar *t* 1 traîner. 2 (llevar consigo, acarrear) entraîner : *— en su caída*, entraîner dans sa chute. □ *i* traîner. □ *pr* se traîner. **-ado, a** *a/s* misérable.

arrayán *m* myrte.

arrear *t* FAM (dar) flanquer. □ *i* FAM se dépêcher, se grouiller : *¡ arrea!*, grouille-toi!

arrebat/ar *t* 1 arracher. 2 FIG entraîner. □ *pr* s'emporter. **-o** *m* 1 emportement. 2 (de colera, etc.)

accès, crise *f*.

arreciar *i* redoubler (de violence).

arrecife *m* récif.

arrechucho *m* FAM malaise.

arregl/ar *t* 1 arranger. 2 réparer. 3 (ordenar) ranger. □ *arreglárselas*, se débrouiller, s'arranger. **-o** *m* arrangement. I *con — a*, conformément à.

arremangarse *pr* retrousser.

arremet/er *i* — *contra*, foncer sur ; FIG attaquer, s'en prendre à. **-ida** *f* attaque.

arremolinarse *pr* (la gente) se rassembler.

arrendajo *m* geai.

arrend/ar ° *t* louer. **-amiento** *m* 1 location *f*. 2 (contrato) bail. **-atario, a** *a/s* fermier, ère.

arreos *m pl* harnais.

arrepent/irse ° *pr* se repentir. **-imiento** *m* repentir.

arrestos *m pl* audace *f sing*.

arriate *m* plate-bande *f*.

arriba *adv* 1 en haut. I *allá —*, là-haut ; *de — abajo*, de haut en bas. 2 *más — de veinte*, plus de vingt ; *véase más —*, voir ci-dessus. 3 *calle, cuesta —*, en montant la rue, la côte. 4 *¡ arriba!*, debout! ; *¡ manos —!*, haut les mains !

arriendo *m* location *f*.

arrimar *t* 1 (acercar) approcher. 2 appuyer. 3 FIG abandonner. I *arrimarse a*, s'approcher de, s'appuyer contre.

arrinconar *t* 1 mettre au rebut. 2 (a alguien) délaisser.

arrobamiento *m* extase *f*.

arrodillarse *pr* s'agenouiller.

arrogan/cia *f* arrogance. **-te** *a* arrogant, e.

arroj/ar *t* 1 lancer. 2 jeter. 3 faire apparaître : *el balance arroja un saldo negativo*, le bilan fait apparaître un solde négatif. 4 — *una suma muy alta*, atteindre une somme très élevée. □ *pr* se jeter, lancer. **-o** *m* audace *f*.

arroll/ar *t* **1** enrouler. **2** (arrastrar) entraîner. **3** renverser : *el ciclista fue arrollado por un coche*, le cycliste a été renversé par une voiture. **-ador, a** *a* **1** irrésistible. **2** *éxito —*, succès retentissant.

arropar *t* couvrir.

arroyo *m* ruisseau.

arroz *m* riz. **-al** *m* rizière *f*.

arrug/a *f* **1** (en la piel) ride. **2** (en la ropa) pli *m*. **-ar** *t* **1** rider. **2** (ropa, papel) chiffonner, froisser.

arruinar *t* ruiner.

arrullar *i* roucouler. □ *t* a un *niño* endormir (en chantant).

arrumbar *t* mettre au rebut, au rancart.

arsenal *m* arsenal.

arsénico *m* arsenic.

arte *m/f* **1** art *m*. **2** *— de pesca*, engin *m* de pêche. □ *pl las bellas artes*, les beaux-arts.

artefacto *m* engin.

arteri/a *f* artère. **-al** *a* artériel, elle.

artesa *f* pétrin *m*.

artesano, a *s* artisan, e.

artesonado *m* plafond à caissons.

ártico, a *a* arctique.

articul/ar *t* articuler. **-ación** *f* articulation.

artículo *m* article.

artífice *m* artiste.

artifici/o *m* artifice. **-al** *a* artificiel, elle. **l** *fuegos artificiales*, feu *sing* d'artifice.

artiller/ía *f* artillerie. **-o** *m* artilleur.

art/ista *s* artiste. **-ístico, a** *a* artistique.

artritis *f* arthrite.

arzobispo *m* archevêque.

as *m* as.

asa *f* **1** (de vasija) anse. **2** (de maleta) poignée.

asad/o *m* rôti. **-or** *m* rôtissoire *f*.

asadura *f* abats *m pl*.

asalariado, a *a/s* salarié, e.

asalt/ar *t* assaillir, attaquer : *— un banco*, attaquer une banque. **-ante** *a/s* assaillant, e. **-o** *m* **1** assaut. **2** (en la calle) agression *f*.

asamblea *f* assemblée.

asar *t* **1** rôtir. **2** (en una parrilla) griller. □ *pr* cuire, rôtir.

ascen/der ° *i* **1** monter. **2** s'élever : *los daños ascienden a un millón*, les dégâts s'élèvent à un million. **3** monter en grade. □ *t* *— a capitán*, élever au grade de capitaine. **-dencia** *f* ascendance. **-diente** *m* ascendant. **-sión** *f* ascension. **-so** *m* avancement.

ascensor *m* ascenseur. **-ista** *s* liftier.

as/ceta *s* ascète. **-cético, a** *a* ascétique. **-cetismo** *m* ascétisme.

asco *m* dégoût. **l** *dar —*, dégoûter ; *¡ da —!*, c'est dégoûtant! ; *hacer ascos*, faire le dégoûté ; *tomar — a algo*, prendre quelque chose en horreur.

ascua *f* charbon *m* ardent. **l** *estar en ascuas*, être sur des charbons ardents.

ase/ar *t* nettoyer. **-ado, a** *a* **1** (limpio) propre. **2** soigneux, euse.

asechanza *f* embûche.

asedi/ar *t* assiéger. **-o** *m* siège.

asegur/ar *t* assurer. □ *asegurarse contra robo*, s'assurer contre le vol. **-ado, a** *s* assuré, e. **-ador** *m* assureur.

asemejar *t* faire ressembler.

asenso *m* assentiment.

asent/ar ° *t* **1** établir. **2** (anotar) inscrire. **-amiento** *m* établissement.

asentir ° *i* acquiescer.

aseo *m* **1** toilette *f* : *cuarto de —*, cabinet de toilette. **l** *— les*, les toilettes, les W.-C. **2** (limpieza) propreté *f*. **3** (pulcritud) soin.

aséptico, a *a* aseptique.

asequible *a* accessible.

aserr/ar ° *t* scier. **-adero** *m* scierie *f*. **-ín** *m* sciure *f*.

asesin/ar _t_ assassiner. **-ato** _m_ assassinat. **-o** _m_ assassin.

asesor _m_ conseil. **-ar** _t_ conseiller.

asestar _t_ 1 (dirigir) braquer. 2 (un golpe) assener.

asfalto _m_ asphalte.

asfixi/a _f_ asphyxie. **-ar** _t_ asphyxier.

así _adv_ 1 ainsi : – _es como actuaría yo_, c'est ainsi que j'agirais ; _por decirlo_ –, pour ainsi dire. | – _es_, c'est comme ça ; – –, comme ci, comme ça ; – _como_ –, comme ça ; – _de alto_, haut comme ça. 2 (de modo que) – _pues_, – _que_, aussi, alors, ainsi donc. 3 (aunque) même si.

Asia _n p f_ Asie.

asiático, a _a/s_ asiatique.

asidero _m_ FIG appui, soutien.

asiduo/o, a _a_ assidu, e. **-idad** _f_ assiduité.

asiento _m_ 1 siège. | _tomar_ –, s'asseoir, prendre un siège. 2 place _f_. 3 base _f_. 4 (de las vasijas) fond.

asign/ar _t_ 1 assigner. 2 (dinero) allouer. **-ación** _f_ 1 attribution. 2 allocation. **-atura** _f_ matière (d'enseignement).

asilo _m_ asile.

asimilar _t_ assimiler.

asimismo _adv_ de même.

asir ° _t_ saisir, prendre. □ _asirse de, a_, s'accrocher à. | _iban asidos del brazo_, ils allaient bras dessus, bras dessous.

asist/ir _i/t_ assister. □ _t_ – _a un herido_, soigner un blessé. **-encia** _f_ assistance. | – _médica_, soins _m pl_. **-enta** _f_ 1 femme de ménage. 2 – _social_, assistante sociale. **-ente** _s_ assistant, e. □ _pl había numerosos asistentes_, il y avait une assistance nombreuse.

asm/a _f_ asthme _m_. **-ático, a** _a/s_ asthmatique.

asno _m_ âne.

asoci/ar _t_ associer. **-ación** _f_ association. **-ado, a** _a/s_ associé, e.

asolar ° _t_ dévaster.

asomar _i_ apparaitre, se montrer. □ _asomarse a la ventana_, se mettre à la fenêtre ; _es peligroso asomarse a la ventanilla_, il est dangereux de se pencher au-dehors.

asombr/ar _t_ étonner, stupéfier. | _quedarse asombrado_, être stupéfait. **-o** _m_ surprise _f_, étonnement. **-oso, a** _a_ étonnant, e.

asomo _m_ soupçon. | _un_ – _de malicia_, une pointe de malice ; _ni por_ –, en aucune manière.

aspa _f_ 1 croix en forme d'x. 2 (de molino) aile.

aspaviento _m pl_ simagrées _f_.

aspecto _m_ aspect.

aspereza _f_ 1 âpreté. 2 (del terreno) aspérité.

asperjar _t_ asperger.

áspero, a _a_ 1 (al tacto) rugueux, euse. 2 (al gusto) âpre.

asperón _m_ grès.

aspir/ar _t/i_ aspirer. **-ación** _f_ aspiration. **-ador** _m_, **-adora** _f_ aspirateur _m_.

aspirina _f_ aspirine.

asque/ar _t_ dégoûter. **-roso, a** _a_ dégoûtant, e.

asta _f_ 1 (de bandera) hampe. | _a media_ –, en berne. 2 corne.

asterisco _m_ astérisque.

astilla _f_ écharde.

astillero _m_ chantier naval.

astracán _m_ astrakan.

astro _m_ astre.

astr/ología _f_ astrologie. **-ólogo, a** _s_ astrologue.

astron/auta _s_ astronaute. **-áutica** _f_ astronautique.

astr/onomía _f_ astronomie. **-ónomo** _m_ astronome. **-onómico, a** _a_ astronomique.

astu/to, a _a_ 1 astucieux, euse. 2 malin, igne, rusé, e. **-cia** _f_ astuce, ruse.

asueto _m_ congé.

asumir _t_ assumer.

asunto _m_ 1 sujet. 2 (incumbencia)

affaire f. I *Asuntos Exteriores,* Affaires étrangères.

asustar t effrayer, faire peur. □ pr avoir peur : *no se asusta del agua,* il n'a pas peur de l'eau.

atabal m timbale f.

atacar t attaquer.

atado m paquet.

atadura f 1 attache. 2 (esquíes) fixation.

ataj/ar t 1 barrer le chemin. 2 (detener) arrêter, enrayer : — *una epidemia,* enrayer une épidémie. 3 interrompre, couper la parole. **-o** m raccourci.

atalaya f tour de guet.

ataque m 1 attaque f. 2 — *de nervios, cardíaco,* crise f de nerfs, cardiaque.

atar t 1 attacher. 2 (anudar) nouer. □ *atarse los zapatos,* lacer ses chaussures.

atardecer m tombée f du jour.

atareado, a a occupé e, affairé, e.

atasc/ar t (una cañería) boucher, engorger. **-o** m (en una calle) embouteillage.

ataúd m cercueil.

atavío m toilette f.

ateísmo m athéisme.

atemorizar t effrayer.

atención f attention. I *en* — a, eu égard à, compte tenu de.

Atenas n p Athènes.

atender ° t 1 s'occuper de : *¿ le atienden ?* on s'occupe de vous ? 2 écouter. 3 — *las necesidades,* répondre aux besoins, satisfaire les besoins. □ i 1 faire attention, être attentif, ive. 2 tenir compte de.

atenerse ° pr s'en tenir.

atentado m attentat.

atentar i — *contra,* attenter à.

atento, a a 1 attentif, ive. 2 (amable) prévenant, e. □ f (carta) *su atenta,* votre honorée.

atenuar t atténuer.

ateo, a a/s athée.

aterido, a a transi, e, gelé, e.

aterrar ° t terrifier.

aterriz/ar i atterrir. **-aje** m atterrissage.

¹atest/ar t attester. **-ado** m 1 attestation f. 2 procès-verbal.

²atestar t (llenar) bourrer, remplir. I *tren atestado de gente,* train bondé.

atestiguar t attester, témoigner.

atiborrarse pr se bourrer, se gaver.

atinar i 1 — *con,* trouver. 2 (acertar) deviner. 3 (lograr) réussir.

atisb/ar t 1 (acechar) guetter. 2 (vislumbrar) entrevoir. **-o** m lueur f, trace f, soupçon.

atizar t 1 (la lumière) attiser. 2 FAM (golpe) flanquer.

atlántico, a a atlantique.

atlas m atlas.

atl/eta s athlète. **-ético, a** a athlétique. **-etismo** m athlétisme.

atm/ósfera f atmosphère. **-osférico, a** a atmosphérique.

atolón m atoll.

atolondrado, a a étourdi, e, écervelé, e.

atolladero m bourbier.

atómico, a a atomique.

átomo m atome.

atónito, a a stupéfait, e.

atontar t étourdir.

atormentar t tourmenter.

atornillar t visser.

atracador m voleur à main armée, gangster.

atracar t (para robar) attaquer. □ i MAR accoster. □ pr (hartarse) se bourrer, se gaver.

atracción f attraction.

atraco m hold-up, vol à main armée.

atra/er ° t attirer. **-ctivo, a** a attrayant, e. □ m attrait.

atragantarse pr 1 s'étrangler. 2 FIG se troubler.

atrapar t attraper.

atrás *adv* 1 derrière, en arrière : *quedarse* —, rester en arrière. | *dar un paso* —, faire un pas en arrière ; *hacia* —, en arrière. 2 *días* —, quelques jours plus tôt ; *tres años* —, il y a trois ans.

atras/ar *t* retarder. □ i *mi reloj atrasa un minuto*, ma montre retarde d'une minute. □ *pr* être en retard. **-ado, a** *a* 1 en retard. 2 (país) arriéré, e. **-o** *m* retard.

atravesar ° *t* traverser. □ *pr* se mettre en travers.

atrev/erse *pr* oser : *no me atrevo a saltar*, je n'ose pas sauter. **-ido, a** *a* 1 audacieux, euse. 2 (indecoroso) osé, e. **-imiento** *m* hardiesse *f*.

atribu/ir ° *t* attribuer. **-ción** *f* attribution. **-to** *m* attribut.

atril *m* pupitre.

atrocidad *f* atrocité.

atropell/ar *t* 1 (un vehículo) renverser. 2 (empujar) bousculer. □ *pr* se bousculer. **-adamente** *adv* avec précipitation. **-o** *m* 1 bousculade *f*. 2 accident.

atroz *a* atroce.

atún *m* thon.

aturd/ir *t* 1 étourdir. 2 (turbar) abasourdir, déconcertancer. **-idor, a** *a* étourdissant, e. **-imiento** *m* étourdissement.

aud/acia *f* audace. **-az** *a* audacieux, euse.

audición *f* audition.

audiencia *f* 1 audience. 2 — *territorial*, cour d'appel.

audiovisual *a* audio-visuel, elle.

auditivo, a *a* auditif, ive.

auditorio *m* auditoire.

auge *m* 1 apogée. 2 essor.

augurar *t* augurer.

Augusto *n p m* Auguste.

augusto, a *a* auguste.

aula *f* 1 salle. 2 (de universidad) amphithéâtre *m*.

aulaga *f* ajonc *m*.

aull/ar *i* hurler. **-ido** *m* hurlement.

aument/ar *t/i* augmenter. **-o** *m* augmentation *f*.

¹aun *adv* même : *ni* —, pas même. | — *cuando*, même si, quand bien même.

²aún *adv* encore : — *es joven*, il est encore jeune ; — *no*, pas encore.

aunar *t* unir.

aunque *conj* quoique, bien que (+ subjuntivo francés), même si (+ indicativo francés) : — *es joven*, bien qu'il soit jeune ; — *llueva*, même s'il pleut.

aureola *f* auréole.

auricular *a/m* auriculaire. □ *m* (de teléfono) écouteur.

aurora *f* aurore.

auscult/ar *t* ausculter. **-ación** *f* auscultation.

ausencia *f* absence : *en* — *de*, en l'absence de.

ausent/e *a/s* absent, e. **-arse** *pr* s'absenter.

auspicios *m pl* auspices.

auster/o, a *a* austère. **-idad** *f* austérité.

austral *a* austral, e.

Australia *n p f* Australie.

australiano, a *a/s* australien, enne.

Austria *n p f* Autriche.

austríaco, a *a/s* autrichien, enne.

aut/éntico, a *a* authentique. **-enticidad** *f* authenticité.

¹auto *m* (de un juez) arrêt.

²auto *m* (coche) auto *f*.

autoadhesivo, a *a* auto-collant, e.

autobiografía *f* autobiographie.

autobús *m* autobus.

autocar *m* autocar, car.

autócrata *m* autocrate.

autóctono, a *a/s* autochtone.

autodidacta *a/s* autodidacte.

autódromo *m* autodrome.

autoescuela *f* auto-école.

autógrafo, a *a/m* autographe.

aut/ómata *m* automate.
-omático, a *a* automatique. □
m bouton-pression. **-omatismo**
m automatisme. **-omatización**
f automatisation. **-omatizar** *t*
automatiser.

automotor *m* automotrice *f*,
autorail.

auto/móvil *a* automobile. □ *m*
automobile *f*. **-movilista** *s*
automobiliste. **-movilístico, a** *a*
automobile.

aut/ónomo, a *a* autonome.
-onomía *f* autonomie.

autopista *f* autoroute.

autopsia *f* autopsie.

autor, a *s* auteur *m*.

autori/dad *f* autorité. **-tario, a** *a*
autoritaire.

autorización *f* autorisation.

autorizar *t* 1 autoriser : — *para*,
autoriser à. 2 légaliser.

autoservicio *m* libre-service.

autostop *m* auto-stop : *hacer —*,
faire de l'auto-stop.

autovía *f* autorail.

¹**auxiliar** *a/s* auxiliaire. □ *m*
(profesor) assistant.

²**auxili/ar** *t* aider, porter secours à.
-o *m* secours, aide *f*. l ¡ *auxilio!*,
au secours !, à l'aide !

aval *m* 1 aval. 2 garantie *f*.

avalancha *f* avalanche.

avalar *t* avaliser, cautionner,
garantir.

avance *m* 1 avance *f*. 2 progrès. 3
(radio, televisión) sélection *f*.

avanzar *t/i* avancer.

avar/o, a *a/s* avare. **-icia** *f*
avarice.

avasallar *t* asservir.

ave *f* oiseau *m*. l *aves de corral*,
oiseaux de basse-cour, volailles.

avecinarse *pr* approcher, être
imminent, e.

avellan/a *f* noisette. **-o** *m*
noisetier.

avena *f* avoine.

avenencia *f* accord *m*.

avenida *f* 1 (calle) avenue. 2 (de
un río) crue.

avenirse ° *pr* 1 se mettre d'accord.
2 s'entendre : *se avienen bien*, ils
s'entendent bien. 3 FAM *avengárse-
las*, se débrouiller.

aventajar *t* 1 (dejar atrás)
dépasser. 2 avantager.

aventur/a *f* aventure. **-ado, a** *a*
risqué, e. **-arse** *pr* s'aventurer.
-ero, a *s* aventurier, ère.

avergonz/arse ° *pr* avoir honte.
-ado, a *a* honteux, euse.

aver/ía *f* 1 (motor, electricidad,
etc.) panne. 2 MAR avarie. **-iado,
a** *a* 1 en panne : *el ascensor
está —*, l'ascenseur est en panne. 2
avarié, e. **-iarse** *pr* 1 tomber en
panne : *se ha averiado el televisor*,
le téléviseur est tombé en panne. 2
(estropearse) s'abîmer.

averiguar *t* 1 rechercher. 2 mettre
au clair.

aversión *f* aversion : *tener — a*,
avoir en aversion.

avestruz *m* autruche.

avia/ción *f* aviation. **-dor, a** *s*
aviateur, trice.

aviar *t* 1 arranger. 2 (sacar de
apuros) dépanner. □ *pr* se débrouiller.

avicultura *f* aviculture.

avidez *f* avidité.

ávido, a *a* avide.

avieso, a *a* méchant, e.

avío *m* 1 préparatifs *pl*. 2
provisions *f pl*. □ *pl* ustensiles,
affaires *f*.

avión *m* avion.

avis/ar *t* prévenir : *avísame*,
préviens-moi ; *— al médico*, prévenir le médecin. **-o** *m* 1 avis. l *sin
previo —*, sans préavis. 2 (advertencia) avertissement.

avisp/a *f* guêpe. **-ado, a** *a* vif,
vive. **-ero** *m* guêpier. **-ón** *m*
frelon.

avivar *t* (colores) raviver.

axila *f* aisselle.

axioma *m* axiome.

¡ ay ! *interj* 1 (dolor) aïe ! 2 (sobresalto) oh là là ! 3 (aflicción) hélas ! I — *de mí*, pauvre de moi !

aya *f* gouvernante.

ayer *adv* hier : — *(por la) noche*, hier soir ; *antes de* —, avant-hier.

ayo *m* précepteur.

ayud/ar *t* aider : *ayúdame, por favor*, aide-moi, s'il te plaît. □ *pr* 1 s'aider. 2 (mutuamente) s'entraider. **-a** *f* aide. I — *mutua*, entraide. **-ante, a** *s* assistant, e, aide, auxiliaire.

ayun/o *m* jeûne. **-ar** *i* jeûner. **-as (en)** *loc adv estar en* —, être à jeun ; FIG ne pas être au courant.

ayuntamiento *m* 1 conseil municipal. 2 (edificio) hôtel de ville, mairie *f*.

azabache *m* jais.

azad/a *f* houe. **-ón** *m* houe *f*.

azafata *f* 1 (avión) hôtesse de l'air. 2 (congresos, ferias) hôtesse.

azafrán *m* safran.

azahar *m* fleur *f* d'oranger.

azalea *f* azalée.

azar *m* hasard.

azararse *pr* se troubler.

azogue *m* mercure.

azorar *t* troubler.

Azores *n p f pl* Açores.

azot/ar *t* 1 fouetter. 2 (golpear, causar daño) frapper. **-aina** *f* volée, raclée. **-e** *m* 1 fouet. 2 FIG fléau.

azotea *f* terrasse.

azteca *a/s* aztèque.

azúcar *m/f* sucre *m* : *terrón de* —, morceau de sucre.

azucar/ar *t* sucrer. **-ero** *m* sucrier.

azucena *f* lis *m*.

azufre *m* soufre.

azul *a/m* bleu, e. **-ado, a** *a* bleuté, e, bleuâtre. **-ar** *t* bleuir.

azulejo *m* carreau de faïence, azulejo.

azuzar *t* exciter.

B

b *f* b *m* : *una* –, un b.

bab/a *f* bave. **-ear** *i* baver. **-ero** *m* bavoir, bavette *f*.

babor *m* bâbord.

babosa *f* limace.

babucha *f* babouche.

babuino *m* babouin.

baca *f* (de coche) galerie.

bacalao *m* morue *f*.

bacilo *m* bacille.

bacteria *f* bactérie.

báculo *m* – *pastoral*, crosse *f*.

bache *m* 1 (en una carretera) trou, nid-de-poule. 2 (en avión) trou d'air. 3 FIG contretemps, mauvaise passe *f*, moment difficile.

bachiller *s* bachelier, ère. **-ato** *m* 1 (grado) baccalauréat, bac. 2 études *f pl* secondaires.

badajo *m* battant.

badén *m* 1 rigole *f*. 2 (en una carretera) cassis.

bagaje *m* bagage.

bagatela *f* bagatelle.

¡ bah ! *interj* bah !

bahía *f* baie.

bail/ar *i/t* danser. **-arín, ina** *s* danseur, euse. □ *f* (profesional) ballerine. **-e** *m* 1 danse *f*. 2 (reunión, lugar) bal : – *de máscaras*, bal masqué. I – *de noche*, soirée *f* dansante. 3 ballet.

baja *f* 1 baisse. 2 (de un empleado) arrêt *m* de travail, congé *m* : *dar de – por 48 horas*, donner un arrêt de travail de 48 heures ; *estar de – por enfermedad*, être en congé de maladie. 3 départ *m*. I *darse de* –, se retirer, démissionner. 4 (despido) mise à pied. I *dar de* –, congédier. 5 MIL perte, mort *m*. I *soldado dado de* –, soldat porté disparu ; *dar de* – *por inútil*, réformer.

bajada *f* 1 descente. 2 – *del telón*, baisser *m* du rideau. 3 – *de bandera*, prise en charge.

bajamar *f* marée basse.

bajar *i/t* 1 descendre : *ha bajado a la calle*, il est descendu dans la rue ; *¡ bajen todos !*, tout le monde descend ! ; – *la escalera*, descendre l'escalier. 2 baisser : *el azúcar va a* –, le sucre va baisser ; – *los ojos, la voz*, baisser les yeux, la voix. □ *pr* 1 se baisser. 2 descendre.

bajeza *f* bassesse.

bajío *m* banc de sable.

bajo, a *a* 1 bas, basse : *nubes bajas*, nuages bas. I *en voz baja*, à voix basse. 2 (de poca estatura) petit, e : *no es alto ni* –, il n'est ni grand ni petit. 3 *con los ojos bajos*, les yeux baissés. □ *m* 1 bas-fond. 2 (piso) rez-de-chaussée. 3 MÚS basse *f*. □ *adv* bas. □ *prep* 1 sous : – *el reinado de...*, sous le règne de... 2 – *cero*, au-dessous de zéro. 3 – *palabra*, sur parole.

bajón *m* 1 basson. 2 FIG *dar un* –, baisser.

bajorrelieve *m* bas-relief.

bala *f* 1 balle. 2 (de cañón) boulet *m*. **-cera** *f* AMER fusillade.

balada *f* ballade.

baladí *a* insignifiant, e, futile.

balance *m* COM bilan.

balance/arse *pr* se balancer. **-o** *m* 1 balancement. 2 MAR roulis.

balancín *m* 1 (de motor) culbuteur. 2 (mecedora) rocking-chair.

balandro *m* cotre.

balanza *f* balance.

balar *i* bêler.

balasto *m* ballast.

balaustrada *f* balustrade.

balazo *m* balle *f* : *recibió un* – *en*

el pecho, il a reçu une balle dans la poitrine.

balbuce/ar *i* balbutier. **-o** *m* balbutiement.

balcánico, a *a* balkanique.

balcón *m* balcon.

bald/ar *t* estropier. **-ado, a** *a* 1 impotent, e. 2 FAM (muy cansado) claqué, e, crevé, e.

balde *m* seau. □ *loc adv* 1 *de —,* gratis. 2 *en —,* en vain.

baldío, a *a* 1 (terreno) inculte. 2 (esfuerzo) vain, e. □ *m* terrain vague.

baldón *m* affront.

baldos/a *f* 1 carreau *m.* 2 (de tamaño mayor) dalle. **-ín** *m* carreau.

baldragas *m* chiffe *f,* lavette *f.*

Baleares *n p f pl* Baléares.

balido *m* bêlement.

baliza *f* balise.

balneario, a *a* balnéaire. □ *m* 1 station *f* thermale. 2 (en el mar) station *f* balnéaire.

balón *m* ballon.

baloncesto *m* basket-ball, basket.

balonmano *m* hand-ball.

balonvolea *m* volley-ball.

balsa *f* 1 (charca) mare. 2 (embarcación) radeau *m.* 3 (árbol, madera ligera) balsa *m.*

bálsamo *m* baume.

Báltico *n p m* Baltique *f.*

ballena *f* baleine.

ballesta *f* arbalète.

ballet *m* ballet.

bambolearse *pr* chanceler.

bambú *m* bambou.

banan/a *f* banane. **-o** *m* bananier.

banasta *f* corbeille.

banca *f* 1 banque. 2 AMER (asiento) banc *m.*

bancal *m* 1 (en una huerta) carré, planche *f.* 2 terrasse *f.*

bancario, a *a* bancaire.

bancarrota *f* banqueroute.

banco *m* 1 *sentarse en un —,*

s'asseoir sur un banc. 2 (de carpintero) établi. 3 banque *f : depositar dinero en el —,* déposer de l'argent à la banque ; *— de sangre,* banque du sang. 1 *— de descuento,* comptoir d'escompte. 4 (de peces) banc. 5 (de niebla) nappe *f.* 6 *— de hielo,* banquise *f.*

banda *f* 1 bande. 2 (lado) côté *m.* 3 (conjunto de músicos) fanfare. 4 (fútbol) touche.

bandada *f* bande.

bandazo *m* 1 (de un barco) coup de roulis. 2 (de un coche) *dar un —,* faire une embardée.

bandeja *f* plateau *m.*

bandera *f* 1 drapeau *m.* 2 (de un barco) pavillon *m.* 3 *bajada de —,* prise en charge.

banderilla *f* banderille.

banderín *m* 1 fanion. 2 *— de enganche,* bureau de recrutement.

banderola *f* banderole.

bandid/o *m* bandit, brigand. **-aje** *m* brigandage.

bando *m* 1 (edicto) arrêté. 2 parti, faction *f.*

bandolera *f en —,* en bandoulière.

banjo *m* banjo.

banquero *m* banquier.

banqueta *f* 1 tabouret *m.* 2 (asiento corrido) banquette.

banquete *m* banquet.

banquillo *m* banc des accusés.

bañ/ar *t* baigner. 1 *bañado en lágrimas, en sudor,* baigné de larmes, de sueur. □ *pr* se baigner. **-ador** *m* maillot de bain. **-era** *f* baignoire. **-ista** *s* 1 baigneur, euse. 2 (que toma aguas medicinales) curiste. **-o** *m* 1 bain. 2 (cuarto) salle *f* de bain. 3 (retrete) toilettes *f pl.* 4 (capa) couche *f.* 5 FIG vernis, teinture *f.* 6 *— maría,* bain-marie.

baptisterio *m* baptistère.

baquiano, a *a* expert, e. □ *m* guide.

bar *m* bar.

baraj/a f jeu m de cartes. **-ar** t 1 (naipes) battre. 2 (citar) avancer, citer, évoquer.

barandilla f 1 (de escalera) rampe. 2 balustrade.

barat/o, a a/adv bon marché : salir —, revenir bon marché ; más —, meilleur marché. **-ija** f bricole. **-illo** m bric-à-brac. **-ura** f bon marché m.

barba f 1 (pelo) barbe. I en las barbas de alguien, à la barbe de quelqu'un ; tanto por —, tant par tête de pipe. 2 (parte de la cara) menton m.

barbacoa f barbecue m.

barbaridad f 1 (necedad) bêtise. 2 (disparate) folie. I ¡qué —!, c'est incroyable ! 3 una —, énormément. 4 atrocité.

barbarie f barbarie.

barbarismo m barbarisme.

bárbaro, a a/s barbare. □ a FAM formidable, terrible, super.

barbecho m jachère f.

barbero m barbier.

barbilla f menton m.

barbudo, a a barbu, e.

barca f barque.

Barcelona n p Barcelone.

barco m bateau : — de vela, bateau à voile.

baremo m barème.

bargueño m cabinet espagnol.

barítono m baryton.

barloventear i louvoyer.

barniz m vernis. **-ado** m vernissage. **-ar** t 1 vernir. 2 (loza) vernisser.

barómetro m baromètre.

barón, onesa s baron, onne.

barquilla f nacelle.

barquillo m (golosina) oublie f.

barquito m petit bateau.

barra f 1 barre. 2 — de labios, bâton m de rouge à lèvres. 3 (de pan) baguette. 4 (mostrador) comptoir m : beber una cerveza en la —, boire une bière au comptoir.

barrabasada f 1 sottise. 2 tour m de cochon.

barraca f 1 baraque. 2 (en Valencia) chaumière.

barranco m ravin.

barreduras f pl balayures.

barren/a f 1 vrille. 2 (broca) mèche. **-ar** t percer.

barrendero m balayeur.

barreno m 1 grande vrille f. 2 (agujero) trou de mine.

barreño m bassine f, cuvette f.

barrer t balayer.

barrera f barrière. I — del sonido, mur m du son.

barretina f bonnet m catalan.

barriada f quartier m.

barrica f barrique.

barricada f barricade.

barrido m balayage. I dar un —, donner un coup de balai.

barrig/a f 1 ventre m : echar —, prendre du ventre. 2 (de vasija) panse. **-udo, a** a bedonnant, e.

barril m baril.

barrilla f soude.

barrio m quartier : los barrios antiguos, les vieux quartiers ; los barrios bajos, les bas quartiers. I — de chabolas, bidonville ; FAM el otro —, l'autre monde.

¹barr/o m 1 boue f. 2 (de los alfareros) terre f glaise, argile f. **-izal** m bourbier.

²barro m (en la cara) bouton m.

barroco, a a/m baroque.

barrote m barreau.

barruntar t pressentir.

bartola (a la) loc adv tumbarse a la —, se la couler douce.

Bartolomé n p m Barthélemy.

bártulos m pl affaires f.

barullo m 1 (confusión) remue-ménage. 2 (ruido) raffut, potin.

basalto m basalte.

basamento m soubassement.

basar t baser. □ basarse en, se fonder sur.

basca f nausée, haut-le-cœur m.

báscula f bascule.

base f base. I a – de, à base de, moyennant.

básico, a a fondamental, e.

Basilea n pr Bâle.

basílica f basilique.

basilisco m hecho un –, dans une colère noire.

¡ basta ! ⇒ bastar.

bastante a assez de : bastantes cosas, assez de choses. □ adv assez : ¿ has comido – ?, as-tu assez mangé ?

bastar i suffire : basta con que avises a tiempo, il suffit que tu préviennes à temps. I basta de cumplidos, trêve de compliments ; ¡ basta !, assez !, ça suffit !

bastard/o, a a/s bâtard, e . **-illa** a/f italique.

bastidor m châssis. □ pl coulisses f : entre bastidores, dans les coulisses.

basto, a a grossier, ère.

bastón m 1 canne f. 2 (de esquí) bâton. 3 – de mando, bâton de commandement.

basur/a f ordures pl : prohibido arrojar –, défense de déposer des ordures. **-ero** m éboueur, boueux.

bata f 1 robe de chambre. 2 (de enfermera, etc.) blouse.

batacazo m chute f.

batahola f brouhaha m, raffut m.

batall/a f 1 bataille. 2 traje de –, costume de tous les jours. **-ador, a** a/s batailleur, euse. **-ón** m bataillon.

batán m foulon.

batata f patate douce.

batería f 1 batterie. 2 (teatro) rampe.

batiburrillo m méli-mélo.

batida f battue.

batido m (bebida) milk-shake.

batidora f batteur m, mixer m.

batín m veste f d'intérieur.

batintín m gong.

batir t battre : nuestro equipo fue batido, notre équipe a été battue.

batista f batiste.

batuta f baguette. I llevar la –, faire la pluie et le beau temps.

baúl m malle f.

baut/ismo m baptême. **-ismal** a baptismal, e. **-izar** t baptiser.

Baviera n p f Bavière.

bauxita f bauxite.

baya f baie.

bayeta f 1 flanelle. 2 (para fregar) serpillière.

bayoneta f baïonnette.

baza f (naipes) levée, pli m. I meter –, dire son mot.

bazar m bazar.

bazo, a a bis, e. □ m rate f.

bazofia f cochonnerie.

beatitud f béatitude.

beato, a a/s (muy devoto) bigot, e.

bebé m bébé.

beb/er t/i boire : sólo bebe agua, il ne boit que de l'eau ; bebo a su salud, je bois à votre santé. □ pr boire : se bebió tres cervezas una tras otra, il a bu trois bières l'une après l'autre. **-edor, a** s buveur, euse. **-ida** f boisson. **-ido, a** a ivre.

beca f bourse.

becada f bécasse.

becario, a s boursier, ère.

becerr/a f génisse. **-ada** f course de jeunes taureaux. **-o** m veau.

bedel m appariteur.

befa f moquerie.

begonia f bégonia m.

beige a/m beige.

béisbol m base-ball.

bejuco m liane f.

Belén n p Bethléem.

belén m crèche f (de Noël).

belga a/s belge.

Bélgica n p f Belgique.

bélico, a a de guerre.

belicoso, a *a* belliqueux, euse.

beligerante *a/s* belligérant, e.

bellaco, a *a/s* coquin, e.

bell/o, a *a* beau, bel, belle : *el — sexo*, le beau sexe ; *un — edificio*, un bel édifice ; *la vida es bella*, la vie est belle. **-eza** *f* beauté. **-ísimo, a** *a* très beau, très belle, de toute beauté.

bellota *f* gland *m*.

bemol *m* bémol.

bencina *f* benzine.

bend/ecir ° *t* bénir : *¡Dios le bendiga!*, Dieu vous bénisse ! **-ición** *f* bénédiction. **-ito, a** *a* bénit, e : *agua bendita*, eau bénite. □ *m* 1 (bienaventurado) bienheureux. 2 (bonachón) bonne pâte *f*.

benedictino, a *a/s* bénédictin, e. □ *m* (licor) bénédictine *f*.

beneficencia *f* 1 bienfaisance. 2 assistance publique.

benefic/iar *t* faire du bien, être profitable à. □ *pr* bénéficier : *beneficiarse de un descuento*, bénéficier d'une ristourne. **-iado, a** *a/s* bénéficiaire. **-io** *m* bénéfice. I *en — de*, au profit de. **-ioso, a** *a* profitable.

benéfico, a *a* bienfaisant, e. I *establecimiento —*, établissement de bienfaisance.

benemérito, a *a* estimable.

beneplácito *m* accord, approbation *f*.

benevolencia *f* bienveillance.

benévolo, a *a* 1 bienveillant, e. 2 (voluntario) bénévole.

benigno, a *a* 1 (clima) doux, douce. 2 (enfermedad) bénin, igne.

Benito *n p m* Benoit.

benjamín *m* benjamin.

berbiquí *m* vilebrequin.

bereber *a/s* berbère.

berenjena *f* aubergine.

Berlín *n p* Berlin.

berlina *f* berline.

berlinés, esa *a/s* berlinois, e.

berme/jo, a *a* 1 rouge. 2 (cabellos) roux, rousse. **-llón** *m* vermillon.

Bernardo *n p m* Bernard.

berr/ear *i* beugler. **-ido** *m* beuglement.

berrinche *m* FAM 1 rogne *f*. 2 (disgusto) chagrin.

berro *m* cresson.

berza *f* chou *m*.

besar *t* 1 embrasser : *— en las mejillas, en la boca*, embrasser sur les joues, sur la bouche. 2 *— la mano, los pies*, baiser la main, les pieds. □ *pr se besaron con ternura*, ils s'embrassèrent tendrement.

bes/o *m* baiser. **-ito** *m* bise *f*.

besti/a *f* 1 bête. 2 FAM *un —*, une brute. **-al** *a* bestial, e.

besugo *m* daurade *f*, rousseau.

besuquear *t* bécoter.

betún *m* 1 bitume. 2 (para el calzado) cirage.

bezo *m* lippe *f*.

biberón *m* biberon.

Biblia *f* Bible.

bíblico, a *a* biblique.

bibli/ófilo, a *s* bibliophile. **-ografía** *f* bibliographie. **-oteca** *f* bibliothèque. **-otecario, a** *s* bibliothécaire.

bicarbonato *m* bicarbonate.

bici *f* FAM vélo *m*.

bicicleta *f* bicyclette.

bicoca *f* 1 bagatelle. 2 (ganga) occasion.

bichero *m* gaffe *f*.

bicho *m* 1 bête. 2 (muy pequeño) bestiole *f*. 3 FIG *mal —*, sale bête ; *todo — viviente*, tout un chacun.

bidé *m* bidet.

bidón *m* bidon.

biela *f* bielle.

bieldo *m* fourche *f*.

bien *m* bien. □ *pl bienes muebles e inmuebles*, biens meubles et immeubles. □ *adv* bien : *¿ has dor-*

mido — ?, as-tu bien dormi ? ; — *podías haberme avisado*, tu aurais bien pu me prévenir. I *estar* — *de salud*, aller bien ; *tener a* —, vouloir bien ; *tomar a* —, bien prendre ; ¡*está* —!, d'accord ! ; ¡*qué* —!, chic !

bienal *a/f* biennal, e.

bienaventur/ado, a *a/s* bienheureux, euse. **-anza** *f* béatitude.

bienestar *m* bien-être.

bienhechor, a *s* bienfaiteur, trice.

bienquisto, a *a* bien vu, e, apprécié, e.

bienvenid/a *f dar la* —, souhaiter la bienvenue. **-o, a** *a/s* bienvenu, e : *sea usted* —, soyez le bienvenu.

biés *m* biais.

bife *m* AMER bifteck.

biftec *m* bifteck.

bifurc/arse *pr* bifurquer : *la carretera se bifurca*, la route bifurque. **-ación** *f* bifurcation.

bigamia *f* bigamie.

bigot/e *m* moustache *f*. I FAM *de* —, terrible, fantastique. **-udo, a** *a* moustachu, e.

bigudí *m* bigoudi.

bikini *m* bikini.

bilingüe *a* bilingue.

bilis *f* bile.

billar *m* billard.

billete *m* 1 billet : — *de banco, de avión, de lotería*, billet de banque, d'avion, de loterie. 2 — *de autobús, de metro, de andén*, ticket d'autobus, de métro, de quai. 3 *no hay billetes*, complet. **-ra** *f* porte-billets *m*.

billón *m* billion.

bimensual *a* bimensuel, elle.

bimotor *a/m* bimoteur.

binar *t* biner.

biogr/afía *f* biographie. **-áfico, a** *a* biographique.

biol/ogía *f* biologie. **-ógico, a** *a* biologique.

biólogo, a *s* biologiste.

biombo *m* paravent.

bípedo, a *a/s* bipède.

birlar *t* FAM souffler, barboter.

birrete *m* toque *f*.

birria *f* FAM horreur.

bis *adv* bis.

bisabuelo, a *s* arrière-grand-père, arrière-grand-mère. □ *m pl* arrière-grands-parents.

bisagra *f* charnière.

bisanual *a* bisannuel, elle.

bisiesto *a año* —, année bissextile.

bismuto *m* bismuth.

bisnieto, a *s* arrière-petit-fils, arrière-petite-fille. □ *m pl* arrière-petits-enfants.

bisonte *m* bison.

bisoño *a/s* débutant, e. □ *m* (*soldado*) nouvelle recrue *f*.

bisté *m* bifteck.

bistre *a* bistre.

bisturí *m* bistouri.

bisutería *f* bijouterie de fantaisie. I *pulsera de* —, bracelet en imitation.

bizantino, a *a* byzantin, e.

bizarr/o, a *a* vaillant, e. **-ía** *f* bravoure.

bizc/o, a *a* louche. □ *s* loucheur, euse. I FAM *dejar* —, souffler, couper le souffle ; *quedarse* —, en rester baba. **-ar** *i* loucher.

bizcocho *m* biscuit. I — *borracho*, baba.

blanc/o, a *a/s* blanc, blanche. □ *m* 1 blanc. 2 cible *f* : *apuntar al* —, viser la cible. I — *justo*, faire mouche. □ *f* 1 MÚS blanche. 2 FAM *estar sin blanca*, ne pas avoir un rond, un sou. **-ura** *f* blancheur.

blandir *t* brandir.

bland/o, a *a* 1 mou, molle. 2 (*suave*) doux, douce. **-engue** *a* mollasse. **-ura** *f* 1 mollesse. 2 douceur.

blanquear *t/i* blanchir.

blanquecino, a *a* blanchâtre.

blasfem/ar *i* blasphémer. **-ia** *f* blasphème *m*.

blas/ón *m* blason. **-onar** *i* — *de*, se vanter de.

bledo *m* blette *f*. l *FAM me importa un* —, je m'en fiche.

blind/ar *t* blinder. **-aje** *m* blindage.

bloc *m* bloc-notes.

blocao *m* blockhaus.

bloque *m* bloc.

bloque/ar *t* bloquer. **-o** *m* 1 (de un puerto) blocus. 2 (de los precios) blocage.

blusa *f* chemisier *m*, corsage *m*.

boa *f* boa *m*.

boato *m* faste.

bobada *f* bêtise, sottise.

bobalicón, ona *a/s* crétin, e.

bobina *f* bobine.

bobo, a *a/s* sot, sotte, idiot, e. l *a lo* —, bêtement.

boca *f* 1 bouche. l — *abajo*, à plat ventre ; — *arriba*, sur le dos ; *a* — *de jarro* (disparar) à bout portant ; (decir) à brûle-pourpoint ; *a pedir de* —, à souhait ; *hacer la* — *agua*, mettre l'eau à la bouche ; *no decir esta* — *es mía*, ne pas ouvrir la bouche. 2 (de los carnivoros, de horno, cañón) gueule.

bocacalle *f* entrée d'une rue. l *tuerza a la segunda* — *a la izquierda*, tournez à la deuxième rue à gauche.

bocadillo *m* sandwich.

bocado *m* 1 bouchée *f*. l *tomar un* —, manger un morceau. 2 (mordisco) coup de dent. 3 (del caballo) mors.

bocal *m* bocal.

bocanada *f* bouffée *f*.

boceto *m* esquisse *f*.

bocina *f* corne, klaxon *m*.

bocio *m* goitre.

bocha *f* boule.

bochinche *m* tapage, chahut.

bochorn/o *m* 1 chaleur *f* étouffante. 2 FIG honte *f*. **-oso, a** *a* 1 étouffant, e. 2 FIG honteux, euse.

boda *f* 1 (ceremonia) mariage *m*. 2 (fiesta) noce. □ *pl* noces : *bodas de oro*, noces d'or.

bodeg/a *f* 1 (para el vino) cave. 2 dock *m*. 3 (en los barcos) cale. **-ón** *m* 1 (taberna) gargote *f*. 2 (pintura) nature morte *f*.

bodrio *m* ratatouille *f*.

bofe *m* mou.

bofet/ada *f* gifle. **-ón** *m* bonne gifle *f*.

boga *f estar en* —, être en vogue, à la mode.

bogar *i* ramer.

bogavante *m* homard.

bohemio, a *a/s* bohémien, enne. l *vida bohemia*, vie de bohème.

bohío *m* AMER case *f*, hutte *f*.

boicot *m* boycottage, boycott. **-ear** *t* boycotter.

boina *f* béret *m*.

boj *m* buis.

bol/a *f* 1 boule. 2 *rodamiento de bolas*, roulement à billes. 3 (embuste) mensonge *m*, bobard *m*. **-eadoras** *f pl* arme de jet des gauchos (lanières terminées par des boules). **-ear** *t* AMER lancer.

bolero *m* boléro.

boletería *f* AMER guichet *m*.

boletín *m* bulletin. l — *oficial*, Journal officiel.

boleto *m* billet.

boliche *m* AMER épicerie-buvette *f*.

bólido *m* bolide.

bolígrafo *m* stylo à bille.

Bolivia *n p f* Bolivie.

boliviano, a *a/s* bolivien, enne.

bolo *m* quille *f*.

¹bolsa *f* 1 (para el dinero) bourse. 2 sac *m* : — *de papel, de plástico, de viaje*, sac en papier, en plastique, de voyage. 3 (debajo de los ojos, de pus, de gas natural) poche.

²Bolsa *f* Bourse.

bolsillo m poche f.

bolsita f sachet m.

bolso m 1 (de mujer) sac à main. 2 (sin asa) pochette f.

bollo m 1 (alargado) petit pain au lait ; (redondo) brioche f. 2 (bulto) bosse f.

bomba f 1 pompe : — de incendios, pompe à incendie. 2 (explosivo) bombe. I — de mano, grenade à main. 3 FAM pasarlo —, s'en payer, bien s'amuser.

bombachas f pl AMER pantalons m bouffants.

bombarde/ar t bombarder. **-o** m bombardement. **-ro** m bombardier.

bombero m pompier.

bombilla f 1 (eléctrica) ampoule. 2 AMER (para el mate) pipette.

bombín m chapeau melon.

bombo m 1 grosse caisse f. 2 FIG battage, bruit. I a — y platillos, à grands sons de trompe.

bombón m bonbon au chocolat.

bombona f bonbonne.

bombonera f bonbonnière.

bonach/o, ona a débonnaire, bon enfant. □ s brave homme, brave femme.

bonaerense a/s de Buenos Aires.

bonancible a calme.

bondad f bonté. **-oso, a** a bon, bonne.

bonete m bonnet.

bonetero m fusain.

bonito, a a joli, e : una chica bonita, une jolie fille. □ m (pez) thon.

bono m bon : — del Tesoro, bon du Trésor.

boñiga f bouse.

boqueadas f pl dar las últimas —, agoniser.

boquerón m anchois.

boquete m trou.

boquiabierto, a a bouche bée.

boquilla f 1 (de un instrumento de viento) embouchure. 2 (de ciertos cigarrillos) bout filtre m. 3 (de bolso) fermoir m.

borbollón ⇒ **borbotón**.

borbot/ear i bouillonner. **-eo** m bouillonnement. **-ón** m bouillonnement. I a borbotones, à gros bouillons.

borceguí m brodequin.

borda f echar por la —, jeter par-dessus bord.

bord/ar t broder. **-ado** m broderie f.

borde m bord.

bordelés, esa a/s bordelais, e.

borderó m bordereau.

bordillo m bordure f.

bordo m bord : subir a —, monter à bord.

boreal a boréal, e.

Borgoñ/a n p f Bourgogne. **-ón, ona** a/s bourguignon, onne.

borla f 1 (de pasamanería) gland m. 2 (del gorro) pompon m. 3 (para polvos) houppette.

borrach/o, a a ivre, soûl, e. □ s ivrogne, esse. **-era** f ivresse.

borr/ar t 1 effacer. 2 (tachar) biffer. **-ador** m brouillon.

borrasc/a f tempête. **-oso, a** a orageux, euse.

borrego, a s agneau, agnelle.

borrico m âne.

borrón m (de tinta) pâté. I — y cuenta nueva, tournons la page.

borroso, a a flou, e.

bosque m bois, forêt f (forêt más extenso que bois).

bosquej/ar t ébaucher. **-o** m ébauche f, esquisse f.

bostez/ar i bâiller. **-o** m bâillement.

bota f 1 botte. 2 — de esquí, chaussure de ski. 3 (para vino) gourde en cuir. 4 (cuba) barrique f.

botadura f lancement m.

botánico, a a/f botanique. □ s botaniste.

botar t 1 (un barco) lancer. 2 AMER (tirar) jeter. □ i 1 (pelota) rebondir. 2 (saltar) bondir. □ pr AMER se jeter.

botarate m écervelé.

¹bote m (salto) bond.

²bote m 1 (para la sal, el té, etc.) boite f. 2 (tarro) pot.

³bote m canot : — salvavidas, canot de sauvetage.

botella f bouteille.

botica f pharmacie. **-rio, a** s pharmacien, enne.

botijo m cruche f, gargoulette f.

¹botín m (calzado) bottillon.

²botín m (de guerra) butin.

botina f bottine.

botiquín m 1 (caja) trousse f à pharmacie. 2 (armario) pharmacie f, armoire f à pharmacie. 3 (habitación) infirmerie f.

bot/ón m bouton. **-ones** m groom, chasseur.

bóveda f voûte.

bovino, a a/m bovin, e.

boxe/o m boxe f. **-ador** m boxeur.

boya f bouée.

boyante a prospère.

bozal m muselière f.

bozo m duvet.

bracero m manœuvre.

brag/as f pl 1 (de mujer) culotte sing, slip m sing. 2 (de niño) couche-culotte sing. **-ado, a** a FAM culotté, e, gonflé, e. **-azas** m FAM lavette f.

bragueta f braguette.

bramante m ficelle f.

bram/ar i mugir. **-ido** n, mugissement.

branquias f pl branchies.

bras/a f braise. **-ero** m brasero.

Brasil n p m Brésil.

brasileño, a a/s brésilien, enne.

bravata f bravade.

brav/o, a a 1 sauvage. 2 (toro) de combat. □ interj bravo! **-ucón, ona** a fanfaron, onne.

braza f brasse.

brazada f brassée.

brazal m brassard.

brazalete m bracelet.

brazo m bras : entró del — de su novio, elle entra au bras de son fiancé; iban cogidos del —, ils allaient bras dessus, bras dessous ; con los brazos abiertos, à bras ouverts.

brebaje m breuvage.

brecha f brèche.

breg/ar i lutter, se battre. **-a** f lutte.

breña f broussaille.

bretón, ona a/s breton, onne.

breva f 1 figue-fleur. 2 FAM (suerte) veine, chance.

breve a bref, brève. l en —, bientôt. **-dad** f brièveté. **-mente** adv brièvement.

brezo m bruyère f.

brib/ón, ona a/s coquin, ine. **-onada** f friponnerie.

brida f bride.

bridge m jugar al —, jouer au bridge.

brigada f brigade.

Brígida n p f Brigitte.

brill/ar i briller. **-ante** a/m brillant, e. **-antez** f éclat m. **-o** m éclat. l dar —, faire briller.

brinc/ar i bondir. **-o** m bond. l dar brincos, faire des bonds, bondir.

brind/ar i 1 porter un toast, boire à : brindemos por el éxito de..., buvons au succès de... 2 brindo por los recién casados, je bois à la santé des jeunes mariés. □ t offrir. □ pr se brindó a acompañarme, il m'a offert de m'accompagner. **-is** m hacer un —, porter un toast.

brío m 1 entrain : tener bríos, avoir de l'entrain. 2 énergie f.

brisa f brise.

británico, a a/s britannique.

brizna f brin m.

broca f (para taladrar) mèche.

brocal m margelle f.

broch/a f 1 brosse, gros pinceau m. 2 — de afeitar, blaireau m. **-azo** m coup de pinceau.

broche m broche f.

brom/a f plaisanterie, blague : — pesada, mauvaise plaisanterie. I en —, pour rire ; echar a —, prendre à la blague, à la rigolade ; gastar una — a alguien, faire une blague, jouer un tour à quelqu'un ; ¡vaya una —!, c'est malin !, c'est fin ! **-azo** m plaisanterie f de mauvais goût. **-ear** i plaisanter, blaguer. **-ista** a/s blagueur, euse.

bronca f 1 (riña) bagarre. 2 (reprensión) engueulade. I echar una — a, passer un savon à, engueuler. 3 (abucheo) huées pl.

bronce m bronze. **-arse** pr — al sol, se bronzer au soleil.

bronco, a a rauque.

bronqu/ios m pl bronches f. **-itis** f bronchite.

broqueta f brochette.

brot/ar i 1 (planta) pousser. 2 (líquido) jaillir. **-e** m pousse f.

broza f (maleza) broussaille.

bruces (de) loc adv caer de —, tomber à plat ventre.

bruj/a f sorcière. **-ería** f sorcellerie. **-o** m sorcier.

brújula f boussole.

brum/a f brume. **-oso, a** a brumeux, euse.

bruñir t polir.

brusco, a a brusque.

Bruselas n p Bruxelles.

brusquedad f brusquerie.

brutal a brutal, e. **-idad** f brutalité.

bruto, a a 1 (necio) bête, stupide. 2 peso —, poids brut. I en —, brut, e. □ m brute f.

bucle m boucle f.

bucólico, a a/f bucolique.

buche m (de las aves) jabot.

budín m pudding.

bud/ismo m bouddhisme. **-ista** a/s bouddhiste.

buen, o, a a 1 bon, bonne : bueno de comer, bon à manger ; un — actor, un bon acteur ; ¡— viaje!, bon voyage! I eso sí que está bueno, en voilà une bonne. 2 beau, belle : hace — tiempo, il fait beau ; — susto me has dado, tu m'as fait une belle peur ; un — día, un beau jour. 3 (de salud) en bonne santé. 4 de buenas a primeras, de but en blanc ; por las buenas o por las malas, de gré ou de force. □ interj bon !, bien ! ; ¡bueno está !, bon !, ça va comme ça ! ; ¡muy buenas !, salut !

buey m bœuf.

búfalo m buffle.

bufanda f cache-nez m.

bufete m 1 (de abogado) cabinet. 2 buffet.

bufido m 1 mugissement. 2 grognement.

bufón, ona a/s bouffon, onne.

buhardilla f 1 (desván) mansarde. 2 (ventana) lucarne.

búho m hibou.

buhonero m colporteur.

buitre m vautour.

bujía f bougie.

bulb/o m bulbe. **-oso, a** a bulbeux, euse.

Bulgaria n p f Bulgarie.

búlgaro, a a/s bulgare.

buldog m bouledogue.

bulevar m boulevard.

bulto m 1 volume. I a —, au jugé. 2 (hinchazón) bosse f, grosseur f. 3 paquet. 4 silhouette f, forme f vague. I escurrir el —, s'esquiver.

bulla f meter —, faire du raffut, du tapage.

bullici/o m agitation f. **-oso, a** a 1 remuant, e. 2 (ruidoso) bruyant, e.

bullir ° i 1 (un líquido) bouillonner. 2 (insectos, muchedumbre de per-

sonas) grouiller. **3** (peces) frétiller.
4 (moverse) remuer.

buñuelo *m* beignet.

buque *m* bateau, navire.

burbuja *f* bulle.

Burdeos *n p* Bordeaux. □ *m* bordeaux.

burgu/és, esa *a/s* bourgeois, e. **-esía** *f* bourgeoisie.

buril *m* burin.

burl/a *f* **1** (mofa) moquerie. I *hacer – de*, se moquer de. **2** (chanza) plaisanterie. **-ador** *m* séducteur. **-ar** *t* tromper. □ *burlarse de*, se moquer de.

burlesco, a *a* burlesque.

burlete *m* bourrelet.

burlón, ona *a/s* moqueur, euse.

buró *m* bureau.

burocracia *f* bureaucratie.

burócrata *s* bureaucrate.

burr/a *f* ânesse. **-ada** *f* ânerie, sottise.

burro *m* âne.

bursátil *a* boursier, ère.

burujo *m* boule *f*.

busc/ar *t* chercher. **-a** *f* recherche. I *en – de*, à la recherche de, en quête de. **-ador, a** *a/s* chercheur, euse.

busilis *m ahí está el –*, voilà le hic.

búsqueda *f* recherche.

busto *m* buste.

butaca *f* fauteuil *m*. I *– de patio*, fauteuil d'orchestre.

butano *m* butane.

butifarra *f* saucisse.

buzo *m* **1** plongeur. **2** scaphandrier. **3** (traje) bleu de travail.

buzón *m* boite *f* aux lettres : *echar una carta al –*, mettre une lettre à la boite.

C

c *f* c *m* : *una* c, un c.

¡ ca ! *interj* allons donc !

cabal *a* juste. □ m *pl no estar en sus cabales*, être tombé sur la tête.

cábalas *f pl* pronostics *m*.

cabalg/ar *i* chevaucher. **-ada** *f* chevauchée. **-adura** *f* monture. **-ata** *f* cavalcade.

caballa *f* maquereau *m*.

caballar *a* chevalin, e.

caballer/ía *f* 1 monture. 2 MIL cavalerie. 3 — *andante*, chevalerie errante. **-esco, a** *a* chevaleresque.

caballeriza *f* écurie.

caballer/o, a *a* 1 — *en una mula*, monté sur une mule. □ m 1 (noble) chevalier. 2 monsieur : *señoras y caballeros*, mesdames et messieurs. I *portarse como un —*, se conduire en gentleman. 3 homme : *zapatos de caballeros*, chaussures pour hommes. **-osidad** *f* noblesse, générosité.

caballete *m* chevalet.

caballitos *m pl* (tiovivo) chevaux de bois.

caball/o *m* 1 cheval : *montar a —*, monter à cheval. I — *de vapor*, cheval-vapeur ; *un dos caballos*, une deux chevaux. 2 (del ajedrez) cavalier. **-uno, a** *a* chevalin, e.

cabaña *f* 1 cabane. 2 (ganado) cheptel *m*.

cabece/ar *i* 1 hocher la tête. 2 (al dormir) dodeliner de la tête. 3 MAR tanguer. 4 (fútbol) faire une tête. **-o** *m* 1 hochement de tête, dodelinement de la tête. 2 MAR tangage.

cabecera *f* 1 *la — de la cama*, le chevet, la tête du lit. 2 (capital) chef-lieu *m*.

cabecilla *m* chef de file, meneur.

cabell/era *f* chevelure. **-o** *m* cheveu : *con el — alborotado*, les cheveux en bataille. **-udo, a** *a* chevelu, e.

caber *° i* 1 tenir : *esto no cabe en la maleta*, ça ne tient pas dans la valise ; *cabremos los seis en el coche*, nous tiendrons bien à six dans la voiture. I FIG *no — en sí de contento*, ne pas se sentir de joie. 2 y avoir : *no cabe duda*, il n'y a pas de doute. 3 être possible. I *en lo que cabe, si cabe*, dans la mesure du possible. 4 *no cabe más gracioso*, on ne peut plus drôle.

cabestrillo *m* écharpe *f* : *brazo en —*, bras en écharpe.

cabestro *m* licou.

cabez/a *f* 1 tête. 2 — *de partido*, chef-lieu m d'arrondissement. □ m — *de familia*, chef de famille. **-ada** *f* 1 coup m de tête. 2 (al dormir) dodelinement m de la tête. 3 salut *m* de la tête. **-adita** *f* FAM *dar una —*, piquer un roupillon. **-azo** *m* coup de tête.

cabezón, ona, cabezudo, a *a* têtu, e.

cabida *f* capacité.

cabildo *m* 1 (iglesia) chapitre. 2 (ayuntamiento) conseil municipal.

cabina *f* cabine.

cabizbajo, a *a* tête basse.

cable *m* câble.

cabo *m* 1 (extremidad, pedacito) bout. I *al — de cinco minutos*, au bout de cinq minutes ; *de — a rabo*, d'un bout à l'autre ; *llevar a —*, mener à bien, réaliser. 2 (lengua de tierra) cap. 3 (cuerda) cordage. 4 MIL caporal.

cabotaje *m* cabotage.

cabra *f* chèvre.

cabrear *t* FAM foutre en rogne.

cabrero, a *s* chevrier, ère.

cabrestante *m* cabestan.

cabrillas *f pl* (olas) moutons *m*.

cabrille/ar *i* (el mar) moutonner. **-o** *m* moutonnement.

cabrío, a *a* caprin, e. I *macho* —, bouc.

cabriola *f* cabriole.

cabrit/illa *f* chevreau *m*. **-o** *m* chevreau.

cabrón *m* 1 bouc. 2 FAM cocu. 3 VULG salaud.

caca *f* caca *m*.

cacahuete *m* cacahouète *f*.

cacao *m* cacao.

cacare/ar *i* 1 caqueter. 2 FIG vanter. **-o** *m* caquetage.

cacatúa *f* cacatoès.

cacería *f* partie de chasse.

cacerola *f* 1 (con asas) faitout *m*. 2 (con mango) casserole.

cacique *m* 1 cacique. 2 FIG gros bonnet, manitou.

cacofonía *f* cacophonie.

cacto *m* cactus.

cachalote *m* cachalot.

cacharro *m* 1 pot, vase. 2 FAM (cosa) truc ; (coche) guimbarde *f*, tacot ; (bicicleta) clou ; (barco) rafiot.

cachas *f pl* manche *m sing* (de couteau).

cachazudo, a *a* flegmatique.

cachear *t* fouiller.

Cachemira *n p f* Cachemire *f*.

cacheo *m* fouille *f*.

cachet/e *m* (bofetada) gifle *f*, claque *f*. **-ada** *f* AMER gifle.

cachetero *m* poignard.

cachimba *f* AMER pipe, bouffarde.

cachiporra *f* massue.

cachivache *m* truc.

cacho *m* morceau.

cachond/o, a *a* POP (divertido) marrant, e. **-earse** *pr* POP 1 (burlarse) se ficher de. 2 (reírse) se marrer.

cachorro, a *s* petit *m*.

cada *a* 1 chaque. I — *cual, uno,*

una, chacun, e. 2 (+ pluriel) — *dos meses, horas*, tous les deux mois, toutes les deux heures. I *60 de* — *100*, 60 sur 100 ; *una de* — *tres personas*, une personne sur trois.

cadalso *m* échafaud.

cadáver *m* cadavre, corps.

cadena *f* chaîne. I *trabajo en* —, travail à la chaîne.

cadencia *f* cadence.

cadenilla *f* chaînette.

cadera *f* hanche.

cadete *m* 1 cadet. 2 AMER apprenti.

Cádiz *n p* Cadix.

caduco, a *a* caduc, uque.

caer ° *i* 1 tomber. 2 comprendre. I *¡ ya caigo !*, j'ai compris !, j'y suis ! 3 (estar) se trouver. □ *pr* tomber : *se ha caído*, il est tombé ; *se le cayó el bolso*, son sac est tombé.

caf/é *m* café : — *con leche*, café au lait, café crème ; — *solo*, café noir ; *la terraza de un* —, la terrasse d'un café. **-eína** *f* caféine. **-etera** *f* cafetière. **-etería** *f* snack-bar *m*, cafétéria. **-etín** *m* bistrot. **-ero** *m* caféier.

cag/ar *t* VULG chier. **-arruta** *f* crotte.

caída *f* chute.

caído, a *p p* de **caer**. □ *m pl monumento a los caídos*, monument aux morts.

caimán *m* caïman.

Cairo (El) *n p m* Le Caire.

caj/a *f* 1 (pequeña) boîte. I — *de cambios*, boîte de vitesses. 2 (grande) caisse. I — *registradora*, caisse enregistreuse ; — *de caudales, fuerte*, coffre-fort *m*. 3 — *de ahorros*, caisse d'épargne. 4 (de reloj) boîtier *m*. 5 (ataúd) cercueil *m*. 6 (de escalera, ascensor) cage. **-ero** *m* caissier. **-etilla** *f* paquet *m*.

cajón *m* 1 (de mueble) tiroir. 2 — *de sastre*, fouillis, foutoir. 3 *de* —, d'usage.

cal f chaux.

cala f 1 (de un barco) cale. 2 (ensenada) crique.

calaba/za f 1 courge, citrouille. 2 (recipiente) calebasse. 3 *dar calabazas*, (examen) coller, recaler ; (pretendiente) éconduire. **-cín** m courgette f.

calabobos m pluie f fine.

calabozo m cachot.

calado m 1 broderie f à jour. 2 MAR tirant d'eau.

calafatear t calefater.

calamar m calmar.

calambre m crampe f.

calamidad f calamité.

calaña f espèce, acabit m.

calar t 1 transpercer, traverser. 2 FIG deviner. □ pr 1 *calarse el sombrero*, enfoncer son chapeau. 2 caler : *se me caló el motor*, mon moteur a calé.

calaver/a f tête de mort. □ m noceur. **-ada** f folie.

calcar t calquer.

calcáreo, a a calcaire.

calce m 1 coin. 2 cale f.

calceta f hacer —, tricoter.

calcetín m chaussette f.

calcinar t calciner.

calcio m calcium.

calco m calque.

calcul/ar t calculer. **-ador, a** a/s calculateur, trice. □ f machine à calculer, calculatrice : *calculadora de bolsillo*, calculatrice de poche.

cálculo m calcul.

caldas f pl eaux thermales.

caldear t chauffer.

caldera f chaudière.

calderilla f (menue) monnaie.

caldero m chaudron.

caldo m bouillon.

calefacción f chauffage m : la — central, le chauffage central.

calendario m calendrier.

calent/ar ° t 1 — agua, faire chauffer de l'eau. 2 — los ánimos,

échauffer les esprits. □ pr 1 se chauffer. 2 chauffer : *la sopa se calienta*, la soupe chauffe. 3 (los músculos, los ánimos) s'échauffer. **-ador** m chauffe-eau, chauffe-bain. **-ito, a** a tout chaud, toute chaude. **-ura** f fièvre, température. **-uriento** a fièvreux, euse.

calibr/e m calibre. **-ar** t calibrer.

calicó m calicot.

calidad f qualité.

cálido, a a 1 (clima) chaud, e. 2 FIG chaleureux, euse : *cálidos aplausos*, applaudissements chaleureux.

caliente a chaud, e.

calific/ar t qualifier. **-ación** f 1 qualification. 2 (en un examen) mention. **-ativo, a** a/m qualificatif, ive.

caligrafía f calligraphie.

cáliz m calice.

calizo, a a calcaire. □ f calcaire m.

calm/a f calme m. l en —, calme ; *perder la —*, perdre son calme. **-ante** a/m calmant, e. **-ar** t calmer. □ pr se calmer, s'apaiser.

caló m argot des gitans.

calor m chaleur f : un — agobiante, une chaleur accablante. l entrar en —, se réchauffer ; hace —, mucho —, il fait chaud, très chaud ; tengo —, j'ai chaud.

calor/ía f calorie. **-ífico, a** a calorifique.

calumni/a f calomnie. **-ar** t calomnier. **-oso, a** a calomnieux, euse.

caluroso, a a 1 chaud, e. 2 FIG chaleureux, euse : *una acogida calurosa*, un accueil chaleureux.

calvario m calvaire.

calvicie f calvitie.

calvin/ismo m calvinisme. **-ista** s calviniste.

calvo, a a/s chauve. □ a (terreno) dénudé, e, pelé, e.

calza f (cuña) cale.

calzada _f_ chaussée.

calzado _m_ **1** chaussure _f_ : _la industria del —_, l'industrie de la chaussure. **2** chaussures _f pl_ : _nueva colección de — para el verano_, nouvelle collection de chaussures pour l'été.

calzador _m_ chausse-pied.

calzar _t_ chausser : _calzo el 40_, je chausse du 40 ; _calzado con alpargatas_, chaussé d'espadrilles.

calz/ón _m_ culotte _f_. **-onazos** _m_ chiffe _f_. **-oncillos** _m pl_ caleçon _sing_.

call/ar _i/pr_ se taire : _¡ callad !, taisez-vous !_ ; _¡ cállate !, tais-toi !_ □ _t_ taire. **-ado, a** _a_ silencieux, euse, réservé, e.

call/e _f_ **1** rue : _— mayor_, grand-rue. I _abrirse —_, se frayer un passage ; _poner en la —_, mettre à la porte. **2** (de árboles) allée. **-ejear** _i_ flâner. **-ejeo** _m_ flânerie _f_. **-ejero, a** _a_ de la rue. □ _m_ indicateur des rues. **-ejón** _m_ ruelle _f_. I _— sin salida_, impasse _f_. **-ejuela** _f_ ruelle.

callo _m_ (en los pies) cor ; (en las manos) durillon. □ _pl_ (guiso) tripes _f_.

cama _f_ lit _m_ : _— de matrimonio_, lit à deux places ; _guardar —_, garder le lit.

camada _f_ portée.

camafeo _m_ camée.

camaleón _m_ caméléon.

cámara _f_ **1** chambre : _— de comercio, de diputados_, chambre de commerce, des députés ; _— de aire_, chambre à air. **2** (cine) caméra. I _— lenta_, ralenti _m_. **3** _— fotográfica_, appareil _m_ photo.

camarad/a _s_ camarade. **-ería** _f_ camaraderie.

camaranchón _m_ soupente _f_.

camarera _f_ **1** (en un café) serveuse. **2** (en hoteles) femme de chambre.

camarero _m_ **1** (en un café) garçon. **2** (en hoteles) valet de chambre.

camarín _m_ (de actor) loge _f_.

camarón _m_ crevette _f_ grise.

camarote _m_ cabine _f_.

camastro _m_ grabat.

cambalache _m_ troc.

cambiar _t_ **1** _— un neumático_, changer un pneu ; _— pesetas en francos_, changer des pesetas contre des francs. **2** (trocar) échanger : _¿ me puede — este libro por otro ?_, pouvez-vous m'échanger ce livre contre un autre ? □ _i_ changer. □ _pr_ **1** (de ropa) se changer. **2** changer : _nos cambiamos de domicilio el año pasado_, nous avons changé de domicile l'an dernier.

cambio _m_ **1** (modificación) changement. I _— de velocidades_, changement de vitesse. **2** échange : _— de impresiones_, échange de vues. I _a — de_, en échange de ; _en —_, en revanche. **3** change : _oficina de —_, bureau de change. **4** monnaie _f_ : _¿ tiene usted — ?_, avez-vous de la monnaie ? **5** cours du change.

Camboya _n p f_ Cambodge _m_.

camelar _t_ FAM **1** baratiner. **2** (adular) faire du plat à.

camelia _f_ camélia _m_.

camelo _m_ FAM _esto es un —_, c'est de la fumisterie, du baratin. I _hablar en —_, raconter des blagues.

camello _m_ chameau.

camill/a _f_ civière, brancard _m_ : _transportar en —_, transporter sur une civière. **-ero** _m_ brancardier.

camin/o _m_ chemin. I _errar el —_, faire fausse route. **-ante** _s_ voyageur, euse à pied. **-ar** _i_ marcher. **-ata** _f_ longue promenade, balade. **-ero** _m_ peón _—_, cantonnier.

cami/ón _m_ camion. **-onero** _m_ routier, camionneur. **-oneta** _m_ camionnette.

camis/a _f_ chemise. **-ero, a** _s_ chemisier, ère. **-eta** _f_ **1** (ropa interior) gilet _m_ de corps, tricot _m_ de corps ; (con mangas cortas) tee-shirt _m_. **2** (de deportista) maillot *m.* 3 (camisa corta) chemisette. **-ón** *m* chemise *f* de nuit.

camorra *f* dispute, bagarre.

campamento *m* campement.

campan/a *f* 1 cloche. 2 (de chimenea) hotte. **-ada** *f* coup de cloche. **-ario** *m* clocher. **-ero** *m* carillonneur. **-illa** *f* 1 clochette. 2 (para llamar a la puerta) sonnette. **-illeo** *m* 1 tintement. 2 carillon.

campante *a tan* —, très décontracté, e.

campaña *f* campagne.

campear *i* apparaître.

campechan/o, a *a* bon enfant. **-ía** *f* bonhomie.

campe/ón, ona *s* champion, onne. **-onato** *m* championnat.

campesino, a *a/s* paysan, anne, campagnard, e.

campestre *a* champêtre.

camping *m* camping.

campiña *f* campagne.

campista *s* campeur, euse.

campo *m* 1 campagne *f* : *vive en el* —, il vit à la campagne. 2 champ : *un* — *de maíz,* un champ de maïs ; — *de batalla,* champ de bataille. I *a* — *traviesa,* à travers champs. 3 (de deportes) terrain. 4 (terreno militar, partido) camp. 5 — *magnético, visual,* champ magnétique, visuel.

camposanto *m* cimetière.

camuflar *t* camoufler.

cana *f* cheveu *m* blanc. I *echar una* — *al aire,* faire une folie, s'amuser.

Canadá *n p m* Canada.

canadiense *a/s* canadien, enne.

canal *m* 1 canal : *canales de riego,* canaux d'irrigation. 2 (en un puerto) chenal.

canalete *m* pagaie *f.*

canaliz/ar *t* canaliser. **-ación** *f* canalisation.

canalón *m* 1 (conducto vertical) tuyau de descente. 2 (horizontal) gouttière *f.*

canall/a *m* canaille *f,* fripouille *f.*

-ada *f* canaillerie.

canana *f* cartouchière.

canapé *m* canapé.

Canarias *n p f pl* Canaries.

canario, a *a/s* canarien, enne. □ *m* (pájaro) canari, serin.

canast/a *f* (con dos asas) corbeille ; (con una) panier *m.* **-illa** *f* 1 corbeille. 2 (de recién nacido) layette. **-o** *m* corbeille *f.*

cancela *f* grille.

cancel/ar *t* annuler. **-ación** *f* annulation.

cáncer *m* cancer.

canceroso, a *a* cancéreux, euse.

canciller *m* chancelier. **-ía** *f* chancellerie.

canci/ón *f* chanson. I — *de cuna,* berceuse. **-onero** *m* recueil de poésies lyriques.

cancha *f* terrain *m.*

candado *m* cadenas.

candel/a *f* chandelle. **-abro** *m* candélabre. **-ero** *m* chandelier.

candente *a* 1 incandescent, e. 2 FIG palpitant, e.

candidat/o *m* candidat. **-ura** *f* candidature.

candidez *f* candeur.

cándido, a *a* candide.

candil *m* lampe *f* à huile. **-ejas** *f pl* (teatro) rampe *sing.*

candor *m* candeur *f.* **-oso, a** *a* candide.

canela *f* cannelle.

canelón *m* torsade *f.*

cangilón *m* (de noria) godet.

cangrejo *m* 1 — *de río,* écrevisse *f.* 2 — *de mar,* crabe.

canguelo *m* POP trouille *f.*

canguro *m* kangourou.

can/íbal *a/s* cannibale. **-ibalismo** *m* cannibalisme.

canica *f* bille.

can/ícula *f* canicule. **-icular** *a* caniculaire.

canijo, a *a* malingre.

canilla *f* 1 os *m* long. 2 AMER

(grifo) robinet m.

canillita m AMER crieur de journaux.

canino m canine f.

canje m échange. **-ar** t – por, échanger contre.

cano, a a blanc, blanche.

canoa f 1 (piragua) canoë m. 2 (de remo o con motor) canot m.

canon m 1 canon. 2 (renta) redevance f.

canónigo m chanoine.

canonizar t canoniser.

canotié m canotier.

cans/ar t fatiguer. **-ado, a** a 1 fatigué, e, las, lasse. 2 (que cansa) fatigant, e. **-ancio** m fatigue f. **-ino, a** a lent, e, endormi, e.

cant/ar i/t chanter. □ m chanson f. **-ante** s chanteur, euse.

cántaro m cruche f. I *llueve a cántaros,* il pleut à verse, à torrents, il tombe des cordes.

cantata f cantate.

cantatriz f cantatrice.

cante m chant populaire.

cantera f carrière.

cántico m cantique.

cantidad f 1 quantité. 2 (de dinero) somme : *abonar la – de cien pesetas,* payer la somme de cent pesetas.

cantimplora f gourde, bidon m.

cantina f 1 cantine. 2 (en una estación) buvette.

¹canto m chant.

²canto m 1 (de libro, moneda) tranche f. 2 (de esqui) carre f. 3 – *rodado,* galet.

cantón m canton.

cantor, a a/s chanteur, euse. □ m (poeta) chantre.

canturrear i chantonner, fredonner.

caña f 1 tige. 2 (planta) roseau m. I – *de azúcar,* canne à sucre ; – *de pescar,* canne à pêche. 3 (del timón) barre f. 4 (de cerveza) demi m.

cañada f vallon m.

cañamazo m canevas.

cáñamo m chanvre.

cañería f conduite.

caño m tuyau.

cañ/ón m 1 canon. 2 (tubo) tuyau. 3 (garganta profunda) cañon. **-onazo, -oneo** m canonnade f.

caoba f acajou m.

caolín m kaolin.

caos m chaos.

caótico, a a chaotique.

capa f 1 (prenda) cape. I *ir de – caída,* aller de mal en pis. 2 (de pintura, nieve, social, etc.) couche. 3 (de agua) nappe. 4 *so – de,* sous prétexte de.

capacidad f capacité.

capacitar t 1 qualifier, habiliter. 2 former.

capacho m cabas.

capar t châtrer.

caparazón m 1 (de crustáceo, tortuga) carapace f. 2 (de ave) carcasse f.

capataz m contremaître.

capaz a 1 capable. 2 *aparcamiento – para mil vehiculos,* parking pouvant contenir mille véhicules. □ f 1 (de un estado) capital ; (de provincia) chef-lieu m. 2 (lettre) capitale.

capellán m chapelain, aumônier : – *castrense,* aumônier militaire.

capilla f chapelle.

capirotazo m chiquenaude f.

capirote m 1 (de penitente) cagoule f. 2 *tonto de –,* idiot fini.

capital a/m capital, e : *invertir capitales,* investir des capitaux. □ f 1 (de un estado) capital ; (de provincia) chef-lieu m. 2 (lettre) capitale.

capital/ismo m capitalisme. **-ista** s capitaliste.

capitán m capitaine.

capitel m chapiteau.

capitul/ar i capituler. **-ación** f capitulation.

capítulo m chapitre.

capó m capot.

capón *m* chapon.

capot *m* capot.

capota *f* capote.

capote *m* 1 capote *f*. | *para mí* —, dans mon for intérieur. 2 TAUROM cape *f*.

caprich/o *m* caprice. **-oso, a** *a* capricieux, euse.

cápsula *f* capsule.

capt/ar capter. □ *captarse el cariño de alguien*, gagner l'affection de quelqu'un. **-ación** *f* captage *m*.

captur/ar *t* capturer. **-a** *f* capture.

capucha *f* capuche, capuchon *m*.

capuchina *f* capucine.

capuchón *m* capuchon.

capullo *m* 1 (de gusano de seda) cocon. 2 (de flor) bouton.

caqui *a/m* kaki.

cara *f* 1 visage *m*, figure : *una — ovalada, risueña*, un visage ovale, souriant. 2 face : *huesos de la —*, os de la face ; — *oculta de la luna*, face cachée de la lune ; *o cruz*, pile ou face ; *de* —, en face ; *de — a*, vis-à-vis de ; *hacer* — *a*, faire face, front à. 3 mine, air *m* : — *de pocos amigos*, mine renfrognée ; *poner* — *de susto, de asco*, prendre un air affolé, dégoûté. 4 FAM (desfachatez) toupet *m*, culot *m* ; ¡ *qué — más dura* !, quel culot ! ; *tener la — dura*, avoir du culot.

carabela *f* caravelle.

carabin/a *f* carabine. **-ero** *m* carabinier (douanier).

caracol *m* 1 escargot. | *escalera de* —, escalier en colimaçon. 2 (del oído) limaçon. 3 ¡ *caracoles* !, sapristi !

carácter *m* 1 caractère : *caracteres tipográficos*, caractères typographiques ; *buen, mal* —, bon, mauvais caractère. 2 *con — de*, en qualité de.

caracter/izar *t* caractériser. **-ístico, a** *a/f* caractéristique.

caradura *a* FAM culotté, e, gonflé,

e. □ *s* personne culottée. □ *f* culot *m*.

caramañola *f* AMER gourde.

¡ **caramba** ! *interj* (sorpresa) mince !, ça alors ! ; (disgusto) zut ! ; ¡ *qué* — !, quand même !

carámbano *m* glaçon.

caramelo *m* 1 bonbon : — *ácido, relleno*, bonbon acidulé, fourré. 2 (azúcar fundido) caramel.

carátula *f* masque *m*.

caravana *f* 1 caravane. 2 file : *una — de coches*, une file de voitures ; *en* —, à la file.

¡ **caray** ! *interj* diable ! ; ¡ — *con el pelmazo ese* !, au diable ce raseur !

carb/ón *m* 1 charbon : — *vegetal*, charbon de bois. 2 *papel* —, papier carbone. **-oncillo** *m* fusain. **-onero, a** *a/m* charbonnier, ère.

carbónico, a *a* carbonique.

carbon/o *m* carbone. **-izar** *t* carboniser.

carbur/ador *m* carburateur. **-ante** *m* carburant. **-ar** *i* carburer. **-o** *m* carbure.

carcajada *f* éclat *m* de rire. | *reír a carcajadas*, rire aux éclats ; *soltar la* —, éclater de rire.

carcamal *m* FAM vieux birbe.

cárcel *f* prison : *meter en la* —, mettre en prison ; *ir a la* —, aller en prison.

carcelero *m* geôlier.

carcom/er *t* ronger. **-ido, a** *a* vermoulu, e.

cardar *t* — *el pelo*, crêper les cheveux.

cardenal *m* 1 cardinal : *cardenales, des cardinaux*. 2 (equimosis) bleu.

cardenillo *m* vert-de-gris.

cardíaco, a *a/s* cardiaque.

cardinal *a* cardinal, e : *puntos cardinales*, points cardinaux.

cardi/ología *f* cardiologie. **-ólogo, a** *s* cardiologue.

cardo *m* chardon.

carear *t* confronter.

carecer ° *i* – *de*, manquer de.

carenar *t* caréner.

caren/cia *f* 1 manque *m*. 2 MED carence. **-te** *a* dépourvu, e.

careo *m* confrontation *f*.

carestía *f* 1 cherté. 2 (escasez) pénurie.

careta *f* masque *m*.

carey *m* (concha) écaille *f*.

carga *f* 1 (acción) chargement *m*. 2 (peso, obligación, de un arma de fuego) charge. | *cargas sociales*, charges sociales. 3 (de pluma estilográfica) recharge. 4 MIL charge. i *volver a la* –, revenir à la charge.

carg/ar *t* 1 charger. 2 – *una cantidad en su cuenta*, débiter son compte d'une somme. 3 (molestar) assommer. □ *i* 1 – *con*, (llevarse) emporter. 2 – *con*, se charger de : *yo cargo con todo*, je me charge de tout. | – *con las consecuencias*, endosser, assumer les consé- quences ; – *con alguien*, avoir quelqu'un sur les bras. □ *pr* FAM (romper) bousiller ; (matar) des- cendre. **-ado, a** *a* 1 chargé, e. 2 *café muy* –, café très fort, bien tassé. **-ador** *1* (de puerto) docker. 2 AMER porteur. **-amento** *m* chargement. **-ante** *a* FAM assommant, e.

cargo *m* 1 charge *f*. | *estar a* – *de*, être à la charge de ; *hacerse* – *de*, se charger de. 2 – *de conciencia*, cas de conscience. 3 *testigo de* –, témoin à charge. 4 (buque) cargo.

cariacontecido, a *a* contrit, e, penaud, e.

cariar *t* carier : *diente cariado*, dent cariée.

caribe *a/s* caraïbe.

caricatur/a *f* caricature. **-ista** *s* caricaturiste. **-izar** *t* caricaturer.

caricia *f* caresse.

caridad *f* charité. | *¡ por* – *!*, de grâce !

caries *f* carie.

carillón *m* carillon.

cariñ/o *m* 1 affection *f* : *tener* – *a*,

avoir de l'affection pour. | *le tengo mucho* – *a mi vieja bici*, je suis très attaché à mon vieux vélo. 2 (esmero) amour. **-oso, a** *a* affectueux, euse.

caritativo, a *a* charitable.

cariz *m* aspect, tournure *f*.

carlinga *f* carlingue.

Carlos *n p m* Charles.

carmelita *f* carmélite.

carmesí *a* cramoisi, e.

carmín *m* carmin. | – *de labios*, rouge à lèvres.

carnal *a* charnel, elle.

carnaval *m* carnaval.

carne *f* 1 chair : *en* – *y hueso*, en chair et en os ; *estar metido en* –, être bien en chair ; *tener* – *de gallina*, avoir la chair de poule. 2 (alimento) viande : – *de vaca*, viande de bœuf. | – *de membrillo*, pâte de coing.

carné ⇒ **carnet.**

carnero *m* mouton.

carnet *m* 1 (librillo) carnet. 2 – *de identidad*, carte *f* d'identité ; – *de conducir*, permis de conduire.

carnicer/ía *f* boucherie. **-o, a** *a* boucher, ère. □ *a/s* (animal) car- nassier, ère.

carnívoro, a *a/s* carnivore.

carnoso, a *a* charnu, e.

caro, a *a* cher, chère. □ *adv* cher : *estos zapatos cuestan* –, ces chaussures coûtent cher ; *salir* –, revenir cher.

¹carpa *f* (pez) carpe.

²carpa *f* AMER tente.

carpanta *f* fringale.

carpe *m* charme.

carpeta *f* 1 (para escribir) sous- main *m*. 2 (para guardar papeles) chemise. 3 (con anillas, muelle) classeur *m*.

carpinter/ía *f* 1 menuiserie. 2 (de armar) charpenterie. **-o** *m* 1 menuisier. 2 (de armar) charpen- tier.

carraca *f* crécelle.

carrasca f yeuse.

carraspe/ar i se râcler la gorge, s'éclaircir la voix. **-ra** f tener —, être enroué, e.

carrer/a f 1 course. | en una —, en vitesse. 2 études pl : estudia la — de ingeniero, il fait ses études d'ingénieur. 3 (profesión) carrière. **-illa** f de —, d'un trait.

carreta f charrette.

carrete m 1 bobine f : un — de hilo, de película, une bobine de fil, de film. 2 (de caña de pescar) moulinet.

carretera f route. | red de carreteras, réseau routier.

carretero m charretier.

carretilla f 1 brouette. 2 — elevadora, chariot m élévateur.

carricoche m carriole f.

carril m 1 (huella) ornière f. 2 (de vía férrea) rail. 3 voie f : carretera de cuatro carriles, route à quatre voies.

carrill/o m joue f. | comer a dos carrillos, manger goulûment. **-udo, a** a joufflu, e.

carro/o m 1 chariot. 2 (de combate) char. 3 AMER voiture f. **-ito** m 1 table f roulante. 2 (para la compra) poussette f.

carrocería f carrosserie.

carroza f 1 carrosse m. 2 (de carnaval) char m.

carruaje m voiture f.

carta f 1 lettre : — certificada, de crédito, lettre recommandée, de crédit. 2 (ley) charte f. 3 (naipe) carte. | dar — blanca a, donner carte blanche à. 4 comer a la —, manger à la carte.

cartabón m équerre f.

cartapacio m 1 (de colegial) cartable. 2 (para dibujos) carton (à dessins).

cartearse pr correspondre.

cartel m 1 affiche f. | fijar carteles, afficher ; comedia que continúa en —, comédie qui tient l'affiche ; tener buen —, avoir bonne presse. 2 (asociación) cartel. **-era** f rubrique des spectacles. **-ero** m colleur d'affiches.

cárter m carter.

carter/a f 1 (de bolsillo) portefeuille m. 2 (de mano) serviette. 3 (de colegial) cartable m. 4 (cargo de un ministro, valores comerciales) portefeuille m. 5 — de pedidos, carnet m de commandes. **-ista** m pickpocket.

cartero m facteur.

cartilla f — militar, de ahorros, livret militaire, de caisse d'épargne.

cartón m carton.

cartuch/o m 1 cartouche f. 2 (cucurucho) cornet. **-era** f cartouchière.

cartuj/a f chartreuse. **-o** m chartreux.

cartulina f bristol m.

casa f 1 maison. | — de huéspedes, pension de famille ; echar la — por la ventana, jeter l'argent par les fenêtres ; poner —, s'installer ; a — de, chez ; a, en —, à la maison, chez moi, toi, etc. : volvimos a — muy tarde, nous sommes rentrés chez nous, à la maison très tard ; Pedro no está en —, Pierre n'est pas chez lui. 2 (urbana y de varios pisos) immeuble m. | — de vecindad, maison de rapport.

casaca f casaque f.

casación f cassation. □

cas/ar i marier. □ i/pr 1 se marier : se casó con una prima suya, il s'est marié avec une de ses cousines. 2 FIG s'harmoniser. **-adero, a** a en âge d'être marié, e. **-ado, a** a/s marié, e : los recién casados, les nouveaux mariés. **-amiento** m mariage.

cascabel m grelot.

cascada f cascade.

cascado, a a voz cascada, voix cassée, éraillée.

cascajo m 1 (guijo) gravier, cailloutis. 2 FAM vieillerie f. | estar *hecho un* —, être décati.

cascanueces *m* casse-noisettes.

cascar *t* 1 (un vaso, etc.) fêler. 2 (romper) casser. □ *i* FAM 1 (charlar) bavarder. 2 (morir) claquer.

cáscara *f* (de huevo, nuez, etc.) coquille.

casco *m* 1 casque. 2 (de las caballerías) sabot. 3 (de un barco) coque *f*. 4 bouteille *f*. 5 (tonel) fût. 6 (de una vasija rota) tesson. 7 (de obús) éclat. 8 (de una población) centre. □ *pl ligero de cascos*, écervelé.

cascote *m* gravats *pl*.

caserío *m* hameau.

casero, a *a* 1 *pastel* —, gâteau maison. 2 domestique. 3 (aficionado a estar en su casa) casanier, ère. □ *s* 1 (dueño) propriétaire. 2 (arrendatario) fermier, ère.

caserón *m* grande bâtisse *f*.

caseta *f* 1 (de baño) cabine. 2 (de feria) baraque.

casi *adv* 1 presque : *comió* — *todo*, il a presque tout mangé. 2 pour un peu : — *se me olvida*, pour un peu j'allais oublier. 3 ¡ — *nada !*, une paille !

casill/a *f* 1 (casa pequeña) maisonnette. 2 (de un tablero de damas, crucigrama, etc.) case. | *salirse de sus casillas*, sortir de ses gonds. **-ero** *m* casier.

casino *m* 1 casino. 2 cercle, club.

casis *f* cassis *m*.

casita *f* maisonnette.

caso *m* 1 cas : *en* — *de necesidad*, en cas de besoin ; *en ese* —, dans ce cas-là ; *en todo* —, en tout cas. | *(en)* — *de que no puedas venir*, au cas où tu ne pourrais pas venir ; *hacer al* —, venir à propos ; *hacer* — *omiso de*, ne pas faire attention à ; *haz* — *de lo que digo*, fais attention à ce que je dis ; *no me hace* —, il ne m'écoute pas ; ¡ *no hagas* — !, ne fais pas attention ! ; *llegado el* —, le cas échéant, à l'occasion ; *pongamos por* —, supposons. 2

fait : vamos al —, venons-en au fait.

caspa *f* pellicules *pl*.

casquete *m* calotte *f*.

casquillo *m* 1 (de bombilla) culot. 2 (cartucho) douille *f*.

cassette *f* cassette.

casta *f* 1 race. 2 (en la India) caste.

castaña *f* châtaigne, marron *m* : — *confitada*, marron glacé.

castañetear *i* 1 *le castañetean los dientes*, il claque des dents. 2 (huesos) craquer.

castaño, a *a/m* châtain, marron. □ *m* (árbol) châtaignier, marronnier : — *de Indias*, marronnier d'Inde.

castañuela *f* castagnette.

castellano, a *a/s* castillan, e. □ *m* 1 (idioma) castillan, espagnol. 2 (señor) châtelain.

casticismo *m* 1 (en el lenguaje) purisme. 2 respect des usages.

castidad *f* chasteté.

castig/ar *t* 1 punir, châtier. 2 frapper, éprouver : *zona fuertemente castigada por un seísmo*, zone durement éprouvée par un séisme. **-o** *m* châtiment, punition *f* : — *ejemplar*, châtiment exemplaire ; *infligir un* — *a un niño*, infliger une punition à un enfant.

Castilla *n p f* Castille.

castillo *m* 1 château, château fort. | *castillos en el aire*, châteaux en Espagne. 2 MAR gaillard.

castizo, a *a* 1 typique, bien de chez nous. 2 vrai, e, pur, e, authentique.

casto, a *a* chaste.

castor *m* castor.

castrar *t* châtrer.

castrense *a* militaire.

casual *a* fortuit, e, accidentel, elle. **-idad** *f* hasard *m*. | *por* —, par hasard ; *da la* — *que*..., il se trouve que... **-mente** *adv* par hasard.

casucha *f* bicoque.

casu/ista *s* casuiste. **-ística** *f*

casuistique.

casulla *f* chasuble.

cataclismo *m* cataclysme.

catacumbas *f pl* catacombes.

catadura *f* (aspecto) tête, gueule.

catafalco *m* catafalque.

catalán, ana *a/s* catalan, e.

catalejo *m* longue-vue *f.*

Catalina *npf* Catherine.

cat/álogo *m* catalogue. **-alogar** *t* cataloguer.

Cataluña *npf* Catalogne.

cataplasma *f* cataplasme *m.*

¡ cataplum ! *interj* patatras !, patapouf !

catapulta *f* catapulte.

catar *t* goûter, déguster.

catarata *f* cataracte. I *las cataratas del Niágara,* les chutes du Niágara.

catarro *m* rhume.

catastro *m* cadastre.

cat/ástrofe *f* catastrophe. **-astrófico, a** *a* catastrophique.

cate *m* FAM *me han dado un* —, je me suis fait étendre. **-ar** *t* recaler, coller.

catch *m* catch.

catecismo *m* catéchisme.

cátedra *f* chaire.

catedral *f* cathédrale.

catedrático, a *s* professeur (d'Université, de lycée).

categoria *f* 1 catégorie. 2 classe. 3 *gente de* —, des gens d'un rang élevé ; *puesto de* —, poste élevé.

categóric/o, a *a* catégorique. **-amente** *adv* catégoriquement.

catequizar *t* catéchiser.

caterva *f* tas *m,* foule.

cateto *m* FAM péquenaud.

catolicismo *m* catholicisme.

católico, a *a/s* catholique.

cator/ce *a/m* quatorze. I *el siglo* —, le quatorzième siècle. **-zavo, a** *a/s* quatorzième.

catre *m* lit de sangle.

cauce *m* (de río) lit.

caución *f* caution.

caucho *m* caoutchouc.

caudal *m* 1 (de un río) débit. 2 fortune *f.* **-oso, a** *a* (río) abondant, e.

caudillo *m* chef.

caus/a *f* cause. I *a — de,* à cause de ; *por esta —,* pour cette raison. **-ar** *t* causer.

cáustico, a *a* caustique.

cautel/a *f* précaution, prudence. **-oso, a** *a* prudent, e.

cauterizar *t* cautériser.

cautiv/ar *t* captiver. **-ador, a** *a* captivant, e.

cautiv/o, a *a/s* captif, ive. **-erio** *m,* **-idad** *f* captivité *f.*

cauto, a *a* prudent, e.

cavar *t* creuser.

cavern/a *f* caverne. **-oso, a** *a* caverneux, euse.

caviar *m* caviar.

cavidad *f* cavité.

cavil/ar *i* réfléchir. **-ación** *f* réflexion. **-oso, a** *a* 1 songeur, euse. 2 (preocupado) soucieux, euse.

cayado *m* (de obispo) crosse *f.*

cayendo, cayera, cayó ⇒ **caer.**

caz/a *f* 1 chasse : *ir de* — aller à la chasse ; *la — del tigre,* la chasse au tigre. 2 — *mayor, menor,* gros, petit gibier *m.* □ *m* avion de chasse, chasseur. **-ador, a** *a/s* chasseur. I — *furtivo,* braconnier. □ *f* (chaqueta) blouson *m,* vareuse : *una cazadora de tejano,* un blouson en jean. **-ar** *t* 1 chasser. 2 FAM (conseguir) décrocher ; (coger) prendre, attraper : *cazado en falta,* pris en faute.

caz/o *m* 1 casserole *f.* 2 (cuchara) louche *f.* **-uela** *f* 1 sauteuse, casserole. 2 (guiso) ragoût *m.* 3 (teatro) poulailler *m.*

cazurro, a *a* 1 sournois, e. 2 têtu, e.

cebada *f* orge.

cebar *t* 1 (animales) engraisser, gaver. 2 (un anzuelo, una bomba) amorcer. □ *cebarse en su víctima,* s'acharner sur sa victime.

cebellina *f* zibeline.

cebo *m* 1 (pesca) appât. 2 (explosivo) amorce *f*.

ceboll/a *f* oignon *m*. **-eta** *f* ciboulette.

cebr/a *f* zèbre *m*. **-ado, a** *a* zébré, e.

cecear *i* zézayer.

Cecilia *n p f* Cécile.

cedazo *m* tamis.

ceder *t/i* céder.

cedilla *f* cédille.

cedro *m* cèdre.

cédula *f* billet *m*.

ceg/ar ° *t* aveugler. **-ato, a** *a* myope.

ceguedad, ceguera *f* aveuglement *m*.

ceiba *f* fromager *m*.

ceja *f* sourcil *m*.

cejar *i* 1 reculer. 2 *— en,* renoncer à.

celada *f* piège *m*.

celd/a *f* cellule. **-illa** *f* cellule.

celebérrimo, a *a* très célèbre.

celebr/ar *t* 1 célébrer. 2 fêter. 3 (reunión, asamblea) tenir. 4 (alegrarse) se réjouir de : *celebro tu éxito,* je me réjouis de ton succès. □ *pr* avoir lieu : *la entrevista se celebró ayer,* l'entrevue a eu lieu hier. **-ación** *f* célébration.

célebre *a* célèbre.

celebridad *f* célébrité.

celeridad *f* rapidité.

celeste *a* céleste.

¹**celo** *m* zèle : *huelga de —,* grève du zèle. □ *pl* jalousie *f sing*. I *dar celos,* rendre jaloux, ouse ; *tener celos,* être jaloux, ouse.

²**celo** *m* scotch.

celofán *m* cellophane *f*.

celosía *f* jalousie.

celoso, a *a* 1 zélé, e. 2 (que tiene celos) jaloux, ouse.

célula *f* cellule.

celular *a* cellulaire.

celuloide *m* celluloïd.

celulosa *f* cellulose.

cementerio *m* cimetière.

cemento *m* ciment : *— armado,* ciment armé.

cena *f* 1 dîner *m*, souper *m*. 2 (de Jesucristo) cène.

cenador *m* tonnelle *f*.

cenag/al *m* bourbier. **-oso, a** *f* bourbeux, euse.

cenar *i* dîner, souper. I *estoy cenado,* j'ai déjà dîné. □ *t* manger pour le dîner.

cencerro *m* sonnaille *f*.

cenefa *f* bordure.

cenicero *m* cendrier.

cénit *m* zénith.

ceniza *f* cendre. I *miércoles de —,* mercredi des Cendres.

cenizo *m* FAM *ser un —,* porter la poisse.

cenotafio *m* cénotaphe.

censo *m* 1 (de la población, etc.) recensement. 2 corps électoral. 3 charge *f*, redevance *f*.

censor *m* censeur.

censur/a *f* censure. **-ar** *t* 1 censurer. 2 reprocher.

centavo *a* centième. □ *m* centime.

centella *f* 1 (rayo) éclair *m*. 2 (chispa) étincelle.

centelle/ar *i* scintiller. **-o** *m* scintillement.

centena *f*, **centenar** *m* centaine *f*. I *a centenares,* par centaines.

centenario, a *a/s* centenaire.

centeno *m* seigle.

centésimo *a/s* centième.

centigrado *m* centigrade.

centi/gramo *m* centigramme. **-litro** *m* centilitre.

centímetro *m* centimètre.

céntimo *m* centime.

centinela *m/f* sentinelle *f*.

central *a* central, e. □ *f* 1 (eléctrica, nuclear) centrale. 2 (telefónica) central *m*. **-ita** *f* standard *m*.

centraliz/ar *t* centraliser. **-ación** *f* centralisation.

centrar *t* centrer. □ *pr* être axé, e, centré, e.

céntrico, a *a* central, e : *barrios céntricos*, quartiers centraux.

centrífugo, a *a* centrifuge.

centro *m* 1 centre. I *estar en su* —, être dans son élément. 2 — *de mesa*, surtout.

Centroamérica *npf* Amérique centrale.

centroamericano, a *a/s* de l'Amérique centrale.

céntuplo, a *a/m* centuple.

ceñ/ir ° *t* 1 (rodear) entourer, ceindre. 2 (apretar) serrer. I *vestido que ciñe el talle*, robe qui moule la taille. □ *pr* 1 se borner, se limiter. 2 *ceñirse al bordillo de la acera*, serrer le bord du trottoir ; *cíñase a la derecha*, serrez à droite. **-ido, a** *a vestido* —, robe ajustée, moulante.

ceñ/o *m* froncement de sourcils. I *poner* —, prendre un air mauvais. **-udo, a** *a* renfrogné, e.

cepa *f* 1 (de vid) cep *m*. 2 (de árbol, de una familia) souche.

cepill/o *m* 1 brosse *f* : — *de dientes*, brosse à dents ; — *para la ropa*, brosse à habits. 2 (carpintería) rabot. 3 (para las limosnas) tronc. **-ado** *m* brossage. **-ar** *t* 1 brosser. 2 raboter.

cepo *m* (trampa) traquenard, piège.

cera *f* cire.

cerámica *f* céramique.

cerbatana *f* sarbacane.

¹cerca *f* clôture.

²cerca *adv* près : *muy* —, tout près, très près ; — *de mil huelguistas*, près de mille grévistes. I *son* — *de las once*, il est environ onze heures ; *intervino* — *del director*, il est intervenu auprès du directeur.

cercado *m* 1 enclos. 2 (cerca) clôture *f*.

cercanía *f* proximité. □ *pl* 1 environs *m*, alentours *m*. 2 banlieue *sing* : *tren de cercanías*, train de banlieue.

cercano, a *a* — *a*, proche de

cercar *t* 1 entourer. 2 MIL assiéger.

cercén (a) *loc adv* ras.

cercenar *t* réduire, rogner.

cerciorarse *pr* — *de que*, s'assurer que.

cerco *m* 1 (aro) cercle. 2 (de una mancha) auréole *f*. 3 halo. 4 MIL siège.

cerda *f* 1 (del cerdo, jabalí) soie. 2 (del caballo) crin *m*. 3 (hembra del cerdo) truie.

Cerdeña *npf* Sardaigne.

cerdo *m* porc, cochon : *carne de* —, viande de porc.

cereal *m* céréale *f*.

cerebr/o *m* cerveau. **-al** *a* cérébral e.

ceremoni/a *f* cérémonie. **-al** *m* cérémonial. **-oso, a** *a* cérémonieux, euse.

cerez/a *f* cerise. **-o** *m* cerisier.

cerilla *f* (fósforo) allumette.

cerner ° *t* tamiser. □ *i* bruiner. □ *pr* (las aves) planer.

cernícalo *m* 1 buse *f*. 2 FAM butor, abruti.

cero *m* zéro. I *ser un* — *a la izquierda*, être une nullité.

cerquita *adv* tout près.

cerrado, a *a* 1 fermé, e. 2 (espeso) touffu, e. 3 (el cielo) couvert, e. 4 *es noche cerrada*, il fait nuit noire. 5 (torpe) bouché, e. 6 (acento) marqué. □ *m oler a* —, sentir le renfermé.

cerradura *f* serrure.

cerrajero *m* serrurier.

cerrar ° *t* 1 fermer. 2 (un conducto) boucher. 3 (un debate, una suscripción) clore. □ *i* fermer : *esta ventana cierra mal*, cette fenêtre ferme mal. □ *pr* 1 se fermer, se refermer. 2 FIG s'obstiner.

cerril *a* grossier, ère, rustre.

cerro *m* colline *f*, butte *f*.

cerrojo *m* verrou.

certamen *m* concours.

certero, a *a* 1 sûr, e. 2 adroit, e.

certeza, certidumbre *f* certitude.

certific/ar *t* 1 certifier. 2 (carta, paquete) recommander. □ *a carta certificada*, lettre recommandée. □ *m* 1 (documento) certificat. 2 (carta, paquete) envoi recommandé.

cerval *a miedo –*, peur bleue.

cervato *m* faon.

cerve/za *f* bière : *– negra, de barril*, bière brune, à la pression. **-cería** *f* brasserie.

cerviz *f* nuque.

cesación *f* cessation.

cesante *a dejar – a*, mettre à pied, relever de ses fonctions.

cesar *i* cesser. l *sin –*, sans cesse.

cesariana *f* césarienne.

cese *m* ordre de cessation *f* de paiement.

cesión *f* cession.

césped *m* gazon, pelouse *f*.

cest/a *f* panier *m* : *– de la compra*, panier à provisions. **-ería** *f* vannerie. **-o** *m* panier, corbeille *f* : *– de los papeles*, corbeille à papier ; *echar al cesto de los papeles*, mettre au panier.

cetro *m* sceptre.

cianuro *m* cyanure.

ciático, a *a/f* sciatique.

cibernética *f* cybernétique.

cicate/ro, a *a/s* pingre. **-ar** *i* lésiner sur tout.

cicatriz *f* cicatrice. **-ar** *t* cicatriser. □ *pr la llaga se ha cicatrizado*, la plaie s'est cicatrisée.

cicl/o *m* cycle. **-ismo** *m* cyclisme. **-ista** *s* cycliste. **-omotor** *m* cyclomoteur.

ciclón *m* cyclone.

cíclope *m* cyclope.

cieg/o, a *a/s* aveugle. l *a ciegas*, à l'aveuglette ; *– de ira*, aveuglé par la colère. **-amente** *adv* aveuglément.

cielo *m* 1 ciel : *el reino de los cielos*, le royaume des cieux ; *a – abierto*, à ciel ouvert. 2 *– raso*, plafond. 3 *– de la boca*, palais.

cien *a* cent. l *– por –*, cent pour cent.

ciénaga *f* marécage *m*.

ciencia *f* science.

cieno *m* vase *f*.

científico, a *a/s* scientifique.

ciento *a/m* cent.

cierne (en) *loc adv* en fleur ; FIG en herbe, en germe.

cierre *m* 1 fermeture *f*. l *– metálico*, rideau métallique. 2 (de una sesión, etc.) clôture *f*. 3 *– patronal*, lock-out.

cierto, a *a* 1 (seguro) certain, e. 2 (precediendo al sustantivo) un certain, une certaine : *de cierta edad*, d'un certain âge. 3 vrai, e : *eso no es –*, ce n'est pas vrai. l *por –*, certes ; *sí, por –*, oui, bien sûr, certainement.

ciervo, a *s* cerf, biche.

cierzo *m* bise *f*.

cifr/a *f* chiffre *m*. **-ar** *t* 1 chiffrer. 2 *– su ideal en el progreso*, placer son idéal dans le progrès.

cigala *f* langoustine.

cigarra *f* cigale.

cigarrillo *m* cigarette *f*.

cigarro *m – puro*, cigare.

cigüeña *f* 1 cigogne. 2 (manubrio) manivelle.

cigüeñal *m* vilebrequin.

cil/indro *m* cylindre. **-indrada** *f* cylindrée. **-índrico, a** *a* cylindrique.

cima *f* cime, sommet *m*, faîte *m*.

cimarrón, ona *a* AMER sauvage.

cimbra *f* cintre *m*.

cimbre/ar *t* faire vibrer. **-ante** *a* flexible.

cimiento *m* 1 fondation *f*. 2 FIG *echar los cimientos de...*, jeter les bases de...

cinc *m* zinc.

cincel *m* ciseau. **-ador** *m* ciseleur. **-adura** *f* ciselure. **-ar** *t* ciseler.

cinco *a/m* cinq. I *son las* –, il est cinq heures.

cincuent/a *a/m* cinquante : – *y dos*, cinquante-deux. **-ena** *f* cinquantaine. **-ón, ona** *s* quinquagénaire.

cincha *f* sangle.

cine *m* cinéma : – *sonoro*, cinéma parlant. **-asta** *s* cinéaste. **-mateca** *f* cinémathèque.

cínico, a *a* cynique.

cinismo *m* cynisme.

cinta *f* 1 ruban *m*. 2 – *magnetofónica*, bande magnétique. 3 (cinematográfica) bande, film *m*.

cintur/a *f* ceinture. I FAM *meter en* – *a alguien*, visser quelqu'un. **-ón** *m* 1 ceinture *f* : – *salvavidas, de seguridad*, ceinture de sauvetage, de sécurité ; – *negro*, ceinture noire (judo). 2 (para la espada) ceinturon.

ciña, etc. ⇒ **ceñir.**

ciprés *m* cyprès.

circo *m* cirque.

circuito *m* circuit.

circulación *f* circulation.

¹circular *a* circulaire. I *carta* –, circulaire.

²circular *i* circuler : ¡ *circulen !,* circulez !

círculo *m* cercle. □ *pl* milieux.

circuncisión *f* circoncision.

circunferencia *f* circonférence.

circunflejo *a* *acento* –, accent circonflexe.

circunscri/bir *t* circonscrire. **-pción** *f* circonscription.

circunspecto, a *a* circonspect, e.

circunstancia *f* circonstance.

circunstante *s* personne présente.

cirio *m* cierge.

ciruel/a *f* prune. I – *pasa,* pruneau *m*. **-o** *m* prunier.

ciru/gía *f* chirurgie. **-jano** *m* chirurgien.

cisco *m* 1 *hacer* –, démolir. 2 *armar* –, faire du chambard.

cisma *m* schisme.

cisne *m* cygne.

cisterna *f* citerne.

cit/a *f* 1 rendez-vous *m* : *tengo con...,* j'ai rendez-vous avec... 2 (de un autor) citation. **-ar** *t* 1 donner rendez-vous. 2 convoquer. 3 (mencionar) citer. 4 TAUROM provoquer (le taureau). □ *pr nos hemos citado a las seis,* nous nous sommes donnés rendez-vous à six heures.

cítiso *m* cytise.

cítrico, a *a* citrique. □ *m pl* agrumes.

ciudad *f* 1 ville : *mi – natal,* ma ville natale. 2 – *universitaria,* cité universitaire. **-ano, a** *s* 1 (de una ciudad) citadin, e. 2 (de un estado) citoyen, enne. **-ela** *f* citadelle.

cívico, a *a* civique.

civil *a* civil, e. I *casarse por lo* –, se marier civilement. □ *m* FAM gendarme.

civiliz/ar *t* civiliser. **-ación** *f* civilisation. **-ador, a** *a/s* civilisateur, trice.

civismo *m* civisme.

cizalla *f* cisaille.

cizaña *f* 1 ivraie. 2 *meter* –, semer la zizanie.

clam/ar *i/t* crier : – *venganza,* crier vengeance. I – *al cielo,* implorer le ciel. **-or** *m* clameur *f*. **-oroso, a** *a* 1 *éxito* –, succès retentissant. 2 (aplausos) chaleureux, euse, enthousiaste.

clan *m* clan.

clandestino, a *a* clandestin, e.

clara *f* – *de huevo,* blanc *m* d'œuf.

Clara *n p f* Claire.

claraboya *f* lucarne.

clarear *i* 1 commencer à faire jour. 2 s'éclaircir. □ *pr* (tejido) être transparent, e.

claridad f clarté.

clarificar t clarifier.

clarín m clairon.

clarinete m clarinette f.

clarividen/te a clairvoyant, e. **-cia** clairvoyance.

claro, a a 1 clair, e. l *a las claras,* clairement. 2 (ralo) clairsemé, e. □ m 1 − *de luna,* clair de lune. l *poner, sacar en −,* tirer au clair. 2 (en un cielo nuboso) éclaircie f. 3 (en un bosque) clairière f. 4 espace. □ adv *ver −,* voir clair. □ interj bien sûr ! ; *¡ − está !,* évidemment ! ; *¡ − que sí !,* mais oui !

claroscuro m clair-obscur.

clase f 1 classe : *vagón de primera −,* wagon de première classe ; − *media,* classe moyenne. 2 (alumnos, aula) classe. 3 cours m : *clases particulares,* cours particuliers. 4 sorte, genre m : *de toda −,* de toutes sortes.

clásico, a a classique.

clasific/ar t classer. **-ación** f classement m.

Claudio, a n p Claude.

claustro m cloître.

claustrofobia f claustrophobie.

cláusula f 1 clause. 2 phrase.

clausur/a f 1 clôture. 2 (cierre) fermeture. **-ar** t 1 clore, clôturer. 2 fermer.

clava f massue.

clavado, a a FAM *es − a su padre,* c'est son père tout craché.

clavar t 1 clouer. 2 − *un clavo,* planter un clou. 3 (la mirada) fixer.

clave f clef, clé. □ m clavecin.

clavel m œillet.

clavetear t clouter.

clavicordio m clavecin.

clavícula f clavicule.

clavija f cheville. l FIG *apretar las clavijas a,* serrer la vis à.

clavo m 1 clou. l *dar en el −,* tomber juste. 2 (especia) clou de girofle.

claxon m klaxon. l *tocar el −,* klaxonner.

clemátide f clématite.

clemen/te a clément, e. **-cia** f clémence.

clerical a clérical, e. **-ismo** m cléricalisme.

clérigo m 1 clerc. 2 (sacerdote) prêtre.

clero m clergé.

cliente s client, e. **-la** f clientèle.

clim/a m climat. **-ático, a** a climatique. **-atizar** t climatiser.

clínico, a a/f clinique.

clip m 1 (para sujetar papeles) trombone, attache f. 2 (para el pelo) pince f.

clisé m cliché.

cloaca f égout m.

cloquear i glousser.

clor/o m chlore. **-hídrico, a** a chlorhydrique.

clorofila f chlorophylle.

cloroform/o m chloroforme. **-izar** t chloroformer.

cloruro m chlorure.

club m club.

clueca f poule couveuse.

coacción f contrainte.

coagul/ar t coaguler. **-ación** f coagulation.

coágulo m caillot.

coalición f coalition.

coartada f alibi m.

coba f FAM *darle − a alguien,* faire de la lèche, du plat à quelqu'un.

cobalto m cobalt.

cobard/e a lâche, poltron, onne. **-ía** f lâcheté.

cobayo m cobaye.

cobertizo m 1 (saledizo) auvent. 2 (sitio cubierto) hangar.

cobertor m 1 (colcha) couvre-lit. 2 (manta) couverture f de lit.

cobertura f couverture.

cobij/a f couverture. **-ar** t 1 héberger. 2 FIG protéger. **-o** m 1 gîte. 2 hospitalité f.

cobista s FAM lèche-bottes.

cobra f cobra m.

cobr/ar t 1 encaisser, percevoir. 2 toucher, être payé, e : — *tanto al mes*, toucher tant par mois. 3 prendre : *¿ cuánto te ha cobrado el garajista ?*, combien t'a pris le garagiste ? ; *cobra muy caro*, il prend très cher. 4 prendre : — *una trucha*, prendre une truite ; — *cariño a alguien*, prendre quelqu'un en affection. □ *pr* se payer. **-ador** m 1 (en un autobús) receveur. 2 (recaudador) encaisseur. **-anza** f encaissement m, recouvrement m.

cobr/e m cuivre. **-izo, a** a cuivré, e.

cobro m encaissement.

coca f coca. **-ína** f cocaïne.

cocción f cuisson.

cocear i ruer.

cocer ° t cuire, faire cuire. □ *i/pr* cuire : *estas lentejas no se cuecen*, ces lentilles cuisent mal ; *no están aún cocidas*, elles ne sont pas encore cuites. □ *pr* FAM (tramar) mijoter.

coces pl de **coz.**

cocido m pot-au-feu.

cociente m quotient.

cocin/a f 1 cuisine. 2 (aparato) cuisinière. **-ar** i cuisiner, faire la cuisine. **-ero, a** s cuisinier, ère. **-illa** f réchaud m.

coco m 1 noix f de coco. 2 (fantasma) *un* —, le croquemitaine. 3 (mueca) grimace f, mines f pl.

cocodrilo m crocodile.

cocotero m cocotier.

cóctel m cocktail.

cochambre f cochonnerie, saleté.

coche m 1 voiture f. 1 — *celular*, fourgon cellulaire ; — *fúnebre*, corbillard, fourgon mortuaire. 2 — *cama*, wagon-lit ; — *litera*, wagon-couchette ; — *restaurante*, wagon-restaurant. **-cito** m — *de niño*, voiture f d'enfant. **-ra** f garage m, remise. **-ro** m cocher.

cochinada f FAM vacherie.

cochinilla f 1 cloporte m. 2 cochenille.

cochin/o, a a 1 (sucio) sale. 2 misérable. □ m cochon. **-illo** m cochon de lait.

codazo m coup de coude.

codearse pr — *con*, coudoyer.

codici/a f convoitise. **-ar** t convoiter. **-oso, a** a avide, cupide.

código m code : — *de la circulación*, code de la route.

codillo m épaule f.

codo m coude.

codorniz f caille.

coeficiente m coefficient.

coexistencia f coexistence.

cofa f hune.

cofia f coiffe.

cofradía f confrérie.

cofre m coffre. **-cillo** m coffret.

cog/er t 1 prendre : — *del brazo, el avión*, prendre par le bras, l'avion ; *¿ cogiste los billetes ?*, as-tu pris les billets ? 2 (alcanzar) attraper, rattraper. 3 (frutas) cueillir. 4 surprendre : *le cogió el apagón mientras se afeitaba*, la panne l'a surpris pendant qu'il se rasait. 5 (una enfermedad, costumbre) attraper. □ i 1 (planta, vacuna) prendre. 2 *coja a la derecha*, prenez à droite. **-ida** f 1 (de frutas) cueillette, récolte. 2 TAUROM coup m de corne.

cogollo m cœur.

cogote m nuque f.

cohe/rente a cohérent, e. **-sión** f cohésion.

cohete m fusée f.

cohibir t intimider.

cohombro m concombre.

coincid/ir i 1 coïncider. 2 se rencontrer. 3 — *en lo esencial*, être d'accord sur l'essentiel ; — *en afirmar*, s'accorder pour affirmer. **-encia** f coïncidence.

cojear i boiter.

cojín m coussin.

cojinete *m* coussinet.

cojo, a *a/s* boiteux, euse.

col *f* chou *m* : *coles*, des choux.

¹cola *f* 1 queue. 2 *hacer* —, faire la queue.

²cola *f* (para pegar) colle.

colabor/ar *i* collaborer. **-ación** *f* collaboration. **-ador, a** *s* collaborateur, trice.

colación *f* 1 collation. 2 *sacar a* —, faire mention de, parler de.

colada *f* lessive.

colador *m* passoire *f*.

colar ° *t* 1 (un líquido) passer. 2 (moneda falsa) passer. □ *i* *pr* 1 se faufiler, se glisser. 2 resquiller. 3 FAM (equivocarse) se ficher dedans, se gourer.

colch/a *f* couvre-lit *m*, dessus-de-lit *m*. **-ón** *m* matelas. 1 — *de muelles*, sommier métallique. **-oneta** *f* (de playa) matelas *m* pneumatique.

cole *m* FAM lycée, collège.

colear *i* FAM rester d'actualité.

colec/ción *f* collection. **-cionar** *t* collectionner. **-cionista** *s* collectionneur, euse.

colecta *f* 1 collecte. 2 quête.

colectiv/o, a *a* collectif, ive. 1 *transportes colectivos*, transports en commun. □ *m* AMER microbus. **-idad** *f* collectivité.

colega *m* collègue.

colegi/o *m* 1 collège. 2 école *f* privée. 3 — *de abogados*, ordre des avocats. **-al, a** *s* 1 collégien, enne. 2 écolier, ère.

colegir ° *t* déduire.

coleóptero *m* coléoptère.

cólera *f* colère. □ *m* choléra.

colérico, a *a* coléreux, euse.

colesterol *m* cholestérol.

coleta *f* natte. 1 FIG *cortarse la* —, se retirer.

colg/ar ° *t* 1 — *de*, pendre à, suspendre à, accrocher à. 2 (teléfono) raccrocher. 3 FAM (en un examen) coller. □ *i* pendre : *una lámpara cuelga del techo*, une lampe pend au plafond. **-adura** *f* tenture. **-ante** *m* pendentif.

colibacilosis *f* colibacillose.

colibrí *m* colibri.

cólico *m* colique *f*.

coliflor *f* chou-fleur *m* : *coliflores*, des choux-fleurs.

coligarse *pr* se coaliser, s'allier.

colilla *f* mégot *m*.

colina *f* colline.

colis/ión *f* 1 collision. 2 FIG choc *m*. **-ionar** *i* — *con*, heurter.

colmar *t* 1 remplir à ras bord. 2 FIG combler.

colmena *f* ruche.

colmillo *m* 1 canine *f*. 2 (de perro, lobo) croc. 3 (de elefante) défense *f*.

colmo *m* comble : *para* — *de desgracias*, pour comble de malheur ; *¡ es el* — *!*, c'est un comble !

coloc/ar *t* 1 placer. 2 (primera piedra, moqueta, etc.) poser. □ *pr* se placer. **-ación** *f* 1 (acción de colocar) pose. 2 (sitio, empleo) place. 1 *oficina de* —, bureau de placement.

colofón *m* FIG point final.

Colombia *n p f* Colombie.

colombiano, a *a/s* colombien, enne.

Colón *n p m* Colomb.

colón, ona *s* resquilleur, euse.

coloni/a *f* 1 colonie. 2 eau de Cologne. **-al** *a* colonial, e. **-alismo** *m* colonialisme. **-alista** *a/s* colonialiste.

coloniz/ar *t* coloniser. **-ación** *f* colonisation.

colono *m* colon.

coloquio *m* colloque.

color *m* couleur *f* : *foto en* —, photo en couleurs ; *los colores nacionales*, les couleurs nationales. **-ación** *f* coloration. **-ado, a** *a* rouge. **-ante** *a/m* colorant, e. **-ear** *t* colorer. **-ido** *m* coloris. **-ines** *f pl* couleurs criardes.

colos/o *m* colosse. **-al** *a* colossal, e.

columbrar *t* **1** apercevoir. **2** entrevoir.

columna *f* colonne. **-ta** *f* colonnade.

columpi/arse *pr* se balancer. **-o** *m* balançoire *f*.

colza *f* colza *m*.

collado *m* coteau.

¹coma *f* virgule.

²coma *m* entrar en —, entrer dans le coma.

comadr/e *f* commère. **-ear** *i* cancaner.

comadreja *f* belette.

comadrona *f* sage-femme.

comandante *m* commandant.

comandit/ar *t* commanditer. **-ario, a** *a/m* commanditaire.

comando *m* commando.

comarc/a *f* région, contrée. **-al** *a* régional, e. | carretera —, route départementale.

comb/a *f* **1** courbure. **2** saltar a la —, sauter à la corde. **-ar** *t* courber.

combat/ir *i/t* combattre. **-e** *m* combat. **-iente** *a/m* combattant, e.

combina *f* FAM combine.

combinación *f* **1** combinaison. **2** cocktail *m*.

combinado *m* cocktail.

combinar *t* **1** combiner. **2** (colores) assortir. □ *i* s'harmoniser.

combus/tión *f* combustion. **-tible** *a/m* combustible.

comedi/a *f* comédie. **-ante** *s* comédien, enne.

comedido, a *a* mesuré, e, posé, e.

comedor *m* **1** salle *f* à manger. **2** restaurant, cantine *f*.

comején *m* termite.

coment/ar *t* commenter. **-ario** *m* commentaire. **-arista** *t* commentateur, trice.

comenzar ° *t/i* commencer.

comer *i/t* **1** manger. **2** (almorzar) déjeuner ; (cenar) dîner. □ *se lo ha comido todo*, il a tout mangé. | *comerse las palabras*, manger ses mots.

comerci/o *m* commerce. **-al** *a* commercial, e. **-ante** *a/s* commerçant, e. **-ar** *i* commercer.

comestible *a/m* comestible.

cometa *m* comète *f*. □ *f* cerf-volant *m*.

comet/er *t* commettre : *ha cometido un error*, il a commis une erreur. **-ido** *m* mission *f*.

comezón *f* démangeaison.

comible *a* mangeable.

comic *m* bande *f* dessinée.

cómic/o, a *a* comique. □ *s* comédien, enne.

comid/a *f* **1** nourriture : *una — muy sana*, une nourriture très saine. **2** repas *m* : *hacer tres comidas al día*, faire trois repas par jour. **3** (almuerzo) déjeuner *m*. **-illa** *f* sujet *m* de conversation, fable. **-o, a** *a ya vengo —*, j'ai déjà mangé. | *— y bebido*, nourri.

comienzo *m* commencement.

comilón *m* gros mangeur.

comilona *f* festin *m*, gueuleton *m*.

comillas *fpl* guillemets *m*.

comino *m* cumin.

comisar/ía *f* commissariat *m*. **-io** *m* commissaire.

comisi/ón *f* commission. **-onista** *m* commissionnaire.

comité *m* comité.

comitiva *f* suite, cortège *m*.

¹como *adv/conj* **1** comme : *negro — el carbón*, noir comme le charbon. | *— si*, comme si (+ indicativo) : *— si estuviera...*, comme s'il était... **2** que : *tan alto — yo*, aussi grand que moi. **3** si (jamais) : *vuelvas aquí, te mato*, si jamais tu reviens ici, je t'assomme. **4** *hace — que no oye*, il fait semblant de ne pas entendre.

²**cómo** *adv* **1** comment : ¿ — está usted ?, comment allez-vous ? ; ¿ — dices ?, comment dis-tu ? ; ¿ — de grande ?, grand comment ? ; ¿ — qué no sabes ?, comment tu ne sais pas ? **2** comme : ¡ — llueve !, comme il pleut ! **3** ¡ — no !, bien sûr !

cómoda *f* commode.

comodidad *f* **1** commodité. **2** confort *m*.

cómodo, a *a* **1** commode. **2** confortable. **3** (a gusto) à l'aise.

comoquiera *adv* **1** n'importe comment. **2** — que..., comme..., étant donné que...

compacto, a *a* compact, e.

compadecer ° *t* plaindre. □ compadecerse de, compatir à.

compadre *m* compère.

compaginar *t* faire concorder.

compañer/o, a *s* **1** compagnon, compagne. **2** camarade. **3** (en el juego) partenaire. **-ismo** *m* camaraderie *f*.

compañía *f* **1** compagnie. | hacer —, tenir compagnie. **2** (de actores) troupe, compagnie.

compar/ar *t* comparer. **-able** *a* comparable. **-ación** *f* comparaison. | en — con, en comparaison de. **-ativo, a** *a/m* comparatif, ive.

comparec/er ° *i* comparaître. **-encia** *f* comparution.

comparsa *s* figurant, e.

compartimiento *m* compartiment.

compartir *t* partager.

compás *m* **1** compas. **2** mesure *f* : llevar el —, battre la mesure. | al — de, au rythme de ; — de espera, délai de réflexion.

compas/ión *f* compassion. **-ivo, a** *a* compatissant, e.

compatible *a* compatible.

compatriota *s* compatriote.

compeler *t* forcer, obliger.

compendio *m* abrégé, résumé.

compens/ar *t* compenser.

-ación *f* **1** compensation. **2** dédommagement *m*.

competencia *f* **1** concurrence : hacerse la —, se faire concurrence. **2** (aptitud) compétence.

competente *a* compétent, e.

compet/ición *f* compétition. **-idor, a** *a/s* concurrent, e. **-ir** ° *i* **1** être en concurrence. **2** rivaliser. **-itivo, a** *a* concurrentiel, elle.

compil/ar *t* compiler. **-ación** *f* compilation.

compinche *m* copain.

complac/er ° *t* **1** faire plaisir. **2** être utile. □ *pr* avoir le plaisir : me complazco en informarle..., j'ai le plaisir de vous informer... **-encia** *f* **1** plaisir *m*. **2** complaisance. **-iente** *a* complaisant, e.

complej/o, a *a/m* complexe. **-idad** *f* complexité.

complement/o *m* complément. **-ario, a** *a* complémentaire.

completar *t* compléter.

complet/o, a *a* complet, ète. | por —, complètement. **-amente** *adv* complètement.

complic/ar *t* compliquer. **-ación** *f* complication.

cómplice *s* complice.

complicidad *f* complicité.

complot *m* complot.

componente *a/m/f* composant, e. □ *m* los componentes de una asamblea, les membres d'une assemblée.

componer ° *t* **1** composer. **2** (arreglar) arranger. **3** réparer. □ *pr* **1** componerse de, se composer de. **2** componérselas, s'arranger.

comportamiento *m* comportement.

comportar *t* comporter.

composición *f* composition.

compositor, a *s* compositeur, trice.

compostura *f* **1** (remiendo) réparation. **2** (modales) tenue. **3** (recato) réserve, retenue.

compot/a *f* compote. **-era** *f* compotier *m*.

compr/ar *t* acheter. **-a** *f* achat *m*. l *ir a la —*, aller faire les commissions, son marché ; *ir de compras*, faire ses courses. **-ador, a** *a/s* acheteur, euse.

comprender *t* comprendre : *¿ comprende ?*, vous comprenez ? ; *¡ comprendido !*, compris !

compren/sión *f* compréhension. **-sible** *a* compréhensible. **-sivo, a** *a* compréhensif, ive.

compresa *f* 1 compresse. 2 serviette hygiénique.

compresión *f* compression.

comprim/ir *t* comprimer. **-ido,** *a* comprimé, e. □ *m* comprimé.

comprob/ar ° *t* 1 vérifier. 2 confirmer, prouver. **-ación** *f* vérification. **-ante** *m* reçu.

comprometer *t* 1 (exponer a algún peligro) compromettre. 2 engager. □ *pr* 1 se compromettre. 2 s'engager : *se ha comprometido a ayudarme*, il s'est engagé à m'aider ; *escritor comprometido*, écrivain engagé.

compromiso *m* 1 engagement : *sin — alguno por su parte*, sans aucun engagement de votre part. 2 (apuro) embarras.

compuerta *f* (de esclusa) vanne.

compuesto, a *a/m* composé, e.

compulsar *t* 1 compulser. 2 confronter.

compungido, a *a* triste, contrit, e.

computar *t* compter.

comulgar *t* communier.

común *a* commun, e : *lugares comunes*, lieux communs. l *por lo —*, généralement.

comunic/ar *t* 1 communiquer. 2 faire communiquer. □ *i/pr estas dos habitaciones se comunican*, ces deux chambres communiquent. **-ación** *f* communication. **-ado, a** *a barrio bien —*, quartier bien desservi. □ *m* 1 communiqué. 2 —

médico, bulletin de santé. **-ativo, a** *a* communicatif, ive.

comunidad *f* communauté.

comunión *f* communion.

comun/ismo *m* communisme. **-ista** *s* communiste.

con *prep* 1 avec : *atar — cuerdas*, attacher avec des cordes ; *— gusto*, avec plaisir. 2 à, au : *café — leche*, café au lait. 3 de, du : *— voz fuerte*, d'une voix forte ; *seguir — la mirada*, suivre du regard. 4 (exprimant une attitude, ne se traduit pas) *— los ojos bajos*, les yeux baissés ; *— la sonrisa en los labios*, le sourire aux lèvres. 5 (+ infinitif) *bien que ; rien que*. 6 *— (tal) que*, pourvu que ; *— todo*, malgré tout ; *— tanto*, à force de.

conato *m* 1 début. 2 tentative *f*.

cóncavo, a *a* concave.

conceb/ir ° *t* concevoir. **-ible** *a* concevable.

conceder *t* 1 accorder. 2 *— importancia*, attacher, accorder de l'importance.

concej/o *m* conseil municipal. **-al** *m* conseiller municipal.

concentr/ar *t* concentrer. **-ación** *f* concentration.

concéntrico, a *a* concentrique.

concepción *f* conception.

concepto *m* 1 idée *f*. 2 opinion *f*. 3 (en un presupuesto) poste. l *en — de*, à titre de.

conceptuar *t* considérer, juger.

concernir ° *i* concerner : *en lo que concierne a...*, en ce qui concerne...

concertar ° *t* — *el alquiler de un piso*, convenir du prix de la location d'un appartement. □ *i* concorder. □ *pr* se mettre d'accord.

conce/sión *f* concession. **-sionario, a** *a/s* concessionnaire.

concien/cia *f* conscience. l *a —*, consciencieusement. **-zudo, a** *a* consciencieux, euse.

concierto *m* MÚS 1 concert. 2 (obra) concerto.

conciliábulo *m* conciliabule.

concili/ar *t* concilier. □ *pr* se concilier. **-ación** *f* conciliation. **-ador, a** *a* conciliant, e.

concilio *m* concile.

concis/o, a *a* concis, e. **-ión** *f* concision.

conciudadano, a *s* concitoyen, enne.

conclu/ir ° *t* 1 (acabar) finir, terminer. 2 (deducir) conclure. □ *i/pr* finir, se terminer : *palabra que concluye en vocal*, mot qui se termine par une voyelle. **-sión** *f* conclusion : *en* —, en conclusion.

concord/ar ° *i* 1 concorder. 2 (gramática) s'accorder. **-ancia** *f* 1 concordance. 2 (entre palabras) accord *m*. **-ia** *f* concorde.

concretar *t* préciser. □ *pr* se borner, se limiter.

concreto, a *a* concret, ète. I *en* —, concrètement. □ *m* AMER (hormigón) béton.

concurr/ir *i* 1 assister. 2 (ir) se rendre. 3 — *al éxito*, concourir au succès. **-encia** *f* assistance. **-ido, a** *a* fréquenté, e.

concurs/o *m* concours. **-ante** *s* participant, e.

concha *f* 1 coquille. 2 (carey) écaille.

conchabar *t* AMER engager. □ *pr* s'aboucher.

cond/e *m* comte. **-ado** *m* comté.

condecor/ar *t* décorer. **-ación** *f* décoration.

conden/ar *t* 1 condamner. 2 (al infierno) damner. **-a** *f* 1 condamnation. 2 — *eterna*, damnation, peine éternelle. **-ado, a** *a/s* 1 condamné, e. 2 (al infierno) damné, e.

condens/ar *t* condenser. I *leche condensada*, lait condensé. **-ación** *f* condensation. **-ador** *m* condensateur.

condesa *f* comtesse.

condescend/er ° *i* condescendre. **-encia** *f* condescen-

dance. **-iente** *a* condescendant, e.

condi/ción *f* 1 condition. I *con la* — *de*, à condition de ; *en estas condiciones*, dans ces conditions. 2 caractère *m*. 3 *estar en condiciones de*, être en état de. **-cional** *a* conditionnel, elle. **-cionar** *t* — *a*, faire dépendre de.

condiment/ar *t* assaisonner. **-o** *m* condiment, assaisonnement.

condolencia *f* condoléances *pl*.

cóndor *m* condor.

conduc/ir ° *t/i* conduire : *conduce con prudencia*, il conduit prudemment. □ *i* mener, conduire : *eso no conduce a nada*, cela ne mène à rien. **-ción** *f* conduite.

conducta *f* conduite.

conducto *m* conduit. I *por* — *de*, par l'intermédiaire de.

conductor, a *s* conducteur, trice. □ *m* chauffeur.

conectar *t* 1 — *un aparato eléctrico*, brancher un appareil électrique. 2 relier.

conej/o, a *s* lapin, e : — *de monte*, lapin de garenne. **-ar** *m* clapier. **-illo** *m* — *de Indias*, cochon d'Inde.

conexión *f* 1 (eléctrica) connexion. 2 (cañerías) branchement *m*. 3 (enlace) liaison.

confec/ción *f* confection. **-cionar** *t* confectionner.

confederación *f* confédération.

conferenci/a *f* 1 conférence. 2 — *telefónica interurbana*, communication téléphonique interurbaine. **-ante** *s* conférencier, ère. **-ar** *i* s'entretenir.

conferir ° *t/i* conférer.

confes/ar ° *t* 1 confesser. 2 avouer : *confieso que me he equivocado*, j'avoue que je me suis trompé. □ *pr* se confesser. **-ión** *f* 1 confession. 2 aveu *m*. **-ionario** *m* confessional. **-or** *m* confesseur.

confeti *m* confettis *pl*.

confiado, a *a* confiant, e.

confianza _f_ confiance.

confiar _t_ confier. □ _i_ **1** avoir confiance : _confío en él,_ j'ai confiance en lui. **2** avoir bon espoir, espérer : _confío en que todo saldrá bien,_ j'espère que tout ira bien. **3** compter : _confío en su ayuda,_ je compte sur votre aide. □ _pr_ se confier.

confiden/cia _f_ confidence. **-cial** _a_ confidentiel, elle. **-te** _s_ confident, e.

configuración _f_ configuration.

confín m _en los confines de,_ aux confins de.

confinar _i_ — _con,_ confiner à. □ _t_ confiner.

confirm/ar _t_ confirmer. **-ación** _f_ confirmation.

confisc/ar _t_ confisquer. **-ación** _f_ confiscation.

confit/e m sucrerie. **-ado, a** _a_ confit, e. **-ería** _f_ confiserie. **-ero, a** _s_ confiseur, euse. **-ura** _f_ confiture.

conflicto m conflit.

confluencia _f_ **1** (de dos ríos) confluent m. **2** (de caminos) embranchement m.

conformar _t_ conformer. □ _pr_ **1** se conformer. **2** se contenter : _me conformo con poco,_ je me contente de peu.

conforme _a_ **1** conforme. **2** _estoy — con usted,_ je suis d'accord avec vous. □ _adv_ **1** — _con, a,_ conformément à. **2** au fur et à mesure que.

conformidad _f_ accord m, conformité. l _en — con,_ conformément à.

confort m confort. **-able** _a_ confortable.

confortar _t_ réconforter.

confront/ar _t_ confronter. **-ación** _f_ confrontation.

conf/undir _t_ confondre. **-usión** _f_ confusion. **-uso, a** _a_ confus, e.

congel/ar _t_ **1** congeler. **2** (a temperatura muy baja) surgeler. **3** (salarios, precios) bloquer. **-ación**

_f_ **1** congélation. **2** bloquage m. **-ador** m congélateur.

congeniar _i_ sympathiser.

conges/tión _f_ congestion. **-tionar** _t_ congestionner.

congoja _f_ angoisse.

congreg/ar _t_ rassembler. **-ación** _f_ congrégation.

congres/o m congrès. **-ista** _s_ congressiste.

congrio m congre.

cónico, a _a_ conique.

conífera _f_ conifère m.

conjetura _f_ conjecture.

conjug/ar _t_ conjuguer. **-ación** _f_ conjugaison.

conjunción _f_ conjonction.

conjunto m ensemble. l _en —,_ dans l'ensemble.

conjur/ar _t_ conjurer. **-a, -ación** _f_ conjuration. **-ado, a** _s_ conjuré, e.

conmemor/ar _t_ commémorer. **-ación** _f_ commémoration.

conmigo _pron pers_ avec moi.

conminar _t_ — _con,_ menacer de.

conmoción m commotion.

conmov/er ° _t_ émouvoir : _conmovido hasta las lágrimas,_ ému aux larmes. **-edor, a** _a_ émouvant, e touchant, e.

conmutador m commutateur.

connivencia _f_ connivence.

conoc/er ° _t_ **1** connaître : _no conozco el alemán, a esta persona,_ je ne connais pas l'allemand, cette personne. **2** reconnaître : _ha cambiado tanto que ya no se le conoce,_ il a tellement changé qu'on ne le reconnaît plus ; — _en la voz,_ reconnaître à la voix. **3** FAM — _de,_ s'y connaître de. □ _pr se conocen de muchos años,_ ils se connaissent depuis longtemps ; _nos conocimos en Inglaterra,_ nous nous sommes connus, nous avons fait connaissance en Angleterre. **-edor, a** _a/s_ connaisseur, euse. **-ido, a** _a_ connu, e. □ m _un — mío,_ une de mes connaissances, une personne de connaissance. **-imiento** *m* connaissance *f* : *con* — *de causa*, en connaissance de cause. | *perder el* —, perdre connaissance.

conque *conj* alors, ainsi donc ; —, ¿ *fumando a escondidas ?*, alors, on fume en cachette ?

conquist/a *f* conquête. **-ador, a** *a/s* conquérant, e. **-ar** *t* conquérir.

consabido, a *a* classique, traditionnel, elle.

consagr/ar *t* consacrer. **-ación** *f* consécration.

consciente *a* conscient, e. **-mente** *adv* consciemment.

consecución *f* obtention.

consecuen/cia *f* conséquence. | *en* —, en conséquence ; *como* — *de*, par suite de, à la suite de. **-te** *a* conséquent, e.

consecutivo, a *a* consécutif, ive.

conseguir ° *t* 1 obtenir. 2 réussir à, arriver à : *no conseguí abrir la puerta*, je n'ai pas réussi, je ne suis pas arrivé à ouvrir la porte.

conseja *f* fable, conte *m*.

consej/o *m* conseil. **-ero, a** *s* conseiller, ère.

consent/ir ° *i*/*t* — *en*, consentir à. ☐ *t* 1 tolérer, permettre, admettre : *no te consiento que hables así*, je ne tolère pas que tu parles comme ça. 2 (mimar) gâter : *niño consentido*, enfant gâté. **-imiento** *m* consentement.

conserje *m* concierge.

conserva *f* conserve.

conservación *f* 1 conservation. 2 (mantenimiento) entretien *m*.

conservador, a *a/s* conservateur, trice.

conservar *t* conserver.

conservatorio *m* conservatoire.

conservería *f* conserverie.

considerable *a* considérable.

consider/ar *t* considérer : *considerándolo bien*, tout bien considéré. **-ación** *f* consi-

dération. | *de* —, important, e : *daños de* —, des dommages importants.

consigna *f* 1 (orden) consigne. 2 *dejar una maleta en la* —, laisser une valise à la consigne.

consignar *t* consigner.

consigo *pron pers* avec soi, lui, elle, sur soi, etc. : *Elena lleva siempre* — *la foto de su novio*, Hélène a toujours sur elle la photo de son fiancé. | *hablar* — *mismo*, se parler à soi-même.

consiguiente *a* résultant, e. | *por* —, par conséquent.

consisten/cia *f* consistance. **-te** *a* consistant, e.

consistir *i* — *en*, consister en, dans.

consistori/o *m* consistoire. **-al** *a* · *casa* —, hôtel *m* de ville.

consol/ar ° *t* consoler. **-ador, a** *a* 1 consolateur, trice. 2 consolant, e.

consolid/ar *t* consolider. **-ación** *f* consolidation.

consomé *m* consommé.

consonancia *f* 1 consonance. 2 FIG accord *m*.

consonante *f* consonne.

consorte *s* conjoint, e. ☐ *a* *príncipe* —, prince consort.

conspicuo, a *a* illustre.

conspir/ar *i* conspirer. **-ación** *f* conspiration. **-ador, a** *s* conspirateur, trice.

constan/cia *f* 1 constance. 2 preuve. **-te** *a* constant, e.

constar *i* 1 — *de*, se composer de, comprendre. 2 être certain, e, sûr, e : *me consta que él se equivoca*, je suis sûr qu'il se trompe. 3 figurer. | *hacer* —, faire savoir, signaler, mentionner.

constelación *f* constellation.

constern/ar *t* consterner. **-ación** *f* consternation.

constip/arse *pr* s'enrhumer. **-ado** *m* rhume.

constitu/ción f constitution. **-cional** a constitutionnel, elle.

constitu/ir ° t constituer. **-yente** a constituant, e.

constreñir ° t contraindre.

construc/ción f construction. **-tivo, a** a constructif, ive.

construir ° t construire.

consuelo m consolation f.

cónsul m consul.

consul/ado m consulat. **-ar** a consulaire.

consult/ar t consulter : — un asunto con alguien, consulter quelqu'un au sujet d'une affaire. **-a** f 1 consultation. | pasar la —, recevoir. 2 cabinet m de consultation. **-ivo, a** a consultatif, ive. **-orio** m cabinet (de consultation).

consum/ar t consommer. **-ado, a** a consommé, e, accompli, e : un — artista, un artiste accompli.

consum/ir t 1 (comer, beber, gastar) consommer. 2 (destruir, debilitar) consumer. **-ición** f consommation. **-idor, a** s consommateur, trice. **-o** m consommation f : el — de gasolina de un coche, la consommation d'essence d'une voiture ; sociedad de —, société de consommation. □ pl octroi sing.

contabilidad f comptabilité.

contacto m contact : ponerse en — con alguien, entrer, se mettre en contact avec quelqu'un.

contado, a a 1 rare, peu nombreux, euse : en contadas ocasiones, en de rares occasions. 2 pagar al —, payer comptant.

contador m 1 (aparato) compteur. 2 (persona) comptable.

contaduría f (teatro) bureau m de location.

contagi/ar t transmettre, communiquer : se contagió de la excitación general, il fut gagné par l'excitation générale. **-o** m contagion f. **-oso, a** a contagieux, euse.

contamin/ar t 1 contaminer. 2 (el aire, el agua) polluer. **-ación** f 1 contamination. 2 pollution.

contante a dinero —, argent comptant.

contar ° t 1 (calcular) compter. 2 (relatar) raconter, conter. | ¿ qué cuentas ?, quoi de neuf ? □ i 1 — con los dedos, compter sur ses doigts. 2 cuento contigo, je compte sur toi.

contempl/ar t contempler. **-ación** f contemplation. **-ativo, a** a contemplatif, ive.

contemporáneo, a a/s contemporain, e.

contencioso, a a/m contentieux, euse.

contend/er ° i 1 se battre. 2 être en compétition. **-iente** a/s adversaire.

conten/er ° t 1 contenir : este depósito contiene cien litros, ce réservoir contient cent litres ; — la ira, contenir sa colère. 2 — la respiración, retenir sa respiration. □ pr se contenir, se retenir : me contuve para no llorar, je me suis retenu pour ne pas pleurer. **-ido** m contenu.

content/ar t contenter. □ contentarse con, se contenter de. **-o, a** a content, e : — con, content de. □ m contentement.

contera f bout m.

contest/ar t répondre : no ha contestado (a) mi carta, il n'a pas répondu à ma lettre ; — una pregunta, répondre à une question. **-ación** f réponse. **-atario, a** a/s contestataire.

contexto m contexte.

contienda f conflit m.

contigo pron pers avec toi.

contiguo, a a contigu, ë.

continencia f continence.

continental a continental, e.

continente a continent, e. □ m 1 continent : el Viejo —, l'Ancien continent. 2 (actitud) contenance *f*, maintien.

contingencia *f* contingence.

contingente *a/m* contingent, e.

continuación *f* continuation, suite. | *a* —, ensuite.

continuamente *adv* continuellement.

continuar *t/i* continuer : — *leyendo*, continuer à lire. □ *i* rester : — *sentado*, rester assis. | *se continuará*, à suivre.

continu/o, a *a* 1 continu, e. 2 (reiterado) continuel, elle. **-idad** *f* continuité.

conton/earse *pr* se dandiner, tortiller des hanches. **-o** *m* dandinement.

contorno *m* contour. □ *pl* alentours.

contorsión *f* contorsion.

contra *prep* contre. | *en* —, contre ; *en* — *de*, à l'encontre de. □ *m el pro y el* —, le pour et le contre.

contraalmirante *m* contre-amiral.

contraataque *m* contre-attaque *f*.

contrabajo *m* contrebasse *f*.

contraband/o *m* contrebande *f*. **-ista** *m* contrebandier.

contracción *f* contraction.

contraceptivo, a *a/m* contraceptif, ive.

contrachapado *m* contre-plaqué.

contra/decir ° *t* contredire. **-dicción** *f* contradiction. **-dictorio, a** *a* contradictoire.

contraer ° *t* — *un músculo, una costumbre, una deuda*, contracter un muscle, une habitude, une dette.

contraespionaje *m* contre-espionnage.

contrafuerte *m* contrefort.

contrahecho, a *a* contrefait, e.

contraindicado, a *a* contre-indiqué, e.

contralmirante *m* contre-amiral.

contraluz *m* contre-jour : *a* —, à contre-jour.

contramano (a) *loc adv* en sens interdit.

contraorden *f* contrordre *m*.

contrapartida *f* *como* —, en contrepartie.

contrapelo (a) *loc adv* à rebrousse-poil.

contrapeso *m* contrepoids.

contraproducente *a* 1 qui produit un effet contraire à celui qu'on recherchait. 2 contre-indiqué, e.

contrari/ar *t* contrarier. **-edad** *f* contrariété.

contrario, a *a* contraire : *al* —, au contraire. | *lo* —, le contraire ; *todo lo* —, tout au contraire ; *de lo* —, autrement. □ *f llevar la contraria a*, contredire.

contrarrestar *t* contrecarrer.

contrasentido *m* contresens.

contraseña *f* 1 contremarque. 2 MIL mot de passe.

contrast/ar *i* contraster. **-e** *m* 1 contraste. 2 (señal en el oro) poinçon. 3 étalonnage.

contrat/ar *t* 1 (empleado, artista) engager. 2 (obrero) embaucher. **-a** *f* contrat *m*. **-ación** *f* 1 engagement *m*. 2 embauche.

contratiempo *m* contretemps.

contratista *m* entrepreneur.

contrato *m* contrat.

contravención *f* contravention.

contraveneno *m* contrepoison.

contravenir ° *t* contrevenir à.

contraventana *f* volet *m*.

contribu/ir ° *i* contribuer. **-ción** *f* contribution. **-yente** *s* contribuable.

contrito, a *a* contrit, e.

control *m* contrôle. **-ar** *t* contrôler.

controversia *f* controverse.

contusión *f* contusion.

convale/cencia *f* convalescence. **-ciente** *a/s* convalescent, e.

convalidar *t* valider, homologuer.

convenc/er _t_ convaincre : _estoy convencido de que no me equivoco,_ je suis convaincu de ne pas me tromper. **-imiento** _m_ conviction _f_:

conven/ción _f_ convention. **-cional** _a_ conventionnel, elle.

conveni/encia _f_ 1 convenance. 2 opportunité. **-ente** _a_ 1 convenable. 2 ser —, convenir.

convenio _m_ 1 accord. 2 convention _f_.

convenir ° _i_ convenir : _hemos convenido en...,_ nous avons convenu de... ; _esto me conviene,_ cela me convient. 2 se mettre d'accord. | _precio a_ —, prix à débattre. □ _pr_ se mettre d'accord.

convento _m_ couvent.

converg/er _i_ converger. **-ente** _a_ convergent, e.

convers/ar _i_ converser, bavarder. **-ación** _f_ 1 conversation : _trabar_ —, engager la conversation. 2 (entrevista) entretien _m_.

conversión _f_ conversion.

convert/ir ° _t_ convertir. **-idor** _m_ convertisseur.

convexo, a _a_ convexe.

convicción _f_ conviction.

convid/ar _t_ inviter. | _me convidó a un coñac,_ il m'a offert un cognac. **-ado, a** _s_ convive, invité, e. □ _f_ FAM tournée.

convincente _a_ convaincant, e.

convite _m_ 1 invitation _f_. 2 fête _f_.

conviv/ir _i_ vivre ensemble. **-encia** _f_ vie en commun.

convoc/ar _t_ convoquer. **-atoria** _f_ convocation.

convoy _m_ convoi _m_.

convul/sión _f_ convulsion. **-sivo, a** _a_ convulsif, ive. **-so, a** _a_ convulsé, e.

conyugal _a_ conjugal, e.

cónyuge _s_ conjoint, e.

coñac _m_ cognac.

cooper/ar _i_ coopérer. **-ación** _f_ coopération. **-ativo, a** _a/f_

coopératif, ive.

coordin/ar _t_ coordonner. **-ación** _f_ coordination.

copa _f_ 1 (para beber, trofeo) coupe. 2 (de vino, licor) verre _m_ : _vamos a tomar una_ —, allons prendre un verre. 3 (de árbol) tête.

copal _m_ copal.

copete _m_ (de pelo) houppe _f_.

copi/a _f_ 1 copie. 2 abondance. **-ar** _t_ copier.

copiloto _m_ copilote.

copioso, a _a_ copieux, euse.

copista _s_ copiste.

copla _f_ chanson.

copo _m_ — _de nieve, de avena,_ flocon de neige, d'avoine.

copón _m_ ciboire.

copra _f_ coprah _m_.

copropietario, a _s_ copropriétaire.

cópula _f_ 1 copulation. 2 copule.

coque _m_ coke.

coquet/a _a/f_ coquette. **-ear** _i_ flirter. **-ería** _f_ coquetterie. **-ón, ona** _a_ coquet, ette.

coraje _m_ colère _f_.

¹**coral** _m_ corail : _corales,_ des coraux.

²**coral** _a/m_ MÚS choral, e. □ _f_ chorale.

coraza _f_ cuirasse.

coraz/ón _m_ cœur _m_. | _hablar con el_ — _en la mano,_ parler franchement ; _querer de todo_ —, aimer de tout son cœur. **-onada** _f_ 1 pressentiment _m_. 2 impulsion.

corbata _f_ cravate.

Córcega _npf_ Corse.

corchea _f_ MÚS croche.

corchete _m_ 1 agrafe _f_. 2 (tipografía) crochet.

corcho _m_ 1 liège. 2 (tapón) bouchon.

cordada _f_ cordée.

cordel _m_ 1 corde _f_. 2 (de albañil) cordeau.

cordero _m_ 1 agneau. 2 (carne)

mouton, agneau.

cordial *a/m* cordial, e. **-idad** *f* cordialité.

cordillera *f* cordillère.

Córdoba *n p f* (España) Cordoue.

cord/ón *m* 1 cordon. 2 (de zapatos) lacet. 3 (de policía, sanitario) cordon. **-oncillo** *m* cordonnet.

cordura *f* sagesse.

coreografía *f* chorégraphie.

coriáceo, a *a* coriace.

corista *s* choriste.

corna/da *f* coup *m* de corne. **-menta** *f* cornes *pl*.

cornea *f* cornée.

corneja *f* corneille.

cornet/a *f* 1 (militar) clairon *m*. 2 (de llaves) cornet *m*. **-in** *m* cornet à pistons.

cornisa *f* corniche.

cornucopia *f* corne d'abondance.

cornudo, a *a* cornu, e. □ *a/m* FAM cocu, e.

coro *m* chœur.

corola *f* corolle.

corolario *m* corollaire.

coron/a *f* couronne. **-ación** *f*, **-amiento** *m* couronnement *m*. **-ar** *t* couronner.

coronel *m* colonel.

coronilla *f* sommet *m* de la tête. | *estar hasta la —*, en avoir pardessus la tête, en avoir ras le bol.

corpiño *m* corsage.

corporación *f* corporation.

corporal *a* corporel, elle.

corporativo, a *a* corporatif, ive.

corpulen/cia *f* corpulence. **-to, a** *a* corpulent, e.

Corpus *n p m* Fête-Dieu *f*.

corpúsculo *m* corpuscule.

corral *m* 1 (para aves) basse-cour *f*. 2 (para el ganado) enclos, parc. 3 (patio) cour *f*.

correa *f* courroie.

correc/ción *f* correction. **-cional**

a correctionnel, elle.

correct/o, a *a* correct, e. **-amente** *adv* correctement. **-or, a** *a/s* correcteur, trice.

corredera *f* coulisse. | *puerta de —*, porte coulissante, à coulisse, à glissière.

corredizo, a *a* *nudo —*, nœud coulant.

corredor, a *s* coureur, euse. □ *m* 1 (de comercio) courtier. 2 (pasillo) corridor.

corregir ° *t* corriger.

correlación *f* corrélation.

correo *m* 1 courrier : *a vuelta de —*, par retour du courrier. 2 poste *f* : *echar una carta al —*, mettre une lettre à la poste ; *— aéreo*, poste aérienne. | *voto por —*, vote par correspondance. □ *pl* poste *f sing*, bureau *sing* de poste : *ir a correos*, aller à la poste.

correoso, a *a* raccorni, e, desséché, e.

correr *i* 1 courir. | *a todo —*, à toute vitesse ; *corre el rumor*, le bruit court. 2 (líquido) couler : *la sangre corre por las venas*, le sang coule dans les veines. 3 aller vite. 4 (vehículo) rouler vite. 5 *— con*, se charger de. □ *t* tirer : *— la cortina*, tirer le rideau. □ *pr* se pousser : *córrete un poco, quiero pasar*, pousse-toi un peu, je veux passer.

correría *f* incursion, raid *m*.

correspondencia *f* 1 correspondance. 2 rapport *m*.

correspond/er *i* 1 (estar conforme) correspondre. 2 (incumbir) incomber, être à : *ahora, te corresponde hablar*, à présent, c'est à toi de parler. 3 *— a una invitación*, répondre à une invitation. 4 payer de retour. □ *pr* 1 correspondre. 2 s'aimer mutuellement. **-iente** *a/s* correspondant, e.

corresponsal *m* correspondant.

corrida *f* course de taureaux, corrida.

corrido, a *a* 1 confus, e, honteux,

euse. **2** (experimentado) averti, e. **3** long, ue.

corriente *a* courant, e. □ *m el 16 del* —, le 16 courant. I *estar al* —, être au courant ; *salirse de lo* —, sortir de l'ordinaire. □ *f* (de aire, eléctrica, etc.) courant *m*. I *dejarse llevar por la* —, suivre le mouvement. **-mente** *adv* **1** couramment. **2** habituellement.

corrillo *m* petit groupe.

corrimiento *m* (de tierras) glissement.

corro *m* **1** cercle. **2** (de niños) ronde *f*.

corroborar *t* corroborer.

corroer ° *t* ronger.

corromper *t* corrompre : *hombre corrompido*, homme corrompu.

corros/ión *f* corrosion. **-ivo, a** *a* corrosif, ive.

corruptor, a *a/s* corrupteur, trice.

corsario *m* corsaire.

corsé *m* corset.

corso, a *a/s* corse.

cortacésped *m* tondeuse *f* à gazon.

cortacircuitos *m* coupe-circuit.

cortado, a *a* sans voix, interdit, e. □ *m* café crème.

cort/ar *t* **1** couper. **2** (el césped) tondre. □ *pr* **1** *me he cortado en el dedo*, je me suis coupé au doigt. **2** (la leche) tourner. **-adura** *f* coupure. **-ante** *a* coupant, e.

¹corte *m* **1** (incisión) coupure *f*. **2** (filo) tranchant. **3** (del pelo, de un traje, etc.) coupe *f*.

²corte *f* cour. □ *pl las Cortes*, les Cortès (assemblées législatives).

cortedad *f* **1** petitesse. **2** timidité.

cortej/ar *t* courtiser. **-o** *m* cour *f*.

cortés *a* poli, e.

Cortès ⇒ **²corte**.

cortesano, a *s* courtisan, e.

cortesía *f* politesse.

corteza *f* **1** (árbol, melón) écorce. **2** (del pan, queso) croûte. **3** (del tocino) couenne.

cortijo *m* ferme *f*.

cortina *f* rideau *m*. **-je** *m* rideaux *pl*.

cortisona *f* cortisone.

corto, a *a* **1** court, e. **2** timide. **3** — *de vista*, myope.

corv/a *s* jarret *m*. **-ejón** *m* jarret.

corzo *m* chevreuil.

cosa *f* chose. I — *de*, environ : *a* — *de un kilómetro*, à environ un kilomètre ; *como quien no quiere la* —, mine de rien ; *como si tal* —, comme si de rien n'était ; *no hay tal* —, c'est faux. □ *pl* **1** affaires : *¡guarda tus cosas!*, range tes affaires! **2** (invenciones) idées.

coscorrón *m* coup (sur la tête).

cosech/a *f* **1** récolte. **2** (de cereales) moisson. I *FAM de tu* —, de ton cru. **-ar** *i/t* récolter.

cos/er *t* coudre. I *máquina de* —, machine à coudre ; — *a máquina*, piquer à la machine. **-ido, a** *a* cousu, e.

cosmético, a *a/m* cosmétique.

cósmico, a *a* cosmique.

cosmonauta *s* cosmonaute.

cosmopolita *a* cosmopolite.

cosmos *m* cosmos.

coso *m* arènes *f pl*.

cosquill/as *f pl* chatouillements *m*. I *hacer* —, chatouiller. **-ear** *t* chatouiller. **-eo** *m* chatouillement. **-oso, a** *a* chatouilleux, euse.

¹costa *f* côte : *la Costa Azul*, la Côte d'Azur.

²costa *f a* — *de*, à force de ; (a expensas de) aux dépens de ; *a toda* —, à tout prix.

costado *m* côté.

costal *m* sac.

costalada *f* coup *m*.

cost/ar ° *i* coûter : *¿ cuánto cuesta este reloj ?*, combien coûte cette montre ? I *cueste lo que cueste*, coûte que coûte ; *me cuesta expresarme en francés*, j'ai du mal à m'exprimer en français. **-e** *m* coût : *el — de vida*, le coût de la vie. I *precio de —*, prix de revient.

¹**costear** *t/i* (navegar) côtoyer.

²**costear** *t* (pagar) financer.

costero, a *a* côtier, ère.

costilla *f* **1** côte. **2** (chuleta) côtelette.

cost/o *m* coût. **-oso, a** *a* coûteux, euse.

costra *f* croûte.

costumbre *f* **1** habitude, coutume : *tiene — de dormir la siesta*, il a l'habitude, il a coutume de faire la sieste. **2** (en un pueblo) coutume. □ *pl* mœurs : *buenas costumbres*, bonnes mœurs.

costur/a *f* couture. **-era** *f* couturière. **-ero** *m* table à ouvrage.

cota *f* (en topografía) cote.

cotej/ar *t* confronter, comparer. **-o** *m* confrontation *f*, comparaison *f*.

cotidiano, a *a* quotidien, enne.

cotill/ar *i* cancaner. **-o** *m* cancans *pl*.

cotiz/ar *t* coter. □ *i* cotiser. □ *pr* être coté, e : *una playa cotizadísima*, une plage très cotée. **-ación** *f* (en Bolsa) cote, cours *m*, cotation.

coto *m* **1** (de caza) réserve *f* de chasse. **2** *poner — a*, mettre un terme à.

cotonada *f* cotonnade.

cotorr/a *f* perruche. **-ear** *i* jacasser.

coy *m* hamac.

coyuntura *f* **1** (articulación) jointure. **2** FIG conjoncture.

coz *f* ruade : *tirar coces*, lancer des ruades.

crac *m* krach.

cráneo *m* crâne.

craso, a *a* **1** gras, grasse. **2** *ignorancia crasa*, ignorance crasse.

cráter *m* cratère.

cre/ar *t* créer. **-ación** *f* création. **-ador, a** *a/s* créateur, trice.

crec/er ° *i* **1** (aumentar) croître. **2** (aumentar de estatura) grandir. **3** (las plantas) pousser. □ *pr* s'enhardir. **-es** *f pl con —*, largement.

crecida *f* (de un río) crue.

crecido, a *a* grand, e.

creciente *a* croissant, e.

crecimiento *m* **1** croissance *f*. **2** (aumento) accroissement.

credencial *a cartas credenciales*, lettres de créance.

credibilidad *f* crédibilité.

crédito *m* crédit. I *dar — a*, ajouter foi à, croire ; *digno de —*, digne de foi.

credo *m* credo.

credulidad *f* crédulité.

crédulo, a *a* crédule.

creencia *f* croyance.

cre/er ° *t/i — en Dios, en la magia*, croire en Dieu, à la magie ; *creí que vendría*, j'ai cru qu'il viendrait ; *¿ no cree usted ?*, vous ne croyez pas ? I *¡ ya lo creo !*, je pense bien !, je crois bien ! I *se cree superior*, il se croit supérieur. I *¿ qué te crees ?*, qu'est-ce que tu crois ? **2** croire : *me creí que el coche iba a volcar*, j'ai cru que la voiture allait capoter. **-íble** *a* croyable.

creído, a *a* présomptueux, euse.

crema *a/f* crème. I *— de afeitar*, crème à raser ; *— dental*, pâte dentifrice.

cremallera *f* **1** *ferrocarril de —*, chemin de fer à crémaillère. **2** (cierre) fermeture à glissière, fermeture Éclair.

crematorio *a/m* crématoire.

crencha *f* raie.

crepé *m* crêpe.

crepitar *i* crépiter.

cre/púsculo *m* crépuscule. **-puscular** *a* crépusculaire.

crespo, a *a* crépu, e.

crespón *m* crêpe, crépon.

crest/a *f* crête. **-ería** *f* crête.

creta *f* craie.

cretino, a *a/s* crétin, e.

cretona *f* cretonne.

creyente *a/s* croyant, e.

cría *f* 1 élevage *m*. 2 (animal) petit *m*. 3 (niño) nourrisson *m*.

criada *f* bonne, domestique : — *para todo,* bonne à tout faire.

criadero *m* (minería) gisement.

criadilla *f* rognon *m* blanc.

criado, a *a* élevé, e. □ *s* domestique.

criador *m* éleveur.

crianza *f* 1 (de animales) élevage *m*. 2 (de niños) allaitement *m*. 3 éducation.

cri/ar *t* 1 allaiter, nourrir : — *con biberón,* nourrir au biberon. 2 (animal, niño) élever. 3 produire. **-atura** *f* 1 créature. 2 (niño) enfant *m*.

crib/a *f* crible *m*. **-ar** *t* cribler.

cric *m* cric.

crim/en *m* crime. **-inal** *a/s* criminel, elle.

crin *f* crin *m*.□ *pl* crinière *sing*.

crío *m* gosse.

criollo, a *a/s* créole.

cripta *f* crypte.

crisantemo *m* chrysanthème.

crisis *f* crise.

crisma *f* FAM *romper la —,* casser la figure.

crismas *m* carte *f* de Noël, de vœux.

crisol *m* creuset.

crispar *t* crisper. I *— los nervios,* taper sur les nerfs.

cristal *m* 1 cristal : *cristales de cuarzo,* cristaux de quartz. 2 (vidrio) verre. 3 (de ventana) carreau, vitre *f*. **-ería** *f* service *m* de verres.

cristalino, a *a/m* cristallin.

cristalizar *t/i* cristalliser.

cristian/o, a *a/s* chrétien, enne. **-dad** *f* chrétienté. **-ismo** *m* christianisme.

Cristina *n p f* Christine.

Cristo *n p m* Christ.

Cristóbal *n p m* Christophe.

criterio *m* 1 critère. 2 jugement. 3 opinion *f* : *comparto tu —,* je partage ton opinion.

crítica *f* critique.

criticar *t* critiquer.

crítico, a *a/m* critique.

criticón, ona *s* critiqueur, euse.

croar *i* coasser.

cromar *t* chromer.

cromo *m* 1 chrome. 2 (estampa) chromo.

crónica *f* chronique.

crónico, a *a* chronique.

cronista *m* chroniqueur.

cronol/ogía *f* chronologie. **-ógico, a** *a* chronologique.

cron/ómetro *m* chronomètre. **-ometrar** *t* chronométrer.

croqueta *f* croquette.

croquis [krokis] *m* croquis.

cruce *m* croisement.

crucero *m* 1 croisée *f* du transept. 2 (viaje) croisière *f*. 3 (barco) croiseur.

cruces *pl* de **cruz.**

crucifi/car *t* crucifier. **-jo** *m* crucifix. **-xión** *f* crucifixion.

crucigrama *m* mots *pl* croisés.

crudamente *adv* crûment.

crud/o, a *a* 1 cru, e. 2 *petróleo —,* pétrole brut. **-eza** *f* 1 crudité. 2 (del tiempo) rigueur.

cruel *a* cruel, elle. **-dad** *f* cruauté.

cruj/ir *i* 1 craquer. 2 (dientes, muelle) grincer. 3 (arena, etc.) crisser. **-ido** *m* craquement, grincement, crissement. **-iente** *a* (pan) croustillant, e.

crustáceo *m* crustacé.

cruz *f* 1 croix. 2 *cara o —,* pile ou face. 3 (de un animal) garrot *m*.

cruzado, a *a* croisé, e : — *de brazos,* les bras croisés. □ *f* croisade.

cruzamiento *m* croisement.

cruzar *t* 1 croiser : — *las piernas,*

croiser les jambes. 2 – *la calle*, traverser la rue. ☐ *pr* 1 se croiser : *cruzarse de brazos*, se croiser les bras. 2 croiser : *me crucé con él en la escalera*, je l'ai croisé dans l'escalier.

cuadern/o *m* cahier. **-illo** *m* petit cahier, carnet.

cuadra *f* 1 écurie. 2 (en América) pâté *m* de maison.

cuadrado, a *a/m* carré, e.

cuadragenario, a *a/s* quadragénaire.

cuadragésimo, a *a/s* quarantième.

cuadrante *m* 1 quart. 2 cadran.

cuadrar *i* convenir. ☐ *pr* 1 (soldado) se mettre au garde-à-vous. 2 (toro) s'arrêter net.

cuadr/icular *t* quadriller. **-ícula** *f* quadrillage *m*.

cuadrilátero *m* quadrilatère.

cuadrilla *f* 1 équipe. 2 (de ladrones) bande.

cuadro *m* 1 carré. 2 (pintura, espectáculo) tableau. 1 – *de mandos*, tableau de bord. 3 (de bicicleta) cadre. 4 carreau : *tejido de cuadros*, tissu à carreaux.

cuadrúpedo, a *a/m* quadrupède.

cuádruplo, a *a/m* quadruple.

cuadruplicar *t* quadrupler.

cuajada *f* caillé *m*.

cuaj/ar *t* 1 cailler : *leche cuajada*, lait caillé. 2 (sangre, aceite) figer. ☐ *i* 1 (nieve, crema) prendre. 2 (realizarse) prendre corps, aboutir. ☐ *pr* se remplir. **-ado, a** *a* (lleno) rempli, e, plein, e, chargé, e : *carta cuajada de faltas de ortografía*, lettre remplie de fautes d'orthographe. **-arón** *m* caillot. **-o** *m* 1 présure *f*. 2 *arrancar de –*, déraciner.

¹**cual** *pron rel* 1 el, la *–*, lequel, laquelle ; *los, las cuales*, lesquels, lesquelles ; *al –*, auquel ; *a la –*, à laquelle ; *a los cuales*, auxquels ; *del –*, dont. 2 *a – más*, à qui mieux mieux ; *lo –*, ce qui, ce que ;

por lo –, c'est pourquoi. ☐ *adv* comme.

²**cuál** *a/pron* (interrogativo o exclamativo) quel, quelle, etc. : *¿ – es su apellido ?*, quel est votre nom ? ; *¡ – fue su sorpresa !*, quelle ne fut pas sa surprise ! ; *¿ – de los dos, las dos ?*, lequel, laquelle des deux ?

cualesquiera *pl* de **cualquiera**.

cualidad *f* qualité.

cualquier, cualquiera *a/pron indef* 1 – *día*, n'importe quel jour ; *a – hora*, à n'importe quelle heure ; *– cosa*, n'importe quoi. 2 (después del sustantivo) *un libro cualquiera*, un livre quelconque. 3 *cualquiera que sea su edad*, quel que soit votre âge ; *cualquiera sabe si...*, savoir si... ☐ *m un cualquiera*, un homme quelconque.

cuán *adv* combien, que : *¡ – frágil es la felicidad !*, combien fragile est le bonheur ! ; *¡ – bello es este país !*, que ce pays est beau !

cuando *conj* 1 quand, lorsque : *yo era niño*, quand j'étais enfant. 1 – *la guerra*, pendant la guerre. 2 (puesto que) puisque. 3 – *más*, tout au plus ; – *no*, sinon ; *de – en –*, de temps en temps. ☐ *adv* quand : *¿ cuándo se marcha usted ?*, quand partez-vous ?

cuant/ía *f* 1 quantité. 2 importance. **-ioso, a** *a* important, e.

cuanto, a *adv/a/pron* 1 combien : *¿ cuánto le debo ?*, combien vous dois-je ? ; *¿ a cuánto es el kilo ?*, c'est combien le kilo ? ; *¿ a cuántos estamos ?*, le combien sommes-nous ? ; *¿ cuántos hermanos tienes ?*, combien de frères as-tu ? ; *¿ cuántas veces ?*, combien de fois ? ; *¡ cuánta gente !*, que de monde ! 2 – *antes*, le plus tôt possible ; – *más*, à plus forte raison ; *en –*, dès que ; *en – a*, quant à ; *unos cuantos*, quelques. 3 *cree – le dicen*, il croit tout ce qu'on lui dit.

cuarent/a *a/m* quarante. **-ena** *f* quarantaine. **-ón, ona** *s* quadragénaire.

cuaresma f carême m.

cuartearse pr se crevasser.

cuartel m 1 (alojamiento de la tropa) caserne f. 2 — general, quartier général. **-ada** f putsch m.

cuarteto m 1 quatrain. 2 MÚS quatuor.

cuartilla f copie, feuille.

cuarto, a a quatrième. I la cuarta parte, le quart. □ m 1 quart : dentro de un — de hora, dans un quart d'heure. 2 (habitación) pièce f, chambre f. I — de dormir, chambre à coucher ; — de aseo, cabinet de toilette ; — de baño, salle f de bain ; — de estar, salle f de séjour. 3 (piso) appartement. 4 (de luna) quartier. □ pl FAM (dinero) sous. I no andar bien de cuartos, ne pas être en fonds.

cuarzo m quartz.

Cuasimodo m Quasimodo f.

cuatro a/m quatre. I son las —, il est quatre heures. **-cientos** a quatre cents.

cuba f 1 tonneau m. I estar como una —, être complètement rond. 2 (tina) cuve.

cubano, a a/s cubain, e.

cubeta f petit tonneau m.

cúbico, a a 1 cubique. 2 metro —, mètre cube.

cubierta f 1 couverture. 2 (de un barco) pont m.

cubierto, a a couvert, e. □ m 1 (tenedor, cuchara, cuchillo) couvert. 2 menu a prix fixe. 3 estar a —, être à l'abri.

cubilete m 1 timbale f. 2 (para los dados) gobelet.

cub/ismo m cubisme. **-ista** a/s cubiste.

¹**cubo** m 1 (recipiente) seau f. I — de la basura, poubelle f, boite f à ordures. 2 (de una rueda) moyeu m.

²**cubo** m (geometria) cube.

cubrecadena m carter.

cubrecama m dessus-de-lit.

cubrir t 1 couvrir. 2 — las necesidades de, pourvoir aux besoins de ; escaño a —, siège a pourvoir. □ pr se couvrir : se cubrieron de gloria, ils se sont couverts de gloire.

cucaña f mât m de cocagne.

cucaracha f cafard m.

cuclillas (en) loc adv accroupi, e.

cuclillo m coucou.

cuco, a a 1 (bonito) joli, e, mignon, onne. 2 (astuto) malin, igne. □ m (ave) coucou.

cucurucho m 1 cornet. 2 (capirote) cagoule f.

cuchar/a f cuiller, cuillère. **-ada** f cuillerée. **-illa** f petite cuiller, cuiller à café. **-ón** m louche f.

cuchich/ear i chuchoter. **-eo** m chuchotement.

cuchill/a f 1 (hoja) lame. 2 (de carnicero) couperet m, coutelas m. **-ada** f 1 coup m de couteau. 2 (herida) balafre.

cuchill/o m couteau. I pasar a —, passer au fil de l'épée. **-ería** f coutellerie.

cuchitril m galetas.

cuchufleta f plaisanterie.

cuelga, etc. ⇒ **colgar.**

cuello m 1 cou. 2 col : — cisne, col roulé ; — postizo, faux col. 3 (de botella) goulot.

cuenca f 1 écuelle. 2 (del ojo) orbite. 3 bassin m : la — del Ebro, le bassin de l'Èbre ; — hullera, bassin houiller.

cuenco m terrine f.

¹**cuenta** f 1 compte m : — atrás, compte à rebours ; — bancaria, corriente, compte en banque, courant. I en resumidas cuentas, en fin de compte. 2 (en un restaurante) note, addition : pedir la —, demander l'addition. 3 caer en la —, comprendre ; darse —, se rendre compte ; entrar en —, entrer en ligne de compte ; hazte — de que..., dis-toi que... ; tener en —, tenir compte de ; teniendo en —...,

compte tenu de... **4** *corre por mi-hacerlo*, je me charge de le faire.
²**cuenta**, etc. ⇒ **contar**.

cuentagotas *m* compte-gouttes.

cuentakilómetros *m* compteur kilométrique.

cuentarrevoluciones *m* compte-tours.

cuentista *a/s* **1** conteur, euse. **2** (chismoso) cancanier, ère. **3** (jactancioso) baratineur, euse.

cuento *m* **1** – *de hadas*, conte de fée. I *el* – *de nunca acabar*, une histoire à n'en plus finir ; *eso no viene a* –, ça ne rime à rien ; *venir con cuentos*, raconter des histoires. **2** *sin* –, sans nombre.

cuerd/a *f* **1** corde : – *floja*, corde raide ; *cuerdas vocales*, cordes vocales. **2** *dar* – *a un reloj*, remonter une montre. **3** *por debajo de* –, en cachette. **-ecita** *f* cordelette.

cuerdo, a *a* sage, prudent, e.

cuerno *m* **1** corne *f*. **2** (instrumento de música) cor. **3** FAM *mandar al* –, envoyer promener ; *¡ vete al* – *!*, va-t'en au diable !, va te faire foutre !

cuero *m* **1** cuir. **2** *en cueros*, tout nu, toute nue.

cuerpo *m* corps : – *a* –, corps à corps ; *a* – *descubierto*, à corps perdu. I *a* –, en taille ; *desnudarse de medio* – *para arriba*, se mettre torse nu ; *en* – *y alma*, corps et âme.

cuervo *m* corbeau.

cuesta *f* **1** côte. I *camino en* –, chemin en pente ; *ir* – *arriba, abajo*, monter, descendre. **2** *a cuestas*, sur le dos ; FIG sur les épaules.

cuestación *f* quête.

cuesti/ón *f* **1** question. **2** (lío) *no quiero cuestiones con él*, je ne veux pas d'histoires avec lui. **-onario** *m* questionnaire.

cueva *f* **1** caverne, grotte. **2** (sótano) cave.

cuévano *m* hotte *f*.

cuidad/o *m* **1** soin : *prodigar sus*

cuidados, prodiguer ses soins. I *estar de* –, être gravement malade. **2** *estar con* –, être inquiet, ète. I *no pase* –, *pierda* –, ne vous inquiétez pas, ne vous en faites pas. **3** attention : *¡* – *con el fuego !*, attention au feu ! ; *¡ mucho* – *con lo que dices !*, fais très attention à ce que tu dis ! **-oso, a** *a* soigneux, euse.

cuidar *t* **1** soigner. **2** s'occuper de. □ *i* – *de*, veiller à : *cuidaré de que no te falte nada*, je veillerai à ce qu'il ne te manque rien. □ *pr* **1** se soigner. **2** *cuidarse de*, faire attention à, veiller à.

cuita *f* peine, souci *m*.

culat/a *f* **1** (de fusil, pistola) crosse. **2** (de cañón) culasse. **-azo** *m* **1** coup de crosse. **2** (retroceso) recul.

culebr/a *f* **1** couleuvre. **2** serpent *m*. **-ear** *i* serpenter.

culinario, a *a* culinaire.

culminar *a* culminant, e.

culo *m* cul.

culp/a *f* faute : *no tengo la* –, ce n'est pas ma faute. I *echar la* – *de*, rendre responsable de. **-abilidad** *f* culpabilité. **-able** *a/s* coupable. **-ar** *t* accuser, rendre responsable.

cultiv/ar *t* cultiver. **-o** *m* culture *f*.

culto, a *a* **1** cultivé, e. **2** (palabra) savant, e. □ *m* culte.

cultur/a *f* culture. **-al** *a* culturel, elle.

cumbre *f* sommet *m*.

cumpleaños *m* anniversaire.

cumplido, a *a* **1** accompli, e. **2** (cortés) poli, e. □ *m* **1** compliment. **2** politesse *f* : *visita de* –, visite de politesse ; *por* –, par politesse.

cumpli/mentar *t* **1** (felicitar) complimenter. **2** (una orden) exécuter. **3** (un cuestionario) remplir. **-miento** *m* **1** exécution *f*. **2** *en* – *del reglamento*, en application du règlement.

cumplir *t/i* – *(con) su deber*,

accomplir, faire, remplir son devoir ; — (con) una misión, s'acquitter d'une mission ; — los desos, satisfaire aux désirs ; — (con) su promesa, tenir sa promesse. I por —, par politesse. □ t avoir : hoy cumple doce años, il a aujourd'hui douze ans. □ i 1 tenir parole, tenir ses promesses. 2 (plazo) expirer, échoir. □ pr se réaliser : se cumplieron tus previsiones, tes prévisions se sont réalisées.

cúmulo m tas, masse f.

cuna f 1 berceau m. I canción de —, berceuse. 2 de humilde, ilustre —, de basse, de haute extraction.

cundir i 1 se répandre : cundió el rumor, le bruit s'est répandu. 2 (dar de si) profiter. I hoy, me ha cundido el trabajo, aujourd'hui, j'ai avancé dans mon travail.

cunear t bercer.

cuneta f fossé m.

cuña f coin m.

cuñado, a s beau-frère, belle-sœur.

cuño m (señal) empreinte f.

cuota f 1 (en un club, etc.) cotisation. 2 quote-part.

cupe, etc. ⇒ **caber**.

cuplé m chanson f.

cupo m contingent.

cupón m 1 coupon. 2 bon.

cúpula f coupole.

¹**cura** m 1 (sacerdote) prêtre, curé : el señor —, monsieur le curé. I — párroco, curé. 2 (saliva) postillon.

²**cur/a** f 1 cure : — de reposo, cure de repos. 2 soins m pl : primera —, premiers soins. 3 pansement m : hacer una — provisional, faire un pansement provisoire. **-able** a guérissable. **-ación** f 1 traitement m. 2 (efecto de curarse) guérison. **-andero, a** s guérisseur, euse. **-ar** t 1 guérir. 2 (tratar) soigner. 3 (alimentos) sécher. 4 (pipa) culotter. □ i/pr espero que curará

pronto, j'espère qu'il guérira bientôt ; me he curado, je suis guéri.

curato m cure f.

curda f FAM cuite.

cureña f affût m.

curia f gens m pl de robe.

curios/o, a a/s curieux, euse : — por saber, curieux de savoir. □ a (cuidadoso) soigneux, euse. **-ear** i fureter. □ t examiner. **-idad** f curiosité. I tener — por saber, être curieux de savoir.

curruca f fauvette.

cursar t 1 suivre un cours de. 2 — el bachillerato, faire ses études secondaires. 3 transmettre. 4 envoyer : — un telegrama, envoyer un télégramme.

cursi a/s (persona) snob. □ a (cosa) de mauvais goût. **-lería** f snobisme m.

cursill/o m 1 cours. 2 stage. **-ista** s stagiaire.

cursiva f italique.

curso m 1 cours : dar — a, donner cours à ; seguir su —, suivre son cours. 2 année f scolaire. 3 (transcurso) courant.

curt/ir t 1 tanner. 2 (la piel) hâler, basaner. 3 FIG endurcir, aguerrir. **-idor** m tanneur. **-iduría** f tannerie.

curv/a f 1 courbe. 2 (en una carretera) tournant m, virage m. 3 FAM (del cuerpo) rondeur. **-atura** f courbure. **-o, a** a courbe.

cuscurro m (de pan) croûton.

cúspide f 1 sommet m. 2 FIG en la — del poder, au sommet du pouvoir.

custodi/a f 1 surveillance, garde. 2 (liturgia) ostensoir m. **-ar** t surveiller.

cut/is m peau f. **-áneo, a** a cutané, e.

cuyo, a pron rel 1 dont le, la, les : mi vecino, cuya hija es enfermera, mon voisin, dont la fille est infirmière. **2** (después de una preposi- ción) de qui, duquel, etc. : *la casa en — último piso vive mi amigo,* la maison au dernier étage de laquelle habite mon ami. | *a — efecto,* en vue de quoi ; *en — caso,* auquel cas.

cuzcuz *m* couscous.

CH

ch [tʃe] f ch m.

chabacano, a a vulgaire, grossier, ère.

chabola f cahute, baraque. | *barrio de chabolas*, bidonville.

chacarero, a s AMER fermier, ère.

chacota f *tomar a —*, prendre à la blague.

chacra f AMER ferme.

chacha f FAM bonne.

cháchara f papotage m.

chafar t 1 écraser. 2 (arrugar) froisser. 3 FIG déprimer.

chaflán m pan coupé.

chal m chal.

chalado, a a 1 FAM cinglé, e. 2 *— por*, toqué, e de.

chalán m maquignon.

chalana f chaland m.

chaleco m gilet.

chalet [tʃalet] m 1 pavillon, villa f. 2 résidence f secondaire.

chalote m échalote f.

chalupa f chaloupe f.

chamarilero, a s brocanteur, euse.

chamb/a f FAM chance. | *por —*, par hasard. **-ón, ona** a/s veinard, e.

champán, champaña m champagne.

champiñón m champignon.

champú m shampooing.

chamus/car t roussir. **-quina** f *oler a —*, sentir le roussi.

chance/ar i plaisanter, blaguer. **-ro, a** a blagueur, euse.

chancl/a f savate. **-eta** f savate, pantoufle.

chancho m AMER porc.

chanchullo m manigance f, trafic.

chandal m survêtement.

chantaje m chantage.

chantre m chantre.

chanza f plaisanterie.

chap/a f 1 plaque. 2 (de metal) tôle : *— ondulada*, tôle ondulée. 3 (de botella) capsule. **-ado, a** a 1 *— de oro*, plaqué or. 2 *— a la antigua*, vieux jeu. **-ar** t plaquer.

chaparrón m averse f.

chapotear i barboter.

chapuce/ar t bâcler. **-ría** f bricolage m. **-ro, a** s bricoleur, euse.

chapurrear t (hablar mal) baragouiner.

chapuza f bricole f.

chapuz/ar t/i plonger. □ pr se baigner. **-ón** m plongeon. | *darse un —*, faire trempette.

chaqué m jaquette f.

chaquet/a f veste, veston m. **-ón** m grande veste f, trois-quarts.

charada f charade f.

charanga f fanfare.

charc/o m mare. **-o** m flaque f.

charl/ar i bavarder. **-a** f 1 bavardage m. 2 (conferencia) causerie. **-atán, ana** a/s bavard, e. □ m (curandero) charlatan. **-atanismo** m charlatanisme.

charol m 1 vernis. 2 cuir vernis. | *zapatos de —*, souliers vernis. **-ar** t vernir.

charr/án m mufle. **-anada** f muflerie, vacherie.

charretera f épaulette.

charro, a a 1 de Salamanque. 2 de mauvais goût. □ m cavalier mexicain.

chascar t faire claquer : *chascó la lengua*, il fit claquer sa langue. □ i craquer.

chascarrillo m plaisanterie f.

chasco *m* 1 *dar un* —, jouer un tour. 2 déception *f*. l *llevarse un* —, être déçu, e. 3 ratage, fiasco.

chasis *m* chassis.

¹chasquear ⇒ **chascar**.

²chasquear *t* duper. l *quedarse chasqueado*, être déçu.

chasquido *m* 1 claquement. 2 craquement.

chatarr/a *f* ferraille. **-ero** *m* ferrailleur.

chato, a *a* 1 *nariz chata*, nez camus. 2 plat, e. □ *m* (de vino) verre.

chaval, a *s* gamin, e.

chaveta *f* 1 goupille. 2 FAM *estar* —, être cinglé, e ; *perder la* —, perdre la boule.

checoslovaco, a *a/s* tchécoslovaque.

Checoslovaquia *n p f* Tchécoslovaquie.

chelín *m* shilling.

cheque *m* chèque : — *cruzado*, chèque barré.

chequeo *m* check-up, bilan de santé.

chicle *m* chewing-gum.

chico, a *a* petit, e. □ *m* garçon. □ *f* 1 jeune fille, fille : *una chica bonita*, une jolie fille. 2 (criada) bonne. □ *s* enfant.

chicote *m* AMER fouet.

chicuelo, a *s* gamin, e.

chicharra *f* cigale.

chicharrones *m pl* rillons.

chichón *m* bosse *f*.

chifl/arse *pr* — *por*, être toqué, e de. **-ado, a** *a* toqué, e. **-adura** *f* tocade.

Chile *n p m* Chili.

chileno, a *a/s* chilien, enne.

chill/ar *i* crier, piailler. **-ido** *m* cri perçant. **-ón, ona** *a* criard, e.

chimenea *f* cheminée.

chimpancé *m* chimpanzé.

China *n p f* Chine.

¹china *f* petit caillou *m*.

²china ⇒ **chino**.

chinchar *t* FAM empoisonner, enquiquiner. □ *pr* ¡ *chínchate !*, bien fait !

chinche *m* punaise *f*. □ *a/s* FAM enquiquineur, euse. **-ta** *f* punaise.

chinchorrer/o, a *a* s 1 chicaneur, euse. 2 (chismoso) cancanier, ère. **-ía** *f* 1 chicanerie. 2 cancan *m*.

chinela *f* mule.

chinesco, a *a* chinois, e.

chino, a *a/s* 1 chinois, e. 2 AMER indien, enne, métis, isse. □ *f* AMER servante, compagne.

chipirón *m* calmar.

chiquero *m* toril.

chiquill/o, a *s* gosse. **-ada** *f* gaminerie. **-ería** *f* marmaille.

chiquito, a *a* tout petit, toute petite.

chiribitil *m* galetas.

chirigota *f* plaisanterie.

chirimoya *f* annone.

chiripa f *por* —, par hasard, par miracle.

chirle *a* fade.

chirlo *m* estafilade *f*, balafre *f*.

chirona *f* FAM taule.

chirr/iar *i* grincer. **-ido** *m* grincement.

¡ chis ! *interj* chut !

chism/e *m* 1 ragot, racontar, cancan. 2 FAM (cosa) machin, truc. **-orrear** *i* cancaner. **-oso, a** *a/s* cancanier, ère.

chisp/a *f* 1 étincelle. 2 goutte. 3 (poco) miette. 4 (gracia) esprit *m*. **-eante** *a* — *de ingenio*, pétillant d'esprit. **-ear** *i* pétiller. **-o, a** *a* éméché, e.

chisporrote/ar *i* pétiller. **-o** *m* 1 crépitement. 2 (en un micrófono) grésillement.

chistar *i* ouvrir la bouche. l *sin* —, sans mot dire.

chiste *m* 1 (dicho gracioso) bon mot, plaisanterie *f*. 2 (cuento gracioso) histoire *f* drôle, blague *m*. l *tener* —, être drôle.

chistera f (sombrero) chapeau m haut-de-forme.

chistoso, a a drôle, spirituel, elle.

chita f a la — callando, en douce.

¡ chito !, **¡ chitón !** interj chut !

chivarse pr cafarder, moucharder.

chivato m 1 chevreau. 2 FAM mouchard, e.

chivo, a s chevreau, chevrette.

chocante a 1 choquant, e. 2 étonnant, e.

chocar i 1 heurter : el coche chocó con un camión, la voiture a heurté un camion. 2 se heurter, entrer en collision : han chocado dos trenes, deux trains sont entrés en collision ; — contra un poste, se heurter à un poteau. 3 (sorprender) choquer.

chocarrero, a a grossier, ère. □ s plaisantin.

chocolate m chocolat : — con leche, chocolat au lait.

chocha f bécasse.

choch/o, a a gâteux, euse. I — con, fou de. **-ear** i radoter. **-era**, **-ez** f gâtisme m.

chófer m chauffeur.

chola f FAM caboche.

cholo, a a/s AMER métis, isse.

chopo m peuplier.

choque m 1 choc. 2 (de trenes) tamponnement. 3 heurt.

chorizo m chorizo.

chorlito m pluvier. I cabeza de —, tête de linotte.

chorrada f FAM bêtise.

chorrear i 1 couler. 2 dégouliner, ruisseler : abrigo chorreando agua, manteau ruisselant d'eau, manteau trempé.

chorrera f jabot m.

chorr/o m 1 jet. 2 beber a —, boire à la régalade. I a chorros, à la pelle. **-illo** m jet.

chote/arse pr FAM se payer la tête de. **-o** m rigolade f, moquerie f.

choto m cabri.

choza f cabane, hutte.

chubasco m averse f.

chuchería f babiole, bibelot m.

chucho m chien.

chueco, a a AMER tordu, e.

chufa f souchet m.

chuleta f (pequeña) côtelette ; (mayor) côte.

chulo, a a 1 (descarado) effronté, e. 2 (presumido) fier, ère. I ponerse —, jouer les durs. □ m type.

chumbera f figuier m de Barbarie.

chunga f FAM plaisanterie, blague. I estar de —, blaguer.

chupada f dar una —, tirer une bouffée.

chupado, a a très maigre.

chupar t 1 sucer. 2 FAM ¡ chúpate ésa !, attrape !

chupatintas m gratte-papier.

chupete m tétine f. **-ar** i suçoter.

chupón, ona s parasite.

churrasco m AMER grillade f.

churretoso, a a crasseux, euse.

churro m 1 beignet allongé. 2 FAM (película mala) navet. 3 ratage ; un — de pintura, une peinture ratée.

chusco, a a drôle, marrant, e.

chusma f populace.

chutar i 1 shooter, tirer. 2 FAM ¡ y va que chuta !, et ça va comme ça !

chuzo m pique f. I FIG aunque caigan chuzos de punta, même s'il tombe des cordes.

D

d ʃ d *m* : *una* —, un d.

dable *a* possible.

dactilar *a huellas dactilares*, empreintes digitales.

dádiva ʃ présent *m*, don *m*.

dadivoso, a *a* généreux, euse.

dado, a *p p de* **dar**. **1** — *que*, étant donné que. □ *m* dé.

dador *m* **1** (de una carta) porteur. **2** (de una letra) tireur.

daga ʃ dague.

dalia ʃ dahlia *m*.

dama ʃ dame. □ *pl juego de damas*, jeu de dames.

damajuana ʃ dame-jeanne.

Damasco *n p* Damas.

damasco *m* abricot.

damnificado, a *a/s* sinistré, e.

danés, esa *a/s* danois, e.

Danubio *n p m* Danube.

danz/ar *i* danser. **-a** ʃ danse. **-ante** *s* danseur, euse.

dañ/ar *t* **1** endommager, abîmer. **2** (fruta) gâter. **3** (moralement) nuire à. **-ino, a** *a* nuisible.

daño *m* **1** dommage : *daños y perjuicios*, dommages et intérêts. **2** dégât : *daños materiales*, dégâts matériels. **3** *hacer* —, faire du mal ; *hacerse* —, se faire mal.

dar ° *t* **1** donner : — *de beber, que pensar*, donner à boire, à penser ; *se lo doy*, je vous le donne. **2** — *un paseo, un salto*, faire une promenade, un bond ; — *lástima*, faire pitié. **3** — *los buenos días, el pésame*, souhaiter le bonjour, présenter ses condoléances. **4** *le dió un ataque*, il a eu une attaque. | *me va a — algo*, je vais piquer une crise. **5** *¡y dale!*, encore ! □ *i* **1** — *a la manivela, a la radio*, tourner la manivelle, allumer, mettre la radio. **2** — *con*, trouver. **3** — *de espaldas*

en el suelo, tomber à la renverse. **4** — *a*, donner sur : *ventana que da al mar*, fenêtre qui donne sur la mer. **5** *que más da*, peu importe ; *me da lo mismo*, ça m'est égal. □ *pr* **1** *se da a sus hijos*, elle se donne à ses enfants. **2** *darse a la bebida*, s'adonner à la boisson. **3** *darse por satisfecho*, s'estimer satisfait. **5** *se las da de indiferente*, il joue les indifférents. **6** (plantas) pousser.

dardo *m* fléchette ʃ.

dársena ʃ bassin *m*.

datar *i* dater.

dátil *m* datte ʃ.

datilera ʃ dattier *m*.

dato *m* **1** donnée ʃ. **2** renseignement.

de *prép* **1** de, d' : *al salir* — *la iglesia*, en sortant de l'église ; *el coche* — *Pablo*, la voiture de Paul ; — *un salto*, d'un bond ; *el imbécil* — *tu primo*, ton imbécile de cousin. **2** à : *es* — *Jaime*, c'est à Jacques ; *difícil* — *explicar*, difficile à expliquer ; *la muchacha* — *los ojos azules*, la fille aux yeux bleus ; *helado* — *vainilla*, glace à la vanille. **3** en : *camisa* — *algodón*, chemise en coton ; — *amarillo*, en jaune. **4** *colocarse* — *criada*, se placer comme bonne. **5** (tiempo) — *día*, le jour ; — *niño, soñó con...*, étant enfant, lorsqu'il était enfant, il rêva de... **6** — (*lo*) *que*, dont. **7** (+ infinitif) si.

debajo *adv* dessous. | — *de*, sous ; *por* — *de la rodilla*, au-dessous du genou.

debat/e *m* débat. **-ir** *i* débattre.

debe *m* COM doit.

deb/er *t* devoir : *me debe cien pesetas*, il me doit cent pesetas ; *deberías haberlo dicho antes*, tu aurais dû le dire avant ; *debo de* *tener un poco de fiebre*, je dois avoir un peu de fièvre. □ *m* devoir. **-ido, a** *a* dû, e. I *como es* —, comme il faut. **-idamente** *adv* dûment.

débil *a/s* 1 faible. 2 — *mental*, débile mental.

debilidad *f* faiblesse.

debilit/ar *t* affaiblir. □ *pr* s'affaiblir, faiblir. **-ación** *f* affaiblissement *m*.

débito *m* dette *f*.

debut *m* début. **-ar** *i* débuter.

década *f* décade.

decad/encia *f* décadence. **-ente** *a* décadent, e.

deca/er ° *i* 1 (bajar de categoría) déchoir. 2 (debilitarse) décliner, s'affaiblir. 3 baisser. **-ído, a** *a* 1 affaibli, e. 2 (moralmente) abattu, e. **-imiento** *m* affaiblissement, abattement.

decámetro *m* décamètre.

decano *m* doyen.

decant/ar *t* décanter. **-ación** *f* décantation.

decapitar *t* décapiter.

decena *f* dizaine.

decencia *f* décence.

decenio *m* décennie *f*.

decente *a* décent, e. **-mente** *adv* décemment.

decep/ción *f* déception. **-cio-nado, a** *a* déçu, e. **-cionar** *t* décevoir.

deceso *m* décès.

decibel, decibelio *m* décibel.

decid/ir *t* décider : *ha decidido marcharse*, il a décidé de partir. **-ido, a** *a* 1 décidé, e. 2 — *propósito*, ferme intention.

decigramo *m* décigramme.

decimal *a* décimal, e.

decímetro *m* décimètre.

décimo, a *a/s* dixième.

decimo/ctavo, a *a/s* dix-huitième. **-cuarto, a** *a/s* quatorzième. **-nono, a** *a/s* dix-neuvième. **-quinto, a** *a/s*

quinzième. **-séptimo, a** *a/s* dix-septième. **-sexto, a** *a/s* seizième. **-tercero, a** *a/s* treizième.

¹**decir** ° *t* 1 dire : *dígale que se calle*, dites-lui de se taire. I *a — verdad*, à vrai dire ; *como quien dice, como si dijéramos*, comme qui dirait ; *es —*, c'est-à-dire ; *¡ haberlo dicho !*, il fallait le dire ! ; *lo que se dice...*, ce qu'on appelle... ; *ni que — tiene que...*, inutile de dire que... ; *¡ no me diga !*, pas possible ! 2 (teléfono) *¡ diga !, ¡ dígame !*, allô !

²**decir** *m* parole *f*. I *al — de*, au dire de ; *es un —*, disons, c'est une façon de parler.

decisión *f* décision.

decisivo, a *a* décisif, ive.

declam/ar *t/i* déclamer. **-ación** *f* déclamation.

declar/ar *t* déclarer. □ *pr* se déclarer. **-ación** *f* déclaration.

declin/ar *i* décliner. **-ación** *f* déclinaison.

declive *m* déclivité *f*, pente *f*.

decolor/ar *t* décolorer. **-ación** *f* décoloration.

decomisar *t* saisir.

decor/ar *t* décorer. **-ación** *f* décoration. **-ado** *m* (teatro) décor. **-ador, a** *s* décorateur, trice. **-ativo, a** *a* décoratif, ive.

decor/o *m* 1 décorum. 2 dignité *f*. 3 décence. I *vivir con —*, vivre correctement. **-oso, a** *a* convenable, décent, e.

decrecer ° *i* décroître.

decr/épito, a *a* décrépit, e. **-epitud** *f* décrépitude.

decret/o *m* décret. **-ar** *t* décréter.

dechado *m* modèle.

dedal *m* dé (à coudre).

dedalera *f* digitale.

dédalo *m* dédale.

dedic/ar *t* 1 (tiempo, etc.) consacrer. 2 (sonrisa, mirada) adresser. 3 (a una divinidad) dédier, consacrer. 4 (un libro, una foto) dédicacer. □ *pr* se consacrer. **-ación** *f* 1 *trabajar con —*

completa, travailler à plein temps. 2 (liturgia) dédicace. **-atoria** *f* dédicace.

ded/o *m* doigt. I – *del pie*, orteil ; – *gordo*, pouce ; – *del corazón*, majeur ; FIG *no tiene dos dedos de frente*, il n'a pas deux sous de jugeote. **-illo** m *saber al* –, savoir sur le bout du doigt.

deduc/ir ° *i* déduire. **-ción** *f* déduction.

defección *f* défection.

defect/o *m* I défaut. 2 – *de forma*, vice de forme. **-uoso, a** *a* défectueux, euse.

defen/der ° *t* défendre. **-dible** *a* défendable. **-sa** *f* défense. **-sivo, a** *a* défensif, ive. □ *f* *estar a la defensiva*, se tenir sur la défensive. **-sor, a** *a/s* defenseur.

deferen/cia *f* déférence. **-te** *a* déférent, e.

deficien/cia *f* déficience. **-te** *a* déficient, e.

déficit *m* déficit.

deficitario, a *a* déficitaire.

defin/ir *t* définir. **-ición** *f* définition.

definitivo, a *a* définitif, ive. I *en definitiva*, en définitive.

deflación *f* déflation.

deflagración *f* déflagration.

deform/ar *t* déformer. **-ación** *f* déformation.

deform/e *a* difforme. **-idad** *f* difformité.

defraud/ar *t* 1 (cometer un fraude) frauder. 2 décevoir : *me ha defraudado la película*, le film m'a déçu. **-ador, a** *s* fraudeur, euse.

defunción *f* décès *m*.

degener/ar *i* dégénérer. **-ado, a** *a/s* dégénéré, e. **-ación** *f* dégénérescence.

deglut/ir *t/i* déglutir. **-ición** *f* déglutition.

degoll/ar ° *t* 1 égorger. 2 (una obra literaria, musical) massacrer. **-ación** *f* égorgement *m*, massacre *m*. **-adero** *m* abattoir.

-ina *f* tuerie.

degrad/ar *t* dégrader. **-ación** *f* dégradation. **-ante** *a* dégradant, e.

degüello *m* égorgement, massacre.

degustación *f* dégustation.

dehesa *f* pâturage *m*.

dejadez *f* 1 laissez-aller *m*. 2 indolence.

dejado, a *a* 1 négligent, e. 2 (decaído) abattu, e.

dejar *t* 1 laisser. 2 – *de*, cesser de : *¡ deja de gritar !*, cesse de crier ! 3 *no – de*, ne pas manquer, oublier de : *no dejes de telefonearme*, n'oublie pas de me téléphoner. 4 *déjele que hable*, laissez-le parler ; *¿ me deja que le pregunte algo ?*, vous me permettez de vous poser une question ? □ *pr* 1 se laisser. 2 (abandonarse) se laisser aller.

dejo *m* 1 accent, intonation *f* 2 (sabor) arrière-goût.

del *art* (= de el) du : – *tren*, du train ; (ante vocal o h muda) de l' : – *avión*, de l'avion.

delantal *m* tablier.

delante *adv* devant. I – *de*, *por* – *de*, devant.

delantera *f* 1 (de un vestido, etc.) devant *m*. 2 (de coche) avant *m*. 3 (primera fila) premier rang *m*. 4 (fútbol) avants *m pl*. 5 *tomar la* –, devancer, gagner de vitesse.

delantero, a *a* de devant. □ *m* (fútbol) avant.

delatar *t* dénoncer.

deleg/ar *t* déléguer. **-ación** *f* délégation. **-ado, a** *a/s* délégué, e.

deleit/ar *t* charmer. □ *pr* se délecter. **-e** *m* délectation *f*, plaisir. **-oso, a** *a* délectable.

deletéreo, a *a* délétère.

deletrear *t* épeler.

deleznable *a* 1 friable. 2 FIG fragile.

delfín *m* dauphin.

delgad/o, a *a* **1** (cosa, persona) mince. **2** (flaco) maigre. I *ponerse* —, maigrir. **-ez** *f* minceur, maigreur. **-ucho, a** *a* maigrichon, onne.

deliber/ar *i* délibérer. **-ación** *f* délibération. **-adamente** *adv* délibérément.

delicad/o, a *a* délicat, e. **-eza** *f* délicatesse.

delici/a *f* délice *m*. **-oso, a** *a* délicieux, euse.

delimitar *t* délimiter.

delincuen/te *a/s* délinquant, e. **-cia** *f* délinquance.

deline/ar *t* dessiner. **-ante** *m* dessinateur industriel.

delir/ar *i* délirer. **-ante** *a* délirant, e. **-io** *m* délire. I — *de grandezas*, folie *f* des grandeurs.

delito *m* délit.

delta *m* delta.

demacrado, a *a* émacié, e.

dema/gogia *f* démagogie. **-gógico, a** *a* démagogique. **-gogo** *m* démagogue.

demanda *f* demande.

demarcación *f* démarcation.

demás *a/pron indef* autre, autres : *los* —, les autres. I *lo* —, le reste ; *por* —, inutile ; *por lo* —, à part cela ; *y* —, et cætera.

demasía *f* excès *m* : *en* —, à l'excès.

demasiado, a *a* trop de : — *dinero*, trop d'argent ; *demasiadas faltas*, trop de fautes. □ *adv* trop.

demen/te *a/s* dément, e. **-cia** *f* démence.

dem/ocracia *f* démocratie. **-ócrata** *a/s* démocrate. **-ocrático, a** *a* démocratique.

demografía *f* démographie.

demol/er ° *t* démolir. **-ición** *f* démolition.

demon/io *m* démon, diable. I *¡qué demonios!*, que diable ! **-iaco, a** *a* démoniaque.

demor/ar *t* retarder. **-a** *f* retard

m. I *sin* —, sans retard, sans délai.

demostr/ar ° *t* démontrer. **-ación** *f* démonstration. **-ador, a** *s* démonstrateur, trice. **-ativo, a** *a/m* démonstratif, ive.

demudarse *pr* changer de couleur.

deneg/ar ° *t* refuser. **-ación** *f* **1** refus *m*. **2** dénégation.

dengue *m* chichi, simagrée *f*.

denigrar *t* dénigrer.

denodado, a *a* intrépide.

denomin/ar *t* dénommer. **-ación** *f* **1** dénomination. **2** (de un vino) appellation. **-ador** *m* dénominateur.

denotar *t* dénoter.

dens/o, a *a* dense. **-idad** *f* densité.

dentado, a *a* **1** *rueda dentada*, roue dentée. **2** dentelé, e.

dentadura *f* denture. I — *postiza*, dentier *m*.

dental *a* **1** dentaire. **2** (fonética) dental, e.

dentellada *f* coup *m* de dent.

dentera *f* **1** *dar* —, agacer les dents. **2** FIG envie.

dentición *f* dentition.

dentífrico, a *a/m* dentifrice.

dentista *s* dentiste.

dentro *adv* **1** dedans. I *por* —, à l'intérieur, en dedans. **2** — *de*, dans : — *del armario*, dans l'armoire. I — *de poco*, d'ici peu.

denuedo *m* vaillance *f*.

denunci/ar *t* dénoncer. **-a** *f* dénonciation. **-ador, a** *a/s* dénonciateur, trice.

deparar *t* procurer.

departamento *m* **1** (de un territorio, una administración) département. **2** (de un local) compartiment.

departir *i* s'entretenir, converser.

dependencia *f* **1** dépendance. **2** succursale.

depend/er *i* — *de*, dépendre de. **-ienta** *f* vendeuse. **-iente** *a* dépendant, e. □ *m* vendeur, employé.

depilar *t* épiler.

deplor/ar *t* déplorer. **-able** *a* déplorable.

deponer ° *t* déposer.

deport/ar *t* déporter. **-ación** *f* déportation.

deport/e *m* sport. **-ista** *s* sportif, ive. **-ivo, a** *a* 1 sportif, ive. 2 *coche* —, voiture de sport ; *traje* —, costume sport.

deposición *f* déposition. □ *pl* selles.

deposit/ar *t* 1 déposer : — *valores en el Banco*, déposer des valeurs à la Banque. 2 (la confianza) placer. □ *pr* se déposer. **-ario, a** *s* dépositaire. □ *f* trésorerie.

depósito *m* 1 dépôt. 2 (para líquidos) réservoir.

depravado, a *a/s* dépravé, e.

depreci/ar *t* déprécier. **-ación** *f* dépréciation.

depresión *f* dépression.

deprim/ir *t* déprimer. **-ente** *a* déprimant, e.

depur/ar *t* épurer. **-ación** *f* épuration.

derech/o, a *a* droit, e. □ *f* droite. 1 *a la derecha*, à droite. □ *m* droit : *estar en su* —, être dans son droit ; *no tienes* — *a quejarte*, tu n'as pas le droit de te plaindre. 1 ¡ *no hay* — !, ce n'est pas juste ! **-ista** *s* partisan de la droite. **-ura** *f* droiture, rectitude.

deriva *f* ir *a la* —, aller à la dérive.

deriv/ar *i* dériver. □ *derivarse de*, dériver de. **-ación** *f* dérivation. **-ativo** *m* dérivatif.

dermatólogo, a *s* dermatologue.

derram/ar *t* répandre, verser. **-amiento** *m* épanchement. **-e** *m* épanchement.

derrapar *i* déraper.

derredor *m* en —, autour.

derrengar *t* éreinter.

derretir ° *t* faire fondre. □ *pr*

fondre : *el hielo se derrite con el calor*, la glace fond à la chaleur.

derrib/ar *t* 1 (un edificio) démolir, abattre. 2 (un avión) abattre. 3 (a una persona, animal, ministerio) renverser. **-o** *m* 1 démolition *f*. 2 (obra) chantier de démolition.

derrocar *t* renverser.

derroch/ar *t* gaspiller. **-ador, a** *s* gaspilleur, euse. **-e** *m* 1 gaspillage. 2 (abundancia) profusion *f*, débauche *f*.

derrot/a *f* 1 défaite : *sufrir una* —, essuyer une défaite. 2 MAR route. **-ar** *t* battre : *derrotó a su rival*, il a battu son rival. **-ero** *m* chemin.

derruir ° *t* démolir.

derrumb/ar *t* abattre. □ *pr* s'écrouler. **-amiento** *m* écroulement.

desaborido, a *a* fade, insipide.

desabotonar *t* déboutonner.

desabrido, a *a* 1 fade. 2 (tiempo) changeant. 3 (persona) acariâtre.

desabrigarse *pr* se découvrir.

desabrimiento *m* 1 fadeur *f*. 2 dureté *f*.

desabrochar *t* 1 déboutonner. 2 dégrafer.

desacato *m* manque de respect.

desa/certar ° *i* se tromper. **-certado, a** *a* maladroit, e. **-cierto** *m* 1 erreur *f*. 2 maladresse *f*.

desacorde *a* discordant, e.

desacostumbr/ar *t* déshabituer. **-ado, a** *a* inhabituel, elle.

desacreditar *t* discréditer.

desacuerdo *m* désaccord : *estar en* — *con...*, être en désaccord avec...

desafiar *t* défier.

desafinar *i* chanter faux, jouer faux.

desafío *m* défi.

desaforado, a *a* démesuré, e, excessif, ive. 1 *comer como un* —, manger comme un goinfre.

desafuero *m* excès.

desagrad/ar *t* déplaire. **-able** *a* désagréable.

desagradecido, a *a* ingrat, e.

desagravio *m* dédommagement.

desag/uar *t* vider. □ *i* s'écouler. **-üe** *m* égout.

desaguisado *m* bêtise *f*.

desahog/ar *t* épancher. □ *pr* se soulager, s'épancher. **-ado, a** *a* (económicamente) à l'aise. **-o** *m* 1 soulagement. 2 (económico) aisance *f*. 3 (descaro) effronterie *f*, sans-gêne.

desahuciar *t* 1 (a un enfermo) condamner. 2 (a un inquilino) expulser.

desair/ar *t* 1 (humillar) blesser. 2 éconduire. **-e** *m* affront.

desajust/ar *t* dérégler. **-e** *m* déréglement.

desal/entar ° *t* décourager. **-entador, a** *a* décourageant, e. **-iento** *m* découragement.

desaliñ/ado, a *a* négligé, e. **-o** *m* 1 laisser-aller. 2 négligence *f*.

desalmado, a *a* cruel, elle. □ *s* scélérat, e.

desalojar *t* 1 déloger, expulser. 2 (un lugar) évacuer.

desamor *m* indifférence *f*.

desampar/ar *t* abandonner. **-o** *m* abandon.

desandar ° *t* — *lo andando*, rebrousser chemin.

desangelado, a *a* sans charme.

desangrar *t* saigner. □ *pr* saigner abondamment.

desanimar *t* décourager.

desanudar *t* dénouer.

desapacible *a* désagréable.

desapa/recer *i* disparaître : *el dolor ha desaparecido*, la douleur a disparu. **-rición** *f* disparition.

desapego *m* détachement, indifférence *f*.

desapercibido, a *a* coger —, prendre au dépourvu ; *pasar* —, passer inaperçu.

desaprens/ión *f* manque *m* de

scrupule. **-ivo, a** *a* indélicat, e. □ *m* fripouille *f*.

desaprob/ar ° *t* désapprouver. **-ación** *f* désapprobation.

desaprovech/ar *t* mal employer, ne pas profiter de. **-ado, a** *a* gaspillé, e.

desarm/ar *t* 1 désarmer. 2 (una máquina, un mueble) démonter. **-e** *m* désarmement.

desarraigar *t* déraciner.

desarrapado, a *a* déguenillé, e.

desarregl/ar *t* 1 (desordenar) déranger, mettre en désordre. 2 (descomponer) dérégler. **-o** *m* 1 désordre. 2 déréglement.

desarroll/ar *t* 1 développer. 2 (lo enrollado) dérouler. □ *pr* 1 se développer. 2 (suceder) se produire, se dérouler. **-o** *m* 1 déroulement. 2 développement. I *país en pleno* —, pays en plein essor. 3 (de un niño) croissance *f*.

desarrugar *t* défroisser.

desarticular *t* 1 désarticuler. 2 FIG — *una banda de falsificadores*, démanteler une bande de faussaires.

desase/ado, a *a* sale, négligé, e. **-o** *m* malpropreté *f*.

desasirse ° *pr* se dégager, se détacher.

desasosiego *m* inquiétude *f*.

desastrado, a *a* malpropre, négligé, e.

desastr/e *m* désastre. **-oso, a** *a* désastreux, euse.

desatar *t* détacher, dénouer. □ *pr* 1 *desatarse los zapatos*, délacer ses chaussures. 2 *desatarse a hablar*, se mettre à parler.

desatascar *t* (conducto, lavabo) déboucher.

desaten/der ° *t* 1 (descuidar) négliger. 2 ne pas faire cas de. **-to, a** *a* 1 distrait, e. 2 (descortés) impoli, e.

desatin/ar *i* déraisonner. **-ado, a** *a* 1 étourdi, e. 2 déraisonnable.

-o *m* sottise *f*, bêtise *f*.

desautorizar *t* (desaprobar) désavouer.

desaven/encia *f* désaccord *m*, différend *m*. **-ido, a** a en désaccord, brouillé, e. l *matrimonio* —, ménage désuni.

desayun/o *m* petit déjeuner. **-ar** *i/t/pr* prendre son petit déjeuner : *desayuno (con) café*, je prends du café au petit déjeuner.

desazón *f* 1 souci *m*, inquiétude. 2 malaise *m*.

desbandada *f* débandade.

desbarajust/ar *t* mettre sens dessus dessous. **-e** *m* désordre, pagaille *f*.

desbarat/ar *t* 1 détruire, défaire. 2 (estropear) abimer. 3 (planes, etc.) détruire, faire échouer. 4 (malgastar) gaspiller. **-amiento** *m* désordre.

desbastar *t* dégrossir.

desbloque/ar *t* débloquer. **-o** *m* déblocage.

desbocarse *pr* (caballo) s'emballer.

desbord/ar *i/pr* déborder. **-ante** *a* — *de alegría*, débordant de joie.

desbrozar *t* débroussailler.

descabell/ar *t* tuer (le taureau) d'un coup d'épée à la nuque. **-ado, a** a absurde.

descabezar *t* étêter.

descafeinado a *café* —, café décaféiné.

descalabr/ar *t* 1 blesser à la tête. 2 FIG *salir descalabrado*, s'en tirer mal. **-o** *m* désastre.

descalificar *t* disqualifier.

descalz/ar *t* déchausser. □ *pr* se déchausser. **-o, a** a nu-pieds.

descaminado, a a *ir* —, se tromper, faire fausse route, se fourvoyer.

descamisado, a a a l sans chemise. 2 (desharapado) déguenillé, e.

descampado *m* terrain vague, terrain découvert. l *en* —, en rase campagne.

descans/ar *i* 1 se reposer : *¿ ha descansado usted bien ?*, vous êtes-vous bien reposé ? l *¡ qué descanse!*, dormez bien ! ; *que en paz descanse*, qu'il repose en paix. 2 — *sobre*, reposer sur. □ *t* reposer, appuyer. **-ado, a** a 1 reposé, e. 2 (fácil) reposant, e. **-illo** *m* palier. **-o** *m* 1 repos. 2 (en un partido de fútbol) mi-temps *f*.

descapotable a décapotable. □ *m* décapotable *f*.

descarado, a a effronté, e.

descarga *f* 1 déchargement *m*. 2 (eléctrica, de arma de fuego) décharge.

descarg/ar *t* 1 décharger. 2 (golpe) asséner. □ (tormenta, etc.) s'abattre. □ *descargarse de una responsabilidad en alguien*, se décharger d'une responsabilité sur quelqu'un. **-adero** *m* débarcadère. **-ador** *m* 1 débardeur. 2 (de muelle) docker. **-o** *m* décharge *f*.

descarnarse *pr* (diente) se déchausser.

descaro *m* effronterie *f*, aplomb.

descarriar *t* égarer, fourvoyer.

descarril/ar *i* dérailler. **-amiento** *m* déraillement *m*.

descartar *t* écarter.

descascarillarse *pr* s'écailler.

descastado, a a indifférent, e.

descen/der ° *i* 1 descendre. 2 (temperatura, etc.) baisser. **-dencia** *f* descendance. **-diente** s descendant, e. **-dimiento** *m* descente *f*. **-so** *m* 1 (de la temperatura) baisse *f*. 2 diminution *f*. 3 (esqui) descente *f*.

descentraliz/ar *t* décentraliser. **-ación** *f* décentralisation.

descifrar *t* déchiffrer.

desclavar *t* 1 déclouer. 2 (un clavo) arracher.

descolgar ° *t* décrocher : *descuelga el auricular*, il décroche le récepteur. □ *pr* 1 (bajar) descendre. 2 FAM débarquer, s'amener.

descolorido, a a décoloré, e.

descollar ° i 1 – *sobre*, se dresser au-dessus de, dominer. 2 se distinguer.

descomedido, a a 1 insolent, e. 2 excessif, ive.

descom/poner ° t 1 (*separar los elementos*) décomposer. 2 (*un mecanismo*) détraquer. 3 (*desordenar*) déranger. □ pr *se le descompuso la cara*, son visage se décomposa. I *cara descompuesta*, visage défait. **-posición** f 1 décomposition. 2 – *intestinal*, dérangement m intestinal. **-postura** f (descaro) effronterie.

descomunal a énorme, monstre.

descon/certar ° t déconcerter. **-certante** a déconcertant, e. **-cierto** m désordre, confusion f.

desconchar t écailler. I *pared desconchada*, mur décrépi.

desconectar t débrancher, couper.

desconfi/ar i se méfier. **-ado, a** a méfiant, e. **-anza** f méfiance.

descongel/ar t 1 (*una nevera*) dégivrer. 2 (*créditos*) dégeler. **-ador** m dégivreur.

descongestionar t décongestionner.

desconoc/er ° t 1 ne pas connaître, ignorer : *se desconocen la causas del incendio*, on ignore les causes de l'incendie. 2 ne pas reconnaître. **-ido, a** a/s inconnu, e. □ a (*muy cambiado*) méconnaissable. **-imiento** m ignorance f.

desconsiderado, a a inconsidéré, e.

descon/solar ° t désoler. **-solado, a** a inconsolable. **-solador, a** a désolant, e. **-suelo** m peine f, chagrin f.

descontar ° t 1 déduire. 2 COM escompter.

descontent/ar t mécontenter.

-**adizo, a** a difficile à contenter. **-o, a** a mécontent, e. □ m mécontentement.

descorazonar t décourager.

descorchar t (botella) déboucher.

descorrer t – *la cortina*, el *cerrojo*, tirer le rideau, le verrou.

descort/és a impoli, e. **-esía** f impolitesse.

descos/er t découdre. **-ido, a** a décousu, e.

descoyuntar t démettre, déboîter, disloquer. □ pr *me descoyunté el tobillo*, je me suis démis la cheville.

descrédito m discrédit.

descre/ído, a a/s mécréant, e. **-imiento** m incroyance f.

descri/bir t décrire. **-pción** f description. **-ptivo, a** a descriptif, ive. **-to, a** a décrit, e.

descuajaringar t FAM 1 (romper) démantibuler. 2 (cansar) éreinter. □ *descuajaringarse de risa*, se tordre de rire.

descuartizar t dépecer.

descubierto, a a découvert, e. □ m (banco) découvert : *estar en –*, être à découvert.

descubr/ir t découvrir : *he descubierto un tesoro, el secreto*, j'ai découvert un trésor, le secret. □ pr se découvrir. **-imiento** m découverte f.

descuento m 1 COM escompte. 2 (rebaja) remise f, rabais.

descuid/ar t 1 négliger. 2 *descuide*, soyez tranquille, soyez sans crainte. □ pr 1 *en cuanto uno se descuida*, si on ne fait pas attention, au premier moment d'inattention. 2 (en la salud, el vestir) se négliger. **-ado, a** a 1 (desaliñado) négligé, e. 2 négligent, e. **-o** m 1 négligence f. 2 moment d'inattention.

desde prep 1 (lugar) depuis, de : – *la terraza*, de la terrasse. 2 (tiempo) depuis, dès : – *hace un año*, depuis un an ; – *ahora*, dès maintenant. **3** – *luego,* bien entendu, évidemment.

desdecirse ° *pr* **1** se dédire. **2** (no armonizar) ne pas aller ensemble.

desdén *m* dédain, mépris.

desdeñ/ar *t* dédaigner. **-oso, a** *a* dédaigneux, euse.

desdich/a *f* malheur *m*. **-ado, a** *a/s* malheureux, euse.

desdoblar *t* **1** (extender) déplier. **2** (duplicar) dédoubler.

desdoro *m* deshonneur.

dese/ar *t* **1** désirer. **2** souhaiter : *le deseo un feliz Año Nuevo,* je vous souhaite une bonne année. **-able** *a* désirable.

desec/ar *t* dessécher. **-ación** *f* desséchement *m*.

desech/ar *t* **1** rejeter, repousser. **2** (una cosa inútil) mettre au rebut. **-o** *m* rebut.

desembalar *t* déballer.

desembaraz/ar *t* débarrasser. **-o** *m* désinvolture *f*, aisance *f*.

desembarc/ar *t/i* débarquer. **-adero** *m* débarcadère. **-o** *m* débarquement.

desemboc/ar *i* **1** déboucher. **2** FIG – *en,* aboutir à. **-adura** *f* **1** (rio) embouchure. **2** sortie.

desembols/ar *t* débourser. **-o** *m* versement.

desembrag/ar *i* débrayer. **-ue** *m* débrayage.

desembrollar *t* débrouiller.

desempacar *t* déballer.

desempatar *t* départager.

desempaquetar *t* dépaqueter.

desempeñ/ar *t* **1** (un cargo) exercer. **2** – *un papel,* jouer un rôle. **3** (lo empeñado) dégager. **-o** *m* **1** (de un cargo) exercice. **2** exécution *f*.

desempleo *m* chômage.

desencajar *t* déboîter.

desencaden/ar *t* déchaîner. **-amiento** *m* déchaînement.

desencallar *t* renflouer.

desenchufar *t* débrancher.

desenfad/ar *t* calmer. **-ado, a** *a* désinvolte. **-o** *m* désinvolture *f*.

desenfren/ado, a *a* effréné, e **-o** *m* débauche *f*.

desenganchar *t* décrocher.

desengañ/ar *t* détromper. □ *pr desengáñese usted,* détrompez-vous. **-o** *m* déception *f*, désillusion *f*, déconvenue *f*.

desenlace *m* dénouement.

desenmarañar *t* démêler.

desenmascarar *t* démasquer.

desenredar *t* débrouiller.

desentend/erse ° *pr* se désintéresser. **-ido, a** *a* hacerse *el –,* faire semblant de ne pas comprendre, feindre l'étonnement.

desenterrar ° *t* déterrer.

desentonar *i* **1** détonner. **2** chanter faux.

desentorpecer *t* dégourdir.

desentumecer ° *t* dégourdir.

desenvainar *t* dégainer.

desenvoltura *f* **1** aisance. **2** (descaro) désinvolture.

desen/volver ° *t* développer. □ *pr* **1** se développer. **2** (arreglárselas) se débrouiller. **-vuelto, a** *a* désinvolte.

dese/o *m* **1** désir. **2** (voto) souhait, vœu. **-oso, a** *a* désireux, euse.

desequilibr/ar *t* déséquilibrer. **-ado, a** *a/s* déséquilibré, e. **-io** *m* déséquilibre.

deser/tar *i* déserter. **-ción** *f* désertion. **-tor** *m* déserteur.

desesper/ar *t/i* désespérer. □ *pr* se désespérer, être au désespoir. **-ación** *f* désespoir *m*. **-ado, a** *a/s* désespéré, e. *a la desesperada,* en catastrophe. **-ante** *a* désespérant, e.

desfachatez *f* FAM culot *m*, sans-gêne *m*.

desfallec/er ° *i* défaillir. **-imiento** *m* défaillance *f*.

desfasado, a *a* déphasé, e.

desfavorable *a* défavorable.

desfavorecer ° *t* défavoriser,

désavantager.

desfigurar _t_ défigurer. □ _pr_ changer.

desfiladero _m_ défilé.

desfil/ar _i_ défiler. **-e** _m_ défilé.

desflecar _t_ effranger, effilocher.

desfogarse _pr_ se défouler.

desfond/ar _t_ défoncer. **-amiento** _m_ effondrement.

desgaire _m_ laisser-aller. I _al —_, négligemment.

desgajar _t_ arracher.

desgalichado, a _a_ dégingandé, e.

desgana _f_ 1 dégoût _m_. 2 (desfallecimiento) défaillance.

desgañitarse _pr_ s'égosiller.

desgarbado, a _a_ dégingandé, e.

desgarr/ar _t_ déchirer. **-ador, a** _a_ déchirant, e. **-amiento** _m_ déchirement. **-o** _m_ (de un músculo) déchirure _f_. **-ón** _m_ déchirure _f_, accroc.

desgast/ar _t_ user. **-e** _m_ usure _f_.

desglosar _t_ détacher.

desgraci/a _f_ 1 malheur _m_. I _por —_, malheureusement, par malheur. 2 _caer en —_, tomber en disgrâce. **-adamente** _adv_ malheureusement. **-ado, a** _a/s_ malheureux, euse. I _un —_ FAM pauvre type. **-ar** _t_ 1 abîmer. 2 (lisiar) estropier. □ _pr_ s'abîmer, s'estropier.

desgreñado, a _a_ échevelé, e, ébouriffé, e.

desguace _m_ démolition _f_, casse _f_.

desguarnecer ° _t_ dégarnir.

desguazar _t_ démolir.

deshabitado, a _a_ inhabité, e.

deshacer ° _t_ 1 défaire. 2 (derretir) faire fondre. □ _pr_ 1 (afanarse) se donner du mal. 2 _deshacerse de_, se débarrasser de, se défaire de. 3 _deshacerse en_, se répandre en. I _se deshizo en excusas_, il se confondit en excuses.

desharrapado, a _a_ déguenillé, e.

deshecho, a _a_ défait, e.

deshelar ° _t_ dégeler.

desheredar _t_ déshériter.

deshielo _m_ dégel.

deshilachar _t_ effilocher.

deshinchar _t_ dégonfler. □ _pr_ désenfler.

deshojar _t_ effeuiller.

deshollin/ar _t_ ramoner. **-ador** _m_ ramoneur.

deshonr/a _f_ déshonneur _m_. **-ar** _t_ déshonorer. **-oso, a** _a_ déshonorant, e.

deshora (a) _loc adv_ à une heure indue.

deshuesar _t_ 1 désosser. 2 (frutas) dénoyauter.

desidia _f_ négligence, apathie.

desierto, a _a/m_ désert, e. □ _a_ (sin solicitantes) vacant, e.

design/ar _t_ désigner. **-ación** _f_ désignation.

designio _m_ dessein.

desigual _a_ inégal, e. **-dad** _f_ inégalité.

desilus/ión _a_ déception, désillusion. I _llevarse una —_, avoir une déception, être déçu, e. **-ionar** _t_ décevoir.

desinfec/tar _t_ désinfecter. **-ción** _f_ désinfection. **-tante** _a/m_ désinfectant, e.

desinflar _t_ dégonfler.

desintegr/ar _t_ désintégrer. **-ación** _f_ désintégration.

desinter/és _m_ désintéressement. **-esarse** _pr_ se désintéresser.

desistir _i — de_, renoncer à.

deslavar _t_ délaver.

desleal _a_ déloyal, e. **-dad** _f_ déloyauté.

desle/ir ° _t_ délayer. **-imiento** _m_ délayage.

deslenguado, a _a_ grossier, ère, insolent, e.

deslig/ar _t_ délier, détacher. □ _pr_ (de una obligación) se dégager.

desliz _m_ (falta) faute _f_, faux-pas.

desliz/ar _t/i_ glisser. □ _pr_ se glisser. **-amiento** _m_ glissement.

deslomar t éreinter.

desluc/ir ° t 1 (estropear) abîmer. 2 *la lluvia deslució la procesión*, la pluie a gâché la procession. **-ido,** a a peu brillant, e.

deslumbr/ar t éblouir. **-ador, a, ante** a éblouissant, e. **-amiento** m éblouissement.

deslustrar t ternir.

desmadejar t affaiblir.

desmán m excès.

desmandarse pr 1 désobéir. 2 se séparer.

desmaquillador m démaquillant.

desmay/arse pr s'évanouir, tomber en défaillance. **-ado,** a a 1 alangui, e. 2 *voz desmayada*, voix mourante. 3 (color) éteint, e. **-o** m défaillance f, évanouissement.

desmedido, a a démesuré, e.

desmedrado, a a chétif, ive.

desmejorarse pr s'affaiblir.

desmembr/ar ° t démembrer. **-ación** f démembrement m.

desmemoriado, a a *estar −*, perdre la mémoire.

desmentir ° t démentir.

desmenuzar t émietter.

desmerecer ° t 1 *− de*, être inférieur, e à. 2 baisser.

desmesurad/o, a a démesuré, e. **-amente** adv démesurément.

desmigajar t émietter.

desmilitarizar t démilitariser.

desmirriado, a a chétif, ive.

desmont/ar t 1 démonter. 2 (cortar árboles) déboiser. 3 (roturar) défricher. **-able** a démontable. **-e** m 1 déboisement. 2 défrichement.

desmoraliz/ar t démoraliser. **-ación** f démoralisation. **-ador, a** a démoralisant, e.

desmoronar t miner. □ pr s'écrouler.

desmoviliz/ar t démobiliser. **-ación** f démobilisation.

desnatar t écrémer : *leche*

desnatada, lait écrémé.

desnaturalizar t (falsificar) dénaturer.

desnivel m dénivellation f.

desnud/ar t déshabiller. □ pr se déshabiller. **-ez** f nudité. **-ismo** m nudisme. **-o, a** a nu, e.

desobe/decer ° t désobéir à. **-diencia** f désobéissance. **-diente** a désobéissant, e.

desocup/ar t débarrasser. **-ado, a** (vacío) libre, inoccupé, e. □ a/s oisif, ive, désœuvré, e.

desodorante m déodorant.

desoir ° t ne pas écouter, ne pas tenir compte de, faire fi de.

desola/ción f désolation. **-do, a** a désolé, e.

desoll/ar ° t 1 écorcher. 2 (criticar) esquinter, débiner. **-adura** f écorchure.

desorbitado, a a *ojos desorbitados*, yeux exorbités.

desorden m désordre. **-ado, a** a désordonné, e.

desorganizar t désorganiser.

desorientar t désorienter.

despabil/ar t FIG (avivar el ingenio) dégourdir. **-ado, a** a éveillé, e, vif, vive.

despac/io adv lentement. □ interj doucement ! **-ito** adv tout doucement, très lentement.

despach/ar t 1 terminer. 2 expédier, envoyer. 3 *− a un cliente*, servir un client. 4 vendre. 5 (despedir) renvoyer. 6 FAM (matar) zigouiller. □ i/pr (darse prisa) se dépêcher. **-o** m 1 (oficina) bureau. 2 (comunicación) dépêche f. 3 envoi. 4 débit, vente f.

despachurrar t écraser, écrabouiller.

despampanante a FAM terrible, sensationnel, elle.

despanzurrar t FAM éventrer.

desparpajo m 1 (soltura) aisance f. 2 (descaro) désinvolture f, aplomb.

desparramar t 1 éparpiller. 2

(verter) répandre. □ pr se répandre.

despavorido, a a effrayé, e.

despectivo, a a 1 méprisant, e. 2 péjoratif, ive.

despecho m dépit. l a – de, en dépit de.

despechugado, a a débraillé, e.

despedazar t 1 mettre en pièces, déchiqueter. 2 (animal) dépecer.

despedida f adieux m pl.

despedir ° t 1 (acompañar) reconduire, accompagner. 2 (al que marcha) faire ses adieux. 3 (a un criado) renvoyer. 4 (a un obrero) licencier. 5 (lanzar) jeter, lancer. 6 (un olor) dégager, exhaler, répandre. □ pr se dire au revoir, se quitter, faire ses adieux, prendre congé : nos despedimos en el andén, nous nous sommes quittés, dit au revoir sur le quai. ! despedirse a la francesa, filer à l'anglaise.

despeg/ar t 1 décoller. 2 no – los labios, ne pas desserrer les dents. □ i (avión) décoller. □ pr se détacher. **-o** m détachement, indifférence f. **-ue** f décollage

despeinar t décoiffer, dépeigner.

despej/ar t 1 dégager : ¡ despejen!, dégagez ! 2 (cielo) se dégager. **-ado, a** a l cielo –, ciel dégagé. 2 frente despejada, front dégagé. 3 (listo) éveillé, e.

despellejar t écorcher.

despensa f garde-manger m.

despeñ/ar t précipiter. **-adero** m précipice.

desperdici/ar t gaspiller, perdre. **-o** m 1 gaspillage. 2 (residuo) déchet, reste.

desperdigar t disperser.

desperezarse pr s'étirer.

desperfecto m 1 (deterioro) dommage, dégât. 2 défaut.

despert/ar ° t 1 réveiller. 2 (provocar) éveiller. □ pr me desperté a las seis, je me suis réveillé à six heures. □ m éveil. **-ador** m réveil.

despiadado, a a impitoyable.

despido m 1 renvoi. 2 (de asalariados) licenciement.

despierto, a a éveillé, e.

despilfarr/ar t gaspiller. **-o** m gaspillage.

despist/ar t dérouter, désorienter. **-ado, a** a/s estar –, être complètement perdu, paumé ; un –, un ahuri. **-e** m distraction f.

desplante m impertinence f, insolence f.

desplaz/ar t déplacer. **-amiento** m déplacement.

despleg/ar ° t 1 (bandera, tropas) déployer. 2 (papel) déplier. **-iegue** m déploiement.

desplomarse pr s'écrouler.

desplumar t plumer.

despobl/ar ° t dépeupler. **-ación** f dépeuplement m. **-ado** m lieu désert. l en –, en rase campagne.

despoj/ar t dépouiller. **-os** m pl 1 (de animales) abats. 2 (cadáver) dépouille f sing mortelle.

desportillar t ébrécher.

despos/ar t marier. **-ado, a** s jeune marié, e.

desposeer t déposséder.

desposorios m pl mariage sing.

déspota m despote.

desp/ótico, a a despotique. **-otismo** m despotisme.

despotricar i parler à tort et à travers, déblatérer.

despreci/ar t mépriser. **-able** a méprisable. **-ativo, a** a méprisant, e. **-o** m mépris.

desprend/er t détacher. □ pr 1 se défaire. 2 (olor) se dégager. 3 (deducirse) se dégager, ressortir, découler : de nuestro análisis, se desprende que..., il se dégage de notre analyse que... **-ido, a** a généreux, euse. **-imiento** m 1 (de gases, etc.) dégagement. 2 (de tierras) éboulement. 3 (generosidad) désintéressement.

despreocup/ación f insouciance.

-ado, a a insouciant, e.

despretigi/ar t discréditer, dénigrer. **-o** m dénigrement.

desprevenido, a a coger –, prendre au dépourvu.

desproporci/ón f disproportion. **-onado, a** a disproportionné, e.

desprovisto, a a dépourvu, e, démuni, e.

después adv 1 après. I – de las diez, après dix heures ; – de todo, après tout ; un año –, un an plus tard. 2 (a continuación) ensuite.

despuntar i 1 (sobresalir) briller, se distinguer. 2 (el día) poindre, commencer à se lever.

desquiciar t FIG bouleverser.

desquit/ar t dédommager. □ pr 1 se rattraper. 2 (vengarse) prendre sa revanche. **-e** m revanche f.

desriñonar t éreinter.

destacado, a a remarquable, marquant, e.

destacamento m détachement.

destacar t faire ressortir, souligner, mettre en relief : el informe destaca que…, le rapport fait ressortir que… □ i/pr 1 se détacher. 2 se distinguer.

destajo m a –, à forfait.

destapar t 1 découvrir. 2 (botella) déboucher. □ pr se découvrir.

destartalado, a a 1 délabré, e. 2 disproportionné, e.

destell/ar i scintiller, étinceler. **-o** m 1 scintillement. 2 (chispa) éclair.

destemplado, a a 1 violent, e. 2 légèrement fiévreux, euse.

desteñirse ° pr déteindre : esta tela se ha desteñido, cette étoffe a déteint.

desternillarse pr – de risa, se tordre de rire.

desterrar ° t exiler, bannir.

destetar t sevrer.

destiempo (a) loc adv à contretemps.

destierro m exil.

destil/ar t 1 distiller. 2 secréter. **-ación** f distillation. **-ería** f distillerie.

destin/ar t destiner. **-atario, a** s destinataire. **-o** m 1 (hado) destin, destinée f. 2 destination f : con – a, à destination de : llegar a su –, arriver à destination. 3 (empleo) place f, situation f, emploi.

destituir ° t destituer.

destornill/ar t dévisser. **-ador** m tournevis.

destreza f 1 dextérité. 2 adresse.

destripar t éventrer.

destronar t détrôner.

destroz/ar t 1 déchirer, mettre en pièces. 2 (estropear) abîmer. 3 briser. **-o** m dégât.

destruc/ción f destruction. **-tor, a** a/s destructeur, trice.

destruir ° t détruire : la tormenta destruyó las cosechas, l'orage a détruit les récoltes.

desunir t 1 désunir. 2 diviser.

desusado, a a 1 (anticuado) désuet, ète. 2 (raro) inusité, e.

desuso m caer en –, tomber en désuétude.

desvaído, a a pâle, terne.

desvalido, a a/s déshérité, e.

desvalijar t dévaliser.

desvalorizar t 1 dévaloriser. 2 (moneda) dévaluer.

desván m grenier.

desvanec/erse ° pr s'évanouir. **-imiento** m évanouissement.

desvar/iar t délirer, divaguer. **-ío** m 1 délire. 2 absurdité f.

desvede m ouverture f (de la chasse, pêche).

desvel/arse pr – por, se donner du mal pour. **-o** m 1 souci, préoccupation f. 2 effort, peine f.

desvencijar t démantibuler, déglinguer.

desventaj/a f désavantage m. **-oso, a** a désavantageux, euse.

desventur/a f malheur m. **-ado,**

a *a* malheureux, euse.

desvergonzado, a *a* effronté, e.

desvergüenza *f* effronterie.

desv/iar *t* dévier, détourner. □ *pr* s'écarter. **-iación** *f* déviation. **-ío** *m* déviation *f*.

desvirtuar *t* dénaturer.

desvivirse *pr* se mettre en quatre : *se desvive por sus hijos,* elle se met en quatre pour ses enfants.

detall/ar *t* détailler. **-e** *m* 1 détail : *con detalles, con todo —,* en détail. 2 FIG attention *f*. **-ista** *m* détaillant.

detective *m* détective.

detención *f* 1 (parada) arrêt *m*. 2 (dilación) retard *m*. 3 attention. 4 (prisión) détention préventive.

detener ° *t* arrêter. □ *pr me detuve en el café,* je me suis arrêté au café.

detenid/o, a *a* minutieux, euse. □ *a/s* (preso) détenu, e. **-amente** *adv* minutieusement.

detenimiento *m* soin, attention *f*.

detergente *a/m* détergent, e.

deterior/ar *t* détériorer. **-o** *m* détérioration *f*.

determin/ar *t* 1 déterminer. 2 causer, occasionner. **-ación** *f* détermination.

detersivo, a *a/m* détersif, ive.

detest/ar *t* détester. **-able** *a* détestable.

deton/ar *i* détoner. **-ación** *f* détonation. **-ador** *m* détonateur. **-ante** *a* détonant, e.

detrás *adv* 1 derrière. 2 *— de,* derrière : *— de los visillos,* derrière les rideaux.

detriment *m en — de,* au détriment de.

detritus *m* détritus.

deud/a *f* 1 dette. 2 *perdónanos nuestras deudas,* pardonne-nous nos offenses. **-or, a** *a/s* débiteur, trice.

devalu/ar *t* dévaluer. **-ación** *f* dévaluation.

devanar *t* dévider. □ *devanarse los sesos,* se creuser la cervelle.

devast/ar *t* dévaster. **-ación** *f* dévastation.

devengar *t* 1 toucher. 2 (intereses) rapporter.

devoc/ión *f* dévotion. **-ionario** *m* paroissien, missel.

devol/ver ° *t* 1 rendre : *me ha devuelto mi libro,* il m'a rendu mon livre. 2 rembourser. **-ución** *f* 1 restitution. 2 remboursement *m*.

devorar *t* dévorer.

devot/o, a *a/s* dévot, e. □ *a* 1 pieux, euse. 2 *su — amigo,* votre tout dévoué. **-ería** *f* bigoterie.

devuelto ⇒ **devolver**.

día *m* 1 jour : *es de —,* il fait jour. l *— a —,* jour après jour ; *buenos días,* bonjour ; *el — de mañana,* plus tard ; *un buen —,* un beau jour ; *estar al —,* être à la page ; *vivir al —,* vivre au jour le jour. 2 journée *f* : *todo el —,* toute la journée. l *hace buen, mal —,* il fait beau, mauvais. 3 fête *f* : *el — de la Madre,* la fête des Mères.

diab/etes *f* diabète *m*. **-ético, a** *a* diabétique.

diab/lo *m* diable l *¡qué diablos !,* que diable ! **-lillo** *m* diablotin. **-lura** *f* espièglerie. **-ólico, a** *a* diabolique.

diácono *m* diacre.

diadema *f* diadème *m*.

diafragma *m* diaphragme.

diagnóstico *m* diagnostic.

diagonal *f* diagonale.

diagrama *m* diagramme.

dialectal *a* dialectal, e.

dialéctico, a *a/f* dialectique.

dialecto *m* dialecte.

dialogar *i* dialoguer.

diálogo *m* dialogue.

diamante *m* diamant.

diámetro *m* diamètre.

Diana *n p f* Diane.

diana *f* 1 MIL diane. 2 mouche : *hacer —,* faire mouche.

diapasón *m* diapason.

diapositiva *f* diapositive.

diari/o, a *a* quotidien, enne, journalier, ère. l *a* —, tous les jours, chaque jour; *cinco minutos diarios*, cinq minutes par jour; *de* —, de tous les jours. □ *m* journal. **-amente** *adv* quotidiennement, journellement.

diarrea *f* diarrhée.

dibuj/ar *t* dessiner. **-ante** *s* dessinateur, trice. **-o** *m* dessin.

dicción *f* diction.

diccionario *m* dictionnaire.

diciembre *m* décembre : *2 de* —, 2 décembre.

dictado *m* 1 dictée *f*. 2 titre. □ *pl* préceptes.

dictad/or *m* dictateur. **-ura** *f* dictature.

dictam/en *m* 1 (informe) rapport. 2 avis. **-inar** *i* faire son rapport, se prononcer, donner son avis. □ *t* établir, édicter.

dictar *t* 1 dicter. 2 (ley) établir, édicter. 3 (fallo) prononcer.

dictatorial *a* dictatorial, e.

dicterio *m* insulte *f*.

dicha *f* bonheur *m*.

dicharach/o *m* grossièreté *f*. **-ero, a** *a/s* blagueur, euse.

dicho, a *p p* de **decir** dit, e. l *— y hecho*, aussitôt dit, aussitôt fait; *lo* — —, ce qui est dit, est dit; *mejor* —, ou plutôt. □ *a dem* ce, cette. □ *m* mot, propos.

dichoso, a *a* heureux, euse.

didáctico, a *a* didactique.

diecinueve *a/m* dix-neuf. l *siglo* —, dix-neuvième siècle.

dieciocho *a/m* dix-huit. l *siglo* —, dix-huitième siècle.

dieciséis *a/m* seize. l *siglo* —, seizième siècle.

Diego *n p m* Jacques.

diente *m* 1 dent *f*. 2 — *de ajo*, gousse *f* d'ail.

diera, diese ⇒ **dar.**

diéresis *f* tréma *m*.

diestro, a *a* 1 droit, e. 2 habile, adroit, e. □ *f* main droite. □ *m* matador.

dieta *f* 1 diète : *estar a* —, être à la diète. 2 régime *m*. □ *pl* indemnités.

dietario *m* agenda.

dietético, a *a/f* diététique.

diez *a/m* dix : *el — de marzo*, le dix mars. l *son las* —, il est dix heures.

diezmar *t* décimer.

difam/ar *t* diffamer. **-ación** *f* diffamation.

diferencia *f* 1 différence : *a — de*, à la différence de. 2 (desacuerdo) différend *m*.

diferenciar *t* différencier.

diferente *a* différent, e. **-mente** *adv* différemment.

diferir ° *t/i* différer.

difícil *a* difficile.

dificult/ad *f* difficulté. l *poner dificultades*, faire des difficultés. **-ar** *t* 1 rendre difficile. 2 gêner. **-uoso, a** *a* difficile.

difteria *f* diphtérie.

difuminar *t* estomper.

difundir *t* 1 diffuser. 2 (noticia, etc.) répandre.

difunto, a *a/s* défunt, e.

difusión *f* diffusion.

diga ⇒ **decir.**

diger/ir ° *t* digérer. **-ible** *a* digestible.

digest/ión *f* digestion. **-ivo, a** *a/m* digestif, ive.

digital *f* digitale.

dignarse *pr* daigner : *se dignó por fin a escucharme*, il a enfin daigné m'écouter.

dignatario *m* dignitaire.

dign/o, a *a* digne. **-idad** *f* dignité.

digo ⇒ **decir.**

digresión *f* digression.

¹dije *m* breloque *f*.

²dije, dijiste, etc. ⇒ **decir.**

dilación *f* retard *m*.

dilapidar *t* dilapider.

dilatación _f_ dilatation.

dilatado, a _a_ vaste, étendu, e.

dilatar _t_ 1 dilater. 2 (diferir) retarder. □ _pr_ 1 se dilater. 2 s'étendre.

dilema _m_ dilemme.

diletante _s_ dilettante.

diligencia _f_ 1 diligence. 2 (gestión) démarche. 3 enquête.

diligente _a_ diligent, e.

diluir ° _t_ diluer.

diluvio _m_ déluge.

dimanar _i_ émaner.

dimensión _f_ dimension.

diminutivo, a _a/m_ diminutif, ive.

diminuto, a _a_ très petit, e, minuscule.

dimisión _f_ démission.

dimitir _t/i_ démissionner, se démettre : _ha dimitido de su cargo_, il s'est démis de ses fonctions, il a démissionné.

Dinamarca _n p f_ Danemark _m_.

dinamarqués, esa _a/s_ danois, e.

dinámico, a _a_ dynamique.

dinamita _f_ dynamite.

dínamo _f_ dynamo.

dinastía _f_ dynastie.

diner/o _m_ argent. I — _suelto_, monnaie _f_. **-al** _m_ somme _f_ folle, fortune _f_.

dintel _m_ linteau.

diócesis _f_ diocèse _m_.

Dios _n p m_ Dieu. I _¡ — mío !_, mon Dieu ! ; _a — gracias_, Dieu merci ; _a la buena de —_, au petit bonheur ; _como — manda_, comme il faut ; _¡ por — !_, voyons ! ; _¡ vaya por — !_, eh bien ! □ _pl los dioses paganos_, les dieux païens.

diosa _f_ déesse.

diploma _m_ diplôme.

diplom/acia _f_ diplomatie. **-ático, a** _a_ diplomatique. □ _m_ diplomate.

diptongo _m_ diphtongue _f_.

diputado _m_ député. I — _provincial_, conseiller général.

dique _m_ digue _f_. I — _seco_, cale _f_

sèche.

dirá, etc. ⇒ **decir.**

dirección _f_ 1 direction : _en — a_, en direction de. 2 sens _m_ : — _única_, sens unique ; _calle de doble —_, rue à double sens. 3 (señas) adresse : _¿ cuál es su — ?_, quelle est votre adresse ?

directivo, a _a junta directiva_, comité directeur. □ _m_ dirigeant, directeur.

directo, a _a/m_ direct, e. I _retransmisión en —_, retransmission en direct.

directriz _a/f_ directrice. □ _f pl las directrices del partido_, les directives du parti.

dirigente _a/s_ dirigeant, e.

dirigible _m_ dirigeable.

dirig/ir _t_ 1 diriger. 2 (la palabra, una carta) adresser. □ _pr_ 1 _dirigirse a la puerta_, se diriger vers la porte. 2 _me dirijo a usted_, je m'adresse à vous. **-ismo** _m_ dirigisme.

discern/ir ° _t_ discerner. **-imiento** _m_ discernement.

disciplin/a _f_ discipline. **-ar** _t_ discipliner.

discípulo, a _s_ 1 disciple. 2 (en un colegio) élève.

disco _m_ disque.

díscolo, a _a_ rebelle, turbulent, e.

disconforme _a_ en désaccord.

discordante _a_ discordant, e.

discordia _f_ discorde.

discoteca _f_ discothèque.

discre/ción _f_ discrétion. **-cional** _a_ 1 facultatif, ive, 2 (autocar) spécial.

discrep/ar _i_ 1 diverger. 2 ne pas être du même avis. **-ante** _a_ divergent, e.

discreto, a _a_ (reservado) discret, ète.

discriminación _f_ discrimination.

disculp/a _f_ excuse. **-ar** _t_ excuser. I _le ruego me disculpe_, je vous prie de m'excuser, je vous fais mes excuses. □ _pr_ 1 _disculparse con alguien_, s'excuser auprès de quelqu'un. 2 (justificarse) se disculper.

discurrir *i* 1 (andar) aller. 2 (un liquido) couler. 3 (el tiempo) s'écouler. 4 (una acción) se passer. 5 penser, réfléchir.

discurso *m* discours.

discusión *f* discussion.

discut/ir *t/i* discuter. □ *t* 1 – *un precio*, débattre un prix. 2 contredire. **-ible** *a* discutable.

disecar *t* 1 disséquer. 2 (conservar un animal muerto) empailler.

disemin/ar *t* disséminer. **-ación** *f* dissémination.

disensión *f* dissention.

disentería *f* dysenterie.

disentimiento *m* dissentiment.

diseño *m* dessin, esquisse *f*.

disert/ar *i* disserter. **-ación** *f* 1 dissertation. 2 exposé *m*.

disfraz *m* déguisement. **-ar** *t* déguiser.

disfrut/ar *t/i* 1 – *del fresco del atardecer*, jouir de, profiter de la fraîcheur du soir ; – *de buena salud*, jouir d'une bonne santé. 2 – *una beca*, bénéficier d'une bourse. □ *i* s'amuser, bien profiter. **-e** *m* jouissance *f*.

disgust/ar *t* 1 déplaire : *tu conducta me disgusta*, ta conduite me déplaît. 2 (enfadar) fâcher. □ *pr* se fâcher. **-ado, a** *a* 1 *estar – con alguien*, être fâché avec quelqu'un. 2 (pesaroso) contrarié, e. **-o** *m* 1 ennui, désagrément : *dar disgustos*, causer des ennuis. 2 contrariété *f*. 3 (pesadumbre) chagrin. 4 *sentirse a –*, se sentir mal à l'aise. 5 (disputa) discussion *f*, dispute *f*.

disidente *a/s* dissident, e.

disimul/ar *t* dissimuler. **-ación** *f* dissimulation. **-o** *m* dissimulation *f*.

disip/ar *t* dissiper. **-ación** *f* dissipation.

dislate *m* absurdité *f*, sottise *f*.

dislóc/ar *t* disloquer. □ *pr* se déboîter, se démettre : *se ha dislo-*

cado el hombro, il s'est déboîté l'épaule. **-ación** *f* dislocation.

disminu/ir ° *t/i* diminuer. **-ción** *f* diminution.

disociar *t* dissocier.

disolución *f* dissolution.

disoluto, a *a* dissolu, e.

disolv/er ° *t* dissoudre. **-ente** *a/m* dissolvant, e.

disonancia *f* dissonance.

dispar/ar *t* 1 – *a alguien*, tirer sur quelqu'un. 2 (flecha) décocher. 3 (mecanismo) déclencher. □ *i* faire feu. I *salir disparado*, partir comme une flèche. **-ador** *m* 1 (de un arma) détente *f*. 2 (de una máquina fotográfica) déclencheur.

disparat/e *m* bêtise *f*, sottise *f*. **-ado, a** *a* absurde. **-ar** *i* déraisonner.

disparo *m* 1 coup de feu. 2 déclenchement. 3 (fútbol) shoot, tir.

dispensa *f* dispense.

dispensar *t* 1 dispenser. 2 (otorgar) accorder. 3 excuser, pardonner : *dispense usted*, excusez-moi, pardon.

dispensario *m* dispensaire.

dispers/ar *t* disperser. **-ión** *f* dispersion.

displicen/cia *f* 1 manque *m* d'enthousiasme. 2 froideur. **-te** *a* grognon, onne.

disponer ° *t/i* disposer. □ *disponerse a, para marchar*, se disposer, s'apprêter à partir.

disponi/ble *a* disponible. **-bilidad** *f* disponibilité.

disposición *f* disposition. I – *de ánimo*, état *m* d'esprit.

dispositivo *m* dispositif.

dispuesto, a *a* 1 disposé, e. 2 prêt, e : *¿ está todo – ?*, tout est prêt ? ; – *a, para salir*, prêt à partir.

disput/ar *t/i* disputer. **-a** *f* dispute.

distan/cia *f* distance. **-ciar** *t* éloigner. **-te** *a* distant, e.

distar *i* 1 être éloigné, e. 2 FIG − *de*, être loin de.

disten/der ° *t* distendre. **-ción** *f* 1 distension. 2 (en politica) détente.

distinción *f* distinction.

distingu/ir *t* 1 distinguer. 2 décorer. □ *pr* se distinguer. **-ido, a** *a* distingué, e.

distintivo, a *a* distinctif, ive. □ *m* insigne, signe distinctif.

distinto, a *a* 1 distinct, e. 2 − *a*, différent, e de.

distra/er ° *t* 1 distraire. □ *pr* se distraire. **-cción** *f* distraction. **-ído, a** *a/s* distrait, e.

distribu/ir ° *t* distribuer. **-ción** *f* distribution. **-idor** *m* distributeur.

distrito *m* district, circonscription *f*.

disturbio *m* trouble.

disua/dir *t* dissuader. **-sión** *f* dissuasion.

disuelto, a *a* dissous, oute.

divagación *f* divagation.

diván *m* divan.

diverg/ir ° *i* diverger. **-encia** *f* divergence. **-ente** *a* divergent, e.

diversidad *f* diversité.

diversificar *t* diversifier.

diversión *f* 1 distraction, divertissement *m*. 2 MIL diversion.

diverso, a *a* divers, e. □ *pl* plusieurs, divers, e.

divert/ir ° *t* (entretener) amuser, divertir. □ *pr nos hemos divertido mucho*, nous nous sommes bien amusés. **-ido, a** *a* amusant, e, drôle.

divid/ir *t* diviser. **-endo** *m* dividende.

divieso *m* furoncle.

divin/o, a *a* divin, e. **-idad** *f* divinité.

divisa *f* 1 (moneda, lema) devise. 2 (señal) insigne *m*.

divisar *t* distinguer, apercevoir.

división *f* division.

divisor *m* diviseur.

divorci/o *m* divorce. **-arse** *pr*

divorcer : *se han divorciado*, ils ont divorcé.

divulgar *t* divulguer.

dobladillo *m* ourlet.

dobladura *f* pli *m*.

doblaje *m* doublage.

doblar *t* 1 plier : − *el mantel, la rodilla*, plier la nappe, le genou. 2 replier. 3 − *la esquina*, tourner au coin de la rue. 4 (duplicar) doubler. 5 (película cinematográfica, actor) doubler. □ *i* − *a muerto*, sonner le glas. □ *pr* plier, se courber.

doble *a* double. 1 − *de alto, ancho que...*, deux fois plus haut, large que... □ *m* 1 double. 2 (de cerveza) chope *f*. 3 (actor) doublure *f*.

doblegar *t* plier, soumettre.

doblez *m* 1 pli. 2 FIG duplicité *f*.

doce *a/m* douze. 1 *son las* −, il est midi ; *las* − *de la noche*, minuit. **-na** *f* douzaine.

docente *a/s* enseignant, e : *personal* −, corps enseignant.

dócil *a* docile.

docilidad *f* docilité.

doctor *m* docteur. **-a** *f* docteur *m*, doctoresse. **-ado** *m* doctorat.

doctrina *f* 1 doctrine. 2 catéchisme *m*.

documentación *f* 1 documentation. 2 − *personal*, papiers *m pl* d'identité ; ¡ *la* −!, vos papiers !

documental *a/m* documentaire.

documentar *t* documenter.

documento *m* 1 document. 2 − *Nacional de Identidad*, carte *f* d'identité.

dogm/a *m* dogme. **-ático, a** *a* dogmatique.

dogo *m* dogue.

dólar *m* dollar.

dolencia *f* maladie, infirmité.

dol/er ° *i* 1 avoir mal, faire mal : *me duele la cabeza*, j'ai mal à la tête ; *todavía me duele el esguince*, mon entorse me fait encore mal. 2 *duele verle así*, ça

fait de la peine, c'est triste de le voir dans cet état. **3** (sentir) regretter : *ahora me duele haberle dicho que no*, je regrette maintenant de lui avoir dit non. □ *pr* se plaindre.
-ido, a *a* peiné, e, chagriné, e. **-iente** *a* souffrant, e.

dolor *m* **1** douleur *f* : *calmar el —*, calmer la douleur. **|** *— de costado*, point de côté. **2** mal : *sentir —*, avoir mal ; *tener — de muelas*, avoir mal aux dents. **-ido, a** *a* endolori, e. **-oso, a** *a* douloureux, euse.

dom/ar *t* **1** dompter. **2** dresser. **-a** *f* **1** domptage *m*. **2** dressage *m*. **-ador, a** *s* dompteur.

domesticar *t* apprivoiser.

doméstico, a *a/s* domestique.

domicili/o *m* domicile. **-ado, a** *a* domicilié, e. **-ario, a** *a* à domicile.

domin/ar *t* **1** dominer. **2** (un incendio, etc.) maîtriser. **-ador, a** *a/s* dominateur, trice. **-ante** *a/f* dominant, e.

domingo *m* dimanche. **|** *— de Resurrección*, dimanche de Pâques.

Domingo, a *n p* Dominique.

dominical *a* dominical, e.

dominicano, a *a/s* dominicain, e.

dominico, a *a/s* dominicain, e.

dominio *m* **1** domaine : *— público*, domaine public. **2** domination *f* : *bajo el — de*, sous la domination de. **3** (de sí mismo) maîtrise *f*. **4** *— del inglés*, parfaite connaissance, maîtrise de l'anglais.

dominó *m* domino.

¹**don** *m* (devant le prénom) *— Pedro López*, monsieur Pierre López.

²**don** *m* don : *— para las lenguas*, don pour les langues. **|** *— de gentes*, entregant.

donación *f* donation, don *m*.

donaire *m* **1** grâce *f*, aisance *f*. **2** esprit. **3** (chiste) mot d'esprit.

donante *s* *— de sangre*, donneur

de sang.

donativo *m* don.

doncella *f* **1** demoiselle. **2** (criada) femme de chambre.

donde *adv* **1** où : *la casa — vive*, la maison où il habite ; ¿ *dónde está el comedor ?*, où est la salle à manger ? **|** *— sea*, n'importe où. **2** ¿ *a dónde vas ?*, où vas-tu ? **3** *voy — mi tío*, je vais chez mon oncle. **-quiera** *adv* n'importe où.

donoso, a *a* drôle, spirituel, elle.

donostiarra *a/s* de Saint-Sébastien.

doña *f* madame.

dorada *f* daurade.

dor/ar *t* dorer. **-ado, a** *a* doré, e. □ *m* dorure *f*.

dorm/ir ° *i* **1** dormir : *el niño duerme*, l'enfant dort ; ¿ *has dormido bien ?*, as-tu bien dormi ? **2** coucher : *— al raso*, coucher à la belle étoile. □ *t* endormir. **|** *— la siesta*, faire la sieste. □ *pr me he dormido*, je me suis endormi. **-ido, a** *a* endormi, e. **-ilón, ona** *a/s* dormeur, euse. **-itar** *i* somnoler. **-itorio** *m* **1** chambre *f* à coucher. **2** (común) dortoir.

dors/o *m* **1** dos. **2** (de una página) dos, verso. **-al** *a* dorsal, e. □ *m* (de deportista) dossard.

dos *a/m* deux. **|** *son las —*, il est deux heures ; *en un — por tres*, en moins de deux. **-cientos, as** *a/m* deux cents.

dosel *m* dais.

dos/is *f* dose. **-ificar** *t* doser.

dotación *f* **1** (tripulación) équipage *m*. **2** (de una oficina, etc.) personnel *m*. **3** rémunération.

dotar *t* **1** doter. **2** (de una cualidad) douer : *dotado de imaginación*, doué d'imagination. **3** (proveer) équiper, doter : *barco dotado de un radar potente*, bateau équipé d'un radar puissant.

dote *m/f* dot *f*. □ *f pl* (aptitudes) dons *m*.

doy ⇒ **dar**.

dozavo, a *a/m* douzième.

drag/a *f* drague. **-ar** *t* draguer.

dram/a *m* drame. **-ático, a** *a* dramatique. **-atizar** *t* dramatiser. **-aturgo** *m* dramaturge.

dril *m* coutil.

drog/a *f* drogue. **-adicto, a** *s* drogué, e. **-arse** *pr* 1 se droguer. 2 (un deportista) se doper.

droguería *f* droguerie.

dromedario *m* dromadaire.

ducado *m* (territorio) duché.

duch/a *f* douche : *darse una —,* prendre une douche. **-arse** *pr* se doucher.

ducho, a *a* expert, e.

dud/ar *i* 1 douter : *no dudo de ello,* je n'en doute pas. 2 se demander : *dudo si tomaré el avión,* je me demande si je prendrai l'avion. 3 hésiter : *no duden en consultarnos,* n'hésitez pas à nous consulter. □ *t* douter de : *lo dudo,* j'en doute. *-a* *f* doute *m* : *no cabe —,* il n'y a pas de doute ; *sin —,* sans doute ; *sin — alguna,* sans aucun doute. **-oso, a** *a* 1 douteux. euse. 2 (vacilante) hésitant, e.

¹**duelo** *m* (combate) duel.

²**duelo** *m* (luto) deuil.

duende *m* lutin.

dueño, a *s* 1 maître, esse. I *ser — de sí mismo,* être maître de soi. 2 propriétaire, patron : *el — del restaurante,* le patron du restaurant.

duermevela *f* demi-sommeil *m*.

dulce *a* 1 doux, douce. 2 sucré, e. □ *m* confiture *f*. □ *m pl* sucreries *f*.

dulcificar *t* adoucir.

dulzón, ona *a* douceâtre.

dulzor *m*, **dulzura** *f* douceur *f*.

duodécimo, a *a/s* douzième.

duna *f* dune.

duplic/ar *t* doubler. □ *pr* doubler. **-ado** *m* duplicata. I *por —,* en double.

duque, esa *s* duc, duchesse.

duración *f* durée.

duradero, a *a* durable.

durante *prep/adv* pendant, durant.

durar *i* durer.

durazno *m* pêche *f*.

dureza *f* dureté.

durmiente *a* dormant, e. □ *m* (de ferrocarril) traverse *f*.

duro, a *a* dur, e. I *ser — de oído,* être dur d'oreille. □ *m* (= 5 pesetas) douro. □ *adv* fort.

E

e |e| _f e m_ : _una_ —, un e. □ _conj_ (devant _i_ ou _hi_) et : _madre_ — _hija_, mère et fille.

¡ ea ! _interj_ allons !

ebanista _m_ ébéniste.

ébano _m_ ébène _f_.

ebri/o, a _a_ ivre. **-edad** _f_ ébriété.

Ebro _npm_ Èbre.

ebulición _f_ ébullition.

eccema _m_ eczéma.

eclesiástico, a _a/m_ ecclésiastique.

eclips/e _m_ éclipse _f_. **-ar** _t_ éclipser.

eco _m_ écho.

ecol/ogía _f_ écologie. **-ógico, a** _a_ écologique. **-ogista** _a/s_ écologiste.

econ/omía _f_ économie. **-ómico, a** _a_ 1 économique. 2 (que gasta poco) économe. **-omista** _m_ économiste. **-omizar** _t_ économiser.

ecónomo _m_ économe.

ecuación _f_ équation.

ecua/dor _m_ équateur. **-torial** _a_ équatorial, e. **-toriano, a** _a/s_ équatorien, enne.

ecuestre _a_ équestre.

ecuménico, a _a_ œcuménique.

eczema _m_ eczéma.

echar _t_ 1 (arrojar) jeter. 2 — _vino en un vaso_, verser du vin dans un verre. 3 (expulsar) chasser. 4 (despedir) congédier. 5 (el cerrojo) tirer, pousser. 6 faire : — _una partida de damas_, faire une partie de dames. 7 (poner) mettre. 8 — _a_, se mettre à. 9 — _abajo_, démolir. □ _pr_ 1 se jeter. 2 (acostarse) s'allonger, s'étendre. 3 _echarse a_, se mettre à : _se echó a llorar_, elle se mit à pleurer.

echarpe _m_ écharpe _f_.

edad _f_ âge _m_ : _niño en_ — _escolar_, enfant d'âge scolaire ; _de poca_ —, en bas âge ; _la_ — _Media_, le Moyen Âge. I _un hombre de_ —, un homme âgé ; _de 70 años de_ —, âgé de 70 ans.

edema _m_ œdème.

edición _f_ édition.

edicto _m_ édit.

edific/ar _t_ 1 bâtir, édifier. 2 FIG édifier. **-ación** _f_ édification. **-io** _m_ édifice, bâtiment.

Edimburgo _np_ Edimbourg.

edit/ar _t_ éditer. **-or, a** _s_ éditeur, trice. **-orial** _m_ éditorial. □ _f_ maison d'édition.

Edmundo _npm_ Edmond.

edredón _m_ édredon.

Eduardo _npm_ Édouard.

educ/ar _t_ 1 éduquer. 2 élever : _bien, mal educado_, bien, mal élevé. **-ación** _f_ éducation. **-ador, a** _s_ éducateur, trice. **-ando, a** _s_ élève. **-ativo, a** _a_ éducatif, ive.

efectivo, a _a/m_ effectif, ive. I _pagar en_ —, payer en espèces.

efecto _m_ effet. I _en_ —, en effet ; _causar_ —, faire de l'effet ; _surtir_ —, produire son effet ; (entrar en vigor) prendre effet.

efectuar _t_ effectuer.

efervescen/te _a_ effervescent, e. **-cia** _f_ effervescence.

efic/acia _f_ efficacité. **-az** _a_ efficace.

efigie _f_ effigie.

efímero, a _a_ éphémère.

efusión _f_ effusion.

egipcio, a _a/s_ égyptien, enne.

Egipto _npm_ Égypte _f_.

egoís/ta _a/s_ égoïste. **-mo** _m_ égoïsme.

egregio, a _a_ illustre.

egresar *i* AMER sortir (d'une école, etc.).

¡ eh ! *interj* eh ! ! *¿ eh ?*, hein ?

eje *m* **1** axe. **2** (que une las ruedas) essieu.

ejecución *f* exécution.

ejecut/ar *t* exécuter. **-ante** *s* exécutant, e. **-ivo, a** *a/m* exécutif, ive. □ *m* cadre supérieur. □ *f* direction.

ejemplar *a/m* exemplaire.

ejemplo *m* exemple : *por —*, par exemple.

ejerc/er *t* exercer. **-icio** *m* exercice. **-itarse** *pr — en*, s'exercer à.

ejército *m* armée *f*.

¹el *art* le, l' : *— tren*, le train ; *— avión*, l'avion. l *— de*, celui de ; *— que*, celui que, qui (*el* se traduit souvent par le possessif : *se quitó — abrigo*, il ôta son manteau).

²él *pron pers* **1** il. **2** lui : *iré con —*, j'irai avec lui.

elabor/ar *t* élaborer. **-ación** *f* élaboration.

elasticidad *f* élasticité.

elástico, a *a/m* élastique.

elección *f* **1** (votación) élection. **2** choix *m* : *a —*, au choix.

elector, a *s* électeur, trice. **-al** *a* électoral, e.

electric/idad *f* électricité. **-ista** *m* électricien.

eléctrico, a *a* électrique.

electrificar *t* électrifier.

electrizar *t* électriser.

electrocardiograma *m* électrocardiogramme.

electrocu/tar *t* électrocuter. **-ción** *f* électrocution.

electrodo *m* électrode *f*.

electrófono *m* électrophone.

electroimán *m* électro-aimant.

electrón *m* électron. **-ico, a** *a/f* électronique.

elefante *m* éléphant.

elegan/te *a/s* élégant, e. **-temente** *adv* élégamment. **-cia** *f* élégance.

elegia *f* élégie.

eleg/ir *° t* **1** élire : *el presidente ha sido elegido*, le président a été élu. **2** (escoger) choisir. l *a —*, au choix. **-ible** *a* éligible.

element/o *m* élément. **-al** *a* élémentaire.

Elena *npf* Hélène.

elenco *m* (de actores) troupe *f*.

elev/ar *t* élever. **-ación** *f* élévation. **-ador, a** *a* élévateur, trice.

elimin/ar *t* éliminer. **-ación** *f* élimination. **-atorio, a** *a/f* éliminatoire.

elipse *f* ellipse.

elipsis *f* ellipse.

Elíseo *m* Élysée.

élite *f* élite.

elocuen/te *a/s* éloquent, e. **-cia** *f* éloquence.

elogi/o *m* éloge. **-ar** *t* faire l'éloge de. **-oso, a** *a* élogieux, euse.

elucidar *t* élucider.

eludir *t* éluder.

ella, as *pron pers* elle, elles.

ello *pron pers* **1** cela, ça. **2** *de —*, en : *estoy seguro de —*, j'en suis sûr. **3** *en —*, y : *no pienses más en —*, n'y pense plus. **4** *por —*, c'est pourquoi.

ellos *pron pers* **1** ils. **2** eux : *— mismos*, eux-mêmes.

emanar *i* émaner.

emancip/ar *t* émanciper. **-ación** *f* émancipation.

embadurnar *t* barbouiller.

embajad/a *f* ambassade. **-or, a** *s* ambassadeur, drice.

embal/ar *t* emballer. **-aje** *m* emballage.

embaldosar *t* daller.

embalsamar *t* embaumer.

embalse *m* barrage, retenue *f* d'eau.

embaraz/ar *t* embarrasser. **-ada** *a* (mujer) enceinte. **-o** *m* (de la mujer) grossesse *f*. **-oso, a** *a* embarrassant, e.

embarcación f embarcation.

embarc/ar t embarquer. □ pr s'embarquer. **-adero** m embarcadère. **-o** m embarquement.

embarg/ar t saisir. **-o** m 1 saisie f. 2 MAR embargo. 3 sin −, cependant, néanmoins.

embarque m embarquement.

embarrado, a a boueux, euse.

embarrancar i (barco) échouer. □ pr s'embourber.

embarullar t embrouiller.

embate m assaut.

embaucar t 1 (engañar) leurrer. 2 (seducir) enjôler.

embeber t 1 absorber. 2 imbiber. □ pr 1 (tela) rétrécir. 2 FIG s'imprégner. 3 (enfrascarse) se plonger.

embelesar t ravir, charmer.

embellec/er ° t embellir. **-imiento** m embellissement.

embest/ir ° t − a, contra, se jeter sur. **-ida** f attaque.

emblema m emblème.

embobado, a a ébahi, e.

emboc/ar t − una calle, s'engager dans une rue. **-adura** f 1 embouchure. 2 devant m de la scène.

embolia f embolie.

émbolo m piston.

embolsarse pr empocher.

emborrachar t enivrer. □ pr se soûler.

emborronar t barbouiller, gribouiller.

emboscada f embuscade, guet-apens m.

embotar t émousser.

embotell/ar t 1 − vino, mettre du vin en bouteilles. 2 (una calle) embouteiller. **-ado** m mise f en bouteilles. **-amiento** m embouteillage.

embozarse pr se couvrir le bas du visage.

embra/gar t/i embrayer. **-gue** m

embrayage.

embravecer ° t rendre furieux, euse.

embria/gar t enivrer. **-guez** f ivresse.

embrión m embryon.

embroll/o m imbroglio. **-ar** t embrouiller.

embrutec/er ° t abrutir. **-imiento** m abrutissement.

embuchado m charcuterie f.

embudo m entonnoir.

embust/e m mensonge. **-ero, a** s menteur, euse.

embut/ir t 1 (rellenar) bourrer. 2 (una chapa de metal) emboutir. **-ido** m (embuchado) charcuterie f.

emerg/er i émerger. **-encia** f urgence : en caso de −, en cas d'urgence. l salida de −, sortie de secours.

emigr/ar i émigrer. **-ación** f émigration. **-ado, a** s émigré, e. **-ante** s émigrant, e.

Emilio n p m Émile.

eminen/te a éminent, e. **-cia** f éminence.

emir m émir.

emisario m émissaire.

emisor, a a émetteur, trice. □ f station émettrice, émetteur m.

emitir t émettre : el banco ha emitido nuevos billetes, la banque a émis de nouveaux billets.

emo/ción f émotion. **-cionante** a émouvant, e. **-cionar** t émouvoir. □ pr être ému, e. **-tivo, a** a émotif, ive.

empacar t emballer.

empacho m indigestion f.

empadron/ar t recenser. **-amiento** m recensement.

empalag/ar t écœurer. **-oso, a** a 1 écœurant, e. 2 (persona) collant, e.

empalizada f palissade.

empalm/ar t 1 (trenes, autobuses) correspondre. 2 (carreteras) s'embrancher, se raccorder. **-e** *m* 1 correspondance *f*. 2 embranchement. 3 raccord.

empan/ar *t* paner. **-ada** *f* friand *m*.

empantanar *t* 1 inonder. 2 FIG *dejar empantanado*, laisser en plan.

empañar *t* 1 ternir. 2 (un cristal) embuer.

empapar *t* 1 absorber. 2 tremper. I *– en agua*, imbiber d'eau.

empapelar *t* (las paredes) tapisser (avec un papier peint).

empaque *m* 1 allure *f*. 2 air guindé.

empaquetar *t* empaqueter.

emparedado *m* sandwich.

emparejar *t* assortir. □ *i* rattraper, rejoindre : *corrí para – con él*, je courus pour le rattraper.

emparentado, a *a* apparenté, e.

emparrado *m* treille *f*.

empast/ar *t* (una muela) plomber. **-e** *m* plombage.

empat/ar *i* 1 (deportes) égaliser. I *estar empatados*, être à égalité. 2 faire match nul. **-e** *m* 1 égalité *f*, match nul. 2 (votación) ballotage.

empedernido, a *a* endurci, e, invétéré, e.

empedr/ar ° *t* 1 *– con adoquines*, paver. 2 empierrer. **-ado** *m* pavage.

empellón ⇒ **empujón**.

empeñ/ar *t* engager. □ *pr* 1 s'endetter. 2 *empeñarse en*, s'obstiner à, s'acharner à. 3 insister. **-o** *m* 1 (afán) ardeur *f*, empressement, acharnement. 2 souci. 3 vif désir. I *tener – en*, tenir à.

empeor/ar *i* s'aggraver, empirer. I *el enfermo ha empeorado*, l'état du malade s'est aggravé. **-amiento** *m* aggravation *f*.

empequeñecer ° *t* rapetisser.

empera/dor *m* empereur. **-triz** *f* impératrice.

emperrarse *pr* FAM *– en*, s'entêter à.

empezar ° *t/i* commencer. I *– de nuevo, volver a –*, recommencer.

empin/ar *t* dresser. □ *pr* se dresser (sur la pointe des pieds). **-ado, a** *a* (cuesta) raide, en pente.

empírico, a *a* empirique.

emplasto *m* emplâtre.

emple/ar *t* employer : *no emplea esta palabra*, n'emploie pas ce mot. **-ado, a** *s* employé, e. **-o** *m* 1 emploi. 2 (cargo) emploi, situation *f*.

empobrec/er ° *t* appauvrir. **-imiento** *m* appauvrissement.

empoll/ar *t* 1 couver. 2 FAM (estudiar) potasser, bûcher. **-ado, a** *a está muy – en física*, il est très calé en physique. **-ón, ona** *a/s* bûcheur, euse.

emporio *m* AMER grand centre commercial.

empotrar *t* 1 encastrer. I *armario empotrado*, armoire encastrée, placard. 2 (con cemento) sceller.

emprend/er *t* entreprendre. I *– la marcha*, prendre le départ. **-edor, a** *a* entreprenant, e.

empres/a *f* entreprise. **-ario** *m* 1 entrepreneur. 2 chef d'entreprise. 3 (teatro) impresario.

empréstito *m* emprunt.

empuj/ar *t* pousser. **-e** *m* 1 poussée *f*. 2 FIG allant, énergie *f*. **-ón** *m* 1 poussée *f*. 2 coup. I *darse empujones*, se bousculer ; *a empujones*, brutalement, par à-coups.

empuñ/ar *t* tenir : *el desconocido empuñaba una pistola*, l'inconnu tenait un pistolet. **-adura** *f* poignée.

emulación *f* émulation.

en *prep* 1 dans : *– la calle, el cajón*, dans la rue, le tiroir. 2 en, à : *– España*, en Espagne ; *– Barcelona*, à Barcelone ; *– el Brasil*, au Brésil. 3 (sobre) sur : *– la mesa, la acera*, sur la table, le trottoir. 4 (tiempo) *– 1980*, en 1980 ; *el siglo XX*, au XXᵉ siècle. I *– una mañana* *triste de invierno,* par une triste matinée d'hiver. **5** – *que,* où : *el día – que yo me case,* le jour où je me marierai. **6** (modo) *me contestó – catalán,* il me répondit en catalan ; – *camisón,* en chemise de nuit. **7** de : *aumentar, reducir en un 10 %,* augmenter, réduire de 10 %. **8** (entre) chez : – *los poetas,* chez les poètes. **9** (+ gerundio) – *entrando,* dès qu'il fut entré, aussitôt entré.

enaguas *f pl* jupon *m sing.*

enajen/ar *t* **1** rendre fou, folle. **2** (cautivar) griser, charmer. **-ación** *f* aliénation.

enaltecer ° *t* exalter.

enamor/ar *t* faire la cour. □ *enamorarse de,* tomber amoureux, euse de, s'éprendre de. **-ado, a** *a/s* amoureux, euse. **-iscarse** *pr* s'enticher.

enano, a *a/s* nain, e.

enarbolar *t* arborer.

enardecer ° *t* échauffer, enflammer, exciter.

encabez/ar *t* **1** être à la tête de. **2** (una lista) ouvrir. **3** prendre la tête de. **-amiento** *m* en-tête.

encabritarse *pr* se cabrer.

encaden/ar *t* enchaîner. **-amiento** *m* enchaînement.

encajar *t* **1** emboîter. **2** FAM (asestar) flanquer. □ *i* **1** (dentro de una cosa) rentrer, s'emboîter. **2** (ser adecuado) aller, convenir, cadrer.

encaj/e *m* dentelle *f.* **-era** *f* dentellière.

encajonado, a *a* encaissé, e.

encalar *t* chauler.

encallar *i* échouer.

encaminarse *pr* **1** – *a la salida,* se diriger vers la sortie. **2** *medidas encaminadas a...,* mesures destinées à...

encandilarse *pr* **1** (ojos) s'allumer. **2** s'exciter.

encanecer ° *i* blanchir, grisonner.

encant/ar *t* enchanter, ravir. I

encantado de conocerle, enchanté de faire votre connaissance ; *aceptar encantado,* accepter avec plaisir ; *me encanta leer,* j'adore lire ; *me encantan los niños,* j'adore les enfants. **-ador, a** *a/s* enchanteur, eresse. □ *a* charmant, e. **-o** *m* **1** enchantement. **2** (atractivo) charme.

encapotarse *pr* se couvrir : *cielo encapotado,* ciel couvert.

encapricharse *pr* – *con,* s'enticher de.

encaramarse *pr* grimper.

encarar *t* affronter. □ *pr* **1** dévisager : *se encaró con su interlocutor,* il dévisagea son interlocuteur. **2** encararse con, affronter.

encarcel/ar *t* emprisonner, incarcérer. **-amiento** *m* emprisonnement.

encarec/er ° *t* **1** (alabar) vanter, faire l'éloge de. **2** demander avec insistance. □ *i* augmenter. **-idamente** *adv* instamment. **-imiento** *m* insistance *f.*

encarg/ar ° *t* **1** charger : *me ha encargado que te dé las gracias,* il m'a chargé de te remercier. **2** commander : *he encargado una tonelada de carbón,* j'ai commandé une tonne de charbon. **3** – *un traje,* faire faire un costume. **-o** *m* commission *f.* | *de –,* sur commande.

encariñarse *pr* – *con,* s'attacher à.

encarn/ar *t* incarner. **-ación** *f* incarnation.

encarniz/arse *pr* s'acharner. **-ado, a** *a* acharné, e. **-amiento** *m* acharnement.

encartonar *t* cartonner.

encasillado *m* quadrillage.

encasquillarse *pr* s'enrayer.

encáustico *m* encaustique *f.*

encauzar *t* canaliser.

encéfalo *m* encéphale.

encend/er ° *t* allumer. □ *pr* s'enflammer, prendre feu. **-edor**

m briquet. **-ido, a** *a* rouge. I *mejillas encendidas,* joues en feu. □ *m* allumage.

encer/ar *t* cirer. **-ado** *m* 1 toile *f* cirée. 2 (pizarra) tableau noir. **-adora** *f* cireuse.

encerrar ° *t* 1 enfermer. 2 (guardar) ranger. 3 (contener) renfermer.

encía *f* gencive.

enciclopedia *f* encyclopédie.

encierro *m* 1 retraite *f.* 2 mise *f* au toril (des taureaux).

encima *adv* 1 dessus. I *por —,* par-dessus ; FIG superficiellement. 2 — *de,* sur : — *de la mesa,* sur la table ; *por — de los tejados,* au-dessus des toits. 3 (además) en outre, en plus. I — *de que,* en plus du fait que. 4 *llevar dinero —,* avoir de l'argent sur soi.

encin/a *f* chêne *m* vert, yeuse. **-ar** *m* bois de chênes-verts.

encinta *a* enceinte.

enclave *m* enclave *f.*

enclenque *a* chétif, ive, malingre.

encog/er *t* replier, contracter. □ *i/pr* (tela) rétrécir. □ *encogerse de hombros,* hausser les épaules. **-ido, a** *a* timide. **-imiento** *m* timidité *f.*

encolerizarse *pr* se mettre en colère, s'emporter.

encomendar ° *t* charger de.

encomi/ar *t* faire l'éloge de. **-o** *m* éloge.

encono *m* animosité *f.*

encontrar ° *t* 1 (hallar) trouver : *la encuentro simpática,* je la trouve sympathique. 2 (topar) rencontrer. □ *pr* 1 (dos o más personas) se rencontrer. 2 *me encontré con ella en la escalera,* je l'ai rencontrée dans l'escalier. 3 se trouver, se sentir : *encontrarse a gusto,* se sentir à l'aise.

encopetado, a *a* huppé, e.

encorvar *t* courber.

encrespar *t* 1 friser. 2 irriter.

encrucijada *f* carrefour *m.*

encuadern/ar *t* relier. **-ación** *f* reliure. **-ador, a** *s* relieur, euse.

encuadrar *t* encadrer.

encubr/ir *t* cacher. **-idor, a** *s* receleur, euse.

encuentro *m* rencontre *f.*

encuesta *f* enquête.

encumbrado, a *a* élevé, e.

encurtidos *mpl* cornichons confits dans du vinaigre.

enchuf/ar *t* 1 (un aparato eléctrico) brancher. 2 FAM pistonner. I *un enchufado,* un type qui a du piston. **-e** *m* 1 prise *f* de courant. 2 FAM (influencia) piston ; (empleo) planque *f.*

endeble *a* faible.

endemoniado, a *a/s* possédé, e. □ *a* FIG maudit, e, horrible.

enderezar *t* redresser. □ *i — a,* se diriger vers.

endeudarse *pr* s'endetter.

endiablado, a *a* 1 endiablé, e. 2 horrible.

endibia *f* endive.

endilgar *t* FAM 1 (un discurso, etc.) faire avaler. 2 (una cosa molesta) refiler.

endomingado, a *a* endimanché, e.

endosar *t* endosser.

endrina *f* prunelle.

endulzar *t* adoucir.

endurec/er ° *t* endurcir. **-imiento** *m* endurcissement.

enebro *m* genévrier.

enemi/go, a *a/s* ennemi, e. **-stad** *f* inimitié. **-starse** *pr* se brouiller.

energía *f* énergie.

enérgico, a *a* énergique.

enero *m* janvier : *el día primero de —,* le premier janvier.

enfad/ar *t* fâcher, mettre en colère. □ *pr* se fâcher. **-adizo, a** *a* irritable. **-o** *m* 1 fâcherie *f.* 2 colère *f.* I *causar —,* agacer, mettre en colère. **-oso, a** *a* ennuyeux, euse.

énfasis *m* emphase *f.*

enfático, a *a* emphatique.

enfermar *i* tomber malade.

enfermedad *f* maladie.

enfermer/ía *f* infirmerie. **-o, a** *s* infirmier, ère.

enferm/o, a *a/s* malade : *ponerse* —, tomber malade. **-izo, a** *a* maladif, ive.

enfilar *t* 1 (un telescopio, etc.) braquer. 2 — *una calle*, enfiler une rue. □ *i* (ir) se diriger.

enflaquec/er ° *i* maigrir. **-imiento** *m* amaigrissement.

enfo/car *t* 1 (foto) mettre au point. 2 (un asunto) envisager. **-que** *m* 1 mise *f* au point. 2 FIG point de vue, optique *f*.

enfrascarse *pr* s'absorber, se plonger.

enfrentar *t* mettre en présence, opposer. □ *pr* 1 *enfrentarse con un adversario*, affronter un adversaire. 2 se rencontrer.

enfrente *adv* en face : *la acera de* —, le trottoir d'en face ; — *de mí*, en face de moi.

enfri/ar *t* refroidir. □ *pr* 1 *se ha enfriado el tiempo*, le temps s'est refroidi. 2 attraper froid. **-amiento** *m* refroidissement.

enfundar *t* mettre dans une housse.

enfurecer ° *t* mettre en fureur. I *mar enfurecido*, mer démontée.

engalanar *t* orner, décorer.

enganch/ar *t* 1 accrocher. 2 (un caballo) atteler. 3 (soldado) enrôler, recruter. **-e** *m* 1 accrochage. 2 recrutement.

engañ/ar *t* tromper. **-o** *m* 1 erreur *f*. 2 tromperie *f*. **-oso, a** *a* trompeur, euse.

engastar *t* enchâsser, sertir.

engatusar *t* enjôler, embobeliner.

engendr/ar *t* engendrer. **-o** *m* avorton.

engolfarse *pr* s'absorber, se plonger.

engordar *t* 1 engraisser. 2 (persona) faire grossir. □ *i* grossir : *ha engordado mucho*, il a beaucoup grossi.

engorr/o *m* FAM ennui. I *¡ qué* — *!*, quelle barbe ! **-oso, a** *a* rasoir.

engranaje *m* engrenage.

engrandecer ° *t* FIG grandir.

engrapadora *f* agrafeuse.

engras/ar *t* graisser. **-e** *m* graissage.

engreído, a *a* suffisant, e, présomptueux, euse.

engrosar ° *i* grossir.

engullir ° *t* engloutir.

enhebrar *t* enfiler.

enhorabuena *f* félicitations *pl*. I *dar la* —, féliciter ; *estar de* —, être en joie. □ *adv* à la bonne heure.

enigm/a *m* énigme *f*. **-ático, a** *a* énigmatique.

enjabonar *t* savonner.

enjaezar *t* harnacher.

enjalbegar *t* badigeonner à la chaux, chauler.

enjambr/e *m* essaim. **-ar** *i* essaimer.

enjuag/ar *t* rincer. **-ue** *m* rinçage.

enjugar *t* 1 sécher. 2 (el sudor, las lágrimas) essuyer.

enjuiciar *t* juger, émettre un jugement sur.

enjundia *f* 1 graisse. 2 FIG substance.

enjuto, a *a* sec, sèche.

enlace *m* 1 liaison *f*. 2 (de trenes) correspondance *f*. I *carretera de* —, bretelle, voie de raccordement. 3 — *matrimonial*, mariage. 4 — *sindical*, délégué syndical.

enlazar *t* relier : *carretera que enlaza una ciudad con otra*, route qui relie une ville à une autre.

enlodar *t* crotter.

enloquec/er ° *t* rendre fou, folle. **-edor, a** *a* affolant, e. **-imiento** *m* affolement.

enlosado *m* dallage.

enluc/ir *t* crépir. **-ido** *m* crépi.

enmarañar *t* 1 emmêler. 2 FIG embrouiller.

enmascarar *t* masquer.

enm/endar ° *t* 1 corriger. 2 (texto oficial) amender. **-ienda** *f* 1 correction. 2 amendement.

enmohecerse ° *pr* moisir.

enmudecer ° *i* rester muet, ette.

ennegrecerse ° *pr* noircir.

ennoblecer ° *t* 1 anoblir. 2 FIG ennoblir.

enoj/ar *t* fâcher. **-o** *m* 1 colère *f*. 2 contrariété *f*. **-oso, a** *a* fâcheux, euse.

enorgullecerse ° *pr* s'enorgueillir.

enorm/e *a* énorme. **-emente** *adv* énormément. **-idad** *f* énormité.

enramada *f* feuillage *m*.

enranciarse *pr* rancir.

enrarecer ° *t* raréfier.

enredadera *f* liseron *m*.

enred/ar *t* embrouiller. □ *i* faire des bêtises. **-o** *m* 1 imbroglio. 2 intrigue *f*.

enrejado *m* 1 grillage. 2 (de madera) treillage.

enrevesado, a *a* compliqué, e.

Enrique *npm* Henri.

enriquec/er ° *t* enrichir. □ *pr* s'enrichir. **-imiento** *m* enrichissement.

enrojecer ° *t/i* rougir.

enrollar *t* enrouler.

enronquecerse ° *pr* s'enrouer.

enroscar ° *t* enrouler.

ensaimada *f* gâteau *m* en forme de spirale.

ensalad/a *f* salade. **-era** *f* saladier *m*. **-illa** *f* macédoine de légumes, salade russe.

ensalzar *t* chanter les louanges de.

ensambl/ar *t* assembler. **-adura** *f* assemblage *m*.

ensanch/ar *t* élargir. **-e** *m* 1 élargissement. 2 agrandissement. 3 (barrio nuevo) quartier neuf.

ensangrentar ° *t* ensanglanter.

ensañ/arse *pr* — con, en, s'acharner sur. **-amiento** *m* acharnement.

ensartar *t* 1 — perlas, enfiler des perles. 2 FIG débiter.

ensay/o *m* 1 essai. 2 (de una obra teatral) répétition *f*. **-ar** *t* essayer. 2 (obra teatral) répéter. **-ista** *m* essayiste.

enseguida *adv* 1 (acto continuo) aussitôt. 2 (pronto) tout de suite.

ensenada *f* anse.

enseñanza *f* enseignement *m* : — media, superior, enseignement secondaire, supérieur.

enseñar *t* 1 apprendre : *ella me enseñó a leer*, elle m'a appris à lire. 2 (mostrar) montrer. □ *t/i* (dar clases) enseigner : *enseña desde hace diez años*, il enseigne depuis dix ans.

enseres *mpl* affaires *f*.

ensillar *t* seller.

ensimism/arse *pr* se concentrer. **-ado, a** *a* — en un libro, plongé dans un livre.

ensombrecer ° *t* assombrir.

ensordec/er ° *t* assourdir. **-edor, a** *a* assourdissant, e.

ensortijado, a *a* bouclé, e.

ensuciar *t* salir.

ensueño *m* rêve, songe.

entablado *m* plancher.

entablar *t* (discusión, debate, etc.) entamer, engager.

entarimado *m* plancher.

ente *m* 1 être. 2 société *f*.

enteco, a *a* chétif, ive.

entendederas *f pl* FAM comprenette *sing*.

entend/er ° *t* comprendre : *no entiendo lo que usted dice*, je ne comprends pas ce que vous dites ; *no entendiste bien*, tu n'as pas bien compris. I *dar a* —, laisser entendre ; *ya entiendo*, je comprends, je vois. □ *i* s'y connaître : *poco entiendo de mecánica*, je ne m'y connais pas beaucoup en mécanique. □ *pr* s'entendre : *no se entiende con su suegra*, il ne s'entend pas avec sa belle-mère.

-ido, *a* a 1 *bien — que...,* étant bien entendu que... 2 *— en,* connaisseur en. 3 ¡ *entendido !,* compris !, d'accord ! **-imiento** *m* intelligence *f,* entendement.

enterado *a* au courant.

enteramente *adv* entièrement.

enterar *t* informer. □ *pr* 1 s'informer, se renseigner : *enterarse del precio de...,* se renseigner sur le prix de... 2 se rendre compte. 3 apprendre : *me enteré de que se había casado,* j'ai appris qu'il s'était marié. | FAM ¿ *se entera ?,* compris ?

entereza *f* énergie, force de caractère.

enteritis *f* entérite.

enternec/er ° *t* attendrir. **-edor,** *a* a attendrissant, e.

entero, *a* a 1 entier, ère. | *por —,* entièrement. 2 ferme.

enterr/ar ° *t* enterrer. **-ador** *m* fossoyeur.

entibiarse *pr* tiédir.

entidad *f* 1 importance. 2 organisme *m,* société, entreprise. | *— bancaria,* établissement *m* bancaire.

entierro *m* enterrement.

entoldar *t* couvrir d'un vélum.

enton/ar *t* 1 entonner. 2 (fortalecer) ragaillardir, revigorer. **-ación** *f* intonation.

entonces *adv* alors. | *en aquel —, por —,* à cette époque-là.

entontecer ° *t* abêtir.

entornar *t* 1 (puerta) entrebâiller. 2 entrouvrir. | *ojos entornados,* yeux mi-clos.

entorpec/er ° *t* 1 engourdir. 2 (estorbar) gêner, paralyser. **-imiento** *m* 1 engourdissement. 2 retard.

entrada *f* 1 entrée : *prohibida la —,* entrée interdite. 2 billet *m* : ¿ *has sacado las entradas ?,* as-tu

pris les billets ? 3 (cantidad recaudada) recette. 4 *de —,* de but en blanc.

entrambos, as *a* tous les deux, toutes les deux.

entramparse *pr* s'endetter.

entrañ/as *fpl* entrailles. **-able** *a* 1 intime. 2 profond, e. **-ablemente** *adv* tendrement.

entrar *i* 1 entrer. | *entrado en años,* âgé. 2 (encajar) rentrer. 3 être pris, e : *le entró pánico,* il a été pris de panique. □ *t* (introducir) faire entrer.

entre *prep* 1 — *Madrid y Toledo,* entre Madrid et Tolède. 2 — *mis amigos,* parmi mes amis. 3 (en una colectividad) — *los musulmanos,* chez les musulmans. 4 *se perdió — la muchedumbre,* il s'est perdu dans la foule. 5 — *las risas,* au milieu des rires. | *por —,* parmi. 6 — *alegre y triste,* mi-gai, mi-triste. 7 *llevar una cosa — dos,* porter une chose à deux. 8 — *mí, sí,* à part moi, lui.

entreabrir *t* entrouvrir : *puerta entreabierta,* porte entrouverte.

entreacto *m* entracte.

entrecejo *m fruncir el —,* froncer les sourcils.

entrecortar *t* entrecouper.

entrecot *m* entrecôte *f.*

entrecruzar *t* entrecroiser.

entreg/ar *t* 1 remettre. 2 (una mercancía) livrer. □ *pr* 1 (al enemigo) se livrer. 2 (dedicarse) se livrer, s'adonner. **-a** *f* 1 remise : — *de la copa al vencedor,* remise de la coupe au vainqueur. 2 (de una mercancía, fascículo) livraison.

entrelazar *t* entrelacer.

entremedias *adv* au milieu.

entremés *m* 1 hors-d'œuvre : *entremeses variados,* hors-d'œuvre variés. 2 (teatro) intermède.

entremezclar *t* entremêler.

entren/ar *t* entraîner. **-ador** *m* entraîneur. **-amiento** *m* entraînement.

entresuelo *m* entresol.

entretanto *adv* pendant ce temps. I en el —, dans l'intervalle.

entretejer *t* entrelacer.

entreten/er ° *t* 1 (divertir) amuser. 2 faire perdre son temps. 3 (dar largas) retarder, faire traîner en longueur. □ *entretenerse en*, s'amuser à. **-ido, a** *a* amusant, e. **-imiento** *m* 1 distraction *f*, amusement. 2 (conservación) entretien.

entretiempo *m* demi-saison *f*.

entrever ° *t* entrevoir.

entrevist/a *f* 1 entrevue, entretien *m*. 2 (de periodista) interview. **-arse** *pr* 1 avoir une entrevue, un entretien : *el ministro se entrevistó con...*, le ministre a eu un entretien avec... 2 interviewer.

entristecer ° *t* attrister.

entromet/erse *pr* — en, se mêler de, s'immiscer dans. **-ido, a** *a/s* indiscret, ète.

entuerto *m* tort.

entumec/erse ° *pr* s'engourdir. I *dedos entumecidos*, doigts engourdis. **-imiento** *m* engourdissement.

enturbiar *t* troubler.

entusi/asmo *m* enthousiasme. **-asmar** *t* enthousiasmer. **-asta** *a/s* enthousiaste. **-ástico, a** *a* enthousiaste.

enumer/ar *t* énumérer. **-ación** *f* énumération.

enunci/ar *t* énoncer. **-ado** *m* énoncé.

envanecerse ° *pr* s'enorgueillir, être fier, ère.

envas/ar *t* 1 (un líquido) mettre en bouteille. 2 (un producto) conditionner. **-e** *m* 1 (acción) conditionnement. 2 (botella) bouteille *f*. 3 récipient, boîte *f*.

envejecer ° *t/i* vieillir.

envenen/ar *t* empoisonner. **-amiento** *m* empoisonnement.

envergadura *f* envergure.

envés *m* envers.

envi/ar *t* envoyer : *le enviaré una postal*, je vous enverrai une carte postale. I — *por*, envoyer chercher. **-ado** *m* envoyé.

envidi/a *f* envie : *dar* —, faire envie. **-oso, a** *a/s* envieux, euse.

envilec/er ° *t* avilir. **-edor, a** *a* avilissant, e. **-imiento** *m* avilissement.

envío *m* envoi.

enviudar *i* devenir veuf, veuve.

envol/ver ° *t* envelopper : *envuelto en un papel*, enveloppé dans un papier. **-tura** *f* emballage *m*.

enyesar *t* plâtrer.

enzarzarse *pr* 1 s'engager. 2 se disputer.

épico, a *a* épique.

epid/emia *f* épidémie. **-émico, a** *a* épidémique.

epidermis *f* épiderme *m*.

epil/epsia *f* épilepsie. **-éptico, a** *a/s* épileptique.

epílogo *m* épilogue.

epis/odio *m* épisode. **-ódico, a** *a* épisodique.

epístola *f* épître.

epistolar *a* épistolaire.

epitafio *m* épitaphe *f*.

epíteto *m* épithète *f*.

época *f* époque : *en la — de*, à l'époque de. I *hacer* —, faire date.

epopeya *f* épopée.

equidad *f* équité.

equilibr/io *m* équilibre. **-ar** *t* équilibrer.

equimosis *f* ecchymose.

equinoccio *m* équinoxe.

equipaje *m* bagages *pl* : *mi — está en la consigna*, mes bagages sont à la consigne.

equipar *t* équiper.

equiparar *t* comparer.

equipo *m* 1 (conjunto de cosas) équipement : — *de esquí*, équipement de ski. 2 (de novia) trousseau. 3 (grupo de obreros, jugadores)

équipe f : un — de futbolistas, une équipe de footballeurs.

equis f x m : rayos —, rayons x.

equitación f équitation.

equitativo, a a équitable.

equival/er ° i équivaloir, valoir : su respuesta equivale a una negativa, votre réponse équivaut à un refus, vaut un refus. **-ente** a/m équivalent, e.

equivoc/arse pr se tromper : me he equivocado, je me suis trompé. | estar equivocado, se tromper. **-ación** f erreur. **-adamente** adv par erreur.

equívoco, a a équivoque. □ m équivoque f, malentendu.

¹**era** f (período) ère.

²**era** f (para trillar) aire.

³**era, eras,** etc. ⇒ **ser.**

erario m trésor public.

erección f érection.

erguir ° t lever, dresser. □ pr se dresser.

erial m terrain en friche.

erigir t ériger.

erizar t hérisser.

erizo m 1 hérisson. 2 — de mar, oursin.

ermit/a f ermitage m, chapelle isolée. **-año** m ermite.

Ernesto npm Ernest.

erosión f 1 érosion. 2 (herida) écorchure.

erótico, a a érotique.

erotismo m érotisme.

errabundo, a a errant, e.

errado, a a (falso) erroné, e.

errante a errant, e. | andar —, errer.

errar ° t manquer, rater : — el blanco, manquer la cible. | — el camino, faire fausse route.

erre f r m. | — que —, obstinément.

erróneo, a a erroné, e.

error m erreur f : estar en un —, être dans l'erreur.

eructo m renvoi, éructation f.

erudi/to, a a/s érudit, e. **-ción** f érudition.

erupción f éruption.

esa ⇒ **ese.**

esbelto, a a svelte.

esboz/o m ébauche f, esquisse f. **-ar** t ébaucher, esquisser.

escabech/e m marinade f. | sardinas en —, sardines marinées. **-ar** t 1 mariner. 2 (en un examen) coller, recaler. **-ina** f FAM hécatombe.

escabel m escabeau.

escabroso, a a scabreux, euse.

escabullirse ° pr 1 glisser des mains. 2 (marcharse) s'éclipser, s'esquiver.

escafandra f scaphandre m.

escala f 1 échelle : en gran —, sur une grande échelle ; a — mundial, à l'échelle mondiale. 2 (barco, avión) escale : hacer —, faire escale. 3 MÚS gamme.

escalada f escalade.

escalafón m tableau d'avancement.

escalar t escalader.

Escalda npm Escaut.

escaldar t échauder.

escalera f 1 escalier m : — mecánica, escalier mécanique. 2 — de mano, échelle ; — de tijera, échelle double.

escalfar t pocher.

escalinata f perron m.

escalofr/ío m frisson. **-iante** a effrayant, e.

escal/ón m 1 échelon. 2 (de escalera) marche f, degré m. **-onar** t échelonner.

escalpelo m scalpel.

escam/a f 1 écaille. 2 (jabón) paillette. **-ar** t 1 écailler. 2 FIG rendre méfiant, e.

escamondar t émonder.

escamotear t escamoter.

escampar impers cesser de pleuvoir.

escanciar t verser (à boire).

escandalizar t scandaliser. □ pr être scandalisé, e.

esc/ándalo m 1 scandale : *causar* —, faire scandale. 2 (ruido) tapage, esclandre. **-andaloso, a** a scandaleux, euse.

Escandinavia npf Scandinavie.

escandinavo, a a/s scandinave.

escaño m 1 banc. 2 (de diputado) siège.

escap/ar i — *de un peligro*, échapper à un danger. □ pr *el prisionero se ha escapado*, le prisonnier s'est échappé. **-ada** f 1 escapade. 2 (ciclista) échappée.

escaparate m vitrine f, devanture f, étalage.

escapatoria f 1 (solución) issue. 2 échappatoire.

escape m 1 échappement : *tubo de* —, tuyau d'échappement. 2 (de un gas, líquido) fuite f. 3 a —, en vitesse, dare-dare.

escarabajo m scarabée.

escaramujo m églantier.

escaramuza f escarmouche.

escarapela f cocarde.

escarbar t gratter, fouiller.

escarch/a f gelée blanche, givre m. **-ado, a** a givré, e.

escardar t sarcler.

escariar t aléser.

escarlata a/f écarlate.

escarlatina f scarlatine.

escarm/entar ° t corriger. □ i se corriger. I — *en cabeza ajena*, profiter de l'expérience d'autrui. **-iento** m leçon f.

escarpad/o, a a escarpé, e. **-ura** f escarpement m.

escasamente adv 1 pauvrement. 2 à peine. 3 faiblement.

escas/ear i manquer. **-ez** f 1 manque m, pénurie : — *de petróleo*, pénurie de pétrole. 2 gêne.

escaso, a a 1 faible : *escasa altura*, faible hauteur. 2 (poco frecuente, poco abundante) rare. 3 juste, à peine : *una semana escasa*, juste une semaine. 4 *estar* — *de dinero*, être à court d'argent, un peu gêné.

escatimar t lésiner sur.

escayol/a f 1 plâtre m. 2 stuc m. **-ar** t plâtrer.

escen/a f scène : *salir a* —, entrer en scène. **-ario** m 1 scène f. 2 cadre.

escénico, a a scénique.

esc/éptico, a a sceptique. **-epticismo** m scepticisme.

escisión f scission.

esclarec/er ° t éclaircir. **-ido, a** a illustre.

esclavina f pèlerine.

esclav/o, a a/s esclave. **-ista** a esclavagiste. **-itud** f esclavage m. **-izar** t réduire en esclavage.

esclerosis f sclérose.

esclusa f écluse.

escob/a f balai m. **-illa** f balayette.

escocer ° i 1 brûler. 2 FIG blesser.

escocés, esa a/s écossais, e.

Escocia npf Écosse.

escofina f râpe.

escoger t choisir : *escoja usted*, choisissez. I a —, au choix.

escolar a scolaire. □ s élève. **-idad** f scolarité.

escolt/a f escorte. **-ar** t escorter.

escoll/o m écueil. **-era** f jetée, brise-lames m.

escombros mpl décombres, déblais.

escond/er t cacher. **-idas (a)** loc adv en cachette. **-ite** m (juego) cache-cache. **-rijo** m cachette f.

escopet/a f fusil m (de chasse). **-azo** m coup de fusil.

escoplo m ciseau.

escorbuto m scorbut.

escoria f scorie.

escorpión m scorpion.

escorzo m raccourci.

escotar t échancrer, décolleter :

vestido escotado, robe décolletée.

¹escote *m* décolleté.

²escote *m* écot. | *pagar a* —, partager les frais.

escotill/a *f* écoutille. **-ón** '*m* trappe *f*.

escozor *m* brûlure *f*.

escribano *m* greffier.

escri/bir *t* écrire : *he escrito una carta a mi tío*, j'ai écrit une lettre à mon oncle. | — *a máquina*, taper à la machine. **-to** *m* écrit : *por* —, par écrit. **-tor, a** *s* écrivain. **-orio** *m* bureau. **-tura** *f* écriture.

escr/úpulo *m* scrupule. **-upuloso, a** *a* 1 scrupuleux, euse. 2 (aprensivo) délicat, e.

escrut/ar *t* scruter. **-inio** *m* dépouillement du scrutin.

escuadr/a *f* 1 (instrumento triangular) équerre. 2 (de soldados) escouade. 3 (de barcos) escadre. 4 AMER revolver *m*. **-illa** *f* escadrille. **-ón** *m* escadron.

escuálido, a *a* maigre.

escualo *m* squale.

escuch/ar *t* écouter. **-itas** *fpl* messes basses.

escudero *m* écuyer.

escudilla *f* écuelle.

escudo *m* écu.

escudriñar *t* fouiller du regard, scruter.

escuela *f* école : — *de párvulos*, école maternelle. | *formar* —, faire école.

escueto, a *a* 1 concis, e. 2 dépouillé, e, sobre.

esculcar *t* AMER fouiller.

escul/pir *t* sculpter. **-tor, a** *s* sculpteur. **-tura** *f* sculpture.

escup/ir *i/t* cracher. **-itajo** *m* crachat.

escurreplatos *m* égouttoir.

escurridizo, a *a* glissant, e.

escurridor *m*, **escurridora** *f* passoire *f*.

escurrir *t* égoutter. □ *i/pr* s'égoutter. □ *pr* (resbalar) glisser.

¹ese *f* s *m*. | *hacer eses*, zigzaguer.

²ese, a, os, as *a dem* ce, cet, cette, ces... (-là) : — *niño*, cet enfant ; — *libro*, ce livre-là ; *el tío* —, ce type-là (sens péjoratif).

³ése, a, os, as *pron dem* 1 celui-là, celle-là, ceux-là, celles-là. 2 *ésa es la verdad*, c'est la vérité ; *ésa es mi opinión*, voilà mon avis, tel est mon avis.

esenci/a *f* essence. **-al** *a* essentiel, elle.

esf/era *f* 1 sphère. 2 (de reloj) cadran *m*. **-érico, a** *a* sphérique.

esfinge *f* sphinx *m*.

esf/orzarse ° *pr* — *en, por*, s'efforcer à. **-uerzo** *m* effort.

esfumar *t* estomper. □ *pr* disparaître.

esgrim/a *f* escrime. **-idor** *m* escrimeur.

esgrimir *t* 1 manier. 2 FIG employer, brandir, faire valoir.

esguince *m* 1 écart. 2 (torcedura) foulure *f*, entorse.

eslabón *m* maillon.

eslavo, a *a/s* slave.

eslogan *m* slogan.

esmalt/e *m* 1 émail : *unos esmaltes*, des émaux. 2 — *para uñas*, vernis à ongles. **-ar** *t* émailler.

esmerado, a *a* soigné, e.

esmeralda *f* émeraude.

esmerarse *pr* s'appliquer.

esmeril *m* émeri.

esmero *m* soin.

esmirriado, a *a* chétif, ive.

eso *pron dem* 1 cela, ça, c' : *¿ qué es* — *?*, qu'est-ce que c'est que ça ? ; *¡ — es !*, c'est ça ! ; — *te preguntaba*, c'est ce que je te demandais ; — *te va a pasar a ti*, c'est ce qui va t'arriver ; *por* — *no acepté*, c'est pourquoi je n'ai pas accepté ; *por* — *mismo*, c'est justement que ça. 2 voilà : — *es hablar con juicio*, voilà qui est parler avec discernement ; — *es todo*, voilà tout. 3 *a* — *de*, vers ; *y* — *que*, et pourtant.

esófago m œsophage.

esos ⇒ **ese**.

espacial a spatial, e.

espaciar t espacer.

espaci/o m 1 espace. 2 place f : *ocupar* —, prendre de la place. 3 *por* — *de una hora*, en l'espace d'une heure. 4 (televisión) émission f. **-oso, a** a spacieux, euse.

espada f épée. □ m matador.

espalda f dos m. □ pl dos m sing : *de espaldas al fuego*, le dos au feu. l *caerse de espaldas*, tomber à la renverse ; *cargado de espaldas*, voûté. **-razo** m consécration f.

espantadizo, a a ombrageux, euse.

espantajo, espantapájaros m épouvantail.

espant/ar t effrayer, épouvanter, faire peur. **-o** m frayeur f, effroi. l *estar curado de* —, en avoir vu bien d'autres. **-oso, a** a effrayant, e, épouvantable.

España n p f Espagne.

español, a a/s espagnol, e : *los españoles*, les Espagnols.

esparadrapo m sparadrap.

esparc/ir t répandre. □ pr se distraire, se détendre, se délasser. **-imiento** m (recreo) distraction f, détente f.

espárrago m asperge f. l FAM *mandar a freir espárragos*, envoyer paître.

esparto m sparte, alfa.

espasmo m spasme.

espátula f spatule.

especia f épice.

especial a spécial, e. l *en* —, spécialement. **-idad** f spécialité. **-ista** s spécialiste. **-izarse** pr se spécialiser.

especie f 1 espèce. 2 *una* — *de*, une sorte de, une espèce de. 3 *pagar en especies*, payer en nature.

especificar t spécifier.

específico, a a/m spécifique.

espécimen m spécimen.

espect/áculo m spectacle. **-acular** a spectaculaire. **-ador, a** s spectateur, trice.

espectro m spectre.

especul/ar i (traficar) spéculer. 2 penser. **-ación** f spéculation. **-ador, a** s spéculateur, trice.

espejear i miroiter.

espejismo m mirage.

espejo m miroir, glace f : *mirarse al* —, se regarder dans la glace.

espeleología f spéléologie.

espeluznante a à faire dresser les cheveux sur la tête, épouvantable.

espera f 1 attente : *sala de* —, salle d'attente ; *a la* — *de*, *en* — *de*, dans l'attente de. 2 (plazo) délai m.

esperanza f 1 espoir m : *tengo pocas esperanzas de que...*, j'ai peu d'espoir que... 2 (virtud) espérance. **-dor, a** a encourageant, e.

esperar t 1 (aguardar) attendre : *estamos esperando que llegue el médico*, nous attendons que le médecin arrive. l FAM *¡ espérate sentado !*, tu peux te fouiller ! 2 espérer : *espero que no lloverá mañana*, j'espère qu'il ne pleuvra pas demain. □ pr *me lo esperaba*, je m'y attendais.

esperma f sperme m.

esperpento m horreur f.

espes/o, a a épais, aisse. **-ar** t/pr épaissir. **-or** m, **-ura** f épaisseur f.

esp/ía s espion, onne. **-iar** t espionner.

espig/a f 1 épi m. 2 chevron m : *tejido de* —, tissu à chevrons. **-ado, a** a élancé, e, grand, e. **-ar** t glaner. **-ón** m jetée f.

espina f 1 épine. 2 (de pez) arête. 3 *eso me da mala* —, ça ne me dit rien qui vaille, ça me rend méfiant.

espinaca f épinard m.

espinazo m épine f dorsale.

espingarda f FAM grande perche.

espinilla f tibia m.

espin/o *m* — *albar*, aubépine *f* ; — *artificial*, fil de fer barbelé. **-oso, a** *a* épineux, euse.

espionaje *m* espionnage.

espiral *f* spirale.

espirar *i/t* expirer.

espiritismo *m* spiritisme.

espirituoso, **a** *a licor —*, spiritueux.

espíritu *m* esprit. | *el — Santo*, le Saint-Esprit.

espiritual *a* spirituel, elle.

espita *f* cannelle.

espléndido, a *a* splendide.

esplendor *m* splendeur *f*.

espliego *m* lavande *f*.

esplín *m* spleen.

espolear *t* éperonner.

espolón *m* 1 (de gallo) ergot *f*. 2 (de barco, montaña) éperon *m*. 3 (malecón) jetée *f*.

espolvear *t* saupoudrer.

esponj/a *f* éponge. **-arse** *pr* 1 se gonfler. 2 (envanecerse) se rengorger. **-oso, a** *a* spongieux, euse.

esponsales *mpl* fiançailles *f*.

espont/áneo, a *a* spontané, e. **-aneidad** *f* spontanéité.

esporádico, a *a* sporadique.

esportilla *f* petit cabas *m*.

esposas *fpl* menottes.

esposo, a *s* époux, ouse.

espuela *f* éperon *m*.

espuerta *f* cabas *m*.

espulgar *t* FIG éplucher.

espum/a *f* 1 (del agua) écume. 2 (de la cerveza, etc.) mousse : — *de afeitar*, mousse à raser. **-adera** *f* écumoire. **-ar, -ear** *i* 1 écumer. 2 mousser. **-oso, a** *a* 1 écumeux, euse. 2 (vino, etc.) mousseux, euse.

esputo *m* crachat.

esqueje *m* bouture *f*.

esquela *f* 1 billet *m*. 2 faire-part *m* : — *mortuoria*, faire-part de décès.

esquel/eto *m* squelette. **-ético, a** *a* squelettique.

esquem/a *m* schéma. **-ático, a** *a* schématique.

esqu/í *m* ski : *un par de esquís*, une paire de skis ; — *acuático*, ski nautique. **-iador, a** *s* skieur, euse **-iar** *i* skier.

esquife *m* esquif.

esquila *f* (campanilla) clochette.

esquil/ar *t* tondre. **-eo** *m* tonte *f*.

esquimal *a/s* esquimau, aude.

esquin/a *f* coin *m*, angle *m* : *el café de la —*, le café du coin ; — *a Serrano*, à l'angle de la rue Serrano ; *en la misma —*, juste à l'angle. | *hacer —*, faire l'angle. **-azo** *m* coin. | *dar — a alguien*, éviter quelqu'un.

esquirol *m* jaune, briseur de grève.

esquisto *m* schiste.

esquivar *t* 1 esquiver. 2 éviter.

esquiv/o, a *a* revêche. **-ez** *f* dédain *m*.

esta ⇒ este.

estabilidad *f* stabilité.

estabiliz/ar *t* stabiliser. **-ación** *f* stabilisation.

estable *a* stable.

establec/er ° *t* établir. **-imiento** *m* établissement.

establo *m* étable *f*.

estaca *f* piquet *m*, pieu *m*. **-da** *f* palissade.

estación *f* 1 (del año) saison. 2 (de ferrocarril) gare. 3 (de metro, meteorológica, etc.) station. 1 — *emisora*, poste émetteur, station émettrice.

estacion/arse *pr* stationner. **-amiento** *m* stationnement.

estacionario, a *a* stationnaire.

estadía *f* séjour *m*.

estadio *m* stade.

estadista *m* homme d'État.

estadístic/o, a *a/f* statistique. ☐ *m* statisticien.

estado *m* état : *en buen, mal —*, en bon, mauvais état ; — *mayor*, état-major ; *jefe de —*, chef d'État.

Estados Unidos *n p m pl* États-

Unis.

estadounidense *a/s* américain, e.

estaf/a *f* escroquerie. **-ador, a** *s* escroc. **-ar** *t* escroquer.

estafeta *f* bureau *m* de poste secondaire.

estalactita *f* stalactite.

estalagmita *f* stalagmite.

estall/ar *i* 1 (bomba) éclater, exploser. 2 (incendio, guerra, ira, etc.) éclater. **-ido** *m* éclatement. I dar un —, éclater.

estampa *f* 1 image. 2 (artística) estampe. I dar a la —, faire imprimer. 3 FIG (aire) allure, aspect *m*. 4 (símbolo) image.

estampar *t* 1 estamper. 2 (tejido) imprimer. I un estampado, un imprimé.

estampía (de) *loc adv* précipitamment, en quatrième vitesse.

estampido *m* détonation *f*.

estampilla *f* 1 estampille. 2 AMER (de correos) timbre *m*.

estancar *t* laisser en suspens. □ *pr* stagner.

estancia *f* 1 séjour *m*. 2 (poesía) stance. 3 (en América) grande propriété agricole.

estanciero *m* AMER fermier.

estanco, a *a* étanche. □ *m* bureau de tabac.

estándar *a/m* standard.

estandarte *m* étendard.

estanque *m* 1 étang. 2 (en un parque) bassin.

estanquero, a *s* buraliste.

estanqueidad *f* étanchéité.

estante *m* étagère *f*. **-ría** *f* rayonnage *m*.

estaño *m* étain.

estaquilla *f* piquet *m*.

estar ° *i* 1 être : *no está en casa*, il n'est pas chez lui ; *estamos en verano*, nous sommes en été. 2 (exprime un état, une caractéristique accidentelle) être : *estoy de mal humor*, je suis de mauvaise

humeur ; *está preciosa con su traje nuevo*, elle est ravissante avec sa robe neuve ; — *de viaje, de vacaciones, de luto*, être en voyage, en vacances, en deuil. 3 aller : *¿ cómo está usted ?*, comment allez-vous ? ; *este abrigo te está bien*, ce manteau te va bien. 4 (+ participe passé, exprime un état résultant) *el coche está arreglado*, la voiture est réparée. 5 (+ gérondif, exprime la durée) *estábamos comiendo*, nous étions en train de manger, nous mangions ; *¿ qué estás haciendo ?*, que fais-tu ? 6 — *para*, être sur le point de : *no está para bromas*, il n'est pas d'humeur à plaisanter ; — *por*, rester à : *la cama está por hacer*, le lit reste à faire ; *estoy por renunciar*, je suis tenté de renoncer. 7 *está bien*, c'est bien, ça·va ; *¿ estamos ?*, d'accord ? ; *ya está*, ça y est. □ *pr* rester : *se estuvo charlando con nosotros una hora*, il est resté à bavarder avec nous pendant une heure ; *¡ estaos quietos !*, restez tranquilles ! ⇒ **ser** ⇒ **être.**

estático, a *a* statique.

estatua *f* statue.

estatura *f* stature. I por orden de —, par rang de taille.

estatuto *m* statut.

¹**este** *m* est.

²**este, a, os, as** *a dem* 1 ce, cet, cette, ces... (-ci) : — *hombre*, cet homme ; *el libro —*, ce livre·ci. 2 — *es el recibo*, voici le reçu•; *estos son mis hijos*, voici mes enfants ; *esta es la cuestión*, telle est la question.

³**éste, a, os, as** *pron dem* celui-ci, celle-ci, ceux-ci, celles-ci.

Esteban *n p m* Étienne.

estela *f* 1 (de un barco) sillage *m*. 2 (piedra) stèle.

estenografía *f* sténographie.

estepa *f* steppe.

estera *f* natte.

estereotipado, a *a* stéréotypé, e.

estereofonía *f* stéréophonie.

est/éril *a* stérile. **-erilizar** *t* stériliser.

esterlina *a* sterling.

estero *m* AMER marais.

estertor *m* râle.

esteta *s* esthète.

estético, a *a/f* esthétique.

estiércol *m* fumier.

estigma *m* stigmate.

estilarse *pr* se porter, être à la mode.

estilo *m* 1 style. 2 manière *f*, façon *f*. I por el —, dans le genre.

estilográfica *f* stylo *m*.

estim/ar *t* estimer. **-a** *f* estime. **-able** *a* estimable. **-ación** *f* 1 estimation. 2 estime.

estimul/ar *t* stimuler. **-ante** *a/s* stimulant, e.

estímulo *m* stimulant.

estío *m* été.

estipendio *m* rémunération *f*.

estipular *t* stipuler.

estir/ar *t* 1 étirer. 2 allonger, tendre. □ *pr* s'étirer. I *estirarse las piernas*, se dégourdir les jambes. **-ado, a** *a* 1 (orgulloso) prétentieux, euse, guindé, e. 2 (tacaño) pingre.

estirpe *f* souche.

estival *a* estival, e.

esto *prondem* 1 ceci, cela, ça, c': *hace de — diez años*, il y a de cela dix ans ; *— es la pura verdad*, c'est la pure vérité. I — *es*, c'est-à-dire ; c'est ça ; *no hay como —*, il n'y a rien de tel. 2 *en —*, sur ces entrefaites, sur ce.

Estocolmo *n p* Stockholm.

estofa *f de baja —*, de bas étage.

estofado *m* daube *f*.

estoic/o, a *a* stoïque. **-ismo** *m* stoïcisme.

estómago *m* estomac. I *revolver el —*, soulever le cœur.

estorb/ar *t* 1 gêner, embarrasser. 2 (impedir) empêcher. 3 (planes) entraver. **-o** *m* gêne *f*.

estornino *m* étourneau.

estornud/ar *i* éternuer. **-o** *m* éternuement.

estos ⇒ **este.**

estrafalario, a *a* extravagant, e, farfelu, e.

estrago *m* ravage.

estragón *m* estragon.

estrambótico, a *a* farfelu, e.

estrangul/ar *t* étrangler. **-ación** *f* étranglement *m*.

estraperlo *m* marché noir.

Estrasburgo *n p* Strasbourg.

estratagema *m* stratagème.

estrat/egia *f* stratégie. **-égico, a** *a* stratégique.

estrech/ar *t* 1 rétrécir. 2 — *la mano*, serrer la main. 3 FIG (un lazo, una amistad) resserrer. **-amiento** *m* 1 rétrécissement. 2 FIG resserrement.

estrechez *f* 1 étroitesse. 2 (apuro) gêne. I *pasar estrecheces*, avoir des ennuis d'argent.

estrecho, a *a* étroit, e.

estregar ° *t* frotter.

estrell/a *f* 1 étoile : *— fugaz*, étoile filante. 2 — *de cine*, star. **-ado, a** *a* étoilé, e. I *— de mar*, étoile de mer. **-ar** *t* briser. □ *estrellarse contra un árbol*, s'écraser contre un arbre ; *el avión se ha estrellado*, l'avion s'est écrasé.

estremec/er ° *t* faire trembler, faire frémir. □ *pr* trembler, frémir. **-imiento** *m* tremblement, frémissement.

estren/ar *t* 1 étrenner. 2 (piso) occuper pour la première fois. 3 (obra de teatro) jouer pour la première fois. **-o** *m* 1 (obra de teatro, película) première *f*. I *cine de —*, cinéma d'exclusivité. 2 début.

estreñ/ir ° *t* constiper. **-imiento** *m* constipation *f*.

estr/épito *m* fracas. **-epitoso, a** *a* bruyant, e.

estr/ía *f* strie. **-iar** *t* strier.

estribación *f* contrefort *m*.

estribar *i* — *en*, s'appuyer sur, reposer sur.

estribo *m* étrier.

estribillo *m* 1 refrain. 2 rengaine *f*.

estribor *m* tribord.

estricto, a *a* strict, e.

estridente *a* strident, e.

estrofa *f* strophe.

estropajo *m* 1 lavette *f*. 2 (metálico) tampon à récurer.

estrop/ear *t* 1 abîmer. 2 gâter. 3 (un plan) faire échouer. **-icio** *m* dégât.

estructura *f* structure.

estruendo *m* fracas.

estrujar *t* 1 (un limón) presser. 2 (aplastar) écraser. 3 (un papel) froisser, chiffonner. 4 FIG (explotar) pressurer.

estuario *m* estuaire.

estuco *m* stuc.

estuche *m* 1 étui. 2 (para joyas, copas, etc.) coffret, écrin. 3 (de aseo, de cirujano, etc.) trousse *f*. 4 boite *f*.

estudiant/e *s* étudiant, e. **-il** *a* d'étudiant.

estudiar *t* étudier. | — *para médico*, faire sa médecine.

estudi/o *m* 1 étude *f*. 2 (de radio, piso pequeño) studio. 3 (de pintor) atelier. **-oso, a** *a* studieux, euse.

estufa *f* 1 poêle *m*. 2 (para plantas) serre. 3 (para baños de vapor) étuve.

estupefac/ción *f* stupéfaction. **-iente** *a* stupéfiant, e. **-to, a** *a* stupéfait, e.

estupendo, a *a* magnifique, formidable, épatant, e.

est/úpido, a *a* stupide. **-upidez** *f* stupidité.

estupor *m* stupeur *f*.

esturión *m* esturgeon.

estuve, etc. ⇒ **estar.**

etapa *f* étape.

éter *m* éther.

etern/o, a *a* éternel, elle. **-idad** *f* éternité. **-izar** *t* éterniser.

ético, a *a*/*f* éthique.

etimología *f* étymologie.

etíope *a*/*f* éthiopien, enne.

Etiopía *npf* Éthiopie.

etiqueta *f* 1 étiquette. 2 *traje de —,* tenue *f* de soirée ; *se ruega —,* tenue de soirée de rigueur.

étnico, a *a* ethnique.

etn/ología *f* ethnologie. **-ólogo, a** *s* ethnologue.

eucalipto *m* eucalyptus.

eucar/istía *f* eucharistie. **-ístico, a** *a* eucharistique.

eufemismo *m* euphémisme.

euforia *f* euphorie.

Eugenio, a *n p* Eugène, Eugénie.

Europa *npf* Europe.

europeo, a *a*/*s* européen, enne.

Eva *npf* Ève.

evacu/ar *t* évacuer. **-ación** *f* évacuation.

evadir *t* éviter, éluder. □ *pr* s'évader.

evalu/ar *t* évaluer. **-ación** *f* évaluation.

evangélico, a *a* évangélique.

Evangelio *npm* Évangile.

evangel/ista *m* évangéliste. **-izar** *t* évangéliser.

evapor/arse *pr* s'évaporer. **-ación** *f* évaporation.

evasión *f* évasion.

evasivo, a *a* évasif, ive.

eventual *a* éventuel, elle. **-idad** *f* éventualité.

eviden/cia *f* évidence. **-ciar** *t* mettre en évidence, faire ressortir. **-te** *a* évident, e.

evitar *t* éviter.

evoc/ar *t* évoquer. **-ación** *f* évocation. **-ador, a** *a* évocateur, trice.

evoluc/ión *f* évolution. **-ionar** *i* évoluer.

ex *prep* ancien, ex.

exact/o, a *a* exact, e. **-itud** *f*

exactitude.

exager/ar t/i exagérer. **-ación** f exagération.

exalt/ar t 1 (a mayor dignidad) élever. 2 (realzar el mérito) exalter. **-ación** f 1 élévation, accession. 2 exaltation. **-ado, a** a exalté, e.

exam/en m examen. **-inador, a** s examinateur, trice. **-inando, a** s candidat, e. **-inar** t 1 examiner. 2 faire passer un examen. □ pr passer un examen.

exasper/ar t exaspérer. **-ación** f exaspération.

excavación f excavation.

exced/er t dépasser, excéder. □ pr exagérer, dépasser les bornes. **-ente** m excédent.

excelen/te a excellent, e. **-cia** f excellence.

exc/éntrico, a a excentrique. **-entricidad** f excentricité.

excep/ción f exception ; con -de, à l'exception de. **-cional** a exceptionnel, elle. **-to** adv excepté. **-tuar** t excepter.

exces/o m excès. **-ivo, a** a excessif, ive.

excit/ar t exciter. **-able** a excitable. **-ación** f excitation. **-ante** a/m excitant, e.

exclam/ar i s'exclamer, s'écrier. **-ación** f exclamation.

exclu/ir ° t exclure. **-sión** f exclusion. **-siva** f exclusivité. **-sive** adv non compris. **-sivo, a** a exclusif, ive.

excomu/lgar t excommunier. **-nión** f excommunication.

excrecencia f excroissance.

excremento m excrément.

excursi/ón f excursion. **-onista** s excursionniste.

excusa f excuse.

excusado m cabinets pl.

excusar t 1 excuser. 2 éviter.

execr/ar t exécrer. **-able** a exécrable.

exento, a a exempt, e.

exequias f pl obsèques.

exhal/ar t exhaler. **-ación** f (rayo) éclair m.

exhausto, a a épuisé, e.

exhib/ir t 1 (ostentar) exhiber. 2 (modelos, mercancías, billete, película, etc.) présenter : - el carnet de identidad, présenter sa carte d'identité. 3 (en un escaparate) exposer. □ pr s'exhiber. **-ición** f 1 exhibition. 2 présentation. **-icionismo** m exhibitionnisme.

exhortar t exhorter.

exumar t exhumer.

exig/ir t exiger. **-encia** f exigence. **-ente** a exigent, e.

exig/uo, a a exigu, ë. **-üidad** f exiguïté.

exili/o m exil. **-ado, a** a/s exilé, e.

eximio, a a illustre.

eximir t exempter.

existencia f existence. □ pl stock m sing.

exist/ir i exister. **-ente** a existant, e.

éxito m succès : llevarse un gran -, remporter un vif succès ! tener - en la vida, réussir dans la vie ; tener mal -, échouer.

éxodo m exode.

exonerar t exonérer.

exorbitante a exorbitant, e.

exorc/izar t exorciser. **-ismo** m exorcisme.

exótico, a a exotique.

expans/ión f expansion. **-ivo, a** a expansif, ive.

expatriarse pr s'expatrier.

expectación f attente, curiosité. ! ambiente de gran -, atmosphère fébrile.

expectativa f expectative.

expedición f expédition.

expediente m 1 (documentos) dossier. ! - académico, diplômes universitaires. 2 affaire f.

exped/ir ° t (un documento) délivrer. **-ito, a** a libre, dégagé, e.

expeler t rejeter, cracher.

expend/er *t* vendre, débiter. **-edor, a** *a* 1 débitant, e. 2 (de tabaco) buraliste. **-eduría** *f* 1 – *de tabacos,* bureau *m* de tabac. 2 (taquilla) guichet *m*.

expensas *f pl a – de,* au dépens de.

experiencia *f* expérience.

experiment/ar *t* 1 (sensación, sentimiento) éprouver. 2 (científicamente) expérimenter. **-o** *m* expérience *f*.

experto, a *a/m* expert, e.

expi/ar *t* expier. **-ación** *f* expiation.

expirar *i* expirer.

explanada *f* explanade.

expl/icar *t* expliquer. **-icación** *f* explication. **-ícito, a** *a* explicite.

explor/ar *t* explorer. **-ación** *f* exploration. **-ador, a** *s* explorateur, trice. □ *m* scout.

explos/ión *f* explosion. **-ivo, a** *a/m* explosif, ive.

explotación *f* exploitation.

explotar *t* exploiter. □ *i* (bomba) exploser.

expon/er °* t* exposer. □ *pr* s'exposer. **-ente** *m* 1 exposant. 2 exemple.

export/ar *t* exporter. **-ación** *f* exportation. **-ador, a** *a/s* exportateur, trice.

exposición *f* 1 exposition. 2 *tiempo de –,* temps de pose. 3 (narración) exposé *m*.

expósito *s* enfant trouvé.

expositor, a *s* exposant, e.

expres/ar *t* exprimer. **-ión** *f* expression. **-ivo, a** *a.a* expressif, ive.

expreso, a *a* exprès, esse. □ *m* (tren) express.

exprim/ir *t* presser, exprimer : – *un limón,* presser un citron. **-idor** *m* presse-fruits.

expropi/ar *t* exproprier. **-ación** *f* expropriation.

expuesto, a *a* exposé, e. l *según lo*

–, d'après ce qui vient d'être exposé.

expuls/ar *t* expulser. **-ión** *f* expulsion.

exquisito, a *a* exquis, e.

extasiarse *pr* s'extasier.

éxtasis *m* extase *f*.

extender °* t* 1 étendre. 2 (un acta) dresser, rédiger, libeller. l – *un cheque,* faire un chèque. □ *pr* 1 la *llanura se extiende hasta el horizonte,* la plaine s'étend jusqu'à l'horizon. 2 se répandre : *creencia muy extendida,* croyance très répandue.

extensamente *adv* amplement.

extensible *a* extensible.

extensión *f* 1 étendue. 2 *por –,* par extension.

extenso, a *a* (amplio) étendu, e, vaste.

extenuar *t* exténuer.

exterior *a/m* extérieur, e.

extermin/ar *t* exterminer. **-ación** *f*, **-io** *m* extermination *f*.

extern/o, a *a/s* externe. **-ado** *m* externat.

extin/guir °* t* éteindre. **-to, a** *a* éteint, e. □ *a/s* défunt, e. **-tor** *m* extincteur.

extirpar *t* extirper.

extra *a* extra. □ *m* 1 (plus) gratification *f*. 2 (comparsa) figurant.

extracción *f* 1 extraction. 2 (lotería) tirage *m*.

extracto *m* extrait.

extradición *f* extradition.

extraer °* t* extraire.

extralimitarse *pr* dépasser les bornes.

extranjero, a *a/s* étranger, ère. □ *m viajar por el –,* voyager à l'étranger.

extrañar *t* 1 étonner, surprendre, être étonné, e : *me extraña que digas eso,* ça me surprend, je suis étonné que tu dises cela ; *te extrañó mi presencia,* ma présence l'a surpris. **2** (echar de menos) regretter : *extraño su ausencia,* je regrette son absence. □ *pr* s'étonner.

extrañeza *f* **1** étrangeté. **2** (asombro) étonnement *m*.

extraño, a *a* (raro) étrange, étonnant, e : *es − que...,* il est étonnant que... □ *a/s* étranger, ère.

extraordinario, a *a* extraordinaire. I *horas extraordinarias,* heures supplémentaires.

extrarradio *m* banlieue *f.*

extravagan/te *a* extravagant, e. **-cia** *f* extravagance.

extravi/ar *t* égarer. □ *pr* **1** *nos hemos extraviado,* nous nous sommes égarés. **2** (pervertirse) se fourvoyer. **-ado, a** *a* **1** perdu, e,

égaré, e. **2** *ojos extraviados,* yeux hagards.

extrem/ar *t* pousser à l'extrême. **-ado, a** *a* extrême. **-adamente** *adv* extrêmement.

extremidad *f* extrémité.

extremista *a/s* extrémiste.

extremo, a *a/m* extrême. I *en extremo,* à l'extrême. □ *m* **1** extrémité *f : en el − del ala,* à l'extrémité de l'aile. **2** (deporte) ailier.

Extremo Oriente *npm* Extrême-Orient.

exuberan/te *a* exubérant, e. **-cia** *f* exubérance.

exultar *i* exulter.

exvoto *m* ex-voto.

eyectable *a* éjectable.

F

f |efe| *f* f *m* : *una* —, un f.

fa *m* fa.

fabada *f* cassoulet *m* asturien.

fábrica *f* **1** usine. I — *de hilados*, filature. **2** fabrique : *marca de* —, marque de fabrique. **3** (edificio) bâtiment *m*. **4** *pared de* —, mur en maçonnerie.

fabric/ar *t* fabriquer. **-ación** *f* fabrication. **-ante** *s* fabricant, e.

fabril *a* manufacturier, ère.

fábula *f* fable.

fabuloso, a *a* fabuleux, euse.

faca *f* couteau *m*.

facción *f* faction. □ *pl* traits *m* (du visage) : *enérgicas facciones*, des traits énergiques.

faceta *f* facette.

fácil *a* facile : — *de limpiar*, facile à nettoyer.

facilidad *f* facilité.

facilitar *t* **1** faciliter. **2** — *datos*, fournir, procurer des renseignements ; *agradeceremos nos facilite su dirección*, nous vous serons reconnaissants de nous donner, communiquer votre adresse.

facistol *m* lutrin.

facticio, a *a* factice.

factor *m* facteur.

factura *f* facture.

factur/ar *t* **1** — *su equipaje*, faire enregistrer ses bagages. **2** COM facturer. **-ación** *f* **1** (equipaje) enregistrement *m*. **2** facturation.

facultad *f* faculté.

facultar *t* autoriser, habiliter : — *a alguien para hacer algo*, autoriser quelqu'un à faire quelque chose.

facultativo, a *a* **1** facultatif, ive. **2** médical, e : *cuerpo* —, corps médical. I *parte* —, bulletin de santé. **3** technique. □ *m* médecin, chirurgien.

facundia *f* faconde.

facha *f* **1** allure : *buena* —, belle allure. **2** FIG *viene hecho una* —, il est déguisé.

fachada *f* façade.

fachend/a *f* vantardise. **-oso, a** *a/s* vantard, e.

faena *f* **1** travail *m* : *las faenas del campo*, les travaux des champs. **2** *gastar una mala* —, jouer un sale tour, faire une crasse.

fagot *m* basson.

faisán *m* faisan.

faj/a *f* **1** (de terreno, de periódico) bande. **2** (que rodea el cuerpo) ceinture. **3** (de mujer) gaine. **4** (insignia) écharpe. **-in** *m* écharpe *f*.

fajo *m* (de billetes) liasse *f*.

falange *m* phalange.

fald/a *f* **1** jupe : — *recta, plisada*, jupe droite, plissée. **2** (de una montaña) flanc *m*. **-ón** *m* pan.

falible *a* faillible.

falsario, a *s* faussaire.

false/ar *t* fausser, dénaturer. **-dad** *f* fausseté.

falsific/ar *t* falsifier. **-ación** *f* falsification, contrefaçon. **-ador, a** *s* falsificateur, trice.

falso, a *a* faux, fausse : *una noticia falsa*, une fausse nouvelle ; *nota falsa*, fausse note. I *dar un paso en* —, faire un faux pas.

falta *f* **1** (error) faute : — *de ortografía*, faute d'orthographe. **2** — *de dinero*, manque *m* d'argent ; — *de escrúpulos*, absence de scrupules. I *a* — *de*, faute de, à défaut de ; *echar en* —, regretter ; *hacer* —, manquer, faire défaut ; (ser necesario) falloir : *para eso, hace* — *dinero*, pour ça, il faut de l'argent ; *sin* —, sans faute.

faltar *i* **1** manquer : *faltan dos*

vasos en la mesa, il manque deux verres sur la table; *¡ no faltaba más!*, il ne manquait plus que cela! ; *— a su palabra*, manquer à sa parole. l *poco faltó para que se ahogara*, il a failli se noyer. 2 *falta un mes para Navidad*, il reste un mois avant Noël; *faltan dos kilómetros para mi casa*, il reste deux kilomètres avant d'arriver chez moi.

falto, a *a* dépourvu, e de, privé, e de.

faltriquera *f* poche.

falúa *f* vedette.

falla *f* faille.

¹**fallar** *t* 1 juger, décider. 2 *— un premio*, décerner un prix.

²**fallar** *i* 1 (fracasar) échouer, rater. l *le falló la puntería*, le coup a manqué, a raté. 2 *le fallaron los nervios*, ses nerfs ont lâché, cédé, craqué.

fallas *f pl* fêtes de la Saint-Joseph, à Valence.

falleba *f* espagnolette.

fallec/er ° *i* mourir, décéder. **-imiento** *m* décès.

fallido, a *a* manqué, e. l *esperanza fallida*, espoir déçu.

¹**fallo** *m* sentence *f*, jugement, arrêt.

²**fallo** *m* 1 défaillance *f*. 2 (de un motor) raté.

fama *f* renommée, réputation. l *de —*, réputé, e ; *tiene — de mentiroso*, il a la réputation d'être menteur.

famili/a *f* famille. **-ar** *a* 1 (sencillo) familier, ère. 2 familial, e, de famille : *reunión —*, réunion familiale. □ *m* membre de la famille **-aridad** *f* familiarité. **-arizarse** *pr* se familiariser.

famoso, a *a* célèbre, renommé, e, fameux, euse.

fanal *m* 1 fanal. 2 (campana de cristal) globe.

fan/ático, a *a* fanatique. **-atismo** *m* fanatisme.

fanfarrón, ona *a/s* fanfaron, onne.

fang/o *m* fange *f*, boue *f*. **-oso, a** *a* boueux, euse.

fantasía *f* fantaisie.

fantasma *m* (aparecido) fantôme.

fantástico, a *a* fantastique.

fantoche *m* fantoche.

faquir *m* fakir.

fardo *m* ballot, paquet.

farfullar *i* bredouiller.

faringitis *f* pharyngite.

farmac/ia *f* pharmacie. **-éutico, a** *a* pharmaceutique. □ *s* pharmacien, enne.

faro *m* phare.

farol *m* 1 lanterne *f*. 2 (en las calles) réverbère. 3 FAM épate *f*, esbroufe *f*. **-a** *f* lampadaire *m*, réverbère *m*.

farol/ear *i* FAM faire de l'esbroufe, crâner. **-eo** *m* FAM esbroufe *f*. **-ero, a** *a/s* esbroufeur, euse.

farolillo *m* lampion. l *— veneciano*, lanterne *f* vénitienne.

farra *f* noce, bringue.

fárrago *m* fatras.

farragoso, a *a* compliqué, e, chargé, e.

fars/a *f* farce. **-ante** *a/m* comédien.

fascículo *m* fascicule.

fascin/ar *t* fasciner. **-ación** *f* fascination. **-ante** *a* fascinant, e.

fasc/ismo *m* fascisme. **-ista** *a/s* fasciste.

fase *f* phase.

fastidiar *t* 1 ennuyer. 2 FAM embêter, assommer. l *¡ no fastidies!*, la paix ! □ *pr* FAM endurer. l *¡ fastídiate!*, tant pis pour toi ! , va te faire foutre !

fastidi/o *m* ennui. l *¡ qué —!*, quelle barbe ! **-oso, a** *a* ennuyeux, euse.

fasto, a *a* faste.

fastuoso, a *a* fastueux, euse.

fatal *a* 1 fatal, e. 2 FAM *la corrida resultó —*, la corrida a été très mauvaise ; *a ella los pantalones le sientan —,* les pantalons lui vont très mal. **-idad** *f* fatalité. **-ismo** *m* fatalisme. **-ista** *a/s* fataliste.

fatig/ar *t* fatiguer. **-a** *f* fatigue.

fatu/o, a *a* fat, e. **-idad** *f* fatuité.

fauces *f pl* gosier *m sing.*

fauna *f* faune.

fausto, a *a* heureux, euse. □ *m* faste.

favor *m* **1** faveur *f.* | *a — de,* à la faveur de ; *en — de,* en faveur de. **2** *hacer el — de,* faire le plaisir de ; *hagan el — de...,* ayez l'obligeance de... ; *¿ me hace el — de decirme dónde está la estación ?,* pourriez-vous me dire, auriez-vous l'amabilité de me dire où se trouve la gare ? ; *por —,* s'il te (vous) plaît.

favorable *a* favorable.

favorecer ° *t* **1** favoriser. **2** (sentar bien) avantager.

favorito, a *a/s* favori, e.

faz *f* face.

fe *f* **1** foi : *de buena —,* de bonne foi. | *dar —,* témoigner. **2** confiance : *tener — en un médico,* avoir confiance en un médecin. **3** acte *m,* extrait *m,* certificat *m* : *— de bautismo,* extrait de baptême. | *— de vida,* fiche d'état civil.

fealdad *f* laideur.

febrero *m* février : *5 de —,* 5 février.

fébril *a* fébrile.

fécula *f* fécule.

fecund/o, a *a* fécond, e. **-ación** *f* fécondation. **-ar** *t* féconder. **-idad** *f* fécondité.

fech/a *f* **1** date : *poner la — en una carta,* mettre la date sur une lettre. | *a estas fechas,* actuellement ; *hasta la —,* jusqu'à présent. **2** (día) jour *m* : *este paquete tardará al menos cinco fechas,* ce colis mettra au moins cinq jours. **-ar** *t* dater.

fechoría *f* mauvais tour *m,* méfait *m.*

federación *f* fédération.

federal *a* fédéral, e. **-ismo** *m*

fédéralisme.

Federico *n p m* Frédéric.

felicidad *f* **1** bonheur *m.* **2** *¡ felicidades !* (Año Nuevo, cumpleaños) meilleurs vœux ! ; (acontecimiento feliz) mes félicitations ! ; (santo) bonne fête ! ; *le deseo muchas felicidades,* je vous présente mes meilleurs vœux.

felicitación *f* félicitation. □ *pl* compliments *m,* souhaits *m,* vœux *m.*

felicitar *t* **1** féliciter. **2** *— las Pascuas, el Año Nuevo,* souhaiter un joyeux Noël, la bonne année. □ *pr* se féliciter.

feligrés, esa *s* paroissien: enne.

felino, a *a/s* félin, e.

Felipe *n p m* Philippe.

feliz *a* heureux, euse : *hacer felices a los demás,* rendre les autres heureux. **-mente** *adv* heureusement.

felp/a *f* **1** peluche. **2** FAM (paliza) raclée ; (represión) savon. **-udo** *m* paillasson.

femenino, a *a/m* féminin, e.

fémur *m* fémur.

fen/ómeno *m* phénomène. **-omenal** *a* phénoménal, e.

feo, a *a* **1** laid, e. | *el asunto se está poniendo —,* l'affaire prend une mauvaise tournure. **2** vilain, e : *¡ qué tiempo más — !,* quel vilain temps ! □ *m* affront.

feraz *a* fertile.

féretro *m* cercueil.

feri/a *f* **1** foire : *— de muestras,* foire-exposition. **2** (verbena) fête foraine. **-ado, a** *a* *día —,* jour férié. **-al** *m* champ de foire. **-ante** *s* forain.

ferment/ar *i* fermenter. **-ación** *f* fermentation.

Fernando *n p m* Ferdinand, Fernand.

fero/z *a* féroce. **-cidad** *f* férocité.

férreo, a *a* *vía férrea,* voie ferrée ; *voluntad férrea,* volonté de fer.

ferretería *f* quincaillerie.

ferrocarril *m* chemin de fer.

ferroviario, a *a* ferroviaire. □ *m* cheminot.

fértil *a* fertile.

fertili/dad *f* fertilité. **-zar** *t* fertiliser.

ferv/or *m* ferveur *f*. **-iente** *a* fervent, e.

festej/ar *t* fêter. **-os** *m pl* réjouissances *f*.

festín *m* festin.

festival *m* festival : *festivales taurinos*, des festivals taurins.

festivo, a *a* 1 de fête. l *día —*, jour férié. 2 amusant, e, gai, e.

festón *m* feston.

fetiche *m* fétiche.

fétido, a *a* fétide.

feto *m* fœtus.

feúcho, a *a* pas très joli, e, moche.

feudal *a* féodal, e.

fiado (al) *adv* à crédit.

fiador, a *a salir —*, se porter garant. □ *m* 1 (fianza) caution *f*. 2 verrou de sûreté.

fiambre *m* plat froid. l *fiambres variados*, assiette anglaise. **-ra** *f* gamelle.

fianza *f* caution.

fiar *t* vendre à crédit. □ *i esta persona no es de —*, on ne peut pas faire confiance, on ne peut pas se fier à cette personne. □ *pr no me fío de él*, je n'ai pas confiance en lui.

fiasco *m* fiasco.

fibra *f* fibre.

fic/ción *f* fiction. **-ticio, a** *a* fictif, ive.

ficha *f* 1 (de teléfono) jeton *m*. 2 (tarjeta) fiche. 3 domino *m*. 4 *— técnica*, générique *m*.

fich/ar *t* (a un jugador de fútbol) engager. □ *i* (en una fábrica) pointer. **-ero** *m* fichier.

fidedigno, a *a* digne de foi.

fidelidad *f* fidélité.

fiebre *f* fièvre : *tengo —*, j'ai de la fièvre.

fiel *a/m* fidèle. □ *m* 1 contrôleur. 2 aiguille *f*.

fieltro *m* feutre.

fier/a *f* fauve *m*, bête féroce. **-eza** *f* sauvagerie.

fiesta *f* fête.

figón *m* gargote *f*.

figur/a *f* 1 figure. 2 silhouette. **-ación** *f* idée, imagination. **-ado, a** *a en sentido —*, au sens figuré. **-ante** *s* figurant, e. **-ar** *t* figurer. □ *pr* se figurer, s'imaginer. **-ativo, a** *a* figuratif, ive.

figurín *m* gravure *f* de mode.

fijar *t* fixer. l *— carteles*, poser des affiches, afficher. □ *fijarse en*, remarquer. l *fíjate en lo que digo*, fais attention à ce que je dis ; *¡ fíjese usted !*, rendez-vous compte ! ; *¡ fíjate qué sorpresa !*, rends-toi compte d'une surprise !

fijo, a *a* 1 fixe. 2 certain, e. l *de —*, sûrement.

fila *f* 1 file : *en —*, à la file. 2 (en los cines, de soldados, etc.) rang *m* : *en primera —*, au premier rang. l *llamar a filas*, appeler sous les drapeaux.

filamento *m* filament.

fil/ántropo *m* philanthrope. **-antropía** *f* philanthropie.

filatel/ia *f* philatélie. **-ista** *s* philatéliste.

filete *m* filet.

filiación *f* 1 filiation. 2 (señas) signalement *m*.

filial *a/f* filial, e.

filigrana *f* filigrane *m*.

Filipinas *n p f pl* Philippines.

film, film/e *m* film. **-ar** *t* filmer.

filo *m* tranchant, fil.

filología *t* philologie.

filón *m* filon.

fil/osofía *f* philosophie. **-ósofo, a** *a/s* philosophe.

filtr/o *m* filtre. **-ar** *t/i* filtrer. □ *pr* filtrer.

fin *m* fin *f* : *el — del mundo*, la fin du monde. l *— de semana*, week-end ; *a — de que*, afin que ; *a fines del mes*, à la fin du mois ; *al —, en —, por —*, enfin ; *al — y al cabo*, en fin de compte ; *¿ con qué —?*, dans quel but ?

finado, a *s* défunt, e.

final *a* final, e. □ *m* fin *f*. □ *f* (deporte) finale. **-ista** *s* finaliste.

finalizar *t* terminer, achever. □ *i* prendre fin, finir : *el plazo finaliza en abril*, le délai prend fin en avril.

financiero, a *a/m* financier, ère.

finanzas *f pl* finances.

finca *f* propriété : *— rústica*, propriété rurale.

fineza *f* gentilesse, attention délicate.

fingir *t* feindre : *dolor fingido*, douleur feinte. □ *pr* se faire passer pour : *se fingió enfermo*, il se fit passer pour malade.

finlandés, esa *a/s* finlandais, e.

Finlandia *n p f* Finlande.

fino, a *a* 1 fin, e. 2 poli, e, courtois, e.

finta *f* feinte.

finura *f* 1 finesse. 2 délicatesse. 3 (cortesía) politesse.

fiordo *m* fjord.

firma *f* signature.

firmamento *m* firmament.

firmar *t* signer.

firme *a* 1 ferme. 1 *de —*, ferme. 2 MIL *¡ firmes !*, garde-à-vous ! □ *m* chaussée *f* : *— en mal estado en 2 kilómetros*, chaussée en mauvais état sur 2 kilomètres.

firmeza *f* fermeté.

fiscal *a* fiscal, e. □ *m* procureur.

fiscalizar *t* contrôler.

fisco *m* fisc.

fisg/ar *t* épier. **-ón, ona** *s* curieux, euse. **-onear** *t* fouiner.

físico, a *a/f* physique. □ *s* physicien, enne. □ *m un — agradable*, un physique agréable.

fisiol/ogía *f* physiologie. **-ógico, a** *a* physiologique.

fisión *f* fission.

fisionomía *f* physionomie.

fisura *f* fissure.

flac/o, a *a* 1 maigre. 2 faible : *punto —*, point faible. **-ura** *f* maigreur.

flagrante *a* flagrant, e. 1 *en —*, en flagrant délit.

flamante *a* flambant neuf : *muebles flamantes*, meubles flambant neufs.

flamear *t* flamber. □ *i* ondoyer.

flamenco, a *a/s* 1 flamand, e. 2 *cante —*, chant flamenco. □ *m* (ave) flamant.

flan *m* 1 flan, crème *f* renversée. 2 *— de arena*, pâté de sable.

flanco *m* flanc.

Flandes *n p m* Flandre *f*.

flaque/ar *i* faiblir. **-za** *f* 1 maigreur. 2 (debilidad) faiblesse.

flash *m* flash.

flaut/a *f* flûte. **-ista** *s* flûtiste.

fleco *m* frange *f*.

flech/a *f* flèche. **-azo** *m* (amor) coup de foudre.

flem/a *f* flegme *m*. **-ático, a** *a* flegmatique.

flequillo *m* frange *f*.

flet/e *m* fret. **-ar** *t* affréter.

flexib/le *a* 1 flexible. 2 (persona) souple. **-ilidad** *f* 1 flexibilité. 2 *ejercicios de —*, exercices d'assouplissement.

flexión *f* flexion.

flirte/ar *i* flirter. **-o** *m* flirt.

floj/o, a *a* 1 (no apretado) lâche. 2 (blando) mou, molle. 3 *(fig)* faible : *viento —*, vent faible ; *— en cálculo*, faible en calcul. **-ear** *i* faiblir. **-edad** *f* faiblesse.

flor *m* 1 fleur *f* : *un ramo de flores*, un bouquet de fleurs. 1 *a — de agua*, à fleur d'eau. 2 FIG *la — y nata*, la fine fleur. 3 compliment *m*. **-a** *f* flore. **-ación** *f* floraison. **-al** *a* floral, e.

florec/er ° *i* fleurir. **-iente** *a* florissant, e.

Florencia *n p f* Florence.

florero *m* vase (à fleurs).

florido, a *a* fleuri, e.

florista *s* fleuriste.

flota *f* flotte.

flot/ar *i* flotter. **-ación** *f* flottement *m*. **-ador** *m* flotteur.

flote *m* sacar a —, remettre à flot ; salir a —, se tirer d'affaire.

flotilla *f* flotille.

fluctuación *f* fluctuation.

flu/ir *o* *i* couler, s'écouler. **-ido, a** *a/m* fluide. □ *m* (eléctrico) courant.

flujo *m* flux.

fluxión *f* fluxion.

fobia *f* phobie.

foca *f* phoque *m*.

foco *m* 1 foyer. 2 (lámpara) projecteur.

fofo, a *a* mou, molle, spongieux, euse, flasque.

fogata *f* flambée.

fogón *m* 1 fourneau. 2 (de caldera) foyer.

fogonazo *m* éclair.

fogos/o, a *a* fougueux, euse. **-idad** *f* fougue.

folkl/ore *m* folklore. **-órico, a** *a* folklorique.

follaje *m* feuillage.

follet/ín *m* feuilleton. **-o** *m* brochure *f*.

follón *m* FAM 1 se armó un — terrible, il y a eu un chahut, une pagaille monstre ; armar —, faire du chahut. 2 (lío) salade *f*.

foment/ar *t* 1 fomenter. 2 encourager, stimuler, développer. **-o** *m* encouragement, développement.

fonda *f* 1 pension, auberge. 2 (en una estación) buffet *m*.

fonde/ar *i* jeter l'ancre, mouiller. **-adero** *m* mouillage.

fondillos *m* *pl* fond *sing* (de culotte).

fondista *s* aubergiste.

fondo *m* 1 fond. I en el —, au fond, dans le fond. 2 (de una biblioteca, de erudición, etc.) fonds. □ *pl* fonds : *fondos públicos*, fonds publics. I *cheque sin fondos*, chèque sans provision ; *estar mal de fondos*, ne pas être en fonds, être gêné, e.

fonético, a *a/f* phonétique.

fonógrafo *m* phonographe.

fontaner/ía *f* plomberie. **-o** *m* plombier.

foque *m* foc.

forajido *m* bandit.

forastero, a *a/s* étranger, ère.

forcejear *i* 1 se débattre. 2 lutter.

forense *a* des tribunaux. *médico* —, médecin légiste.

forestal *a* forestier, ère.

forj/a *f* forge. **-ar** *t* forger.

forma *f* 1 forme. *en* — *de*, en forme de ; *estar en plena* —, être en pleine forme. 2 façon : *no sé en qué* — *de*, je ne sais pas de quelle façon le lui dire ; *de todas formas*, de toutes façons. I *no hay* — *de...*, il n'y a pas moyen de... 3 hostie.

formación *f* formation.

formal *a* 1 formel, elle. 2 sérieux, euse. **-idad** *f* 1 formalité. 2 sérieux *m*.

formalizar *t* 1 régulariser. 2 (un contrato, etc.) valider, ratifier.

formar *t* 1 former. 2 MIL rassembler. □ *i* former les rangs.

formato *m* format.

formidable *a* formidable.

fórmula *f* 1 formule. 2 *por* —, pour la forme.

formular *t* formuler.

formulario *m* formulaire.

fornido, a *a* robuste.

foro *m* 1 (plaza) forum. 2 tribunal. 3 (abogacía) barreau. 3 (teatro) fond de la scène.

forraje *m* fourrage.

forr/ar *t* 1 (un vestido) doubler. 2 (con pieles) fourrer. 3 (un libro) couvrir. □ *pr* FAM faire fortune, se remplir les poches. **-o** *m* 1 doublure _f_. 2 (de un libro) couverture _f_.

fortalecer ° _t_ fortifier.

fortaleza _f_ 1 force. 2 (recinto fortificado) forteresse.

fortific/ar _t_ fortifier. **-ación** _f_ fortification. **-ante** _a/m_ fortifiant, e.

fortín _m_ fortin.

fortuito, a _a_ fortuit, e.

fortuna _f_ fortune. I _por —_, heureusement.

forúnculo _m_ furoncle.

forzado, a _a_ forcé, e. □ _m_ forçat.

forzar ° _t_ forcer.

forzos/o, a _a_ forcé, e. **-amente** _adv_ forcément.

forzudo, a _a_ très fort, e, costaud.

fosa _f_ fosse.

fosfato _m_ phosphate.

fosforescente _a_ phosphorescent, e.

fósforo _m_ 1 phosphore. 2 (cerilla) allumette _f_.

fósil _a/m_ fossile.

foso _m_ 1 fosse _f_. 2 (fortificación) fossé.

foto _f_ photo : _sacar una —_, prendre une photo I _hacerse una —_, se faire photographier.

fotocopi/a _f_ photocopie. **-ar** _t_ photocopier.

fotograf/ía _f_ photographie. **-iar** _t_ photographier.

fotógrafo, a _s_ photographe.

frac _m_ frac, habit.

fracas/ar _i_ échouer. **-ado, a** _a/s_ raté, e. **-o** _m_ échec.

fracción _f_ fraction.

fractur/a _f_ fracture. **-ar** _t_ fracturer.

fragancia _f_ parfum _m_.

fragata _f_ frégate.

frágil _a_ fragile.

fragilidad _f_ fragilité.

fragmento _m_ fragment.

fragor _m_ fracas.

fragoso, a _a_ accidenté, e.

fragu/a _f_ forge. **-ar** _t_ forger.

fraile _m_ moine.

frambues/a _f_ framboise. **-o** _m_ framboisier.

francachela _f_ bombe, ripaille.

francamente _adv_ franchement.

francés, esa _a/s_ français, e : _los franceses_, les Français.

Francia _n p f_ France.

franciscano, a _a/s_ franciscain, e.

Francisco, a _n p_ François, e.

francmason, a _s_ franc-maçon, onne.

franco, a _a_ franc, franche. □ _adv_ _— de porte_, franco. □ _m_ (moneda) franc.

franela _f_ flanelle.

frangollar _t_ FAM bâcler.

franja _f_ frange.

franque/ar _t_ 1 (esclavo, carta) affranchir. 2 (el paso) dégager. I _le franqueó el paso al salón_, il le fit entrer dans le salon. 3 (salvar) franchir. **-o** _m_ affranchissement.

franqueza _f_ franchise : _con toda —_, en toute franchise.

franquía (en) _loc adv_ en partance.

franquicia _f_ _— postal_, franchise postale.

frasco _m_ flacon.

frase _f_ phrase. I _— hecha_, expression toute faite.

fraternal _a_ fraternel, elle.

fratern/izar _i_ fraterniser. **-idad** _f_ fraternité. **-o, a** _a_ fraternel, elle.

fraud/e _m_ fraude _f_. **-ulento, a** _a_ frauduleux, euse.

fray _m_ frère.

frazada _f_ couverture (de lit).

frecuencia _f_ fréquence. I _— modulada_, modulation de fréquence.

frecuent/ar _t_ fréquenter. **-ación** _f_ fréquentation.

frecuente _a_ fréquent, e. **-mente** _adv_ fréquemment.

fregadero _m_ évier.

freg/ar ° _t_ 1 frotter. 2 récurer. 3

laver. I — *los platos*, faire la vaisselle. **4** AMER (fastidiar) embêter. **-ado** *m* FIG (lío) histoire *f*.

freir ° *t* **1** frire, faire frire. **2** FAM énerver, exaspérer. □ *pr* frire.

fren/ar *i/t* freiner. **-azo** *m* coup de frein.

fren/esí *m* frénésie *f*. **-ético, a** *a* frénétique.

freno *m* frein : — *de mano*, frein à main.

frente *f/m* front *m*. I — *a*, en face de ; — *a face*, face à face ; — *por — a*, juste en face de ; *al — de*, à la tête de ; *chocar de —*, se heurter de front ; *hacer —*, faire face.

fresa *f* **1** fraise. **2** (planta) fraisier *m*.

fresca *f* fraîche : *por la mañana, con la —*, le matin, à la fraîche.

fresc/o, a *a* **1** frais, fraîche. **2** FAM (descarado) culotté, e. **3** *se quedó tan —*, il s'est fait avoir. □ *s ser un —*, être culotté. □ *m* **1** tomar *el —*, prendre le frais. **2** (pintura) fresque *f*. **-ura** *f* **1** fraîcheur. **2** FIG toupet *m*, culot *m*.

fresno *m* frêne.

fresón *m* grosse fraise *f*.

fresquera *f* garde-manger *m*.

friable *a* friable.

frialdad *f* froideur.

fricci/ón *f* friction. **-onar** *t* frictionner.

friega *f* friction.

frigidez *f* frigidité.

frigorífico, a *a/m* frigorifique.

frijol *m* haricot.

frío, a *a/m* froid, e : *agua fría*, eau froide ; *hace mucho —*, il fait très froid ; *en —*, à froid.

¹friolera *f* bagatelle.

²friolero, a *a* frileux, euse.

frisar *i — en los cincuenta años*, friser la cinquantaine.

friso *m* frise *f*.

fritada *f* friture.

frit/o, a *a* **1** frit, e. **2** FIG *me tiene —*, il m'énerve, il m'enqui-

quine. **-ura** *f* friture.

frivolidad *f* frivolité.

frívolo, a *a* frivole.

frond/a *f* feuillage *m*. **-oso, a** *a* touffu, e.

fronter/a *f* frontière. **-izo, a** *a* frontalier, ère, frontière.

frontispicio *m* frontispice.

frontón *m* fronton.

frot/ar *t* frotter. **-amiento, -e** *m* frottement.

fructífero, a *a* fructueux, euse.

fruct/ificar *i* fructifier. **-uoso, a** *a* fructueux, euse.

frugal *a* frugal, e. **-idad** *f* frugalité.

fruición *f* délectation, vif plaisir *m*.

frunc/ir *t* froncer. **-e** *m* fronce *f*.

fruslería *f* vétille.

frustr/ar *t* **1** frustrer. **2** décevoir. **3** faire échouer. □ *pr* échouer. I *atentado frustrado*, attentat manqué. **-ación** *f* frustration.

frut/a *f* fruit *m*, fruits *m pl* : ¿ *quiere — ?*, avez-vous des fruits ? ; — *del tiempo*, fruits de saison. I — *de sartén*, mets en pâte à frire (beignets). **-al** *a/m árboles frutales*, arbres fruitiers. **-ero, a** *s* fruitier, ère. □ *m* coupe *f* à fruits.

frutilla *f* AMER grosse fraise.

fruto *m* fruit.

fuego *m* feu : *armas de —*, armes à feu. I *fuegos artificiales*, feu d'artifice ; *a — lento*, à petit feu ; ¡ *fuego !*, (incendio) au feu !

fue ⇒ **ir, ser.**

fuelle *m* soufflet.

fuente *f* **1** fontaine. **2** (manantial) source. **3** (plato) plat *m*. **4** FIG source : *de buena —*, de bonne source.

¹fuera *adv* **1** dehors. I *por —*, de l'extérieur, en apparence ; *du dehors*. **2** au-dehors. **3** — *de serie*, hors série ; — *de peligro*, hors de danger ; *estar — de sí*, être hors de soi ; ¡ — *de aquí !*, hors d'ici ! I — *de* *eso,* à part ça; *— de que...,* en dehors du fait que...

²**fuera,** etc. ⇒ **ir, ser.**

fuero *m* **1** privilège. **2** *en mi — interno,* dans mon fors intérieur.

fuerte *a/m* fort, e. □ *adv hablar —,* parler fort.

fuerza *f* force : *a — de,* à force de ; *a la —,* de force.

fuese, etc. ⇒ **ir, ser.**

fuga *f* **1** fuite. | *darse a la —,* prendre la fuite. **2** MÚS fugue.

fugitivo, a *a/s* fugitif, ive.

fui, etc. ⇒ **ir, ser.**

fulano, a *s* un tel, une telle. | *un —,* un type.

fular *m* foulard.

fulg/or *m* éclat. **-urante** *a* fulgurant, e.

fulmin/ar *t* foudroyer. **-ante** *a* foudroyant, e.□ *m* amorce *f.*

fullero, a *a/s* tricheur, euse.

fum/ar *i/t* fumer. □ *pr* **1** fumer. **2** (gastar) manger. **-ador, a** *s* fumeur, euse.

función *f* **1** fonction. **2** fête. **3** spectacle *m.* | *— de tarde,* matinée ; *— de noche,* soirée.

funcion/ar *i* fonctionner. **-amiento** *m* fonctionnement.

funcionario, a *s* fonctionnaire.

funda *f* **1** housse. **2** (de almohada) taie. **3** (de paraguas) fourreau *m.* **4** (de gafas, etc.) étui *m.*

funda/ción *f* fondation. **-dor, a** *s* fondateur, trice.

fundamental *a* fondamental, e.

fundamento *m* fondement.

fundar *t* fonder. □ *fundarse en,* se fonder sur, s'appuyer sur.

fundición *f* **1** (acción, hierro colado) fonte. **2** (fábrica) fonderie.

fundir *t* **1** fondre. **2** *— los plomos,* faire sauter les plombs. □ *pr* **1** (bombilla) griller. **2** *se fundieron los plomos,* les plombs ont sauté.

fúnebre *a* funèbre.

funerales *m pl* funérailles *f,* obsèques *f.*

funerario, a *a* funéraire. □ *f* entreprise de pompes funèbres.

funesto, a *a* funeste.

funicular *m* funiculaire.

furg/ón *m* fourgon. **-oneta** *f* fourgonnette.

fur/ia *f* furie. | *hecho una —,* furieux. **-ibundo, a** *a* furibond, e. **-ioso, a** *a* furieux, euse. **-or** *m* fureur *f.*

furtivo, a *a* furtif, ive.

furúnculo *m* furoncle.

fusa *f* triple croche.

fuselaje *m* fuselage.

fusible *a/m* fusible.

fusil *m* fusil (de guerre). **-ar** *t* fusiller.

fusi/ón *f* fusion. **-onarse** *pr* fusionner.

fusta *f* cravache.

fuste *m* **1** (de columna) fût. **2** *de —,* important, e.

fútbol *m* football.

futbolista *m* footballeur.

fútil *a* futile.

futilidad *f* futilité.

futuro, a *a/m* futur, e.

G

g [xe] f g m : una —, un g.

gabán m pardessus.

gabardina f gabardine.

gabinete m cabinet.

Gabriel, a n p Gabriel, elle.

gacela f gazelle.

gacet/a f 1 gazette. 2 journal m officiel. **-illa** f petit article m.

gachas f pl bouillie sing.

gachí f POP fille, nana.

gacho, a a 1 con las orejas gachas, l'oreille basse. 2 a gachas, à quatre pattes.

gachó m POP type.

gaditano, a a/s de Cadix.

gafas f pl lunettes : — de sol, lunettes de soleil.

gafe m FAM ser —, porter la guigne.

gaita f 1 (gallega) musette, cornemuse. 2 FAM histoire, corvée.

gaje m gage.

gajo m (de naranja, etc.) quartier.

gala f 1 con traje de —, en grande tenue ; función de —, soirée de gala. 2 hacer — de, faire étalage de. 3 (fiesta) gala m. □ pl atours m, bijoux m.

gal/án m 1 galant. 2 (teatro) jeune premier. **-ano, a** a élégant, e. **-ante** a galant, e. **-antería** f galanterie.

galantina f galantine.

galanura f élégance.

galápago m tortue f.

galard/ón m récompense f, prix. **-onar** t récompenser. l ha sido galardonado con el primer premio, on lui a décerné le premier prix.

galaxia f galaxie.

galbana f FAM flemme, cosse.

galeote m galérien.

galera f galère.

galería f galerie.

galés, esa a/s gallois, e.

galgo m lévrier.

Galia n p f Gaule.

gálibo m gabarit.

Galicia n p f Galice.

galicismo m gallicisme.

Galilea n p f Galilée.

galimatías m galimatias.

galo, a a/s gaulois, e.

galocha f galoche.

¹galón m (cinta) galon.

²galón m (medida) gallon.

galop/e m galop. **-ada** f galopade. **-ar** i galoper.

galpón m AMER hangar.

galvanizar t galvaniser.

gallardete m flamme f, banderole f.

gallardo, a a élégant, e, qui a de l'allure.

gallear i crâner, faire le malin.

gallego, a a/s galicien, enne.

galleta f biscuit m.

gallin/a f 1 poule. 2 — ciega, colin-maillard. □ m FAM ese chico es un —, ce garçon est une poule mouillée. **-azo** m urubu. **-ero** m poulailler.

gallo m 1 coq. l en menos que canta un —, en un clin d'œil. 2 (nota falsa) soltar un —, faire un couac. 3 alzar el —, hausser le ton.

gama f gamme.

gamba f gamba, grosse crevette.

gamberr/o m voyou, blouson noir. **-ismo** m délinquance f.

gamo m daim.

gamuza f 1 chamois m. 2 (piel) peau de chamois.

gana f envie : tengo ganas de dormir, j'ai envie de dormir. l hace lo que le da la —, il n'en fait qu'à sa tête ; no me da la —, je ne veux pas, je n'en ai pas envie ; *de buena* —, de bon gré, volontiers ; *de mala* —, de mauvais gré, à contrecœur.

ganader/ía *f* 1 élevage *m*. 2 troupeau *m*. **-o, a** *a* de l'élevage. □ *m* éleveur.

ganado *m* bétail : — *mayor, menor*, gros, petit bétail. l — *de ⊂erda*, porcs *pl* ; — *lanar*, ovins *pl* ; — *vacuno*, bovins *pl*.

ganador, a *a/s* gagnant, e.

ganancia *f* gain *m*.

ganar *t/i* 1 gagner. 2 (aventajar) surpasser. □ *ganarse la vida, el pan*, gagner sa vie, son pain.

ganchillo *m* crochet : *gorro de* —, bonnet au crochet.

ganch/o *m* 1 crochet. 2 FAM chien, sex-appeal. **-udo, a** *a* crochu, e.

gandul, a *a/s* FAM flemmard, e, fainéant, e.

ganga *f* aubaine, bonne affaire, occasion.

Ganges *n p m* Gange.

gangoso, a *a* nasillard, e.

gangrena *f* gangrène.

gángster *m* gangster.

ganguear *i* nasiller.

ganoso, a *a* désireux, euse.

gans/o *m* 1 oie *f*. 2 FIG *hacer el* —, faire l'idiot. **-ada** *f* bêtise.

Gante *n p* Gand.

ganzúa *f* rossignol *m*, crochet *m*.

gañán *m* 1 valet de ferme. 2 rustre.

gañir ° *i* glapir.

garabat/o *m* gribouillage. **-ear** *i* gribouiller.

garaj/e *m* garage. **-ista** *s* garagiste.

garant/e *a* garant, e. **-ía** *f* garantie. **-izar** *t* garantir.

garapiñado, a *a almendra garapiñada*, praline.

garbanzo *m* pois chiche.

garbeo *m* FAM *darse un* —, faire une balade.

garb/o *m* 1 grâce *f*. 2 élégance *f*. **-oso, a** *a* gracieux, euse.

gardenia *f* gardénia *m*.

garduña *f* fouine.

garfio *m* crochet.

gargajear *i* cracher.

garganta *f* gorge.

gárgaras *f* *pl* gargarisme *m sing*. l *hacer* —, se gargariser ; FAM *mandar a hacer* —, envoyer balader.

gárgola *f* gargouille.

garit/a *f* guérite. **-o** *m* tripot.

garlito *m* piège.

Garona *n p m* Garonne *f*.

garra *f* 1 (de león, etc.) griffe. 2 (de aves de rapiña) serre. 3 FIG *caer en las garras de*, tomber sous la griffe de.

garrafa *f* carafe.

garrapat/ear *t* griffonner. **-o** *m* gribouillage.

garrocha *f* pique.

garrot/e *m* 1 bâton, gourdin. 2 (para estrangular) garrot. **-azo** *m* coup de bâton.

garrucha *f* poulie.

garúa *f* bruine.

garza *f* héron *m*.

gas *m* gaz. l *agua con* —, *sin* —, eau gazeuse, non gazeuse.

gasa *f* 1 gaze. 2 (de luto) crêpe *m*.

gascón, ona *a/s* gascon, onne.

Gascuña *n p f* Gascogne.

gaseoso, a *a* gazeux, euse. □ *f* limonade.

gasolin/a *f* essence. **-era** *f* 1 (lancha) canot *m* automobile. 2 poste *m* d'essence.

gasómetro *m* gazomètre.

gast/ar *t* 1 — *dinero, el tiempo, las fuerzas*, dépenser de l'argent, son temps, ses forces. 2 consommer. 3 (llevar) porter. 4 (tener) avoir. 5 (deteriorar) user. l *un hombre gastado*, un homme usé. □ *pr* s'user. **-ador, a** *a/s* dépensier, ère.

gasto *m* 1 dépense *f*. 2 (de un fluido) débit. □ *pl* frais : *gastos de viaje*, frais de déplacement.

gástrico, a *a* gastrique.

gastr/onomía *f* gastronomie.
-ónomo, a *s* gastronome.

gata *f* chatte. I *a gatas*, à quatre pattes.

gatillo *m* (armas) détente *f*.

gat/o *m* 1 chat. I FIG *cuatro gatos*, quatre pelés et un tondu. 2 (para levantar pesos) cric. 3 FAM madrilène. **-ito** *m* chaton.

gatuperio *m* imbroglio.

gaucho, a *a/m* gaucho.

gavanza *f* églantine.

gaveta *f* tiroir *m*.

gavilán *m* épervier.

gavilla *f* gerbe.

gaviota *f* mouette.

gazapo *m* 1 lapereau. 2 erreur *f*, lapsus.

gazmoño, a *a/s* prude.

gaznate *m* gosier, gorge *f*.

gazpacho *m* soupe *f* froide.

gazuza *f* FAM fringale.

gelatin/a *f* 1 gélatine. 2 (de carne) gelée. **-oso, a** *a* gélatineux, euse.

gema *f* gemme. I *sal —*, sel gemme.

gemelo, a *a/s* jumeau, elle. □ *m pl* 1 (anteojos) jumelles *f*. 2 (de camisa) boutons de manchette. □ *f triple gemela*, tiercé *m*.

gem/ir ° *i* gémir. **-ido** *m* gémissement.

gendarme *m* gendarme. **-ría** *f* gendarmerie.

geneal/ogía *f* généalogie. **-ógico, a** *a* généalogique.

generación *f* génération.

generador, a *a/m* générateur, trice.

general *a/m* général, e. I *en —, por lo —*, en général. **-a** *f* générale. **-idad** *f* généralité.

generaliz/ar *t* généraliser. **-ación** *f* généralisation.

generalmente *adv* généralement.

género *m* 1 genre. 2 sorte *f*. 3 (mercancía) article, marchandise *f*. 4 (tela) tissu. I *— de punto*, tricot.

generos/o, a *a* généreux, euse. **-idad** *f* générosité.

genesis *f* genèse.

genética *f* génétique.

genial *a* génial, e. **-idad** *f* originalité.

geni/o *m* 1 génie. 2 caractère : *mal —*, mauvais caractère. **-azo** *m* caractère de cochon.

genovés, esa *a/s* génois, e.

Genoveva *n p f* Geneviève.

gente *f* 1 gens *m pl* : *la — se atropella en el metro*, les gens se bousculent dans le métro; *buena —*, de braves gens. 2 monde *m* : ¡ *cuánta — hay aquí!*, que de monde ici !

gentil *a* gentil, ille. **-eza** *f* 1 grâce. 2 gentillesse.

gentilhombre *m* gentilhomme.

gentío *m* foule *f*.

genuflexión *f* génuflexion.

genuino, a *a* authentique.

ge/ografía *f* géographie. **-ográfico, a** *a* géographique. **-ógrafo, a** *s* géographe.

ge/ología *f* géologie. **-ológico, a** *a* géologique. **-ólogo, a** *s* géologue.

geo/metría *f* géométrie. **-métrico, a** *a* géométrique.

geranio *m* géranium.

gerente *s* gérant, e.

germanía *f* argot *m*.

germ/ano, a *a/s* germain, e. **-ánico, a** *a* germanique.

germ/en *m* germe. **-inar** *i* germer.

gerundio *m* gérondif.

gesta *f* geste.

gestación *f* gestation.

gesticular *i* 1 (hacer muecas) grimacer. 2 (ademanes) gesticuler.

gest/ión *f* 1 (diligencia) démarche. 2 (administración) gestion. **-ionar** *t* faire des démarches en vue d'obtenir.

gesto *m* 1 grimace *f* : *torcer el —*, faire une grimace. 2 (ademán) geste.

gib/a *f* bosse. **-oso, a** *a* bossu, e.

gigant/e *a/m* géant, e. **-esco, a** *a* gigantesque.

Gil *n p m* Gilles.

gilí *a* POP idiot, e.

gimnas/ia *f* gymnastique. **-io** *m* gymnase. **-ta** *s* gymnaste.

gimotear *i* pleurnicher.

ginebra *f* gin *m*, genièvre *m*.

Ginebra *n p* Genève.

ginebrino, a *a/s* genevois, e.

ginec/ología *f* gynécologie. **-ólogo, a** *s* gynécologue.

gira *f* 1 (de artistas, políticos) tournée. 2 excursion.

girar *i/t* tourner : *— alrededor de*, tourner autour de. □ *t* 1 (dinero) virer. 2 (letra) tirer.

girasol *m* tournesol.

giratorio, a *a* giratoire.

giro *m* 1 (movimiento) tour. 2 (frase, aspecto que toma un asunto) tournure *f*. 3 COM virement. 4 *— postal*, mandat.

gitano, a *a/s* gitan, e.

glacial *a* glacial, e.

glaciar *m* glacier.

glándula *f* glande.

glicerina *f* glycérine.

glicina *f* glycine.

global *a* global, e.

globo *m* 1 globe. 2 (aerostático, juguete) ballon.

glóbulo *m* globule.

glori/a *f* 1 gloire. 2 ciel *m*, paradis *m*. I FIG *estar en la —*, être aux anges. **-arse** *pr — de*, se glorifier de.

glorieta *f* 1 tonnelle. 2 rond-point *m*.

glorificar *t* glorifier.

glorioso, a *a* glorieux, euse.

glosario *m* glossaire.

glot/ón, ona *a/s* glouton, onne. **-onería** *f* gloutonnerie.

glucosa *f* glucose *m*.

gnomo *m* gnome.

goberna/ción *f* gouvernement *m*. I *ministerio de la —*, ministère de l'Intérieur. **-dor** *m* gouverneur. I *— civil*, préfet.

gobernantes *m pl* gouvernants.

gob/ernar ° *t* gouverner. **-ierno** *m* gouvernement. I *— civil*, préfecture *f*.

gobio *m* (de río) goujon.

goce *m* jouissance *f*.

gol *m* but.

goleta *f* goélette.

golf *m* golf.

golfo *m* 1 (en la costa) golfe. 2 (pilluelo) voyou.

golondrina *f* hirondelle.

golos/ina *f* friandise, gourmandise. **-o, a** *a* gourmand, e.

golpe *m* coup. I *de —*, soudain, tout d'un coup ; *no dar —*, tirer sa flemme. **-ar** *t* frapper.

gollete *m* goulot : *beber a —*, boire au goulot.

goma *f* 1 gomme. I *— de borrar*, gomme ; *— de pegar*, colle. 2 (cinta) élastique *m*.

góndola *f* gondole.

gordinflón, ona *a* grassouillet, ète, joufflu, e.

gord/o, a *a* 1 gros, grosse : *un gato —*, un gros chat ; *una mujer gorda*, une grosse femme. 2 (con grasa) gras, grasse. □ *m* (lotería) gros lot. **-ura** *f* embonpoint *m*.

gorila *m* gorille.

gorjear *i* gazouiller.

gorra *f* casquette. I *de —*, gratis, à l'œil.

gorrino *m* goret.

gorrión *m* moineau.

gorro *m* bonnet.

gorrón, ona *a/s* parasite.

got/a *f* goutte. I *no veo ni —*, je n'y vois goutte. **-ear** *i* tomber goutte à goutte, goutter. **-era** *f* gouttière.

gótico, a *a/m* gothique.

gotita *f* gouttelette.

gozar *i/t* jouir de : *goza de buena salud*, il jouit d'une bonne santé. □ *i/pr* 1 jouir. 2 *gozarse en*, s'amuser à, prendre un malin plaisir à.

gozne *m* gond.

goz/o *m* joie *f*. **-oso, a** *a* joyeux, euse.

grabación *f* enregistrement *m*.

grabad/o *m* gravure *f* : *— en cobre*, gravure sur cuivre. **-or** *m* graveur.

grabar *t* 1 graver. 2 (discos) enregistrer.

gracejo *m* badinage.

gracia *f* 1 grâce. I *caer en —*, plaire. 2 (chiste) plaisanterie. I *tener —*, être drôle ; *no me hace ninguna —*, ça ne m'amuse pas du tout ; *¡vaya una —!*, c'est fin ! □ *pl* 1 merci : *muchas gracias*, merci beaucoup ; *gracias por su acogida*, merci de votre accueil. I *dar las gracias*, remercier, dire merci ; *darle gracias a*, rendre grâce à. 2 *gracias a*, grâce à.

gracioso, a *a* 1 gracieux, euse. 2 (divertido) drôle, amusant, e.

¹grada *f* (instrumento de labranza) herse.

²grad/a *f* 1 marche. 2 (de anfiteatro) gradin *m*. **-ería** *f* gradins *m pl*.

grado *m* 1 degré : *un — bajo cero*, un degré au-dessous de zéro ; *parientes en primer —*, parents au premier degré. 2 (de curso escolar) année *f*. 3 (título) grade. 4 gré : *de buen —*, de bon gré ; *mal de mi —*, contre mon gré.

gradua/ción *f* graduation. **-ble** *a* réglable.

graduar *t* graduer. □ *graduarse de bachiller*, être reçu, e au baccalauréat.

gráfico, a *a* 1 graphique. 2 FIG vivant, e, imagé, e. □ *m* graphique. □ *f* graphique *m*.

grafito *m* graphite.

grafología *f* graphologie.

gragea *f* dragée.

grajo *m* freux.

grama *f* chiendent *m*.

gram/ática *f* grammaire. **-atical** *f* grammatical, e. **-ático** *a s* grammairien, enne.

gramo *m* gramme.

gramola *f* phonographe *m*.

gran *a* grand, e : *un — pintor*, un grand peintre.

grana *f* (color) écarlate.

Granada *n p* Grenade.

granad/a *f* grenade. **-ero** *m* grenadier.

Gran Bretaña *n p f* Grande-Bretagne.

grand/e *a* grand, e : *sala —*, grande salle ; *este traje me está —*, ce costume est trop grand pour moi. I *a lo —*, en grand ; *ver en —*, voir grand ; *vivir a lo —*, vivre sur un grand pied. **-eza** *f* grandeur.

grandioso, a *a* grandiose.

granel (a) *loc adv* 1 en vrac. 2 en abondance.

granero *m* grenier.

granito *m* granit.

graniz/ar *impers* grêler. **-ado** *m* boisson *f* à la glace pilée. **-o** *m* 1 grêle *f*. 2 (grano de hielo) grêlon *m*.

granja *f* ferme.

granjearse *pr — la simpatía*, gagner, s'attirer la sympathie.

grano *m* 1 grain. 2 (semilla) graine *f*. 3 (en la piel) bouton. 4 FIG *ir al —*, aller au fait.

granuja *m* voyou, vaurien.

granujoso, a *a* granuleux, euse.

granulado *m* granulé.

grapa *f* 1 crampon *m*. 2 (para papeles, quirúrgica) agrafe. **-dora** *f* agrafeuse.

grasa *f* graisse.

gras/o, a *a* gras, grasse. **-iento, a** *a* graisseux, euse.

gratific/ar *t* 1 récompenser. 2 gratifier. **-ación** *f* 1 récompense. 2 (plus) gratification.

gratis adv gratis.

grat/o, a a agréable. **-itud** f gratitude.

gratuito, a a gratuit, e.

grava f gravier m.

grav/ar t grever. **-amen** m charge f.

grav/e a grave. **-edad** f gravité.

gravitar i graviter.

graznar i croasser.

Grecia n p f Grèce.

greda f glaise.

Gregorio n p m Grégoire.

gremio m corporation f.

greña f tignasse.

gres m grès.

gresca f (riña) bagarre.

grey f troupeau m.

griego, a a/s grec, grecque.

grieta f 1 crevasse. 2 (en una pared) lézarde.

grifo m robinet.

grillete m fer.

grillo m grillon.

grima f dégoût m. l esto da −, ça vous dégoûte, écœure.

gringo m yankee.

qripe f grippe. l está con −, il est grippé.

gris a/m gris, e : pintar de −, peindre en gris. □ m FAM flic. **-áceo, a** a grisâtre.

grisú m grisou.

grit/ar i crier. **-ería** f brouhaha m. **-o** m cri : dar gritos, pousser des cris ; a gritos, à grands cris. l a − pelado, à tue-tête.

Groenlandia n p f Groenland m.

grosell/a f groseille. **-ero** m groseiller.

groser/o, a a grossier, ère. **-ía** f grossièreté.

grosor m grosseur f, épaisseur f.

grotesco, a a grotesque.

grúa f grue.

grueso, a a 1 gros, grosse : un árbol −, un gros arbre. 2 épais, aisse. □ m grosseur f, épaisseur f.

grulla f grue.

grumete m mousse.

grumo m grumeau.

gruñ/ir i grogner. **-ido** m grognement. **-ón, ona** a grognon, onne, bougon, onne.

grupa f croupe.

grupo m groupe.

gruta f grotte.

Guadalupe n p f Guadeloupe.

guadaña f faux.

guagua f autobus m.

guant/e m gant. **-azo** m FAM baffe f.

guap/o, a a beau, belle : es guapísima, elle est très belle. **-etón, ona, -ote, a** a bien fait, bien faite.

guarda s 1 garde : − rural, garde-champêtre. 2 (jardin, museo) gardien, enne.

guardabarrera s garde-barrière.

guardabarros m garde-boue.

guardabosque m garde-forestier.

guardacantón m borne f.

guardacostas m garde-côte.

guardaespaldas m garde du corps, gorille.

guardagujas m aiguilleur.

guardameta m gardien de but.

guardamuebles m garde-meuble.

guardapolvo m blouse f.

guardar t 1 garder : − silencio, garder le silence. 2 (colocar en su sitio) ranger : − los vestidos en el armario, ranger ses vêtements dans l'armoire. □ pr 1 (conservar) garder. 2 me guardaré de contestarle, je me garderai bien de lui répondre.

guardarropa m 1 (en los establecimientos públicos) vestiaire. 2 (armario) garde-robe f.

guardería f − infantil, garderie, crèche.

guardia f garde. l − civil, gendarmerie. □ m 1 garde. l − civil, gendarme. 2 (del tráfico) agent. l − urbano, gardien de la paix.

guardián, ana s gardien, enne.

guarecer ° t protéger. □ *guarecerse del sol*, se protéger du soleil.

guarida f repaire m, tanière.

guarismo m chiffre.

guarn/ecer ° t garnir. **-ición** f 1 (adorno) garniture. 2 *plato de carne con —*, plat de viande garni. 3 (tropa) garnison. □ *pl* harnais m. **-icionero** m bourrelier.

guarro m cochon.

guas/a f plaisanterie, blague. I *estar de —*, plaisanter, blaguer. **-ón, ona** a 1 blagueur, euse. 2 (burlón) moqueur, euse.

guata f ouate.

guatemalteco, a a/s guatémaltèque.

guateque m surprise-partie f, surboum f.

guayaba f goyave.

Guayana n p f Guyane.

gubernamental a gouvernemental, e.

guedeja f longue chevelure.

guerr/a f guerre. I *dar —*, donner du mal. **-ear** i guerroyer. **-ero, a** a/s guerrier, ère. □ f vareuse. **-illa** f guérilla. **-illero** m guérillero.

guía s guide. □ f 1 (libro) guide m : *una — turística*, un guide touristique. 2 (de ferrocarriles) indicateur m. 3 (de teléfono) annuaire m.

guiar t 1 guider. 2 conduire.

guij/a f caillou m. **-arro** m caillou, galet.

guillado, a a FAM toqué, e.

guillotina f 1 guillotine. 2 (para cortar papel) massicot m.

guindilla f piment m rouge.

Guinea n p f Guinée.

guiñapo m loque f, haillon m.

guenille, f.

guiñ/ar t *— el ojo*, cligner de l'œil. **-o** m clin d'œil.

gui/ón m 1 (de una película) scénario. 2 (raya horizontal) tiret. 3 (en las palabras compuestas) trait d'union. **-onista** m scénariste.

guirigay m brouhaha.

guirnalda f guirlande.

guisa f guise, manière. I *a — de*, en guise de.

guisado m ragoût.

guisante m 1 pois. 2 (legumbre) petit pois.

guis/ar t cuisiner, préparer. □ i cuisiner, faire la cuisine. **-o** m plat. **-ote** m ratatouille f.

guita f 1 ficelle. 2 FAM (dinero) galette, fric m.

guitarr/a f guitare. **-ista** s guitariste.

gula f gourmandise.

gusano m ver : *— de seda*, ver à soie.

gustar t goûter. □ i aimer, plaire : *me gusta el jazz*, j'aime le jazz ; *a mi padre le gustan mucho las corridas*, mon père aime beaucoup les corridas ; *no me gustó la película*, je n'ai pas aimé le film, le film ne m'a pas plu. I *— de*, aimer à.

gustillo m arrière-goût.

gust/o m 1 goût : *mal —*, mauvais goût. 2 plaisir : *tengo el — de informarle*, j'ai le plaisir de vous informer ; *dar —*, faire plaisir. I *con mucho —*, avec plaisir, très volontiers ; *estar a —*, se trouver bien ; *tanto — en haberle conocido*, enchanté d'avoir fait votre connaissance. **-oso, a** a savoureux, euse. I *lo haré —*, je le ferai très volontiers.

gutural a guttural, e : *sonidos guturales*, sons gutturaux.

H

h |atˌʃe| *f* h *m* : una —, un h.

haba *f* fève. | *en todas partes cuecen habas*, c'est partout pareil.

Habana (La) *npf* La Havane.

haban/ero, a *a/s* havanais, e. **-o, a** *a/m* havane.

¹haber ° *auxil* **1** avoir : *he comprado*, j'ai acheté. **2** (con ciertos verbos intransitivos o pronominales) être : *ha llegado*, il est arrivé ; *nos hemos levantado*, nous nous sommes levés. **3** — *de*, devoir : *he de salir*, je dois partir. □ *impers* **1** y avoir : *mañana habrá huelga*, il y aura grève demain ; *no habia nadie*, il n'y avait personne ; *hay mucha gente aquí*, il y a beaucoup de monde ici ; *¿ hay aquí un intérprete ?*, y a-t-il ici un interprète ? ; *no hay más que...*, il n'y a qu'à... | *¿ qué hay ?*, comment ça va ? **2** — *que*, falloir : *hay que darse prisa*, il faut se dépêcher ; *no hay que exagerar*, il ne faut pas exagérer.

²haber *m* avoir. □ *pl* émoluments, appointements.

habichuela *f* haricot *m*.

hábil *a* **1** habile, adroit, e. **2** *días hábiles* jours ouvrables.

habilid/ad *f* habileté, adresse. **-oso, a** *a* habile, adroit, e.

habilit/ar *t* **1** habiliter. **2** (local) aménager. **-ación** *f* **1** habilitation. **2** attribution, octroi *m*.

habitable *a* habitable.

habitación *f* **1** pièce : *piso de cuatro habitaciones*, appartement de quatre pièces. **2** (cuarto de dormir) chambre.

habit/ar *i/t* habiter. **-ante** *s* habitant, e.

hábito *m* **1** (costumbre) habitude *f*. **2** (de religioso) habit.

habitu/ar *t* habituer. **-al** *a*

habituel, elle.

habla *f* **1** parole : *perder el* —, perdre la parole. **2** langage *m*, parler *m*. **3** *al* —, en communication.

hablad/or, a *a* bavard, e. **-uría** *f* commérage *m*, cancan *m*.

habl/ar *i/t* parler. | — *bien, mal de alguien*, dire du bien, du mal de quelqu'un ; FAM *¡ ni — !*, pas question ! **-illa** *f* cancan *m*, bobard *m*.

habón *m* cloque *f*.

hacendado *m* propriétaire.

hacendoso, a *a* laborieux, euse.

hacer ° *t* **1** faire : *haré esto mañana*, je ferai ça demain ; *haz lo que yo*, fais comme moi. | *hace como que no oye*, il fait semblant de ne pas entendre. **2** croire : *yo te hacía en Madrid*, je te croyais à Madrid. □ *i* **1** faire : *has hecho bien en...*, tu as bien fait de... **2** aller, convenir : *¿ te hace que nos vayamos al cine ?*, ça te va que nous allions au cinéma ? ; *¿ hace ?* ça va ?, d'accord ? **3** *por lo que hace a...*, en ce qui concerne... □ *impers* **1** faire : *hace frío*, il fait froid. **2** y avoir : *hace un mes*, il y a un mois. □ *pr* **1** se faire. **2** *el día se me ha hecho muy largo*, la journée m'a semblé très longue. **3** *hacerse el indiferente*, faire l'indifférent, jouer les indifférents.

haces *pl* de **haz.**

hacia *prep* vers.

hacienda *f* **1** ferme, propriété rurale. **2** fortune. **3** *ministerio de* —, ministère des Finances.

hacin/ar *t* entasser. **-amiento** *m* entassement.

¹hacha *f* (herramienta) hache. | FAM *ser un* —, être un as.

²hacha *f* (antorcha) torche.

hachazo _m_ coup de hache.

hada _f_ fée.

hado _m_ sort.

haga, etc. ⇒ **hacer.**

Haití _n p_ Haïti.

halag/ar _t_ flatter. **-o** _m_ flatterie _f_. **-üeño, a** _a_ flatteur, euse.

halar _t_ haler.

halcón _m_ faucon.

hálito _m_ souffle.

halo _m_ halo.

hall/ar _t_ trouver. □ _pr_ se trouver, être. **-azgo** _m_ trouvaille _f_.

hamaca _f_ hamac _m_.

hambr/e _f_ 1 faim : _tengo mucho_ —, j'ai très faim. 2 famine. | _pasar_ —, souffrir de la faim. **-iento, a** _a_ affamé, e.

Hamburgo _n p_ Hambourg.

hampa _f_ pègre.

hangar _m_ hangar.

haragán, ana _a/s_ fainéant, e.

harap/o _m_ haillon. **-iento, a** _a_ déguenillé, e.

harin/a _f_ farine. **-ero** _m_ minotier.

harmonía, etc. ⇒ **armonía,** etc.

harnero _m_ crible.

harpillera _f_ serpillère.

hart/ar _t_ 1 rassasier. 2 (fastidiar) assommer. 3 (de insultos, etc.) couvrir. □ _pr_ se gaver. 2 FIG se lasser. **-azgo** _m_ indigestion _f_. **-o, a** _a_ 1 rassasié, e. 2 FIG las, lasse. | _estoy_ — _de_, j'en ai assez, soupé de. □ _adv_ 1 assez. 2 trop.

hasta _prep_ 1 jusque, jusqu'à, à : — _aquí,_ jusqu'ici ; — _que vuelvas,_ jusqu'à ce que tu reviennes. | — _luego,_ à tout à l'heure ; — _mañana,_ à demain. 2 avant : _no llegará_ — _las once,_ il n'arrivera pas avant onze heures. □ _conj_ (incluso) même.

hast/iar _t_ fatiguer, écœurer. **-ío** _m_ 1 dégoût. 2 (tedio) ennui.

hatajo _m_ 1 troupeau. 2 tas.

hato _m_ 1 balluchon. 2 (rebaño) troupeau. 3 (de personas) bande _f_.

hay, haya ⇒ **haber.**

haya _f_ hêtre _m_.

¹haz _m_ 1 (de rayos luminosos) faisceau. 2 (de hierba) botte _f_. 3 (de leña) fagot.

²haz _f_ face.

³haz ⇒ **hacer.**

hazaña _m_ exploit _m_.

hazmerreír _m_ _el_ —, la risée.

he _adv_ — _aquí,_ voici ; — _allí,_ voilà ; _heme aquí,_ me voici ; _helo aquí,_ le voici. ⇒ **haber.**

hebdomadario, a _a_ hebdomadaire.

hebilla _f_ boucle.

hebra _f_ 1 fil. 2 fibre. 3 FAM _pegar la_ —, tailler une bavette.

hebraico, a _a_ hébraïque.

hebreo, a _a/m_ hébreu.

hecatombe _f_ hécatombe.

heces _pl_ de **hez.**

hectárea _f_ hectare _m_.

hectómetro _m_ hectomètre.

hechicer/ía _f_ sorcellerie. **-o, a** _s_ sorcier, ère. □ _a_ ensorceleur, euse.

hechiz/ar _t_ ensorceler. **-o** _m_ 1 sortilège. 2 charme.

hech/o, a _p p_ de **hacer** fait, e. | _carne poco hecha,_ viande saignante. □ _m_ fait. | _de_ —, en fait. **-ura** _f_ 1 façon. 2 créature.

hed/er ° _i_ puer. **-iondo, a** _a_ 1 puant, e. 2 répugnant, e. **-or** _m_ puanteur _f_.

helada _f_ gelée.

helado _m_ glace _f_ : _un_ — _de vainilla,_ une glace à la vanille.

helar ° _t/impers_ geler. □ _t_ glacer. □ _pr_ se geler, geler : _aquí se hiela uno,_ on gèle ici.

helecho _m_ fougère _f_.

helénico, a _a_ hellénique.

hélice _f_ hélice.

helicóptero _m_ hélicoptère.

helvético, a _a_ helvétique.

hematoma _m_ hématome.

hembra _f_ femelle.

hemiciclo _m_ hémicycle.

hemiplejia _f_ hémiplégie.

hemisf/erio *m* hémisphère.
-érico, a *a* hémisphérique.

hemorragia *f* hémorragie.

hemorroides *f pl* hémorroïdes.

henchir ° *t* 1 remplir. 2 (inflar) gonfler.

hend/er ° *t* fendre. **-idura** *f* fente.

henequén *m* agave.

heno *m* foin.

hepático, a *a* hépatique.

heráldico, a *a/f* héraldique.

heraldo *m* héraut.

herbario *m* herbier.

herbazal *m* herbage.

hercúleo, a *a* herculéen, enne.

Hércules *n p m* Hercule.

hered/ar *t/i* hériter : — *una casa*, hériter d'une maison. **-ad** *f* propriété. **-ero, a** *s* héritier, ère. **-itario, a** *a* héréditaire.

herej/e *s* hérétique. **-ía** *f* hérésie.

herencia *f* 1 héritage *m*. 2 (en biología) hérédité.

herida *f* blessure.

her/ir ° *t* 1 blesser. 2 (el sol) frapper. **-ido, a** *a/s* blessé, e.

hermana *f* sœur.

hermanar *t* 1 unir, lier. 2 (ciudades) jumeler.

hermandad *f* confrérie.

hermano *m* frère. I — *político*, beau-frère.

hermético, a *a* hermétique.

hermosear *t* embellir.

hermos/o, a *a* beau, belle : *una mujer hermosa*, une belle femme (bel delante de vocal o h muda : *un — edificio*, un bel édifice). **-ura** *f* beauté.

hernia *f* hernie.

héroe *m* héros.

hero/ico, a *a* héroïque. **-ína** *f* héroïne. **-ísmo** *m* héroïsme.

herrador *m* maréchal-ferrant.

herradura *f* fer *m* à cheval.

herramienta *f* 1 outil *m*. 2 (conjunto) outils *m pl*, outillage *m*.

herr/ar ° *t* ferrer. **-ería** *f* forge. **-ero** *m* forgeron.

herrumbre *f* rouille.

herv/ir ° *i* 1 bouillir : *el agua está hirviendo*, l'eau bout. 2 grouiller, fourmiller : *la calle hervía de gente*, la rue grouillait de monde. □ *t* faire bouillir. **-idero** *m* 1 grouillement. 2 (sitio) foyer. **-or** *m* ébullition *f*.

heteróclito, a *a* hétéroclite.

heterogéneo, a *a* hétérogène.

hexágono *m* hexagone.

hez *f* lie. □ *pl* 1 las *heces*, les selles, les excréments *m*.

hiato *m* hiatus.

hibernar *i* hiberner.

híbrido, a *a* hybride.

hice, etc. ⇒ **hacer**.

hidalgo, a *a* noble. □ *m* gentilhomme, hidalgo.

hidra *f* hydre.

hidrato *m* hydrate.

hidráulico, a *a/f* hydraulique.

hidroavión *m* hydravion.

hidroeléctrico, a *a* hydro-électrique.

hidrófilo, a *a* hydrophile.

hidrógeno *m* hydrogène.

hiedra *f* lierre *m*.

hiel *f* fiel *m*.

hielo *m* glace *f*.

hiena *f* hyène.

hierba *f* herbe : *mala —*, mauvaise herbe.

hierbabuena *f* menthe.

hierro *m* fer. I — *colado*, fonte *f*.

hígado *m* foie. □ *pl* courage *sing*.

higi/ene *f* hygiène. **-énico, a** *a* hygiénique.

hig/o *m* figue *f* : — *seco*, figue sèche. I FAM *no se me da un —*, je m'en fiche. **-uera** *f* figuier *m*.

hijastro, a *s* beau-fils, belle-fille.

hijo, a *s* 1 fils, fille : *mi — mayor*, mon fils aîné. 2 enfant *m* : *matrimonio sin hijos*, ménage sans enfants.

hila f file.

hilada f 1 file, rangée. 2 (de piedras) assise.

hil/ar t/i filer. **-ado** m fil. I *fábrica de hilados,* filature.

hilaridad f hilarité.

hilera f 1 file, rangée. 2 (para metales) filière.

hilo m 1 fil. 2 (de un líquido) filet. 3 −, *hililo de voz,* filet de voix.

hilvanar t faufiler.

himno m hymne.

hincapié m *hacer − en,* insister sur, mettre l'accent sur.

hincar t planter.

hincha f FAM *me tiene −,* il ne peut pas me sentir. □ m FAM supporter, fan.

hinch/ar t gonfler, enfler. □ pr *se me ha hinchado el tobillo,* ma cheville a enflé. **-azón** f enflure.

hindú a/s hindou, e.

¹**hinojo** m fenouil.

²**hinojo** m *de hinojos,* à genoux.

hipertensión f hypertension.

hipertrofia f hypertrophie.

hípico, a a hippique.

hipno/sis f hypnose. **-tismo** m hypnotisme. **-tizar** t hypnotiser.

hipo m hoquet : *tener −,* avoir le hoquet.

hip/ocresía f hypocrisie. **-ócrita** a/s hypocrite.

hipódromo m hippodrome.

hipopótamo m hippopotame.

hipoteca f hypothèque.

hip/ótesis f hypothèse. **-otético, a** a hypothétique.

hiriente a blessant, e.

hirsuto, a a hirsute.

hirviente a bouillant, e.

hisopo m goupillon.

hisp/ánico, a a hispanique. **-anismo** m hispanisme. **-anista** s hispanisant, e. **-anoamericano, a** a/s hispano-américain, e.

hist/eria f hystérie. **-érico, a** a hystérique.

historia f histoire. **-dor, a** s historien, enne.

historial m 1 historique. 2 (profesional) curriculum vitæ.

histórico, a a historique.

historieta f historiette.

hito m 1 borne f. 2 jalon. 3 *mirar de − en −,* regarder fixement, droit dans les yeux.

hizo ⇒ **hacer.**

hocico m 1 museau. 2 *poner −,* faire la moue. 3 POP *darse de hocicos,* se casser la gueule.

hockey m hockey.

hogar m foyer.

hogaza f miche.

hoguera f 1 bûcher m. 2 feu m de joie.

hoja f 1 feuille. 2 page. 3 (de cuchillo, etc.) lame : − *de afeitar,* lame de rasoir. 4 (de puerta) battant m.

hojalata f fer-blanc m.

hojaldre m pâte f feuilletée.

hojarasca f feuilles pl mortes.

hojear t feuilleter.

hojuela f crêpe.

¡**hola** ! *interj* bonjour !, bonsoir !, salut !

Holanda n p f Hollande.

holandés, esa a/s hollandais, e.

holgado, a a 1 (ancho) ample. 2 *ir −,* être à l'aise.

holgar ° i (sobrar) être inutile. I ¡*huelgan los comentarios* !, sans commentaire !

holgaz/án, ana a/s paresseux, euse. **-anería** f paresse.

holgura f 1 ampleur. 2 aisance : *vivir con −,* vivre dans l'aisance. 3 (mecánica) jeu m.

hollar ° t fouler.

hollejo m peau f.

hollín m suie f.

hombre m 1 homme : *un buen −,* un brave homme. I − *rana,* homme-grenouille. 2 (señor) monsieur. **3** *¡hombre!*, voyons! allons!; (sorpresa) tiens!; (cariño) mon vieux!

hombro *m* épaule *f* : *con la escopeta al —*, le fusil sur l'épaule ; *a hombros*, sur les épaules.

hombruno, a *a* hommasse.

homenaje *m* hommage.

homeop/atía *f* homéopathie. **-ático, a** *a* homéopathique.

Homero *n p m* Homère.

homicid/a *a/s* homicide. **-io** *m* homicide.

homilía *f* homélie.

homogéneo, a *a* homogène.

homólogo, a *a* homologue.

homónimo, a *a/m* homonyme.

homosexual *a/s* homosexuel, elle.

honda *f* fronde.

hond/o, a *a* profond, e. I *en lo — de*, au fond de. **-onada** *f* creux *m*, dépression. **-ura** *f* profondeur.

hondureño, a *a/s* hondurien, enne.

honest/o, a *a* **1** décent, e. **2** honnête. **-idad** *f* **1** décence. **2** honnêteté.

hongo *m* champignon.

honor *m* honneur : *palabra de —*, parole d'honneur ; *en — de*, en l'honneur de. □ *pl rendir honores*, rendre les honneurs.

honorab/le *a* honorable. **-ilidad** *f* honorabilité.

honorario, a *a* honoraire. □ *m pl* honoraires.

honorífico, a *a* honorifique.

honra *f* honneur *m*. I *tener a mucha —*, être très flatté, e ; *¡y a mucha —!*, et j'en suis fier ! □ *pl honneurs m funèbres.*

honrad/o, a *a* honnête. **-ez** *f* honnêteté.

honr/ar *t* honorer. □ *honrarse con, en,* s'honorer de. **-illa** *f* amour *m* propre. **-oso, a** *a* honorable.

hora *f* **1** heure : *cien kilómetros*

por —, cent kilomètres à l'heure ; *horas extraordinarias*, heures supplémentaires ; *¿ qué — es ?*, quelle heure est-il ? I *a última —*, au dernier moment ; *ya es — de...*, il est temps de... **2** *pedir —*, demander un rendez-vous ; *dar —*, fixer un rendez-vous.

horadar *t* percer.

horario, a *a* horaire. □ *m* **1** (escolar, ferrocarriles) horaire. **2** (de reloj) petite aiguille *f.*

horca *f* **1** fourche. **2** (suplicio) potence.

horcajadas (a) *loc adv* à califourchon.

horchat/a *f* orgeat *m*. **-ería** *f* buvette.

horda *f* horde.

horizont/e *m* horizon. **-al** *a* horizontal, e.

horma *f* forme.

hormiga *f* fourmi.

hormigón *m* béton.

hormigu/ear *i* fourmiller. **-eo, -illo** *m* fourmillement. **-ero** *m* fourmilière *f.*

hormona *f* hormone.

hornacina *f* niche.

hornada *f* fournée.

hornillo *m* **1** fourneau : *— de gas*, fourneau à gaz. **2** (transportable) réchaud.

horno *m* **1** four. **2** *alto —*, haut fourneau.

horóscopo *m* horoscope.

horquilla *f* **1** fourche. **2** épingle à cheveux.

horrendo, a *a* affreux, euse.

hórreo *m* grenier.

horrible *a* horrible.

horripilar *t* horrifier, faire frémir.

horror *m* **1** horreur *f* : *dar —*, faire horreur ; *tengo — a los hipócritas*, j'ai horreur des hypocrites. **2** FAM *un — de turistas*, plein de touristes ; *la quiere horrores*, il l'aime à la folie. **-izar** *t* horrifier, faire horreur. **-oso, a** *a* horrible, affreux, euse.

hortaliza f légume m.

hort/elano, a s jardinier, ère, maraîcher, ère. **-ense** a potager, ère.

hortensia f hortensia m.

horticult/or m horticulteur. **-ura** f horticulture.

hosco, a a renfrogné, e, bourru, e.

hosped/ar t loger, héberger. **-aje** m logement.

hospicio m hospice.

hospital m hôpital.

hospital/ario, a a hospitalier, ère. **-idad** f hospitalité.

hospitalizar t hospitaliser.

hosquedad f humeur acariâtre.

hostal m hôtellerie f.

hostelería f hôtellerie.

hostia f 1 hostie. 2 POP (bofetada) baffe.

hostigar t harceler.

hostil a hostile. **-idad** f hostilité.

hotel m hôtel. **-ero, a** a/s hôtelier, ère. **-ito** m pavillon, villa f.

hoy adv aujourd'hui. | de – en adelante, désormais ; – día, de nos jours, aujourd'hui ; – por –, actuellement.

hoy/a f fosse. **-o** m trou. **-uelo** m fossette f.

hoz f 1 faucille. 2 (desfiladero) gorge.

hube, etc. ⇒ **haber.**

hucha f tirelire.

hueco, a a 1 creux, euse : árbol –, arbre creux ; voz hueca, voix creuse. 2 vide. 3 (orgulloso) vaniteux, euse, fier, ère. □ m 1 creux : sonar a –, sonner creux. 2 vide. 3 place f (vide).

huelg/a f grève : declararse en –, se mettre en grève ; – de hambre, de celo, grève de la faim, du zèle. **-uista** s gréviste.

huella f 1 trace. 2 huellas dactilares, empreintes digitales.

huérfano, a a/s orphelin, e.

huero, a a creux, creuse, vide.

huert/a f 1 jardin m potager. 2 (de regadío) huerta, plaine f irriguée. 3 (de árboles frutales) verger m. **-o** m 1 jardin potager. 2 verger.

hues/o m 1 os : calado hasta los huesos, mouillé jusqu'aux os. | dar con sus huesos en un hospicio, échouer dans un hospice. 2 (de una fruta) noyau. 3 FAM (persona) rosse f, vache f. **-oso, a** a osseux, euse.

huésped, a s hôte, esse. | casa de huéspedes, pension de famille.

huesudo, a a osseux, euse.

huev/o m œuf : – duro, pasado por agua, œuf dur, à la coque ; – frito, al plato, œuf sur le plat ; huevos revueltos, œufs brouillés. **-era** f coquetier m.

Hugo n p m Hugues.

huida f fuite.

huidizo, a a fuyant, e.

huir ° i 1 fuir : – del peligro, fuir le danger. 2 s'enfuir, prendre la fuite : el ladrón ha huido, le voleur s'est enfui.

hule m toile f cirée.

hull/a f houille. **-ero, a** a/f houiller, ère.

humanidad f 1 humanité. 2 (corpulencia) embonpoint m.

human/ismo m humanisme. **-ista** s humaniste.

humanitario, a a humanitaire.

humano, a a/s humain, e.

humareda f grande fumée.

humazo m fumée f épaisse.

hume/ar i fumer. **-ante** a fumant, e.

humed/ad f humidité. **-ecer** ° t humecter.

húmedo, a a humide.

húmero m humérus.

humild/e a humble. **-ad** f humilité.

humill/ar t 1 humilier, abaisser. 2 – la cabeza, baisser la tête ; **-ación** f humiliation. **-ante** a humiliant, e.

humo *m* fumée *f*. l *echar* —, fumer.
□ *pl* prétention *f sing*, suffisance *f
sing*. l *bajar los humos a*, faire
baisser le ton à.

humor *m* humeur *f* : *estar de
buen, mal* —, être de bonne, mauvaise humeur. **-ada** *f* caprice *m*,
fantaisie.

humor/ista *s* humoriste. **-ístico,
a** *a* humoristique.

humus *m* humus.

hund/ir *t* 1 enfoncer. 2 (un barco)
couler. 3 FIG ruiner. □ *pr* 1 (el
suelo) s'affaisser. 2 (un edificio)
s'écrouler, s'effondrer. 3 (un barco)
couler, sombrer : *el petrolero se ha
hundido*, le pétrolier a coulé. 4 FIG
se hundieron nuestros proyectos,
nos projets se sont effondrés.
-imiento *m* 1 enfoncement. 2
(suelo) affaissement. 3 effondrement, écroulement.

húngaro, a *a/s* hongrois, e.

Hungría *n p f* Hongrie.

huracán *m* ouragan.

huraño, a *a* sauvage.

hurg/ar *t* 1 remuer. 2 (fisgonear)
fouiller. **-ón** *m* tisonnier.

hur/ón *m* 1 furet. 2 (persona
huraña) sauvage, ours. **-onear** *t*
fureter.

¡ hurra ! *interj* hourra !

hurtadillas (a) *loc adv* en
cachette.

hurt/ar *t* 1 voler. 2 — *el cuerpo*, se
dérober. **-o** *m* vol, larcin.

husmear *t* 1 flairer, renifler. 2
(curiosear) fouiner.

huso *m* fuseau.

¡ huy ! *interj* 1 oh ! : *¡ —, qué raro !*
oh !, comme c'est curieux ! 2 *¡ —,
qué frío hace !*, brrr, ce qu'il fait
froid !

huya, etc. ⇒ **huir.**

I

i f i m : *una* –, un i.

iba, etc. ⇒ **ir.**

ibero, a a/s ibère.

ibis f ibis m.

iceberg m iceberg.

icono m icône f.

ida f aller m : – *y vuelta,* aller et retour. I *idas y venidas,* allées et venues.

idea f 1 idée. 2 (propósito) intention : *llevaba – de marcharme a las cinco,* j'avais l'intention de partir à cinq heures.

ideal a/m idéal, e. **-ismo** m idéalisme. **-ista** a/s idéaliste.

idear t imaginer, inventer.

idéntico, a a identique.

identidad f identité.

identific/ar t identifier. **-ación** f identification.

ideología f idéologie.

id/ilio m idylle f. **-ílico, a** a idyllique.

idioma m langue f, idiome.

idiot/a a/s idiot, e. **-ez** f idiotie.

idiotismo m idiotisme.

ido pp de **ir.** □ a FAM (chiflado) timbré, e.

idólatra a/s idolâtre.

idolatría f idolâtrie.

ídolo m idole f.

idóneo, a a approprié, e, indiqué, e.

iglesia f église.

ignífugo, a a ignifuge.

ignominia f ignominie.

ignor/ar t ignorer. **-ancia** f ignorance. **-ante** a/s ignorant, e.

igual a/s égal, e : *dos números iguales,* deux nombres égaux. I *al – que, – que,* comme ; *es –,* ça ne fait rien ; *me da –,* ça m'est égal ; *por –,* de la même façon.

igual/ar t 1 égaler. 2 (allanar) égaliser. □ pr 1 être égal, e. 2 *igualarse con alguien,* égaler quelqu'un. **-atorio** m mutuelle f.

igual/dad f égalité. **-itario, a** a égalitaire. **-mente** adv également.

iguana f iguane.

ijada f, **ijar** m flanc m.

ilación f enchaînement m, liaison.

ilegal a illégal, e. **-idad** f illégalité.

ilegible a illisible.

ilegítimo, a a illégitime.

ileso, a a sain et sauf, saine et sauve.

iletrado, a a/s illettré, e.

ilícito, a a illicite.

ilimitado, a a illimité, e.

ilógico, a a illogique.

ilumin/ar t 1 illuminer. 2 éclairer. 3 (estampas) enluminer. **-ación** f 1 illumination. 2 (alumbrado) éclairage m.

ilusi/ón f 1 illusion : *forjarse ilusiones,* se faire des illusions. 2 (esperanza) espoir m. 3 (ensueño) rêve m. I *le hacía – tomar el avión,* il rêvait de prendre l'avion. 4 (alegría) joie. **-onar** t faire rêver. □ pr 1 s'illusionner. 2 *me ilusionaba ir al cine contigo,* je me faisais fête, je me réjouissais d'avance d'aller au cinéma avec toi.

iluso, a a/s utopiste.

ilustr/ar t 1 illustrer. 2 (informar) éclairer. **-ación** f illustration. **-ador** m illustrateur.

ilustre a illustre.

imagen f 1 image. 2 (escultura) statue.

imagin/ar t imaginer. □ pr s'imaginer. **-ación** f imagination. **-ativo, a** a imaginatif, ive.

imán *m* aimant.

imb/écil *a/s* imbécile. **-ecilidad** *f* imbécillité.

imberbe *a* imberbe.

imbuído, a *a* imbu, e.

imit/ar *t* imiter. **-ación** *f* imitation. **-ador, a** *s* imitateur, trice.

impacien/cia *f* impatience. **-tar** *t* impatienter. □ *pr* s'impatienter. **-te** *a/s* impatient, e. **-temente** *adv* impatiemment.

impacto *m* impact.

impalpable *a* impalpable.

impar *a* impair, e.

imparcial *a* impartial, e. **-idad** *f* impartialité.

impartir *t* – *clases,* donner des cours.

impasib/le *a* impassible. **-ilidad** *f* impassibilité.

impávido, a *a* impavide, impassible.

impecable *a* impeccable.

imped/ir ° *t* empêcher. **-ido, a** *a/s* infirme. **-imiento** *m* empêchement.

impeler *t* pousser.

impenetrable *a* impénétrable.

impenitente *a* impénitent, e.

impensado, a *a* imprévu, e.

imperar *i* régner.

imperativo, a *a/m* impératif, ive.

imperceptible *a* imperceptible.

imperdible *m* épingle *f* de nourrice.

imperdonable *a* impardonnable.

imperecedero, a *a* impérissable.

imperfección *f* imperfection.

imperfecto, a *a* imparfait, e. I *pretérito* –, imparfait.

imperial *a/f* impérial, e.

imperial/ismo *m* impérialisme. **-ista** *a/s* impérialiste.

imperio *m* empire.

imperioso, a *a* impérieux, euse.

impermeab/le *a/m* imperméable. **-ilizar** *t* imperméabiliser.

impersonal *a* impersonnel, elle.

impertérrito, a *a* imperturbable.

impertinen/te *a/s* impertinent, e. □ *m pl* face-à-main *sing.* **-cia** *f* impertinence.

imperturbable *a* imperturbable.

ímpetu *m* impétuosité *f.*

impetuoso, a *a* impétueux, euse.

impío, a *a/s* impie.

implacable *a* implacable.

implantar *t* implanter.

implicar *t* impliquer.

implícito, a *a* implicite.

implorar *t* implorer.

imponderable *a/m* impondérable.

imponente *a* imposant, e.

imponer ° *t* **1** imposer. **2** (una condecoración) remettre. **3** (un nombre) donner. □ *i* en imposer : *el abuelo imponía a todos,* le grand-père en imposait à tous. □ *pr* s'imposer.

impopular *a* impopulaire. **-idad** *f* impopularité.

importa/ción *f* importation. **-dor, a** *a/s* importateur, trice.

import/ancia *f* importance. I *de* –, important, e. **-ante** *a* important, e.

¹**importar** *t* (introducir en un país) importer.

²**importar** *i* **1** importer. I *no importa,* ça ne fait rien, peu importe ; *no me importa,* ça m'est égal. **2** gêner, ennuyer : *¿ te importaría prestarme diez pesetas ?,* ça ne t'ennuierait pas de me prêter dix pesetas ? □ *t* s'élever à, monter à : *la factura importa mil pesetas,* la facture s'élève à mille pesetas.

importe *m* montant.

importun/o, a *a/s* importun, e. □ *a* inopportun, e. **-ar** *t* importuner.

imposibilidad *f* impossibilité.

imposibilit/ar *t* empêcher. **-ado, a** *a* (tullido) impotent, e.

imposible *a* impossible. I *hacer lo* –, faire l'impossible.

imposición *f* **1** imposition. **2** (en un banco) dépôt *m.*

impost/or, a s imposteur. **-ura** f
imposture.

impoten/cia f impuissance. **-te**
a/s impuissant, e.

impracticable a 1 irréalisable. 2
(camino) impraticable.

imprecación f imprécation.

impreciso, a a imprécis, e. **-ión**
f imprécision.

impregnar t imprégner.

imprenta f imprimerie. I dar a la
—, faire imprimer ; libertad de —,
liberté de la presse.

imprescindible a indispensable.

impresión f impression : me ha
causado buena —, il m'a fait bonne
impression.

impresion/ar t 1 impressionner. 2
(un sonido) enregistrer. **-able** a
impressionnable. **-ante** a impressionnant, e.

impresionismo m impres-
sionnisme.

impreso, a a/m imprimé, e.

imprevisible a imprévisible.

imprevi/sión f imprévoyance.
-sor, a a imprévoyant, e.

imprevisto, a a imprévu, e. □ m
pl dépenses f imprévues.

imprimir t imprimer.

improbab/le a improbable.
-ilidad f improbabilité.

improbo, a a 1 malhonnête. 2
(trabajo) pénible.

improcedente a déplacé, e,
inopportun, e, malvenu, e.

improductivo, a a improductif,
ive.

impronta f empreinte.

improperio m injure f.

impropi/o, a a impropre. **-edad**
f impropriété.

improvis/ar t improviser. **-ación**
f improvisation, impromptu m.

improviso (de) loc adv à
l'improviste.

impruden/te a imprudent, e. **-cia**
f imprudence.

impudencia f impudence.

impúdico, a a impudique.

impuesto, a pp de **imponer.** □
m impôt.

impugnar t attaquer.

impulsar t pousser.

impulsivo, a a impulsif, ive.

impulso m 1 impulsion f. 2 élan :
— de generosidad, élan de générosité ; tomar —, prendre son élan.

impune a impuni, e. **-mente** adv
impunément.

impur/o, a a impur, e. **-eza** f
impureté.

imput/ar t imputer. **-able** a
imputable.

imputrescible a imputrescible.

inabordable a inabordable.

inacabable a interminable.

inaccesible a inaccessible.

inacción f inaction.

inaceptable a inacceptable.

inactiv/o, a a inactif, ive. **-idad** f
inactivité.

inadaptado, a a/s inadapté, e.

inadecuado, a a non indiqué, e,
déplacé, e, inadéquat, e.

inadmisible a inadmissible.

inadvertencia f por —, par
inadvertance.

inadvertid/o, a a pasar —, passer
inaperçu. **-amente** adv par
inadvertance.

inagotable a inépuisable, intarissable.

inaguantable a insupportable.

inalterable a inaltérable.

inamovible a inamovible.

inanición f inanition.

inanimado, a a inanimé, e.

inaplicable a inapplicable.

inapreciable a inappréciable.

inarrugable a infroissable.

inarticulado, a a inarticulé, e.

inasequible a inaccessible.

inaudible a inaudible.

inaudito, a a inouï, e.

inaugur/ar t inaugurer. **-ación** f
1 inauguration. 2 (de una exposi-

ción de pintura) vernissage *m*. **-al**
a inaugural, e.

inca *s* Inca. **-ico, a** *a* inca.

incalculable *a* incalculable.

incandescente *a* incandescent, e.

incansable *a* infatigable.

incapa/z *a/s* incapable. **-cidad** *f*
incapacité. **-citar** *t* déshabiliter,
déclarer incapable.

incaut/arse *pr – de*, saisir. **-o, a**
a naïf, ive.

incendi/ar *t* incendier. **-ario, a**
a/s incendiaire. **-o** *m* incendie.

incensar ° *t* encenser.

incentivo *m* 1 stimulant, attrait. 2
prime *f*.

incertidumbre *f* incertitude.

incesante *a* incessant, e. **-mente**
adv sans cesse.

incesto *m* inceste.

incidentalmente *adv* incidemment.

incidente *m* incident.

incienso *m* encens.

incierto, a *a* incertain, e.

inciner/ar *t* incinérer. **-ación** *f*
incinération.

incipiente *a* naissant, e, qui
commence.

incisión *f* incision.

incisivo, a *a* incisif, ive. □ *m*
(diente) incisive *f*.

incit/ar *t* inciter. **-ación** *f*
incitation.

inclin/ar *t* incliner. **-ación** *f* 1
(acción, propensión) inclination. 2
(efecto) inclinaison.

ínclito, a *a* illustre.

incluir ° *t* 1 inclure. 2
comprendre : *vino incluido*, vin
compris.

inclusa *f* hospice *m* des enfants
trouvés.

inclusive *adv* y compris. I *hasta el
jueves –*, jusqu'à jeudi inclus.

incluso, a *a* inclus, e. □ *adv* y
compris, même. □ *prep* (hasta)
même : *– él se niega a ayudarme*,
même lui refuse de m'aider.

incógnito, a *a/f* inconnu, e. □ *m*
incognito : *viajar de –*, voyager
incognito.

incoheren/te *a* incohérent, e.
-cia *f* incohérence.

incoloro, a *a* incolore.

incólume *a* indemne, sain et sauf,
saine et sauve.

incombustible *a* incombustible.

incomible *a* immangeable.

incomodar *t* incommoder.

incomodidad *f* incommodité.

incómodo, a *a* 1 incommode. 2
sentirse –, se sentir mal à l'aise.

incomparable *a* incomparable.

incompatib/le *a* incompatible.
-ilidad *f* incompatibilité.

incompeten/te *a* incompétent, e.
-cia *f* incompétence.

incompleto, a *a* incomplet, ète.

incompren/sible *a* incompréhensible. **-sión** *f* incompré-
hension.

incomunicado, a *a* isolé, e.

inconcebible *a* inconcevable.

inconciliable *a* inconciliable.

inconcuso, a *a* indubitable.

incondicional *a/s* inconditionnel,
elle.

inconfesable *a* inavouable.

inconfundible *a* caractéristique.

incongruen/cia *f* incongruité.
-te *a* incongru, e.

inconmensurable *a* incommensurable.

inconmovible *a* inébranlable.

inconscien/cia *f* inconscience.
-te *a/s* inconscient, e. **-temente**
adv inconsciemment.

inconsistente *a* inconsistant, e.

inconsolable *a* inconsolable.

inconstan/te *a* inconstant, e.
-cia *f* inconstance.

incontestable *a* incontestable.

incontinencia *f* incontinence.

inconveniencia *f* 1 inconve-
nance. 2 (inconveniente) inconvénient *m*.

inconveniente _a_ inconvenant, e. □ _m_ 1 inconvénient : _no tengo ningún — en..._, je ne vois aucun inconvénient à... 2 _poner algún —_, faire des difficultés.

incordiar _t_ FAM enquiquiner, faire suer.

incorporación _f_ incorporation.

incorporar _t_ 1 incorporer. 2 redresser, asseoir. □ _pr_ 1 (él que está echado) se redresser, s'asseoir. 2 _incorporarse a su regimiento_, rejoindre son régiment.

incorrec/to, a _a_ incorrect, e. **-ción** _f_ incorrection.

incorregible _a_ incorrigible.

incorruptible _a_ incorruptible.

incr/édulo, a _a_ 1 incrédule. (falto de fe) incroyant, e. **-edulidad** _f_ 1 incrédulité. 2 incroyance.

increíble _a_ incroyable.

increment/o _m_ 1 augmentation _f_, accroissement : _— de las tarifas_, augmentation des tarifs. 2 développement. **-ar** _t_ 1 augmenter, accroître. 2 développer.

increpar _t_ réprimander, invectiver.

incriminar _t_ incriminer.

incrust/ar _t_ incruster. **-ación** _f_ incrustation.

incub/ar _t_ couver. **-ación** _f_ incubation. **-adora** _f_ couveuse, incubateur _m_.

inculcar _t_ inculquer.

inculp/ar _t_ inculper. **-ación** _f_ inculpation.

inculto, a _a_ inculte.

incumb/ir _i_ incomber. **-encia** _f_ _eso no es de mi —_, cela n'est pas de mon ressort.

incumplir _t_ ne pas respecter, enfreindre, faillir à.

incurable _a/s_ incurable.

incuria _f_ incurie.

incurrir _i_ 1 _— en error_, tomber dans l'erreur. 2 _— en_, encourir.

incursión _f_ incursion.

indag/ar _t_ rechercher. **-ación** _f_ 1

investigation, recherche. 2 (policiaca) enquête.

indebido, a _a_ indu, e.

indecen/te _a_ 1 indécent, e. 2 (asqueroso) dégoûtant, e. **-cia** _f_ indécence.

indecible _a_ indicible.

indeciso, a _a/s_ indécis, e.

indecoroso, a _a_ indécent, e, malséant, e.

indefenso, a _a_ sans défense.

indefinible _a_ indéfinissable.

indefinido, a _a_ indéfini, e.

indeleble _a_ indélébile.

indelicad/o, a _a_ indélicat, e. **-eza** _f_ indélicatesse.

indemne _a_ indemne.

indemniz/ar _t_ indemniser. **-ación** _f_ 1 (acción) indemnisation. 2 (cantidad) indemnité.

indepen/diente _a_ indépendant, e. **-dencia** _f_ indépendance.

indecifrable _a_ indéchiffrable.

indescriptible _a_ indescriptible.

indeseable _a/s_ indésirable.

indesmallable _a_ indémaillable.

indestructible _a_ indestructible.

indeterminado, a _a_ indéterminé, e.

India _n p f_ Inde.

indiano, a _s_ émigrant, e, qui revient riche d'Amérique.

indic/ar _t_ indiquer. **-ación** _f_ indication. **-ador, a** _a/s_ indicateur, trice. **-ativo, a** _a/m_ indicatif, ive.

índice _m_ 1 (dedo, lista) index. 2 (número) indice.

indicio _m_ indice.

índico, a _a_ indien, enne.

indiferen/te _a/s_ indifférent, e. **-cia** _f_ indifférence.

indígena _a/s_ indigène.

indigen/te _a/s_ indigent, e. **-cia** _f_ indigence.

indiges/tarse _pr_ mal digérer. **-tión** _f_ indigestion. **-to, a** _a_ indigeste.

indign/ación f indignation. **-ante** a révoltant, e. **-ar** t indigner. **-idad** f indignité. **-o, a** a indigne.

índigo m indigo.

indio, a a/s indien, enne.

indirecto, a a indirect, e. □ f allusion.

indisciplinado, a a indiscipliné, e.

indiscre/to, a a/s indiscret, ète. **-ción** f indiscrétion.

indiscutible a indiscutable.

indisoluble a indissoluble.

indispensable a indispensable.

indispo/ner ° t indisposer : *el calor me ha indispuesto,* la chaleur m'a indisposé. □ *indisponerse con,* se fâcher avec. **-sición** f indisposition.

indistinto, a a indistinct, e.

individu/o m individu. **-al** a individuel, elle. **-alidad** f individualité.

indivisible a indivisible.

indocumentado, a a sans pièces d'identité.

Indochina n p f Indochine.

índole f 1 nature, caractère m : *de — tímida,* timide de nature. 2 genre m.

indolen/te a indolent, e. **-cia** f indolence.

indomable a indomptable.

Indonesia n p f Indonésie.

indubitable a indubitable.

inducción f induction.

inducir ° t 1 (incitar) pousser. 2 — *en error,* induire en erreur.

indulgen/te a indulgent, e. **-cia** f indulgence.

indult/ar t gracier. **-o** m grâce f.

indument/o m vêtement. **-aria** f vêtement m, habillement m.

industri/a f industrie. **-al** a/m industriel, elle.

industrioso, a a industrieux, euse.

inédito, a a inédit, e.

inefable a ineffable.

ineficaz a inefficace.

inelegante a inélégant, e.

ineluctable a inéluctable.

inep/to, a a inepte. □ s incapable. **-cia** f ineptie.

inequívoco, a a évident, e.

iner/te a inerte. **-cia** f inertie.

Inés n p f Agnès.

inesperado, a a inespéré, e.

inestab/le a instable. **-ilidad** f instabilité.

inestimable a inestimable.

inevitable a inévitable.

inexact/o, a a inexact, e. **-itud** f inexactitude.

inexcusable a inexcusable.

inexistente a inexistant, e.

inexorable a inexorable.

inexper/to, a a inexpérimenté, e. **-iencia** f inexpérience.

inexplicable a inexplicable.

inexplorado, a a inexploré, e.

inexpresivo, a a inexpressif, ive.

inextricable a inextricable.

infalib/le a infaillible. **-ilidad** f infaillibilité.

infam/e a infâme. **-ia** f infamie.

infancia f enfance : *amigo de la —,* ami d'enfance.

infant/e m 1 (hijo del rey) infant. 2 (soldado) fantassin. **-a** f infante.

infantería f infanterie.

infantil a 1 infantile. 2 (ingenuo) enfantin, e. **-ismo** m infantilisme.

infarto m infarctus.

infatigable a infatigable.

infausto, a a malheureux, euse.

infecc/ión f infection. **-ioso, a** a infectieux, euse.

infectar t infecter. □ pr *la llaga se ha infectado,* la plaie s'est infectée.

infecto, a a infect, e.

infel/iz a/s malheureux, euse. **-icidad** f malheur m.

inferior a/s inférieur, e. **-idad** f

inferiorité.

inferir ° *t* **1** déduire. **2** causer.

infernal *a* infernal, e.

infestar *t* **1** infester. **2** FIG envahir.

infi/el *a/s* infidèle. **-delidad** *f* infidélité.

infiernillo *m* réchaud à alcool.

infierno *m* enfer.

infiltr/arse *pr* s'infiltrer. **-ación** *f* infiltration.

ínfimo, a *a* infime.

infinidad *f* infinité.

infinitivo, a *a/m* infinitif, ive.

infinito, a *a/m* infini, e. l *hasta lo* —, à l'infini ; *infinitas veces*, un nombre infini de fois. □ *adv* infiniment, beaucoup.

infla/ción *f* inflation. **-cionista** *a* inflationniste.

inflam/ar *t* enflammer. **-able** *a* inflammable. **-ación** *f* inflammation. **-atorio, a** *a* inflammatoire.

infl/ar *t* **1** gonfler : — *un neumático*, gonfler un pneu. **2** enfler. **-ado** *m* gonflage.

inflexible *a* inflexible.

infligir *t* infliger.

influenci/a *f* influence. □ *pl* relations. **-ar** *t* influencer : *dejarse* —, se laisser influencer.

influ/ir ° *i* influer : *el clima influye en la vegetación*, le climat influe sur la végétation. **-yente** *a* influent, e.

información *f* **1** information : *informaciones deportivas*, informations sportives. **2** (informe) renseignement *m* : *a título de* —, à titre de renseignement ; *pedir* —, demander des renseignements.

informal *a* peu sérieux, euse, fantaisiste.

informar *t* **1** informer, renseigner. **2** faire savoir. □ *i* rapporter, communiquer. □ *pr* se renseigner.

informática *f* informatique.

informe *a* informe. □ *m* **1** renseignement, information *f*. **2**

(de una comisión, etc.) rapport. □ *pl* (sobre una persona) références *f*.

infortun/ado, a *a* infortuné, e. **-io** *m* infortune *f*.

infracción *f* infraction.

infraestructura *f* infrastructure.

in fraganti *loc adv* en flagrant délit.

infranqueable *a* infranchissable.

infrarrojo, a *a/m* infrarouge.

infrascrito, a *a* yo el —, je, soussigné.

infringir *t* enfreindre.

infructuoso, a *a* infructueux, euse.

ínfulas *f pl* prétention *sing*.

infundado, a *a* sans fondement, non fondé, e.

infundio *m* bobard.

infundir *t* **1** — *respeto*, inspirer le respect. **2** — *ánimo*, donner du courage.

infusión *f* infusion.

ingeniárselas *pr* — *para*, s'ingénier à, s'arranger pour, se débrouiller pour.

ingeniero *m* **1** ingénieur. **2** *arma de ingenieros*, génie.

ingeni/o *m* **1** génie. **2** (agudeza) esprit. **3** (máquina) engin. **4** (de azúcar) raffinerie *f*. **-osidad** *f* ingéniosité. **-oso, a** *a* ingénieux, euse.

ingente *a* énorme.

ingenu/o, a *a* ingénu, e. **-idad** *f* ingénuité.

ingerencia *f* ingérence.

Inglaterra *n p f* Angleterre.

ingle *f* aine.

inglés, esa *a/s* anglais, e.

ingrat/o, a *a* ingrat, e. **-itud** *f* ingratitude.

ingrediente *m* ingrédient.

ingres/ar *i* — *en la Universidad*, entrer à l'Université ; — *en el hospital*, être admis, e à l'hôpital. □ *t* — *dinero en el banco*, déposer de l'argent à la banque ; — *una* *cantidad en una cuenta,* verser une somme à un compte. **-o** *m* entrée *f,* admission *f : examen de —,* examen d'entrée. ▢ *pl* (dinero) revenus.

inhábil *a* 1 *día —,* jour férié ; *hora —,* heure de fermeture. 2 (torpe) malhabile. 3 (no apto) inhabile, incapable. **-itar** *t* déshabiliter, déclarer incapable.

inhabit/able *a* inhabitable. **-ado, a** *a* inhabité, e.

inhal/ar *t* inhaler. **-ación** *f* inhalation.

inherente *a* inhérent, e.

inhibirse *pr* s'abstenir.

inhospitalario, a *a* inhospitalier, ère.

inhumación *f* inhumation.

inhumano, a *a* inhumain, e.

inhumar *t* inhumer.

iniciación *f* 1 initiation. 2 commencement *m,* début *m.*

iniciado, a *a/s* initié, e.

inicial *a/f* initial, e.

iniciar *t* 1 commencer. 2 *— en,* initier à. ▢ *iniciarse en,* s'initier à.

iniciativa *f* initiative.

inimaginable *a* inimaginable.

inimitable *a* inimitable.

ininflamable *a* ininflammable.

ininteligible *a* inintelligible.

ininterrumpido, a *a* ininterrompu, e.

iniquidad *f* iniquité.

injerencia *f* ingérence.

injert/ar *t* greffer. **-o** *m* greffe *f.*

injuri/a *f* injure. **-ar** *t* injurier. **-oso, a** *a* injurieux, euse.

injusticia *f* injustice.

injustific/able *a* injustifiable. **-ado, a** *a* injustifié, e.

injusto, a *a* injuste.

inmaculado, a *a* immaculé, e. ▢ *n pf la Inmaculada,* l'Immaculée Conception.

inmediaciones *f pl* environs *m.*

inmediato, a *a* 1 immédiat, e. 2

contigu, ë.

inmejorable *a* excellent, e, remarquable, parfait, e : *— estado,* parfait état.

inmens/o, a *a* immense. **-idad** *f* immensité.

inmersión *f* immersion.

inmigr/ar *i* immigrer. **-ación** *f* immigration. **-ante** *a/s* immigrant, e.

inminen/te *a* imminent, e. **-cia** *f* imminence.

inmiscuirse *pr* s'immiscer.

inmobiliario, a *a* immobilier, ère. ▢ *f* société immobilière.

inmoderado, a *a* immodéré, e.

inmolar *t* immoler.

inmoral *a* immoral, e.

inmortal *a* immortel, elle. **-idad** *f* immortalité. **-izar** *t* immortaliser.

inm/óvil *a* immobile. **-ovilidad** *f* immobilité. **-ovilización** *f* immobilisation. **-ovilizar** *t* immobiliser.

inmueble *a/m* immeuble.

inmund/o, a *a* immonde. **-icias** *f pl* immondices.

inmun/e *a* (contra ciertas enfermedades) immunisé, e. **-idad** *f* immunité. **-izar** *t* immuniser.

inmut/arse *pr* se troubler. **-able** *a* immuable.

innato, a *a* inné, e.

innecesario, a *a* inutile, superflu, e.

innegable *a* indéniable.

innoble *a* ignoble.

innovación *f* innovation.

innumerable *a* innombrable.

inocen/te *a* innocent, e. **-cia** *f* innocence. **-tada** *f* attrape faite le jour des Saints-Innocents.

inocular *t* inoculer.

inodoro, a *a* inodore. ▢ *m* water-closet.

inofensivo, a *a* inoffensif, ive.

inolvidable *a* inoubliable.

inopia *f* indigence.

inopinado, a *a* inopiné, e.

inoportuno, a *a* inopportun, e.

inoxidable *a* inoxydable.

inquebrantable *a* inébranlable.

inquiet/o, a *a* 1 inquiet, ète. 2 (agitado) remuant, e. **-ante** *a* inquiétant, e. **-ar** *t* inquiéter. **-ud** *f* inquiétude.

inquilino, a *s* locataire.

inquina *f* tomarle — *a*, prendre en grippe ; tenerle — *a alguien*, ne pas pouvoir sentir quelqu'un.

inqui/rir ° *t* s'enquérir de, se renseigner sur. **-sición** *f* inquisition. **-sidor, a** *a/m* inquisiteur, trice.

insaciable *a* insatiable.

insalubre *a* insalubre.

inscri/bir ° *t* inscrire. **-pción** *f* inscription. **-to, a** *a* inscrit, e.

insect/o *m* insecte. **-icida** *m* insecticide.

inseguro, a *a* incertain, e.

insensat/o *a/s* insensé, e. **-ez** *f* bêtise.

insensib/le *a* insensible. **-ilidad** *f* insensibilité. **-ilizar** *t* insensibiliser.

inseparable *a* inséparable.

inser/tar *t* insérer. **-ción** *f* insertion.

inservible *a* inutilisable.

insidioso, a *a* insidieux, euse, insigne *a* insigne.

insigna *f* 1 insigne *m*. 2 (de cofradía) bannière.

insignificante *a* insignifiant, e.

insinu/ar *t* insinuer. □ *pr* s'insinuer. **-ación** *f* insinuation.

insípido, a *a* insipide.

insist/ir *i* insister : — *en*, insister sur ; — *a alguien para que...*, insister auprès de quelqu'un pour que... **-encia** *f* insistance. **-entemente** *adv* avec insistance.

insociable *a* insociable.

insolación *f* insolation.

insolen/te *a* insolent, e. **-cia** *f*

insolence. -tarse *pr* être insolent, e.

insólito, a *a* insolite.

insoluble *a* insoluble.

insolvente *a* insolvable.

insomnio *m* insomnie *f*.

insondable *a* insondable.

insoportable *a* insupportable.

insospechado, a *a* insoupçonné, e.

inspec/ción *f* inspection. **-cionar** *t* inspecter. **-tor, a** *s* inspecteur, trice.

inspir/ar *t* inspirer. □ *inspirarse en*, s'inspirer de. **-ación** *f* inspiration.

instal/ar *t* installer. □ *pr se ha instalado en mi casa*, il s'est installé chez moi. **-ación** *f* installation.

instancia *f* instance.

instantáneo, a *a* instantané, e. □ *f* (foto) instantané *m*.

instante *m* instant : *a cada* —, à chaque instant. | *al* —, immédiatement ; *por instantes*, rapidement.

instar *t* — *a alguien para que...*, presser quelqu'un de..., prier instamment quelqu'un de...

instaurar *t* instaurer.

instig/ar *t* inciter. **-ación** *f* instigation. **-ador, a** *a/s* instigateur, trice.

instint/o *m* instinct. **-ivo, a** *a* instinctif, ive.

institu/ir ° *t* instituer. **-ción** *f* institution.

instituto *m* 1 institut. 2 (de enseñanza media) lycée, collège.

institutriz *f* préceptrice, institutrice (dans une famille).

instruc/ción *f* instruction. **-tor** *m* instructeur. **-tivo, a** *a* instructif, ive.

instruir ° *t* 1 instruire. 2 former.

instrument/o *m* instrument : — *de cuerda, de viento*, instrument à corde, à vent. **-al** *m* instruments *pl*.

insubordin/arse pr se rebeller. **-ación** f insubordination. **-ado, a** a/s insubordonné, e, rebelle.

insubstancial a fade.

insuficien/te a insuffisant, e. **-cia** f insuffisance.

insufrible a insupportable.

insular a insulaire.

insulso, a a fade, insipide.

insult/ar t insulter. **-o** m insulte f.

insuperable a 1 dificultad —, difficulté insurmontable. 2 calidad —, qualité incomparable.

insurgente a/s insurgé, e.

insurrec/ción f insurrection. **-to, a** a/s insurgé, e.

insustituible a irremplaçable.

intacto, a a intact, e.

intachable a irréprochable.

integral a/f intégral, e.

integrar t composer, constituer.

integridad f intégrité.

íntegro, a a 1 (completo) intégral, e. 2 (probo) intègre.

intelectual a/s intellectuel, elle.

intelig/ente a intelligent, e. **-encia** f intelligence. **-ible** a intelligible.

intemperie f intempéries pl.

intempestivo, a a intempestif, ive.

intenci/ón f intention : mala —, mauvaise intention ; con — de, dans l'intention de. I segunda —, arrière-pensée. **-onado, a** a 1 volontaire, intentionnel, elle. 2 bien, mal —, bien, mal intentionné, e. **-onal** a intentionnel, elle.

intenden/cia f intendance. **-te, a** s intendant, e.

intens/idad f intensité. **-ificar** t intensifier. **-ivo, a** a intensif, ive. **-o, a** a intense.

intent/ar t tenter de, essayer de : intentaré convencerle, j'essaierai de le convaincre. **-o** m 1 tentative f. 2 intention f, dessein.

intercalar t intercaler.

intercambi/able a interchangeable. **-o** m échange.

interceder i intercéder.

intercept/ar t intercepter. **-ación** f interception.

intercesión f intercession.

interdicción f interdiction.

inter/és m intérêt : en — tuyo, dans ton intérêt. I ser de mucho —, être très intéressant, e. **-esante** a intéressant, e. **-esar** t intéresser. □ interesarse por, s'intéresser à : no se interesa por nada, il ne s'intéresse à rien.

interferencia f interférence.

ínterin m intérim.

interin/idad f intérim m. **-o, a** a/s 1 intérimaire. I presidente —, président par intérim. 2 (cosa) provisoire.

interior a/m intérieur, e. **-idades** f pl vie sing privée.

interjección f interjection.

interlocutor, a s interlocuteur, trice.

intermedi/o, a a intermédiaire. □ m 1 intervalle, intermède. 2 (en el cine) entracte. 3 (baile, música) intermède. **-ario, a** a/m intermédiaire.

interminable a interminable.

intermiten/te a intermittent, e. □ m (luz) clignotant. **-cia** f intermittence.

internacional a international, e : organismos internacionales, organismes internationaux.

internar t 1 interner. 2 (a un enfermo) hospitaliser. □ pr pénétrer, s'enfoncer : se internó en el bosque, il s'enfonça dans le bois.

internista a/m généraliste.

interno, a a/s interne.

interpelar t interpeller.

interplanetario, a a interplanétaire.

interponer ° t interposer. □ pr s'interposer.

interpret/ar t interpréter. **-ación**

f interprétation.

intérprete *s* interprète.

interrog/ar *t* interroger. **-ación** *f* interrogation. | signo de –, point d'interrogation. **-ante** *m* point d'interrogation, inconnue *f*. **-ativo, a** *a* interrogatif, ive. **-atorio** *m* interrogatoire.

interr/umpir *t* interrompre. □ pr se interrumpió, il s'est interrompu. **-upción** *f* interruption. **-uptor** *m* interrupteur.

intersección *f* intersection.

intersticio *m* interstice.

interurbano, a *a* interurbain, e.

intervalo *m* intervalle : a intervalos, par intervalles.

interven/ir ° *i* 1 intervenir : la policía intervino rápidamente, la police est intervenue rapidement. 2 participer. □ *t* 1 contrôler. 2 opérer. **-ción** *f* 1 intervention. 2 contrôle *m*. **-tor** *m* contrôleur.

inter/viú *m* interview *f*. **-viuvar** *t* interviewer.

intestin/o *m* intestin : – delgado, intestin grêle ; – grueso, gros intestin. **-al** *a* intestinal, e.

intimar *t* – a que, sommer de. □ *i* se lier.

intimidad *f* intimité : en la –, dans l'intimité.

intimidar *t* intimider.

íntimo, a *a* intime.

intolerable *a* intolérable.

intoleran/te *a* intolérant, e. **-cia** *f* intolérance.

intoxic/ar *t* intoxiquer. **-ación** *f* intoxication.

intranquilo, a *a* inquiet, ète, anxieux, euse, nerveux, euse.

intransigen/te *a* intransigeant, e. **-cia** *f* intransigeance.

intransitable *a* impraticable.

intransitivo, a *a/m* intransitif, ive.

intratable *a* intraitable.

intrépido, a *a* intrépide.

intrig/a *f* intrigue. **-ar** *i* intriguer. **-ante** *a/s* intrigant, e.

intrincado, a *a* embrouillé, e.

intríngulis *m* complication *f*, difficulté *f*, situation *f* difficile.

introduc/ir ° *t* introduire. □ pr se introdujo en el salón, il s'est introduit dans le salon. **-ción** *f* introduction.

intromisión *f* ingérence.

intruso, a *a/s* intrus, e.

intu/ición *f* intuition. **-ir** ° *t* deviner. **-itivo, a** *a* intuitif, ive.

inund/ar *t* inonder. **-ación** *f* inondation.

inusitado, a *a* inusité, e.

inútil *a/s* inutile.

inutili/dad *f* inutilité. **-zar** *t* mettre hors d'état.

invadir *t* envahir.

inválido, a *a/s* invalide.

invariable *a* invariable.

invas/ión *f* invasion. **-or, a** *s* envahisseur.

invencible *a* invincible.

invención *f* invention.

invendible *a* invendable.

inventar *t* inventer.

inventario *m* inventaire.

invent/o *m* invention *f*. **-or, a** *s* inventeur, trice.

invernáculo *m* serre *f*.

invern/al *a* hivernal, e. **-ar** ° *i* hiverner.

invero/símil *a* invraisemblable. **-similitud** *f* invraisemblance.

inversión *f* 1 inversion. 2 (de dinero) placement *m*, investissement *m* : una buena –, un bon placement.

inverso, a *a* inverse.

invertir ° *t* 1 – el sentido de la corriente, inverser le sens du courant. 2 (volcar) renverser. 3 (alterar el orden) intervertir. 4 – dinero, investir, placer de l'argent. 5 (tiempo) passer, mettre.

investig/ar *t* 1 faire des recherches, une enquête sur. 2 – las causas de un incendio, rechercher les causes d'un incendie.

-ación _f_ **1** (policiaca) enquête. **2** (científica) recherche. **-ador, a** _s_ chercheur, euse.

inveterado, a _a_ invétéré, e.

invidente _s_ aveugle.

invierno _m_ hiver.

inviolable _a_ inviolable.

invisible _a_ invisible.

invit/ar _t_ inviter. I _los invitados_, les invités. **-ación** _f_ invitation.

invoc/ar _t_ invoquer. **-ación** _f_ invocation.

involuntario, a _a_ involontaire.

invulnerable _a_ invulnérable.

inyec/tar _t_ injecter. I _ojos inyectados de sangre_, yeux injectés de sang. **-ción** _f_ **1** injection. **2** piqûre : _poner una_ — faire une piqûre.

ir ° _i_ **1** aller : _voy a la estación_, je vais à la gare ; — _de paseo_, aller se promener ; _¿ cómo va su trabajo ?_, comment va votre travail ? ; _¿ cómo le va ?_, comment ça va ? I _¡ qué va !_, allons donc ! **2** — _a_, (+ infinitif) aller : _voy a dormir_, je vais dormir. **3** (= estar) être : _va furioso_, il est furieux ; _iba vestida de negro_, elle était habillée en noir. **4** (+ gérondif) indique que l'action se réalise progressivement : _iba tomando notas_, il prenait des notes ; _va cayendo la tarde_, le soir tombe. **5** — _por_, aller chercher. I FAM _¡ ve a por pan !_, va chercher le pain ! **6** _¡ vaya !_, allons ! ; _¡ vaya tiempo !_, quel temps ! ; _¡ vaya una ocurrencia !_, en voilà une idée ! □ _pr_ **1** s'en aller, partir : _¡ vete !_, va-t'en ! ; _se han ido_, ils sont partis. **2** aller : _se fueron a almorzar_, ils sont allés déjeuner. **3** (liquido) s'échapper.

ira _f_ colère. **-cundo, a** _a_ coléreux, euse.

Irak _n p m_ Irak.

Irán _n p m_ Iran.

iraní _a/s_ iranien, enne.

irascible _a_ irascible.

iris _m_ **1** iris. **2** (arco iris) arc-en-ciel.

irisación _f_ irisation.

Irlanda _n p f_ Irlande.

irlandés, esa _a/s_ irlandais, e.

ironía _f_ ironie.

irónico, a _a_ ironique.

irracional _a_ irrationnel, elle.

irradi/ar _t/i_ irradier. **-ación** _f_ irradiation, rayonnement _m_.

irreal _a_ irréel, elle.

irrealizable _a_ irréalisable.

irreconciliable _a_ irréconciliable.

irrecuperable _a_ irrécupérable.

irreductible _a_ irréductible.

irreflexivo, a _a_ irréfléchi, e.

irrefutable _a_ irréfutable.

irregular _a_ irrégulier, ère. **-idad** _f_ irrégularité.

irremediable _a_ irrémédiable.

irreparable _a_ irréparable.

irreprochable _a_ irréprochable.

irresistible _a_ irrésistible.

irresolu/to, a _a_ irrésolu, e. **-ción** _f_ irrésolution.

irrespetuoso, a _a_ irrespectueux, euse.

irrespirable _a_ irrespirable.

irresponsable _a_ irresponsable.

irreverencia _f_ irrévérence.

irrevocable _a_ irrévocable.

irrig/ar _t_ irriguer. **-ación** _f_ irrigation.

irris/ión _f_ dérision. **-orio, a** _a_ dérisoire.

irrit/ar _t_ irriter. **-able** _a_ irritable. **-ación** _f_ irritation. **-ante** _a_ irritant, e.

irrompible _a_ incassable.

irru/mpir _i_ faire irruption : _los manifestantes irrumpieron en la sala_, les manifestants firent irruption dans la salle. **-pción** _f_ irruption.

Isabel _n p f_ Isabelle.

isla _f_ île.

islamismo _m_ islamisme.

Islandia _n p f_ Islande.

isleño, a *a/s* insulaire.

isleta *f* (en medio de una calle, plaza) refuge *m*.

islote *m* îlot.

Israel *n p m* Israël.

israel/i *a/s* israélien, enne. **-ita** *a/s* israélite.

istmo *m* isthme.

Italia *n p f* Italie.

italiano, a *a/s* italien, enne.

itinerario *m* itinéraire.

izar *t* hisser.

izquierd/o, a *a/f* gauche. I *a la izquierda, a mano izquierda*, à gauche. **-ista** *a* de gauche.

J

j |xota| f j m : una –, un j.

jabalí m sanglier.

jabalina f (deporte) javelot m.

jabato m marcassin.

jab/ón m savon. I pastilla de –, savonnette. **-onoso, a** a savonneux, euse.

jacarandoso, a a joyeux, euse.

jaca f petit cheval m.

jacinto m jacinthe f.

jaco m rosse f.

jact/ancia f vantardise. **-ancioso, a** a/s vantard, e. **-arse** pr se vanter.

jade m jade.

jade/ar i haleter. **-ante** a haletant, e. **-o** m halètement.

jaez m 1 los jaeces, les harnais. 2 FIG espèce f, acabit.

jaguar m jaguar.

Jaime n p m Jacques.

¡ja, ja, ja ! interj ha, ha !

jalar t 1 tirer. 2 FAM (comer) bouffer.

jalea f gelée.

jale/ar t applaudir, encourager. **-o** m FAM 1 (ruido) boucan. 2 (alboroto) chahut : armar –, faire du chahut. 3 (enredo) histoire f.

jal/ón m jalon. **-onar** t jalonner.

Jamaica n p f Jamaïque.

jamás adv jamais. I nunca –, jamais, au grand jamais ; para siempre –, à tout jamais.

jamelgo m rosse f.

jamón m 1 jambon : – serrano, jambon cru. 2 FAM ¡ y un – !, et puis quoi encore !

jamona f FAM grosse dondon.

Japón n p m Japon.

japonés, esa a/s japonais, e.

jaque m échec : tener en –, tenir en échec.

jaqueca f migraine.

jarabe m sirop.

jaran/a f FAM 1 irse de –, aller faire la foire. 2 (ruido) raffut m. **-ero, a** s noceur, euse.

jarcia f agrès m pl.

jard/ín m 1 jardin (d'agrément). 2 – de la infancia, jardin d'enfants. **-inera** f jardinière. **-inería** f jardinage m. **-inero** m jardinier.

jareta f coulisse.

jarr/a f 1 pot m. 2 (de cerveza), chope. 3 en jarras, les mains sur les hanches. **-o** m pot. **-ito** m pichet.

jaspe m jaspe.

Jauja n p pays de cocagne.

jaula f cage.

jauría f meute.

javanés, esa a/s javanais, e.

Javier n p m Xavier.

jazz [xaθ] m jazz.

¡ je ! interj ha !

jeep m jeep f.

jef/e m chef. **-atura** f direction.

Jehová n p m Jéhovah.

jerarquía f hiérarchie.

jerárquico, a a hiérarchique.

jerez m xérès m.

jerga f 1 jargon m, argot m. 2 charabia m.

jergón m paillasse f.

jerigonza f 1 charabia m, galimatias m. 2 jargon m, argot m.

jering/a f seringue. **-ar** t FAM assommer, faire suer.

jeroglífico m 1 hiéroglyphe. 2 (acertijo) rébus m.

Jerónimo n p m Jérôme.

jersey m pull-over, chandail, pull.

Jerusalén n p f Jérusalem.

Jesucristo n p m Jésus-Christ.

jesuita *a/s* jésuite.

Jesús *n p m* Jésus. I *en un decir* —, en un clin d'œil.

jeta *f* 1 (del cerdo) groin *m*. 2 POP gueule.

jibia *f* seiche.

jícara *f* tasse.

jilguero *m* chardonneret.

jindama *f* POP trouille, pétoche.

jinete *m* cavalier.

jipijapa *m* panama.

jirafa *f* girafe.

jirón *m* lambeau.

jocoso, a *a* drôle.

jofaina *f* cuvette.

jolgorio *m* fête *f*, noce *f*.

jondo *a cante* —, chant flamenco.

jónico, a *a* ionique.

Jorge *n p m* Georges.

jorn/ada *f* journée (de travail). I *trabajar media* —, travailler à mi-temps. **-al** *m* salaire journalier. **-alero** *m* journalier.

jorob/a *f* 1 bosse. 2 FAM corvée. **-ado, a** *a/s* bossu, e. **-ar** *t* FAM casser les pieds, faire suer.

José *n p m* Joseph.

jota *f* 1 (letra) j *m*. 2 (baile) jota. 3 FAM *no sabe ni* — *de la lección*, il ne sait pas un traître mot de la leçon.

joven *a* jeune. □ *s* jeune homme, jeune fille. I *los jóvenes*, les jeunes, les jeunes gens. **-cito, a** *a* tout jeune, toute jeune. □ *s* petit jeune homme, petite jeune fille.

jovial *a* jovial, e. **-idad** *f* jovialité.

joy/a *f* bijou *m*. **-ería** *f* bijouterie. **-ero, a** *s* bijoutier, ère, joaillier, ère. □ *m* coffret à bijoux.

Juan *n p m* Jean. I *un* — *Lanas*, une chiffe.

Juana *n p f* Jeanne.

juanete *m* oignon (au pied).

jubil/ar *t* mettre à la retraite. □ *pr* prendre sa retraite : *se jubiló el año pasado*, il a pris sa retraite l'année dernière. **-ación** *f* 1 mise à la retraite. 2 (pensión) retraite. **-ado,**

a *a/s* retraité, e. **-eo** *m* jubilée.

júbilo *m* grande joie *f*.

jubiloso, a *a* joyeux, euse.

judaísmo *m* judaïsme.

judía *f* haricot *m*.

judicial *a* judiciaire.

judío, a *a/s* juif, juive.

jueces *pl* de **juez**.

juego *m* 1 jeu : *juegos olímpicos*, jeux olympiques. I — *de palabras*, jeu de mots, calembour. 2 service : — *de café*, service à café. 3 (de útiles) jeu, assortiment. 4 (de cama, ropa interior) parure *f*. 5 *hacer* —, aller ensemble. I *blusa haciendo* — *con la falda*, chemisier assorti à la jupe ; *a* —, assorti, e. 6 (holgura, movimiento) jeu.

juerg/a *f* FAM bringue, ribouldingue, noce : *estar de* —, faire la bringue. **-uista** *s* fêtard, e, noceur, euse.

jueves *m* jeudi.

juez *m* juge.

jugada *f* 1 coup *m*. 2 *mala* —, mauvais tour *m*, entourloupette.

jug/ar ° *i/t* jouer. □ *pr* jouer : *jugarse el todo por el todo*, jouer le tout pour le tout. **-ador, a** *s* joueur, euse. **-arreta** *f* entourloupette.

juglar *m* jongleur.

jug/o *m* 1 jus. 2 (secreción) suc. **-oso, a** *a* juteux, euse.

juguet/e *m* jouet. **-ear** *i* jouer. **-ón, ona** *a* joueur, euse.

juici/o *m* 1 jugement : — *final*, jugement dernier.I *a mi* —, à mon avis ; *a* — *de*, d'après. 2 raison *f*. I *perder el* —, perdre la tête. **-oso, a** *a* sage, judicieux, euse.

Julio, a *n p* Jules, Julie.

julio *m* juillet : *el 14 de* —, le 14 juillet.

jumento, a *s* âne, ânesse.

junco *m* jonc.

junio *m* juin : *el 18 de* —, le 18 juin.

junquillo *m* jonquille *f*.

junta *f* 1 assemblée. 2 réunion. 3 conseil *m*. 4 (militar, insurreccional) junte. 5 (entre dos piezas) joint *m*.

juntamente *adv* ensemble, conjointement.

juntar *t* 1 joindre : *juntó las manos*, elle joignit les mains. 2 assembler, rassembler. □ *pr* (congregarse) s'assembler, se rassembler.

junt/o, a *a* 1 joint, e. 2 réuni, e. 3 ensemble : *vivir juntos*, vivre ensemble ; *todos juntos*, tous ensemble. I *en, por* −, en tout. 4 − *a*, à côté de, près de. **-ura** *f* jointure.

jur/a *f* serment *m*. **-ado, a** *a/s* juré, e. I − *de empresa*, comité d'entreprise.

juramento *m* 1 serment. 2 (blasfemia) juron.

jurar *t/i* jurer : *¡ se lo juro !*, je vous le jure ! I *el nuevo ministro jurará su cargo mañana*, le nouveau ministre prêtera serment demain.

jurídico, a *a* juridique.

jurisprudencia *f* jurisprudence.

justicia *f* justice : *administrar* −, rendre la justice ; *hacer* − *a*, rendre justice à.

justific/ar *t* justifier. **-ación** *f* justification.

just/o, a *a/adv* juste. **-amente** *adv* justement.

juvenil *a* juvénile.

juventud *f* jeunesse.

juzg/ar *t* juger. I *a* − *por*, à en juger par. **-ado** *m* tribunal.

K

k *f* k *m* : *una* –, un k.
karate *m* karaté.
kermese *f* kermesse.
kilo(gramo) *m* kilo(gramme).
kil/ómetro *m* kilomètre. **-omé-**
trico, a *a* kilométrique.
kilovatio *m* kilowatt.
kinesiterapeuta *s* kinésithérapeute.
kiosco *m* kiosque.

L

l |ele| *f* l *m* : una —, un l.

¹la *art* la. l — *de*, celle de ; — *que*, celle que, celle qui. (*la* se traduit souvent par le possessif : *se quitó la americana*, il ôta sa veste). □ *pron pers* la, l' : — *veo*, je la vois ; *oírla*, l'entendre.

²la *m* (nota) la.

laberinto *m* labyrinthe.

labia *f* bagou *m*, faconde.

labio *m* lèvre *f*. l *no despegar los labios*, ne pas desserrer les dents.

labor *f* l travail *m* : *labores domésticas, del campo*, travaux domestiques, des champs. l *sus labores*, sans profession. 2 activité. 3 (de costura) ouvrage *m*.

laborable *a día* —, jour ouvrable.

laboral *a* l *accidente* —, accident du travail ; *jornada* —, journée de travail. 2 (enseñanza) technique.

laborar *i* travailler, œuvrer.

laboratorio *m* laboratoire.

laborioso, a *a* laborieux, euse.

labrador, a *s* cultivateur, trice, paysan, anne.

labranza *f* labourage *m*.

labr/ar *t* l travailler. 2 cultiver. **-iego, a** *s* paysan, anne.

laca *f* laque.

lacayo *m* laquais.

lacerar *t* blesser.

lacónico, a *a* laconique.

lacr/a *f* l trace, marque. 2 tare. **-ar** *t* l rendre malade. 2 FIG nuire.

lacre *m* cire *f* à cacheter.

lacrimógeno, a *a gas* —, gaz lacrymogène.

lactan/cia *f* allaitement *m*. **-te** *m* nourrisson.

lacteado, a *a* lacté, e.

lácteo, a *a* lacté, e. l *productos lácteos*, laitages.

ladear *t* incliner. □ *pr* pencher.

ladera *f* versant *m*.

ladino, a *a* malin, igne.

lado *m* côté : *al — de*, à côté de ; *al otro — de*, de l'autre côté de. l *dejar a un —*, laisser de côté ; *por otro —*, d'un autre côté, d'autre part ; *por todos los lados*, de tous côtés.

ladr/ar *i* aboyer. **-ido** *m* aboiement.

ladrillo *m* brique *f*.

ladrón, ona *s* voleur, euse. l *¡ ladrones !*, au voleur !

lagar *m* pressoir.

lagart/o *m* lézard. **-ija** *f* petit lézard *m*.

lago *m* lac.

lágrima *f* larme. l *llorar a — viva*, pleurer à chaudes larmes.

lagrime/ar *i* larmoyer. **-o** *m* larmoiement.

laguna *f* l lagune. 2 (omisión) lacune.

laic/o, a *a/s* laïque. **-ismo** *m* laïcité *f*.

lament/ar *t* l regretter : *lamento molestarle*, je regrette de vous déranger. 2 — *la muerte de alguien*, déplorer la mort de quelqu'un. □ *pr* se lamenter. **-able** *a* lamentable. **-ación** *f*, **-o** *m* lamentation *f*. **-oso, a** *a* plaintif, ive.

lamer *t* lécher.

lámina *f* l plaque. 2 (grabado) planche.

lamin/ar *t* laminer. **-ado** *m* laminage. **-ador** *m* laminoir.

laminilla *f* lamelle.

lámpara *f* lampe : — *de petróleo*, lampe à pétrole. l — *de pie*, lampadaire *m*.

lamparilla *f* veilleuse.

lamparón *f* tache *f* d'huile.

lampiño, a *a* imberbe.

lamprea *f* lamproie.

lana *f* laine.

lance *m* 1 circonstance *f*. 2 incident. 3 péripétie *f*. 4 *de —*, d'occasion.

lancinante *a* lancinant, e.

lancha *f* canot *m*. 1 *— motora*, vedette.

landa *f* lande.

lanero, a *a* lainier, ière.

langost/a *f* 1 (crustáceo) langouste. 2 (insecto) sauterelle. **-ino** *m* grosse crevette *f*.

languid/ecer ° *i* languir. **-ez** *f* langueur.

lánguido, a *a* langoureux, euse, languissant, e.

lanoso, a *a* laineux, euse.

lanz/a *f* lance. **-ada** *f* coup *m* de lance.

lanz/ar *t* 1 *— el disco, un cohete,* lancer le disque, une fusée ; *— una moda,* lancer une mode. 2 (paracaidistas) lâcher, larguer. 3 (suspiros) pousser. □ *pr* s'élancer, se jeter. **-amiento** *m* 1 (de un cohete, producto nuevo, etc.) lancement. 2 (del disco, de la jabalina, etc.) lancer.

laña *f* crampon *m*.

lapicera *f* AMER stylo *m*.

lapicero *m* porte-mine.

lápida *f* 1 (conmemorativa) plaque. 2 *— sepulcral,* pierre tombale, dalle.

lapidar *t* lapider.

lápiz *m* crayon : *una caja de lápices,* une boîte de crayons. 1 *— de labios,* bâton de rouge à lèvres.

lapón, ona *a/s* lapon, onne.

lapso *m* 1 lapsus. 2 *— de tiempo,* laps de temps.

lares *m pl* (hogar) foyer *sing*.

larga ⇒ **largo.**

largar *t* 1 (un cable) larguer. 2 FAM (dar) flanquer. □ *pr* FAM filer, se tailler. 1 *¡ lárgate !,* file !, fous le camp !

largo, a *a* long, longue : *— y ancho,* long et large. l *a lo — de,* le long de ; *— y tendido,* longuement. □ *m* long. □ *f* 1 *a la larga,* à la longue. 2 *dar largas a un asunto,* faire trainer une affaire en longueur.

larguero *m* 1 montant. 2 (fútbol) barre *f* transversale.

largueza *f* largesse.

largura *f* longueur.

laringitis *f* laryngite.

larva *f* larve.

las *art* les. l *— de,* celles de ; *— que,* celles que, celles qui. □ *pron pers* les : *— veo,* je les vois.

lascivo, a *a* lascif, ive.

láser *m* laser.

lasitud *f* lassitude.

lástima *f* 1 pitié : *dar —,* faire pitié. 2 *es una —,* c'est dommage ; *¡ qué —!,* quel dommage !

lastim/ar *t* blesser. **-adura** *f* blessure. **-ero, a** *a* plaintif, ive. **-oso, a** *a* pitoyable.

lastre *m* lest.

lata *f* 1 fer-blanc *m.* 2 boîte : *una — de sardinas,* une boîte de sardines. 3 FAM embêtement *m.* l *dar la —,* casser les pieds ; *¡ qué —!, ¡ vaya una —!,* quelle barbe !

latente *a* latent, e.

lateral *a* latéral, e.

látido *m* battement. l *corazón que da latidos,* cœur qui bat.

latifundio *m* grande propriété *f* rurale.

latigazo *m* coup de fouet.

látigo *m* fouet.

latín *m* latin. l FIG *saber mucho —,* être malin.

latino, a *a/s* latin, e.

latir *i* battre : *corazón que late,* cœur qui bat.

latitud *f* latitude.

lato, a *a en sentido —,* au sens large.

latón *m* laiton.

latoso, a *a* assommant, e, rasoir.

laúd *m* luth.

laureado, a *a/s* lauréat, e.

laurel *m* laurier.

Lausana *n p* Lausanne.

lava *f* lave.

lavabo *m* 1 lavabo. 2 (retrete) toilettes *f pl.*

lavadero *m* 1 lavoir. 2 (en una casa) buanderie *f.*

lavado *m* lavage.

lavador, a *s* laveur, euse. □ *f* machine à laver.

lavander/ía *f* blanchisserie, laverie. **-o, a** *s* blanchisseur, euse.

lavaparabrisas *m* lave-glace.

lavaplatos *m* plongeur.

lavar *t* laver. □ *pr* se laver.

lavativa *f* lavement *m.*

lavavajillas *m* lave-vaisselle.

laxante *a/m* laxatif, ive.

laxo, a *a* FIG relâché, e.

laya *f* 1 espèce, acabit *m.* 2 (pala) bêche.

lazada *f* nœud *m.*

Lázaro *n p m* Lazare.

lazo *m* 1 nœud. 2 (cuerda con nudo corredizo) lasso. 3 (vínculo) lien. 4 (trampa) piège.

le *pron pers* 1 le, l' : — *veo,* je le vois; *oírle,* l'entendre. 2 (con usted) vous : — *aseguro a usted,* je vous assure. 3 (dativo) lui : — *tendió la mano,* il lui tendit la main.

leal *a* loyal, e : *unos súbditos leales,* des sujets loyaux. **-tad** *f* loyauté.

lección *f* leçon : *tomar la —,* faire réciter la leçon.

lect/or, a *s* lecteur, trice. **-ura** *f* lecture.

lech/e *m* 1 lait *m :* — *desnatada, condensada,* lait écrémé, condensé. 2 POP *estar de mala —,* être de mauvais poil. **-ada** *f* lait *m* de chaux. **-ería** *f* laiterie. **-ero, a** *a/s* laitier, ère : *vaca lechera,* vache laitière.

lech/o *m* lit. **-igada** *f* portée.

lechón *m* cochon de lait.

lechoso, a *a* laiteux, euse.

lechuga *f* laitue.

lechuza *f* chouette.

leer *t* lire : *leyendo el periódico,* en lisant le journal ; *leí en su cara lo que pensaba,* j'ai lu sur son visage ce qu'il pensait.

legación *f* légation.

legado *m* 1 (enviado) légat. 2 (herencia) legs.

legajo *m* liasse *f,* dossier.

legal *a* légal, e. **-mente** *adv* légalement. **-idad** *f* légalité. **-izar** *t* légaliser.

légamo *m* vase *f,* limon.

leg/ar *t* léguer. **-atario, a** *s* légataire.

legendario, a *a* légendaire.

legible *a* lisible.

legi/ón *f* légion. **-onario** *m* légionnaire.

legisla/ción *f* législation. **-dor, a** *a/s* législateur, trice. **-tivo, a** *a* législatif, ive. **-tura** *f* législature.

legista *m* légiste.

leg/ítimo, a *a* légitime. **-itimidad** *f* légitimité.

lego, a *a* 1 laïque. 2 profane. □ *m* frère lai.

legua *f* lieue.

legumbre *f* légume *m.* □ *pl* légumes secs.

leído, a *a* instruit, e.

lejan/ía *f* 1 éloignement *m.* 2 *en la —,* dans le lointain. **-o, a** *a* lointain, e.

lejía *f* eau de Javel.

lej/os *adv* loin. l *a lo —,* au loin ; — *de,* loin de. **-ísimo** *adv* très loin.

lelo, a *a* abruti, e, ahuri, e.

lema *m* devise *f.*

lencería *f* lingerie.

lengua *f* 1 langue : *sacar la —,* tirer la langue. l *hacerse lenguas de,* ne pas tarir d'éloges sur. 2 — *viva,* langue vivante.

lenguado *m* sole *f.*

lenguaje m langage.

lenguaraz a insolent, e.

lengüeta f languette.

lente f 1 (óptica) lentille. 2 (de gafas) verre m. □ m pl lorgnon sing.

lenteja f lentille.

lentejuela f paillette.

lent/o, a a lent, e. **-itud** f lenteur.

leñ/a f 1 bois m (à brûler). I FIG echar − al fuego, jeter de l'huile sur le feu. 2 (paliza) raclée. **-ador** m bûcheron. **-era** f bûcher m. **-o** m bûche f.

León n p m Léon.

león, ona s lion, onne.

leonado, a a fauve.

leonera f FAM foutoir m, bazar m.

leopardo m léopard.

leotardo m collant.

lepr/a f lèpre. **-oso, a** a/s lépreux, euse.

lerdo, a a lourd, e.

les pron pers 1 leur. 2 (con ustedes) vous : − afirmo a ustedes, je vous affirme.

lesi/ón f 1 lésion. 2 (herida) blessure. **-onado, a** a/s blessé, e. **-onar** t blesser. □ pr se blesser.

letanía f litanie.

let/argo m léthargie f. **-árgico, a** a léthargique.

letra f 1 lettre : escriba su nombre con todas las letras, écrivez votre nom en toutes lettres. 2 écriture : tener una − muy clara, avoir une écriture très claire. 3 la − de una canción, les paroles d'une chanson. 4 COM traite, lettre de change. □ pl 1 bellas letras, belles lettres. 2 unas letras, un mot.

letrado m avocat.

letrero m 1 écriteau. 2 enseigne f : un − de neón, une enseigne au néon.

letrina f latrines pl.

leucemia f leucémie.

leva f 1 (mecánica) came. 2 (de soldados) levée.

levadura f 1 (pan) levain m. 2 (cerveza, pasteles) levure.

levantamiento m 1 levée f. 2 (sublevación) soulèvement. 3 − de la veda, ouverture f (de la chasse, pêche).

levantar t 1 lever. 2 soulever. 3 (algo caído o inclinado) relever. 4 élever. 5 − un chichón, una ampolla, faire une bosse, une ampoule. 6 (quitar) enlever. I − la casa, déménager. □ pr 1 se lever : me levanto temprano, je me lève tôt. 2 (sobresalir) se dresser, s'élever. 3 (en armas) se soulever.

levante m levant.

levantisco, a a turbulent, e.

levar t − anclas, lever l'ancre.

leve a léger, ère.

levita f redingote.

léxico m lexique.

ley f 1 loi. I con todas las de la −, en règle. 2 (de un metal) titre m. I oro de −, or véritable.

leyenda f légende.

lezna f alène.

liana f liane.

liar t 1 attacher. 2 − un cigarrillo, rouler une cigarette.

Líbano n p m Liban.

libar t (abejas) butiner.

libélula f libellule.

liberación f libération.

liberal a libéral, e. **-idad** f libéralité. **-ismo** m libéralisme.

liberar t libérer.

libert/ad f liberté : con toda −, en toute liberté ; me tomo la − de..., je prends la liberté de... **-ador, a** a/s libérateur, trice. **-ar** t libérer.

libertino, a a/s libertin, e.

Libia n p f Libye.

libra f livre.

libraco m bouquin.

libramiento m ordre de paiement.

libranza f ordre m de paiement.

librar t 1 délivrer : *líbranos del mal*, délivre-nous du mal. 2 libérer. 3 (una letra de cambio) tirer. □ *librarse de*, échapper à.

libre a libre : *¡ taxi !, ¿ está – ?*, taxi !, vous êtes libre ?

librea f livrée.

librecambio m libre-échange.

librer/ía f 1 librairie. 2 (mueble) bibliothèque. **-o, a** s libraire.

libreta f carnet m.

libreto m livret, libretto.

libro m 1 livre : *– de bolsillo*, livre de poche. 2 *– de familia*, livret de famille. **-te** m bouquin.

licenci/a f 1 licence. 2 (de caza, pesca) permis m. **-ado, a** a/s licencié, e. I MIL *– por inútil*, réformé. **-ar** t licencier. □ *licenciarse en derecho*, passer sa licence en droit. **-atura** f licence.

licencioso, a a licencieux, euse.

liceo m 1 société f littéraire. 2 (instituto) lycée.

licitar i enchérir.

lícito, a a licite.

licor m liqueur f. **-oso, a** a liquoreux, euse.

licu/ar t liquéfier. **-able** a liquéfiable.

lid f 1 combat m. I *en buena –*, de bonne guerre. 2 FIG discussion, controverse.

líder m leader.

lidi/a f combat m. **-ador** m torero. **-ar** i/t combattre.

liebre f 1 lièvre m. 2 FIG *coger una –*, ramasser une pelle.

Lieja n p Liège.

lienzo m 1 (tela, cuadro) toile f. 2 (de pared) pan (m) de mur).

liga f 1 (para medias) jarretelle, jarretière. 2 (materia viscosa) glu. 3 (aleación) alliage m. 4 (confederación) ligue. 5 (en deportes) championnat m.

ligado m liaison f.

ligadura f ligature.

ligamento m ligament.

lig/ar t lier. □ i FAM 1 faire une touche. 2 flirter. 3 draguer. **-azón** f liaison.

liger/o, a a léger, ère. I *a la ligera*, à la légère. **-eza** f légèreté.

lignito m lignite.

lija f roussette. I *papel de –*, papier de verre.

lila f lilas m. □ a (color) lilas.

liliputiense a/s lilliputien, enne.

lim/a f lime : *– de uñas*, lime à ongle. **-aduras** f pl limaille *sing*. **-ar** t limer.

limbo m (de las almas) limbes pl.

limeño, a a/s de Lima.

limitación f limitation.

limitar t limiter.

límite m limite f : *rebasar los límites*, dépasser les limites.

limítrofe a limitrophe.

limo m limon, boue f.

lim/ón m citron. **-onada** f citronnade. **-onero** m citronnier.

limosna f aumône : *pedir –*, demander l'aumône.

limpia f nettoyage m. □ m FAM cireur.

limpiabotas m cireur.

limpiadientes m cure-dent.

limpiamente adv proprement.

limpiaparabrisas m essuie-glace.

limpiar t 1 nettoyer. 2 FAM (robar) barboter. □ i faire le ménage.

limpiauñas m cure-ongles.

limpidez f limpidité.

límpido, a a limpide.

limpieza f 1 propreté, netteté. 2 nettoyage m : *– en seco*, nettoyage à sec. 3 (de la calle) nettoiement m. 4 *– de sangre*, pureté de sang.

limpio, a a 1 propre : *una toalla limpia*, une serviette propre. 2 net, nette. I *poner en –*, mettre au propre ; *sacar en –*, tirer au clair. □ adv *jugar –*, jouer franc jeu.

linaje m lignage.

lince m lynx.

linchar t lyncher.

lind/e f 1 limite. 2 (de un bosque) lisière. **-ante** a — con, contigu, ë à. **-ar** i — con, être contigu, ë à, toucher à. **-ero** m limite f, lisière f. I en los linderos de..., au bord de...

lind/o, a a 1 joli, e. I de lo —, joliment, beaucoup. 2 gentil, ille. **-eza** f gentillesse.

línea f ligne : — recta, telefónica, ligne droite, téléphonique ; guardar la —, garder la ligne. I en toda la —, sur toute la ligne, complètement.

linfático, a a lymphatique.

lingote m lingot.

lingü/ista s linguiste. **-ística** f linguistique.

lino m lin.

linóleo m linoléum.

linotipista m linotypiste.

linterna f 1 lanterne. 2 (de bolsillo) lampe de poche.

lío m 1 paquet. 2 FAM histoire f : armar un —, faire toute une histoire ; no quiero líos con la policía, je ne veux pas d'histoires avec la police. 3 (desorden) pagaille f. 4 (relación ilícita) liaison f.

lioso, a a embrouillé, e.

liquen m lichen.

liquid/ar t liquider. **-ación** f liquidation.

líquido, a a/m liquide.

¹**lira** f MÚS lyre.

²**lira** f (moneda) lire.

lírico, a a/f lyrique.

lirio m 1 iris. 2 — blanco, lis.

lirismo m lyrisme.

lirón m loir.

Lisboa n p Lisbonne.

lisi/ar t estropier. **-ado, a** a/s estropié, e.

liso, a a 1 lisse. 2 (llano) plat, e. 3 uni, e : tela lisa, étoffe unie.

lisonj/a f flatterie. **-ear** t flatter. **-ero, a** a/s flatteur, euse.

list/a f 1 rayure. 2 (enumeración)

liste. I pasar —, faire l'appel. 3 — de correos, poste restante. 4 (en un restaurante) carte. **-ado, a** a rayé, e. **-ín** m — de teléfonos, annuaire du téléphone.

listo, a a 1 intelligent, e. 2 vif, vive, rapide. 3 malin, igne : echárselas de —, faire le malin ; pasarse de — vouloir faire le malin. 4 prêt, e todo está —, tout est prêt ; ¡ listo !, prêt !

listón m 1 baguette f. 2 barre f.

litera f (en un barco, tren) couchette.

literal a littéral, e.

literario, a a littéraire.

literato, a s homme, femme de lettres.

literatura f littérature.

litig/ar i plaider. **-ante** s plaideur, euse. **-io** m litige. **-ioso, a** a litigieux, euse.

litografía f lithographie.

litoral a/m littoral, e.

litro m litre.

lit/urgia f liturgie. **-úrgico, a** a liturgique.

livian/o, a a léger, ère. **-dad** f légèreté, inconstance.

lívido, a a livide.

lo art neutro 1 — difícil, ce qui est difficile ; — mío, ce qui est à moi. 2 — que yo quiero, ce que je veux ; — que es peor, ce qui est pire. 3 — que tú quieras, comme tu voudras ; con — listo que es, malin comme il est. I — mucho que, combien. 4 a —, à la manière de, à la : bigote a — Charlot, moustache à la Charlot. □ pron 1 le, l' : — haré, je le ferai ; hay que hacerlo, il faut le faire ; dímelo, dis-le-moi. 2 y : no quiero pensarlo, je ne veux pas y penser ; piénselo, pensez-y. 3 en : te — agradezco, je t'en remercie.

loable a louable.

loba f louve.

lobanillo m loupe f.

lobato, lobezno m louveteau.

lobina f bar m.

lobo *m* loup.

lóbrego, a *a* sombre, ténébreux, euse.

lóbulo *m* lobe.

local *a* local, e. □ *m* local : *locales comerciales*, locaux commerciaux.

localidad *f* 1 localité. 2 (en un espectáculo) place.

localizar *t* localiser.

loción *f* lotion.

loco, a *a/s* fou, folle : *– de alegría*, fou de joie.

locomotora *f* locomotive.

locuaz *a* loquace.

locución *f* locution.

locura *f* folie : *con –*, à la folie.

locutor, a *s* speaker, speakerine.

locutorio *m* 1 parloir. 2 cabine *f* téléphonique.

lod/o *m* boue *f*. **-azal** *m* bourbier.

logia *f* loge.

lógico, a *a/f* logique.

logr/ar *t* 1 obtenir. 2 réussir à, parvenir à : *he logrado encontrarle*, j'ai réussi, je suis parvenu à le rencontrer. **-ado, a** *a* réussi, e. **-ero, a** *s* usurier, ère. **-o** *m* (éxito) succès.

Loira *n p m* Loire *f*.

loma *f* coteau *m*, hauteur.

lombriz *f* ver *m* de terre.

lomo *m* 1 dos. 2 (carne de vaca) aloyau. 3 (de cerdo) filet. □ *pl* (del cuerpo humano) reins, lombes *f*.

lona *f* toile.

loncha *f* tranche.

londinense *a/s* londonien, enne.

Londres *n p* Londres.

longaniza *f* saucisse.

longitud *f* 1 longueur. 2 (geografía, astronomía) longitude.

lonja *f* 1 *– de jamón*, tranche de jambon. 2 bourse de commerce. 3 épicerie.

lontananza *f* lointain *m*. | *en –*, au loin.

loor *f* louange.

Lorenzo *n p m* Laurent.

loro *m* perroquet.

los *art* les. | *– de*, ceux de ; *– que*, ceux que, ceux qui. □ *pron pers* les. | *– hay*, il y en a.

los/a *f* 1 dalle. 2 *– sepulcral*, pierre tombale. **-eta** *f* carreau *m*.

lote *m* lot. **-ría** *f* 1 loterie. 2 (juego casero) loto *m*.

loto *m* lotus.

loza *f* 1 faïence. 2 (vajilla) vaisselle.

lozan/o, a *a* 1 vigoureux, euse. 2 frais, fraiche. **-ía** *f* 1 vigueur. 2 fraicheur.

lubina *f* bar *m*.

lubric/ar *t* lubrifier. **-ante** *m* lubrifiant.

Lucas *n p m* Luc.

lucero *m* étoile *f*. | *– del alba, de la tarde*, étoile du matin, du Berger.

luces *pl* de **luz.**

Luciano, a *n p* Lucien, enne.

lucidez *m* lucidité.

lucido, a *a* 1 brillant, e. 2 *¡ estamos lucidos !*, nous voilà propres ! ; *me quedé –*, j'avais l'air fin ; *estás – si...*, tu te fais des illusions si...

lúcido, a *a* lucide.

luciérnaga *f* ver *m* luisant.

lucimiento *m* éclat.

lucio *m* brochet.

lución *m* orvet.

lucir *°* *i* 1 briller. 2 *– mucho*, faire beaucoup d'effet. □ *t* 1 (llevar) porter, arborer. 2 exhiber. □ *pr* 1 se montrer. 2 se distinguer.

lucrativo, a *a* lucratif, ive.

luctuoso, a *a* triste, douloureux, euse.

lucubración *f* élucubration.

luch/a *f* lutte. **-ador, a** *s* lutteur, euse. **-ar** *i* lutter.

luego *adv* 1 (después) ensuite, après. 2 bientôt. | *hasta –*, à bientôt, au revoir. 3 (en seguida) tout de suite. **3** — *que*, aussitôt que, dès que. **4** *desde* —, bien entendu, évidemment. □ *conj* donc.

lugar *m* **1** lieu, endroit : *en este* —, à cet endroit. I *en* — *de*, au lieu de ; *en primer* —, en premier lieu, d'abord. **2** place *f* : *cada cosa en su* —, chaque chose à sa place. **3** (aldea) village. **4** — *común*, lieu commun. □ pl *los Santos Lugares*, les Lieux saints.

lugareño, a *a* villageois, e.

lugarteniente *m* lieutenant.

lúgubre *a* lugubre.

Luis, a *n p* Louis, Louise.

luj/o *m* luxe. **-oso, a** *a* luxueux, euse.

lujuri/a *f* luxure. **-ante** *a* luxuriant, e.

lumbre *f* **1** feu *m* : *al amor de la* —, au coin du feu. **2** (luz) lumière. **-ra** *f* lumière.

luminoso, a *a* lumineux, euse.

luna *f* **1** lune : — *llena*, pleine lune ; — *nueva*, nouvelle lune. I — *de miel*, lune de miel ; *media* —, croissant *m*. **2** glace : *armario de* —, armoire à glace.

lunar *a* lunaire. □ *m* **1** grain de beauté. **2** (en un tejido) *corbata de lunares*, cravate à pois.

lunch |lunʃ| *m* lunch.

lunes *m* lundi.

lunfardo *m* argot de Buenos Aires.

lupa *f* loupe : *mirar con la* —, regarder à la loupe.

lúpulo *m* houblon.

lustr/e *m* lustre, éclat. I *sacar* — *a...*, faire briller. **-ar** *t* **1** lustrer. **2** (zapatos) cirer. **-oso, a** *a* **1** luisant, e. **2** robuste.

luterano, a *a/s* luthérien, enne.

luto *m* deuil : *estar de* —, être en deuil.

Luxemburgo *n p m* Luxembourg.

luz *f* **1** lumière. **2** électricité : *dar la* —, allumer l'électricité. **3** jour *m*. I *dar a* — *una niña*, donner le jour à, mettre au monde une fille ; *salir a* —, paraître. **3** feu *m* : — *de Bengala*, feu de Bengale ; *luces de posición, traseras*, feux de position, arrières. I — *intermitente*, clignotant *m* ; *luces de cruce*, phares *m* code, feux de croisement ; *luces de población*, lanternes. □ *pl* **1** *el siglo de las luces*, le siècle des lumières. **2** *a todas luces*, de toute évidence.

LL

ll [eʎe] f double l m : una —, un double l.

llaga f plaie.

¹llama f flamme.

²llama f (animal) lama m.

llamada f 1 appel m. l — telefónica, coup m de téléphone. 2 — al orden, rappel m à l'ordre.

llamador m 1 (aldaba) heurtoir. 2 bouton de sonnette.

llamamiento m appel.

llamar t 1 appeler. l — por teléfono, appeler au téléphone, téléphoner. 2 — la atención, attirer l'attention. □ i 1 (a una puerta) frapper. 2 (con timbre) sonner. □ pr s'appeler, se nommer : ¿ cómo se llama esto ?, comment ça s'appelle ? ; ¿ cómo se llama usted ?, comment vous appelez-vous ?

llamarada f 1 grande flamme. 2 FIG rougeur.

llamativo, a a 1 criard, e. 2, voyant, e.

llamear i flamboyer.

llana f (de albañil) truelle.

llanamente adv simplement.

llaneza f simplicité.

llano, a a 1 plat, e : plato —, assiette plate. 2 simple. □ m (llanura) plaine f.

llanta f jante.

llant/o m larmes f pl, pleurs pl : al borde del —, au bord des larmes ; deshacerse en —, fondre en larmes. l prorrumpir en —, éclater en sanglots. **-ina** f FAM pleurnicheries pl.

llanura f plaine.

llares f pl crémaillère sing.

llav/e f 1 clef, clé : cerrar con —, fermer à clef ; — inglesa, clef anglaise. 2 (grifo) robinet m. 3 (electricidad) interrupteur m :

darle a la — de la luz, presser l'interrupteur, allumer l'électricité. **-ero** m porte-clefs. **-ín** m clef f.

lleg/ar i 1 arriver : ha llegado ayer, il est arrivé hier. 2 (alcanzar) atteindre. 3 — a ser presidente, devenir président. □ pr 1 (acercarse) s'approcher. 2 (ir) aller, se rendre. **-ada** f arrivée.

llen/ar t 1 remplir. 2 (colmar) combler. **-azo** m affluence f, foule f. **-o, a** a plein, e. l — hasta la bandera, plein à craquer, archicomble. □ m hubo un — en el estadio, le stade était comble ; — absoluto en el teatro, salle absolument comble. l de —, en plein, complètement.

llevadero, a a supportable.

llevar t 1 — una maleta, un jersey, porter une valise, un chandail. 2 (a lo lejos) emporter. 3 emmener : la llevó al restaurante, il l'a emmenée au restaurant. 4 conduire : lléveme a la estación, conduisez-moi à la gare. 5 — una vida tranquila, mener une vie tranquille ; — a cabo, mener à bien. 6 supporter. 7 (cierto tiempo) llevo dos días sin comer, je n'ai pas mangé depuis deux jours ; llevo una hora leyendo, il lit depuis une heure ; llevo aquí mucho rato, je suis ici depuis longtemps ; esto lleva mucho tiempo, ça prend beaucoup de temps. 8 me lleva cinco años, il a cinq ans de plus que moi. 9 escribo 6 y llevo 2, je pose 6 et je retiens 2. □ pr 1 llevarse la cuchara a la boca, porter la cuillère à sa bouche. 2 (quitar, arrancar) emporter : se lo llevó todo a casa, il a tout emporté chez lui. 3 (un premio) remporter. 4 (estar de moda) se porter. 5 llevarse bien, mal, s'entendre bien, mal.

llor/ar *i/t* pleurer. **-ica** *a/s* pleurnicheur, euse. **-iquear** *i* pleurnicher. **-iqueo** *m* pleurnicherie *f*. **-ón, ona** *a/s* pleureur, euse. **-oso, a** *a* larmoyant, e.

llov/er ° *impers* pleuvoir : *llueve a cántaros*, il pleut à torrents ; *ha llo-* *vido mucho*, il a beaucoup plu. I FIG *como quien oye* –, sans faire attention ; *llovido del cielo*, tombé du ciel. **-izna** *f* bruine, pluie fine. **-iznar** *impers* bruiner.

lluvi/a *f* pluie. **-oso, a** *a* pluvieux, euse.

M

m [eme] *f* m *m* : *una* —, un m.

maca *f* tavelure.

macabro, a *a* macabre.

macadam *m* macadam.

macan/a *f* 1 massue. 2 (broma) blague. **-ear** *i* AMER blaguer. **-udo, a** *a* FAM formidable.

macarrones *m pl* macaroni.

macedonia *f* macédoine.

macerar *t* macérer, faire macérer.

maceta *f* pot *m* à fleurs.

macilento, a *a* hâve, émacié, e.

macizo, a *a* massif, ive. □ *m* massif.

macular *t* maculer.

macuto *m* sac à dos.

machac/ar *t* 1 piler, broyer. 2 (bombardear) pilonner. □ *i* FIG rabâcher. **-ón, ona** *a* insistant, e, assommant, e. **-onamente** *adv* avec insistance.

machete *m* machette *f*, sabre d'abattis.

mach/o *a/m* mâle. □ *m* mulet. **-ote** *m* FAM dur.

machucar *t* écraser, écrabouiller.

madeja *f* écheveau *m*.

madera *f* bois *m*.

Madera *n p* Madère.

maderamen *m* charpente *f*.

madero *m* madrier.

madona *f* madone.

madrastra *f* belle-mère.

madre *f* 1 mère. | — *política*, belle-mère ; — *soltera*, fille mère. 2 (de un río) lit *m*. | *salir de* —, déborder. 3 FIG *esa es la* — *del cordero*, voilà la vraie raison.

madreperla *f* huître perlière.

madriguera *f* 1 terrier *m*. 2 (de malhechores) repaire *m*.

madrileño, a *a/s* madrilène.

madrina *f* marraine.

madroño *m* 1 (arbusto) arbousier. 2 (fruto) arbouse *f*.

madrug/ar *i* se lever de bon matin. **-ada** *f* aube, petit jour *m*. | *de* —, à l'aube. **-ador, a** *a/s* matinal, e. **-ón** *m darse un* —, se lever à l'aube.

madur/o, a *a* mûr, e. **-ar** *t/i* mûrir. **-ez** *f* maturité.

maestr/o, a *a/s* maître, esse. **-ía** *f* maîtrise.

Magallanes *n p m* Magellan.

magdalena *f* madeleine.

magia *f* magie.

mágico, a *a* magique.

magistr/ado *m* magistrat. **-al** *a* magistral, e. **-adura** *f* magistrature.

magnánimo, a *a* magnanime.

magnesi/a *f* magnésie. **-o** *m* magnésium.

magn/ético, a *a* magnétique. **-etismo** *m* magnétisme. **-etizar** *t* magnétiser.

magnetófono *m* magnétophone.

magn/ífico, a *a* magnifique. **-ificencia** *f* magnificence.

magnitud *f* grandeur, importance.

magnolia *f* magnolia *m*.

mago, a *s* magicien, enne. □ *a Reyes Magos*, Rois mages.

magro, a *a/m* maigre. □ *f* tranche de jambon.

maguey *m* agave.

magull/ar *t* meurtrir. **-adura** *f* meurtrissure.

Maguncia *n p* Mayence.

Mahoma *n p m* Mahomet.

maíz *m* maïs.

majada *f* bergerie.

majader/ía *f* sottise. **-o, a** *a/s* sot, sotte.

majar *t* piler.

majest/ad f majesté. **-uoso, a** a majestueux, euse.

maj/o, a a/s élégant, e. □ a 1 (bonito) joli, e. 2 (mono) mignon, onne. 3 sympathique. **-eza** f élégance.

mal a (apocope de *malo* devant un substantif) mauvais, e : *un — consejo*, un mauvais conseil ; *— olor*, mauvaise odeur □ m mal : *del — menos*, de deux maux, il faut choisir le moindre. I *ir de — peor*, aller de mal en pis. □ adv 1 mal : *oigo —*, j'entends mal. I *— que bien*, tant bien que mal ; *hablar — de*, dire du mal de ; *salir —*, échouer. 2 *oler —*, sentir mauvais.

malabar/es a pl *juegos —*, jongleries f. **-ista** s jongleur, euse.

málaga m (vino) malaga.

malandanza f malheur m, infortune.

malaxar t malaxer.

malayo, a a/s malais, e.

malbaratar t (derrochar) gaspiller.

malcriado, a a mal élevé, e.

maldad f méchanceté.

mal/decir ° t maudire. □ i médire, dire du mal de : *maldice de todos*, il médit de tout le monde. **-diciente** a médisant, e. **-dición** f malédiction. **-dito, a** a/s maudit, e. □ a maudit, e, satané, e : *un — embustero*, un satané menteur.

maleable a malléable.

maleante m malfaiteur.

malecón m jetée f.

maléfico, a a malfaisant, e.

malentendido m malentendu.

malestar m malaise.

malet/a f valise. **-ero** m coffre à bagages. **-in** m mallette f, petite valise f.

malevolencia f malveillance.

malévolo, a a malveillant, e.

maleza f broussailles pl.

malgastar t gaspiller.

malhablado, a a grossier, ère. □ s *un —*, un grossier personnage.

malhadado, a a malheureux, euse.

malhechor m malfaiteur.

malherir ° t blesser grièvement.

malhumorado, a a de mauvaise humeur.

malici/a f 1 malice. 2 (maldad) méchanceté. **-arse** pr soupçonner. **-oso, a** a malicieux, euse.

maligno, a a 1 malin, igne : *tumor —*, tumeur maligne. 2 (malo) méchant, e.

malmirado, a a mal vu, e.

malo, a a 1 (no bueno) mauvais, e : *este vino es —*, ce vin est mauvais ; *mala reputación*, mauvaise réputation. 2 (propenso al mal) méchant, e. 3 (enfermo) *estar —*, être malade, souffrant, e. 4 (travieso) vilain, e. 5 *lo — es que...*, ce qui est ennuyeux c'est que... 6 *estar de malas*, avoir la guigne ; (malhumorado) être de mauvais poil ; *por las malas*, de force.

malograr t perdre, rater. □ pr 1 (fracasar) échouer. 2 mourir prématurément.

maloliente a malodorant, e.

malparado, a a *dejar —*, mettre dans un drôle d'état ; *salir — de*, se mal tirer de.

malparto m fausse couche f.

malquerencia f antipathie.

malquistarse pr se brouiller, se fâcher.

malsano, a a malsain, e.

malsonante a malsonnant, e.

malta f malt m.

Malta n p Malte.

maltr/atar t maltraiter, malmener. **-echo, a** a en piteux état.

malucho, a a FAM mal fichu, e.

malva f/a/m mauve.

malvado, a a/s méchant, e.

malvarrosa f rose trémière.

malla _f_ 1 maille. 2 AMER maillot _m_.

Mallorca _n p_ Majorque.

mam/a _f_ 1 mamelle. 2 (pecho) sein _m_. 3 (mamá) maman. **-á** _f_ maman. **-ado, a** _a_ POP paf. **-ar** _t_ téter.

mamarrach/o _m_ 1 (persona) polichinelle. I _va hecha un –_, elle est déguisée. 2 (cuadro malo) croûte _f_. **-ada** _f_ ânerie.

mamífero _m_ mammifère.

mampara _f_ paravent _m_.

mampostería _f_ maçonnerie.

manada _f_ 1 troupeau _m_. 2 bande.

manantial _m_ source _f_.

manar _i_ jaillir.

manaza _f_ grosse main. □ _m_ _un manazas_, un brise-tout.

manceba _f_ concubine.

mancebo _m_ jeune homme.

mancill/a _f_ souillure. **-ar** _t_ souiller.

manco, a _a/s_ manchot, e.

mancomunidad _f_ association.

manch/a _f_ tache. **-ar** _t_ tacher.

manchego, a _a/s_ de la Manche (región d'Espagne).

manda _f_ legs _m_.

mandadero, a _s_ commissionnaire.

mandamás _m_ FAM grand manitou.

mandamiento _m_ commandement.

mandar _t_ 1 ordonner : _le mando que se levante_, je vous ordonne de vous lever. I _este traje, lo mandé hacer el año pasado_, ce costume, je l'ai fait faire l'an dernier. 2 (dirigir) commander. 3 envoyer : _ahí le mando una foto_, je vous envoie, ci-joint, une photo. I _– por_, envoyer chercher ; _– a paseo_, envoyer promener. □ _i_ commander : _en casa mando yo_, chez moi, c'est moi qui commande. I _¡usted manda!_, à vos ordres !

mandarina _f_ mandarine.

mandatario _m_ mandataire.

mandato _m_ 1 ordre. 2 (de un diputado, soberanía) mandat.

mandíbula _f_ mandibule.

mandil _m_ tablier.

mandioca _f_ manioc _m_.

mando _m_ commandement. □ _pl_ 1 (jefes) cadres. 2 (dispositivo) commandes _f_.

mandolina _f_ mandoline.

mandón, ona _a_ autoritaire.

mandria _a/m_ FAM froussard.

manduc/ar _t_ FAM bouffer. **-atoria** _f_ boustifaille.

manecilla _f_ (de reloj) aiguille.

manej/ar _t_ 1 manier. 2 AMER (un coche) conduire. □ _pr_ (arreglárselas) se débrouiller. **-able** _a_ maniable. **-o** _m_ 1 maniement. 2 _manejos turbios_, manigances _f_. 3 AMER conduite _f_.

manera _f_ manière, façon. I _de – que_, de manière à ce que ; _de cualquier –_, n'importe comment ; _de ninguna –_, en aucune façon ; _no hay –_, il n'y a pas moyen ; _sobre –_, extrêmement. □ _pl_ manières.

manga _f_ 1 manche : _blusa de mangas cortas_, chemisier à manches courtes. I _en mangas de camisa_, en bras de chemise ; FIG _tener – ancha_, être coulant, e. I _– de riego_, tuyau _m_ d'arrosage. 3 (de agua) trombe.

¹**mango** _m_ 1 manche. 2 (de una sartén) queue _f_.

²**mango** _m_ (fruto) mangue _f_.

mangonear _i_ se mêler de tout.

manguera _f_ tuyau _m_ d'arrosage.

manguito _m_ manchon _m_.

maní _m_ arachide _f_.

man/ía _f_ manie. **-iático, a** _a/s_ maniaque.

manicomio _m_ asile d'aliénés.

manicuro, a _s_ manucure.

manido, a _a_ 1 faisandé, e. 2 FIG usé, e, rebattu, e.

manifest/ación _f_ manifestation.

-ante s manifestant, e. **-ar** ° t/i manifester. □ pr 1 se manifester. 2 *más de mil parados se han manifestado*, plus de mille chômeurs ont manifesté.

manifiesto m manifeste. I *poner de* –, mettre en évidence.

manigua f AMER maquis m.

Manila n p Manille.

manillar m guidon.

maniobr/a f manœuvre. **-ar** i manœuvrer.

manipul/ar t manipuler. **-ación** f manipulation.

maniquí m mannequin.

manirroto, a a/s dépensier, ère, panier percé.

manivela f manivelle.

manjar m mets, plat.

mano f 1 main : *cogidos de la* –, la main dans la main ; *hecho a* –, fait à la main. I *a* –, sous la main, à portée de la main ; *a manos llenas*, à pleines mains ; *echar – de*, se servir de ; *echar una* –, donner un coup de main à ; *llegar a las manos*, en venir aux mains ; *traer entre manos*, manigancer, comploter ; *– a* –, en tête à tête ; *– sobre* –, les bras croisés, sans rien faire. 2 *– de obra*, main-d'œuvre. 3 influence. I *hombre de mucha* –, homme très influent. 4 (de cuadrúpedo) patte de devant. 5 (carnicería) pied m. 6 (de pintura) couche. 7 (en el juego) partie.

manojo m 1 (hacecilla) botte f. 2 (puñado) poignée f. I FIG *– de nervios*, paquet de nerfs.

manómetro m manomètre.

manopla f 1 moufle. 2 (para lavarse) gant m de toilette.

manose/ar t tripoter. **-ado, a** a FIG rebattu, e. **-o** m tripotage.

manotada f, **manotazo** m tape f.

mansedumbre f mansuétude.

mansión f demeure.

manso, a a doux, douce.

manta f 1 couverture. 2 *– de palos*, volée.

mantec/a f 1 graisse. 2 (de cerdo) saindoux m. 3 (mantequilla) beurre m. **-ado** m glace f à la crème. **-oso, a** a gras, grasse.

mantel m nappe f. **-ería** f linge m de table.

manten er ° t 1 maintenir : *mantengo mi punto de vista*, je maintiens mon point de vue. 2 *– una rueda de prensa*, tenir une conférence de presse. 3 (a alguien) entretenir. **-imiento** m 1 entretien : *gastos de* –, frais d'entretien. 2 maintien. 3 (alimento) nourriture f.

mantequ/illa f beurre m. **-ería** f crémerie. **-ero** m beurrier.

mantilla f 1 (de señora) mantille. 2 (de niño) lange m.

mantillo m terreau.

mant/o m 1 cape f. 2 manteau. **-ón** m châle.

manual a/m manuel, elle.

manubrio m manivelle f.

Manuel, a n p Emmanuel, elle.

manufactur/a f manufacture. **-ar** t manufacturer.

manumitir t affranchir.

manuscrito, a a/m manuscrit, e.

manutención f entretien m.

manzan/a f 1 pomme. 2 (grupo de casas) pâté m de maisons. **-illa** f camomille. **-o** m pommier.

maña f 1 adresse, habileté. □ pl 1 ruses, manœuvres. 2 mauvaises habitudes.

mañan/a f 1 matin m : *las ocho de la* –, huit heures du matin ; *de* –, de bon matin. 2 matinée : *una hermosa* –, une belle matinée. □ adv demain : *hasta* –, à demain ; *– por la* –, demain matin ; *pasado* –, après-demain. □ m el –, l'avenir. **-ero, a** a matinal, e : *nieblas mañaneras*, brouillards matinaux.

mañoso, a a adroit, e, habile.

mapamundi m mappemonde f.

maqueta f maquette.

maquiavelismo *m* machia-vélisme.

maquill/ar *t* maquiller. □ *pr* se maquiller. **-aje** *m* maquillage.

máquina *f* machine : – *de coser, de escribir,* machine à coudre, à écrire ; – *herramienta,* machine-outil. I – *de afeitar,* rasoir *m* ; – *fotográfica,* appareil *m* photo.

maquinal *a* machinal, e.

maquinilla *f* – *de afeitar,* rasoir *m*.

maquinista *m* machiniste, mécanicien.

mar *m/f* 1 mer *f* : *el* – *Mediterráneo,* la mer Méditerranée. I *en alta* –, au large ; *hacerse a la* –, gagner le large. 2 FAM *la* – *de trabajo,* énormément de travail ; *la* – *de bonito,* drôlement joli ; *la* – *de bien,* drôlement bien ; *un* – *de,* beaucoup de, un tas de.

maraña *f* 1 broussaille. 2 enchevêtrement *m*.

marasmo *m* marasme.

maravill/a *f* 1 merveille. I *a las mil maravillas,* à merveille. 2 (planta) souci *m*. **-ar** *t* émerveiller. **-oso, a** *a* merveilleux, euse.

marbete *m* étiquette *f*.

marca *f* 1 marque. 2 (deporte) record *m*.

marcado *m* mise *f* en plis.

marcador *m* tableau d'affichage.

marcar *t* 1 marquer. 2 – *un número de teléfono,* composer un numéro de téléphone.

Marcelo, a *n p* Marcel, elle.

marcial, *a* martial, e.

marciano, a *a/s* martien, enne.

marco *m* 1 cadre. 2 (moneda alemana) mark.

Marcos *n p m* Marc.

marcha *f* 1 marche : *dar* – *atrás,* faire marche arrière ; *poner en* –, mettre en marche. I *en* – *lenta,* au ralenti. 2 (acción de marcharse) départ *m*.

marchamo *m* plomb.

marchar *i* marcher. □ *pr* s'en aller, partir : *me marcho,* je m'en vais ; *se marchó de vacaciones,* il est parti en vacances.

marchit/ar *t* faner, flétrir. **-o, a** *a* fané, e, flétri, e.

marea *f* marée : *en la* – *alta, baja,* à marée haute, basse.

marear *t* 1 (aturdir) étourdir, faire tourner la tête. 2 (fastidiar) assommer. □ *pr* 1 (en un barco) avoir le mal de mer. 2 *me mareo,* la tête me tourne.

marejada *f* 1 houle. 2 FIG effervescence.

maremoto *m* raz de marée.

mareo *m* 1 (en un barco) mal de mer. 2 (náusea) mal au cœur. 3 étourdissement, vertige.

marfil *m* ivoire.

marga *f* marne.

margarina *f* margarine.

margarita *f* marguerite.

margen *m/f* 1 marge *f* : *al* –, en marge. 2 bord *m*.

María *n p f* Marie.

marido *m* mari.

marimacho *m* FAM virago *f*.

marin/a *f* marine. **-era** *f* 1 (de marinero) vareuse. 2 (blusa) marinière. **-ero** *m* marin, matelot. **-o, a** *a* marin, e : *corrientes marinas,* courants marins.

marioneta *f* marionnette.

mariposa *f* 1 papillon *m*. 2 (lamparilla) veilleuse.

mariquita *f* coccinelle.

marisabidilla *f* bas-bleu *m*.

mariscal *m* maréchal.

marisco *m* coquillage. □ *pl* fruits de mer.

marisma *f* marais *m*.

marítimo, a *a* maritime.

marmita *f* marmite.

mármol *m* marbre.

marmota *f* marmotte.

maroma *f* corde.

marqu/és, esa *s* marquis, e. **-esina** *f* marquise.

marquetería *f* marqueterie.

marran/o *m* cochon. **-ada** *f* POP saloperie.

marrar *t/i* manquer, rater.

marras (de) *loc* en question.

marrón *a/m* marron.

marroquí *a/s* marocain, e.

marroquinería *f* maroquinerie.

Marruecos *n p m* Maroc.

marrullero, a *a/s* roublard, e, finaud, e.

Marsella *n p* Marseille.

marsellés, esa *a/s* marseillais, e.

marsopa *f* marsouin m.

marta *f* martre.

Marte *n p m* Mars.

martes *m* mardi : *— de Carnaval,* mardi gras.

martill/o *m* marteau. **-ar** *t* marteler. **-azo** *m* coup de marteau. **-eo** *m* martèlement.

martingala *f* 1 martingale. 2 (ardid) truc *m,* astuce.

mártir *s* martyr, e.

martir/io *m* martyre. **-izar** *t* martyriser.

marx/ismo *m* marxisme. **-ista** *a/s* marxiste.

marzo *m* mars : *el 6 de —,* le 6 mars.

mas *conj* mais.

más *adv* 1 plus : *— de uno,* plus d'un. | *a lo —,* tout au plus ; *de —,* en trop, de trop ; *— bien,* plutôt ; *sin — ni —,* comme ça, sans raison. 2 (delante de un sustantivo) plus de, davantage de : *¿ quieres — sopa ?,* veux-tu davantage de potage ? 3 le, la, les plus : *el avión — rápido,* l'avion le plus rapide ; *las cosas — diversas,* les choses les plus variées. 4 mieux : *me gusta —,* j'aime mieux ; *— vale no insistir,* mieux vaut ne pas insister. □ *m* plus.

masa *f* 1 masse : *en —,* en masse. 2 (de harina) pâte.

masacre *f* massacre *m.*

masaj/e *m* massage : *dar masajes,* faire des massages. | *hacerse dar un —,* se faire masser. **-ista** *s* masseur, euse.

mascar *t* mâcher.

máscara *f* masque *m.* | *baile de máscaras,* bal masqué.

mascarada *f* mascarade.

mascarilla *f* masque *m.*

mascarón *m — de proa,* figure *f* de proue.

mascota *f* mascotte.

mascujar ⇒ **mascullar.**

masculino, a *a/m* masculin, e.

mascullar *t* 1 (mascar) mâchonner. 2 (decir) marmotter.

masilla *f* mastic *m.*

masivo, a *a* massif, ive.

mas/ón *m* franc-maçon. **-onería** *f* franc-maçonnerie.

masoquista *a/s* masochiste.

mastic/ar *t* mâcher, mastiquer. **-ación** *f* mastication.

mástil *m* 1 mât. 2 (de la guitarra) manche.

mastuerzo *m* 1 cresson. 2 FIG crétin.

mata *f* 1 (de hierba) touffe. 2 plantation.

matadero *m* abattoir.

matador, a *s* tueur, euse. □ *m* (torero) matador.

matanza *f* 1 massacre *m,* tuerie. 2 (del cerdo) abattage *m.*

matar *t* 1 tuer. | *estar a — con alguien,* être à couteaux tirés avec quelqu'un. 2 (la cal) éteindre. 3 (los colores) adoucir. 4 *— un sello,* oblitérer un timbre.

matarife *m* boucher (d'abattoir).

matasellos *m* 1 oblitérateur. 2 (marca) cachet, tampon.

¹mate *a* mat, e.

²mate *m* (planta, infusión) maté.

matemático, a *a/f* mathématique : *las matemáticas,* les mathématiques. □ *s* (persona) mathématicien, enne.

Mateo n p m Mathieu.

materia f matière : — prima, matière première ; — grasa, matière grasse ; entrar en —, entrer en matière.

material a matériel, elle. □ m 1 matériel : — para el camping, matériel de camping. 2 — plástico, matière f plastique. -**ismo** m matérialisme. **ista** a/s matérialiste. -**izar** t matérialiser.

matern/al a maternel, elle. -**idad** f maternité. -**o, a** a maternel, elle.

matiz m nuance f. -**ar** t nuancer.

matojo m buisson.

matón m FAM dur.

matorral m buisson.

matraca f crécelle.

matr/ícula f 1 (lista) matricule. 2 (de estudiantes) inscription. 3 (de un coche) immatriculation. 4 plaque d'immatriculation. 5 numéro m minéralogique. -**icular** t 1 immatriculer. 2 inscrire. □ pr s'inscrire : me he matriculado en la facultad de derecho, je me suis inscrit à la faculté de droit.

matrimoni/o m 1 (sacramento) mariage. 2 (marido y mujer) ménage. -**al** a matrimonial, e. I enlace —, mariage.

matriz f 1 matrice. 2 (de un libro talonario) souche. □ a casa —, maison mère.

matute m contrebande f : de —, en contrebande.

matutino, a a matinal, e : nieblas matutinas, brouillards matinaux.

maula f vieux machin m inutile.

maull/ar i miauler. -**ido** m miaulement.

Mauricio n p m Maurice.

mausoleo m mausolée.

maxilar a/m maxilaire.

máxim/o, a a/m maximum : como —, au maximum. -**e** adv surtout.

maya f (flor) pâquerette.

mayo m mai : el 2 de —, le 2 mai.

mayonesa f mayonnaise.

mayor a 1 plus grand, e. I al por —, en gros. 2 majeur, e : Pedro es — de edad, Pierre est majeur. 3 (hermano, hijo) aîné, e. 4 âgé, e : las personas mayores de 40 años, les personnes âgées de plus de 40 ans. I las personas mayores, les grandes personnes. □ m 1 (antepasados) aïeux. 2 los mayores, les grandes personnes.

mayoral m (capataz) contremaître.

mayoría f majorité. I — de edad, majorité.

mayorista m grossiste.

mayoritario, a a majoritaire.

mayormente adv surtout.

mayúsculo, a a/f (letra) majuscule. □ a error, susto —, erreur monumentale, peur bleue.

maza f masse.

mazacote m chose f compacte.

mazapán m massepain.

mazmorra f oubliette.

mazo m 1 maillet. 2 paquet.

mazorca f épi m (de maïs).

me pron pers 1 me, m' : — da, il me donne ; — dió, il m'a donné. 2 (con imperativo) moi : dame, donne-moi.

meandro m méandre.

mear i VULG pisser.

Meca (la) n p f La Mecque.

mecánic/a f mécanique. -**o, a** a mécanique. □ s (obrero) mécanicien, enne.

mecanismo m mécanisme.

mecanograf/ía f dactylographie. -**iar** t dactylographier.

mecanógrafo, a s dactylographe, dactylo.

mecedora f rocking-chair m, fauteuil m à bascule.

mecenas m mécène.

mecer t 1 (a un niño) bercer. 2 (la cuna) balancer. □ pr se balancer.

mech/a _f_ **1** mèche. **2** (de tocino) lardon _m_. **3** FAM _a toda —_, à toute pompe. **-ero** _m_ **1** (encendedor) briquet. **2** brûleur. **3** _— Bunsen,_ bec Bunsen. **-ón** _m_ **1** (de cabellos) mèche _f._ **2** (de lana) touffe _f._

medall/a _f_ médaille. **-ón** _m_ médaillon.

médano _m_ dune _f._

media _f_ **1** bas _m_ : _un par de medias,_ une paire de bas. l _hacer —,_ tricoter. **2** (matemáticas) moyenne.

mediación _f_ médiation.

mediado, a _a_ à moitié plein, e. l _a mediados del mes, del año,_ vers le milieu du mois, de l'année ; _mediada la semana,_ vers le milieu de la semaine.

mediador, a _a/s_ médiateur, trice.

median/o, a _a_ moyen, enne. **-ía** _f_ médiocrité.

medianoche _f_ minuit _m._

mediante _prep_ au moyen de.

mediar _i_ **1** intervenir. **2** (ocurrir) survenir. **3** s'écouler : _mediaron dos semanas,_ deux semaines s'écoulèrent.

medias (a) _loc adv_ à moitié.

medicamento _m_ médicament.

medicin/a _f_ **1** médecine. **2** médicament _m._ **-al** _a_ médicinal, e.

medición _f_ mesure.

médico, a _a_ médical, e. □ _m_ médecin : _— de cabecera,_ médecin traitant. □ _f_ médecin _m._

medida _f_ mesure. l _a — que,_ au fur et à mesure que ; _traje a la —,_ costume sur mesure.

mediev/al _a_ médiéval, e. **-o** _m_ Moyen Âge.

medio, a _a_ **1** demi, e : _media botella,_ une demi-bouteille. **2** moyen, enne : _clase media,_ classe moyenne. **3** _a — camino,_ à mi-chemin ; _a media pierna,_ à mi-jambe. □ _m_ **1** milieu : _el justo —,_ le juste milieu ; _en — de,_ au milieu de. l _— ambiente,_ environnement. **2**

(para conseguir algo) moyen : _no hay — de...,_ il n'y a pas moyen de... l _por — de,_ au moyen de, par l'intermédiaire de. **3** (mitad) demi. □ _pl_ **1** (recursos) moyens. **2** _en los medios autorizados,_ dans les milieux autorisés.

mediocr/e _a_ médiocre. **-idad** _f_ médiocrité.

mediodía _m_ midi.

medioeval _a_ médiéval, e.

medir ° _t_ mesurer. □ _medirse con alguien,_ se mesurer avec quelqu'un.

medit/ar _i/t_ méditer. **-abundo, a** _a_ méditatif, ive. **-ación** _f_ méditation.

mediterráneo, a _a_ méditerranéen, enne. l _el mar Mediterráneo, el Mediterráneo,_ la mer Méditerranée, la Méditerranée.

médium _m_ médium.

medrar _i_ **1** croître. **2** FIG prospérer.

medroso, a _a/s_ peureux, euse.

médula _f_ moelle : _— espinal,_ moelle épinière.

medusa _f_ méduse.

mejicano, a _a/s_ mexicain, e.

Méjico _n p m_ **1** (país) Mexique. **2** (ciudad) Mexico.

mejilla _f_ joue.

mejillón _m_ moule _f._

mejor _a_ meilleur, e : _mi — amiga,_ ma meilleure amie ; _mucho —,_ bien meilleur. l _a lo —,_ peut-être. □ _a/adv_ mieux : _me encuentro —,_ je me sens mieux ; _— que no se entere,_ il vaut mieux qu'il ne le sache pas. l _a cual —,_ à qui mieux mieux ; _— dicho,_ ou plutôt ; _¡ tanto —!, ¡ mejor!, ¡ — que —!,_ tant mieux !

mejora _f_ amélioration.

mejor/ar _t_ améliorer. □ _i/pr_ **1** aller mieux ; _el enfermo está muy mejorado,_ le malade va beaucoup mieux. **2** (el tiempo) s'améliorer. **-ía** _f_ amélioration.

melanc/olía _f_ mélancolie. **-ólico,**

a *a* mélancolique.

melaza *f* mélasse.

melen/a *f* 1 cheveux *m* *pl* longs. 2 (del león) crinière. **-udo, a** *a* chevelu, e.

melindr/e *m* minauderie *f*. I hacer *melindres*, minauder, ère. **-oso, a** *a* minaudier, ère.

melocot/ón *m* pêche *f*. **-onero** *m* pêcher.

mel/odía *f* mélodie. **-ódico, a** *a* mélodique. **-odioso, a** *a* mélodieux, euse.

melodrama *m* mélodrame.

melómano, a *a/s* mélomane.

melón *m* melon.

melopea *f* FAM cuite.

meloso, a *a* mielleux, euse, doucereux, euse.

mell/ar *t* ébrécher. **-a** *f* 1 brèche. 2 FIG hacer —, faire impression, de l'effet.

mellizo, a *a/s* jumeau, elle.

membrana *f* membrane.

membrete *m* en-tête.

membrillo *m* 1 coing : carne de —, pâte de coing. 2 (árbol) cognassier.

mem/o, a *a* idiot, e, niais, e. **-ez** *f* niaiserie.

memorable *a* mémorable.

memorándum *m* mémorandum.

memoria *f* 1 mémoire. I en — de, à la mémoire de ; de —, par cœur ; traer a la —, rappeler. 2 (escrito) mémoire *m*.

menaje *m* 1 meubles *pl*. 2 ustensiles *pl* de ménage.

menci/ón *f* mention. **-onar** *t* mentionner.

mend/igo, a *a/s* mendiant, e. **-icidad** *f* mendicité. **-igar** *i/t* mendier.

mendrugo *m* croûton, morceau de pain dur.

menear *t* remuer. □ *pr* FAM se remuer.

menester *m* besoin. I ser —, falloir, être nécessaire ; es — que vengáis, il faut que vous veniez. □

pl occupations *f*. **-oso, a** *a/s* nécessiteux, euse.

menestra *f* — de verduras, jardinière de légumes.

mengano, a *s* un tel, une telle.

mengu/a *f* 1 diminution. 2 en — de, au détriment de. **-ante** *a* décroissant, e. □ *m* (mar) reflux. **-ar** *i* diminuer.

meningitis *f* méningite.

menor *a* 1 plus petit, e. 2 (en cantidad) moindre. I al por —, au détail. 3 plus jeune. I hermano, hijo —, cadet ; es un año — que yo, il est mon cadet d'un an. □ *a/s* (de edad) mineur, e.

Menorca *n p f* Minorque.

menos *adv* 1 moins : — frío, moins froid ; seis años —, six ans de moins ; a — que, à moins que. 2 (delante de un sustantivo) moins de : — viento, moins de vent. 3 (con artículo) el hotel — caro, l'hôtel le moins cher. 4 echar de —, regretter ; ¡ — mal !, heureusement !, c'est heureux ! ; ni mucho —, loin de là ; por lo —, au moins ; tener en —, sous-estimer ; venir a —, déchoir. 4 (salvo) sauf.

menoscab/ar *t* 1 diminuer. 2 porter atteinte à. **-o** *m* 1 diminution *f*. 2 (daño) dommage. 3 détriment.

menospreci/ar *t* 1 mépriser. 2 sous-estimer. **-o** *m* mépris.

mensaje *m* message. **-ría** *f* messagerie. **-ro, a** *s* messager, ère.

mensual *a* mensuel, elle. **-idad** *f* mensualité.

menta *f* menthe.

mental *a* mental, e.

mentalidad *f* mentalité.

mentar ° *t* mentionner, nommer.

mente *f* 1 esprit *m* : una — clara, un esprit clair. 2 (propósito) intention.

mentecato, a *a* sot, sotte, imbécile.

ment/ir ° *i* mentir : miente más

que habla, il ment comme il respire. **-ira** *f* mensonge *m*. I *parece —*, c'est incroyable, on a peine à le croire. **-iroso, a** *a/s* menteur, euse. **-is** *m* démenti.

menú *m* menu.

menudear *t* multiplier. □ *i* abonder.

menudillos *m pl* abattis.

menudo, a *a* 1 petit, e, menu, e. 2 FAM drôle de, fichu, e; *¡— lío!*, drôle d'histoire ! ; *— gandul es*, c'est un drôle de flemmard. 3 *a —*, souvent. □ *pl* abats.

meñique *m* petit doigt.

meollo *m* 1 moelle *f*. 2 FIG jugement.

mequetrefe *m* freluquet.

meramente *adv* simplement.

mercader *m* marchand.

mercado *m* marché.

mercan/cía *f* marchandise. **-te** *a* marchand, e : *marina —*, marine marchande. □ *m* navire marchand.

merced *f* 1 grâce. I *— a*, grâce à. 2 *estar a — de*, être à la merci de.

mercenario *m* mercenaire.

mercer/ía *f* mercerie. **-o, a** *s* mercier, ère.

mercurio *m* mercure.

merec/er *o* *t/i* 1 mériter. 2 *— la pena*, valoir la peine. I *— ser — de*, être digne de. I *— de una multa*, passible d'une amende. **-ido, a** *a/m se lo tiene bien —*, il l'a bien mérité ; *ha llevado su —*, il a eu ce qu'il méritait.

merendar *o* *i* goûter. □ *t* manger à son goûter.

merendero *m* guinguette *f*.

merengue *m* meringue *f*.

meridi/ano, a *a/s* méridien, enne. **-onal** *a* méridional, e.

merienda *f* goûter *m*.

merino *m* mérinos.

mérito *m* mérite. I *de —*, de valeur.

meritorio, a *a* méritoire.

merluza *f* colin *m*, merluche *f*.

merm/ar *t/i* diminuer. **-a** *f* diminution.

mermelada *f* 1 marmelade. 2 confiture.

¹mero, a *a* simple, seul, e : *el — hecho*, le simple fait.

²mero *m* (pez) mérou.

merode/ar *i* marauder. **-ador, a** *s* maraudeur, euse.

mes *m* mois : *doce meses*, douze mois.

mesa *f* 1 table : *sentarse a la —*, se mettre à table ; *poner, quitar la —*, mettre, desservir la table. 2 (de una asamblea) bureau *m*.

mesarse *pr* s'arracher.

meseta *f* 1 plateau *m*. 2 (de escalera) palier *m*.

Mesías *m* Messie.

mesilla *f — de noche*, table de nuit.

mes/ón *m* auberge *f*, hôtellerie *f*. **-onero, a** *s* aubergiste.

mestizo, a *a/s* métis, isse.

mesur/a *f* mesure. **-ado, a** *a* mesuré, e.

meta *f* 1 but *m* : *alcanzar la —*, atteindre le but. 2 (en una carrera) ligne d'arrivée. 3 (en fútbol) buts *m pl*.

metafísico, a *a/f* métaphysique.

metáfora *f* métaphore.

met/al *m* métal : *metales preciosos*, métaux précieux. **-álico, a** *a* métallique. □ *m pagar en —*, payer en espèces. **-alurgia** *f* métallurgie. **-alúrgico, a** *a* métallurgique. □ *m* métallurgiste.

metamorfos/is *f* métamorphose. **-ear** *t* métamorphoser.

metedor *m* (de niño) lange, couche *f*.

meteoro *m* météore.

meteor/ología *f* météorologie. **-ológico, a** *a* météorologique : *parte —*, bulletin météorologique. **-ólogo, a** *s* météorologiste.

meter *t* 1 mettre : *metió su collar en el joyero*, elle mit son collier dans l'écrin. 2 *— un coche en el* garaje, rentrer une voiture au garage. **3** — *miedo, ruido,* faire peur, du bruit. □ *pr* **1** entrer : *se metieron en un bar,* ils entrèrent dans un bar. **2** s'engager : *se metió por una calle desierta,* il s'engagea dans une rue déserte. **3** se mêler : *¿ por qué te metes ?,* de quoi te mêles-tu ? **4** *metételo en la cabeza,* fourre-toi ça dans la tête.

meticuloso, a *a* méticuleux, euse.

metido *m* FAM coup.

metódico, a *a* méthodique.

método *m* méthode *f.*

metralleta *f* mitraillette.

métrico, a *a* métrique.

¹metro *m* mètre : — *cuadrado, cúbico,* mètre carré, cube.

²metro *m* (ferrocarril) métro.

metrópoli *f* métropole.

mexicano, a *a/s* mexicain.

México *n p m* **1** (país) Mexique. **2** (ciudad) Mexico.

mezcal *m* eau-de-vie *f* d'agave.

mez/clar *t* mélanger. □ *mezclarse en la muchedumbre,* se mêler à la foule. **-cla** *f* mélange *m.* **-colanza** *f* mélange *m.*

mezquin/o, a *a* mesquin, e. **-dad** *f* mesquinerie.

mezquita *f* mosquée.

¹mi *m* (nota) mi.

²mi, mis *a pos* mon, ma, mes : — *hijo,* — *hija, mis hijos,* mon fils, ma fille, mes enfants.

³mí *pron pers* moi : *¡ a —!,* à moi ! ; *para —,* pour moi.

miaja *f* miette.

mica *f* mica *m.*

mico *m* singe.

microbio *m* microbe.

microfilm *m* microfilm.

micrófono *m* microphone.

micros/copio *m* microscope. **-cópico, a** *a* microscopique.

microsurco *m* microsillon.

mied/o *m* peur *f* : *tiene* — *al trueno,* il a peur du tonnerre ; *dar* —, faire peur. **-itis** *f* FAM

frousse. **-oso, a** *a/s* peureux, euse.

miel *f* miel *m.*

miembro *m* membre.

mientes *f pl parar* — *en,* réfléchir à, s'arrêter à ; *traer a las* —, rappeler.

mientras *conj/adv* **1** (simultaneidad) pendant que : — *está durmiendo,* pendant qu'il dort. **2** tant que : — *viva,* tant que je vivrai. **3** — *que,* tandis que. **4** — *tanto,* pendant ce temps.

miércoles *m* mercredi : — *de ceniza,* mercredi des cendres.

mierda *f* VULG merde.

mies *f* moisson.

miga *f* **1** (parte interior del pan) mie. **2** (trocito) miette. □ *pl hacer buenas migas,* faire bon ménage. **-ja** *f* miette.

migra/ción *f* migration. **-torio, a** *a* migratoire.

Miguel *n p m* Michel.

mijo *m* millet.

mil *a/m* mille. l *miles,* des milliers ; *a miles,* par milliers.

milagr/o *m* miracle. **-oso, a** *a* miraculeux, euse.

Milán *n p* Milan.

milenario, a *a/m* millénaire.

milésimo, a *a/s* millième.

mili *f* FAM service *m* militaire.

milici/a *f* **1** milice. **2** service *m* militaire. **-ano, a** *s* milicien, enne.

milímetro *m* millimètre.

militante *a/s* militant, e.

militar *a/m* militaire. □ *i* militer. **-izar** *t* militariser.

milla *f* mille *m.*

millar *m* millier. l *a millares,* par milliers.

mill/ón *m* million. l *mil millones,* un milliard. **-onario, a** *a/s* millionaire. **-onésimo, a** *a/s* millionième.

mimar *t* **1** gâter : *niño mimado,* enfant gâté. **2** choyer. **3** (teatro) mimer.

mimbre *m/f* osier *m*.

mímica *f* mimique.

mimo *m* 1 (teatro) mime. 2 caresse *f*, cajolerie *f*. 3 (con los niños) gâterie *f*. 4 (halago) flatterie *f*.

mimosa *f* mimosa *m*.

mimoso, a *a* 1 (afectuoso) câlin, e. 2 (melindroso) minaudier, ère.

min/a *f* mine. **-ar** *t* miner.

miner/al *a/m* minéral, e : *agua —*, eau minérale ; *los minerales*, les minéraux. □ *m* minerai. **-ía** *f* exploitation des mines. **-ero, a** *a* minier, ère. □ *m* mineur.

miniatur/a *f* miniature. **-izar** *t* miniaturiser.

minifundio *m* petite propriété *f*.

mínim/o, a *a* minime. | *el — esfuerzo*, le moindre effort. □ *m* minimum : *como —*, au minimum. | *lo más —*, le moins du monde. **-um** *m* minimum.

ministeri/o *m* ministère. **-al** *a* ministériel, elle.

ministro *m* ministre.

minoría *f* minorité. | *— de edad*, minorité.

minorista *m* détaillant.

minoritario, a *a* minoritaire.

minuci/a *f* petit détail *m*. **-osidad** *f* minutie. **-oso, a** *a* minutieux, euse.

minúsculo, a *a/f* minuscule.

minusválido, a *a/s* handicapé, e.

minuta *f* 1 (de una comida) menu *m*. 2 (escrito) minute. 3 note.

minut/o *m* minute *f*. **-ero** *m* aiguille *f* des minutes.

mío, a *a pos* 1 à moi : *este coche es —*, cette voiture est à moi. 2 mon, ma, mes : *¡ Dios —!*, mon Dieu ! | *un amigo —*, un de mes amis. □ *pron pos el —*, le mien ; *la mía*, la mienne ; *los míos*, les miens.

miocardio *m* myocarde.

miop/e *a/s* myope. **-ía** *f* myopie.

mira *f* 1 mire. 2 intention. | *con*

miras a, en vue de.

mirada *f* 1 regard *m*. 2 *echar una — a*, jeter un coup d'œil à.

mirado, a *a* 1 vu, e : *bien, mal —*, bien, mal vu. 2 *bien —*, en y regardant de près.

mirador *m* 1 mirador. 2 point de vue.

miramientos *m pl* égards, ménagements.

mirar *t* 1 regarder. 2 réfléchir. | *mirándolo bien, si bien se mira*, tout bien considéré, en y regardant de près. 3 faire attention à. | *¡ mira!*, écoute ! □ *mirarse en el espejo*, se regarder dans la glace.

mirlo *m* merle.

mirón, ona *a/s* curieux, euse, badaud, e.

mis ⇒ ²**mi**.

mis/a *f* messe : *ir a —*, aller à la messe ; *— del gallo*, messe de minuit. **-al** *m* missel.

misántropo *a/s* misanthrope.

miserable *a/s* misérable.

miseria *f* misère.

misericordi/a *f* miséricorde. **-oso, a** *a* miséricordieux, euse.

mísero, a *a* misérable.

mis/ión *f* mission. **-ionero** *a/m* missionnaire.

misiva *f* missive.

mismo, a *a* 1 même : *al — tiempo*, en même temps ; *el — Juan*, Jean lui-même ; *ellos mismos*, eux-mêmes. | *lo —*, la même chose ; *es lo —*, cela revient au même, c'est tout comme ; *por lo —*, pour cette raison même.

misteri/o *m* mystère. **-oso, a** *a* mystérieux, euse.

místico, a *a/f* mystique.

mitad *f* 1 moitié : *reducir a la —*, réduire de moitié. 2 (centro) milieu *m*.

mitigar *t* 1 calmer. 2 mitiger. 3 *— el paro*, diminuer, ralentir le chômage.

mitin *m* meeting.

mito _m_ mythe. **-logía** _f_ mythologie.

mitra _f_ mitre.

mixto, a _a_ mixte.

mobiliario, a _a/m_ mobilier, ère.

moblaje _m_ ameublement.

mocasín _m_ mocassin.

moce/dad _f_ jeunesse. **-tón, ona** _s_ grand gaillard, belle fille.

moción _f_ 1 (proposición) motion. 2 mouvement _m_.

moc/o _m_ 1 morve _f_. 2 (del pavo) caroncule _f_. I _no es – de pavo_, ce n'est pas de la blague. **-oso, a** _a/s_ morveux, euse.

mochales _a_ FAM dingue, cinglé, e.

mochila, _f_ sac _m_ à dos.

mocho, a _a_ 1 émoussé, e. 2 écorné, e.

mochuelo, _m_ hibou.

moda _f_ mode : _una playa de –_, une plage à la mode ; _estar de –_, être à la mode. I _pasado de –_, démodé.

modales _m pl_ manières _f_, tenue _f sing_ : _buenos –_, bonnes manières ; _no tener buenos –_, manquer de tenue.

model/ar _t_ modeler. **-ado** _m_ 1 (acción) modelage. 2 (aspecto) modelé.

modelo _a/m_ modèle.

moder/ar _t_ modérer. **-ación** _f_ modération.

modern/o, a _a_ moderne. **-ismo** _m_ modernisme. **-ización** _f_ modernisation. **-izar** _t_ moderniser.

modest/o, a _a_ modeste. **-ia** _f_ modestie.

módico, a _a_ modique.

modific/ar _t_ modifier. **-ación** _f_ modification.

modismo _m_ idiotisme.

modist/a _s_ couturier, ère. **-illa** _f_ cousette. **-o** _m_ couturier.

modo _m_ 1 manière _f_, façon. I _a – de_, en guise de ; _de – que_, en sorte que ; _de ningún –_, en aucune

façon ; _de todos modos_, de toute façon. 2 mode : _– de vida_, mode de vie. □ _pl_ manières _f_.

modorra _f_ torpeur, assoupissement _m_.

modoso, a _a_ sage, sérieux, euse, bien élevé, e.

modul/ar _t_ moduler. **-ación** _f_ modulation.

mof/a _f_ moquerie. I _hacer – de_, se moquer de. **-arse** _pr_ se moquer.

moflet/e _m_ grosse joue _f_. **-udo, a** _a_ joufflu, e.

mohín _m_ moue _f_. **-o, a** _a_ boudeur, euse, fâché, e.

moh/o _m_ 1 moisissure _f_. 2 (del hierro) rouille _f_ **-oso, a** _a_ 1 moisi, e. 2 rouillé, e.

Moisés _n p m_ Moïse.

mojar _t_ mouiller.

mojigat/o, a _a_ prude. **-ería** _f_ pruderie.

mojón _m_ borne _f_.

molar _m_ molaire _f_.

mold/e _m_ moule. **-ear** _t_ mouler. **-ura** _f_ moulure.

mole _f_ masse.

mol/écula _f_ molécule. **-ecular** _a_ moléculaire.

moler _°_ _t_ 1 moudre. 2 FIG (cansar) éreinter. 3 _– a palos_, rouer de coups.

molestar _t_ 1 gêner, déranger. 2 ennuyer, embêter : _me molesta tener que pedirte este favor_, ça m'ennuie de devoir te demander cette faveur. □ _pr no se moleste usted_, ne vous dérangez pas.

molest/ia _f_ 1 gêne, dérangement _m_. I _no es ninguna –_, ça ne me dérange pas ; _si no es una – para usted_, si cela ne vous gêne pas. 2 _tomarse la – de_, se donner la peine de. **-o, a** _a_ 1 gênant, e. 2 (incómodo) mal à l'aise. 3 (resentido) fâché, e.

molicie _f_ mollesse.

molido, a _a_ moulu, e.

molinero, a _s_ meunier. ère.

molinete *m* moulinet.

molin/o *m* moulin : – *de viento*, moulin à vent. **-illo** *m* – *de café*, moulin à café.

molusco *m* mollusque.

molleja *f* 1 (de las aves) gésier *m.* 2 (de reses) ris *m.*

mollera *f* FAM cervelle. | *cerrado de* –, bouché.

momentáneo, a *a* momentané, e.

momento *m* moment : *de un* – *a otro*, d'un moment à l'autre. | *de* –, *por el* –, pour l'instant ; *dentro de un* –, dans un instant ; *en el* – *de*, au moment de.

momia *f* momie.

mona *f* 1 guenon. 2 FAM (borrachera) cuite. | *dormir la* –, cuver son vin.

Mónaco *n p* Monaco.

monada *f* *ser una* –, être joli, e comme tout. être mignon, onne tout plein.

monaguillo *m* enfant de chœur.

mon/arca *m* monarque. **-arquía** *f* monarchie. **-árquico, a** *a* monarchique. □ *s* monarchiste.

mon/asterio *m* monastère. **-ástico, a** *a* monastique.

monda *f* 1 épluchage *m.* 2 (piel que se quita) épluchure. 3 FAM *ser la* –, être incroyable : *¡esto es la* –!, c'est incroyable !

mondadientes *m* cure-dent.

mondaduras *f pl* épluchures.

mondar *t* 1 (frutas, legumbres) éplucher. 2 (limpiar) nettoyer. □ FAM *mondarse de risa*, se tordre de rire.

mondongo *m* tripes *f pl.*

moned/a *f* 1 monnaie. 2 pièce de monnaie. **-ero** *m* porte-monnaie.

monegasco, a *a/s* monégasque.

monetario, a *a* monétaire.

mongol *a/s* mongol, e.

Mónica *n p f* Monique.

monigote *m* 1 pantin, polichinelle. 2 (dibujo) bonhomme.

monín, ina *a* mignon, onne.

monises *m pl* FAM picaillons, fric *sing.*

monitor, a *s* moniteur, trice.

monja *f* religieuse, bonne sœur.

monje *m* moine.

mono, a *a* joli, e, mignon, onne □ *m* 1 (animal) singe. 2 (traje) salopette *f*, bleu. 3 TAUROM – *sabio*, valet.

monóculo *m* monocle.

monograma *m* monogramme.

monolito *m* monolithe.

mon/ólogo *m* monologue. **-ologar** *i* monologuer.

monopol/io *m* monopole. **-izar** *t* monopoliser.

monosabio *m* valet.

monosílabo *m* monosyllabe.

mon/ótono, a *a* monotone. **-otonía** *f* monotonie.

monseñor *m* monseigneur.

monserga *f* discours *m*, histoire.

monstru/o *m* monstre. **-osidad** *f* monstruosité. **-oso, a** *a* monstrueux, euse.

monta *f* valeur, importance.

montacargas *m* monte-charge.

montaje *m* montage.

montante *m* montant.

montañ/a *f* montagne. **-ero, a** *s* alpiniste. **-és, esa** *a/s* montagnard, e. **-ismo** *m* alpinisme. **-oso, a** *a* montagneux, euse.

montar *i* – *a caballo, en bicicleta*, monter à cheval, à bicyclette. □ *t* monter.

montaraz *a* sauvage.

monte *m* 1 montagne *f.* 2 mont : *el Monte Blanco*, le Mont Blanc. 3 (bosque) bois. 1 – *bajo*, taillis. 3 – *de piedad*, mont-de-piété.

montepío *m* caisse *f* de secours.

montera *f* bonnet *m.*

montería *f* 1 vénerie. 2 chasse à courre.

montés *a* sauvage.

montículo *m* monticule.

montón *m* tas. | *a montones*, à foison ; *del* —, quelconque.

montuoso, a *a* montueux, euse.

montura *f* monture.

monument/o *m* monument. **-al** *a* monumental, e.

moña *f* nœud *m* de rubans.

moño *m* (de pelo) chignon.

moqueta *f* moquette.

mora *f* mûre.

morada *f* 1 demeure. 2 (estancia) séjour *m*.

morado, a *a/m* violet, ette.

morador, a *s* habitant, e.

moral *a* moral, e. □ *f* 1 morale. 2 (estado de ánimo) moral *m* : *levantar la* —, remonter le moral. **-eja**, **-idad** *f* moralité. **-ista** *s* moraliste.

morapio *m* FAM gros rouge.

morar *i* demeurer.

mórbido, a *a* morbide.

morboso, a *a* morbide.

morcilla *f* boudin *m*.

mordaz *a* mordant, e.

mordaza *f* bâillon *m*.

mord/er ° *t* mordre : *me ha mordido un perro*, un chien m'a mordu. **-edura** *f* morsure. **-isco** *m* coup de dent. **-isquear** *t* mordiller.

moreno, a *a/m* brun, e : *tiene el pelo* —, il a les cheveux bruns. □ *a* (por el sol) bronzé, e : *se ha puesto morena este verano*, elle a bronzé cet été.

morera *f* mûrier *m*.

morfina *f* morphine.

morfología *f* morphologie.

moribundo, a *a/s* moribond, e.

morillo *m* chenet *m*.

morir ° *i* mourir : *murió en la guerra*, il est mort à la guerre. | ¡ *muera!*, à mort ! □ *pr* mourir : *me muero de hambre, de sed*, je meurs de faim, de soif ; *morirse de risa*, mourir de rire.

morisco, a *a* mauresque.

moro, a *a/s* maure.

morral *m* musette *f*.

morriña *f* cafard *m*, mal *m* du pays.

morro *m* 1 (hocico) mufle. 2 (de persona) lippe *f*. | FAM *estar de morros*, faire la tête. 3 (de coche) capot. 4 (monte) colline *f*, mamelon. 5 (peñasco) rocher.

morrocotudo, a *a* FAM formidable, terrible.

morsa *f* morse *m*.

mortaja *f* linceul *m*.

mortal *a/s* mortel, elle. **-idad** *f* mortalité.

mortandad *f* mortalité, hécatombe.

mortecino, a *a* blafard, e.

mortero *m* mortier.

mortificar *t* mortifier.

mortuorio, a *a* mortuaire.

morueco *m* bélier.

moruno, a *a* mauresque.

mosaico *m* mosaïque *f*.

mosc/a *f* 1 mouche. | FIG *por si las moscas*, au cas où. 2 FAM *aflojar la* —, abouler le fric, les lâcher. **-ardón** *m* mouche *f* à viande.

moscatel *a/m* muscat.

moscovita *a/s* moscovite.

Moscú *n p* Moscou.

mosquearse *pr* prendre la mouche, se piquer.

mosquita *f* FIG — *muerta*, sainte-nitouche.

mosquit/o *m* moustique. **-ero** *m* moustiquaire *f*.

mostacera *f* moutardier *m*.

mostacilla *f* cendrée.

mostacho *m* moustache *f*.

mostaza *f* moutarde.

mostrador *m* comptoir.

mostrar ° *t* montrer : *muestra su sorpresa*, il montre sa surprise.

mota *f* 1 (mancha) tache. 2 (partícula) poussière. 3 défaut *m*. 4 (eminencia) butte.

mote *m* (apodo) sobriquet.

motear *t* moucheter, tacheter.

motín *m* **1** émeute *f.* **2** (de tropas) mutinerie *f.*

motivar *t* motiver.

motivo *m* motif. I *con – de,* à l'occasion de.

moto *f* moto. **-cicleta** *f* motocyclette. **-ciclista** *s* motocycliste, motard.

motonave *f* bateau *m* à moteur.

motor, a *a* moteur, trice. □ *m* moteur : *– de explosión,* moteur à explosion. □ *f* (lancha) vedette. **-izar** *t* motoriser.

motriz *a* motrice.

movedizo, a *a* mouvant, e.

mov/er *°* *t* **1** remuer. **2** (accionar) mouvoir. **3** FIG (incitar) pousser. □ *pr* **1** bouger : *¡no se mueva!,* ne bougez pas ! **2** (hacer gestiones) se remuer. **-ible** *a* mobile. **-ido, a** *a* **1** *– por la envidia,* mû par l'envie. **2** agité, e, mouvementé, e : *sesión movida,* séance mouvementée. **3** *foto movida,* photo floue.

móvil *a/m* mobile.

movilidad *f* mobilité.

moviliz/ar *t* mobiliser. **-ación** *f* mobilisation.

movimiento *m* mouvement.

moza *f* jeune fille. I *una buena –,* une belle fille.

mozalbete *m* gamin, jeune garçon.

moz/o, a *a* jeune. □ *m* **1** jeune homme. I *un buen –,* un beau garçon. **2** (camarero) garçon. **'3** (criado) domestique. I *– de equipajes,* porteur. **-uelo, a** *s* jeune garçon, petite jeune fille.

muchacho, a *s* enfant. □ *m* garçon, jeune homme. □ *f* **1** petite fille, jeune fille. **2** (criada) bonne, domestique.

muchedumbre *f* foule.

¹mucho, a *a* beaucoup de : *– viento,* beaucoup de vent ; *mucha gente,* beaucoup de monde. I *– tiempo,* longtemps ; *son*

muchos los que..., nombreux sont ceux qui...

²mucho *adv* **1** beaucoup : *come –,* il mange beaucoup. **2** bien : *– antes,* bien avant ; *– mejor,* bien meilleur. I *ni con –,* tant s'en faut ; *– que sí,* bien sûr ; *por – que grites...,* tu as beau crier...

muda *f* **1** (de la piel, de la voz) mue. **2** (ropa) linge *m* de rechange : *tráigame una – limpia,* apportez-moi du linge propre.

mudable *a* changeant, e.

mudanza *f* **1** changement *m.* **2** (cambio de domicilio) déménagement *m.*

mudar *t* changer. □ *i* (la piel, la voz) muer. □ *pr* **1** *mudarse de vestido,* changer de vêtements. **2** *mudarse de casa,* déménager : *nos mudamos de casa el mes pasado,* nous avons déménagé le mois dernier.

mudo, a *a/s* muet, ette.

mueble *a/m* meuble.

mueca *f* grimace.

muela *f* **1** (piedra) meule. **2** (diente) dent : *dolor de muelas,* mal aux dents. **3** (diente molar) molaire.

¹muelle *m* ressort.

²muelle *m* (de puerto, estación) quai.

muera, etc. ⇒ **morir.**

muérdago *m* gui.

muert/e *f* **1** mort. I *de mala –,* de rien du tout, minable. **2** (homicidio) meurtre *m.* **-o, a** *p p* de **morir** : *ha –,* il est mort. □ *a/s* **1** mort, e. I *en punto –,* au point mort. **2** (matado) tué, e.

muesca *f* encoche.

muestra *f* **1** échantillon *m.* **2** preuve, témoignage *m.* I *dar muestras de,* faire preuve de ; *muestras de cansancio,* signes *m* de fatigue. **-rio** *m* échantillonnage.

mueva, etc. ⇒ **mover.**

mug/ir *i* mugir. **-ido** *m*

mugissement.

mugr/e _f_ crasse. **-iento, a** _a_ crasseux, euse.

muguete _m_ muguet.

mujer _f_ femme. **-il** _a_ féminin, e.

mújol _m_ mulet.

mula _f_ mule.

muladar _m_ fumier.

mulato, a _a/s_ mulâtre, esse.

mulero _m_ muletier.

muleta _f_ **1** béquille. **2** TAUROM muleta.

muletilla _f_ **1** (estribillo) tic _m_ de langage. **2** TAUROM muleta.

muletón _m_ molleton.

mulo _m_ mulet.

mult/a _f_ **1** amende : _so pena de –,_ sous peine d'amende. **2** _poner – por exceso de velocidad,_ mettre une contravention pour excès de vitesse. **-ar** _t_ condamner à une amende.

multicolor _a_ multicolore.

multicopista _f_ machine à polycopier. I _tirar a –,_ polycopier.

multimillonario, a _a_ multimillionnaire.

múltiple _a_ multiple.

multiplic/ar _t_ multiplier. **-ación** _f_ multiplication. **-idad** _f_ multiplicité.

múltiplo, a _a/m_ multiple.

multitud _f_ multitude.

mullido, a _a_ moelleux, euse.

mundano, a _a/s_ mondain, e.

mundial _a_ mondial, e.

mundillo _m_ _el – teatral,_ le monde du théâtre.

mundo _m_ monde. I _ver –,_ voir du pays ; _había medio – en la conferencia,_ il y avait un monde fou à la conférence. **-logía** _f_ savoir-vivre _m_.

munición _f_ munition.

municip/al _a_ municipal, e. **-alidad** _f_ municipalité. **-io** _m_ **1** commune _f_. **2** (ayuntamiento) municipalité _f_.

munificencia _f_ munificence.

muñec/a _f_ **1** (juguete) poupée. **2** (parte del brazo) poignet _m_. **-o** _m_ bonhomme.

muñón _m_ moignon.

mur/al _a_ mural, e. □ _m_ peinture _f_ murale. **-alla** _f_ **1** muraille. **2** rempart _m_.

Murcia _n p_ Murcie.

murciélago _m_ chauve-souris _f_.

murga _f_ FAM _dar la –,_ casser les pieds.

murmullo _m_ murmure.

murmur/ar _i/t_ **1** murmurer. **2** _– de alguien,_ médire de quelqu'un. **-ación** _f_ médisance. **-ador, a** _a/s_ médisant, e.

muro _m_ mur.

murria _f_ cafard _m_.

musa _f_ muse.

musaraña _f_ musaraigne. I FIG _pensar en las musarañas,_ être dans les nuages.

muscul/ar _a_ musculaire. **-atura** _f_ musculature.

músculo _m_ muscle.

musculoso, a _a_ musclé, e.

muselina _f_ mousseline.

museo _m_ musée.

musgo _m_ mousse _f_.

música _f_ musique.

musical _a_ **1** musical, e. **2** _instrumento –,_ instrument de musique. □ _m_ comédie _f_ musicale.

músico, a _a_ musical, e. I _instrumento –,_ instrument de musique. □ _s_ musicien, enne.

musicólogo, a _s_ musicologue.

musitar _i_ marmotter.

muslo _m_ cuisse _f_.

mustio, a _a_ **1** (planta) fané, e. **2** (persona) triste, morne, cafardeux, euse.

musulmán, ana _a/s_ musulman, e.

mutación _f_ **1** (teatro) changement _m_ de décors. **2** (biología) mutation.

mutil/ar *t* mutiler. **-ación** *f* mutilation.

mutis m *hacer* –, sortir de scène; (callarse) se taire. **-mo** *m* mutisme.

mutualidad *f* **1** mutualité. **2** (asociación) mutuelle.

mutu/o, a *a* mutuel, elle. **-amente** *adv* mutuellement.

muy *adv* très : – *lejos*, très loin; – *a menudo*, très souvent; – *de mañana*, de très bon matin. l *por* – *inteligente que sea*, aussi intelligent soit-il, il a beau être intelligent; FAM *el* – *idiota*, cette espèce d'idiot.

N

n |enel *f* n *m* : una –, un n.

nabo *m* navet.

nácar *m* nacre *f*.

nacarado, a *a* nacré, e.

nac/er ° *i* naître : nació en Sevilla, il est né à Séville. **-ido, a** *a* né, e. l **recién** –, nouveau-né. **-iente** *a* sol –, soleil levant. **-imiento** *m* 1 naissance *f*. 2 (belén) crèche *f*.

nación *f* nation.

nacional *a* national, e. **-idad** *f* nationalité. **-ismo** *m* nationalisme. **-ización** *f* nationalisation. **-izar** *t* nationaliser.

nada *pron indef* rien : no he dicho –, je n'ai rien dit ; – que ver, rien à voir ; por – del mundo, pour rien au monde. l como si –, comme si de rien n'était ; – más entrar, à peine entré, e. □ *adv* – difícil, pas difficile du tout ; no canta – bien, il ne chante pas bien du tout. □ *f* néant *m* : sacar de la –, tirer du néant.

nad/ar *i/t* nager. **-ador, a** *a/s* nageur, euse.

nadería *f* rien *m*, bricole *f*.

nadie *pron* personne : – lo sabe, personne ne le sait. □ *m* un –, une nullité.

nado (a) *loc adv* à la nage.

nafta *f* 1 naphte *m*. 2 AMER essence.

naftalina *f* naphtaline.

naipe *m* carte *f* à jouer.

nalga *f* fesse.

nana *f* (canción) berceuse.

Napoleón *n p m* Napoléon.

Nápoles *n p* Naples.

napolitano, a *a/s* napolitain, e.

naranj/a *f* orange. l FIG media –, moitié. **-ada** *f* orangeade. **-al** *m* orangeraie *f*. **-o** *m* oranger.

narciso *m* narcisse.

narcótico, à *a/m* narcotique.

nariz *f* nez *m*. l hablar de –, parler du nez. □ *pl* narices *m sing*. l dar de narices con, se cogner le nez contre ; reírse en las narices de, rire au nez de ; romper las narices, casser la figure. **-otas** *f pl* FAM grand pif *m sing*.

narr/ar *t* raconter. **-ación** *f* narration, récit *m*. **-ador, a** *s* narrateur, trice.

nasal *a* nasal, e.

nata *f* crème.

natación *f* natation.

natal *a* natal, e. **-icio** *m* 1 jour de la naissance. 2 anniversaire. **-idad** *f* natalité.

natillas *f pl* crème *sing* aux œufs.

natividad *f* nativité.

nativo, a *a/s* natif, ive.

nato, a *a* né, née.

natural *a* 1 naturel, elle. 2 nature : tamaño –, grandeur nature. □ *m* naturel, nature *f*. l al –, au naturel ; pintar del –, peindre d'après nature. □ *m pl* (de un país) natifs.

naturaleza *f* nature.

naturalidad *f* naturel *m*, simplicité.

naturalista *s* naturaliste.

naturaliz/ar *t* naturaliser. □ *pr* se faire naturaliser. **-ación** *f* naturalisation.

naufrag/ar *i* faire naufrage. **-io** *m* naufrage.

náufrago, a *s* naufragé, e.

náusea *f* nausée.

nauseabundo, a *a* nauséabond, e.

náutico, a *a* nautique.

navaj/a *f* couteau *m* (à lame pliante). **-azo** *m* coup de couteau.

naval *a* naval, e : combates

navales, combats navals.

Navarra *n p f* Navarre.

nave *f* 1 vaisseau *m*. I – *espacial*, vaisseau spatial. 2 (en una iglesia) nef. I –*lateral*, bas-côté *m*. 3 (cobertizo) hangar *m*.

naveg/ar *i* naviguer. **-able** *a* navigable. **-ación** *f* navigation. **-ante** *m* navigateur.

Navidad *f* Noël *m*. □ *pl* Noël *m sing : por las Navidades*, vers Noël.

navideño, a *a* de Noël.

naviero *m* armateur.

navío *m* navire, vaisseau.

nazareno *m* pénitent.

nazi *a/s* nazi.

neblina *f* brouillard *m*.

nebuloso, a *a/f* nébuleux, euse.

necedad *f* sottise.

necesario, a *m* necessaire. I *hacer lo* –, faire le nécessaire.

neceser *m* – *de tocador*, nécessaire de toilette.

necesidad *f* 1 nécessité. 2 besoin *m : en caso de* –, en cas de besoin.

necesitado, a *a/s* nécessiteux, euse. I *estar* – *de*, avoir besoin de.

necesitar *t* avoir besoin de : *necesito tu ayuda*, j'ai besoin de ton aide. I *se necesita chica para todo*, on demande bonne à tout faire.

necio, a *a* sot, sotte.

néctar *m* nectar.

neerlandés, esa *a/s* néerlandais, e.

nefasto, a *a* néfaste.

nefritis *f* néphrite.

negación *f* 1 négation. 2 (negativa) refus *m*.

neg/ar ° *t* 1 nier : *niega los hechos*, il nie les faits. 2 refuser. □ *pr* refuser : *se negó a ayudarme*, il a refusé de m'aider ; *se niega a salir*, il refuse de sortir. **-ativo, a** *a* négatif, ive. □ *m* (foto) négatif. □ *f* 1 (acción de rehusar) refus *m : negativa rotunda*, refus caté-

gorique. 2 négation.

negligen/te *a/s* négligent, e. **-cia** *f* négligence.

negociación *f* négociation.

negociado *m* bureau.

negociador, a *s* négociateur, trice.

negociante *s* négociant, e.

negociar *i/t* négocier.

negocio *m* 1 affaire *f : buen, mal* –, bonne, mauvaise affaire ; *hombre de negocios*, homme d'affaires. 2 (comercio) négoce.

negra, negrilla *f* caractère *m* gras.

negr/o, a *a/s* noir, e : *raza negra*, race noire ; *los negros de África*, les Noirs d'Afrique. I FAM *poner* – *a alguien*, exaspérer quelqu'un ; *verse – para...*, avoir un mal de chien pour... □ *f* FAM *tener la negra*, avoir la poisse. **-ura** *f* noirceur. **-uzco, a** *a* noirâtre.

nene, a *s* 1 bébé *m*. 2 petit, e.

nenúfar *m* nénuphar.

neófito, a *s* néophyte.

neologismo *m* néologisme.

neón *m* néon : *tubo de* –, tube au néon.

nervi/o *m* nerf : *ataque de nervios*, crise *f* de nerfs ; *poner los nervios de punta*, porter sur les nerfs, mettre les nerfs en boule. **-osidad** *f* 1 nervosité. 2 (irritación) énervement *m*. **-oso, a** *a/s* 1 nerveux, euse. 2 (irritado) énervé, e. I *poner* –, énerver.

neto, a *a* net, ette.

neumático, a *a* pneumatique. □ *m* pneu, pneumatique : *inflar un* –, gonfler un pneu.

neumonía *f* pneumonie.

neuralgia *f* névralgie.

neurast/enia *f* neurasthénie. **-énico, a** *a/s* neurasthénique.

neurólogo *m* neurologue.

neur/osis *f* névrose. **-ótico, a** *a/s* névrosé, e.

neutral *a* neutre. **-idad** *f*

neutralité. **-ización** f neutra-lisation. **-izar** t neutraliser.

neutro, a a neutre.

nevada f chute de neige.

nev/ar ° impers neiger. **-ado, a** a enneigée, e, neigeux, euse : paisaje —, paysage enneigé.

nevera f glacière, réfrigérateur m.

nevisca f légère chute de neige.

nexo m lien.

ni conj 1 ni : — uno — otro, ni l'un ni l'autre. 2 ne... pas même : no quiero — pensarlo, je ne veux même pas y penser. I ¡ — que...!, comme si...!, même si...! ; — ... siquiera, ne... pas même.

nicaragüense a/s nicaraguayen, enne.

Nicolás n p m Nicolas.

nicotina f nicotine.

nicho m niche f.

nido m nid.

niebla f brouillard m.

nieto, a s petit-fils, petite fille. □ pl petits-enfants.

nieve f neige.

nilón m nylon.

nimi/o, a a insignifiant, e, minime. **-edad** f (pequeñez) bagatelle.

ninfa f nymphe.

ningún, uno, a a aucun, e : — otro, aucun autre ; de ninguna manera, en aucune manière. I en ninguna parte, nulle part ; no es — sabio, il n'a rien d'un savant. □ pron 1 aucun, e. 2 personne : no ha venido ninguno, personne n'est venu.

niña f 1 petite fille. 2 (del ojo) pupille.

niñ/o, a a/s enfant : los niños, les enfants. I — de, dès l'enfance. □ m petit garçon. **-era** f bonne d'enfant. **-ería** f enfantillage m, gaminerie f. **-ez** f enfance.

nipón, ona a/s nippon, onne.

níquel m nickel.

niquelar t nickeler.

níspero m 1 (árbol) néflier. 2

(fruto) nèfle f.

nitidez f netteté.

nítido, a a net, nette.

nitrato m nitrate.

nitrógeno m azote.

nivel m niveau. **-ación** f nivellement m. **-ar** t niveler.

Niza n p Nice.

no adv 1 (en respuestas) non : ¿ sí o — ?, oui ou non ? 2 (delante de un verbo) ne... pas : — duerme, il ne dort pas. 3 (con otra negación) ne : esto — vale nada, cela ne vaut rien. 4 (en frases sin verbo) pas : ¿ por qué — ?, pourquoi pas ? ; todavía —, pas encore. I — bien, aussitôt que ; — ... más que, ne... que. □ m non : un — rotundo, un non catégorique.

nobl/e a/s noble. **-eza** f noblesse.

noción f notion.

nocivo, a a nocif, ive.

nocturno, a a nocturne. I partido —, match en nocturne ; tren —, train de nuit.

noche f 1 nuit : es de —, il fait nuit. I de la — a la mañana, du jour au lendemain ; hacer — en, passer la nuit à ; trabajar por la —, travailler de nuit. 2 (principio de la noche) soir : las diez de la —, dix heures du soir. I baile de —, soirée dansante. 3 ¡ buenas noches !, bonsoir !, bonne nuit !

nochebuena f nuit de Noël.

nochevieja f nuit de la Saint-Sylvestre.

no-do m actualités f pl.

nodriza f nourrice.

nogal m noyer.

nómada a/s nomade.

nombradía f renom m, re-nommée f.

nombr/amiento m nomination f. **-ar** t nommer.

nombre m 1 nom : — propio, nom propre ; en — de, au nom de. I — de pila, nom de baptême, prénom. 2 prénom.

nomenclatura f nomenclature.

nómina f 1 liste. 2 état m du personnel. 2 paie.

nominación f nomination.

nominal a nominal, e.

non a impair, e. □ m pl *pares o nones*, pair ou impair. l *decir que nones*, refuser catégoriquement.

nonada f vétille.

nonagésimo, a a/s quatre-vingt-dixième.

nones ⇒ **non**.

nordeste m nord-est.

nórdico, a a nordique.

noria f noria.

norm/a f norme. **-al** a normal, e. **-alidad** f normale, état m normal. l *volver a la —*, redevenir normal, e, revenir à la normale.

normando, a a/s normand, e.

noroeste m nord-ouest.

norte m nord.

norteamericano, a a/s américain, e du Nord.

Noruega n p f Norvège.

noruego, a a/s norvégien, enne.

nos pron pers nous.

nosotros, as pron pers nous.

nost/algia f nostalgie. **-álgico, a** a nostalgique.

nota f note : *— falsa*, fausse note ; *tomar — de*, prendre note de.

nota/bilidad f notabilité. **-ble** a remarquable, notable. □ m notable.

notar t 1 (advertir) remarquer. 2 *te noto una voz extraña*, je te trouve une drôle de voix.

notario m notaire.

noticia f nouvelle : *— falsa*, fausse nouvelle. l *estar atrasado de noticias*, ne pas être à la page. **-rio** m 1 (cine) actualités f pl. 2 (radio) informations f pl.

notificar t notifier.

notori/o, a a notoire. **-edad** f notoriété.

novat/o, a a/s nouveau, elle. **-ada** f brimade, bizutage m.

novecientos a/m neuf cents.

novedad f 1 nouveauté. l *hay —*, il y a du nouveau ; *llegar sin —*, arriver sans encombre ; *sin —*, rien de nouveau. 2 (noticia) nouvelle.

novel/a f roman m. l *— corta*, nouvelle. **-esco, a** a romanesque. **-ista** s romancier, ère.

noveno, a a/s neuvième.

noventa a/m quatre-vingt-dix.

novia ⇒ **novio**.

noviazgo m fiançailles f pl.

novicio, a a/s novice.

noviembre m novembre : *el 2 de —*, le 2 novembre.

novill/o m 1 jeune taureau. 2 *hacer novillos*, faire l'école buissonnière. **-ada** f course de jeunes taureaux. **-ero** m torero qui combat les jeunes taureaux.

novio, a s 1 (prometido) fiancé, e. 2 (amigo) petit ami, petite amie. 3 (recién casado) jeune marié, e. l *traje de novia*, robe de mariée ; *viaje de novios*, voyage de noce.

novísimo, a a tout nouveau, toute nouvelle.

nub/e f 1 nuage m. l *caerse de las nubes*, tomber des nues ; *poner por las nubes*, porter aux nues. 2 (afluencia) nuée. **-arrón** m gros nuage.

nubl/arse pr *se está nublando*, le temps se couvre. **-ado, a** a nuageux, euse.

nuboso, a a nuageux, euse.

nuca f nuque.

nuclear a nucléaire.

núcleo m noyau.

nud/o m nœud. **-illo** m *llamar con los nudillos*, frapper. **-oso, a** a noueux, euse.

nueces pl de **nuez**.

nuera f belle-fille, bru.

nuestro, a, os, as a pos 1 notre, nos : *nuestra casa*, notre maison. 2 à nous : *esta casa es nuestra*, cette maison est à nous. l *un primo —*, un de nos cousins. □ pron pos nôtre, nôtres : *los nuestros*, les nôtres.

nueva *f* nouvelle.

Nueva York *n p* New York.

nueve *a/m* neuf. I *son las —*, il est neuf heures.

nuevo, a *a* **1** (reciente) nouveau, nouvelle (nouvel delante de masculino que empieza por vocal o *h* muda : *el año —*, le nouvel an). I *de —*, de nouveau ; *¿ qué hay de —?*, quoi de neuf ? **2** (no o poco gastado) neuf, neuve : *un coche —*, une voiture neuve.

nuez *f* **1** noix. **2** (en la garganta) pomme d'Adam.

nul/o, a *a* nul, nulle. **-idad** *f* nullité.

numeración *f* **1** numération. **2** (acción de numerar) numérotage *m*.

numeral *a/m* numéral, e.

numerar *t* **1** numéroter. **2** (contar) dénombrer.

numérico, a *a* numérique.

número *m* **1** nombre : *un — incalculable*, un nombre incalculable. **2** (en una serie, un sorteo, de un periódico) numéro. **3** chiffre. **4** (medida de los zapatos, etc.) pointure *f*.

numeroso, a *a* nombreux, euse.

nunca *adv* jamais : *no la he visto —*, je ne l'ai jamais vue. I *— jamás*, jamais, au grand jamais.

nuncio *m* nonce.

nupci/as *f pl* noces. **-al** *a* nuptial, e.

nutria *f* loutre.

nutr/ir *t* nourrir. **-icio, a** *a* nourrissier, ère. **-ición** *f* nutrition. **-ido, a** *a* nourri, e. **-itivo, a** *a* nutritif, ive.

nylon *m* nylon.

Ñ

ñ [eɲe] f ñ m.
ñandú m nandou.
ñoñ/o, a a 1 (soso) mièvre. 2 délicat, e, douillet, ette. 3 (quejumbroso) geignard, e. 4 timide. **-ería** f mièvrerie.

O

¹**o** *f* o m : *una* o, un o.

²**o** *conj* ou.

oasis *m* oasis *f*.

obcec/ar *t* aveugler. **-ación** *f* aveuglement *m*.

obed/ecer ° *i* obéir. **-iencia** *f* obéissance. **-iente** *a* obéissant, e.

obelisco *m* obélisque.

obertura *f* ouverture.

obes/o, a *a* obèse. **-idad** *f* obésité.

óbice *m* obstacle.

obisp/o *m* évêque. **-ado** *m* évêché.

óbito *m* décès.

obje/ción *f* objection. **-tar** *t* objecter.

objetivo, a *a/m* objectif, ive.

objeto *m* objet. l *con — de*, afin de, en vue de.

oblicuo, a *a* oblique.

oblig/ar *t* obliger. **-ación** *f* obligation. **-atorio, a** *a* obligatoire.

obliterar *t* oblitérer.

oblongo, a *a* oblong, gue.

oboe *m* hautbois.

óbolo *m* obole *f*.

obra *f* 1 œuvre. 2 (libro) ouvrage *m*. 3 (de teatro) pièce. 4 *— maestra*, chef-d'œuvre *m*. 5 (edificio en construcción) chantier *m*. □ *pl* travaux *m* : *obras públicas*, travaux publics; *¡atención, obras!*, attention, travaux!

obrar *i* 1 agir. 2 se trouver, être : *el expediente obra en poder del juez*, le dossier se trouve entre les mains du juge.

obrero, a *a/s* ouvrier, ère.

obsceno, a *a* obscène.

obscuro, etc. ⇒ oscuro.

obsequi/o *m* cadeau. **-ar** *t – a alguien con algo*, offrir quelque chose à quelqu'un; *los invitados fueron obsequiados con un cóctel*, un coktail a été offert aux invités. **-oso, a** *a* 1 (cortés) obligeant, e. 2 (con exceso) obséquieux, euse.

observ/ar *t* observer. **-ación** *f* observation. **-ador, -a** *a/s* observateur, trice. **-atorio** *m* observatoire.

obses/ión *f* obsession. **-ionar** *t* obséder. **-ivo, a** *a* obsédant, e. **-o, a** *a/s* obsédé, e.

obst/áculo *m* obstacle. **-aculizar** *t* 1 *– la circulación*, gêner, entraver la circulation. 2 faire obstacle à.

obstante (no) *adv* cependant, néanmoins.

obstin/arse *pr – en*, s'obstiner à. **-ación** *f* obstination.

obstru/ir ° *t* obstruer. **-cción** *f* obstruction.

obtener ° *t* obtenir : *¿cómo obtuviste este resultado?*, comment as-tu obtenu ce résultat?

obtur/ar *t* obturer. **-ación** *f* obturation. **-ador** *m* obturateur.

obtuso, a *a* obtus, e.

obús *m* (proyectil) obus.

obvio, a *a* évident, e.

oca *f* oie.

ocasi/ón *f* occasion : *de —*, d'occasion. **-onal** *a* occasionnel, elle. **-onar** *t* occasionner, causer.

ocaso *m* 1 crépuscule. 2 FIG déclin.

occident/e *m* occident. **-al** *a* occidental, e.

Oceanía *n p f* Océanie.

océano *m* océan.

oci/o *m* 1 désœuvrement. 2 loisir : *en sus ratos de —*, à ses moments de loisir. **-osidad** f oisiveté. **-oso, a** a a **1** (inactivo) oisif, ive. **2** (inútil) oiseux, euse.

ocre a ocre. □ m ocre f.

octava f octave.

octavilla f (de propaganda) tract m.

octavo, a a/s huitième.

octogenario, a a/s octogénaire.

octogésimo, a a/s quatre-vingtième.

octogonal a octogonal, e.

octógono m octogone.

octubre m octobre : el 10 de —, le 10 octobre.

oculista s oculiste.

ocult/ar t cacher. **-o, a** a **1** caché, e. **2** (secreto) occulte.

ocup/ar t occuper. □ pr s'occuper. **-ación** f occupation. **-ante** a/s **1** occupant, e. **2** passager, ère.

ocurren/cia f **1** idée : ¡qué —!, quelle drôle d'idée ! **2** (dicho agudo) trait m d'esprit. **3** circonstance. **-te** a spirituel, elle.

ocurrir i arriver, se passer : me ha ocurrido algo raro, il m'est arrivé quelque chose de curieux ; ¿qué ocurre?, que se passe-t-il ? □ pr venir à l'idée, à l'esprit. I se me ocurre que podríamos ir al restaurante, je pense que nous pourrions aller au restaurant ; se me ocurre una idea, j'ai une idée.

ochent/a a/s quatre-vingts. **-ón, ona** a/s octogénaire.

ocho a/m huit. I son las —, il est huit heures. **-cientos, as** a huit cents.

oda f ode.

odi/o m haine f I tomar — a, prendre en haine. **-ar** t haïr, détester. **-oso, a** a odieux, euse.

odisea f odyssée.

odontólogo m dentiste.

odre m outre f.

oeste m ouest.

ofen/der t offenser. **-sa** f offense. **-sivo, a** a **1** offensif, ive. **2** (injurioso) offensant, e. □ f offensive. **-sor, a** s offenseur.

oferta f **1** offre. **2** promesse.

oficial a officiel, elle. □ m **1** ouvrier. **2** employé. **3** (militar) officier. **-a** f **1** ouvrière. **2** employée. **-idad** f officiers m pl.

oficiar i officier. □ t célébrer.

oficin/a f bureau m. **-ista** s employé, e de bureau.

oficio m **1** métier : cada uno a su —, chacun son métier. **2** (función, rezo) office.

oficioso, a a officieux, euse.

ofrec/er ° t offrir : me ofreció su ayuda, il m'a offert son aide. □ ofrecerse de guía, s'offrir, se proposer comme guide. **-imiento** m offre f.

ofrenda f offrande.

oftalm/ología f ophtalmologie. **-ólogo, a** s ophtalmologue.

ofuscar t aveugler.

ogro m ogre.

¡oh! interj **1** oh ! **2** (vocativo) ô !

oíble a audible.

oídas (de) loc adv par ouï-dire.

oído m **1** (sentido) ouïe f, oreille f : tener el — fino, avoir l'ouïe fine. I aguzar el —, tendre l'oreille ; duro de —, dur d'oreille ; ser todo oídos, être tout ouïe. **2** (órgano) oreille.

oír ° t **1** entendre : oigo pasos, j'entends des pas. **2** écouter : ¡oiga usted!, écoutez ! ! ¡oye!, dis donc ! ; (teléfono) ¡oiga!, allô !

ojal m boutonnière f.

¡ojalá! interj plaise à Dieu ! I ¡— venga!, pourvu qu'il vienne ! ; ¡— fuera verdad!, si seulement c'était vrai !

ojeada f echar una —, jeter un coup d'œil.

ojeo m battue f.

ojera f cerne m.

ojeriza f aversion.

ojete m œillet.

ojiv/a f ogive. **-al** a ogival, e.

ojo m œil : *tiene los ojos azules,* elle a les yeux bleus. I *a —(de buen cubero),* à vue de nez ; *a ojos vistas,* à vue d'œil ; *andarse con—,* avoir l'œil ; *costar un — de la cara,* coûter les yeux de la tête ; *en un abrir y cerrar de ojos,* en un clin d'œil ; *¡ ojo !, ¡ mucho—!,* attention ! 2 (de cerradura) trou. 3 (de puente) arche f.

ojota f AMER sandale.

ola f vague.

¡ ole ! interj bravo !

oleada f 1 (ola) lame. 2 paquet m de mer. 3 FIG abondance, vague.

oleaginoso, a a oléagineux, euse.

oleaje m houle f.

óleo m huile f : *pintura al—,* peinture à l'huile.

oleoducto m pipe-line.

oler ° t/i sentir : *— a,* sentir le, la ; *huele a gasolina, a quemado,* ça sent l'essence, le brûlé ; *esto huele bien, mal,* ça sent bon, mauvais.

olfat/o m 1 odorat. 2 (de animal) flair. 3 FIG flair. **-ear** t flairer, renifler. **-ivo, a** a olfactif, ive.

oliente a odorant, e. I *mal—,* malodorant, e.

olímpico, a a olympique.

Olimpo n p m Olympe.

oliv/a f olive. **-ar** m oliveraie f. **-o** m olivier.

olmo m orme.

olor m odeur f : *un — a fritura,* une odeur de friture. **-oso, a** a odorant, e.

olvidadizo, a a *ser —,* ne pas avoir de mémoire.

olvid/ar t oublier. □ pr oublier : *se me ha olvidado tu dirección,* j'ai oublié ton adresse ; *se ha olvidado de avisarme,* il a oublié de me prévenir. **-o** m oubli : *caer en el —,* tomber dans l'oubli.

olla f 1 marmite. I *— a presión,* autocuiseur m. 2 (guiso) pot-au-feu m.

ollar m naseau.

ombligo m nombril.

ominoso, a a abominable.

omi/tir t omettre : *omití escribir la fecha,* j'ai omis d'écrire la date. **-sión** f omission.

ómnibus m omnibus.

omnipotente a omnipotent, e.

omóplato m omoplate f.

once a onze. I *son las —,* il est onze heures.

ond/a f onde : *— larga,* grandes ondes. **-ear** i ondoyer. **-ulación** f ondulation. **-ulante** a ondoyant, e. **-ular** i onduler.

oneroso, a a onéreux, euse.

onza f once.

opaco, a a 1 opaque. 2 (ruido, voz) sourd, e. 3 triste.

ópalo m opale f.

opalino, a a/f opalin, e.

opción f option, choix m : *no hay —,* il n'y a pas le choix.

ópera f opéra m.

operación f opération.

operador, a s opérateur, trice.

operar t opérer. □ pr (cirugía) se faire opérer.

operario, a s ouvrier, ère.

opereta f opérette.

opinar i/t penser.

opinión f 1 opinion. 2 avis m : *en mi —,* à mon avis.

opio m opium.

opíparo, a a somptueux, euse.

oponer ° t opposer. □ pr s'opposer.

oporto m porto.

oportun/o, a a opportun, e. **-idad** f 1 occasion : *aprovechar la —,* profiter de l'occasion. 2 (conveniencia) opportunité.

oposición f 1 opposition. 2 concours m : *oposiciones a un cargo,* concours en vue d'obtenir un poste.

oposit/ar i *— a un cargo,* passer un concours en vue d'obtenir un poste. **-or, a** s candidat, e, concurrent, e.

opres/ión *f* oppression. **-ivo, a** *a* oppressif, ive. **-or** *m* oppresseur.

oprimir 1 — *el botón,* presser le bouton. 2 (apretar) serrer. 3 (ahogar) oppresser. 4 (tiranizar) opprimer.

opt/ar *i* — *por,* opter pour, choisir de : *optó por marcharse,* il choisit de partir. **-ativo, a** *a* *asignatura optativa,* matière à option.

óptico, a *a/f* optique. □ *m* opticien.

optim/ismo *m* optimisme. **-ista** *a/s* optimiste.

óptimo, a *a* excellent, e.

opuesto, a *a* opposé, e.

opulen/te *a* opulent, e. **-cia** *f* opulence.

opúsculo *m* opuscule.

oquedad *f* creux *m,* vide *m.*

ora *conj* tantôt.

oración *f* 1 (rezo) prière. 2 (frase) proposition.

oráculo *m* oracle.

orador, a *s* orateur.

oral *a* oral, e : *exámenes orales,* examens oraux.

orar *i/t* prier : — *a Dios,* prier Dieu.

oratorio, a *a* oratoire. □ *m* MÚS oratorio. □ *f* art *m* oratoire.

orbe *m* sphère *f,* globe.

órbita *f* orbite : *en —,* sur orbite.

órdago (de) *loc adv* FAM terrible.

orden *m* 1 ordre. — *alfabético,* ordre alphabétique ; *llamar al —,* rappeler à l'ordre ; *poner en —,* mettre en ordre. I *sin — ni concierto,* à tort et à travers. 2 domaine. □ *f* 1 ordre *m : la — del día,* l'ordre du jour. I ¡ *a la —!,* à vos ordres ! ; *dar — de,* donner l'ordre de ; *páguese a la — de,* payez à l'ordre de. 2 — *de detención,* mandat *m* d'arrêt.

ordenado, a *a* ordonné, e.

ordenador *m* ordinateur.

ordenanza *f* ordonnance. □ *m* 1 (militar) ordonnance *f.* 2 garçon de bureau.

ordenar *t* 1 ordonner. 2 mettre de l'ordre dans, mettre en ordre.

ordeñ/ar *t* traire. **-o** *m* traite *f.*

ordinal *a* ordinal, e.

ordinar/io, a *a* 1 ordinaire. 2 vulgaire. **-iez** *f* grossièreté.

orear *t* aérer.

oreja *f* oreille. I *con las orejas gachas,* l'oreille basse.

oreo *m* 1 brise *f.* 2 aération *f.*

orfanato *m* orphelinat.

orfebre *m* orfèvre. **-ría** *f* orfèvrerie.

orgánico, a *a* organique.

organillo *m* orgue de Barbarie.

organismo *m* organisme.

organista *s* organiste.

organiz/ar *t* organiser. **-ación** *f* organisation. **-ador, a** *a/s* organisateur, trice.

órgano *m* 1 organe. 2 (instrumento de viento) orgue.

orgía *f* orgie.

orgull/o *m* 1 (soberbia) orgueil. 2 (sentimiento legitimo de satisfacción) fierté *f.* **-oso, a** *a* 1 orgueilleux, euse. 2 fier, fière.

orientación *f* orientation.

oriental *a* oriental, e.

orientar *t* orienter. □ *pr* s'orienter.

oriente *m* orient. I *Cercano Oriente,* Proche-Orient ; *Extremo Oriente,* Extrême-Orient ; *Oriente Medio,* Moyen-Orient.

orificio *m* orifice.

origen *m* origine *f : en su —,* à l'origine.

original *a* 1 (relativo al origen) originel, elle : *pecado —,* péché originel. 2 original, e : *se viste de manera —,* elle s'habille d'une façon originale. □ *s* (persona) original, e. □ *m* (texto) original. **-idad** *f* originalité.

originar *t* causer, provoquer, donner naissance à. □ *pr* provenir.

originario, a *a* originaire.

orill/a *f* bord *m : a orillas del mar,* au bord de la mer. **-ar** *t* 1 border.

2 FIG régler. **-o** *m* lisière *f*.

orín *m* rouille *f*.

orin/a *f* urine. **-al** *m* pot de chambre. **-ar** *i/t* uriner. **-es** *m pl* urine *f* sing.

Orinoco *n p m* Orénoque.

oriundo, a *a* originaire.

orl/a *f* bordure. **-ar** *t* border.

ornament/ación *f* ornementation. **-al** *a* ornemental, e. **-o** *m* ornement.

orn/ar *t* orner. **-ato** *m* ornement.

ornitología *f* ornithologie.

oro *m* or : *joyas de* —, bijoux en or. l FIG *apalear* —, rouler sur l'or.

orondo, a *a* (ufano) fier, fiere.

oropel *m* FIG clinquant.

oropéndola *f* loriot *m*.

orquesta *f* orchestre *m*. **-ción** *f* orchestration.

orquídea *f* orchidée.

ortiga *f* ortie.

ortodox/o, a *a* orthodoxe. **-ia** *f* orthodoxie.

ortografía *f* orthographe.

orto/pedia *f* orthopédie. **-pédico, a** *a* orthopédique. □ *s* orthopédiste.

oruga *f* chenille.

orujo *m* marc.

orzuelo *m* orgelet.

os *pron pers* vous : *¡sentaos!*, asseyez-vous !

osa *f* ourse. l *la Osa Mayor, Menor*, la Grande, Petite Ourse.

osadía *f* audace, hardiesse.

osamenta *f* squelette *m*, ossature.

osario *m* ossuaire.

oscil/ar *i* osciller. **-ación** *f* oscillation. **-atorio, a** *a* oscillatoire.

oscur/o, a *a* 1 obscur, e, sombre : *un pasillo* —, un couloir obscur. l *a oscuras*, dans l'obscurité ; FIG dans l'ignorance. 2 (color) foncé, e : *verde* —, vert foncé. 3 *lenguaje* —, langage obscur. **-ecer** *t* obscurcir. □ *i* faire nuit. □ *pr*

(cielo) s'obscurcir, se couvrir. **-idad** *f* obscurité.

óseo, a *a* osseux, euse.

osezno *m* ourson.

oso *m* ours. l — *hormiguero*, fourmilier ; FAM *hacer el* —, faire l'andouille, l'idiot.

ostensible *a* ostensible.

ostent/ar *t* 1 montrer. 2 (hacer alarde) étaler. 3 (lucir) arborer. l — *un título*, porter un titre. **-ación** *f* ostentation. **-oso, a** *a* magnifique.

ostr/a *f* huitre. **-icultura** *f* ostréiculture.

otaria *f* otarie.

ote/ar *t* 1 observer. 2 — *el horizonte*, scruter l'horizon. **-ro** *m* coteau.

otitis *f* otite.

otoñ/o *m* automne. **-al** *a* automnal, e.

otorgar *t* 1 accorder, octroyer. 2 — *un premio*, décerner un prix.

otro, **a** *a/pron* autre : *deme* — *pastel*, donnez-moi un autre gâteau ; *volveré* — *día*, je reviendrai un autre jour ; *otros dos, tres, deux autres, trois autres.* l — *tanto*, autant ; *¡otra!*, bis!, encore !

ovación *f* ovation.

oval, ovalado, a *a* ovale.

óvalo *m* ovale.

ovario *m* ovaire.

oveja *f* 1 (hembra del carnero) brebis. 2 (carnero) mouton *m*.

ovillo *m* pelote *f*. l *hacerse un* —, se pelotonner, se ramasser en boule.

oxidar *t* oxyder. □ *pr* s'oxyder, se rouiller.

óxido *m* oxyde.

ox/ígeno *m* oxygène. **-igenar** *t* oxygéner. l *agua oxigenada*, eau oxygénée.

oye, etc. ⇒ **oir.**

oyente *s* auditeur, trice.

ozono *m* ozone.

P

p f p m : *una* —, un p.

pabellón m pavillon.

pabilo m mèche f.

Pablo n p m Paul.

pábulo m pâture f. I *dar* — *a*, alimenter.

pacer ° i paître.

paces pl de **paz**.

pacien/cia f patience. **-te** a/s patient, e. **-temente** adv patiemment.

pacific/ación f pacification. **-ador, a** a/s pacificateur, trice. **-ar** t pacifier.

pacífico, a a pacifique. I *Océano Pacífico*, océan Pacifique.

pacotilla f pacotille.

pact/o m pacte. **-ar** t conclure.

pachón a/m basset.

pachorra f FAM mollesse.

pachucho, a a 1 (fruta) blet, ette. 2 (persona) patraque, vaseux, euse.

padec/er ° t/i 1 — *sed, del estómago*, souffrir de la soif, de l'estomac ; *padecimos mucho*, nous avons beaucoup souffert. 2 (aguantar) endurer. 3 — *serias dificultades*, connaître de sérieuses difficultés. **-imiento** m souffrance f.

padrastro m beau-père.

padre m 1 père : *de* — *a hijos*, de père en fils. 2 *el Santo Padre*, le Saint-Père. □ pl (el padre y la madre) parents. **-nuestro** m Pater, Notre Père.

padrino m 1 parrain. 2 (en una boda) témoin.

padrón m liste f des habitants. I *hacer el* —, faire le recensement.

paella f paella, riz m à la valencienne.

pag/a f paie, paye. **-adero, a** a payable. **-ado, a** a — *de sí*

mismo, imbu, e de sa personne. **-ador, a** a/s payeur, euse. **-aduría** f trésorerie, paierie.

pagan/o, a a/s païen, enne. □ m FAM lampiste. **-ismo** m paganisme.

pagar t payer : *¿ quién paga ?*, qui paie ? I *¡ me las pagarás !*, tu me le paieras ! **-é** m billet à ordre.

página f page.

pago m 1 paiement : — *al contado*, paiement comptant. 2 versement. 3 (heredad) propriété f, domaine.

pagoda f pagode.

país m pays.

paisaje m paysage.

paisano, a a/s compatriote. □ m civil : *vestido de* —, habillé en civil.

Países Bajos n p m pl Pays-Bas.

paj/a f 1 paille. I *echar pajas*, tirer à la courte paille ; *por un quitame allá esas pajas*, pour un oui pour un non. 2 (en un texto) remplissage m. **-ar** m hangar à paille.

pajarera f volière.

pajarita f (de papel) cocotte (en papier).

pajarito m petit oiseau.

pájaro m 1 oiseau. I — *mosca*, oiseau-mouche ; *matar dos pájaros de un tiro*, faire d'une pierre deux coups. 2 — *de cuenta*, drôle d'oiseau.

pajarraco m FIG drôle d'oiseau.

paje m page.

pajizo, a a (color) jaune paille.

pala f 1 pelle. 2 (de remo, hélice) pale. 3 (de ping-pong) raquette. 4 (de béisbol) batte.

palabr/a f 1 mot m : *en una* —, en un mot. 2 parole : *cumplir su* —, tenir parole ; *bajo* —, sur parole. 3 — *de matrimonio*, promesse de mariage. **-ería** f bavardage m.

-ota *f* gros mot *m*.

palacete *m* hôtel particulier.

palaci/o *m* 1 (real, de Justicia) palais. 2 château. **-ego, a** *a/s* courtisan, e.

palad/ar *m* 1 palais. 2 goût. **-ear** *t* savourer.

palanca *f* levier *m*.

palangana *f* cuvette.

palanqueta *f* pince-monseigneur.

palastro *m* tôle *f*.

palco *m* loge *f*. I — *de platea*, baignoire *f*.

palenque *m* 1 (recinto) arène *f*. 2 AMER poteau.

Palestina *n p f* Palestine.

palestra *f* arène. I *salir a la —*, entrer en lice.

paleta *f* 1 petite pelle. 2 (de pintor) palette. 3 (de ventilador) pale. 4 (de albañil) truelle.

paletilla *f* omoplate.

paleto, a *a/s* croquant, e, péquenaud, e.

pali/ar *t* pallier. **-ativo** *m* palliatif.

pálid/ecer ° *i* pâlir. **-ez** *f* pâleur.

pálido, a *a* pâle.

paliducho, a *a* pâlot, otte.

palillero *m* 1 porte cure-dents. 2 porte-plume.

palillo *m* 1 (mondadientes) cure-dents. 2 (de tambor, para el arroz) baguette *f*. □ *pl* castagnettes *f*.

palio *m* dais.

palique *m* FAM *estar de —*, faire la causette ; *tener —*, être bavard, e.

paliza *f* raclée, rossée.

palizada *f* palissade.

palm/a *f* (hoja) palme. 2 (árbol) palmier *m*. 3 (de la mano) paume. □ *pl* applaudissements *m*. I *batir palmas*, applaudir. **-ada** *f* claque, tape. I *dar palmadas*, battre des mains. **-ar** *m* palmeraie *f*.

palmario, a *a* évident, e.

palmatoria *f* bougeoir *m*.

palmeado, a *a* palmé, e.

palmera *f* palmier *m*.

palmiche *m* palmier royal.

palmito *m* 1 palmier nain. 2 cœur de palmier. 3 FAM (cara) minois, frimousse *f*.

palmo *m — a —*, pas à pas.

palmote/ar *i* battre des mains. **-o** *m* applaudissement.

palo *m* 1 bâton. 2 (madera) bois : — *de rosa*, bois de rose. 3 (mástil) mât : — *mayor*, grand mât. 4 coup de bâton. I *moler a palos*, rouer de coups. 5 (de la baraja) couleur *f*.

palom/a *f* 1 pigeon *m* : — *mensajera*, pigeon voyageur. 2 colombe : — *de la paz*, colombe de la paix. **-ar** *m* pigeonnier *f*.

palomita *f* pop-corn *m*.

palomo *m* pigeon.

palote *m* (escritura) bâton.

palpar *t* palper.

palpit/ar *i* palpiter. **-ación** *f* palpitation. **-ante** *a* palpitant, e.

paludismo *m* paludisme.

palurdo, a *a/s* rustre.

pamela *f* capeline.

pamema *f* 1 niaiserie. 2 (melindre) simagrée.

pampa *f* pampa.

pámpano *m* pampre.

pamplina *f* FAM bêtise.

Pamplona *n p* Pampelune.

pan *m* 1 pain : — *tierno, sentado*, pain frais, rassis ; — *integral*, pain complet ; *a — y agua*, au pain sec. I — *rallado*, chapelure *f* ; *a falta de —, buenas son tortas*, faute de grives, on mange des merles. 2 *tierra de — llevar*, terre à blé.

pana *f* velours *m* côtelé.

panacea *f* panacée.

panader/ía *f* boulangerie. **-o, a** *s* boulanger, ère.

panadizo *m* panaris.

panal *m* rayon, gâteau de miel.

Panamá *n p* Panama.

pancarta *f* pancarte.

pancista *a/s* opportuniste.

páncreas *m* pancréas.

Pancho *n p m* FAM François.

pande/arse *pr* 1 (viga) s'incurver, fléchir. 2 (pared) bomber. **-o** *m* gauchissement, bombement.

pandereta *f*, **pandero** *m* tambour *m* de basque.

pandilla *f* bande.

panecillo *m* petit pain.

panegírico *m* panégyrique.

panel *m* panneau.

pánfilo, **a** *a/s* mou, molle.

panfleto *m* pamphlet.

pánico *m* panique *f*.

panoli *a/s* FAM crétin, e.

panoplia *f* panoplie.

panor/ama *m* panorama. **-ámico**, **a** *a* panoramique.

pantalón *m* 1 pantalon : — *bombacho*, pantalon bouffant ; — *tubo*, pantalon fuseau. I — *vaquero*, blue-jean. 2 culotte *f* : *pantalones cortos*, culottes courtes.

pantalla *f* 1 (de lámpara) abat-jour *m*. 2 (de cine, televisión) écran *m*. 3 — *acústica*, enceinte acoustique.

pantan/o *m* 1 marais. 2 (de una presa) réservoir, lac de barrage. **-oso**, **a** *a* marécageux, euse.

panteón *m* 1 panthéon. 2 (sepultura) caveau de famille.

pantera *f* panthère.

pantomina *f* pantomine.

pantorrilla *f* mollet *m*.

pantufla *f* pantoufle.

panty *m* collant.

panz/a *f* panse. **-udo**, **a** *a* ventru, e.

pañal *m* lange. □ *pl* 1 couches *f*. 2 FIG *estar en pañales*, en être à ses débuts.

pañería *f* magasin *m* de draps, draperie.

paño *m* 1 (de lana) drap. 2 (de cocina) torchon. □ *pl* *paños menores*, sous-vêtements.

pañol *m* soute *f*.

pañoleta *f* fichu *m*.

pañolón *m* châle.

pañuelo *m* 1 mouchoir. 2 (para el cuello) foulard.

¹papa *m* 1 (sumo pontífice) pape. 2 FAM (papá) papa.

²papa *f* (patata) pomme de terre. □ *pl* (papilla) bouillie *sing*.

papá *m* papa.

papada *f* double menton *m*.

papado *m* papauté *f*.

papagayo *m* perroquet.

papanatas *m* naïf, jobard.

papaya *f* papaye.

papel *m* 1 papier : — *de cartas, de fumar*, papier à lettres, à cigarettes. 2 rôle : *desempeñar un —*, jouer un rôle. I *hacer buen —*, faire bonne figure. □ *pl* papiers : *tengo mis papeles en regla*, j'ai mes papiers en règle. **-eo** *m* paperasserie *f*. **-ería** *f* papeterie.

papeleta *f* 1 (de rifa) billet *m*. 2 (para votar) bulletin *m*.

papelucho *m* papelard.

papera *f* goitre *m*.

papila *f* papille.

papilla *f* bouillie. I *hacer — a*, réduire en bouillie.

papirotazo *m* chiquenaude *f*.

papista *a/s* papiste. I *ser más — que el papa*, être plus royaliste que le roi.

paquebote *m* paquebot.

paquete *m* paquet.

Paquistán *n p m* Pakistan.

par *a* 1 pair, e : *días pares*, jours pairs. I *sin —*, sans pareil, elle. 2 *a la —*, en même temps ; *abierto de — en —*, grand ouvert ; *abrir de — en —*, ouvrir en grand. □ *m* paire *f* : *un — de guantes*, une paire de gants.

para *prep* 1 pour : *trabajar — vivir*, travailler pour vivre ; *alto — su edad*, grand pour son âge. I — *con*, envers : ¿ — *qué?*, pourquoi ? 2 (hacia) vers. 3 *a* : ¿ — *qué sirve esto?*, à quoi ça sert ? 4 *estar — salir*, être sur le point de partir.

parabien *m* félicitation *f* : *le doy mis parabienes por...*, je vous présente mes félicitations pour...

parábola *f* parabole.

parabrisas *m* pare-brise.

para/caídas *m* parachute. **-caídista** *s* parachutiste.

parachoques *m* pare-chocs.

parada *f* 1 arrêt *m* : *la — del autobús*, l'arrêt de l'autobus. 2 (de taxis) station. 3 (en esgrima) parade.

paradero *m* 1 domicile. 2 ¿ *quién sabe el — de...?*, qui sait où se trouve...? 3 ¿ *cuál será nuestro — ?*, quel sera notre sort?

parado, a *a* 1 arrêté, e. 2 *salir bien, mal —*, s'en bien, mal tirer. 3 AMER (de pie) debout. □ *s* chômeur, euse.

parad/oja *f* paradoxe *m*. **-ójico, a** *a* paradoxal, e.

parador *m* 1 auberge *f*. 2 parador, hôtel géré par l'État.

parafina *f* paraffine.

paráfrasis *f* paraphrase.

paraguas *m* parapluie.

paraguayo, a *a/s* paraguayen, enne.

paraíso *m* paradis.

paraje *m* endroit.

paralelo, a *a/s* parallèle.

par/álisis *f* paralysie. **-alítico, a** *s* paralytique. **-alizar** *t* paralyser.

paramento *m* parement.

paramera *f* lande.

páramo *m* lande *f*.

parangonar *t* comparer.

paraninfo *m* grand amphithéâtre.

parapet/o *m* parapet. **-arse** *pr — tras*, se retrancher derrière.

parar *i* 1 s'arrêter : *el tren para en todas las estaciones*, le train s'arrête à toutes les gares.l *sin —*, sans arrêt. 2 (alojarse) loger. 3 *— en el hotel*, descendre à l'hôtel ; *siempre paramos en el mismo hotel*, nous descendons toujours au même

hôtel. 4 *ira —*, échouer : *hemos ido a — a un autoservicio*, nous avons échoué dans un self-service. 5 *ira — en*, aboutir à. □ *t* 1 arrêter. 2 (esquivar) parer. □ *pr el reloj se ha parado*, la pendule s'est arrêtée.

pararrayos *m* paratonnerre.

parásito *a/s* parasite.

parasol *m* 1 parasol. 2 (foto) pare-soleil.

parcela *f* parcelle.

parcial *a* 1 (no completo) partiel, elle. 2 (no justo) partial, e : *juicios parciales*, jugements partiaux. □ *a/s* partisan, e. **-idad** 1 partialité. 2 (grupo) parti *m*, ligue.

parco, a *a* sobre.

parche *m* 1 (remiendo) pièce *f*. 2 (en un neumático) rustine *f*. 3 (de tambor) peau *m*.

pardillo *m* linotte *f*.

pard/o, a *a* brun, e : *oso —*, ours brun. **-usco, a** *a* brunâtre.

parear *t* apparier.

¹**parecer** *m* 1 avis : *a mi —*, à mon avis. 2 *buen —*, physique agréable.

²**parec/er** ° *i/impers* 1 paraître, sembler : *me parece que...*, il me semble que... ; *parece (ser) que...*, il paraît que... ; *parece increíble*, cela semble incroyable. I ¿ *qué le parece?*, qu'en pensez-vous? ; *según parece*, à ce qu'il paraît ; *si a usted le parece bien*, si cela vous va. 2 *parece que va a llover*, on dirait qu'il va pleuvoir. □ *pr* ressembler : *se parece mucho a su padre*, il ressemble beaucoup à son père. **-ido, a** *a* ressemblant, e. □ *m* ressemblance *f*.

pared *f* 1 mur *m* : *— medianera*, mur mitoyen. 2 (tabique) paroi. **-ón** *m* 1 gros mur. I ¡ *al —!*, au poteau !

parej/a *f* 1 couple *m*. I *por parejas*, deux par deux. 2 (en el baile) cavalier, ère. 3 *correr parejas con*, aller de pair avec. **-o, a** *a* semblable.

parentesco *m* parenté *f*.

paréntesis *m* parenthèse *f*.

pariente *s* parent, e.

parir *i* 1 (los animales) mettre bas. 2 (una mujer) accoucher.

Paris *n p m* Paris.

parisiense, parisino, a *a/s* parisien, enne.

parlamentar *i* parlementer.

parlament/o *m* 1 (asamblea) parlement. 2 discours. 3 (de un actor) tirade *f*. **-ario, a** *a/s* parlementaire.

parlanchín, ina *a/s* bavard, e.

parné *m* POP fric.

¹**paro** *m* 1 (huelga) grève *f*, débrayage. 2 (forzoso) chômage : *estar en —*, être au chômage.

²**paro** *m* (pájaro) mésange *f*.

parodi/a *f* parodie. **-ar** *t* parodier.

paroxismo *m* paroxysme.

parpade/ar *i* 1 cligner des yeux, ciller. 2 (luz) clignoter. **-o** *m* clignotement.

párpado *m* paupière *f*.

parque *m* parc.

parquímetro *m* parcmètre.

parra *f* treille.

párrafo *m* paragraphe.

parral *m* treille *f*.

parranda *f* FAM *ir de —*, faire la fête.

parrill/a *f* gril *m* : *bistec a la —*, bifteck sur le gril. **-ada** *f* grillade.

párroco *m* curé.

parroqui/a *f* 1 paroisse. 2 (de una tienda) clientèle. **-al** *a* paroissial, e. **-ano, a** *s* client, e.

parsimoni/a *f* parcimonie, **-oso, a** *a* parcimonieux, euse.

parte *f* 1 partie : *formar — de*, faire partie de ; *en gran —*, en grande partie. 2 part : *tomar — en*, prendre part à. I *de — de*, de la part de ; *en ninguna —*, nulle part ; *por otra —*, d'autre part ; *por todas partes*, partout. 3 (lado) côté *m*. 4 (papel) rôle *m*. ☐ *m* 1 (telegrama) dépêche *f*. 2 *— facultativo*, bulletin

de santé ; *— meteorológico, de nieve*, bulletin météorologique, d'enneigement.

partera *f* sage-femme.

partición *f* partage *m*.

particip/ar *i — en*, participer à. ☐ *t* communiquer, faire part de. **-ación** *f* 1 participation. 2 *— de boda*, faire-part *m* de mariage. **-ante** *a/s* participant, e.

participio *m* participe.

partícula *f* particule.

particular *a* 1 particulier, ère. 2 privé, e. ☐ *m* sujet. **-idad** *f* particularité.

partida *f* 1 (juego) partie. 2 *— de nacimiento, de defunción*, acte *m* de naissance, de décès. 3 (copia) extrait *m*. 4 (de mercancías) lot *m*. 5 (cuadrilla) bande. 6 (salida) départ *m*. 7 *mala —*, mauvais tour *m*.

partidario, a *a/s* partisan, e.

partido *m* 1 parti : *— político*, parti politique. I *sacar — de*, tirer parti, profit de. 2 équipe *f*. 3 *un — de fútbol*, un match de football. 4 *— judicial*, arrondissement.

partir *t* 1 diviser. 3 (repartir) partager. 3 (romper) casser. 2 (cortar) couper. ☐ *i* partir. I *a — de*, à partir de.

partitura *f* partition.

parto *m* 1 accouchement. 2 (de un animal) mise bas *f*.

párvulo *m* enfant.

pasa *f* raisin *m* sec.

pasada *f* 1 passage *m*. I *de —*, en passant. 2 *mala —*, mauvais tour *m*.

pasadizo *m* couloir, corridor.

pasado, a *a* 1 passé, e. 2 dernier, ère : *la semana pasada*, la semaine dernière. ☐ *m* passé.

pasador *m* 1 (broche) épingle *f* de sûreté, agrafe *f*. 2 (pestillo) targette *f*.

pasaj/e *m* passage. **-ero, a** *a/s* passager, ère.

pasamanería *f* passementerie.

...manos *m* (de escalera) ...pe *f*.

...nt/e *m* **1** stagiaire. **2** (de notario) clerc. **-ía** *f* stage *m*.

pasaporte *m* passeport.

pasar *i* **1** passer : *el cartero ha pasado por mi casa*, le facteur est passé chez moi ; *- por rico*, passer pour riche. I *ir pasando*, vivoter. **2** entrer. **3** (acontecer) passer, arriver. **4** *- de*, dépasser. I *la cosa no pasó de ahí*, ça n'a pas été plus loin ; *- adelante*, continuer. □ *impers* se passer : *¿ qué pasa ?*, que se passe-t-il ? □ *t* **1** passer. **2** (aventajar) dépasser. **3** faire entrer. **4** *- frío, hambre*, souffrir du froid, de la faim. **5** *pasarlo bien*, s'amuser. □ *pr* **1** passer : *me pasé el día escribiendo*, j'ai passé ma journée à écrire. **2** *pasarse de*, être trop.

pasarela *f* passerelle.

pasatiempo *m* passe-temps.

Pascua *n p* **1** (de Resurrección) Pâques. **2** (Navidad) Noël : *¡ felices Pascuas !*, joyeux Noël !

Pascual *n p m* Pascal.

pase *m* **1** permis, laissez-passer. **2** (de magnetizador, en fútbol, tauromaquia) passe *f*.

paseante *a/s* promeneur, euse.

pase/ar *t* promener. □ *i/pr* se promener. **-illo** *m* défilé (des toreros). **-o** *m* promenade *f* : *dar un -*, faire une promenade. I FIG *mandar a -*, envoyer promener.

pasillo *m* couloir.

pasión *f* passion.

pasiv/o, a *a/m* passif, ive. I *clases pasivas*, retraités *m*. **-idad** *f* passivité.

pasm/ar *t* (asombrar) stupéfier, ébahir, **-ado, a** *a* **1** stupéfait, e. I *dejar -*, stupéfier. **2** (atontado) ahuri, e. **-arote** *m* ahuri. **-o** *m* stupéfaction *f*. **-oso, a** *a* stupéfiant, e.

paso *m* **1** pas : *aligerar el -*, hâter le pas ; *dar un - atrás*, faire un pas en arrière ; *dar un - en falso*, faire

un faux pas ; *a buen -*, d'un bon pas. I *a cada -*, à chaque instant ; *salir del -*, se tirer d'affaire. **2** passage : *abrirse -*, se frayer un passage ; *- a nivel*, passage à niveau ; *- de peatones, cebra*, passage pour piétons. **3** scène *f* de la Passion.

pasta *f* **1** pâte : *pastas alimenticias*, pâtes alimentaires ; *- dentífrica*, pâte dentifrice. **2** (de un libro) reliure. □ *pl* (dulces) gâteaux *m*, petits fours *m*.

pastar *i* paître.

pastel *m* **1** gâteau : *unos pasteles con crema*, des gâteaux à la crème. **2** (de carne) pâté. **3** (color) pastel. **-ería** *f* pâtisserie. **-ero, a** *s* pâtissier, ère.

pastilla *f* **1** pastille. I *- de café con leche*, caramel *m*. **2** (de chocolate) morceau *m*. **3** *- de jabón*, savonnette. **4** FAM *a toda -*, à toute pompe.

pasto *m* **1** pâturage. **2** *ser - de las llamas*, être la proie des flammes. **3** *a todo -*, en abondance.

pastor, a *s* berger, ère. I *el buen -*, le bon Pasteur. □ *m* (sacerdote) pasteur. **-al** *a/f* pastoral, e. **-il** *a* pastoral, e.

pastoso, a *a* pâteux, euse.

¹pata *f* **1** patte. I *a la - coja*, à cloche-pied ; FAM *a -*, à pied, pedibus. **2** (de mueble) pied *m*. **3** FAM *mala -*, déveine, poisse ; *meter la -*, faire une gaffe.

²pata *f* (hembra del pato) cane.

patada *f* **1** coup *m* de pied. **2** FIG *a patadas*, à la pelle.

patagón, ona *a/s* patagon, onne.

patale/ar *i* trépigner. **-o** *m* trépignement. **-ta** *f* crise de nerfs.

patán *m* rustre.

patata *f* pomme de terre.

patatús *m* *le dió un -*, il s'est trouvé mal.

patear *t* donner des coups de pied à. □ *i* trépigner, piétiner.

patent/e *a* évident, e. I *hacer -*, mettre en évidence. □ *f* **1** (de

invención) brevet *m*. 2 patente.
-ado, a *a* breveté, e. **-izar** *t*
mettre en évidence, témoigner.

patern/al *a* paternel, elle. **-idad** *f*
paternité. **-o, a** *a* paternel, elle.

patético, a *a* pathétique.

patíbulo *m* échafaud.

patidifuso, a *a/v* pantois, e.

patilla *f* 1 (barba) favori *m*. 2 (de
gafas) branche.

patín *m* — de cuchilla, de ruedas,
patin à glace, à roulettes.

pátina *f* patine.

patin/ar *i* 1 patiner. 2 (un
vehículo) déraper. **-ador, a** *s*
patineur, euse. **-aje** *m* patinage.
-azo *m* 1 dérapage. 2 FAM *dar
un —*, faire une gaffe.

patio *m* 1 cour *f*. 2 (en una casa
española) patio. 3 — *de butacas*,
orchestre.

patitas *f pl* FAM *poner de — en la
calle*, flanquer à la porte, virer.

patitieso, a *a* figé, e.

pato *m* canard. I FAM *pagar el —*,
trinquer, payer les autres.

patochada *f* ânerie.

patol/ogía *f* pathologie. **-ógico,
a** *a* pathologique.

patoso, a *a* lourdaud, e, pénible.

patraña *f* bobard *m*.

patria *f* patrie.

patriarc/a *m* patriarche. **-al** *a*
patriarcal, e.

patrimonio *m* patrimoine.

patri/ota *a/s* patriote. **-ótico, a**
a patriotique. **-otismo** *m*
patriotisme.

patrocin/ar *t* patronner. **-io** *m*
patronage, appui. I *con el — de*,
sous le patronage de.

patr/ón, ona *m* patron, onne.
-onato, *m* 1 (asociación
benéfica) patronage. 2 (conjunto de
patronos) patronat. 3 office. **-ono**
m patron.

patrull/a *f* patrouille. **-ar** *i*
patrouiller.

paupérrimo, a *a* très pauvre.

paus/a *f* pause. **-ado, a** *a*

pauta *f* règle.

pava *f* 1 dinde. 2 AMER bouill-

pavesa *f* flammèche.

paviment/o *m* 1 (de adoquine
pavage. 2 (de losas) carrelage. **-a**
t 1 paver. 2 carreler.

pavipollo *m* dindonneau.

pavo *m* 1 dindon. 2 — *real*, paon.

pavonearse *pr* se pavaner.

pavor *m* frayeur *f*. **-oso, a** *a*
effrayant, e.

payaso *m* clown.

paz *f* paix. I *¡ déjame en —!*, laisse-
moi tranquille !, fiche-moi la paix !

peaje *m* péage : *autopista de —*,
autoroute à péage.

peana *f* socle *m*.

peatón *m* piéton.

pebetero *m* brûle-parfum.

peca *f* tache de rousseur.

pec/ado *m* péché. **-ador, a** *a/s*
pécheur, eresse. **-ar** *i* pécher.

pecera *f* aquarium *m*.

peces pl de **pez**.

pecoso, a *a* criblé, e de taches de
rousseur.

pectoral *a/m* pectoral, e.

pecuario, a *a* de l'élevage.

peculiar *a* particulier, ère.

pecuniario, a *a* pécuniaire.

pechera *f* plastron *m*.

pechero *m* bavoir.

pech/o *m* 1 poitrine *f*. I *sacar el
—*, bomber le torse ; *tomar a —*,
prendre à cœur. 2 sein : *dar el — a
un niño*, donner le sein à un enfant.
I *niño de —*, nourrisson. 3 (de animal) poitrail. **-uga** *f* blanc *m* (de
volaille).

pedag/ogía *f* pédagogie. **-ógico,
a** *a* pédagogique.

pedal *m* 1 pédale *f*. **-ear** *i*
pédaler.

pedante *a/s* pédant, e. **-ría** *f*
pédanterie.

pedazo *m* morceau : *hacer
pedazos*, mettre en morceaux.

al.

carrera —,

commande f.

pedio, a *a/s* quémandeur,

pedir ° *t* **1** demander : *le pido que se calle*, je vous demande de vous taire. **2** commander : *he pedido un bistec*, j'ai commandé un bifteck. **3** — *dinero prestado*, emprunter de l'argent.

pedregoso, a *a* pierreux, euse.

pedrisco *m* grêle f.

Pedro *n p m* Pierre.

pega *f* **1** difficulté. **2** (pregunta difícil) colle.

pegajoso, a *a* collant, e.

pegamento *m* colle f.

pegar *t* **1** (con cola) coller. **2** (coser) coudre. **3** (comunicar) passer. **4** — *fuego*, mettre le feu. **5** (golpear) battre, frapper. l — *una bofetada, patadas*, donner, flanquer une gifle, des coups de pied. **6** — *un grito*, pousser un cri ; — *un salto*, faire un bond. □ *i* (armonizar, sentar) aller.

pegatina *f* autocollant *m*.

pego (dar el) *loc* donner le change.

pegote *m* emplâtre.

pein/ar *t* peigner, coiffer. **-ado** *m* coiffure f. **-e** *m* peigne. **-eta** *f* peigne *m* (d'ornement).

pejiguera *f* FAM empoisonnement *m*, corvée.

peladilla *f* **1** (almendra) dragée f. **2** petit caillou *m*.

pelado, a *a* **1** (piel, terreno) pelé, e. **2** (sin pelo) tondu, e. **3** FAM (sin dinero) fauché, e.

peladura *f* épluchure f.

pelagatos *m* pauvre diable.

pelaje *m* pelage.

pelambre *m* **1** toison f. **2** tignasse f. **-ra** *f* tignasse.

pelar *t* **1** (el pelo) tondre. **2** (las aves) plumer. **3** (fruta) peler, éplucher. **4** (un crustáceo) décortiquer. **5** FAM *duro de* —, pas commode. □ *pr* **1** *se le está pelando la nariz*, son nez pèle. **2** FAM *pelarse una clase*, sécher un cours.

peldaño *m* **1** marche f. **2** (de escalera de mano) échelon.

pele/a *f* **1** combat *m*, lutte. **2** dispute. **-ar** *i* se battre. □ *pr* **1** se battre. **2** (reñir) se disputer.

pelele *m* **1** pantin. **2** (de niño) pointe f, couche f.

peleón, ona *a* bagarreur, euse. l *vino* —, pinard.

peletería *f* pelleterie.

peliagudo, a *a* difficile, ardu, e.

pelícano *m* pélican.

película *f* **1** pellicule. **2** film *m*.

peligrar *i* être en danger : *su vida peligra*, sa vie est en danger.

peligr/o *m* danger. **-oso, a** *a* dangereux, euse.

pelillos *m pl* FIG *no pararse en* —, ne pas y aller par quatre chemins.

pelirrojo, a *a/s* roux, rousse.

pelma, pelmazo *m* FAM casse-pieds, raseur.

pelo *m* **1** poil. **2** (cabello) cheveu. **3** cheveux *pl* : *tiene el* — *negro*, il a les cheveux noirs. l *no tener pelos en la lengua*, ne pas mâcher ses mots ; *poner los pelos de punta*, faire dresser les cheveux sur la tête ; *tomarle el* — *a alguien*, se payer la tête de quelqu'un ; *venir al* —, tomber à pic.

pelot/a *f* **1** balle. **2** (de fútbol) ballon *m*. **3** — *vasca*, pelote basque. **4** FAM *en pelotas*, à poil. **-illa** *f* FAM *hacer la* —, faire de la lèche. **-illero, a** *a/s* FAM lécheur, euse.

pelotón *m* peloton.

peluca *f* perruque.

peludo, a *a* **1** poilu, e. **2** chevelu, e.

peluquer/ía *f* salon *m* de coiffure. **-o, a** *s* coiffeur, euse.

pelusa *f* duvet *m*.

pelvis *f* bassin *m*.

pella *f* motte.

pellejo *m* 1 peau *f*. 2 (odre) outre *f*.

pelliza *f* pelisse.

pellizc/ar *t* pincer. **-o** *m* 1 pincement. 2 (huella) pinçon. 3 (porción) pincée *f*.

pena *f* 1 peine : *dar* —, faire de la peine. I *a duras penas*, à grand-peine; *merecer, valer la* —, valoir la peine; *no vale la* —, ça ne vaut pas la peine; *so* — *de*, sous peine de. 2 (lástima) pitié : *dar* —, faire pitié. I *¡ que* —!, quel dommage !

penacho *m* panache *f*.

penado, a *s* condamné, e.

penal *a* pénal, e. □ *m* pénitencier.

penalidad *f* souffrance, peine.

penco *m* rosse *f*.

pendejo *m* AMER crétin.

pendenci/a *f* bagarre. **-ero, a** *s* bagarreur, euse.

pend/er *i* — *de*, pendre à. **-iente** *a* 1 (en declive) en pente. 2 dans l'attente. 3 (por resolver) en suspens. □ *m* pendant d'oreille. □ *f* (declive) pente *f*.

pendón *m* bannière *f*.

péndulo *m* pendule.

pene *m* pénis.

penetr/ar *i/t* pénétrer. **-ación** *f* pénétration. **-ante** *a* pénétrant, e.

penicilina *f* pénicilline.

pen/ínsula *f* 1 péninsule. 2 presqu'île. **-insular** *a* péninsulaire.

peniten/cia *f* pénitence. **-te** *a/s* pénitent, e.

penoso, a *a* pénible, douloureux, euse.

pens/ar ° *i/t* penser : *pienso marcharme mañana*, je pense m'en aller demain ; — *en*, penser à. I *¡ ni* —!, pas question ! ; *pensándolo bien*, tout bien considéré. **-ado, a** *a ser mal* —, avoir mauvais esprit. **-ador, a** *s* penseur, euse. **-amiento** *m* pensée *f*. **-ativo,**

a *a* pensif, ive.

pensi/ón *f* pension. **-onado** *m* pensionnat. **-onar** *t* pensionner. **-onista** *s* pensionnaire.

pentágono *m* pentagone.

pentagrama *m* MÚS portée *f*.

Pentecostés *m* Pentecôte *f*.

penúltimo, a *a* avant-dernier, ère.

penumbra *f* pénombre.

penuria *f* pénurie.

peñ/a *f* 1 rocher *m*. 2 (de amigos) cercle *m*. **-asco** *m* rocher. **-ascoso, a** *a* rocheux, euse. **-ón** *m* rocher.

peón *m* 1 manœuvre. 2 ouvrier agricole. I — *caminero*, cantonnier. 3 (damas, ajedrez) pion. 4 (juguete) toupie *f*.

peonía *f* pivoine.

peonza *f* toupie.

peor *a* pire. I *cada vez* —, de pire en pire ; *es lo* — *de todo*, c'est la pire des choses. □ *adv* pis. I *de mal en* —, de mal en pis ; *tanto* —, tant pis ; — *para ti*, tant pis pour toi.

Pepe *n p m* FAM Joseph.

pepin/o *m* 1 concombre. 2 FAM *(no) me importa un* — *de*, je me contrefiche de. **-illo** *m* cornichon.

pepita *f* 1 (de fruta) pépin *m*. 2 (de oro) pépite.

pepitoria *f* fricassée.

pequeñ/o, a *a/s* petit, e. **-ez** *f* 1 petitesse. 2 (cosa de poca importancia) bagatelle. **-uelo, a** *a/s* petit, e.

Pequín *n p* Pékin.

pequinés, esa *a/s* pékinois, e.

per/a *f* poire. **-al** *m* poirier.

peraltar *t* relever.

perca *f* perche.

percal *m* percale *f*.

percance *m* contretemps.

percatarse *pr* s'apercevoir.

percebe *m* pousse-pied.

percepción *f* perception.

perceptible *a* perceptible.

percibir *t* percevoir.

percusión *f* percussion.

percha *f* 1 (para los vestidos) portemanteau *m*. 2 (varilla con gancho) cintre *m*. 3 perche. 4 (para aves) perchoir *m*.

perdedor, a *a/s* perdant, e.

perd/er ° *t* 1 perdre. 2 — *el tren, la ocasión,* rater, manquer son train, l'occasion. 3 *echarse a —,* s'abimer, se gâter. □ *pr* se perdre : *nos hemos perdido,* nous nous sommes perdus. **-ición** *f* perte.

pérdida *f* perte.

perdido, a *a* perdu, e. □ *m* vaurien.

perdigón *m* 1 (ave) perdreau. 2 (plomo) plomb de chasse.

perdiz *f* perdrix.

perdón *m* pardon.

perdon/ar *t* 1 pardonner. 2 excuser : *¡perdone usted!,* excusez-moi!; *perdona,* je m'excuse, excuse-moi. 3 faire grâce de. **-able** *a* pardonnable.

perdurar *i* durer, demeurer.

perec/er ° *i* périr. **-edero, a** *a* périssable.

peregrinación *f* (a un santuario) pèlerinage *m*.

peregrino, a *s* pèlerin, e. □ *a* (raro) bizarre, drôle : *una idea peregrina,* une idée bizarre, une drôle d'idée.

perejil *m* persil.

perenne *a* perpétuel, elle, persistant, e.

perentorio, a *a* 1 péremptoire. 2 urgent, e.

perez/a *f* paresse. I *me da — salir,* j'ai la flemme de sortir. **-oso, a** *a/s* paresseux, euse.

perfec/ción *f* perfection. **-cionamiento** *m* perfectionnement. **-cionar** *t* perfectionner.

perfecto, a *a* parfait, e.

pérfido, a *a* perfide.

perfil *m* profil. **-ar** *t* parfaire, parachever, fignoler. □ *pr* se profiler.

perfor/ar *t* perforer. **-ación** *f* perforation. **-ador, a** *a/s* perforateur, trice.

perfum/ar *t* parfumer. **-e** *m* parfum. **-ería** *f* parfumerie.

pergamino *m* parchemin.

pericia *f* habileté.

periclitar *i* péricliter.

perico *m* perruche *f*.

perif/eria *f* périphérie. **-érico, a** *a* périphérique.

perifollo *m* cerfeuil. □ *pl* colifichets.

perífrasis *f* périphrase.

perilla *f* barbiche. I FAM *de perillas,* à pic, à point.

perímetro *m* périmètre.

periódico, a *a* périodique. □ *m* journal.

periodis/mo *m* journalisme. **-ta** *s* journaliste.

período *m* période *f*.

peripecia *f* péripétie.

peripuesto, a *a* pomponné, e.

periquete *m* FAM *en un —,* en un rien de temps.

periscopio *m* périscope.

perit/o, a *a/m* expert, e. **-ación** *f* expertise.

peritonitis *f* péritonite.

perjudic/ar *t* nuire à : *el tabaco perjudica (a) la salud,* le tabac nuit à la santé. **-ial** *a* nuisible, préjudiciable.

perjuicio *m* préjudice.

perjurio *m* parjure.

perjuro, a *s* parjure.

perla *f* 1 perle. 2 *de perlas,* on ne peut mieux, à merveille.

perman/ecer ° *i* rester. **-encia** *f* permanence. **-ente** *a/f* permanent, e.

permeable *a* perméable.

permiso *m* 1 permission *f* : *pedir, dar — para,* demander, donner la permission de ; *soldado de —,* soldat en permission. 2 (escrito) permis : *— de conducir,* permis de conduire.

permitir t permettre. □ pr me
permito recordarle, je me permets
de vous rappeler.

permutar t permuter.

pernicioso, a a pernicieux, euse.

pernil m jambon.

perno m boulon.

pernoctar i passer la nuit.

pero conj mais.

perogrullada f lapalissade.

peror/ar i pérorer. **-ata** f
discours m, laïus m.

perpendicular a/f perpendiculaire.

perpetrar t perpétrer.

perpetu/o, a a perpétuel, elle. |
nieves perpetuas, neiges éternelles.
-ar t perpétuer. **-idad** f
perpétuité.

perpiaño m parpaing.

perplej/o, a a perplexe. **-idad** f
perplexité.

perr/a f 1 chienne. 2 (moneda) sou
m. **-era** f chenil m.

perr/o m chien. | — de aguas,
caniche; — lobo, chien-loup; un
tiempo de perros, un temps de
chien. **-o, a** a horrible.

persa a/s persan, e.

persecución f 1 poursuite. 2
(malos tratos) persécution.

perseguir ° t 1 poursuivre : el
perro persigue al ladrón, le chien
poursuit le voleur. 2 (molestar)
persécuter.

persever/ar i persévérer. **-ancia**
f persévérance. **-ante** a/s
persévérant, e.

Persia n p f Perse.

persiana f 1 persienne. 2
(enrollable) store m.

persignarse pr se signer.

persist/ir i persister. **-encia** f
persistance. **-ente** a persistant, e.

person/a f personne : las personas
mayores, les grandes personnes.
-aje m personnage.

personal a/m personnel, elle.

personalidad f personnalité.

personarse pr se présenter, se
rendre.

personific/ar t personnifier.
-ación f personnification.

perspectiva f perspective.

perspic/az a perspicace. **-acidad**
f perspicacité.

persua/dir t persuader. **-sión** f
persuasion. **-sivo, a** a persuasif,
ive.

perten/ecer ° i appartenir.
-encia f 1 appartenance. 2
possession.

pértiga f perche : salto de —, saut
à la perche.

pertinaz a 1 persistant, e. 2
obstiné, e.

pertinente a pertinent, e.

pertrechos m pl 1 munitions f. 2
équipement sing. 3 attirail sing.

perturb/ar t perturber. **-ación** f
perturbation.

Perú n p m Pérou.

peruano, a a/s péruvien, enne.

perver/so, a a/s pervers, e.
-sidad f perversité. **-sión** f
perversion. **-tir** ° t pervertir.

pesa f poids m. □ pl haltères m.

pesabebés m pèse-bébé.

pesacartas m pèse-lettre.

pesadez f 1 lourdeur. 2 es una —,
c'est assommant, ennuyeux.

pesadilla f cauchemard m.

pesado, a a 1 lourd, e. 2
(aburrido) ennuyeux, euse, assommant, e.

pesadumbre f peine, chagrin m.

pésame m condoléances f pl : dar
el —, présenter ses condoléances.

¹pesar t/i peser. □ i regretter : me
pesa que no hayas venido, je
regrette que tu ne sois pas venu. |
pese a, malgré ; pese a que, bien
que.

²pesar m 1 chagrin, peine f. 2
(arrepentimiento) regret. | a — de,
malgré ; a — suyo, malgré lui ; a —
de que, bien que. **-oso, a** a peiné,
e, chagriné, e.

pesca *f* 1 pêche : — *con caña*, pêche à la ligne. 2 (peces, pescado) poisson *m*. **-dería** *f* poissonnerie. **-dero, a** *s* poissonnier, ère.

pescadilla *f* merlan *m*.

pescado *m* poisson.

pescador, a *s* pêcheur, euse.

pescar *t* 1 pêcher : — *con caña*, pêcher à la ligne. 2 FIG — *un catarro*, attraper un rhume. 3 (lograr) décrocher.

pescozón *m* taloche *f*.

pescuezo *m* cou.

pese a ⇒ ¹**pesar.**

pesebre *m* crèche *f*.

pesim/ismo *m* pessimisme. **-ista** *a/s* pessimiste.

pésimo, a *a* très mauvais, e.

peso *m* 1 poids. I *caerse de su —*, aller de soi. 2 (moneda) peso.

pespuntear *t* piquer.

pesquero, a *a* de pêche.

pesquisa *f* recherche, enquête.

pestañ/a *f* cil *m*. **-ear** *i* cligner les yeux. I *sin —*, sans sourciller. **-eo** *m* clignement d'œil.

peste *f* peste. □ pl *decir pestes de*, dire pis que pendre de.

pestilente *a* pestilentiel, elle.

pestillo *m* targette *f*.

petaca *f* blague à tabac.

pétalo *m* pétale.

petardo *m* 1 pétard. 2 FAM (mujer fea) horreur *f*, mocheté *f*. 3 FAM (estafa) escroquerie *f*.

petate *m* natte *f*. I *liar el —*, plier bagage.

petición *f* 1 demande : *a — de*, à la demande de. I *previa — de hora*, sur rendez-vous. 2 (escrita) pétition.

petirrojo *m* rouge-gorge.

peto *m* 1 plastron. 2 (de delantal) bavette *f*.

petrificar *t* pétrifier.

petr/óleo *m* pétrole. **-olero, a** *a/m* pétrolier, ère. **-olífero, a** *a* pétrolifère.

petulan/te *a* fier, fière, prétentieux, euse. **-cia** *f* fierté, arrogance.

petunia *f* pétunia *m*.

¹**pez** *m* 1 poisson : *peces de colores*, poissons rouges. 2 FAM — *gordo*, gros bonnet.

²**pez** *f* poix.

pezón *m* mamelon.

pezuña *f* sabot *m*.

piadoso, a *a* pieux, euse.

pian/o *m* piano. **-ista** *m* pianiste.

piar *i* 1 piailler, pépier. 2 FAM râler : *no las píes más*, cesse de râler.

piara *f* troupeau *m*.

pibe, a *s* AMER gamin, e.

pica *f* pique.

picacho *m* pic.

picadero *m* manège.

picadillo *m* hachis.

picado, a *a* 1 piqué, e. 2 *carne picada*, viande hachée. 3 *diente —*, dent gâtée. □ *m* (avión) piqué.

picadura *f* piqûre.

picaflor *m* oiseau-mouche.

picante *a/m* piquant, e.

picapica *f* poil *m* à gratter.

picaporte *m* 1 loquet. 2 (para accionar el picaporte) poignée *f*, bec-de-cane.

picar *t* 1 piquer. 2 — *el anzuelo*, mordre à l'hameçon. 3 (las aves) picoter. 4 (dar comezón) démanger, gratter. 5 (billete) poinçonner, composter. 6 (carne) hacher. □ *i* 1 (el sol) taper. 2 (peces) mordre. 3 — *alto*, viser haut. □ pr 1 se piquer. 2 (dientes, frutas) se gâter. 3 (mar) s'agiter.

picardía *f* 1 friponnerie. 2 (travesura) espièglerie.

picaresco, a *a* picaresque.

pícaro, a *a/s* 1 coquin, e. 2 malin, igne. □ *m* (en la literatura española) picaro.

picatoste *m* rôtie *f*.

picaza *f* pie.

picazón *f* démangeaison, picotement *m*.

pico *m* 1 (de ave, vasija, etc.) bec. 2 pointe *f* : *cuello en —*, col en pointe. 3 (montaña) pic, piton. 4 (herramienta) pic. 5 *y —*, et quelques : *son las tres y —*, il est trois heures et quelques.

picor *m* démangeaison *f*. | *dar —*, démanger.

picota *f* pilori *m*.

picotazo *m* coup de bec.

picotear *i* becqueter.

pichón *m* pigeonneau.

pida, etc. ⇒ **pedir**.

pie *m* 1 pied. | *a — enjuto*, à pied sec ; *a — juntillas*, à pieds joints ; *creer a — juntillas*, croire dur comme fer ; *de —, en —*, debout ; *de pies a cabeza*, de la tête aux pieds ; *hacer —*, avoir pied ; *no tener pies ni cabeza*, n'avoir ni queue ni tête ; *dar —*, donner l'occasion. 2 bas : *al — de la página*, au bas de la page. 3 (de foto, dibujo) légende *f*.

piedad *f* 1 pitié. | *ten — de mí*, aie pitié de moi ; *por —*, par pitié. 2 (devoción) piété.

piedra *f* 1 pierre. 2 (granizo) grêlon *m*.

piel *f* 1 peau. 2 *abrigo de pieles*, manteau de fourrure.

pierna *f* 1 jambe. | *dormir a — suelta*, dormir à poings fermés. 2 (de aves) cuisse. 3 (de carnero) gigot *m*.

pieza *f* pièce.

pifia *f* gaffe.

pigmento *m* pigment.

pijama *m* pyjama.

pila *f* 1 pile. 2 (de fuente) bassin *m*, vasque. 3 (bebedero) auge. 4 (fregadero) évier *m*. 5 (de agua bendita) bénitier *m*. 6 (para bautizar) fonts *m pl* baptismaux.

pilar *m* pilier.

píldora *f* pilule.

pileta *f* AMER piscine.

pilón *m* (de fuente) vasque *f*, bassin.

pilot/ar *t* piloter. **-aje** *m* pilotage.

pilote *m* pieu. □ *pl* pilotis *sing*.

piloto *m* 1 pilote : *— de pruebas*, pilote d'essai. 2 (luz roja) feu arrière. 3 *— de situación*, feu de position. 4 voyant lumineux.

piltrafa *f* 1 déchet *m* de viande. 2 *— humana*, loque.

pillaje *m* pillage.

pillar *t* 1 piller. 2 FAM (coger) attraper. | *un resfriado*, attraper, choper un rhume. 3 *— un dedo*, coincer un doigt. 4 (atropellar) renverser : *le pilló un coche*, une voiture l'a renversé.

pill/o, a *s* fripon, onne. **-ín** *m* galopin, chenapan. **-uello** *m* garnement.

pimentón *m* piment rouge moulu.

pimient/a *f* poivre *m*. **-o** *m* poivron.

pimpollo *m* 1 rejeton, pousse *f*. 2 bouton de rose.

pinar *m* pinède *f*.

pincel *m* pinceau. **-ada** *f* coup *m* de pinceau, touche.

pinch/ar *t* piquer. □ *se* 1 se piquer : *cuidado con, no pincharte*, attention de ne pas te piquer. 2 (neumático) crever. **-azo** *m* 1 piqûre *f*. 2 (de un neumático) crevaison *f*.

pinche *m* marmiton.

pincho *m* pointe *f*.

pingaj/o *m* loque *f*. **-os** *m pl* nippes *f*.

pingüe *a* 1 gras, grasse. 2 abondant, e.

pingüino *m* pingouin.

pinitos *m pl* premiers pas.

¹pino *m* pin.

²pino, a *a* raide.

pinta *f* 1 tache. 2 (aspecto) allure, air *m*, aspect *m*.

pintada *f* pintade. □ *pl* graffiti *m*.

pintar *t* 1 *— de rosa*, peindre en vert ; *papel pintado*, papier peint. 2 dessiner. □ *i* FAM *¿ qué pintas tú aquí ?*, qu'est-ce que tu fais, fiches ici ? □ *pr* (el rostro) se maquiller.

-rajear _t_ barbouiller. **-rajo** _m_ barbouillage.

pintiparado, a _a_ tout à fait semblable. I _venir que ni –_, aller à merveille.

pintor, a _s_ peintre : _– de brocha gorda_, peintre en bâtiment.

pintoresco, a _a_ pittoresque.

pintura _f_ peinture : _– al óleo_, peinture à l'huile.

pinzas _f pl_ pince _sing_ : _– de depilar_, pince à épiler.

pinzón _m_ pinson.

piña _f_ 1 pomme de pin. 2 ananas _m_.

piñón _m_ pignon.

Pío _n p m_ Pie.

pío _m_ (de las aves) pépiement. I _no decir ni –_, ne pas souffler mot.

pioj/o _m_ pou. **-oso, a** _a_ pouilleux, euse.

piola _f_ AMER ficelle.

pionero _m_ pionnier.

pipa _f_ 1 pipe : _fumar en –, la –_, fumer la pipe. 2 (semilla) pépin _m_. 3 (de girasol) graine. 4 (tonel) fût _m_.

pipí _m_ pipi.

pipiolo _m_ novice, bleu.

pipirigallo _m_ sainfoin.

pique _m_ 1 (disgusto) brouille _f_, brouillerie _f_. 2 _a – de_, sur le point de. 3 _irse a –_, couler, sombrer.

piqué _m_ piqué.

piqueta _f_ pic _m_, pioche.

piquete _m_ piquet.

pira _f_ bûcher _m_.

piragua _f_ 1 pirogue. 2 (deporte) canoë _m_, kayac _m_.

pirámide _f_ pyramide.

pirarse _pr_ FAM _se las ha pirado_, il s'est taillé.

pirata _m_ pirate.

Pirineos _n p m pl_ Pyrénées _f_.

pirita _f_ pyrite.

piropo _m_ galanterie _f_, compliment.

pirrarse _pr_ FAM _– por_, raffoler de.

pirueta _f_ pirouette.

pirulí _m_ sucette _f_.

pis _m_ FAM pipi.

pisada _f_ pas _m_.

pisapapeles _m_ presse-papiers.

pisar _t_ 1 ̄ marcher sur : _– una alfombra_, marcher sur un tapis. 2 (la uva) fouler. 3 (un pedal) appuyer sur : _– el acelerador_, appuyer sur l'accélérateur. 4 _nunca pisó la iglesia_, il n'avait jamais mis les pieds à l'église. 5 FIG _no dejarse –_, ne pas se laisser marcher sur les pieds.

piscina _f_ piscine.

piso _m_ 1 étage : _tercer –_, troisième étage. 2 appartement : _– piloto_, appartement témoin. 3 (suelo) sol. 4 (de los zapatos) semelle _f_.

pisot/ear _t_ piétiner, fouler aux pieds. **-eo** _m_ piétinement. **-ón** _m_ _dar un – a alguien_, marcher sur le pied de quelqu'un.

pista _f_ 1 piste. 2 _– de tenis_, court _m_.

pistacho _m_ pistache _f_.

pisto _m_ 1 (guiso) ratatouille _f_. 2 _darse –_, faire l'important.

pistol/a _f_ pistolet. **-ero** _m_ 1 bandit. 2 tueur à gages.

pistón _m_ 1 piston. 2 (de armas de fuego) amorce _f_.

pita _f_ 1 agave _m_. 2 (abucheo) sifflets _pl_.

pit/ar _i/t_ siffler. I _salir pitando_, filer. **-ido** _m_ coup de sifflet.

pitillo _m_ cigarette _f_.

pito _m_ 1 sifflet. I _no se me da un –_, je m'en fiche éperdument ; _esto no vale un –_, ça ne vaut rien. 2 (sonido) coup de sifflet.

¹pitón _m_ (serpiente) python.

²pitón _m_ 1 corne _f_. 2 (de vasija) bec.

pitorro _m_ bec.

pivote _m_ pivot.

pizarra _f_ 1 ardoise. 2 (encerado) tableau _m_ noir.

pizca _f_ miette. I _ni – de_, pas du

tout; *no tiene ni* — *de amor propio*, il n'a pas le moindre amour-propre.

placa *f* plaque.

pláceme *m* félicitation *f*.

placentero, a *a* agréable.

¹**placer** ° *i* plaire.

²**placer** *m* plaisir.

³**placer** *m* (de oro) placer.

plácido, a *a* placide.

plag/a *f* 1 plaie. 2 fléau *m*, calamité. **-ar** *t* (llenar) remplir.

plagi/ar *t* plagier. **-ario, a** *s* plagiaire. **-o** *m* plagiat.

plan *m* 1 plan. 2 projet. 3 FAM flirt.

plana *f* 1 page. 2 — *mayor*, état-major *m*.

plancha *f* 1 plaque. 2 (para planchar) fer *t* : à repasser. 3 FAM *tirarse una* —, faire une gaffe.

planch/ar *t* repasser. **-ado** *m* repassage.

planeador *m* planeur.

planear *t* projeter. □ *i* planer.

planeta *f* planète.

planicie *f* plaine.

planific/ar *t* planifier. **-ación** *f* planification.

planisferio *m* planisphère.

plano, a *a* 1 plat, e. 2 (en geometria) plan, e. □ *m* plan. 1 *de* —, carrément.

planta *f* 1 plante. 2 (plano) plan *m*. 3 étage *m* : *vivo en la* — *cuarta*, j'habite au quatrième étage. 1 — *baja*, rez-de-chaussée *m*. 4 (fábrica) usine. 5 *buena* —, belle prestance.

plantación *f* plantation.

plantar *t* 1 planter. 2 — *en la calle*, mettre à la porte. 3 (abandonar a uno) lâcher, plaquer. □ *pr* 1 se planter. 2 (llegar) débarquer, se pointer.

plantear *t* 1 — *un problema*, poser un problème. 2 établir, instaurer.

plantel *m* 1 pépinière *f*. 2 troupe *f*.

plantilla *f* 1 (del zapato) semelle.

(de una empresa) personnel *m*, effectif *m*.

plantío *m* plantation *f*.

plantón *m* FAM *dar un* —, poser un lapin.

plañido *m* gémissement.

plasmar *t* concrétiser.

plástico, a *a* plastique. □ *m* 1 plastique : *bolsa de* —, sac en plastique. 2 (explosivo) plastic.

plata *f* argent *m*.

plataforma *f* plate-forme.

plátano *m* 1 (árbol) platane. 2 (fruto) banane *f*. 3 (planta que produce este fruto) bananier.

platea *f* parterre *m*, orchestre *m*.

plateado, a *a* argenté, e.

plater/o *m* orfèvre. **-ía** *f* orfèvrerie.

plática *f* 1 conversation. 2 causerie.

platicar *i* parler, converser.

platija *f* carrelet *m*, limande.

platillo *m* 1 soucoupe *f*. 1 — *volante*, soucoupe volante. 2 (de balanza) plateau. □ *pl* cymbales *f*.

platino *m* platine.

plato *m* 1 assiette *f* : — *llano*, *sopero*, assiette plate, à soupe. 2 plat : — *con guarnición*, plat garni.

platónico, a *a* platonique.

plausible *m* plausible.

play/a *f* plage. **-ero, a** *a* de plage.

plaza *f* 1 place : — *mayor*, grand-place. 2 — *de toros*, arènes *pl*. 3 marché *m*. 4 (sitio, empleo) place.

plazo *m* 1 délai : *en el* — *de un mes*, dans un délai d'un mois. 2 terme : *a corto* —, à court terme. 3 (vencimiento) échéance *f*. 4 *a plazos*, à tempérament, à crédit.

plazoleta, plazuela *f* petite place.

pleamar *t* pleine mer.

plebiscito *m* plébiscite.

pleg/ar ° *t* 1 plier. 2 (hacer tablas) plisser. **-able** *a* pliable, pliant, e.

plegaria *f* prière.

pleit/o m procès. **-ear** i plaider.

plenamente adv pleinement.

plenipotenciario, a a/s plénipotentiaire.

plenitud f plénitude.

pleno, a a plein, e. □ m séance f plénière.

pleonasmo m pléonasme.

pliego m 1 pli. 2 feuille f de papier, papier.

pliegue m pli.

plom/o m plomb. **-ada** f fil m à plomb.

plum/a f plume. | *dibujo a —*, dessin à la plume. **-aje** m plumage. **-ero** m 1 (para el polvo) plumeau. 2 (cajita) plumier. **-ón** m duvet.

plural m pluriel. **-izar** t généraliser.

plus m 1 supplément. 2 prime f.

plusvalía f plus-value.

población f 1 (habitantes) population. 2 (ciudad) ville, agglomération. 3 (lugar) localité. 4 (acción de poblar) peuplement m.

poblacho m trou.

poblado m localité f.

poblar ° t 1 peupler. 2 (con árboles) boiser.

pobr/e a/m pauvre. **-eza** f pauvreté.

pocilga f porcherie.

pocillo m tasse f.

poción f potion.

poco, a a peu de : *— tiempo*, peu de temps; *pocas cosas*, peu de choses. □ adv 1 peu. | *— a —*, peu à peu; *— más o menos*, à peu près; *a — (más) se ahoga*, pour un peu il se noyait; *a — que*, pour peu que. 2 *hace—*, il n'y a pas longtemps; *dentro de —*, sous peu; *desde hace —*, depuis peu. | *a — de marcharse él*, peu de temps après qu'il soit parti.

pod/ar t tailler, élaguer : *— un rosal*, tailler un rosier. **-a** f taille. **-adera** f sécateur m.

podenco m épagneul.

¹poder ° t pouvoir : *no pude venir*, je n'ai pas pu venir; *ya no puedo más*, je n'en peux plus. | *no — con*, ne pas pouvoir venir à bout de. □ impers se pouvoir, être possible : *puede que venga*, il se peut qu'il vienne; *no puede ser*, ce n'est pas possible.

²poder m pouvoir : *caer bajo el — de*, tomber au pouvoir de. | *obrar en — de*, se trouver entre les mains de. **-ío** m puissance f. **-oso, a** a puissant, e.

podredumbre f pourriture.

poe/ma m poème. **-sía** f poésie. **-ta** m poète.

poético, a a poétique.

poetisa f poétesse.

polaco, a a/s polonais, e.

polaina f guêtre.

polar a polaire.

polarizar t polariser.

polea f poulie.

polémico, a a/s polémique.

polic/ía f police. □ m policier, agent (de police). **-íaco, a** a policier, ère.

polígloto, a a/s polyglotte.

polígono m polygone.

polilla f mite.

Polinesia n p f Polynésie.

poliomielitis f poliomyélite.

politécnico, a a polytechnique.

polític/a f politique. **-o, a** a 1 politique. 2 *padre —*, beau-père; *tío —*, oncle par alliance. □ m homme politique.

póliza f 1 police. 2 (sello) timbre m fiscal.

polizón m passager clandestin.

polo m 1 *— norte, sur*, pôle nord, sud. 2 (juego, camisa) polo. 3 (helado) esquimau.

Polonia n p f Pologne.

poltrón, ona a paresseux, euse. □ f (sillón) fauteuil m.

polución f pollution.

polvareda _f_ nuage _m_ de poussière.

polvera _f_ poudrier _m_.

polvo _m_ 1 poussière _f_ : _levantar_ —, faire de la poussière. I FIG _estoy hecho_ —, je suis claqué ; _hacer_ —, démolir. 2 poudre _f_ : _leche en_ —, lait en poudre. I _nieve en_ —, neige poudreuse. □ _pl_ poudre _f sing_.

pólvora _f_ (explosivo) poudre.

polvoriento, a _a_ poudreux, euse.

polvorín _m_ poudrière _f_.

polvorón _m_ sablé.

polla _f_ 1 poulette. I — _de agua_, poule d'eau. 2 FAM jeune fille.

pollera _f_ AMER jupe.

pollino _m_ ânon.

pollita _f_ FAM jeune fille, minette.

pollito _m_ poussin.

poll/o _m_ 1 poulet. 2 (de cualquier ave) petit. 3 FAM jeune homme. **-uelo** _m_ poussin.

pomada _f_ pommade.

pomelo _m_ pamplemousse.

pómez _a piedra_ —, pierre ponce.

pomo _m_ 1 (de puerta, cajón, etc.) bouton. 2 (frasco) flacon.

pomp/a _f_ 1 pompe : _con gran_ —, en grande pompe. 2 — _de jabón_, bulle de savon. **-oso, a** _a_ pompeux, euse.

pómulo _m_ pommette _f_.

pon ⇒ **poner**.

ponche _m_ punch.

poncho _m_ poncho.

ponder/ar _t_ (alabar) vanter, faire l'éloge de. **-ado, a** _a_ pondéré, e.

ponen/te _m_ rapporteur. **-cia** _f_ (informe) rapport _m_.

poner ° _t_ 1 mettre. 2 (colocar) poser. 3 (+ adjetivo) — _triste, furioso_, rendre triste, furieux. 4 (en el teatro, cine) donner, jouer. 5 (una tienda) ouvrir, monter. 6 _pongamos que sea verdad_, mettons que ce soit vrai. 7 (huevos) pondre. □ _pr_ 1 se mettre : _se puso de rodillas, a hablar_, il s'est mis à genoux, à parler. 2 mettre : _se puso la

gabardina_, il mit sa gabardine. 3 devenir : _se puso pálido_, il devint pâle. I _ponerse enfermo_, tomber malade. 4 (un astro) se coucher. 5 _con el avión, en hora y media usted se pone en París_, avec l'avion, vous êtes à Paris en une heure et demie.

poniente _m_ couchant.

pont/ífice _m sumo_ —, souverain pontife. **-ifical** _a_ pontifical, e.

ponzoña _f_ poison _m_.

popa _f_ poupe.

popelín _m_ popeline _f_.

populacho _m_ populace _f_.

popular _a_ populaire. **-idad** _f_ popularité.

populoso, a _a_ populeux, euse.

poquedad _f_ pusillanimité.

poquito, a _a_ très peu de. I _un_ —, un tout petit peu.

por _prep_ 1 (modo, lugar, etc.) par : — _avión_, par avion ; _mirar_ — _la ventana_, regarder par la fenêtre. 2 (destino, causa, precio, etc.) pour : _hazlo_ — _mí_, fais-le pour moi ; — _eso he venido_, c'est pour ça que je suis venu ; — _cien pesetas_, pour cent pesetas. 3 à : _cien kilómetros_ — _hora_, cent kilomètres à l'heure. 4 (movimiento) dans : _pasearse_ — _el campo_, se promener dans la campagne ; sur : _se pasó la mano_ — _la frente_, il passa sa main sur son front. 5 vers : — _Alicante_, vers Alicante. 6 (tiempo) — _la mañana_, le matin ; — _ahora_, pour le moment ; — _el mes de junio_, vers le mois de juin. 7 — _qué_, pourquoi. 8 — _si (acaso)..._, au cas où...

porcelana _f_ porcelaine.

porcentaje _m_ pourcentage.

porción _f_ 1 portion. 2 part. 3 _una_ — _de anécdotas, de gente_, une foule d'anecdotes, de gens.

porche _m_ porche.

pordiosero, a _s_ mendiant, e.

porf/ía _f_ 1 obstination, entêtement _m_. 2 _a_ —, à qui mieux mieux, à l'envi. **-iado, a** _a_ obstiné, e. **-iar**

i s'entêter, s'obstiner.

pormenor *m* détail.

pornogr/afía *f* pornographie. **-áfico, a** *a* pornographique.

por/o *m* pore. **-oso, a** *a* poreux, euse.

poroto *m* AMER haricot.

porqu/e *conj* 1 parce que. 2 (= para que) pour que. **-é** *m* pourquoi.

porquería *f* cochonnerie, saleté.

porr/a *f* 1 massue. 2 (de caucho) matraque. 3 FAM *mandar a la —*, envoyer balader. **-ada** *f* (montón) tas *m*. **-azo** *m* coup.

porrillo (a) *loc adv* à foison.

porrón *m* cruche *f* à bec.

porta *f* sabord *m*.

portaaviones *m* porte-avions.

portada *f* 1 page de titre. 2 (de revista) couverture.

portador, a *a/s* porteur, euse.

portaequipajes *m* 1 porte-bagages. 2 (interior) coffre à bagages.

portal *m* 1 vestibule. 2 *— de Belén*, crèche *f*.

portalón *m* MAR coupée *f*.

portamonedas *m* porte-monnaie.

portaplumas *m* porte-plume.

portarse *pr* se conduire, se comporter, se tenir.

portátil *a* portatif, ive.

portavoz *m* (persona) porte-parole.

portazo *m* claquement de porte. l *dar un —*, claquer la porte.

porte *m* 1 port, transport. 2 (aspecto) allure *f*.

portear *t* porter.

portent/o *m* prodige. **-oso, a** *a* prodigieux, euse.

porteño, a *a/s* de Buenos Aires.

porter/ía *f* 1 loge de concierge. 2 (fútbol) but *m*. **-o, a** *s* concierge. □ *m* (fútbol) gardien de but.

portezuela *f* (de coche) portière.

pórtico *m* 1 portique. 2 (de iglesia) portail.

portilla *f* MAR hublot *m*.

portillo *m* 1 brèche *f*. 2 (en una puerta) guichet. 3 (entre dos montañas) col.

portón *m* grande porte *f*.

portorriqueño, a *a/s* de Porto-Rico.

portuario, a *a* portuaire.

portugués, esa *a/s* portugais, e.

porvenir *m* avenir.

posada *f* auberge.

posaderas *f pl* fesses.

posadero, a *s* aubergiste.

posar *i* poser. □ *pr* se poser.

posdata *f* post-scriptum *m*.

pose/er *t* posséder. **-edor, a** *s* possesseur. **-sión** *f* possession. **-sivo, a** *a/m* possessif, ive.

posguerra *f* après-guerre.

posibilidad *f* possibilité.

posible *a* possible. l *a ser —*, autant que possible ; *hacer todo lo — por*, faire tout son possible pour ; *¡ no es —!*, pas possible ! □ *pl* moyens.

posición *f* 1 position. 2 (social) situation.

positivo, a *a* positif, ive. □ *f* (foto) positif *m*.

poso *m* dépôt, lie *f*.

posponer ° *t* faire passer après.

post/a *f* poste. l *a —*, exprès. **-al** *a* postal, e : *tarjeta —*, carte postale. □ *f una —*, une carte postale.

poste *m* 1 poteau. 2 pylône.

postergar *t* ajourner.

posteridad *f* postérité.

posterior *a* postérieur, e.

postigo *m* volet.

postilla *f* croûte.

postín *m* FAM *darse —*, se vanter ; *de —*, chic : *un hotel de —*, un hôtel chic.

postizo, a *a/m* postiche.

postor *m al mejor —*, au plus offrant.

postrar *t* abattre.

postre *m* 1 dessert. 2 *a la* —, finalement.

postrero, a *a* dernier, ère.

postul/ar *t* réclamer. □ *i* (con un fin benéfico) quêter. **-ante** *a/s* postulant, e.

póstumo, a *a* posthume.

postura *f* 1 posture, position. 2 FIG position, attitude. 3 (en el juego) mise.

post-venta *f* après vente.

potable *a* potable.

potaje *m* potage ; plat de légumes secs.

potasa *f* potasse.

pote *m* 1 pot. 2 (olla) marmite.

poten/cia *f* puissance. | *en* —, en puissance. **-cial** *a/m* potentiel, elle. □ *m* (modo) conditionnel. **-te** *a* puissant, e.

potra *f* pouliche.

potranca *f* pouliche.

potro *m* 1 (caballo) poulain. 2 (de tormento) chevalet. 3 (gimnasia) cheval de bois.

poyo *m* banc de pierre.

poza *f* mare.

pozo *m* puits.

práctica *f* pratique. □ *pl* 1 travaux *m* pratiques. 2 (periodo) stage *m* sing.

practicable *a* praticable.

practicante *a/s* (en religión) pratiquant, e. □ *s* 1 infirmier, ère. 2 préparateur, trice en pharmacie.

practicar *t* 1 pratiquer. 2 (hacer) faire.

práctico, a *a* pratique.

prad/o *m* pré. **-era** *f* prairie.

preámbulo *m* préambule.

precario, a *a* précaire.

precaución *f* précaution.

precav/erse ° *pr* se prémunir. **-ido, a** *a* prévoyant, e.

preced/er *i* précéder. **-ente** *a/m* précédent, e.

precept/o *m* précepte. **-or, a** *s* précepteur, trice. **-uar** *t* établir.

preces *f pl* prières.

preciado, a *a* précieux, euse.

preciarse *pr* — *de*, se vanter de.

precinto *m* bande *f*, cachet : — *de garantía*, bande de garantie.

precio *m* prix : — *de coste*, prix de revient.

precios/o, a *a* 1 précieux, euse. 2 (bonito) très joli, e, ravissant, e. **-idad** *f* chose ravissante, merveille : *esta pulsera es una* —, ce bracelet est une merveille.

precipicio *m* précipice.

precipit/ar *t* précipiter. □ *pr* se précipiter. **-ación** *f* précipitation. **-adamente** *adv* précipitamment.

precisamente *adv* précisément, justement.

precisar *t* 1 (fijar) fixer. 2 (necesitar) avoir besoin de. 3 demander : *se precisan dos secretarias bilingües*, on demande deux secrétaires bilingues.

precisión *f* 1 précision. 2 (necesidad) besoin *m*.

preciso, a *a* 1 précis, e. 2 *ser* —, être nécessaire, falloir : *es — que vengas*, il faut que tu viennes.

preclaro, a *a* illustre.

precocidad *f* précocité.

precolombiano, a *a* pré-colombien, enne.

preconcebido, a *a* préconçu, e.

preconizar *t* préconiser.

precoz *a* précoce.

precursor *a/m* précurseur.

predecesor, a *s* prédécesseur.

predecir ° *t* prédire.

prédica *f* prêche *m*.

predica/ción *f* prédication. **-dor** *m* prédicateur.

predicamento *m* influence *f*.

predicar *t* prêcher.

predicción *f* prédiction.

predilección *f* prédilection.

predio *m* propriété *f*.

predispo/ner ° *t* prédisposer. **-sición** *f* prédisposition.

predomin/ar *t* prédominer. **-ante** *a* prédominant, e. **-io** *m* prédominance *f*.

preeminencia *f* prééminence.

prefabricado, a *a* préfabriqué, e.

prefacio *m* préface *f*.

prefecto *m* préfet.

preferen/cia *f* 1 préférence. 2 *de paso*, priorité : *tener* —, avoir la priorité. **-te** *a* préférentiel, elle, de choix.

prefer/ir ° *t* préférer : *prefiero esto*, je préfère ça. **-ible** *a* préférable.

prefijo *m* préfixe.

preg/ón *m* annonce *f*. **-onar** *t* 1 annoncer publiquement. 2 (alabar) vanter.

pregunt/a *f* question, demande. I *hacer una* —, poser une question. **-ar** *t* demander : *le pregunté si necesitaba algo*, je lui ai demandé s'il avait besoin de quelque chose.

prehist/oria *f* préhistoire. **-órico, a** *a* préhistorique.

prejuicio *m* préjugé, parti pris.

prelado *m* prélat.

preliminar *a/m* préliminaire.

preludio *m* prélude.

prematuro, a *a* prématuré, e.

premedit/ar *t* préméditer. **-ación** *f* préméditation.

premi/ar *t* récompenser. **-ado, a** *s* gagnant, e.

premio *m* 1 prix. 2 (loteria) lot : — *gordo*, gros lot. 3 (incentivo) prime *f*.

premioso, a *a* 1 lourd, e. 2 urgent, e.

prenda *f* 1 (garantía) gage *m*. 2 (ropa) vêtement *m*. □ *pl* qualités.

prendarse *pr* s'éprendre.

prendedor *m* agrafe *f*.

prender *t* 1 (sujetar) attacher, accrocher. 2 — *a un ladrón*, arrêter un voleur. 3 (encender) allumer. □ *i* prendre : *el fuego prendió en un montón de paja*, le feu a pris dans un tas de paille.

prender/ía *f* friperie. **-o, a** *t* fripier, ère.

prendimiento *m* arrestation *f*.

prens/a *f* presse. I *dar a la* —, faire imprimer ; *poner en* —, mettre sous presse. **-apurés** *m* presse-purée. **-ar** *t* presser.

preñ/ado, a *a* 1 (mujer) enceinte. 2 (animal) pleine. 3 plein, e, chargé, e. **-ez** *f* (de mujer) grossesse.

preocupación *f* 1 préoccupation. 2 (inquietud) souci *m*.

preocupar *t* préoccuper. □ *preocuparse por*, se soucier de ; *no te preocupes*, ne t'en fais pas.

prepar/ar *t* préparer. **-ación** *f* préparation. **-ado** *m* préparation *f*. **-ativos** *m pl* préparatifs. **-atorio, a** *a* préparatoire.

preponderan/cia *f* prépondérance. **-te** *a* prépondérant, e.

preposición *f* préposition.

prerrogativa *f* prérogative.

presa *f* 1 prise. 2 proie : *ser* — *de*, être en proie à. 3 (a través de un río) barrage *m*.

presagi/o *m* présage. **-ar** *t* annoncer.

présbita *a/s* presbyte.

presbítero *m* prêtre.

prescindir *i* faire abstraction de. I *prescindiendo de...*, abstraction faite de...

prescr/ibir *t* prescrire. **-ipción** *f* prescription. I — *médica*, ordonnance.

presencia *f* 1 présence. 2 (figura) aspect *m*, tournure, prestance. I *buena* —, bonne présentation.

presenciar *t* 1 — *una corrida*, assister à une corrida. 2 être témoin de.

present/ar *t* présenter. □ *pr* se présenter. **-able** *a* présentable. **-ación** *f* présentation. **-ador, a** *s* présentateur, trice.

presente *a/m* présent, e. I *tener* —, se rappeler.

present/ir ° *t* pressentir. **-imiento** *m* pressentiment.

preserv/ar *t* préserver. **-ación** *f* préservation. **-ativo** *a/m* préservatif.

presid/encia *f* présidence. **-encial** *a* présidentiel, elle. **-ente, a** *s* président, e.

presidi/o *m* 1 bagne. 2 travaux *pl* forcés. **-ario** *m* forçat.

presidir *t* 1 présider. 2 FIG présider à.

presilla *f* bride.

presi/ón *f* pression. **-onar** *t* faire pression sur.

preso, a *a* pris, e. □ *a/s* prisonnier, ère, détenu, e.

prestación *f* prestation.

prestado, a *a* prêté, e. l pedir —, emprunter.

prestamista *s* prêteur, euse.

préstamo *m* 1 prêt. 2 (empréstito) emprunt.

prestar *t* 1 prêter. 2 — atención, oídos, prêter attention, l'oreille. □ prestarse a confusión, prêter à confusion.

prestidigita/dor *m* prestidigitateur. **-ción** *f* prestidigitation.

prestigi/o *m* prestige. **-oso, a** *a* prestigieux, euse.

presum/ir *t* présumer. □ *i* 1 crâner. 2 presume de guapa, elle se croit belle; presume de rico, de imparcial, il se vante d'être riche, se flatte d'être impartial. **-ido, a** *a/s* prétentieux, euse.

presun/ción *f* présomption. **-to, a** *a* présumé, e. **-tuoso, a** *a* présomptueux, euse.

presupuesto *m* 1 budget. 2 (de una obra) devis.

presurizar *t* pressuriser.

presuroso, a *a* rapide, empressé, e.

preten/der *t* 1 essayer de. 2 (un empleo) solliciter, briguer, postuler. 3 prétendre. **-diente** *a/s* prétendant, e. **-sión** *f* prétention.

pretérito, a *a/m* passé, e : verbo en el —, verbe au passé. l — imperfecto, imparfait; — indefinido, perfecto, passé simple, composé.

pretexto *m* prétexte : con el — de que, sous prétexte que ; con cualquier —, sous un prétexte quelconque.

pretil *m* garde-fou, parapet.

pretina *f* ceinture.

prevalecer ° *i* prévaloir.

prevención *f* 1 disposition. 2 précaution. 3 (prejuicio) prévention. 4 poste *m* de police.

prevenir ° *t* 1 préparer. 2 prévenir. □ *pr* 1 se préparer. 2 prendre ses précautions, se prémunir.

preventivo, a *a* préventif, ive.

prever ° *t* prévoir : todo está previsto, tout est prévu.

previo, a *a* 1 préalable. 2 après : previa entrega del cupón, après remise du coupon.

previs/ión *f* prévision. **-ible** *a* prévisible. **-or, a** *a* prévoyant, e. **-to, a** *a* prévu, e.

prieto, a *a* 1 (carne) ferme. 2 (apretado) serré, e.

¹prima *f* (cantidad) prime.

²prima ⇒ **primo.**

primario, a *a* primaire.

primaver/a *f* printemps *m*. **-al** *a* printanier, ère.

primer *a* premier : — piso, premier étage. **-o, a** *a/s* premier, ère. l a la primera, du premier coup ; a primeros de marzo, au début mars. □ adv 1 d'abord, premièrement. 2 (más bien) plutôt.

primitivo, a *a* primitif, ive.

primo, a *a* premier, ère. □ *s* 1 cousin, e : — hermano, cousin germain. 2 FAM idiot, e, poire *f*.

primogénito, a *s* premier-né, première-née.

primor *m* 1 délicatesse *f*. 2 merveille *f*.

primordial *a* primordial, e.

primoroso, a *a* 1 ravissant, e. 2

délicat, e. **3** habile.

princesa f princesse.

principado m principauté f.

principal a principal, e. l *lo — es ganar*, le principal est de gagner. □ m **1** (jefe) patron. **2** (piso) premier (étage).

príncipe m prince.

principi/ar i/t commencer. **-ante** a/s débutant, e. **-o** m **1** commencement, début. l *a principios de semana*, au début de la semaine. **2** (máxima, fundamento) principe. l *en —*, en principe. **3** (comida) entrée f.

pring/ar t graisser. **-oso, a** a graisseux, euse. **-ue** f graisse f.

prior m prieur. **-ato** m prieuré f.

prioridad f priorité.

prisa f hâte. l *a toda —*, à toute vitesse; *corre —*, c'est urgent; *¡ date —!*, dépêche-toi!; *tengo mucha —*, je suis très pressé; *tener — por*, avoir hâte de.

prisi/ón f **1** prison. **2** (encarcelamiento) détention. **-onero, a** a/s prisonnier, ère.

prism/a m prisme. **-áticos** m pl jumelles f.

privación f privation.

privado, a a privé, e. □ m favori.

privar t priver. □ i **1** être en faveur. **2** être en vogue. □ pr se priver.

privativo, a a *ser — de*, être propre à, l'apanage de.

privilegi/o m privilège. **-ar** t privilégier.

pro m **1** *el — y el contra*, le pour et le contre. **2** *en — de*, en faveur de.

proa f proue.

probabilidad f probabilité.

probable a probable. **-mente** adv probablement.

probador m salon d'essayage, cabine f d'essayage.

probar ° t **1** (demostrar) prouver. **2** (un vestido, coche, etc.) essayer. **3** (un manjar) goûter. **4** *¡ pruebe su suerte !*, tentez votre chance ! □ i **1** convenir, réussir : *no me prueba el clima*, le climat ne me convient pas. **2** *— a*, essayer de.

probeta f éprouvette.

probidad f probité.

problem/a m problème. **-ático, a** a problématique. □ f *la problemática*, les problèmes m pl.

probo, a m probe.

proceden/cia f **1** origine, provenance. **2** convenance. **-te** a l *barco — de Las Palmas*, bateau en provenance de Las Palmas. **2** opportun, e, pertinent, e.

proced/er i **1** provenir, venir. **2** (obrar) procéder. **3** (ser conveniente) convenir. **4** *— a*, commencer à. □ m conduite f. **-imiento** m **1** procédé. **2** (derecho) procédure f.

prócer m personnage illustre.

procesado, a a/s inculpé, e.

procesión f procession.

proceso m **1** (pleito) procès. **2** (transcurso) cours. **3** (desarrollo) processus.

proclam/ar t proclamer. **-ación** f proclamation.

procrear t procréer.

procurador m **1** procureur. **2** (abogado) avoué. **3** *— en Cortes*, député.

procurar t **1** essayer de, tâcher de. l *procura que nadie te vea*, fais en sorte que, veille à ce que personne ne te voie. **2** (proporcionar) procurer.

prodigalidad f prodigalité.

prodigar t prodiguer.

prodigi/o m prodige. **-oso, a** a prodigieux, euse.

pródigo, a a/s prodigue.

producción f production.

produc/ir ° t produire. **-tividad** f productivité. **-tivo, a** a productif, ive. **-to** m produit. **-tor, a** a/s producteur, trice.

proemio m préface f.

proeza *f* prouesse, exploit *m*.

profan/ar *t* profaner. **-ación** *f* profanation.

profano, a *a/s* profane.

profecía *f* prophétie.

proferir ° *t* proférer.

profesar *t* professer. □ *i* prononcer ses vœux.

profesi/ón *f* profession. **-onal** *a* professionnel, elle.

profesor, a *s* professeur : *es profesora de francés*, elle est professeur de français. **-ado** *m* 1 professorat. 2 corps enseignant. 3 professeurs *pl*.

prof/eta *m* prophète. **-ético, a** *a* prophétique. **-etizar** *t* prophétiser.

profilaxis *f* prophylaxie.

prófugo *m* insoumis.

profund/o, a *a* profond, e. **-idad** *f* profondeur. **-izar** *t* approfondir.

profusión *f* profusion.

progenie *f* descendance, progéniture.

program/a *m* programme. **-ación** *f* programmation. **-ador, a** *s* programmeur, euse.

progres/ar *i* progresser. **-ión** *f* progression. **-ivo, a** *a* progressif, ive. **-o** *m* progrès.

prohib/ir *t* défendre, interdire. I *se prohibe el paso*, passage interdit ; *prohibido fijar carteles*, défense d'afficher. **-ición** *f* interdiction, prohibition. **-itivo, a** *a* prohibitif, ive.

prohijar *t* adopter.

prohombre *m* grand homme.

prójimo *m* 1 prochain. 2 FAM individu.

prole *f* progéniture.

proletari/o, a *a/s* prolétaire. **-ado** *m* prolétariat.

proliferar *i* proliférer.

prolífico, a *a* prolifique.

prolijo, a *a* prolixe.

prólogo *m* préface *f*, prologue.

prolong/ar *t* prolonger. **-ación**

f prolongation. **-amiento** *m* prolongement.

promedio *m* 1 milieu. 2 (término medio) moyenne *f*.

promesa *f* promesse.

promet/er *t/i* promettre : *me ha prometido ayudarme*, il m'a promis de m'aider. □ *pr* se promettre. **-edor, a** *a* prometteur, euse. **-ido, a** *a/s* promis, e.

prominen/te *a* proéminent, e. **-cia** *f* proéminence.

promiscuidad *f* promiscuité.

promoción *f* promotion.

promontorio *m* promontoire.

promotor *m* promoteur.

promover ° *t* 1 promouvoir. 2 causer, occasionner.

promulgar *t* promulguer.

pronom/bre *m* pronom. **-inal** *a* pronominal, e.

pron/óstico *m* pronostic. **-osticar** *t* pronostiquer.

prontitud *f* promptitude.

pronto, a *a* 1 prompt, e, rapide 2 (listo) prêt, e. □ *adv* 1 vite : — *está dicho*, c'est vite dit. 2 tôt : *aún es — para juzgar*, il est encore trop tôt pour juger. I *al —*, de prime abord, sur le coup ; *de —*, soudain ; *hasta —*, à bientôt. □ *m* mouvement d'humeur.

pronunciación *f* prononciation.

pronunciamiento *m* soulèvement militaire, pronunciamiento.

pronunciar *t* prononcer. □ *pr* 1 se prononcer. 2 se soulever.

propagación *f* propagation.

propaganda *f* propagande.

propagar *t* propager.

propalar *t* divulguer.

propano *m* propane.

propasarse *pr* dépasser les bornes.

propen/der *i — a*, tendre vers. **-sión** *f* propension. **-so, a** *a* enclin, e.

propiamente *adv — dicho*,

proprement dit.

propicio, a *a* propice.

propie/dad *f* propriété. **-tario, a** *a/s* propriétaire.

propina *f* pourboire *m*.

propinar *t* administrer.

propio, a *a* **1** propre : *nombre* —, nom propre ; *con sus propios medios*, par ses propres moyens. **2** *el* — *director*, le directeur lui-même ; *no tiene nada* —, il n'a rien à lui. **3** (adecuado) approprié, e. **4** *lo* —, la même chose. □ *m* messager.

proponer ° *t* proposer.

proporci/ón *f* proportion. **-onal** *a* proportionnel, elle. **-onar** *t* **1** proportionner. **2** (facilitar) procurer, fournir : *me ha proporcionado un piso*, il m'a procuré un appartement.

proposición *f* proposition.

propósito *m* **1** intention *f*, dessein. l *a* —, à propos ; (adrede) exprès. **2** (objeto) but.

propuesta *f* proposition.

propuesto, a *a* proposé, e.

propugnar *t* défendre, plaider pour.

propuls/ar *t* propulser. **-ión** *f* propulsion. **-or** *m* propulseur.

prorrata *f* prorata *m*.

prórroga *f* **1** prorogation. **2** MIL sursis *m*.

prorrogar *t* proroger.

prorrumpir *i* — *en risa, en sollozos*, éclater de rire, en sanglots.

prosa *f* prose. **-ico, a** *a* prosaïque.

proscenio *m* avant-scène *f*.

proscri/bir *t* proscrire. **-to, a** *s* proscrit, e.

prose/guir ° *t* poursuivre, continuer. **-cución** *f* poursuite.

prosista *s* prosateur.

prospecto *m* prospectus.

prosper/ar *i* prospérer. **-idad** *f* prospérité.

próspero, a *a* prospère.

prosternarse *pr* se prosterner.

prostitu/ción *f* prostitution. **-ta** *f* prostituée.

protagon/ista *s* **1** protagoniste. **2** héros, héroïne. **-izar** *t/i* jouer, interpréter.

protec/ción *f* protection. **-tor, a** *a/s* protecteur, trice. **-torado** *m* protectorat.

proteg/er *t* protéger. **-ido, a** *s* protégé, e.

proteína *f* protéine.

protesta *f* protestation.

protestant/e *a/s* protestant, e. **-ismo** *m* protestantisme.

protestar *i* protester.

protocolo *m* protocole.

prototipo *m* prototype.

protuberan/te *a* protubérant, e. **-cia** *f* protubérance.

provech/o *m* profit : *en* — *de*, au profit de. l *sacar* — *de*, tirer profit, profiter de ; *¡ buen* — *!*, bon appétit ! **-oso, a** *a* profitable.

prove/er *t* pourvoir, fournir. □ *pr* se pourvoir. **-edor, a** *s* fournisseur, euse.

provenir ° *i* provenir.

provenzal *a/s* provençal, e.

proverbi/o *m* proverbe. **-al** *a* proverbial, e.

providenci/a *f* providence. **-al** *a* providentiel, elle.

provinci/a *f* **1** province. **2** (división territorial) département *m*. **-al** *a* provincial, e. **-ano, a** *s* provincial, e.

provisión *f* provision.

provisional *a* provisoire.

provisto, a *a* pourvu, e.

provisorio, a *a* AMER provisoire.

provoc/ar *t* provoquer. **-ación** *f* provocation. **-ativo, a** *a* provocant, e.

próximamente *adv* prochainement.

proximidad *f* proximité.

próximo, a *a* 1 proche : *hotel — a la estación*, hôtel proche de la gare. 2 prochain, e : *el mes —*, le mois prochain. 3 *estoy — a*, je suis sur le point de.

proyec/tar *t* projeter. **-ción** *f* projection. **-til** *m* projectile. **-to** *m* projet. **-tor** *m* projecteur.

pruden/te *a* prudent, e. **-cia** *f* prudence.

prueba *f* 1 preuve : *dar pruebas de*, faire preuve de. 2 (ensayo) épreuve : *a — de*, à l'épreuve de. 3 essai *m* : *televisor a por diez días*, téléviseur à l'essai pendant dix jours. 4 (de un vestido) essayage *m*. 5 (imprenta, foto) épreuve.

prurito *m* 1 prurit. 2 FIG envie *f*.

Prusia *n p f* Prusse.

psicoan/álisis *f* psychanalyse. **-alista** *s* psychanalyste.

psic/ología *f* psychologie. **-ológico, a** *a* psychologique. **-ólogo, a** *s* psychologue.

psico/sis *f* psychose. **-terapia** *f* psychothérapie.

psiquiatr/ía *f* psychiatrie. **-a** *s* psychiatre.

psíquico, a *a* psychique.

púa *f* 1 pointe. 2 piquant *m*. 3 (de peine) dent.

pubertad *f* puberté.

public/ar *t* publier. **-ación** *f* publication.

publici/dad *f* publicité. **-tario, a** *a* publicitaire.

público, a *a* public, publique. I *hacer —*, publier, rendre public. □ *m* public : *en —*, en public. I *dar al —*, publier.

puchero *m* 1 marmite *f*. 2 (cocido) pot-au-feu. □ *pl hacer pucheros*, faire la moue.

pucho *m* AMER mégot.

pude ⇒ **poder.**

pudibundo, a *a* pudibond, e.

púdico, a *a* pudique.

pudiente *a/s* riche.

pudiese, pudo, etc. ⇒ **poder.**

pudor *m* pudeur *f*. **-oso, a** *a* pudique.

pudrir ° *i* pourrir. □ *pr* pourrir.

pueblo *m* 1 (nación) peuple. 2 (población pequeña) village.

puedo, etc. ⇒ **poder.**

puente *m* 1 pont : *— colgante*, pont suspendu. 2 MAR passerelle *f*. 3 (dientes) bridge. 4 *hacer —*, faire le pont.

puerco, a *a* sale. □ *s* 1 cochon, truie. 2 *— espín*, porc-épic.

puericultura *f* puériculture.

pueril *a* puéril, e. **-idad** *f* puérilité.

puerro *m* poireau.

puerta *f* 1 porte. 2 *a — cerrada*, à huis clos.

puerto *m* 1 port. 2 (entre dos montañas) col.

Puerto Rico *n p* Porto Rico.

pues *conj* 1 (puesto que) puisque. 2 (porque) car. 3 (conclusión) donc : *decíamos —*, nous disions donc ; *así —*, ainsi donc. 4 eh bien : *—*, quizá, eh bien, peut-être. 5 comment ? 6 *¡ — claro !*, bien sûr !

puesta *f* 1 *la — del sol*, le coucher du soleil. 2 *— en marcha, en escena*, mise en marche, en scène. 3 (en el juego) mise.

puesto, a *p p* de **poner.** □ *a* mis, e. □ *m* 1 (lugar) place *f*. 2 (empleo) poste, situation *f*. 3 (en un mercado) étal, étalage. I *— de helados*, marchand de glaces. 4 poste : *— de socorro*, poste de secours. □ *conj — que* puisque.

pugn/a *f* lutte. **-ar** *i* lutter.

puja *f* enchère.

pujan/te *a* puissant, e. **-za** *f* force.

pujar *t* enchérir.

pulcr/o, a *a* soigneux, euse. **-itud** *f* 1 propreté. 2 (esmero) soin *m*.

pulga *f* puce. I FAM *tener malas pulgas*, avoir mauvais caractère.

pulgar *m* pouce.

pulgón m puceron.

pulido, a a soigné, e.

pulimentar t polir.

pulir t polir.

pulm/ón m poumon. **-onar** a pulmonaire. **-onía** f pneumonie.

pulpa f pulpe.

pulpería f AMER épicerie.

púlpito m chaire f: en el —, en chaire.

pulpo m poulpe, pieuvre f.

pulsación f pulsation.

pulsar t — el botón, appuyer sur le bouton.

pulsera f bracelet m.

pulso m 1 tomar el —, prendre le pouls. 2 a —, à la force du poignet.

pulular i pulluler.

pulveriz/ar t pulvériser. **-ación** f pulvérisation. **-ador** m pulvérisateur.

pulla f quolibet m, raillerie.

puma m puma.

pundonor m point d'honneur.

punta f 1 pointe. 2 bout m : con la — de los dedos, du bout des doigts. 3 estar de —, être brouillé, e.

puntada f point m.

puntal m étai.

puntapié m coup de pied.

punteado m (conjunto de puntos) pointillé.

puntera f bout m.

puntería f 1 visée. I dirigir la — hacia, viser. 2 tener buena —, être bon tireur.

puntiagudo, a a pointu, e.

puntilla f 1 (encaje) dentelle. 2 poignard m. I dar la —, donner le coup de grâce à, achever. 3 de puntillas, sur la pointe des pieds.

puntilloso, a a pointilleux, euse.

punto m 1 point : — y aparte, point à la ligne ; — y coma, point-virgule ; — de vista, point de vue ; cocido en su —, cuit à point. I al —, sur-le-champ ; a — de, sur le point de ; hasta tal — que, à tel point que.

2 tricot. I tejido de —, tricot ; hacer —, tricoter ; géneros de —, bonneterie f sing. 3 las dos en —, deux heures juste, précises.

puntuación f ponctuation.

puntual a ponctuel, elle. **-idad** f ponctualité.

puntualiz/ar t 1 préciser. 2 donner plus de détails sur. **-ación** f mise au point.

punz/ada f 1 piqûre. 2 (dolor) élancement m. **-ante** a 1 piquant, e. 2 (dolor) lancinant, e. 3 FIG poignant, e. 4 mordant, e. **-ar** t 1 piquer. 2 (dolor) élancer, lanciner. **-ón** m poinçon.

puñado m poignée f.

puñal m poignard. **-ada** f coup m de poignard.

puñetazo m coup de poing.

puño m 1 poing. 2 (de camisa) poignet, manchette f. 3 (mango) poignée f. 4 escribir de — y letra, écrire de sa propre main.

pupa f 1 bouton m. 2 FAM bobo m : hacer —, faire bobo.

pupila f pupille.

pupilo, a s 1 pupille. 2 pensionnaire.

pupitre m pupitre.

puré m purée f. I FAM estoy hecho —, je suis claqué.

pureza f pureté.

purg/a f purge. **-ante** a/m purgatif, ive. **-ar** t purger. **-atorio** m purgatoire.

purific/ar t purifier. **-ación** f purification.

purista a/s puriste.

puritano, a a/s puritain, e.

puro, a a pur, e : aire —, air pur ; esta es la pura verdad, c'est la pure vérité. I a — de, à force de ; de — tímido, no se atreve a hablar, il n'ose pas parler, tant il est timide, il est tellement timide qu'il n'ose pas parler. □ m (cigarro) cigare.

púrpura f 1 (color) pourpre m. 2

(tinte, tela) pourpre.
purpúreo, a *a* pourpré, e.
purulento, a *a* purulent. e.
pus *m* pus.
puse, etc. ⇒ **poner**.
pusilánime *a* pusillanime.

puso ⇒ **poner**.
pústula *f* pustule.
putrefac/ción *f* putréfaction. **-to, a** *a* putréfié, e.
puy/a *f* fer *m*, pointe. **-azo** *m* coup de pique.

Q

q [ku] f q m : *una —*, un q.

¹que *pron* **1** (sujeto) qui : *el niño — llora*, l'enfant qui pleure. **2** (complemento) que : *el reloj — he comprado*, la montre que j'ai achetée. **3** *de —, del —*, etc., dont. **4** *en —*, où.

²que *conj* **1** que : *dudo — venga*, je doute qu'il vienne. *me alegro de — hayas venido*, je suis content que tu sois venu. | *dile — venga*, dis-lui de venir. **2** car : *ábreme — no tengo la llave*, ouvre-moi car je n'ai pas la clef. **3** (ne se traduit pas) *¡ — vuelvas pronto !*, reviens vite !

³qué *adj* quel, quelle, quels, quelles : *¿ — hora es ?*, quelle heure est-il ? ; *¡ — pena !*, quel dommage ! ; *¡ — chica más simpática !*, quelle fille sympathique ! □ *pron* **1** *¿ — quiere usted ?*, que voulez-vous ? ; *¿ — le pasa ?*, qu'est-ce qui vous arrive ? ; *¿ y — ?*, et alors ? **2** quoi : *no sé — hacer*, je ne sais pas quoi faire ; *¿ de — se trata ?*, de quoi s'agit-il ? ; *¿ en — piensas ?*, à quoi penses-tu ? ; *para — ?*, à quoi bon ? **3** *el — dirán*, le qu'en-dira-t-on.

quebrada f ravin m, gorge.

quebradizo, a *a* cassant, e, fragile.

quebrado, a *a* **1** brisé, e. **2** (color) pâle. **3** (terreno) accidenté, e. □ *a/s* COM failli, e.

quebradura f fente, crevasse.

quebrant/ar *t* **1** casser, briser. **2** (moler) concasser. **3** FIG *— la resistencia*, briser la résistance. **4** (una ley, etc.) enfreindre, violer. **5** abattre. **-o** *m* **1** affaiblissement. **2** affliction f. **3** perte f.

quebrar ° *t* casser, briser. □ *i* COM faire faillite. □ *quebrarse la cabeza*, se casser la tête ; *se le quiebra la voz*, sa voix se brise.

queda f couvre-feu m.

quedar *i* **1** rester : *me quedan diez pesetas*, il me reste dix pesetas ; *queda mucho por hacer*, il reste beaucoup à faire. **2** (estar) être : *queda lejos*, c'est loin ; *queda roto nuestro contrato*, notre contrat est rompu. | *quedó muerto*, il mourut ; *— bien*, faire bien ; *s'en tirer à son avantage*. **3** *— en*, décider, convenir : *hemos de — en un día*, nous devons convenir d'un jour. □ *pr* **1** rester : *quédate quieto*, reste tranquille. **2** garder : *quédese con la vuelta*, gardez la monnaie ; *me lo quedo*, je le garde. **3** devenir : *se quedó sordo*, il est devenu sourd.

quedo, a *a* **1** calme. **2** *voz queda*, voix basse. □ *adv* doucement, tout bas.

quehacer *m* travail, occupation f.

quej/a f plainte. **-arse** *pr* se plaindre. **-ido** *m* plainte f, gémissement. **-oso, a** *a* mécontent, e. **-umbroso, a** *a* plaintif, ive.

quema f feu m.

quemado *m* *oler a —*, sentir le brûlé.

quemador *m* brûleur.

quemadura f brûlure.

quem/ar *t/i* brûler : *piel quemada del sol*, peau brûlée par le soleil. □ *pr* **1** se brûler. **2** brûler : *¡ el asado se quema !*, le rôti brûle ! **-azón** f brûlure.

quena f AMER flûte indienne.

quepa, etc. ⇒ **caber.**

quepis *m* képi.

querella f plainte.

querencia f **1** attachement m. **2** (lugar) endroit m préféré.

quer/er ° *t* **1** vouloir. *¿ qué quiere usted ?*, que voulez-vous ? ; *no quiero*, je ne veux pas ; *quisiera* saber, je voudrais savoir; *como quiera*, comme vous voudrez. I *sin* −, sans le vouloir. 2 aimer: *quiero mucho a mi sobrino*, j'aime beaucoup mon neveu. **-ido, a** a 1 voulu, e. 2 aimé, e. 3 cher, chère: − *amigo*, cher ami. 4 chéri, e: *su hija querida*, sa fille chérie. □ *m* ami. □ *f* maîtresse.

queroseno *m* kérosène.

querubín *m* chérubin.

ques/o *m* fromage: − *de bola*, fromage de Hollande. I FAM *darla con* − *a alguien*, rouler quelqu'un; *¡ a mí no me la dan con* − *!*, on ne me la fait pas! **-ero, a** a/s fromager, ère.

¡ quiá ! interj allons donc!

quicio *m* penture *f*. I *sacar de* − *a alguien*, faire sortir quelqu'un de ses gonds.

quiebra *f* COM faillite.

quiebro *m* 1 écart. 2 (canto) roulade *f*.

quien *pron rel* 1 qui. I *como* − *dice*, comme qui dirait; *de* −, dont. 2 (alguien) quelqu'un. □ *pron interr* qui: *¿ quién es ?*, qui est-ce?; *¿ quiénes son ustedes ?*, qui êtes-vous?

quienquiera *pron indef* quiconque.

quieto, a a tranquille: *estarse* −, rester tranquille.

quijada *f* mâchoire.

Quijote (Don) *n p m* Don Quichotte.

quilate *m* carat.

quilo ⇒ kilo.

quilla *f* quille.

quim/era *f* chimère. **-érico, a** a chimérique.

químic/a *f* chimie. **-o, a** a chimique. □ *s* chimiste.

quina *f* quinquina *m*.

quincaller/ía *f* quincaillerie. **-o, a** *s* quincailler, ère.

quinc/e a/m quinze. I *el siglo* −, le quinzième siècle. **-ena** *f*

quinzaine. **-enal** a bimensuel, elle.

quincuagenario, a a/s quinquagénaire.

quincuagésimo, a a cinquantième.

quinielas *f pl* sorte de pari mutuel.

quinientos, as a cinq cents.

quinina *f* quinine.

quinta *f* 1 (casa) maison de campagne. 2 MIL classe. 3 MÚS quinte. □ *pl entrar en quintas*, atteindre l'âge du service militaire; *llamar a quintas*, appeler sous les drapeaux.

quintal *m* quintal.

quinto, a a/s cinquième: *en el* − *piso*, au cinquième étage. □ *m* (soldado) recrue *f*, conscrit.

quíntuplo, a a/m quintuple.

quinzavo, a a/s quinzième.

quiosco *m* kiosque: − *de periódicos*, kiosque à journaux.

quiquiriquí *m* cocorico.

quirófano *m* salle *f* d'opérations.

quiromancia *f* chiromancie.

quirúrgico, a a chirurgical, e.

quise, etc. ⇒ querer.

quisque (cada) *loc* FAM (tout un) chacun.

quisquill/a *f* 1 vétille. 2 (camarón) crevette. **-oso, a** a pointilleux, euse.

quiste *m* kyste.

quitaesmalte *m* dissolvant.

quitamanchas *m* détachant.

quitanieves *m* chasse-neige.

quitar *t* 1 ôter, enlever. I − *la vida*, tuer. 2 (hurtar) prendre. □ *pr* 1 enlever, ôter, retirer: *quítate el abrigo*, enlève ton manteau; *¡ quítate de ahí !*, ôte-toi de là! 2 *quitarse a alguien de encima*, se débarrasser de quelqu'un.

quitasol *m* parasol.

quite *m* parade *f*.

quizá, quizás adv peut-être: − *tengas razón*, peut-être as-tu raison.

R

r |ere| *f r m : una –,* un r.

rabadilla *f* croupion *m*.

rábano *m* radis.

rabi/a *f* rage. | *me da –,* ça me fait rager. **-ar** *i* 1 rager. 2 *– por,* avoir une envie folle de. **-eta** *f* colère, rogne.

rabillo *m* 1 queue *f*. 2 *con el – del ojo,* du coin de l'œil.

rabino *m* rabbin.

rabioso, a *a* 1 enragé, e. 2 furieux, euse.

rabo *m* queue *f*.

racial *a* racial, e.

racimo *m* 1 grappe *f* : *– de uvas,* grappe de raisin. 2 (de plátanos) régime.

raciocin/ar *i* raisonner. **-io** *m* raisonnement.

ración *f* 1 ration. 2 (en una fonda) portion.

racional *a* rationnel, elle.

racion/ar *t* rationner. **-amiento** *m* rationnement.

racis/mo *m* racisme. **-ta** *a/s* raciste.

racha *f* 1 rafale. 2 série : *una – de atentados,* une série d'attentats. 3 *buena –,* veine.

rada *f* rade.

radar *m* radar.

radiación *f* radiation.

radiactiv/o, a *a* radioactif, ive. **-idad** *f* radioactivité.

radiante *a* rayonnant, e, radieux, euse.

radiar *i/t* irradier. □ *t* radiodiffuser, retransmettre : *mensaje radiado,* message radiodiffusé.

radical *a/m* radical, e.

radicar *i* être situé, e. 2 FIG *– en,* résider dans.

¹radio *m* rayon : *– de acción,* rayon d'action.

²radio *f* radio. **-difusión** *f* radiodiffusion. **-escucha** *s* auditeur, trice. **-fónico, a** *a* radiophonique.

radiograf/ía *f* radiographie. **-iar** *t* radiographier.

radi/ología *f* radiologie. **-ólogo, a** *s* radiologue.

radioscopia *f* radioscopie.

radioyente *s* auditeur, trice.

raer ° *t* racler.

Rafael *n p m* Raphaël.

ráfaga *f* rafale.

raído, a *a* râpé, e, usé, e.

raigambre *f* racines *pl*.

raigón *m* racine *f*.

raíl *m* rail.

raíz *f* 1 racine. | *echar raíces,* prendre racine. 2 *a – de,* aussitôt après.

raj/a *f* 1 (hendidura) fente. 2 (en un plato, etc.) fêlure. 3 (de salchichón, melón, etc.) tranche. **-ar** *t* 1 fendre. 2 fêler. □ *pr* FAM se dégonfler.

ralea *f* 1 espèce. 2 engeance.

ralo, a *a* clairsemé, e.

rall/ar *t* râper : *queso rallado,* fromage râpé | *pan rallado,* chapelure *f*. **-ador** *m* râpe *f*.

rama *f* branche. | *en –,* brut. **-je** *m* branchage.

ramal *m* 1 embranchement. 2 ramification *f*.

rambla *f* 1 ravin *m*. 2 avenue.

rameado, a *a* à ramages.

ramera *f* prostituée.

ramific/arse *pr* se ramifier. **-ación** *f* ramification.

ramillete *m* bouquet.

ramo *m* 1 rameau. 2 *– de flores,* bouquet de fleurs. 3 FIG branche *f*, secteur. □ pl el domingo de Ramos, les Rameaux.

Ramón n p m Raymond.

rampl/ón, ona a vulgaire. **-onería** f vulgarité.

rana f grenouille.

rancio, a a 1 rance. 2 vino —, vin vieux.

rancho m 1 (comida) soupe f. | hacer — aparte, faire bande à part ; FAM hacer el —, faire la popote. 2 campement. 3 (choza) cabane f, cahute f.

rango m rang.

ranura f 1 rainure. 2 (de teléfono público, etc.) fente.

rapacidad f rapacité.

rapapolvo m FAM savon.

rapar t (el pelo) tondre.

¹rapaz a rapace. □ f rapace m.

²rapaz, a s gamin, e. **-uelo, a** s mioche.

¹rape m al —, ras.

²rape m (pez) lotte f.

rapidez f rapidité.

rápido, a a/m rapide.

rapiña f rapine. | ave de —, oiseau de proie.

raposo, a s renard, e. □ f (zorro) renard m.

rapt/ar t enlever, kidnapper. **-o** m 1 rapt, enlèvement. 2 extase f. **-or** m ravisseur.

raqueta f raquette.

raquítico, a a rachitique.

rareza f 1 rareté. 2 (extravagancia) bizarrerie.

rarificar t raréfier.

raro, a a 1 rare. 2 (extraño) bizarre, étrange, drôle : ¡ qué idea más rara !, quelle drôle d'idée !

ras m a — de, au ras de. **-ante** a rasant, e. | cambio de —, haut d'une côte. **-ar** t raser.

rascacielos m gratte-ciel.

rascar t 1 gratter. 2 racler. □ pr se gratter.

rasgar t déchirer.

rasgo m trait.

rasgón m déchirure f.

rasguñ/ar t égratigner. **-o** m égratignure f.

raso, a a 1 plat, e. | al —, à la belle étoile ; en campo —, en rase campagne. 2 soldado —, simple soldat. 3 (cielo) dégagé. □ m (tela) satin.

raspa f arête.

rasp/ar t gratter. **-ador** m grattoir.

rastra f 1 (grada) herse. 2 llevar a rastras, traîner.

rastrear t suivre à la trace.

rastrero, a a 1 rampant, e. 2 FIG vil, e.

rastrill/ar t ratisser. **-o** m râteau.

rastro m trace f.

rastrojo m chaume.

rasurar t raser.

rata f rat m.

ratear i avoir des ratés.

ratero m voleur, pickpocket.

ratificar t ratifier.

rato m 1 moment : pasamos un buen — juntos, nous avons passé un bon moment ensemble. | al poco —, peu de temps après ; a ratos, par moment ; ¡ hasta otro —!, à bientôt ! ; matar el —, tuer le temps. 2 FAM un —, drôlement ; un — de cosas, de gente, plein de choses, de monde.

rat/ón m souris f. **-onera** f souricière.

raudal m torrent.

ray/a f 1 raie. | pasarse de la —, dépasser les bornes. 2 rayure : corbata a rayas, cravate à rayures. 3 (de la mano) ligne. 4 (guión) tiret m. 5 (pez) raie. **-ado, a** a rayé, e, à rayures.

rayano, a a — en, proche de.

rayar t rayer. □ i 1 — con, confiner à. 2 — en, friser. 3 al — el alba, à l'aube.

rayo m 1 rayon. 2 (meteoro) foudre f.

rayón m rayonne f.

rayuela f marelle.

raza f race.

raz/ón f 1 raison : *tiene usted −*, vous avez raison. l *dar − de*, donner des nouvelles de, renseigner sur ; *dar la − a*, donner raison à. 2 −, *enfrente*, s'adresser en face. **-onable** a raisonnable.

razon/ar i raisonner. **-amiento** m raisonnement.

re m MÚS ré.

reacci/ón f réaction. **-onar** i réagir. **-onario, a** a/s réactionnaire.

reacio, a a réticent, e.

reactor m réacteur.

readaptación f réadaptation.

reajustar t rajuster.

¹**real** a réel, elle.

²**real** a 1 (del rey) royal, e. 2 superbe. □ m 1 camp. l *sentar los reales*, s'installer. 2 (ferial) champ de foire. 3 (moneda) réal.

realce m relief.

realeza f royauté.

realidad f réalité.

real/ismo m 1 réalisme. 2 (monarquismo) royalisme. **-ista** a/s 1 réaliste. 2 royaliste.

realiz/ar t 1 réaliser. 2 effectuer. **-ación** f réalisation. **-ador, a** s réalisateur, trice.

realzar t rehausser.

reanim/ar t ranimer, réanimer. **-ación** f réanimation.

reanud/ar t 1 renouer. 2 (la conversación, etc.) reprendre. □ pr reprendre. **-ación** f reprise.

reapar/ecer ° i réapparaître, reparaître. **-ición** f (de un actor) rentrée.

reapertura f réouverture, rentrée.

rearme m réarmement.

reata f file.

rebaba f bavure.

rebaj/a f 1 rabais m : *vender con −*, vendre au rabais. 2 (descuento) remise. □ pl soldes m : *rebajas de invierno*, soldes

d'hiver. **-ar** t 1 rabaisser. 2 (un precio) rabattre. 3 solder. l *modelo rebajado*, modèle soldé, en solde. □ pr s'abaisser.

rebanada f tranche.

rebaño m troupeau.

rebasar t dépasser.

rebatir t réfuter.

rebato m *tocar a −*, sonner le tocsin.

rebel/arse pr se rebeller. **-de** a/s rebelle. **-día** f rebellion. l *en −*, par contumace. **-ión** f rebellion.

rebenque m fouet.

reblandec/er ° t ramollir. **-imiento** m ramollissement.

reborde m rebord.

rebosar i déborder.

rebot/ar i 1 (pelota) rebondir. 2 (piedra, bala) ricocher. **-e** m 1 rebond. 2 ricochet : *de −*, par ricochet.

rebozar t (una fritura) paner, enrober.

rebusc/ar t chercher. **-ado, a** a recherché, e.

rebuznar i braire.

recad/o m 1 commission f : *¿ quiere usted darle un − a su padre ?*, voudriez-vous faire une commission à votre père ? 2 − *de escribir*, écritoire f. **-ero** m commissionnaire, garçon de courses.

reca/er ° i retomber. **-ída** f rechute.

recalar i 1 aborder. 2 (ir a parar) − *en*, échouer à, dans.

recalcar t appuyer sur, insister sur.

recalcitrante a récalcitrant, e.

recalentar ° t réchauffer.

recámara f chambre.

recambio m rechange : *piezas de −*, pièces de rechange.

recapacitar t se remémorer, réfléchir à.

recapitul/ar t récapituler. **-ación** f récapitulation.

recarg/ar *t* surcharger. **-o** *m* surcharge *f*.

recato *m* modestie *f*.

recaud/ar *t* percevoir. **-ación** *f* 1 acción, oficina) perception. 2 (cantidad) recette. **-ador** *m* percepteur, receveur.

recel/ar *t* 1 soupçonner. 2 (temer) craindre. **-o** *m* 1 méfiance *f*. 2 crainte *f*. **-oso, a** *a* méfiant, e.

recepción *f* réception.

receptor, a *a/m* récepteur, trice.

recet/a *f* 1 ordonnance : *vendido con — médica*, vendu sur ordonnance. 2 *— de cocina*, recette de cuisine. **-ar** *t* prescrire.

recibidor *m* vestibule.

recibimiento *m* 1 accueil. 2 réception *f*. 3 vestibule, entrée *f*. 4 salon.

recib/ir *t/i* recevoir : *recibí tu carta*, j'ai reçu ta lettre. □ *recibirse de doctor*, recevoir le titre de docteur. **-o** *m* 1 reçu, quittance *f*. 2 *acusar —*, accuser réception.

recién *a* 1 récemment. I *— nacido*, nouveau-né ; *— casados*, jeunes mariés ; *— llegado*, nouveau venu. 2 AMER *— entró*, à peine entré, il venait juste d'entrer.

reciente *a* récent, e. **-mente** *adv* récemment.

recinto *m* enceinte *f*.

recio, a *a* fort, e. □ *adv* fort.

recipiente *m* récipient.

rec/íproco, a *a* réciproque. **-iprocidad** *f* réciprocité.

recitación *f* récitation.

recital *m* récital : *recitales de violín*, des récitals de violon.

recitar *t* réciter.

reclam/ar *t/i* réclamer. **-ación** *f* réclamation. **-o** *m* 1 (pito) appeau. 2 (publicidad) réclame *f*.

reclin/ar *t* incliner. □ *pr* s'appuyer. **-atorio** *m* prie-Dieu.

reclu/ir *t* enfermer. **-sión** *f* réclusion. **-so, a** *a/s* reclus, e.

reclut/a *m* recrue *f*. **-amiento**

m recrutement. **-ar** *t* recruter.

recobrar *t* 1 retrouver. 2 (ánimo, fuerzas) reprendre.

recodo *m* coude.

recog/er *t* 1 reprendre : *recoja su tíquet*, reprenez votre ticket. 2 (juntar) recueillir. 3 (algo por el suelo) ramasser. 4 *ha venido a recogerme en coche*, il est venu me prendre en voiture. 5 (la falda) relever. 6 (fruncir) resserrer. 7 (una noticia) relever, noter. □ *pr* se recueillir. **-ida** *f* 1 (del correo) levée. 2 (de basuras, etc.) ramassage *m*. **-ido, a** *a* retiré, e. **-imiento** *m* recueillement.

recolección *f* récolte.

recomend/ar ° *t* recommander. **-able** *a* recommandable. **-ación** *f* recommandation.

recompens/a *f* récompense. **-ar** *t* récompenser.

recomponer ° *t* réparer.

reconcentrar *t* concentrer.

reconcili/ar *t* réconcilier. **-ación** *f* réconciliation.

recóndito, a *a* caché, e.

reconoc/er ° *t* 1 reconnaître. 2 (a un enfermo) examiner. □ *reconocerse culpable*, s'avouer coupable. **-imiento** *m* 1 reconnaissance *f*. 2 *— médico*, visite *f* médicale.

reconquist/a *f* reconquête. **-ar** *t* reconquérir.

reconstitu/ir ° *t* reconstituer. **-ción** *f* reconstitution. **-yente** *m* reconstituant.

reconstru/ir ° *t* reconstruire. **-cción** *f* reconstruction.

reconvenir ° *t* faire des reproches.

recopilación *f* 1 compilation. 2 résumé *m*.

récord *m* record.

recordar ° *t* 1 se rappeler : *recuerdo muy bien nuestro primer encuentro*, je me rappelle fort bien notre première rencontre. I *si mal no recuerdo*, si je me souviens bien. 2 rappeler : *este pueblo me* *recuerda mi niñez,* ce village me rappelle mon enfance.

recorr/er *t* parcourir. **-ido** *m* parcours.

recort/ar *t* découper. **-able** *m* découpage. **-e** *m* 1 découpage. 2 (trozo cortado) découpure *f.* I *– de prensa,* coupure *f* de presse.

recos/er *t* recoudre. **-ido** *m* raccommodage.

recostar ° *t* appuyer. □ pr *se recuesta en el pretil,* il s'appuie sur le parapet.

recoveco *m* 1 détour. 2 recoin.

recreo *m* 1 récréation *f.* 2 *viaje de –,* voyage d'agrément. 3 *casa de –,* maison de plaisance.

recrimin/ar *t* récriminer. **-ación** *f* récrimination.

recrudec/erse ° *pr* redoubler, s'intensifier : *se recrudecen los combates,* les combats redoublent de violence. **-imiento** *m* recrudescence *f.*

rect/ángulo *m* rectangle. **-angular** *a* rectangulaire.

rectificar *t* rectifier.

rectilíneo, a *a* rectiligne.

rectitud *f* rectitude.

recto, a *a* droit, e. I *adv siga todo –,* continuez tout droit. □ *m* (anatomía) rectum. □ *f* ligne droite.

rector, a *a* directeur, trice. □ *m* (de universidad) recteur.

recua *f* troupeau *m.*

recuadro *m* entrefilet.

recubrir *t* recouvrir.

recuento *m* 1 dénombrement. 2 (de votos) dépouillement.

recuerdo *m* souvenir. □ pl *recuerdos a tu hermana,* mon bon souvenir à ta sœur.

recular *i* reculer.

recuper/ar *t* récupérer. □ *pr* (recobrar la salud) se remettre. **-ación** *f* 1 récupération. 2 *clase de –,* cours de rattrapage. 3 (económica) redressement *m,* reprise.

recur/rir *i* – *a,* recourir à, avoir recours à. **-so** *m* recours. □ *pl* ressources *f pl,* moyens.

rechaz/ar *t* repousser. **-o** *m* 1 contrecoup, ricochet. I *de –,* par contrecoup. 2 (de un organismo) rejet.

rechifla *f* huées *pl.*

rechin/ar *i* grincer. **-amiento** *m* grincement.

rechistar *i* murmurer, broncher.

rechoncho, a *a* trapu, e.

rechupete (de) *loc* FAM excellent, e.

red *f* 1 filet *m.* 2 FIG *caer en la –,* tomber dans le piège. 3 (de vías de comunicación, etc.) réseau *m.* 4 (electricidad) secteur *m.*

redac/ción *f* rédaction. **-tar** *t* rédiger. **-tor, a** *s* rédacteur, trice.

redada *f* 1 coup *m* de filet. 2 (de policía) rafle.

redecilla *f* filet *m.*

redención *f* rédemption.

redil *m* bercail.

redimir *t* racheter.

rédito *m* intérêt.

redobl/ar *t* 1 redoubler. 2 (un clavo) river. □ *i* (el tambor) rouler. **-e** *m* 1 redoublement. 2 (de tambor) roulement.

redoma *f* fiole.

redomado, a *a* fieffé, e : *embustero –,* fieffé menteur.

redonda *f* ronde. I *a la –,* à la ronde.

redondear *t* arrondir.

redondel *m* TAUROM arène *f.*

redondez *f* rondeur.

redondo, a *a* 1 rond, e. 2 catégorique. I *caerse –,* tomber raide.

reducción *f* réduction.

reducido, a *a* réduit, e, petit, e.

reducir ° *t* réduire : *– a cenizas,* réduire en cendres □ *pr* 1 (resultar) se ramener, se réduire. 2 (limitarse) se borner.

redundar *i* – *en beneficio,* per-

juicio de, tourner à l'avantage, au désavantage de.

reduplicar *t* redoubler.

reedificar *t* reconstruire.

reelegir ° *t* réélire.

reembols/ar *t* rembourser. **-o** *m* remboursement.

reemplaz/ar *t* remplacer. **-o** *m* 1 remplacement. 2 (quinta) classe *f*.

reenganchar *t* rengager.

refajo *m* jupon.

refectorio *m* réfectoire.

referencia *f* référence. l *con − a*, en ce qui concerne.

referente *a* relatif, ive. l *(en lo) − a...*, en ce qui concerne...

referir ° *t* rapporter. □ *pr* se rapporter. l *en lo que se refiere a...*, en ce qui concerne...

refilón (de) *loc adv* 1 de biais. 2 en passant.

refin/ar *t* raffiner. **-ación** *f* raffinage *m*. **-amiento** *m* raffinement. **-ería** *f* raffinerie.

reflector *m* réflecteur.

reflejar *t* 1 réfléchir, refléter. 2 FIG refléter.

reflejo *m* 1 (imagen reflejada) reflet. 2 (reacción involuntaria) réflexe.

reflex/ionar *i* réfléchir. **-ión** *f* réflexion.

reflu/ir ° *i* refluer. **-jo** *m* reflux.

refocilarse *pr* se réjouir.

reform/a *f* 1 réforme. 2 transformation. **-ador** *a s* réformateur, trice. **-ar** *t* 1 réformer. 2 transformer. **-atorio** *m* maison *f* de correction.

reforzar ° *t* renforcer.

refrac/ción *f* réfraction. **-tario, a** *a* réfractaire.

refrán *m* proverbe.

refregar ° *t* frotter.

refrenar *t* réfréner.

refrend/ar *t* 1 contresigner, légaliser. 2 (un pasaporte) viser. 3 (una ley) ratifier. **-o** *m* 1 contreseing. 2 visa. 3 ratification *f*.

refresc/ar *t* rafraîchir. **-ante** *a* rafraîchissant, e. **-o** *m* rafraîchissement.

refriega *f* combat *m*, engagement, *m*.

refriger/ar *t* réfrigérer. **-ador** *a/m* réfrigérateur.

refrigerio *m* collation *f*.

refrito *m* FAM nouvelle mouture *f*, resucée *f*.

refuerzo *m* renfort.

refugi/o *m* refuge. **-ado, a** *a/s* réfugié, e. **-arse** *pr* se réfugier.

refund/ir *t* refondre. **-ición** *f* refonte.

refunfuñar *i* bougonner, grommeler, ronchonner.

refutar *t* réfuter.

regadera *f* arrosoir *m*.

regadío *m* 1 irrigation *f*. 2 terrain irrigable.

regal/ar *t* offrir, faire cadeau de : *me ha regalado un reloj*, il m'a offert une montre. **-ado, a** *a* 1 offert, e. 2 agréable.

regaliz *m* 1 réglisse *f*. 2 (pasta) réglisse.

regalo *m* cadeau.

regalón, ona *a* qui aime ses aises.

regañadientes (a) *loc adv* à contrecœur, en rechignant.

regañ/ar *i* se disputer. □ *t* gronder, attraper. **-o** *m* réprimande *f*, gronderie *f*.

regar ° *t* arroser.

regata *f* régate.

regate *m* 1 écart, feinte *f*. 2 (con el balón) dribble.

regate/ar *t* marchander. l *no − esfuerzo para*, ne pas ménager sa peine pour. **-o** *m* marchandage.

regatón *m* bout.

regazo *m* giron.

regencia *f* régence.

regenerar *t* régénérer.

regentar *t* (un almacén, etc.) gérer, tenir.

regente m régent.

régimen m régime.

regimiento m régiment.

regio, a a royal, e.

reg/ión f région. **-onal** a régional, e.

regir ° t régir. □ i être en vigueur : *la ley que rige*, la loi qui est en vigueur.

registr/ar t 1 enregistrer. 2 (en la aduana, etc.) fouiller. 3 (en los domicilios) perquisitionner. **-ador, a** a caja registradora, caisse enregistreuse. **-o** m 1 (inscripción) enregistrement. 2 (libro) registre. l − civil, état civil. 3 (en la aduana) fouille f, contrôle. 4 (abertura) regard.

regla f règle.

reglaje m réglage.

reglament/ar t réglementer. **-ación** f réglementation.

reglament/o m règlement. **-ario, a** a réglementaire.

regocij/ar t réjouir. **-o** m réjouissance f.

regode/arse pr se réjouir. **-o** m plaisir, délectation f.

regordete a grassouillet, ette.

regres/ar i revenir, rentrer. **-o** m retour.

regüeldo m POP rot.

reguera f rigole.

reguero m traînée f.

regulación f contrôle m.

regulador m régulateur.

¹**regular** t régler.

²**regular** a 1 régulier, ère. l *por lo −*, généralement. 2 (mediano) moyen, enne, comme ci, comme ça.

regularidad f régularité.

regularizar t régulariser.

rehabilit/ar t réhabiliter. **-ación** f (médica) rééducation.

rehacer ° t refaire.

rehén m otage.

rehilete m fléchette f.

rehogar t 1 (freír) faire revenir. 2 (a fuego lento) faire mijoter.

rehuir ° t 1 fuir, éviter : *rehúye mi compañía*, il fuit ma compagnie. 2 refuser.

rehusar t refuser.

reimpresión f réimpression.

reina f reine.

rein/ar i régner. **-ado** m règne.

reincid/encia f récidive. **-ente** s récidiviste. **-ir** i récidiver.

reincorporar t réincorporer. □ *reincorporarse a su puesto*, rejoindre son poste.

reino m 1 royaume. 2 (animal, vegetal) règne.

reintegr/ar t 1 (devolver) rendre, restituer. 2 rembourser. □ *reintegrarse a su destino*, rejoindre son poste. **-o** m remboursement.

reir ° i rire. □ pr 1 rire : *se reía a carcajadas*, il riait aux éclats. 2 *reírse de*, se moquer de, rire de.

reiterar t réitérer.

reivindic/ar t revendiquer. **-ación** f revendication.

rej/a f 1 grille. 2 (del arado) soc m. **-illa** f 1 grillage m. 2 *silla de −*, chaise cannée. 3 (de hogar) grille. 4 (ferrocarril) filet m.

rejón m pique f courte.

rejuvenec/er ° t/i rajeunir. **-imiento** m rajeunissement.

relaci/ón f 1 relation. l *con − a*, par rapport à. 2 (relato) récit m. 3 liste. □ pl relations. **-onar** t 1 (cosas) relier. 2 (personas) mettre en rapport. l *estar bien relacionado*, avoir de bonnes relations.

relaj/ar t 1 relâcher. 2 (músculo) décontracter. 3 (el ánimo) détendre. **-ación** f relâchement m.

relámpago m éclair.

relatar t raconter, rapporter.

relativo, a a relatif, ive.

relato m récit.

relé m relais.

releer t relire.

relegar *t* reléguer.

relente *m* fraîcheur *f* nocturne.

relevante *a* remarquable.

relev/ar *t* 1 (revocar) relever. 2 (sustituir a una persona) relayer. **-o** *m* 1 MIL relève *f*. 2 *carrera de relevos,* course de relais.

relicario *m* reliquaire.

relieve *m* relief: *poner de* –, mettre en relief. I *bajo* –, bas-relief.

religi/ón *f* religion. **-oso, a** *a/s* religieux, euse.

relinch/ar *i* hennir. **-o** *m* hennissement.

reliquia *f* relique.

reloj *m* 1 (de torre) horloge *f.* 2 (de pared) pendule *f.* 3 (de bolsillo) montre *f.* I – *de pulsera,* montre-bracelet. 4 – *de sol,* cadran solaire; – *de arena,* sablier. **-ería** *f* horlogerie. **-ero, a** *s* horloger, ère.

reluc/ir ° *i* 1 briller, reluire. 2 *sacar a* –, faire ressortir. **-iente** *a* brillant, e.

relumbrante *a* étincelant, e.

relumbrón *m de* –, en toc.

rellano *m* palier.

rellen/ar *t* 1 remplir. 2 (cocina) farcir. **-o, a** *a* 1 rempli, e. 2 *tomates rellenos,* tomates farcies. □ *m* 1 remplissage. 2 (cocina) farce *f.*

remachar *t* 1 river. 2 FIG assurer, confirmer. 3 couronner, parfaire.

remangar *t* retrousser.

remanso *m* eau *f* dormante.

remar *i* ramer.

rematado, a *a* achevé, e. I *loco* –, fou à lier.

remat/ar *t* 1 achever. 2 (en una subasta) adjuger. **-e** *m* 1 fin *f.* 2 (de un edificio) couronnement. 3 (en una subasta) adjudication *f.*

remedar *t* imiter.

remediar *t* 1 remédier à. 2 *no pude – el echarme a gritar,* je n'ai pas pu m'empêcher de crier; *no lo puedo* –, je n'y peux rien, c'est plus fort que moi.

remedio *m* 1 remède. 2 *no hay* –, on n'y peut rien; *no hay otro – que,* il n'y a pas d'autre solution que de.

remedo *m* imitation *f.*

remend/ar ° *t* 1 raccommoder. 2 (poner un remiendo) rapiécer.

remero, a *s* rameur, euse.

remes/a *f* envoi *m.* **-ar** *t* envoyer.

remiendo *m* 1 raccommodage. 2 (trozo) pièce *f.*

remilg/o *m* minauderie *f.* **-ado, a** *a* minaudier, ère.

reminiscencia *f* réminiscence.

remisión *f* 1 rémission. 2 (en un escrito) renvoi *m.*

remiso, a *a* réticent, e.

remitente *a/s* expéditeur, trice.

remitir *t* 1 remettre. 2 envoyer. 3 (en un texto) renvoyer. □ *i* faiblir, diminuer. □ *pr* 1 *remitirse a lo decidido,* s'en remettre à ce qui a été décidé. 2 *remítanse a la página dos,* reportez-vous à la page deux.

remo *m* rame *f.*

remojar *t* 1 mettre à tremper. 2 FAM arroser.

remolacha *f* betterave.

remolc/ar *t* remorquer. **-ador** *m* remorqueur.

remolino *m* 1 tourbillon. 2 (de pelo) épi.

remolón, ona *a/s* lambin, e.

remolque *m* remorque *f.*

remont/ar *t* (dificultades) surmonter. □ *pr* 1 s'élever. 2 *remontarse al siglo doce,* remonter au douzième siècle.

remoquete *m* (apodo) sobriquet.

rémora *f* FIG obstacle *m.*

remordimiento *m* remords.

remot/o, a *a* lointain, e, éloigné, e. **-amente** *adv* vaguement.

remover ° *t* 1 remuer: *¡ remueva el café!,* remuez votre café! 2 (trasladar) déplacer.

remozar *t* rajeunir.

remuner/ar *t* rémunérer. **-ación**

f rémunération.

renac/er ° *i* renaître. **-imiento** *m* renaissance *f*.

renacuajo *m* têtard.

Renato, a *n p* René, e.

rencilla *f* discorde, mésentente.

rencor *m* rancune *f*. | *guardar* —, en vouloir ; *no me guardes* —, ne m'en veux pas. **-oso, a** *a* rancunier, ère.

rendición *f* reddition.

rendido, a *a* 1 soumis, e, empressé, e. 2 (cansado) épuisé, e, fourbu, e, à plat.

rendija *f* fente.

rendimiento *m* 1 (de un motor, una fábrica) rendement. 2 soumission *f*.

rendir ° *t* 1 rendre. 2 soumettre. 3 (cansar) épuiser, mettre à plat. □ *i tierra que rinde poco*, terre qui rend peu. □ *pr* se rendre.

reneg/ar ° *i* 1 — *de su fe*, renier sa foi. 2 jurer. **-ado, a** *a/s* renégat, e.

renglón *m* 1 ligne *f*. | FAM *a* — *seguido*, aussitôt après, aussi sec. 2 chapitre.

reniego *m* juron.

reno *m* renne.

renombr/e *m* renom. **-ado, a** *a* renommé, e.

renov/ar ° *t* 1 renouveler. 2 rénover. **-ación** *f* renouvellement *m*.

rent/a *f* 1 rente : — *vitalicia*, rente viagère. 2 revenu *m* : — *per cápita*, revenu par habitant. 3 (arrendamiento) loyer *m*. **-ar** *t* rapporter. **-ario, a** *s* rentier, ère.

renuevo *m* pousse *f*.

renunci/ar *i* renoncer. **-a** *f* renonciation. **-amiento** *m* renoncement.

reñ/ir ° *t* 1 se disputer : *ha reñido con su hermana*, il s'est disputé avec sa sœur. 2 se brouiller, se fâcher : *riñó con su mejor amigo*, il s'est brouillé avec son meilleur ami. □ *t* — *a un niño*, gronder un enfant. **-ido, a** *a* 1 *estamos*

reñidos, nous sommes fâchés. 2 (batalla, etc.) disputé, e, acharné, e.

reo *m/f* accusé, e.

reojo (de) *loc adv* de travers.

reorganiz/ar *t* réorganiser. **-ación** *f* réorganisation.

reóstato *m* rhéostat.

repantigarse *pr* se caler, se vautrer.

reparable *a* réparable.

reparación *f* réparation.

reparador, a *s* réparateur, trice.

repar/ar *t* 1 (notar) remarquer, s'apercevoir. 2 — *en*, faire attention à. **-o** *m* 1 objection *f*. | *poner reparos*, faire des objections, des réserves. 2 gêne *f*.

repartidor *m* livreur.

repart/ir *t* 1 répartir. 2 distribuer. 3 livrer : — *el vino a domicilio*, livrer le vin à domicile. **-o** *m* 1 répartition *f*. 2 (del correo) distribution *f*. 3 — *a domicilio*, livraison *f* à domicile. 4 (teatro, cine) distribution *f*.

repas/ar *t* 1 repasser. 2 (la ropa) raccommoder. **-o** *m* révision *f*. | *dar un* — *a*, jeter un coup d'œil sur.

repatriar *t* rapatrier.

repecho *m* côte *f*, raidillon.

repel/er *t* 1 repousser. 2 répugner, dégoûter. **-ente** *a* repoussant, e.

repent/e *m de* —, soudain, tout à coup. **-ino, a** *a* soudain, e.

repentizar *t* déchiffrer.

repercu/tir *i* se répercuter. **-sión** *f* répercussion.

repertorio *m* répertoire.

repetición *f* répétition.

repetidor *m* (radio, televisión) relais.

repetir ° *t* 1 répéter. 2 — *curso*, redoubler une classe. □ *i* 1 *este alumno repite*, cet élève redouble. 2 *el ajo repite*, l'ail revient. □ *pr* se répéter.

repicar *t* sonner. □ *i* caril-lonner.

repintar *t* repeindre.

repipi *a* FAM bêcheur, euse.

repiquetear *i* (campanas) carillonner.

repisa *f* 1 console. 2 (estante) tablette.

replegar ° *t* replier.

repleto, a *a* 1 plein, e : *bar — de gente*, bar plein de monde. 2 (ahíto) repu, e.

réplica *f* réplique.

replicar *t* répliquer.

repliegue *m* repli.

replobl/ar ° *t* 1 repeupler. 2 (de árboles) reboiser. **-ación** *f* 1 repeuplement *m*. 2 *—forestal*, reboisement *m*.

repollo *m* chou pommé.

reponer ° *t* 1 remettre. 2 rétablir. 3 répliquer. □ *pr* se remettre.

reportaje *m* reportage.

reportar *t* (proporcionar) apporter. □ *pr* se calmer.

reportero *m* reporter.

repos/ar *i* reposer, se reposer. **-ado, a** *a* calme.

reposición *f* 1 remise en place. 2 (teatro, cine) reprise.

reposo *m* repos.

reposter/ía *f* pâtisserie. **-o, a** *s* pâtissier, ère.

repren/der *t* réprimander. **-sible** *a* répréhensible. **-sión** *f* réprimande.

represa *f* barrage *m*.

represalia *f* représaille.

representación *f* représentation.

representante *s* représentant, e.

represent/ar *t* 1 représenter. 2 *representa tener unos cuarenta años*, il semble avoir, il fait dans les quarante ans. **-ativo, a** *a* représentatif, ive.

represión *f* 1 répression. 2 (instinto, pasión) refoulement *m*.

reprimenda *f* réprimande.

reprimir *t* 1 réprimer. 2 (instinto, pasión) refouler.

reprise *m* reprise *f*.

reprob/ar ° *t* réprouver. **-ación** *f* réprobation.

reproch/ar *t* reprocher. **-e** *m* reproche.

reproduc/ir ° *t* reproduire. **-ción** *f* reproduction. **-tor, a** *a/m* reproducteur, trice.

rept/ar *i* ramper. **-il** *m* reptile.

re/pública *f* république. **-publicano, a** *a/s* républicain, e.

repudiar *t* répudier.

repuesto *m* 1 provision *f* pl. 2 pièce *f* de rechange. I *de —*, de rechange ; *rueda de —*, roue de secours.

repugn/ar *t* répugner. **-ancia** *f* répugnance. **-ante** *a* répugnant, e.

repujar *t* repousser.

repulgo *m* 1 (tela) ourlet. 2 rebord.

repuls/a *f* 1 rejet *m*. 2 réprobation, désapprobation. **-ión** *f* répulsion. **-ivo, a** *a* répugnant, e.

repuse, etc. ⇒ **reponer.**

reput/ar *t* juger. **-ación** *f* réputation.

requebrar ° *t* courtiser.

requemar *t* 1 brûler. 2 (la tez) hâler.

requer/ir ° *t* requérir, demander : *eso requiere tiempo*, cela demande du temps. **-imiento** *m* sommation *f*.

requesón *m* fromage blanc.

requiebro *m* compliment.

réquiem *m* requiem.

requis/a *f* 1 inspection. 2 réquisition. **-ar** *t* réquisitionner. **-ición** *f* réquisition.

requisito *m* 1 condition *f*. 2 formalité *f*.

res *f* bête : *— vacuna*, bête à cornes.

resabio *m* 1 (sabor desagradable) arrière-goût. 2 vice.

resaca *f* 1 ressac *m*. 2 FAM *tener —*, avoir la gueule de bois.

resalt/ar *i* ressortir. **-o** *m* saillie *f*.

resarc/ir *t* dédommager.
-imiento *m* dédommagement.

resbal/ar *i* glisser. □ *pr me resbalé con una piel de plátano*, j'ai glissé sur une peau de banane. **-adizo, a** *a* glissant, e. **-ón** *m* 1 glissade *f*. 2 (desliz) faux pas.

rescat/ar *t* 1 racheter. 2 (libertar) délivrer. 3 sauver. 4 (a un náufrago) repêcher. **-e** *m* 1 rachat. 2 (de personas en peligro) sauvetage. 3 (dinero) rançon *f*.

rescindir *t* résilier.

rescoldo *m* 1 braise *f*. 2 FIG lueur *f*.

resecar *t* dessécher.

resent/irse ° *pr* 1 se ressentir. 2 *— con alguien*, en vouloir à quelqu'un. **-ido, a** *a* amer, ère. **-imiento** *m* ressentiment.

reseña *f* 1 notice. 2 compte rendu *m*.

reserva *f* 1 réserve : *de —*, en réserve. 2 (en el tren, avión) réservation.

reservar *t* 1 réserver. 2 (habitación en un hotel, mesa, etc.) retenir.

resfri/arse *pr* s'enrhumer. **-ado** *m* rhume : *coger un —*, attraper un rhume.

resguard/ar *t* garantir. **-o** *m* 1 garantie *f*. 2 (recibo) reçu, récépissé.

resid/ir *i* résider. **-encia** *f* résidence. **-encial** *a* résidentiel, elle. **-ente** *a/s* résidant, e.

residuo *m* résidu.

resign/arse *pr* se résigner. **-ación** *f* résignation.

resin/a *f* résine. **-oso, a** *a* résineux, euse.

resist/ir *i* résister. □ *t* 1 résister à. 2 (aguantar) supporter. □ *pr me resisto a creerlo*, je me refuse à, j'ai du mal à le croire. **-encia** *f* résistance. **-ente** *a* résistant, e.

resma *f* rame.

resolución *f* résolution.

resolver ° *t* 1 résoudre. 2 résoudre de, décider de : *resolví hacerlo*, j'ai

résolu de le faire.

reson/ar ° *i* résonner. **-ancia** *f* 1 résonance. 2 FIG retentissement *m*.

resoplar *i* souffler.

resorte *m* ressort.

respaldo *m* dossier.

respectivo, a *a* respectif, ive.

respecto *m — a, con — a*, en ce qui concerne.

respet/o *m* respect. **-able** *a* respectable. **-ar** *t* respecter. **-uoso, a** *a* respectueux, euse.

resping/o *m* sursaut. | *dar un —*, sursauter. **-ona** *a nariz —*, nez retroussé, en trompette.

respirable *a* respirable.

respiración *f* respiration.

respiradero *m* 1 soupirail. 2 bouche *f* d'aération.

respir/ar *i/t* respirer. **-atorio, a** *a* respiratoire. **-o** *m* répit.

resplandec/er ° *i* resplendir. **-iente** *a* resplendissant, e. **-or** *m* éclat.

responder *t/i* répondre.

responsab/le *a/s* responsable. **-ilidad** *f* responsabilité. **-ilizarse** *pr* assumer la responsabilité.

respuesta *f* réponse.

resquebraj/arse *pr* 1 se fendiller. 2 (barniz) se craqueler. **-adura** *f* craquelure.

resquemor *m* 1 amertume *f*. 2 remords.

resquicio *m* fente *f*.

resta *f* soustraction.

restablec/er ° *t* rétablir. □ *pr se* rétablir. **-imiento** *m* rétablissement.

restallar *i* claquer.

restañar *t* (sangre) étancher.

restar *t* soustraire. □ *i* (quedar) rester.

restauración *f* restauration.

restaurante *m* restaurant.

restaurar *t* restaurer.

restitu/ir ° *t* restituer. **-ción** *f*

restitution.

resto _m_ reste. □ pl _restos mortales,_ dépouille _f sing_ mortelle.

restregar ° _t_ frotter.

restr/ingir _t_ restreindre. **-icción** _f_ restriction. **-ictivo, a** _a_ restrictif, ive.

resucitar _i_ ressusciter.

resuelto, a _a_ résolu, e, décidé, e.

resuello _m_ souffle.

resultas (de) loc _de — de,_ à la suite de.

resultado _m_ résultat.

resultar _i_ 1 résulter. | _resulta que,_ il se trouve que. 2 être : _resultó elegido,_ il a été élu. 3 revenir : _el viaje me ha resultado caro,_ le voyage m'est revenu cher.

resum/ir _t_ résumer. **-en** _m_ résumé: _en —,_ en résumé.

resurrección _f_ résurrection.

retablo _m_ retable.

retahíla _f_ chapelet _m,_ litanie.

retal _m_ coupon.

retama _f_ genêt _m._

retar _t_ provoquer, défier.

retardar _t_ retarder.

retazo _m_ morceau.

retener ° _t_ retenir.

reticen/cia _f_ réticence. **-te** _a_ réticent, e.

retina _f_ rétine.

retintín _m_ 1 tintement. 2 ton impertinent.

retirada _f_ retraite.

retirado, a _a_ retiré, e. □ _a/s_ retraité, e.

retir/ar _t_ retirer. □ _pr_ 1 se retirer. 2 (teléfono) _¡no se retire!,_ ne quittez pas! **-o** _m_ retraite _f._

reto _m_ défi.

retocar _t_ retoucher.

retoño _m_ pousse _f._

retoque _m_ 1 retouche _f._ 2 (del cabello) coup de peigne.

retorcer ° _t_ 1 tordre. 2 (dando muchas vueltas) tortiller.

retórica _f_ rhétorique.

retorno _m_ retour.

retorta _f_ cornue.

retortijón _m_ tortillement.

retozar _i_ s'ébattre.

retractar _t_ rétracter.

retra/erse ° _pr_ se retirer. **-ído, a** _a_ (poco comunicativo) renfermé, e.

retras/ar _t/i_ retarder. □ _pr_ 1 s'attarder, se retarder, se mettre en retard : _me he retrasado en el camino,_ je me suis attardé en route. 2 _disculpe, me he retrasado,_ excusez-moi, je suis en retard. **-ado, a** _a estar —,_ être en retard. □ _a/s_ 1 retardataire. 2 **-o** _m_ retard : _llegar con —,_ arriver en retard.

retrat/ar _t_ 1 faire le portrait de. 2 photographier. **-o** _m_ portrait.

retreparse _pr_ se renverser en arrière.

retrete m _el —,_ les cabinets pl, les toilettes _f pl._

retribu/ir ° _t_ rétribuer. **-ción** _f_ rétribution.

retroactivo, a _a_ rétroactif, ive.

retroce/der _i_ reculer. 2 rétrograder. **-so** _m_ recul.

retrógrado, a _a_ rétrograde.

retrospectivo, a _a/f_ rétrospectif, ive.

retrovisor _m_ rétroviseur.

retruécano _m_ calembour.

retumb/ar _i_ retentir. **-ante** _a_ retentissant, e.

reuma, reumatismo _m_ rhumatisme.

reunión _f_ réunion.

reunir _t_ réunir, rassembler. □ _pr_ 1 se réunir. 2 rejoindre : _me reuniré con ustedes a las seis,_ je vous rejoindrai à six heures.

reválida _f_ examen _m_ de fin d'études.

revalorizar _t_ revaloriser.

revel/ar _t_ 1 révéler. 2 (foto) développer. **-ación** _f_ révélation. **-ado** _m_ (foto) développement. **-ador, a** _a/m_ révélateur, trice.

revender t revendre.

revent/ar ° i 1 crever, éclater. 2 — de risa, mourir de rire. □ t crever. □ pr 1 crever, éclater. 2 FAM (de cansancio) se crever, se claquer. **-ado, a** a (cansado) crevé, e, pompé, e. **-ón** m éclatement.

reverberación f réverbération.

reverbero m réverbère.

reverdecer ° i reverdir.

reveren/cia f révérence **-ciar** t révérer. **-do, a** a/s révérend, e.

reversible a réversible.

revés m revers. | al —, à l'envers.

revest/ir ° t revêtir. **-imiento** m revêtement.

revis/ar t 1 réviser. 2 (billetes) contrôler. **-ión** f révision. **-or** m 1 réviseur. 2 (de billetes) contrôleur.

revista f revue. | pasar — a, passer en revue.

revivir i revivre.

revocar t 1 révoquer. 2 (pared) recrépir, ravaler.

revolcar ° t renverser. □ pr se vautrer.

revolotear i voltiger.

revoltijo m méli-mélo, fatras.

revoltoso, a a turbulent, e.

revoluci/ón f révolution. **-onar** t révolutionner. **-onario, a** a/s révolutionnaire.

revólver m revolver.

revolver ° t 1 remuer. 2 (registrar) fouiller dans. 3 — la casa, mettre la maison sens dessus dessous. □ pr se retourner.

revoque m crépi.

revuelo m 1 vol. 2 FIG agitation f, trouble.

revuelta f 1 (vuelta) détour m. 2 sédition.

revuelto, a a 1 (tiempo, huevo) brouillé. 2 agité, e.

rey m roi. | ni quito ni pongo —, ce n'est pas mon affaire, ça ne me regarde pas.

reyerta f rixe.

reyezuelo m roitelet.

rezagado, a s traînard, e.

rez/ar t dire : — sus oraciones, dire ses prières. □ i prier. **-o** m prière f.

rezongar i ronchonner.

rezumar i suinter : el agua rezuma por las paredes, l'eau suinte le long des murs.

ría f estuaire m, ria.

riachuelo m ruisseau.

riada f 1 crue. 2 inondation.

ribazo m talus.

ribera f rive, rivage m.

ribete m bordure f. □ pl tiene ribetes de artista, il est un peu artiste. **-ar** t border.

ricacho, a s richard, e.

Ricardo n p m Richard.

ricino m ricin.

rico, a a 1 riche. 2 (sabroso) délicieux, euse. 3 (expresión de cariño) mignon, onne. □ s riche.

rid/ículo, a a/m ridicule. **-iculizar** t ridiculiser.

riego m 1 arrosage. 2 irrigation f.

riel m rail.

rienda f rêne. | a — suelta, à bride abattue.

riesgo m risque : con — de, au risque de.

rifa f tombola, loterie.

rigidez f rigidité.

rígido, a a rigide.

rig/or m rigueur f. | en —, en réalité. **-uroso, a** a rigoureux, euse.

rim/a f rime. **-ar** i rimer.

rimbombante a retentissant, e, pompeux, euse.

rimero m tas.

Rin n p m Rhin.

rinc/ón m coin. **-onera** f encoignure.

rinoceronte m rhinocéros.

riña f 1 bagarre. 2 dispute. 3 — de gallos, combat m de coqs.

riñón *m* 1 rein. 2 (cocina) rognon : *riñones de cerdo*, des rognons de porc. 3 FAM *costar un —*, coûter une petite fortune ; *tener el — bien cubierto*, avoir de quoi.

río *m* 1 (que desemboca en otro río) rivière *f.* 2 (que desemboca en el mar) fleuve. I *— arriba, abajo*, en amont, en aval.

ripio *m* 1 (escombros) gravats. 2 (palabrería) remplissage.

riqueza *f* richesse.

risa *f* rire *m* : *me dió la —*, le fou rire m'a pris.

risco *m* rocher.

risible *a* risible.

risotada *f* éclat *m* de rire.

ristra *f* chapelet *m*.

risueño, a *a* riant, e.

ritmo *m* rythme.

rit/o *m* rite. **-ual** *a/m* rituel, elle.

rival *a/s* rival, e. **-idad** *f* rivalité. **-izar** *i* rivaliser.

riz/ar *t* 1 friser : *pelo rizado*, cheveux frisés. 2 (el agua) rider. □ *pr* friser. **-o** *m* boucle *f.* I *tela de —*, tissu-éponge.

róbalo *m* bar.

robar *t* voler.

roblar *t* river.

roble *m* chêne.

roblón *m* rivet.

robo *m* vol.

robot *m* robot.

robust/o, a *a* robuste. **-ez** *f* robustesse.

roca *f* 1 roche. 2 (peñasco) roc *m*, rocher *m*.

roce *m* 1 frôlement. 2 (rozamiento) frottement.

roci/ar *t* arroser. **-ada** *f* 1 aspersion. 2 FIG grêle.

rocín *m* rosse *f.*

rocío *m* rosée *f.*

rocoso, a *a* rocheux, euse.

roda *f* étrave.

rodaballo *m* turbot.

rodada *f* ornière.

rodaja *f* rondelle.

rodaje *m* 1 (de un automóvil) rodage. 2 (de una película) tournage.

rodamiento *m — de bolas*, roulement à billes.

Ródano *n p m* Rhône.

rodar ° *i* 1 rouler. 2 *andar rodando*, traîner. □ *t* 1 (un automóvil) roder. 2 (una película) tourner.

rode/ar *t* entourer. □ *rodearse de*, s'entourer de. **-o** *m* 1 *dar un —*, faire un détour. 2 *andar con rodeos*, tergiverser.

rodilla *f* genou *m* : *de rodillas*, à genoux.

rodillo *m* rouleau.

rododendro, *m* rhododendron.

rodrigón *m* tuteur.

roedor, a *a/s* rongeur, euse.

roer ° ronger.

rogar ° *t* prier : *le ruego que se calle*, je vous prie de vous taire ; *se lo ruego*, je vous en prie ; *hacerse —*, se faire prier. I *se ruega llamen a la puerta*, prière de frapper.

roj/o, a *a* 1 rouge. 2 (pelo) roux, rousse. □ *m* rouge. **-izo, a** *a* rougeâtre.

rollizo, a *a* (persona) dodu, e, potelé, e.

rollo *m* 1 rouleau. 2 FAM *la conferencia era un —*, la conférence était assommante ; *nos soltó un — sobre los incas*, il nous a sorti un blabla sur les Incas ; *no seas —*, ne sois pas casse-pieds.

Roma *n p f* Rome.

romadizo *m* rhume de cerveau.

romana *f* romaine.

romance *m* 1 espagnol, castillan. 2 (poesía) romance.

románico, a *a* roman, e.

romano, a *a/s* romain, e.

romántico, a *a/s* romantique.

rombo *m* losange.

romería *f* 1 pèlerinage *m*. 2 fête.

romo, a *a* émoussé, e.

rompecabezas *m* 1 casse-tête. 2 (juego) puzzle.

rompeolas *m* brise-lames.

romp/er *t* 1 casser, briser : – *un cristal*, casser un carreau. 2 (tela, papel) déchirer. 3 (interrumpir) rompre : – *filas*, rompre les rangs. 4 – *el fuego*, ouvrir le feu. □ *i* 1 – *a*, se mettre à : *rompió a reir*, il se mit à rire. 2 rompre : *estos novios han roto*, ces fiancés ont rompu. □ *pr* se casser. **-iente** *m* brisant. **-imiento** *m* rupture *f*.

ron *m* rhum.

roncar *i* ronfler.

ronco, a *a* 1 rauque. 2 que padece ronquera) enroué, e.

roncha *f* bouton *m*.

rond/a *f* 1 ronde. 2 (del cartero, convidada) tournée. **-ar** *i* faire des rondes. □ *t* 1 – *la calle*, faire les cent pas. 2 FIG guetter.

ronquera *f* enrouement *m*.

ronquido *m* ronflement.

ronron/ar *i* ronronner. **-o** *m* ronronnement.

ronzal *m* licou.

roñ/a *f* 1 crasse. 2 (avaricia) ladrerie, pingrerie. **-oso, a** *a* 1 ladre, pingre, radin, e.

ropa *f* 1 vêtements *m pl.* 2 linge *m* : – *blanca, de casa*, linge de maison ; – *interior*, linge de corps. I – *de cama*, literie ; – *hecha*, confection. 3 *a quema –*, à brûle-pourpoint.

ropavejero, a *s* fripier, ère.

ropero *m* 1 armoire *f*. 2 penderie *f*.

ros/a *f* rose. I *verlo todo color de –*, voir tout en rose. **-ado, a** *a* rosé, e. **-al** *m* rosier.

rosario *m* 1 chapelet. 2 rosaire.

rosbif *m* rosbif.

rosc/a *f* 1 vis. I FIG *pasarse de –*, dépasser les bornes. 2 (pan) couronne. 3 (carnosidad) bourrelet *m*. 4 FAM *hacer la – a*, faire de la lèche à. **-o** *m* FAM zéro. **-ón** *m*

– *de Reyes*, galette *f* des Rois.

rosetón *m* rosace *f*.

rosquilla *f* gâteau *m* en forme de couronne.

rostro *m* visage.

rota/ción *f* rotation. **-tivo, a** *a* rotatif, ive. □ *m* journal.

roto, a *p p* de **romper.**

rotonda *f* rotonde.

rotor *m* rotor.

rótula *f* rotule.

rotulador *m* crayon-feutre.

rótulo *m* 1 (de tienda) enseigne *f*. 2 (placa) panonceau. 3 étiquette *f*.

rotund/o, a *a* catégorique. **-amente** *adv* catégoriquement, formellement.

rotura *f* 1 (tubería, etc.) rupture. 2 (parabrisas) bris *m*. 3 (tela) déchirure.

roturar *t* défricher.

rozadura *f* 1 éraflure. 2 (en la piel) écorchure.

rozagante *a* fringant, e.

rozar *t* 1 frôler. 2 (raspar ligeramente) érafler. □ *i* frotter.

Ruán *n p* Rouen.

rubéola *f* rubéole.

rubí *m* rubis.

rubia *f* garance.

rubicundo, a *a* rubicond, e.

rubio, a *a/s* blond, e.

rubor *m* rougeur *f*. **-izarse** *pr* rougir.

rúbrica *f* 1 rubrique. 2 (firma) paraphe *m*.

rubricar *t* 1 parapher. 2 signer.

rucio, a *a* gris, e. □ *m* âne.

rudeza *f* rudesse.

rudiment/o *m* rudiment. **-ario, a** *a* rudimentaire.

rudo, a *a* rude.

rueda *f* 1 roue. 2 (corro) ronde. 3 (tajada) tranche. 4 (de molino) meule. 5 – *de prensa*, conférence de presse.

ruedo *m* 1 bord. 2 (plaza de toros) arène *f*. 3 (estera) paillasson.

ruega, etc. ⇒ **rogar.**

ruego *m* prière *f*.

rugby *m* rugby.

rug/ir *i* rugir. **-ido** *m* rugissement.

rugos/o, a *a* rugueux, euse. **-idad** *f* rugosité.

ruibarbo *m* rhubarbe *f*.

ruid/o *m* bruit : meter −, faire du bruit. **-oso, a** *a* bruyant, e.

ruin *a* 1 vil, e. 2 mesquin, e.

ruin/a *f* ruine. **-oso, a** *a* 1 (edificio) délabré, e. 2 (que arruina) ruineux, euse.

ruiseñor *m* rossignol.

ruleta *f* roulette.

rulo *m* rouleau.

Rumania *n p f* Roumanie.

rumano, a *a/s* roumain, e.

rumbo *m* 1 route *f*, cap : hacer − a, mettre le cap sur. 2 direction *f* : con − a, en direction

de. 3 (ostentación) faste. 4 largesse *f*, générosité *f*.

rumi/ar *i/t* ruminer. **-ante** *m* ruminant.

rumor *m* 1 rumeur *f*. 2 corre el −, le bruit court. **-ear** *impers se rumorea*, le bruit court. **-oso, a** *a* murmurant, e.

runrún *m* rumeur *f*.

rupestre *a* rupestre.

ruptura *f* rupture.

rural *a* rural, e : *los medios rurales*, les milieux ruraux.

Rusia *n p f* Russie.

ruso, a *a/s* russe.

rústico, a *a* 1 rustique. 2 *en rústica*, broché, e.

ruta *f* 1 route, itinéraire *m*. 2 FIG chemin *m*, voie.

rutilante *a* rutilant, e.

rutin/a *f* routine. **-ario, a** *a* routinier, ère.

S

s |ese| *f* s *m* : *una* —, un s.

sábado *m* samedi.

sábana *f* drap *m*.

sabana *f*.savane.

sabandija *f* bestiole.

sabañón *m* engelure *f*.

sabedor, a a *ser* — *de*, être au courant de.

¹saber º *t* savoir : *no sé,* je ne sais pas ; *¿ quién sabe ?,* qui sait ? ; *nunca lo supo,* il ne l'a jamais su. | *a* —, à savoir. □ *i* | — *a,* avoir un goût de : *este jarabe sabe a frambuesa,* ce sirop a un goût de framboise. **2** — *de alguien,* avoir des nouvelles de quelqu'un. **3** — *de,* connaître : *sé de gente que...,* je connais des gens qui... □ *pr me sé tu dirección de memoria,* je sais, je connais ton adresse par cœur.

²saber *m* savoir.

sabido, a a *es* — *que,* il est bien connu que.

sabiduría *f* **1** savoir *m*. **2** (ciencia) sagesse.

sabiendas (a) *loc adv* sciemment.

sabihondo, a *a/s* pédant, e.

sabio, a *a/s* savant, e.

sabl/e *m* sabre. **-azo** *m* **1** coup de sabre. **2** FAM *dar un* — *a un amigo,* taper un ami. **-ista** *s* tapeur, euse.

sabor *m* saveur *f*, goût : *un* — *a menta,* un goût de menthe. **-ear** *t* savourer.

sabot/ear *t* saboter. **-aje** *m* sabotage.

Saboya *n p f* Savoie.

sabroso, a *a* savoureux, euse.

sabueso *m* (policia) fin limier.

saca *f* extraction.

sácacorchos *m* tire-bouchon.

sacamanchas *m* détachant.

sacamuelas *m* arracheur de dents.

sacapuntas *m* taille-crayon.

sacar *t* **1** tirer : — *la lengua, una conclusión,* tirer la langue, une conclusion. **2** sortir : — *el coche del garaje,* sortir la voiture du garage. **3** (quitar) ôter. **4** (muela) arracher. **5** (foto, billete) prendre : *saqué una foto de la catedral,* j'ai pris une photo de la cathédrale. **6** (premio) gagner. **7** (un problema) résoudre. **8** — *a bailar,* inviter à danser ; — *de sí,* mettre hors de soi. **9** (tenis) servir ; (fútbol) botter. □ *sacarse una muela,* se faire arracher une dent.

sacarina *f* saccharine.

sacerdo/cio *m* sacerdoce. **-tal** *a* sacerdotal, e. **-te** *m* prêtre.

saci/ar *t* rassasier. **-edad** *f* satiété : *hasta la* —, à satiété.

saco *m* **1** sac. | — *de dormir,* sac de couchage. **2** (chaqueta) veste *f*.

sacramento *m* sacrement.

sacrific/ar *t* sacrifier. **-io** *m* sacrifice.

sacrilegio *m* sacrilège.

sacrílego, a *a* sacrilège.

sacrist/án *m* sacristain. **-ía** *f* sacristie.

sacro, a *a* sacré, e.

sacudida *f* secousse.

sacudir *t* **1** secouer. **2** (golpear) battre. **3** FAM — *un golpe,* flanquer un coup.

sádico, a/s sadique.

sadismo *m* sadisme.

saeta *f* flèche.

sag/az *a* sagace. **-acidad** *f* sagacité.

sagrado, a *a* **1** sacré, e : *Sagrado Corazón,* Sacré-Cœur. **2** saint, e : *la Sagrada Familia,* la sainte Famille.

sagrario *m* tabernacle.

sahariano, a *a/f* saharien, enne.

sainete *m* saynète *f*.

saíno *m* pécari.

sajar *t* inciser.

sajón, ona *a/s* saxon, one.

Sajonia *n p f* Saxe.

¹sal *f* 1 sel *m*. 2 (garbo) charme *m*.

²sal ⇒ **salir**.

sala *f* 1 salle : — *de espera*, salle d'attente. I — *de fiestas*, cabaret *m*. 2 salon *m*.

saladero *m* saloir.

salado, a *a* 1 salé, e. 2 FIG drôle.

Salamanca *n p* Salamanque.

salar *t* saler.

salario *m* salaire.

salaz *a* lascif, ive.

salazón *f* salaison.

salchich/a *f* saucisse. **-ería** *f* charcuterie. **-ero, a** *s* charcutier, ère. **-ón** *m* saucisson.

sald/ar *t* solder. **-o** *m* solde.

saledizo, a *a* en saillie. □ *m* encorbellement.

saler/o *m* 1 salière *f*. 2 FIG charme. 3 esprit. **-oso, a** *a* 1 charmant, e. 2 spirituel, elle.

salfumán *m* acide chlorhydrique.

salga, etc. ⇒ **salir**.

salida *f* 1 sortie : — *de emergencia*, sortie de secours. 2 (de un tren, una carrera) départ *m*. 3 (de un astro) lever *m*. 4 FIG (solución) issue *f*. 5 (venta) débouché *m*. I *producto que tiene una gran —*, produit qui se vend bien. 6 (ocurrencia) mot *m* d'esprit.

saliente *a* saillant, e.

salina *f* marais *m* salant.

salino, a *a* salin, e.

salir ° *i* 1 sortir : — *a la calle, el balcón*, sortir dans la rue, sur le balcon. 2 partir : *el tren sale dentro de cinco minutos*, le train part dans cinq minutes. 3 (un astro) se lever. 4 paraître : *esta revista sale el lunes*, cette revue paraît le lundi.

5 — *bien, mal*, réussir, échouer. 6 — *caro*, revenir, coûter cher ; *la cena me ha salido 500 pesetas*, le dîner m'est revenu à 500 pesetas. 7 — *a*, ressembler à. 8 — *adelante*, s'en tirer. □ *pr* 1 sortir. 2 (rebosar) déborder. 3 fuir : *este cántaro se sale*, cette cruche fuit. 4 *salirse del tema*, sortir, s'écarter du sujet ; *salirse con la suya*, arriver à ses fins. 5 *salirse de la carretera*, quitter la route.

salitre *m* salpêtre.

saliv/a *f* salive. **-ar** *i* 1 saliver. 2 (escupir) cracher. **-azo** *m* crachat.

salmo *m* psaume. **-diar** *t* psalmodier.

salmón *m* saumon.

salmonete *m* rouget.

salmuera *f* saumure.

salobre *a* saumâtre.

salón *m* 1 salon. 2 salle *f* : — *de actos*, salle des fêtes.

salpic/ar *t* éclabousser. **-adura** *f* éclaboussure. **-ón** *m* viande *f* froide en salade.

sals/a *f* sauce : — *de tomate*, sauce tomate. **-era** *f* saucière.

saltacabrillas *m* saute-mouton.

saltador, a *a/s* sauteur, euse.

saltamontes *m* sauterelle *f*.

saltar *i* 1 sauter. 2 (brincar) bondir. □ *t/pr* 1 sauter : *me salté una página*, j'ai sauté une page. 2 *saltarse un semáforo en rojo*, brûler un feu rouge.

salteador *m* brigand.

saltear *t* 1 attaquer. 2 (cocina) faire sauter : *patatas salteadas*, pommes de terre sautées.

saltimbanqui *m* saltimbanque.

salto *m* 1 saut : — *de altura, de longitud, mortal*, saut en hauteur, en longueur, périlleux. 2 bond : *pegar un —*, faire un bond. I *dar saltos*, bondir, sauter. 3 — *de agua*, chute *f* d'eau.

saltón, ona *a* saillant, e.

salubr/e *a* salubre. **-idad** *f*

salubrité.

salud f santé : ¡ a su —!, à votre santé !

saludable a 1 sain, e. 2 salutaire.

salu/dar t saluer. I *salude de mi parte a*, mon bon souvenir à. **-do** m 1 salut. 2 *saludos cordiales, sincères salutations* f; *con los atentos saludos de*, avec les compliments de. **-tación** f salutation.

salva f salve.

salvación f salut m.

salvado m son.

salvador m 1 sauveur : *El Salvador*, le Sauveur. 2 sauveteur.

Salvador (El) n p m (país) le Salvador.

salvaguard/ia f sauvegarde. **-ar** t sauvegarder.

salvaj/e a/s sauvage. **-ismo** m sauvagerie.

salvamanteles m dessous-de-plat.

salvamento m sauvetage.

salvar t 1 sauver. 2 (un obstáculo) franchir. 3 (una dificultad) contourner. □ pr se sauver. I *¡ sálvese quien pueda!*, sauve qui peut !

salvavidas m bouée f de sauvetage. □ a *bote —*, canot de sauvetage ; *chaleco —*, gilet de sauvetage.

salvedad f réserve.

salvia f sauge.

salvo, a a sauf, sauve. I *poner a —*, mettre en lieu sûr. □ *adv* sauf : *todos — él*, tous sauf lui.

salvoconducto m sauf-conduit.

san a saint : — *Pedro*, saint Pierre ; *el día de — Juan*, la Saint-Jean.

sanar t/i guérir.

sanatorio m 1 sanatorium. 2 clinique f.

sanci/ón f sanction. **-onar** t sanctionner. I — *con una multa*, frapper, punir d'une amende.

sancocho m AMER sorte de pot-au-feu.

sandalia f sandale.

sandez f sottise.

sandía f pastèque.

sandio, a a/s sot, sotte.

sandunga f charme m.

sane/ar t assainir. **-amiento** m 1 assainissement. 2 *los saneamientos*, le sanitaire.

sangrar t/i saigner : *le sangra la nariz*, il saigne du nez.

sangre f sang m. I — *fría*, sangfroid ; *a — fría*, de sang-froid ; *encender la —*, exaspérer.

sangría f 1 saignée. 2 sangria, boisson rafraîchissante au vin rouge.

sangriento, a a sanglant, e.

sanguijuela f sangsue.

sanguina f sanguine.

sanguinario, a a sanguinaire.

sanguíneo, a a sanguin, e.

sanidad f service m de santé.

sanitario, a a sanitaire.

sano, a a sain, e : — *y salvo*, sain et sauf.

Santiago n p m Jacques.

santiamén (en un) *loc adv* en un clin d'œil.

santidad f sainteté.

santificar t sanctifier.

santiguarse pr se signer.

santísimo, a a très saint, e.

santo, a a/s saint, e. I ¿ a — de qué ?, en quel honneur ? ; — y bueno, d'accord ; *fiesta de todos los Santos*, Toussaint. □ m 1 fête f : *hoy es mi —*, c'est aujourd'hui ma fête. 2 — y seña, mot de passe.

Santo Domingo n p Saint-Domingue.

santoral m vie f des saints, martyrologe.

santuario m sanctuaire.

santurrón, ona a/s bigot, e.

sañ/a f 1 acharnement m. 2 fureur. **-udo, a** a furieux, euse.

sapo m crapaud.

saque m 1 (tenis) service. 2 (fútbol) dégagement. I — *de* *esquina*, corner. **3** FAM *tener un —*, avoir un joli coup de fourchette.

saque/ar *t* piller. **-o** *m* sac, pillage.

sarampión *m* rougeole *f*.

sarao *m* soirée *f* dansante.

sarc/asmo *m* sarcasme. **-ástico, a** *a* sarcastique.

sardina *f* sardine : *sardinas en aceite*, sardines à l'huile.

sardónico, a *a* sardonique.

sarga *f* serge.

sargento *m* sergent.

sarmiento *m* sarment.

sarn/a *f* gale. **-oso, a** *a/s* galeux, euse.

sarpullido *m* éruption *f* cutanée.

sarro *m* tartre.

sarta *f* chapelet *m*.

sartén *f* poêle.

sastre *m* tailleur.

Satanás *n p m* Satan.

satánico, a *a* satanique.

satélite *a/m* satellite.

satén *m* satin.

sátira *f* satire.

satírico, a *a* satirique.

sátiro *m* satyre.

satisfacción *f* satisfaction.

satisfacer ° *t* satisfaire.

satisfactori/o, a *a* satisfaisant, e. **-amente** *adv* d'une façon satisfaisante.

satisfecho, a *a* satisfait, e. l *— de sí*, content de soi.

satur/ar *t* saturer. **-ación** *f* saturation.

sauce *m* saule : *— llorón*, saule pleureur.

saúco *m* sureau.

sauna *f* sauna *m*.

savia *f* sève.

saxófono *m* saxophone.

saya *f* jupe.

saz/ón *f* **1** maturité. l *en —*, mûr, e. **2** *a la —*, alors. **3** goût *m*. **-onar** *t* assaisonner.

se *pron* **1** se, s' : *— levanta*, il se lève. **2** (+ usted, ustedes) vous : *siéntese usted*, asseyez-vous. **3** (delante de lo, la, los, las) lui, leur : *— lo diré*, je le lui dirai. **4** on : *— oían ruidos*, on entendait des bruits ; *cuando — está cansado*, quand on est fatigué.

sé ⇒ **saber, ser.**

sea, etc. ⇒ **ser.**

sebo *m* suif.

secador *m* **1** séchoir. **2** sèche-cheveux.

secano *m* terrain sec.

secante *a/m* siccatif, ive. l *papel —*, buvard.

secar *t* **1** sécher. **2** *— los platos*, essuyer la vaisselle. □ dessécher. □ *pr* **1** sécher. **2** (pozo, fuente) tarir.

sección *f* **1** section. **2** (dibujo) *— de un motor*, coupe d'un moteur. **3** (en un almacén) rayon *m* : *la — de perfumería*, le rayon de parfumerie.

secesión *f* sécession.

seco, a *a* sec, sèche. l *a secas*, tout court ; *en —*, à sec ; *pararse en —*, s'arrêter net.

secreción *f* sécrétion.

secretari/o, a *a s* secrétaire. □ *f* (oficina) secrétariat *m*. **-ado** *m* secrétariat.

secretear *i* faire des messes basses, chuchoter.

secreter *m* secrétaire.

secreto, a *a/m* secret, ète.

secta *f* secte.

sector *m* secteur.

secuaz *s* partisan.

secuencia *f* séquence.

secuestr/ar *t* **1** séquestrer. **2** (periódico, libro) saisir. **3** (raptar) enlever, kidnapper. **4** (un avión) détourner. **-ador** *m* **1** ravisseur. **2** *— aéreo*, pirate de l'air. **-o** *m* **1** séquestration *f*. **2** saisie *f*. **3** (rapto) enlèvement. **4** *— aéreo*, détournement d'avion.

secular *a* **1** séculaire. **2** (seglar)

séculier, ère.

secundar t seconder.

secundario, a a secondaire.

¹**sed** f soif : *tengo mucha* —, j'ai très soif.

²**sed** ⇒ **ser**.

sed/a f soie. **-al** m ligne f.

sedante m sédatif.

sede f siège m : *la Santa Sede*, le Saint-Siège.

sedentario, a a sédentaire.

sedici/ón f sédition. **-oso, a** a séditieux, euse.

sediento, a a assoiffé, e.

sediment/o m sédiment. **-ario, a** a sédimentaire.

sedoso, a a soyeux, euse.

seduc/ir ° t séduire. **-ción** f séduction. **-tor, a** a séduisant, e, séducteur, trice. □ m séducteur.

seg/ar ° t faucher. **-ador** m faucheur. **-adora** f moissonneuse.

seglar a séculier, ère.

segmento m segment.

segreg/ar t 1 séparer. 2 (una secreción) sécréter. **-ación** f ségrégation.

seguida f *en* —, tout de suite ; aussitôt après. **-mente** adv aussitôt après.

seguido, a a 1 continu, e. 2 *cinco días seguidos*, cinq jours de suite. □ adv tout droit : *ir todo* —, aller tout droit.

seguir ° t 1 suivre : *sígame*, suivez-moi. 2 poursuivre. □ i — *leyendo*, continuer à lire ; — *en la misma postura*, rester dans la même position ; *sigue en el hospital*, il est toujours à l'hôpital ; *seguimos sin noticias de él*, nous sommes toujours sans nouvelles de lui.

según prep 1 selon, d'après : — *él*, d'après lui ; — *dijo el médico*, d'après ce qu'a dit le médecin. 2 comme. 3 à mesure que. 4 (en respuestas) c'est selon, ça dépend.

segundo, a a deuxième, second, e.

□ m 1 (jerarquía) second. 2 (tiempo) seconde f : *vuelvo en un* —, je reviens dans une seconde. □ f seconde.

segundón m cadet.

segur f hache.

seguramente adv sûrement.

seguridad f sécurité, sûreté : *cinturón de* —, ceinture de sécurité ; *cerradura de* —, serrure de sûreté.

seguro, a a sûr, e. □ m 1 assurance f : — *contra accidentes*, assurance contre les accidents ; — *de vida*, assurance-vie. 2 (dispositivo) cran de sûreté. 3 *a buen* —, sûrement, à coup sûr.

seis a/m six. I *son las* —, il est six heures. **-cientos** a/m six cents.

seísmo m séisme.

selec/ción f 1 sélection. 2 choix m. **-cionar** t sélectionner. **-to** a choisi, e.

selva f forêt.

sellar t 1 sceller. 2 (una carta) cacheter.

sello m 1 (de correos) timbre. 2 (de documento oficial) sceau. 3 (marca, medicina) cachet.

semáforo m 1 sémaphore. 2 (en las calles) feu de signalisation : *un* — *en rojo*, un feu rouge.

seman/a f semaine. I *fin de* —, week-end. **-al** a hebdomadaire. **-ario** m hebdomadaire.

semántico, a a/f sémantique.

semblante m 1 visage, mine f. 2 aspect.

semblanza f notice biographique.

sembr/ar ° t semer. **-ado** m champ ensemencé, semis. **-ador, a** s semeur, euse.

semejante a/s semblable. I *no creo* — *mentira*, je ne crois pas un tel mensonge.

semejanza f ressemblance.

semental m étalon.

semestr/e m semestre. **-al** a semestriel, elle.

semicírculo *m* demi-cercle.

semicorchea *f* double croche.

semifinal *f* demi-finale.

semill/a *f* 1 graine. 2 pépin *m*. **-ero** *m* pépinière *f*.

seminar/io *m* séminaire. **-ista** *m* séminariste.

semita *a/s* sémite.

sémola *f* semoule.

Sena *n p m* Seine *f*.

senad/o *m* sénat. **-or** *m* sénateur.

sencill/o, a *a* simple. **-ez** *f* simplicité.

senda *f*, **sendero** *m* sentier *m*.

sendos, as *a* chacun, e, un, une : *llevaban sendas maletas*, ils portaient chacun une valise.

senil *a* sénile. **-idad** *f* sénilité.

seno *m* 1 sein. 2 FIG en el – de, au sein de. 3 (matemáticas) sinus.

sensaci/ón *f* sensation : *causar –*, faire sensation. **-onal** *a* sensationnel, elle.

sensat/o, a *a* sensé, e. **-ez** *f* bon sens *m*.

sensib/le *a* sensible. **-ilidad** *f* sensibilité.

sensual *a* sensuel, elle. **-idad** *f* sensualité.

sentado, a *a* 1 *pan –*, pain rassis. 2 *dar por –*, considérer comme acquis.

sentar ° *t* asseoir. □ *i – bien, mal*, faire du bien, du mal ; (vestido, etc.) aller bien, mal : *este peinado te sienta bien*, cette coiffure te va bien ; (agradar o no) plaire, ne pas plaire. □ *se sentó a la mesa*, il s'est assis à table ; *siéntese*, asseyez-vous.

sentenci/a *f* 1 sentence. 2 (del juez) jugement *m*, arrêt *m*. **-ar** *t* 1 juger. 2 condamner. **-oso, a** *a* sentencieux, euse.

sentido, a *a* sincère, ému, e. □ *m* sens : *buen –*, bon sens. I *perder el –*, perdre connaissance.

sentimental *a* sentimental, e.

sentimiento *m* 1 sentiment. 2 (pena) peine *f*, chagrin, douleur *f*. 3 (pesar) regret.

¹**sentir** ° *t* 1 sentir. 2 (oír) entendre. 3 (experimentar) éprouver, avoir : *– miedo*, avoir peur. 4 regretter : *siento que te vayas*, je regrette que tu t'en ailles ; *lo siento mucho*, je le regrette beaucoup. □ *pr* se sentir : *se siente desgraciado*, il se sent malheureux.

²**sentir** *m* opinion *f*, avis.

seña *f* signe *m* : *le hace señas de que venga*, il lui fait signe de venir. □ *pl* 1 (dirección) adresse *sing* : *mis señas son calle...*, mon adresse est rue... 2 (filiación) signalement *m sing*.

señal *f* 1 signe *m* : *– de la cruz*, signe de croix. 2 marque. 3 preuve. 4 (para avisar) signal *m* : *señales acústicas*, signaux acoustiques. I *señales de tráfico*, panneaux de signalisation. 5 (teléfono) tonalité. 6 (dinero) arrhes *pl*.

señalado, a *a* remarquable, exceptionnel, elle.

señalar *t* 1 marquer. 2 *– con el dedo*, montrer du doigt. 3 signaler, indiquer. □ *pr* se distinguer.

señor *m* 1 seigneur. I *Nuestro Señor*, Notre-Seigneur. 2 monsieur : *el – Gómez*, monsieur Gómez ; *el – director, cura*, monsieur le directeur, monsieur le curé ; *muy –mío*, cher monsieur. 3 *señores, messieurs*. **-a** *a* I señor. I *Nuestra Señora*, Notre-Dame. 2 madame : *la – de Gómez*, madame Gómez ; *la – directora*, madame la directrice ; *muy – mía*, chère madame. 3 *señoras*, mesdames.

señorear *t* dominer.

señorial *a* seigneurial, e, noble.

señorío *m* distinction *f*.

señorita *f* 1 jeune fille. 2 mademoiselle : *la – Ana*, mademoiselle Anne. 3 demoiselle : *dos viejas señoritas*, deux vieilles demoiselles.

señorito *m* 1 monsieur. 2 FAM fils

à papa.

señuelo *m* leurre.

sepa, etc. ⇒ **saber.**

separ/ar *t* séparer. **-ación** *f* séparation. **-adamente** *adv* séparément.

sepelio *m* inhumation *f*.

sepia *f* sépia.

septentrional *a* septentrional, e.

séptico, a *a* septique.

septiembre *m* septembre.

séptimo, a *a/m* septième.

septuagenario, a *a/s* sep- tuagénaire.

sepulcr/o *m* sépulcre, tombeau. **-al** *a* sépulcral, e.

sepult/ar *t* ensevelir. **-ura** *f* sépulture.

sequedad *f* sécheresse.

sequía *f* sécheresse.

séquito *m* 1 suite *f*. 2 cortège.

¹ser *m* être.

²ser ° *i* 1 être : *soy español*, je suis espagnol ; *¿ quién es ?*, qui est-ce ? ; *soy yo*, c'est moi ; *somos cinco*, nous sommes cinq ; *hoy es lunes*, c'est aujourd'hui lundi ; *son las tres*, il est trois heures ; *aquí es*, c'est ici. 2 (+ de) *esta pulsera es de oro*, ce bracelet est en or ; *es de mi madre*, il est à ma mère ; *¿ qué ha sido de él ?*, qu'est-il devenu ? 3 (auxiliaire, sert à former la voix passive) être : *su discurso fue muy aplaudido*, son discours a été très applaudi. 4 (suceder) avoir lieu, se produire, arriver : *a las tres fue el entierro*, l'enterrement a eu lieu à trois heures ; *¿ cómo fue eso ?*, comment cela est-il arrivé ? 5 *a no – que*, à moins que ; *eso es*, c'est ça ; autrement dit ; *o sea que*, c'est-à-dire que ; *sea... sea*, soit... soit. ⇒ **estar.** ⇒ **être.**

sera *f* couffin *m*.

serafín *m* séraphin.

serenar *t* calmer.

serenata *f* sérénade.

serenidad *f* sérénité.

sereno, a *a/m* serein, e. □ *m* veilleur de nuit.

serial *m* feuilleton.

serie *f* série.

seri/o, a *a* sérieux, euse. I *en –*, sérieusement ; *tomar en –*, prendre au sérieux. **-edad** *f* sérieux *m*.

serm/ón *m* sermon. **-onear** *t* sermonner.

serpentear *i* serpenter.

serpentina *f* serpentin *m*.

serpiente *f* serpent *m*.

serrano, a *a* montagnard, e.

serr/ar ° *t* scier. **-ín** *m* sciure *f*. **-ucho** *m* égoïne *f*.

Servia *n p f* Serbie.

servible *a* utilisable.

servicial *a* serviable.

servicio *m* service : *prestar un – a*, rendre un service à. □ *pl* (aseo) toilettes *f*.

servid/or, a *s* serviteur, do- mestique. **-umbre** *f* 1 ser- vitude. 2 domestiques *m pl*.

servil *a* servile. **-ismo** *m* servi- lité *f*.

servillet/a *f* serviette. **-ero** *m* rond de serviette.

servir ° *t/i* 1 servir : *– para*, servir à ; *¿ para qué sirve esto ?*, à quoi ça sert ? I *no – para*, ne pas être fait pour. 2 *¿ en qué puedo servirle ?*, en quoi puis-je vous être utile ? □ *pr* 1 se servir : *me sirvo de un bolí- grafo*, je me sers d'un stylo à bille ; *sírvase usted más*, servez-vous mieux. 2 *sírvase entrar*, veuillez entrer.

sesent/a *a/m* soixante. **-ón, ona** *a/s* sexagénaire.

seseo *m* défaut qui consiste à prononcer le *c* et le *z* comme un *s*.

sesera *f* FAM cervelle.

sesg/ar *t* couper en biais. **-o** *m* 1 *al –*, en biais. 2 tournure *f*.

sesión *f* 1 séance. I *– continua los domingos*, cinéma permanent le dimanche. 2 (período) session.

ses/o *m* cervelle *f*. □ *pl* cervelle

f sing. **-udo, a** *a* sage.

seta *f* champignon *m.*

setecientos, as *a/m* sept cents.

setent/a *a/m* soixante-dix. **-ón,
ona** *a/s* septuagénaire.

seto *m* haie *f.*

seudónimo *m* pseudonyme.

sever/o, a *a* sévère. **-idad** *f*
sévérité.

Sevilla *n p f* Séville.

sexagenario, a *a/s* sexagénaire.

sexagésimo, a *a/s* soixantième.

sexo *m* sexe.

sexto, a *a/s* sixième.

sexual *a* sexuel, elle. **-idad** *f*
sexualité.

¹si *m* MÚS si.

²si *conj* si, s' : *— yo fuera más
joven,* si j'étais plus jeune. I *— bien,*
bien que ; *— no,* sinon.

³si *pron pers* **1** soi : *volver en —,*
revenir à soi ; *de por —,* en soi. **2**
lui, elle, eux, elles : *lo quiere todo
para —,* il veut tout pour lui.

⁴sí *adv* **1** oui : *ni — ni no,* ni oui ni
non. **2** (respondiendo a una nega-
ción o duda) si. I *claro que —,* mais
oui, mais si. □ *m* oui.

siamés, esa *a/s* siamois, e.

Siberia *n p f* Sibérie.

siberiano, a *a/s* sibérien, enne.

Sicilia *n p f* Sicile.

sicomoro *m* sycomore.

sideral *a* sidéral, e.

siderurgia *f* sidérurgie.

sido *p p* de **ser.**

sidra *f* cidre *m.*

siega *f* moisson.

siembra *f* semailles *pl.*

siempre *adv* toujours : *para —,*
pour toujours. I *— que,* du moment
que ; (cada vez) chaque fois que.

siempreviva *f* immortelle.

sien *f* tempe.

sierra *f* **1** scie. **2** chaîne de
montagne. **3** montagne.

siervo, a *s* serf, serve.

siesta *f* sieste : *dormir la —,* faire

la sieste.

siete *a/m* sept. I *son las —,* il est
sept heures.

sifón *m* **1** siphon. **2** eau *f* de Seltz.

siga, etc. ⇒ **seguir.**

sigil/o *m* secret. **-oso, a** *a*
discret, ète.

sigla *f* sigle *m.*

siglo *m* siècle : *en el — veinte,* au
vingtième siècle.

signific/ar *t* signifier. **-ación** *f,*
-ado *m* signification *f.* **-ativo, a**
a significatif, ive.

signo *m* **1** signe **2** *— de
admiración, de interrogación,*
point d'exclamation, d'interrogation.

sigo, sigue ⇒ **seguir.**

siguiente *a* suivant, e. I *al día
— de morir,* le lendemain de sa
mort.

silb/ar *i* siffler. **-ato** *m* sifflet.
-ido *m* sifflement.

silenciador *m* silencieux.

silenciar *t* passer sous silence,
taire.

silenci/o *m* silence : *guardar —,*
garder le silence. **-oso, a** *a*
silencieux, euse.

silex *m* silex.

silo *m* silo.

silueta *f* silhouette.

silvestre *a* sylvestre.

silla *f* **1** chaise. I *— de inválido,*
fauteuil *m* roulant. **2** *— de montar,*
selle.

sillar *m* pierre *f* de taille.

sillín *m* selle *f.*

sillón *m* fauteuil.

sima *f* abîme *m.*

simbólico, a *a* symbolique.

simbolizar *t* symboliser.

símbolo *m* symbole.

sim/etría *f* symétrie. **-étrico, a** *a*
symétrique.

simiente *f* semence.

símil *m* comparaison *f.*

simil/ar *a* similaire. **-itud** *f*

similitude.

simio *m* singe.

simp/atía *f* sympathie. **-ático**, a *a* sympathique. **-atizar** *i* sympathiser.

simpl/e *a* 1 simple. 2 (bobo) naïf, naïve. **-eza** *f* naïveté, sottise. **-icidad** *f* simplicité. **-ificar** *t* simplifier.

simulacro *m* simulacre.

simular *i* simuler.

simultáneo, a *a* simultané, e.

sin *prep* 1 sans. 2 (+ infinitivo) *zona — edificar*, zone non bâtie ; *mercancías — vender*, marchandises invendues.

sinagoga *f* synagogue.

sincer/o, a *a* sincère. **-idad** *f* sincérité.

síncopa *f* syncope.

síncope *m* syncope *f : padecer un —*, avoir une syncope.

sincronizar *t* synchroniser.

sindical *a* syndical, e. **-ismo** *m* syndicalisme. **-ista** *s* syndicaliste.

sindicarse *pr* se syndiquer.

sindicato *m* syndicat.

sinecura *f* sinécure.

sinfonía *f* symphonie.

singular *a/m* singulier, ère. **-idad** *f* singularité. **-izarse** *pr* se singulariser.

siniestr/o, a *a* 1 (funesto) sinistre. 2 (izquierdo) gauche. ☐ *m* sinistre. **-ado**, a *s* sinistré, e.

sinnúmero *m* grand nombre.

¹sino *m* sort, destin.

²sino *conj* 1 (pero) mais. 2 (salvo) sauf, si ce n'est. 3 *no quiero — que digas sí o no*, je veux simplement que tu dises oui ou non.

sinónimo, a *a/m* synonyme.

sinsabor *m* ennui.

sintaxis *f* syntaxe.

síntesis *f* synthèse.

sintético, a *a* synthétique.

síntoma *m* symptôme.

sinuos/o, a *a* sinueux, euse.

-idad *f* sinuosité.

sinvergüenza *s* 1 voyou *m*. 2 crapule *f*.

siquiera *adv* au moins : *dame — tu número de teléfono*, donne-moi au moins ton numéro de téléphone. I *ni —*, pas même.

sirena *f* sirène.

sirga *f* halage *m*.

Siria *n p f* Syrie.

sirio, a *a/s* syrien, enne.

sirva, etc. ⇒ **servir**.

sirviente, a *s* serviteur, servante.

sis/a *f* 1 emmanchure. 2 menus profits *m pl*. **-ar** *t* soutirer, carotter.

sisear *i* siffler.

sistem/a *m* système. **-ático**, a *a* systématique.

sitiar *t* assiéger.

sitio *m* 1 place *f : hay —*, il y a de la place. 2 endroit : *un — tranquilo*, un endroit tranquille. I *en cualquier —*, n'importe où. 3 MIL siège : *estado de —*, état de siège.

situación *f* situation.

situar *t* 1 situer. 2 (colocar) placer.

slogan *m* slogan.

¹so *prep* sous.

²so *interj* FAM espèce de : *¡ — idiota!*, espèce d'idiot !

soba *f* FAM volée.

sobaco *m* aisselle *f*.

sob/ar *t* 1 pétrir. 2 (manosear) tripoter. **-ado**, a *a* 1 *tema —*, sujet rebattu. 2 *traje —*, costume élimé.

soberan/o, a *a/s* souverain, e. **-ía** *f* souveraineté.

soberbia *f* orgueil *m*.

soberbio, a *a* superbe.

sobornar *t* suborner.

sobra *f* reste *m*. I *de —*, largement.

sobradillo *m* auvent.

sobrado, a *a estar — de dinero*, avoir de l'argent plus qu'il n'en faut.

sobrante *a* restant, e.

sobrar _i_ **1** avoir en trop. **2** être en trop. **3** (quedar) rester.

¹**sobre** _prep_ **1** sur. **2** (por encima de) au-dessus de. **3** aproximadamente) environ. **4** — _las seis,_ vers six heures. **5** — _todo,_ surtout.

²**sobre** _m_ (de carta) enveloppe _f._

sobreabundancia _f_ surabondance.

sobrealimentar _t_ suralimenter.

sobrecama _f_ dessus-de-lit _m._

sobrecarg/ar _t_ surcharger. **-a** _f_ surcharge.

sobrecito _m_ sachet.

sobrecoger _t_ saisir, surprendre.

sobreentender ° _t_ sous-entendre.

sobreexitar _t_ surexciter.

sobrehumano, a _a_ surhumain, e.

sobrellevar _t_ supporter, endurer.

sobremanera _adv_ excessivement, extrêmement.

sobremesa _f de_ —, après le repas.

sobrenadar _i_ surnager.

sobrenatural _a_ surnaturel, elle.

sobrenombre _m_ surnom.

sobrentender ° _t_ sous-entendre.

sobrepasar _t_ surpasser.

sobreponer ° _t_ superposer.

sobrepujar _t_ surpasser, dépasser.

sobresaliente _m_ (en los exámenes) mention _f_ très bien.

sobresalir ° _i_ **1** dépasser. **2** FIG se distinguer.

sobresalt/arse _pr_ sursauter. **-o** _m_ **1** soubresaut. **2** alarme _f._

sobretodo _m_ pardessus.

sobrevenir ° _i_ survenir.

sobreviv/ir _i_ survivre. **-iente** _a/s_ survivant, e.

sobrevolar _t_ survoler.

sobriedad _f_ sobriété.

sobrino, a _s_ neveu, nièce.

sobrio, a _a_ sobre.

socaliña _f_ ruse.

socarr/ón, ona _a_ sournois, e. **-onería** _f_ sournoiserie.

socav/ar _t_ **1** creuser. **2** FIG saper.

-ón _m_ **1** excavation _f._ **2** (hundimiento) affaissement.

sociable _a_ sociable.

social _a_ social, e. **-ismo** _m_ socialisme. **-ista** _a/s_ socialiste.

sociedad _f_ société.

socio, a _s_ **1** associé, e. **l** — _capitalista,_ associé. **2** sociétaire.

sociología _f_ sociologie.

socorrer _t_ secourir.

socorrido, a _a_ passe-partout.

socorro _m_ secours. **l** ¡_socorro!,_ au secours !

soda _f_ soda _m._

soez _a_ grossier, ère.

sofá _m_ canapé, sofa.

Sofía _n p f_ Sophie.

sofisticado, a _a_ sophistiqué, e.

sofoc/ar _t_ **1** suffoquer. **2** (apagar) étouffer. **-ación** _f_ étouffement _m._ **-ante** _a_ étouffant, suffocant, e. **-o** _m_ contrariété _f._

sofr/eir ° _t_ faire revenir. **-ito** _m_ coulis.

soga _f_ corde.

soja _f_ soja _m._

¹**sol** _m_ soleil. **l** _de — a —,_ du lever au coucher du soleil.

²**sol** _m_ MÚS sol.

solador _m_ carreleur.

solana _f_ véranda.

solapa _f_ revers _m._

solapado, a _a_ sournois, e.

¹**solar** _a_ solaire.

²**solar** _m_ terrain à bâtir, terrain vague.

solariega _a casa_ —, manoir _m._

solazar _t_ distraire.

soldado _m_ soldat.

sold/ar ° _t_ souder. **-adura** _f_ soudure.

soledad _f_ solitude.

solemn/e _a_ solennel, elle. **-idad** _f_ solennité.

soler ° _i_ **1** avoir l'habitude, coutume de : _suelo acostarme temprano,_ j'ai l'habitude de me coucher tôt. **2** *aquí suele llover mucho*, ici, il pleut généralement beaucoup.

solera *f* **1** (viga) solive. **2** tradition. *l vino de —*, vin vieux.

solf/a *f* solfège *m*. **-eo** *m* solfège.

solicitar *t* **1** solliciter. **2** demander.

solícito, a *a* empressé, e.

solicitud *f* **1** sollicitude. **2** (escrito) demande.

solidari/dad *f* solidarité. **-zarse** *pr* se solidariser.

solidez *f* solidité.

solidificar *t* solidifier.

sólido, a *a/m* solide.

solista *s* soliste.

solitario, a *a/s* solitaire.

solito, a *a* tout seul, toute seule.

soliviantar *t* exciter.

solo, a *a* seul, e. *l a solas*, tout seul, toute seule. □ *m* solo.

sólo *adv* seulement : *no — ... sino*, non seulement... mais. *l tan —*, seulement ; *con — pensarlo*, rien que d'y penser.

solomillo *m* faux-filet, aloyau.

soltar ° *t* **1** lâcher : *¡suélteme !*, lâchez-moi ! ; *— una tontería*, lâcher une bêtise. **2** (lo atado) détacher. □ *pr* **1** se détacher. **2** lâcher. **3** FIG se dégourdir, se débrouiller. **4** *soltarse a*, se mettre à.

solter/o, a *a/s* célibataire. **-ón, ona** *s* vieux garçon, vieille fille.

soltura *f* aisance.

soluble *a* soluble.

soluci/ón *f* solution. **-onar** *t* résoudre.

solven/cia *f* **1** solvabilité. **2** crédit *m*. **-te** *a* **1** solvable. **2** sûr, e, digne de foi. □ *m* solvant.

solloz/ar *i* sangloter. **-o** *m* sanglot.

sombr/a *f* **1** ombre : *dar —*, faire de l'ombre ; *no hay ni — de duda*, il n'y a pas l'ombre d'un doute. **2** *¡qué mala —!*, quelle malchance ! **-eado, a** *a* ombragé, e.

sombrer/o *m* chapeau. **-era** *f*

modiste. **-ero** *m* chapelier.

sombrilla *f* ombrelle.

sombrío, a *a* sombre.

somero, a *a* superficiel, elle.

somet/er *t* soumettre. **-imiento** *m* soumission *f*.

somier *m* sommier.

somnífero *m* somnifère.

somnolencia *f* somnolence.

son *m* **1** son. **2** *¿ a — de qué ?*, sous quel prétexte ?, au nom de quoi ?

sonado, a *a* **1** fameux, euse. **2** qui fait du bruit.

sonajero *m* hochet.

sonámbulo, a *s* somnambule.

sonar ° *i* **1** sonner : *suena el teléfono*, le téléphone sonne. **2** (una letra) se prononcer. **3** *me suena ese apellido*, ce nom me dit quelque chose. □ *sonarse*, se moucher.

sonata *f* sonate.

sond/ar *t* sonder. **-a** *f* sonde. **-ear** *t* FIG sonder. **-eo** *m* sondage.

soneto *m* sonnet.

sonido *m* son.

sonor/o, a *a* sonore. **-idad** *f* sonorité. **-izar** *t* sonoriser.

son/reír ° *i* sourire. □ *pr* sourire. **-riente** *a* souriant, e. **-risa** *f* sourire *m*.

sonrojar *t* faire rougir. □ *pr* rougir.

sonrosado, a *a* rose.

sonsacar *t* **1** soutirer. **2** (hacer hablar) tirer les vers du nez à.

sonsonete *m* ton.

soñ/ar ° *t/i* rêver : *he soñado contigo esta noche*, j'ai rêvé à toi cette nuit ; *sueña con una guitarra*, il rêve d'une guitare. *l ¡ni lo sueñes !*, n'y songe pas !, pas question ! **-ador, a** *s* rêveur, euse.

soñol/iento, a *a* somnolent, e. **-encia** *f* somnolence.

sopa *f* soupe : *— de cebolla*, soupe à l'oignon. *l comer la — boba*, vivre aux frais d'autrui.

sopapo *m* gifle .

sopera *f* soupière.

sopero *a plato* —, assiette creuse.

sopesar *t* soupeser.

sopetón (de) *loc adv* à l'improviste.

soplamocos *m* taloche *f*.

soplar *i/t* souffler.

soplete *m* chalumeau.

sopl/o *m* 1 souffle. 2 FAM (delación) mouchardage. **-ón, ona** *a/s* mouchard, e, rapporteur, euse.

soponcio *m* évanouissement.

sopor *m* assoupissement. **-ífero, a, -ífico, a** *a/m* soporifique.

soportable *a* supportable.

soportal *m* porche. □ *pl* arcades *f*.

soport/ar *t* supporter. **-e** *m* support.

sor *f* sœur.

sorber *t* 1 gober. 2 absorber.

sorbete *m* sorbet.

sorbo *m* gorgée *f*.

sordera *f* surdité.

sórdido, a *a* sordide.

sordina f *con* —, en sourdine.

sordo, a *a/s* sourd, e. **-mudo, a** *a/s* sourd-muet, sourde-muette.

sorna *f* ton *m* goguenard.

soroche *m* AMER mal des montagnes.

sorprend/er *t* surprendre. **-ente** *a* surprenant, e.

sorpresa *f* surprise.

sorte/ar *t* 1 tirer au sort. 2 esquiver. **-o** *m* tirage au sort.

sortija *f* bague.

sortilegio *m* sortilège.

sosa *f* soude.

sosegar ° *t* calmer, apaiser.

sosia *m* sosie.

sosiego *m* calme, tranquillité *f*.

soslay/ar *t* éluder, esquiver. **-o** *m de* —, de travers.

soso, a *a* fade.

sospecha *f* soupçon *m*.

sospech/ar *t/i* 1 soupçonner : — *de alguien*, soupçonner quelqu'un. 2 *lo sospechaba*, je m'en doutais. **-oso, a** *a/s* suspect, e.

sostén *m* 1 soutien. 2 (prenda de mujer) soutien-gorge.

sostener ° *t* soutenir.

sostenido, a *a/m* MÚS dièse.

sota *f* valet *m* (cartes).

sotabanco *m* mansarde *f*.

sotana *f* soutane.

sótano *m* sous-sol : *en el* —, au sous-sol.

soto *m* bois.

sovi/et *m* soviet. **-ético, a** *a/s* soviétique.

soy ⇒ **ser.**

spray *m* bombe *f*.

stock *m* stock.

su, sus *a pos* 1 son, sa, ses. 2 (varios poseedores) leur, leurs. 3 (de usted, ustedes) votre, vos : *deme — dirección*, donnez-moi votre adresse ; — *sobrino de usted*, votre neveu.

suav/e *a* doux, douce. **-idad** *f* douceur. **-izar** *t* adoucir.

subalterno, a *a/s* subalterne.

subarrend/ar ° *t* sous-louer. **-atario, a** *s* sous-locataire.

subasta *f* 1 vente aux enchères. 2 adjudication.

subconciente *m* subconscient.

subdesarrollado, a *a* sous-développé, e.

subdirector *m* sous-directeur.

súbdito, a *s* 1 sujet, ette. 2 (de un país) ressortissant, e.

subdividir *t* subdiviser.

subida *f* 1 montée. 2 (de los precios) hausse.

subido, a *a* 1 (color) vif, vive. 2 (precio) élevé, e.

subir *i* 1 monter : — *al desván, al tren, al coche*, monter au grenier, dans le train, en voiture. 2 augmenter : *ha subido la gasolina*, l'essence a augmenté. □ *t* 1 — *una cuesta*, monter une côte. 2 (precio) augmenter. 3 relever. □ pr 1 monter, grimper : *se subió al árbol*, il grimpa à l'arbre. 2 remonter.

súbito, a *a* subit, e. □ *adv* soudain.

subjefe *m* sous-chef.

subjetivo, a *a* subjectif, ive.

subjuntivo *m* subjonctif.

sublev/ar *t* soulever, révolter. □ *pr* se soulever. **-ación** *f* soulèvement *m*.

sublime *a* sublime.

submarino, a *a/m* sous-marin, e.

subnormal *a/s* anormal, e.

suboficial *m* sous-officier.

subordin/ar *t* subordonner. **-ado, a**, *a/s* subordonné, e.

subrayar *t* souligner.

subrepticio, a *a* subreptice.

subsanar *t* réparer.

subscribir ⇒ **suscribir**.

subsidio *m* 1 subside. 2 (de paro, familiar, etc.) allocation *f*.

subsist/ir *i* subsister. **-encia** *f* subsistance.

substanci/a *f* substance. **-al** *a* substantiel, elle.

substantivo *m* substantif.

substituir ⇒ **sustituir**.

substraer ⇒ **sustraer**.

subsuelo *m* sous-sol.

subterráneo, a *a/m* souterrain, e.

subtítulo *m* sous-titre.

suburbio *m* faubourg.

subvenci/ón *f* subvention. **-onar** *t* subventionner.

subvenir ° *i — a*, subvenir à.

subversivo, a *a* subversif, ive.

subyugar *t* subjuguer.

sucedáneo *m* succédané.

suced/er *i* 1 *— a*, succéder à. 2 (ocurrir) arriver : *no ha sucedido nada*, il n'est rien arrivé. **-ido** *m* événement.

sucesión *f* succession.

sucesiv/o, a *a* successif, ive. I *en lo —*, à l'avenir. **-amente** *adv* successivement.

suceso *m* 1 événement. 2 -en los periódicos) fait divers.

sucesor, a *s* successeur.

suciedad *f* saleté.

sucinto, a *a* succint, e.

sucio, a *a* sale.

suculento, a *a* succulent, e.

sucumbir *i* succomber.

sucursal *f* succursale.

sudamericano, a *a/s* sud-américain, e.

sudar *i/t* suer. **-io** *m* suaire.

sudeste *m* sud-est.

sudoeste *m* sud-ouest.

sudor *m* sueur *f*.

Suecia *n p f* Suède.

sueco, a *a/s* suédois, e. I FIG *hacerse el —*, faire semblant de ne pas comprendre.

suegro, a *s* beau-père, belle-mère.

suela *f* semelle.

sueldo *m* 1 salaire. 2 *a — de*, à la solde de.

suele, etc. ⇒ **soler**.

suelo *m* 1 sol. I *caer al —, por los suelos*, tomber par terre. 2 (piso) plancher.

suelto, a *pp* de **soltar**. □ *a* 1 libre. 2 dépareillé, e. 3 isolé, e. 4 *hoja suelta*, feuille volante. 5 *dinero —*, petite monnaie *f*. □ *m* 1 *¿ tiene usted —?*, avez-vous de la monnaie ? 2 (de periódico) entrefilet. □ *f* lâcher *m*. I *dar — a*, mettre en liberté.

sueño *m* 1 sommeil : *tengo —*, j'ai sommeil. 2 rêve. I *su — dorado*, son rêve.

suero *m* 1 petit-lait. 2 MED sérum.

suerte *f* 1 sort *m*. 2 chance *f* : *tener —*, avoir de la chance ; *¡ pruebe su —!*, tentez votre chance ! ; *¡ suerte !*, bonne chance ! I *mala —*, malchance ; *por —*, heureusement ; *traer —*, porter bonheur ; 3 sorte : *toda — de*, toutes sortes de.

suéter *m* chandail, sweater.

suficien/te *a* 1 suffisant, e. 2

— gasolina, assez d'essence, suffisamment d'essence. **-cia** *f* suffisance.

sufijo *m* suffixe.

sufrag/ar *t* payer. □ *i* AMER voter. **-io** *m* suffrage.

sufrido, a *a* **1** endurant, e. **2** (color) peu salissant, e.

sufr/ir *t* **1** souffrir. **2** subir. **3** (desengaño) éprouver. □ *i ha sufrido mucho*, il a beaucoup souffert. **-imiento** *m* souffrance *f*.

suge/rir ° *t* suggérer. **-rente** *a* suggestif, ive, **-stión** *f* suggestion. **-stivo, a** *a* suggestif, ive.

suicid/io *m* suicide. **-arse** *pr* se suicider.

Suiza *n p f* Suisse.

suizo, a *a/s* suisse. □ *m* brioche *f*.

sujeción *f* **1** assujettissement *m*. **2** (atadura) fixation.

sujetador *m* soutien-gorge.

sujetar *t* **1** (mantener asido) tenir. **2** (para que no se caiga, mueva, etc.) retenir. **3** (atar) attacher. **4** (someter) assujetir.

sujeto *m* sujet.

sulfurar *t* faire rager. □ *pr* se mettre en colère, se monter, s'énerver.

sulf/uro *m* sulfure. **-úrico, a** *a* sulfurique.

sultán *m* sultan.

suma *f* **1** somme. **2** addition.

sumamente *adv* extrêmement.

sumar *t* additionner.

sumaria *f* instruction.

sumario, a *a/m* sommaire. □ *m* (judicial) instruction *f*.

sumerg/ir *t* submerger. □ *pr* plonger. **-ible** *a/m* submersible.

sumidero *m* bouche *f* d'égout.

suministr/ar *t* fournir. **-ador** *m* fournisseur. **-o** *m* fourniture *f*.

sumir *t* — *en*, plonger dans.

sumis/o, a *a* soumis, e. **-ión** *f* soumission.

sumo, a *a* **1** suprême, extrême. I *con — cuidado*, avec le plus grand

soin. **2** *a lo —*, tout au plus.

suntuoso, a *a* somptueux, euse.

supe ⇒ **saber.**

supeditar *t* soumettre, subordonner, faire dépendre.

súper *f* (gasolina) super *m*.

superar *t* **1** dépasser. **2** surpasser. **3** (una dificultad, etc.) surmonter. □ *pr* se surpasser.

superávit *m* COM excédent.

supercarburante *m* supercarburant.

superchería *f* supercherie.

superficial *a* superficiel, elle.

superficie *f* **1** surface. **2** (extensión) superficie.

superfluo, a *a* superflu, e.

superior, a *a/s* supérieur, e : *calidad —*, qualité supérieure. **-idad** *f* **1** supériorité. **2** *la —*, les autorités.

superlativo, a *a/m* superlatif, ive.

supermercado *m* supermarché.

superponer ° *t* superposer : *estantes superpuestos*, étagères superposées.

supersónico, a *a* supersonique.

supersti/ción *f* superstition. **-oso, a** *a* superstitieux, euse.

superviv/encia *f* survivance. **-iente** *a/s* survivant, e.

supiera, etc. ⇒ **saber.**

suplantar *t* supplanter.

suplement/o *m* supplément. **-ario, a** *a* supplémentaire.

suplente *a/s* suppléant, e, remplaçant, e.

súplica *f* **1** supplique. **2** prière.

suplic/ar *t* **1** supplier : *te lo suplico*, je t'en supplie. **2** (rogar) prier. **3** (pedir) demander. **-ación** *f* supplication.

suplicio *m* supplice.

suplir *t* suppléer, remplacer.

supo ⇒ **saber.**

supo/ner ° *t* supposer. □ *pr* supposer. **-sición** *f* supposition.

supositorio *m* suppositoire.

supremacía *f* suprématie.

supremo, a *a* suprême.

supr/imir *t* supprimer. **-esión** *f* suppression.

supuesto, a *a* supposé, e. □ *m* supposition *f*. I **en el — de que**, à supposer que ; **por —**, évidemment, bien sûr.

supurar *i* suppurer.

sur *m* sud.

surc/ar *i* sillonner. **-o** *m* sillon.

surgir *i* 1 surgir. 2 (agua) jaillir.

surmenaje *m* surmenage.

surrealismo *m* surréalisme.

surtido, a *a* 1 *galletas surtidas*, gâteaux secs assortis. 2 *estar bien — de*, être bien fourni en. □ *m* assortiment.

surtidor *m* 1 jet d'eau. 2 (gasolina) pompe *f* à essence.

surtir *t — de*, fournir en.

susceptib/le *a* susceptible. **-ilidad** *f* susceptibilité.

suscitar *t* susciter.

suscri/bir ° *t* souscrire. □ *suscribirse a un periódico*, s'abonner à un journal. **-pción** *f* 1 abonnement *m*. 2 souscription. **-ptor, a** *s* abonné, e.

suspen/der *t* 1 suspendre. 2 (examen) *le han suspendido en junio*, il s'est fait recaler en juin. **-sión** *f* 1 suspension. 2 cessation. **-sivo, a** *a puntos suspensivos*, points de suspension. **-so, a** *a* I 1 suspendu, e. 2 (en un examen)

recalé, e. □ *m* 1 note *f* éliminatoire. 2 **en —**, en suspens.

suspic/acia *f* méfiance. **-az** *a* soupçonneux, euse.

suspir/ar *i* soupirer. **-o** *m* soupir : *dar un —*, pousser un soupir.

sustancia ⇒ **substancia**.

sustantivo *m* substantif.

sustent/ar *t* 1 soutenir. 2 nourrir. **-o** *m* nourriture *f*.

substitu/ir ° *t* remplacer : *sustituye al director*, il remplace le directeur. **-ción** *f* remplacement *m*. **-to, a** *s* remplaçant, e.

susto *m* peur *f* : *dar un —*, faire peur ; *llevarse un —*, avoir peur ; *buen — me llevé*, j'ai eu joliment peur.

sustra/er ° *t* 1 soustraire. 2 (robar) voler. **-cción** *f*. 1 soustraction. 2 (robo) vol *m*.

susurr/ar *i* chuchoter. **-o** *m* chuchotement.

sutil *a* subtil, e. **-eza** *f* subtilité.

sutura *f* suture.

suyo, a, os, as *a pos* 1 à lui, à elle, à eux, à elles : *esta maleta es suya*, cette valise est à lui. I *un amigo —*, un de ses amis. 2 (= de usted) à vous. □ *pron pos* 1 *el —, la suya*, le sien, la sienne, le leur, la leur ; (= de usted) le vôtre, la vôtre. 2 *de —*, en soi, par nature. □ *m* (parientes) *los suyos*, les siens. □ *f hacer de las suyas*, faire des siennes.

T

t f t m : una —, un t.

tabas f pl osselets m.

tabaco m tabac.

tábano m taon.

taberna f café m, bistrot m.

tabernáculo m tabernacle.

tabique m cloison f.

tabla f 1 planche : — de planchar, planche à repasser. 2 hacer — rasa, faire table rase. 2 (en un vestido) pli m plat. 3 table : — de multiplicar, table de multiplication □ pl pisar las tablas, monter sur les planches.

tablado m 1 estrade f. 2 tréteaux pl.

tableado, a a plissé, e.

tablero m 1 panneau. 2 (encerado) tableau noir. 3 — de dibujo, planche f à dessin. 4 (de ajedrez) échiquier. 5 (de damas) damier.

tableta f tablette.

tablilla f planchette.

tablón m — de anuncios, tableau d'affichage.

tabú m tabou.

tabuco m réduit, cagibi.

taburete m tabouret.

tacañ/o, a a/s avare. **-ería** f pingrerie, ladrerie.

tacita f petite tasse.

tácito, a a tacite.

taciturno, a a taciturne.

taco m 1 (de madera, plástico) cheville f. 2 (billar) queue f. 3 (calendario) bloc. 4 (bota de fútbol) crampon. 5 (de jamón, etc.) petit cube. 6 (palabrota) gros mot.

tacón m talon.

táctica f tactique.

tacto m 1 toucher. 2 (delicadeza) tact, doigté.

tacha f défaut m, tache.

tachar t 1 biffer, barrer. 2 — a alguien de roñoso, accuser quelqu'un d'être pingre.

tacho m AMER 1 chaudron. 2 (de la basura) poubelle f.

tachón m clou (à tête dorée).

tafetán m taffetas.

tafilete m maroquin.

tahalí m baudrier.

tahona f boulangerie.

tahur m joueur.

taimado, a a/s rusé, e, fourbe.

tajada f tranche.

tajante a tono —, ton cassant.

tajar t trancher, couper.

Tajo n p m Tage.

tajo m 1 coupure f. 2 (barranco) ravin. 3 (para cortar la carne) billot.

tal a 1 tel, telle : — día, a — hora, tel jour, à telle heure ; — grosería es inadmisible, une telle grossièreté est inadmissible. I — como, tel que ; — cual, comme ci, comme ça ; ¿ qué — ?, comment ça va ? ; un — Puig, un dénommé Puig. 2 con — que, pourvu que. □ pron cela, une pareille chose.

tala f abattage m.

talabartero m bourrelier.

taladr/o m perceuse f. **-ar** t percer, forer.

talante m humeur f.

¹talar t couper, abattre.

²talar a long, longue.

talco m talc.

talego m sac.

talento m talent.

tal/ón m 1 talon. 2 chèque. **-onario** m — de cheques, carnet de chèques.

talud m talus.

talla f 1 sculpture. 2 (estatura)

taille.

tall/ar _t_ 1 (piedras preciosas) tailler. 2 sculpter. **-ado** _m_ taille _f_.

tallarines _m pl_ nouilles _f_.

talle _m_ 1 taille _f_ : – _esbelto_, taille fine. 2 silhouette _f_, tournure _f_.

taller _m_ atelier.

tallo _m_ tige _f_.

tamal _m_ AMER pâté.

tamaño _m_ grandeur _f_, taille _f_, dimensions _f pl._ I – _natural_, grandeur nature.

tambale/arse _pr_ chanceler, vaciller, tituber. **-o** _m_ chancellement.

también _adv_ aussi.

tambo _m_ AMER 1 auberge _f_. 2 laiterie _f_.

tambor _m_ tambour. **-il** _m_ tambourin.

Támesis _n p m_ Tamise _f_.

tamiz _m_ tamis. **-ar** _t_ tamiser.

tampoco _adv_ non plus : _no iré y – mi mujer_, je n'irai pas et ma femme non plus.

tan _adv_ aussi, si : _es – alto como yo_, il est aussi grand que moi ; _no vaya usted – de prisa_, n'allez pas si vite. I _de –_, tellement.

tanda _f_ 1 tour _m_. 2 série 3 équipe.

tangente _a/f_ tangent, e.

tangible _a_ tangible.

tango _m_ tango.

tanino _m_ tanin.

tanque _m_ 1 citerne _f_. 2 MIL tank.

tante/ar _t_ 1 mesurer. 2 examiner, sonder. **-o** _m_ 1 examen, essai. 2 (deporte) score, marque _f_.

tanto, a _a_ 1 tant de : _tantas flores_, tant de fleurs. 2 (comparación) _tantas sillas como invitados_, autant de chaises que d'invités. □ _adv_ _no grites –_, ne crie pas tant ; _¿ llueve –?_, il pleut tellement ? ; _hace ya –_, il y a si longtemps. I _– mejor_, tant mieux ; _– peor_, tant pis ; _otro –_, autant ; _entre –_, pendant ce temps ; _por lo –_, par conséquent. □ _m_ 1 _– por ciento_, tant

pour cent. 2 (en el juego) point. 3 _estar al – de_, être au courant de. □ _pl_ 1 _veinte y tantos_, vingt et quelques. 2 _las tantas_, une heure avancée.

tañ/er ° _t_ jouer de. □ _i_ sonner. **-ido** _m_ son.

tapa _f_ 1 couvercle _m_. 2 (de alcantarilla) plaque. 3 (de libro) couverture. 4 (aperitivo) amuse-gueule _m_.

tapacubos _m_ enjoliveur.

tapadera _f_ couvercle _m_.

tapado _m_ AMER manteau.

tapar _t_ 1 (agujero, botella, etc.) boucher. 2 (olla, etc.) couvrir. □ _pr_ 1 se couvrir : _tápate_, couvre-toi. 2 _taparse los oídos_, se boucher les oreilles.

taparrabo _m_ 1 pagne. 2 slip.

tapete _m_ tapis.

tapi/a _f_ mur. **-ar** _t_ murer.

tapicer/ía _f_ 1 tapisserie. 2 (de coche) garniture. **-o, a** _s_ tapissier, ère.

tapioca _f_ tapioca _m_.

tapiz _m_ tapisserie _f_.

tap/ón _m_ bouchon. **-onar** _t_ boucher.

tapujo _m_ dissimulation _f_, cachotterie _f_.

taquigrafía _f_ sténographie.

taquill/a _f_ guichet _m_. **-ero, a** _s_ guichetier, ère.

taquimecanógrafa _f_ sténodactylo.

tara _f_ tare.

taracea _f_ marqueterie.

tarambana _a/s_ écervelé, e.

tararear _t_ fredonner.

tardanza _f_ retard _m_.

tardar _i_ 1 tarder : _tardé en contestarle_, j'ai tardé à vous répondre. I _a más –_, au plus tard. 2 mettre : _¿ cuánto (tiempo) tardará en cambiar las bujías ?_, combien de temps mettrez-vous à changer les bougies ? 3 _tardaré diez minutos_, j'en ai pour dix minutes.

tarde *f* après-midi, soir *m* : *por la −*, dans l'après-midi; *sólo trabajo por la −*, je ne travaille que l'après-midi. I *¡buenas tardes!*, bonjour!, bonsoir! □ *adv* tard. I *− o temprano*, tôt ou tard; *de − en −*, de loin en loin.

tardío, a *a* tardif, ive.

tardo, a *a* lent, e.

tarea *f* tâche, travail *m*.

tarifa *f* tarif *m*.

tarima *f* estrade.

tarjeta *f* carte : *− de visita, postal, de abono*, carte de visite, postale, d'abonnement.

tarro *m* pot.

tarta *f* tarte.

tartaje/ar *i* bégayer, bredouiller. **-o** *m* bégaiement.

tartamud/ear *i* bégayer. **-eo** *m* bégaiement. **-o, a** *a/s* bègue.

tartera *f* gamelle.

tarugo *m* morceau de bois, cale *f*.

tarumba FAM *volver − a*, faire tourner la tête à; *volverse −*, perdre la tête, devenir dingue.

tasa *f* 1 taxe. 2 (indice) taux *m* : *− de mortalidad*, taux de mortalité. 3 mesure, limite.

tas/ar *t* 1 taxer. 2 évaluer. 3 rationner. **-ación** *f* taxation.

tasca *f* tripot *m*.

tatarabuelo, a *s* trisaïeul, e.

tatú *m* tatou.

tatu/ar *t* tatouer. **-aje** *m* tatouage.

taurino, a *a* taurin, e.

tax/i *m* taxi. **-ista** *s* chauffeur de taxi.

taz/a *f* 1 tasse. 2 (de fuente) vasque. 2 (del retrete) cuvette. **-ón** *m* bol.

te *pron pers* 1 te, t'. 2 (en imperativo) toi : *¡levántate!*, lève-toi!

té *m* thé.

tea *f* torche.

teatr/o *m* théâtre. **-al** *a* théâtral, e.

tebeo *m* (revista) illustré.

tecl/a *f* touche. **-ado** *m* clavier. **-ear** *i* 1 (máquina de escribir) taper. 2 pianoter.

técnica *f* technique.

tecnicismo *m* terme technique.

técnico, a *a* technique. □ *s* technicien, enne.

tecnócrata *m* technocrate.

tecnología *f* technologie.

techado *m* toit.

tech/o *m* 1 (interior) plafond. 2 (tejado) toit. **-umbre** *f* toiture.

tedio *m* ennui.

teja *f* tuile.

tejano, a *a/s* texan, e. □ *m* (tejido) jean. □ *m pl* (pantalón) blue-jeans, jeans.

tejar *m* tuilerie *f*.

Tejas *n p m* Texas.

tejedor, a *s* tisserand, e.

tejemaneje *m* FAM manigances *f pl*, combines *f pl*.

tej/er *t* 1 tisser. 2 FIG tramer, ourdir. **-ido** *m* tissu.

tejo *m* 1 (para jugar) palet. 2 (árbol) if.

tejón *m* blaireau.

tel/a *f* 1 étoffe, tissu *m*. I *− de rizo*, tissu-éponge. 2 toile : *− de saco*, toile à sac. 3 FIG *tener − para rato*, avoir du pain sur la planche; *poner en − de juicio*, mettre en doute. 4 *− de cebolla*, pelure d'oignon. 5 POP fric *m*. **-ar** *m* 1 métier à tisser. 2 (teatro) cintre. **-araña** *f* toile d'araignée.

tele *f* FAM télé.

telecomunicación *f* télécommunication.

teledirigir *t* télécommander, téléguider.

teleférico *m* téléphérique.

telefonazo *m* FAM coup de fil.

telefonear *t/i* téléphoner.

telefónico, a *a* téléphonique. I *llamada telefónica*, coup *m* de téléphone.

telefonista *s* téléphoniste.

teléfono m téléphone : *llamar por —*, appeler au téléphone, téléphoner.

telegrafiar t télégraphier.

telegráfico, a a télégraphique.

telégrafo m télégraphe.

telegrama m télégramme.

telémetro m télémètre.

teleobjetivo m téléobjectif.

telepatía f télépathie.

telescópico, a a télescopique.

telescopio m télescope.

telesilla f télésiège m.

telesquí m téléski.

telespectador, a s téléspectateur, trice.

televis/ión f télévision. **-ar** t téléviser. **-ivo, a** a pour la télévision. **-or** m téléviseur.

telilla f pellicule.

telón m rideau. I *el — de acero*, le rideau de fer.

tema m 1 thème. 2 sujet : *— de conversación*, sujet de conversation. 3 (mania) marotte f, idée f fixe.

tembl/ar ° i trembler. **-adera** f AMER bourbier m. **-or** m tremblement. **-oroso, a** a tremblant, e.

temer t/i/pr craindre, avoir peur : *teme a su padre*, il craint son père ; *me temo que lleguemos tarde*, je crains que nous n'arrivions en retard ; *no temáis*, ne craignez rien, n'ayez pas peur.

temer/ario, a a téméraire. **-idad** f témérité.

temeroso, a a peureux, euse, craintif, ive.

temible a redoutable.

temor m crainte f.

témpano m glaçon.

temperamento m tempérament.

temperatura f température.

tempestad f 1 tempête. 2 (tormenta) orage m.

templado, a a 1 (clima, zona) tempéré, e. 2 *agua templada*, eau tiède. 3 (sobrio) tempérant, e.

templanza f tempérance.

templar t 1 tempérer. 2 (suavizar) adoucir. 3 (un líquido) tiédir. 4 (metales) tremper. 5 MÚS accorder. □ pr *el tiempo se ha templado*, le temps s'est adouci.

temple m 1 trempe f. 2 humeur f.

templo m 1 temple. 2 église f.

temporada f 1 (turistica, teatral, etc.) saison. 2 époque. 3 séjour m : *pasar una larga — en el campo*, faire un long séjour à la campagne.

tempor/al a 1 temporel, elle. 2 (no permanente) temporaire. □ m 1 tempête f. 2 mauvais temps. **-ero, a** a/s saisonnier, ère.

tempran/o, a a précoce. I *frutas, hortalizas tempranas*, primeurs. □ adv tôt, de bonne heure : *me levanto —*, je me lève de bonne heure. **-ito** adv de très bonne heure.

tenacidad f ténacité.

tenacillas f pl 1 pince sing à sucre. 2 (para rizar el pelo) fer m sing à friser.

tenaz a tenace.

tenazas f pl 1 tenailles. 2 (para el fuego) pincettes.

tenca f tanche.

tendedero m séchoir.

tendenci/a f tendance. **-oso, a** a tendancieux, euse.

tender ° t 1 *— la ropa*, étendre le linge. 2 tendre : *— la mano*, tendre la main. 3 (un cable, etc.) poser. □ *i — a*, tendre à : *la situación tiende a mejorar*, la situation tend à s'améliorer. □ pr s'étendre, se coucher.

tenderete m étalage, éventaire.

tendero, a s commerçant, e.

tendido m 1 (de un cable) pose f. 2 TAUROM gradins pl.

tendón m tendon.

tenducho m petite boutique f.

tenebroso, a a ténébreux, euse.

tenedor *m* **1** fourchette *f*. **2** (de una letra de cambio) porteur.

tener ° *t* **1** avoir : *tengo hambre*, j'ai faim ; *¿ tiene usted cambio de cien pesetas ?*, avez-vous la monnaie de cent pesetas ? ; *tengo decidido marcharme*, j'ai décidé de m'en aller ; *me tiene prometida una recompensa*, il m'a promis une récompense. | *– a bien*, bien vouloir ; *– en mucho*, avoir en grande estime ; *aquí me tiene*, me voici. **2** *– que*, devoir, falloir : *me tengo que marchar*, je dois m'en aller, il faut que je m'en aille. □ *pr* se tenir.

teniente *m* **1** lieutenant. **2** *– de alcalde*, adjoint au maire.

tenis *m* tennis.

tenor *m* **1** teneur *f*. | *a – de*, en raison de, d'après ; *a este –*, de cette façon. **2** MÚS ténor.

tenorio *m* don Juan.

tensión *f* tension.

tenso, a *a* tendu, e.

tentación *f* tentation.

tentáculo *m* tentacule.

tentador *a/s* tentateur, trice. □ *a* tentant, e.

tentar ° *t* **1** (palpar) tâter. **2** (seducir) tenter.

tentativa *f* tentative.

tentempié *m* casse-croûte.

tenue *a* **1** ténu, e, fin, e. **2** (luz) faible.

teñir ° *t* teindre : *teñido de azul*, teint en bleu. □ *pr se tiñe el pelo de negro*, elle se teint les cheveux en noir.

teología *f* théologie.

teólogo *m* théologien.

teorema *m* théorème.

teoría *f* théorie.

teórico, a *a* théorique. □ *s* théoricien, enne.

terapéutico, a *a/f* thérapeutique.

tercer *a* troisième : *en el – piso*, au troisième étage. **-o, a** *a/s* troisième : *tercera solución*, troisième solution □ *a* tiers, tierce.

| *la tercera parte*, le tiers. □ *m* tiers, tierce personne *f*.

terciar *t* porter en bandoulière. □ *i* intervenir. □ *pr si se tercia*, si l'occasion se présente, à l'occasion.

tercio *m* **1** tiers. **2** (de una corrida) phase *f*.

terciopelo *m* velours.

terco, a *a* têtu, e.

Teresa *n p f* Thérèse.

tergiversar *t* fausser, dénaturer, déformer.

termal *a* thermal, e.

terminación *f* terminaison.

terminal *a* terminal, e. □ *f* aérogare, terminal *m*.

terminante *a* catégorique, formel, elle.

terminar *t* terminer, finir. □ *i* finir : *– por*, finir par.

término *m* **1** terme, fin *f* : *poner – a*, mettre un terme à, mettre fin à. **2** (de una línea de transportes) terminus. **3** limite *f*. **4** territoire. **5** plan : *en primer –*, au premier plan. **6** (gramática, matemáticas) terme.

termita *m* termite.

termo *m* thermos *f*.

termómetro *m* thermomètre.

termostato *m* thermostat.

terner/a *f* **1** génisse. **2** (carne) veau *m*. **-o** *m* veau.

terneza *f* **1** tendresse. **2** gentillesse.

terno *m* **1** (traje) complet. **2** (voto) juron.

ternura *f* tendresse.

terquedad *f* entêtement *m*, obstination.

terracota *f* terre cuite.

terrado *m* terrasse *f*.

terrapl/én *m* **1** terre-plein. **2** (de vía de ferrocarril) remblai. **-enar** *t* remblayer.

terrateniente *s* propriétaire foncier.

terraza *f* terrasse.

terremoto *m* tremblement de

terre.

terrenal *a* terrestre.

terreno *m* **1** terrain. **2** FIG domaine. **3** *ganar, perder —,* gagner, perdre du terrain.

terrestre *a* terrestre.

terrible *a* terrible.

territori/o *m* territoire. **-al** *a* territorial, e.

terrón *m* **1** (de tierra) motte *f.* **2** *— de azúcar,* morceau de sucre.

terror *m* terreur *f.* **-ífico, a** *a* terrifiant, e. **-ismo** *m* terrorisme. **-ista** *s* terroriste.

terroso, a *a* terreux, euse.

terruño *m* **1** terroir. **2** pays natal.

ters/o, a *a* **1** poli, e. **2** (piel) lisse. **-ura** *f* poli *m.*

tertulia *f* réunion (entre amis).

tes/is *f* thèse. **-ina** *f* diplôme *m,* maitrise.

tesón *m* fermeté *f.*

tesor/o *m* trésor. **-ería** *f* trésorerie. **-ero, a** *s* trésorier, ère.

test *m* test.

testamento *m* testament.

testarud/o, a *a/s* têtu, e. **-ez** *f* entêtement *m.*

testera *f* façade, devant *m.*

testificar *t* attester. □ *i* témoigner.

testigo *m* témoin : *tomar como —,* prendre à témoin.

testimoni/ar *t/i* témoigner. **-o** *m* témoignage.

testuz *m* front, nuque *f.*

teta *f* mamelle.

tetera *f* théière.

tetina *f* tétine.

tétrico, a *a* sombre.

textil *a/m* textile.

texto *m* texte.

tez *f* teint *m* : *la — curtida,* le teint hâlé.

ti *pron pers* toi.

tía *f* **1** tante. **2** FAM *no hay tu —,* il n'y a rien à faire ; *¡cuéntaselo a tu —!,* à d'autres ! **2** FAM *la — Juana,* la mère Jeanne. **3**

(mujer cualquiera) bonne femme.

tibia *f* tibia *m.*

tibi/o, a *a* tiède. **-eza** *f* tiédeur.

tiburón *m* requin.

tiempo *m* **1** temps : *no tengo — para divertirme,* je n'ai pas le temps de m'amuser ; *perder el —,* perder son temps ; *hacer —,* passer le temps ; *mal —,* mauvais temps ; *al mismo —,* en même temps. **2** longtemps : *hace mucho —,* il y a très longtemps. **3** (deportes) mitemps *f.* □ *pl* époque *f sing.* I *en mis tiempos,* de mon temps.

tienda *f* **1** boutique, magasin *m.* I *— de comestibles,* épicerie. **2** *— de campaña,* tente.

tiene, etc. ⇒ **tener.**

tient/a *f a tientas,* à tâtons. **-o** *m* **1** adresse *f.* **2** *con —,* prudemment.

tierno, a *a* tendre.

tierra *f* **1** terre. I *echar — a un asunto,* enterrer une affaire ; *echar por —,* ruiner, mettre par terre ; *tomar —,* atterrir. **2** pays *m.*

tieso, a *a* raide.

tiesto *m* **1** (maceta) pot (à fleurs). **2** (pedazo) tesson.

tifoidea *a/f* typhoïde.

tifón *m* typhon.

tifus *m* typhus.

tigre *m* tigre. **-sa** *f* tigresse.

tijer/a *f* **1** *unas tijeras,* des ciseaux *m,* une paire de ciseaux. **2** *cama de —,* lit de sangles ; *silla de —,* chaise pliante. **-etazo** *m* coup de ciseaux.

tila *f* tilleul *m.*

tild/e *f* **1** tilde *m.* **2** accent *m.* **-ar** *t — de,* taxer de, accuser de.

tilín *m* FAM *hacer —,* plaire.

tilo *m* tilleul.

tim/ar *t* **1** escroquer. **2** (engañar) rouler. **-ador** *m* escroc.

timbal *m* timbale *f.*

timbrar *t* timbrer.

timbr/e *m* **1** sonnette *f.* I *tocar el —,* sonner. **2** (sonido, sello) timbre. **-azo** *m* coup de sonnette.

timidez f timidité.

tímido, a a timide.

¹timo m escroquerie f.

²timo m (glándula) thymus.

tim/ón m 1 gouvernail. | *caña del —*, barre f. 2 FIG barre f. 3 AMER volant. **-onel** m timonier.

timorato, a a timoré, e.

tímpano m tympan.

tina f cuve. **-ja** f jarre.

tinglado m 1 (cobertizo) hangar. 2 (tablado) estrade f.

tinieblas f pl ténèbres.

tino m 1 adresse f. 2 (cordura) sagesse f. 3 prudence f.

tinta f 1 encre : *— china*, encre de Chine. | *de buena —*, de bonne source. 2 (color) teinte f.

tinte m teinture f.

tintero m encrier.

tintineo m tintement.

tinto, a a 1 teint, e. 2 *vino —*, vin rouge.

tintorer/ia f teinturerie. **-o, a** s teinturier, ère.

tintura f teinture.

tío m 1 oncle. 2 FAM *el — Paco*, le père François. 3 (individuo) type : *un — raro*, un drôle de type.

tiotivo m chevaux pl de bois, manège.

típico, a a typique.

tiple s soprano.

tipo m 1 type. 2 (figura) allure f.

tip/ografía f typographie. **-ógrafo** m typographe.

tíquet m ticket.

tira f 1 bande. 2 (de cuero) lanière.

tirabuzón m tire-bouchon.

tirada f 1 (imprenta) tirage m. 2 (de versos) tirade. 3 (distancia) trotte.

tirado, a a 1 (barato) bon marché. 2 très facile, simple comme bonjour.

tirador, a s tireur, euse. □ m 1 bouton. 2 (de campanilla) cordon. 3 (juguete) lance-pierre. 4 ceinture

f de gaucho.

tir/anía f tyrannie. **-ánico, a** a tyrannique. **-anizar** t tyranniser. **-ano, a** s tyran.

tirant/e a tendu, e. □ m pl (de pantalón, etc.) bretelles f. **-ez** f tension.

tirar t 1 jeter : *— al suelo*, jeter par terre. 2 *— una piedra*, lancer, jeter une pierre. 3 (atraer) attirer. 4 (imprimir) tirer. □ *i 1 tirer. | — remolque*, tirer une remorque ; *— de una cuerda*, tirer sur une corde. 2 (chimenea) tirer. 3 (dirigirse) aller. | FAM *tira por el atajo*, il prend le raccourci ; *tira a la derecha*, il tourne à droite. 4 *ir tirando*, aller comme ci, comme ça, se maintenir. 5 *— a verde*, tirer sur le vert. 6 *— con arco*, tirer à l'arc. □ *tirarse al agua*, se jeter à l'eau.

tiritar i grelotter.

tiro m 1 tir : *— con pistola*, tir au pistolet ; *— al blanco*, tir forain. 2 (disparo) coup de feu. 3 *animal de —*, animal de trait. 4 (de una chimenea) tirage. 5 (fútbol) shoot, tir. 6 *de tiros largos*, sur son trente et un.

tirolés, esa a/s tyrolien, enne.

tirón m 1 secousse f. *dar tirones*, tirailler ; *de un —*, d'un seul coup. 2 (distancia) trotte f.

tirote/ar t tirer sur. **-o** m fusillade f. échange de coups de feu.

tirria f antipathie. | *tomar — a*, prendre en grippe.

tisana f tisane.

títere m marionnette f, pantin.

titiritero m montreur de marionnettes.

titubear i 1 tituber. 2 FIG hésiter.

titulado, a s diplômé, e.

¹titular a/s titulaire. □ m (de un periódico) manchette f, gros titre.

²titular t intituler.

título m 1 titre 2 diplôme.

tiza f craie.

tizn/ar t tacher. **-e** m/f suie f.

tizón m tison.

toall/a _f_ 1 serviette de toilette. 2 (para las manos) essuie-mains _m_. **-ero** _m_ porte-serviettes.

tobera _f_ tuyère.

tobillo _m_ cheville _f_.

tobogán _m_ toboggan.

toca _f_ coiffe.

tocadiscos _m_ tourne-disque.

tocado _m_ coiffure _f_.

tocador _m_ (cuarto) cabinet de toilette.

tocante _a loc prep_ concernant.

tocar _t_ 1 toucher, toucher à : _no toques este jarrón_, ne touche pas à ce vase. 2 jouer de : _– el piano, el arpa_, jouer du piano, de la harpe. 3 (tambor) battre. 4 (campana) sonner. □ _i_ 1 _– a su fin_, toucher à sa fin. 2 _a mi me toca pagar_, c'est mon tour de, c'est à moi de payer. 3 _en lo que toca a_, en ce qui concerne. 4 gagner : _me tocó el gordo_, j'ai gagné le gros lot.

tocin/o _m_ lard. **-ería** _f_ charcuterie.

tocólogo _m_ médecin accoucheur.

tocón _m_ souche _f_.

todavía _adv_ 1 encore : _– no ha llegado_, il n'est pas encore arrivé ; _– no_, pas encore. 2 (encima) en plus.

todo, a _a/pron_ 1 tout, e : _todos los días_, tous les jours | _con –_, malgré tout ; _del –_, tout à fait ; _sobre –_, surtout. 2 vrai, e : _– un sabio_, un vrai savant. 3 _– aquel que_, quiconque.

toldo _m_ 1 (de tienda) banne _f_. 2 (de ventana) store. 3 (de camión) bâche _f_. 4 (en una calle) vélum.

toler/ar _t_ tolérer. **-able** _a_ tolérable. **-ancia** _f_ tolérance. **-ante** _a_ tolérant, e.

toma _f_ prise.

tomar _t/i_ prendre : _– el avión, en serio_, prendre l'avion, au sérieux ; _¿por quién me tomas ?_, pour qui me prends-tu ? | _tome a la izquierda_, prenez à gauche. | _¡toma !_, tiens ! □ _pr_ prendre : _me_

tomé las vacaciones en junio, j'ai pris mes vacances en juin.

Tomás _n p m_ Thomas.

tomate _m_ tomate _f_.

tomavistas _m_ caméra _f_.

tómbola _f_ tombola.

tomillo _m_ thym.

tomo _m_ tome.

ton _m sin – ni son_, sans rime ni raison.

tonada _f_ air _m_, chanson.

tonalidad _f_ tonalité.

tonel _m_ tonneau, fût. **-ada** _f_ 1 (peso) tonne. 2 (de arqueo) tonneau _m_. **-ero** _m_ tonnelier.

tónico, a _a/m_ tonique.

tono _m_ ton. | _a – con_, en harmonie avec ; _darse –_, faire l'important.

tontada _f_ sottise.

tontear _i_ 1 faire, dire des bêtises. 2 flirter.

tontería _f_ bêtise, sottise.

tonto, a _a/s_ sot, sotte, idiot, e. | _a tontas y a locas_, à tort et à travers.

topacio _m_ topaze _f_.

topar _t/i_ 1 heurter. 2 _– con un amigo_, rencontrer un ami. □ _toparse con un poste_, se heurter contre un poteau.

tope _m_ 1 heurtoir, butoir. 2 (de vagón) tampon. 3 _precio –_, prix plafond ; _fecha –_, date limite.

tópico _m_ lieu commun.

topo _m_ taupe _f_.

topografía _f_ topographie.

toque _m_ 1 (golpecito) léger coup. 2 (pintura) touche _f_. 3 (de campanas) sonnerie _f_. | _– de difuntos_, glas ; _– de atención_, mise _f_ en garde.

toquilla _f_ fichu _m_.

tórax _m_ thorax. □

torbellino _m_ tourbillon.

torcaz _a paloma –_, pigeon ramier.

torc/er _t_ 1 tordre. 2 dévier. 3 _– el gesto_, faire la grimace. □ _i_ 1 _– a la izquierda_, tourner à gauche. □ _pr_ 1 _me torcí el tobillo_, je me suis tordu la cheville. 2 FIG mal tourner. **-ida** f mèche.

tordo, a a gris, e. □ m grive f.

tore/ar i toréer. **-o** m tauromachie f. **-ro** m torero.

torment/a f 1 (en la tierra) orage m. 2 (en el mar) tempête. **-oso, a** a orageux, euse.

tornadizo, a a changeant, e.

tornado m tornade f.

tornar i 1 (regresar) revenir. 2 — a, recommencer à. 1 — a subir, remonter. □ pr devenir.

tornasol m tournesol. **-ado, a** a chatoyant, e.

tornear t tourner.

torneo m tournoi.

tornero m tourneur.

tornillo m vis f. 1 — de banco, étau.

torniquete m tourniquet.

torno m 1 tour. 2 (para levantar pesos) — de mano, treuil. 3 en — a, autour de.

toro m taureau. □ pl courses f de taureaux.

toronja f pamplemousse m.

toronjil m mélisse f.

torpe a 1 lourd, e, lent, e. 2 maladroit, e.

torped/o m torpille f. **-ear** t torpiller. **-ero** m torpilleur.

torpeza f 1 lourdeur. 2 maladresse, gaucherie. 3 (necedad) bêtise.

torre f 1 tour. 1 — del homenaje, donjon m. 2. maison de campagne. 3 MAR tourelle.

torrefacto, a a torréfié, e.

torren/te m torrent. **-cial** a torrentiel, elle. **-tera** f ravin m.

torreón m grosse tour f.

torreta f tourelle.

torrezno m lardon m.

tórrido, a a torride.

torsión f torsion.

torso m torse.

tort/a f 1 galette. 2 FAM (bofetada)

gifle, calotte. **-azo** m POP baffe f.

tortícolis m torticolis.

tortilla f omelette : — francesa, omelette nature.

tórtola f tourterelle.

tortuga f tortue.

tortuoso, a a tortueux, euse.

tortur/a f torture. **-ar** t torturer.

tos f 1 toux. 2 — ferina, coqueluche.

tosco, a a grossier, ère.

toser i tousser.

tósigo m poison.

tosquedad f grossièreté.

tostada f tranche de pain grillé. toast m.

tostador m (de pan) grille-pain.

tostar ° t 1 griller, rôtir : pan tostado, pain grillé. 2 (café) torréfier. 3 (la piel) hâler, bronzer.

tostón m 1 (de pan) croûton. 2 cochon de lait rôti. 3 FAM este libro es un —, ce livre est barbant, rasoir.

total a/m total, e. □ adv bref. **-idad** f totalité. **-itario, a** a totalitaire. **-izar** t totaliser.

totora f AMER roseau m.

tóxico, a a/m toxique.

tozudo, a a têtu, e.

traba f entrave.

trabaj/ar i/t travailler. **-ador, a** s travailleur, euse. **-o** m 1 travail. 1 trabajos forzados, travaux forcés. 2 peine f : me cuesta — creerlo, j'ai peine à le croire. **-oso, a** a pénible.

trab/ar t 1 (un animal) entraver. 2 (salsa, etc.) lier, épaissir. 3 (amistad, etc.) lier, nouer. 4 (batalla, etc.) engager. □ pr (los pies) s'empêtrer. **-azón** f liaison.

trabucar t confondre.

tracción f traction.

tractor m tracteur.

tradici/ón f tradition. **-onal** a traditionnel, elle.

traducción f traduction. I

– directa, inversa, version, thème *m.*

traduc/ir ° *t* traduire : *– al inglés,* traduire en anglais. **-tor, a** *s* traducteur, trice.

traer ° *t* **1** apporter, amener : *tráigame mi desayuno,* apportez-moi mon petit déjeuner ; *trae a tu hermano,* amène ton frère. **2** (llevar) porter. **3** (de un viaje) rapporter. **4** (tener) avoir. **4** *– a mal –,* malmener ; *– a la memoria,* rappeler ; *– loco,* rendre fou. □ *pr* FAM *este trabajo se las trae,* ce travail n'est pas marrant, pas commode.

tráfago *m* agitation *f.*

trafic/ar *i* trafiquer. **-ante** *s* trafiquant, e.

tráfico *m* **1** trafic. **2** circulation *f.* I *policía de –,* police de la route.

tragaluz *m* **1** vasistas. **2** (de sótano) soupirail.

tragaperras *a máquina –,* machine à sous.

tragar *t/pr* **1** avaler. I *no – a alguien,* ne pas pouvoir encaisser quelqu'un. **2** engloutir.

tragedia *f* tragédie.

trágico, a *a* tragique. I *actor –,* tragédien ; *tomar por lo –,* prendre au tragique.

trago *m* gorgée *f.* I *beber de un –,* boire d'un trait ; *echar un –,* boire un coup.

tragón, ona *a* glouton, onne.

traici/ón *f* trahison. **-onar** *t* trahir. **-onero, a** *s* traître, esse.

traído *p p* de **traer.**

traidor, a *a/s* traître, esse.

traiga, etc. ⇒ **traer.**

traílla *f* laisse.

¹traje *m* **1** costume. I *– de baño,* maillot de bain. **2** *– de ceremonia,* habit de gala ; *– de etiqueta,* tenue *f* de gala. **3** (de mujer) robe *f* : *– de noche,* robe du soir. **4** *– de chaqueta, – sastre,* tailleur.

²traje ⇒ **traer.**

traj/ín *m* **1** besogne *f,* occupations *f pl.* **2** allées et venues *f pl.* **-inar** *i* s'activer.

tram/a *f* trame. **-ar** *t* tramer.

tramitar *t* s'occuper de.

trámite *m* **1** formalité *f.* **2** (diligencia) démarche *f.*

tramo *m* **1** (de carretera, etc.) tronçon. **2** (de escalera, cohete) étage.

tramoy/a *f* machinerie. **-ista** *m* machiniste.

tramp/a *f* **1** trappe. **2** (para cazar, ardid) piège *m.* **3** (en el juego) tricherie. **-illa** *f* trappe.

trampolín *m* **1** tremplin. **2** plongeoir.

tramposo, a *a* (en el juego) tricheur, euse.

tranca *f* **1** trique *f.* **2** (de puerta) barre.

trance *m* **1** moment critique. **2** *a todo –,* à tout prix.

tranco *m* enjambée *f.*

tranquera *f* AMER barrière.

tranquilidad *f* tranquillité.

tranquiliz/ar *t* tranquilliser, rassurer. **-ante** *m* tranquillisant.

tranquilo, a *a* tranquille.

transacción *f* transaction.

transar *i* AMER transiger, céder.

transatlántico, a *a/m* transatlantique.

transbordador *m* transbordeur.

transbord/ar *t* transborder. **-o** *m* **1** transbordement. **2** (de tren) changement. I *hacer –,* changer.

transcendente ⇒ **trascendente.**

transcri/bir ° *t* transcrire. **-pción** *f* transcription.

transcur/rir *i* s'écouler. **-so** *m* **1** cours : *en el – del almuerzo,* au cours du déjeuner. **2** *en el – del año,* dans le courant de l'année.

transeúnte *s* passant, e.

transfer/ir ° *t* transférer. **-encia** *f* transfert *m.* I *– bancaria,* virement *m* bancaire.

transfigurar *t* transfigurer.

transform/ar *t* transformer. **-ación** *f* transformation. **-ador** *m* transformateur.

transfusión *f* transfusion.

transgredir ° *t* transgresser.

transición *f* transition.

transigir ° *t* transiger.

transistor *m* transistor.

transitar *i* passer.

transitivo, a *a* transitif, ive.

tránsito *m* 1 passage. I — *rodado*, circulation *f*. 2 (de mercancías) transit.

transitorio, a *a* transitoire.

translúcido, a *a* translucide.

transm/itir *t* transmettre. **-isión** *f* transmission. **-isor** *m* transmetteur.

transparen/cia *f* transparence. **-tarse** *pr* 1 transparaître. 2 être transparent, e. **-te** *a* transparent, e.

transpir/ar *i* transpirer. **-ación** *f* transpiration.

transponer ° *t* transposer.

transport/ar *t* transporter. **-ador, a** *a/m* transporteur, euse. **-e** *m* transport : *transportes colectivos*, transports en commun. **-ista** *m* transporteur.

transvasar *t* transvaser.

transversal *a* transversal, e.

tranvía *m* tramway.

trapacero, a *a/s* roué, e.

trapec/io *m* trapèze. **-ista** *s* trapéziste.

trapense *m* trappiste.

trapero, a *s* chiffonnier, ère.

trapiche *m* moulin (à huile, à sucre).

trapicheos *m* trafics, manigances *f*.

trapio *m* prestance *f*, allure *f*.

trapo *m* 1 chiffon. 2 (de cocina) torchon. 3 muleta *f*.

tráquea *f* trachée.

tras *prep* 1 (detrás) derrière : — *un*

árbol, derrière un arbre. 2 après : — *una vacilación*, après une hésitation. 3 (además) non seulement : — *ser feo es caro*, non seulement c'est laid mais c'est cher.

trascendente *a* transcendant, e.

trasegar ° *t* transvaser.

trasero, a *a* arrière. □ *m* derrière.

traslad/ar *t* 1 transférer. 2 (a un empleado) déplacer, muter. 3 (a otra página, columna) reporter. 4 — *al italiano*, traduire en italien. □ *pr* se déplacer. **-o** *m* 1 (de un empleado) déplacement, mutation *f*. 2 transfert, transport. 3 copie *f*.

traslucirse ° *pr* se laisser deviner, percer, transparaître.

trasluz *m* al —, en transparence.

trasmano (a) *loc adv* hors de portée, loin.

trasnoch/ar *i* se coucher tard. **-ador, a** *a/s* noctambule.

traspapelar *t* égarer.

traspas/ar *t* 1 traverser. 2 transpercer. 3 (un negocio) céder, transférer. **-o** *m* 1 cession *f*. 2 (precio) reprise *f*, pas-de-porte.

traspié *m* dar un —, faire un faux-pas.

trasplantar *t* transplanter.

traspunte *m* régisseur.

traspuntín *m* strapontin.

trasquilar *t* tondre.

trastada *f* mauvais tour *m*.

trastazo *m* FAM coup, choc.

traste *m* touchette *f*. I dar al — con, anéantir, mettre à mal. **-ar** *t* TAUROM faire des passes.

trastero *m* débarras.

trastienda *f* arrière-boutique.

trasto *m* 1 meuble. 2 (cosa inútil) cochonnerie *f*, vieux machin *m*. □ *pl* engins.

trastorn/ar *t* bouleverser. **-o** *m* 1 bouleversement. 2 (de la salud, del comportamiento) trouble.

trasunto *m* copie *f*.

trata *f* traite.

tratado *m* traité.

tratamiento *m* 1 traitement. 2 (título) titre.

tratar *t/i* 1 (un asunto, una enfermedad) traiter. 2 — *a, con alguien*, fréquenter quelqu'un. 3 — *de tú, de usted*, tutoyer, vouvoyer. 4 — *de*, (intentar) essayer, tâcher de : *trataré de convencerle*, j'essaierai de le convaincre. □ *pr* 1 (personas) se fréquenter. 2 ¿ *de qué se trata*?, de quoi s'agit-il ?; *se trata de*, il s'agit de.

trato *m* 1 traitement. 2 fréquentation *f*, rapports *pl* 3 (convenio) marché.

traumatismo *m* traumatisme.

través *m* travers : *de* —, en travers; *a* — *de los cristales*, à travers la vitre. I *a* — *de una agencia*, par l'intermédiaire d'une agence.

travesaño *m* traverse *f*.

travesía *f* traversée.

travesura *f* espièglerie.

¹**traviesa** *f* traverse. I *a campo* —, ì travers champs.

²**travieso, a** *a* espiègle, turbulent, e.

trayecto *m* trajet. **-ria** *f* trajectoire.

traza *f* 1 plan *m*. 2 air *m*, aspect *m*. I *llevar trazas de*, sembler.

traz/ar *t* 1 tracer. 2 (línea, plano) tirer. **-o** *m* trait.

trébedes *f pl* trépied *m sing*.

trébol *m* trèfle.

trece *a/m* treize. I *el siglo* —, le treizième siècle ; *mantenerse en su* —, ne pas céder.

trecho *m* distance *f*. I *a trechos*, çà et là; de temps à autre.

tregua *f* trève. I *sin* —, sans relâche.

treint/a *a/m* trente. **-ena** *f* trentaine.

tremebundo, a *f* épouvantable.

tremendo, a *a* terrible.

trementina *f* térébenthine.

tremolar *t* déployer. □ *i* ondoyer, flotter.

tremolina *f* FAM vacarme *m*, chambard *m*.

trémulo, a *a* frémissant, e.

tren *m* 1 train : *viajar por* —, voyager par le train. I ¡ *al* —!, en voiture ! 2 — *de vida*, train de vie.

trencilla *f* galon *m*.

trenz/a *f* 1 tresse. 2 (pelo) natte. **-ar** *t* tresser, natter.

trepado *m* pointillé.

trepanar *t* trépaner.

trepar *i* grimper.

trepid/ar *i* trépider. **-ación** *f* trépidation.

tres *a/m* trois. I *son las* —, il est trois heures.

tresbolillo (al) *loc adv* en quinconce.

trescientos, as *a/m* trois cents.

tresillo *m* ensemble d'un canapé et de deux fauteuils.

treta *f* ruse.

trezavo, a *a/m* treizième.

tría *f* tri *m*.

tri/ángulo *m* triangle. **-angular** *a* triangulaire.

triar *t* trier.

tribu *f* tribu.

tribulación *f* tribulation.

tribuna *f* tribune.

tribunal *m* 1 tribunal. 2 cour *f* : — *de casación*, cour de cassation. 3 (examen) jury.

tribut/ar *t* — *respecto*, témoigner du respect. **-ario, a** *a* tributaire. **-o** *m* tribut.

tricolor *a* tricolore.

tricornio *m* tricorne.

tricota *f* AMER pull *m*.

trigal *m* champ de blé.

trigésimo, a *a/s* trentième.

trigo *m* blé.

trigonometría *f* trigonométrie.

trigu/eño, a *a* brun, e. **-ero, a** *a* de blé.

trilla *f* battage *m*.

trillado, a *a* banal, e. I *camino* —, chemin battu.

trill/ar *t* battre. **-adora** *f* batteuse.
-o *m* herse *f* à dépiquer.

trimestr/e *m* trimestre. **-al** *a*
trimestriel, elle.

trinar *i* 1 faire des roulades. 2 FIG
enrager.

trinchar *t* découper.

trinchera *f* (zanja) tranchée.

trineo *m* traineau.

trinidad *f* trinité.

trinitaria *f* pensée.

trino *m* roulade, *f*, trille *f*.

trinquete *m* 1 cliquet. 2 MAR
misaine *f*.

trío *m* trio.

trip/a *f* 1 boyau *m*, tripe. 2 FAM
ventre *m*, tripe : *dolor de tripas*,
mal au ventre ; *echar* –, prendre du
ventre. **-ería** *f* (tienda) triperie.
-icallos *m pl* tripes *f*.

tripl/e *a/m* triple. **-icar** *t* tripler.

trípode *m* trépied.

tripul/ar *t* 1 former l'équipage de.
2 (conducir) piloter. **-ación** *f*
équipage *m*. **-ante** *m* membre de
l'équipage.

triquiñuela *f* truc *m*, artifice *m*,
subterfuge *m*.

triquitraque *m* 1 bruit saccadé,
cliquetis. 2 (cohete) pétard.

tris *m estuvo en un – que...*, il s'en
est fallu d'un rien que...

triste *a* 1 triste. 2 misérable. **-za** *f*
tristesse.

triturar *t* triturer, broyer.

triunf/ar *i* triompher. **-ador, a**
a/s triomphateur, trice. **-al** *a*
triomphal, e. **-o** *m* 1 triomphe. 2
(en naipes) atout.

trivial *a* banal, e, insignifiant, e.
-idad *f* banalité.

triza *f* petit morceau *m*. I *hacer
trizas*, mettre en miettes, en morceaux.

trocar ° *t* 1 troquer, échanger. 2
(convertir) – *en*, changer en.

trocito *m* petit morceau.

trocha *f* sentier *m*.

trofeo *m* trophée.

troj *f* grenier *m*.

trolebús *m* trolleybus.

tromba *f* trombe.

trombón *m* trombone.

tromp/a *f* 1 trompe. 2 – *de caza*,
trompe de chasse. 3 FAM cuite. I
estar –, être rond, paf.

trompada *f*, **trompazo** *m* 1
coup *m* de poing. 2 coup *m*.

trompet/a *f* trompette. **-azo** *m*
coup de trompette.

trompicón *m* faux pas.

trompo *m* toupie *f*.

tronar ° *i* 1 tonner. 2 FAM *estar
tronado*, être fauché.

troncar *t* tronquer.

tronco *m* 1 tronc. 2 *dormir como
un* –, dormir comme une souche.

tronch/ar *t* briser. □ FAM
troncharse de risa, se tordre de
rire, se fendre la pipe. **-o** *m*
trognon.

tronera *f* meurtrière.

trono *m* trône.

tropa *f* troupe.

tropel *m* foule *f*. I *en* –, en
désordre.

tropelía *f* violence.

tropez/ar ° *i* 1 – *con una piedra*,
buter contre, trébucher sur une
pierre. 2 – *con una dificultad*, se
heurter à une difficulté. □ *pr* se
rencontrer. **-ón** *m dar un* –, faire
un faux pas.

tropical *a* tropical, e.

trópico *m* tropique.

tropiezo *m* faux pas : *dar un* –,
faire un faux pas.

tropilla *f* petit troupeau *m*.

troquel *m* coin.

trot/ar *i* trotter. **-e** *m* trot.

trozo *m* morceau.

truco *m* 1 truc. 2 (cinematográfico)
truquage.

truculento, a *a* truculent, e.

trucha *f* truite.

trueno *m* 1 tonnerre. 2 coup de
tonnerre. 3 (estampido) détona-

tion *f*.

trueque *m* échange.

truf/a *f* truffe. **-ar** *t* truffer.

truncar *t* tronquer.

¹**tú** *pron pers* 1 tu : – *eres*, tu es. 2 toi : ¡ – *cállate!*, toi, tais-toi! ; *otro que* –, un autre que toi ; *empiezas* –, c'est toi qui commences. I FAM ¡ *más eres* – !, tu ne t'es pas regardé !

²**tu, tus** *a pos* ton, ta, tes.

tubérculo *m* tubercule.

tubercul/osis *f* tuberculose. **-oso, a** *a/s* tuberculeux, euse.

tubería *f* 1 tuyauterie. 2 (tubo) conduite.

tub/o *m* 1 tube. 2 – *de escape*, tuyau d'échappement. **-ular** *a* tubulaire.

tuerca *f* écrou *m*.

tuerto, a *a/s* borgne.

tuétano *m* moelle *f*.

tufarada *f* bouffée.

tufo *m* odeur *f* forte.

tugurio *m* taudis.

tul *m* tulle.

tulipán *m* tulipe *f*.

tullido, a *a/s* impotent, e, perclus, e.

tumba *f* tombe.

tumb/ar *t* renverser, faire tomber. □ *pr* s'étendre, s'allonger. **-o** *m* cahot. I *dando tumbos*, cahin-caha. **-ona** *f* chaise longue.

tumefacto, a *a* tuméfié, e.

tumor *m* tumeur *f*.

tumult/o *m* tumulte. **-uoso, a** *a* tumultueux, euse.

tuna *f* orchestre *m* d'étudiants.

tunante, a *s* coquin, e.

tunda *f* raclée, volée.

tundir *t* tondre.

tunecino, a *a/s* tunisien, enne.

túnel *m* tunnel.

Túnez *n pr* 1 (país) Tunisie *f*. 2 (ciudad) Tunis.

túnica *f* tunique.

tupé *m* toupet.

tupido, a *a* serré, e.

turba *f* 1 tourbe. 2 (muchedumbre) foule.

turbación *f* trouble *m*.

turbante *m* turban.

turbar *t* troubler.

turbina *f* turbine.

turbio, a *a* 1 trouble. 2 (sospechoso) louche.

turbión *m* grosse ondée *f*.

turborreactor *m* turboréacteur.

turbulen/cia *f* turbulence. **-to, a** *a* turbulent, e.

turco, a *a/s* turc, turque.

tur/ismo *m* 1 tourisme. 2 (coche) voiture *f* particulière. **-ista** *s* touriste. **-ístico, a** *a* touristique.

turn/ar *i* alterner. □ *pr* se relayer. **-o** *m* 1 (vez) tour : *a mi me toca el* –, c'est mon tour. I *farmacia, médico de* –, pharmacie, médecin de garde ; *el bombero de* –, le pompier de service ; *por* –, à tour de rôle, par roulement. 2 (cuadrilla) équipe *f*.

turón *m* putois.

turquesa *f* turquoise.

Turquía *n pr f* Turquie.

turrón *m* touron.

turulato, a *a* ébahi, e.

tute *m* 1 (naipes) mariage. 2 *darse un* –, donner un coup de collier, en mettre un coup.

tutear *t* tutoyer.

tutela *f* tutelle.

tuteo *m* tutoiement.

tutor, a *s* tuteur, trice.

tuyo, a *pron pers el* –, le tien ; *la tuya*, la tienne ; *los tuyos*, les tiens. □ *a* à toi : *este bolso es* –, ce sac est à toi. I *la casa tuya*, ta maison ; *un amigo* –, un ami à toi, un de tes amis.

U

¹**u** *f* u *m* : *una* —, un u.

²**u** *conj* (devant o, ho) ou : *siete* — *ocho*, sept ou huit.

ubic/ar *i* être situé, e. □ *t* AMER situer, localiser. **-ación** *f* place.

ubre *f* 1 mamelle. 2 (de vaca) pis *m*.

Ud. abréviation de **usted.**

¡uf! *interj* oh, là, là !

ufano, a *a* fier, ère.

ujier *m* huissier.

úlcera *f* ulcère *m* : — *de estómago*, ulcère à l'estomac.

ulterior *a* ultérieur, e.

últimamente *adv* dernièrement.

ultimar *t* 1 mettre la dernière main à, parachever. 2 (un tratado) conclure.

ultimátum *m* ultimatum.

último, a *a* dernier, ère. I *por* —, enfin ; *¡ sería lo* —!, ce serait le bouquet !

ultraj/ar *t* outrager. **-e** *m* outrage.

ultramar *m* outre-mer. **-inos** mpl *tienda de* —, épicerie *f sing*.

ultranza (a) *loc adv* à outrance.

ultravioleta *a* ultra-violet, ette.

umbral *m* seuil.

umbrío, a *a* ombreux, euse.

un, una *art indef* un, une. ⇒ **uno.**

un/ánime *a* unanime. **-animidad** *f* unanimité : *por* —, à l'unanimité.

unción *f* onction.

uncir *t* atteler.

undécimo, a *a/s* onzième.

undul/ar *i* onduler. **-ación** *f* ondulation.

ung/ir *t* oindre. **-üento** *m* onguent.

únicamente *adv* uniquement.

único, a *a* 1 unique. 2 seul, e. I *lo* —, la seule chose.

unidad *f* unité.

unido, a *a* uni, e.

unificar *t* unifier.

uniformar *t* 1 uniformiser. 2 pourvoir d'un uniforme.

uniform/e *a* uniforme. □ *m* 1 uniforme. 2 — *de gala*, grande tenue *f*. **-idad** *f* uniformité.

unilateral *a* unilatéral, e.

unión *f* union.

unir *t* 1 unir. 2 joindre. □ *pr* se joindre : *se nos unieron*, ils se sont joints à nous.

unísono *m* unisson.

universal *a* universel, elle.

universi/dad *f* université. **-tario, a** *a* universitaire.

universo *m* univers.

uno, a *a* un, une. □ *pl* 1 des, quelques : *unas cartas*, des lettres ; *unos días después*, quelques jours plus tard. 2 (aproximadamente) *unas mil pesetas*, environ mille pesetas. □ *pron* 1 — *de ellos*, l'un d'eux ; *una tras otra*, l'une après l'autre ; *unos dicen*, les uns disent. I *cada* —, chacun. 2 on : *aquí se aburre* —, on s'ennuie ici. 3 *una de dos*, de deux choses l'une ; — *mismo*, soi-même. □ f *la una*, une heure.

unt/ar *t* 1 enduire. 2 (con grasa) graisser. 3 (manchar) tacher. **-uoso, a** *a* onctueux, euse.

uña/a *f* 1 ongle *m*. 2 (garra) griffe. I *a* — *de caballo*, à bride abattue. **-ero** *m* panaris.

uranio *m* uranium.

urbanidad *f* courtoisie.

urbaniz/ar *t* urbaniser, aménager. **-ación** *f* ensemble *m* résidentiel.

urbano, a *a* urbain, e.

urd/ir t ourdir. **-imbre** f chaîne.
urea f urée.
urgen/cia f urgence. **-te** a urgent, e. **-temente** adv d'urgence.
urgir i être urgent, e, presser : *el asunto urge*, l'affaire presse, est urgente. I *me urge tu respuesta*, j'ai besoin de ta réponse tout de suite.
urinario, a a urinaire. □ m urinoire.
urna f urne.
urraca f pie.
Úrsula n p f Ursule.
urticaria f urticaire.
uruguayo, a a/s uruguayen, enne.
usado, a a 1 (que ha servido) usagé, e. I *papel* —, vieux papiers. 2 (gastado) usé, e. 3 (en uso) usité, e.
usanza f usage m.
us/ar t 1 utiliser. 2 (llevar) porter. □ i — *de*, user de, faire usage de.

-o m usage : *fuera de* —, hors d'usage ; *hacer* — *de*, faire usage de ; *para* — *de*, à l'usage de.
usted, es pron pers vous : — *es, ustedes son*, vous êtes ; *se lo juro a* —, je vous le jure.
usual a usuel, elle.
usuario, a s usager, ère.
usur/a f usure. **-ero** m usurier.
usurp/ar t usurper. **-ador, a** s usurpateur, trice.
utensilio m ustensile.
útero m utérus.
útil a utile. □ m (herramienta) outil. I *útiles de labranza*, instruments aratoires.
utilidad f utilité.
utilitario, a a utilitaire.
utilizar t utiliser.
ut/opía f utopie. **-ópico, a** a utopique.
uva f raisin m : *la* —, le raisin.

V

v |ubel| *f* v *m* : *una* −, un v.

va ⇒ **ir.**

vaca *f* 1 vache. 2 (carne) bœuf *m*.

vacaciones *f pl* 1 vacances : *marcharse de* −, partir en vacances. 2 *vacaciones pagadas*, congés *m* payés.

vacante *a* vacant, e. □ *f* poste *m* vacant.

vaci/ar *t* 1 vider. 2 (dejar hueco) évider. 3 (metal derretido) couler ; (yeso) mouler. 4 (cuchillo) aiguiser. 5 (un escrito) dépouiller. **-ado** *m* moulage.

vacil/ar *i* 1 vaciller. 2 FIG − *en*, hésiter à. **-ación** *f* 1 vacillation. 2 FIG hésitation.

vacío, a *a/m* vide.

vacun/a *f* vaccin *m*. **-ación** *f* vaccination. **-ar** *t* vacciner.

vacuno, a *a* bovin, e.

vade *m* cartable.

vado *m* 1 gué. 2 − *permanente*, sortie *f* de voitures, stationnement interdit.

vagabund/o, a *a/s* vagabond, e. **-ear** *i* vagabonder. **-eo** *m* vagabondage.

vagar *i* errer.

vagido *m* vagissement.

vago, a *a* vague. □ *a/s* fainéant, e.

vag/ón *m* wagon : − *restaurante*, wagon-restaurant. **-oneta** *f* wagonnet *m*.

vaguedad *f* imprécision, vague *m*.

vah/o *m* 1 vapeur *f*. 2 haleine *f*. **-arada** *f* bouffée.

vaina *f* 1 (de espada) fourreau *m*. 2 (estuche) gaine. 3 (de guisantes) gousse. □ *m* FAM imbécile.

vainilla *f* vanille.

vaivén *m* va-et-vient.

vajilla *f* vaisselle.

¹vale *m* bon.

²¡ vale ! ⇒ **valer.**

valedero, a *a* valable.

valedor, a *s* protecteur, trice.

valentía *f* vaillance, bravoure.

valentón *a/m* fanfaron.

valer ° *i* 1 valoir : *¿ cuánto vale este libro ?*, combien vaut ce livre ? ; *más valdría marcharse*, il vaudrait mieux partir. 1 *¡ vale !*, ça va !, d'accord ! 2 servir : *no − para nada*, ne servir à rien. □ *t* valoir : *su franqueza le ha valido muchos disgustos*, sa franchise lui a valu bien des ennuis. □ *valerse de*, se servir de.

valeroso, a *a* courageux, euse, vaillant, e.

valía *f* valeur.

validez *f* validité.

válido, a *a* 1 valable, valide. 2 (fuerte) valide.

valiente *a* 1 courageux, euse, vaillant, e, brave. 2 FAM drôle de, fameux, euse : *¡ − mentiroso eres !*, tu es un fameux menteur !

valija *f* valise.

valimiento *m* faveur *f*.

valioso, a *a* précieux, euse, de valeur.

valón, ona *a/s* wallon, onne.

valor *m* 1 valeur *f*. 2 (ánimo) courage. □ *pl* COM valeurs.

valorar *t* estimer, évaluer : − *en un millón de pesetas*, évaluer à un million de pesetas.

vals *m* valse *f*.

válvula *f* 1 soupape : − *de seguridad*, soupape de sûreté. 2 valve. 3 lampe.

valla *f* 1 clôture. 2 palissade. 3 (carrera) haie. **-do** *m* clôture *f*.

valle *m* vallée *f*.

vampiro *m* vampire.

vanagloria *f* gloriole. **-arse** *pr* se vanter.

vandalismo *m* vandalisme.

vándalo, a *s* vandale.

vanguardia *f* avant-garde.

vanid/ad *f* vanité. **-oso** *a/s* vaniteux, euse.

vano, a *a* vain, e : *en* —, en vain. □ *m* baie *f*.

vapor *m* vapeur *f* : *máquina de* —, machine à vapeur. □ *m* (barco) vapeur.

vaporiz/ar *t* vaporiser. **-ador** *m* vaporisateur.

vapulear *t* fouetter. 2 (criticar) éreinter.

vaquero, a *s* vacher, ère. I *pantalones vaqueros*, blue-jeans, jeans.

vaqueta *f* vachette.

vara *f* 1 baguette. 2 (palo largo) gaule, perche. 3 pique.

varar *i* échouer.

varear *t* gauler.

vari/ar *i/t* varier, changer. **-able** *a* variable. **-ación** *f* variation. **-ante** *f* variante.

várice *f* varice.

varicela *f* varicelle.

variedad *f* variété.

varilla *f* 1 baguette. 2 (de cortina) tringle. 3 (de paraguas) baleine. 4 (de gafas) branche.

vario, a *a* divers, e, différent, e. □ *pl* plusieurs : *varias personas*, plusieurs personnes.

varita *f* baguette.

var/ón *m* 1 homme. 2 garçon. I *hijo* —, enfant du sexe masculin. **-onil** *a* viril, e.

Varsovia *n p* Varsovie.

vas ⇒ **ir.**

vasallo, a *a* vassal, e.

vasc/o, a, vascongado, a *a/s* basque. **-uense** *a/m* basque.

vaselina *f* vaseline.

vasija *f* 1 pot *m*. 2 poterie.

vaso *m* 1 verre : *un* — *de vino*, un

verre de vin. 2 vase. 3 vaisseau : — *sanguíneo*, vaisseau sanguin.

vástago *m* 1 rejeton. 2 (del émbolo) tige *f*.

vasto, a *a* vaste.

vate *m* poète.

Vaticano *n p m* Vatican.

vatio *m* watt.

vaya, etc. ⇒ **ir.**

Vd. abréviation de **usted.**

veces *pl* de **vez.**

vecinal *a* vicinal, e.

vecindad *f* 1 voisinage *m*. 2 habitants *m pl.*

vecindario *m* 1 habitants *pl.* 2 voisinage.

vecino, a *a/s* voisin, e. □ *s* (de una población, un barrio) habitant, e.

veda *f* fermeture. I *levantamiento de la* —, ouverture (de la chasse, pêche).

vedado *m* chasse *f* gardée. I — *de caza*, réserve de chasse.

vedar *t* défendre, interdire.

vedija *f* touffe.

vega *f* plaine cultivée.

veget/ación *f* végétation. **-al** *a* végétal, e. □ *m los vegetales*, les végétaux, **-ar** *i* végéter. **-ariano, a** *a/s* végétarien, enne.

vehemen/te *a* véhément, e. **-cia** *f* véhémence.

vehículo *m* véhicule.

veint/e *a/m* vingt. I *el siglo* —, le vingtième siècle. **-idos, itres, icuatro**, etc. *a/m* vingt-deux, vingt-trois, vingt-quatre, etc. **-iún** *a* vingt et un. **-iuno, a** *a/m* vingt et un, une.

vej/ar *t* vexer. **-ación** *f* vexation. **-atorio, a** *a* vexatoire.

vejestorio *m* vieux birbe, vieille bonne femme.

vejete *m* petit vieux.

vejez *f* vieillesse.

vejiga *f* vessie.

¹vela *f* 1 (para alumbrar) bougie. 2 *en* —, sans pouvoir dormir.

²vela *f* voile : *barco de* —, bateau à voiles.

velada *f* veillée.

velador *m* guéridon.

velamen *m* voilure *f*.

¹velar *i/t* veiller.

²velar *t* 1 (cubrir con un velo) voiler. 2 *foto velada*, photo voilée. □ *pr* se voiler.

veleid/ad *f* velléité. **-oso, a** *a* inconstant, e.

velero *m* voilier.

veleta *f* girouette.

velo *m* voile.

velocidad *f* vitesse.

velódromo *m* vélodrome.

velomotor *m* vélomoteur.

veloz *a* rapide.

vell/o *m* duvet. **-ón** *m* toison *f*. **-oso, a** *a* duveteux, euse. **-udo, a** *a* velu, e.

¹vena *f* veine.

venablo *m* javelot.

venado *m* cerf.

venal *a* vénal, e.

vencedor, a *a/s* vainqueur.

vencejo *m* martinet.

venc/er *t* 1 vaincre. 2 — *por 6-2*, battre par 6-2. 3 (superar) surmonter. □ *i* (plazo, etc.) échoir, arriver à échéance, expirer. □ *pr* (doblarse) ployer, s'abattre. **-ido, a** *a/s* vaincu, e. □ *a* (plazo) échu, e. **-imiento** *m* 1 (de un pago, etc.) échéance *f*. 2 expiration *f* d'un délai.

vend/a *f* 1 bande, bandage *m*. 2 (para los ojos) bandeau *m*. **-aje** *m* bandage. **-ar** *t* bander.

vendaval *m* ouragan.

vendedor, a *s* 1 vendeur, euse. 2 marchand, e : — *de periódicos*, marchand de journaux.

vend/er *t* vendre : *se vende*, à vendre ; *vendido*, vendu. **-ible** *a* vendable.

vendimi/a *f* vendange. **-ador, a** *s* vendangeur, euse. **-ar** *t* vendanger.

Venecia *n p* Venise.

veneciano, a *a/s* vénitien, enne.

venen/o *m* 1 poison. 2 (de algunos animales) venin. **-oso, a** *a* 1 vénéneux, euse. 2 (animal) venimeux, euse.

venera *f* coquille Saint-Jacques.

vener/ar *t* vénérer. **-able** *a* vénérable. **-ación** *f* vénération.

venéreo, a *a* vénérien, enne.

venero *m* 1 (mina) gisement. 2 (manantial) source *f*.

venezolano, a *a/s* vénézuélien, enne.

venga, etc. ⇒ **venir.**

veng/ar *t* venger. □ *pr* se venger. **-ador, a** *a/s* vengeur, eresse. **-anza** *f* vengeance. **-ativo** *a* vindicatif, ive.

venia *f* 1 permission, autorisation. 2 AMER salut *m* militaire.

venial *a* véniel, elle.

venida *f* venue.

venidero, a *a* futur, e. I *en lo* —, à l'avenir.

venir ° *i* 1 venir : *vino ayer*, il est venu hier. I *el mes que viene*, le mois prochain ; — *a menos*, déchoir. 2 (= estar) être : *vengo muy contento*, je suis très content ; *viene en el periódico*, c'est dans le journal ; — *diciendo, pensando*, dire, penser. 3 ¿ *a qué viene eso ?*, à quoi ça rime ? ; *sin* — *a qué*, sans raison. 4 — *bien*, aller bien ; *este café me ha venido bien*, ce café m'a fait du bien. □ *pr* venir. I *venirse abajo*, s'écrouler.

venoso, a *a* véneux, euse.

venta *f* 1 vente : *estar a la* —, être en vente. 2 (posada) auberge.

ventaj/a *f* avantage *m*. **-oso, a** *a* avantageux, euse.

ventan/a *f* 1 fenêtre. 2 (de la nariz) narine. **-illa** *f* 1 (de tren) fenêtre. 2 (de coche) glace. 3 (de avión) hublot *m*. 4 (taquilla) guichet *m*.

ventarrón *m* vent violent.

ventero, a *s* aubergiste.

ventilador *m* ventilateur.

ventilar *t* 1 ventiler, aérer. 2 FIG examiner, tirer au clair.

ventisca *f* tempête de neige.

ventisquero *m* glacier.

ventorrillo *m* guinguette *f*.

ventosa *f* ventouse.

ventoso, a *a* venteux, euse.

ventrílocuo, a *s* ventriloque.

ventrudo, a *a* ventru, e.

ventur/a *f* 1 bonheur *m*. 2 hasard *m*. 3 *a la* —, à l'aventure. **-oso, a** *a* heureux, euse.

Venus *n p f* Vénus.

¹**ver** °/*i* voir : *yo no había visto al guardia*, je n'avais pas vu l'agent ; *¡ a —!*, voyons ! ; *¿ lo está usted viendo ?*, vous voyez bien ? ; *¡ ya veremos !*, on verra bien ! I *volver a* —, revoir. □ *pr* se voir. I *véase página 40*, voir page 40 ; *ya se ve*, ça se voit.

²**ver** *m* 1 (aspecto) allure *f*. 2 *a mi* —, à mon avis.

vera *f* bord *m*.

veracidad *f* véracité.

veranda *f* véranda.

verane/ar *i* passer ses vacances d'été. **-ante** *a/s* estivant, e. **-o** *m* villégiature *f*. I *ir de* —, aller en villégiature, en vacances.

veran/o *m* été. **-iego, a** *a* estival, e, d'été.

veras (de) *loc adv* vraiment. I — *que lo siento*, je le regrette sincèrement.

veraz *a* véridique.

verbal *a* verbal, e.

verbena *f* 1 (planta) verveine. 2 fête.

verbigracia *loc* par exemple.

verb/o *m* verbe. **-orrea** *f* verbiage *m*. **-osidad** *f* verbosité. **-oso, a** *a* verbeux, euse.

verdad *f* vérité. I *a decir* —, à vrai dire ; *de* —, vraiment ; *es* —, c'est vrai ; *la* —, en vérité ; *¿ verdad ?*, n'est-ce pas ? ; *cantarle a uno las verdades*, dire à quelqu'un ses quatre vérités. **-eramente** *adv* vraiment. **-ero** *a* vrai, e, véritable.

verde *a* 1 vert, e. 2 (licencioso) leste, grivois, e. □ *m* vert. I FIG *poner* — *a alguien*, traiter quelqu'un de tous les noms.

verde/ar *i* verdir. **-ante** *a* verdoyant, e.

verdoso, a *a* verdâtre.

verdugo *m* 1 bourreau. 2 (capucha) cagoule *f*.

verdulera *f* 1 marchande de légumes. 2 FAM poissarde.

verdura *f* légume *m*, légume *m* vert : *comer* —, manger des légumes.

vereda *f* 1 sentier *m*. 2 AMER trottoir *m*.

veredicto *m* verdict.

verga *f* vergue.

vergel *m* verger.

vergonzoso, a *a* honteux, euse.

vergüenza *f* 1 honte : *dar* —, faire honte. I *¡ es una* —!, c'est une honte !, c'est honteux ! ; *¡ qué poca* —!, quel toupet ! 2 honneur *m*.

vericueto *m* chemin, lieu scabreux.

verídico, a *a* véridique.

verificación *f* vérification.

verificar *t* 1 vérifier. 2 effectuer. □ *pr* avoir lieu.

verja *f* grille.

vermífugo *m* vermifuge.

vermut *m* 1 vermouth. 2 AMER matinée *f*, séance *f* de 18 h.

Verónica *n p f* Véronique.

vero/símil *a* vraisemblable. **-similitud** *f* vraisemblance.

verruga *f* verrue.

versado, a *a* — *en*, versé, e dans.

versal *f* capitale.

Versalles *n p* Versailles.

versar *i* — *sobre*, traiter de.

versátil *a* versatile.

versificación *f* versification.

versión _f_ version.

¹verso _m_ (poesia) vers.

²verso _m_ (reverso) verso.

vértebra _f_ vertèbre.

vertebral _a_ vertébral, e.

vertedero _m_ décharge _f_.

verter ° _t_ 1 verser. 2 (dejar caer un liquido) renverser. 3 — _al francés_, traduire en français. □ _i_ couler.

vertical _a_ vertical, e.

vértice _m_ sommet.

vertiente _f_ versant _m_.

vertiginoso, a _a_ vertigineux, euse.

vértigo _m_ vertige : _tener —_, avoir le vertige.

vesícula _f_ vésicule.

vestíbulo _m_ vestibule.

vestido, a _a_ habillé, e, vêtu, e. □ _m_ 1 vêtement, habillement. 2 (de mujer) robe _f_ : — _de noche_, robe du soir.

vestigio _m_ vestige.

vestir ° _t_ 1 habiller. 2 porter : _viste un traje azul_, il porte un costume bleu. □ _i_ _siempre de viste de negro_, elle est toujours habillée en noir. □ _i/pr_ s'habiller : _(se) viste con elegancia_, elle s'habille élégamment.

vestuario _m_ 1 garde-robe _f_. 2 (local) vestiaire. 3 (vestidos empleados en el teatro) costumes _pl_.

vet/a _f_ veine. **-eado, a** _a_ veiné, e.

veterano _m_ vétéran.

veterinario, a _a/s_ vétérinaire.

veto _m_ veto.

vetusto, a _a_ vétuste.

vez _f_ 1 fois : _una — al año_, une fois par an. I _a veces_, parfois ; _de — en cuando_, de temps en temps ; _de una — por todas_, une fois pour toutes ; _érase una —_, il était une fois ; _muchas veces_, souvent ; _gracias otra —_, merci encore ; _tal —_, peut-être. 2 _tour m_ : _a mi —_, à mon tour. 3 _en — de_, au lieu de ; _hacer las veces de_, tenir lieu de, faire fonction de.

vía _f_ 1 voie : — _férrea_, voie ferrée ; — _muerta_, voie de garage ; _estar en vías de_, être en voie de. 2 _Vía Láctea_, Voie lactée.

viable _a_ viable.

via crucis _m_ chemin de croix.

viaducto _m_ viaduc.

viajante _m_ voyageur de commerce.

viaj/ar _i_ voyager. **-e** _m_ voyage : _ir de —_, partir en voyage ; _estar de —_, être en voyage ; — _de recreo, de bodas_, voyage d'agrément, de noces. **-ero, a** _s_ voyageur, euse.

vial _a_ _a seguridad —_, sécurité routière.

vianda _f_ aliment _m_.

viandante _s_ voyageur, euse.

víbora _f_ vipère.

vibr/ar _i_ vibrer. **-ación** _f_ vibration. **-ante** _a_ vibrant, e. **-atorio, a** _a_ vibratoire.

vicario _m_ vicaire.

vicealmirante _m_ vice-amiral.

Vicente _n p m_ Vincent.

vicesecretario _m_ sous-secrétaire.

viceversa _adv_ vice versa.

viciar _t_ 1 vicier. 2 pervertir.

vici/o _m_ 1 vice. 2 mauvaise habitude _f_. I _de —_, sans raison. 3 défaut. **-oso, a** _a_ vicieux, euse.

vicisitud _f_ vicissitude.

víctima _f_ victime.

Víctor _n p m_ Victor.

victori/a _f_ victoire. **-oso, a** _a_ victorieux, euse.

vicuña _f_ vigogne.

vid _f_ vigne.

vida _f_ vie. I _darse la gran —_, mener la belle vie, se la couler douce ; _de por —_, pour toujours ; _en — de_, du vivant de ; _en mi —_, de ma vie ; _¡— mía!_, mon amour !

vidente _s_ voyant, e.

vidriado, a _a_ vernissé, e.

vidriera _f_ 1 (puerta) porte vitrée. 2 vitrail : _las vidrieras de la catedral_, les vitraux de la cathédrale. 3

AMER (escaparate) vitrine.

vidriero *m* vitrier.

vidri/o *m* 1 verre. 2 carreau, vitre *f*. **-oso, a** *a* 1 (ojos) vitreux. 2 fragile.

viejo, a *a* vieux, vieil, vieille : *un hombre* −, un vieil homme. □ *s* vieux, vieille, vieillard.

Viena *n p* Vienne.

vienés, esa *a/s* viennois, e.

viento *m* vent.

vientre *m* 1 ventre. 2 *hacer de* −, aller à la selle.

viernes *m* vendredi.

vietnamita *a/s* vietnamien, enne.

viga *f* poutre.

vigen/te *a* en vigueur. **-cia** *f* application.

vigésimo, a *a* vingtième.

vigía *m* vigie *f*.

vigilan/te *a* vigilant, e. □ *m* surveillant. 1 − *nocturno*, veilleur de nuit. **-cia** *f* vigilance.

vigilar *t* surveiller.

vigilia *f* 1 veille. 2 abstinence.

vigor *m* vigueur *f*. 1 *estar en* −, être en vigueur. **-izar** *t* fortifier. **-oso, a** *a* vigoureux, euse.

vihuela *f* guitare.

vil *a* vil, e. **-eza** *f* bassesse.

vilo (en) *loc adv* en l'air ; FIG en haleine.

villa *f* 1 ville. 2 (casa) villa. 3 AMER − *miseria*, bidonville *m*.

Villadiego *n p m* FAM *tomar las de* −, prendre la poudre d'escampette.

villancico *m* noël, chant de Noël.

villano, a *a/s* rustre.

villorrio *m* petit village, trou.

vinagr/e *m* vinaigre. **-era** *f* vinaigrier *m*. □ *pl* huilier *m sing*. **-eta** *f* vinaigrette.

vinajera *f* burette.

vinatero *m* négociant en vins.

vincapervinca *f* pervenche.

vincular *t* lier.

vínculo *m* lien.

vindic/ar *t* 1 venger. 2 défendre. **-ativo, a** *a* vindicatif, ive.

vinícola *a* vinicole.

viniera, etc. ⇒ **venir.**

vinílico, a *a* vinylique.

vinillo *m* petit vin.

¹vino *m* vin : − *tinto, blanco, clarete*, vin rouge, blanc, rosé.

²vino ⇒ **venir.**

viñ/a *f* vigne. **-ador** *m* vigneron. **-edo** *m* vignoble.

viñeta *f* vignette.

violáceo, a *a* violacé, e.

violación *f* 1 (de las leyes) violation. 2 (de una mujer) viol *m*.

violado, a *a/m* violet, ette.

violar *t* violer.

violencia *f* violence.

violentamente *adv* violemment.

violentar *t* forcer. □ *pr* se forcer.

violento, a *a* 1 violent, e. 2 *me es* − *hablar de esas cosas*, ça me gêne de parler de ces choses-là. 3 (cohibido) gêné, e, mal à l'aise.

violeta *f* violette.

viol/ín *m* violon. **-inista** *s* violoniste.

violoncel/o *m* violoncelle. **-ista** *s* violoncelliste.

vir/ar *i* virer. **-aje** *m* virage.

virgen *a/f* vierge. 1 *la Virgen Santísima*, la Sainte Vierge.

Virginia *n p f* Virginie.

viril *a* viril, e. **-idad** *f* virilité.

vir/rey *m* vice-roi. **-reinato** *m* vice-royauté *f*.

virtual *a* virtuel, elle.

virt/ud *f* vertu. 1 *en* − *de*, en vertu de. **-uoso, a** *a* vertueux, euse. □ *s* (músico) virtuose.

viruela *f* variole, petite vérole.

virulen/to, a *a* virulent, e. **-cia** *f* virulence.

virus *m* virus.

viruta *f* copeau *m*.

visado *m* visa.

visaje *m* grimace *f*.

visar *t* viser.

víscera f viscère m.

viscoso, a a visqueux, euse.

visera f visière.

visib/le a visible. **-ilidad** f visibilité.

visillo m rideau.

visi/ón f vision. **-onario, a** a/s visionnaire.

visit/a f visite : *estar de –*, être en visite. **-ante** s visiteur, euse. **-ar** t 1 visiter. 2 *– a alguien*, rendre visite à quelqu'un. 3 *ser visitado por un médico*, être examiné par un médecin.

vislumbr/ar t entrevoir. **-e** f 1 lueur. 2 indice m, soupçon m.

viso m 1 reflet, moirure f. I *hacer visos*, chatoyer. 2 apparence f. 3 (debajo de un vestido) fond de robe.

visón m vison.

visor m viseur.

víspera f veille : *en vísperas de...*, à la veille de... □ pl (oficio religioso) vêpres.

vist/a f 1 vue : *bien a la –*, bien en vue ; *pagadero a la –*, payable à vue. I *a la –*, apparemment ; *a – de pájaro*, vu, e d'en haut ; *en – de*, en raison de, vu ; *en – de que*, étant donné que ; *hasta la –*, au revoir. 2 (mirada) regard m. **-azo** m coup d'œil : *echar un –*, jeter un coup d'œil.

visto, a p p de **ver**. □ a vu, e : *ni – ni oído*, ni vu ni connu. I *por lo –*, apparemment ; *– bueno*, visa.

vistoso, a a voyant, e.

visual a visuel, elle.

vital a vital, e. **-icio, a** a 1 *renta vitalicia*, rente viagère, viager m. 2 *senador –*, sénateur à vie. **-idad** f vitalité.

vitamina f vitamine.

vitela f vélin m.

vit/ícola a viticole. **-icultor** m viticulteur. **-icultura** f viticulture.

vitola f (de cigarros puros) bague.

vitorear t acclamer.

vítores m pl vivats.

vitrificar t vitrifier.

vitrina f vitrine.

vitriolo m vitriol.

vituallas f pl victuailles.

vituperar t blâmer.

viudo, a a/s veuf, veuve.

vivacidad f vivacité.

vivaque m bivouac.

vivaracho, a a vif, vive, éveillé, e.

vivaz a vivace.

víveres m pl vivres.

vivero m 1 pépinière f. 2 (de peces) vivier. 3 *– de ostras*, parc à huitres.

viveza f vivacité.

vivido, a a vécu, e.

vividor, a s profiteur, euse.

vivienda f 1 logement m : *la crisis de la –*, la crise du logement. 2 habitation. 3 résidence. 4 (morada) demeure, logis m.

viviente a/s vivant, e.

vivificar t vivifier.

vivir i vivre : *aún vive*, il vit encore ; *ha vivido mucho tiempo en Australia*, il a longtemps vécu en Australie. I *¿ quién vive ?*, qui vive ? ; *¡ viva el rey !*, vive le roi ! □ m vie f.

vivo, a a 1 vivant, e : *lengua viva*, langue vivante. 2 vif, vive : *colores vivos*, couleurs vives ; *de viva voz*, de vive voix. I *herir en lo –*, piquer au vif. 3 (astuto) malin, igne. □ m vivant : *los vivos*, les vivants.

Vizcaya n p f Biscaye.

vizconde, esa s vicomte, vicomtesse.

vocablo m mot.

vocabulario m vocabulaire.

vocación f vocation.

vocal a vocal, e. □ f (letra) voyelle. □ m membre d'un bureau, d'un conseil.

voce/ar i/t crier. **-río** m cris pl.

voces pl de **voz**.

vociferar i/t vociférer.

voladizo, a *a* saillant, e. □ *m* saillie *f*.

volador, a *a* volant, e.

voladura *f* destruction.

volandas (en) *loc adv* en vitesse.

volante *a* volant, e. □ *m* volant.

volapié *m* TAUROM *a —*, en s'élançant vers le taureau arrêté.

volar ° *i* 1 voler : *el avión vuela*, l'avion vole. 2 *echar a —*, s'envoler ; ¡*volando!*, vite!, tout de suite ! 2 (elevarse) s'envoler. 3 disparaître. □ *t* (con un explosivo) faire sauter. □ *pr* s'envoler.

vol/átil *a* volatile. **-atilizar** *t* volatiliser.

volatinero, a *s* danseur, euse de corde.

volcán *m* volcan. **-ico, a** *a* volcanique.

volcar ° *t* renverser. □ *i* (un vehiculo) verser, capoter.

volea *f* volée.

volquete *m* tombereau.

voltaje *m* voltage.

volte/ar *t* 1 faire tourner, faire voltiger. I *— las campanas*, sonner les cloches. 2 retourner. 3 (derribar) renverser. **-reta** *f* culbute, cabriole.

voltio *m* volt.

volub/le *a* versatile. **-ilidad** *f* versatilité.

volum/en *m* volume. **-inoso, a** *a* volumineux, euse.

volunt/ad *f* volonté : *poner mala — en...*, mettre de la mauvaise volonté à... **-ario, a** *a/s* volontaire. **-arioso, a** *a* volontaire.

voluptuos/o, a *a* voluptueux, euse. **-idad** *f* volupté.

voluta *f* volute.

volver ° *t* 1 *— la cabeza, los ojos hacia*, tourner la tête, les yeux vers. 2 (al revés) retourner. 3 rendre : *— loco*, rendre fou ; *— a la vida*, rendre à la vie. □ *i* 1 revenir : *volveré mañana*, je reviendrai demain ; *volvamos a nuestro*

asunto, revenons à notre sujet, *— en sí*, revenir à soi. 2 retourner : *vuelvo al dentista mañana*, je retourne chez le dentiste demain. 3 rentrer, revenir : *no ha vuelto de vacaciones todavía*, il n'est pas encore rentré de vacances. 4 (torcer) tourner. 5 *— a* (+ infinitivo) : *— a llorar*, se remettre à pleurer ; *— a probar*, goûter de nouveau ; *— a empezar, a hacer, a poner, a ser, etc.*, recommencer, refaire, remettre, redevenir, etc. □ *pr* 1 se retourner, se tourner. 2 (regresar) rentrer. I *volverse atrás*, revenir en arrière. 3 *volverse triste*, devenir triste.

vomitar *i* vomir.

vómito *m* vomissement.

voracidad *f* voracité.

vos *pron pers* 1 vous. 2 AMER tu. **-otros, as** *pron pers* vous.

vot/ar *t/i* voter : *— a, por un candidato*, voter pour un candidat. **-ación** *f* vote m. **-ante** *a/s* votant, e. **-o** *m* 1 (promesa, deseo) vœu. 2 vote : *derecho de —*, droit de vote. 3 voix *f* : *tres votos a favor*, trois voix pour. 4 juron.

voy ⇒ **ir**.

voz *f* 1 voix : *hablar con — aguda*, parler d'une voix aiguë ; *en — alta, baja*, à voix haute, basse. I *corre la — que*, le bruit court que. 2 cri *m* : *dar voces*, pousser des cris ; *a voces*, à grands cris. 3 (vocablo) mot *m*. **-arrón** *m* grosse voix *f*.

vuelco *m* culbute *f*. I *dar un —*, se retourner, culbuter ; *le dio un — el corazón*, ça lui a fait un choc.

vuelo *m* 1 vol : *— sin motor*, vol à voile. I *alzar el —*, s'envoler. 2 (de un vestido) ampleur *f*. 3 (saledizo) saillie *f*.

vuelta *f* 1 tour *m* : *dar la — al mundo*, faire le tour du monde ; *media —*, demi-tour ; *dar una —*, faire un tour. I *dar una — de campana*, faire un tonneau ; FIG *no hay que darle vueltas*, il n'y a rien à faire. **2** retour *m* : *estaré de — a las ocho,* je serai de retour à huit heures ; *a — de correo,* par retour du courrier. l *— al colegio,* rentrée des classes ; FIG *estar de — de todo,* être blasé, e. **3** (recodo) tournant *m*. **4** (de un pantalón, etc.) revers *m*. **5** (de una página) verso *m*. l FIG *no tener — de hoja,* être indiscutable. **6** (dinero que se devuelve) monnaie. **7** *a la — de dos meses,* au bout de deux mois.

vuelto, a *p p* de **volver**. □ *m* AMER monnaie *f*.

vuestro, a, os, as *a pos* votre, vos. □ *pron pos* vôtre, vôtres : *los vuestros,* les vôtres.

vulgar *a* vulgaire. **-idad** *f* vulgarité. **-izar** *t* vulgariser.

vulgo *m el —,* le peuple.

vulner/ar *t* (ley) violer. **-able** *a* vulnérable. **-ación** *f* violation.

vulpeja *f* renard *m*.

W

w |ube doble| *f* w *m* : *una* –, un w.
wat |bat| *m* (vatio) watt.

water |bater| *m* *el* –, les waters.
whisky |(g) wiski| *m* whisky.

X

x |ekis| *f* x *m* : *una* x, un x.
xenofobia *f* xénophobie.

xenófobo, a *a/s* xénophobe.
xilófono *m* xylophone.

Y

¹**y** [igrjega] *f* y *m* : *una* —, un y.

²**y** *conj* et.

ya *adv* **1** déjà : — *he visto esta película*, j'ai déjà vu ce film. **2** (ahora) maintenant. **3** (pronto) tout de suite. | *¡* — *voy!*, j'arrive! **4** voici, voilà : — *llega el tren*, voilà le train qui arrive; — *hemos llegado*, nous voici arrivés. **5** bien : — *lo ves*, tu vois bien. | *¡* — *está!*, ça y est!; *¡ya!*, je sais!; *¡* — *caigo!*, j'y suis! □ *conj* **1** — ... —, soit... soit. **2** — *que* puisque.

yacer ° *i* gésir : *aquí yace*, ci-gît.

yacimiento *m* gisement.

yate *m* yatch.

yedra *f* lierre *m*.

yegua *f* jument.

yema *f* **1** (brote) bourgeon *m*. **2** (del huevo) jaune *m*.

yendo ⇒ **ir**.

yerba *f* **1** herbe. **2** AMER maté *m*.

yergo, etc. ⇒ **erguir**.

yermo, a *a/m* désert, e.

yerno *m* gendre.

yerro *m* erreur *f*.

yerto, a *a* raide.

yesca *f* amadou *m*.

yeso *m* plâtre.

yo *pron* **1** je : — *soy*, je suis. **2** (forma tónica) moi : *tú y* —, toi et moi; *soy* — *el que manda*, c'est moi qui commande; — *mismo*, moi-même. | — *que usted*, si j'étais vous, à votre place. □ *m el* —, le moi.

yodo *m* iode.

yogur *m* yaourt, yoghourt.

yuca *f* **1** yucca *m*. **2** manioc *m*.

yugo *m* joug.

Yugoslavia *n p f* Yougoslavie.

yugoslavo, a *a/s* yougoslave.

¹**yugular** *a* jugulaire.

²**yugular** *t* juguler.

yunque *m* enclume *f*.

yunta *f* attelage *m*, paire.

yute *m* jute.

yuxtapo/ner ° *t* juxtaposer. **-sición** *f* juxtaposition.

Z

z |θeta] *f* z *m* : *una* –, un z.

zafarse *pr* – *de*, échapper à.

zafarrancho *m* branle-bas.

zafio, a *a* grossier, ère.

zafiro *m* saphir.

zafra *f* récolte.

zaga *f* arrière *m*. I *en* –, en arrière.

zagal, a *s* garçon, jeune fille.

zaguán *m* vestibule.

zaherir ° *t* blesser, mortifier.

zahorí *m* devin.

zalamer/ía *f* flatterie, cajolerie. **-o, a** *a/s* flatteur, euse.

zamarra *f* veste en peau de mouton.

zamarrear *t* secouer.

zambo, a *a/s* 1 cagneux, euse. 2 AMER métis de Noir et d'Indienne.

zambomba *f* instrument *m* cylindrique à membrane frottée. □ *interj* sapristi !

zambull/ir ° *t* plonger. □ *pr* plonger. **-ida** *f* plongeon *m*.

zamparse *pr* avaler, engloutir.

zampoña *f* 1 flûte de Pan. 2 chalumeau *m*.

zanahoria *f* carotte.

zanc/a *f* 1 patte (d'échassier). 2 FAM longue guibolle. **-ada** *f* enjambée. **-adilla** *f* · *poner una* –, faire un croc-en-jambe. **-ajo** *m* talon.

zanc/o *m* échasse *f*. **-udas** *f pl* échassiers *m*.

zángano *m* faux bourdon.

zangolotear *i* s'agiter. □ *pr* branler.

zanj/a *f* tranchée, fossé *m*. **-ar** *t* 1 résoudre. 2 trancher.

zapa/dor *m* sapeur. **-pico** *m* pioche *f*.

zapate/ar *t* frapper du pied. **-o** *m* danse *f* espagnole.

zapater/ía *f* cordonnerie. **-o** *m* cordonnier.

zapat/o *m* chaussure *f*. **-illa** *f* 1 pantoufle. 2 (de baile) chausson *m*. 3 – *de baloncesto, de tenis*, chaussure de basket, de tennis.

zapote *m* sapotier.

zaquizamí *m* galetas.

zar *m* tsar.

zarabanda *f* sarabande.

Zaragoza *n p* Saragosse.

zarand/a *f* crible *m*. **-ear** *t* 1 cribler. 2 secouer.

zarco *a* bleu clair.

zarpa *f* patte (armée de griffes).

zarpar *i* lever l'ancre.

zarpazo *m* coup de griffe.

zarz/a *f* ronce. **-al** *m* roncier, ronceraie *f*. **-amora** *f* mûre sauvage.

zarzuela *f* 1 sorte d'opérette. 2 sorte de bouillabaisse.

¡zas ! *interj* vlan !, pan !

zeta *f* lettre z.

zigzag *m* zigzag. **-uear** *i* zigzaguer.

zinc |θiŋk] *m* zinc.

zipizape *m* FAM bagarre *f*.

zócalo *m* 1 soubassement. 2 plinthe *f*. 3 (pedestal) socle.

zodíaco *m* zodiaque.

zona *f* zone. I – *verde*, espace *m* vert.

zonzo, a *a/s* AMER bête, sot, sotte.

zoo *m* zoo.

zool/ogía *f* zoologie. **-ógico, a** *a* zoologique.

zopenco, a *a/s* idiot, e, abruti, e.

zopilote *m* urubu.

zopo, a *a* contrefait, e. I *pie* –, pied bot.

zoquete *m* 1 morceau de bois. 2 FAM gourde *f*, empoté.

zorr/a *f* **1** (macho) renard *m*. **2** (hembra) renarde. **-o** *m* **1** renard. **2** FIG fin renard.

zozobr/a *f* **1** naufrage *m*. **2** angoisse. **-ar** *i* sombrer, couler.

zueco *m* sabot.

zumb/ar *i* **1** (insecto) bourdonner. I *me zumban los oídos*, mes oreilles bourdonnent. **2** (motor) ronfler, vrombir. I FAM *ir zumbando*, filer. **-ido** *m* bourdonnement, ronflement, vrombissement. **-ón, ona** *a* moqueur, euse.

zumo *m* jus : *– de naranja*, jus d'orange.

zurc/ir *t* **1** repriser, raccommoder. **2** FAM *¡ que te zurzan !*, débrouille-toi !, va te faire foutre ! **-ido** *m* reprise *f*.

zurdo, a *a/s* gaucher, ère.

zurr/a *f* FAM raclée. **-ar** *t* FAM rosser.

zurriago *m* fouet.

zurrón *m* gibecière *f*.

zutano, a *s* un tel, une telle.

D'où vient cette voiture ?
¿De dónde viene este coche?

Álava (Vitoria)	VI	Lérida	L
Alicante	A	Logroño	LO
Albacete	AB	Lugo	LU
Almería	AL	Madrid	M
Ávila	AV	Málaga	MA
Badajoz	BA	Melilla	ML
Baleares (Palma de Mallorca)	PM	Murcia	MU
Barcelona	B	Navarra (Pamplona)	NA
Burgos	BU	Orense	OR
Cáceres	CC	Oviedo	O
Cádiz	CA	Palencia	P
Castellón	CS	Pontevedra	PO
Ceuta	CE	Salamanca	SA
Ciudad Real	CR	Santander	S
Córdoba	CO	Segovia	SG
Coruña	C	Sevilla	SE
Cuenca	CU	Soria	SO
Gerona	GE	Tarragona	T
Granada	GR	Tenerife	TF
Gran Canaria	GC	Teruel	TE
Guadalajara	GU	Toledo	TO
Guipúzcoa (San Sebastián)	SS	Valencia	V
Huelva	H	Valladolid	VA
Huesca	HU	Vizcaya (Bilbao)	BI
Jaén	J	Zamora	ZA
León	LE	Zaragoza	Z

La cuisine espagnole
La cocina española

A

aceite de oliva huile d'olive
aceitunas negras olives noires
aceitunas rellenas olives farcies
aceitunas verdes olives vertes
ajillo: al ajillo cuisiné
   à l'ail
aguacate avocat
agua mineral con gas / sin gas
   eau minérale gazeuse / plate
ahumado fumé
albahaca basilic
albóndigas boulettes de viande
albóndigas de lomo boulettes
   de viande de porc
alcachofas (con jamón) artichauts
   (au jambon)
alcaparras câpres
alioli aïoli
aliñado avec assaisonnement
almejas a la marinera palourdes
   marinière
almejas a la valenciana palourdes
   dans une sauce au vin blanc
almejas al natural palourdes au
   naturel
alubias haricots
ancas de rana cuisses de grenouille
anchoas anchois
anchoas a la barquera anchois
   marinés avec des câpres
anguila (ahumada) anguille
   (fumée)
angulas civelles
apio céleri en branches
arenque hareng
arroz riz ; **arroz a la valenciana** paëlla ;
   arroz a la cubana riz accompagné
   de sauce tomate, d'un œuf au plat
   et d'un plantain frit ; **arroz blanco**
   riz nature ; **arroz con leche** riz
   au lait

asado rôti
atún thon
aves volaille
azafrán safran

B

bacalao (al pil pil) morue préparée
   avec une sauce à l'huile
   et à l'ail
bacalao a la catalana morue
   accompagnée d'une sauce à base
   de tomates, de safran et
   de paprika
bacalao a la vizcaína morue
   accompagnée de sauce tomate
   et de poivrons
batido milk-shake
becada a la vizcaína bécasse servie
   avec une sauce au lard, aux
   oignons et au xérès
berenjenas aubergines
berza chou
besugo daurade
bien hecho bien cuit
bistec bifteck ; **bistec
   de ternera** escalope de veau
bizcocho génoise
bocadillo sandwich
bogavante homard
bonito thon
boquerones fritos / en vinagre
   anchois frits / au vinaigre
brandada de bacalao brandade
   de morue
brasa: a la brasa à la braise
brazo de gitano gâteau roulé
brevas figues
brocheta de riñones brochette
   de rognons
buey bœuf
buñuelos beignets
butifarra saucisse catalane

C

cabello de ángel filaments de potiron au sirop servant à fourrer des pâtisseries

cabracho sorte de rascasse

cabrito asado chevreau rôti

cachelos pommes de terre bouillies

calabacines courgettes; courges

calabaza citrouille

calamares a la romana calmars en beignets ; **calamares en su tinta** calmars à l'encre ; **calamares fritos** calmars frits (à la romaine)

caldereta soupe de poissons ; **caldereta de cordero o cabrito** ragoût d'agneau ou de chevreau

caldo bouillon, potage léger ; **caldo gallego** soupe aux légumes

callos a la madrileña tripes aux tomates, oignons et piments

camarones crevettes grises

canela cannelle

canelones cannelonis

cangrejo crabe

cangrejos (de río) écrevisses

caracoles escargots

carbonada de buey carbonade de bœuf

cardo cardon

carnero viande de mouton

carnes viandes

cava vin blanc mousseux

caza gibier

cazuela de chichas ragoût de viande

cebolletas oignons nouveaux

centollo araignée de mer

champiñones champignons (de couche)

chanfaina ragoût d'abats et de boudin noir

changurro araignée de mer en sauce

chanquetes petits poissons transludes dont on fait des fritures

chilindrón sauce à base d'oignons, de tomates et de poivrons

chipirones petits calmars

chocos con habas calmars aux fèves

chuleta de buey / cerdo / cordero / ternera côte de bœuf / porc / agneau / veau

chuletitas de cordero côtelettes d'agneau

chuletón de buey / ternera grosse côte de bœuf / veau

churrasco viande grillée

churros sorte de longs beignets

cigalas langoustines

ciruela prune

cochinillo asado cochon de lait rôti

cocido madrileño pot-au-feu de pois chiches, porc, poulet et légumes

cocochas (de merluza) joue de colin à l'ail et au persil

cóctel de gambas / mariscos cocktail de crevettes / fruits de mer

codorniz caille

coles de Bruselas choux de Bruxelles

coliflor chou-fleur

compota compote

conejo asado / estofado lapin rôti / en civet

consomé (al jerez) consommé (au xérès)

cordero asado agneau rôti

corvina poisson méditerranéen, semblable au bar

costillas de cerdo côtelettes de porc

crema catalana crème brûlée

crema de cangrejos / espárragos crème d'écrevisses / d'asperges

crep(e)s imperiales crêpes suzette

criadillas de ternera testicules de veau ; **criadillas de tierra** truffes

crocanti glace enrobée d'amandes pilées

croquetas croquettes

cuajada dessert de lait caillé

D

dátiles dattes ; **dátiles de mar** coquillages

E

embutidos charcuterie
empanada gallega tourte au poisson
empanadillas friands
empanado pané
endibias endives
ensaimada mallorquina sorte de grosse brioche en spirale
ensalada salade ; **ensalada de fruta** salade de fruits ; **ensalada mixta** salade mixte
ensaladilla (rusa) macédoine de légumes
entrantes entrées
entremeses variados assortiment d'hors-d'œuvres
escabeche marinade à base d'huile, de vinaigre, de laurier, etc
escalope a la milanesa escalope panée ; **escalope de ternera** escalope de veau
escalopines de ternera petites escalopes de veau
espaguetis spaghettis
espárragos asperges
espinacas a la crema épinards à la crème
estofado ragoût
estragón estragon

F

fabada ragoût de haricots blancs aux saucisses, boudin, etc., typique des Asturies
faisán faisan
fiambres charcuterie
filete de cerdo / ternera filet de porc / escalope de veau
flan crème caramel
fresas (con nata) fraises (à la crème)

fritanga al modo de Alicante plat de poivrons frits, thon et ail
frito frit
fruta (del tiempo) fruits (de saison)
frutas en almíbar fruits au sirop
fuet sorte de saucisson

G

galletas gâteaux secs
gambas al ajillo / a la plancha gambas (grosses crevettes) à l'ail / grillées
garbanzos pois chiches
gazpacho andaluz potage de légumes glacé
gratén: al gratén au gratin
guarnición garniture
guisantes con jamón petits pois au jambon

H

helado de chocolate / fresa / mantecado glace au chocolat / à la fraise / à la vanille
hígado foie
higos figues
hornazo pain fourré au chorizo et au jambon et décoré avec des œufs
horno: al horno au four
huevos duros œufs durs ; **huevos escalfados** œufs pochés ; **huevos fritos (con jamón)** œufs au plat (au jambon) ; **huevos pasados por agua** œufs à la coque ; **huevos revueltos** œufs brouillés

J

jamón serrano / York jambon cru / cuit
jarra de vino pichet de vin
jeta museau de porc
judías (verdes) haricots (verts)
jugo de naranja / piña / tomate jus d'orange / d'ananas / de tomate

L

lacón con grelos jambonneau servi avec des feuilles de jeunes navets, plat galicien

langosta langouste

langostinos a la plancha grosses crevettes grillées

laurel laurier

leche frita dessert préparé avec de la farine imbibée de lait et frite

lechuga laitue

lengua de cerdo / cordero langue de porc / d'agneau

lenguado a la plancha / a la romana sole grillée / frite

lentejas lentilles

licores liqueurs

liebre estofada civet de lièvre

lomo de cerdo échine de porc

lonchas de jamón tranches de jambon cru

longaniza sorte de chorizo que l'on fait en général cuire

lubina al horno loup *(poisson)* au four

M

macarrones macaronis

macedonia de fruta salade de fruits

magdalena madeleine

mahonesa mayonnaise

maíz maïs

mandarinas mandarines

manos de cerdo pieds de porc

mantecadas petites génoises

mantecado glace à la vanille

mantequilla beurre

manzanas asadas pommes au four

manzanilla camomille

mariscada plateau de fruits de mer

mariscos fruits de mer

marmitako ragoût de thon, de pommes de terre et de poivrons

mazapán pâte d'amandes

medallón médaillon

mejillones a la marinera moules marinière

melocotón pêche ; **melocotones en almíbar** pêches au sirop

melón (con jamón) melon (au jambon)

menestra de legumbres / verdura jardinière de légumes

menú del día plat du jour

merluza a la plancha colin grillé ; **merluza a la romana** colin pané ; **merluza a la vasca** colin aux poivrons et à l'ail ; **merluza en salsa verde** colin à la sauce au vin et au persil

mermelada de fresas / limón / melocotón / naranja confiture de fraise / citron / pêche / orange

mero mérou

migas mie de pain frite

moje sauce d'accompagnement, habituellement à base de légumes

mollejas de ternera ris de veau

morcilla boudin

morros de cerdo museau de porc

mortadela mortadelle

mostaza moutarde

N

naranja orange

natillas crème renversée

nueces noix

O

orejas de cerdo oreilles de porc

ostras huîtres

P

paella de mariscos / de pollo paëlla aux fruits de mer / au poulet ; **paella valenciana** paëlla aux fruits de mer et au poulet

paletilla de cordero lechal épaule d'agneau

pan pain ; **pan integral** pain complet ; **pan de higos** gâteau de figues à la canelle

panaché de verduras ragoût de légumes

panceta lard

parrillada de mariscos grillade de fruits de mer

pasas raisins secs

pastel gâteau

patatas asadas pommes de terre au four ; **patatas bravas** pommes de terre en sauce piquante ; **patatas fritas** frites ; **patatas fritas (en bolsa)** chips

pato a la naranja canard à l'orange

pavo relleno dinde farcie

pechugas de pollo blancs de poulet

pepinillos cornichons

pepino concombre

percebes pouce-pied

perdiz perdrix

perejil persil

pescaditos fritos friture de poissons de mer

pescado poisson

pestiños con miel sorte de pets de nonne à l'anis et au miel

pimentón paprika

pimienta (negra) poivre (noir)

pimientos fritos / rellenos poivrons frits / farcis

piña ananas

pinchos morunos brochettes de viande

piñones pignons

piparrada vasca pipérade aux œufs et au jambon

pisto sorte de ratatouille composée de tomates, courgettes, oignons, etc.

plancha: a la plancha grillé

plátanos bananes

plato combinado plat garni ; **plato del día** plat du jour

pollo al ajillo poulet à l'ail ; **pollo asado** poulet rôti

polvorones petits gâteaux aux amandes très sucrés servis à Noël

postre dessert

pulpo poulpe

puré de patatas purée de pommes de terre

Q

queso fromage ; **queso de oveja** fromage de brebis ; **queso manchego** fromage à pâte dure, assez fort

quisquillas crevettes grises

R

rábanos radis

ración portion ; **ración pequeña para niños** menu enfant

rape a la plancha lotte grillée

rebozado enrobé de pâte à frire

redondo de ternera rôti de veau

remolacha betterave

repostería de la casa pâtisseries de la maison

requesón fromage blanc

revuelto de ajos / angulas / gambas œufs brouillés à l'ail / aux anguilles / aux crevettes

riñones al jerez rognons au xérès

rodaballo turbot

S

salchichas saucisses

salchichón saucisson

salmón ahumado saumon fumé

salmonete rouget

salsa sauce

sandía pastèque

sanjacobo deux fines tranches de viande ou de jambon avec une tranche de fromage au milieu, enrobé de pâte et frit

sardinas a la brasa sardines grillées

sesos cervelle

sobrasada saucisson pimenté de Majorque
solomillo de cerdo / ternera aloyau de porc / veau
sopa de ajo / legumbres / mariscos soupe à l'ail / de légumes / aux fruits de mer
sopa juliana julienne de légumes

T

tabla de quesos plateau de fromages
tarta de chocolate gâteau au chocolat ; **tarta de fresas / manzana** tarte aux fraises / pommes ; **tarta helada** vacherin
ternera veau
tortilla a su gusto omelette au choix ; **tortilla de patatas** omelette aux pommes de terre ; **tortilla francesa** omelette nature

tostón cochon de lait
trucha truite ; **trucha a la navarra** truite farcie au jambon cru
turrón sorte de nougat (dur ou mou)

V

vaca estofada ragoût de bœuf
verduras légumes
vieiras coquilles Saint-Jacques

Z

zanahorias a la crema carottes à la crème
zarzuela plat de poissons et de fruits de mer cuits en sauce
zumo de limón / naranja jus de citron / d'orange

IMPRIMERIE HÉRISSEY - 27000 Évreux - N° 78903
Dépôt légal : janvier 1998
IMPRIMÉ EN FRANCE *(Printed in France)*
Dépôt légal de la 1ʳᵉ édition : 3ᵉ trimestre 1980